本书的出版得到
国家重点文物保护专项补助经费资助

沅水下游汉墓（上）

湖南省常德市文物局
常德博物馆
鼎城区文物局
桃源县文物局
汉寿县文物局

编著

文物出版社

图书在版编目（CIP）数据

沅水下游汉墓／湖南省常德市文物局等编著．—北京：
文物出版社，2016.9

ISBN 978 - 7 - 5010 - 4758 - 1

Ⅰ.①沅…　Ⅱ.①湖…　Ⅲ.①汉墓—研究—常德
Ⅳ.①K878.84

中国版本图书馆 CIP 数据核字（2016）第 218231 号

沅水下游汉墓

编　　著：湖南省常德市文物局
　　　　　常德博物馆
　　　　　鼎城区文物局
　　　　　桃源县文物局
　　　　　汉寿县文物局

责任编辑：张庆玲
责任印制：陈　杰
封面设计：周小玮

出版发行：文物出版社
社　　址：北京市东直门内北小街 2 号楼
邮　　编：100007
网　　址：http：//www.wenwu.com
邮　　箱：web@ wenwu.com
经　　销：新华书店
印　　刷：北京鹏润伟业印刷有限公司
开　　本：889mm×1194mm　1/16
印　　张：81
版　　次：2016 年 9 月第 1 版
印　　次：2016 年 9 月第 1 次印刷
书　　号：ISBN 978 - 7 - 5010 - 4758 - 1
定　　价：1200.00 元（全三册）

The Han Dynasty Tombs in the Lower Reaches of Yuanshui River

(I)

(With an English Abstract)

by

Administration of Cultural Heritage of Changde City, Hunan Province

Museum of Changde

Dingcheng District Administration of Cultural Heritage

Taoyuan County Administration of Cultural Heritage

Hanshou County Administration of Cultural Heritage

Cultural Relics Press

Beijing · 2016

序　言

金　则　恭

　　数年前，我在为《沅水下游楚墓》一书写序时，心中就曾有过是否有机会能再为沅水下游地区已经发掘的汉墓资料整理报告作序的想法，五年后的今天，当《沅水下游汉墓》一书付梓稿再次置于我的案头时，感觉的不仅是幸慰，更是钦佩和感动，常德市文物局能在如此短的时间内完成此煌煌巨著，这不仅是常德文博界的大事，更是湖南省文博界的幸事，也是国内楚汉学界的幸事。

　　沅水下游地区汉墓发掘同本地区的楚墓发掘一样始于20世纪50年代。1954年秋，为了保护在常德市区修建防洪堤取土中暴露的古墓群，在报请上级批准后，由湖南省文物管理委员会的文道义、杨桦、周世荣等同志从1954年11月15日到1955年1月20日先后清理发掘了汉魏六朝砖室墓15座。1972年12月，由湖南省博物馆考古部周世荣主持在郭家铺发掘东汉砖室墓5座。1977年8至9月，湖南省博物馆考古部傅举友领队在常德市南坪乡和东江乡清理东汉砖室墓10座。1979年3月，常德地区文物工作队正式成立，各区县也先后设立文物机构，进行本地区一般性抢救发掘工作。直至2011年12月止，本区历年发掘的两汉墓葬总数已超过600座，但真正见于报道的资料却极为有限，学界对本地区两汉文化的了解多零碎而模糊。

　　沅水下游地接两湖，水通江湘，控洞庭沅水入湘西滇黔之咽喉，楚秦时这里的历史文化已浓墨重彩，绚丽异常。前汉时武陵郡郡治长期治于此，后汉一代又曾为荆州治所百余年。本区留下的大量两汉城址和墓葬群已经是很好的诠释，系统地将本区两汉墓葬资料进行整理，编写大型考古报告本是历年发掘者的心病和当政者的宏愿。2008年，《沅水下游楚墓》一书进入出版印刷阶段后，常德市文物局又将整理本区两汉墓葬大型考古报告列入其工作计划中，并迅速得到省文物局的支持。当工作进入前期准备阶段时，近60年的斗转星移后早已物是人非，欲全面整理本地区的两汉墓葬材料的困难比整理楚墓资料有过之而无不及，分布于市县的两汉墓葬材料几乎没有修复整理过，两汉墓葬随葬器物的多样性、复杂性、修复的难度也远超初期预料。万事开头难，就在万事俱备、只欠东风之时，迎来了一个非常好的契机：2010至2011年由常德博物馆龙朝彬主持的武陵区南坪土墩墓群发掘，不仅解决了长期困扰常德考古界关于南坪土墩墓的问题，也彻底弄清了南坪土墩墓的内外结构、埋葬特征、时空范围等，完整地揭露了一批墓主姓氏清楚、身份明确的家族土墩墓群，出土了一大批弥足珍贵的文物，引起了国内考古界的重视，尤其令秦汉土墩墓研究学界震惊，并入围当年全国十大考古新发现候选名单。借此东风，常德市文物局痛下决心，迅速成立了编写领导小组，推选龙朝彬全面负责报告的编写工作，并由省文物局将原《沅水下游楚墓》一书的顾问专家高至喜、刘彬徽、吴铭生三位先生及省考古所郭伟民、高成林和《沅水下游楚墓》一书的主笔谭远辉等先生聘请为顾问。

2011年6月，整理工作正式启动。龙朝彬主持编写工作以来，寒暑三度，焚膏继晷，牺牲了几乎所有的休息，倾注了全部心血，度过了无数不眠之夜，满头青丝变白发，在顾问组专家的指导下，不负众望，高质量、高水准地完成了这部大型考古报告。

本报告体例新颖，结构严谨，除第壹编是对必要的相关背景材料进行介绍外，正文部分分为了肆编，逻辑性强，条理清晰。

第贰编对武陵区南坪土墩墓进行了全面介绍，这是本报告最大的亮点，在方法论上也有所创新，避免了以往墓葬发掘中重文物而轻遗迹的不足。此次发掘对几乎所有成形的土墩均严格按照遗址进行，且将原始资料信息尽量不做过多的人为取舍。墓葬编号采用的双轨制，也是本报告的一次大胆尝试。将每一个土墩内墓葬进行单独编号，充分反映了土墩内部、不同土墩之间内在和外在联系，使读者对南坪土墩墓群有更加全面清晰的了解。其他墓葬编号则承继原《沅水下游楚墓》一书的编号系列，在无形中架设了本地楚汉文化之间相通的桥梁，保证了本地楚汉文化间历史的连贯性，弥补了将本地的楚、汉墓葬分开报告的遗憾。

第叁编是对沅水下游土坑墓进行全面的介绍。对本区范围内五个区县的重要墓地进行了全面报告，并都配上了墓葬分布图。

第肆编是对沅水下游砖室墓进行的介绍。虽限于墓葬保存较差、文物大多被扰乱等客观条件，但通过选用的十四座墓葬举例，依然能够完整地把握东汉时期本地墓葬形制的嬗变及随葬器物的演变规律。

本报告从485座两汉墓葬中选取了110座加以详细报道，每一座墓都是一篇完整的简报，重要墓地还一座不漏全部报道，充分适应了目前通行的报告编写体例。通过20份表格，10份附表，对全部墓葬材料进行了定量统计和分析，尽量弥补了不能将所有墓葬全部报告的遗憾。

第伍编综合研究部分亦是报告撰写者大胆的尝试。欲在一部考古报告中将一地从西汉王朝到东汉灭亡曹魏建立的400余年历史厘清，这在以往的考古报告中虽不敢说不见，却也属极为罕见，但编写者在充分熟悉材料的基础上，条分缕析，开合自如，论证有理有据，资料信手拈来，充分体现了作者对材料的驾驭能力。作者在对两汉墓葬随葬器物介绍时，首次完全按照其质地分门别类予以说明，又在每一种类别下对每一种器形不厌其烦地进行报告，初看时似乎显得杂乱，但却真正地把握了其主要特征，找到了其明显的差别，理析出了各个时代的不同特色和内在变化。作者的尝试无疑为同类型报告的编写提供了一个成功的范例。

当然，本报告也有许多有待改进的地方。墓葬举例仅有110座，不到总墓葬数的四分之一，可能会有许多重要信息遗漏，这不能不说是一种遗憾。同时，报告中使用的器物分类名称似乎还有待斟酌，如从西汉中期出现的"青瓷器"，不仅目前各地的考古报告中名称不统一，而且与同一报告的东汉中晚期出现的"青瓷碗"、"青瓷坛"的差异也很明显。但尽管有微疵，本报告仍不失为一部跨世纪之作，其方法和尝试可能会成为今后同类考古报告的重要参考。

　　《沅水下游汉墓》和《沅水下游楚墓》这两部形似姊妹的大型考古报告，珠联璧合，为成功打开沅水下游地区千余年楚汉历史封闭的殿堂提供了一把钥匙，为后治史者开启了时空隧道的窗宇，乃幸事也！

　　谨序！

2014 年 6 月于长沙

（作者系湖南省文化厅原厅长）

目　次

表 格 目 次

插 图 目 次

概述

第壹编

GAISHU

第一章 地理位置、历史背景及沿革

第一节 地理位置及地貌特征

常德市位于湖南省西北部，地处长江中游洞庭湖水系沅江下游和澧水下游以及武陵山脉以东；东与益阳市南县和沅江市湖汊交错；西倚湘西山地，与蜿蜒的张家界市慈利县、永定区及怀化市沅陵县的武陵山脉相承；北枕鄂西山地和江汉平原，与湖北恩施土家族苗族自治州鹤峰县、宜昌市五峰县的山地及松滋市、公安县、石首市的平原相连；南抵乌云山脉与益阳市的资阳区、桃江县、安化县交界。东南距湖南省会长沙160千米。全市辖武陵区、鼎城区、汉寿县、桃源县、临澧县、石门县、澧县、安乡县、津市九个区县市。全市境东西极宽179.35、南北极长190.80千米，总面积1.82万平方千米。现有汉、土、苗、回、维等15个民族，总人口601万。

沅水，又称沅江，为长江在湖南境内的四大支流之一，属我省第二大河流，发源于贵州省都匀县云雾山鸡冠岭，沿途接纳了渠水、沅水、巫水、溆水、辰水、武水、酉水等支流，至常德市德山注入洞庭湖，全长1035千米，全流域面积8.9163万平方千米，年平均径流量393.3亿立方米，居全省四水之冠。沅水自河源到洪江黔城为上游，洪江到沅陵为中游，沅陵以下为下游。

沅水自沅陵县麻衣汄以下进入常德市境内，共有124条支流注入沅水，如夷望溪、白洋河、渐水、枉水、沧水等。沅水下游所辖区县有：武陵区（常德市行政直辖区）、鼎城区、桃源县、汉寿县。地理坐标：东经110°51′08″～112°18′，北纬28°24′36″～29°24′（图一）。

常德地貌大体构成是"三分丘岗、两分半山、四分半平原和水面"，共有耕地702.27万亩，占全部土地面积的38.15%，占全省耕地面积的15%。沅水下游地形总趋势是西南高，东北低。地形呈阶梯式过渡，依次为山地、丘陵、岗地、平原和湖泊。从行政区域上可将沅水下游地区分为三段：西段的桃源县；中段的鼎城区和武陵区；东段的汉寿县（图二）。

桃源县的北、西、南三面环山，东面呈箕形敞开，西南部山体较高大，以西南角与怀化市沅陵县和益阳市安化县交界的老虎尖最高，海拔1130米。山体变质石英砂岩裸露面积大，流水侵蚀

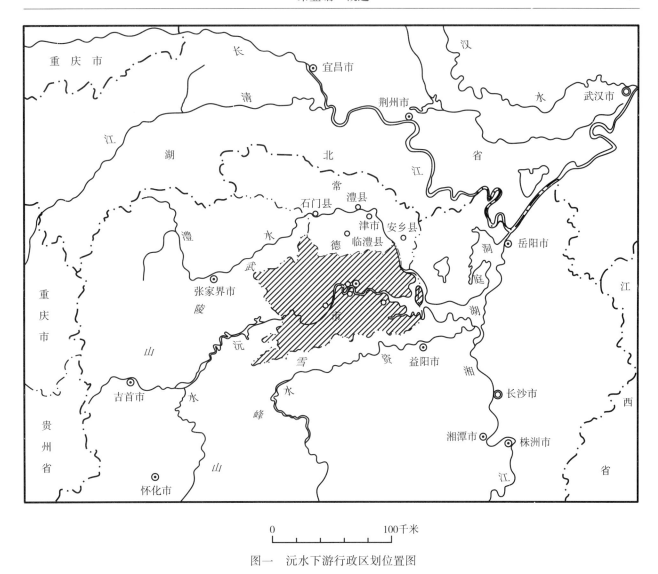

图一 沅水下游行政区划位置图

强烈，河水深切沟壑，险滩毗连，水源充足，水系发达，先后纳入支流众多，其中自西向东其阳有大小溇溪、延溪、白洋河、陬溪；其阴有夷望溪、大杨溪、澄溪、水溪等。沅水从雪峰山和武陵山脉的万壑深沟中咆哮奔腾，一泻千里到东部平原，东西落差大，水力资源丰富（图三）。

鼎城区和武陵区承西段桃源县的地势，呈南北高中间低的马鞍形。地形以平原为主，近占面积之半；次为丘陵和岗地；再次为平原和湖泊。沅水在此段的支流有渐水、枉水和沧水等。武陵区周边的太阳山、河洑山、德山是常德古城的鼎形三足。

东部的汉寿县地处沅澧两水的入湖之口，两水于县境东部的目平湖交汇，纳入洞庭湖水系。地形为湖滨地貌，南部有小面积低岗丘陵，中部和北部为开阔的滨湖平原和密布的湖泊河流。

第二节　历史背景及两汉时期人文沿革

沅水下游地接两湖，水通江湘，控洞庭沅水入湘西滇黔之咽喉，物产丰富，地灵人杰。考古发现表明，自旧石器时代中期开始，古人类在此活动的遗迹已是繁星点点。新石器时代的人类活

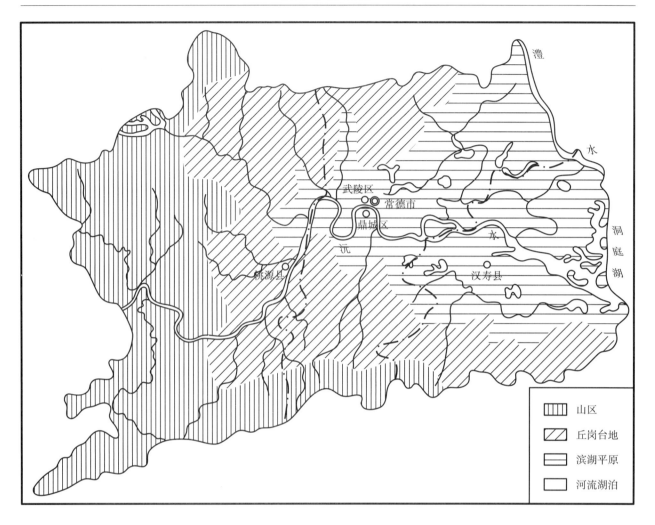

0 ├──┼──┼──┼──┤ 32千米

图二　沅水下游地形示意图

动更如雨后春笋。商周时期，古文化遗存更加密集。据《尚书·禹贡》载："禹定九州，随山浚川，任土作贡"，分天下为九州：冀、兖、青、徐、杨、荆、豫、梁、雍。沅水下游一带则属荆州之域。春秋战国时属楚，楚设立有黔中郡。

据太史公的《史记》载，在秦统一六国后，分天下为三十六郡，其中仍有黔中郡。但近年来考古新资料的不断出土证明秦之定天下为"三十六郡"的记载应有误，尤其是2002年湘西龙山县里耶镇内一口古井中出土了37000余枚秦代迁陵县遗留的涉及秦始皇二十五年（前222年）到秦二世胡亥二年（前208年）共十五年间的秦简之后①，基本改变了学术界长期认定的沅水流域及洞庭湖西岸广大地区均属秦"黔中郡"的看法。经科学整理后的里耶简牍的20余万字简文中并无"黔中郡"的记载，但"洞庭郡"却赫然出现在人们的视野中，简文中"毋死戍洞庭郡不智（知）何县署"（J1⑨9背面）、"迁陵以邮行洞庭"（J1⑮176号简）等大量记录文字，说明秦王朝在公元前208年之前于沅水流域已设立有"洞庭郡"。从简文的行文格式和当时的书写体例分析，秦代的洞庭郡下至少辖有"迁陵"、"酉阳"、"沅陵"、"临沅"、"索"、"屠陵"、"竟陵"和"零阳"等县，历年争讼不已的所谓黔中郡的郡治"沅陵"或"临沅"均为其所辖。J1⑯52号简记载了一份

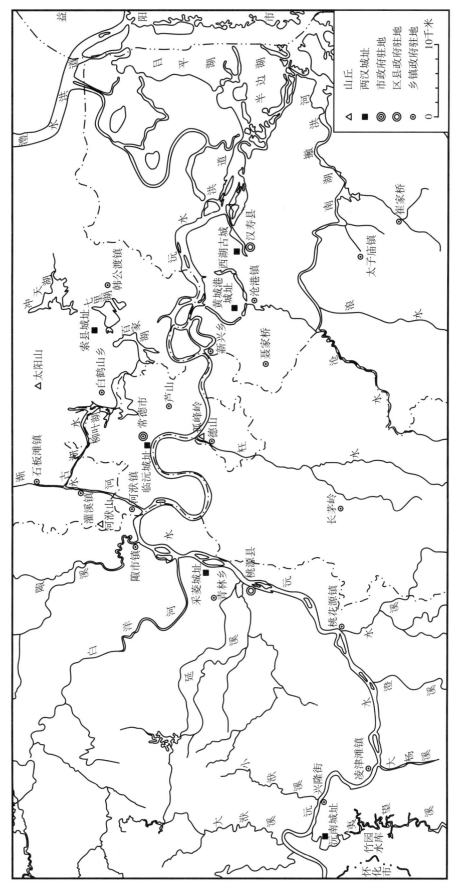

图三　沅水下游支流分布图

邮行路线和里程表："鄾到销百八十四里；销到江陵二百四十里；江陵到孱陵百一十里；孱陵到索二百九十五里；索到临沅六十里；临沅到迁陵九百一十里"。这条从鄾—销—江陵—孱陵—索—临沅最后到迁陵的线路应该就属洞庭郡通长安和其辖县的交通要道，是秦王朝控制沅水中下游地区的邮传运输线路[②]。可惜这些秦简在为我们提供了许多闻所未闻的全新信息时，又留下了许多新的未解之谜——虽然多数学者都认为今之沅水中下游地区属已销声匿迹于历史长河中的"洞庭郡"[③]，可其郡治却不得而知。根据里耶秦简中的道路和里程简（J1⑯52）推测，沅水下游此时至少已设有索和临沅两县[④]。

根据已公布的龙山里耶秦简[⑤]资料，可推测秦代在沅水、澧水流域大致建置有沅陵、无阳、辰阳、酉阳、零阳、充、门浅、沅阳、迁陵、孱陵、临沅、索、醴阳、武陵等县。从里耶1号井第8层第994号秦简上"十月辛丑新武陵丞□……"和第1089号简上"冗佐上造武陵当利敬"等简文推测，秦代在沅水、澧水流域已经建置有武陵县是确凿的。

西汉高祖五年（前202年），汉王朝咸与维新，将秦之洞庭郡（在秦灭亡后曾改称义陵郡）改为武陵郡（可能也将秦代的"黔中郡"全部并入武陵郡，历史上的"黔中郡"之名从此步入历史的幕后），辖沅、澧流域和鄂西南大片地域，其郡治移入索县。武陵郡名之由来，则可能就源于秦代的武陵县。

据《汉书·地理志》载，西汉武陵郡下辖十三县：索、孱陵、临沅、零阳、沅陵、镡成、无阳、迁陵、辰阳、酉阳、义陵、艮山、充。西汉武陵郡建置后，武陵县消失。沅水下游地区秦已设置的临沅、索县得以延续，郡治也移入索县。从此，沅水下游确立了在整个沅水流域的政治、经济和文化的中心位置。索县辖地至少包括今天的汉寿县和鼎城区东北一部，索县故址就位于今鼎城区韩公渡镇城址村。临沅县则包括了今武陵区、鼎城区大部和桃源县，故址应可能位于今常德市城区大西门以东、武陵大道以西、建设路以南一带。

西汉王朝在武陵山区政治上实行"有邑君长，皆赐印绶"，经济上仅每年征收少量的"賨布"的轻徭薄赋休养政策，二百余年时间里，并未对该地大规模用兵，地方经济和文化得以快速发展。

据常德地方文献记载，武陵郡一直属西汉中央王朝管辖，但周振鹤氏[⑥]认为：汉高祖刘邦初封吴芮为长沙王时，当时长沙国所辖长沙、豫章、象郡、桂林、南海五郡中象郡、桂林、南海三郡实为南越赵佗所占据，高祖只是"遥虚夺以封芮耳"。他认为吴芮所封的"豫章郡"乃为"武陵郡之讹"，武陵郡实为吴芮长沙国的属地。从沅陵侯吴阳墓中出土的一枚简牍的简文"故沅陵在长沙武陵郡"也似乎可间接证明汉初的武陵郡可能属吴姓长沙国管辖[⑦]。另据《史记·五宗世家·集解》引应劭注曰："景帝后元二年（前142年），诸王来朝，有诏更前称寿歌舞，定王（刘发）但张袖小举手，左右笑其绌，帝怪问之，对曰：臣国小地狭，不足回旋。帝以武陵、零陵、桂阳属之。"但周先生认为此说很荒唐，因不仅当时零陵郡尚未分置出来，而且西汉一代并无增封一至数郡的道理。何旭红在其《对长沙谷山被盗汉墓漆器铭文的初步认识》[⑧]一文中也认为武陵郡可能在短期内曾属吴姓长沙国所辖。近来有人根据1999年发掘的沅陵侯吴阳[⑨]墓中出土的一枚竹简上的"故沅陵在长沙武陵郡……"等资料推测汉初武陵郡属吴姓长沙国的支郡[⑩]。而在吴姓长沙国除封后，景帝所封的刘发长沙国已不再管辖武陵郡了。

王莽代汉改制，武陵郡被改为建平郡，临沅县更名监元，孱陵为孱陆。经西汉二百余年平静安宁的发展，武陵郡的经济高度发达，也逐渐形成了许多大大小小的家族利益集团，他们对地方拥有很大的支配权力，是地方的实力集团，尤其沅水流域形成了"武陵蛮特盛"的局面。在临沅和索县及周边形成的强大宗族势力在考古上也有清晰的反映：常德南坪周边地区广泛分布着一种明显有别于周围山地丘岗上分布的竖穴土坑墓的全新的墓葬方式——土墩竖穴墓，这是一种在平地堆筑熟土台，然后在熟土台上挖掘墓坑而下葬的特殊墓葬形式。2010 年至 2011 年，对常德南坪五个封堆尤其是 3 号封堆长沙国郎中令廖福家族墓群进行了清理，从出土的"廖福"、"廖宏"等私印，揭示出从西汉中期到新莽时期 12 名廖氏家族成员先后有规律地葬于一个封堆内，最后形成高 7 米、直径 50 米的大封堆，其周边还有排水沟形成清晰的墓园界沟。到目前为止，历年来在南坪共发掘这种土墩墓 123 座（另有三座 D11M5 和 D2M7、D11M13 分别属西汉早期和东汉早期，似乎不宜划入土墩墓的范围），先后出土过"镡成长印"、"孱陵丞印"、"长沙国郎中令印"、"廖福"、"廖宏"、"赵玄友"等表明墓主官职身份和姓氏的印章，清楚表明这些家族中的代表人物廖福曾在西汉长沙国担任郎中令和西汉武陵郡所辖的镡成县及孱陵县为"长"和"丞"等官职。土墩墓大量兴盛于西汉中期，似乎到新莽末期和东汉初期就戛然而止。此后常德的墓葬形式发生了巨大的变化——砖室墓在短期内取代了土坑（墩）墓，这应是王朝更替、政权结构发生重大变化而导致埋葬习俗、思想理念也发生根本性改变的结果。

据明《嘉靖常德府志·官守志》载："王堂……王莽时为武陵太守，据境土。光武初……王堂遣使贡献，因封列侯。"据此可知王莽新朝入东汉时，武陵郡乃为和平统一，并未发生战争。但光武帝采取的是"南征蛮夷"的强硬政策，用战争手段占地屯田，率土归降的王堂虽封了侯却不久就迁往他处。光武帝的强硬政策改变了武陵地区的政权结构，也触动了当地宗族豪强的"奶酪"，遭到了武陵诸蛮的强烈抵抗。建武二十三年（47 年）十二月，东汉王朝先后派遣武威将军刘尚、辰阳长宋均、中山太守马成和伏波将军马援率大军征讨五溪蛮。根据《后汉书·南蛮西南夷列传》记载："尚军大败，悉为所没，二十四年（48 年），相单程等下攻临沅"，李嵩和马成也"不能克"。马援于建武二十五年（49 年）春二月。率四万大军沿沅水出武陵山山口（临沅县西南的临乡，今桃源县兴隆街镇沅水南岸），先小胜一仗，但在溯沅水进入今沅陵县境后，被兵围壶头山。据《后汉书·马援列传》载："三月，进营壶头，贼乘高守隘，水疾，船不得上。会暑盛，士卒多疫死，援亦中病。遂困。乃穿岸为室，以避炎气。"一代名将马援最后病死在壶头山。随营监军的宋均矫诏和谈，五溪诸蛮以牺牲一人为代价换得朝廷退兵，接受和平改编。朝廷委派伏波司马吕种守沅陵，其他地方也"为置长吏"。之后，被光武帝委派来镇武陵的驸马都尉虎贲中郎将梁松于建武二十六年（50 年）对武陵郡的政区进行了重大调整，为"扼五溪之要"，在今桃源县西南的夷望溪入沅水处新设立了沅南县（此应为桃源县独立建县之始），又分孱陵县地置作唐县（辖今安乡、津市、澧县、南县之部分，治所在今安乡县安全乡槐树村[11]，此为安乡独立建县之始）。郡治迁入索县，逐渐形成了东汉王朝在沅水流域新的政治格局。武陵郡下辖十二县：临沅、汉寿（汉顺帝阳嘉三年［134 年］更此名，取"汉朝万寿无疆"之意，并将荆州的治所迁移至汉寿[12]以加强对"江南宗贼"的控制）、沅南、沅陵、辰阳、酉阳、迁陵、镡成、孱陵、零阳、充、作唐。新设置了沅南、作唐，裁并了西汉的无阳、义陵、艮山三县，更名一县。

东汉末年，天下大乱。初平元年（190 年）长沙太守孙坚率兵北上经荆州武陵郡时，因旧怨，在汉寿（索县）和武陵太守曹寅联手杀了荆州刺史王叡[13]；率军入南阳时，又杀南阳太守张咨。孙坚因杀刺史诛太守，被汉廷除职，只得到淮南与袁术合兵。荆州刺史之职落入北军中侯刘表之手。五月，刘表单骑走荆州入宜城，与南郡名士蒯良、蒯越兄弟谋，"引诱州中宗贼帅，至者五十五人，皆斩之而取其众，遂徙治襄阳，镇抚郡县"。刘表为防止江南人复仇，放弃了原荆州治所武陵郡的汉寿（索）县，将其迁入襄阳，以江陵为重镇，至此，武陵郡结束了作为荆州政治中心的历史。

东汉建安年间，刘备南征而得武陵、长沙、桂阳、零陵四郡。刘备进占益州后，孙权派兵攻占长沙、桂阳、零陵三郡，大战一触即发，最后孙、刘双方划定以湘水（今湘江）为界，湘水以东的长沙、江夏、桂阳属孙吴，湘水以西的南郡、武陵、零陵属刘备。公元219年，孙权乘关羽北攻襄樊时，袭占南郡，顺势占领武陵郡诸地，从此武陵郡直到三国归晋，一直属孙吴管辖。

三国吴统治时期，这一带的政区建置发生了较大变化，荆州治所迁至江陵，武陵郡虽仍沿袭，但已不再管辖澧水各地，仅辖沅水流域。还出现了吴寿和龙阳两县，乃分西汉之索县（东汉之汉寿）地域而置。从此武陵郡的政治中心一直位于今常德市城区的临沅县。其行政管辖及归属第次变化，先后为州、府。隋唐及宋前期为朗州，北宋大中祥符五年（1012年）改鼎州，政和七年（1117年）改为"常德军"，后又升为"常德府"，自此，"常德"之名沿用至今。

鼎城区，民国之前为武陵县，之后为常德县，1988年撤地改市后改名鼎城区。

桃源县，乃为东汉建武二十六年所设沅南县，于南宋乾道六年（1170年）更今名，因境内水溪镇有陶渊明笔下的"世外桃源"之名胜而命名，从此沿用。

汉寿县，原为三国时吴所置"龙阳县"。曾于北宋大观（1107~1110年）年间短时改名为辰阳，南宋绍兴三年（1133年）复更名龙阳县。1913年更为今名"汉寿"，此为借用东汉顺帝阳嘉三年所更改索县而得之旧名。

注　释

① 湖南省考古研究所、湘西土家族苗族自治州文物处、龙山县文物管理处：《湖南龙山里耶战国—秦代古城发掘简报》，《文物》2003年第1期。

② 张春龙、龙京沙：《湘西里耶秦简"复活"秦国历史》，《中国国家地理》2002年第9期。

③ 陈伟：《秦苍梧、洞庭二郡刍论》，《历史研究》2003年第5期。周振鹤：《秦代苍梧、洞庭二郡悬想》，《复旦学报（社会科学版）》2005年第5期。

④ 湖南省文物考古研究所：《里耶发掘报告》，岳麓书社，2007年。

⑤ 湖南省文物考古研究所：《里耶秦简》（壹），文物出版社，2012年。

⑥ 周振鹤：《西汉政区地理》，人民出版社，1987年。

⑦⑩ 湖南省博物馆 曹学群：《吴氏长沙国历史地理四题》，《湖南省博物馆馆刊》第二辑，岳麓书社，2005年。

⑧ 长沙市考古研究所 何旭红：《对长沙谷山被盗汉墓漆器铭文的初步认识》，《湖南省博物馆馆刊》第六辑，岳麓书社，2009年。

⑨ 湖南省文物考古研究所等：《沅陵虎溪山一号汉墓发掘简报》，《文物》2003年第1期。

⑪ 孙常喜主编：《常德地区志·文物志》，中国文史出版社，1995年。

⑫ （宋）欧阳忞：《舆地广记》："故汉寿县本名索，汉为武陵郡，东汉为荆州刺史而郡治徙临沅"。

⑬ 据《资治通鉴》卷五九初平元年条下："王叡素与武陵太守曹寅不相能，扬言当先杀寅，寅惧，诈作按行使者檄移坚，说叡罪过……坚承檄，即勒兵袭叡……叡穷迫，刮金饮之而死"。因孙坚本与王叡有仇，恰遇武陵太守曹寅因害怕被杀而欲谋杀王叡，双方一拍即合，兵围索县而杀王叡，快意恩仇。

第二章　两汉文化遗存、墓葬发掘和资料整理情况

第一节　两汉文化遗存分布

一　概述

沅水下游地区在历年配合城镇改扩建和农田水利工程的文物调查勘探和考古发掘中，发现了大量的两汉文化遗存。据《常德地区志·文物志》[①]和《中国文物地图集·湖南分册》[②]及2008至2010年进行的常德市第三次文物普查资料统计，沅水下游四区县共有各类两汉文化遗存126处（图四），其中遗址（含城址）34处、墓地84处、其他遗存8处（含窑址2处、窖藏4处、古井群2处）。因近年（尤其是1995年之后）武陵区和鼎城区的行政区属经过几次重大调整，原鼎城区的南坪乡、丹洲乡、河洑镇划入武陵区；芦山乡、白鹤山乡、肖伍铺乡划入柳叶湖旅游度假区；何家坪、檀树坪、七星庵等十余个行政村划入德山经济技术开发区（现德山属国家级经济技术开发区，柳叶湖区为新成立的旅游度假区，均为县级机构，但均没有独立的文物行政管理机构，属常德市直辖，故本书中均将其归入武陵区）。而这些地区均是两汉墓葬和遗存集中的区域，故统计武陵区的两汉文化遗存数量大幅度增加，而鼎城区的数量大为减少。武陵区有各类遗存63处，其中墓地49处、遗址11处（含临沅县城址1处）、窑址2处、古井群1处。主要集中在沅水北岸的老城区、南坪、德山和古渐水河北岸的白鹤山及肖伍铺。处于沅水和古渐水之间的南坪是武陵区两汉墓葬和遗址最为密集的地区。这里曾广泛分布着上百座两汉墓葬的大封堆。尤其是这里分布着西汉至新莽时期的一种特殊的埋葬形式——竖穴土墩墓。东汉的砖室墓分布也非常广泛，大多数墓葬的墓底与现地表趋平，仅极少数墓坑底部深入生土层。两汉墓地间的平地上零星分布着同时期的遗址。德山则以墓地为主，尤其是东周墓葬密集，西汉墓地集中在德山的东部，几乎没有发现过东汉砖室墓。部分墓地西汉墓和东周墓相间分布，但打破关系罕见。

白鹤山是常德北部太阳山的余脉，是两汉时期临沅县城和索县城墓地分布的重要区域。砖室

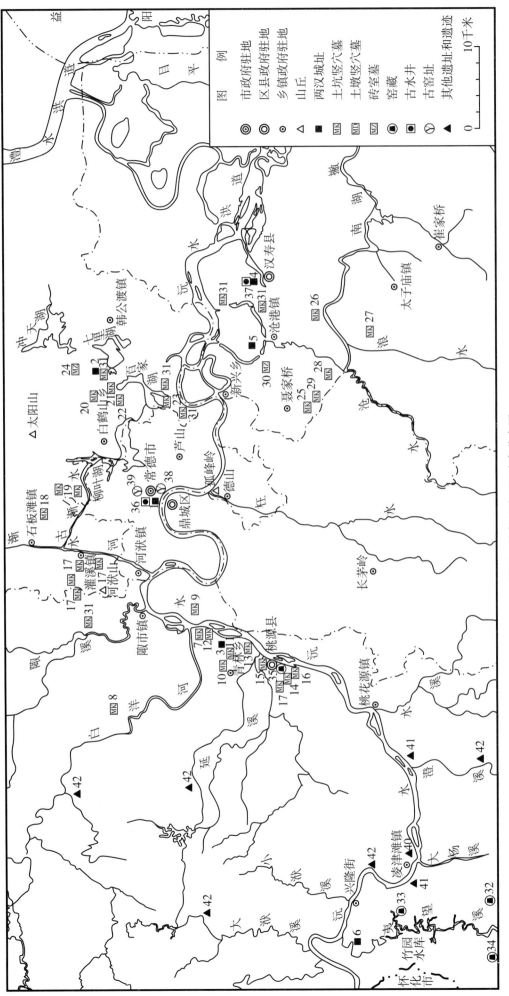

图四　沅水下游两汉遗存分布图

两汉城址：1. 临沅古城　2. 索县城　3. 采菱城　4. 西湖古城　5. 黄城港城址　6. 沅南城址

墓地：7. 王家岭汉墓　8. 皇坟包汉墓　9. 马安古汉墓　10. 堆金汉墓　11. 狮子岗汉墓　12. 二里岗汉墓　13. 肩凸岗汉墓　14. 羊耳汉墓　15. 独岗嘴汉墓　16. 漳江砖室墓
17. 灌溪汉墓群　18. 石板滩汉墓群　19. 黄土山汉墓群　20. 青草坡汉墓群　21. 柳叶山汉墓群　22. 覃家岗汉墓　23. 黄家铺汉墓群　24. 城址汉墓群　25. 聂家桥汉墓　26. 清水桥汉墓群
27. 岩嘴汉墓群　28. 毛家滩汉墓群　29. 武峰山汉墓群　30. 欧家铺砖室墓群　31. 城关砖室墓群　（武陵区南坪及周边墓地分布见图一四五，武陵区德山墓地分布见图一四一）

窖藏：32. 大池塘铜器窖藏　33. 竹园铜器窖藏　34. 大池塘古窖藏

古水井：36. 临沅城古水井群　37. 西湖古城古水井群

古窑址：38. 护城两汉窑址　39. 南坪两汉窑址

其他遗址：40. 马援石室　41. 龙过溪迁道　42. 崖墓

墓主要分布在靠近南坪的东郊乡、东江乡、芦山乡和索县古城周围的白鹤山乡等区域。

鼎城区的两汉文化遗存大多分布在沅水北岸，共 27 处：包括遗址 15 处（含索县城址 1 处）、墓地 12 处。遗址集中在灌溪镇和韩公渡镇，秦汉时期在整个荆州具有重要影响的索县古城址就位于韩公渡镇的城址村。墓地主要集中在遗址群周边的山地，还有岗市、黄土山等东周墓和西汉墓杂处的大型墓地。灌溪镇五里村是一处最大的墓地，分布达数百座以上。沅水南岸因地势较低，发现的两汉遗存极少。

桃源县的两汉文化遗存分布范围较广，主要分布在县域内沅水干支流附近，共 25 处：墓地 16 处、城址 2 处、窖藏 4 处、其他 3 处。西汉墓地主要分布在县城漳江镇周边地区和采菱城城址周边。从东汉开始出现的崖墓则广泛分布在沅水东西两岸和延溪、白洋河、郑溪、夷望溪等流经的深山峡谷之中。在桃源县境多次发现东汉时期的铜器窖藏更成为建武二十六年（50 年）于这一带建立沅南县的最好诠释。桃源县的采菱城是从 20 世纪 80 年代就已判明的沅水下游最大的东周城址，从周边广泛分布的两汉墓群和城址本身的堆积看，该城一直延续到西汉。

汉寿县的两汉文化遗存主要分布在沅江洪道南部的聂家桥、毛家滩、株木山、岩嘴、西竺山乡一带，共 11 处：墓地 7 处、城址 2 处、古井群 1 处、其他 1 处。聂家桥乡武峰山是一处大型的东周—西汉墓地，墓葬数量、规格及分布密度都相当高。茶铺村一带则为东汉砖墓集中区域，部分保留有高大的封堆。西竺山乡八角村一座几乎完全破坏的砖室墓③里发现了 55 枚东汉时期的金饼、银饼和金环，总重达 11.962 公斤（其中金饼 9 枚，重 1.74 公斤；银饼 46 枚，重 10.192 公斤；金环 2 枚，重 0.03 公斤），是国内最大规模的发现之一。这里还分布着两座两汉古城址：西湖古城和黄城港古城。

二　两汉城址

经过多年的考古发掘及第三次全国文物普查并结合众多历史文献资料判定，分布在沅水下游的两汉城址至少有 6 处，分别为位于武陵区的临沅城、位于鼎城区的索县、位于桃源县的采菱城（"黄楚城"）和沅南县城及位于汉寿县的西湖古城和黄城港古城。

（一）临沅城

临沅城，《水经注·沅水》称："县南临沅水，因以为名。"临沅作为两汉之际武陵郡下辖的县城早已是毫无异议的信史，只是其具体位置和始建年代尚有必要进行讨论。里耶秦简 J1⑯52 中记："索到临沅六十里，临沅到迁陵九百一十里。"这表明秦代有索县往西经过临沅县通往今湘西里耶镇（秦代迁陵县城所在）的邮路，至少在秦始皇二十五年（前 222 年）时，已有临沅县城。

1995 年，在常德市城区湘北供销公司大楼下距现地表 4～5 米处清理了四口东周至西汉水井。井口直径约 1 米，井周围有饰粗绳纹的陶井圈，从井中发掘出战国至汉代的陶罐、豆、钵等，部分罐口沿上还系有长长的棕绳，应是汲水过程中损毁的。在水井群东 15～20 米处发现两排木桩，木桩周边的淤泥中含大量战国至西汉的陶片。在其东部华达公司（今常德华天大酒店）一线还发现了夯土墙基和连接长达 5 米的陶水管，水管每节长 30～40 厘米、直径12～20 厘米。在今武陵大道南端武陵阁前人防工程地下室施工过程中还出土了战国青铜矛和东周至汉代的陶片。在今常德市第一自来水厂泵房（沅江内侧）发现过西汉鎏金铜钫④。

2012年冬又在城区的东北角发现一座汉代水井⑤，井口为圆角方形，井身呈方形，使用方形木质井圈，深近8米。多年的考古调查和发掘表明：在今武陵区西起今九重天商住小区（原大西门一线），东至武陵大道东约50米，北迄今建设路，南达沅江河岸，东西长约800米、南北宽约500米这一大致呈椭圆形范围应该就是始筑于东周，延续至汉代的临沅县城，面积约40万平方米。宋元时期的常德府土城及明清时期砖筑城墙的大西门和小西门基本沿用了这一时期城墙的墙体与原护城河。

　　位于今鼎城区韩公渡镇城址村的索县古城已得到考古资料和文献资料的相互印证，确凿无误。从里耶秦简记述的"索到临沅六十里"结合现在实测路程判断，采菱城不可能是临沅城。

　　《嘉靖常德府志》（以下均简称《府志》）记载："周报王三十七年（前278年）楚人张若筑城，是年秦昭王遣其将白起伐楚取黔中地，楚人张若筑城以拒秦。旧志在县东一百步，今治城疑即旧址也。"但此说与《史记·秦本纪》所记"（昭襄王）二十九年（前278年）大良造白起攻楚，取郢为南郡，楚王走。……三十年，蜀守若伐楚，取巫郡及江南为黔中郡"相悖。《府志》说张若为"楚人"，《史记》载张若为秦国的蜀郡守，虽然秦国的蜀郡守张若可以藉属"楚人"，但肯定不会同时属敌对阵营的入侵者和保卫者，显然有一说有误。但很显然在《府志》于明嘉靖十三年（1534年）成书时，所谓"张若城"是明显存在痕迹和证据的，现在的考古资料也完全证实了古城的存在，只是在方位上可能有一字之误，当属传抄之误：其中的"东"乃为"西"之讹。按明代五尺为步，一尺合今31.3厘米，则百步约合今157米，与考古发现的城址和明代武陵县所在地的距离基本吻合。只是至迟到明代已对此土城认识不清，误解了其历史和功能，将其命名为"张若城"。

　　《沅水下游楚墓》一书收录的1420座东周墓（其中明确属楚人的墓葬有1395座⑥）中，属战国晚期的墓葬252座（在1395座楚墓中有417座因不能落实具体时代而统属战国时期，没有纳入计算范围），约占整个墓葬的18%，而这当中却没有一座可以判定属于秦人的墓葬，也印证了《史记·楚世家》所记："（顷襄王二十三年）乃收东地兵，得十余万，复西取秦拔我江旁十五邑以为郡，距秦。"直到公元前223年楚被灭国，沅水下游地区才最后纳入秦帝国的版图。秦人虽曾经短时间攻占过沅水下游地区，但在第二年又被楚人反攻击退。当年秦国黑色军团是以其野战进攻见长，其强悍的进攻才是秦人灭六国的手段，应无必要在今常德这一水网密布的地方修筑一座防御城池。而且以当时的技术水平和工作效益，要修筑一座设施完善的城堡并非短时间内即可完成。可见所谓的秦人筑"张若城"并不可信。而在"临沅"城内发现的遗物也证明其建筑历史要远远在秦拔郢都之前。秦人攻占沅水下游时曾短时间占领过临沅城则是完全可能的。

　　《府志》还记载有："司马错城，府西，秦使错伐楚，错于黔中筑此城，以扼五溪咽喉。"若从已经确定的临沅城的位置与行文记载的"府西"是在府治之西看，今天常德武陵区西部的河洑镇、丹洲乡等地根本没有一处东周城址分布的位置和可能。

　　临沅城，自战国建城后，秦代沿用，逐渐成为沅水下游最重要的城。西汉时期，逐渐成为仅次于索的政治中心。东汉顺帝阳嘉三年（134年）索县更名为"汉寿"并成为荆州刺史治所后，武陵郡的郡治迁入临沅城，之后一直是武陵郡治所在。一直到明清时期这里也是武陵县的县治和常德府治。两汉之际，临沅县一直都是大县，户口当在万户以上，长沙近郊一座文景时期竖穴土坑墓⑦中出土的"临沅令印"滑石印章也证实了这一点（汉时的"令"和"长"有大小之别，《汉书·百官公卿表第七》："县令、长，皆秦官，掌治其县。万户以上为令，秩千石至六百石；减万户为长，秩五百石至三百石"）。

（二）索县故城（汉寿城，俗称"崆笼城"）

索县故城位于今鼎城区韩公渡镇城址村，1983年10月被湖南省人民政府公布为省级文物保护单位。索县故城是沅水下游地区历史发展脉络最清晰、地位最重要的古城。《府志》："废汉寿县，府东四十里。本名索县，阳嘉三年改汉寿。隋省入武陵，今为汉寿乡。"索县故城因在阳嘉三年更名为汉寿，故又称"汉寿城"。城内曾有崆笼寺，又称"崆笼城"。里耶秦简揭示的洞庭郡辖有索县，有学者推测"索"可能还是洞庭郡的郡治。西汉二百余年间，索一直就是武陵郡下辖十三县之首，可能长期为郡治之所在。王莽时期改"武陵郡"为"建平郡"，郡治曾迁往义陵（今湖南怀化溆浦县南），索却并无更名的记录。

光武中兴之后，武陵太守（当时应称为"建平太守"）王堂率土归降。当时沅水流域的"五溪蛮"势力已非常强大，对光武帝的强硬政策进行了长时间的反抗，多次举兵。建武六年（30年）武陵蛮曾一度攻击了郡治临沅城，朝廷被迫迁移郡治到索。当东汉王朝准备大规模对沅水中上游的"五溪蛮"用兵之时，郡治又曾迁回临沅城。可是，朝廷的军事镇压政策失败，沅澧流域诸蛮反叛反呈燎原之势，一支"武陵蛮"在建武二十四年（48年）还攻占了临沅城⑧。建武二十六年（50年），五溪之叛平息之后，负责善后的梁松在"扼五溪之要"的沅水与夷望溪交汇处设立沅南县，郡治复迁回索。阳嘉三年索更名为汉寿，荆州的刺史治所移治索后，武陵郡治又迁至临沅。索在东汉初平元年长沙太守孙坚杀荆州刺史王叡，刘表以襄阳为治所后逐渐丧失其中南地区最大的政治、军事、经济和文化中心地位。三国时东吴据有武陵郡期间，将"汉寿"更名为"吴寿"，并析置出"龙阳"县。

索曾为西汉武陵郡治二百余年，东汉武陵郡治近百年，还作为荆州治所57年，曾管辖今湖北、湖南两省及河南、广东、广西、贵州等省的大部分地域，节制南阳、江夏、南郡、武陵、长沙、零陵、桂阳等七郡共114县。这一时期成为索历史的鼎盛时期，之后索逐渐衰落，不仅失去了其特殊的政治地位，而且随着渐水的逐渐壅塞和改道，通往北方的驿道更迁，索在交通线上的地位也一落千丈。据《隋书·地理志》记载，隋开皇九年（589年），临沅、沅南及汉寿县合并为"武陵县"，今沅水下游的常德范围均属武陵县。从唐元和元年（806年）至十年间曾任郎州司马刘禹锡寻访索县故城旧址后所赋诗《汉寿城春望》看，此时的索县城已是残碑断垣，尘埃满目，离离野草，森森荆榛。目前，索县城址内及周边丰富的汉代遗存下叠压着厚厚的东周遗存，还有龙山文化的麻面鼎足。城址分为大、小两城，坐北朝南，大城居东，小城居西，中间有城垣相隔。大城南北宽600米，东西长600米；小城南北长600米，东西宽300米。两城总面积54万平方米。现存城垣均为黏土夯筑，残高3~4米，宽12~18米，有东、西、南、北四门。城四角有瞭望台遗迹，残高7~8米；四周有宽30米左右的护城河。城东崆笼寺虽早已被毁，但遗迹尚存，汉代的砖瓦遍地。城址周边的高地及西部白鹤山上分布着大批战国至汉代墓葬。距城不远的一个个独立的高大封堆，全是两汉墓葬，尽管经历数千年的风雨，仍清晰可辨。城址内的村民农耕过程中，不时发现各种文物，除楚式青铜剑、矛和箭镞外，多次发现两汉的水井，还有"汉寿城"的铭文青砖⑨。

多年来，在湖南境内出土了许多与索县相关的玺印：1977 年于常德市东江乡柳叶湖边的一座具有八个墓室的东汉砖室墓⑩中出土过滑石"索左尉印"铭文印章；1986 年大庸县（今张家界市）邮电公寓 56 号墓出土了滑石"索丞之印"；1987 年大庸县永定区卫校 4 号墓（1987 大庸 DM4：1）出土了滑石"索左尉印"⑪；1996 年常德市津市新洲豹鸣村 2 号东汉墓⑫出土了滑石"索尉之印"；1998 年常德武陵区南坪村十组第 63 号墓（M2401）出土了"汉寿左尉"滑石印章⑬，它们都是两汉索城历史最直接、最可靠的证据。

（三）采菱城（"黄楚城"）

位于桃源县城北约 4.5 千米的青林乡金鸡、黄楚两村之间台地上的采菱城，坐落于沅水支流白洋河与沅水交汇处，其东临沅江、北接白洋河的特殊地理位置使这里成为东周至汉代一处非常兴盛的遗址群落，采菱城就是其核心。

据光绪《桃源县志·疆域志·沿革》载："古采菱城，在县东十五里，楚平王筑。"《府志》亦载："采菱城，县东北二十五里，其湖产菱，肉厚味美，楚平王尝采之，有采菱亭。"此为"采菱城"名之由来。因古城之主体位于黄楚村，当地俗称"黄楚城"。

从 1983 年开始，省、市、县等各级文物部门先后在采菱城周围的黄楚村、羊耳村及漳江镇的二里岗、红岩嘴、春雷山等处清理了东周至汉墓葬 200 余座，并实地测量了城址。测量发现城址南北长 800 余米，东西宽约 600 米，总面积近 50 万平方米。城垣墙体和城外护城河仍清晰可辨。四边城垣各有一门，目前保存长度约 1425 米。城址周边还分布着面积不等的同时期的遗址群。城内有大量的陶片，器形有鬲、罐、盆、豆等。城中心有一南北长 100 米、东西宽 85 米的高台，在此曾发现大量的绳纹板瓦、瓦当和陶质排水管，该高台应为城址中心官署区。

陈松长根据 2006 年张家界一座战国中期墓中出土的一件青铜矛上的"竞□自作□矛，用扬齐（文）□（德）武刺（烈）"铭文，考证⑭认为该铜矛乃为楚平王（前 528～前 516 年）之后裔——楚国王族三姓屈、景、昭之一的景氏所遗留。可见，楚平王的后裔景氏到达沅水流域是完全可能的，故采菱城是否为楚平王所筑虽已成谜，但与其有关却并非空穴来风。此城从战国沿用到汉代也同样无可置疑，只是其详细沿革却始终云遮雾绕：里耶出土秦简证明了这一带秦代属洞庭郡，但在此是否设县却无法判断。西汉这里属武陵郡，当局应该不会对这一地理位置极为重要、周边物产丰富的城堡视而不见，虽《汉书·地理志》所记武陵郡的十三县中并无县城城址与此对应，但 2008 年从长沙河西谷山西汉长沙国王室成员墓中盗掘出土的漆器⑮铭文涉及沅水和澧水流域十一县（侯国）：充、零阳、沅陵、门浅、临沅、酉阳、义陵、醴阳、沅阳、沅阳、辰阳，除门浅和沅阳两县外其他各县的位置基本都有相对比较准确的对应地，只有门浅和沅阳两县仅留下了稍纵即逝的线索。其实 1998 年出土于黔阳的黔城镇 M107 铜质"沅阳"玺印即表明战国时期"沅阳"就已存在，而且 2003 年长沙走马楼古井中出土的西汉武帝时期的汉简中也多次出现"沅阳"这个县名，其编号为 024 的简中还有"沅阳为属"的记载⑯，应该可以推断的是：里耶秦简就早有记载的门浅、沅阳两县，于西汉景帝至武帝年间，在沅水和澧水流域确实存在，而且可能曾短时间内属长沙国所辖，但在《汉书》于西汉平帝元始二年（2 年）成书时，门浅和沅阳两县已经拆并不存，故《汉书》中并无此两县的记载。此采菱城为西汉之沅阳县乎？门浅县耶？

（四）沅南城

据《后汉书·郡国志》卷三十二载："沅南，建武二十六年（50 年）置"，乃为东汉初经历"五溪蛮"反叛之后为扼沅水中上游"五溪蛮"出入之要道而设立的一座新的县城，主要是出于军事需要，系《后汉书》明确记载的东汉武陵郡下辖十二县之一。

沅南县城的故址，历来众说纷纭，孙常喜主编的《常德地区志·文物志》采用位于今鼎城区长茅岭乡古城山之说；谭其骧主编[17]《中国历史地图集·荆州刺史部》时采用位于今桃源县城东部沅水东岸八字路的浔阳坪之说；《读史方舆纪要》卷八十《桃源县》采用位于今桃源县西南的兴隆街镇沅水与夷望溪交界处之说。可是半个多世纪以来的考古调查却没有在今鼎城区长茅岭乡古城山和桃源县八字路乡南站丰堆发现明显的汉代城址，也未发现汉代墓群。

其实，郦道元《水经注》中"沅南县，西有夷望山，……南有夷望溪……县在沅水之阴，因以沅南为名"的记载已清楚表明了沅南城的位置。其西部和南部为夷望溪，北部为沅水。该城因军事需要而建，从夷望溪汇入沅水处往上溯沅水而上进入武陵山脉，海拔高程从平均 100 余米增至近 300 米，从此往上溯沅江两岸激流奔腾，险滩毗连，而向东则基本为丘陵和平原区。沅南城就像一道闸门，牢牢控制了顺流而下的诸蛮进军必经之路。从地理位置上判断，沅南县城应位于今沅水和夷望溪交界处之东南今兴隆街镇沙湾村附近，可惜的是，由于 20 世纪 60 年代修建了竹园水库和 90 年代修建了凌津滩水库，这里的水位抬高了 10 余米，而当时又没有进行系统全面的考古调查和发掘，致使未能留下沅南城的考古学直接证据。但自 20 世纪 50 年代开始，陆续在夷望溪沿线今西安镇大池塘村竹湾组[18]（时为桃源县大水田公社竹湾大队）、兴隆街镇（乡）竹园村九组[19]等地相继发现东汉的铜器窖藏，在今凌津滩镇三印村沅江边的石壁上发现有"伏波洞"遗迹和崖墓群。

东汉沅南县城存在的历史，在出土文物中也得到了佐证：1987 年大庸县（今张家界市）永定区卫校 2 号东汉砖室墓中出土了"沅南左尉"滑石印章；常德市武陵区东江乡东汉砖室墓中也曾出土了"沅南丞印"[20]滑石印章。

沅南县城是目前沅水下游地区文献材料最充分但却最缺乏直接考古证据的东汉县城，其准确位置还有待验证。

（五）西湖古城

位于汉寿县龙阳镇西湖村的西湖古城[21]，是沅水下游一处发现和确立较晚的东周至汉代古城。1995 年秋冬之际，为配合西湖砖厂取土，由常德市文物处（现市文物局）和汉寿县文物管理所（现汉寿县文物局）联合在此进行抢救性考古发掘，经试掘和周边详细调查确认：城址位于西湖村和大西湖村之间一高出周围约 3 米的台地上，北面和西面城垣较完整，东面保留部分城垣，南部已被长期生产生活取土破坏殆尽。北垣长近 1000 米，西垣残长 50 米，残高 6～7 米，推测面积 40 万～50 万平方米。城外的护城河痕迹依稀可辨，宽 20 米左右。试掘时出土了大量东周时期的陶鬲、罐、钵、豆和西汉筒瓦、板瓦及瓦当。从城垣墙体断面观察，可明显发现分层夯筑的墙体内有大量的东周陶片。2008 年 9 月，汉寿县文物局又在城址范围内发现了 11 口东周至西汉的水井，井口直径 1～1.5 米，深 3～6 米左右，内有大量汉代生活陶器。在城址东部不远的龙阳镇八角村李家湾组一座东汉砖室墓中发现了国内最为集中的金饼和银饼共

11.932 公斤。

西湖古城是沅水下游地区靠洞庭湖的一处极为重要的城址，规模较大，至少应属于一处县级城址。从里耶秦简（8）162 号简中门浅与索、零阳并列，（9）29 号简中门浅与临沅并列，（9）758 号简中门浅与索、临沅、零阳三县并列等迹象来看：早在秦代，"门浅"县即已存在，而且从多枚秦简所记述的内容和行文规律推测，门浅县应位于秦代的索、临沅与零阳（今澧水的慈利县一带）等县的周边。但要弄清西湖古城与秦代的"门浅"及长沙谷山汉代漆器中所涉及的"门浅"县或"沅阳"县的关系则还需要新的考古资料。

（六）黄城港城址

黄城港城址位于汉寿县聂家桥乡黄城港村，东距县城 16 千米。因县志记载南宋时黄诚在此立寨响应杨幺起义，故又名黄城寨。1987 年文物普查时发现此城轮廓基本完整，平面呈长方形，东西长 400 米，南北宽 300 米，面积 12 万平方米。坐落在高出周围约 3 米的台地上，城垣为夯土筑成，残高 4 米，底部宽残留 8 米。曾在城内发现过宋代建筑构件。当时依据《宋史·地理志》所记载的南宋绍兴五年（1135 年）龙阳县升为军，治所西迁至黄城港；绍兴三十年（1160 年）复改县，县治又迁回原处而判定该城址为宋代。多年来在城址周边的株木山乡清水村、岩嘴乡砖厂、毛家滩乡、聂家桥乡武峰山村、茶铺村及长常高速公路和石长铁路聂家桥路段均发现了大量东周至汉代墓群，尤其聂家桥乡茶铺村七组大岭上的东汉砖室墓群更是汉寿县境内最大的一处东汉砖室墓群。如此密集的墓群分布预示着这一带应有相对应的重要城址。第三次全国文物普查时，汉寿县文物局在此进行了试掘，于城址内发现了大量汉代绳纹筒瓦、板瓦和瓦当，在城垣墙体内还发现了东周至汉代陶片，这表明该城至少应始自汉代，可能宋代被改建后短时沿用，故今归入两汉城址。

第二节　两汉墓葬

常德地区有记载的文物出土似乎可以追溯到宋代，据《大清嘉庆常德府治·山川考二》[22]武陵县下"渐水"条引《沅川记》曰："沅川水名鼎口，惜有神鼎出焉。"并因为出土了所谓神鼎，于北宋大中祥符五年（1012 年）将原名"朗州"改"鼎州"。但对古遗存和墓葬的科学发掘则始于 20 世纪 50 年代。1954 年秋，为了保护在常德市区修建防洪堤取土中暴露的古墓群，在报请文化行政主管部门批准后，由湖南省文物管理委员会派文道义、杨桦、周世荣等在市县文教部门指派的梁元凯、胡汉卿、曾宪宗等的配合下，从 1954 年 11 月 15 日到 1955 年 1 月 20 日先后清理发掘了汉魏六朝砖室墓 15 座。1972 年 12 月，由湖南省博物馆考古部周世荣主持在郭家铺发掘东汉砖室墓 5 座。

1977 年 8 至 9 月，湖南省博物馆考古部傅举有领队，调集了当时常德地区各区县的文物专干组织全市考古发掘培训班。参加发掘的有澧县曹传松、临澧黄孝先、石门龚少通、慈利高中晓、市区杨启乾和潘能艳等，在常德市南坪乡和东江乡进行了一个多月的发掘，这次共清理东汉砖室墓 10 座。

1979 年 3 月，常德地区文物工作队正式成立，开始了本地区的一般性抢救性发掘。从 1980 年至 2011 年 12 月止，由常德市及鼎城区、桃源县和汉寿县等文物部门抢救性发掘了沅水下游地区的两汉墓葬共 500 余座。期间还有湖南省博物馆和考古所为配合重点工程建设而抢救性发掘的两汉墓近百座。沅水下游地区历年发掘的两汉墓葬总数已超过 600 座。参加发掘工作的省级考古部门的专业人员及兄弟市的文物工作人员有（以姓氏笔画为序）：尹检顺、吴顺东、吴仕林、向桃初、张春龙、张一兵、郑元日、胡建军、胡德兴、柴焕波、郭伟民、储友信等；本市及所属区县市参加发掘的有：丁毅、丁志林、马跃华、王永彪、王英党、王本浩、王柏松、文智、龙朝彬、龙占潮、刘廉银、刘颜春、刘波、孙常喜、孙泽洪、李绍南、朱俊红、宋杰、宋骏、宋建波、汪俊、何凤桐、邬建业、张跃忠、沈勇、杨启乾、杨世球、郑祖梅、秦自知、袁辉、席道合、高中晓、徐小林、徐序白、贾昌杰、曹传松、曹毅、龚道全、彭德智、彭瑞、董国安、雷月新、谭远辉、潘能艳、潘智勇等。

第三节　两汉墓葬的资料整理

沅水下游已经发掘的 600 余座两汉墓葬资料一直分散于湖南省博物馆、湖南省文物考古研究所、常德博物馆及鼎城、桃源、汉寿三区县的文物局（所）。除少数墓地和少量单座墓葬有过简要报告外，其余均未能整理和研究。全面系统整理、出版沅水下游两汉墓葬报告是几代考古人的夙愿。幸运的是，从 2006 年开始，在湖南省文物局的大力支持下，由常德市文物局主持组织整理的《沅水下游楚墓》大型考古报告在经过多年努力后已经顺利出版，并得到学术界和相关各界的高度评价和肯定。该报告从技术方法到体例和视角都是全新的。它更全面、充分地尊重原始材料，给研究者提供了更真实、没有经过人为取舍的原始材料。这种方法目前已逐渐成为考古报告整理的主流方法。

在完成《沅水下游楚墓》报告之后，常德市文物局又于 2011 年 6 月开始正式启动了对沅水下游两汉墓葬资料的整理工作。报告的整理工作由常德市文物局牵头，联合常德博物馆，鼎城、桃源、汉寿等相关区县的文物处（局）共同参与。

在本报告的编写过程中，遇到了和《沅水下游楚墓》编写时遇到的同样困难乃至更甚：许多墓葬材料积压时间久远，参与发掘者或去世、或调离，图纸丢失或记载不清，出土文物未曾修复，藏品或调拨、交流、转让甚至遗失，或藏品号与出土资料不符，文物库房多次搬迁后有烂包、混包，标签虫蚀朽烂，等等。尽管有这样多的困难，但为了最大限度地保证资料的真实和完整，我们采取了最为烦琐而却最能保证资料原始性和完整性的方法：将 1980 年以来所有发掘的两汉墓葬资料集中，把每一座墓葬的图纸资料和出土器物都进行解包、清理和清洗，全面进行修复，再进行逐项核对，力争不留疑点。对于完全缺乏原始记录的材料，尽管有些文物还相当精美，也只好遗憾地放弃不用以确保资料的严谨性。

本报告共收录了 485 座两汉墓葬，由于其历史时代跨度达四百余年，墓葬的形制在此期间也发生了重大变化，因此本报告的编写体例与一般考古报告有较大的区别。对于 2010 至 2011 年在常德市武陵区南坪清理发掘后才清楚认知的土墩墓进行了重点介绍，这种墓葬是与本地土坑墓完全不同的墓葬形制。其实，这种土墩墓的发掘早在 20 世纪 70 年代就已开始，至今发掘的墓葬数量已达百余座，很难和土坑竖穴墓一起编写，因此要单独作为一编。而土坑竖穴墓则是一种普遍现象，其发展序列连续，资料完整丰富，墓葬形制与武陵区南坪土墩墓有着太多的差别，实在难以将两者糅合在一起整理，也只能单独作为一编来予以报告。而本区域内目前发掘、保存有资料的 60 座砖室墓，则不论是墓葬形制、墓葬建筑方法、建筑材料、墓葬所代表的时代、出土文物都与土坑墓和土墩墓泾渭有别，整理时更应单独列编。故本报告没有采用常见的按照墓葬时代分开予以报告的形式，而是按照墓葬的形制分编介绍。在同一种墓葬形制下，又以墓地分布为基本单位来报告，而墓葬的时代顺序，则只在分期表格中予以体现。

在将土坑竖穴墓、土墩竖穴墓和砖室墓三种不同类型的墓葬分成三编对原始材料进行客观报告的同时，又因这三种墓葬形式所代表的时代在许多时段上是平行的（土坑竖穴墓的时代从西汉早期一直延续到西汉晚期直至新莽时期；土墩竖穴墓则从西汉中期开始延续到西汉晚期，经新莽到东汉初期；而后这两种墓葬形式均被砖室墓所代替），因此在对出土器物进行分析时，为了不造成分类分期的重复和混乱，便只能将这三类墓葬出土的随葬器物放在第四编中进行综合研究。

在本报告整理过程中，为使学术界及早了解报告的主要收获，尤其是 2010 年 3 月至 2011 年发掘的武陵区南坪廖福和赵玄友等家族土墩墓的最新材料，曾在相关学术期刊、报纸与学术研讨会上发表了部分资料。上述所有材料中若与本报告相抵牾处，应以本报告为准。

对于本报告中墓葬出土器物的编号，原则上维持原发掘时的序号，但均使用了重新编排的墓葬号。对于原来发掘时的器物，尽管在整理过程中出现原编号器物的数量有增有减，需要调整原号，但因许多文物已分处不同的单位和保管处所，部分器物编号又在不同的资料中出现和使用过，故在本次整理时对这部分原编号就不再更改而宁愿出现空号或增加新编号。

本报告的器物编号中，对于铜钱、泥钱、泥金饼等类器物，许多墓葬出土的数量已无法精准计算，尤其是泥半两、泥五铢等，出土时动辄成千上万，但保存较好的却不多，而且大部分墓葬出土的钱币多粘连、氧化，稍碰即碎，很难精确计量和统计，因此这类器物一般每一类使用一个编号，但鉴于前文所述原因，所有发表的墓葬图中，因出土时所处位置不同而编了二个以上不同器物号的仍然予以保留。对于同一座墓葬既出有五铢钱又出有大泉五十等钱币的则每一个类别使用一个编号。对于需要精确统计和描述的则采用 Ma：b－1；Ma：b－2；Ma：b－3，并以此类推。对于 D3M24 这类一座墓葬出土钱币达数千枚的情况，尽管保存状况很好，但限于篇幅，也不再对每一枚钱币进行精确统计，而是采用随机抽取 20～30 枚进行统计的办法。

对于本报告中涉及的剑（含铜剑和铁剑）和环首刀的配件，如鞘、剑首、剑格、剑珌、剑璲等，一般均与剑（刀）身使用同一个编号且随本体同时介绍，并在同一幅线图中体现，只对纹饰较复杂、结构特殊或者原可能属已朽漆木剑（刀）而仅存留的玉、铜、滑石质地的配件，才单独编号介绍。同样情况也适用于漆耳杯。凡出土有漆耳杯的墓葬，虽器物已朽，仅存痕迹，但在原发掘记录中多已给予了编号，只是因器物腐朽很难了解其具体数量。而对于带钮器耳的耳杯，虽然钮器耳保留下来了，可以据此推断出原随葬耳杯的数量，但仍使用了一个编号，只是在介绍中予以说明。在统计出土器物时，一般是一个编号作一件计。

第四节　两汉墓葬的墓号调整

　　沅水下游两汉墓葬的发掘一般是与本墓区的东周墓葬同时进行，只是其分布比东周墓葬更分散，而且所有的发掘基本是配合建设用地而进行的抢救性清理，因此本是处于同一个墓地的墓葬的发掘却可能是在几年甚至十余年内分多次、多人进行的，所以这些墓葬的编号不可避免地存在重复和无序现象，甚至存在同一个墓地的墓葬编号在同一年发掘的不同月份中有不同墓葬采用同一个编号的现象。因此，要整理好这批墓葬，不使资料混乱，首先必须将这批资料进行重新编号。《沅水下游楚墓》就是采用按照墓地全部重新编号的方法，虽然这样为一般的研究者提供了相当大的便利，但同时也存有弊端：容易给亲自主持和参与的发掘者及已经被研究者广泛使用的文物资料制造混乱，而且也有将一个墓地墓葬之间、墓地与墓地之间的内在联系割裂之嫌。这种方法对于一般墓地墓葬资料整理的利还是大于弊的，足可让人接受，但对于本地区的两汉墓葬，尤其是武陵区南坪的土墩墓资料却很不适合，故在本次整理《沅水下游汉墓》时，采用了双轨制：对于在发掘时已经按照墓地内在联系进行了区别编号的墓地和墓葬，基本保留了原来的编号，这主要是指 2010 至 2011 年间由常德博物馆主持发掘的常德武陵区南坪乡南坪村 D1、D2、D3、D7、D8 这五处家族土墩墓群，这五座相互独立的封堆在清理发掘时已经按照每个封堆内部分布的墓葬数不同而分别进行了编号，本次整理时基本保留了原墓号，以最大限度地体现其内在联系及其不同家族不同的埋葬习俗和时代特征。而对于武陵区南坪范围内那些发掘时没有按照独立家族墓群封堆进行编号的部分墓葬，在本次整理过程中，依据当时发掘者留下的资料进行整合，复原了其特殊的内在联系，恢复其家族土墩墓的原貌，按照家族土墩墓群的编号方法重新编号，这主要包括 1995 年由鼎城区文物管理所抢救性发掘的南坪粮库（当时编号为 95 常南粮 M1～95 常南粮 M4、95 常南粮 M6～95 常南粮 M10，其在本报告的新编号为 D9M1～D9M4、D9M6～D9M10）、1997 年由常德市文物处抢救性发掘的南坪汽修厂（当时编号为 97 常南汽 M3～97 常南汽 M5、97 常南汽 M7、97 常南汽 M10、97 常南汽 M12、97 常南汽 M13，其在本报告的新编号为 D11M3～D11M5、D11M7、D11M10、D11M12、D11M13）、2009 年由常德博物馆抢救性发掘的南坪夏家岗（当时编号为 2009 常德南坪夏家岗 M1～2009 常德南坪夏家岗 M3，本报告的新编号为 D10M1～D10M3）。其余的墓葬材料，包括部分判定为土墩墓的墓葬和部分砖室墓，虽然在实际上也可能属于不同家族的墓葬群，但因缺乏发掘时的详细记载，也只能将其作为独立的墓葬来予以报告，故采用按照序号重新编号的方法。对于德山、黄土山、汉寿聂家桥、桃源二里岗等地的土坑墓，则均按照墓地进行统一的序列编号。

　　在按照序号对沅水下游汉墓重新编号时，考虑到本局编写的综合报告《沅水下游楚墓》一书中，已将沅水下游各个墓地的 1395 座楚墓、197 座空墓和 25 座非楚东周墓统一进行了编号（M1～M1617），而本报告所涉及的墓葬有不少是和这些墓葬处于同一墓地，有着深厚的内在联系，不仅在时代上与东周墓资料有承继关系，而且在墓地分布上也存在相互交叉，因此本报告的墓葬序号，与《沅水下游楚墓》一书进行了衔接。鉴于《沅水下游楚墓》

一书所收集的墓葬材料是截止到 2005 年年底，之后，常德博物馆和鼎城区文物局、桃源县文物局、汉寿县文物局又先后抢救发掘了约 300 座东周墓，而以后整理这批材料时也会纳入这个完整的墓葬号序列，因此，在本报告中两汉墓葬的编号序列从 M2001 开始。详见表一。

表一　　　　　　　　　　　　沅水下游两汉墓葬编号调整对照表

所在区县	墓地	原始墓号	调整墓号	墓葬类别	备 注
武陵区	武陵区南坪土墩墓群	2010D1M2	D1M2	土墩竖穴墓	墓例一
		2010D2M7	D2M7		墓例二
		2010D2M11	D2M11		墓例三
		2010D3M27	D3M27		墓例四
		2010D3M29	D3M29		墓例五
		2010D3M20	D3M20		墓例六
		2010D3M24	D3M24		墓例七
		2010D3M26	D3M26		墓例八
		2010D3M14	D3M14		墓例九
		2010D3M13	D3M13		墓例一〇
		2010D3M9	D3M9		墓例一一
		2010D3M16	D3M16		墓例一二
		2010D3M28	D3M28		墓例一三
		2010D3M18	D3M18		墓例一四
		2010D3M30	D3M30		墓例一五
		2010D7M3	D7M3		墓例一六
		2010D7M4	D7M4		墓例一七
		2010D7M5	D7M5		墓例一八
		2010D8M2	D8M2		
		2010D8M3	D8M3		墓例一九
		2010D8M4	D8M4		墓例二〇
		2010D8M7	D8M7		
		95 常南粮 M1	D9M1		
		95 常南粮 M2	D9M2		墓例二一
		95 常南粮 M3	D9M3		
		95 常南粮 M4	D9M4		墓例二二
		95 常南粮 M6	D9M6		
		95 常南粮 M7	D9M7		
		95 常南粮 M8	D9M8		
		95 常南粮 M9	D9M9		
		95 常南粮 M10	D9M10		墓例二三
		2009 常德南坪夏家岗 M1	D10M1		墓例二四
		2009 常德南坪夏家岗 M2	D10M2		墓例二五
		2009 常德南坪夏家岗 M3	D10M3		

续表一

所在区县	墓地	原始墓号	调整墓号	墓葬类别	备　　注
武陵区	武陵区南坪汽修厂土墩墓群	97 常南汽 M3	D11M3	土墩竖穴墓	
		97 常南汽 M4	D11M4		墓例二六
		97 常南汽 M5	D11M5		
		97 常南汽 M7	D11M7		墓例二七
		97 常南汽 M10	D11M10		
		97 常南汽 M12	D11M12		
		97 常南汽 M13	D11M13		
	常德南坪汉墓群	1980 常德南坪 M3	M2001		
	常德南坪汉墓群	1983 常德南坪 M7	M2002		
	常德南坪粮库汉墓	83 常南粮 M1	M2003		墓例二八
	常德南坪尼姑桥汉墓	83 常南粮 M2	M2004		
	常德南坪汉墓	84 常南尼 M2	M2005		
	常德南坪粮库汉墓	84 常南尼 M3	M2006		
	常德南坪夏家岗汉墓	1987 南坪气象站基建工地 M3	M2007		
	常德南坪穿紫河汉墓群	97 常南粮 M8	M2008		
		97 常南粮 M9	M2009		墓例二九
		2002 常德南坪夏家岗 M5	M2010		
		96 常穿 M26	M2011		
		96 常穿 M45	M2012		
		96 常穿 M56	M2013		
		96 常穿 M57	M2014		
		96 常穿 M58	M2015		
		96 常穿 M68	M2016		
		96 常穿 M71	M2017		
		96 常穿 M92	M2018		
		96 常穿 M93	M2019		
		96 常穿 M95	M2020		墓例三〇
		96 常穿 M96	M2021		
		96 常穿 M98	M2022		墓例三一
		96 常穿 M99	M2023		墓例三二
		96 常穿 M123	M2024		
		96 常穿 M125（9 月 14 日）	M2025		墓例三三
		96 常穿 M125（9 月 18 日）	M2026		
		96 常穿 M126	M2027		

续表一

所在区县	墓地	原始墓号	调整墓号	墓葬类别	备 注
武 陵 区	常德南坪穿紫河墓群	96 常穿 M131	M2028	土 墩 竖 穴 墓	墓例三四
		96 常穿 M132	M2029		墓例三五
		96 常穿 M135	M2030		墓例三六
		96 常穿 M138	M2031		
		96 常穿 M140	M2032		
		96 常穿 M141	M2033		
		96 常穿 M143	M2034		
		96 常穿 M144	M2035		
		96 常穿 M145	M2036		
		96 常穿 M148	M2037		
		96 常穿 M149	M2038		
		96 常穿 M152	M2039		
		97 常市八中 M1	M2040		
		97 常市八中 M2	M2041		
		98 常市八中 M7	M2042		
		98 常市八中 M9	M2043		
		98 常市八中 M10	M2044		
		98 常市八中 M11	M2045		
		98 常市八中 M12	M2046		
		98 常市八中 M19	M2047		
		98 常市八中 M24	M2048		
		99 常城建 M5	M2049		
		99 常城建 M6	M2050		
		2000 常城建 M2	M2051		
		98 常柳 M36	M2052		
		98 常柳 M38	M2053		
		98 常柳 M39	M2054		
		98 常柳 M40	M2055		
		98 常柳 M46	M2056		
		98 常柳 M47	M2057		
		98 常柳八中 M50	M2058		
		98 常柳 M78	M2059		
		99 常柳 M1	M2060		
		99 常柳 M3	M2061		
		99 常柳 M4	M2062		

续表一

所在区县	墓地	原始墓号	调整墓号	墓葬类别	备　注
武陵区	常德南坪穿紫河汉墓	98 常芷兰小区 M4	M2063	土墩竖穴墓	
	常德南坪汉墓群	2005 国源 M10	M2064		
		2005 国源 M13	M2065		
		2005 国源 M14	M2066		
		2005 国源 M15	M2067		
	常德南坪汉墓群	95 常南武道 M4	M2068		
	常德南坪汉墓群	97 常南武道 M13	M2069		
	常德南坪县原种场汉墓	87 南坪县原种场 M1	M2070		
		99 常南原 M7	M2071		
		99 常南原 M9	M2072		墓例三七
		99 常南原 M10	M2073		墓例三八
		99 常南原 M11	M2074		
		99 常南原 M12	M2075		
		99 常南原 M19	M2076		墓例三九
	常德南坪汉墓群	1997 常德南坪 M1	M2077		
		1997 常德南坪 M2	M2078		
		1997 常德南坪 M3	M2079		
		1997 常德南坪 M4	M2080		
		1997 常德南坪 M5	M2081		
		1997 常德南坪 M6	M2082		
	常德南坪汉墓群	2003 南坪乡派出所 M1	M2083		
	常德南坪汉墓群	95 常德南坪砖 M2	M2084		
	常德南坪汉墓群	96 常南校 M4	M2085		

续表一

所在区县	墓地	原始墓号	调整墓号	墓葬类别	备　注
武陵区	德山武陵酒厂桃花山墓群	93 德武桃 M13	M2086	土坑竖穴墓	墓例四〇
		93 德武桃 M14	M2087		
		93 德武桃 M15	M2088		
		93 德武桃 M17	M2089		
		93 德武桃 M19	M2090		
		93 德武桃 M20	M2091		
		93 德武桃 M24	M2092		墓例四一
		93 德武桃 M26	M2093		墓例四二
		93 德武桃 M32	M2094		墓例四三
		93 德武桃 M35	M2095		
		93 德武桃 M37	M2096		墓例四四
		93 德武桃 M38	M2097		墓例四五
		93 德武桃 M39	M2098		墓例四六
		93 德武桃 M123	M2099		
		93 德武桃 M126	M2100		
武陵区	德山生活湾墓群	2007 德山生活湾 M1	M2101		
		2007 德山生活湾 M2	M2102		
		2007 德山生活湾 M3	M2103		
		2007 德山生活湾 M4	M2104		
		2007 德山生活湾 M8	M2105		
		2007 德山生活湾 M9	M2106		
武陵区	德山武陵酒厂墓群	87 德山武陵酒厂 M8	M2107		
		87 市武 M9	M2108		
		88 市武陵酒厂 M1（88 上半年）	M2109		
		88 市武陵酒厂 M2（88 上半年）	M2110		
		88 武陵酒厂 M4（88 上半年）	M2111		
		88 常德市武陵酒厂 M2（88 下半年）	M2112		墓例四七
		88 武陵酒厂 M3（88 下半年）	M2113		墓例四八
		88 武陵酒厂 M4（88 下半年）	M2114		
		88 武陵酒厂 M5（88 下半年）	M2115		
		88 武陵酒厂 M6	M2116		
		88 武陵酒厂 M7	M2117		
	德山中路战国至汉代墓群	94 德山中路 M7	M2118		
		94 德山中路 M8	M2119		
		94 德山中路 M9	M2120		墓例四九

续表一

所在区县	墓地	原始墓号	调整墓号	墓葬类别	备　注
武陵区	德山中路战国至汉代墓群	94 德山中路 M16	M2121	土坑竖穴墓	
		94 德山中路 M19	M2122		
		94 德山中路 M22	M2123		
		94 德山中路 M25	M2124		
		94 德山中路 M26	M2125		
		94 德山中路 M28	M2126		
	德山德郊砖厂墓群	87 市德郊乡砖厂 M2	M2127		
	德山莲花池墓群	96 常德莲 M18	M2128		
	德山恒安纸业墓群	2007 德山恒安二期扩改工程 M15	M2129		墓例五〇
		2007 德山恒安二期扩改工程 M16	M2130		墓例五一
		2007 德山恒安二期扩改工程 M17	M2131		墓例五二
		2007 德山恒安二期扩改工程 M18	M2132		墓例五三
		2007 德山恒安二期扩改工程 M19	M2133		墓例五四
		2007 德山恒安二期扩改工程 M20	M2134		墓例五五
		2007 德山恒安二期扩改工程 M21	M2135		
		2007 德山恒安二期扩改工程 M26	M2136		墓例五六
	德山汪家山墓群	1992 德山汪家山 M1	M2137		墓例五七
		1992 德山汪家山 M2	M2138		墓例五八
		1992 德山汪家山 M3	M2139		
	德山玻璃厂墓群	85 德玻 M1	M2140		
		85 德玻 M2	M2141		
	德山二纺机墓群	84 常二纺机 M2	M2142		
		84 常二纺机 M3	M2143		
		84 常二纺机 M4	M2144		
		84 常二纺机 M6	M2145		
		84 常二纺机 M8	M2146		
		93 常二纺机 M2	M2147		
		2009 德山二纺机 M6	M2148		墓例五九
	德山影剧院墓群	2004 德山影剧院 M2	M2149		
	德政园墓群	2007 德山德政园 M2	M2150		

续表一

所在区县	墓地	原始墓号	调整墓号	墓葬类别	备注
武陵区	德山二中东周至西汉墓群	2007 德山二中 M3	M2151	土坑竖穴墓	
		2007 德山二中 M4	M2152		
		2007 德山二中 M7	M2153		墓例六〇
		2007 德山二中 M8	M2154		
	德山汉顺房产（原德山二纺机）墓群	2011 汉顺 M2	M2155		
		2011 汉顺 M6	M2156		墓例六一
		2011 汉顺 M8	M2157		墓例六二
		2011 汉顺 M21	M2158		墓例六三
		2011 汉顺 M22	M2159		墓例六四
		2011 汉顺 M24	M2160		
		2011 汉顺 M25	M2161		
		2011 汉顺 M26	M2162		
		2011 汉顺 M29	M2163		
		2011 汉顺 M30	M2164		
		2011 汉顺 M35	M2165		
		2011 汉顺 M36	M2166		墓例六五
		2011 汉顺 M43	M2167		
	茅湾市砖厂墓群	84 常市砖 M65	M2168		
	丙纶厂墓群	84 常丙厂 M1	M2169		
	德山市政路墓葬	84 常市政路 M3	M2170		
	德山纺机路墓群	84 纺机路 M11	M2171		
		84 纺机路 M15	M2172		
		85 纺机路 M16	M2173		
		85 纺机路 M17	M2174		
		87 纺机路 M2	M2175		
		87 纺机路 M3	M2176		
	德山税务局墓群	87 德山税务局工地 M4	M2177		
	德山阀门厂墓群	84 德山阀门厂 M1	M2178		
		84 德山阀门厂 M2	M2179		
		84 德山阀门厂 M3	M2180		
	德山地税局墓群墓群	96 德山地税局（曾家山）M1	M2181		
		96 德山地税局（曾家山）M2	M2182		
		96 德山地税局（曾家山）M4	M2183		
		96 德山地税局（曾家山）M5	M2184		
		96 德山地税局（曾家山）M6	M2185		
		96 德山地税局（曾家山）M7	M2186		
	德山阀门厂墓群	2004 第一医院德山分院 M2	M2187		
		2004 第一医院德山分院 M4	M2188		

续表一

所在区县	墓地	原始墓号	调整墓号	墓葬类别	备　注
鼎城区	鼎城区灌溪镇五里墓群	2011 常鼎灌五里 M23	M2189	土坑竖穴墓	
		2011 常鼎灌五里 M24	M2190		墓例六六
		2011 常鼎灌五里 M81	M2191		
		2011 常鼎灌五里 M82	M2192		墓例六七
		2011 常鼎灌五里 M83	M2193		
		2011 常鼎灌五里 M84	M2194		
		2011 常鼎灌五里 M85	M2195		
		2011 常鼎灌五里 M86	M2196		
		2011 常鼎灌五里 M87	M2197		墓例六八
		2011 常鼎灌五里 M88	M2198		墓例六九
		2011 常鼎灌五里 M111	M2199		墓例七〇
		2011 常鼎灌五里 M112	M2200		墓例七一
		2011 常鼎灌五里 M89	M2201		墓例七二
		2011 常鼎灌五里 M90	M2202		
		2011 常鼎灌五里 M91	M2203		墓例七三
		2011 常鼎灌五里 M92	M2204		墓例七四
		2011 常鼎灌五里 M108	M2205		
		2011 常鼎灌五里 M94	M2206		墓例七五
		2011 常鼎灌五里 M95	M2207		墓例七六
		2011 常鼎灌五里 M96	M2208		
		2011 常鼎灌五里 M98	M2209		墓例七七
		2011 常鼎灌五里 M99	M2210		
		2011 常鼎灌五里 M100	M2211		墓例七八
		2011 常鼎灌五里 M101	M2212		
		2011 常鼎灌五里 M102	M2213		墓例七九
		2011 常鼎灌五里 M103	M2214		
		2011 常鼎灌五里 M104	M2215		墓例八〇
		2011 常鼎灌五里 M105	M2216		
		2011 常鼎灌五里 M106	M2217		
		2011 常鼎灌五里 M107	M2218		墓例八一
		2011 常鼎灌五里 M110	M2219		
		2011 常鼎灌五里 M162	M2220		
		2011 常鼎灌五里 M163	M2221		
		2011 常鼎灌五里 M164	M2222		墓例八二
		2011 常鼎灌五里 M165	M2223		
		2011 常鼎灌五里 M167	M2224		
		2011 常鼎灌五里 M168	M2225		
		2011 常鼎灌五里 M170	M2226		
		2011 常鼎灌五里 M171	M2227		

续表一

所在区县	墓地	原始墓号	调整墓号	墓葬类别	备　注
鼎城区	鼎城区灌溪镇三三砖厂墓群	85 常灌三 M1	M2228	土坑竖穴墓	
		85 常灌三 M2	M2229		
		85 常灌三 M5	M2230		
		85 常灌三 M7	M2231		
		85 常灌三 M8	M2232		
		85 常灌三 M9	M2233		
		85 常灌三 M10	M2234		
		85 常灌三 M12	M2235		
		85 常灌三 M13	M2236		
		85 常灌三 M15	M2237		
		85 常灌三 M17	M2238		
		85 常灌三 M18	M2239		
		85 常灌三 M21	M2240		
		85 常灌三 M22	M2241		
		85 常灌三 M23	M2242		
		85 常灌三 M24	M2243		
		85 常灌三 M26	M2244		
		85 常灌三 M27	M2245		
		85 常灌三 M28	M2246		
		85 常灌三 M29	M2247		
		85 常灌三 M30	M2248		墓例八三
	鼎城区灌溪镇五里村樟树山墓群	85 常灌五樟 M31	M2249		
		85 常灌五樟 M32	M2250		
		85 常灌五樟 M35	M2251		
		85 常灌五樟 M38	M2252		
		85 常灌五樟 M40	M2253		
		85 常灌五樟 M41	M2254		
		85 常灌五樟 M42	M2255		
		85 常灌五樟 M43	M2256		
		85 常灌五樟 M47	M2257		
		85 常灌五樟 M50	M2258		
		85 常灌五樟 M57	M2259		
		85 常灌五樟 M58	M2260		
		85 常灌五樟 M62	M2261		
	鼎城区灌溪镇三三砖厂墓群	85 常灌三 M66	M2262		
		85 常灌三 M67	M2263		
		85 常灌三 M71	M2264		
		85 常灌三 M72	M2265		

续表一

所在区县	墓地	原始墓号	调整墓号	墓葬类别	备　注
鼎城区	鼎城区灌溪镇三三砖厂墓群	85 常灌三 M84	M2266	土坑竖穴墓	
		85 常灌三 M86	M2267		
		85 常灌三 M88	M2268		
		85 常灌三 M94	M2269		
		87 常灌三 M3	M2270		
		87 常灌三 M5	M2271		
		87 常灌三 M6	M2272		
		87 常灌三 M11	M2273		
		87 常灌三 M12	M2274		
	常德鼎城区灌溪镇老虎堰砖厂墓群	91 常灌老虎堰砖厂（总号 M7）	M2275		
		91 常灌老虎堰砖厂 M6（总号 M10）	M2276		
		91 常灌老虎堰砖厂 M1（总号 M11）	M2277		
		91 常灌老虎堰砖厂 M2（总号 M12）	M2278		
		91 常灌老虎堰砖厂 M3（总号 M13）	M2279		
		91 常灌老虎堰砖厂 M4（总号 M14）	M2280		
		91 常灌老虎堰砖厂 M5（总号 M15）	M2281		
		91 常灌老虎堰砖厂 M6（总号 M16）	M2282		
	鼎城区灌溪镇护城砖厂墓群	92 护城 M1（总号 M16）	M2283		
		92 护城 M2（总号 M17）	M2284		
		92 护城 M3（总号 M18）	M2285		
		92 护城 M4（总号 M19）	M2286		
		92 护城 M7（总号 M22）	M2287		
		92 护城 M9（总号 M24）	M2288		
		92 护城 M10（总号 M25）	M2289		
		92 护城 M11（总号 M26）	M2290		
		92 护城 M12（总号 M27）	M2291		
		92 护城 M13（总号 M28）	M2292		
		92 护城 M14（总号 M29）	M2293		
		92 护城 M15（总号 M30）	M2294		
		92 护城 M16（总号 M31）	M2295		
		92 护城 M17（总号 M32）	M2296		

续表一

所在区县	墓地	原始墓号	调整墓号	墓葬类别	备　注
鼎城区	鼎城区灌溪镇护城砖厂墓群	92 护城 M18（总号 M33）	M2297	土坑竖穴墓	
		92 护城 M19（总号 M34）	M2298		
		92 护城 M20（总号 M35）	M2299		
		92 护城 M21（总号 M36）	M2300		
	鼎城区灌溪镇老虎堰砖厂墓群	93 常灌老虎堰 M1（总 M38）	M2301		
		93 常灌老虎堰 M2（总 M39）	M2302		
		93 常灌老虎堰 M3（总 M40）	M2303		
		93 常灌老虎堰 M4（总 M41）	M2304		
		93 常灌老虎堰 M5（总 M42）	M2305		
		93 常灌老虎堰 M6（总 M43）	M2306		
		93 常灌老虎堰 M7（总 M44）	M2307		
		93 常灌老虎堰 M8（总 M45）	M2308		
	鼎城区灌溪镇武陵砖厂墓群	92 武陵砖厂 M1	M2309		
		92 武陵砖厂 M2	M2310		
		98 武陵砖厂 M1	M2311		
	灌溪黄土山墓群	207 常灌黄土山 M6	M2312		
	鼎城区南坪张家山	94 鼎南张 M4	M2313		
	鼎城区石板滩烟草机械仓库墓群	2005 鼎城石板滩烟机仓库 M16	M2314		
		2005 鼎城石板滩烟机仓库 M17	M2315		
		2005 鼎城石板滩烟机仓库 M18	M2316		
桃源县	桃源县城关	87 桃千 M2	M2317		
		87 桃千 M3	M2318		
		87 桃千 M4	M2319		
		87 桃千 M5	M2320		
		87 桃千 M6	M2321		
		87 桃千 M10	M2322		
		87 桃千 M11	M2323		
		87 桃千 M14	M2324		
		87 桃千 M15	M2325		

续表一

所在区县	墓地	原始墓号	调整墓号	墓葬类别	备　注
桃源县	桃源县城关	87桃千M16	M2326	土坑竖穴墓	
		87桃千M17	M2327		
		87桃千M18	M2328		
		87桃千M19	M2329		
		87桃千M21	M2330		
	桃源县枫树伍家堆墓群	88桃枫伍家堆M1	M2331		
		88桃枫伍家堆M2	M2332		
	桃源县城关镇城西村独岗嘴墓群	89桃城独M1	M2333		
		89桃城独M2	M2334		
		89桃城独M3	M2335		
		89桃城独M4	M2336		
		89桃城独M5	M2337		
		89桃城独M6	M2338		
		89桃城独M7	M2339		
	桃源县城关废品仓库墓群	92桃废库M1	M2340		
		92桃废库M2	M2341		
		92桃废库M3	M2342		
		92桃废库M5	M2343		
	桃源青林羊耳墓群	2001桃青羊M26	M2344		墓例八四
	桃源漳江镇官房山	2010桃漳官M2	M2345		墓例八五
	桃源青林乡狮子山墓群	84狮子山M6	M2346		
		84狮子山M7	M2347		
		84狮子山M10	M2348		
		84狮子山M12	M2349		
		84狮子山M14	M2350		
		84狮子山M16	M2351		
		84狮子山M17	M2352		
		84狮子山M18	M2353		
		84狮子山M21	M2354		
		84狮子山M23	M2355		
		84狮子山M30	M2356		
		84狮子山M33	M2357		

续表一

续表一

所在区县	墓地	原始墓号	调整墓号	墓葬类别	备注
桃源县	桃源青林乡狮子山墓群	84 狮子山 M34	M2358	土坑竖穴墓	
		84 狮子山 M46	M2359		墓例八六
		84 狮子山 M56	M2360		墓例八七
		84 狮子山 M67	M2361		
		84 狮子山 M68	M2362		墓例八八
汉寿县	汉寿县聂家桥乡武峰山墓群	2001 汉聂武 M1	M2363		墓例八九
		2001 汉聂武 M7	M2364		
		2001 汉聂武 M10	M2365		
		2001 汉聂武 M38	M2366		
		2001 汉聂武 M13	M2367		
		2001 汉聂武 M14	M2368		
		2001 汉聂武 M17	M2369		
		2001 汉聂武 M20	M2370		
		2001 汉聂武 M22	M2371		墓例九○
		2001 汉聂武 M23	M2372		墓例九一
		2001 汉聂武 M24	M2373		
		2001 汉聂武 M25	M2374		墓例九二
		2001 汉聂武 M26	M2375		墓例九三
		2001 汉聂武 M27	M2376		
		2001 汉聂武 M28	M2377		
		2001 汉聂武 M29	M2378		墓例九四
		2001 汉聂武 M30	M2379		墓例九五
		2001 汉聂武 M31	M2380		
		2001 汉聂武 M32	M2381		
		2001 汉聂武 M33	M2382		
		2001 汉聂武 M34	M2383		
武陵区	常德武陵大道北段汉墓	97 常武陵大道 M12	M2396		墓例九六
	常德南坪粮库汉墓	83 南粮 M3	M2384		墓例九七

续表一

所在区县	墓地	原始墓号	调整墓号	墓葬类别	备注
武陵区	常德县南坪乡砖厂汉墓	86 常南砖 M01	M2385	砖室墓	
		87 常南砖 M2	M2386		
		92 常南砖 M2	M2387		
		92 常南砖 M3	M2388		
		92 常南砖 M4	M2389		
	常德南坪汉墓群	87 常德县南坪岗村一组高八斗坵 M1	M2390		墓例九八
	常德南坪穿紫河汉墓群	96 常穿 M29	M2392		
		96 常穿 M54	M2393		
	常德武陵大道北段汉墓	97 常武陵大道 M10	M2394		
		97 常武陵大道 M11	M2395		墓例一〇〇
		97 常武陵大道 M14	M2397		
		97 常武陵大道 M15	M2398		
	常德南坪柳叶大道汉墓	98 常柳 M48	M2399		
		98 常柳 M50	M2400		墓例一〇一
	常德南坪穿紫河汉墓群	98 常穿紫河 M63	M2401		墓例一〇二
	常德柳叶大道芷兰实验学校汉墓	98 常柳八 M51	M2402		
	常德南坪芷兰小区汉墓群	98 常芷兰小区 M1	M2403		
		98 常芷兰小区 M2	M2404		
		98 常芷兰小区 M3	M2405		
		98 常芷兰小区 M5	M2406		
		98 常芷兰小区 M6	M2407		
	常德县南坪原种场土地山汉墓	99 常南原 M8	M2408		墓例一〇三
		99 常南原（柳）M87	M2409		墓例一〇四
	新世纪花园小区	2000 常城建 M1	M2410		
	金叶小区汉墓	2003 常南鸿升 M1	M2411		
	常德新世纪花园小区汉墓群	2003 常德新世纪 M4	M2412		
		2003 常德新世纪 M5	M2413		
		2003 常德新世纪 M6	M2414		
		2003 常德新世纪 M7	M2415		

续表一

所在区县	墓地	原始墓号	调整墓号	墓葬类别	备 注
武陵区	常德柏子园墓群	2004 常德柏子园 M1	M2416	砖室墓	墓例一〇五
		2004 常德柏子园 M2	M2417		
	常德南坪柳荷鑫园小区墓群	2005 常德南坪柳荷 M5	M2418		
		2005 常德南坪柳荷 M6	M2419		
		2005 常德南坪柳荷 M7	M2420		
		2005 常德南坪柳荷 M8	M2421		
	常德南坪国源小区墓群	2005 国源 M3	M2422		
		2005 国源 M4	M2423		
	常德南坪夏家岗汉墓群	2009 常德南坪夏家岗 M4	M2424		
		2009 常德南坪夏家岗 M5	M2425		
		2009 常德南坪夏家岗 M6	M2426		
	常德市武陵区荷花南路	2010HNM1	M2427		墓例一〇六
	常德南坪汉墓群	2010D1M7	M2428		墓例一〇七
		2010D2M1	M2429		墓例一〇八
		2010D4M1	M2430		
		2010D5M1	M2431		
		2010D6M1	M2432		
		2010D6M2	M2433		
		2010D6M3	M2434		墓例一〇九
		2010D7M10	M2435		
		2010D8M8	M2436		
	武陵区沙河中路	2010SGM3	M2437		
	武陵区芦山乡台家铺村	96CNM1	M2438		墓例一一〇
	常德南坪汉墓群	92 常南坪七组 M1	M2439		
		94 常南坪一组 M1	M2440		
		94 常南坪一组 M2	M2441		
		97 常南 M1	M2442		
		97 常南 M2	M2443		
桃源县	桃源县漳江镇二里岗	87 桃城二 M3	M2444		
汉寿县	汉寿县西竺山乡八角村李家湾金银器	汉寿西竺山乡八角村李家湾	M2445		墓例九九

续表一

注　释

①⑨　孙常喜主编：《常德地区志·文物志》，中国文史出版社，1995 年。

②　国家文物局主编：《中国文物地图集·湖南分册》，湖南地图出版社，1997 年。

③　王永彪：《湖南常德出土一批汉代金银饼》，《文物》2013 年第 6 期。

④　龙朝彬、郑祖梅：《湖南常德市出土鎏金铜方壶》，《文物》1996 年第 4 期。

⑤　2012 年冬由湖南省文物考古研究所和常德博物馆联合发掘资料。

⑥　湖南省常德市文物局等编著：《沅水下游楚墓》，文物出版社，2010 年。

⑦　周世荣：《长沙出土西汉印章及相关问题研究》，《考古》1978 年第 4 期。

⑧　据《光武帝纪》载："（二十四年）秋七月，武陵蛮寇临沅"；《后汉书·南蛮传》载："二十四年（七月），相端程等下攻临沅"。

⑩　湖南省博物馆：《湖南常德东汉墓》，《考古集刊》一，中国社会科学出版社，1981 年。

⑪　湖南省文物考古研究所 向桃初：《湖南大庸东汉砖室墓》，《考古》1994 年第 12 期。

⑫　津市文物管理所：《津市新洲豹鸣村东汉墓》，《湖南考古·2002》，岳麓出版社，2003 年。

⑬　常德博物馆：《湖南常德南坪"汉寿左尉"墓清理简报》，《江汉考古》2004 年第 4 期。

⑭　陈松长：《湖南张家界新出战国铜矛铭文考略》，《文物》2011 年第 9 期。

⑮　长沙市考古研究所 何旭红：《对长沙谷山被盗汉墓漆器铭文的初步认识》，《湖南省博物馆馆刊》第六辑，岳麓书社，2009 年。

⑯　长沙简牍博物馆、长沙市考古研究所联合发掘组：《2003 长沙走马楼西汉简牍重大考古发现》，《出土文献研究》第七辑，上海古籍出版社，2005 年。

⑰　谭其骧主编：《中国历史地图集》第二册（秦、西汉、东汉时期），地图出版社，1982 年。

⑱　高至喜：《湖南桃源大池塘东汉铜器》，《考古》1983 年第 7 期。

⑲　王英党：《湖南桃源县出土一批东汉铜器》，《考古》1993 年第 7 期。

⑳　陈松长：《湖南古代玺印》，上海辞书出版社，2004 年。

㉑　王永彪：《汉寿发现大型商周至汉代遗址》，《中国文物报》1995 年 4 月 16 日第 3 版。

㉒　涂春堂、应国斌编著：《清嘉庆常德府志校注》，湖南人民出版社，2001 年。

土墩竖穴墓

第贰编

TUDUNSHUXUEMU

第一章　武陵区南坪土墩竖穴墓

武陵区南坪乡属典型的洞庭湖冲积平原区，河湖密集，水网稠密，平均海拔高程为 29 ~ 38 米。其东部沅水与枉水交汇处的德山海拔最高 97.8 米，是常德城区东南的制高点。西部为河洑山，北部属武陵山的尾脉——太阳山，海拔高程 568.4 米，这里是常德城区周边百里范围内的最高点。虽然太阳山基本属东北西南走向，但太阳山南部的黄土山、花山、白鹤山等几座小山却呈东西走向，发源于临澧太浮山的渐水就沿着这几座小山的山脚自西向东奔流，其干流形成了花山湖、沾天湖和柳叶湖，并由支流和湖泊与索县古城相连，然后折向东南入沅水。渐水在黄土山附近分出一支流（杨家河）入费家湖、白马湖，然后入穿紫河和姻缘河，姻缘河又向东北与柳叶湖相通，东南汇入沅水。穿紫河和姻缘河在明代称"崇河"，水量非常大。

南坪恰好就位于两组河湖之间，西部为杨家河、费家湖、白马湖，南部为穿紫河和姻缘河，东部为柳叶湖，北部为渐水和沾天湖，土墩竖穴墓就分布在这个区域内。

经过长达半个多世纪的清理发掘，目前已初步弄清了武陵区南坪土墩竖穴墓的大致分布区域：西部基本以现代的皂果路为界，其西侧没有发现过土墩竖穴墓迹象；东部以石长铁路为界；北部到沾天湖南部的腰路铺村和万寿村；南部以穿紫河和姻缘河为限（图五；彩版一，1）。基本位于东西约 4 千米，南北约 5 千米，总面积约 20 平方千米的范围内。其中心区域位于武陵区的南坪乡南坪村内，这里经过抢救性发掘，可明显辨明保存有封土堆的独立封堆 8 座，分别编号为：D1 ~ D3、D7 ~ D11。这些封堆在发掘前保存较好，发掘时是基本按照独立封堆进行相对科学的发掘的，保留的资料也较完整，本报告对每一个封堆都做了单独报告，属于这八座封堆内的墓葬共 41 座。南坪还有其他 85 座同样的土墩竖穴墓，这些墓葬在发掘前大部分遭到不同程度的破坏，只有 1996 年和 1998 年清理的穿紫河北岸（今城区金色晓岛住宅小区）和柳叶大道中段的 40 多座墓葬在发掘前还可见部分封堆，但这些跨越了 2000 余年岁月后留下的封堆在发掘队正式进入工地之前，已被严重损毁，因此，发掘资料中虽然可部分推测封堆的属性和规模，但使用在科学报告中却有些牵强，只能将这批墓葬资料放入上部封堆材料不清楚的范畴中予以报告。其余的40余座墓葬则是在发掘前早就不见上部封堆的踪影，也无法推断，这些墓葬基本是在各种工程施工中发现了随葬器物后考古人员才介入的，此时周边的环境已发生了根本变化，因此本报告只能将墓葬材料如实报告，其原始状态就不作推测和判断了。

本报告将保存基本完整的八座封堆的资料全部报道，也因这八座封堆中有部分墓葬是在发现时就已遭毁灭性破坏，因此除D1～D3、D7、D8（图六；彩版二，1）的绝大部分墓葬是作为墓例完整报告外，其他三座封堆中只能挑选保存较完整的墓葬作为墓例。这类墓例共27座（D2M7属东汉早期墓也纳入此部分报告），其他墓例共12座。

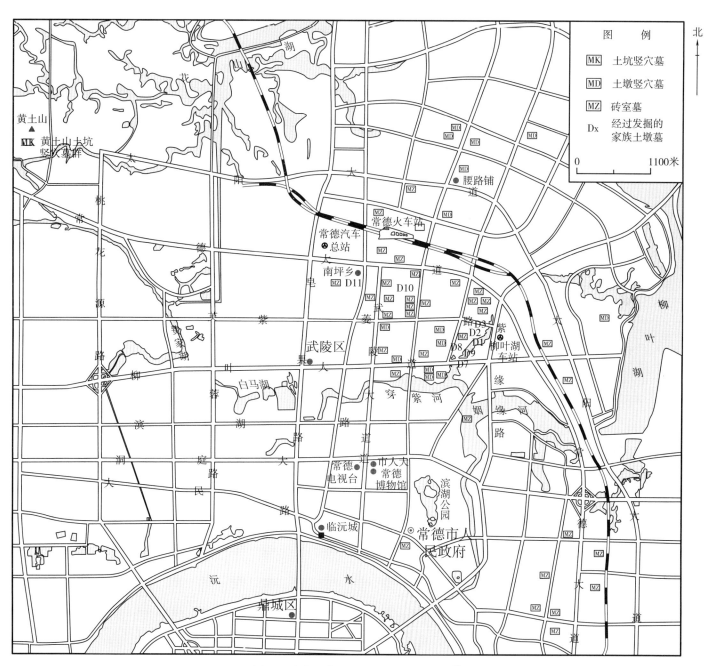

图五　武陵区南坪两汉墓群分布示意图①

图六　武陵区南坪汉墓（D1～D9）航拍图

注　释

① 底图来源为《常德市城区图》，湖南地图出版社，2013 年。

第二章　D1（孱陵丞墓）

D1 是从 2010 年 3 月 8 日至 6 月 30 日发掘的一座封堆，发掘前为荒地，长满了各种杂树和杂草。位于整个墓区的中部，东南 70 米为苏公桥河，北与 D2 相距约 40 米，与 D3 相距约 120 米，西南与 D8 相距 360 米（图六、七）。

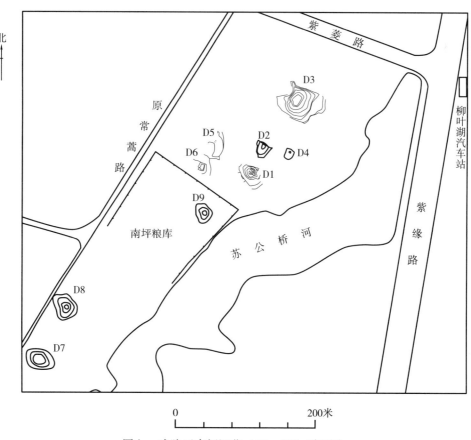

图七　武陵区南坪汉墓（D1～D9）平面图

第一节　D1 的形成和结构

D1 在发掘前除东部和顶部部分被破坏外，封堆的外形保存基本完整，大致呈圆形，底部直径32、高 4.80 米，是一独立的土墩墓（彩版三，1），属一墩一墓。该墓在早期和近现代多次被盗，盗洞位于东部和东南部。

D1 上部的封土可分为九层（图八；彩版三，2）：

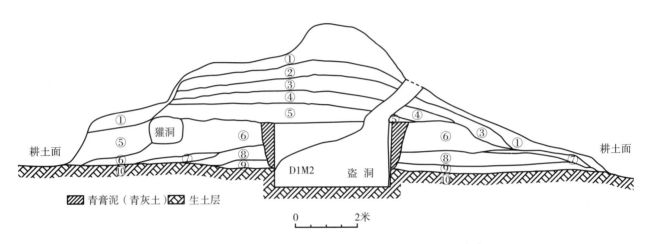

图八　D1 结构及墓葬剖面图（剖面线为 105°）（由西北向东南）

第①层：为封堆最外部的表土层。灰褐色土，内含大量植物根茎和现代耕作留下的庄稼，土质酥松。厚约 0.05～1.20 米。

第②层：为封堆封土的第二层。浅黄色杂土，土质较紧。厚约 0.05～0.35 米。

第③层：浅黄色杂土，结构酥松，分布较平。厚约 0.25 米。

第④层：灰黄色杂土，结构较紧，在封堆上分布较平。厚约 0.10～0.30 米。

第⑤层：浅灰色杂土夹灰黄色土，结构紧密，较纯。分布在封堆内部墓葬 D1M2 的墓口之上，在初建熟土台的北部和东部也有分布，应是下葬之后堆筑封土的第一层。厚约 0.05～0.95 米。

第⑥层：深灰褐色土夹黄褐色土，结构紧密，较纯，应为熟土台台面的第一层，墓葬开口于此层。厚约 0.05～1.20 米。

第⑦层：青灰褐色土，结构紧密，为熟土台的第二层。厚约 0.05～0.25 米。

第⑧层：黄灰色土夹灰褐色土，结构紧密，为熟土台的第三层。厚约 0.05～0.50 米。

第⑨层：浅灰褐色土夹少量黄灰色土，结构紧密，为熟土台的第四层。厚约 0.05～0.25 米。

第九层下为生土层。上部呈青灰色，下部渐变为黄褐色网纹土，应为整个南坪墓地的生土层。上部的土质应为长期稻作农耕形成的静水沉积层，下部全为生土层，墓区内所有的封堆下部都是该层。

从封堆的封土结构可以判定，该封堆的形成基本是按照如下程序完成：

1. 选定一个地势相对较高的地域，先平整地面，然后再从外运土修筑一个高 1.60～1.65 米、直径约 24 米的熟土台。

2. 在修建熟土台时，在中心主墓的位置留有土坑，所留坑的开口要比墓葬的开口大（但墓道的部位是否留坑因盗扰严重已难以判断），墓室大约长 6.50、宽 4.50 米。

3. 在主墓下葬之前，对所留的坑进行清理，可能是在墓坑内装上了木框，然后在周边填上非常纯净的青灰土和青膏泥，使墓圹周围比墓室内的其他地方整齐。

4. 在对墓坑底部进行清理时，于底部继续下挖，深入生土层约 0.40 米。墓道一侧深入生土层 0.20 ~ 0.30 米，这表明当时的地面是北高南低，稍有倾斜。

5. 完成 D1M2 的下葬后，再在熟土台上部堆上封土。封堆内部没有建排水暗沟，外部是否有排水沟因后期的破坏已无法判定。

第二节　D1 内的墓葬分布及墓例

D1 内仅发现一座带竖穴墓道的土墩竖穴墓（编号 D1M2），是已经证实的唯一一处一墩一墓的封堆。

D1M2 位于封堆的中部，墓道位于南侧，方向 210°。但从发掘时墓主印章出土的位置推测墓主的头向可能为 30°。

墓例一　D1M2

一　墓葬形制

带竖穴墓道的长方形土墩竖穴墓。墓室平面呈"凸"字形，方向 210°（图九）。墓葬开口距封堆的顶部最高 3.20 米，从墓底到封堆最高点约 5.20 米。墓口长 5.50、宽 3.80 米，墓底长 5.30、宽 3.60 米，墓深 2 米。位于墓室西南部的墓道因被多座明代浇浆结构墓葬打破，仅保留了长 1.40 米的一部分，宽 2.40、深 1.60 米，墓道为长方形竖穴式，高于墓底 0.40 米。

枕木沟，墓底有两条纵向枕木沟，沟长 4.90、宽 0.30、深 0.10 米。

封门情况不明。

葬具，因多次遭盗掘，除西北部仅存一角外，几乎都被盗墓者扰动，而且盗洞还在西北角偏南处深入墓底生土 0.30 米，故葬具的具体结构已不明。从残留的痕迹推测应为两层椁室，内棺不明。

葬式，因墓主的骨架已腐朽无存并遭盗扰，无法判断。

填土，墓室内填土和封堆的填土基本相同，均是从墓地外部取土填入，墓底使用了少量白膏泥和青膏泥。

盗洞，该墓在历史上多次被盗，发掘前盗洞还没有垮塌。从封堆的东部直达墓底，并在墓底盗掘了一周。上部盗洞直径 0.70 ~ 1.10 米。因为被盗，随葬器物已不多，仅从墓室西北角和盗洞内清理出一部分，主要为软陶器和硬陶器、酱釉硬陶器，少量铜五铢和一件铁刀，还有一件墓主的滑石印章。

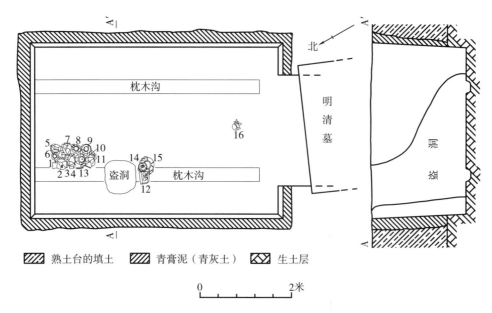

图九　D1M2 平、剖面及随葬器物分布图

1. 滑石屖陵丞印　2. 铜五铢　3、11. 陶壶　4. 陶钫　5～10. 硬陶罐　12. 陶灶　13. 铁环首刀
14. 陶井　15. 酱釉硬陶罐　16. 陶熏炉

二　出土器物

16 件。有软陶器 6 件、硬陶器 6 件、酱釉硬陶器 1 件、铁器 1 件，还有一枚滑石"屖陵丞印"印章和铜五铢（彩版四，1）。

（一）软陶器

6 件。有壶、钫、灶、井、熏炉。

1. 壶

2 件。形制和大小相同。无盖。深盘口，平沿，粗颈，深鼓腹，圈足弧折，肩部和腹部有多道凸棱，腹部有对称的兽面铺首。标本 D1M2：3，口径 13、腹径 23、底径 15.2、高 30.4 厘米（图一〇，1）。

2. 钫

1 件。D1M2：4，无盖。平沿，尖唇，口微敞，口沿下有一条宽带，长弧腹，高方圈足，腹部对称有兽面铺首。口径 10.4、底径 12.4、高 36.4 厘米（图一〇，2）。

3. 灶

1 件。D1M2：12，泥质灰陶。灶身呈长方形，四角圆弧，两釜座上置两件小陶釜，无甑，前部有两半圆形不落地火门，后有挡风板。长 26、宽 16、通高 15.6 厘米（图一〇，3）。

4. 井

1 件。D1M2：14，平沿，圆唇，直腹略弧，平底。腹部有一道凹弦。口径 15、底径 9、残高 13 厘米（图一〇，4）。

5. 熏炉

1 件。D1M2：16，盖和炉身上部和炉盘均残，炉柄中空至盘底。残高 12 厘米（图一〇，5）。

（二）硬陶器

6 件。均为罐。形制可分两种，大小也稍有区别。所有硬陶罐的肩部和上腹部均拍印方格纹，

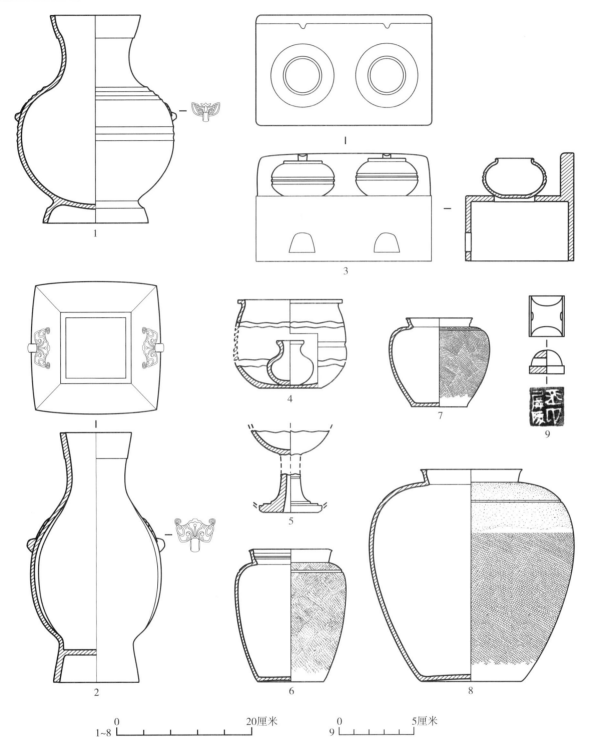

图一〇　D1M2 出土陶壶、钫、灶、井、熏炉，硬陶罐，酱釉硬陶罐，滑石印章

1. 陶壶（3）　2. 陶钫（4）　3. 陶灶（12）　4. 陶井（14）　5. 陶熏炉（16）　6、7. 硬陶罐（7、6）

8. 酱釉硬陶罐（15）　9. 滑石"屏陵丞印"（1）

均无刻划字符，但其颈部与肩部间原来多有用红漆书写的文字，只是均已不清。

标本 D1M2：7，直腹罐。形制相同但大小有别的有 2 件。外斜沿、尖唇，斜领，圆肩，直腹稍内收，平底略内凹。沿内有多道凸弦纹。口径 12、腹径 16、底径 9.6、高 19.4 厘米（图一〇，6）。

标本 D1M2：6，形制和大小基本相同的 4 件。平沿，尖唇，斜领，圆肩，鼓腹，平底。肩部饰凹弦纹。口径 9.8、腹径 14.8、底径 8.2、高 13 厘米（图一〇，7）。

（三）酱釉硬陶器

1 件。罐。

D1M2：15，平沿，尖唇，口微内敛，斜领，圆肩，深鼓腹，平底稍内凹。肩部饰一道凹弦纹，器身满饰方格纹。上腹部施有酱黑色釉，脱落严重。口径 14.8、腹径 30、底径 14.6、高 31 厘米（图一〇，8）。

（四）铁器

1 件。环首刀。

D1M2：13，已残断成多段，残长 50 厘米。

（五）其他

2 件（组）。滑石印章和铜五铢。

1. 滑石"孱陵丞印"

D1M2：1，滑石质地，出土于墓室边箱的一角。长方形，瓦纽，印纽上穿的直径 0.3～0.5 厘米。印文为阴刻"孱陵丞印"，书写和刻制得仓促草率。"孱陵"乃县名，为西汉武陵郡下辖十三县之一，辖今湖南省安乡县北部、湖北省公安县等地。印面长 2.05、宽 1.8、通高 1.2 厘米（图一〇，9；图版一六五，4、5）。

2. 铜五铢

共十余枚。严重粘连，分开既碎，保存很差。

第三章　D2

D2 位于墓区的中部，其东 100 米为苏公桥河，南部与 D1 相距约 40 米，北与 D3 相距约 80 米，西南与 D8 相距近 400 米（图六、七），发掘前为荒坡和菜地。

第一节　D2 的形成和结构

D2 发掘前北部已被早期修建常嵩公路时取土破坏，封堆外形呈不规则半圆形，底部最大直径 37、高 4 米，是一多座土墩墓合葬而形成的土墩。D2 虽在早期和近现代多次遭盗扰，但墩内的汉墓均未遭破坏。

D2 上部的封土因为砖室墓的破坏和后期的长期耕种，层位已不明显，但发现墓葬墓口的熟土台下部可分为三层（彩版四，2）：

第①层：黄褐色土夹少量灰褐色土，较纯净，结构紧密。厚 0.05 ~ 1.10 米。

第②层：深灰褐色土，较纯净，结构紧密。厚 0.05 ~ 0.70 米。

第③层：黄褐色土夹少量灰褐土，结构较松，分布较平。厚约 0.20 米。

第三层下为生土层。上部呈青灰色，下部渐变为黄褐色网纹土，应为整个南坪墓地的生土层。上部的土质应为长期稻作农耕形成的静水沉积层，墓区内的所有封堆下部都是该土层。

D2 内熟土台的原始高度和内部是否有青灰土（青膏泥）填筑的标志墙（兆域）已不明。外部发现有筒瓦和板瓦堆积形成的排水设施痕迹，表明 D2 原建有排水设施。

第二节　D2 内的墓葬分布及墓例

D2 内仅发现两座土墩竖穴墓（编号 D2M7、D2M11）和一座东汉早期砖室墓 M2429（图一一），

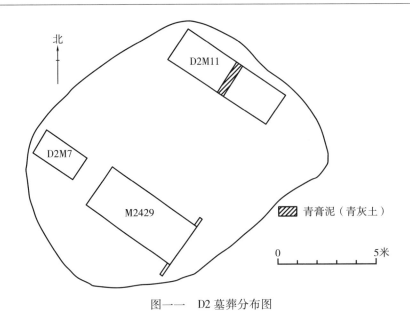

图一一 D2 墓葬分布图

从 M2429 所处现存封堆的中心位置推测该封堆内原埋葬的土墩墓应有部分已被其破坏，因此该封堆内原有多少座土墩竖穴墓已无法推断。

D2M7 位于封堆的西南部，在 M2429 的西端，M2429 的墓坑与 D2M7 相距 1.40 米。发掘时观察，M2429 的墓上封土叠压于 D2M7 的墓口之上。

D2M11 位于封堆的北部，墓坑与 M2429 相距 6.10 米。

M2429 是一座砖室墓，保存完整，详细介绍见第四编墓例一〇八。

墓例二 D2M7

一 墓葬形制

长方形土墩竖穴墓（彩版五，1）。方向 120°（图一二）。因是在发掘 M2429 时发现，该墓的墓口规格已不清，墓底长 2.50、宽 1.35、残深 1 米。

葬具，从葬具朽蚀后的痕迹难以准确判断其规格，仅能确定至少有木棺。墓底不见枕木沟痕迹。

葬式，因墓主的骨架已腐朽，无法判断。

填土，墓室内填土和封堆的填土基本相同，均是从墓地外部取土填入，无使用白膏泥和青膏泥的痕迹。

二 出土器物

4 件。有软陶器 2 件、硬陶器 1 件和铜五铢 3 枚（彩版五，2）。

（一）软陶器

2 件。有鼎和钵各 1 件。

1. 鼎

1 件。D2M7：2，平沿承盖，盖顶近平。鼎口微敛，斜弧腹，鼎身近钵形，最大腹径位于鼎口，圜底，三蹄足外撇，短附耳外撇。口径 20、通高 15 厘米（图一三，1）。

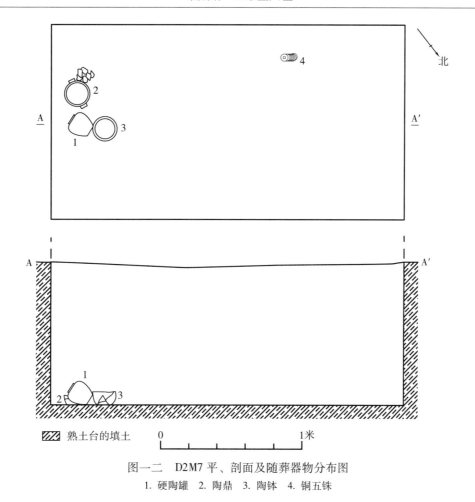

图一二　D2M7 平、剖面及随葬器物分布图

1. 硬陶罐　2. 陶鼎　3. 陶钵　4. 铜五铢

2. 钵

1 件。D2M7：3，内斜沿，尖唇，敛口，深弧腹，平底。口径 18.6、底径 7.6、高 7 厘米（图一三，2）。

（二）硬陶器

1 件。罐。

D2M7：1，平沿，口微敞，斜领，圆肩，直腹略弧，平底。肩部和上腹部饰细方格纹。口径

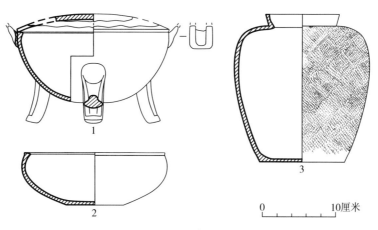

图一三　D2M7 出土陶鼎、钵，硬陶罐

1. 陶鼎（2）　2. 陶钵（3）　3. 硬陶罐（1）

9.8、腹径18.2、底径11.4、高19.8厘米（图一三，3）。

（三）铜五铢

原应位于墓主的棺内，保存差，可收集的标本有3枚，形制和大小相同。

墓例三　D2M11

一　墓葬形制

带竖穴墓道的长方形土墩竖穴墓。墓室平面呈"凸"字形，方向120°。墓葬开口距封堆的顶部最高2米。墓口长3.34、宽2.50米，墓底长3.24、宽1.90米，墓深1.40米。墓道长2.50、宽2.50米，位于墓室的东部，深与墓底平齐（图一四；彩版六，1）。

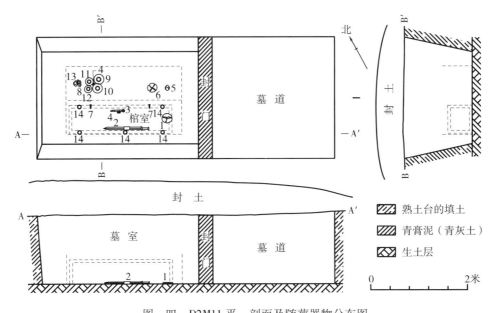

图一四　D2M11平、剖面及随葬器物分布图

1、6. 滑石璧　2. 青铜剑　3. 铜环首刀　4. 铜五铢　5、13. 滑石耳杯　7、14. 铁棺钉和棺钉环

8. 泥金饼　9~11. 硬陶无耳罐　12. 硬陶双耳罐

封门，位于墓室与墓道之间，长度与墓室宽相同。长2.50、宽0.30米，高平墓口为1.40米。墓道使用青灰土和青膏泥层层填筑，内夹杂有少量黄土，黄土和青灰土（青膏泥）层层咬合，应是在下葬时填筑而成。

葬具，葬具痕迹明显，结构较清晰。从墓底残留黑色漆皮可推测为一椁一棺。棺应为盒形棺，位于墓室的南侧，长214、宽58、高50厘米。棺板厚6厘米。椁室长240、宽140厘米，高度不详。墓底不见枕木沟痕迹。

葬式，因墓主的骨架已腐朽，无法判断。

填土，墓室内填土和封堆的填土相同，均为从墓地外部取土填入。

盗洞，该墓的墓室和封土曾被盗扰，但在盗洞距墓底0.80米时停止挖掘。上部盗洞直径0.60~0.70米左右。

二　出土器物

14件。有硬陶器4件、铜器2件、铁器2件、滑石器4件和铜五铢及泥金饼（彩版六，2）。

（一）硬陶器

4件。均为罐。可分为双耳罐和无耳罐两种，其肩部和腹部均饰方格纹。

1. 双耳罐

1件。D2M11：12，肩部有两对称的双耳。外斜沿，尖唇，敞口，圆肩，深弧腹，平底。对称双耳处饰三道凹弦纹。口径9.8、腹径15.6、底径8、高14.9厘米（图一五，1）。

2. 无耳罐

3件。形制基本相同，大小有别。平沿，尖唇，圆肩，深弧腹，平底。

标本D2M11：10，同样形制的两件。平底略内凹。口沿内有两道凸弦纹。口径11.2、腹径

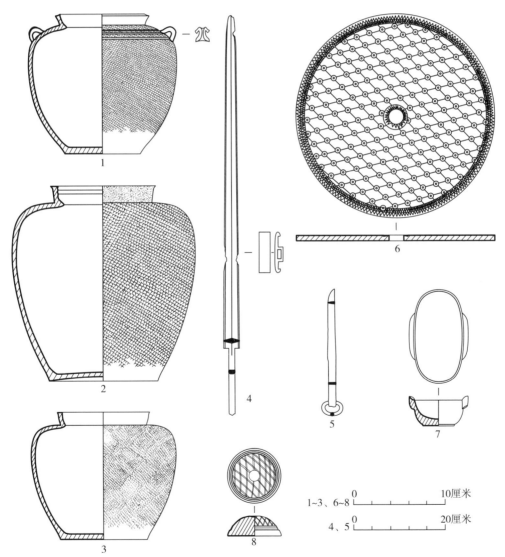

图一五　D2M11出土硬陶罐，铜剑、环首刀，滑石璧、耳杯，泥金饼

1. 硬陶双耳罐（12）　2、3. 硬陶无耳罐（10，11）　4. 铜剑（2）　5. 铜环首刀（3）

6. 滑石璧（1）　7. 滑石耳杯（5）　8. 泥金饼（8）

19.6、底径 11.6、高 20.6 厘米（图一五，2）。

标本 D2M11：11，敞口。口径 9.6、腹径 15.2、底径 9、高 13.6 厘米（图一五，3）。

（二）铜器

2 件。有剑和环首刀。

1. 剑（附滑石剑格和剑璏）

1 件（套）。出土于棺内左侧。D2M11：2，喇叭形剑首，滑石一字形剑格，残损严重。滑石剑璏附于剑身中部，长方形，两端有檐，中部有长方形穿孔，全长 8.6、宽 3.4 厘米。长条形剑茎，剑身修长，中脊起棱，锋刃完整，截面呈菱形。剑身全长 85.6 厘米（图一五，4）。

2. 环首刀

1 件。出土于棺内右侧。D2M11：3，椭圆形环首，长宽柄，单面刃，直背，末端成斜刃。通长 26.6、环径 4.5 厘米（图一五，5）。

（三）铁器

2 件（套）。分为棺钉和棺环。

1. 棺钉

分布于主棺的两侧，有多件，锈蚀严重。

2. 棺环

分布于主棺的两侧，应为吊运主棺下葬之用。共有 4 件，锈蚀严重。

（四）滑石器

4 件。有璧和耳杯。

1. 璧

2 件。分别出土于主棺的头部和椁室内，形制和大小基本相同。标本 D2M11：1，肉、好均有缘。肉之外缘有两圈刻划三角形锯齿纹，好缘外凹，上亦刻划一周不规则的三角形锯齿纹。主纹饰为在斜菱格的交叉处饰重圈纹。通径 21.6、好径 1.6、肉厚 0.6 厘米（图一五，6）。

2. 耳杯

2 件。分别出土于椁室的两端。形制基本相同，大小稍有区别。椭圆形，敞口，圆唇，窄附耳与口部连成一体并上翘，平底。标本 D2M11：5，长 10、通耳宽 6.4、通高 3.1 厘米（图一五，7）。

（五）其他

2 件（组）。铜五铢和泥金饼。

1. 铜五铢

30 余枚。保存差，黏结严重，分开既碎。

2. 泥金饼

8 枚。形制和大小相同，有黑色陶衣。圆饼形，顶部略凹，上部饰菱形网格纹，下部有多道凸弦纹，平底。标本 D2M11：8，直径 5.8、高 2.1 厘米（图一五，8）。

第四章　D3（廖氏家族墓）

D3 位于发掘墓区的最北部，北距紫菱路 100 米，东 100 米为苏公桥河、150 米为紫缘路，南与 D2 相距 80 米（图六、七）。发掘前为荒坡，长满了各种杂树和杂草（彩版二，1；彩版七，1）。

第一节　D3 的形成和结构

D3 是该墓地保存最完整、规模最大、级别最高、保存墓葬最多、出土文物最丰富、营造修筑结构最清晰、起始年代和结束年代较清楚、墓主姓名和身份基本明确的一个封堆。平面大致呈圆形，底部直径 50、顶部直径 18 米，从底部生土层到封堆顶部高约 7 米（彩版八），整个墓园占地面积约 4000 平方米。

一　排水系统

发掘前 D3 的西南角和东南角还保留有两个可能属建封堆时取土留下的水塘。在封堆外围的南部、西部和北部均发现有排水沟，系用粗绳纹筒瓦、板瓦和河卵石建成。南侧排水沟西高东低，直通东南角的水塘。整个封堆在排水沟的环绕下形成一个封闭的墓园区。封堆的中心位置有一条西高东低、深入生土层、由河卵石和筒瓦及板瓦建筑的主排水暗沟（D3G1），这样由明暗排水沟相结合组成墓地的整个排水系统（图一六）。

（一）外围排水沟

发掘 D3 时，在封堆外围的南部、西部和北部均发现有排水沟，东部因后期扰乱严重而不清。这些排水沟的宽窄和深度各有不同。西部有三条，分布编号为 D3G2、D3G3、D3G4；南部排水沟的编号为 D3G5；北部排水沟的编号为 D3G6。

1. 西部排水沟（D3G2、D3G3、D3G4）

D3G2 位于 D3 封堆的西部边缘，东与 D3G3 相距 1.70 米，与 D3G4 相距 4.20 米，与 D3M24

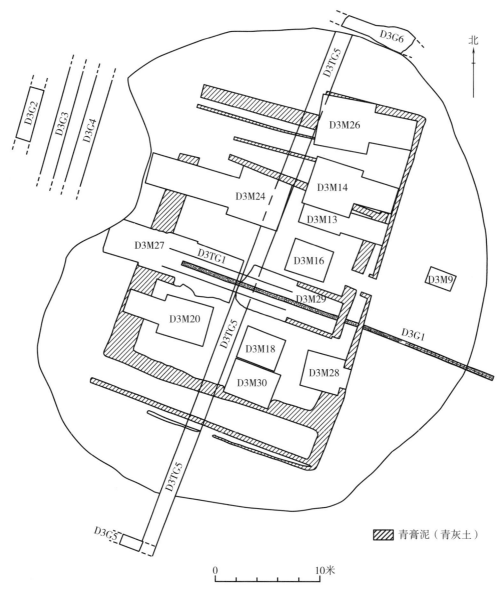

图一六　D3 内外排水沟及内部青灰土标志墙（兆域）分布图

的墓道口相距 11. 60 米。三条排水沟基本平行，呈东北—西南走向。

　　D3G2 为长条形，沟口宽 1. 40、底宽 0. 50、深 0. 60 ~ 0. 80 米，沟内用河卵石、筒瓦及板瓦铺垫（图一七）。筒瓦呈半圆形，面饰粗绳纹，长 36、直径 13. 6 厘米（图一八，1）。板瓦面饰错乱的粗绳纹，残长 18 ~ 27. 2、宽 36、厚 1 厘米（图一八，2）。从使用的建筑材料、建筑风格均和 D3G1 的相同等特征推测，D3G2 的始建年代应和 D3G1 相当，可能是一条排水暗沟。D3G2 由南向北倾斜，坡度约 4°。

　　D3G3、D3G4 均是在 D3G2 废弃后修建的排水明沟。D3G3 宽 1. 30、深 0. 35 米。D3G4 宽 1. 55、深 0. 40 米。

　　因早期破坏等原因，三条排水沟均仅清理长 5. 20 米的一段。

　　2. 南部排水沟（D3G5）

　　D3G5 位于封堆的南部，距 D3M20 墓口南壁 20 米，距封堆的南部边缘 6 米。这里的现存地面

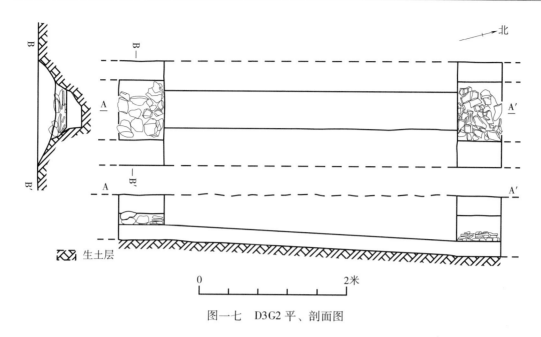

图一七 D3G2 平、剖面图

要比封堆的地面低 0.80 米。

D3G5 平面为长条形，沟口宽 1.05、深 0.50 米，沟底呈锅底状（图一九），由西向东倾斜，坡度约 4°。

3. 北部排水沟（D3G6）

D3G6 位于封堆的北部，距 D3M26 墓口北壁最近 6.50 米。沟口呈不规则形，西部窄，东部宽，沟底呈锅底状（图二〇）。沟宽 1.20～2.30、深 0.45～1.45 米，内部有少量的筒瓦、板瓦及青灰色砖块，这些建筑材料均不完整，应不是挖排水沟时有意所为，而是后期丢弃的。

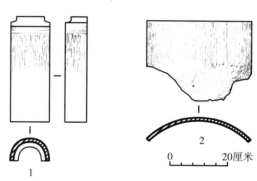

图一八 D3G2 和 D3G1 内筒瓦和板瓦
1. 筒瓦 2. 板瓦

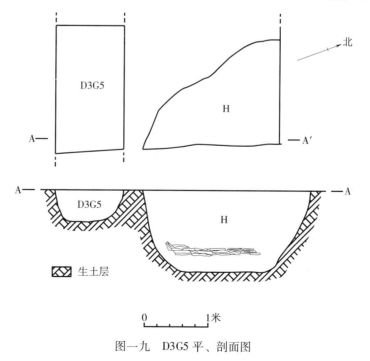

图一九 D3G5 平、剖面图

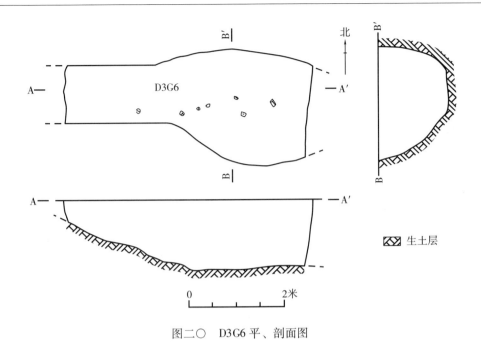

图二〇　D3G6平、剖面图

（二）内部排水暗沟（D3G1）

D3G1位于封堆的中心位置，贯穿主墓D3M27和D3M29的中部，从D3M27的封门下自西向东深入生土层，直通封堆外部。全长31.20、宽0.40~0.50、深0.90~1.60米（图二一；彩版七，2）。由河卵石、筒瓦和板瓦建筑而成。西部长18.30米部分全部使用直径8~25厘米的河卵石分两排或三排由上下两层构筑，中间长2.40米是使用板瓦建筑，东部存有长2.30米一段使用筒瓦分两排上下两层扣合而成（彩版九，1）。该排水暗沟应是在封堆未建成之前，在规划好墓地及封堆的位置后就建成的，其深入生土层0.90~1.20米，自西向东倾斜，西高东低，坡度约4°。

D3G1在D3M27内还有附属的排水设施，在墓底用河卵石修筑了一个"口"字形的沥水设施，和主排水暗沟一起，形成一个"中"字（图二一、二五）。

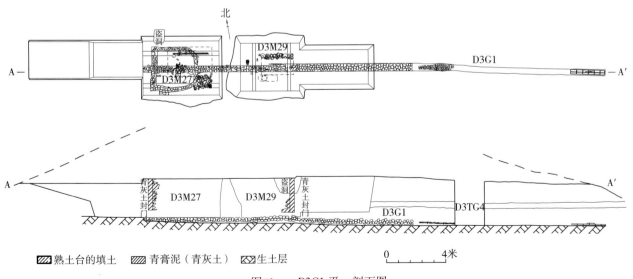

图二一　D3G1平、剖面图

二　内部青灰土（青膏泥）标志墙（兆域）

堆筑熟土台时，有计划和目的的在封堆内部使用经过挑选的青灰土和青膏泥筑起了东西向和南北向的标志墙（兆域），其中东西向的至少有 10 条，南北向的还可见 3 条。墙有宽有窄，宽的 1～2.50 米，窄的 0.20～0.50 米（图一六）。青灰土标志墙从封堆底部平整面就开始和熟土台同时修筑，从剖面观察，青灰土的中间夹杂有堆筑的黄土，相互咬合（图二二）。几乎所有的青灰土标志墙（兆域）都与熟土台同高，在揭去封土露出墓口时，也能发现这些青灰土标志墙（兆域）。

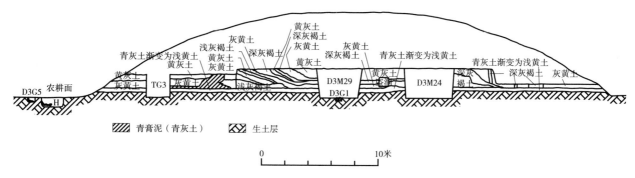

图二二　D3TG5 解剖的熟土台及青灰土标志墙（兆域）结构图（由西南向东北）

三　熟土台的结构

D3 墓口上部的封土结构记录不详，已无法复原，但发现墓口位置高 1.70～2 米的熟土台从墓口到生土层间的筑土可分为四个大层（每层可分为许多小层）。

第①层：黄灰土夹少量灰褐土，较纯净，结构紧密。厚 0.90～1 米。

第②层：深灰褐土，较纯净，结构紧密。厚 0.20～0.30 米。

第③层：灰黄杂土，结构较紧，分布较平。厚 0.30～0.40 米。

第④层：青灰土渐变为浅黄杂土，结构较紧，分布较平。厚 0.20～0.35 米。

第四层下为生土层。上部呈青灰色，下部渐变为黄褐色网纹土，应为整个南坪墓地的生土层。上部应为长期稻作农耕形成的静水沉积层，下部全为生土层，墓区内的所有封堆下部都是此层。

D3 熟土台的建成方法是：选择一地势稍高处平整后在中心位置建一条西高东低由河卵石、筒瓦和板瓦建筑的主排水暗沟，再筑起高度为 1.70～2 米的熟土台（彩版一〇）。在建熟土台时，预留出中心主墓土坑。主墓下葬时再进行清理，在周边装上木框架后填青膏泥和青灰土，建成规整的墓口和墓道。其他墓葬则需重新挖开熟土台下葬，其深度则根据需要，有的墓底就在熟土台的内部没有深入生土，有的则深入生土 0.40～1.10 米，最深的 D3M26 为 3.80 米。

第二节　D3 内的墓葬分布及墓例

在 D3 内清理了 12 座土墩竖穴墓，基本呈东西两列南北分布，有八座带墓道。西部三座（从北往南分别为 D3M24、D3M27 和 D3M20）墓道向西。D3M24 为长斜坡式墓道，D3M27 为斜坡式和竖穴式相结合的墓道，D3M20 为竖穴式墓道。东部从北往南分布有九座墓，五座带墓道，方向均向东。整个封堆中唯一存在着打破关系的一组就是 D3M14 打破 D3M13（图二三；彩版八）。

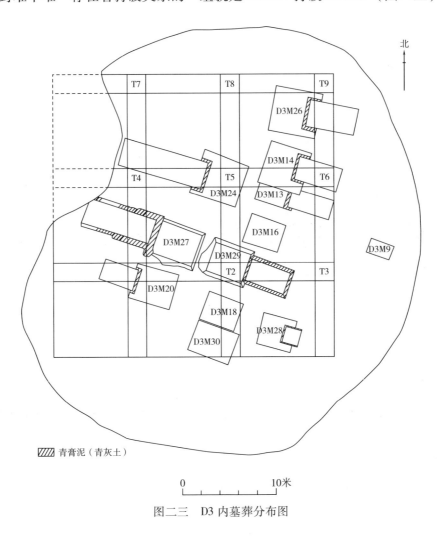

图二三　D3 内墓葬分布图

带墓道的八座墓在墓道进入墓室间有青灰土填筑的封门，其厚度一般为 0.20～0.30 米，高与墓口平，宽度多与墓室相同。封门伸入墓室内 0.70～1.50 米。封门的修筑方法是在下葬填土时与墓室同时封填，墓室的填土和封门青灰土相互咬合，层层叠压（图二四）。七座墓的封门全部使用青膏泥（青灰土）和黄土填筑，只有 D3M24 的封门从墓口开始是使用青灰土填筑，但下部到墓底间则是使用青灰砖修筑成高 1.20 米的封门墙。

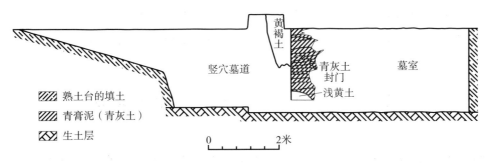

图二四　D3M27 墓道与墓室间青灰土封门剖面图（由西北向东南）

12 座墓均使用木质葬具：两座两椁两棺（D3M27、D3M24）；四座两椁一棺（D3M29、D3M26、D3M20、D3M14）；另外六座一椁（或两椁）一棺。

从墓内葬具痕迹和随葬器物的摆放位置判定 12 座墓的墓主头向均向西，约 285°左右。

除 D3M9 因后期破坏不知其开口层位外，11 座墓的开口均是在同一平面上。许多墓口的建筑利用了封土台的青灰土标志墙（兆域）作为墓与墓之间的分界，有的因为墓室宽度超过原青灰土标志墙之间的距离，就将墓室位置的青灰土标志墙挖去，故墓葬之间的距离尽管非常近，却仅存在一组打破关系，而该组打破关系从发掘后判定可能还是属前后下葬的夫妻异穴合葬。12 座墓的墓底深度大多不同，其中 D3M18 从墓口到墓底深 1.70 米左右，接近生土层；D3M13、D3M14、D3M16、D3M20、D3M24、D3M27、D3M28、D3M29（图二五）、D3M30 则深入生土 0.40～1.10米；D3M26 最深，深入生土 3.80 米。

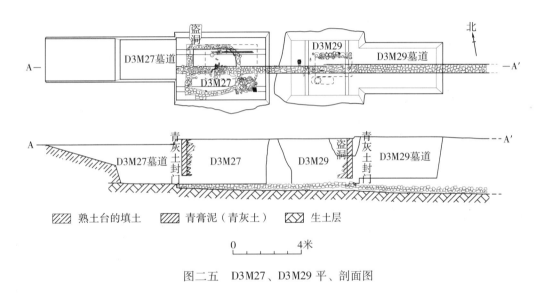

图二五　D3M27、D3M29 平、剖面图

位于封堆中心位置的是长沙国郎中令廖福墓（D3M27），之后到新莽结束时，先后至少有 12座墓入葬该封堆内。

D3 虽在早期和近现代多次遭盗扰，而且整个封堆被盗洞和刺猬、兔子、野猪、獾及蛇等动物打出了密如蛛网、层层叠叠的大小洞穴，但墩内的墓葬均未遭破坏。

除 D3M9 的墓口不清晰外，其余 11 座均在熟土台的台面露出了墓口，墓室和随葬器物均保存完整。详细报告如下。

墓例四　D3M27（长沙国郎中令廖福墓）

一　墓葬形制

带斜坡和竖穴墓道的长方形土墩竖穴墓。墓室平面呈"凸"字形，方向 280°（图二六；彩版九，2）。墓葬开口距封堆的顶部最高 5 米。墓口（不含墓道）长 5.50、宽 4.20～4.70 米，墓底长5.20、宽 3.60 米，墓深 2.60 米。墓口的宽度很不规则，南壁和东壁有不规则的青灰土填筑，是早期筑台留坑的明显证据。

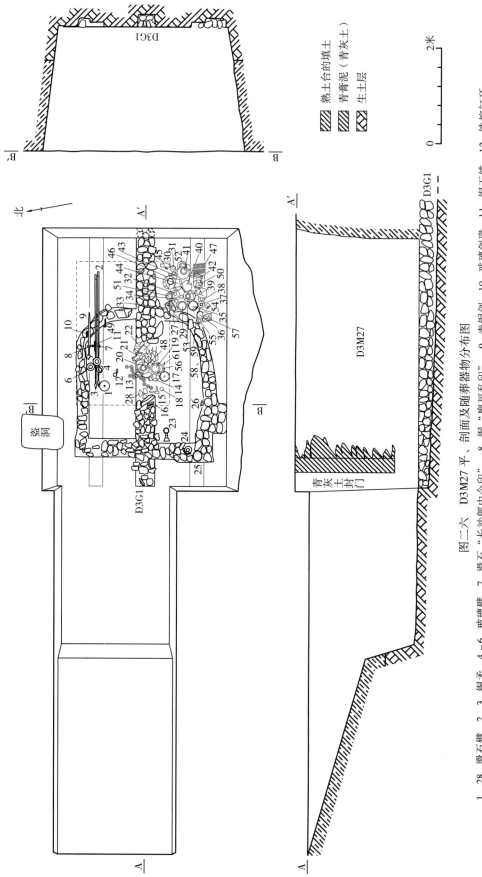

图二六 D3M27 平、剖面及随葬器物分布图

1、28. 滑石璧 2、3. 铜矛 4~6. 玻璃璧 7. 滑石 8. 铜"廖福私印" 9. 青铜剑 10. 玻璃剑璏 11. 铜五铢 12. 铁棺钉环 13. 泥金饼 14、48. 青瓷壶 15、16. 铁戟 17. 铜镜 18、20. 铜镜 19、56. 铜鼎 21、22. 铜纺 23. 滑石灯 24. 陶熏炉 25. 铜洗 26. 陶弩机 27. 滑石勺 29. 滑石盒 30、31. 青瓷盒 32. 铁釜 33. 陶灶 34、38、44、57. 滑石壶 35、51. 陶壶 36. 陶井 37、39~41、46、50、52、53. 硬陶罐 42、43. 陶纺 45. 鎏金铜环 47. 泥五铢 49. 铜环首刀 54、60、61. 陶樽壶 55. 陶铜饰片 58、59. 鎏金铜泡钉

（图右侧图例）
熟土台的填土
青青泥（青灰土）
生土层

0   2米

墓道位于西部，全长 7.60 米，由斜坡墓道和竖穴墓道相结合而成。斜坡墓道长 4.40、口宽 2.62、底宽 2.46 米，坡度为 17°。竖穴墓道长 3.20、口宽 2.63、底宽 2.30 米，深与墓底平齐。

封门，位于墓室与竖穴墓道之间，长度与墓室宽相同为 4.20 ~ 4.70、宽 0.25 ~ 0.80 米，高平墓口为 2.60 米左右。使用青灰土和青膏泥层层填筑，内夹杂有少量黄土，黄土和青灰土（青膏泥）层层咬合，应是在下葬的同时填筑而成（图二六）。

葬具，葬具痕迹明显，结构较清晰。从墓底残留黑色漆皮可推测为两椁，外椁高 120 厘米左右，长和宽度较模糊。墓底的红黑色漆皮范围长 300、宽 196 厘米，位于墓室的北侧，从其规模推测，至少应为两层棺。

葬式，因墓主的骨架已腐朽，无法判断。

排水沟，D3M27 墓室中部有一条自西向东的主排水暗沟（D3G1），该沟向东穿过 D3M29 墓室，继续向东直通封堆外部。在两座墓的范围内全部使用河卵石填筑，沟宽 0.40 ~ 0.50 米，双排或三排上下两层砌筑，西高东低，坡度约 4°。墓室底部还用河卵石筑成一个"口"形的排水设施，与主排水沟一道形成了一个"中"字形，将 D3M27 内所有积水全部排出封堆之外，这是其他封堆和墓葬中都没有的特殊现象。

枕木沟，墓底有两条纵向枕木沟，沟长 5.20、宽 0.30、深 0.10 ~ 0.20 米（图二六）。

填土，墓室内填土和封堆的填土基本相同，均为从墓地外部取土填入。墓底填筑有少量木炭和白膏泥，白膏泥厚约 5 ~ 15 厘米。

盗洞，从封堆顶部到墓室西北角墓壁从上而下都被盗扰，而且盗洞向东与墓室北壁平行了 5 米左右，但最终没能进入墓室。盗洞直径 0.90 ~ 1.20 米。

二　出土器物

58 件（套）。其中有软陶器 12 件、硬陶器 8 件、青瓷器 2 件、铜器 16 件、铁器 4 件、滑石器 7 件和滑石"长沙郎中令印"、青铜"廖福私印"、铜五铢、泥五铢、泥金饼和玻璃璧、剑璏（图二六；彩版一一，1）。

（一）软陶器

12 件。有鼎、壶、钫、灶、井、镳壶、熏炉。

1. 鼎

2 件。形制大小相同。泥质灰陶。平口承弧形盖，盖上有对称三立纽，纽上有孔。口内敛，深腹，圜底，三蹄足稍外撇，口沿下对称长附耳外撇。腹部有一道凹弦纹。标本 D3M27：35，口径 18.4、腹径 19.6、通高 19.6 厘米（图二七，1；彩版一一，2）。

2. 壶

4 件。形制和大小基本相同。圆弧形盖。盘口，束颈，溜肩，鼓腹下垂，圈足外撇，上腹部有对称铺首。口沿、肩部和腹部各有两道凹弦纹。在凹弦纹间有使用红色颜料描绘的四周双线三角纹。标本 D3M27：38，口径 12、腹径 26.8、底径 12、通高 35.6 厘米（图二七，2）。

3. 钫

2 件。形制和大小相同。泥质灰陶。平沿承盝顶式盖。口微外撇，束颈，上腹较直，下腹略鼓，上腹附对称模印兽面铺首，高方足。标本 D3M27：42，口径 10.4、腹径 18.8、方足底径 12.6、

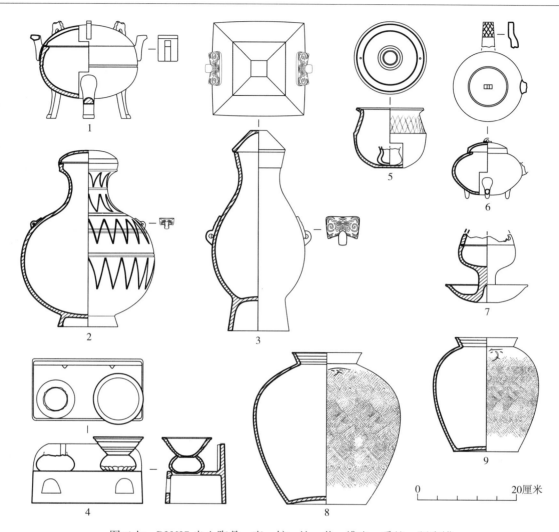

图二七　D3M27 出土陶鼎、壶、钫、灶、井、鐎壶、熏炉，硬陶罐

1. 陶鼎（35）　2. 陶壶（38）　3. 陶钫（42）　4. 陶灶（33）　5. 陶井（36）　6. 陶鐎壶（55）
7. 陶熏炉（24）　8、9. 硬陶罐（41、37）

通高 40.4 厘米（图二七，3）。

4. 灶

1 件。D3M27：33，灶面呈长方形，四角圆弧。双釜座，上置小陶釜、甑各一套，前有两半圆形不落地火门，后有宽厚的挡风板，板上有两象征烟道的三角形棱条。长 22.4、宽 12.4、通高 12 厘米（图二七，4）。

5. 井

1 件。D3M27：36，井身平沿，束颈，折腹，平底，沿上有置井架的双孔。内有汲水小罐。上腹部饰重线斜网格纹。口径 13.2、底径 5、高 12 厘米（图二七，5；彩版一一，3）。

6. 鐎壶

1 件。D3M27：55，泥质灰陶。敛口承盖，扁腹，实心流和拐折式短把均已残，下为三圆锥状足。把正面有斜网格纹。口径 6.6、腹径 14、高 11.4 厘米（图二七，6）。

7. 熏炉

1 件。D3M27：24，泥质灰陶。由盖、炉盘、柄和托盘构成。浮雕连峰式盖，炉盘沿内凹，敛口，深腹，短柄中空，托盘平沿，斜腹。口径10.8、盘径16.4、残高13.8厘米（图二七，7）。

（二）硬陶器

8件。均为罐。胎质灰白，质地坚硬，个别的肩部或腹部有滴落的釉珠，可能是与其他施釉的酱釉硬陶器同窑烧制时留下的。从形制和大小可分为两种规格（彩版一二，1）。所有硬陶罐的肩部和腹部均拍印粗方格纹，肩部均有刻划字符（图四六三，12～19）。其中七件上可能为"李"字，似乎是工匠或作坊主的姓氏，只有D3M27∶50的刻划符号可能代表制作器物的序号。

标本D3M27∶41，同样形制和大小的2件。胎体夹砂。平沿，尖唇，敞口，束颈，圆肩，鼓腹，平底略内凹。从颈部到下腹饰方格纹。肩部有一刻划字符（图四六三，15）。口径14、腹径29.6、底径16、高30.6厘米（图二七，8）。

标本D3M27∶37，形制和大小基本相同的6件。胎体夹砂，呈青灰色。平沿，尖唇，敞口，束颈，圆肩，鼓腹，平底略内凹。肩部有一刻划字符（图四六三，12）。口径12.4、腹径21、底径13、高23厘米（图二七，9）。

（三）青瓷器

2件。均为壶。形制和大小基本相同。

标本D3M27∶14，圆唇，侈口，粗颈，溜肩，鼓腹，平底略凹成矮圈足状，口沿、肩部和腹部各饰有数道凹弦纹，颈部上下饰细密的水波纹，腹部对称有兽面铺首及桥形耳，耳上饰叶脉纹，耳下衔附加堆纹环。腹部胎体上原来旋胎制作时留下的凸棱经过修整后已无痕迹。从口沿到上腹部饰青釉，下部有流釉现象。其他釉色均匀，无脱釉现象。下腹部和壶底均呈暗红色。造型优美，质地精良，胎质坚硬，吸水性小，叩之有声，已是一种相当成熟的青瓷，与一般硬陶、酱釉硬陶无论在造型、釉的呈色等方面都有较大的区别。口径16.6、腹径39、底径18.4、高46.6厘米（图二八，1；彩版一二，2、3）。

（四）铜器

16件（套）。有镜、鼎、壶、钫、洗、剑、矛、环首刀、弩机、鎏金环、鎏金泡钉、鎏金饰片等。

1. 镜

1件。草叶纹镜，有缺损。D3M27∶17，圆形，半球形小钮，柿蒂叶纹钮座。座外有四乳丁，外饰规矩纹，间有八组二叠式对称草叶纹。乳丁与规矩纹间饰浅浮雕式变形神兽。镜缘饰十六内向连弧纹。直径16.2、缘厚0.4厘米，重331克（图二八，5；彩版一三）。

2. 鼎

2件。形制区别较大，个体也有差别。

标本D3M27∶19，由盖和身组成。圆弧形盖上部有三立耳，立耳上有穿孔。鼎身子口内敛，扁腹，圜底，截面呈半圆形的三矮蹄足外撇，长方形直立附耳。口径11.6、通径15.6、通高12.6厘米（图二九，1；彩版一四，1）。

标本D3M27∶56，由盖和身组成。圆弧形盖上部有三立耳，立耳上有穿孔。鼎身子口内敛，圆腹，圜底，三矮小兽面蹄足直立，长附耳略外撇。

3. 壶

2件。形制大小基本相同。标本D3M27∶18，盖面微隆，中部有一环形小钮，盖的子口扣入器

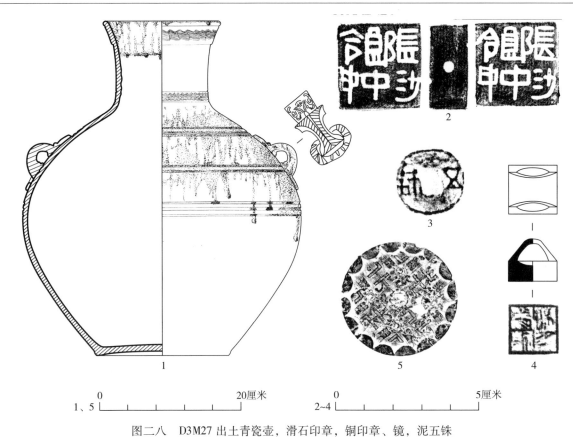

图二八　D3M27 出土青瓷壶，滑石印章，铜印章、镜，泥五铢

1. 青瓷壶（14）　2. 滑石"长沙郎中令印"（7）　3. 泥五铢（47）　4. 铜"廖福私印"（8）　5. 铜镜（17）

内。口微敞，平沿，圆肩，鼓腹，圈足。下腹部有一道宽折棱。肩部饰对称兽面铺首衔环。口径 7.2、腹径 13.2、底径 8、通高 19.2 厘米（图二九，2；彩版一四，2）。

4. 钫

2 件。形制和大小基本相同。盝顶式盖，盖平顶部有环形小钮。盖下子口扣入器口内。直口微敞，平唇，束颈，鼓腹，高方圈足。肩部有两个对称兽面铺首，无衔环。标本 D3M27：21，口径 6.2、方圈足径 7.6、通高 19.4 厘米（图二九，3；彩版一四，3）。

5. 洗

1 件。标本 D3M27：25，残损严重。

6. 剑

1 件。D3M27：9，出土于棺内墓主左手一侧，同滑石官印和少量五铢钱一起。喇叭形剑首，剑首内有多个同心圆弦纹，靠剑茎一端有一小孔，供与剑茎相连接用。长条形剑茎。凹形剑格，剑身修长，中脊起棱，刃锋多残，断面呈菱形。剑残长 68.2、格宽 4.9、剑首直径 5 厘米（图二九，5）。

7. 矛

2 件。形制和大小均有较大区别。原应均带有木柲和铜镦，连矛和镦及柲通长 240 厘米，木柲已朽，铜镦亦锈蚀严重。

D3M27：2，长骹口部呈喇叭形，骹部呈椭圆形，骹两侧各有单鼻。近菱形脊两侧有浅血槽。通长 18.1 厘米（图二九，6；彩版一四，4）。

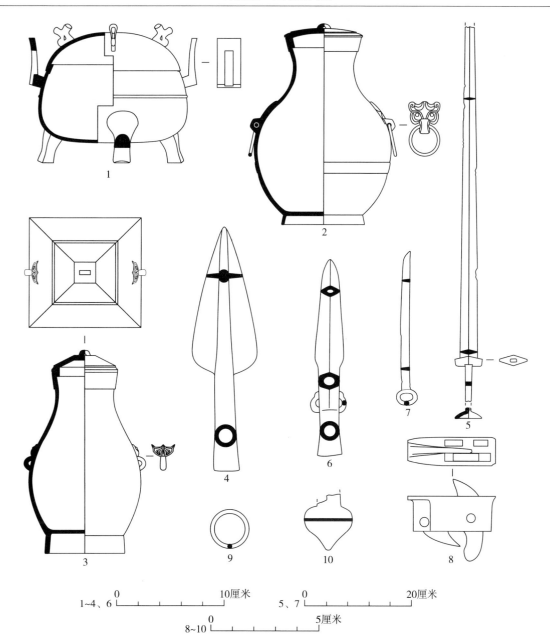

图二九　D3M27 出土铜鼎、壶、钫、剑、矛、环首刀、弩机、环、饰片
1. 鼎（19）　2. 壶（18）　3. 钫（21）　4. 矛（3）　5. 剑（9）　6. 矛（2）　7. 环首刀（49）
8. 弩机（26）　9. 鎏金铜环（45）　10. 鎏金铜饰片（54）

D3M27：3，圆形长骹口部呈喇叭形，銎部圆形。弧菱形脊两侧无血槽。通长 22.2 厘米（图二九，4；彩版一四，5）。

8. 环首刀

1 件。D3M27：49，出土于棺内墓主的右手一侧，为随身携带之物。一面有刃，背较直，尖端成斜刃，另一端有椭圆形环柄。长 28.5 厘米（图二九，7）。

9. 弩机

1 件。D3M27：26，出于椁室边箱内，残朽严重。由郭、望山、牙、悬刀和枢组成。郭的一端宽一端窄，郭面中间有一矢槽。望山上无刻度。郭长 4.1 厘米（图二九，8；彩版一五，1）。

10. 鎏金铜环

1 套（2 枚）。形制和大小相同，应为漆木器上的装饰物。圆环形，通体鎏金。标本 D3M27∶45，直径 1.8、截面直径 0.2 厘米（图二九，9）。

11. 鎏金铜泡钉

1 套（2 件）。形制和大小相同，应是漆木器上的装饰物，残损严重。

12. 鎏金铜饰片

1 套（3 件）。残损严重，形状和大小基本相同，是漆木器上的装饰物。标本 D3M27∶54，柿蒂叶形。残长 2.7、宽 2.3、厚 0.2 厘米（图二九，10）。

（五）铁器

4 件。有戟、釜和棺环。

1. 戟

2 件。形制和规格相同，锈蚀较严重。呈"卜"字形。只有前伸的直刺和旁出的横枝。标本 D3M27∶15，长 16、横宽 8.8 厘米（图三〇，1）。

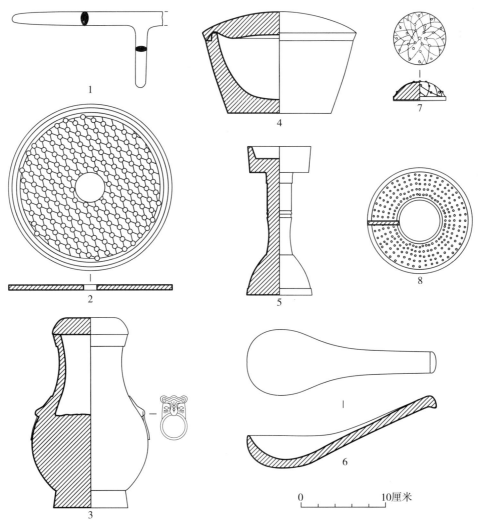

图三〇　D3M27 出土铁戟，滑石璧、壶、盒、灯、勺，泥金饼，玻璃璧

1. 铁戟（15）　2. 滑石璧（1）　3. 滑石壶（30）　4. 滑石盒（29）　5. 滑石灯（23）
6. 滑石勺（27）　7. 泥金饼（13）　8. 玻璃璧（4）

2. 釜和棺环

均锈蚀严重，只能辨器形，难以确定准确的尺寸。

（六）滑石器

7件。有璧、壶、盒、灯和勺。

1. 璧

2件。形制和尺寸基本相同。标本D3M27：1，肉、好均有缘，缘上均有数周刻划纹。肉上主纹饰为斜菱格之交点饰重圈纹。通径19.5、好径1.6、肉厚0.6厘米（图三〇，2）。

2. 壶

2件。形制和尺寸基本相同。由盖和身组成，身由整块乳白色滑石制作而成。盖呈圆饼状，顶平。壶身广口，平沿，束颈，弧腹，圈足外撇，上腹部刻对称兽面铺首衔环。腹内仅凿去少部分，还可见明显的凿刻痕迹，外部及口沿和内腹上部经过打磨抛光。标本D3M27：30，口径8.8、腹径13.4、底径8.8、通高22厘米（图三〇，3）。

3. 盒

1件。D3M27：29，由盖和身组成，由乳白色滑石制作，打磨抛光工整。圆弧形盖，身子母口，弧内腹，斜直壁，平底。口径15.6、底径12、通高11.8厘米（图三〇，4）。

4. 灯

1件。D3M27：23，由盘、柄和座构成，为一块滑石制作而成。豆形，平沿，浅平盘。柄呈竹节形，上部和中间有三道弦纹。盘径7.4、座径7.6、通高17.2厘米（图三〇，5）。

5. 勺

1件。D3M27：27，勺身呈椭圆形，圜底。长柄稍内凹，柄端弧。勺身宽7.8、通长22厘米（图三〇，6）。

（七）玻璃器

4件。有璧和剑璏。

1. 璧

3件。位于墓主的胸部，保存较差。形制和大小相同。标本D3M27：4，正面光，背面涩。正面有凸起的谷纹，背面亦有，但较浅平。好和肉均有缘。整器质地酥松，属铅钡玻璃（见附录二中表三）。通径12.4、好径4.8、肉厚0.6厘米（图三〇，8）。

2. 剑璏

1件。出土时与铜剑一起，可见器形，质地酥松，保存极差，出土后成粉末状。

（八）其他

5件（组）。有滑石"长沙郎中令印"、铜"廖福私印"、铜五铢、泥五铢、泥金饼和玻璃璧、玻璃剑璏等。

1. 滑石"长沙郎中令印"

为双面滑石印。D3M27：7，出于墓主腰间佩剑的下部。印呈方形，正反两面均阴刻"长沙郎中令印"铭文，两面的铭文笔画稍有变化。文字笔画娴熟圆润，属汉印中的精品。印身中间有一直径0.4厘米的穿。长与宽均为2.9、高1.4厘米（图二八，2；彩版一五，2）。

2. 铜 "廖福私印"

D3M27：8，铜质，为墓主的私印，与滑石 "长沙郎中令印" 同出于墓主腰间的佩剑下部。瓦钮，方形印台。文字布局特别规范，用平正的阳刻 "田" 字界格，"廖福私印" 亦为阳刻。篆体文字纤细规范，布局均匀，实乃汉印中的精品。长与宽均为 1.7、通高 1.5 厘米（图二八，4；彩版一五，3）。

3. 铜五铢

数十枚，粘连严重，保存较差。

4. 泥五铢

数千枚，位于椁室之中，陶罐和陶壶中均有出土。标本 D3M27：47，泥质灰陶，火候较低，为模压而成。钱文 "五铢" 中的 "五" 字之间交叉，上下两笔错开，"铢" 字笔画简略。直径 2.3、穿径 0.9 厘米（图二八，3）。

5. 泥金饼

数十枚，保存基本完整，形制和大小相同。表面涂有白色陶衣。圆饼形，周身饰小圆乳丁和刻划纹，底平。标本 D3M27：13，直径 6、高 2.2 厘米（图三○，7）。

墓例五　D3M29

一　墓葬形制

带竖穴墓道的长方形土墩竖穴墓。墓室平面呈 "凸" 字形，墓道向东，墓主头向 280°。墓葬开口距封堆的顶部最高 5 米，西与 D3M27 的墓口相距 0.30 ~ 0.90 米。墓口（不含墓道）长 4.70 ~ 5.40、宽 4.20 ~ 4.40 米，墓底长 4、宽 3.10 米，墓深 2.60 米。墓口的宽度很不规则，北壁和南壁有不规则的青灰土填筑，亦是该封土台筑台留坑的明显证据（图三一；彩版一五，4）。

竖穴式墓道位于东部，墓道口长 4.60、宽 3 米，底与墓室底部平齐。

封门，位于墓室内，伸入墓室内 1 ~ 1.30 米，长度与墓室宽相同为 4.20 ~ 4.40、宽 0.30 ~ 0.80 米，高平墓口为 2.60 米左右。使用青灰土和青膏泥层层填筑，内夹杂有少量黄土，黄土和青灰土（青膏泥）层层咬合，应是在下葬时同时填筑而成。

葬具，痕迹较清晰。从墓底残留的黑色漆皮可推测为两椁，长、宽和高度模糊。从墓底红黑色漆皮推测棺长 220、宽 130 厘米，位于墓室的中部。

葬式，因墓主的骨架已腐朽，无法判断。

排水沟，墓室中部有一条西与 D3M27 墓室排水沟相接并向东延伸至封堆外的主排水暗沟（D3G1），系用河卵石填筑，宽 0.40 ~ 0.50 米，双排或三排上下两层砌筑，西高东低，坡度 4°。

枕木沟，墓底有两条横向枕木沟，沟长 3.10、宽 0.20、深约 0.10 米。

填土，墓室内填土和封堆的填土基本相同，均从墓地外部取土填入。墓底有填筑少量白膏泥的现象，所填白膏泥厚 5 ~ 8 厘米。

盗洞，从封堆的顶部到封门上部被盗扰，但均未能进入墓室，盗洞直径 1 ~ 1.20 米。

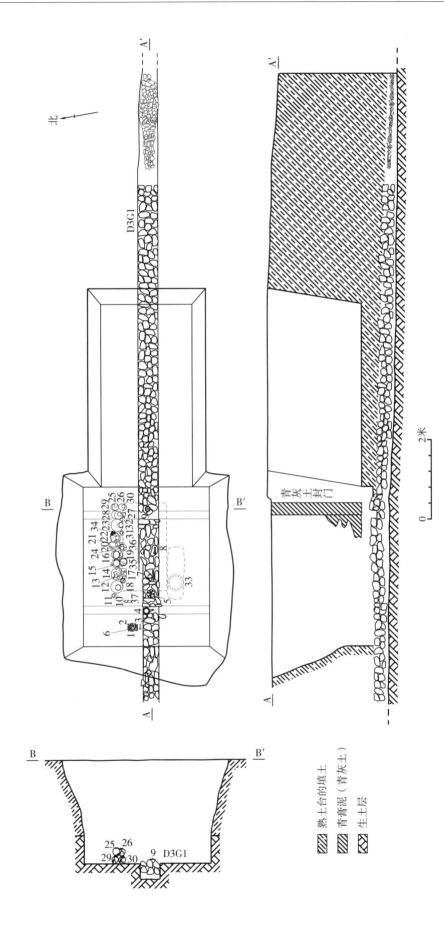

图三一 D3M29 平、剖面及随葬器物分布图

1、9. 铜镜 2. 泥金饼 3、8. 铁环首刀 4. 铜灯 5. 滑石璧 6. 铜五铢 7. 铜剑 10. 石饼子 11. 陶熏炉 12、14、25、26、28～32. 硬陶罐 13、19. 陶盆 15、35. 陶鼎 16、36. 陶纺 17. 陶灶 18. 陶盒 20、21. 陶井 22～24、27. 陶壶 33. 铜洗 34. 泥五铢 37. 石黛板

熟土台的填土　青膏泥（青灰土）　生土层

　　二　出土器物

　　37 件（套）。其中有软陶器 15 件、硬陶器 9 件、铜器 5 件、铁器 2 件、石器 3 件和铜五铢、泥五铢、泥金饼（图三一；彩版一六，1）。

　　（一）软陶器

　　15 件。有鼎、盒、壶、钫、灶、井、熏炉、盆。

　　1. 鼎

　　2 件。形制和大小相同。子母口承盖，盖上有三个带圆孔的小立纽。鼎身敛口，圆弧腹，沿外对称附耳外折，圜底近平，三柱状足。腹部有一周凸棱。标本 D3M29：15，口径 20.4、腹径 21.2、通高 23.4 厘米（图三二，1；彩版一六，2）。

　　2. 盒

　　2 件。形制和大小基本相同。泥质灰陶。盖为覆钵形，盒身子母口内敛，深腹，平底，整个器身近圆形。盒盖和盒身的高度接近。标本 D3M29：16，口径 18、底径 9、通高 17 厘米（图三二，2；彩版一六，3）。

　　3. 壶

　　4 件。形制和大小基本相同。泥质灰陶。标本 D3M29：23，束颈，溜肩，鼓腹，高圈足弧折，上腹部有一道凸棱，腹部有对称兽面铺首，不衔环。腹径 30.6、底径 15.6、残高 34 厘米（图三二，3）。

　　4. 钫

　　2 件。形制和大小相同。泥质灰陶。盝顶式盖，平沿，口微敛，束颈，方腹外鼓，高方圈足，腹部饰对称兽面铺首，不衔环。标本 D3M29：20，口径 10.4、腹径 20、通高 40.2 厘米（图三二，4）。

　　5. 灶

　　1 件。D3M29：17，长方形，上有两个釜座，上各置一套小陶釜和陶甑（甑上无箅眼），前有两半圆形不落地火门，后有挡风板，板上有一个象征烟孔的粗棱。长 22、宽 13.6、通高 14 厘米（图三二，5）。

　　6. 井

　　1 件。D3M29：18，井口宽平沿，尖唇，束颈，直腹，平底略内凹，腹部和近底部留有削泥胎的痕迹。沿上有安置井架的对称小孔。内置一折腹敞口汲水小罐。

　　7. 盆

　　2 件。形制和大小基本相同。标本 D3M29：13，宽平沿，折腹，平底。口径 19.2、底径 6.8、高 6.8 厘米（图三二，6）。

　　8. 熏炉

　　1 件。D3M29：11，子母口承连峰式盖，炉身深腹，口微敛，实心柄，托盘宽平沿，浅腹，下有矮圈足。炉径 10.6、托盘径 17、通高 16 厘米（图三二，7）。

　　（二）硬陶器

　　9 件。均为罐，根据形制和大小可分三种。其中七件的肩部有刻划文字和符号，可以识读的有 “黄少”、“李”、“李中” 等，可能为工匠的名称和姓氏（图四六三，20 ~ 26）。

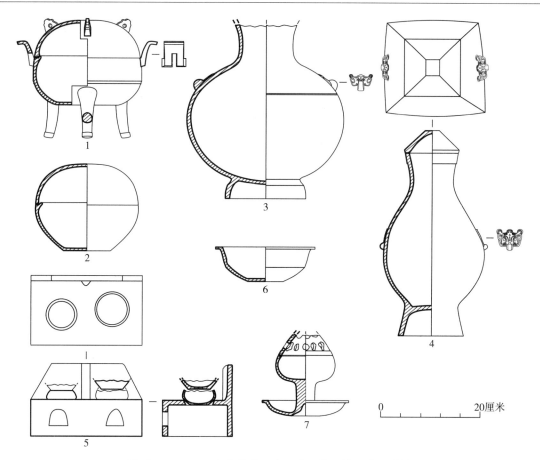

图三二 D3M29 出土陶鼎、盒、壶、钫、灶、盆、熏炉

1. 鼎（15） 2. 盒（16） 3. 壶（23） 4. 钫（20） 5. 灶（17） 6. 盆（13） 7. 熏炉（11）

标本 D3M29：12，大罐。红胎。尖唇，平沿，沿内有三道凸棱，束颈，溜肩，鼓腹，平底略内凹。颈部以下饰方格纹。肩部刻有"黄少"形字符（图四六三，20），可能是制器工匠或作坊主的姓名。口径14.4、腹径28.6、底径15.8、高30.8厘米（图三三，1）。

标本 D3M29：28，形制和大小基本相同的6件。胎体夹砂。尖唇，内斜沿，沿内有三道凸棱，束颈，溜肩，鼓腹，平底或平底略内凹。颈部以下饰方格纹。周身施青白色釉，釉与胎体结合紧密。肩部多有刻划字符。口径11.2、腹径20、底径12.4、高20厘米（图三三，2）。

标本 D3M29：32，形制和大小基本相同的2件。平沿，尖唇，束颈，溜肩，鼓腹，平底略内凹。颈部以下饰方格纹。肩部有刻划字符（图四六三，26）。口径10、腹径15.4、底径8.6、高14.8厘米（图三三，3）。

（三）铜器

5件。有镜、灯、洗、剑。

1. 镜

2件。出土于墓室的两端。

D3M29：1，昭明镜。圆形，圆钮。外有一周八内向连弧，两周栉齿纹间有一周铭文："内清以昭明，光象夫日月□□。"字间饰有"天"形字符。直径8.8、缘宽0.6厘米，重223克（图三三，4；彩版一七，1）。

D3M29：9，四乳四虺镜。圆形，圆钮。主纹饰为四带座乳丁与四虺相间环绕。四虺的头部和

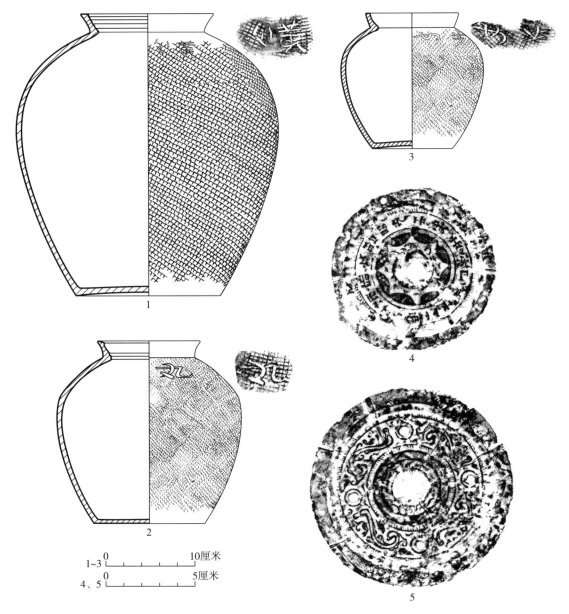

图三三　D3M29 出土硬陶罐，铜镜
1~3. 硬陶罐（12，28，32）　4、5. 铜镜（1，9）

尾部饰有变形飞鸟状纹饰，间饰小朵云纹。直径 10.8、缘宽 0.45、缘厚 0.7 厘米，重 154 克（图三三，5；彩版一七，2）。

2. 灯

1 件。D3M29：4，呈豆形，残损较严重。窄平沿，直壁，盘底平，盘中间有锥形烛插。竹节状细高豆柄，座上部呈喇叭形，下部为直圈足。口径 11.2、底径 8、高 13 厘米（图三四，8）。

3. 洗

1 件。D3M29：33，残损严重，难以修复。

4. 剑

1 件。D3M29：7，出土于棺内墓主的右侧。剑身断面呈菱形，凹形剑格，长条形剑茎，茎上有一小孔，为原来系缠缑之用。剑全长 79、格宽 4.3、茎厚 1.2 厘米（图三四，1）。

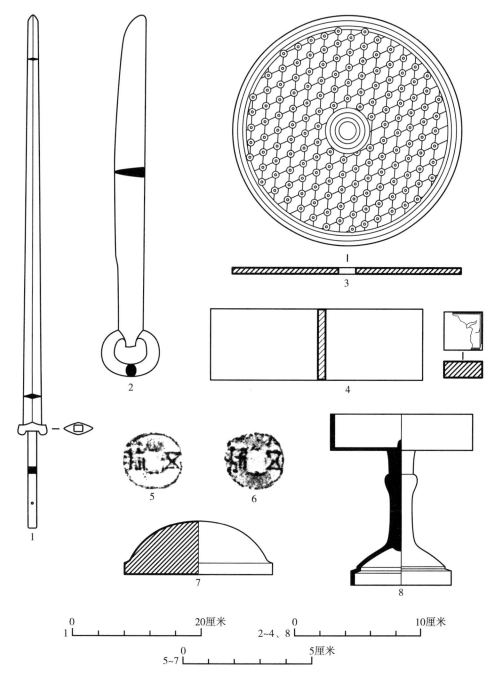

图三四　D3M29 出土铜剑、灯，铁环首刀，滑石璧，石黛板和研子，泥五铢、泥金饼

1. 铜剑（7）　2. 铁环首刀（8）　3. 滑石璧（5）　4. 石黛板和研子（37、10）　5. 泥五铢（34－1）
6. 泥五铢（34－2）　7. 泥金饼（2）　8. 铜灯（4）

（四）铁器

2 件。均为环首刀，锈蚀严重，器形和大小基本相同。标本 D3M29：8，一面有刃，背较直，尖端成斜刃，另一端有环形柄。残长 29 厘米（图三四，2）。

（五）石器

有黛板和研子。二件为一套，出土时研子置于黛板之上。

D3M29：37，黛板。长条形，砂岩质地。上有厚厚的红色颜料。长 17.4、宽 5.8、厚 0.6 厘米。

D3M29：10，研子。方形，周身六面均有黑色漆层，上有红色漆绘制的线条和变形云纹，脱落严重。该研子为石胎漆器。长和宽均为 3.1、高 1.3 厘米（图三四，4；彩版一八，1）。

（六）滑石器

1 件。璧。

D3M29：5，肉、好均有缘，缘上均有数周刻划纹。肉上主纹饰为斜菱格之交叉点饰重圈纹。通径 18.8、好径 1.5、肉厚 0.5 厘米（图三四，3）。

（七）其他

3 件（组）。有铜五铢、泥五铢、泥金饼。

1. 铜五铢

20 枚。出土于墓主棺内，粘连严重，保存较差。

2. 泥五铢

数千枚。出土于椁室，陶罐和陶壶中均有出土。泥质灰陶。钱文凸现，均为模压而成，至少有两种形态。标本 D3M29：34 - 1，外廓清晰，钱文的“五”字上横长，下横短，字纤细，“铢”字完整。钱径 2.4、穿径 0.6 厘米（图三四，5）。D3M29：34 - 2，外廓模糊，钱文粗短。钱径 2.3、穿径 0.7 厘米（图三四，6）。

3. 泥金饼

30 余枚。保存基本完整，形制和大小相同。泥质灰陶。圆饼形，实心，模制而成，表面均有黑色陶衣。标本 D3M29：2，直径 6、高 2.2 厘米（图三四，7）。

墓例六 D3M20

一 墓葬形制

带竖穴墓道的长方形土墩竖穴墓。墓室平面呈“凸”字形，方向 285°。墓葬开口距封堆的顶部最高 5 米。墓口（不含墓道）长 4.56、宽 3.70 米，墓底长 4.40、宽 3 米，墓深 2.60 米（图三五；彩版一八，2）。

竖穴墓道位于西部，全长 3.90 米，宽 1.90～2.20 米，深与墓底平齐。

封门，伸入墓室内 0.70 米，从上往下看平面呈“】”形，长 2.76、宽 0.34 米，高平墓口为 2.60 米左右。使用青灰土和青膏泥层层填筑，内夹杂有少量黄土，黄土和青灰土（青膏泥）层层咬合，应是在下葬时同时填筑而成。

葬具，葬具结构较清晰。从墓底残留的黑色漆皮推测可能为两椁一棺。从墓底红黑色漆皮和棺钉的位置推测内棺长 250、宽 80 厘米，位于墓室的中部。在棺外椁室的南部、北部和西部均有原用于盛装随葬器物的漆木箱的痕迹。

葬式，因墓主的骨架已腐朽，无法判断。

枕木沟，墓底有两条纵向枕木沟，沟长 3.78、宽 0.20、深 0.10 米。

填土，墓室内填土和封堆的填土基本相同，均为从墓地外部取土填入。墓底填筑少量白膏泥，厚 5 厘米。

二 出土器物

44 件（套）。其中有软陶器 10 件、青瓷器 10 件、铜器 7 件、铁器 1 件、滑石器 11 件、玛瑙

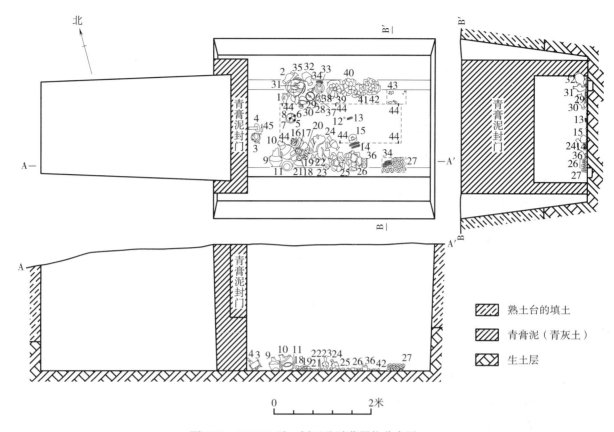

图三五　D3M20 平、剖面及随葬器物分布图

1、2. 滑石壶　3、11. 滑石鼎　4. 铜灯　5、6、8. 鎏金铜帽饰　7. 滑石璧　9、10、23、24、30～33. 青瓷壶
12. 玛瑙佩饰　13、14. 铜五铢　15. 陶井　16. 滑石熏炉　17、18. 滑石盘　19、20. 滑石碗　21、22. 青瓷瓿
25、26、37、39～42. 陶瓮　27. 泥金饼　28. 鎏金铜发簪　29. 铜镜　34. 泥五铢　35. 滑石灯　36. 陶灶
38. 陶器盖　43. 鎏金饰片　44. 铁棺钉　45. 铜行灯

佩饰及铜五铢、泥五铢、泥金饼和漆木器上的鎏金饰片等（图三五；彩版一九，1）。

（一）软陶器

10 件。有灶、井、瓮和器盖。

1. 灶

1 件。D3M20：36，泥质灰陶。灶身呈长方形，四角有折角和圆弧角两种，釜座靠前部有两个半椭圆形落地火门，后有半椭圆形挡风板。釜座上置两件小陶釜，无甑。长 18.8、宽 11、通高 12厘米（图三六，1）。

2. 井

1 件。D3M20：15，圆唇，敞口，折颈，上腹斜直，下腹内收，平底，上腹饰菱形网格纹，中部有一道凸折棱。内置一侈口折腹平底汲水小罐。口径 15.2、高 9.6 厘米（图三六，2）。

3. 瓮

7 件。形制和大小基本相同，胎质酥松，多数拍印方格纹。标本 D3M20：25，平沿，直领，溜肩，折腹，平底。口径 12、底径 16.2、残高 24 厘米（图三六，3）。

4. 器盖

1 件。D3M20：38，应为陶瓮的盖，但出土时已与器身分离。深圆弧形，上有环形捉手。盖径

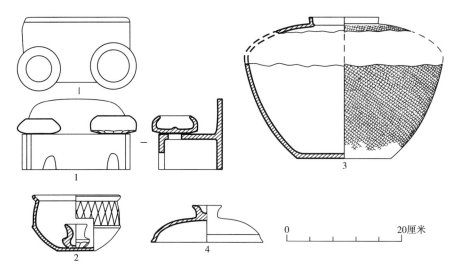

图三六　D3M20 出土陶灶、井、瓮、器盖
1. 灶（36）　2. 井（15）　3. 瓮（25）　4. 器盖（38）

19.4、高 6.4 厘米（图三六，4）。

（二）青瓷器

10 件（彩版一九，1）。有瓿和壶，从颈到上腹施青釉，有流釉现象。胎质坚硬，火候高，吸水性低，釉和胎结构紧密，少酥松脱落现象，已成一种非常成熟的青瓷器。其下腹和底部呈暗红色。壶的肩部和上腹部多饰水波纹和凸弦纹。

1. 瓿

2 件。形制和大小均有区别。

D3M20：21，平沿，尖唇，口微敛，缓溜肩，大鼓腹，平底内凹。肩部对称置两兽面铺首及立耳，立耳上部饰人面，下部饰叶脉纹，立耳下衔附加堆塑环。肩和腹上下各饰三道凸弦纹。口径 11.4、腹径 39.4、底径 17.6、高 34 厘米（图三七，1；彩版一九，2、3）。

D3M20：22，平沿，尖唇，口微敛，溜肩，鼓腹下垂，最大腹径位于中下部，平底稍内凹。肩部对称置两兽面铺首及立附耳，立附耳上半部饰人面，下半部饰叶脉纹。立耳下无附加堆塑环。肩部和上腹部各饰三道凸弦纹。口径 12.6、腹径 37、底径 20.6、高 31.5 厘米（图三七，2；彩版二〇，1、2）。

2. 壶

8 件。形制基本相近，器形的大小、颈部、肩部及耳部的纹饰稍有区别。

标本 D3M20：9，形体较大，侈口，尖唇，长颈，溜肩，大鼓腹，平底内凹，肩部对称置两桥形耳，耳面饰麦穗纹，肩部和上腹部各有两组凸弦纹，颈部和上腹部饰重叠水波纹。腹部有旋胎制作时留下的连续凸棱。口径 12.4、腹径 22.2、底径 11.8、高 27.8 厘米（图三七，3）。

标本 D3M20：10，与标本 D3M20：9 几乎完全相同，区别在于所饰水波纹仅在颈部。口径 12.8、腹径 22.4、底径 12、高 29 厘米（图三七，4；彩版二〇，3）。

标本 D3M20：32，形体稍小，同样形制的两件。侈口，尖唇，外斜沿，长颈，溜肩，鼓腹，平底矮圈足，肩部对称置两桥形耳，耳面饰麦穗纹，颈部和上腹部饰重叠水波纹。从颈部到腹部有旋胎制作时留下的连续凸棱。口径 10、腹径 16.6、底径 9.6、高 21.4 厘米（图三七，5；彩版二〇，4）。

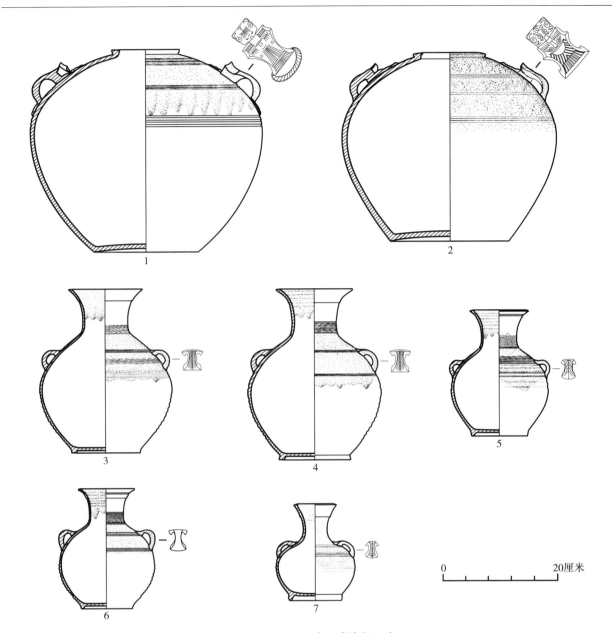

图三七 D3M20 出土青瓷瓿、壶

1、2. 瓿 (21, 22) 3~7. 壶 (9, 10, 32, 30, 23)

标本 D3M20：30，同样形制的有两件，与标本 D3M20：32 的区别在于肩部不饰水波纹、耳面无麦穗纹、个体稍有差别。口径 9.8、腹径 16.4、底径 9.6、高 21.2 厘米（图三七，6）。

标本 D3M20：23，同样形制的有两件。侈口，外斜沿，尖唇，束颈，溜肩，扁鼓腹，平底，圈足较高，肩部对称置两桥形耳，耳面饰麦穗纹，腹部有旋胎制作时留下的连续凸棱。口径 7.2、腹径 13.4、底径 9、高 16.4 厘米（图三七，7；彩版二一，1）。

（三）铜器

7 件（套）。有镜、灯、行灯、鎏金铜帽饰、鎏金铜发簪等。

1. 镜

1 件。D3M20：29，重圈铭文镜。圆形。半球形钮，十二连珠钮座。座外有宽凸双环，双环间饰两周铭文。内圈铭文为"见日之光，长毋相忘"。每字间夹卷云形符号。外圈铭文为"内清质以昭明，光□□□夫日月，心忽穆而愿忠，然雍塞□□□"。凸环带与双铭文带间饰三周栉齿纹。
宽素缘。直径 16.1、缘宽 1、缘厚 0.5 厘米，重 468 克（图三八，1）。

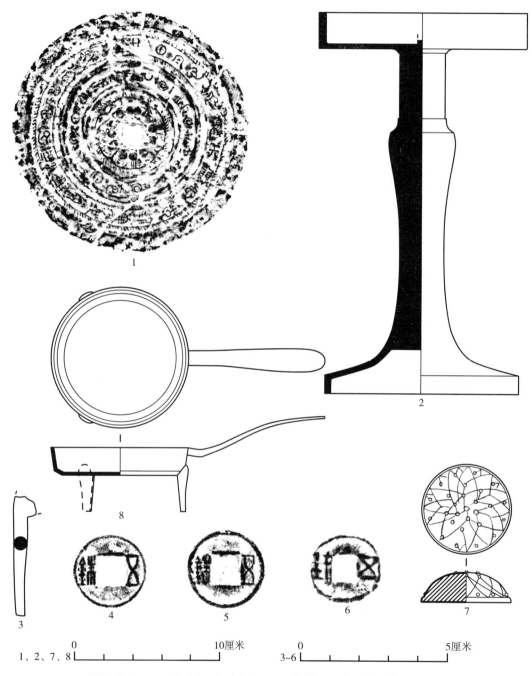

图三八　D3M20 出土铜镜、灯、行灯、发簪、五铢，泥五铢、泥金饼

1. 铜镜（29）　2. 铜灯（4）　3. 鎏金铜发簪（28）　4、5. 铜五铢（14－1，14－2）　6. 泥五铢（34）
7. 泥金饼（27）　8. 铜行灯（45）

2. 灯

1 件。D3M20∶4，浅盘，直壁，平底，高柱状柄上部两道折棱后变鼓，喇叭形座，底座有
圈足。盘中间有锥形烛插。口径 14、盏深 2.1、底径 13、通高 25.6 厘米（图三八，2；彩版二
一，2）。

3. 行灯

1件。D3M20：45，弧形长柄，浅圆盘，平底，底部有三蹄足。盘径 9.5、高 6.4、柄长 9.3 厘米（图三八，8；彩版二一，3）。

4. 鎏金帽饰

3件。形制和大小基本相同，残损严重。

5. 鎏金发簪

1件。D3M20：28，残损。圆柱状，一端有折，截面为圆形，通体鎏金。残长 4、直径 0.4 厘米（图三八，3）。

（四）铁器

1件（组）。为棺钉环，有多件，锈蚀较严重。

（五）滑石器

11件。有璧、鼎、盒、壶、熏炉、灯和碗。

1. 璧

1件。D3M20：7，肉、好均有缘，缘上各有一圈刻划的三角形锯齿纹，肉缘内斜，好缘外斜。主纹饰为在斜菱格之交点饰重圈纹。通径 20.8、好径 1.4、肉厚 0.7 厘米（图三九，1）。

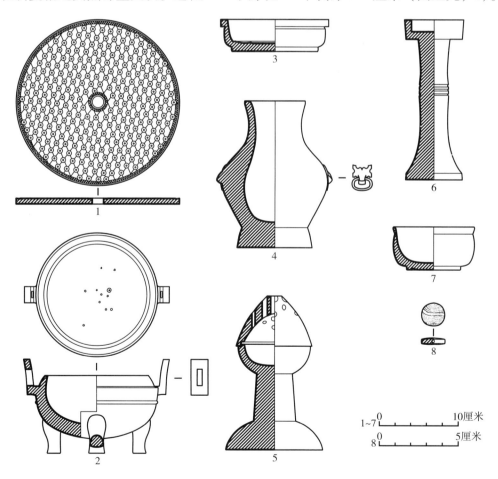

图三九　D3M20 出土滑石璧、鼎、盘、壶、熏炉、灯、碗，玛瑙佩饰

1. 滑石璧（7）　2. 滑石鼎（3）　3. 滑石盘（17）　4. 滑石壶（1）　5. 滑石熏炉（16）
6. 滑石灯（35）　7. 滑石碗（20）　8. 玛瑙佩饰（12）

2. 鼎

2件。形制、大小相同。无盖，由整块乳白色滑石制作而成，鼎腹内还有制作时留下的钻、凿和切割痕迹。平沿，敛口，弧腹，腹部有一凸棱，圜底，蹄形矮足，长方形附耳稍外撇。标本D3M20：3，口径13.2、腹径15.6、通高11.6厘米（图三九，2）。

3. 盘

2件。形制、大小相同。由乳白色滑石制作，打磨抛光工整。宽平口沿，腹微弧，浅内腹，平底。标本D3M20：17，口径13.4、底径10.8、高4厘米（图三九，3）。

4. 壶

2件。形制和大小相同。无盖，身由整块乳白色滑石制作而成。广口，平沿，束颈，鼓腹，高圈足外撇，上腹部刻对称铺首衔环。外部、口沿和内腹上部经过打磨抛光。标本D3M20：1，口径7.6、腹径14.4、底径9.4、高18.4厘米（图三九，4）。

5. 熏炉

1件。D3M20：16，盖与炉身子母扣承合，盖顶平，盖身浮雕卷云纹，周身有15个眼孔。圆柱形短柄，圆饼形座，底平。口径8.4、底径12、通高19厘米（图三九，5）。

6. 灯

1件。D3M20：35，由整体滑石制作而成。豆形，平沿，浅平盘。柄呈竹节形，中间有二道凸棱。除浅盘外全部实心。盘径7.6、座径7.2、通高19.8厘米（图三九，6）。

7. 碗

2件。形制和大小相同。侈口，圆唇，折缘，弧腹，矮平底，底缘有一周凹弦。标本D3M20：20，口径10.2、底径6.8、高5.4厘米（图三九，7）。

（六）其他

5件（组）。有玛瑙佩饰及铜五铢、泥五铢、泥金饼和漆木器上的鎏金饰片等。

1. 玛瑙佩饰

1件。D3M20：12，暗红色玛瑙，圆形，纹理清晰。有一供佩戴的对穿小孔。直径1.4、厚0.4厘米（图三九，8）。

2. 铜五铢

10余枚，粘连严重，保存较差，可见两种形制：

标本D3M20：14－1，钱边廓较窄，"五"字上下两笔长度相当，中间两笔交叉圆弧状。"铢"字的"金"字头为三角形，中间四点为短竖状，"朱"字的上下两笔圆弧。钱径2.4、穿径1.05厘米（图三八，4）。

标本D3M20：14－2，钱边廓较宽，钱文纤细，"铢"字的"金"字头为三角形，中间四点为圆点状，"朱"字的上下两笔直折。钱径2.6、穿径1.05厘米（图三八，5）。

3. 泥五铢

2枚。出土于椁室之中，数量很多，但保存完整的不多。标本D3M20：34，泥质灰陶，火候不高，模压而成。有外廓，钱文的"五"字斜直交叉，"铢"字简化。钱径2.4、穿径0.7厘米（图三八，6）。

4. 泥金饼

29 枚。保存基本完整，形制和大小相同。圆饼形，上部模压小乳丁状纹饰，底平。表面均有白色陶衣。标本 D3M20：27，底径 6、高 2 厘米（图三八，7）。

5. 漆木器上的鎏金饰片

多件，形状不规整，保存很差。

墓例七　D3M24

一　墓葬形制

带竖穴式墓道的长方形土墩竖穴墓。墓室平面呈"凸"字形，方向 285°。墓葬开口距封堆的顶部最高 5 米。墓口（不含墓道）长 5、宽 4.30 米，墓底长 4.80、宽 4 米，墓深 2.50 米。墓口的宽度很不规则，北壁、南壁和东壁有不规则的青灰土填筑，是该封堆筑台留坑的明显证据（图四○；彩版二二，1）。

墓道位于西部，全长 7.80、宽 2.60～2.90 米，竖穴墓道稍斜，坡度约 3°。墓道底高于墓室 0.30 米。墓道的北壁为原封堆的一条东西向青灰土标志墙（兆域）。

封门，伸入墓室内 0.50 米，高与墓口平齐，总高度为 2.50 米左右。上部为青灰土填筑，下部为青灰砖砌筑。上部高 1.30、长 4.30、宽 0.20 米。青灰土和青膏泥层层填筑，内夹杂有少量黄土，黄土和青灰土（青膏泥）层层咬合，应是在下葬时同时填筑而成。下部到墓底间高 1.20 米的封门则系用几何纹青灰砖砌筑，上部用单砖错缝平砌，最下部一层采用侧砌法。青灰砖的规格为：31×14-7.2（厘米），模压而成，双面饰绳纹。侧面中间一道竖棱和两道横棱间饰六组半圆图案（图四一，1）。

葬具，葬具痕迹明显，结构较清晰。从墓底残留的黑色漆皮可推测为两椁两棺。从墓底红黑色漆皮推测一具内棺长 230、宽 80 厘米，位于墓室的中部。

葬式，因墓主的骨架已腐朽，无法判断。从随葬器物分布的位置判断墓主的头向与墓道方向相同。

枕木沟，墓底有两条横向枕木沟，沟长 3.60、宽 0.20、深 0.10 米。

填土，墓室内上部填土和封堆的填土基本相同，均为从墓地外部取土填入。下部有填筑白膏泥和积炭现象，所填白膏泥厚 18～25 厘米。墓室的周边、椁室上部和下部均填筑木炭，厚度可达 20～50 厘米。距墓底 1.30 米高的墓室四角都有从上而下往墓坑填筑木炭的痕迹。

盗洞，在墓室中部从封堆顶部到距墓底 1.80 米处被盗扰，但幸运的是未能盗到墓室，盗洞直径 0.80～1 米。

二　出土器物

60 件（套）。有软陶器 1 件、低温铅釉陶器 1 件、硬陶器 12 件、铜器 29 件、铁器 1 件、玉器 4 件（组）、滑石器 5 件、铜印章 1 件、玻璃器 1 件、木针形器 1 件（组）、漆耳杯（鎏金釦器）1 件（组）及铜五铢、大泉五十、泥金饼等（图版一，1）。

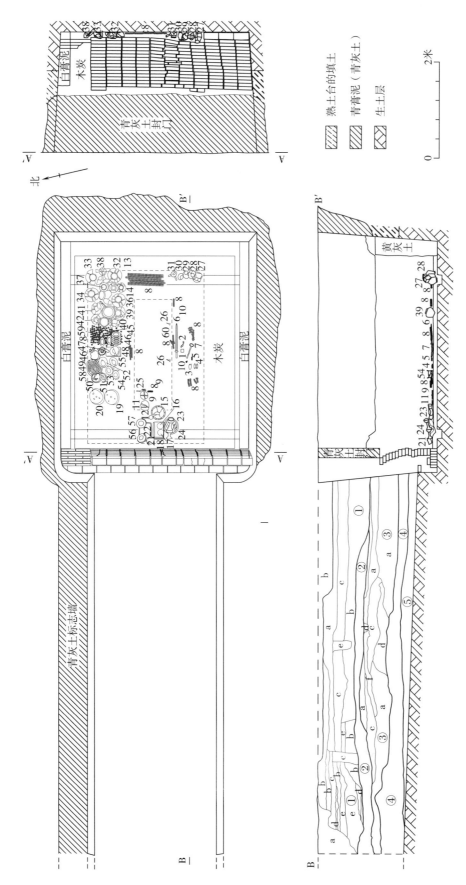

图四〇　D3M24 平、剖面及随葬器物分布图

1. 铜印章　2. 玉带钩　3. 玉玲　4. 玉眼盖　5. 玉塞　6. 铜剑　7. 铜环首刀　8、60. 铜五铢和大泉五十　9、38. 铜镜　10. 鎏金泡钉　11. 滑石璧　12. 玻璃杯　13、37、40. 硬陶双耳罐　14、32～36、39、41、42. 硬陶无耳罐　15、49. 铜洗　16、17. 铜盘　18、22. 滑石案　19、20. 铜盒　21、57. 铜钵　23. 铜熏炉　24. 铜灯　25. 木针形器　26. 铜纺　27、28. 铁棺钉　29、30. 铜壶　31. 铜镬壶　43. 铜熨斗　44、56. 铜碗　45、59. 滑石勺　46. 鎏金漆耳杯釭器　47. 陶井　48. 陶灶　50. 低温铅釉陶双唇罐　51～55. 铜鼎　58. 泥金饼

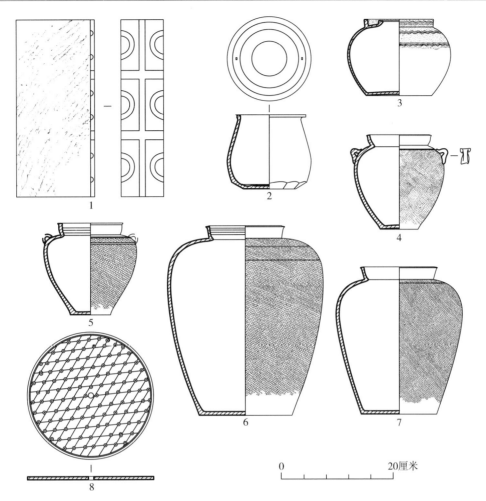

图四一　D3M24 出土墓砖及陶井，低温铅釉陶双唇罐，滑石璧，硬陶双耳罐、无耳罐
1. D3M24 封门墓砖　2. 陶井（47）　3. 低温铅釉陶双唇罐（50）　4、5. 硬陶双耳罐（13，40）
6、7. 硬陶无耳罐（32，14）　8. 滑石璧（11）

（一）软陶器

1 件。仅有井。

D3M24：47，泥质灰陶。宽平沿，方唇，束颈，直斜腹，近底处内收，平底。近底部留有制胎时留下的明显痕迹。无汲水罐。口径 13、腹径 14.4、高 13 厘米（图四一，2；彩版二一，4）。

（二）铅釉陶器

1 件。为双唇罐，胎质为夹砂红陶，酥松，火候不高。在沿和肩及上腹部施有低温铅绿釉，脱落严重。与同期墓葬出土的青瓷器和酱釉陶器有非常明显的区别，这种低温绿釉陶在沅水下游汉墓中出土极为罕见。

D3M24：50，无盖。内外双唇，内唇敛，外唇敞，双唇平齐，圆肩，鼓腹，平底略内凹。口径 12.2、腹径 18.2、底径 11.6、高 13.4 厘米（图四一，3；彩版二三）。

（三）硬陶器

12 件。有双耳罐和无耳罐两种。

1. 双耳罐

3 件。标本 D3M24：13，平沿，尖唇，口微敞，束颈，圆肩，深腹略内收，平底略内凹，上腹有对称双耳。肩部有一道凹弦纹，周身饰方格纹。口径11.4、腹径16、底径6.8、高16.6厘米（图四一，4）。

标本D3M24：40，平沿，尖唇，口微敞，口沿内有三道凸棱，高领，折肩，圆腹下部内收，平底。肩部对称双耳已残，耳上下各有一道凹弦纹，周身饰方格纹。口径11.2、腹径16、底径7、高16厘米（图四一，5）。

2. 无耳罐

9件。形制基本相同，大小参差不齐。胎体青灰，质地坚硬。所有肩部和腹部均拍印粗细方格纹，个别肩部有一至两道凸弦纹。

标本D3M24：32，同样形制的两件。尖唇，略外斜沿，口内有多道凸弦纹，圆肩，长弧腹略内收，平底，肩部有两道凹弦纹。口径13.6、腹径27、底径16、高33.2厘米（图四一，6）。

标本D3M24：14，同样形制的七件。尖唇，敞口，圆肩，长弧腹，平底。肩部有一道凹弦纹。口径13.6、腹径22.2、底径13.4、高25.8厘米（图四一，7）。

（四）铜器

29件。有镜、鼎、盒、壶、钫、洗、碗、钵、灶、镡壶、熏炉、熨斗、灯、剑、环首刀、盘和鎏金泡钉等。

1. 镜

2件。可分为两种。

D3M24：9，七子九孙神兽铭文镜。圆形，圆钮。钮外有九枚带座小乳丁，乳丁间饰三叶花草，外有一周铭文"作佳镜兮宜子孙"。七枚带座乳丁将主纹分为七部分，其间饰有青龙、白虎、朱雀、玄武、独角神兽、戴冠羽人等七种神兽。宽缘上有一周锯齿纹和一周缠绕喇叭花叶纹。直径16.3、缘宽2、缘厚0.45厘米，重558克（图四二，1；彩版二二，2）。

D3M24：38，昭明镜。圆形，半球形钮，凸环带钮座。外有一周十二内向连弧，两周栉齿纹间有一周铭文："内清□□明，□夫日月□□。"字间饰有"而"形字符。有残损。直径10.5、缘厚0.45、缘宽1.2厘米，残重178克（图四二，2；彩版二二，3）。

2. 鼎

5件。形制和大小基本相同。由鼎盖和鼎身组成。弧形盖，盖上有三个对称半环形钮，钮上有平顶乳突。鼎身子口内敛，扁圆腹，腹部有一周凸棱。直立环形附耳。圜底，三矮蹄足截面呈半圆形。标本D3M24：51，口径13.6、腹径15.8、通高13.4厘米（图四二，3；彩版二四，1）。

3. 盒

2件。形制和大小相同。盖隆起，中央有一钮扣环，盖面上立三个昂首卧身绵羊。器身子口，弧壁，圈足外撇，上腹部两侧有兽面铺首衔环。盖和身均有富丽繁缛的錾刻花纹。盖面中心饰四相连的柿蒂花纹，花纹内外各饰两只飞翔的凤鸟和奔鹿，往外依次为弦纹套重线三角组成的锯齿纹、弦纹套菱格纹（所有的菱格纹中间都錾刻有短线）、弦纹套连贯菱格纹（间刻有重线三角纹和变形羽纹），最下为一周重线三角组成的锯齿纹。盒身的纹饰繁缛复杂，有菱格纹、连贯菱格纹间饰羽状纹、菱格纹、重线三角组成的锯齿纹、菱格纹。标本D3M24：20，口径26.4、腹径30.8、底径18.8、通高25厘米（图四三；彩版二五）。

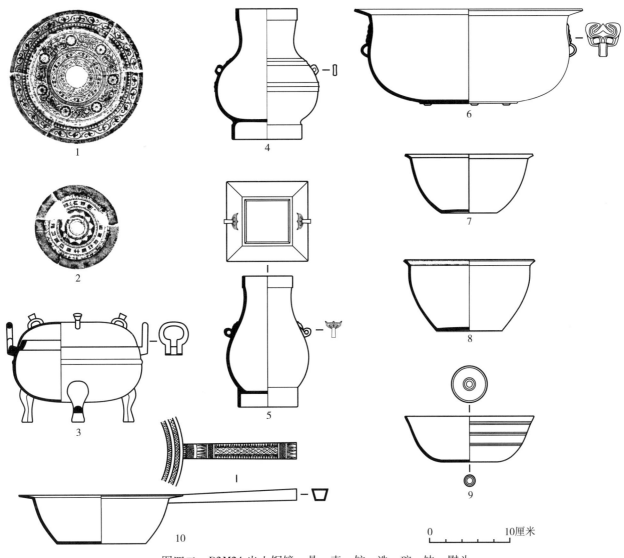

图四二　D3M24 出土铜镜、鼎、壶、钫、洗、碗、钵、熨斗

1、2. 镜（9，38）　3. 鼎（51）　4. 壶（30）　5. 钫（28）　6. 洗（49）　7、8. 碗（56，44）

9. 钵（21）　10. 熨斗（43）

4. 壶

2 件。大小基本相同，但钮部和铺首不同。直口，平沿，圆肩，鼓腹，圈足高直。肩部和腹部各有两道折棱。肩部饰对称弓形小耳。标本 D3M24：30，口径 7、腹径 12.4、底径 8.4、高 16 厘米（图四二，4；彩版二四，2）。

5. 钫

2 件。形制和大小相同。标本 D3M24：28，直口微敞，平唇，束颈，鼓腹，高方圈足。肩部有两个对称兽面铺首，无衔环。口径 6、腹径 9.8、足径 7.2、高 16 厘米（图四二，5；彩版二四，3）。

6. 洗

2 件。形制和大小相同。标本 D3M24：49，宽沿内斜，敞口，深腹，平底。底部有三对称小矮乳状足。口沿下有对称不衔环的铺首。口径 28.6、底径 12.2、高 11.6 厘米（图四二，6；彩版二六，1）。

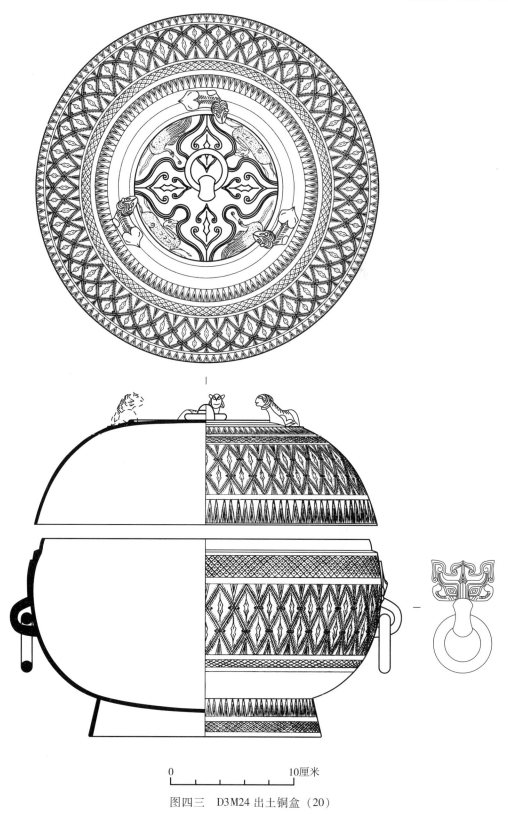

0   10厘米

图四三　D3M24 出土铜盒（20）

7. 碗

2 件。形制和大小基本相同。

D3M24：56，通体鎏金。侈口，弧腹内收，平底稍内凹。口径 15.8、底径 6.8、高 7.2 厘米（图四二，7）。

D3M24：44，侈口，尖唇，折沿，深腹，平底稍内凹。口沿内有两周刻划的短斜线纹。口径16.4、底径8.2、高8.6厘米（图四二，8；彩版二六，2）。

8. 钵

2件。形制和大小基本相同。标本D3M24：21，敞口，圆唇，斜弧腹，圜底近平。口径16、底径6.8、高5.6厘米（图四二，9；彩版二六，3）。

9. 灶

1件（套）。D3M24：48，出土时铜釜和铜镀连为一体置于灶上，甑残碎严重而难辨其形。灶身前方后圆。灶门略成梯形，上部挡烟板向灶门一侧斜趋。灶后部有一圆形斜趋烟囱。圆形单釜座，内套置一铜镀。釜为直颈，鼓腹，圜底。灶体长30、宽18、连镀高16厘米（图四四，1；彩版二六，4）。

10. 镳壶

1件。D3M24：31，器身较残，盖、流、手柄和足完整。带揭拉式弧形顶盖，盖面起台，有钮。扁圆腹的中部有一周凸棱，腹部有流和长条形手柄，流为带活动嘴盖的鸡首形，长条形手柄中空，銎口为圆角梯形。圜底，三蹄足。盖径7.2、腹径12.8、通高12.2、手柄长8厘米（图四四，2；彩版二七，1）。

11. 熏炉

1件。D3M24：23，由炉盖、炉身和托盘三部分组成。炉盖呈圆锥形，顶部有一高冠长颈翘尾的凤鸟形钮。盖作重山式，有多个不规则形烟孔，其上刻划变形云纹和神兽纹，盖沿錾刻有重线三角组成的锯齿纹。炉身的盏深腹，子母口承炉盖。炉腹中部有一道凸棱，上下均有纹饰：上部为錾刻的连贯重线菱形纹，下部为神兽，神兽的躯干和四肢有细密的短线，炉柄为双面人，头部有冠，面部的眼、耳、嘴较清晰，双手叉腰。人身下部为四组似大象和狮子的浮雕饰件，是单独铸造后焊接而成。喇叭形座上錾刻有重线三角组成的锯齿纹。炉盖和炉身各有一耳，以链索相连。座与托盘经座足底部的柱与盘铆合。托盘为广口，折沿，中腹内折，下腹收分为矮圈足，底内凹。盘沿錾刻有重线三角组成的锯齿纹和连贯菱格纹各一周。口径10.6、炉腹径12.4、底径13.6、通高29.6厘米（图四五；彩版二七，2）。

12. 熨斗

1件。D3M24：43，宽平沿，敞口外撇，深腹斜内收，平底。沿下一侧有銎口为梯形的长把手。把手正面有七组錾刻花纹，其与铜盒上的花纹如出一辙。口径20.4、底径11、高7、把长14厘米（图四二，10；彩版二七，3）。

13. 灯

1件。D3M24：24，浅盘，壁稍斜，平底，盘中间有锥形烛插。高柱状柄上部鼓突，喇叭形座，座上有折棱，底座有圈足。口径11.2、盏深2.6、底径8、通高13厘米（图四四，3；彩版二七，4）。

14. 剑

1件。D3M24：6，出土于棺内墓主的左侧，与环首刀相对。喇叭形剑首，圆柱状剑茎。椭圆形直窄剑格，剑身修长，中脊起棱，锋刃多残，断面呈菱形。剑长67.2、格宽5.2厘米（图四四，4）。

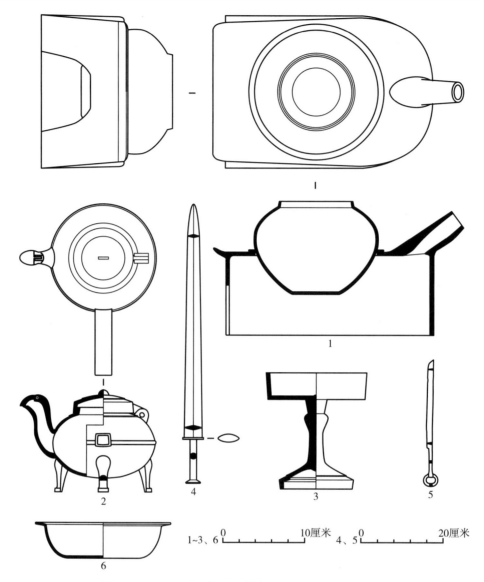

图四四　D3M24 出土铜灶、镳壶、灯、剑、环首刀、盘
1. 灶（48）　2. 镳壶（31）　3. 灯（24）　4. 剑（6）　5. 环首刀（7）　6. 盘（16）

15. 环首刀

1 件。D3M24：7，出土于棺内墓主的右侧，与剑相对。近圆形环首，长条形窄短柄，背平直，单面长刃。通长 30、刃宽 3.5 厘米（图四四，5）。

16. 盘

2 件。形制和大小基本相同。标本 D3M24：16，宽沿略内斜，敞口，弧腹，平底。口径 16.6、底径 9、高 4.2 厘米（图四四，6；彩版二七，5）。

17. 鎏金泡钉

残损严重，难以准确判定其大小，是漆器上的饰件，通体鎏金。

（五）铁器

1 件（组）。为棺钉。锈蚀严重，只能辨器形，难以确定准确的尺寸。

（六）玉器

4 件（组）。有带钩、琀、眼盖和塞。

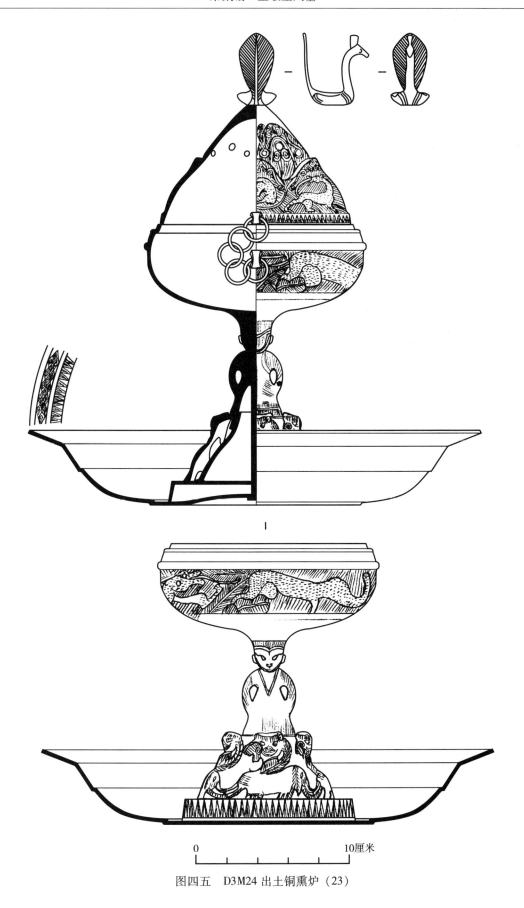

图四五　D3M24 出土铜熏炉（23）

1. 带钩

1件。D3M24：2，青玉质地。钩首呈龙头状，嘴颈修长。钩体略呈琵琶形，断面近半圆形，钩面有多道凹线纹，圆柱状帽形纽位于钩背。长6.2、钩面宽0.5～1.5、纽高0.6、纽径1.3厘米（图四六，1；彩版二八，1）。

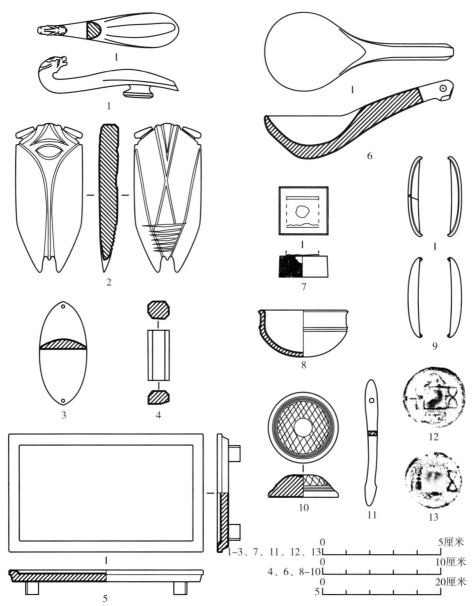

图四六　D3M24出土玉带钩、琀、眼盖、塞，滑石案，铜印章，玻璃杯，釦件，木针形器，大泉五十、五铢钱
1. 玉带钩（2）　2. 玉琀（3）　3. 玉眼盖（4）　4. 玉塞（5）　5. 滑石案（18）　6. 滑石勺（45）
7. 铜印章（1）　8. 玻璃杯（12）　9. 漆耳杯釦器（46）　10. 泥金饼（58）　11. 木针形器（25）
12. 大泉五十（8-1）　13. 五铢钱（8-22）

2. 琀

1件。D3M24：3，长方形片状，刻凿出蝉头、眼睛、嘴、双翅，尾部分开并稍上翘，腹部刻有双翅。头部的双眼突出。长6.3、宽3、厚0.8厘米（图四六，2）。

3. 眼盖

1套（2件）。青玉质，形制和尺寸基本相同。D3M24：4，椭圆形，两端稍尖，各有一小孔，一面平，一面弧形。长 4.4、宽 2.1 厘米（图四六，3）。

4. 塞

1 件。D3M24∶5，青玉质，断面呈多边形的长柱状。长 4.2 厘米（图四六，4）。

（七）滑石器

5 件。有璧、案和勺。

1. 璧

1 件。D3M24∶11，肉上有窄缘，好无缘。肉上由斜直线交织组成菱形，每个菱形的交点均有重圈纹。通径 22.2、好径 0.9、肉厚 0.6 厘米（图四一，8）。

2. 案

2 件。形制和大小相同。标本 D3M24∶18，为整块滑石制作而成。长方形，浅盘。下部有四个对称方足。长 33.6、宽 20.2、高 4.2、足高 2.2 厘米（图四六，5）。

3. 勺

2 件。形制和大小相同，同出土于墓室边箱铜灶附近。标本 D3M24∶45，勺身近圆形，圜底。长柄稍内凹，柄端有孔，似兽眼。全长 16、宽 6.8、柄长 7.5 厘米（图四六，6）。

（八）玻璃器

1 件。杯。

D3M24∶12，出土于墓主头部棺外。呈深蓝色半透明状。广口，圆唇，弧腹，圜底，腹部有一道凸棱，凸棱的上下各有两道凹弦纹。经检测，属岭南地区的钾钙玻璃。口径 7.6、高 4 厘米（图四六，8；彩版二八，2）。

（九）其他

6 件（组）。有铜印章、漆耳杯的鎏金铜釦器、铜五铢和大泉五十、泥金饼、木针形器。

1. 铜印章

1 枚。D3M24∶1，方形印台，瓦钮已残，无铭文。长和宽均 2.1、残高 1 厘米（图四六，7）。

2. 漆耳杯的鎏金铜釦件

1 组（16 件）。形制大小基本相同。为漆耳杯的鎏金铜釦件，杯身已全朽，复原后应有八件耳杯。标本 D3M24∶46，长 6.8、宽 1.2 厘米（图四六，9）。

3. 泥金饼

40 余枚。保存基本完好，形制和大小相同。标本 D3M24∶58，泥质灰陶。圆饼形，凸面中心内凹，中心周围为刻划的菱形网格纹，下部有三道凸弦纹，底平。直径 6、高 2 厘米（图四六，10）。

4. 木针形器

1 组（3 件）。出土于墓主的头部，形制和大小相同。标本 D3M24∶25，两端呈锥状，中间窄，一端有一小孔。长 5.4、厚 0.2 厘米（图四六，11）。

5. 铜五铢和大泉五十

5341 枚，出土于椁室的东段和北部边箱。出土时基本保留下葬时放置的状态，还清晰可见穿钱绳子的痕迹。钱币保存基本完好，形制和大小稍有区别。随机挑选 30 枚钱币，其中有铜五铢 9 枚，占 30%；大泉五十钱 21 枚，占 70%（图四六，12、13）。详见表二。

表二　　　　　　　　　　D3M24 出土铜钱（随机抽取 30 枚）统计表　　　　　长度单位：厘米　重量单位：克

种类	编号	文字特征	钱径	穿宽	廓宽	廓厚	肉厚	重量	备注
大泉五十	8-1	文字纤细，"五"字两笔圆润，"泉"字上点短	2.65	1.0	0.2	0.3	0.12	4.88	图四六，12；图四五五，4
	8-2		2.62	0.95	0.2	0.25	0.12	4.12	
	8-3		2.72	0.86	0.2	0.22	0.12	4.86	
	8-4		2.72	0.86	0.2	0.22	0.12	4.26	
	8-5		2.76	0.8	0.17	0.24	0.12	4.67	
	8-6		2.55	0.90	0.16	0.18	0.10	3.77	
	8-7		2.54	0.90	0.16	0.18	0.08	3.76	
	8-8		2.50	0.73	0.22	0.11	0.08	3.77	
	8-9		2.58	0.97	0.18	0.20	0.07	3.04	
	8-10		2.53	0.92	0.18	0.13	0.09	3.94	
	8-11		2.68	0.82	0.18	0.16	0.07	4.11	
	8-12		2.43	0.90	0.14	0.15	0.05	2.36	
	8-13		2.47	0.83	0.16	0.18	0.06	2.86	
	8-14		2.45	0.90	0.16	0.13	0.08	3.18	
	8-15		2.61	0.82	0.17	0.21	0.06	3.29	
	8-16		2.53	0.86	0.14	0.13	0.09	3.19	
	8-17		2.72	0.86	0.20	0.22	0.14	4.85	
	8-18		2.72	0.86	0.20	0.22	0.14	4.85	
	8-19		2.66	0.76	0.20	0.25	0.10	4.82	
	8-20		2.76	0.80	0.17	0.24	0.08	4.67	
	8-21		2.72	0.86	0.20	0.22	0.14	4.85	
五铢钱	8-22	"五"字两笔较圆，"金"字头呈三角形	2.4	1.02	0.20	0.19	0.08	2.86	图四六，13；图四五四，10
	8-23		2.64	0.95	0.20	0.20	0.09	3.46	
	8-24		2.55	0.98	0.18	0.18	0.08	3.18	
	8-25		2.50	0.95	0.15	0.20	0.08	3.25	
	8-26		2.55	0.95	0.18	0.20	0.09	3.45	
	8-27		2.50	0.95	0.15	0.20	0.08	3.25	
	8-28	"五"字短小，竖划甚曲，"金"字头三角形，四竖点，"主"字头方折	2.47	1.00	0.10	0.16	0.06	2.48	
	8-29		2.51	0.96	0.15	0.18	0.10	4.42	
	8-30		2.42	0.93	0.11	0.15	0.07	2.63	

墓例八　D3M26（廖宏墓）

一　墓葬形制

带竖穴式墓道的长方形土墩竖穴墓。平面呈"凸"字形，墓道方向105°，墓主头部方向285°。墓葬开口距封堆的顶部最高5米。墓口（不含墓道）长4.80、宽4.30米，墓底长4.10、宽3.74米，墓口距墓底5.50米。墓道位于东部，全长4.20、宽2.90、深1.70米。墓道底高于墓室底部3.80米。墓道的北壁和南壁均为原封堆的东西向青灰土标志墙，只是在该墓下葬时因两条标志墙间的距离不足以容纳墓的宽度，就将两边的标志墙挖开，北壁还剩0.20米宽，南壁剩0.30米宽（图四七；彩版二八，3；彩版二九，1、2）。

封门，伸入墓室内1.50米，高与墓口平齐，总高度为2米左右。长3.50、宽0.30米，全部为青灰土和青膏泥层层填筑，内夹杂有少量黄土，黄土和青灰土（青膏泥）层层咬合，应是在下葬时同时填筑而成。

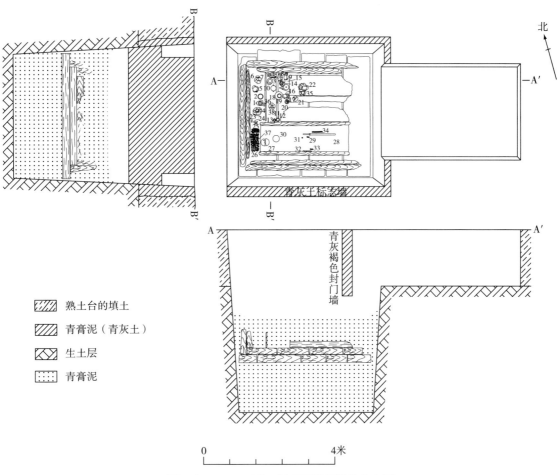

图四七　D3M26 平、剖面及随葬器物分布图

1. 铜灶　2. 铜井　3. 铜釜　4～6、18、35. 硬陶罐　7、17. 木俑　8、9. 铜钫　10、14. 铜鼎　11、16、21、27. 滑石璧
12. 铜行灯　13. 漆耳杯　15. 铜勺　19、22. 陶瓮　20. 铜熏炉　23. 骨器　24. 陶研子　25. 铜泡钉　26、34. 大泉五十
28. 铜剑　29、33. 玉带钩　30. 铜镜　31. 玉"廖宏"印　32. 铜环首刀　36. 石黛板　37. 铜卮鍪　38. 铜坩埚

葬具，该墓的葬具是已经发掘的土墩墓中保存最完整的，结构清晰，为两椁一棺。从墓口往下 3 米开始露出椁板，除椁室的顶板、棺盖板和椁室东部挡板已朽外，东、西、南部两层外椁板和两层椁底板、棺身下部、棺与椁室间的隔板均保存较完整。椁室内还有两块用途不明的厚木板。

两层椁板内外相接，中间无空隙，均为整板。外椁边板长 350、残宽 45 ~ 80、厚 20 厘米。外椁西挡板长 310、残宽 76、厚 20 厘米。内椁南北边板残长 330 和 260 厘米，残宽 46 和 56 厘米，厚 20 厘米。内椁西挡板长 270、残宽 50、厚 20 厘米。内外椁的边板与挡板间均采用凹槽套合，凹槽的宽度与椁边板的厚度同为 20 厘米，深度一般为 3 ~ 5 厘米，套合后形成结构紧密的内外井椁。内外两层椁底板直接放置于墓底厚达 150 厘米的白膏泥（青膏泥）上，无枕木。外椁底板由 5 块长分别为 360、380、370、365、360 厘米，宽分别为 54、128、70、64、68 厘米，厚 24 厘米的整板对缝平铺而成。内椁底板由 4 块长 295 厘米、宽分别为 90、95、100、55 厘米，厚 20 厘米的整板对缝平铺而成。

墓主的内棺位于椁室的南部，棺盖已朽无存。棺的底和身为一根整木掐制而成，属一种"整木棺"[①]。全长 270、宽 98 厘米，内空宽 80 厘米，底部厚 12 厘米，侧板高 20 ~ 26 厘米，存最大高度 30 厘米。棺的两侧外部均有掐制的凹槽，棺盖板是通过两凹槽从一端推入后扣合而成。棺的两端挡板是镶嵌的木板。棺底部和侧面转角处还保留有原木的弧度。

内棺与北部椁室间有一块隔板，残长 150、残宽 48、厚 4 厘米。

北部的椁室内部还有两块木板平置于椁底板上，残长分别为 190 和 210 厘米，残宽分别为 55 ~ 80 和 44 厘米，厚 20 厘米。在其上部还出土有一件滑石璧和硬陶罐等，这两块木板即不是椁室盖板，也不是椁边板，又不像是棺板，其用途不明。

葬式，因墓主的骨架已腐朽，无法判定。从墓主棺内随葬器物的位置分析墓主的头向应向西，墓主应是仰身直肢葬。

填土，墓室内上部填土和封堆的填土基本相同，均为原熟土台的筑土填入。下部填筑有厚厚的白膏泥。墓室的周边、椁室上部白膏泥厚度可达 30 ~ 50 厘米。椁底板下部的青膏泥厚度达 150 厘米，这是极为少见的现象。椁底不见枕木。

二　出土器物

37 件（套）。有软陶器 2 件、硬陶器 5 件、铜器 16 件、玉石器共 7 件和研子、石黛板、大泉五十及骨器、漆耳杯、木俑等（图四七；彩版二九，2；图版一，2）。

（一）软陶器

2 件。均为瓮，形制和大小相同。

标本 D3M26：19，微敞口，短圆唇，斜肩，折腹，下腹内收，平底。口径 12.8、腹径 23.6、底径 10.4、高 15.4 厘米（图四八，1）。

（二）硬陶器

5 件。均为罐。形制和大小均有区别。

标本 D3M26：4，个体较大。敞口，斜肩，鼓腹，平底，最大腹径位于中部。肩部有两道凹弦纹，从肩部到下腹部饰拍印方格纹。口径 14、腹径 28、底径 12、高 27 厘米（图四八，2）。

标本 D3M26：5，个体较小，同样形制的有四件。直颈，圆唇，丰肩，腹较直，平底。从颈下

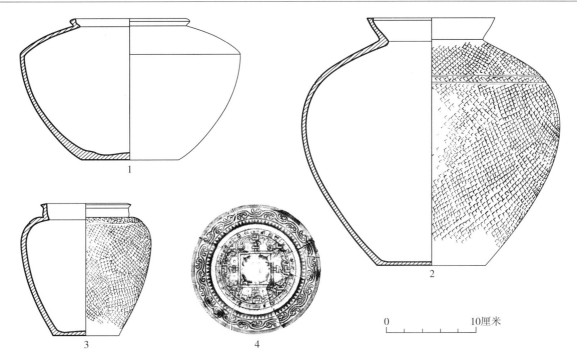

图四八　D3M26 出土陶瓮，硬陶罐，铜镜

1. 陶瓮（19）　2、3. 硬陶罐（4、5）　4. 铜镜（30）

到下腹饰拍印方格纹。口径 9.6、腹径 14、底径 7.2、高 14.4 厘米（图四八，3）。

（三）铜器

16 件（套）。有镜、鼎、钫、勺、灶、井、釜、熏炉、行灯、剑、环首刀、泡钉、厄錾和坩埚等。

1. 镜

1 件。出土于墓主棺内头部，原有漆木镜盒盛装，盒已朽。D3M26：30，八子神兽博局铭文镜。圆形，圆钮，四瓣柿蒂纹钮座，方框外四边各有两个带座乳丁，乳丁与铭文圈间饰博局纹和青龙、白虎、朱雀、羽人等神兽，外一周铭文为"作佳镜（竟）兮真大好，上有仙人不知老，浮游天下敖四海，寿比金石为国保"。铭文带外一周栉齿纹后为镜缘。宽镜缘上从内向外分别为一周锯齿纹和一周卷云纹。直径 14.4、缘厚 0.5 厘米，重 510 克（图四八，4；彩版三〇，1）。

2. 鼎

2 件。形制和大小相同。子母口承盖。盖面隆起，中部平圆，中央有环钮扣圆环，外有对称的三个突起实心小钮。子母口内敛，腹较深，腹壁呈圜形，底近平。三瘦长足外撇，上下略粗，中间细，横断面近梯形。腹部一道凸棱处折出附耳，附耳上圆下方。出土时鼎内盛有多块家禽骨骼。标本 D3M26：10，口径 15.2、腹径 16.4、通高 15.8 厘米（图四九，1；彩版三〇，2）。

3. 钫

2 件。形制和大小相同。无盖，方唇内斜，方腹外鼓，肩部有鼻钮衔环。高方足外撇。标本 D3M26：8，口部长 9.6、宽 8.8 厘米，底部长 12、宽 11 厘米，高 24 厘米（图四九，2；彩版三一，1）。

4. 勺

1 件。出土时位于一件铜鼎内。D3M26：15，勺身近圆形，圜底。身柄连通为一体，长柄内凹，柄端有一小圆孔。勺宽 8.6、通长 14.5 厘米（图四九，3；彩版三一，2）。

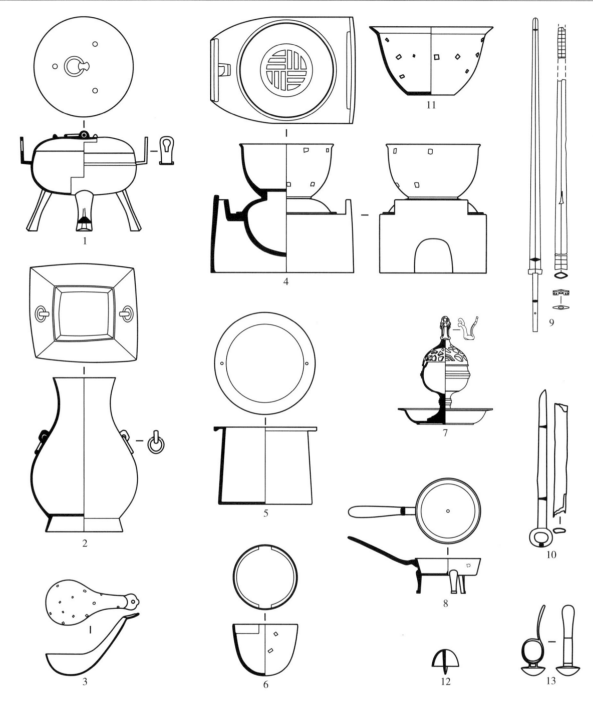

图四九 D3M26 出土铜鼎、钫、勺、灶、井、坩埚、釜、熏炉、行灯、剑、环首刀、泡钉、卮鋬

1. 鼎（10）   2. 钫（8）   3. 勺（15）   4. 灶（1）   5. 井（2）   6. 坩埚（38）   7. 熏炉（20）   8. 行灯（12）
9. 剑（28）   10. 环首刀（32）   11. 釜（3）   12. 泡钉（25）   13. 卮鋬（37）

5. 灶

1 件（套）。D3M26:1，出土时灶身、铜镂和铜甑套合为一体。灶身略呈船体形，前宽后窄。半圆形落地火门，上部有直立的挡烟板。灶后部有直立挡泥墙，靠挡烟板的中部有一方形烟囱。单釜座内套置一铜镂，镂上有铜甑。铜镂为直颈，鼓腹，高圈足，上腹有一周宽沿与釜座套合。

铜甗套合于铜镬上。甗为广口，深腹，圈足，圈足套合于镬口之上。甗底部有镂空的横直箅眼，箅眼属铸造后凿刻而成。灶体长22.6、宽9.8～16.6厘米，连釜甗通高20厘米（图四九，4；彩版三一，3、4）。

6. 井

1件。D3M26：2，身略呈筒形，宽平沿，沿上有置放井架的两对称小孔。无提水罐。口径16、底径14.8、高12厘米（图四九，5；彩版三一，5）。

7. 坩埚和釜

出土时两件套合在一起，坩埚置于釜内。两件周身均有方形和菱形小孔，还有红铜补片。

坩埚　1件。D3M26：38，侈口，圜底。口径10、高8厘米（图四九，6）。

釜　1件。敞口，宽沿，斜腹内收，平底。D3M26：3，口径19.2、底径7.2、高10.6厘米（图四九，11；彩版三二，1）。

8. 熏炉

1件。D3M26：20，由炉身、炉盖和托盘三部分组成。盖面为镂空的蟠曲龙纹。盖顶有一小立鸟形捉手。炉身深腹，口微敛，子母口，腹部有三道宽凸棱带。圈足与托盘相连，圈足底部有柱，与托盘铆合。炉柄中部有三道凸棱。盘为广口，宽平沿，浅腹，下有矮圈足。炉身有方形和菱形小孔，还有红铜补片。通高16.6厘米（图四九，7；彩版三二，2）。

9. 行灯

1件。D3M26：12，长柄，浅圆盘，三蹄足，盘中间有锥形烛插。盘径10.2、柄长12、通高5.4厘米（图四九，8；彩版三二，3）。

10. 剑

1件。D3M26：28，出土于棺内墓主的左手一侧。带剑鞘。剑身修长，两面刃，断面呈菱形。长条形剑茎，茎上有一小孔，为系缠缑之用。剑身全长98、身宽1.7～3.4厘米。凹形玉剑格的两面均有纹饰，中部为一变形神人，左右对称卷云纹。剑鞘由竹木片上缠扎丝带后层层髹漆制成，已残。长76厘米（图四九，9；彩版三二，4、5）。

11. 环首刀

1件。D3M26：32，出土于棺内墓主的右手一侧。带刀鞘。环形手柄，手柄上明显可见绑扎的痕迹。直背，直刃，断面呈三角形。长24.5、刃宽1.35、环径3.5厘米。刀鞘保存较完整，由竹片上缠扎丝带后层层髹漆制成。残长17.7、宽2厘米（图四九，10；彩版三二，6）。

12. 泡钉

4枚（以1件计）。应为已朽漆器的饰件。标本D3M26：25，钉面鎏金，呈半球状，底部有尖钉。直径2.1、高1.9厘米（图四九，12）。

13. 厄錾

2枚（以1件计）。形制大小相同，应为已朽漆厄上的錾。标本D3M26：37，长5.4厘米（图四九，13）。

（四）玉器

2件。为带钩。均出土于墓主的棺内，应与墓主生前佩带铜剑和铜环首刀有关，两件带钩一件出土于铜剑下，一件出土于铜环首刀边（彩版二九，2）。

　　D3M26：29，鹅首带钩。出土于青铜剑边。青玉质地。钩首呈鹅首状，嘴短而肥，颈部圆润。钩体略呈琵琶形，断面近圆形，钩面外凸，圆柱状帽形纽位于钩背。长3.2、钩面宽0.6~1.5、纽高0.7、纽径1.5厘米（图五○，1；彩版三三，1）。

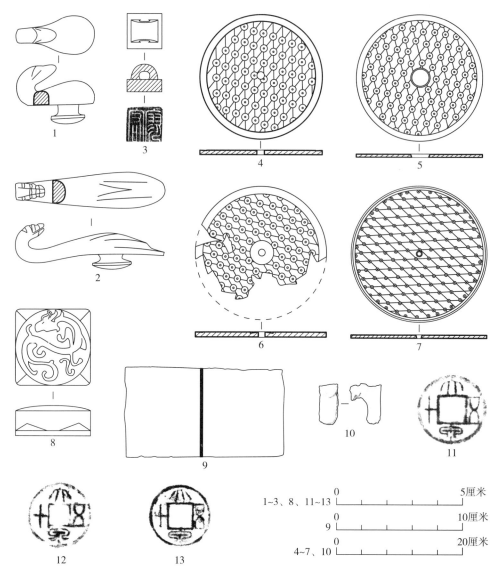

图五○　D3M26出土玉印章、带钩，滑石璧，陶研子，骨器，大泉五十
1、2. 玉带钩（29，33）　3. 玉印（31）　4~7. 滑石璧（27，11，16，21）　8. 陶研子（24）
9. 石黛板（36）　10. 骨器（23）　11~13. 大泉五十（26-1，26-2，26-3）

　　D3M26：33，龙首带钩。出土于铜环首刀边。青玉质地。钩首呈龙首状，钩体略呈琵琶形，断面呈半圆形，钩面外凸，圆柱状帽形纽位于钩背。长6、钩面宽0.65~1.5、纽高0.7、纽径1.6厘米（图五○，2；彩版三三，2）。

　　（五）滑石器

　　4件。均为璧。一件出土于墓主棺内，其他三件位于椁室内。大小基本相同，纹饰有别。

　　D3M26：27，出土于墓主的棺内。肉素宽缘内斜，好无缘。肉上由斜直线交织组成菱格纹，菱格的每个交点饰重圈纹。通径19.7、好径1.2、肉厚0.7厘米（图五○，4）。

D3M26∶11，肉有宽素缘，好缘窄。肉上由斜直线交织组成菱形格，菱形格的每个交点均饰较大的重圈纹。通径 20、好径 2.7、肉厚 0.5 厘米（图五〇，5）。

D3M26∶16，残损严重。肉素缘，好缘素宽并外凹。肉上由斜直线交织组成斜菱形格，菱格的每个交点饰有重圈纹。通径 21.2、好径 1.1、肉厚 0.8 厘米（图五〇，6）。

D3M26∶21，肉有缘，缘上有一周刻划纹，好斜而无缘。肉上由斜直线交织组成菱格，菱格的每个交点饰有重圈纹。通径 21.6、好径 0.7、肉厚 0.5 厘米（图五〇，7）。

（六）其他

8 件（组）。有玉印章、陶研子、石黛板、木俑、漆耳杯、大泉五十和残骨器等。

1. 玉印章

1 件。D3M26∶31，出土于墓主棺内腰间，和带钩及铜剑在一起，为墓主的私印。和田白玉质，篆书铭文"廖宏"，笔画娴熟流畅。方形，鼻纽。边长 1.4、通高 1.1 厘米（图五〇，3；彩版三三，3）。

2. 陶研子

1 枚。出土于墓主棺外头箱中。D3M26∶24，陶质，通体髹黑漆。上圆下方，上部有模印的龙纹，是一种少见的陶胎漆器。边长 3、高 1.2 厘米（图五〇，8；彩版三三，4）。

3. 石黛板

1 件。D3M26∶36，出土于椁室内的青铜灶附近，并没有和研子在一起。暗红色砂岩质，长条形。长 12.9、宽 7.1、厚 0.2 厘米（图五〇，9）。

4. 木俑

2 件。残朽严重。

5. 漆耳杯

原有十余件（以 1 件计），均已朽，难以测量。

6. 骨器

1 件。D3M26∶23，器形难辨，质地难分，初步判定属骨器，用途不明。形状不规则。长 6.4、宽 4.9 厘米（图五〇，10）。

7. 大泉五十

2031 枚，墓主棺内出土 20 余枚，其余出土于墓主棺外头箱中，全部为大泉五十。出土时还可看到穿钱的绳子。钱币保存基本完好，形制和大小稍有区别，统计 20 枚可发现有四种规格（图五〇，11～13）。详见表三。

表三　　　　　D3M26 出土钱币（随机抽取 20 枚）统计表　长度单位：厘米　重量单位：克

种类	编号	特征		钱径	穿宽	廓宽	廓厚	肉厚	重量	备注
		文字特征								
大 泉 五 十	26-1	文字纤细，背光		2.70	1.05	0.10	0.20	0.10	4.87	图五〇，11
	26-2	文字较粗，"泉"字上部缺点，下部的"水"字笔画模糊		2.5	0.85	0.10	0.20	0.10	4.86	图五〇，12
	26-3	文字纤细清晰，背光		2.45	1.00	0.10	0.20	0.08	3.72	图五〇，13

续表三

种类	编号	特征	钱径	穿宽	廓宽	廓厚	肉厚	重量	备注
		文字特征							
大泉五十	26 - 4	文字纤细，背光	2.72	1.06	0.10	0.20	0.10	4.88	
	26 - 5	文字纤细，背光	2.70	1.1	0.10	0.20	0.10	4.87	
	26 - 6	文字纤细，背光	2.70	1.05	0.12	0.20	0.08	4.87	
	26 - 7	文字纤细，背光	2.70	1.05	0.11	0.20	0.08	4.87	
	26 - 8	文字纤细，背光	2.5	0.85	0.10	0.20	0.10	4.84	
	26 - 9	文字纤细，背光	2.5	0.85	0.10	0.20	0.10	4.82	
	26 - 10	文字纤细，背光	2.45	0.92	0.10	0.18	0.07	3.70	
	26 - 11	文字纤细，背光	2.43	1.00	0.10	0.20	0.08	3.72	
	26 - 12	文字纤细，背光	2.45	1.00	0.10	0.20	0.08	3.72	
	26 - 13	文字纤细，背光	2.44	1.00	0.10	0.18	0.08	3.70	
	26 - 14	文字纤细，背光	2.45	1.00	0.10	0.20	0.08	3.72	
	26 - 15	文字纤细，背光	2.45	1.00	0.10	0.20	0.08	3.72	
	26 - 16	文字纤细，背光	2.45	1.00	0.10	0.20	0.08	3.72	
	26 - 17	文字纤细，背光	2.43	0.90	0.10	0.20	0.08	3.74	
	26 - 18	文字纤细，背光	2.45	1.00	0.10	0.20	0.08	3.72	
	26 - 19	文字纤细，背光	2.44	1.00	0.10	0.20	0.08	3.71	
	26 - 20	钱薄而小，字体纤细	2.32	0.70	0.12	0.12	0.06	1.24	

墓例九　D3M14

D3M14 和 D3M13 是整个封堆内部唯一从墓口就可判定明显存在打破关系的一组墓葬。D3M14 位于北部，墓口与其北部的 D3M26 相距仅 1.10～1.60 米。D3M14 将 D3M13 的北部墓室、墓道和北部封门部分打破（图五一；彩版三四，1）。两座墓的方向一致，规格相当，从发掘出土的随葬器物推测，可能属夫妻异穴合葬。

一　墓葬形制

D3M14 是带竖穴墓道的长方形土墩竖穴墓。墓室平面呈"凸"字形，墓道方向 105°，墓主头向为 285°。墓葬开口距封堆的顶部近 5 米。墓口（不含墓道 4 米）长 4.20、宽 4.50 米，墓底长 4.20、宽 4.10 米，墓深 2.60 米。墓底的北部有长 4.20、宽 0.30、高 0.30 米的生土二层台，南部也留有长 4.20、宽 0.40、高 0.30 米的生土二层台。D3M14 墓室向南跨入 D3M13 的墓室 1.10～1.30 米，但该范围内并无 D3M14 的任何随葬器物，D3M13 墓室北部随葬器物有被扰乱和移动的痕迹（图五二；彩版三四，2）。

竖穴墓道位于东部，全长 4、宽 2、深 2.30 米，高于墓底 0.30 米。

封门，伸入墓室内 1.50 米，从上往下看平面呈"【"形，长 2.40、宽 0.30 米，高与墓口平，

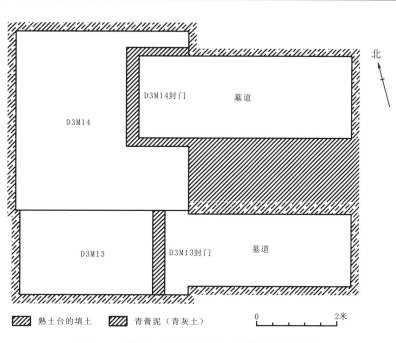

图五一 D3M13 和 D3M14 墓口遗迹关系平面图

该封门还在两端均向东延伸出 1 米、宽 0.20 米的接墓道的青灰土埂,与封门及墓道相连接形成一个封闭的状态,从墓口平面看好像墓道长可达 5.50 米。使用青灰土和青膏泥层层填筑,内夹杂有少量黄土,黄土和青灰土(青膏泥)层层咬合,应是在下葬时同时填筑而成。

葬具,葬具结构较清晰。从墓底残留的黑色漆皮推测可能为两椁一棺。从墓底红黑色漆皮和棺钉的位置推测内棺长 216、宽 90 厘米,位于墓室的中部。棺外椁室的西部和北部均有原用于盛装随葬器物的漆木箱留下的痕迹,残留的漆皮上留有红色漆书文字(彩版三三,6)。墓底无枕木痕迹。

葬式,因墓主的骨架已腐朽,无法判断。

填土,墓室内填土和封堆的填土基本相同,均为从墓地外部取土填入。墓底填筑有少量白膏泥,厚 5 厘米。

二 出土器物

27 件(套)。有软陶器 7 件、硬陶器 4 件、酱釉硬陶器 2 件、铜器 8 件、滑石器 1 件和石黛板、石研子、竹扇骨、漆耳杯残件、大泉五十(图五二;图版二,1)。

(一)软陶器

7 件。有灶、井、瓮。

1. 灶

1 件(套)。D3M14:12,一套五件,分灶身和上部的釜和甑各两套。灶呈方形,前低后高,中间两釜座上各置小陶釜和陶甑一套,甑无算孔。前有两三角形落地火门,后有挡风板,板的下部有两烟孔。边长 21.6、通高 12.7 厘米(图五三,1)。

2. 井

1 件。D3M14:7,平沿,敛口,腹略鼓,平底,腹部有两道凸弦纹。内置敞口折腹平底汲水小

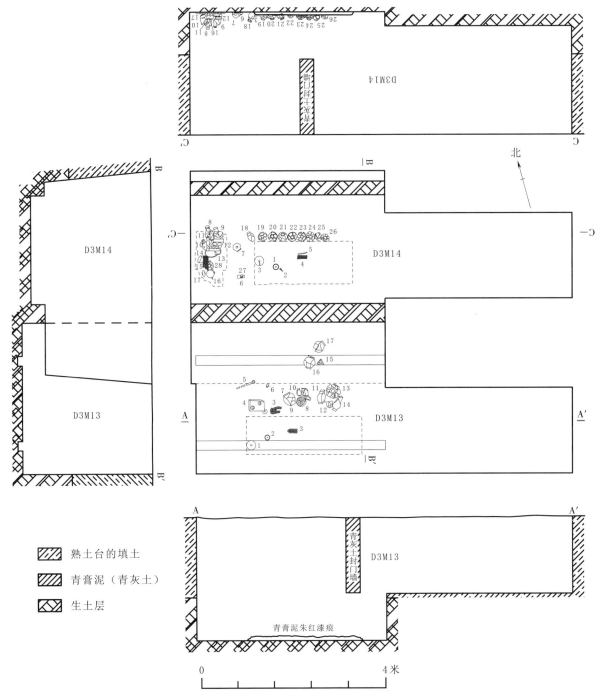

图五二　D3M14 和 D3M13 平、剖面及随葬器物分布图

D3M14 随葬器物：1. 铜镜　2. 铜带钩　3. 滑石璧　4、15. 大泉五十　5. 竹扇骨　6. 石黛板　7. 陶井
8、9. 酱釉双耳壶　10、11. 铜壶　12. 陶灶　13. 铜甑　14. 铜钵　16. 铜鼎　17. 漆耳杯　18、24～26. 硬
陶罐　19～23 陶瓮　27. 石研子　28. 铜镡壶

D3M13 随葬器物：1. 滑石璧　2. 铜镜　3. 铜五铢　4. 陶灶　5. 铁环首刀　6. 研石　7、10、13、16、17. 硬
陶罐　8. 滑石盘　9. 泥金饼　11. 滑石钫　12. 滑石杯　14. 滑石壶　15. 铜熏炉盖

罐一件。口径 11.2、底径 8、高 15.6 厘米（图五三，2）。

3. 瓮

5 件。形制和大小相同。直领，圆唇，溜肩，鼓腹，圜底近平。肩部饰一道凹弦纹。标本

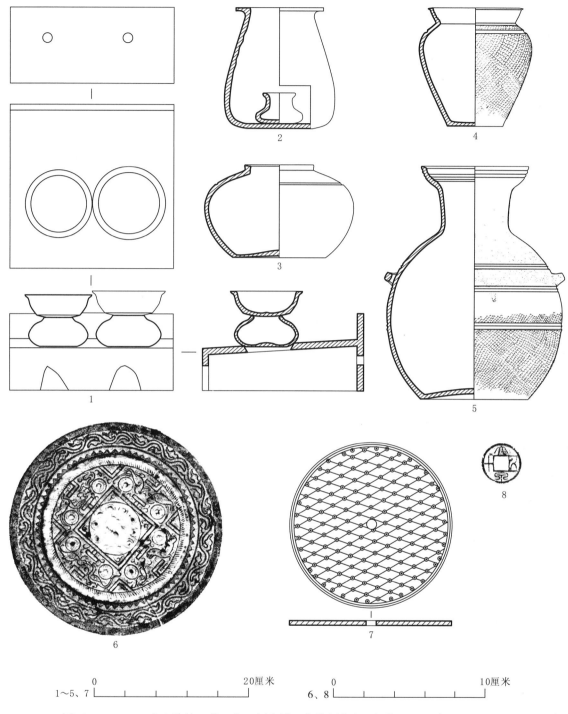

图五三　D3M14 出土陶灶、井、瓮，硬陶罐，酱釉硬陶壶，铜镜，滑石璧，大泉五十

1. 陶灶（12）　2. 陶井（7）　3. 陶瓮（19）　4. 硬陶罐（24）　5. 酱釉硬陶壶（8）　6. 铜镜（1）
7. 滑石璧（3）　8. 大泉五十（15 – 1）

D3M14：19，口径 8.8、腹径 19.2、底径 12、高 12 厘米（图五三，3）。

（二）硬陶器

4 件。均为罐。形制和大小相同。侈口，高领，圆肩，收腹，平底，最大腹径偏上。

标本 D3M14：24，口径 12.4、腹径 14.8、底径 7.2、高 15 厘米（图五三，4）。

（三）酱釉硬陶器

2件，均为壶。形制和大小相同。盘口，直颈，溜肩，鼓腹，平底略内凹，盘口外部、肩部和腹部各有数道凹弦纹。肩部对称横贯耳。从颈部到上腹部的方格纹上施有酱黑色釉，釉层和胎结合不紧密。

标本D3M14：8，口径14、腹径22.8、底径14、高30厘米（图五三，5）。

（四）铜器

8件。有镜、鼎、壶、甑、钵、镳壶、带钩。

1. 镜

1件。D3M14：1，为八子十孙神兽博局纹镜。出土于墓主的棺内。圆形，圆钮，圆钮座，座外钮座内有10枚带座乳丁，四角饰云气纹。座外围以双格，双格到镜缘间为主纹饰带，内八枚带座乳丁和四组博局纹分成四区，分别配以龙、虎、朱雀等神兽。外一周栉齿纹后为镜缘。宽镜缘上从内向外分别为一周锯齿纹和一周变形云纹。直径13.8、缘宽2.1厘米，重358克（图五三，6；彩版三三，5）。

2. 鼎

1件。D3M14：16，子母口承盖。盖面隆起，顶部三环形钮对称分布。子母口内敛，腹较深，腹壁呈圜形，圜底近平。三兽蹄状足，上下略粗，中间细，横断面呈半圆形。腹部一道凸棱处折出圆形立耳，耳上圆下方。口径13.4、通径18.4、通高15.4厘米（图五四，7；彩版三五，1）。

3. 壶

2件。形制和大小基本相同，一件有盖，另一件无盖。标本D3M14：10，无盖。圆肩，鼓腹，高圈足外撇。肩部和腹部各有两道宽折棱，上腹部对称分布双鼻形钮。口径7.4、腹径14.6、底径9.6、高20.7厘米（图五四，1；彩版三五，2）。

4. 甑

1件。D3M14：13，胎体较薄。宽沿稍内斜，敞口，斜收腹，平底。底部有五个不对称分布的圆形箅眼。口径15.8、底径7.8、高8.6厘米（图五四，8；彩版三五，3）。

5. 钵

1件。D3M14：14，侈口，唇外弧折，弧腹内收，圜底近平。口径15.2、底径7.2、高7.4厘米（图五四，2；彩版三五，4）。

6. 镳壶

1件。D3M14：28，带揭拉式弧形顶盖，盖面起台，盖面有钮。钮面对称分布四组柿蒂叶纹和圆叶纹。扁圆腹的中部有一周凸棱，腹部有流和长条形手柄，流为带活动嘴盖的鸡首形，长条形手柄中空。銎口为四角梯形。圜底，三兽面蹄足。盖径7.8、腹径13.6、通高12、手柄长12.2厘米（图五四，9；彩版三六，1）。

7. 带钩

1件。D3M14：2，钩首呈鸭首形。断面呈椭圆形，柱状帽形钮位于钩背。长11.5、宽1.2厘米（图五四，3；彩版三六，2）。

（五）滑石器

1件。璧。

D3M14：3，肉外有缘，缘上有两周刻划纹。主纹饰为斜线交叉构成的菱形格，菱格的交点处

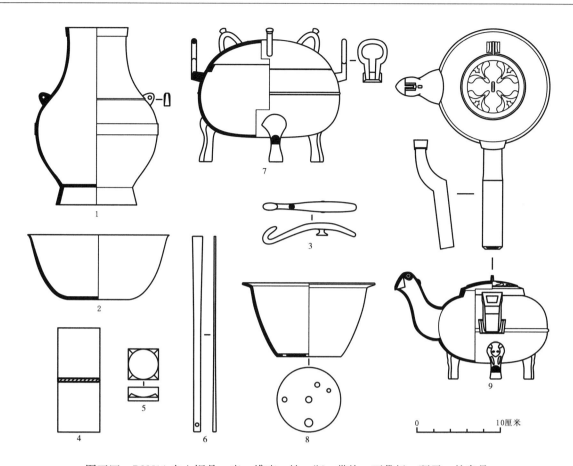

图五四　D3M14 出土铜鼎、壶、镳壶、钵、甋、带钩，石黛板、研子，竹扇骨

1. 铜壶（10）　　2. 铜钵（14）　　3. 铜带钩（2）　　4. 石黛板（6）　　5. 石研子（27）　　6. 竹扇骨（5）
7. 铜鼎（16）　　8. 铜甋（13）　　9. 铜镳壶（28）

饰重圈纹。通径 21.3、好径 1.3、厚 0.6 厘米（图五三，7）。

（六）其他

5 件（组）。有石黛板、石研子、漆耳杯残件、竹扇骨、大泉五十等。

1. 石黛板

1 件。D3M14：6，和石研子一同出土，为一套妆具。灰色砂岩质地，长条形。长 12、宽 5、厚 0.4 厘米（图五四，4）。

2. 石研子

1 件。D3M14：27，和石黛板一同出土，为一套妆具。砂岩质地。上圆下方。边长 3.6、高 1.6 厘米（图五四，5）。

3. 漆耳杯残件

个体很多，均已朽，仅存痕迹。

4. 竹扇骨

1 根。D3M14：5，竹质。长条形，上端宽而薄，下端窄而略厚，有一小圆孔。长 23、宽 0.8 ~ 1.2、厚 0.2 ~ 0.4 厘米（图五四，6）。

5. 大泉五十

300 余枚，棺内和椁室头箱均有出土，保存较差。如标本 D3M14：15 - 1（图五三，8）。详见表四。

表四						D3M14 出土铜钱抽样统计表				长度单位：厘米　重量单位：克
种类	编号	文字特征	钱径	穿宽	廓宽	廓厚	肉厚	重量	备注
大 泉 五 十	15 – 1		2.6	0.95	0.12	0.20	0.10	3.65	图五三，8
	15 – 2		2.75	0.86	0.12	0.18	0.10	3.72	
	15 – 3		2.7	0.65	0.10	0.20	0.1	4.00	
	15 – 4		2.7	0.75	0.11	0.20	0.1	3.65	
	15 – 6		2.44	0.85	0.12	0.19	0.05	2.05	

墓例一〇　D3M13

一　墓葬形制

D3M13 是带竖穴墓道的长方形土墩竖穴墓。墓室平面呈"凸"字形，墓道方向 105°，墓主头向为 285°。墓葬开口距封堆的顶部近 5 米。墓口（不含长 4 米的墓道）长 4.10、残宽 1.90 米，墓底长 4.10、宽 3.20 米，墓深 2.60 米。墓室北部被 D3M14 打破。从墓底的情况判断：D3M14 墓室向南跨入 D3M13 墓室内 1.10~1.30 米，还将 D3M13 的北部封门和墓道打破。在该范围内 D3M13 的部分随葬器物有被扰乱、移动的迹象，其中一件铜熏炉（D3M13：15）仅剩炉盖。

竖穴墓道位于东部，全长 4、宽 1.90、深 1.60 米，高于墓底 1 米。

封门，伸入墓室内 0.90 米，从上往下看平面呈"【"形，长 1.90（被 D3M14 打破位置长 1.30 米）、宽 0.30 米，高平墓口，使用青灰土和青膏泥层层填筑，内夹杂有少量黄土，黄土和青灰土（青膏泥）层层咬合，应是在下葬时同时填筑而成（图五一）。

葬具，结构不清晰，但从墓底残留的黑色漆皮推测可能为一椁一棺。从墓底红黑色漆皮和棺钉的位置推测棺长 250、宽 80 厘米，位于墓室的中部。在棺外椁室的西部和北部均有原用于盛装随葬器物的漆木箱留下的痕迹。

葬式，因墓主的骨架已腐朽，无法判断。

枕木沟，墓底有两条纵向枕木沟，沟长 4.10、宽 0.20、深 0.10 米。两条枕木沟间相距 1.60 米。

填土，墓室内填土和封堆的填土基本相同，均为从墓地外部取土填入。墓底填筑少量白膏泥，厚 3~5 厘米。

二　出土器物

17 件（图五二；彩版三六，3）。有软陶器 1 件、硬陶器 5 件、铜器 2 件、铁器 1 件、滑石器 5 件和研石、泥金饼、铜五铢（图版二，2）。

（一）软陶器

1 件。灶。

D3M13：4，由灶身和釜甑组成。灶身呈长方形，两侧呈弧形。灶面有一大一小两釜座，正面有两半椭圆形不落地火门，另一侧有高挡风板，挡风板的中部有双烟孔。釜座上置小陶釜和陶甑各一套，甑有箅眼。长 22.6、宽 19、通高 15.4 厘米（图五五，1）。

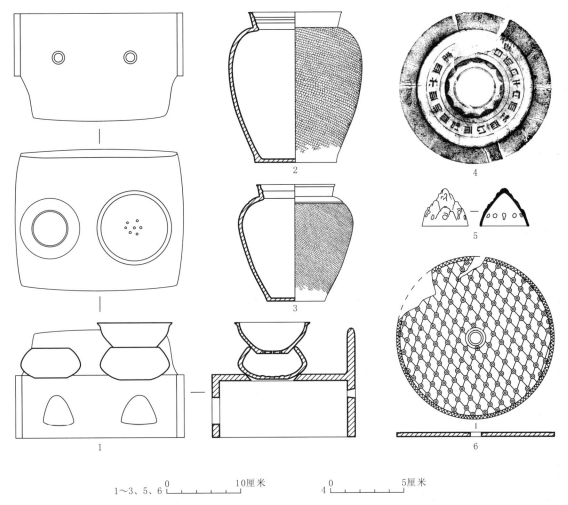

图五五　D3M13 出土陶灶，硬陶罐，铜镜、熏炉盖，滑石璧
1. 陶灶（4）　2、3. 硬陶罐（10，7）　4. 铜镜（2）　5. 铜熏炉盖（15）　6. 滑石璧（1）

（二）硬陶器

5 件。均为罐。形制基本相同但大小有别。

标本 D3M13：10，平沿，尖唇，口沿内有三道凸棱，束颈，圆肩，长弧腹，最大腹径位于中部，大平底。从颈部到下腹饰方格纹。口径 12.4、腹径 17.8、底径 11.2、高 20.2 厘米（图五五，2）。

标本 D3M13：7，同样形制的 4 件。平沿，尖唇，口微侈，束颈，平底。最大腹径位于上腹部，颈部和肩部各饰一道凸弦纹，从颈部到下腹部饰细方格纹。口径 10.4、腹径 15.4、底径 7.6、高 15.6 厘米（图五五，3）。

（三）铜器

2 件。有镜和熏炉盖。

1. 镜

1 件。D3M13：2，昭明镜，出土于墓主的棺内，有残损。圆钮，圆钮座。座外有十二段内向连弧纹。外两周窄凸弦纹间为一周隶书铭文："内清以昭明，光象□日月"，字间多饰有"而"字形符号。宽素缘。直径 10、缘宽 1.2、缘厚 0.5 厘米，重 194 克（图五五，4；彩版三七，1）。

2. 熏炉盖

1件。D3M13:15,应为一件青铜熏炉的器盖,但是器身可能在下葬时已被取走。盖为尖峰状,内空,上为浮雕连峰,有圆形和不规则烟孔17个。盖口径6.4、高5厘米(图五五,5;彩版三七,2)。

(四)铁器

1件。锈蚀严重,残长约45厘米,原应为铁环首刀。

(五)滑石器

5件。有璧、壶、钫、盘、杯。

1. 璧

1件。D3M13:1,出土于墓主的棺内。肉、好均有缘。肉之外缘有一圈刻划三角形锯齿纹,好缘有两重,外斜。主纹饰为在斜菱格的交叉处饰重圈纹。通径21.5、好径1.5、肉厚0.55厘米(图五五,6)。

2. 盘

1件。D3M13:8,平沿,尖唇,束颈,弧腹,平底。口径13.2、底径8.4、高5厘米(图五六,1)。

3. 壶

1件。D3M13:14,无盖。口部略残,身呈椭圆形,应是为适应一块滑石料制作的原因。直口略外侈,平沿,束颈,鼓腹下垂,圈足外撇。腹部浮雕鼻钮衔环。上腹部和颈部间有用红漆书写的文字"□鍾",前应为"玉"字。口径7.2、腹径10.4~11.6、底径11.2、高17.4厘米(图五六,2;彩版三八,1、2)。

4. 钫

1件。D3M13:11,无盖,方口外侈,束颈,鼓腹,方圈足。腹部对称浮雕铺首衔环。一侧有用红漆书写的文字"玉钫",字高3~5、宽5.5厘米。口径7.6、腹径10.4、足径8.2、高18.2厘米(图五六,3;彩版三八,3、4)。

5. 杯

1件。D3M13:12,敞口,尖唇,深腹,圜底近平。口径11.6、底径5、高6.8厘米(图五六,4)。

(六)其他

3件(组)。有研石、泥金饼、铜五铢。

1. 研石

1件。D3M13:6,灰黄色砂岩质地。四方形棱柱状。下部长和宽均为4.7、通高6厘米(图五六,5;彩版三七,3)。

2. 泥金饼

10枚左右。多件破碎,形制和大小基本相同。圆饼形,顶部略凹,平底,身饰刻划网格纹,下部有多道弦纹。标本D3M13:9,直径6、高2厘米(图五六,6)。

3. 铜五铢

100余枚。棺内和椁室头箱均有出土,保存较差。至少有两种形态。

(1)剪轮五铢

3枚。圆形,方穿,无内外廓。标本D3M13:3-1,钱文的"五"字交叉两笔圆弧,右侧不

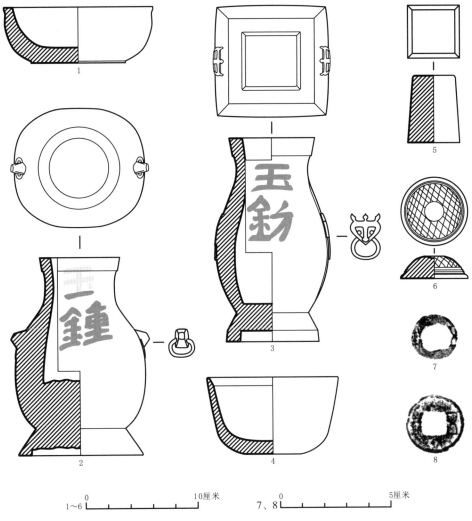

图五六   D3M13 出土滑石盘、壶、钫、杯，研石，泥金饼，铜五铢
1. 滑石盘（8）   2. 滑石壶（14）   3. 滑石钫（11）   4. 滑石杯（12）   5. 研石（6）
6. 泥金饼（9）   7. 剪轮五铢（3 - 1）   8. 有廓五铢（3 - 2）

全，"朱"字为尖头，仅存左侧少许。钱经 2.05、穿径 1.15、厚 0.09 厘米（图五六，7）。

（2）有廓五铢

近百枚。圆形，方穿，外廓规整，内廓模糊。标本 D3M13：3 - 2，钱经 2.1、穿径 1.1 厘米
（图五六，8）。

墓例—— D3M9

一 墓葬形制

长方形土墩竖穴墓。方向 290°。该墓是 D3 中 12 座已发掘的土墩墓中唯一不知道墓葬开口层
位的，也是规模最小和出土随葬器物最少的墓。墓底残长 2.60、宽 1.60 米，残深 0.40 米。虽上
部已毁，但从该墓的规格推测 D3M9 可能无墓道和封门（图五七）。

葬具，结构较清晰。从墓底残留的黑色漆皮推测可能为一椁一棺。从墓底红黑色漆皮和棺钉

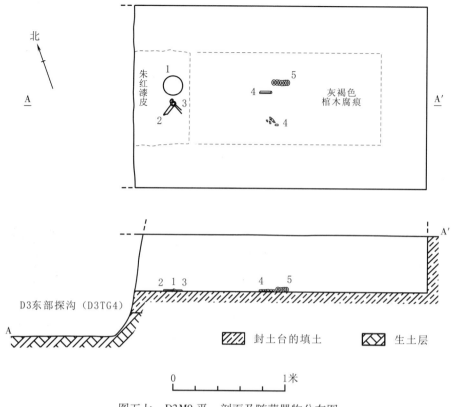

图五七 D3M9 平、剖面及随葬器物分布图

1. 铜镜 2. 铁环首刀 3. 鎏金铜发簪 4. 玻璃手握 5. 大泉五十

的位置推测内棺长220、宽80厘米，位于墓室的中部。墓底不见枕木沟。

葬式，因墓主的骨架已腐朽，无法判断。从出土器物推测墓主可能为女性。

填土，墓室内的填土和封堆的填土基本相同，均为挖取熟土台的筑土填入。

二 出土器物

5件（套）。有铜器2件、铁器1件、大泉五十和玻璃手握1套（2件）。

（一）铜器

2件。有镜、鎏金发簪。

1. 镜

1面。D3M9：1，四乳四虺镜。出土于墓主的头部。圆形，圆钮，十二连珠钮座。主纹饰为四带座乳丁与四虺相间环绕。四虺的头部和尾部均饰有云雀状纹饰，间饰小朵云纹。宽平素缘。直径13.7、缘宽1.3厘米，重435克（图五八，1）。

2. 鎏金发簪

1件。D3M9：3，出土于墓主的头部。一端略粗，渐变细尖，尖端弯曲，截面呈圆形，通体鎏金。残长14.2厘米（图五八，2）。

（二）铁器

1件。为环首刀。锈蚀较严重。D3M9：2，残长11.5厘米（图五八，3）。

（三）其他

2件（组）。有大泉五十和玻璃手握。

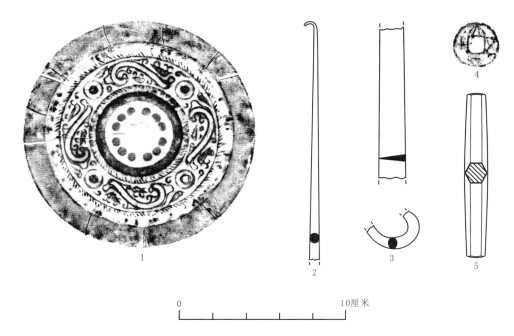

0　　　　　　　　　　　　　　10厘米

图五八　D3M9 出土铜镜、发簪，铁环首刀，大泉五十，玻璃手握

1. 铜镜（1）　2. 鎏金铜发簪（3）　3. 铁环首刀（2）　4. 大泉五十（5）　5. 玻璃手握（4）

1. 大泉五十

10 余枚。形制和大小基本相同，出土于墓主棺内，保存较差。标本 D3M9：5，钱经 2.75、穿径 0.95 厘米（图五八，4）。

2. 玻璃手握

1 套（2 件）。出土于墓主棺内的手边，左右各一件，形制和大小基本相同。呈六棱柱形，中间略粗，两端稍细。淡蓝色。标本 D3M9：4，长 9.8 厘米（图五八，5）。

墓例一二　D3M16

一　墓葬形制

长方形土墩竖穴墓。方向 285°（图五九；彩版三九，1）。墓葬开口距封堆的顶部 5 米。墓口长 3.80、宽 3 米，墓深 2.10 米。墓底深入生土层约 0.30 米。

葬具，结构较清晰。从墓底残留的黑色漆皮推测可能为一椁一棺。从墓底红黑色漆皮和棺钉的位置推测棺长 250、宽 80 厘米，位于墓室的南部。棺外椁室有北部边箱和西部头箱，均有原来用于盛装随葬器物的漆木箱的痕迹。在棺所在位置下部有朱砂痕迹。墓底不见枕木沟的痕迹。

葬式，因墓主的骨架已腐朽，无法判断。

填土，墓室内填土和封堆的填土基本相同，均为挖取熟土台的筑土回填。墓底填筑有少量白膏泥，厚约 3 厘米。

二　出土器物

32 件（套）。有软陶器 12 件、硬陶器 10 件、酱釉硬陶器 4 件、铜器 2 件、铁器 1 件（组）、

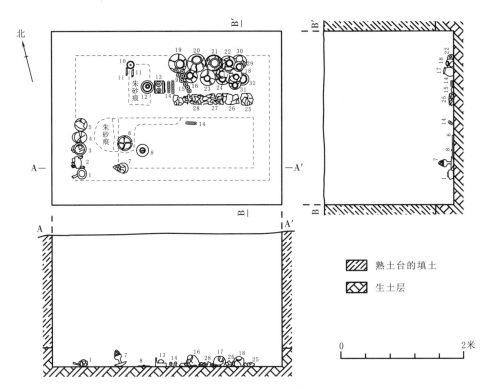

图五九　D3M16 平、剖面及随葬器物分布图

1. 陶镵壶　2、3. 陶鼎　4、5. 陶盒　6. 滑石璧　7. 陶熏炉　8、10. 铜镜　9、16～18、22～24、
30～32. 硬陶罐　11. 残铁器　12. 陶盆　13. 陶灶　14. 铜五铢　15. 泥金饼　19、20. 酱釉硬陶罐
21、29. 酱釉硬陶壶　25、26. 陶钫　27、28. 陶壶

滑石器 1 件、铜五铢和泥金饼（彩版三九，2）。

（一）软陶器

12 件。有鼎、盒、壶、钫、灶、盆、镵壶和熏炉。

1. 鼎

2 件。形制和大小基本相同。子母口承盖，盖为弧形，上有三梯形纽。敛口，深腹，小平底，三蹄足，足面有两竖凹槽，长附耳外弧，最大腹径在口沿之下。标本 D3M16：3，口径 12.4、腹径 18.8、通高 19.8 厘米（图六○，1；彩版四○，1）。

2. 盒

2 件。形制和大小基本相同，由盖和身组成。圆弧顶盖，器身为深腹钵形，尖唇，内斜沿，下腹斜内收，大平底。标本 D3M16：5，口径 19.4、腹径 20、底径 9.6、通高 13.6 厘米（图六○，2）。

3. 壶

2 件。形制和大小基本相同。口部不清，鼓腹，圈足外撇，腹部饰对称铺首。

4. 钫

2 件。形制和大小基本相同，盝顶式盖，方腹外鼓，高方足外撇，腹部饰对称铺首。

5. 灶

1 件。D3M16：13，灶近方形，上有一大一小两釜座，正面有两个梯形落地火门，后部有高挡风板，挡风板中部有两个小圆形烟孔，灶面置两小陶釜。长 18、宽 16.4、通高 12.8 厘米（图六

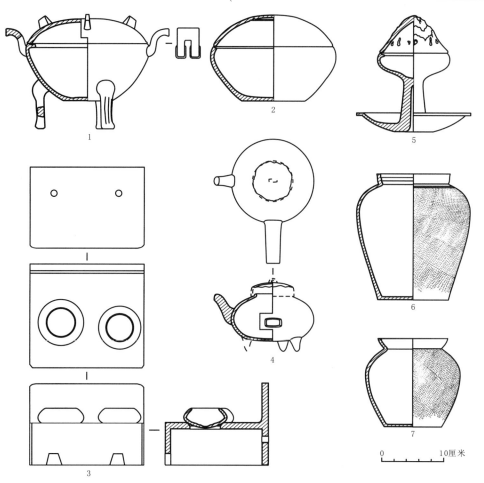

图六〇　D3M16 出土陶鼎、盒、灶、镳壶、熏炉，硬陶罐

1. 陶鼎（3）　2. 陶盒（5）　3. 陶灶（13）　4. 陶镳壶（1）　5. 陶熏炉（7）
6、7. 硬陶罐（16，17）

〇，3）。

6. 盆

1 件。D3M16：12，残损严重。

7. 镳壶

1 件。D3M16：1，圆弧形盖，顶部有小纽。敛口，圆唇，斜肩，鼓腹，圜底近平。兽首形实心流，直长柄，三乳丁状足。口径 5.6、腹径 13.2、通高 11.6 厘米（图六〇，4）。

8. 熏炉

1 件。D3M16：7，由盖、炉身、柄和托盘组成。盖为浮雕连峰式，布满不规则烟孔。炉身子母口承盖，深腹，柄中空至炉底。托盘宽平沿，斜腹。口径 10.8、盘径 18、通高 18.4 厘米（图六〇，5）。

（二）硬陶器

10 件。全部为罐。有大、小两种规格，形制亦有差别。肩部和腹部均饰粗细不同的方格纹，其中 D3M16：17 的肩部刻划有字符（图四六三，27）。

标本 D3M16：16，中型罐，形制相同的 5 件。平沿，尖唇，口微敞，束颈，圆肩，长弧腹，大平底，最大腹径位于肩部之下。口径 11.6、腹径 18、底径 11.2、高 20 厘米（图六〇，6）。

标本 D3M16：17，小型罐，同样形状的 5 件。平沿，尖唇，敞口，束颈，溜肩，鼓腹，平底，最大腹径位于中部。口径 10.4、腹径 15.2、底径 9.2、高 14 厘米（图六〇，7）。

（三）酱釉硬陶器

4 件。有罐和壶。

1. 罐

2 件。形制和大小基本相同。平沿，尖唇，敞口，束颈，口沿内有三道凸弦棱，圆肩，长弧腹，大平底，最大腹径位于中部。肩部和腹部饰方格纹，肩和上腹部施有酱黑色釉，局部有流釉现象，釉层脱落严重。标本 D3M16：19，口径 15.2、腹径 24、底径 12.8、高 28.4 厘米（图六一，1）。

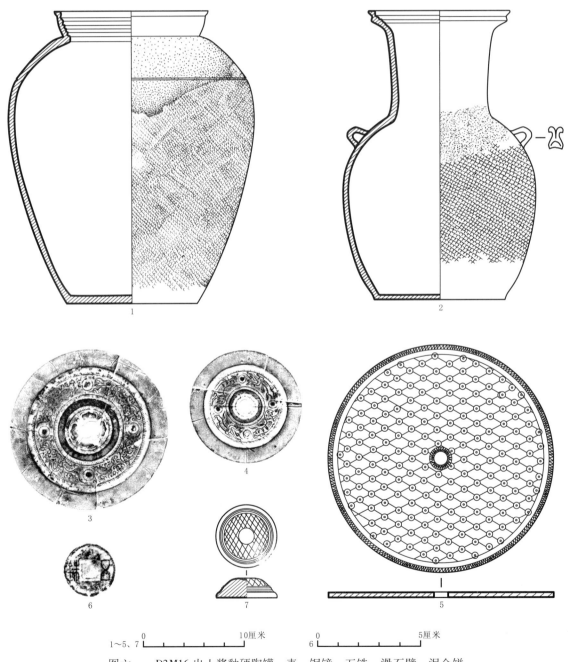

图六一　　D3M16 出土酱釉硬陶罐、壶，铜镜、五铢，滑石璧，泥金饼
1. 酱釉硬陶罐（19）　2. 酱釉硬陶壶（21）　3、4. 铜镜（8，10）　5. 滑石璧（6）　6. 铜五铢（14）　7. 泥金饼（15）

2. 壶

2件。形制和大小相同。平沿，尖唇，浅盘口外折，长颈，溜肩，长弧腹，大平底。肩部有一道凹弦纹，上有对称双耳。周身饰方格纹，肩和上腹部施有酱黑色釉，局部有流釉现象，釉层脱落。标本 D3M16:21，口径13.6、腹径18.6、底径12.8、高28厘米（图六一，2；彩版四○，2）。

（四）铜器

2件。均为镜。

D3M16:8，四乳神兽镜。圆形，圆钮，四柿蒂叶纹钮座。主纹饰由四枚带座乳丁分为四区，分别为白虎配长角奔鹿、朱雀配神兽、青龙配神人、玄武配神兽。宽素平缘。直径15.5、缘宽2.2、缘厚0.7厘米，重570克（图六一，3；彩版四○，3）。

D3M16:10，四乳四神镜。圆形，圆钮，重圈环带钮座，外环带外主纹饰为四带座乳丁间饰青龙、白虎、朱雀、玄武四神。主纹饰带内外各有一周栉齿纹。宽素平缘。直径11、缘宽1.55、缘厚0.52厘米，重270克（图六一，4；彩版四一）。

（四）铁器

1件，锈蚀较严重，难辨器形。

（五）滑石器

1件。为璧。出土于墓主棺内头端。

D3M16:6，肉、好均有缘。肉之外缘有一圈刻划三角锯齿纹，好缘亦有一周。主纹饰为在斜线菱格纹之交叉处饰重圈纹。通径22、好径1.3、肉厚0.5厘米（图六一，5）。

（六）其他

2件（组）。有铜五铢和泥金饼。

1. 铜五铢

数十枚。出土于墓主棺内和椁室内，保存较差。标本 D3M16:14，外廓窄，内廓更窄，钱文"五"字交叉两笔呈弧形，"铢"的"金"字头为尖角，下部四圆点，"朱"字上折下弧。钱经2.55、穿径1.15厘米（图六一，6）。

2. 泥金饼

8枚。保存较完整，形制和大小基本相同。标本 D3M16:15，泥质灰陶，火候较低，上有黑色陶衣。圆饼形，凸面中心内凹，周身饰菱形网格纹，下部有三道凸弦纹，底平。直径6、高2厘米（图六一，7）。

墓例一三　D3M28

D3M28 位于封堆的东南角，墓口西部与 D3M18 相距仅 2.40 米，北与 D3M29 的墓道相距 2.20米（图二三）。

一　墓葬形制

带竖穴墓道的长方形土墩竖穴墓。墓室平面呈"凸"字形，墓道方向105°，墓主头向为285°。墓葬开口距封堆的顶部 2~3 米。墓口（不含墓道2.10米）长 3.90、宽 3.50 米，墓底长

3.50、宽 3.18 米，墓深 1.80 米（图六二；彩版四二，1、2）。

竖穴墓道位于东部，长 2.10、宽 1.90、深 0.90 米，高于墓底 0.90 米。

封门，伸入墓室内 1.20 米，从上往下看平面呈"【"形，长 2.30、宽 0.20 米，高与墓口平，该封门还在两端均向东延伸出 1.20 米、宽 0.20 米的接墓道口和墓底的青灰土埂，与封门及墓道相连接形成封闭状态。使用青灰土和青膏泥层层填筑，内夹杂有少量黄土，黄土和青灰土（青膏泥）层层咬合，应是在下葬时同时填筑而成。

葬具，结构较清晰。从墓底残留的黑色漆皮推测可能为一椁一棺。从墓底红黑色漆皮和棺钉的位置推测内棺长 270、宽 90 厘米，棺板厚约 14 厘米，位于墓室的北部。棺的位置高于周围约 9 厘米。主要随葬器物位于棺外南部椁室，还有漆木箱留下的痕迹。

葬式，因墓主的骨架已腐朽，无法判断。

枕木沟，墓底有两条横向枕木沟，长 2.76、宽 0.20、深 0.10 米。枕木沟相距 1.80 米。

填土，墓室内填土和封堆的填土基本相同，均为原熟土台筑土回填。

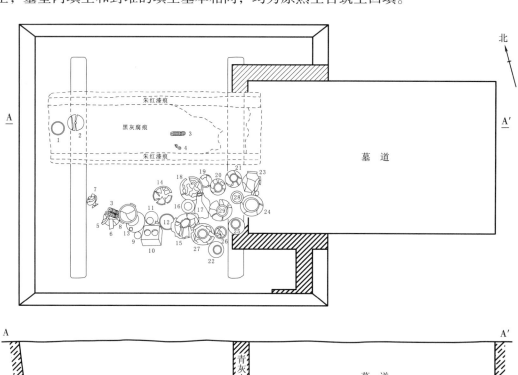

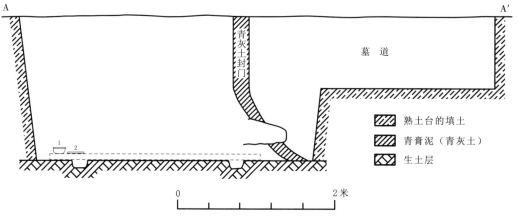

图六二　D3M28 平、剖面及随葬器物分布图

1. 铜钵　2. 滑石璧　3. 大泉五十　4. 铜带钩　5. 铁剪　6. 石黛板　7. 陶灯　8. 陶鼎　9. 陶碟　10. 陶灶
11. 陶镶壶　12、26. 陶盒　13. 石研子　14. 陶盆　15、18、23、24. 硬陶无耳罐　16. 陶井　17. 陶钫
19、28. 陶盘　20～22、29. 陶瓮　25. 硬陶双耳罐　27. 陶壶

二 出土器物

29 件（套）。其中软陶器 17 件、硬陶器 5 件、铜器 2 件、铁器 1 件、滑石器 1 件和石黛板、石研子、大泉五十（图六二；图版三，1）。

（一）软陶器

17 件。有鼎、盒、壶、钫、灶、井、灯、盆、浅腹盘、瓮、碟、镰壶。

1. 鼎

1 件。D3M28：8，泥质灰陶。子母口承盖，盖扁圆，盖顶中间有一梯形实心纽。鼎身口内敛，浅腹，圜底近平。口沿下对称附耳外撇，人面形三扁足，耳下有一道宽凹折棱。口径 20、腹径 22、通高 20 厘米（图六三，1；彩版四三，1）。

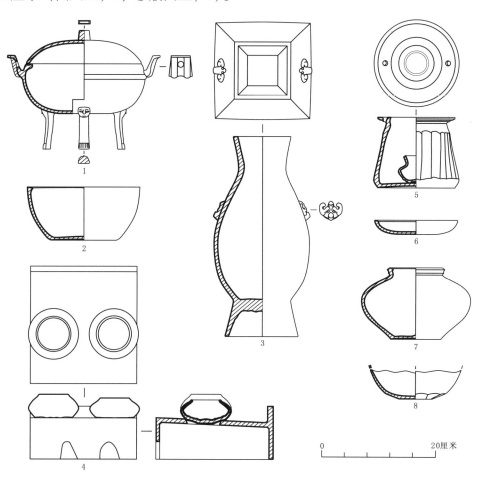

图六三 D3M28 出土陶鼎、盒、钫、灶、井、盘、瓮、碟

1. 鼎（8） 2. 盒（12） 3. 钫（17） 4. 灶（10） 5. 井（16） 6. 盘（19）

7. 瓮（20） 8. 碟（9）

2. 盒

2 件。形制和大小基本相同。泥质灰陶。原应有盖，已失。平沿，尖唇，口微敛，弧腹下收，平底略内凹。D3M28：12，口径 19.6、底径 11.6、高 9 厘米（图六三，2）。

3. 钫

1 件。D3M28：17，泥质灰陶，胎较厚。无盖。方口外撇，束颈，腹较直，上腹部模印铺首，高方足。口径9.6、腹径16.4、底径12.4、高34厘米（图六三，3）。

4. 灶

1件（套）。D3M28：10，一套三件，由灶身和两件小陶釜组成。灶身近方形，中部有两个釜座，正面有两个半圆形落地火门，另一侧有挡泥墙。两件釜形制相同，敛口，矮鼓腹，小平底，腹内有制作留下的痕迹。长20、宽18.4、高9厘米，釜口径4.8、高4～5厘米（图六三，4）。

5. 井

1件。D3M28：16，泥质灰陶。井口宽平沿，尖唇，束颈，直腹，平底略内凹，腹部和近底部留有削泥胎的痕迹。沿上有安置井架的对称小孔。内置一折腹敞口汲水小罐。口径13.2、底径13.2、高12厘米（图六三，5）。

6. 盘

2件。形制和大小相同。泥质灰陶。标本D3M28：19，斜沿，尖唇，口微敛，浅腹，圜底近平。口径14.4、通高2.4厘米（图六三，6）。

7. 瓮

4件。形制和大小基本相同。泥质灰陶。敛口，口向内折成窄沿，尖唇。束短颈，溜肩，鼓腹，圜底近平。标本D3M28：20，口径10、腹径18.8、底径8.8、通高12厘米（图六三，7）。

8. 碟

1件。D3M28：9，口部残，弧腹，平底，底部留有削制胎的痕迹。底径2.8、残高2.4厘米（图六三，8）。

9. 壶、灯、盆、镳壶

各1件，残损严重。

（二）硬陶器

5件。均为罐。分为无耳罐和双耳罐。

1. 无耳罐

4件。根据形制和大小可分两种：

标本D3M28：15，大小和形制相同的2件。敞口，折径，尖唇，口内有三道凸棱，圆溜肩，上腹圆鼓，下腹斜收，最大腹径在近肩部，平底略内凹。饰方格纹。口径15.2、腹径27.2、底径12.4、高27.4厘米（图六四，1）。

标本D3M28：23，大小和形制相同的2件。平沿，尖唇，口微敞，口内有三道凸棱，圆肩，下腹较直，平底略内凹。饰方格纹。口径12.4、腹径17.6、底径9.6、高23.4厘米（图六四，2）。

2. 双耳罐

1件。D3M28：25，平沿，尖唇，束颈，口微敞，圆肩，斜收腹，平底。肩部饰对称双耳。饰方格纹。口径11.6、腹径15.6、底径8.4、高15.6厘米（图六四，3）。

（三）铜器

2件。有钵、带钩。

1. 钵

1件。D3M28：1，出土于墓主棺内头部。圆唇，口微侈，弧腹内收，圜底近平。口沿及上腹部

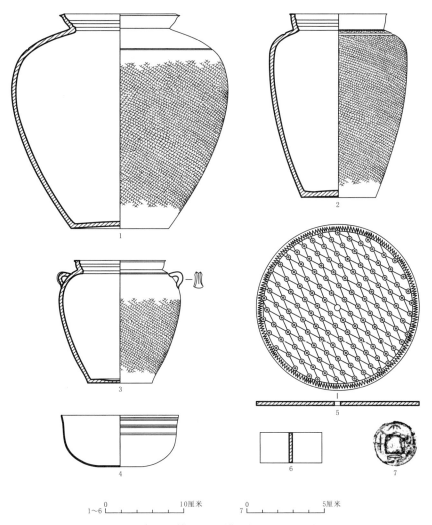

图六四　D3M28 出土硬陶无耳罐、双耳罐，铜钵，滑石璧，石黛板，大泉五十
1、2. 硬陶无耳罐（15，23）　3. 硬陶双耳罐（25）　4. 铜钵（1）　5. 滑石璧（2）
6. 石黛板（6）　7. 大泉五十（3）

有三道凸弦纹。内部有红色彩绘。口径 6.4、高 6.4 厘米（图六四，4；彩版四三，2）。

2. 带钩

1 件。D3M28：4，出土于墓主棺内。可辨器形，碰之即碎。

（四）铁器

1 件。为铁剪。锈蚀严重。

（五）滑石器

1 件。为璧。

D3M28：2，肉有缘，好无缘。通径 21.5、好径 0.8、肉厚 0.52 厘米（图六四，5）。

（六）其他

3 件（组）。有石黛板、石研子和大泉五十。

1. 石黛板

1 件。D3M28：6，和石研子为一套，与其同出于椁室。砂岩质。长 7.8、宽 3.9、厚 0.8 厘米
（图六四，6）。

2. 石研子

1 件。和石黛板为一套。D3M28：13，已残碎。

3. 大泉五十

近百枚，棺内和椁室均有出土，保存较差。标本 D3M28：3，钱径 2.85、穿径 1.05 厘米（图六四，7）。

墓例一四　D3M18

D3M18 位于北部，墓口与其北部的 D3M29 相距 1.60 米。D3M30 位于其南部，其墓口与 D3M18 的墓口相距仅 0.20 米（图六五），两座墓的方向均为 285°，规格相当。D3M18 和 D3M30 是封堆内第三组可能属夫妻同茔异穴的合葬墓。

一　墓葬形制

长方形土墩竖穴墓。墓主头向 285°（彩版四三，3）。墓葬开口距封堆顶部近 4.50 米。墓口长 3.90、宽 3.30 米，墓底长 3.70、宽 3.10 米，墓深 1.70 米。

葬具，结构较清晰。从墓底残留的黑色漆皮推测可能为一椁一棺。从墓底红黑色漆皮和棺钉的位置推测棺长 220、宽 90 厘米，位于墓室的中部。在棺外椁室的西部、北部和南部均有随葬器物。还有原用于盛装随葬器物的漆木箱留下的痕迹（图六六；彩版四四，1、2）。

葬式，因墓主骨架已腐朽，无法判断。棺的位置高出 10 厘米，可能在棺内原填有青灰色草木灰之类的物质。

枕木沟，墓底有两条横向枕木沟。长 3.10、宽 0.20、深 0.10 米，枕木沟间相距 2.50 米。

填土，墓室内填土和封堆的填土基本相同，均为熟土台土回填。

二　出土器物

36 件（套）。有软陶器 8 件、硬陶器 10 件、酱釉硬陶器 10 件、铜器 1 件、铁器 2 件、石器 2 件、铜五铢和泥金饼及泥五铢（图六六；彩版四四，2）。

（一）软陶器

8 件。有壶、钫、灶、井、镶壶、熏炉、盆和灯。

1. 壶

1 件。D3M18：32，残损严重。

2. 钫

1 件。D3M18：23，无盖，平沿，口微敞，束颈，方腹略鼓，高方圈足外撇，腹部模印兽面铺首。口径 10.8、腹径 18.8、底径 12、高 35 厘米（图六七，1）。

3. 灶

1 件（套）。D3M18：18，一套三件，分灶身和釜两件。平面呈窄长方形，四角圆弧。两釜座上置釜甑，前面有两个半椭圆形落地火门，后有高挡风板。长 19、宽 10.8、通高 12.4 厘米（图六七，2）。

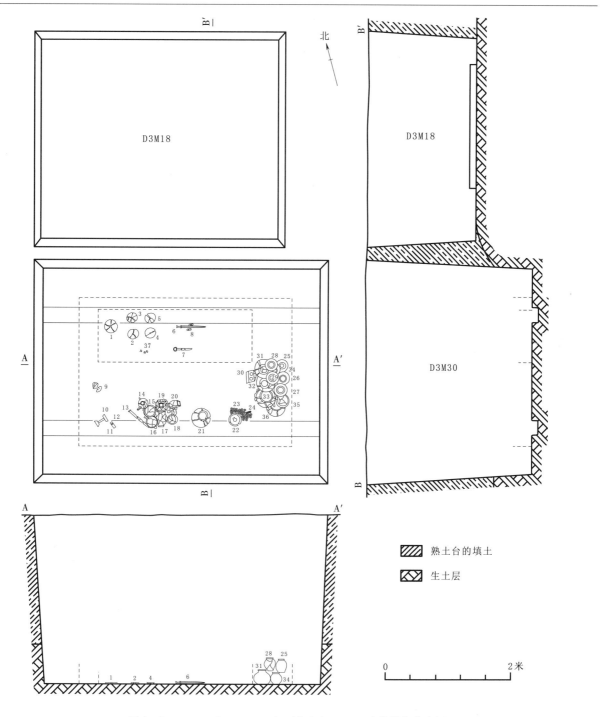

图六五 D3M18 和 D3M30 平、剖面及 D3M30 随葬器物分布图

1. 滑石璧 2~5. 滑石璧形饰 6. 铜剑 7. 铜环首刀 8、24. 铜五铢 9. 铜熏炉 10. 滑石灯 11. 石黛板 12. 石研子 13. 铁剑 14. 铜镳壶 15、16. 铜鼎 17、18. 铜壶 19、20. 铜钫 21. 酱釉硬陶罐 22. 陶井 23. 泥金饼 25~29、34. 硬陶罐 30. 陶灶 31~33、35、36. 陶瓮 37. 鎏金铜泡钉

4. 井

1 件。D3M18:31，井身残损，口沿不清。折腹，平底，腹部饰交错菱形网格纹。汲水罐侈口，折肩，鼓腹，平底。底径 12、残高 9.2 厘米（图六七，3）。

5. 镳壶

1 件。D3M18:16，残损严重。口径 10 厘米（图六七，4）。

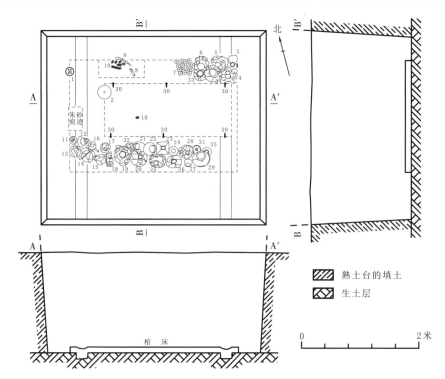

图六六　D3M18 平、剖面及随葬器物分布图

1. 铜镜　2. 滑石璧　3、19、20、28、29. 酱釉硬陶壶　4、5. 酱釉硬陶瓿　6、22、25、26、35. 硬陶
无耳罐　7. 泥金饼　8. 石凿　9. 铁环首刀　10. 铜五铢　11. 陶灯　12. 陶熏炉　13. 陶盆　14、17. 酱
釉硬陶盒　15. 酱釉硬陶鼎　16. 陶镶壶　18. 陶灶　21、24、27、33、34. 硬陶双耳罐　23. 陶钫　30. 铁
棺钉　31. 陶井　32. 陶壶　36. 泥五铢

6. 熏炉

1 件。D3M18：12，凹沿承连峰式盖，上有十多个不规则烟孔。炉身敛口，深腹，矮细柄，浅
盘。口径 10、盘径 14.4、通高 17.6 厘米（图六七，5）。

7. 盆

1 件。D3M18：13，残损严重。

8. 灯

1 件。D3M18：11，豆形，圆唇，盘较深，柄中空至盘底，座已残。盘径 12、残高 13 厘米
（图六七，6）。

（二）硬陶器

10 件。均为罐，分为无耳罐和双耳罐。其肩部和上腹部多有用红漆书写的文字，大多已经漫
漶不清，只有少数可以识读。

1. 无耳罐

5 件。形制基本相同，大小稍有区别。在 D3M18：6、D3M18：25、D3M18：26 三件器物上有用
红漆书写的文字。标本 D3M18：6，肩部有用红漆书写的"内粟百□"，其他文字漫漶不清。尖唇，
凹沿，束颈，圆肩，长弧腹，最大腹径位于肩部，平底略内凹。口径 13.6、腹径 26、底径 13.2、
高 29 厘米（图六八，1；彩版四五，1）。

2. 双耳罐

5 件。形制和大小基本相同，肩部有对称双耳。D3M18：27、D3M18：21 的肩部有用红漆书写

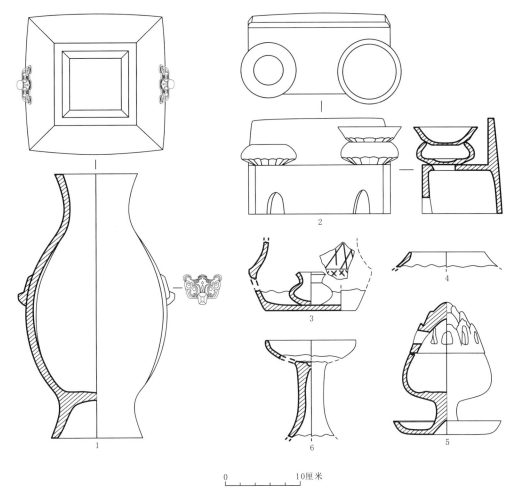

图六七　D3M18 出土陶钫、灶、井、鐎壶、熏炉、灯

1. 钫（23）　2. 灶（18）　3. 井（31）　4. 鐎壶（16）　5. 熏炉（12）　6. 灯（11）

的文字。

标本 D3M18：27，肩部文字已漫漶不清。尖唇，平沿，弇口，束颈，圆肩，内收腹，平底，肩部对称双耳已残。周身饰方格纹。口径 10、腹径 15.2、底径 8、高 14.2 厘米（图六八，2）。

标本 D3M18：21，肩部文字多漫漶，可识读"醋十□□"。尖唇，平沿，束颈，圆肩，内收腹，平底略内凹。周身饰方格纹。口径 8.8、腹径 14.6、底径 7.6、高 14.4 厘米（图六八，3；彩版四五，2）。

（三）酱釉硬陶器

10 件。有鼎、盒、壶、瓿（彩版四五，3）。

1. 鼎

1 件。D3M18：15，平沿承盖，盖呈尖帽式，顶上有一小孔。圆唇，鼓腹，平底，腹部两道凹弦间有外撇附耳，兽面矮扁足外撇，足几乎和底在同一高度。周身饰方格纹后再施酱黑色釉，下腹釉层薄。口径 9.6、腹径 17.6、底径 9.2、通高 14 厘米（图六八，4；彩版四六，1）。

2. 盒

2 件。形制和大小相同。盖与身平口承合。盖顶有矮捉手，周边对称三个小圆孔。盒身直腹略内收，平底略内凹。所饰方格纹上施有酱黑色釉，盒身上釉脱落严重。标本 D3M18：14，口径

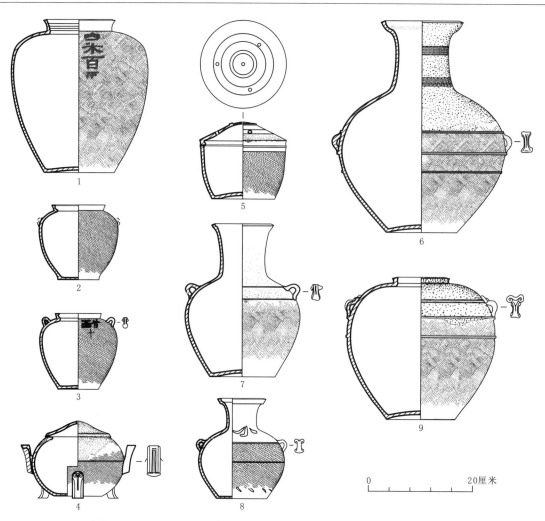

图六八　D3M18 出土硬陶无耳罐、双耳罐，酱釉硬陶鼎、盒、壶、瓿
1. 硬陶无耳罐（6）　　2、3. 硬陶双耳罐（27，21）　4. 酱釉硬陶鼎（15）　5. 酱釉硬陶盒（14）
6～8. 酱釉硬陶壶（19，29，3）　9. 酱釉硬陶瓿（4）

16.4、底径 12、通高 14.6 厘米（图六八，5；彩版四六，2）。

3. 壶

5 件。形制基本相同，颈部和盘口部位稍有差别。大小有别。

标本 D3M18：19，体型较大，同样的两件。尖唇，微斜沿，口内折成盘口形，高颈，溜肩，鼓腹，平底内凹。颈部上下饰细密的水波纹。腹部有对称的弓形双耳。上下各饰两道凹弦纹，器身和腹部饰方格纹，从颈部到上腹部施酱黑色釉，釉层脱落严重。口径 14、腹径 31、底径 13、高 40厘米（图六八，6；彩版四六，3）。

标本 D3M18：29，体型适中。尖唇，微斜沿，口内折成极浅的盘口，长颈，溜肩，鼓腹，平底内凹。腹部有对称双耳。上下各饰一道凹弦纹，器身和腹部饰方格纹，从颈部到上腹部施酱黑色釉，釉层脱落严重。口径 12、腹径 21.5、底径 12.4、高 29 厘米（图六八，7；彩版四六，4）。

标本 D3M18：3，体型较小，同样的两件。颈到肩用红漆或颜料书写的文字已漫漶难识。从盘口到上腹施酱黑色釉，由于所施釉与胎烧造时遇热的膨胀系数不同，出现严重的气泡和开裂，釉脱落严重。盘口，平沿，尖唇，直颈，圆肩，鼓腹，平底。腹部有对称双耳，上下各饰一周凹弦纹。口径9.2、腹径16.6、底径9.6、高19厘米（图六八，8）。

4. 瓿

2件。形制和大小基本相同。直短颈，圆唇，溜肩，鼓腹，平底内凹。肩部饰对称铺首和弓形双耳。腹部饰细方格纹，颈到腹部所施酱黑色釉脱落严重。标本D3M18：4，口径10.8、腹径28、底径13.6、高27厘米（图六八，9；彩版四七，1）。

（四）铜器

1件。为镜。

D3M18：1，四乳四虺纹镜。出土于椁室内。圆形，圆钮，十二连珠钮座。主纹饰为四带座乳丁与四虺相间环绕，四虺的头部和尾部均饰有变形飞鸟状纹饰，间还饰有小朵云纹。素缘。直径12.5、缘宽1、缘厚0.4厘米，重237克（图六九，1；彩版四七，2）。

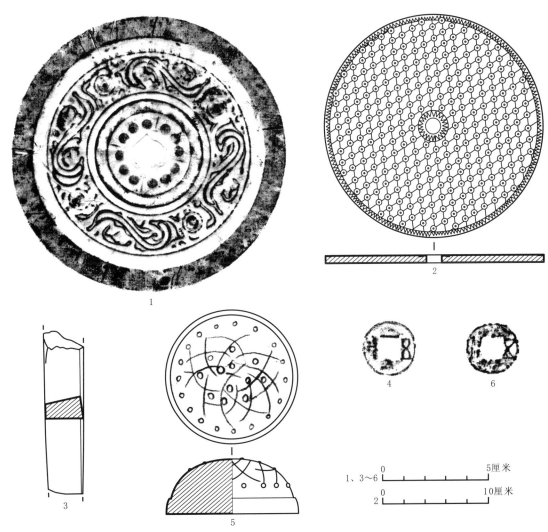

图六九　D3M18出土铜镜，滑石璧，石凿，铜五铢，泥金饼、泥五铢

1. 铜镜（1）　2. 滑石璧（2）　3. 石凿（8）　4. 铜五铢（10）　5. 泥金饼（7）　6. 泥五铢（36）

（五）石器

1件。为凿。

D3M18：8，青石质地。长条楔形，截面呈梯形。残长7.5、宽1.8厘米（图六九，3）。

（六）滑石器

1 件。为璧。出土于墓主棺内。

D3M18：2，肉、好均有缘。肉、好的外缘均刻划一圈三角形锯齿纹，肉、好之缘亦均外凹。主纹饰为在斜菱格的交叉处饰重圈纹。通径 20.2、好径 1.5、厚 0.7 厘米（图六九，2）。

（七）铁器

2 件，有环首刀和棺钉多件。

1. 环首刀

1 件。出土于椁室边箱头部一端，锈蚀严重。长约 30 厘米。

2. 棺钉

6 枚以上（以 1 件计）。出土于墓内棺的两边，锈蚀严重。

（八）其他

3 件（种）。有铜五铢、泥金饼和泥五铢。

1. 铜五铢

数十枚。出土于墓主棺内和椁室中。保存较差，极易破碎。标本 D3M18：10，钱径 2.5、穿径 0.9 厘米（图六九，4）。

2. 泥金饼

近百枚，保存较完整的 20 枚。形制和大小基本相同。泥质灰陶，表面涂白色陶衣。圆饼形，周身饰小圆乳丁和刻划纹，底平。标本 D3M18：7，直径 6、高 2.6 厘米（图六九，5）。

3. 泥五铢

仅存数枚。出土于酱釉硬陶壶中，模压而成。标本 D3M18：36，钱文的"五"字笔画歪斜，"铢"字模糊不清。钱径 2.4、穿径 1.05 厘米（图六九，6）。

墓例一五　D3M30

一　墓葬形制

长方形土墩竖穴墓。墓主头向为 285°。墓葬开口距封堆顶部约 4.30 米。墓口长 4.60、宽 3.48 米，墓底长 4.32、宽 3.20 米，墓深 2.60 米。D3M30 位于 D3M18 的南部，两墓口相距仅 0.20 米，可能与其属夫妻异穴同茔合葬（图六五）。D3M30 的墓口明显打破了 D3 南部的两条青灰土标志墙（兆域）。

葬具，结构较清晰，从墓底残留的黑色漆皮推测应为一椁一棺。椁室全长 332、宽 232 厘米，残高至少 30 厘米。从墓底红黑色漆皮和棺钉的位置推测棺长 240、宽 82 厘米，位于墓室北部。墓主的随身物品及装饰品位于棺内，其他随葬器物在棺外椁室内（彩版四七，3）。

葬式，墓主的骨架已腐朽，但从墓主胸部的四件滑石璧形组佩、铜剑及铜环首刀的出土位置判断应为仰身直肢葬。

枕木沟，墓底有两条纵向枕木沟，沟长 4.32、宽 0.20、深 0.10 米。两条枕木沟间相距

1.50 米。

填土，墓内填土和熟土台的筑土基本相同，均为墓地熟土台筑土回填，无夯筑痕迹。墓底填筑有少量白膏泥，厚 3～5 厘米。

二 出土器物

36 件（套）。有软陶器 7 件、硬陶器 6 件、酱釉硬陶器 1 件、铜器 11 件、铁器 1 件、滑石器 6 件及石研子、石黛板、泥金饼、铜五铢等（图六五；图版三，2）。

（一）软陶器

7 件。有灶、井、瓮。

1. 灶

1 件。D3M30∶30，椭圆形，灶面有双眼，上置釜甑两套，前有两不落地火门，后有长弧形挡风板，板上有象征烟道的泥棱条。长 22.6、宽 17.6、通高 15 厘米（图七○，1）。

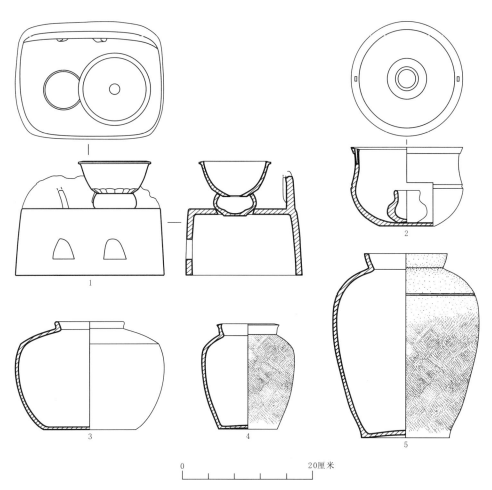

图七○ D3M30 出土陶灶、井、瓮，硬陶罐，酱釉硬陶罐

1. 陶灶（30） 2. 陶井（22） 3. 陶瓮（35） 4. 硬陶罐（26） 5. 酱釉硬陶罐（21）

2. 井

1 件。D3M30∶22，井沿内凹，直颈，弧腹内收，平底。沿上有两小孔，腹部饰一道凹弦，内置汲水小罐。口径 17.2、高 12 厘米（图七○，2）。

3. 瓮

5 件。形制和大小基本相同。圆唇，口微敞，溜肩，深鼓腹，平底。肩到腹有折棱，明显可见上下拼接的痕迹。标本 D3M30：35，口径 10.4、腹径 22.4、底径 13.6、高 16.4 厘米（图七〇，3）。

（二）硬陶器

6 件。均为罐。形制基本相同，大小稍有区别。周身饰细密的方格纹，无刻划符号和书写文字。

标本 D3M30：26，个体较小。斜沿，尖唇，高领，溜肩，长弧腹，平底。口径 9.4、腹径 14、底径 8.6、高 16 厘米（图七〇，4）。

（三）酱釉硬陶器

1 件。罐。

D3M30：21，平沿，尖唇，斜领，圆肩，深弧腹，平底内凹，肩部饰一道凹弦。在所饰方格纹上施有酱黑色釉，脱落较严重。口径 12.8、腹径 22.4、底径 13.6、高 28 厘米（图七〇，5）。

（四）铜器

11 件。有鼎、壶、钫、鐎壶、熏炉、剑、环首刀和鎏金泡钉。

1. 鼎

2 件。形制和大小相同。子母口承盖，盖隆起，上有三个对称分布的环形小钮。身子母口内敛，扁鼓腹，三蹄足，圆环形立附耳。标本 D3M30：15，口径 13.2、通宽 17.8、高 15.4 厘米（图七一，1；彩版四八，1）。

2. 壶

2 件。形制和大小相同。侈口，平沿，束颈，溜肩，鼓腹，高圈足略外撇。底留有合范铸造时浇注铜液的范口痕迹。标本 D3M30：18，口径 8.2、腹径 14、底径 9.6、高 19.5 厘米（图七一，2；彩版四八，2）。

3. 钫

2 件。形制和大小相同。无盖。平沿，尖唇，口沿外壁有一周宽带，高圈足外撇，肩部饰一对圆耳，无铺首衔环。素面。其中标本 D3M30：20 的肩部和上腹部有墨书文字"四斤十一□"。口径 7.2、腹径 11.2、底径 8.8、高 18.6 厘米（图七一，3；彩版四八，3、4）。

4. 鐎壶

1 件。D3M30：14，带揭拉式圆弧形盖，盖顶有一小钮稍，盖有短销和壶身的节约以栓相连。腹部有流和手柄，流为带活动嘴盖的鸡首形，长条手柄中空，鋬口为上宽下窄的梯形，圜底，三蹄足。盖径 7.6、口径 6.8、腹径 14.8、通高 12.8 厘米（图七一，4；彩版四九，1）。

5. 熏炉

1 件。D3M30：9，由炉身、炉盖和底座三部分组成，无托盘。炉盖为重山式，有多个不规则圆形烟孔，上面錾刻各种变形云纹和龙形纹饰，盖沿錾刻一周三角形锯齿纹。炉身深腹，口微敛，子母口，腹部有三道宽凸棱带。圈足底部有柱，与托盘铆合，托盘已失。炉柄中部有一道宽凹棱。炉身和炉盖上各有一圆形小钮，原来上部应有链索相连，已残失。炉径 7.4、底径 7.8、通高 16 厘米（图七一，7；彩版四九，2）。

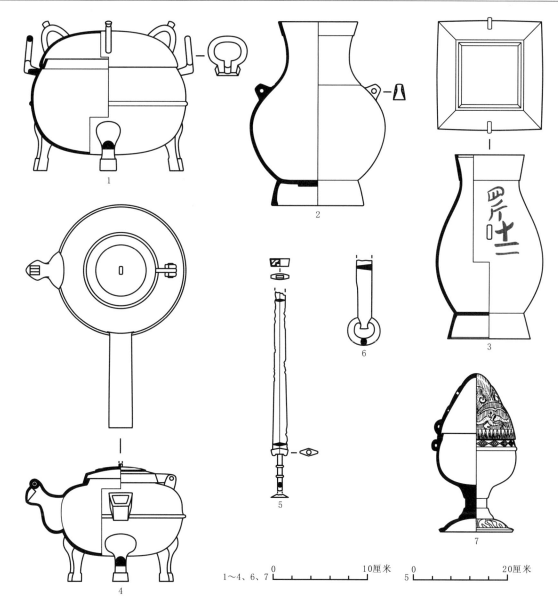

图七一 D3M30 出土铜鼎、壶、钫、鐎壶、剑、环首刀、熏炉

1. 鼎（15） 2. 壶（18） 3. 钫（20） 4. 鐎壶（14） 5. 剑（6） 6. 环首刀（7） 7. 熏炉（9）

6. 剑

1 件。D3M30：6，出于棺内墓主左手一侧，原应有剑鞘，已朽，存剑珌。剑为典型的楚式，喇叭形剑首，圆实剑茎，上有双箍，凹形剑格，菱形脊，双面锋。剑珌呈梯形，下有一榫孔。残长41.2 厘米（图七一，5）。

7. 环首刀

1 件。D3M30：7，出于墓主棺内右手一侧。椭圆形环首，直柄，单面刃，背平。残长8.7、宽3.4 厘米（图七一，6）。

8. 鎏金泡钉

多枚（以 1 件计）。散布于墓主的棺内，保存较差。

（五）铁器

1 件。锈蚀严重，残长约55 厘米，原应为剑（刀）。

（六）滑石器

6 件。有璧、璧形饰和灯。

1. 璧

1 件。D3M30：1，出土于墓主棺内。肉的外缘刻划一圈三角形锯齿纹。好无缘。肉上主纹饰
为在菱形格之交叉处饰重圈纹。通径 20.9、好径 1.6、厚 0.4 厘米（图七二，1）。

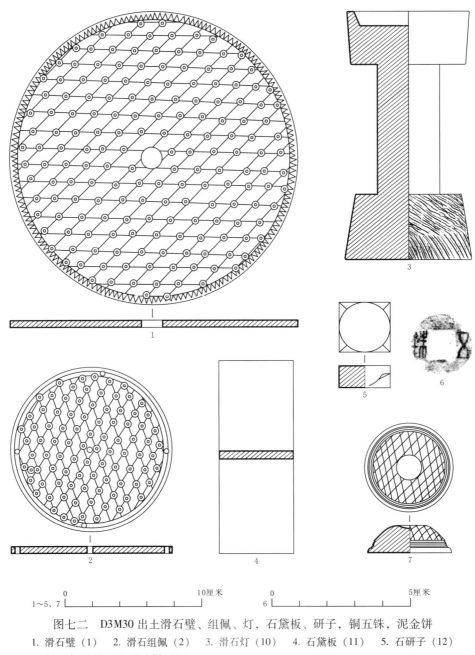

图七二　D3M30 出土滑石璧、组佩、灯，石黛板、研子，铜五铢，泥金饼
1. 滑石璧（1）　　2. 滑石组佩（2）　　3. 滑石灯（10）　　4. 石黛板（11）　　5. 石研子（12）
6. 铜五铢（24）　　7. 泥金饼（23）

2. 璧形饰（佩）

4 件构成一组，出土时位于墓主的胸部，形制和大小相同。标本 D3M30：2，肉的外缘有两周
凹弦纹。好无缘。肉上主纹饰为在菱形格之交叉处饰重圈纹。边沿的四角各有一贯通小孔，供钉
附或穿挂之用。通径 11.8、好径 0.4、肉厚 0.5 厘米（图七二，2；彩版四七，3）。

3. 灯

1 件。D3M30∶10，由一整块淡绿色滑石制作而成。呈哑铃形，浅盘，平沿，圆柱柄，高座略呈喇叭形，座上有细密的工具印痕。口径 8.8、底径 9、高 17.6 厘米（图七二，3）。

（七）其他

4 件（组）。有石黛板、石研子、铜五铢和泥金饼。

1. 石黛板

1 件。D3M30∶11，和石研子组成一套砚石，同出于椁室，上有厚厚一层黑色颜料。砂岩质地。长方形。长 13.6、宽 5.4、厚 0.6 厘米（图七二，4；彩版四九，3）。

2. 石研子

1 件。D3M30∶12，和石黛板组成一套砚石，同出于椁室，底部也有红色颜料。上圆下方。长宽 3.6、高 1.6 厘米（图七二，5；彩版四九，3）。

3. 铜五铢

数十枚。出土于棺内，保存较差。窄廓，廓有明显磨减的痕迹，宽穿，钱文清晰。标本D3M30∶24，钱径 2.15、穿径 1.1 厘米（图七二，6）。

4. 泥金饼

数十枚。多破碎，形制和大小相同。泥质灰陶，模压而成。圆饼形，顶部略凹，平底。饰菱形网格纹，下部有三道凹弦纹，周身涂有一层黑色陶衣。标本 D3M30∶23，直径 6、高 2 厘米（图七二，7）。

注　　释

① 杨哲峰：《汉代的"整木棺"现象》，《中国文物报》2004 年 12 月 24 日。

第五章　D7

D7 位于常德市武陵区南坪乡南坪村九组尼姑桥，其中心北与 D8 相距 90 米，与 D1 相距约 440 米（图六、七）。

第一节　D7 的形成和结构

D7 在发掘前为南坪村九组村民住宅所在，由于多次改建住房及自 20 世纪 60 年代后取土烧砖、筑路、开沟等多种破坏，原封堆的高度和外部是否有排水系统均已不详。清理前封堆保存最高为 2 米。发掘清理完上部的建筑垃圾和杂乱的房基后，熟土台保存最长 24、宽 18 米，高 0.85 米。经解剖存留的熟土台可分为三层（图七三）：

第①层：黄灰土夹少量青灰土，质地坚硬，结构紧密。厚 12 ~ 40 厘米。

第②层：灰黄土夹青灰土，结构紧密。厚 10 ~ 25 厘米。

第③层：黄土，较纯净，质坚硬。厚 30 ~ 40 厘米。

第三层下为青灰土，质地较酥松，整个墓区都分布有这层土，可视为生土，上部属长期稻作农耕形成的土层。

在 D7 内部也发现有青灰土（青膏泥）标志墙（兆域）的痕迹。堆筑熟土台时，有计划和目的地在封堆内部使用经过挑选的青灰土和青膏泥筑起了东北西南走向和西北东南走向的标志墙（兆域）。存留的东北西南走向的标志墙有 2 条、西北东南走向的仅可见 1 条，标志墙有宽有窄，宽的有 1 ~ 1.50 米，窄的 0.20 ~ 0.50 米（图七三）。青灰土标志墙应该从封堆底部平整面就开始和熟土台同时修筑，从剖面观察，青灰土的中间夹杂有堆筑封堆的黄土，两者相互咬合。

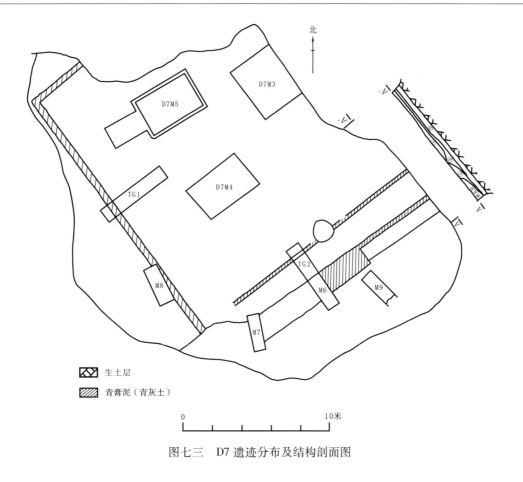

图七三 D7 遗迹分布及结构剖面图

第二节 D7 内的墓葬分布及墓例

根据熟土台建造时已经规划好的方位和规模在熟土台的中心位置留下土坑，主墓下葬时对预留的土坑进行清理修整，在墓室内侧使用模板后用纯净的青膏泥将四壁修整加固。之后的墓葬再按照规划好的位置和方向依据亲疏关系、在家族内的地位于墓地兆域内挖掘墓坑后下葬，形成家族聚葬的家族墓群。

发掘时清理完 D7 上部的建筑垃圾之后，保留有较完整墓口的墓葬有 D7M3 ~ D7M5 三座（彩版五〇，1）。

墓例一六 D7M3

一 墓葬形制

长方形土墩竖穴墓。方向 60°（图七四）。是 D7 最北部的一座墓，发掘前其北部在早年已被部分破坏，致使少量随葬器物被毁。清理时墓葬残长 3 ~ 3.20、宽 4、残深 0.40 米。

葬具，结构较清晰，从墓底的黑褐色和暗红色漆皮可以推断应为一椁双棺。椁室的规格已不清，双棺并列置于墓室中部，应属夫妻同茔同穴合葬。东部棺长 230、宽 100 厘米，西部棺长 230、

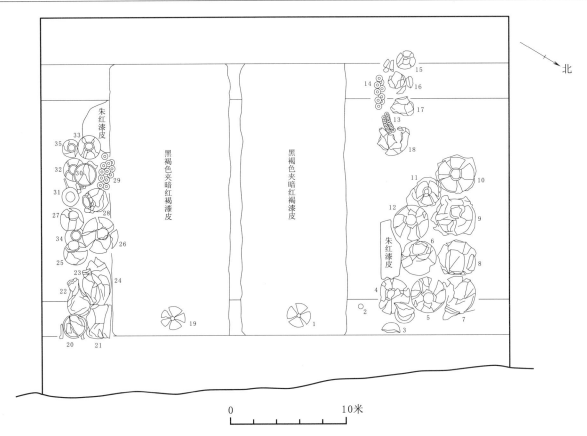

图七四　D7M3 平面及随葬器物分布图

1、19. 滑石璧　2. 鎏金铜扣　3. 滑石盒　4~6、11、12、22~24. 陶壶　7、8、21. 陶钫　9、10、15~18、
25~28、32~35. 硬陶罐　13. 铜五铢　14、29. 泥金饼　20、30. 陶鼎　31. 陶镳壶

宽 90 厘米（彩版五〇，2）。

葬式，因墓主的骨架已腐朽，无法判断。以两棺内各自一件滑石璧的位置判断墓主的头向应为 60°。

枕木沟，墓底两条枕木沟与内棺方向垂直，沟长 4、宽 0.30、深 0.10 米。

填土，墓室内上部填土和封堆的填土基本相同，均为从墓地外部取土填入。下部填筑有白膏泥，厚 5~10 厘米。

二　出土器物

34 件（套）。有软陶器 14 件、硬陶器 14 件、滑石器 3 件，还有鎏金铜扣和铜五铢、泥金饼（图版四，1）。

（一）软陶器

14 件。有鼎、壶、钫、镳壶。

1. 鼎

2 件。形制大小基本相同。泥质灰陶。标本 D7M3：20，残损严重，难以修复。

2. 壶

8 件。泥质灰陶。形制基本相同，大小稍有区别。无盖。平沿，尖唇，长颈，溜肩，鼓腹，高圈足外折，上腹有对称铺首，其上、下各有两道凹折棱。标本 D7M3：11，口径 15.6、腹径 30、残高 36 厘米（图七五，1）。

3. 钫

3 件。泥质灰陶。形制和大小基本相同。平沿承盝顶式盖，口微敞，口沿外有一周宽带，削肩，方腹鼓，高方圈足外撇，腹部有对称兽面铺首。标本 D7M3：7，口径 11.8、最大腹径 20.2、足径 13.6、通高 39.2 厘米（图七五，2）。

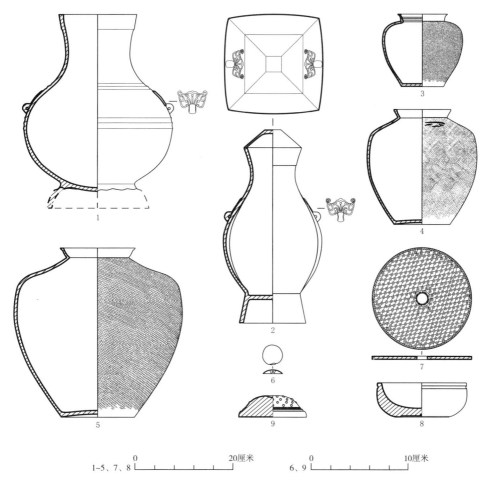

图七五　D7M3 出土陶壶、钫，硬陶罐，铜扣，滑石璧、盒，泥金饼
1. 陶壶（11）　2. 陶钫（7）　3～5. 硬陶罐（28，32，25）　6. 鎏金铜扣（2）
7. 滑石璧（19）　8. 滑石盒（3）　9. 泥金饼（14）

4. 镳壶

1 件。D7M3：31，泥质灰陶。残损严重。

（二）硬陶器

14 件。均为罐。形制稍有区别，大小有三种规格。肩部和上腹部均拍印有方格纹。其中六件的肩部有刻划字符（图四六三，28；图四六四，1～5）。

标本 D7M3：28，小型罐。形制和大小基本相同的 5 件。平沿，尖唇，口沿内有数道凹弦，圆肩，鼓腹，平底。口径 10.2、腹径 16.4、底径 8.8、高 14.8 厘米（图七五，3）。

标本 D7M3：32，中型罐。形制和大小基本相同的 5 件。平沿，尖唇，溜肩，最大腹径在肩部，长鼓腹，平底稍内凹，肩部有两个刻划字符（图四六四，4）。口径 11.8、腹径 22.2、底径 11.6、高 23.4 厘米（图七五，4）。

标本 D7M3：25，大型罐。形制和大小基本相同的 4 件。平沿，尖唇，斜溜肩，长鼓腹，最大腹径在中部，平底稍内凹。口径 15、腹径 33.8、底径 14.8、高 34.4 厘米（图七五，5）。

（三）铜器

1 件。鎏金铜扣，出土多枚，保存较差，基本完整的仅 1 枚。表面鎏金，应为墓主衣物上的扣饰。D7M3：2，表面为圆形，截面呈"凹"字形，中间有孔。直径 2、高 0.4 厘米（图七五，6）。

（四）滑石器

3 件。有璧、盒。

1. 璧

2 件。分别出土于墓主两棺的头部，大小和形制基本相同。标本 D7M3：19，肉和好的外缘均刻划一圈三角形锯齿纹。肉上饰斜菱格纹及重圈纹。通径 20.7、好径 2.2、厚 0.6 厘米（图七五，7）。

2. 盒

1 件。D7M3：3，无盖。盒身由一整块乳白色滑石制作而成。平沿，弧腹，矮圈足近平，口沿下有一道深凹弦。口径 18.4、底径 11.2、高 7 厘米（图七五，8）。

（五）其他

2 件（组）。有铜五铢、泥金饼。

1. 铜五铢

共 50 余枚。严重粘连，分开既碎，保存很差。

2. 泥金饼

基本完整的十余枚，破损数十枚，共约百枚。形制和大小完全相同，多有黑色陶衣。标本 D7M3：14，泥质灰陶。模制。圆饼形，顶部略凹，平底，周身饰小圆乳丁状纹饰，下部有一道凹弦。直径 7、高 2.2 厘米（图七五，9）。

墓例一七　D7M4

一　墓葬形制

长方形土墩竖穴墓。方向 60°（图七六）。位于 D7 的中部，清理时墓葬残深 0.50 米，长 4.20、宽 2.80 米。

葬具，结构较清晰，从墓底的黑褐色和暗红色漆皮可以推断应为一椁双棺。椁室的规格已不清。双棺并列置于墓室中部，应属夫妻同茔同穴合葬。东部棺长 224、宽 70 厘米，西部棺长 224、宽 60 厘米。墓底还有多个原盛装随葬器物的漆木盒留下的痕迹。

葬式，因墓主的骨架已腐朽，无法判断。以两棺内随葬器物的位置判断墓主的头向应为 60°。

枕木沟，墓底有两条横向枕木沟，沟长 2.80、宽 0.20、深 0.10 米。

填土，墓室内部填土和封堆的填土基本相同，均为从墓地外部取土填入。下部填筑有厚 5 厘米的白膏泥。

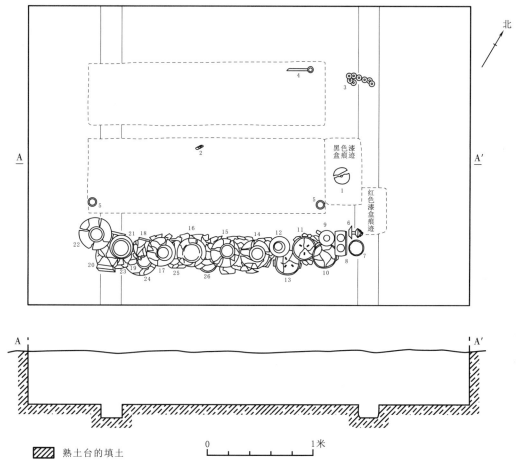

图七六　D7M4 平、剖面及随葬器物分布图

1. 滑石璧　2. 铜五铢　3. 泥金饼　4. 铁环首刀　5. 铁棺环　6. 陶熏炉　7. 陶井　8. 陶灶
9. 陶镳壶　10、25. 陶盒　11、13. 陶鼎　12、19、21、24. 硬陶无耳罐　14～17. 陶壶
18. 硬陶双耳罐　20、23. 陶钫　22. 酱釉硬陶罐　26. 陶盆

二　出土器物

26 件（套）。有软陶器 15 件、硬陶器 6 件、滑石器 1 件、铁器 2 件，还有铜五铢和泥金饼（图版四，2）。

（一）软陶器

15 件。有鼎、盒、壶、钫、灶、井、镳壶、熏炉、盆。

1. 鼎

2 件。形制大小基本相同。圆口承盖，圆弧形盖上有三立纽，深弧腹，圜底，三蹄足略外撇，上腹对称附立耳外折。腹部有一道凹弦纹。标本 D7M4：11，口径 18.8、腹径 20.4、通高 21.8 厘米（图七七，1；彩版四九，4）。

2. 盒

2 件。形制和大小基本相同。由盖和身组成，顶盖圆弧，器身为深腹钵形，尖唇，内斜沿，口微敛，下腹斜内收，大平底。标本 D7M4：10，口径 20、底径 9.2、通高 17 厘米（图七七，2）。

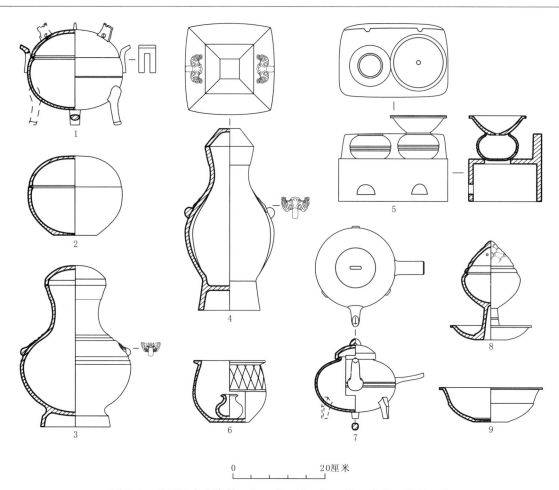

0　　　　　　　　　20厘米

图七七　D7M4 出土陶鼎、盒、壶、钫、灶、井、镶壶、熏炉、盆
1. 陶鼎（11）　2. 陶盒（10）　3. 陶壶（15）　4. 陶钫（20）　5. 陶灶（8）　6. 陶井（7）
7. 陶镶壶（9）　8. 陶熏炉（6）　9. 陶盆（26）

3. 壶

4 件。形制和大小基本相同。带盖。平沿，尖唇，敞口，折腹，斜肩，大鼓腹略下垂，高圈足，肩部饰对称兽面铺首。肩部和腹部各有三道凸弦纹。标本 D7M4：15，口径 13、腹径 23.6、底径 14.8、通高 34.4 厘米（图七七，3）。

4. 钫

2 件。形制和大小基本相同。平沿承盝顶式盖，尖唇，口微敞，口沿外壁有一周宽带，削肩，方腹外鼓，高方足外撇，腹部饰对称兽面铺首。标本 D7M4：20，口径 10.4、腹径 17.6、足径 13.2、通高 38.6 厘米（图七七，4）。

5. 灶

1 件。D7M4：8，灶体略呈长方形，四角圆弧，中部有两釜座，上置釜甑，前有两半圆形不落地火门，后有直立挡风板，有两个象征烟道的泥棱条。长 23.2、宽 15.6、灶身通高 14.2 厘米（图七七，5）。

6. 井

1 件。D7M4：7，宽平沿，圆唇，斜直腹内收，平底，内置一鼓腹平底的汲水小罐。腹部有一道宽凹弦纹，上腹饰斜网格纹。口径 15.4、高 13.2 厘米（图七七，6）。

7. 镳壶

1件。D7M4：9，圆弧形盖，盖上有环形小纽。敛口，圆唇，深鼓腹，圜底，一侧有长把，鸡首形实心流，下有三足。口径6.8、腹径16.8、通高17厘米（图七七，7）。

8. 熏炉

1件。D7M4：6，圆口承连峰式盖，盖上有八个圆形烟孔。炉身敛口，深斜腹，短柄中空至盘底。口径10.8、通高21.2厘米（图七七，8；彩版四九，5）。

9. 盆

1件。D7M4：26，宽平沿，敞口，腹略折，小平底，腹部有一道折棱。口径21.6、底径7.2、高7.4厘米（图七七，9）。

（二）硬陶器

5件。均为罐。形制基本相同。其中D7M4：18上腹部有双耳。所有硬陶罐的肩部和上腹部均有拍印的方格纹。有两件的肩部有刻划符号（图四六四，6、7）。

1. 双耳罐

1件。D7M4：18，平沿，尖唇，束颈，口微敞，圆肩，鼓腹内收，平底。肩部有对称双耳，上下有多道凹弦纹。口径9.2、腹径16.2、底径8、高14.2厘米（图七八，1）。

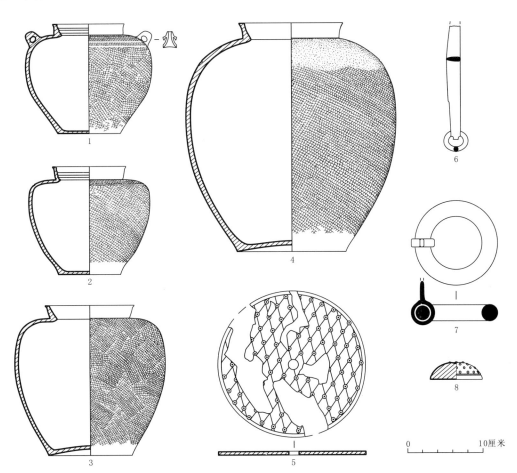

图七八　D7M4出土硬陶双耳罐、无耳罐、酱釉硬陶罐，滑石璧，铁环首刀、棺环，泥金饼

1. 硬陶双耳罐（18）　2、3. 硬陶无耳罐（19、12）　4. 酱釉硬陶罐（22）　5. 滑石璧（1）

6. 铁环首刀（4）　7. 铁棺环（5）　8. 泥金饼（3）

2. 无耳罐

4 件。

标本 D7M4：19，从颈部到下腹部有拍印方格纹。口径 9.4、腹径 15.6、底径 8、高 14 厘米（图七八，2）。

标本 D7M4：12，同样规格的 3 件。窄平沿，尖唇，敞口，圆肩，深腹，平底内凹。口径 11.4、腹径 19.4、底径 10.8、高 19.4 厘米（图七八，3）。

（三）酱釉硬陶罐

1 件。是该墓出土硬陶罐中最大的。

标本 D7M4：22，尖唇，窄平沿，敞口，圆肩，深鼓腹，平底内凹，肩部施有薄薄的酱黑色釉，脱落严重。口径 13.4、腹径 27、底径 14、高 29.6 厘米（图七八，4）。

（四）滑石器

1 件。璧。

D7M4：1，肉窄缘，好无缘。肉上主纹饰为在斜菱格之交叉处饰重圈纹。通径 19.5、好径 1.3、厚 0.4 厘米（图七八，5）。

（五）铁器

2 件。有环首刀和棺环。

1. 环首刀

1 件。D7M4：4，椭圆形环首，柄与刀身渐变，单面刃，直背。残长 16、宽 3.2 厘米（图七八，6）。

2. 棺环

1 件较完整，其他锈蚀严重。铁质圆环上套铁钉。D7M4：5，直径 11、截面直径 2.05 厘米（图七八，7）。

（六）其他

2 件（组）。有铜五铢、泥金饼。

1. 铜五铢

共十余枚，严重粘连，分开即碎，保存很差。

2. 泥金饼

基本完整的十余枚，破损数十枚，共约百枚，形制和大小基本相同。泥质灰陶。模制。圆饼形，顶部略凹，平底，周身饰小圆乳丁状纹饰，下部有一道凹弦。有黑色的陶衣。标本 D7M4：3，直径 6.8、高 2.2 厘米（图七八，8）。

墓例一八　D7M5

一　墓葬形制

带竖穴墓道的长方形土墩竖穴墓。墓室平面呈"凸"字形，墓道方向 240°，墓主头向可能为 60°。墓口（含墓道 2.60 米）全长 6.86、宽 3、残深 1.24 米（图七九；彩版五一，1）。

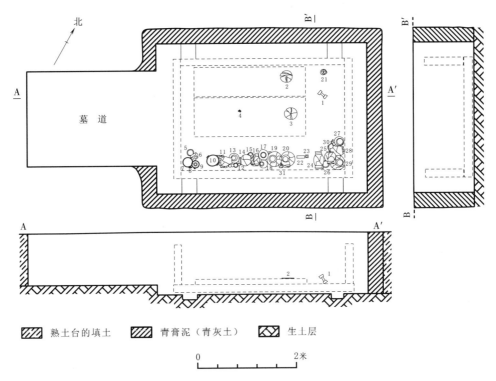

图七九　D7M5平、剖面及随葬器物分布图

1. 滑石灯　2、3. 滑石璧　4. 铜五铢　5. 铁器　6. 陶灶　7、15. 陶盒　8. 泥五铢　9. 陶井　10、30. 陶鼎
11、20、25、28. 陶壶　12. 泥金饼　13、19. 酱釉硬陶罐　14、17、18、29. 硬陶无耳罐　16、24. 陶钫
21. 陶熏炉　22. 石黛板　23. 石研子　26. 陶盆　27. 硬陶双耳罐　31. 陶镰壶

竖穴墓道位于西部，长 2.60、宽 1.90、深 1.04 米，高于墓底 0.20 米。

葬具，结构较清晰。从墓底残留黑色和暗红色漆皮推测可能为一椁双棺。椁室的规格大致为：长 360、宽 240、高 80 厘米。双棺并列置于墓室的中部，东部棺长 226、宽 78 厘米，西部棺长 226、宽 58 厘米，属夫妻同茔同穴合葬。

葬式，因墓主的骨架已腐朽，无法判断。以两棺内各有一件滑石璧的方位判断墓主的头向应为 60°。

枕木沟，墓底有两条横向的枕木沟，沟长 2.90、宽 0.30、深 0.10 米。

填土，墓室内上部填土和封堆的填土基本相同，均为墓地外部取土填入。下部填筑有白膏泥，厚 5 厘米左右。

二　出土器物

31 件（组）。有软陶器 15 件、硬陶器 7 件、滑石器 3 件、铁器 1 件，还有石黛板、石研子及铜五铢、泥五铢和泥金饼（彩版五一，2）。

（一）软陶器

15 件。有鼎、盒、壶、钫、灶、井、镰壶、熏炉、盆。以泥质灰陶为主，少量夹砂陶。

1. 鼎

2 件。形制和大小基本相同。标本 D7M5：10，残损严重。子母口承盖，圆弧盖上有三立纽，纽上有圆形穿孔，三蹄足外撇。

2. 盒

2 件。形制和大小相同，盖与身扣合紧。顶盖圆弧，器身为深腹钵形，尖唇，内斜沿，口微敛，下腹斜内收，大平底。标本 D7M5：15，口径 20、底径 8.6、通高 16.6 厘米（图八〇，1）。

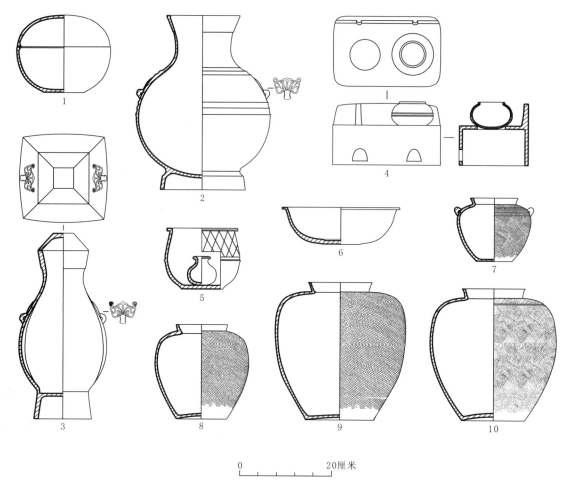

0　　　　　　　20厘米

图八〇　D7M5 出土陶盒、壶、钫、井、盆，硬陶双耳罐、无耳罐，酱釉硬陶罐
1. 陶盒（15）　2. 陶壶（11）　3. 陶钫（24）　4. 陶灶（6）　5. 陶井（9）　6. 陶盆（26）
7. 硬陶双耳罐（27）　8、9. 硬陶无耳罐（14、29）　10. 酱釉硬陶罐（19）

3. 壶

4 件。形制和大小基本相同，无盖。平沿，尖唇，敞口，沿和颈部有转折，束颈，圆肩，深鼓腹，高圈足。肩部和腹部饰各有两道凹弦纹，上腹饰对称兽面铺首。标本 D7M5：11，口径 16、腹径 29.2、底径 18.4、高 37 厘米（图八〇，2）。

4. 钫

2 件。形制和大小基本相同。平沿承盝顶式盖，尖唇，口微敞，口沿外有一道宽带，削肩，方腹外鼓，高方足外撇。腹部有对称兽面铺首。标本 D7M5：24，口径 10.8、腹径 18.6、底径 12.2、通高 39.5 厘米（图八〇，3）。

5. 灶

1 件。D7M5：6，灶体略呈长方形，四角圆弧，中部有两釜座，上置一圜底小陶釜，甑已失，前有两半圆形不落地火门，后有直立挡风板，板上有两象征烟道的泥条棱柱。长 23、宽 14.8、通高 13 厘米（图八〇，4）。

6. 井

1 件。D7M5：9，宽平沿，方唇，斜直腹内收，平底。腹部饰一道宽凸弦纹，上腹饰斜网格纹。内置一鼓腹平底汲水小陶罐。口径 15.2、底径 8.8、高 13 厘米（图八〇，5）。

7. 镳壶

1 件。D7M5：31，圆弧形盖，盖上有环形小纽。敛口，圆唇，深鼓腹，圜底，一侧有长把，鸡首形实心流，下有三足。

8. 熏炉

1 件。D7M5：21，连峰式盖，盖上有圆形烟孔。炉身敛口，深斜腹，短柄中空至盘底。

9. 盆

1 件。D7M5：26，宽平沿，斜腹内收，圜底近平。口径 25、底径 7.8、高 8 厘米（图八〇，6）。

（二）硬陶器

5 件。均为罐。可分三种规格。包括一件双耳罐和四件无耳罐。肩部和上腹部均拍印有方格纹，均无刻划字符。

1. 双耳罐

1 件。D7M5：27，平沿，尖唇，束颈，敞口，圆肩，鼓腹内收，平底，肩部有对称双耳。上下有多道凹弦纹。口径 10、腹径 16.8、底径 7.6、高 13.6 厘米（图八〇，7）。

2. 无耳罐

4 件。三件形制和大小基本相同，一件个体较大。

标本 D7M5：14，形制和大小基本相同的 3 件。平底内凹。口径 11、腹径 20.2、底径 11、高 20.2 厘米（图八〇，8）。

标本 D7M5：29，大型罐。平沿，尖唇，束颈，敞口，口沿内有多道凸弦纹。圆肩，长弧腹内收，平底略内凹。口径 13.4、腹径 27.8、底径 14.6、高 29.4 厘米（图八〇，9）。

（三）酱釉硬陶器

2 件。均为罐。形制和大小基本相同。肩部饰有酱黑色釉，脱落严重。

标本 D7M5：19，平底内凹。口径 13.2、腹径 26.6、底径 13.4、高 28.2 厘米（图八〇，10）。

（四）滑石器

3 件。有璧、灯。

1. 璧

2 件。分别出土于墓主两棺的头部。肉上主纹饰为在斜菱格之交叉处饰重圈纹，纹饰较稀疏。

D7M5：2，肉和好均无缘。通径 19.8、好径 1.2、肉厚 0.4 厘米（图八一，1）。

D7M5：3，肉有窄素缘，好无缘。残损。通径 19.5、好径 1.4、厚 0.4 厘米（图八一，2）。

2. 灯

1 件。D7M5：1，用整块白色滑石制作而成。平沿，尖唇，等边五角星形浅盘，柱状柄。口径 8.8、底径 9.2、高 17 厘米（图八一，3；彩版五二，1）。

（五）石器

2 件（1 套）。有黛板和研子。

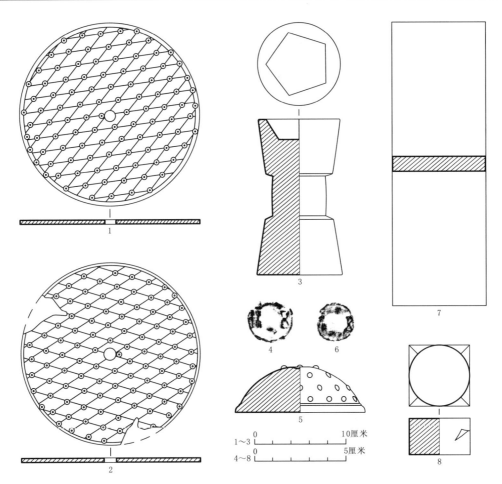

图八一　D7M5 出土滑石璧、灯，铜五铢，泥金饼、泥五铢，石黛板、研子

1、2. 滑石璧（2，3）　3. 滑石灯（1）　4. 铜五铢（4）　5. 泥金饼（12）　6. 泥五铢（8）

7. 石黛板（22）　8. 石研子（23）

1. 黛板

1 件。D7M5∶22，与 D7M5∶23 应是一套。灰色砂岩质地，长条形。出土时上部有厚厚的红、黑色颜料。长 15.2、宽 5.3、厚 0.4 厘米（图八一，7）。

2. 研子

1 件。D7M5∶23，与 D7M5∶22 应是一套。灰色砂岩质地，上圆下方。直径 3.3、高 2 厘米（图八一，8）。

（六）铁器

1 件。D7M5∶5，应为棺钉，锈蚀非常厉害，无法复原。

（七）其他

3 件。有铜五铢、泥金饼、泥五铢。

1. 铜五铢

共十余枚。严重粘连，分开既碎，保存很差。标本 D7M5∶4，残径 2.4 厘米（图八一，4）。

2. 泥金饼

基本完整的十余枚，破损数十枚，共约百枚。形制和大小基本相同。泥质灰陶。模制。圆饼形，顶部略凹，平底。周身饰小圆乳丁状纹饰，下部有一道凹弦，多有黑色陶衣。D7M5∶12，直径 7、高 2.6 厘米（图八一，5）。

　　3. 泥五铢

　　发掘时墓坑内极多，但保存完整的较少，无法准确统计其原始数据。标本 D7M5∶8，模压而成，外廓清晰，无内廓，钱文中"五"字较清晰，"铢"字模糊不清。钱径 2 厘米（图八一，6）。

第六章　D8（赵玄友家族墓）

D8 位于常德市武陵区南坪乡南坪村九组尼姑桥，东北与 D3（廖福家族墓群）相距 500 米，南与 D7 相距 90 米（图六、七），中心地理坐标：北纬 29°03′44″，东经 111°42′18.7″。

第一节　D8 的形成和结构

D8 在发掘前为南坪村九组村民住宅，由于多次改建住房和自 20 世纪 60 年代后取土烧砖、筑路、开沟等破坏，原封堆的高度、外部是否有排水系统均已不详。清理前封堆保存最高为 1.50 米。本次发掘中，清理完上部的建筑垃圾和杂乱的房基后，封堆的最大直径 26 米，存高 0.82 米。解剖发现存留的熟土台可分为 3 层（图八二）：

第①层：为存留封土台的第一层封土，均匀分布于整个熟土台。灰黄色，土质坚硬。厚 15～25 厘米。墓葬均打破该层。

第②层：为存留封土台的第二层封土，均匀分布。青灰色并渐变为灰褐色，质地松软。厚 20～35 厘米。墓葬均打破此层。

第③层：为存留封土台的第三层封土，即熟土台始建的第一层。灰褐色，质地疏松，含水量重。是在建筑熟土台时平整地面形成的，可能是长期稻田耕作后留下的灰色静水沉积层。厚 30～40 厘米。

第三层封土下部为原生土，呈黄褐色，有与网纹红土基本相同的纹理，属地质年代形成的土层，无人工活动的痕迹。D8 内发现的土墩墓均没有打破此层。

从保存的熟土台的结构可知，该封堆的形成和其他土墩墓的封堆形成基本相同。先是在规划选定的区域平整地面，再从外部运土逐层堆筑，筑成熟土台，在熟土台内部使用青膏泥筑起标志墙（兆域）。这种标志墙（兆域）上下并不整齐，是随着熟土台的加高而增高，只是在标志墙（兆域）的位置多使用比较纯净的青膏泥（青灰土）。从剖面观察，在一层层青膏泥（青灰土）之

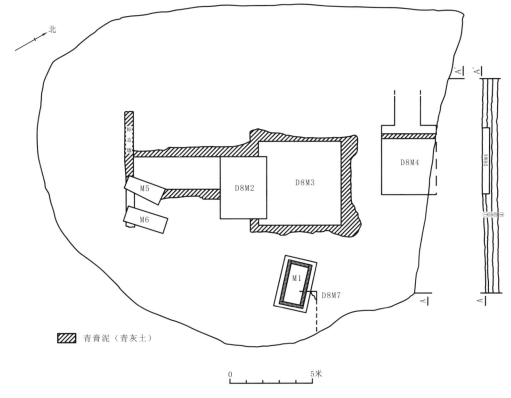

图八二　D8 遗迹分布平、剖面图

间夹杂有封堆的灰黄土，两者互相咬合。因晚期破坏严重，D8 仅保留西南部的一条东西长 7、南北宽 0.50、高 0.82 米的标志墙（兆域）。在堆筑熟土台时，中心主墓的位置留有一个比墓室和墓道宽大的坑。在赵玄友夫妻墓下葬时，对原留的土坑进行了整理，在墓室内侧使用模板后用纯净的青膏泥（中间有时夹有少量的黄土）将四壁修整加固。这种现象从发掘时所见墓室一侧墓壁自上而下笔直整齐，而外侧的青膏泥却宽窄不同可得到印证。

第二节　D8 内的墓葬分布及墓例

根据规划好的方位和规模在熟土台的中心位置预留土坑，在主墓下葬时对预留的土坑进行了清理修整，于墓室内侧使用模板后用纯净的青膏泥将四壁修整加固。之后的墓葬再按照规划好的位置和方向依据亲疏关系、在家族内的地位于墓地兆域内开挖封土台下葬，形成家族聚葬的家族墓群。

发掘时清理完 D8 上部的建筑垃圾之后，可以发现清晰的露出了完整墓口的墓葬 3 座（D8M2 ～ D8M4）。另有一座墓虽几乎被一座砖石结构的宋元墓完全破坏，仅存长 0.20、宽 0.18、残深 0.10 米的一角，并残留一小块滑石壁，但为了相对准确地保留该封堆内部墓葬分布的信息，我们还是将其编为 D8M7（彩版五二，2）。

D8 现存熟土台的中心位置分布有两座墓葬（D8M2 和 D8M3），D8M3 是该封堆的主墓，其南侧有长长的竖穴式墓道，整个墓葬呈"凸"字形。从墓内出土的青铜龟钮印章"赵玄友印"判断，墓主为赵玄友。从葬具痕迹推断，该墓应为夫妻合葬墓。

D8M2 是一座打破 D8M3 部分墓道、墓室及封门的墓（彩版五三，1），其深度和 D8M3 的墓道相同，比 D8M3 的墓室高 0.20 米。从其墓底的痕迹判断，该墓应是一座"空墓"，这在整个南坪土墩墓中属唯一的一座。

D8M4 是一座墓口与 D8M3 北墓壁相距仅 2.50 米的带竖穴墓道的土墩墓（图八二），墓室呈"凸"字形。方向 300°，与 D8M3 的方向垂直。

D8M7 虽在早期几乎全部被毁，但从残留的一角推测，该墓的墓口距 D8M3 东壁 4 米，方向与 D8M3 垂直或相同。

墓例一九　D8M3（赵玄友墓）

一　墓葬形制

带长方形竖穴式墓道的土墩竖穴墓。墓室呈"凸"字形，方向 210°。墓室（不含墓道）长 5、宽 5、残深 0.60 米（图八三）。

墓道为竖穴式，位于西南部，全长 7.60、宽 2、残深 0.40 米，高于墓室 0.20 米。

封门，位于墓室与墓道相交的墓室内，长 5、宽 0.40 米。使用较纯净的黄土和少量青灰土（青膏泥）层层叠压，应是在下葬时同时填筑而成。

葬具，结构较清晰。从墓底残留的黑色漆皮推测可能为两椁双棺。两椁的具体规格已无法测量。从墓底红黑色漆皮、棺钉的位置和两侧随葬器物分布的状况判断，双内棺位于墓室中部，右侧内棺长 250、宽 60 厘米，左侧内棺长 240、宽 60 厘米。棺外椁室的南部、北部和西部均有原来用于盛装随葬器物的漆木箱的痕迹（彩版五二，3）。该墓应属夫妻同茔同穴合葬。

葬式，因墓主的骨架已腐朽，无法判断。从两件滑石璧和滑石灯出土的位置判断墓主的头向和墓道的方向相同，均为 210°。

枕木沟，墓底有两条横向枕木沟，沟长 5、宽 0.30、深 0.10 米。

填土，墓室内填土和封堆的填土基本相同，均为从墓地外部取土填入。墓底填筑有少量白膏泥，厚 3~5 厘米。

二　出土器物

72 件（套）。有软陶器 24 件、硬陶器 6 件、青瓷器 6 件、铜器 22 件、铁器 3 件、滑石器 5 件、坠饰 2 件，还有铜五铢、泥五铢、泥金饼及石斧形器等（图八三；彩版五三，2；彩版五四，1、2）。

（一）软陶器

24 件。有鼎、盒、壶、钫、灶、井、镳壶、熏炉、盆。

1. 鼎

3 件。形制和大小相同。内敛口承盖，圆弧形盖上有三立纽。敛口，深弧腹，圜底，三蹄足略外撇，上腹对称附立耳外折。腹部饰一道凹弦纹。标本 D8M3：54，口径 19.2、腹径 20、通高 20.6 厘米（图八四，1）。

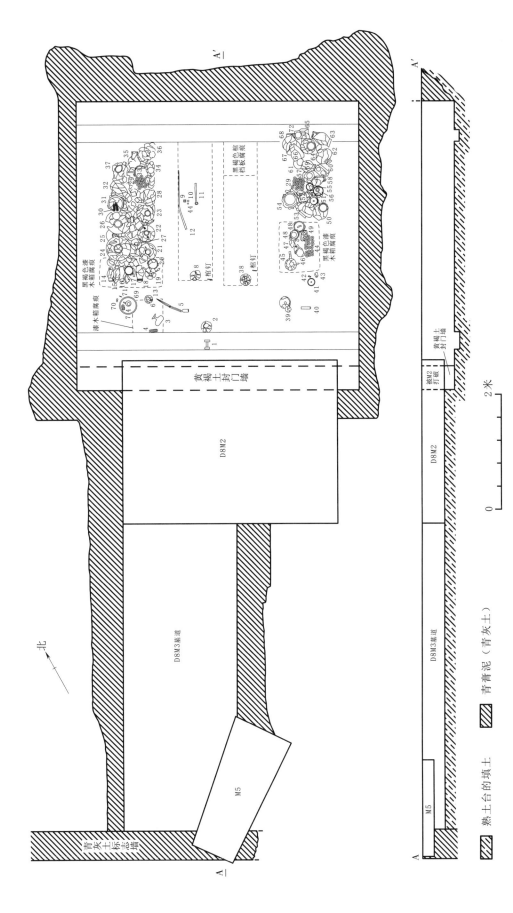

图八三 D8M3 平、剖面及随葬器物分布图

1. 滑石灯 2、3. 铜熏炉 4. 铜五铢 5、12. 铁剑 6. 铜"赵玄友印" 7. 铜洗 8、38. 滑石璧 9. 滑石印 10、44. 炭精坠饰 11. 铁环首刀 13、39. 陶熏炉
14、15、46、47. 泥金饼 16. 铜纺 17、20、48. 铜壶 19、45. 铜镳壶 21、22. 青瓷瓿 23～26. 青瓷壶 27. 青瓷罐 28、32、65、66. 陶纺 29. 陶纺
30. 泥五铢 31、33、54. 陶鼎 34～37、62、63、67、68. 铜鼎 40. 陶壶 41. 铜镜 42. 鎏金铜泡钉 43. 石斧形器 49、60. 陶灶 50、52、57～59、
64. 硬陶罐 51. 滑石装饰器 53、61. 陶盒 55. 铜镦 56. 陶井 69. 铜行灯 70. 铜扣 71. 铜簪形器 72. 陶盆

熟土台的填土 🮖 青青泥（青灰土）

0　　　　　　　　　　20厘米

图八四　D8M3 出土陶鼎、盒、壶、钫、灶、井、镳壶、熏炉

1. 鼎（54）　2. 盒（53）　3. 壶（36）　4. 壶（35）　5. 钫（65）　6. 灶（60）　7. 井（56）

8. 镳壶（27）　9. 熏炉（39）

2. 盒

2 件。形制和大小相同。由盖和身组成。圆弧盖，盖顶稍平，器身为深腹钵形，尖唇，内斜沿，弧腹内收，平底略内凹。标本 D8M3：53，口径 20.4、底径 8、通高 14.3 厘米（图八四，2；彩版五五，1）。

3. 壶

8 件。形制基本相同，有大小两种。

标本 D8M3：36，无盖。平沿，尖唇，口沿外折近盘口，盘口外有一道折棱，粗颈，溜肩，鼓腹下垂，高圈足弧折，肩部和腹部饰多道凹弦纹，腹部对称有兽面铺首。口径 15、腹径 32.2、底径 14.2、高 37.2 厘米（图八四，3；彩版五五，2）。

标本 D8M3∶35，圆弧形盖。平沿，尖唇，口沿外折近盘口，盘口外有一道折棱，长颈，溜肩，鼓腹下垂，喇叭形圈足。肩部和腹部有多道凹弦纹，腹部对称有兽面铺首。口径 11、腹径 23.2、底径 11、通高 33.7 厘米（图八四，4；彩版五五，3）。

4. 钫

4 件。形制和大小相同。平沿承盝顶式盖，尖唇，口沿外有一周宽带。束颈，鼓腹，高方圈足略外撇。标本 D8M3∶65，口径 10.2、足径 12.6、通高 38.2 厘米（图八四，5）。

5. 灶

2 件。形制和大小基本相同。灶体呈长方形，四角圆弧，灶面双釜座上置小陶釜和甑，甑底有一个圆形箅孔，前有两半圆形不落地火门，后有直立挡风板，板上有两象征烟道的泥棱条。标本 D8M3∶60，长 23.2、宽 14.4、通高 16 厘米（图八四，6）。

6. 井

1 件。D8M3∶56，宽平沿，方唇，束颈，弧腹，平底。颈部和腹部各有两道宽凹弦，上腹部刻划菱格纹。内置一侈口束颈平底的汲水小罐。口径 13、腹径 15.4、底径 8、残高 11.2 厘米（图八四，7）。

7. 镵壶

1 件。D8M3∶27，圆形盖，盖上有带孔条形小纽。敛口，圆唇，鼓腹，圜底，一侧实心手柄略斜，鸡首形实心流，下有三锥状矮足。口径 6、腹径 14.4、通高 15 厘米（图八四，8）。

8. 熏炉

2 件。形制和大小基本相同，修复一件。标本 D8M3∶39，子母口承连峰式炉盖，炉身敛口，深腹，长柄和托盘已残。口径 10.8、底径 10 厘米（图八四，9）。

9. 盆

1 件。D8M3∶72，宽沿，圆唇，斜腹内折至底，平底略内凹。

（二）硬陶器

6 件。均为罐，形制基本相同，大小有两种规格。所有罐的肩部和上腹部均拍印方格纹。其中四件肩部有刻划纹（图四六四，8～11），五件罐的肩部原有书写的红色文字，已漫漶难识。

标本 D8M3∶50，平沿，尖唇，敞口，口沿内有多道凸弦纹，溜肩，鼓腹，平底。肩部饰一道凹弦纹，上肩部有两个刻划字符（图四六四，8）。口径 14.6、腹径 29.4、底径 14.2、高 34.2 厘米（图八五，1）。

标本 D8M3∶57，平沿，尖唇，口微敞，束颈，圆肩，鼓腹下内收，平底内凹。肩部有刻划字符（图四六四，9）。口径 12.4、腹径 22.4、底径 12、高 24.6 厘米（图八五，2）。

（三）青瓷器

6 件。有瓿和壶，均带弧形盖，盖截面呈“凹”字形，上无纽，凹面内有子口，放置时套入器身口沿内。瓿和壶均有基本相同的盖，在目前出土的同类青瓷器中罕见（彩版五四，2）。从颈到上腹施青釉，有流釉现象。胎质坚硬，火候高，吸水性低，釉和胎结构紧密，少有酥松脱落现象，已成为一种非常成熟的青瓷器。其下腹和底部均呈暗红色。壶的肩部和上腹部多饰水波纹和凸弦纹。

1. 瓿

2 件。形制和大小相同。带圆弧形盖，截面呈“凹”字形，盖上无纽，凹面内有子口，放置

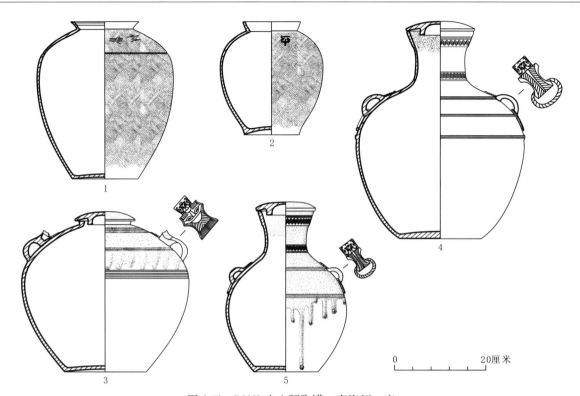

图八五　D8M3 出土硬陶罐，青瓷瓿、壶
1、2. 硬陶罐（50，57）　3. 青瓷瓿（21）　4. 青瓷壶（24）　5. 青瓷壶（25）

时套入瓿口沿内。瓿身平沿，尖唇，口微敛，缓溜肩，大鼓腹，平底稍内凹。肩部对称置两兽面铺首及立耳，立耳上部饰人面纹，下部饰叶脉纹，肩和腹上下均饰凸弦纹。从盖、口沿到上腹部施青釉，下部有流釉现象。其他釉色均匀，无脱釉现象。下腹部和壶底均呈暗红色。标本 D8M3：21，口径 11.4、腹径 36.6、底径 18、通高 35.6 厘米（图八五，3；彩版五五，4、5）。

　　2. 壶

　　4 件。两两形制相同，大小稍有差别，均带盖。圆弧形盖，盖面无纽，凹面有子口，放置时套入壶口沿内。壶身侈口，平沿，圆唇，长颈，溜肩，大鼓腹，平底内凹成矮圈足，腹部对称有兽面铺首及桥形耳，耳面饰叶脉纹，耳下衔附加堆纹环。颈部上下各饰八道重叠水波纹。胎体上原有的旋胎时留下的凸棱经过精心修整后已不见痕迹。从口沿到上腹部施青釉，下部有流釉现象，其他釉色均匀，无脱釉现象。下腹部和壶底均呈暗红色。造型优美，质地精良，胎质坚硬。

　　标本 D8M3：24，桥形耳的上、中、下各有一道宽凸棱。口径 14.4、腹径 36.6、底径 17.6、通高 47 厘米（图八五，4；彩版五六，1、2）。

　　标本 D8M3：25，桥形耳的胎体上下各有两道凹弦纹，施釉后几乎很难感觉到。口径 12.2、腹径 26.4、底径 14.2、通高 36.6 厘米（图八五，5；彩版五六，3）。

　　（四）铜器

　　22 件。有镜、鼎、壶、钫、熏炉、镳壶、行灯、印章、错金云纹镦、鎏金泡钉、簪形器、洗和扣饰。

　　1. 镜

　　2 件。

D8M3：41，"昭明"连弧纹镜。半球形钮，重圈纽座。纽座外饰内向八连弧。外圈铭文为"内清质以昭明，光而□□□□，心忽穆而愿忠，然壅塞而不泄。"字间多由"而"字形符号间隔。铭文内外各有一周细斜线纹，素缘凸起，镜面平。直径11.2、缘厚0.4厘米（图八六，1；彩版五七，1）。

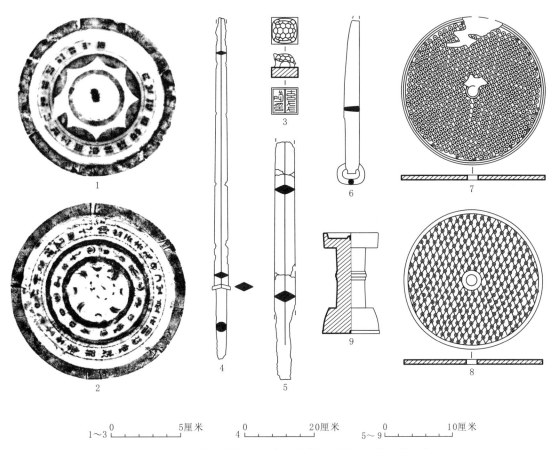

图八六　D8M3出土铜镜、印章，铁剑，环首刀，滑石璧，灯
1、2. 铜镜（41，55）　3. 铜印章（6）　4. 铜格铁剑（12）　5. 铁剑（5）　6. 铁环首刀（11）
7、8. 滑石璧（8，38）　9. 滑石灯（1）

D8M3：55，重圈铭文镜。博山钮，镜背被双凸带隔成三区。钮外以双线与内环连接，外环内外各饰一圈铭文，内圈铭文为："见日之光，长勿相忘。"每字之间以菱形田字和云纹分隔。外圈铭文为："内清质以昭明而象夫日月心忽穆而愿忠而不一"。素缘宽厚，镜面稍凸。直径12.6、缘厚0.5厘米（图八六，2；彩版五七，2）。

2. 鼎

3件。形制和大小相同，残损严重。子母口承盖。盖面隆起，顶部有对称三实心立钮。口内敛，腹较深，腹壁呈圜形，圜底。三兽面矮蹄足，横断面近半圆形。长方形附耳外撇。标本D8M3：17，口径15.6、通高14.2厘米（图八七，1）。

3. 壶

2件。形制和大小相同，残损严重。均带盖。盖上有环形钮，下有子口，放置时套入壶口沿内。壶身侈口，平沿，尖唇，沿外饰一周宽带，肩、腹已残，平底，高圈足略外撇。标本D8M3：18，口径7、底径7.6厘米（图八七，2）。

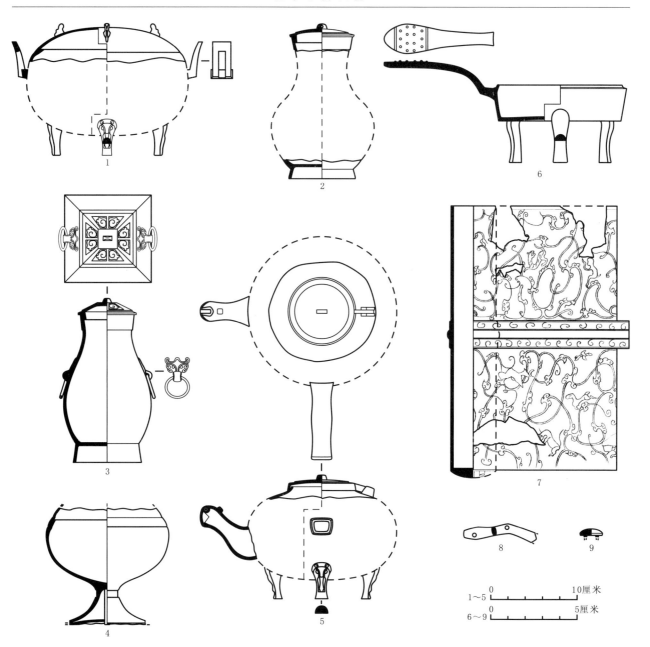

图八七　D8M3 出土铜鼎、壶、钫、熏炉、镳壶、行灯、镦、簪形器、扣
1. 鼎（17）　2. 壶（18）　3. 钫（15）　4. 熏炉（2）　5. 镳壶（19）　6. 行灯（69）　7. 镦（40）
8. 簪形器（71）　9. 扣（70）

4. 钫

4 件。形制和大小相同。平沿承盝顶式盖，盖下部有折棱，顶平，平顶中部有一实心钮，钮外四边饰卷云纹。盖下有子口，放置时套入钫口沿内。钫身平沿，尖唇，口沿外饰一周宽带，粗颈，方腹直弧，高方圈足略外撇。腹部对称有兽面铺首衔环。标本 D8M3：15，口径 6.2、方腹径9.6、底径 7.8、通高 19.2 厘米（图八七，3）。

5. 熏炉

2 件。形制和大小相同，残损严重。子母口承连峰式盖。炉身敛口，深腹，矮足，喇叭形座，座下有托盘，托盘严重残损，炉身与托盘间有铜柱榫卯相连。标本 D8M3：2，炉身口径 13、底径

8.8、残高14.2厘米（图八七，4）。

6. 鐎壶

2件。形制和大小相同。器身较残，盖、流、把手和足完整。带揭拉式弧形顶盖，盖面起台，盖面有钮。腹部有流和手柄，流为带活动嘴盖的鸡首形，长条形手柄中部略变粗，中空，銎口为圆角方形。圜底，三兽面蹄足。标本D8M3：19，盖径7.8、残高14.4、把手长9厘米（图八七，5）。

7. 行灯

1件。D8M3：69，琵琶形长柄，柄后端上部有凸弦纹和十二枚小乳突，浅圆盘，盘口内敛，平底，三蹄足略外撇。口径7.2、高5.9、柄长6.3厘米（图八七，6）。

8. 印章

1件。D8M3：6，印面正方形，龟形钮。龟钮以四脚与印台四角相连，龟首短而上扬，龟背鳞片清晰可见。阳刻篆书铭文"赵玄友印"四字，字体舒畅。印面周边有方形界栏，中间有一竖界栏，将印面一分为二。边长1.9、通高1.7厘米（图八六，3；彩版五六，4）。

9. 错金云纹镦

1件。D8M3：40，呈圆筒形，銎口略内敛，中部有三道凸棱，中间一道高，底部略呈圆弧形，有四个小榫柱。镦体上使用错金工艺装饰出非常漂亮的卷云纹、蔓草纹和龙、虎、奔鹿等动物图案。长15.8、直径2.6、壁厚0.18厘米（图八七，7；彩版五六，5）。

10. 鎏金泡钉

出土6枚以上（以1件计），多保存极差，基本完整的两枚。表面均鎏金，应为漆器上起装饰和加固作用的部件。

11. 簪形器

1件。D8M3：71，部分已残断，折长条形，有两个穿孔，上部原应有坠饰。残长4.2、宽1.1厘米（图八七，8）。

12. 扣

1件（2枚）。形制和大小完全相同。圆帽形，截面呈凹形，凹面二个供钉附的针已残。标本D8M3：70，直径1.3厘米（图八七，9）。

13. 洗

1件。D8M3：7，残损严重，仅辨器形。

（五）铁器

3件。有剑、环首刀。

1. 剑

2件。D8M3：12，出土时摆放于墓主赵玄友的棺内左侧（以滑石璧和滑石灯放置的方向为头部），锈蚀严重，断成多段。圆柱形剑茎，青铜菱形剑格，格上无纹饰，中脊已不明显，锋和刃锈蚀，断面稍呈菱形。残长97厘米（图八六，4）。

D8M3：5，出土时摆放于墓主头部的棺外器物箱中。剑身残长33.6厘米（图八六，5）。

2. 环首刀

1件。出土时位于棺内墓主赵玄友的右侧。D8M3：11，环形首，手柄到刀身变化不明显，直背，单面刃。残长23厘米（图八六，6）。

（六）石器

1 件。斧形器。

D8M3：43，一端略宽而斜，窄的一端平，全身布满细密的小孔。长 7.7、宽 5.3、厚 3 厘米（图八八，5）。

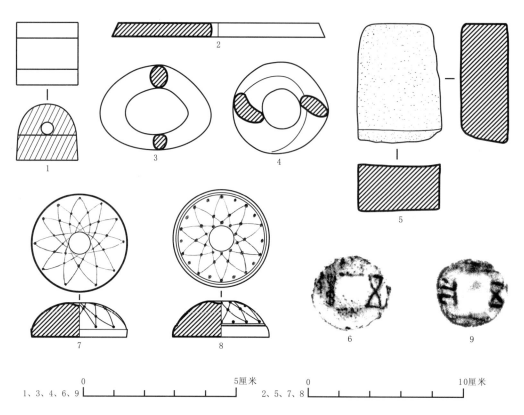

图八八　D8M3 出土滑石印章、妆饰器，炭精坠饰，斧形器，铜五铢，泥金饼、泥五铢

1. 滑石印章（9）　2. 装饰器（51）　3、4. 炭精坠饰（10，44）　5. 斧形器（43）　6. 铜五铢（4 - 1）

7、8. 泥金饼（29 - 1，29 - 2）　9. 泥五铢（30）

（七）滑石器

5 件。有璧、灯、印章、圆形妆饰器。

1. 璧

2 件。分别出土于墓主两棺的头部。

D8M3：8，肉和好均有窄缘。肉上主纹饰为极细密的重圈纹。通径 20.9、好径 1.6、厚 0.6 厘米（图八六，7）。

D8M3：38，肉和好均有窄缘。肉上主纹饰为在斜菱格的交点饰重圈纹。通径 20.2、好径 1.6、厚 0.6 厘米（图八六，8）。

2. 灯

1 件。D8M3：1，由一块乳白色滑石制成。平沿，浅盘，盘中心有象征灯芯的乳突，柱状柄，柄中部有三道凸棱，高底座。口径 8、底径 8.2、高 14.4 厘米（图八六，9）。

3. 印章

1 件。D8M3：9，印面方正，桥形纽，无铭文。长、宽均为 1.9，高 1.7 厘米（图八八，1；彩版五六，6）。

4. 圆形妆饰器

1件。D8M3：51，圆饼形，中间有一直径0.4厘米的穿孔，一侧靠外缘处有一钉孔，内附有铁钉，应为钉附于漆木器上的装饰物。截面呈梯形，下部直径13.6、上部直径13、厚0.85厘米（图八八，2）。

（八）其他

5件（组）。有炭精坠饰、铜五铢、泥金饼和泥五铢。

1. 炭精坠饰

2件。出土于棺内滑石印章旁，不规则椭圆环形。

D8M3：10，长3.1厘米（图八八，3）。

D8M3：44，截面呈不规则的凹面形。长径3.1、厚0.95厘米（图八八，4）。

2. 铜五铢

共十余枚，多成粉碎状，保存很差。标本D8M3：4-1，圆形方孔，孔两侧有"五铢"二字，边廓和内廓都较窄。钱径2.35、穿径1.05，廓厚0.2厘米（图八八，6）。

3. 泥金饼

基本完整的30枚，破损的数十枚，共约百枚，出土时位于椁内两边箱中。根据纹饰可分为两种。

标本D8M3：29-1，圆饼形，顶部略凹，周身饰交叉弧线，每一弧线的交点有圆乳丁纹，下部有一道凸弦纹。直径6.2、高2.2厘米（图八八，7）。

标本D8M3：29-2，和标本D8M3：29-1泥金饼几乎相同。周身饰交叉弧线，弧线的交点和凸弦纹上部均有小圆乳丁纹，下部有两道凸弦纹。直径6.2、高2.3厘米（图八八，8）。

4. 泥五铢

出土时可能数千枚，无法精准统计，保存完整的仅十余枚，形制和大小基本相同，模制而成，火候较低。肉和廓不分，钱文的"五"字上下和中间的笔划平直不圆转，字高于钱面。"铢"字的笔画简略，仅存"金"字而无"朱"。整个钱文宜读为"五金"。标本D8M3：30，直径2.3~2.4、穿径0.85、厚0.4厘米（图八八，9）。

墓例二〇　D8M4

一　墓葬形制

带长方形竖穴墓道的土墩竖穴墓。平面呈"凸"字形，方向300°。墓室（不含墓道）长4.20、宽3.40、残深0.50米（图八九）。

竖穴式墓道位于西部，残长1.80、宽1.60、残深0.30米，高于墓室0.20米（彩版五八，1、2；彩版五九，1）。

封门，位于墓道伸入墓室0.80米处，长3.40、宽0.30、残高0.50米。使用较纯净的黄土和少量青灰土（青膏泥）层层叠压，应是在下葬时同时填筑而成。

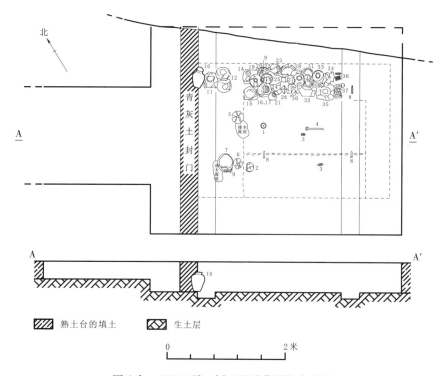

图八九　D8M4 平、剖面及随葬器物分布图

1、2. 铜镜　3. 铜五铢　4. 铁环首刀　5、6. 滑石璧　7. 铜洗　8. 铁棺钉
9. 鎏金铜泡钉　10、11. 酱釉硬陶罐　12. 陶盆　13、29、33～35. 陶瓮
14. 陶灶　15、20. 陶鼎　16、17、19、21、27、38. 硬陶罐　18. 陶井
22. 陶熏炉　23. 陶器盖　24. 陶镳壶　25、26. 陶钫　28、30～32. 陶壶
36. 泥五铢　37. 泥金饼

葬具，结构较清晰。从墓底残留的黑色漆皮推测为一椁双棺。椁室的具体规格已无法测量。从墓底红黑色漆皮、棺钉的位置和随葬器物分布的状况判断，双内棺位于墓室的中部，右侧内棺长 204、宽 70 厘米，左侧内棺长 204、宽 90 厘米。该墓应属夫妻同茔同穴合葬。

葬式，因墓主的骨架已腐朽，无法判断。从两件铜镜、滑石璧出土的位置判断墓主的头向和墓道的方向一致，均为 300°。

枕木沟，墓底有两条横向枕木沟，沟长 3.40、宽 0.30、深 0.10 米。

填土，墓室内填土和封堆的填土基本相同，均为从墓地外部取土填入，呈青灰色和浅黄色。

二　出土器物

38 件（套）。有软陶器 19 件、硬陶器 8 件、铜器 4 件、铁器 2 件、滑石器 2 件，还有铜五铢、泥五铢和泥金饼（彩版五九，2）。

（一）软陶器

19 件。有鼎、壶、钫、瓮、器盖、盆、灶、井、镳壶、熏炉。

1. 鼎

2 件。形制和大小相同。子母口承盖，盖上有三立纽。敛口，深弧腹，圜底，三蹄足略外撇，上腹对称附立耳外折。腹部饰一道凹弦纹。标本 D8M4∶20，口径 17.6、通高 19 厘米（图九〇，1；彩版六〇，1）。

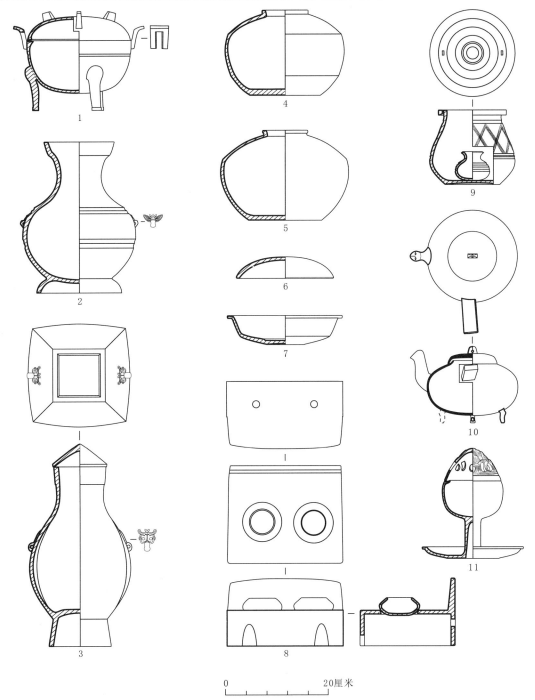

图九〇　D8M4 出土陶鼎、壶、钫、瓮、器盖、盆、灶、井、镌壶、熏炉

1. 鼎（20）　2. 壶（30）　3. 钫（26）　4、5. 瓮（29、33）　6. 器盖（23）　7. 盆（12）

8. 灶（14）　9. 井（18）　10. 镌壶（24）　11. 熏炉（22）

2. 壶

4 件。形制和大小相同。无盖。平沿，尖唇，口沿外折近盘口，束颈，溜肩，鼓腹下垂，高圈足弧折，肩部和腹部有多道凸棱，腹部对称有兽面铺首。标本 D8M4：30，口径 13.4、腹径 21.6、底径 16.2、高 29 厘米（图九〇，2）。

3. 钫

2 件。形制和大小相同。泥质灰陶。平沿承尖盖，直口，口沿外有一道宽带，削肩，方腹外鼓，高方足外撇。腹部对称有兽面铺首。标本 D8M4：26，口径 10、足径 11.8、通高 38.8 厘米（图九〇，3）。

4. 瓮

5 件。泥质灰陶。轮制。根据其形制、大小和口沿的细微差别可分为两种：

标本 D8M4：29，同样形制和大小的 2 件。平沿，直领，溜肩，长鼓腹，平底，最大腹径位于中部，肩部和腹部各有一道折棱。口径 8.8、腹径 22.8、底径 13.4、高 16.4 厘米（图九〇，4）。

标本 D8M4：33，同样形制和大小的 3 件。卷沿，束颈，口微敞，溜肩，鼓腹，最大腹径偏上，肩部有一道折棱。口径 8.6、腹径 24.4、底径 14、高 17.3 厘米（图九〇，5）。

5. 器盖

1 件。可能为上述陶瓮的器盖，但在出土时已与器身分离。D8M4：23，直径 18.6、高 4.2 厘米（图九〇，6；彩版六〇，2）。

6. 盆

1 件。D8M4：12，宽沿，圆唇，斜腹内折至底，平底略内凹。口径 22、底径 7、高 5.6 厘米（图九〇，7）。

7. 灶

1 件。D8M4：14，灶体呈长方形，灶面宽平，上有两釜座，内各置一圜底敛口小陶釜。前有两长半椭圆状落地火门，后有直立的挡风板，板的中部有两烟孔。长 22.4、宽 18.6、通高 12.8 厘米（图九〇，8）。

8. 井

1 件。D8M4：18，宽平沿，方唇，束颈，长弧腹下部内折至底，平底略内凹，口沿上有对称的长方形小孔。颈部和腹部各有两道宽凹弦纹，上腹部刻划重线菱格纹。内置一敞口束颈圜底的汲水小罐。口径 13、腹径 16.4、底径 10.6、高 14.3 厘米（图九〇，9；彩版六〇，3）。

9. 鐎壶

1 件。D8M4：24，圆弧形盖，盖上有桥形纽。敛口，圆唇，扁腹，圜底，一侧有实长把，鸡首形实心流，下有三矮足。口径 6.8、腹径 17.2、通高 14.8 厘米（图九〇，10）。

10. 熏炉

1 件。D8M4：22，子母口承连峰式炉盖，盖上有多个不规则烟孔。炉身敛口，深鼓腹，长柄中空至炉底，托盘平沿，浅腹。口径 10.8、底径 10.4、通高 21.2 厘米（图九〇，11；彩版六〇，4）。

（二）硬陶器

6 件。均为罐。形制基本相同，大小略有差别。所有罐的肩部和上腹部均有拍印的方格纹，均无刻划字符。

标本 D8M4：17，同样形制和大小的 3 件。平沿，尖唇，直领，圆肩，弧腹，平底。口径 8.8、腹径 13.8、底径 6.8、高 14.6 厘米（图九一，1）。

标本 D8M4：16，同样形制和大小的 3 件。窄斜沿，直领，口沿内有多道凸弦。圆肩，长弧腹，平底内凹。口径 10.4、腹径 17.6、底径 9.8、高 20 厘米（图九一，2）。

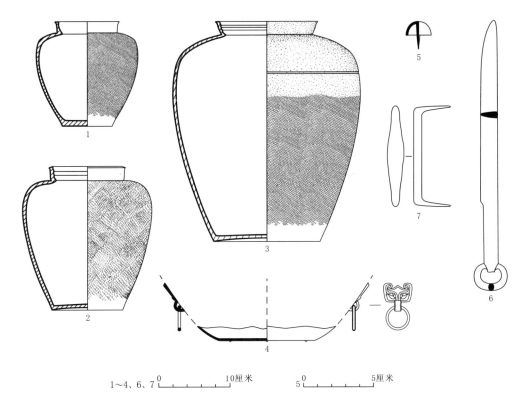

1~4、6、7　0　　　　10厘米　　　　5　0　　　5厘米

图九一　D8M4 出土硬陶罐，酱釉硬陶罐，铜洗、泡钉，铁环首刀、棺钉

1、2. 硬陶罐（17，16）　3. 酱釉硬陶罐（11）　4. 铜洗（7）　5. 鎏金泡钉（9）　6. 铁环首刀（4）
7. 铁棺钉（8）

（三）酱釉硬陶器

2 件。均为罐。是该墓出土的硬陶罐中个体最大的，形制和大小基本相同。肩部施一层酱色釉，脱落严重。方格纹仅限肩部和上腹部。

标本 D8M4：11，平沿，尖唇，敞口，束颈，深腹，平底内凹。口径 14、腹径 25.8、底径 14.6、高 30.6 厘米（图九一，3）。

（四）铜器

4 件。有镜、洗、鎏金泡钉。

1. 镜

2 件。分别出土于墓主两棺的同一端。

D8M4：1，四乳八禽纹镜。半球形钮，三道凸弦纹间饰短线纹和栉齿纹。外四带座乳丁将镜四等分，乳丁间各饰两禽鸟。宽平素缘，镜面微凸。直径 8、缘宽 1、厚 0.45 厘米（图九二，1；彩版六一，1）。

D8M4：2，连珠连弧铭带纹镜。半球形钮，连珠钮座。短弧线条已经变形，山字与卷云纹组成的纹饰相间环列于钮座与八连弧之间。外有一圈铭文，因残损严重，仅保留"□志而□□之异明……"。直径 13 厘米。

2. 洗

1 件。D8M4：7，胎体极薄，残损严重，仅可辨器形。口沿和腹部不清，平底有三个乳状小足，腹部对称有兽面铺首衔环。底径 13、残高 8 厘米（图九一，4）。

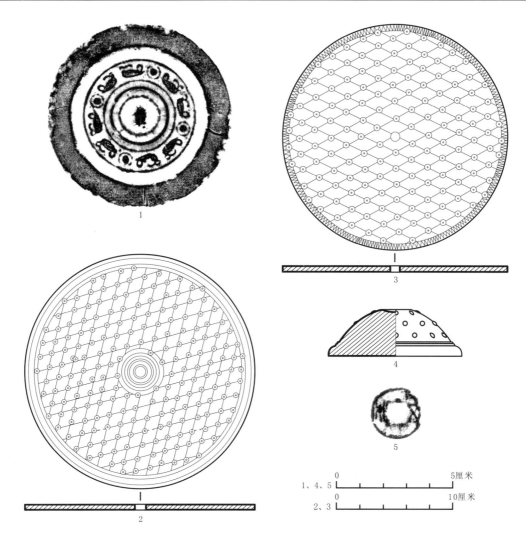

图九二 D8M4 出土铜镜，滑石璧，泥金饼、泥五铢

1. 铜镜（1） 2. 滑石璧（5） 3. 滑石璧（6） 4. 泥金饼（37） 5. 泥五铢（36）

3. 鎏金泡钉

6枚以上（以1件计），表面均鎏金，应为漆器的小附件，起装饰和加固作用，钉多已残断，保存极差，基本完整的1枚。标本D8M4∶9，圆帽形，内面呈"凹"字形。底径1.8、高1.9厘米（图九一，5）。

（五）铁器

2件。有环首刀、棺钉。

1. 环首刀

1件。D8M4∶4，椭圆形环首，柄与刃宽度区别不大，单面刃，直背。残长37.6、宽4.6、厚0.1～0.8厘米（图九一，6）。

2. 棺钉

原有6件以上（以1件计）。锈蚀严重，仅一件保存稍好。标本D8M4∶8，长14、宽0.6～2.4厘米（图九一，7）。

（六）滑石器

2件。均为璧。

标本 D8M4：5，肉和好均有宽缘，缘上有多道刻划纹。肉上主纹饰为在斜菱格之交点饰重圈纹。通径 20、好径 1、厚 0.5 厘米（图九二，2）。

标本 D8M4：6，肉窄缘，缘上有一周刻划三角形锯齿纹。好无缘。肉上主纹饰为斜菱格之交点饰重圈纹。通径 19.3、好径 0.8、厚 0.5 厘米（图九二，3）。

（七）其他

3 件（组）。有铜五铢、泥金饼和泥五铢。

1. 铜五铢

共十余枚，多已粉碎。

2. 泥金饼

基本完整的十余枚，破损数十枚，共约百枚。形制和大小基本相同。圆饼形，顶部略内凹，周身为模印小乳丁状纹饰，下部有三道窄凸弦纹，平底。多有黑色陶衣。标本 D8M4：37，直径 5.6、高 2 厘米（图九二，4）。

3. 泥五铢

出土时上千枚，无法准确统计，保存完整的 15 枚，形制和大小基本相同，火候较低。背面肉和廓不分，正面有肉有廓，钱文的"五"字上下两笔平直，中间两笔交叉圆转，"铢"字简化为"朱"。标本 D8M4：36，直径 2.2～2.3、穿径 0.7、厚 0.2～0.3 厘米（图九二，5）。

第七章　D9（95 常南粮 M1 ~ 95 常南粮 M10）

D9 东北与 D1 相距 80 米（图六、七），南与 D8 相距 250 米。根据该封堆与 D1 ~ D3 和 D8 的分布距离及其与其他土墩墓的特殊关系，此次在整理沅水下游汉墓资料时，将其编为 D9。

第一节　D9 的形成和结构

D9 是与其他封堆一样独立的封堆，根据 1995 年的发掘资料记录，该封堆的直径 26 米，下部生土距封堆顶部 4 米。由于整个封堆的发掘是采用大揭顶的方法进行，没有封堆的封土结构剖面图，故已难了解其结构特征。

D9 所在属常德市武陵区南坪乡南坪村一组，当时系因南坪粮库扩建涉及该封堆。封堆虽遭破坏，但保存下来的外形仍大致呈圆形。外部是否有封闭性的排水系统已不得而知。

因保存的资料有限，D9 的形成、熟土台的高度、熟土台内是否有使用青膏泥筑起的标志墙（兆域）等也已不清。

第二节　D9 内的墓葬分布及墓例

清理 D9 时，发现保存较完整墓口的墓葬 9 座（当时编号为 95 常南粮 M1 ~ 95 常南粮 M4、95 常南粮 M6 ~ 95 常南粮 M10，95 常南粮 M5 已完全被毁，没有统计在内），其中 D9M6 在早期遭到部分破坏，D9M8 在早期遭到盗掘。

D9 现存的九座墓葬基本呈南北两列东西向分布，每列分布的墓数相同。均为土墩竖穴墓，无墓道。墓葬多向西，为 270° ~ 285°。墓口之间相距 0.80 ~ 2.20 米，无打破关系（图九三）。

因该墓群的发掘属抢救性，时间又已相隔近 20 年，故资料记录和保存并不完整。在整理时仅

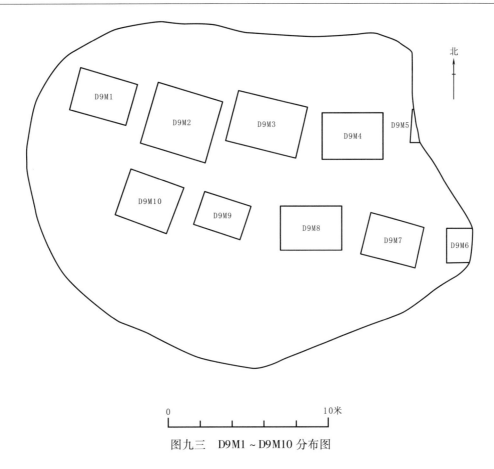

0　　　　　　　　　　　　　　10米

图九三　D9M1～D9M10 分布图

挑选了具有代表性的三座墓（95 常南粮 M2、95 常南粮 M4、95 常南粮 M10）作为墓例。

墓例二一　D9M2（95 常南粮 M2）

一　墓葬形制

近方形土墩竖穴墓。方向 285°（图九四）。墓室长 4.20、宽 4、记录墓葬深 1.80 米，墓底打破生土 1 米。

葬具，结构较清晰。从墓底残留的黑色漆皮推测可能为两椁双棺。两椁的具体规格已无法测量。从墓底红黑色漆皮和随葬器物分布判断，双内棺位于墓室中部，在棺外椁室的南部、北部和西部均有原用于盛装随葬器物的漆木箱痕迹。该墓应属夫妻同茔同穴合葬。墓底不见枕木沟痕迹。

葬式，因墓主的骨架已腐朽，无法判断。从两件滑石璧和滑石兽面的位置推测墓主的头向均为 285°。

填土，墓室内填土和封堆的填土基本相同，均为从墓地外部取土填入。墓底填筑少量白膏泥，厚 3～5 厘米。

二　出土器物

31 件（套）。有软陶器 5 件、硬陶器 4 件、青瓷器 2 件、滑石器 20 件。

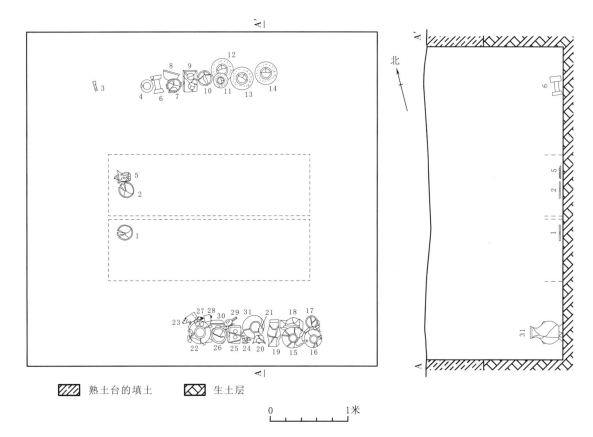

图九四　D9M2 平、剖面及随葬器物分布图

1、2. 滑石璧　3. 滑石剑璏　4. 滑石壶　5. 滑石兽面　6. 滑石灯　7、26. 滑石鼎　8. 滑石碗　9. 陶灶　10. 陶盒
11～14. 硬陶罐　15、22. 陶壶　16、31. 青瓷壶　17、28. 滑石杯　18、19. 滑石钫　20. 滑石井　21. 滑石耳杯
23. 滑石猪　24. 滑石鸟　25. 滑石灶　27. 滑石鸡　29. 陶镌壶　30. 滑石盒

（一）软陶器

5 件。有盒、壶、灶、镌壶。

1. 盒

1 件。D9M2：10，泥质灰陶。盖为覆钵形，盒身子母口内敛，深腹，平底，整个器身近圆形。口径 18.3、底径 9.3、通高 17.1 厘米（图九五，1）。

2. 壶

2 件。形制和大小基本相同。标本 D9M2：15，无盖。尖唇，凹沿，口沿折成盘口状。束颈，溜肩，大鼓腹，圈足弧折，上腹部有一道凸棱，腹部对称有兽面铺首。口径 14.5、腹径 31.2、底径 16、高 36 厘米（图九五，2）。

3. 灶

1 件。灶体呈长方形，残损严重，难以修复。

4. 镌壶

1 件。D9M2：29，残损严重，难辨器形。

（二）硬陶器

4 件。均为罐。形制相同，大小稍有区别，肩部和上腹部均拍印方格纹。

标本 D9M2：11，平沿，尖唇，束颈，溜肩，鼓腹，平底略内凹。口径 10、腹径 15.4、底径

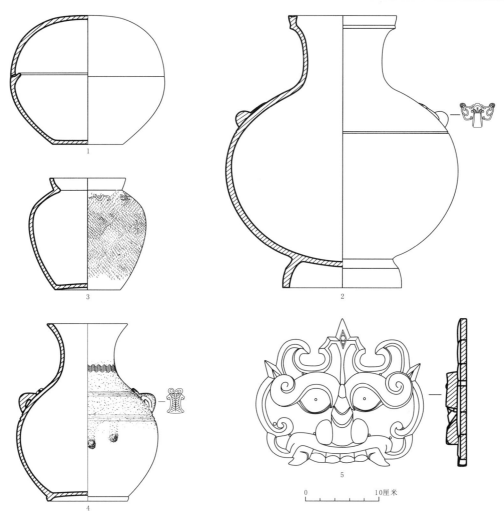

图九五 D9M2 出土陶盒、壶，硬陶罐，青瓷壶，滑石兽面
1. 陶盒（10） 2. 陶壶（15） 3. 硬陶罐（11） 4. 青瓷壶（16） 5. 滑石兽面（5）

8.6、高 14.8 厘米（图九五，3）。

（三）青瓷器

2 件。均为壶。形制和大小相同。

标本 D9M2：16，侈口，平沿，尖唇，长颈，溜肩，鼓腹，平底内凹成矮圈足，腹部对称有桥形耳，耳上部附贴变形云纹，耳面饰叶脉纹。颈部有七道水波纹，附耳的胎体上、下各有两道凹弦纹。胎体上原有旋胎制作时留下的凸棱，经过精心修整后已不见痕迹。从颈部到上腹间施青釉，下部有流釉现象。釉色均匀，无脱釉现象。下腹部和壶底均呈暗红色。口径 10.6、腹径 18.6、底径 10.6、通高 23.4 厘米（图九五，4）。

（四）滑石器

20 件。有璧、鼎、盒、壶、钫、碗、灯、杯、灶、耳杯、猪、鸡、鸟、剑璏、兽面、井等（彩版六一，2）。

1. 璧

2 件。形制和大小基本相同。标本 D9M2：1，肉和好均有窄缘。肉上主纹饰为在凹面细方格内饰重圈纹。纹饰规范，大小均匀。通径 16.5、好径 2.2、厚 0.75 厘米（图九六，1）。

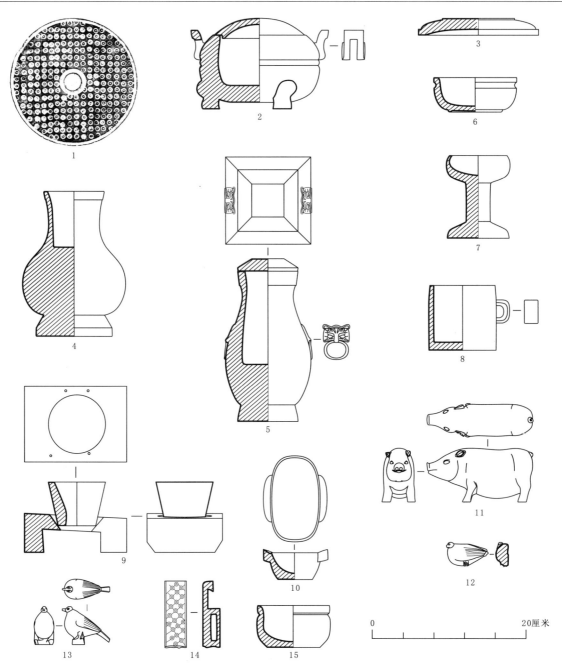

图九六　D9M2 出土滑石璧、鼎、盒、壶、钫、碗、灯、杯、灶、耳杯、猪、鸡、鸟、剑璲、井
1. 璧（1）　2. 鼎（7）　3. 盒（30）　4. 壶（4）　5. 钫（19）　6. 碗（8）　7. 灯（6）　8. 杯（17）
9. 灶（25）　10. 耳杯（21）　11. 猪（23）　12. 鸡（27）　13. 鸟（24）　14. 剑璲（3）　15. 井（20）

2. 鼎

2 件。一件完整，另一件仅存鼎耳。D9M2：7，整块滑石制作而成。盖弧形隆起，口微敛，圆腹，微圜底，圆形矮足，附立耳外撇。腹部有一周凸棱。口径 12、通高 11.6 厘米（图九六，2）。

3. 盒

1 件。仅存盒盖。D9M2：30，平沿，方唇，浅腹，底部有矮圈足。口径 15.4、高 2.2 厘米（图九六，3）。

4. 壶

1 件。D9M2：4，由整块滑石制成。无盖，口微敞，颈部微束，腹部下垂，高圈足，平底。口径 7.8、底径 10、腹径 13.4、高 18.6 厘米（图九六，4）。

5. 钫

2 件。形制和大小相同。标本 D9M2：19，平沿承盝顶形盖，方口微侈，弧腹稍下垂，方圈足。腹部对称浮雕兽面铺首衔环。口径 7.8、腹径 11、足径 7.8、通高 21 厘米（图九六，5）。

6. 碗

1 件。D9M2：8，侈口，圆唇，折缘，弧腹，平底，矮圈足。口沿下有一周深凹弦。口径 10.8、底径 7、高 4.4 厘米（图九六，6）。

7. 灯

1 件。D9M2：6，用整块白色滑石制成。敛口，圆唇，圆形深盘，柱状柄，喇叭状座。口径 7.4、底径 8、高 10.7 厘米（图九六，7）。

8. 杯

2 件。形制相同，大小稍有区别。标本 D9M2：17，器身呈圆桶形，平沿，口微内敛，直腹，平底，一侧有环形把手。口径 8.4、底径 8.6、高 8.4 厘米（图九六，8）。

9. 灶

1 件（套）。D9M2：25，由灶身和釜两部分组成。长条形灶身，中间有圆形釜座，灶面有四个对称小孔。釜为穿孔杯形。灶身长 13.6、宽 9.8、高 5 厘米；釜身口径 7.4、高 5.6 厘米（图九六，9）。

10. 耳杯

1 件。D9M2：21，杯呈椭圆形，敞口，圆唇，窄附耳与口部连成一体并上翘，平底。长 11、通耳宽 8.4、通高 3.8 厘米（图九六，10）。

11. 猪

1 件。D9M2：23，由整块滑石制成。猪呈站立状。猪嘴略上翘，嘴微张，两鼻孔和双眼及双耳清晰，成浮雕状，尾部卷曲。身子圆润，腹部下垂，是一头公猪的形象。通长 13.6、宽 4.3、高 6.9 厘米（图九六，11；彩版六二，1）。

12. 鸡

1 件。D9M2：27，模型相当简约，缩颈，短圆嘴，眼圆睁，身肥大，腿已简化。长 5.3、宽 3 厘米（图九六，12）。

13. 鸟

1 件。D9M2：24，一块滑石制作而成。尖嘴，圆眼，短颈。立于滑石底座上，身短而肥，双翅的羽毛刻划清晰，长尾下斜。长 6.3、高 4.8 厘米（图九六，13；图版六二，2）。

14. 剑璲

1 件。D9M2：3，长方形，正面为斜直线相交点上饰重圈纹。两端有钩，一端的钩已残。背面中部有长方形穿孔。残长 8.6、宽 2.8 厘米（图九六，14）。

15. 兽面

1 件。D9M2：5，由一块滑石采用浮雕方式雕凿而成。兽面上部为三峰饰冠，下为卷云状粗眉，眉下双眼凸出，眼珠上有两个小圆孔，可能象征瞳孔，高鼻梁，双鼻孔，嘴唇宽厚，下嘴角有两个对称外撇獠牙，中间露出四颗大牙。该兽面应为钉附于墓主棺材一端的饰件，上有八个小钉孔，孔内还残存有铁钉痕迹。宽 22.5、高 19.6、厚 0.8~2.7 厘米（图九五，5；彩版六二，3）。

16. 井

1 件。D9M2：20，尖唇，侈口，平底，深腹。颈部有一道凹弦纹。无汲水罐。口径 9.4、底径 6.8、高 5.4 厘米（图九六，15）。

墓例二二　D9M4（95 常南粮 M4）

一　墓葬形制

长方形土墩竖穴墓。方向 270°（图九七）。墓室长 3.80、宽 2.80、记录墓葬深 1.10 米，墓底没有打破生土层。

葬具，已朽，从墓底残留的黑色红漆皮、棺钉和滑石璧的位置判断可能为双棺，但规格难以准确判定，可能为夫妻合葬墓。墓底不见枕木沟痕迹。

葬式，因墓主的骨架已腐朽，无法判断。从两件滑石璧和滑石兽面的位置推测墓主的头向均为 270°。

填土，墓室内填土和封堆的填土基本相同，均为从墓地外部取土填入。墓底填筑少量白膏泥，厚 3~5 厘米。

二　出土器物

30 件（组）。其中软陶器 1 件、硬陶器 13 件、铜器 3 件、滑石器 11 件和泥金饼、铁棺钉。

（一）软陶器

1 件。为井。

D9M4：8，宽平沿，方唇，束颈，长弧腹下部内折至底，平底。口沿有对称长方形小孔。颈部和腹部各有两道凹弦。汲水罐已失。口径 11.6、底径 10.4、高 12 厘米（图九八，1）。

（二）硬陶器

13 件。有无耳罐和双耳罐两种。

1. 无耳罐

12 件。形制相同，大小稍有区别。肩部和上腹部均饰拍印方格纹。标本 D9M4：1，窄斜沿，尖唇，敞口，束领，圆肩，长弧腹，平底稍内凹。口径 10.8、腹径 19.2、底径 11、通高 20 厘米（图九八，2）。

2. 双耳罐

1 件。D9M4：2，外斜沿，尖唇，矮领，束颈，圆肩，鼓腹下收，平底。肩部对称有双弓形耳，上下有多道凹弦纹。口径 10、腹径 15.8、底径 8、高 16.4 厘米（图九八，3）。

（三）铜器

3 件。有镜、剑和饰件。

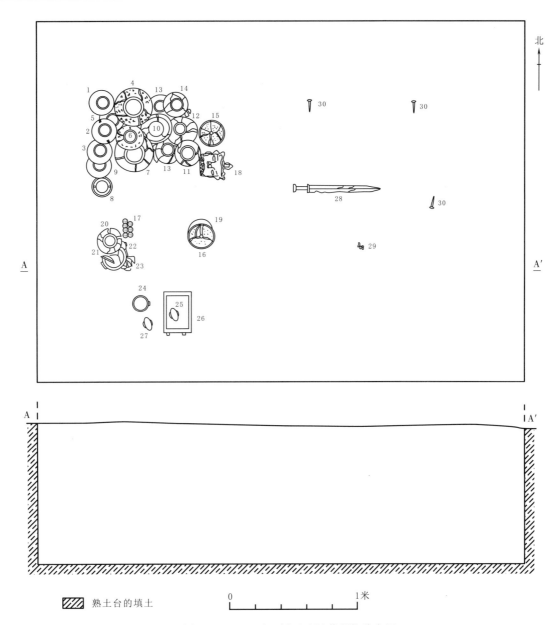

图九七　D9M4 平、剖面及随葬器物分布图

1、3~7、9~14. 硬陶无耳罐　2. 硬陶双耳罐　8. 陶井　15、16. 滑石璧　17. 泥金饼　18. 滑石兽面　19. 铜镜
20. 滑石壶　21. 滑石熏炉　22、23. 滑石鼎　24. 滑石杯　25、27. 滑石耳杯　26. 滑石案　28. 铜剑　29. 铜饰件
30. 铁棺钉

1. 镜

1 件。星云纹镜。出土位置可能属于女性墓主的头部。D9M4∶19，圆形，青黑色。九枚小乳丁组成连峰式钮，圆钮座，钮座由十六段内向小连弧组成。钮座与其外一周凸弦纹间为主纹饰，主纹饰由四枚带座乳丁分成四区，每区由三枚小乳丁和两段弧线纹组成，镜外缘为十六段内向连弧。直径 6.8、缘厚 0.42 厘米，重 80 克（图九八，6）。

2. 剑

1 件。出土位置可能属男性墓主身子的一侧。D9M4∶28，喇叭形剑首已残，剑身残断成三段，滑石一字形剑格，残损严重。长条形剑茎，剑身修长，中脊起棱，截面呈菱形。残长 80 厘米（图

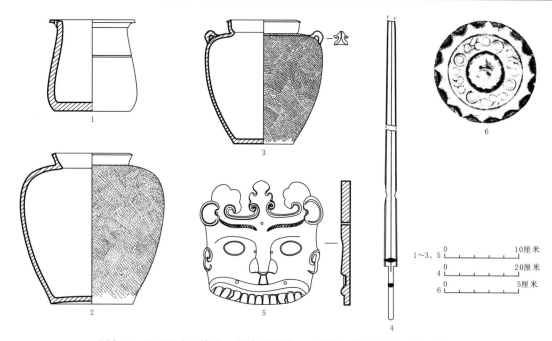

图九八　D9M4 出土陶井，硬陶无耳罐、双耳罐，铜剑、镜，滑石兽面

1. 陶井（8）　2. 硬陶无耳罐（1）　3. 硬陶双耳罐（2）　4. 铜剑（28）　5. 滑石兽面（18）　6. 铜镜（19）

九八，4）。

3. 饰件

1 件（组）。D9M4：29，出土于墓主的腰间，严重残损。

（四）滑石器

11 件。有璧、鼎、壶、灯、耳杯、案、杯、兽面等（图版五，1）。

1. 璧

2 件。形制和大小基本相同。标本 D9M4：16，肉和好均有宽缘，肉缘上有多周刻划纹。肉上主纹饰为在方形格之交点处饰重圈纹。通径 21.8、好径 1.4、厚 0.4 厘米（图九九，1）。

2. 鼎

2 件。大小基本相同，形状区别较大。

标本 D9M4：22，使用整块滑石制成。平沿，口微敛，圆腹，圜底，圆形矮柱足，环形附立耳。口径 11、通高 10.4 厘米（图九九，2）。

标本 D9M4：23，鼎身使用整块滑石制成。圆弧形盖，盖下有子口伸入鼎口沿内。平沿，直口，圆腹，圜底，矮兽蹄足，长弧附耳。耳下有一道凹弦纹。口径 8.8、通高 10.6 厘米（图九九，3）。

3. 壶

1 件。D9M4：20，整块滑石制成。平沿承盝顶式盖，盖顶平，盖下有子口伸入壶口沿内。尖唇，稍弧直颈，鼓腹，平底假圈足。口径 7.8、腹径 14、底径 10.2、通高 21.5 厘米（图九九，4）。

4. 熏炉

1 件。D9M4：21，盖呈塔式，顶平，中空，沿平。口径 8、高 6.6 厘米。炉身由炉腹、柄和底座构成，炉身深腹，敞口，束颈。底座为浅腹盘状，宽平沿，平底。口径 7.4、底径 15.4、通高 17.6 厘米（图九九，5）。

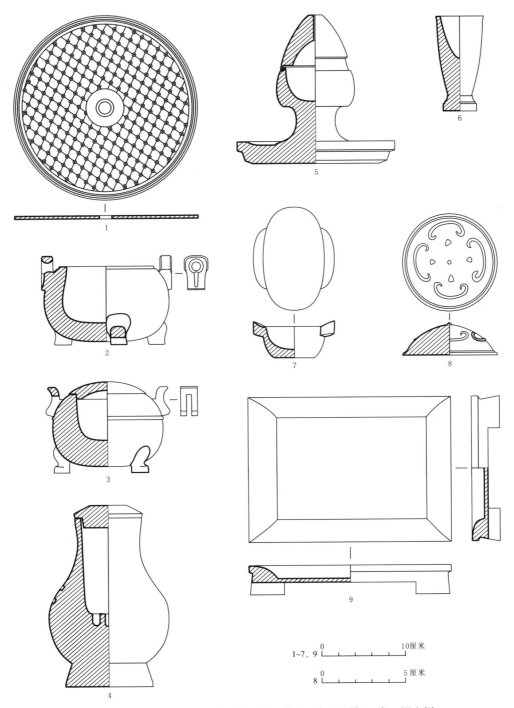

图九九　D9M4 出土滑石璧、鼎、壶、熏炉、杯、耳杯、案，泥金饼

1. 滑石璧（16）　　2、3. 滑石鼎（22，23）　　4. 滑石壶（20）　　5. 滑石熏炉（21）　　6. 滑石杯（24）
7. 滑石耳杯（27）　　8. 泥金饼（17）　　9. 滑石案（26）

5. 杯

1 件。D9M4：24，平沿，深腹，直壁，高足，平底。口径 5.6、底径 4、高 11.2 厘米（图九九，6）。

6. 耳杯

2 件。形制和大小相同，与滑石案一起出土。标本 D9M4：27，杯呈椭圆形，敞口，圆唇，窄附耳与口部连成一体并上翘，平底。长12.2、通耳宽7.2、通高4.3厘米（图九九，7）。

7. 案

1件。标本D9M4：26，为整块滑石制成。长方形，盘腹较深。下部四角有四个对称方足，足稍外撇。长24.4、宽17、高3.4、足高1.4厘米（图九九，9）。

8. 兽面

1件。D9M4：18，由一块滑石采用浅浮雕方式雕凿而成。兽面上部为三分冠，中间一冠上部为高髻。椭圆形双眼微凸，大鼻梁。嘴部相当简约，仅在嘴唇下刻划出11颗大牙。脸部简略刻划出双椭圆形耳。兽面的额头和鼻子下共有五个小钉孔。宽16.8、高16.5、厚1.2厘米（图九八，5；彩版六三）。

（五）其他

2件（套）。有铁棺钉和泥金饼。

1. 铁棺钉

锈蚀严重，难辨其具体尺寸。

2. 泥金饼

存10余枚。形制和大小基本相同。圆饼形，顶部及周边有五枚小乳丁状纹饰，乳丁纹外有四组变形云纹。平底。少数有黑色陶衣。标本D9M4：17，直径5.7、高1.9厘米（图九九，8）。

墓例二三　D9M10（95常南粮M10）

一　墓葬形制

近方形土墩竖穴墓。方向285°（图一○○）。墓室长3.50、宽3、记录墓葬深1米。

葬具，结构不清，墓底也不见枕木沟痕迹。

葬式，因墓主的骨架已腐朽，无法判断。从两件滑石璧的位置推测墓主的头向应为285°。

填土，墓室内填土和封堆的填土基本相同，均为从墓地外部取土填入。墓底填筑有极少量的白膏泥。

二　出土器物

31件（套）。有软陶器9件、滑石器19件，还有石研子和石黛板及大泉五十。

（一）软陶器

9件。有壶5件和瓮4件，均残损严重。

（二）滑石器

19件。有璧、鼎、盒、壶、灶、镶壶、灯、杯、案、耳杯、勺及几足等（图版五，2）。

1. 璧

3件。两件保存基本完整，另一件残损严重。

标本D9M10：27，肉和好均无缘，肉上主纹饰为在斜菱格之交点处饰重圈纹，斜线和重圈纹很稀疏。通径21.6、好径0.9、肉厚0.5厘米（图一○一，1）。

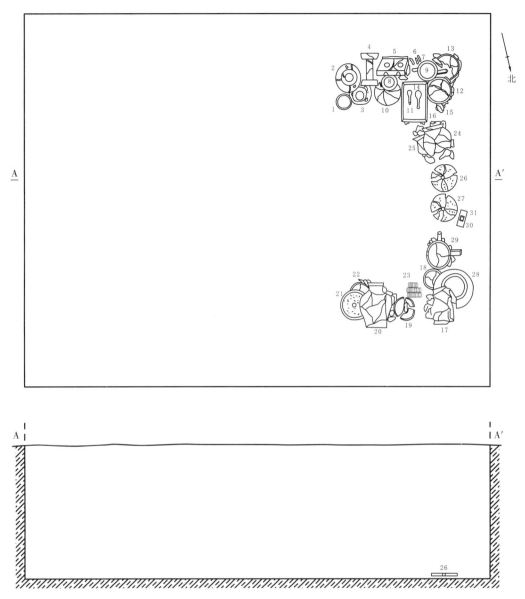

图一〇〇　D9M10 平、剖面及随葬器物分布图
1. 滑石杯　2. 滑石壶　3、18、19、22. 陶瓮　4. 滑石灯　5. 滑石灶　6、7. 滑石几足　8. 滑石熏炉
9、29. 滑石镳壶　10、13. 滑石盒　11、14. 滑石勺　12. 滑石鼎　15. 滑石耳杯　16. 滑石案
17、20、24、25、28. 陶壶　21、26、27. 滑石璧　23. 大泉五十　30. 石研子　31. 石黛板

　　标本 D9M10∶21，肉和好均有窄缘，缘上刻划三角锯齿纹。肉上主纹饰为在斜菱格之交叉处饰重圈纹。通径 20.6、好径 1.7、肉厚 0.4 厘米（图一〇一，2）。

　　2. 鼎

　　1 件。D9M10∶12，整块滑石制作而成。盖已失，平沿，口微敛，圆腹，圜底，圆形矮蹄足，无耳。口径 10.4、腹径 15、通高 11 厘米（图一〇一，3）。

　　3. 盒

　　2 件。形制和大小相同。由盒身和盖组成。标本 D9M10∶13，平沿承盖，盖微弧，顶部有矮捉手。盒身方唇，敞口，深腹，平底矮圈足。盖直径 17、高 3.6 厘米；盒身口径 16.6、底径 9.8、高 6.6 厘

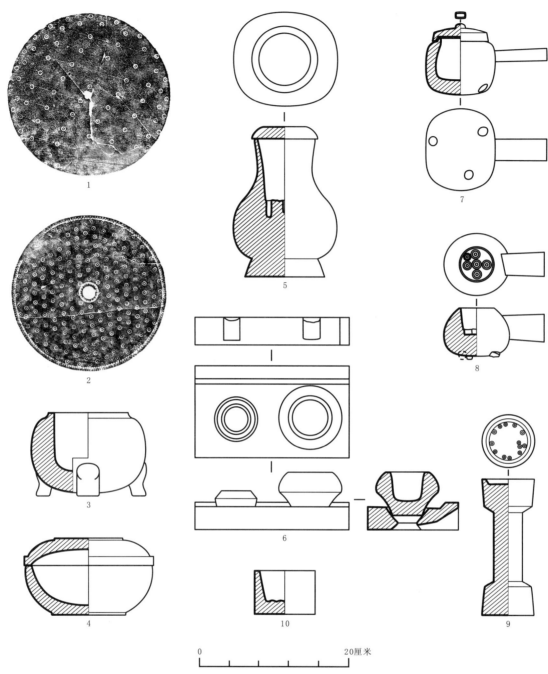

图一〇一　D9M10 出土滑石璧、鼎、盒、壶、灶、鐎壶、灯、杯

1、2. 璧（27，21）　3. 鼎（12）　4. 盒（13）　5. 壶（2）　6. 灶（5）　7、8. 鐎壶（9，29）
9. 灯（4）　10. 杯（1）

米（图一〇一，4）。

4. 壶

1 件。D9M10：2，壶身呈椭圆形，由整块滑石制成。平口承饼形盖，盖顶平。口微敞，颈部微束，鼓腹下垂，平底高圈足。口径 7.7 ~ 8、底径 9.7 ~ 10.4、腹径 12.4 ~ 13.6、通高 19.8 厘米（图一〇一，5）。

5. 灶

1 件。D9M10：5，灶身为一块滑石制成，灶所配双釜为单独制作。灶身呈长方形，正中有一大一小两个釜座，灶面后部有挡火板，挡火板下部对应釜座位置有两烟道。灶身前部无火门。所配两釜的大小和形状均有区别。灶身长20.4、宽12、高3.6厘米（图一〇一，6）。

6. 镰壶

2件。

D9M10∶9，由盖、身和足三部分组成。弧形盖，盖顶有纽。扁圆腹，腹部有长条形把手，无流。圜底，三足已失，仅存三个用于组装足的小圆孔。中部有两道凹弦纹。腹盖径7.4、高2.4厘米，腹径9.2、残高9厘米（图一〇一，7）。

D9M10∶29，由盖、身组成。盖已残。深腹，腹内底部留有制作时钻孔的孔洞6个，腹部有长方形把手，无流。圜底，底部有三矮柱状足。长13、残高6.7厘米（图一〇一，8）。

7. 灯

1件。D9M10∶4，用整块白色滑石制成。敞口，尖唇，圆形浅盘，盘内留有许多制作时留下的痕迹，柱状柄，喇叭状座，整个器形基本呈哑铃状。口径6.8、底径6.8、高18厘米（图一〇一，9）。

8. 杯

1件。D9M10∶1，器身呈桶形，平沿，口微敞，直腹，平底。口径8、高5.8厘米（图一〇一，10）。

9. 熏炉盖

1件。炉身已失，仅存炉盖。D9M10∶8，形呈锥体状，内中空，平顶上部有七个象征透烟孔的不规则不通透小孔。底径6.8、高5厘米（图一〇二，1）。

10. 案

1件。D9M10∶16，整块滑石制成，长方形。宽沿内弧，浅盘腹，平底，四角有极矮的方形足。长32.4、宽21.6、高3.3厘米（图一〇二，5）。

11. 耳杯

1件。D9M10∶15，杯呈椭圆形，敞口，圆唇，窄附耳与口部连成一体并上翘，平底。长13、通耳宽10、通高4.2厘米（图一〇二，2）。

12. 勺

2件。形制和大小均有差别。

D9M10∶14，身呈椭圆形，浅腹，斜长柄下弧折，柄端呈鸭首状。长14.6、宽1.2～6.4厘米（图一〇二，6）。

D9M10∶11，身呈椭圆形，浅腹，斜长柄，柄端内卷，上部有四道斜刻划纹。通长17.4、身宽1.5～6.8厘米（图一〇二，7）。

13. 几足

2件。形制和大小相同。标本D9M10∶6，长9、宽3.2、高1.5厘米。

（三）石器

有研子和黛板。

1. 研子

1件。D9M10∶30，应与黛板是一套化妆用具，出土于墓主头部滑石璧旁。上圆下方，砂岩质

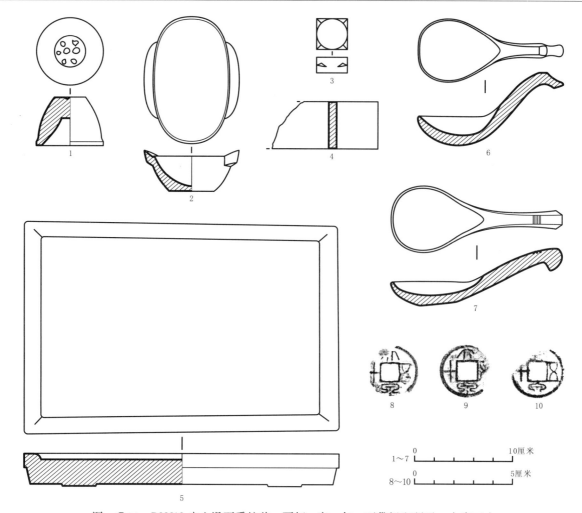

图一〇二 D9M10 出土滑石熏炉盖、耳杯、案、勺，石黛板和研子，大泉五十
1. 滑石熏炉盖（8） 2. 滑石耳杯（15） 3. 石研子（30） 4. 石黛板（31） 5. 滑石案（16）
6、7. 滑石勺（14，11） 8. 大泉五十（23－1） 9. 大泉五十（23－2） 10. 大泉五十（23－3）

地。边长 3.1、高 1.6 厘米（图一〇二，3）。

2. 黛板

1 件。D9M10：31，应与石研子是一套化妆用具，出土于墓主头部滑石璧旁。长方形，砂岩质地。残长 10.8、宽 4.8、厚 0.8 厘米（图一〇二，4）。

（四）其他

仅见大泉五十。出土时数十枚，保存基本完整。根据其边廓宽度、钱币的厚度和钱文特征，可分为三种：

标本 D9M10：23－1，文字纤细，"泉"字上无点，边廓较窄，背光。钱径 2.3、穿径 0.95 厘米（图一〇二，8）。

标本 D9M10：23－2，文字宽粗，笔划清晰，"泉"字上部无点，下部的"水"字笔画清晰，边廓较宽，背光。钱径 2.65、穿径 0.95 厘米（图一〇二，9）。

标本 D9M10：23－3，文字较粗，"泉"字上部有点，下部的"水"字笔画较模糊，边廓较窄，背光。钱径 2.7、穿径 0.95 厘米（图一〇二，10）。

第八章　D10（2009 常德南坪夏家岗 M1 ~ 2009 常德南坪夏家岗 M3，镡成长家族墓）

D10 位于常德市武陵区南坪乡南坪村沙河中路一座修建于 1943 年的抗战碉堡之下，墓地东距 D3 约 2000 米（图五）。

第一节　D10 的形成和结构

D10 因早年修建碉堡和城建修路遭到严重破坏，封堆的直径和高度、外部是否有排水系统、封堆的形成、熟土台的高度、熟土台内是否有使用青膏泥筑起的标志墙（兆域）等均已不清。

第二节　D10 内的墓葬分布及墓例

经过发掘能确定有墓口的墓葬三座（当时编号为 2009 夏家岗 M1 ~ 2009 夏家岗 M3），均遭到严重破坏，只有 2009 夏家岗 M1 保存稍好，2009 夏家岗 M2 仅保存陶器，而 2009 夏家岗 M3 则保留了小小的一角，随葬器物仅残留一件滑石璧（图版六，1）。

三座墓葬基本呈"品"字形分布。均为竖穴式土墩墓，不见墓道。墓葬方向基本呈东北西南走向，为 240°，墓口之间相距 0.80 ~ 1.50 米，无打破关系（图一〇三）。

D10 土墩墓群在抢救性发掘前，已遭严重破坏，仅有 D10M1、D10M2 保存稍完整，现以出土了滑石"镡成长印"的 D10M1 和保存陶器较多的 D10M2 作为墓例。

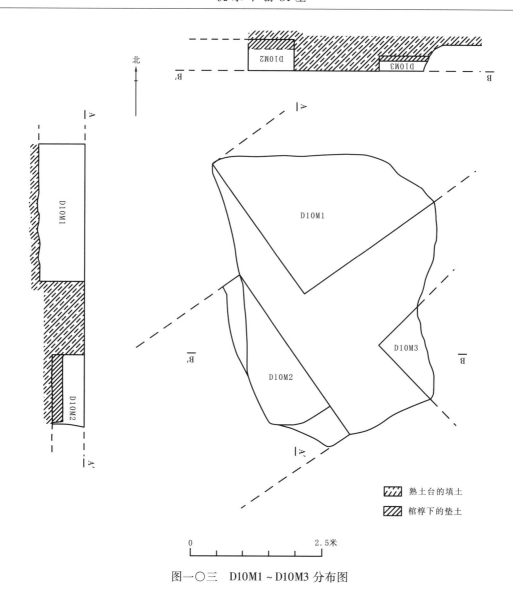

图一〇三 D10M1～D10M3 分布图

墓例二四 D10M1（2009 常德南坪夏家岗 M1）

一 墓葬形制

土墩竖穴墓，方向 240°（图一〇四）。墓室残长 3.20、残宽 3.50、残 0.90 米。

葬具，从墓底残留的黑色漆皮推测应为两椁两棺。棺椁的规格已无法测量。从墓底红黑色漆皮和随葬器物的分布判断，内棺位于墓室的中部，棺外椁室的南部和西部均有原用于盛装随葬器物的漆木箱的痕迹。墓底不见枕木沟痕迹。

葬式，因墓主的骨架已腐朽，无法判断。从滑石璧等随葬器物的位置推测墓主的头向均为 240°。

填土，墓室内填土和封堆的填土基本相同，均为从墓地外部取土填入。墓底填筑有少量白膏泥，厚 3～6 厘米。

图一〇四　D10M1 平、剖面及随葬器物分布图

1. 滑石"镡成长印"　2. 铜带钩　3. 大泉五十　4. 铜五铢　5. 铜鼎足　6. 铜镜　7、15. 滑石璧　8、14. 滑石勺
9、16. 滑石卮　10、11. 滑石案　12. 滑石灯　13. 滑石几足　17、25. 硬陶罐　18、19. 滑石樽　20. 滑石钫
21、22. 滑石壶　23. 滑石鼎　24、32. 青瓷壶　26. 陶罐　27. 滑石盘　28～31. 滑石耳杯

二　出土器物

32 件（组）。其中软陶器 1 件、硬陶器 2 件、青瓷器 2 件、铜器 3 件、滑石器 22 件，还有大泉五十和铜五铢（图版六，2）。

（一）软陶器

1 件。为罐。

标本 D10M1∶26，圆唇，口稍敛，束颈，溜肩，弧腹，平底。肩部有一周戳印三角纹。口径 11、底径 9、腹径 15.4、通高 13.4 厘米（图一〇五，1）。

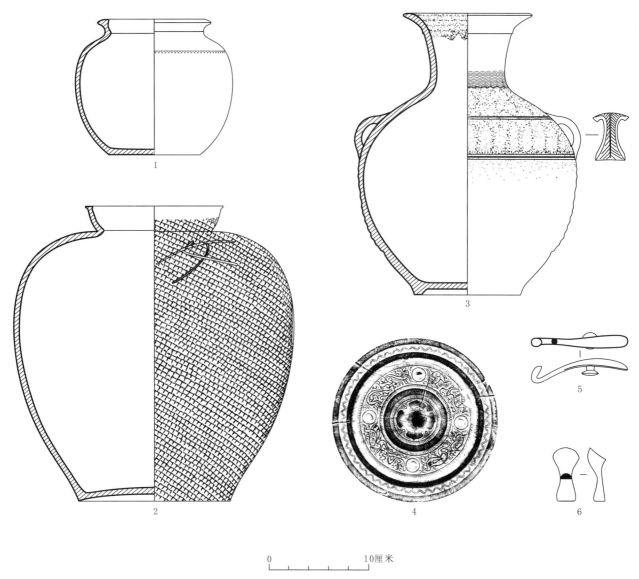

图一〇五　D10M1 出土陶罐，硬陶罐，青瓷壶，铜镜、带钩、鼎足

1. 陶罐（26）　2. 硬陶罐（17）　3. 青瓷壶（24）　4. 铜镜（6）　5. 铜带钩（2）　6. 铜鼎足（5）

（二）硬陶器

2 件。均为罐。形制和大小相同，肩部和上腹部均饰拍印的方格纹。

标本 D10M1∶17，尖唇，敞口，束颈，圆肩，弧腹，最大腹径位于肩部，平底略内凹。肩部有刻划符号（图四六四，12）。口径 13.8、腹径 28、底径 15.2、通高 28.8 厘米（图一〇五，2）。

（三）青瓷器

2 件。均为壶。形制和大小相同。

标本 D10M1∶24，侈口，尖唇，长颈，溜肩，鼓腹，平底，矮圈足，肩部对称置两桥形耳，耳面饰麦穗纹，肩部和上腹部各有两组凸弦纹，颈下部饰十二道重叠水波纹。腹部原来旋胎制作时留下的凸棱没有经过修整。口径 12.6、腹径 21.6、底径 10.4、高 27.8 厘米（图一〇五，3；彩版六四，1）。

（四）铜器

3 件。有镜、带钩和残鼎足。

1. 镜

1 件。四乳神兽镜，出土于墓主的头部。D10M1：6，圆形，半球形圆钮，四柿蒂叶纹钮座，叶纹间饰水滴形纹和弧线纹，座外有二周短斜线纹和一周凸弦纹。四枚带座乳丁将主纹饰分为四区，其间配四组神兽：一组为展翅飞翔的长颈朱雀，一组为青龙配怪兽，一组为玄武配天禄，一组为白虎配怪神人。其外一周栉齿纹后是镜缘，镜缘的纹饰是一周双线锯齿纹，外缘素平。直径 16.5、缘宽 1.9、缘厚 0.5 厘米，重 548 克（图一〇五，4；彩版六五）。

2. 带钩

1 件。D10M1：2，钩首呈兽首状。琵琶状钩面，断面呈椭圆形，柱状帽形钮位于钩背。长 9.6、宽 1.7 厘米（图一〇五，5；彩版六四，2）。

3. 鼎足

3 件。为一件铜鼎的三足，鼎身和其他都已破坏不存。标本 D10M1：5，高 5.2、宽 1.1~2.5 厘米（图一〇五，6）。

（五）滑石器

22 件。有印章、璧、鼎、壶、钫、栀、樽、案、灯、几足、盘、勺、耳杯等。

1. 印章

1 件。D10M1：1，与青铜带钩一道出土于墓主棺内腰部。近方形，桥形纽。印面阴刻反书"镡成长印"四字铭文。铭文书体刻制草率，明显属随葬时的急就章。长 2.4、宽 2.3、高 2 厘米（图一〇六，1；彩版六四，3）。

2. 璧

2 件。大小基本相同，形制稍有差别。

D10M1：7，肉和好均有缘，肉缘上有两周刻划纹和稀疏的重圈纹。肉上主纹饰为在斜菱格之交处饰重圈纹。通径 23.6、好径 1.5、厚 0.6 厘米（图一〇六，2）。

D10M1：15，肉有宽缘，缘上有一周锯齿纹和两周刻划凹弦纹。好无缘。肉上主纹饰为在斜菱格之交处饰重圈纹。通径 22.4、好径 1、厚 0.6 厘米（图一〇六，3）。

3. 鼎

1 件。D10M1：23，整块滑石制成。盖已失，口微敛，圆腹，平底，半圆形矮柱足，附立耳上部已残。口径 10.2、残高 9.4 厘米（图一〇六，4）。

4. 壶

2 件。形制和大小基本相同。整块滑石制成，身呈椭圆形。标本 D10M1：21，平沿承饼形盖，盖顶微隆，口微敞，腹部下垂，高圈足，平底，腹部有对称鼻钮。口径 8、底径 10.4、通高 20.6 厘米（图一〇六，5）。

5. 钫

1 件。D10M1：20，无盖，方口外侈，束颈，鼓腹下垂，方圈足。腹部无铺首衔环。口径 7、腹径 11.6、底径 9、高 20.2 厘米（图一〇六，6）。

6. 卮

2 件。形制和大小基本相同。标本 D10M1：9，器身呈桶形，平沿，深腹，一侧有鋬，鋬稍残。口径 9、高 7.5 厘米（图一〇六，7）。

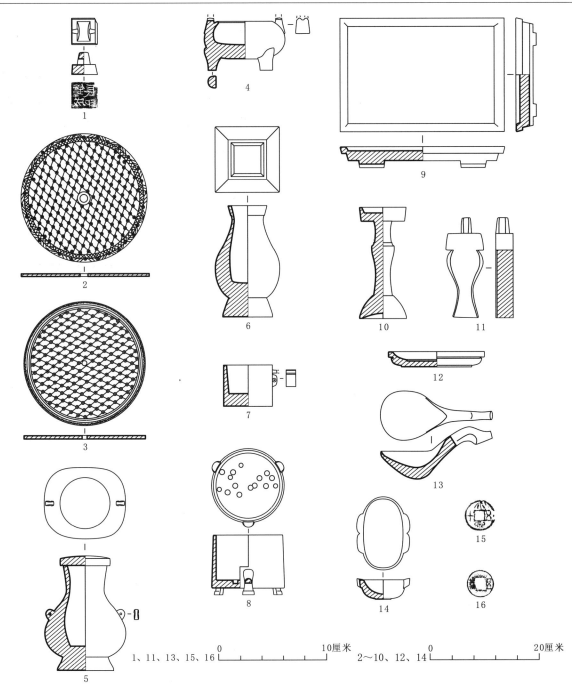

图一〇六 D10M1 出土滑石印章、璧、鼎、壶、钫、卮、樽、案、灯、几足、盘、勺、耳杯，大泉五十，铜五铢
1. 滑石印章（1） 2、3. 滑石璧（7，15） 4. 滑石鼎（23） 5. 滑石壶（21） 6. 滑石钫（20）
7. 滑石卮（9） 8. 滑石樽（18） 9. 滑石案（10） 10. 滑石灯（12） 11. 滑石几足（13）
12. 滑石盘（27） 13. 滑石勺（8） 14. 滑石耳杯（28） 15. 大泉五十（3） 16. 铜五铢（4）

7. 樽

2 件。形制和大小基本相同。标本 D10M1：18，器身基本呈桶形，平沿，深腹，腹底有十多个制作过程中留下的孔，器身下部有三矮蹄足。口径 12.6、高 10.8 厘米（图一〇六，8）。

8. 案

2 件。形制和大小基本相同。标本 D10M1：10，为整块滑石制成。长方形，浅盘，下部有四个对称方足。长 29.8、宽 20.4、高 3.7、足高 0.6 厘米（图一〇六，9；彩版六四，4）。

9. 灯

1件。D10M1：12，由一整块乳白色滑石制成。浅盘，平沿，竹节状圆柱柄，高座略呈喇叭形。口径8.4、底径8.4、高20.2厘米（图一〇六，10）。

10. 几足

2件。形制和大小基本相同，应为一件滑石几的足，以榫和几身相连，几身已失。标本D10M1：13，长9.1、宽3.4、厚1.6厘米（图一〇六，11）。

11. 盘

1件。D10M1：27，平沿，浅腹，平底。盘沿和盘腹间有一道深凹弦纹。口径17.2、底径12.6、高2.8厘米（图一〇五，12）。

12. 勺

2件。形制和大小基本相同。标本D10M1：8，勺身呈椭圆形，圜底。斜柄弯曲呈鹅颈状。长10、宽4.4厘米（图一〇六，13）。

13. 耳杯

4件。形制基本相同，三件大小亦同，一件略小。标本D10M1：28，杯呈椭圆形，敞口，圆唇，窄附耳与口部连成一体并上翘，附耳中部内收，平底。长13.2、通耳宽9.4、通高3.8厘米（图一〇六，14）。

（六）其他

2件（组）。为大泉五十和铜五铢。

1. 大泉五十

数十枚，保存较好。标本D10M1：3，钱径2.7、穿径0.9厘米（图一〇六，15）。

2. 铜五铢

二十余枚，保存较好。标本D10M1：4，钱径2.45、穿径1厘米（图一〇六，16）。

墓例二五 D10M2（2009常德南坪夏家岗M2）

一 墓葬形制

土墩竖穴墓，方向240°（图一〇七）。墓室残长1.10、残宽3.60、残深1米。

葬具，从墓底残留的黑色漆皮推测应有椁有棺。棺椁的具体规格已无法判定。从墓底红黑色漆皮和随葬器物分布位置判断，内棺位于墓室的中部，放置棺椁的位置存在一个高20厘米左右的"棺床"。墓底不见枕木沟痕迹。

葬式，因墓主的骨架已腐朽，无法判断。从随葬陶器等的摆放位置推测墓主的头向可能为240°。

填土，墓室填土和封堆的填土基本相同，均为从墓地外部取土填入。

二 出土器物

8件（组）。有软陶器3件、硬陶器3件、泥金饼和泥五铢（图版七，1）。

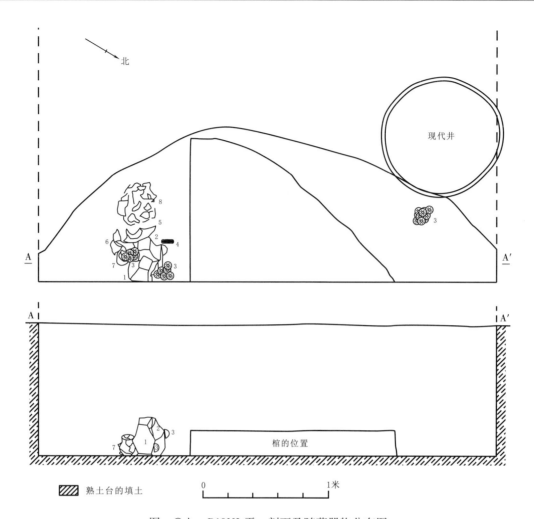

图一〇七　D10M2 平、剖面及随葬器物分布图
1、2. 陶钫　3. 泥金饼　4. 泥五铢　5. 陶罐　6、8. 硬陶双耳罐　7. 硬陶无耳罐

（一）软陶器

3 件。有钫、罐。

1. 钫

2 件。形制和大小相同。标本 D10M2∶1，形态修长。平沿，直口，口沿外有一道宽带，削肩，方腹外鼓，高方足略外撇。腹部有对称铺首。口径 10.6、腹径 20.2、足径 12.2、高 35 厘米（图一〇八，1）。

2. 罐

1 件。标本 D10M2∶5，斜沿，尖唇，束领，溜肩，平底，最大腹径位于中下部，肩部与腹部间有一道折棱。口径 17、腹径 26、底径 17、高 20 厘米（图一〇八，2）。

（二）硬陶器

3 件。分双耳罐和无耳罐两种。

1. 双耳罐

2 件。形制和大小相同，肩部和上腹部均饰拍印的方格纹。标本 D10M2∶6，尖唇，束颈，敞口，圆肩，鼓腹内收，平底。肩部有对称双耳，附耳处有一道凹弦纹。口径 9.8、底径 7.8、通高

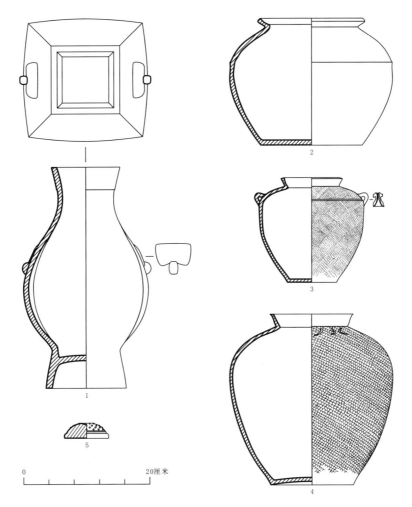

图一〇八　D10M2 出土陶钫、罐，硬陶双耳罐、无耳罐，泥金饼

1. 陶钫（1）　2. 陶罐（5）　3. 硬陶双耳罐（6）　4. 硬陶无耳罐（7）　5. 泥金饼（3）

16.6 厘米（图一〇八，3）。

2. 无耳罐

1 件。D10M2:7，平沿，尖唇，束颈，敞口，溜肩，弧腹，平底稍内凹。肩部有刻划符号（图四六四，13），难以释读。口径 13、底径 13、通高 27.2 厘米（图一〇七，4）。

（三）其他

2 件（组）。为泥金饼和泥五铢。

1. 泥金饼

保存完整的 5 枚。形制和大小相同，多有黑色陶衣。泥质灰陶。模制。圆饼形，顶部略凹，平底，周身饰小圆乳丁状纹饰，下部有一道凹弦。标本 D10M2:3，直径 7、高 2.4 厘米（图一〇八，5）。

2. 泥五铢

均和泥金饼粘连在一起，分开即碎，无法统计数量。

第九章　D11（武陵区南坪汽修厂土墩墓群）

D11 是 1997 年 10 月抢救性发掘的一处土墩墓群，发掘时记录全称为"97 常南汽 M"，由于发现时绝大部分墓葬已经被严重毁坏，发掘的七座墓葬均不完整。该墓地东距 D3 约 3000 米，处于已经发掘的武陵区南坪土墩墓分布位置的最西端（图五）。

第一节　D11 的形成和结构

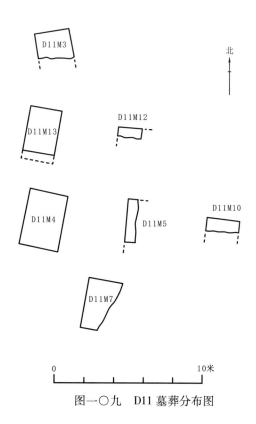

图一〇九　D11 墓葬分布图

D11 位于常德市武陵区南坪乡南坪村，附近就是乡政府驻地，人口密集，墓地破坏较严重，墓地中的三座大型明代浇浆结构墓对土墩破坏严重，土墩的下部还曾发现有东周楚墓，而且墓葬又是在施工中发现的，故资料并不完整。据当时的发掘资料记录，该封堆外形大致呈圆形，直径 18 米，下部生土距保存的封堆顶部 1.80 米，封堆的结构不明，其外部是否有排水系统也已不得而知。

第二节　D11 内的墓葬分布及墓例

清理 D11 时，能确定的墓葬有 7 座（当时编号为 97 常南汽 M3 ~ 97 常南汽 M5、97 常南汽 M7、97 常南汽 M10、97 常南汽 M12、97 常南汽 M13）。在本次整理过程中，根据记录资料和墓葬特征，将这七座墓纳入一座土墩内报告，编号为 D11M3 ~ M5、D11M7、D11M10、D11M12、D11M13，但七座墓均不完整。

七座墓葬基本呈南北向分布，墓葬方向为 170°~ 190°。无墓道，墓葬间亦无打破关系（图一〇九）。

D11 土墩墓群在抢救性发掘前，所有的墓口和随葬器物已遭严重破坏，仅能以保存相对较完整的 D11M4 和 D11M7 为墓例。

墓例二六　D11M4（97 常南汽 M4）

一　墓葬形制

土墩竖穴墓。方向 190°（图一一〇）。墓室长 3.80、残宽 2.60、残深 1 米。

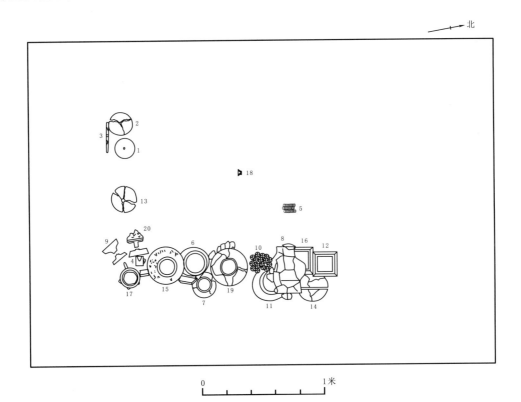

图一一〇　D11M4 平面及随葬器物分布图

1、2. 铜镜　3、13. 滑石璧　4. 滑石杯　5. 铜五铢　6、15、19. 硬陶罐　7、20. 铜熏炉
8、11. 陶壶　9. 铜灯　10. 泥金饼　12、16. 陶钫　14. 陶盒　17. 铜镶壶　18. 滑石剑首

葬具，虽然室内部分被施工扰乱，但从墓底残留的黑色漆皮推测应有椁有棺。棺椁的具体规格已无法判定。墓底不见枕木沟痕迹。

葬式，因墓主的骨架已腐朽，无法判断。从随葬陶器等的摆放位置推测墓主的头向可能为 190°。

填土，呈灰黄色，较杂，系从墓地外部取土填入，无白膏泥。

二　出土器物

20件（组）。有软陶器5件、硬陶器3件、铜器6件、滑石器4件以及泥金饼和铜五铢。

（一）软陶器

5件。有盒、壶、钫，均已损毁，难以修复。

（二）硬陶器

3件。均为罐，但大小和形制稍有差别。

标本D11M4：19，形制和大小基本相同的2件。呈暗红色，夹砂胎质，比灰胎略显酥松，应是火候的关系。肩部和上腹部饰拍印的方格纹。口稍残，束颈，鼓腹，平底内凹，肩部有一道折棱。底径10.4、腹径15.4、高12.4厘米（图一一一，1）。

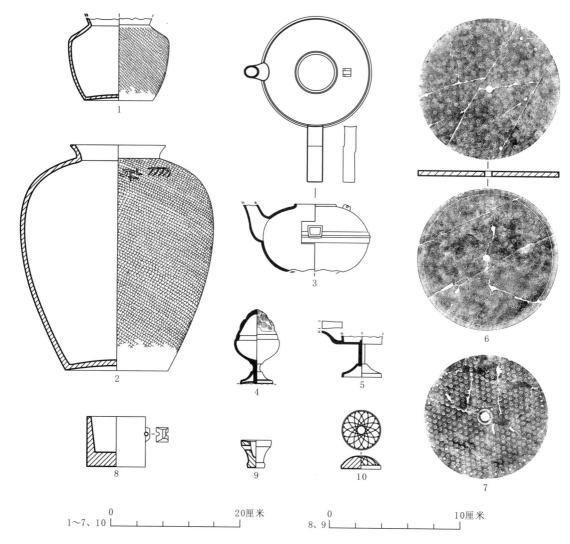

图一一一　D11M4出土硬陶罐，铜镳壶、熏炉、灯，滑石璧、杯、剑首，泥金饼
1、2. 硬陶罐（19、15）　3. 铜镳壶（17）　4. 铜熏炉（20）　5. 铜灯（9）　6、7. 滑石璧（3、13）
8. 滑石杯（4）　9. 滑石剑首（18）　10. 泥金饼（10）

标本D11M4：15，大罐。夹砂灰陶，胎质坚硬。周身拍印方格纹。肩部有刻划符号（图四六四，14）。平沿，尖唇，束颈，圆肩，长弧腹，平底内凹。口径14.4、腹径29.6、底径15.4、高

33.8 厘米（图一一一，2）。

（三）铜器

6 件。有镜、熏炉、镌壶和灯。

1. 镜

2 件。出土时两面镜同置于一件已朽的漆木盒中。

D11M4：1，星云纹镜。九枚乳丁组成连峰式钮，钮外由四枚连座乳丁和四组三重曲线及一周栉齿纹组成钮座内区。往外是主纹饰：两周栉齿纹之间四枚带十字星座乳丁环绕八枚连珠的乳丁分布于四方，将主纹饰分为四区，每区内各有十枚乳丁，各乳丁又由三重曲线相连接，形似星云图案。最外为十六段内向连弧纹镜缘。直径 15.5、缘厚 0.6 厘米，重 560 克（彩版六六，1）。

D11M4：2，连珠连弧纹镜。圆形，半球形钮。钮外有十二颗连珠及一周栉齿纹和一周凸素带组成的钮座。座外有八段内向连弧，之间饰以龙头，每个龙头两侧都有三条平行圆弧线。往外是两周栉齿纹和一周书体近汉隶的铭文："洁清白之事君，志行之弇明，光玄锡之流泽，恐□忘美毋□□纪。"直径 16、缘宽 0.7、缘厚 0.5 厘米，重 380 克（彩版六七）。

2. 镌壶

1 件。D11M4：17，盖已失。敛口，圆唇，扁腹，圜底已残，一侧有条形手柄，銮口呈梯形，流首亦已残，底部有无三足已不清。口径 6、腹径 16.2、残高 10.2 厘米（图一一一，3）。

3. 熏炉

2 件。一件残损严重，另一件保存基本完整。标本 D11M4：20，由炉身、炉盖和托盘组成，残损严重。炉盖饰博山草叶纹和云纹。炉身敛口，子母口承盖，腹部有一道凸棱。喇叭形座足，承盘通过圆柱与盘铆合。盘为广口，宽沿，残损严重。口径 5.6、残高 7.4 厘米（图一一一，4）。

4. 灯

1 件。D11M4：9，应为多枝灯。因残损严重，承盘已全残朽，座足呈喇叭形，座足上出有圆柱形枝干，枝干上通过榫卯套合的另一段枝干已残，难以断言究竟为几枝。残存的灯盘为行灯状，叶形把手，盘中间有锥形烛插，灯盘下是否有足已难以判定。承盘底径 6、残高 5.6 厘米，灯盘直径 6、高 1.9 厘米（图一一一，5）。

（四）滑石器

4 件。有璧、杯和剑首。

1. 璧

2 件。形制和大小迥然有别。

D11M4：3，正面和背面及肉的侧面均有纹饰。肉的窄缘上刻三角纹和变形云纹。好无缘。肉正面的斜菱格交点处饰重圈纹，菱形的中部饰四瓣柿蒂纹；背面的斜菱格交点处也饰有重圈纹。肉缘均刻一周变形云纹。通径 21.6、好径 1.05、肉厚 0.75 厘米（图一一一，6）。

D11M4：13，肉和好均有缘，肉正面的斜菱格交点处饰重圈纹。璧从好缘往肉缘逐渐变薄。通径 19、好径 1.35、肉厚 0.5~0.9 厘米（图一一一，7）。

2. 杯

1 件。D11M4：4，器身呈桶形，平沿，深腹，一侧有完整小錾。口径 4.4、高 3.8 厘米（图一一一，8）。

3. 剑首

1件。剑身无存，仅留滑石剑首。D11M4：18，呈上细下略粗的束腰台柱状，中间稍细，底部中空，下部有对穿小横孔可以与剑茎相连。直径 1.3～2.3、高 2.1 厘米（图一一一，9）。

（五）其他

2件（组）。有铜五铢和泥金饼。

1. 铜五铢

残损严重。

2. 泥金饼

出土时有数十枚，但保存差，完整的不多，有黑色陶衣。泥质灰陶。模压而成，圆饼形。标本 D11M4：10，顶部略凹，平底，周身由十二条弧线和小乳丁装饰，下部有一道小凹弦。直径 6、高 2 厘米（图一一一，10）。

墓例二七　D11M7（97 常南汽 M7）

一　墓葬形制

土墩竖穴墓。方向 190°（图一一二）。墓室长 3.40、残宽 1～2.30、残深 0.60 米。

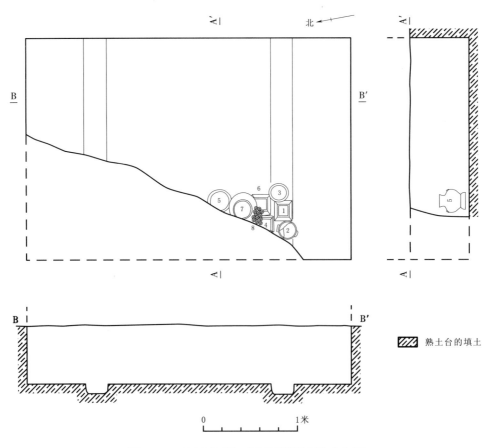

图一一二　D11M7 平、剖面及随葬器物分布图
1. 滑石钫　2. 滑石鼎　3. 滑石壶　4、6. 陶钫　5、7. 陶壶　8. 泥金饼

葬具，虽然墓室被施工扰乱，但从墓底残留的黑色漆皮推测应有椁有棺，只是棺椁的规格已无法测量。

枕木沟，墓底有两条横向枕木沟，沟长与墓葬宽度相同，宽 0.22、深 0.10 米。

葬式，因墓主的骨架已腐朽，无法判断。从随葬陶器等的摆放位置推测墓主的头向可能为 190°。

填土，墓室内填土和封堆的填土基本相同，均为从墓地外部取土填入，呈青灰色，无白膏泥。

二 出土器物

8 件。有软陶器 4 件、滑石器 3 件和泥金饼（图版七，2）。

（一）软陶器

4 件。壶、钫各 2 件，损毁严重，仅能修复陶壶。

1. 壶

2 件。形制和大小基本相同。标本 D11M7：5，平沿，圆唇，口微敞，粗颈，溜肩，鼓腹，矮圈足。腹部有对称铺首。肩部和腹部各有数道折棱。口径 11.4、腹径 21.4、底径 11.8、高 28 厘米（图一一三，1）。

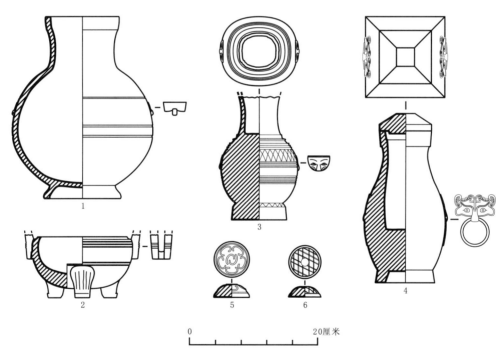

图一一三 D11M7 出土陶壶，滑石鼎、壶、钫，泥金饼
1. 陶壶（5） 2. 滑石鼎（2） 3. 滑石壶（3） 4. 滑石钫（1） 5、6. 泥金饼（8-1，8-2）

（二）滑石器

3 件。有鼎、壶和钫。

1. 鼎

1 件。D11M7：2，整块滑石制成。盖已失。口微敛，圆腹，圜底，圆形矮蹄足，附立耳上部已残。口径 13.6、残高 9.7 厘米（图一一三，2）。

2. 壶

1 件。D11M7：3，整块滑石制成。口已残，腹部下垂，高圈足，平底，腹部有对称浅浮雕人面铺首。在腹部和圈足上有多道刻划弦纹和连贯三角纹。腹径 10.6～11.6、底径 8.4、残高 19 厘米（图一一二，3）。

3. 钫

1 件。D11M7：1，平沿承盝顶式盖，盖下部有子口伸入钫口内。方口外侈，束颈，鼓腹下垂，高方圈足。腹部对称浮雕兽面铺首衔环。盖口径 8、高 3.1 厘米，钫身口径 8、腹径 12.8、足径 9、高 23.4 厘米（图一一三，4）。

（三）其他

仅存泥金饼。出土时有 26 枚，但保存差，完整的不多。泥质灰陶，模压而成，有黑色陶衣。有两种形态。

标本 D11M7：8－1，顶部略凹，上部模印变形柿蒂纹。直径 5.4、高 2 厘米（图一一三，5）。

标本 D11M7：8－2，顶部略凹，上部模印双线纹。直径 5、高 1.6 厘米（图一一三，5）。

D11 是目前所有单独介绍的土墩中墓葬分布状况和埋葬情况最复杂、破坏最严重的。封堆结构和内部墓葬分布是根据发掘者十多年后的回忆复原的，因当时不仅墓地破坏非常严重，而且还分布着数座东周墓，相互的关系比较复杂。D11M5 并不能断定属封堆内的墓葬，在整理中发现 D11M5 是一座西汉早期墓。而 D11M13 则属东汉早期墓葬，从 D2 和 D11 看，可能有少数土墩墓一直延续到东汉早期。

第一〇章　其他土墩竖穴墓

墓例二八　M2003（83 常南粮 M1）

一　墓葬形制

长方形土墩竖穴墓。方向 330°（图一一四）。墓室长 3.60、宽 2.36、残深 1.50 米。

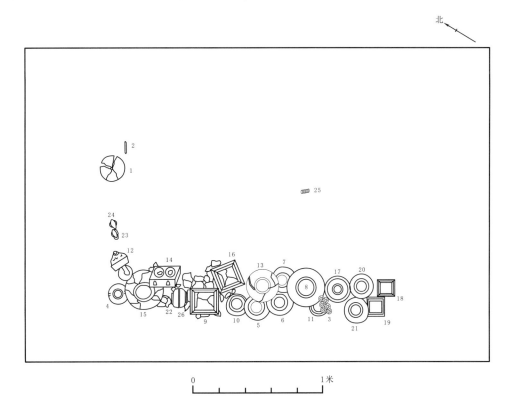

图一一四　M2003 平面及随葬器物分布图

1. 滑石璧　2. 铜镜　3. 泥金饼　4、10、11. 硬陶双耳罐　5、6. 硬陶无耳罐　7、8. 硬陶无耳罐　9、16. 陶钫　12. 陶熏炉　13、15. 陶壶　14. 陶灶　17. 陶井　18、19. 滑石钫　20、21. 滑石壶　22、26. 滑石盘　23、24. 滑石耳杯　25. 铜五铢

葬具，虽然墓室被扰乱，但从墓底残留的黑色漆皮推测应有椁有棺。棺椁的规格已无法测量。墓底不见枕木沟痕迹。

葬式，因墓主的骨架已腐朽，无法判断。从随葬陶器等的摆放位置推测墓主的头向可能为330°。

填土，呈灰黄色，较杂，系从墓地外部取土填入，无白膏泥。

二　出土器物

26 件（套）。有软陶器 7 件、硬陶器 7 件、滑石器 9 件、铜镜、铜五铢和泥金饼（图版八，1）。

（一）软陶器

7 件。有壶、钫、灶、井、熏炉，除灶、井保存较完整外，其他残损较严重，仅可辨器物的形态。

1. 灶

1 件。M2003：14，灶体呈长方形，灶面宽平，上有两釜座，所置小陶釜已残。前有两半椭圆状不落地火门，后有直立挡风板，挡风板上有两道象征烟道的泥条。长 23.6、宽 15、通高 14.4 厘米（图一一五，1）。

2. 井

1 件。M2003：17，宽平沿，束颈，弧腹，平底内凹。腹部有一道宽凹弦，上腹部刻划菱格纹。内置一侈口束颈圜底的汲水小罐。口径 13.6、底径 8.2、高 12.4 厘米（图一一五，2）。

（二）硬陶器

7 件。均为罐。三件罐的肩部都有刻划符号（图四六四，15～17）。根据其形制特征可分为二种：

1. 双耳罐

3 件。形制和大小基本相同。标本 M2003：4，平沿，尖唇，口微敞，束颈，圆肩，弧腹略内收，平底。肩部有对称双耳，耳下有一道凹弦纹，周身饰方格纹。口径 9.4、底径 8.6、高 15.4 厘米（图一一五，3）。

2. 无耳罐

4 件。

标本 M2003：6，同样形制和大小的 2 件。肩部和上腹部的拍印方格纹上好像施有薄薄的青白釉。罐与一般硬陶罐呈青灰色不同而显青白色。平沿，尖唇，敞口，束颈，圆溜肩，鼓腹，平底略内凹。肩部有刻划字符（图四六四，16）。口径 13.2、腹径 21.4、底径 11、高 22 厘米（图一一五，4）。

标本 M2003：7，同样形制和大小的 2 件，是七件硬陶器中个体最大的。尖唇，敞口，束颈，肩部稍往下凹，鼓腹，平底。肩部有刻划字符（图四六四，17），周身饰方格纹。口径 15、腹径 27、底径 14.2、高 27.6 厘米（图一一五，5）。

（三）滑石器

9 件。有璧、盘、壶、钫和耳杯。

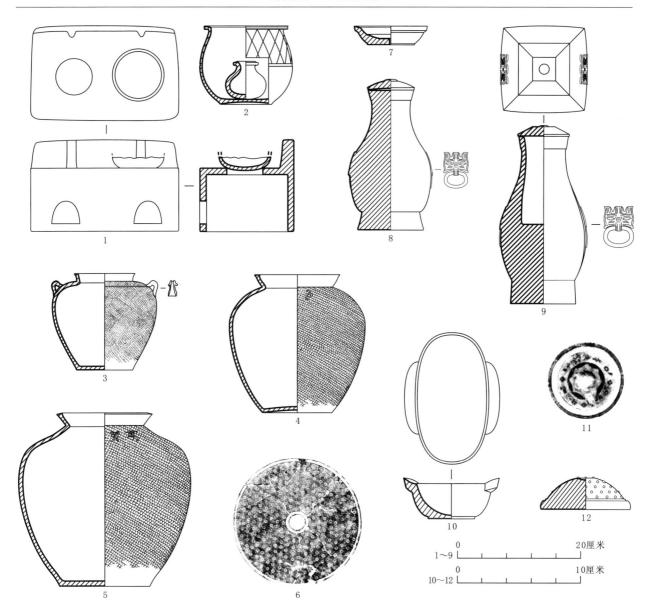

图一一五　M2003 出土陶灶、井，硬陶罐，滑石璧、盘、壶、钫、耳杯，铜镜，泥金饼

1. 陶灶（14）　　2. 陶井（17）　　3. 硬陶双耳罐（4）　　4、5. 硬陶无耳罐（6，7）　　6. 滑石璧（1）　　7. 滑石盘（22）
8. 滑石壶（21）　　9. 滑石钫（19）　　10. 滑石耳杯（23）　　11. 铜镜（2）　　12. 泥金饼（3）

1. 璧

1 件。M2003：1，肉和好均有素窄缘，好缘呈外斜状，肉缘呈内斜状。肉上主纹饰为在斜菱格之交点饰重圈纹。通径 20.5、好径 2.4、厚 0.55 厘米（图一一五，6）。

2. 盘

2 件。形制和大小相同。M2003：22，平沿，浅盘，平底矮圈足。口径 11.6、底径 7.6、高 3.2 厘米（图一一五，7）。

3. 壶

2 件。形制和大小相同。由盖和身组成，器身由整块滑石制作而成。标本 M2003：21，平沿呈小圆弧形盖，盖顶圆形。束颈，鼓腹稍下垂，平底高圈足，腹部对称浅浮雕兽面铺首衔环。盖径 7.8、高 1.7 厘米，器身口径 7.4、底径 10.8 厘米，通高 24 厘米（图一一五，8）。

4. 钫

2 件。形制和大小相同。标本 M2003：19，平沿承盏顶式盖，盖顶有圆形小纽。方口微侈，弧腹稍下垂，高方圈足。腹部对称浅浮雕兽面铺首衔环。盖口径 8.2、高 1.7 厘米，钫身口径 8、腹径 14.4、底径 10.6 厘米，通高 28.2 厘米（图一一五，9）。

5. 耳杯

2 件。形制和大小相同。标本 M2003：23，杯身呈椭圆形，敞口，圆唇，窄附耳与口部连成一体并上翘，平底。长 10.2、通耳宽 7.8、通高 3.2 厘米（图一一五，10）。

（四）铜器

1 件。为镜。

M2003：2，圆形，钮已残失，有"见日之光，长毋相忘"铭文。直径 6.2、缘宽 0.3、缘厚 0.4 厘米（图一一五，11；彩版六六，2）。

（五）其他

2 件（组）。有铜五铢和泥金饼。

1. 铜五铢

存 1 枚。M2003：25，保存较差。

2. 泥金饼

出土时有数十枚，但保存差，完整的不多，有黑色陶衣。泥质灰陶，模压而成。标本 M2003：3，圆饼形，顶部略凹，周身饰有小圆乳丁纹，下部有一道凸弦纹。直径 7.2、高 2.5 厘米（图一一五，12）。

墓例二九　M2009（97 常南粮 M9）

一　墓葬形制

长方形土墩竖穴墓。方向 260°（图一一六）。墓室残长 3.40、宽 3.40、残深 0.30 米。

葬具，虽然墓室被扰乱，但从墓底残留的黑色漆皮推测应有椁有棺，但棺椁的具体规格已无法测量。

枕木沟，墓底有两条横向枕木沟，沟长 3.40、宽 0.30、深 0.08 米。

葬式，因墓主的骨架已腐朽，无法判断。从随葬陶器等的摆放位置推测墓主的头向可能为 260°。

填土，呈灰黄色，较杂，均为从墓地外部取土填入，无白膏泥。

二　出土器物

19 件（套）。有软陶器 11 件、硬陶器 4 件、酱釉硬陶器 3 件及铜五铢（图版八，2）。

（一）软陶器

11 件。有鼎、壶、钫、灶、井、熏炉。

1. 鼎

2 件。残损较严重，但可辨器物的形态。

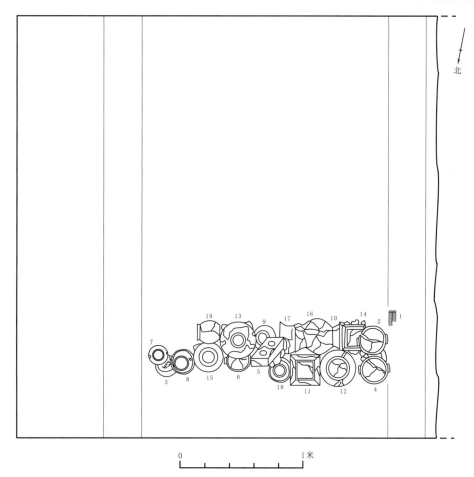

图一一六　M2009 平面及随葬器物分布图

1. 铜五铢　2、4. 陶鼎　3. 陶熏炉　5. 陶灶　6. 酱釉硬陶鼎　7~9. 硬陶双耳罐　10、12、16、17.
陶壶　11、14. 陶钫　13. 酱釉硬陶瓿　15. 酱釉硬陶壶　18. 陶井　19. 硬陶无耳罐

2. 壶

4 件。形制基本相同，大小稍有区别。标本 M2009：17，平沿承圆弧形盖，盖上无纽。尖唇，沿外折成近盘口状，口微敞，束颈，鼓腹，高圈足。腹部对称有兽面铺首，无衔环。肩部和腹部各有数道折棱。口径 16.2、腹径 29.6、底径 19.4、通高 43.2 厘米（图一一七，1）。

3. 钫

2 件。形制和大小相同。标本 M2009：14，平沿承盝顶式盖，盖顶平。方口微侈，弧腹，高方圈足。腹部对称有浅浮雕兽面铺首。盖口径 10.4、高 3.6 厘米，钫身口径 10.8、腹径 18.8、底径 12.6 厘米，通高 39.4 厘米（图一一七，2）。

4. 灶

1 件。M2009：5，灶体呈圆角长方形，灶面宽平，上有两釜座，内置小陶釜和陶甑。前有两半椭圆状不落地火门，后有直立挡风板，挡风板上有两道象征烟道的泥条。长 24.4、宽 15、通高 15.4 厘米（图一一七，3）。

5. 井

1 件。M2009：18，沿已残，束颈，弧腹，平底。腹部有一道宽凹弦纹，上腹刻划菱格纹。内置一束颈圜底的汲水小罐。腹径 17.6、底径 8.2、残高 13.2 厘米（图一一七，4）。

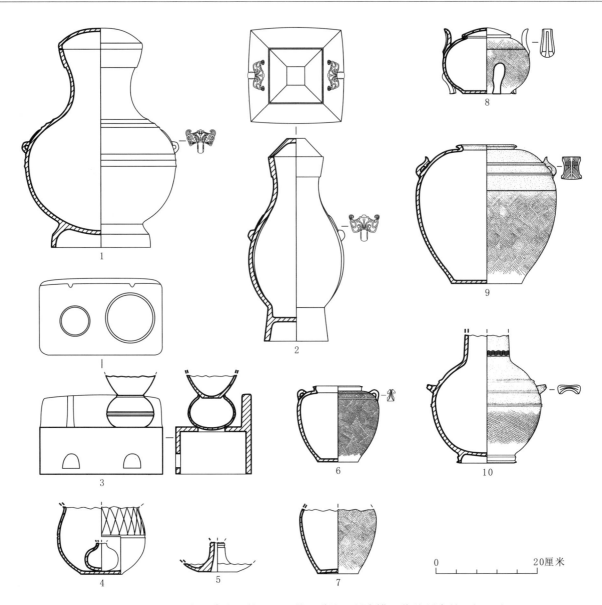

图一一七　M2009 出土陶壶、钫、灶、井、熏炉，硬陶罐，酱釉硬陶鼎、瓿、壶
1. 陶壶（17）　2. 陶钫（14）　3. 陶灶（5）　4. 陶井（18）　5. 陶熏炉（3）　6. 硬陶双耳罐（7）
7. 硬陶无耳罐（19）　8. 酱釉硬陶鼎（6）　9. 酱釉硬陶瓿（13）　10. 酱釉硬陶壶（15）

6. 熏炉

1 件。M2009：3，残损严重。底径 7.6、残高 5.8 厘米（图一一七，5）。

（二）硬陶器

4 件。均为罐。根据其形制可分为两种：

1. 双耳罐

3 件。形制和大小基本相同。标本 M2009：7，平沿，尖唇，口微敞，束短颈，圆肩，深腹略内收，平底。上腹对称有双竖附耳。肩竖附耳附近有两道凹弦纹，周身饰方格纹。口径 9.8、底径8、高 14.8 厘米（图一一七，6）。

2. 无耳罐

1 件。M2009：19，沿已残，弧腹，平底稍内凹。周身饰方格纹。底径 8、残高 12.6 厘米（图一一七，7）。

（三）酱釉硬陶器

3件。有鼎、瓿和壶。

1. 鼎

1件。M2009：6，平沿承盖，盖呈尖帽式。圆唇，鼓腹，平底，腹部一道凹弦间有外撇附耳，矮扁蹄足外撇，足几乎和底在同一高度。周身饰方格纹后再施酱黑色釉，下腹釉层薄。盖径9.6、高2.1厘米，鼎身口径8.2、腹径17.2、底径9.4厘米，通高14.8厘米（图一一七，8；彩版六六，3）。

2. 瓿

1件。M2009：13，束短颈，尖唇，口微敞，圆肩，鼓腹，平底。肩部附对称叶脉纹双立耳。腹部饰细方格纹，颈到腹部施酱黑色釉，脱落严重。口径11.8、腹径27.2、底径13.6、高27.4厘米（图一一七，9；彩版六八，1）。

3. 壶

1件。M2009：15，口沿和上颈部已残。溜肩，鼓腹，矮圈足。颈部饰有水波纹。腹部有对称弓形双横耳，上下各饰三道凹弦纹，器身和腹部饰方格纹。从颈部到上腹部施酱黑色釉，釉层脱落严重。腹径23.2、底径11.4、残高25.2厘米（图一一七，10）。

（四）其他

有铜五铢。M2009：1，保存极差。

墓例三〇　M2020（96常穿M95）

一　墓葬形制

长方形土墩竖穴墓。方向285°（图一一八）。墓室长3.80、宽3、残深0.70米。

葬具，虽然墓室在发掘前的施工中被扰乱，但从墓底残留的黑色漆皮推测应有椁有棺，从痕迹上至少可判定有并列双棺，但棺椁的规格已无法准确测量。墓底不见枕木沟痕迹。

葬式，因墓主的骨架已腐朽，无法判断。从随葬陶器等的摆放位置推测墓主的头向可能为285°。

填土，呈灰黄色，较杂，系从墓地外部取土填入，无白膏泥。

二　出土器物

60件。有软陶器29件、硬陶器9件、铜器7件、石器12件（组）及铜五铢、泥金饼和铁剑等（图版九，1）。

（一）软陶器

29件。有鼎、壶、钫、瓮、盆、灶、井、灯、镳壶和熏炉。

1. 鼎

2件。形制和大小相同。标本M2020：26，子母口承盖，盖已失。口内敛，腹较浅，腹壁呈圜形，圜底。腹部有一道凸棱。三兽面蹄足，横断面近半圆形。长方形附耳外撇，耳上部饰有菱格纹。口径16.6、高16.6厘米（图一一九，1；彩版六八，2）。

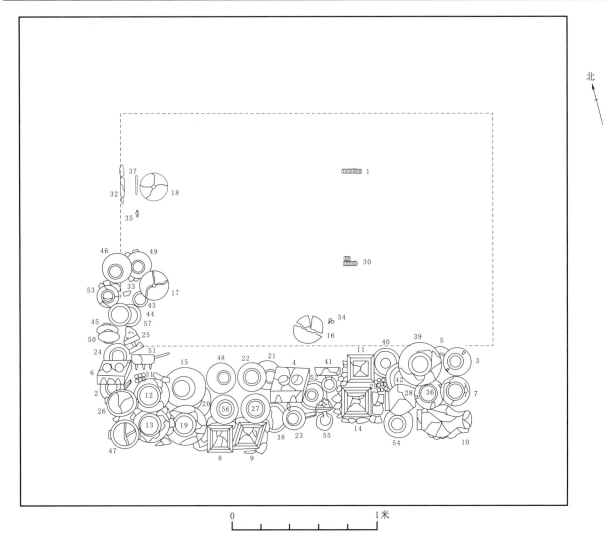

图一一八　M2020 平面及随葬器物分布图

1、30. 铜五铢　2、23. 陶镶壶　3、36. 硬陶双耳罐　4、6. 陶灶　5、7、28、39、40、42、54. 硬陶无耳罐
8、9、11、14. 陶钫　10、12、13、15、19~21、46、49. 陶壶　16、37. 铜镜　17、18. 滑石璧　22、27、
48、56. 陶瓿　24. 铜壶　25. 铜熏炉　26、47. 陶鼎　29. 泥金饼　31. 燧石纺轮　32. 铁剑　33. 按摩石
34. 鎏金铜泡钉　35. 鎏金铜车饰　38. 陶盆　41、53. 陶灯　43、52. 陶井　44、57. 滑石盘　45、50. 滑石
耳杯　51. 铜行灯　55. 陶熏炉

2. 壶

9 件。形制基本相同，大小稍有区别。标本 M2020:46，平沿承圆弧形盖，圆唇，口敞且折颈
呈盘口状，溜肩，鼓腹，圈足弧折。腹部对称有兽面铺首，无衔环。肩部和腹部各有两道折棱。
口径16.2、腹径30.2、底径18、通高37.4厘米（图一一九，2）。

3. 钫

4 件。形制和大小相同。标本 M2020:9，平沿承尖盖，方唇内斜，方腹外鼓，肩部饰兽面铺
首，无衔环。高方足外撇。盖径9.8、高4厘米，钫身口径9.4、腹径18.2、底径12.6、通高38.8
厘米（图一一九，3）。

4. 瓿

4 件。形制和大小相同。标本 M2020:27，平沿，圆唇，矮束颈，折肩，上腹斜直，下腹弧，

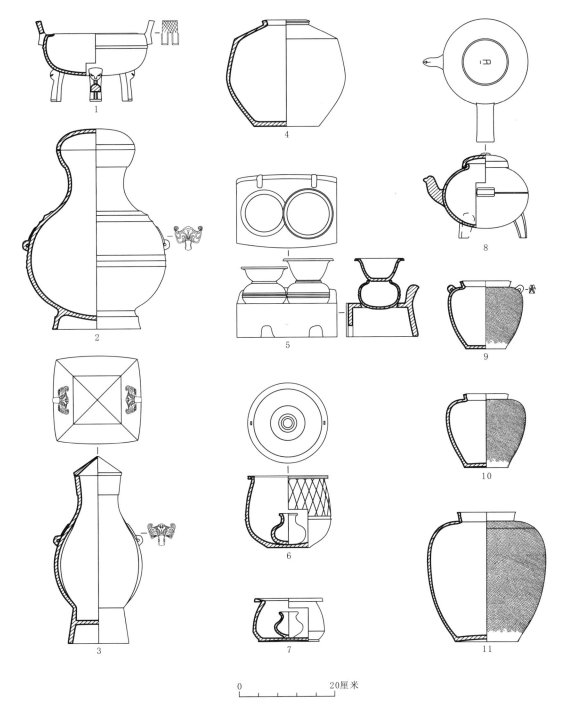

0 _____ 20厘米

图一一九　M2020 出土陶鼎、壶、钫、瓮、灶、井、镰壶，硬陶双耳罐、无耳罐

1. 陶鼎（26）　2. 陶壶（46）　3. 陶钫（9）　4. 陶瓮（27）　5. 陶灶（4）　6、7. 陶井（43，52）
8. 陶镰壶（23）　9. 硬陶双耳罐（3）　10、11. 硬陶无耳罐（5，39）

平底。可见明显轮制的痕迹。口径 9.8、腹径 24.6、底径 13.4、高 22 厘米（图一一九，4）。

5. 灶

2 件。形制和大小基本相同。标本 M2020：4，灶面呈长方形，前后两边略呈弧形，灶面有两个釜座，对应有两半椭圆形落地火门，后部有外斜挡风板，挡风板上有两条象征烟道的泥条棱柱。灶上有两小陶釜和小陶甑。通长 20.8、宽 15.2、灶体高 10.6 厘米（图一一九，5）。

6. 井

2 件。形制和大小均有差别。

标本 M2020：43，平沿，内折唇，束颈，小平底。下腹有一道宽凹弦纹，颈部到上腹部饰菱格纹。内有一束颈平沿微敞口圜底的汲水小罐。口径 16.4、腹径 17.6、底径 8.6、高 15 厘米（图一一九，6；彩版六八，3）。

标本 M2020：52，宽平沿，敞口，束颈，平底内凹。腹部有一道折棱，为上下粘接的痕迹。颈部到腹部均无纹饰。内置一束颈微敞口圜底的汲水小罐。口径 14、腹径 14.6、底径 12.4、高 9 厘米（图一一九，7）。

7. 鐎壶

2 件。形制和大小基本相同。标本 M2020：23，圆弧形盖，盖上有桥形小纽。敛口，圆唇，鼓腹，圜底，一侧有实长把，鸡首形实心流，下部三扁足较残。口径 8、腹径 17.6、残高 17.5 厘米（图一一九，8）。

8. 盆、熏炉和灯

均保存较差，难以修复。

（二）硬陶器

9 件。均为罐。根据形制可分为两种：

1. 双耳罐

2 件。形制、大小相同。标本 M2020：3，外斜沿，尖唇，口微敞，束短颈，圆肩，弧腹，平底。肩部有对称双竖附耳，周身饰方格纹。口径 10.6、腹径 15.4、底径 8.2、高 14.2 厘米（图一一九，9）。

2. 无耳罐

7 件。根据这七件硬陶罐的形制和大小不同，可分为两种：

标本 M2020：5，外斜沿，口微敞，束短颈，圆肩，下腹略内收，平底稍内凹。周身饰方格纹。口径 9.2、腹径 16.4、底径 9、高 15.4 厘米（图一一九，10）。

标本 M2020：39，平沿，尖唇，口微敞，束高颈，圆肩，长弧腹，平底稍内凹。肩部饰一道凹弦纹。口径 12、腹径 24.8、底径 13、高 27 厘米（图一一九，11）。

（三）铜器

7 件。有镜、壶、熏炉、行灯和鎏金泡钉及车饰。

1. 镜

2 件。为昭明镜和四乳四神纹镜。

M2020：37，昭明镜。青铜质。圆形，圆钮，八内向连弧纹钮座。外有一周铭文："内清质□昭明，光象夫日月。"宽平缘。直径 9、缘厚 0.5、缘宽 0.8 厘米（图一二〇，1；彩版六九，1）。

M2020：16，四乳四神镜。青铜质。圆形，圆钮，四柿蒂叶纹钮座，四叶间饰有由三道线条组成的四组图案。座外还有一周短辐射纹和一周凸弦纹。外为主纹饰：四枚带四瓣柿蒂叶纹座乳丁将主纹饰区分成四区，分别配以朱雀、玄武、青龙、白虎，四神间均配有一只神兽。镜缘上饰一周双线锯齿纹。直径 18.5、缘厚 0.55、缘宽 1.8 厘米，重 780 克（图一二〇，2；彩版六九，2）。

图一二〇　M2020 出土铜镜、壶、熏炉、泡钉、车饰、行灯，滑石璧、盘、耳杯，石纺轮，按摩石，铜五铢，泥金饼

1、2. 铜镜（37，16）　3. 铜壶（24）　4. 铜熏炉（25）　5. 鎏金泡钉（34）　6. 鎏金车饰（35）

7. 行灯（51）　8. 滑石璧（18）　9. 滑石盘（44）　10. 滑石耳杯（50）　11. 燧石纺轮（31-1）

12. 按摩石（33）　13. 铜五铢（1）　14. 泥金饼（29）

2. 壶

1件。M2020：24，残损严重，带盖。盖上有环形小钮，下有子口，放置时套入壶口沿内。壶身侈口，平沿，尖唇，沿外有一周宽带，鼓腹下垂，高圈足略外撇，肩部对称有兽面铺首衔环。

口径8.8、腹径16.8、底径11.2、通高26.2厘米（图一二○，3）。

3. 熏炉

1件。M2020：25，由炉体、盖和托盘三部分组成。盖有残损，炉身的盏深腹，子母口承炉盖。盖与炉口原应有活动链相连。盏中部有三道凸棱，喇叭形座，座与托盘经座足底部的柱与盘铆合。盘为广口，平折沿，中腹内折，下腹收分为矮圈足，底内凹。口径10、底径9.2、通高17厘米（图一二○，4；彩版六八，4）。

4. 鎏金泡钉

1件。M2020：34，半球状，泡钉的内部顶针已残断，中空，上部鎏金。直径1.5、残高0.7厘米（图一二○，5）。

5. 鎏金车饰

1件。M2020：35，长条状，中部部分空，通体鎏金。长4.4、宽1.2、厚1厘米（图一二○，6）。

6. 行灯

1件。M2020：51，浅直腹，平底，底部有对称三蹄足，其中一足上部有一兽首，盘中间有锥形烛插，柄已残。口径14、高4.6厘米（图一二○，7）。

（四）石器

6件。有燧石纺轮和按摩石。

1. 燧石纺轮

5件。形制和大小基本相同。标本M2020：31-1，呈算盘珠状，中间有贯通孔。直径3、厚1.2厘米（图一二○，11；彩版七○，1）。

2. 按摩石

1件。M2020：33，砺石，形状不规则，上、下两面及周边均有使用痕迹，光滑圆润。长8.2、宽1~4.3、厚1厘米（图一二○，12）。

（五）滑石器

6件。有璧、盘、耳杯。

1. 璧

2件。形制和大小基本相同，出土于墓主夫妻的头部。标本M2020：18，肉有窄缘，好无缘。肉上主纹饰为斜菱格之交处饰重圈纹。通径21、好径1.5、肉厚0.4厘米（图一二○，8）。

2. 盘

2件。形制和大小相同。M2020：44，平沿，方唇，敞口，极浅腹，平底矮圈足。口径11、底径6、高1.8厘米（图一二○，9）。

3. 耳杯

2件。形制和大小相同，但底部却不同，一件无纹饰，一件有刻划兽面纹。标本M2020：50，杯呈椭圆形，敞口，圆唇，窄附耳与口部连成一体并上翘，附耳略呈弧形，平底。底部刻划有一着尖冠蒜头鼻圆眼的人面象。长8、通耳宽5.8、通高2.9厘米（图一二○，10）。

（六）铁器

1件。为剑。残损严重，出土时已断成多段，锈蚀，难以判断原来的剑首和剑身的长度。剑身残长 58、宽 4.6 厘米。

（七）其他

有铜五铢、泥金饼。

1. 铜五铢

保存数十枚，大部分已朽，部分保存尚可。标本 M2020：1，钱文清晰，钱外廓规整。内廓较模糊，“五”字上下两笔平行，交叉两笔圆润，“铢”字的“朱”为尖头的三角形，下部四点较长，“朱”字上下两部分基本对称。钱径 2.48、穿径 1.05 厘米（图一二〇，13）。

2. 泥金饼

保存 10 余枚。形制和大小相同。泥质灰陶。模制，圆饼形，顶部略凹，平底。周身饰重圈乳丁纹，下部有一道凹弦，多有黑色陶衣。标本 M2020：29，直径 5.4、高 1.8 厘米（图一二〇，14）。

此墓出土的陶器在经过修复后，可发现明显有时代早晚的两组器物，其中陶盒、壶、钫、井（M2020：43）属西汉中期后段，陶鼎、灶、井（M2020：52）等则具有西汉晚期的风格，从而印证了发掘时墓主可能为夫妻双棺同穴合葬的判断，因夫妻下葬的时间有早晚之分，随葬器物便呈现明显的早晚差异。

墓例三一　M2022（96 常穿 M98）

一　墓葬形制

长方形土墩竖穴墓。方向 95°（图一二一）。墓室长 4.20、宽 3.20、残深 1.80 米。

葬具，虽墓室被扰乱，但从墓底残留的黑色漆皮推测应有椁有棺。棺椁的规格已无法测量。

葬式，因墓主骨架已腐朽，无法判断。从随葬陶器等的摆放位置推测墓主的头向可能为 95°。

枕木沟，墓底有两条横向枕木沟，沟长与墓宽同为 3.20、宽 0.30、深 0.10 米。

填土，灰黄色土，较杂，均为从墓地外部取土填埋，无白膏泥。

二　出土器物

26 件（套）。有软陶器 13 件、硬陶器 8 件、滑石璧 2 件（组）及铜五铢、铁环首刀和鎏金铜扣饰等（图版九，2）。

（一）软陶器

13 件。有鼎、盒、壶、钫、灶、井、镽壶和熏炉，残损严重，仅灶保存稍好。

灶

1 件。M2022：3，夹砂灰陶。灶面呈长方形，灶面有两釜座，釜座上有小陶釜。灶正面有两个半椭圆形不落地火门，后部有高挡风板，挡风板中部有两条象征烟道的泥条棱柱。通长 20.6、宽 11.4、通高 11.4 厘米（图一二二，1）。

（二）硬陶器

8 件。均为罐。均饰方格纹，其中六件的肩部有刻划符号（图四六四，18～23）。

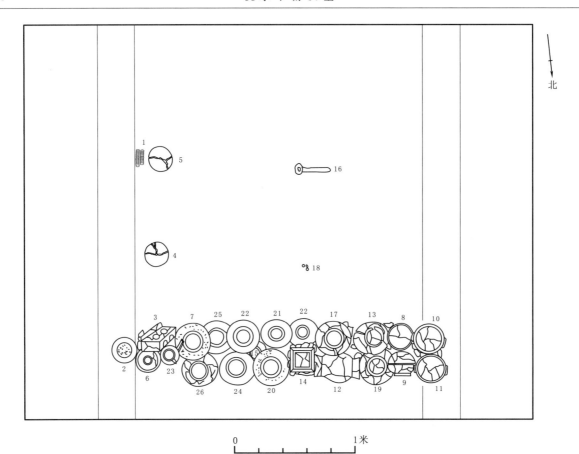

图一二一　M2022 平面及随葬器物分布图

1. 铜五铢　2. 陶熏炉　3. 陶灶　4、5. 滑石璧　6. 陶井　7、15、20~22、24~26. 硬陶罐　8、9. 陶盒
10、11. 陶鼎　12、14. 陶钫　13、17、19. 陶壶　16. 铁环首刀　18. 鎏金铜扣　23. 陶鐎壶

标本 M2022:15，红胎硬陶罐。胎体呈红色。形制和其他罐基本相同，仅胎质明显不同。平沿，尖唇，敞口，束颈，溜肩，长弧腹，平底稍内凹。口径 10.8、腹径 14.2、底径 8.4、高 13.6 厘米（图一二二，2）。

标本 M2022:20，同样形制的有 7 件，但大小有较大差别。平沿，尖唇，敞口，束颈，圆溜肩，鼓腹，平底。肩部有刻划字符（图四六四，19）。口径 14、腹径 27.8、底径 14.4、高 31 厘米（图一二二，3）。

标本 M2022:26，平沿，尖唇，敞口，短颈，溜肩，鼓腹，平底稍内凹。肩部有刻划字符（图四六四，23）。口径 12.2、腹径 20.6、底径 10.6、高 22.4 厘米（图一二二，4）。

（三）滑石器

2 件。均为璧。出土于墓主的头部。形制、大小、厚度均不同。

标本 M2022:4，肉和好均有窄缘，缘上各有三周刻划纹。肉上主纹饰为在斜菱格交叉处饰稀疏的重圈纹。通径 19.3、好径 2.1、肉厚 0.4 厘米（图一二二，5）。

标本 M2022:5，肉和好均有窄缘，缘上各有三周刻划纹。肉上主纹饰为在斜菱格之交叉处饰重圈纹。通径 19.9、好径 1.5、肉厚 0.65 厘米（图一二二，6）。

（四）铁器

1 件。为环首刀

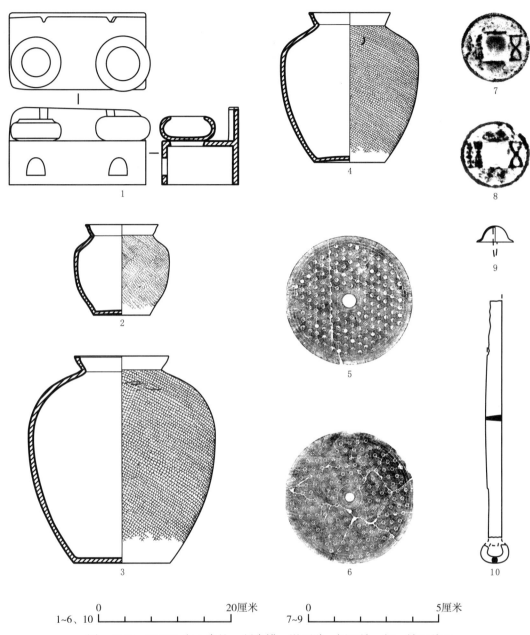

图一二二　M2022 出土陶灶，硬陶罐，滑石璧，铜五铢、扣，铁环首刀

1. 陶灶（3）　　2~4. 硬陶罐（15、20、26）　　5、6. 滑石璧（4、5）　　7、8. 铜五铢（1-1、1-2）
9. 鎏金铜扣（18）　　10. 铁环首刀（16）

M2022：16，残损严重，出土时已残断成多段，锈蚀，难以判定原长度。刀身残长 38.8、宽 2~4.2 厘米（图一二二，10）。

（五）其他

有铜五铢和鎏金铜扣。

1. 铜五铢

保存 60 枚，大部分已朽严重，部分保存尚可。

标本 M2022：1-1，钱文纤细，内外廓规整。钱径 2.55、穿径 1.02 厘米（图一二二，7）。

标本 M2022：1-2，钱文较宽而模糊，上方有新月形标记，内外廓规整。钱径 2.5、穿径 1.05

厘米（图一二二，8）。

2. 鎏金铜扣

1件完整。标本M2022：18，通体鎏金，呈圆帽形，周边狭窄，下部钉针已残。底径1.4、高1.2厘米（图一二二，9）。

墓例三二　M2023（96常穿M99）

一　墓葬形制

长方形土墩竖穴墓，方向95°（图一二三）。墓室长3.70、宽2.40、残深1.30米。

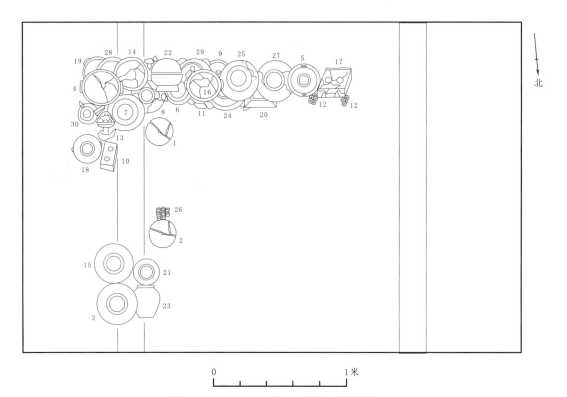

图一二三　M2023平面及随葬器物分布图

1、2. 滑石璧　3. 酱釉硬陶罐　4、16、19. 陶鼎　5、18. 陶井　6～9、11、28. 陶瓮　10、17. 陶灶　12. 泥金饼　13. 陶熏炉　14、22. 陶盒　15、21、23. 硬陶罐　20、24. 陶钫　25、27、29. 陶壶　26. 铜五铢　30. 陶镶壶

葬具，虽然墓室被扰乱，但从墓底残留的黑色漆皮推测应有椁有棺。棺椁的规格已无法测量。
葬式，因墓主的骨架已腐朽，无法判断。从随葬器物出土时的位置推测墓主头向可能为95°。
枕木沟，两条横向枕木沟，宽0.20、深0.12米，长度和墓室宽度相同为2.40米。
填土，呈灰黄色，夹黑色杂土，为从墓地外部取土填入，无白膏泥。

二　出土器物

30件（套）。有软陶器22件、硬陶器3件、酱釉硬陶器1件、滑石璧2件、铜五铢和泥金饼等（图版一〇，1）。

（一）软陶器

22件。有鼎、盒、壶、钫、瓿、灶、井、镳壶和熏炉。镳壶和熏炉各2件，残损严重，无法修复。

1. 鼎

3件。形制和大小基本相同。标本M2023：19，子母口承盖，圆弧形盖上有三个半椎形钮。口内敛，折肩，深腹，圜底。三兽面蹄足，横断面近半圆形，长方形附耳外撇。口径14.2、通高19厘米（图一二四，1；彩版七〇，2）。

2. 壶

3件。形制基本相同，大小稍有区别。标本M2023：25，平口承圆弧形盖，尖唇，口敞且折颈呈盘口状，溜肩，鼓腹，圈足外撇。腹部对称有兽面铺首衔环。肩部和腹部各有两道凹折棱。盖径14.4、高3.8厘米，口径16、腹径29.2、底径17.8、通高40厘米（图一二四，2）。

3. 钫

2件。形制和大小相同。标本M2023：24，平沿，方腹外鼓，肩部饰兽面铺首，无衔环。底平，高方足外撇。口径11、腹径20、底径12.4、高34.6厘米（图一二四，3）。

4. 瓿

6件。泥质灰陶。形制和大小基本相同，每件配有一带锥体状捉手的盖。标本M2023：6，盖扣置于口沿上。瓿为平沿，圆唇，束短颈，圆肩，折腹，平底稍内凹。肩部与腹部折棱处有一周戳印的三角形纹饰。口径10.8、腹径22.2、底径11.2、高18厘米（图一二四，4）。

5. 灶

2件。均为泥质灰陶。一件残损严重。标本M2023：17，夹砂灰陶。灶面近方形，有两釜座，对应有两个半椭圆形不落地火门，后部有高挡风板，挡风板下釜座的后部有两烟孔。灶上有两套小陶釜和陶甑。通长17.2、宽15.2、灶体高12.2厘米（图一二四，5）。

6. 陶井

2件。形制和大小基本相同。标本M2023：5，平沿，沿上有象征安装井架的双孔，束颈，平底内凹。腹部饰一道宽凹弦纹。内有一束颈口微敞小平底的汲水小罐。口径13.8、腹径14.4、底径8.4、高10.6厘米（图一二四，6）。

（二）硬陶器

3件。均为罐。形制基本相同，大小稍有区别。

标本M2023：15，个体大。平沿，尖唇，敞口，束颈，圆肩，深弧腹，平底稍内凹。周身饰方格纹。口径14.4、腹径29.8、底径14.4、高30.2厘米（图一二三，7）。

标本M2023：23，个体较小。平沿，尖唇，敞口，束颈，圆肩，弧腹，平底稍内凹。周身饰方格纹。口径10.4、腹径16.4、底径9.2、高15厘米（图一二三，8）。

（三）酱釉硬陶器

1件。为罐。胎体夹砂，周身饰方格纹后再施一层酱黑色釉，釉层较薄，脱釉较严重。

M2023：3，外斜沿，尖唇，口微敞，束颈，圆肩，鼓腹，平底稍内凹。口沿内有一道凸弦纹。口径12.8、腹径26、底径13.8、高29厘米（图一二四，9）。

（四）滑石器

2件。均为璧。形制、大小及厚度稍有不同，均出土于墓主的头部。

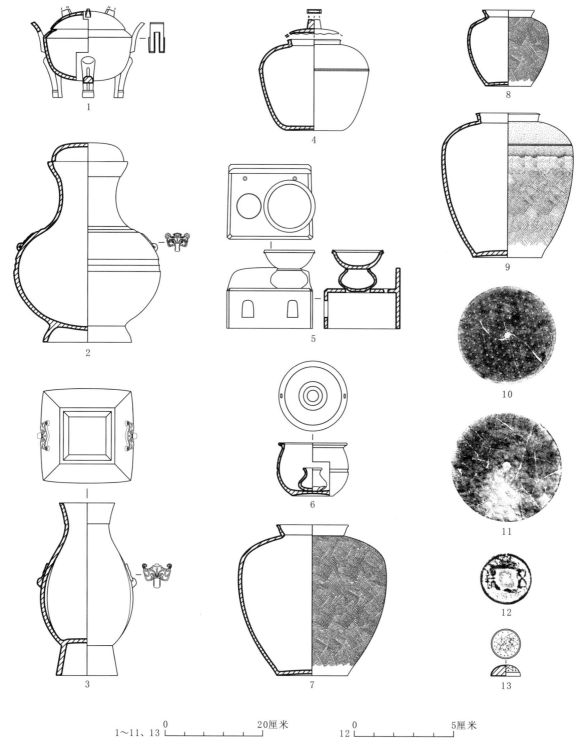

图一二四　M2023 出土陶鼎、壶、钫、瓮、灶、井，硬陶罐，酱釉硬陶罐，滑石璧，铜五铢，泥金饼
1. 陶鼎（19）　2. 陶壶（25）　3. 陶钫（24）　4. 陶瓮（6）　5. 陶灶（17）　6. 陶井（5）　7、8. 硬陶罐
（15，23）　9. 酱釉硬陶罐（3）　10、11. 滑石璧（1，2）　12. 铜五铢（26）　13. 泥金饼（12）

　　M2023:1，肉有窄缘，缘上有两周刻划纹。好径较小。肉上主纹饰为在斜菱格之交叉处饰重圈纹。通径 19.6、好径 1.2、肉厚 0.4 厘米（图一二四，10）。

　　M2023:2，肉和好均无缘。肉上主纹饰为在斜菱格之交叉处饰重圈纹。通径 22、好径 1.8、肉厚 0.5 厘米（图一二四，11）。

（五）其他

有铜五铢和泥金饼。

1. 铜五铢

保存 50 枚，大部分已朽，部分保存尚可。标本 M2023：26，钱文纤细，内外廓规整。钱径 2.55、穿径 0.95 厘米（图一二四，12）。

2. 泥金饼

6 枚完整，形制和大小基本相同，模制而成。标本 M2023：12，泥质灰陶。圆饼形，表面有白色陶衣。周身饰小乳丁和刻划纹，底平。直径 6、高 2.2 厘米（图一二四，13）。

墓例三三　M2025（96 常穿 M125）

一　墓葬形制

长方形土墩竖穴墓，方向 285°（图一二五）。墓室长 3.60、宽 2.70、残深 1.10 米。

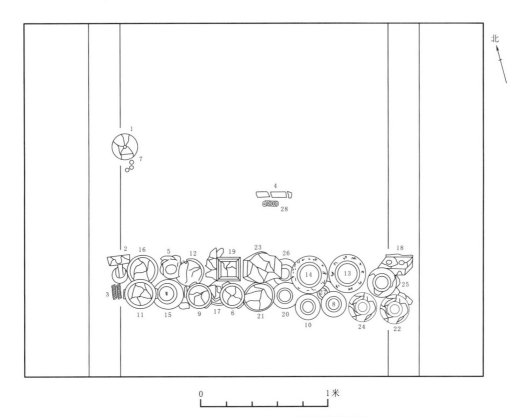

图一二五　M2025 平面及随葬器物分布图

1. 滑石璧　2. 铁灯　3. 铜五铢　4. 铁刀　5. 陶熏炉　6、9. 陶鼎　7. 鎏金铜泡钉　8、10、13、14、20、26、27. 硬陶罐　11. 酱釉硬陶鼎　12、21. 陶盒　15. 酱釉硬陶壶　16. 酱釉硬陶盒　17. 陶井　18. 陶灶　19、23. 陶钫　22、24、25. 陶壶　28. 大泉五十

葬具，虽然墓室被扰乱，但从墓底残留的黑色漆皮推测应有椁有棺，但棺椁规格已无法测量。

葬式，因墓主的骨架已腐朽，无法判断。从随葬器物出土时的位置推测墓主的头向可能为285°。

枕木沟，墓底对称分布两条横向枕木沟，宽0.25、深0.10米，长度和墓室宽度相同，为2.70米。

填土，呈灰黄色，较杂，均为墓地外部取土填入，无白膏泥。

二 出土器物

28件（套）。有软陶器12件、硬陶器7件、酱釉硬陶器3件、铁灯、铁刀、滑石璧及铜五铢、大泉五十和鎏金铜泡钉（图版一〇，2）。

（一）软陶器

12件。有鼎、盒、壶、钫、灶、井、镳壶和熏炉，保存较差。

1. 熏炉

1件。M2025：5，残损严重。矮柱状柄，底部托盘为宽平沿，环状圈足。熏炉托盘底径9.4、残高10厘米（图一二六，1）。

（二）硬陶器

7件。均为罐。形制基本相同，大小稍有区别。

标本M2025：13，周身饰方格纹，肩部有刻划的文字形符号（图四六四，24）。平沿，尖唇，敞口，束颈，圆溜肩，深弧腹，平底稍内凹。口径13、腹径22.6、底径12、高23.2厘米（图一二六，2）。

（三）酱釉硬陶器

3件。有鼎、盒、壶各1件。

该墓出土的三件酱釉硬陶器是整个武陵区南坪汉代土墩墓中出土器物较特殊的。胎体夹砂，周身饰方格纹和多道凹弦纹后再施厚厚的酱黄色釉，釉层较均匀，局部有流釉现象。这种酱釉硬陶器从其制作特征看，显然与从江浙一带流入的成熟的青瓷器在器形和釉色上有别，而且也与可能属本地生产的酱黑色釉硬陶器在釉色上有显著区别。

1. 鼎

1件。M2025：11，子母口承盖，圆弧形盖上有三个锥状立纽，顶部有一横纽。口内敛，深腹，圜底。三兽面蹄足稍外撇，横断面近半圆形，长方形附耳稍外撇。盖径18.8、高6.4厘米，鼎身口径16.8、通宽21、高13厘米，通高16.8厘米（图一二六，3；彩版七〇，3）。

2. 盒

1件。M2025：16，子母口承盖，圆弧形盖有圆形捉手，盖顶有桥形纽，圆形捉手下有两组各三道刻划弦纹。盒身敛口，深腹，圈足略外撇，腹部有三组多道凹弦纹。盖口径18.6、高6.5厘米，盒身口径16.2、底径12.2、高12厘米（图一二六，5；彩版七〇，4）。

3. 壶

1件。M2025：15，带盖，盖上有环形小纽，下有子口，放置时套入壶口沿内。壶身平沿，尖唇，沿外有一周宽带，外观呈盘口状，粗颈，溜肩，鼓腹下垂，圈足外撇，肩部有对称横贯耳。口径10.8、腹径17.6、底径10.4、通高26厘米（图一二六，4；彩版七一，1）。

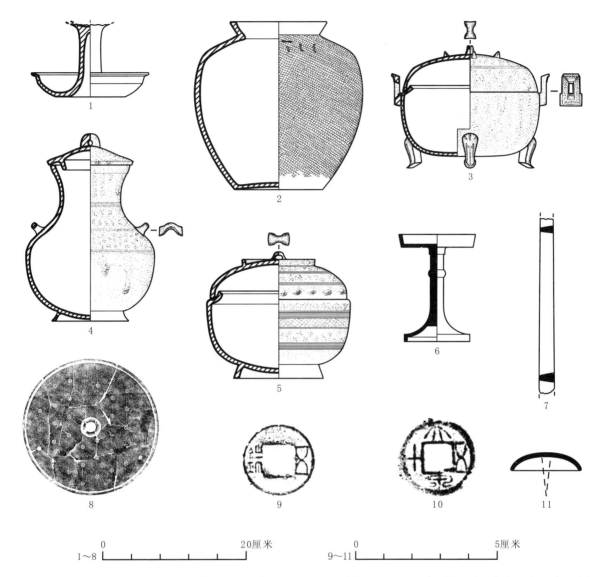

图一二六　M2025 出土陶熏炉，硬陶罐，酱釉硬陶鼎、盒、壶，铁灯、刀，滑石璧，铜五铢、大泉五十、鎏金泡钉

1. 陶熏炉（5）　　2. 硬陶罐（13）　　3. 酱釉硬陶鼎（11）　　4. 酱釉硬陶壶（15）　　5. 酱釉硬陶盒（16）

6. 铁灯（2）　　7. 铁刀（4）　　8. 滑石璧（1）　　9. 铜五铢（3）　　10. 大泉五十（28）　　11. 鎏金铜泡钉（7）

（四）铁器

2 件。有灯和刀。

1. 灯

1 件。M2025∶2，平沿，浅盘，竹节状柱柄，喇叭状圈足。口径 10.6、底径 9.2、高 14.8 厘米（图一二六，6）。

2. 刀

1 件。M2025∶4，残损严重，仅存长 23 厘米一段（图一二六，7）。

（五）滑石器

1 件。为璧。

M2025∶1，肉和好上均有素窄缘，缘分别向内和外倾斜。肉上主纹饰为在斜菱格之交叉处饰重圈纹，斜菱格纹和重圈纹均较稀疏。通径 18.7、好径 1.45、厚 0.55 厘米（图一二六，8）。

（六）其他

有铜五铢、大泉五十和鎏金铜泡钉。

1. 铜五铢

保存数枚，大部分朽蚀严重。标本 M2025：3，钱径 2.4、穿径 1.15 厘米（图一二六，9）。

2. 大泉五十

保存 2 枚，有朽蚀。标本 M2025：28，钱径 2.65、穿径 1 厘米（图一二六，10）。

3. 鎏金铜泡钉

1 件。M2025：7，呈圆帽形，钉体部分已经残断。直径 2.4、残高 0.4 厘米（图一二六，11）。

墓例三四　M2028（96 常穿 M131）

一　墓葬形制

长方形土墩竖穴墓。方向 95°（图一二七）。墓室长 3.20、宽 2.60、残深 1 米。

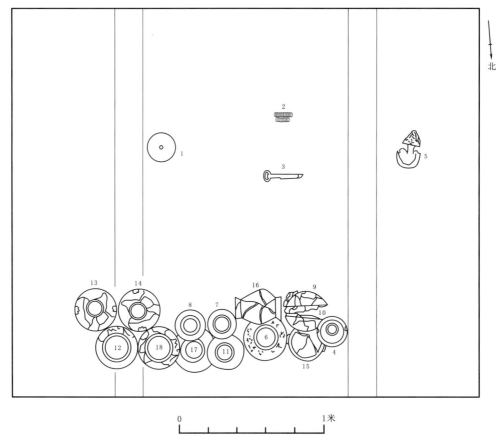

图一二七　M2028 平面及随葬器物分布图

1. 铜镜　2. 铜五铢　3. 铁环首刀　4. 陶井　5. 陶熏炉　6～8、11、17. 硬陶罐　9、10. 陶盒
12、18. 青瓷壶　13、14. 青瓷瓿　15. 陶鼎　16. 陶壶

葬具，虽墓室被扰乱，但从墓底残留的黑色漆皮推测应有椁有棺，但棺椁的规格已无法测量。

葬式，因墓主的骨架已腐朽，无法判断。从随葬器物出土时的位置推测墓主的头向可能为 95°。

枕木沟，墓底对称分布有两条横向枕木沟，宽0.20、深0.08米，长度和墓室宽度相同，为2.60米。

填土，呈灰黄色，较杂，为从墓地外部取土填入，不见白膏泥。

二　出土器物

18件（套）。有软陶器6件、硬陶器5件、青瓷器4件及铜镜、铜五铢和铁环首刀（图版一一，1）。

（一）软陶器

6件。有鼎、盒、壶、井、熏炉等，但均保存较差。

（二）硬陶器

5件。均为罐。

标本M2028：17，同样形制和大小的3件。周身饰方格纹，个体大。平沿，尖唇，敞口，束颈，溜肩，鼓腹，平底稍内凹。口径13.4、腹径27.6、底径14.2、高31厘米（图一二八，1）。

标本M2028：11，同样形制和大小的2件。周身饰方格纹，个体较小。外斜沿，尖唇，敞口，束颈，圆肩，鼓腹，平底。口径9.8、腹径15.2、底径7、高14.8厘米（图一二八，2）。

（三）青瓷器

4件。为瓿和壶，各2件。

1. 瓿

2件。形制和大小相同。M2028：14，无盖，瓿身宽平沿略外撇，圆唇，敛口，斜溜肩，大鼓腹，平底内凹。肩部对称堆塑的卷云纹似为贴附的人面纹立耳的冠饰，立耳下部无附加堆塑环。肩和腹上下均饰凸弦纹。口沿到上腹部施青釉，下部有流釉现象。其他釉色均匀，无脱釉现象。下腹部和壶底均呈暗红色。口径11.6、腹径36.6、底径16.4、通高33.2厘米（图一二八，3；彩版七一，2、3）。

2. 壶

2件。形制和大小相同。标本M2028：12，壶身侈口，平沿，圆唇，长颈上部略折，溜肩，大鼓腹，平底内凹成矮圈足，腹部有对称的兽面铺首及桥形耳。耳面上半部饰人面纹，下半部饰叶脉纹。耳下衔附加堆纹环。桥形耳的胎体上下各有两道凹弦纹，施釉后几乎很难感觉到。颈部上下饰八道重叠水波纹。胎体上原来旋胎制作留下的凸棱经过精心修整后已不见痕迹。从口沿到上腹部施青釉，下部有流釉现象。其他釉色均匀，无脱釉现象。下腹部和壶底均呈暗红色。口径12、腹径26、底径14、通高34.6厘米（图一二八，4）。

（四）铜器

1件。为镜。

M2028：1，圆形，圆钮，十二连珠纹钮座。座外一周凸带后为八段内向连弧纹。铭文为：内清质昭明，光象夫日月，心愿忠□塞而不泄。铭文之间夹有"而"和"之"字形符号。直径12.3、缘宽1、缘厚0.5厘米（图一二八，5；彩版七二，1）。

（五）铁器

1件。为环首刀。

M2028：3，残长22、宽2.2、厚0.5厘米（图一二八，6）。

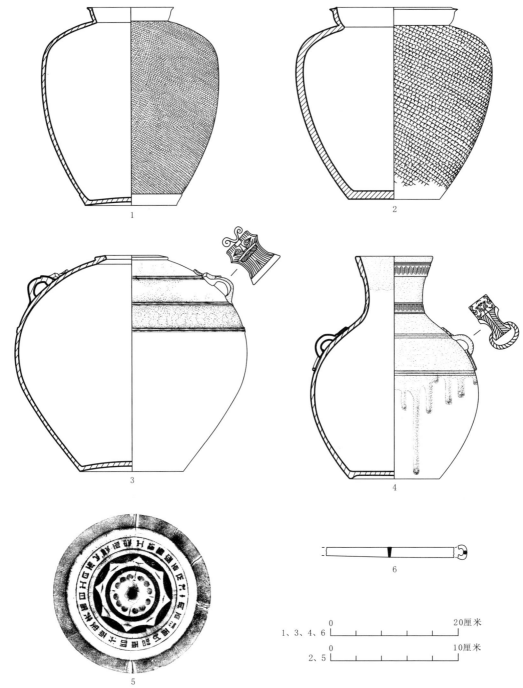

图一二八　M2028 出土硬陶罐，青瓷瓿、壶，铜镜，铁环首刀

1、2. 硬陶罐（17，11）　3. 青瓷瓿（14）　4. 青瓷壶（12）　5. 铜镜（1）　6. 铁环首刀（3）

（六）铜五铢

保存数枚，大部分已朽。标本 M2028∶2，钱径 2.3、穿径 0.95 厘米。

墓例三五　M2029（96 常穿 M132）

一　墓葬形制

长方形土墩竖穴墓。方向 95°（图一二九）。墓室长 5.20、宽 4、残深 1.40 米。

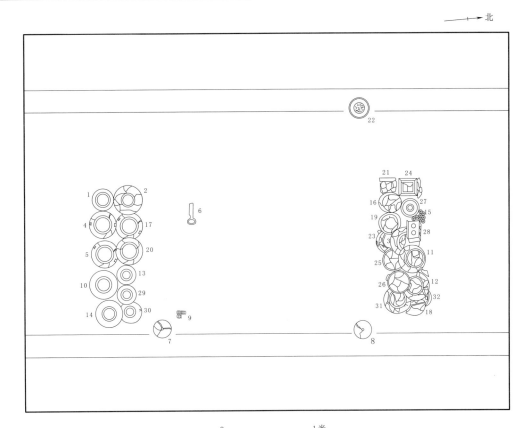

图一二九　M2029 平面及随葬器物分布图

1、10、13、14、29、30. 硬陶罐　2、3、19、23. 陶壶　4、5、17、20. 酱釉硬陶罐　6. 铁环首刀
7、8. 滑石璧　9. 铜五铢　11、12、31、32. 陶瓿　15. 泥金饼　16. 陶镶壶　18. 陶盒　21、24. 陶钫
22. 陶熏炉　25、26. 陶鼎　27. 陶井　28. 陶灶

　　葬具，虽墓室被扰，但从墓底残留的红黑色漆皮推测应有椁有棺，但棺椁的规格已无法测量。

　　葬式，因墓主的骨架已腐朽，无法判断。从随葬器物出土位置推测墓主的头向可能为95°。

　　枕木沟，两条纵向枕木沟，宽0.25、深0.08米，长度和墓葬长度相同，为5.20米。

　　填土，呈灰黄色，较杂，为从墓地外部取土填入，不见白膏泥。

二　出土器物

　　32件（套）。有软陶器17件、硬陶器6件、酱釉硬陶器4件及滑石璧、铜五铢、泥金饼和铁环首刀（图版一一，2）。

　　（一）软陶器

　　17件。有鼎、盒、壶、钫、瓿、灶、井、镶壶、熏炉，一般保存较差，但部分仍可修复。

　　1. 壶

　　4件。形制基本相同，大小稍有区别。标本M2029：3，带圆弧形盖，盖上无纽。平沿，尖唇，口沿上部内折成近盘口状，粗颈，斜溜肩，鼓腹下垂，高圈足，肩部饰对称兽面铺首。肩部和腹部有宽凸带。口径16、腹径28.8、底径18.4、通高40厘米（图一三〇，1）。

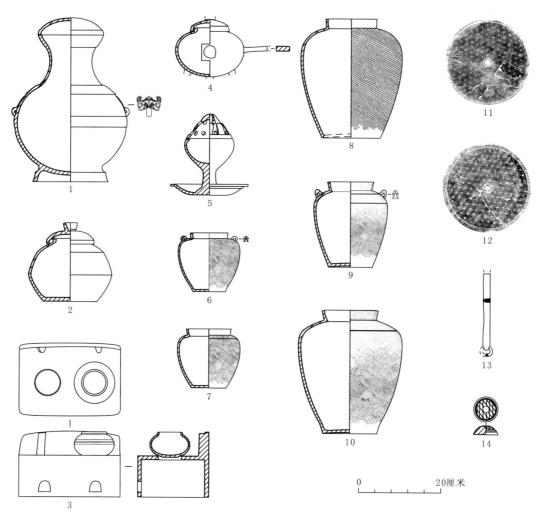

图一三○　M2029 出土陶壶、瓮、灶、镳壶、熏炉，硬陶双耳罐、无耳罐，酱釉硬陶双耳罐、无耳罐，
滑石璧，铁环首刀，泥金饼

1. 陶壶（3）　2. 陶瓮（11）　3. 陶灶（28）　4. 陶镳壶（16）　5. 陶熏炉（22）　6. 硬陶双耳罐（30）　7、8. 硬陶无耳罐（29，
10）　9. 酱釉硬陶双耳罐（4）　10. 酱釉硬陶无耳罐（20）　11、12. 滑石璧（7、8）　13. 铁环首刀（6）　14. 泥金饼（15）

2. 瓮

4 件。形制和大小基本相同。四件陶瓮，每一个均配有一件带高捉手的豆形盖，而且陶质与
一般的软陶有天壤之别，亦与一般的硬陶器有较大区别。胎质坚硬，不夹砂，也无硬陶罐上常见
的方格纹，且不见施釉痕迹。标本 M2029：11，盖扣置于口沿上，盖为高圈足，深腹，平沿，直
口，口径 11.6、高 5.2 厘米；瓮为平沿，尖唇，束颈，折腹，平底，可见明显的轮制痕迹。口径
8.8、腹径 20.4、底径 13、通高 19.2 厘米（图一三○，2）。

3. 灶

1 件。M2029：28，夹砂灰陶。呈圆角长方形，灶面有两釜座，釜座对应两半椭圆形不落地火
门，后有挡风板，挡风板上有两象征烟道的泥棱条。配有两件圜底小陶釜。通长 24.6、宽 16.8、
通高 15.8 厘米（图一三○，3）。

4. 镳壶

1 件。M2029：16，圆弧形盖，盖上有桥形纽。敛口，圆唇，扁腹，圜底，一侧有实长把，鸡

首形实心流，下部三足已残。口径7.4、腹径16.3、残高14厘米（图一三〇，4）。

5. 熏炉

1件。M2029：22，炉身口沿稍内凹承连峰式盖。炉身的盏深腹，座与托盘间有矮柱状柄。托盘宽平沿，圈足，平底。炉盖口径11、高6厘米，炉盏口径11.2、高13.8厘米（图一三〇，5）。

（二）硬陶器

6件。均为罐。可分为双耳罐和无耳罐两种，大小稍有区别。

1. 双耳罐

1件。M2029：30，平沿，尖唇，短颈，圆肩，弧腹略内收，平底。肩部有对称双竖附耳。周身饰方格纹。口径9、腹径15、底径7.8、高14.4厘米（图一三〇，6）。

2. 无耳罐

5件。形制基本相同，大小有别。

标本M2029：29，同样形制和大小的有3件。平沿，尖唇，口微敞，束短颈，圆溜肩，弧腹略内收，平底。肩部有一道凹弦纹，周身饰方格纹。口径10.8、腹径15.2、底径8.2、高14.4厘米（图一三〇，7）。

标本M2029：10，平沿，尖唇，直颈，圆溜肩，弧腹略内收，平底。周身饰方格纹。口径12.4、腹径24.4、底径14.2、高29厘米（图一三〇，8）。

（三）酱釉硬陶器

4件。分为双耳罐和无耳罐，各2件。

1. 双耳罐

2件。形制和大小相同。标本M2029：4，平沿，尖唇，口微敞，束颈，溜肩，弧腹，平底略内凹。肩部有对称立耳，立耳上下有两道凹弦纹。器身和腹部饰方格纹，从颈部到上腹部施酱黑色釉，釉层脱落严重。口径11.2、腹径17.8、底径10.6、高20.8厘米（图一三〇，9）。

2. 无耳罐

2件。形制和大小相同。这种罐和普通硬陶罐在外形上并无区别，只是在肩部和上腹部施有一层酱黑色釉。标本M2029：20，微外斜沿，尖唇，敞口，束颈，溜肩，弧腹，平底稍内凹。器身和腹部饰方格纹，从颈部到上腹部施酱黑色釉，釉层脱落严重。口径13.6、腹径25、底径13.2、高30厘米（图一三〇，10）。

（四）铁器

1件。为环首刀。

M2029：6，椭圆形环首，直背，单面刃，身残较严重。残长19.8、宽1.8～3.2、厚0.8厘米（图一三〇，13）。

（五）滑石器

2件。为璧。外形和大小稍有区别。主纹饰为在斜线交叉处饰重圈纹。

M2029：7，好和肉均有窄缘，缘上有刻划的连贯三角纹。通径20.8、好径1.5、缘厚0.5厘米（图一三〇，11）。

M2029：8，好为窄缘，缘上有刻划的连贯三角纹，肉缘宽且刻划纹饰复杂。通径21.8、好径1.3、缘厚0.6厘米（图一三〇，12）。

（六）其他

有铜五铢、泥金饼。

1. 铜五铢

保存数枚，朽蚀严重。

2. 泥金饼

出土数量不少，完整的不多。形制和大小相同。标本 M2029：15，泥质灰陶。模制。圆饼形，顶部略凹，平底。周身饰双线菱格纹，下部饰一道凹弦，多有黑色陶衣。直径6、高2.2厘米（图一三〇，14）。

墓例三六　M2030（96 常穿 M135）

一　墓葬形制

长方形土墩竖穴墓。方向275°。墓室长4.30、宽3.50、残深1.40米（图一三一）。

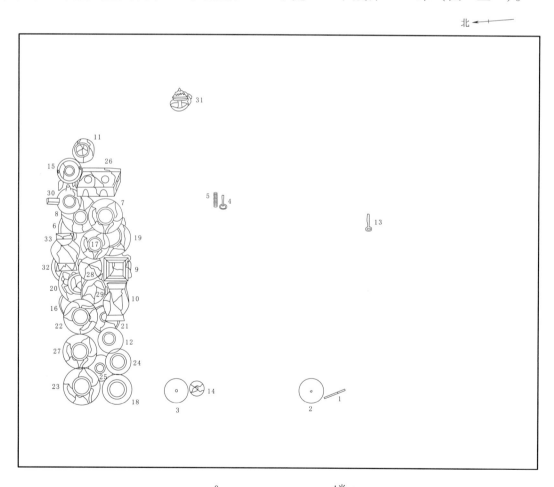

北 ←

图一三一　M2030 平面及随葬器物分布图

1～3. 滑石璧　4、13. 铁环首刀　5. 铜五铢　6、17、20、21. 陶瓮　7、8、19、33. 陶壶　9、10、11. 陶钫　12、18、22～25、27. 硬陶罐　14. 铜镜　15. 陶井　16、32. 陶盒　26. 陶灶　28、29. 陶鼎　30. 陶鐎壶　31. 陶熏炉

葬具，虽墓室内部被扰乱，但从墓底残留的黑色漆皮推测应有椁有棺，但棺椁的规格已无法测量。墓底不见枕木沟痕迹。

葬式，因墓主的骨架已腐朽，无法判断。从随葬器物出土时的位置推测墓主的头向可能为275°。

填土，呈灰黄色，较杂，为墓地外部取土填入，无白膏泥。

二 出土器物

33件（套）。有软陶器19件、硬陶器7件、滑石器3件、铜镜1件、铁环首刀2件和铜五铢（图版一二，1）。

（一）软陶器

19件。有鼎、盒、壶、钫、瓿、灶、井、镶壶、熏炉等，一般保存较差，仅部分可修复。

1. 瓿

4件。形制和大小基本相同。标本M2030：6，平沿，尖唇，直领，溜肩，折腹，大平底。最大腹径位于上腹部。肩部与腹部间有一道宽凸带，凸带上饰交叉线纹。口径11.4、腹径26.8、底径15.8、高18.4厘米（图一三二，1）。

2. 灶

1件。M2030：26，夹砂灰陶。灶呈圆角长方形，有两个釜座，正面对应两半圆形不落地火门，后部有挡风板，挡风板上有两个象征烟道的泥棱条。配有两件小陶釜。通长25.2、宽15.6、灶高14厘米（图一三二，2）。

3. 井

1件。M2030：15，内斜沿，敞口，束颈，平底。腹部有一道宽凹弦纹，颈部与上腹间饰菱格纹。内有一束颈微敞口圆底的汲水小罐。口径14、腹径16、底径8.4、高13.4厘米（图一三二，3）。

（二）硬陶器

7件。均为罐。形制基本相同，大小稍有区别。

标本M2030：12，同样形制和大小的3件。平沿，尖唇，敞口，束颈，圆肩，弧腹，平底。饰方格纹。口径10、腹径15.6、底径8、高15.4厘米（图一三二，4）。

标本M2030：18，同样形制和大小的2件。平沿，尖唇，口敞而弧，略似盘口状，束颈，溜肩，弧腹，平底稍内凹。周身饰方格纹，肩部有刻划符号（图四六四，25）。口径12.6、腹径22.2、底径12.6、22.4厘米（图一三二，5）。

标本M2030：22，同样形制和大小的2件。平沿，尖唇，斜敞口，束颈，溜肩，鼓腹，平底稍内凹。饰方格纹。口径12.6、腹径28.4、底径12.6、29.2厘米（图一三二，6）。

（三）铜器

1件。为镜。

M2030：14，日光连弧纹镜。出土于墓主的一侧，残朽严重。圆形钮，无钮座。钮外有一周凸带，凸带外为一周连弧纹，再外为一周铭文："见日之光□□□□。"每字间均用"e"或"田"字形符号分隔，文字非隶非篆。直径10、缘宽0.35、缘厚0.5厘米（图一三二，9；彩版七二，2）。

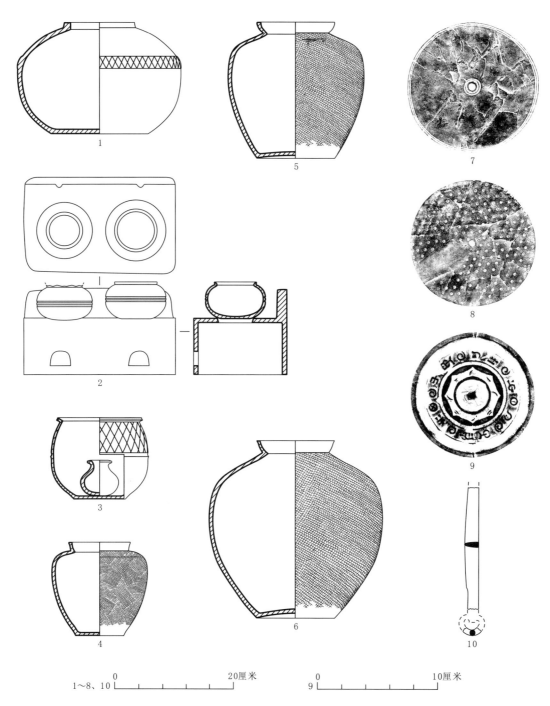

图一三二　M2030 出土陶瓮、灶、井，硬陶罐，滑石璧，铜镜，铁环首刀

1. 陶瓮（6）　　2. 陶灶（26）　　3. 陶井（15）　　4～6. 硬陶罐（12，18，22）　　7、8. 滑石璧（2，3）
9. 铜镜（14）　　10. 铁环首刀（4）

（四）铁器

2 件。为环首刀。朽蚀严重。

标本 M2030：4，环首，直背，单面弧刃。残长 24.4、厚 0.8 厘米（图一三二，10）。

（五）滑石器

3 件。均为璧。外形和大小稍有区别。

标本 M2030：2，好和肉均有窄缘。主纹饰为在斜线交叉处饰重圈纹。通径21.4、好径1.3、缘厚0.35厘米（图一三二，7）。

标本 M2030：3，肉和好均无缘，主纹饰为在斜线交叉处饰重圈纹。通径20.7、好径1.1、缘厚0.3厘米（图一三二，8）。

（六）铜五铢

20余枚。可以分辨出钱币的种类，但保存较差，分开即碎。

墓例三七　　M2072（99 常南原 M9）

一　墓葬形制

长方形土墩竖穴墓。方向170°。墓室长5.20、宽3.80、残深0.20米（图一三三）。

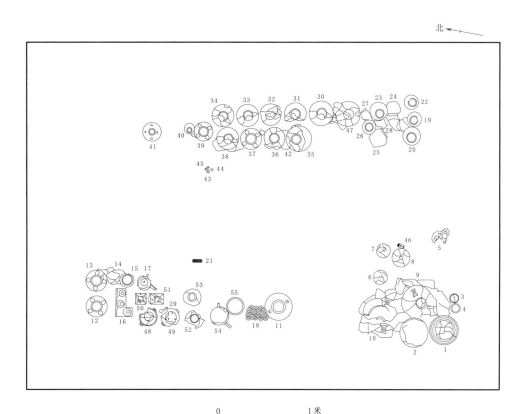

图一三三　M2072 平面及随葬器物分布图

1、2. 青瓷壶　3. 滑石魁　4. 滑石三足炉　5. 铜熏炉　6、7. 铜镜　8. 滑石璧　9、10. 青瓷瓿　11、40、42. 酱釉硬陶壶　12、13. 酱釉硬陶盒　14. 铁釜　15. 陶井　16. 陶灶　17、54. 铜鐎壶　18. 泥金饼　19、20、22～26. 硬陶罐　21. 铜五铢　27、28. 滑石壶　29. 铜勺　30. 陶盒　31～36、38、47. 陶瓿　37、39. 酱釉硬陶器盖　41. 酱釉硬陶四系罐　43、44. 水晶珠　45. 玛瑙管　46. 玉琀　48、49. 铜鼎　50、51. 铜钫　52、53. 铜壶　55. 铜铒

葬具，虽墓室内部被扰，但从墓底残留的红黑色漆皮推测应有椁有棺，但棺椁的规格已无法测量。墓底不见枕木沟痕迹。

葬式，因墓主的骨架已腐朽，无法判断。从随葬器物的出土位置推测墓主的头向可能为170°。

填土，呈灰黄色，较杂，为从墓地外部取土填入，不见白膏泥。

二 出土器物

55 件（套）。有软陶 11 件、硬陶器 9 件、酱釉硬陶器 6 件、青瓷器 4 件、铜器 13 件、玉石器 4 件、滑石器 5 件及铜五铢、铁釜和泥金饼（彩版七三，1）。

（一）软陶器

11 件。有盒、灶、井、瓮。

1. 盒

1 件。残损较严重，仅可辨器物的基本形态。

2. 灶

1 件。M2072：16，夹砂灰陶。灶面呈曲尺形，由单灶演变为复合灶。曲尺灶面上有三个釜座，釜座的正面有半椭圆形不落地火门，后部有挡风板，挡风板上有象征烟道的泥条棱柱。灶面和挡风板上饰满圆圈纹。灶上配有小陶釜和小陶甑。通长 29、宽 17.8、通高 17.7 厘米（图一三四，1；彩版七一，4）。

3. 井

1 件。M2072：15，宽平沿，侈口，平底稍内凹，折腹，颈部与上腹间饰菱格纹，腹部折棱处饰戳印三角纹。内有一束颈口微敞圜底的汲水小罐。口径 15.8、腹径 17、底径 10、高 14.6 厘米（图一三四，2）。

4. 瓮

8 件。根据其大小和形制可分为两种。

标本 M2072：36，溜肩，折腹，平底稍内凹，最大腹径位于上腹部，肩部与腹部间有一道折棱。底径 7.4、腹径 20.2、残高 13 厘米（图一三四，3）。

标本 M2072：47，直颈，平沿，溜肩，鼓腹，大平底，最大腹径位于中部。口径 11.6、腹径 27、底径 15、高 17.8 厘米（图一三四，4）。

（二）硬陶器

7 件。均为罐。形制相近，大小有别。

标本 M2072：20，同样大小和形制的 4 件。外斜沿，尖唇，敞口，束短颈，圆肩，深腹略内收，平底稍内凹。肩部有两道凹弦纹，周身饰方格纹。口径 12.4、腹径 16.6、底径 9.4、高 15.8 厘米（图一三四，5）。

标本 M2072：22，同样大小和形制的 3 件。外斜沿，尖唇，敞口，束短颈，圆肩，长弧腹，平底稍内凹。周身饰方格纹。口径 11.4、腹径 18.8、底径 10.6、高 21.2 厘米（图一三四，6）。

（三）酱釉硬陶器

8 件。有壶、盒、四系罐和器盖。胎质坚硬，烧成的温度高，大部分器身上难以见到明显的釉层。

1. 壶

3 件。标本 M2072：40，器形和青瓷壶相近，但釉层极薄。侈口，平沿，尖唇，长颈，溜肩，鼓腹，平底稍内凹。肩部饰对称竖耳，耳上饰叶脉纹。口径 6.2、腹径 13.2、底径 7.8、高 15 厘

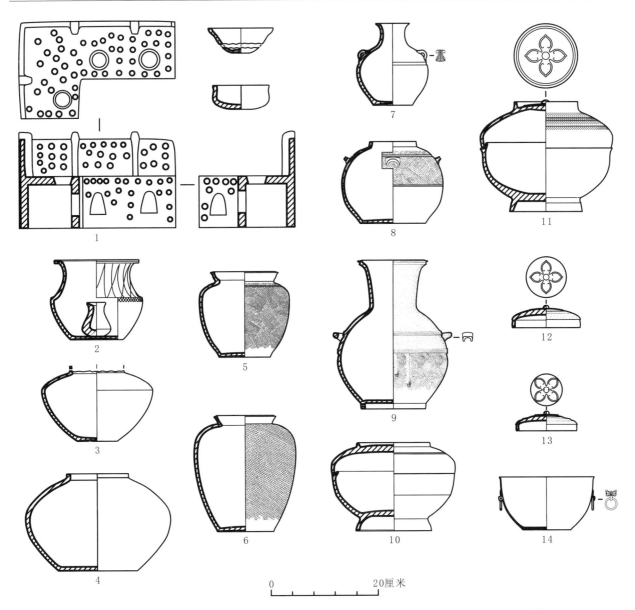

图一三四　M2072 出土陶灶、井、瓮，硬陶罐，酱釉硬陶壶、四系罐、盒、器盖，铜铞

1. 陶灶（16）　　2. 陶井（15）　　3、4. 陶瓮（36，47）　　5、6. 硬陶罐（20，22）　　7、9. 酱釉硬陶壶（40，11）
8. 酱釉硬陶四系罐（41）　　10、11. 酱釉硬陶盒（12，13）　　12、13. 酱釉硬陶器盖（37，39）　　14. 铜铞（55）

米（图一三四，7）。

　　标本 M2072：11，同样形制和大小的 2 件。外斜沿，重尖唇，浅盘口，粗长颈，斜溜肩，鼓腹，平底，矮圈足。下腹部以上均饰酱黑色釉，局部有流釉现象。肩部和腹部各有数道凹折棱，肩部有对称横贯耳。口径 13、腹径 22、底径 12、高 27.2 厘米（图一三四，9）。

　　2. 盒

　　2 件。形制和纹饰特征稍有区别：

　　M2072：12，子母口承盖，盖为圆弧形，上部有圈足状捉手。盒身敛口，弧腹斜内收，高圈足外撇。盖径 22.8、高 5.8 厘米，盒身口径 20.8、底径 14、高 11 厘米（图一三四，10；彩版七三，2）。

M2072：13，子母口承盖，圆弧形盖上部有圈足状捉手。顶部饰四瓣柿蒂叶纹，下部有三周凹弦纹，三道凹弦纹间饰戳印的短斜线纹。盒身敛口，弧腹斜内收，圈足略外撇。盖径24.6、高8.6厘米，盒身口径22.6、底径13.4、高12.8厘米（图一三四，11；彩版七三，3）。

3. 四系罐

1件。M2072：41，圆唇，束颈，口稍敛，溜肩，鼓腹，大平底。肩部和腹部各有一道凹弦纹，肩部有四对称桥形贯耳。贯耳下部饰方格纹。口径8.4、腹径18.6、底径12、高15.2厘米（图一三四，8；彩版七四，1）。

4. 器盖

2件。形制和纹饰特征稍有区别。均应为某件罐的盖子，只是出土时已脱离了罐身而无法准确判断。

M2072：37，盖顶部凸起，以凸起处为中心饰四瓣柿蒂叶纹，外两周凸弦纹间饰戳印圆点组成的短弧形线条两周。盖径12.6、高4.2厘米（图一三四，12；彩版七四，2）。

M2072：39，盖顶部凸起，以凸起处为中心饰四瓣柿蒂叶纹，外两周凸弦纹间饰戳印圆点组成的短弧形线条。盖径11.2、高3.6厘米（图一三四，13；彩版七四，3）。

（四）青瓷器

4件。有壶和瓿。

1. 壶

2件。形制和大小相同，颈部以上已毁。标本M2072：1，壶身颈部以上残。溜肩，大鼓腹，平底内凹成矮圈足，腹部对称有变形云纹铺首及桥形附耳。耳面上半部饰人面纹，下半部饰叶脉纹，耳下部衔附加堆纹环。耳的上、中、下各有一道宽凸棱。胎体上旋胎制作时留下的凸棱经过修整已不见痕迹。施青釉，下部有流釉现象。其他釉色均匀，无脱釉现象。下腹部和壶底呈暗红色。腹径34.4、底径16.8、残高32.6厘米（图一三五，1；彩版七四，4）。

2. 瓿

2件。形制和大小相同。标本M2072：9，无盖，瓿身平沿，尖唇，极短颈，口微敛，溜肩，大鼓腹，平底稍内凹。肩部对称堆塑的卷云纹似为贴附的人面纹立耳的冠饰，立耳下部无附加堆塑环。肩和腹上下均饰凸弦纹。从口沿到上腹部施青釉，局部有流釉现象。釉色均匀，无脱釉现象。下腹部和底部均呈暗红色。口径11.8、腹径35.8、底径17.6、通高33.4厘米（图一三五，2；彩版七五，1）。

（五）铜器

13件。有镜、鼎、壶、钫、鋗、勺、镳壶、熏炉。

1. 镜

2件。均为重圈铭文镜。标本M2072：6，圆形，半球形圆钮，连珠纹钮座。座外有五周栉齿纹和两周凸带相间分布，其间有两周铭文带。内圈铭文为："内清质以昭明（明），光辉□夫日月，心忽穆而愿（愿），然壅塞而不泄。"外圈铭文："絜（洁）精（清）白而事君，惄（怨）骥（欢）之弇明（明），玄锡之流泽，恐疏远而日忘，怀（怀）靡（媚）美之窮（躬）噫〈体〉，外丞（承）骥（欢）之可說（悦），慕穾（窃）佻（窕）靈（灵）景（影），顚（愿）永思而毋绝。"直径15.7、缘宽0.9、缘厚0.55厘米（图一三五，3；彩版

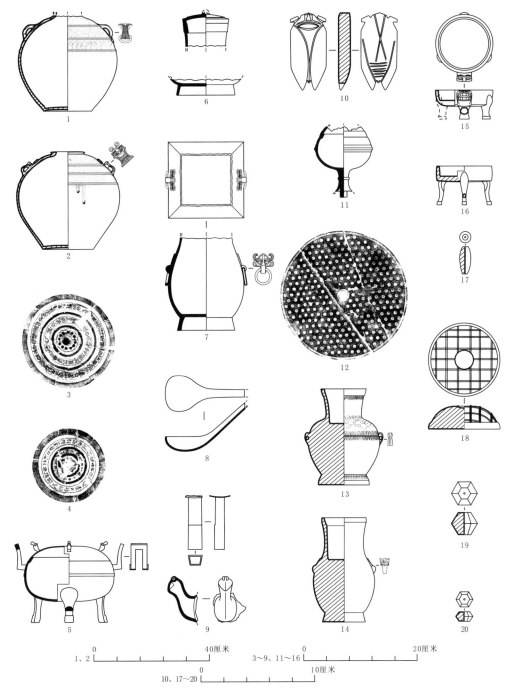

图一三五 M2072 出土青瓷壶、瓿，铜镜、鼎、壶、钫、勺、镳壶、熏炉，玉琀，
滑石璧、壶、魁、三足炉，玛瑙管，水晶珠，泥金饼

1. 青瓷壶（1） 2. 青瓷瓿（9） 3、4. 铜镜（6，7） 5. 铜鼎（48） 6. 铜壶（53） 7. 铜钫（51）
8. 铜勺（29） 9. 铜镳壶（54） 10. 玉琀（46） 11. 铜熏炉（5） 12. 滑石璧（8） 13、14. 滑石壶
（28，27） 15. 滑石魁（3） 16. 滑石三足炉（4） 17. 玛瑙管（45） 18. 泥金饼（18） 19、20. 水晶
珠（43，44）

七五，2）。

标本 M2072:7，圆形，钮已失，连珠纹钮座。座外有两周栉齿纹和两周凸带，其间夹两周铭
文。内圈铭文为"久不相见，长毋相忘。"外圈铭文为："内清质以昭眀（明），光辉象夫而日月，
心忽而穆飈（愿）忠，然雍（壅）塞不泄兮。"纹饰基本和 M2072:6 重圈铭文镜相同。直径

12.7、缘宽1、缘厚0.4厘米①（图一三五，4；彩版七五，3）。

2. 鼎

2件。形制和大小相同。标本M2072：48，子母口承盖。盖面隆起，有对称的三个鸟首状实心小钮。子母口内敛，腹较深，腹壁呈圜形，圜底近平。三个半圆形柱足略外撇，上下略粗，中间细，横断面近半圆形。腹部一道凸棱的上部折出长方形附耳。盖口径14.2、高3.4厘米，口径12.8、腹径18.8、通高17厘米（图一三五，5）。

3. 壶

2件。形制和大小相同，腹部已残损。标本M2072：53，圆弧形盖，盖顶有小圆环，盖下子口伸入壶颈部。直口，平沿，束颈，口沿有一周宽带。底部近平，圈足略外撇。盖径7.8、残高3.5厘米，壶口径7.6、底径10厘米（图一三五，6）。

4. 钫

2件。形制和大小相同，残损较严重。标本M2072：51，盖已失，方腹外鼓，腹部对称有兽面铺首衔环。高方足外撇。底径9.8、残高16厘米（图一三五，7）。

5. 铞

1件。M2072：55，沿外稍弧折，口微敞，深腹内收，极矮的小圈足近平，腹部对称有兽面铺首衔环。口径17.6、底径8.8、高9.8厘米（图一三四，14）。

6. 勺

1件。M2072：29，勺身近椭圆形，圜底。身柄相连通为一体，长柄内凹，柄端已残。勺身宽6、残长13.8厘米（图一三五，8；彩版七六，1）。

7. 鐎壶

2件。形制和大小基本相同。标本M2072：54，器身和器盖残损严重，仅流、手柄完整。流为带活动嘴盖的鸡首形，长条形手柄中空，可分前后两部分。銎口为直角梯形。流长6、銎长9.2厘米（图一三五，9）。

8. 熏炉

1件。M2072：5，局部残损严重。盖和托盘严重残损，炉身也多变形。连峰式盖上部已残。炉身的盏深腹，子母口承炉盖。盏中部有三道凸棱。座与托盘经座足底部的柱与盘铆合。炉盖口径8.2、残高1.8厘米，炉盏口径7.2、残高10.8厘米（图一三五，11）。

（六）滑石器

5件。有璧、壶、魁、三足炉。

1. 璧

1件。M2072：8，肉和好均有窄缘，缘上各有一周刻划三角锯齿纹。肉上主纹饰为在斜菱格之交点饰重圈纹。通径22.3、好径1.5、厚0.55厘米（图一三五，12）。

2. 壶

2件。形制和大小有别。均为整块滑石制成，颈部以下为实心。

M2072：28，平沿，尖唇，口沿有一周宽带，弧腹，平底假圈足。口沿下有一周刻划连贯的三角纹，下颈部有一周连贯的变形三角纹和短弧线纹，肩部有云纹。上腹部连贯的三角纹上刻一周凹弦纹，纹带上有对称竖耳。足部亦有一周连贯的三角纹。口径7.8、腹径13.6、底径8.8、高

16.6 厘米（图一三五，13）。

M2072：27，平沿，圆唇，直粗颈，腹较直，平底假圈足。腹部刻对称兽面铺首。口径 7.8、腹径 11、底径 7.6、高 17.8 厘米（图一三五，14）。

3. 魁

1 件。M2072：3，整块滑石制成。平沿，尖唇，浅腹，平底，下有三矮柱状蹄足，一侧有一龇牙咧嘴的兽头，兽头上的鼻梁和双眼外凸，嘴大张，牙外露。口径 9.8、高 5 厘米（图一三五，15；彩版七六，2）。

4. 三足炉

1 件。M2072：4，整块滑石制成。平沿，尖唇，浅腹，平底，下有三细高柱状蹄足。口径 9.8、高 7 厘米（图一三五，16；彩版七六，3）。

（七）玉器类

4 件。有水晶珠、玛瑙管和玉玲。

1. 水晶珠

2 件。形制和大小基本相同。呈六方算珠形，上、下两面平，中间有穿挂的小孔。

M2072：43，直径 2.3、高 1.9 厘米（图一三五，19；彩版七六，4）。

M2072：44，直径 1.4、高 0.8 厘米（图一三五，20）。

2. 玛瑙管

1 件。M2072：45，呈纺锤状的柱形，中间粗，两端稍细，中间有穿挂的孔。长 2.05 厘米（图一三五，17）。

3. 玉玲

1 件。M2072：46，呈长方形片状，刻出蝉的头、眼睛、嘴、双翅，尾部分开并稍上翘，腹部也刻有双翅，双眼突出。长 6.6、宽 3.05、厚 1 厘米（图一三五，10；彩版七六，5）。

（八）铁器

1 件。釜。M2072：14，残损严重。

（九）其他

1. 铜五铢

存 20 余枚，保存极差。

2. 泥金饼

存 30 余枚，保存基本完整。形制和大小相同。泥质灰陶。模制。圆饼形，顶部略凹，平底。周身饰双线菱格纹，下部饰一道凹弦，多有黑色陶衣。M2072：18，直径 6.2、高 2 厘米（图一三五，18）。

墓例三八　M2073（99 常南原 M10）

一　墓葬形制

长方形土墩竖穴墓。方向 175°。墓室长 4、宽 2.60、残深 0.40 米（图一三六）。

葬具，从墓底残留的红黑色漆皮推测应有椁有棺，但棺椁的规格已无法测量。墓底不见枕木沟痕迹。

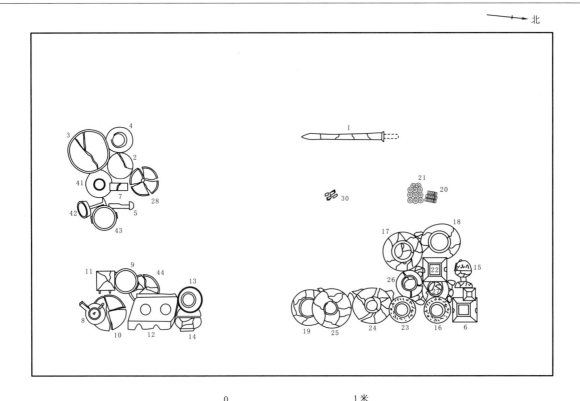

图一三六　M2073 平面及随葬器物分布图

1. 铜剑　2. 铜镜　3. 铜洗　4、41. 铜壶　5. 铁环首刀　6、22. 陶钫　7. 石黛板　8. 铜镵壶　9、43. 铜鼎
10. 铜盘　11. 铜樽　12. 陶灶　13. 陶井　14、26、27. 陶盒　15. 陶熏炉　16、23. 硬陶罐　17、18. 陶壶
19、24、25. 陶瓮　20. 铜五铢　21. 泥金饼　28. 滑石璧　30. 玛瑙管　42. 铜灯　44. 铜甗

（附注，该墓器物号在经过修复后发现原第 29、31、32、33 号是与别的器物重号，在整理过程中，首次并没有
找到这一部分器物，在后来复查时找到，还发现了 4 件原图纸上没有标注的器物，因此在定稿时将重号合并后
就空出了第 29、31、32 和 33 号，但却新增了第 41、42、43 和 44 号）

葬式，因墓主的骨架已腐朽，无法判断。从随葬器物出土时的位置推测墓主的头向可能
为 175°。

填土，呈灰黄色，较杂，均为从墓地外部取土填入，不见有白膏泥。

二　出土器物

33 件（套）。有软陶 13 件、硬陶器 2 件、铜器 12 件、石器 2 件（套）、玛瑙管 1 件（套）、
铁环首刀 1 件和铜五铢、泥金饼（图版一二，2）。

（一）软陶器

13 件。有盒、壶、钫、灶、井、瓮、熏炉。

1. 盒

3 件。残损较严重，但可辨器物的形态。

2. 壶

2 件。形制和大小相同。标本 M2073：17，带圆弧形盖，上部无纽。平沿，尖唇，口沿上部内
折成近盘口状，粗颈，斜溜肩，大鼓腹下垂，圈足，肩部饰对称兽面铺首。口径 14.6、腹径 28、
底径 20.4、高 32.6 厘米（图一三七，1）。

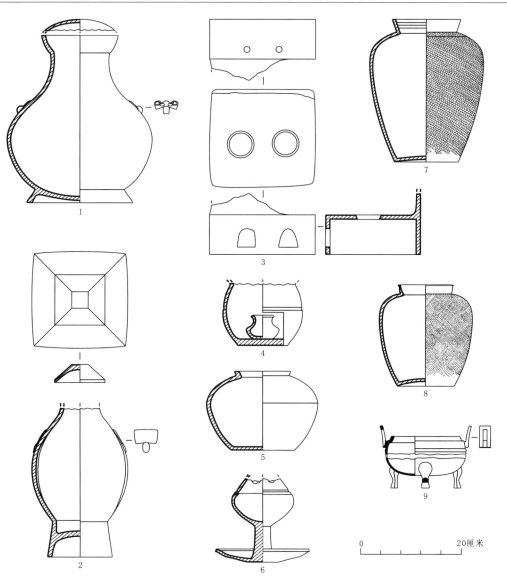

图一三七　M2073 出土陶壶、钫、灶、井、瓮、熏炉，硬陶罐，铜鼎
1. 陶壶（17）　2. 陶钫（6）　3. 陶灶（12）　4. 陶井（13）　5. 陶瓮（19）
6. 陶熏炉（15）　7、8. 硬陶罐（16，23）　9. 铜鼎（9）

3. 钫

2 件。形制和大小相同。标本 M2073：6，带盝顶式盖。口沿部位已残，方腹外鼓，肩部有对称铺首。高方足外撇。盖径9.8、高3.5厘米，钫身底径12.6、残高28.6厘米（图一三七，2）。

4. 灶

1 件。M2073：12，夹砂灰陶。灶面近圆角方形，灶面有两釜座，正面对应有两半椭圆形不落地火门，后部有高挡风板，挡风板后部有两个作为烟道的圆孔。通长20.6、宽19、残高12厘米（图一三七，3）。

5. 井

1 件。M2073：13，口部已残，平底，腹部饰一道宽凹弦纹。内有一束颈口微敞小平底的汲水小罐。腹径15.2、底径9.6、残高12厘米（图一三七，4）。

6. 瓮

3件。形制和大小相同。标本M2073：19，圆唇，口微敞，溜肩，鼓腹，平底。肩到腹有折棱，明显可见上下拼接的痕迹。口径10.6、腹径21.4、底径12.2、高15.4厘米（图一三七，5）。

7. 熏炉

1件。M2073：15，连峰式盖上部残损。炉身的盏深腹，子母口承炉盖。炉柄为柱状。托盘浅腹，平底，圈足。炉盖口径10.8、残高3厘米，炉盏口径9.4、底径6、高13.4厘米（图一三七，6）。

（二）硬陶器

2件。均为罐。

M2073：16，平沿，尖唇，敞口，口沿内有多道凸弦纹。束颈，溜肩，弧腹，平底稍内凹。肩部有一道凹弦纹，周身饰方格纹。口径13.2、腹径22.2、底径12.4、高27.8厘米（图一三七，7）。

M2073：23，外斜沿，尖唇，微敞口，圆肩，深弧腹略内收，平底内凹。周身饰方格纹。口径10.8、腹径18.2、底径11.2、高19.8厘米（图一三七，8）。

（三）铜器

12件。有镜、剑、鼎、壶、洗、鐎壶、樽、甑、灯和盘。

1. 镜

1件。连弧铭带纹镜。M2073：2，圆形，半球形圆钮，钮外由十二连珠及一周栉齿纹和一周凸素带组成钮座。座外为十二内向连弧，之间饰以变形龙头，龙头两侧有三条平行圆弧线。往外两周栉齿纹间有一周铭文："内清质以昭明，光象夫日月。"铭文中间有"而"和"【"形符号。宽平素缘。直径12.8、缘宽1.4、缘厚0.5厘米（彩版七七，1）。

2. 剑

1件。M2073：1，喇叭形剑首和剑茎通过榫孔钉合，无剑格，中脊起棱，截面呈菱形，剑身修长。残长83厘米（图一三八，1）。

3. 鼎

2件。大小和形制均有区别。

M2073：43，残损严重，仅存鼎腿和部分鼎腹部。腿为扁长形兽面足。

M2073：9，盖已失。鼎身子口内敛，扁圆腹，腹部有一周凸棱。长方形附耳稍外撇。圜底，三矮蹄足截面呈半圆形。口径13.6、残高12厘米（图一三七，9）。

4. 壶

2件。形制和大小基本相同。标本M2073：4，直口，平沿，溜肩，鼓腹，圈足高直。肩部和腹部各有两道折棱。肩部饰对称兽面铺首衔环，铺首简约。口径7.4、腹径12.4、底径8.5、高16厘米（图一三八，2）。

5. 洗

1件。M2073：3，宽斜沿，圆唇，敞口，深腹，上腹较直，下部折腹内收，底部收成凸出的平底矮圈足状。口径29.2、底径15、高9厘米（图一三八，3）。

6. 鐎壶

1件。标本M2073：8，带揭拉式弧形顶盖，盖面起台，有钮。扁圆腹中部有一周凸棱，腹部有流和长条形手柄，流为带活动嘴盖的鸡首形，流上饰羽状纹。手柄錾口中空，錾口为圆角方形，

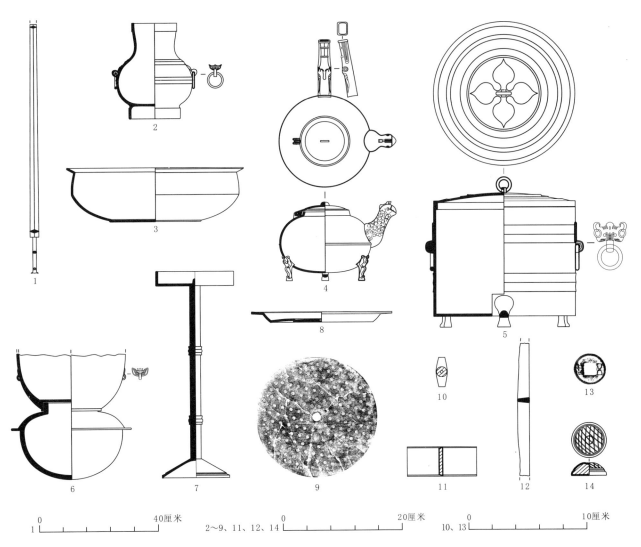

图一三八 M2073 出土铜剑、壶、洗、镳壶、樽、甀、灯、盘，滑石璧，玛瑙珠，石黛板，铁环首刀，铜五铢，泥金饼

1. 铜剑（1） 2. 铜壶（4） 3. 铜洗（3） 4. 铜镳壶（8） 5. 铜樽（11） 6. 铜甀（44） 7. 铜灯（42） 8. 铜盘（10）
9. 滑石璧（28） 10. 玛瑙管（30－1） 11. 石黛板（7） 12. 铁环首刀（5） 13. 铜五铢（20） 14. 泥金饼（21）

手柄的上部有两道便于手握的凸棱，两侧有带实心圆的涡纹和长条叶纹。圜底，三兽面蹄足。盖径 8.4、腹径 15.4、通高 13、手柄长 9.6 厘米（图一三八，4）。

7. 樽

1 件。M2073：11，破损严重，但可复原。平口承盖，盖面稍隆起，顶部有直钮衔环，外饰四瓣柿蒂叶纹，往外有多周凸弦纹，盖下有子口伸入器腹内。器身直腹，平底，下有三矮蹄足，截面呈半圆形。上腹部对称有兽面铺首衔环，身下腹部有两道凹凸形宽带。盖径 24、高 4.8 厘米，器身口径 23.4、底径 24、高 20.6 厘米，通高 25.2 厘米（图一三八，5）。

8. 甀

1 件。M2073：44，由甀和镀合体组成。上部甀为敞口，深腹，底部有纵横箅眼。镀为直领，鼓腹，腹部有一周宽鋬，圜底。腹径 20、残高 21 厘米（图一三八，6）。

9. 灯

1 件。M2073：42，平沿，浅盘，盘中心有一供插蜡烛的锥形烛插，圆柱形实心柄，柄中间有两处各有三道凸棱，喇叭形足。口径12、底径10.4、高34.5厘米（图一三八，7）。

10. 盘

1件。M2073：10，宽平沿，浅盘，小平底，底部中间有一小圆孔。口径23.6、底径17.2、高2厘米（图一三八，8）。

（四）石器

1件（套）。有黛板。

M2073：7，灰色砂岩质地，出土时上部粘合有红色和黑色颜料，无研子。长11.8、宽4.9、厚0.6厘米（图一三八，11）。

（五）滑石器

1件。璧。

M2073：28，肉和好均有缘，缘上各有两周刻划纹。肉上主纹饰为在斜菱格之交点饰重圈纹。背面沾满了红色颜料。通径20.3、好径1.4、肉厚0.4厘米（图一三八，9）。

（六）铁器

1件。为环首刀。

M2073：5，残长21.8厘米（图一三八，12）。

（七）其他

有玛瑙管、铜五铢、泥金饼。

1. 玛瑙管

4枚。大小有别，形制基本相同。标本M2073：30-1，呈纺锤状的柱形，中间粗，两端稍细，中间有穿挂的孔。长2.2厘米（图一三八，10）。

2. 铜五铢

存100余枚，保存较差。内外廓都很规范，背面无其他符号。钱文字体纤细、清晰，"五"字上下两笔平行，中间两笔对称交叉。"铢"字的"金"头为三角形，下为四逗形原点，"朱"字上为方折，下为圆折。标本M2073：20，钱径2.7、穿径1.05厘米（图一三八，13）。

3. 泥金饼

存5枚，保存基本完整。形制和大小相同。泥质灰陶。模制。圆饼形，顶部略凹，平底，周身饰斜菱形网格纹，下部饰三道凹弦，多有黑色陶衣。M2073：21，直径5.9、高2.1厘米（图一三八，14）。

墓例三九　M2076（99常南原M19）

一　墓葬形制

长方形土墩竖穴墓。方向0°。墓室长3.30、宽2.26、残深0.40米（图一三九）。

葬具，从墓底残留的黑色漆皮推测应有椁有棺，但棺椁的规格已无法测量。墓底不见枕木沟痕迹。

葬式，因墓主的骨架已腐朽，无法判断。从随葬器物出土的位置推测墓主的头向可能为0°。

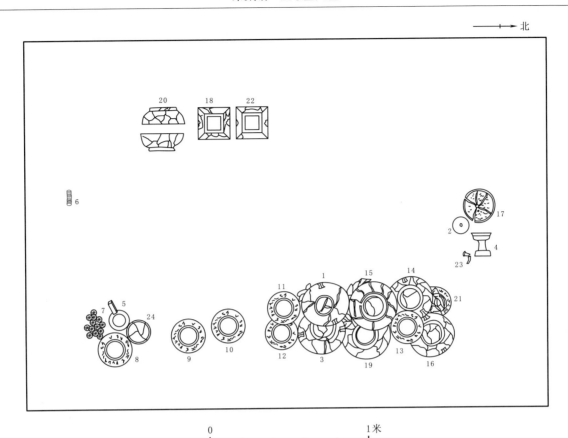

图一三九　M2076 平面及随葬器物分布图

1、3、14、16. 酱釉硬陶壶　2. 铜镜　4. 铜行灯　5. 陶熏炉　6. 铜五铢　7. 泥金饼　8、9、10、
12、13、21. 硬陶无耳罐　11. 硬陶双耳罐　15、19. 硬陶双唇罐　17. 滑石璧　18、22. 陶钫
20. 陶盒　23. 铜饰件　24. 铜樽

二　出土器物

24 件（套）。有软陶器 4 件、硬陶器 9 件、酱釉硬陶器 4 件、铜器 4 件、滑石璧 1 件、铜五铢和泥金饼（彩版七七，2）。

（一）软陶器

4 件。有盒、钫和熏炉。一件盒和二件钫保存较差，难以修复。

熏炉

1 件。M2076:5，子母口承连峰式盖，盖上有十数个不规则形烟孔。炉身敛口，深弧腹，实心短柄，盘底呈圈形，底部内凹。口径 9.2、通高 18.8 厘米（图一四〇，1）。

（二）硬陶器

9 件。均为罐。有无耳罐、双耳罐、双唇罐。

1. 无耳罐

6 件。形制基本相同，大小稍有区别。标本 M2076:8，平沿，尖唇，口微敞，束短颈，圆肩，深腹略内收，平底。周身饰方格纹。口径 10.4、腹径 17、底径 8.4、高 16.1 厘米（图一四〇，2）。

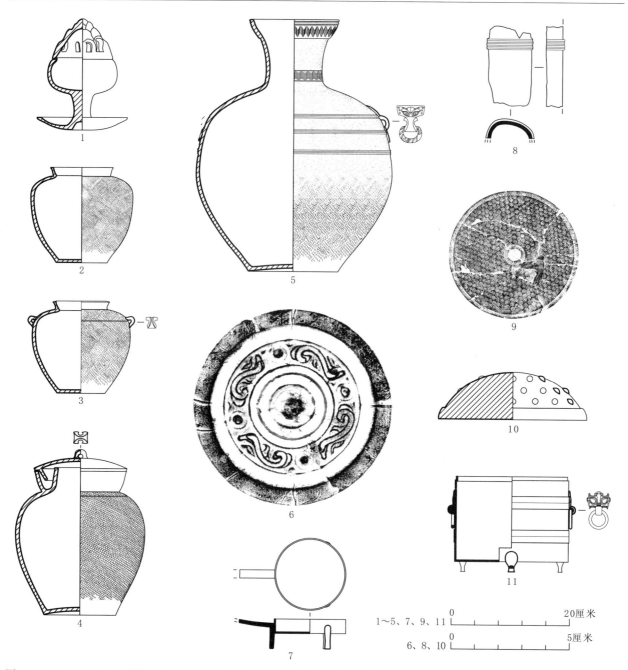

图一四〇　M2076 出土陶熏炉、硬陶无耳罐、双耳罐、双唇罐，酱釉硬陶壶，铜镜、行灯、樽、饰件，滑石璧，泥金饼
　　1. 陶熏炉（5）　2. 硬陶无耳罐（8）　3. 硬陶双耳罐（11）　4. 硬陶双唇罐（15）　5. 酱釉硬陶壶（1）　6. 铜镜（2）
　　7. 铜行灯（4）　8. 铜饰件（23）　9. 滑石璧（17）　10. 泥金饼（7）　11. 铜樽（24）

　　2. 双耳罐

　　1 件。M2076：11，外斜沿，尖唇，口微敛，束短颈，圆肩，弧腹，平底。上腹对称有双竖桥形附耳，附耳处有一道凹弦纹。口径 9.4、腹径 17.8、底径 8、高 15.6 厘米（图一四〇，3）。

　　3. 双唇罐

　　2 件。形制和大小基本相同。标本 M2076：15，带盖，盖为圆弧形，顶部有桥形纽。盖下子口伸入罐的双唇间，在加装水后将内部完全密封。内外双唇，内外唇基本同高，内唇内敛，外唇外敞。圆肩，鼓腹，平底略内凹。盖径 15.8、高 5.2 厘米，口径 15.6、腹径 22、底径 12.2、高 24.6

厘米（图一四〇，4；彩版七七，3）。

（三）酱釉硬陶器

4件。均为壶。形制基本相同，大小稍有区别。标本M2076：1，尖唇，折颈呈盘口状，圆肩，深鼓腹，平底略内凹。口沿部有三道凸棱，颈部和腹部各有多道凸弦纹，腹部对称兽面铺首衔环。口部和颈部均饰有8道水波纹。器身和腹部饰方格纹，从颈部到上腹部施酱黑色釉，釉层脱落严重。口径15、腹径33.2、底径15、高42.6厘米（图一四〇，5；彩版七八，1）。

（四）铜器

4件。有镜、行灯、樽和饰件。

1. 镜

1件。四乳四虺镜。M2076：2，圆形，半球形圆钮，圆钮座。主纹饰为四带座乳丁和四虺相间环绕。直径8.1、缘宽0.6、缘厚0.4厘米（图一四〇，6；彩版七八，2）。

2. 行灯

1件。M2076：4，残损较严重，但可辨器形和尺寸。矮柱状三足，长柄，浅盘。带柄长17.9、盘径12、高5厘米（图一三九，7）。

3. 樽

1件。M2076：24，子母口承盖，盖已失。尖唇，直口，腹壁直，中部两侧有对称兽面铺首衔环，平底，三蹄形足。腹部饰两周宽凸带纹。底径18.8、高16厘米（图一四〇，11）。

4. 饰件

1件。M2076：23，残损严重，也可能为铜器柄。断面呈椭圆形，上部有多道弦纹。残长3.4厘米（图一四〇，8）。

（五）滑石器

1件。为璧。

M2076：17，肉和好均有窄缘，缘上有一周刻划的三角锯齿纹。肉上主纹饰为在斜菱格之交点饰重圈纹，纹饰细密。通径21.6、好径2.2、肉厚0.4厘米（图一四〇，9）。

（六）其他

有铜五铢和泥金饼。

1. 铜五铢

存10余枚，保存极差。

2. 泥金饼

存6枚，保存完整。形制和大小相同。泥质灰陶。模制。圆饼形，顶部略凹，平底，周身饰小圆乳丁状纹饰，下部饰一道凹弦，多有黑色陶衣。标本M2076：7，直径6.2、高2厘米（图一四〇，10）。

注　释

① M2072：6和M2072：7的铜镜铭文释读参照了上海复旦大学鹏宇博士的意见。

土坑竖穴墓

第叁编

TUKENGSHUXUEMU

第一章　土坑竖穴墓的分布

土坑竖穴墓是沅水下游地区从新石器时代开始到春秋战国时期最主要的墓葬形式。进入汉帝国之后，这里仍是土坑竖穴墓的天下，只是从西汉中期开始，在今常德武陵区南坪一片较小的范围内出现了土墩竖穴墓。本报告收录的299座土坑竖穴墓，均位于沅水下游的德山及武陵区的临沅城、鼎城区的索县城、桃源县的采菱城、汉寿县的西湖古城和黄城港古城周边低矮的山丘上。

本区的两汉墓葬几乎是和东周墓葬同时发掘的，因为这里除少量东周墓和汉墓有独立分布的墓地外，许多墓地都是相间分布的，但有打破关系的却极为罕见。

第一节　武陵区德山土坑竖穴墓

德山位于沅水纳入洞庭湖的入口处，这里有沅水下游极为重要的支流之一——枉水，枉水汇入沅水的交叉处是德山的制高点——孤峰岭，海拔高程为97.6米。从孤峰岭向东和往南地势逐渐降低，连绵成低矮的小山丘，这些黄土深厚的山丘成为古人首选的人生后花园。因此尽管德山是本地区目前唯一还没有在周围发现同时期城址的地区，但却是目前发现和发掘墓葬最多的地区。这里集中的东周两汉墓葬至少在两千座以上，而已经发现、发掘和被破坏的墓葬至少千座以上。本报告收录了1984年以来在德山范围发掘的汉代土坑竖穴墓共103座，这些墓葬主要分布在孤峰岭东部和南部的德山二中及德山玻璃厂（工厂现已拆除不存，改为住宅小区）、德山二纺机（现改为汉顺房产公司的尊德天城商住小区）、德山生活湾小区、德山中路（含德山武陵酒厂旧址历年发掘的墓葬）、德山武陵酒厂桃花山墓区、德山恒安（含莲池村）等主要墓区，还有其他一些零散分布的墓葬（图一四一；彩版一，2）。

一　德山二中和德山玻璃厂墓群

德山玻璃厂二座汉墓发掘于1985年。德山二中墓群则是2007年德山二中校园向北部沅水南

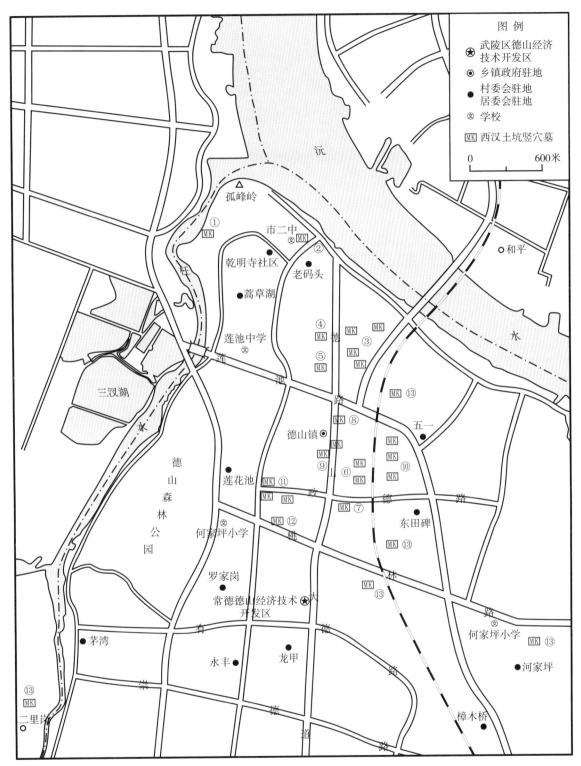

图一四一　武陵区德山西汉土坑竖穴墓分布示意图①

①德山玻璃厂西汉墓　②德山二中西汉墓　③德山二纺机（含德山汉顺房产公司）西汉墓群　④德山德政园西汉墓
⑤德山影剧院西汉墓　⑥德山生活湾小区西汉墓　⑦德山武陵酒厂旧址西汉墓　⑧德山地税局西汉墓　⑨德山阀门
厂和第一医院德山分院西汉墓　⑩德山武陵酒厂桃花山西汉墓群　⑪德山莲池村西汉墓　⑫德山汪家山西汉墓
⑬其他西汉墓

岸扩建时发现的，共 4 座。这两处西汉墓附近均分布有东周墓葬，西汉墓葬稀疏，但汉墓之间却
分布较紧密（图一四二），其中 M2153 和 M2154 还是目前沅水下游已发掘的汉代土坑竖穴墓中唯
一发掘出保留有排水设施的墓，排水沟采用河卵石和绳纹筒瓦及绳纹板瓦建成。这六座墓均为小
型墓，基本成两两一组分布，每组两座墓葬的规模区别不大、方向相近，可能属夫妻异穴合葬。

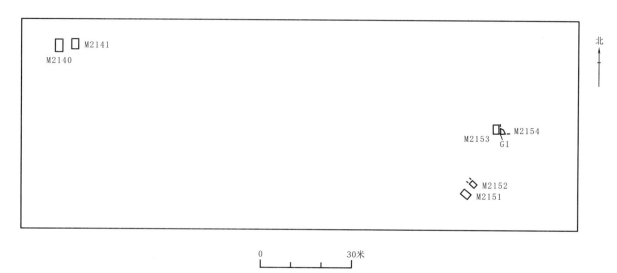

图一四二　　德山二中和德山玻璃厂西汉土坑竖穴墓分布图

二　德山二纺机（含汉顺房产、影剧院、德政园等）墓群

墓群是一处东周墓和西汉墓相间分布的墓区，其发掘始于 1985 年，一直是配合历年的基本建
设而进行，一直持续到 2011 年。位于德山大道的东西两侧、莲池路以北、德山二桥以西，包含汉
顺房产公司、德山影剧院、德政园等墓地（图一四三），共 22 座。目前本区仍有许多墓葬位于建
筑和道路之下。这些墓葬在发掘前就位于南宋末年的抗元城池——南城故城范围内，还有历代其
他墓葬，又是德山老码头附近人类居住和厂房分布集中的区域，所有墓葬均无封土存留。该地除
M2146 一座带有斜坡墓道、规格较高、规模较大外，其他主要为小型墓。M2146 墓底葬具虽然全
朽，但从保留的痕迹判定为双棺并列同穴合葬，是本墓区唯一一座推测可能为夫妻同穴合葬的墓。

三　德山生活湾小区墓群

墓群位于德山大道以东、莲池路以南，2007 年建德山生活湾商住小区时发掘。这里为东周墓
和西汉墓相间分布，其中东周墓 3 座、西汉墓 6 座。墓葬因在施工中受到破坏，部分墓葬损毁严
重（图一四四）。有两座带斜坡墓道的墓，其余均为小型墓葬。墓葬方向为 20°～25°。

四　德山中路墓群（含武陵酒厂旧址、地税局曾家山、阀门厂和第一医院德山分院等）

墓群以德山大道（原称德山中路）中段为中心，含道路两侧的许多小山包，历年发掘的共 32
座，有 1984 和 2004 年发掘的德山阀门厂 5 座、1987 和 1988 年清理发掘的武陵酒厂旧址 11 座、
1987 和 1996 年发掘的曾家山 7 座及 1994 年清理的德山中路（现称德山大道）9 座，这些墓区中
间一般东周墓分布较少（图一四五）。这里的墓葬也以中小墓葬为主，均为长方形或近方形墓坑，

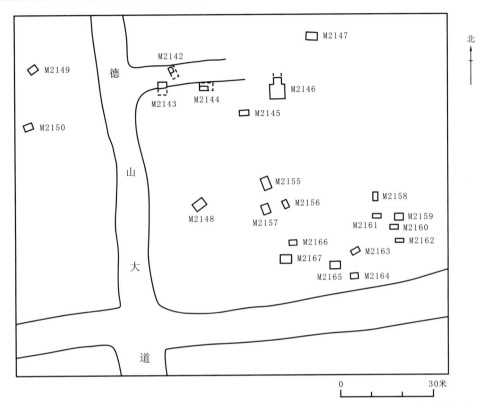

图一四三 德山二纺机（含汉顺房产、德山影剧院、德政园等）西汉土坑竖穴墓分布图

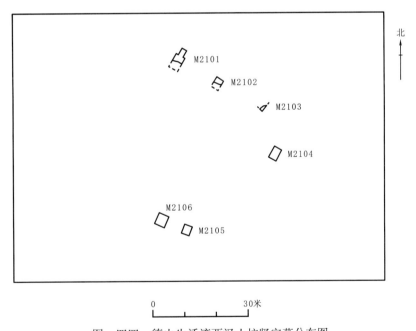

图一四四 德山生活湾西汉土坑竖穴墓分布图

无墓道。墓葬开口最大的 M2124，墓口长 4.35、宽 3.40、深 3.70 米，出土陶鼎、盒、壶各 5 套及罐、灶、镌壶和滑石印章及铁剑。

五 德山武陵酒厂桃花山墓群

桃花山位于德山的东麓。1993 年，为了配合当年武陵酒厂的酱香型白酒"武陵酒"获得全国

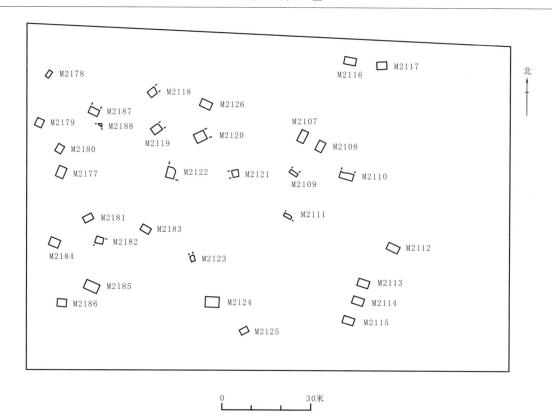

图一四五　德山中路西汉土坑竖穴墓分布图

金奖后厂区扩建而发掘了东周墓和西汉墓及其他时代的墓葬共 133 座，其中西汉墓 15 座。根据其分布于小山的不同位置可以将发掘区分为南、中、北三区，西汉墓主要集中在中区，尤其是集中于当时保存完好的独立小山包——桃花山上，在桃花山向东延伸的山脊和向北延伸的低矮山脊上也零星分布着 6 座西汉土坑竖穴墓（图一四六）。桃花山墓群是沅水下游已经发掘的保存最完整、规模最大、级别最高的墓地，既体现了家族聚族合葬的习俗，又明确反映了夫妻同穴合葬的特征。发掘前桃花山最高点就是 M2098 封堆的顶点，同一封堆下还有 M2096，而其他 7 座墓则位于封堆东部，上面均保存有少许封土。

六　德山恒安（含莲池村、汪家山等）墓群

德山恒安墓群包含了位于枉水以东、德山大道以西、桃林路以北、莲池路以南范围内历年发掘的墓葬 13 座。本区分布的东周墓要比西汉墓葬多，许多墓地以东周墓为绝对主体，其内零星分布极少数的西汉墓。西汉土坑竖穴墓集中的是恒安二期改扩建工程范围内和德山汪家山两个墓地，两者相距约 80 米。德山汪家山 3 座墓是 1992 年由湖南省考古研究所和常德市文物处联合发掘的，三座墓位于同一封堆之下（图一九二）。恒安二期工程内分布的 8 座西汉墓则分别位于两座相互独立小山包的山顶和山脊（图一四七）。发掘前 M2131 和 M2132 就是位于同一封堆下的两座可能属夫妻的合葬墓。M2129 和 M2130 两座小型墓位于封堆的南侧。M2133 和 M2134 两座是有打破关系、均有积炭现象的西汉墓，因发掘前受到严重破坏，具体的结构不是很清楚。M2135 和 M2136 两座墓则位于 M2133 和 M2134 北部的山脊。这两处的西汉墓均以带墓道的中型墓为主，规模相对较大。

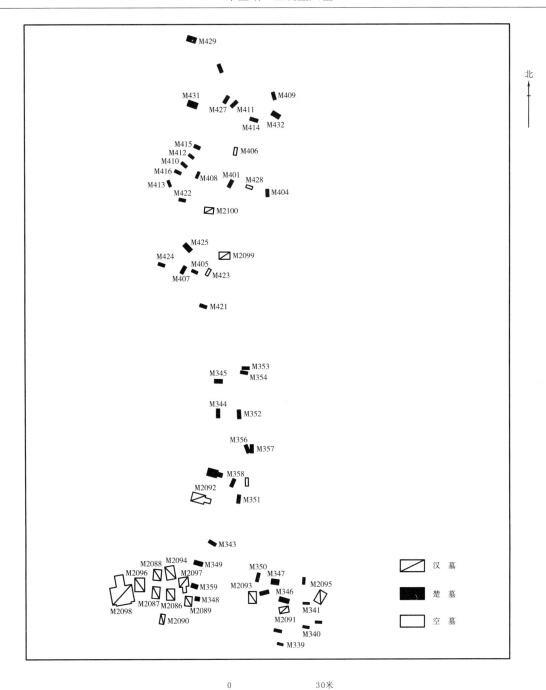

图一四六　德山武陵酒厂桃花山东周、西汉土坑竖穴墓分布图

第二节　鼎城区土坑竖穴墓

　　鼎城区境内已经发掘的两汉墓葬主要分布在沅水北岸的重要支流渐水中游灌溪镇（乡）五里村的三三砖厂、老虎堰砖厂、护城砖厂、武陵砖厂、黄土山和石板滩烟草机械厂等处，共128座。

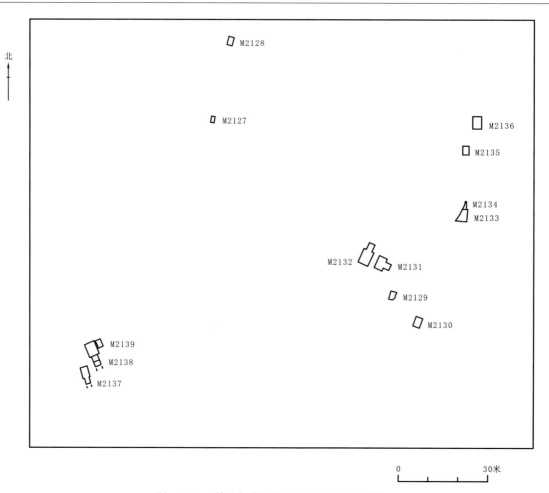

图一四七　德山恒安西汉土坑竖穴墓分布图

一　灌溪五里板栗山墓群

板栗山是鼎城区灌溪镇五里村一处多座连绵起伏的小丘岗的总称，从20世纪80年代开始，山的周边先后建起了老虎堰砖厂、护城砖厂、武陵砖厂等多座烧制红砖的砖厂，常德地区文物工作队和鼎城区文物管理所多次组织抢救性清理发掘，先后清理了东周墓66座和西汉土坑竖穴墓37座。墓地中东周墓和汉墓基本有各自相对独立的墓地，并无打破关系。墓地距渐水的距离在2000~3000米以内，主要位于四个连接的小丘岗顶部及山腰，南北长220米，东西宽190米，总面积约4.2万平方米（图一四八）。37座西汉土坑竖穴墓均为小型墓，方向以向东和东北为主。墓口之间有的相距较近，墓的方向也较接近，规模差别也无显著差异，其中存在两组有打破关系的墓葬。

二　灌溪樟树山墓群

樟树山位于鼎城区灌溪镇岗市村，东傍沅水支流渐水，属丘陵岗地，由多座连绵起伏的小山组成。1985年，这里建立三三砖厂后，常德地区文物工作队和常德县文化馆（鼎城区文物管理所的前身）联合在1985至1987年间共清理了各时代墓葬105座，其中东周墓51座、西汉墓47座。西汉墓主要集中在三座呈西北东南走向的小山丘上，墓葬分布较密集，不见有打破关系。墓葬主要以小型墓为主，仅一座（M2228）带长方形斜坡墓道，方向以向东（或西）及北为主（图一四

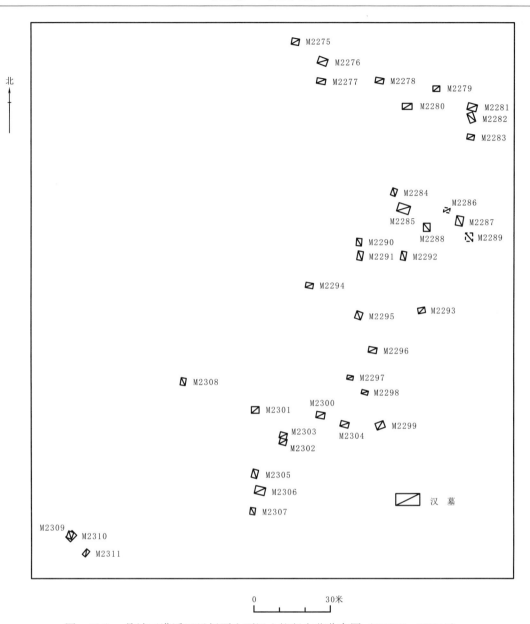

图一四八　鼎城区灌溪五里板栗山西汉土坑竖穴墓分布图（M2275～M2311）

九）。虽然部分墓葬的墓口相距较近，但因上部的封土在发掘前已全部被毁，已难以判定是否存在同一封堆下可能的家族合葬墓。

三　灌溪五里墓群

灌溪五里墓群主要指 2011 年在鼎城区灌溪五里村兴建的中联重科中小吨位汽车起重机技术改造项目范围内清理发掘的西汉墓葬。墓地东西跨度约 350 米、南北长约 520 米，面积约 18 万平方米，墓葬分布跨越包括板栗山等六座小山丘，山丘间早期还曾是多座砖厂的取土场。发掘工作从 2011 年 7 月开始，持续到 10 月基本结束，先后清理东周墓 27 座、西汉墓 39 座。墓葬的分布大致可分为东、西两区，西区共 29 座，分布在四座小山丘上（图一五〇）。东区共 10 座，分布在两座小山丘上（图一五一）。墓葬以中小型为主，仅三座带墓道，其中一座（M2201）为竖穴式偏墓道，其余两座（M2207 和 M2222）的墓道为斜坡式。墓葬的方向以东和北（或南）为主，无打破

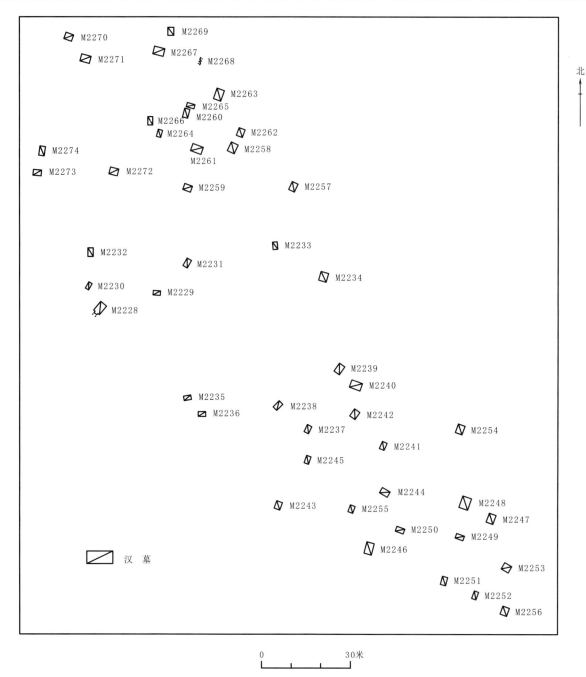

图一四九　鼎城区灌溪岗市樟树山西汉土坑竖穴墓分布图（M2228～M2274）

关系。发掘前墓群上部的封土大多保存较完整，其中有多组可能属同一封堆下合葬的家族墓，如M2198、M2199、M2200。还有许多两座一组分布的墓：两座墓的墓口相距0.10～1.20米，规模相近，时代差别较小，方向基本一致。这类墓葬则可能属夫妻的异穴合葬墓。

第三节　桃源县土坑竖穴墓

桃源县境内的西汉土坑竖穴墓主要分布在采菱城周边的青林乡和枫树乡，今桃源县城城关的漳

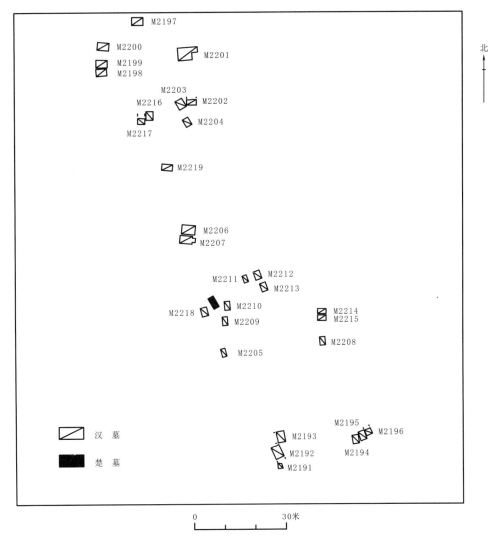

图一五〇　鼎城区灌溪五里东周、西汉土坑竖穴墓西区分布图（M2191～M2219）

江镇二里岗的官房山、独岗嘴也有广泛的分布。1984 年由湖南省考古研究所和常德市文物工作队及桃源县文化局、桃花源文物管理所在青林乡（当时称茅草街乡）狮子山首次组织了大规模东周～西汉墓群的抢救性发掘。1987 年，由常德市文物工作队和桃源县文物管理所联合发掘了二里岗东周～西汉墓共 23 座，之后的 1988、1989、1992、2001 年，又先后在枫树乡二砖厂（武家堆）、二里岗的独岗嘴、废品仓库、青林乡羊耳村陈家岗发掘了西汉土坑竖穴墓 16 座，这些墓葬分布较零散。

一　青林狮子山墓群

青林狮子山墓群位于桃源县东北 5000 米处，墓地东临沅水，西靠常德至桃源的公路，北近白洋河，南距采菱城约 200 米。发掘始于 1984 年 9 月中旬，10 月下旬结束，共清理东周墓 52 座、西汉墓 17 座。这里的东周墓多与西汉墓混杂一处，存在多组打破关系。有西汉墓打破东周墓，也有西汉墓间的打破关系。墓葬均以小型为主，17 座西汉墓中仅一座（M2362）有斜坡墓道。在狮子山山包的东、南端保存有一残高 3.1 米、底部直径 15 米左右的封堆。整个封堆是以 M2362（84狮子山 M68）为中心，共有 3 座汉墓（M2360～M2362）和 4 座东周墓（84 狮子山 M55、84 狮子山 M66、84 狮子山 M69、84 狮子山 M70），打破关系较复杂，但三座汉墓之间的打破关系清晰：

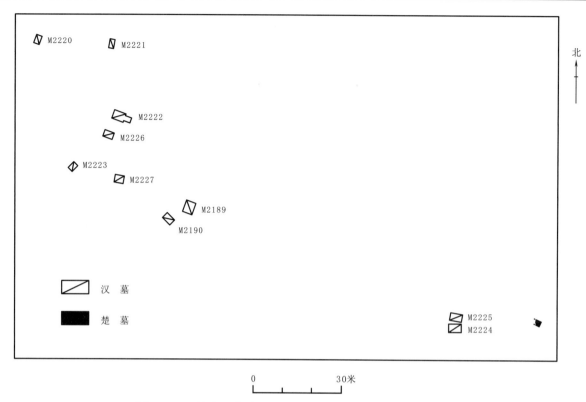

图一五一 鼎城区灌溪五里东周、西汉土坑竖穴墓东区分布图

M2360 打破 M2361，同时 M2361 还被 M2362 打破（图二五五）。

二 二里岗墓群

二里岗墓群位于县城的南部，这里东近沅水。1987 年在修建县城至千梯山的县级公路中发现，常德市文物工作队和桃源县文化馆联合在公路的二里岗路段清理了东周墓多座、西汉墓 14 座（图一五二），均为小型墓葬。墓葬中有三组打破关系，其中两组属西汉墓打破楚墓，一组（M2327 打破 M2326）属西汉墓间的打破关系。墓葬方向较一致，均为西北—东南走向，少数为东北—西南走向。

第四节 汉寿县土坑竖穴墓

汉寿县境内分布有两座两汉时期的古城，西湖古城内还发现了十余口水井（2012 年笔者在核查汉寿县文物局发掘的汉墓资料时，在库房发现了出自西湖古城内多口两汉古井的大量陶罐、建筑用筒瓦和板瓦，只是目前未见报道），普查中发现的两汉墓群也不少，但真正发掘的西汉墓葬却并不多，主要有湖南省考古研究所于 1996、1997 年在配合长常高速公路和石长铁路中发掘的毛家滩、聂家桥战国—西汉墓及汉寿县文物局抢救性清理的株木山盘坡岭战国—西汉墓群，其均为两种墓葬相混杂。最为集中的是 2001 年由常德市文物处和汉寿县文物管理所联合发掘的聂家桥乡武峰山墓群。该墓群位于三座相连的小山丘上，发掘前地面还可见高 1~3 米、底径 5~8 米的封堆。墓地分布范围南北长约 125 米、东西宽约 65 米，总面积约 4 万平方米。共有西汉墓 21 座、东周墓 14 座。西汉墓主要集中在南部，北部和中部也有分布（图一五三）。

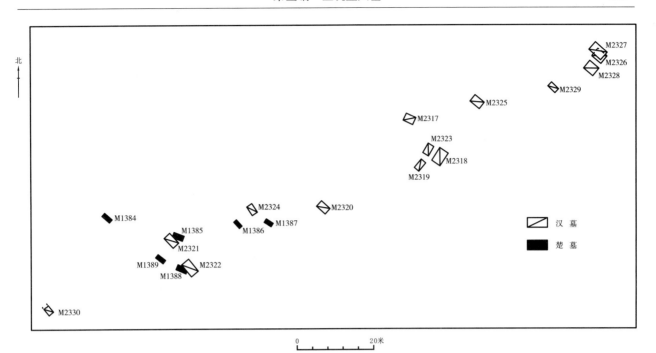

图一五二　桃源县漳江镇二里岗东周、西汉土坑竖穴墓分布图

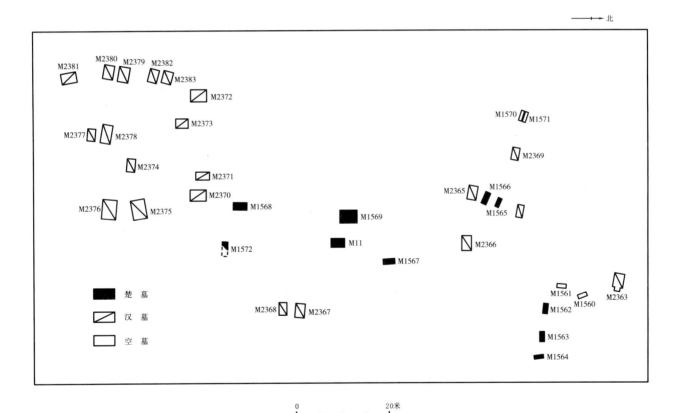

图一五三　汉寿县聂家桥乡武峰山东周、西汉土坑竖穴墓分布图

注　　释

① 底图来源于《常德市地区图》，湖南地图出版社，2013 年。

第二章　土坑竖穴墓的墓例

报告中收录的 299 座土坑竖穴墓分布跨两区两县，墓地间最东和最西相距近百里，南北亦然。为了尽量完整地反映沅水下游西汉土坑竖穴墓的特征，墓例的挑选原则本着：不同规格的墓葬各挑代表，不同形制结构的墓葬全部挑选，有打破关系的墓葬优先挑选，同一封堆下的多座墓尽量全部挑选，同一墓地中尽量挑选保存完整的，尽量挑选时代差异较大的墓。本部分共挑选了墓例 57 座，其中武陵区德山 26 座、鼎城区 18 座、桃源县 5 座、汉寿县 7 座、武陵区南坪 1 座。

墓例四〇　M2086（93 德武桃 M13）

一　墓葬形制

长方形土坑竖穴墓。方向 0°。该墓是武陵区德山武陵酒厂桃花山墓区 15 座土坑墓中并不起眼的一座，由于在发现时，墓口已在施工中被机械推毁，因此难以准确判断此墓葬的原始深度。墓底长 3.70、宽 2.70、残深 0.60 米（图一五四）。

葬具，结构不清晰，但从墓底残留痕迹推测应有椁有棺。

枕木沟，墓底有两条横向枕木沟，沟长 2.90、宽 0.24、深 0.10 米，两端均伸入墓底两侧墓壁内。

葬式，因墓主的骨架已腐朽，无法判断。

填土，使用原墓坑网纹红土捣碎后形成的五花土回填，有夯筑的痕迹，但夯层不明显。

二　出土器物

19 件（套）。有软陶器 12 件、硬陶器 1 件、酱釉硬陶器 3 件、铜器 2 件、滑石璧 1 件（图版一三，1）。

（一）软陶器

12 件。有鼎、壶、钫、盘、瓮、灶、井、镳壶和熏炉。

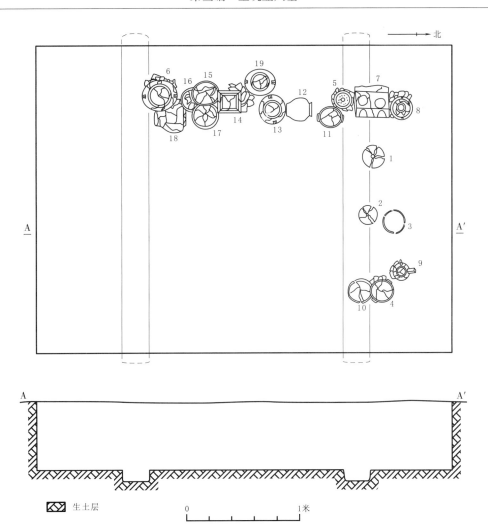

图一五四　M2086 平、剖面及随葬器物分布图

1. 滑石璧　2. 铜镜　3. 铜盘　4、11. 陶鼎　5. 陶熏炉　6、13、19. 酱釉硬陶壶　7. 陶灶
8. 陶井　9. 陶镳壶　10. 陶盘　12. 硬陶罐　14. 陶钫　15～17. 陶壶　18. 陶瓮

1. 鼎

2 件。形制和大小相同。子母口承盖，盖呈弧形，盖顶有长方形实纽。敛口，扁腹，圜底，三蹄足稍外撇，长附耳外撇，最大腹径在口沿之下。标本 M2086：4，口径 17.8、腹径 20、通高 19.5 厘米（图一五五，1；彩版七八，3）。

2. 壶

3 件。形制和大小基本相同。标本 M2086：15，平沿，尖唇，折颈，盘口，扁腹，圈足较矮。上腹部饰对称铺首。铺首上下有多道凹弦折棱。口径 14、腹径 22、底径 15.4、通高 24.2 厘米（图一五五，2）。

3. 钫

1 件。M2086：14，平沿承盝顶式盖，钫身略敞口，沿外有一周宽带，方腹略鼓，高方足外撇，腹部饰对称铺首。口径 10.8、腹径 17.8、底径 12、通高 37.8 厘米（图一五五，3）。

4. 灶

1 件。M2086：7，灶呈方形。上有两釜座，正面有两个半椭圆形落地火门，后部有高挡风板，

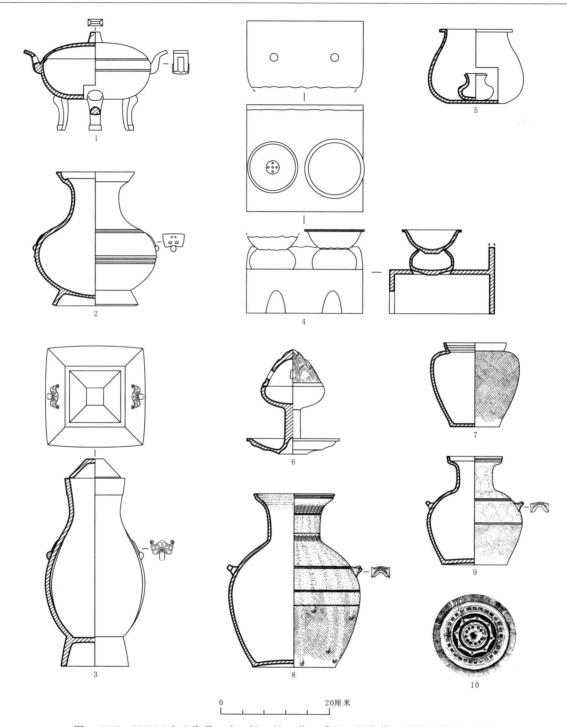

图一五五　M2086 出土陶鼎、壶、钫、灶、井、熏炉，硬陶罐，酱釉硬陶壶，铜镜

1. 陶鼎（4）　2. 陶壶（15）　3. 陶钫（14）　4. 陶灶（7）　5. 陶井（8）　6. 陶熏炉（5）

7. 硬陶罐（12）　8、9. 酱釉硬陶壶（6，13）　10. 铜镜（2）

后挡板上有 2 个从里往外斜的圆形烟孔，灶面置两小陶釜和陶甑。长 21.2、宽 19、残高 11.8 厘米（图一五五，4）。

5. 井

1 件。M2086:8，宽平沿，束颈，弧腹下垂，平底，内置一侈口束颈小平底的汲水小罐。口径 13、底径 10、高 13.4 厘米（图一五五，5）。

6. 熏炉

1 件。M2086：5，由盖、炉身、柄和托盘组成。盖为浮雕连峰式，布满不规则烟孔。炉身平口承盖，深腹，柄中空较浅。托盘宽平沿，斜腹。口径 11、盘径 16.8、底径 5、通高 18.8 厘米（图一五五，6）。

另有盘、瓮和镚壶各 1 件，均残损严重。

（二）硬陶器

1 件。为罐。肩部和腹部均饰方格纹。

M2086：12，平沿，尖唇，口微敞，口沿内有多道凸棱，束颈，圆肩，长弧腹，平底，最大腹径位于肩部。口径 11.2、腹径 15.8、底径 8.8、高 15.2 厘米（图一五五，7）。

（三）酱釉硬陶器

3 件。均为壶。形制基本相同，但大小稍有差别。

标本 M2086：6，平沿，尖唇，浅盘口，外沿有两道凹弦纹。长颈，溜肩，长鼓腹，大平底稍内凹，肩部有对称横贯双耳。上颈部和下颈部分别有两道凹弦纹及 6 道、5 道二组水波纹，双耳上下均有凹弦纹。周身饰方格纹，从口沿开始到上腹部施有酱色釉，釉呈青绿色，和青瓷的颜色很接近。有流釉现象，流釉的釉线和釉滴明显，釉层和胎体结构紧密。口径 14.6、腹径 23.6、底径14.8、高 31.4 厘米（图一五五，8；彩版七八，4）。

标本 M2086：13，相同形制和大小的 2 件。平沿，尖唇，盘口，外沿有两道凹弦纹。长颈，溜肩，长鼓腹，大平底稍内凹。肩部有对称横贯双耳，双耳上下均有凹弦纹。腹部饰方格纹，肩和上腹部施酱黑色釉，釉层脱落严重。口径 10、腹径 17、底径 11.6、高 19.6 厘米（图一五五，9）。

（四）铜器

2 件。有镜和盘。

1. 镜

1 面。连弧铭带纹镜。M2086：2，圆形，半球形钮。钮外有十二颗连珠及一周栉齿纹和一周凸素带。钮座外有八段内向连弧，之间饰以龙头，每个龙头两侧有三条平行圆弧线。再往外是两周栉齿纹及一周铭文[①]："涷（炼）治铜（铜）華（华）清而明（明），以之爲（为）鏡（镜）而宜文章，延年益壽（寿）去不羊（祥），與（与）天毋（无）極（极）而（如）日光。"直径14.9、缘宽 1.25、缘厚 0.55 厘米，重 278 克（图一五五，10）。

2. 盘

残损严重，仅在发掘时可辨器形。

（五）滑石器

1 件。为璧。出土于墓主头端。

M2086：1，残损严重。肉上无缘，好的结构不清。肉正面有浅而稀疏的斜菱格，在菱格的交叉点上饰重圈纹。通径 21.6、肉厚 0.32 厘米。

墓例四一　M2092（93 德武桃 M24）

一　墓葬形制

带阶梯墓道的长方形土坑竖穴墓。墓道方向和墓葬方向一致，均为 105°。该墓是德山武陵酒厂桃花山墓区 15 座土坑墓中结构比较独特的墓葬，东部墓道带五级台阶，宽度分别为（以保存的墓口为准）：0.30、0.50、0.50、0.40、0.38 米，保存墓道长 2、宽 1.50 米；墓道底部距墓底 1.50 米，坡度约 30°。发现时墓口长 4.40、宽 2.90 米，墓底长 4、宽 2.50 米，残深 2.70 米（图一五六）。

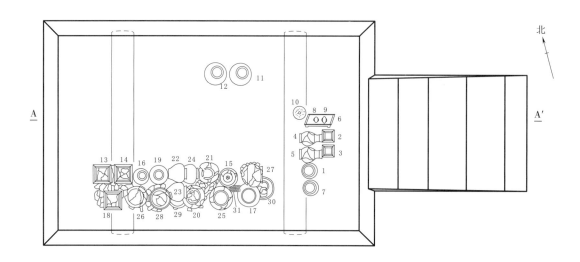

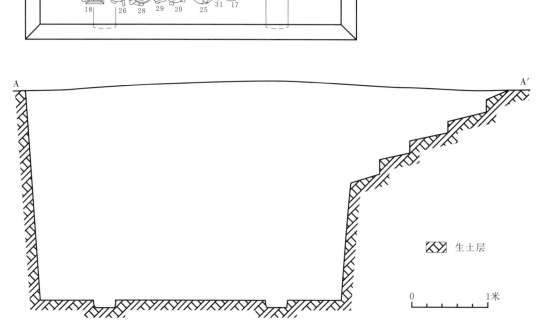

图一五六　M2092 平、剖面及随葬器物分布图

1、7. 滑石盒　2、3. 滑石钫　4、5. 滑石壶　6. 滑石案　8、9. 滑石耳杯　10. 滑石璧

11、12、16、19、22~24. 硬陶罐　13、14、18. 陶钫　15. 陶镜　17、27、30. 陶盒

20、21、25. 陶壶　26、28、29. 陶鼎　31. 泥五铢

葬具，结构不清晰，但从墓底残留痕迹推测应有椁有棺。

枕木沟，墓底有两条对称的横向枕木沟，沟长 2.62、宽 0.30、深 0.10 米，两端均伸入墓壁的两侧。

葬式，因墓主的骨架已腐朽，无法判断。

填土，均为原墓坑网纹红土捣碎后形成的五花土回填。

二　出土器物

31 件。有软陶器 13 件、硬陶器 7 件、滑石器 10 件及泥五铢（图版一三，2）。

（一）软陶器

13 件。有鼎、盒、壶、钫、镂等，大部分保存较差，可辨器形而难以修复。

1. 钫

3 件。形制和大小基本相同。标本 M2092：14，平沿承盝顶式盖，钫身略敞口，沿外饰一周宽带，方鼓腹，高方足，腹部饰对称铺首。口径 10.8、腹径 19.6、底径 12.2、通高 39.2 厘米（图一五七，1）。

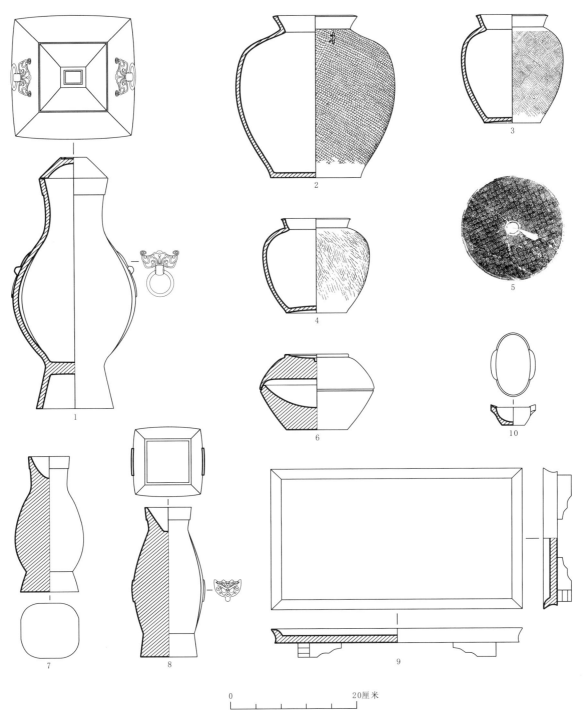

0　　　　　　　　20厘米

图一五七　M2092 出土陶钫，硬陶罐，滑石璧、盒、壶、钫、案、耳杯

1. 陶钫（14）　2~4. 硬陶罐（11，23，22）　5. 滑石璧（10）　6. 滑石盒（1）　7. 滑石壶（4）　8. 滑石钫（2）

9. 滑石案（6）　10. 滑石耳杯（8）

（二）硬陶器

7件。均为罐。肩部和腹部均饰方格纹，其中11、16、19、23和24号罐的肩部均有刻划字符（图四六二，2~6）。

标本M2092:11，同样形制的有2件。平沿，尖唇，敞口，束颈，圆溜肩，长鼓腹，大平底，最大腹径位于中部。口径13、腹径24.6、底径14、高25.4厘米（图一五七，2）。

标本M2092:23，尖唇，敞口，束颈，溜肩，弧腹，平底稍内凹。口径11.2、腹径15.8、底径8.8、高17厘米（图一五七，3）。

标本M2092:22，周身饰错乱绳纹，同样形制的有4件。外斜沿，尖唇，口微敞，束颈，圆肩，弧腹，平底内凹。口径10.8、腹径16.6、底径9.4、高14.8厘米（图一五七，4）。

（三）滑石器

10件。有璧、盒、壶、钫、案、耳杯等。

1. 璧

1件。出土于墓主头端。M2092:10，肉、好均有窄素缘。主纹饰为在细直线交叉构成的方格纹中间和方格的四角饰重圈纹。通径16.4、好径1.7、肉厚0.65厘米（图一五七，5）。

2. 盒

2件。形制和大小相同。标本M2092:1，由盖和身组成，由乳白色滑石制作，打磨抛光工整。圆弧形盖顶部内凹，周边有矮圈足状捉手。盒身子口，弧内腹，弧壁，平底。盒身口径17、底径9.7、通高11.8厘米（图一五七，6）。

3. 壶

2件。形制和大小相同。标本M2092:4，由一块滑石制作而成，身呈椭圆状。平沿，尖唇，鼓腹，圈足，平底。仅口沿部分空，其余全为实心。口径6.4、腹径10.8、底径9.2×8.6、高21.2厘米（图一五七，7）。

4. 钫

2件。形制和大小相同。标本M2092:2，无盖，方口外侈，束颈，方腹较直，方圈足。腹部对称浮雕兽面铺首。口径7、腹径11.2、底径8.6、高23.4厘米（图一五七，8）。

5. 案

1件。标本M2092:6，为整块滑石制作而成。长方形，浅盘。下部有四个对称的长方形足。长39.2、宽22、高4.4、足高2厘米（图一五七，9）。

6. 耳杯

2件。形制和大小相同。标本M2092:8，椭圆形，敞口，圆唇，窄附耳与口部连成一体并上翘，平底。长10、通耳宽7、通高3.2厘米（图一五七，10）。

（四）其他

为泥五铢，出土时保存较差。

墓例四二　M2093（93德武桃M26）

一　墓葬形制

长方形土坑竖穴墓。墓葬方向为180°。施工中墓口上部被机械推毁，发现时墓口长3.90、宽

2.60、深 3.10 米（图一五八）。

葬具，结构不清晰，但从墓底残留痕迹推测应有椁有棺。

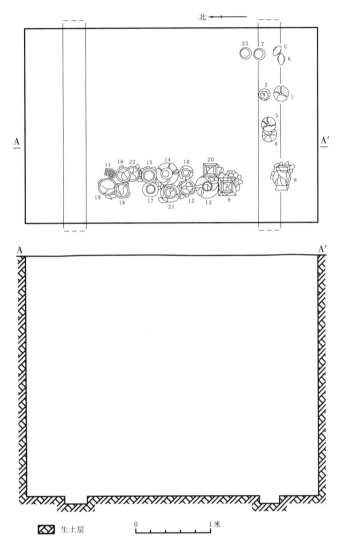

图一五八　M2093 平、剖面及随葬器物分布图

1、3、4. 滑石璧　2. 滑石镜　5、6. 滑石耳杯　7、23. 滑石盘　8、9、20. 陶钫　10、15、

17、21. 陶罐　11. 泥半两　12、16、18、19. 陶鼎　13、14. 陶壶　22. 陶盒

枕木沟，墓底有两条对称的横向枕木沟，沟长 2.80、宽 0.30、深 0.10 米，两端均伸入墓壁的两侧。

葬式，因墓主的骨架已腐朽，无法判断。

填土，墓室内为原墓坑网纹红土回填。

二　出土器物

23 件（套）。有软陶器 14 件、滑石器 8 件和泥半两。

（一）软陶器

14 件。有鼎 4 件、盒 1 件、壶 2 件、钫 3 件、罐 4 件，均保存较差。

（二）滑石器

8件。有璧、镜、盘和耳杯等（图版一四，1）。

1. 璧

3件。均出土于墓主头部一端。肉、好均有素窄缘。主纹饰为在斜棱格的中间饰重圈纹。

M2093：1，通径18.4、好径1.8、肉厚0.6厘米（图一五九，1）。

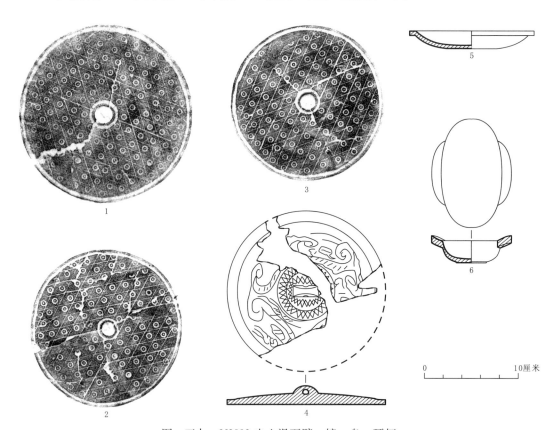

图一五九　M2093出土滑石璧、镜、盘、耳杯

1~3. 璧（1，3，4）　4. 镜（2）　5. 盘（23）　6. 耳杯（5）

M2093：3，通径16.3、好径1.5、肉厚0.7厘米（图一五九，2）。

M2093：4，通径16.2、好径1.6、肉厚0.6厘米（图一五九，3）。

2. 镜

1件。M2093：2，残损修复。桥形纽，无纽座，纽之中部有穿。纽外纹饰分内外两层，分别由四组和八组相互连接的如意状云纹组成，最外靠缘处有一道不太规整的阴刻线纹。中间厚，周边薄。素窄平缘。直径17、缘厚0.6厘米（图一五九，4；彩版七九，1）。

3. 盘

2件。形制和大小相同。标本M2093：23，宽平沿，浅腹，斜收腹，圜底近平。口径13、底径5.6、高1.9厘米（图一五九，5）。

4. 耳杯

2件。形制和大小相同。标本M2093：5，杯呈椭圆形，敞口，圆唇，附耳较宽，与口部连成一体并上翘，平底。长11.6、通耳宽8.4、通高2.9厘米（图一五八，6）。

（三）其他

泥半两，出土时保存较差。

墓例四三　M2094（93 德武桃 M32）

一　墓葬形制

长方形土坑竖穴墓。方向 170°。该墓是德山武陵酒厂桃花山墓地 15 座西汉墓中的中型墓葬，墓口上部已在施工中被推毁，已难准确判断墓葬的原始深度，现存墓底长 4.30、宽 3、残深 1.70 米（图一六〇）。

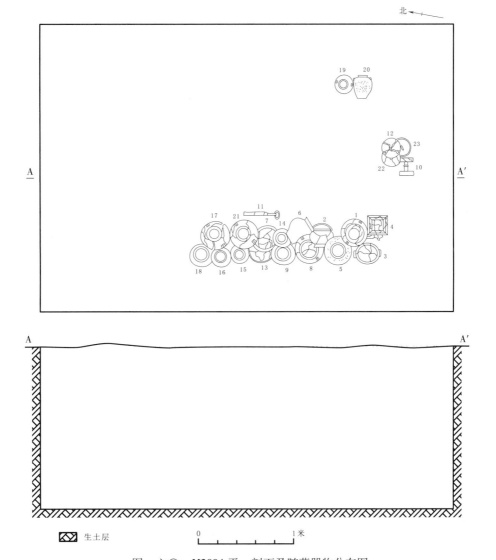

图一六〇　M2094 平、剖面及随葬器物分布图

1、8、15、17、21. 酱釉硬陶壶　2. 陶盒　3. 陶鼎　4. 陶钫　5、9、14. 硬陶无耳罐
6、16、18~20. 硬陶双耳罐　7、13. 陶壶　10. 滑石灯　11. 铁环首刀　12、22. 滑石璧
23. 滑石镜

葬具，结构不清晰，但从墓底痕迹推测应有椁有棺。墓底不见枕木沟的痕迹。

葬式，因墓主的骨架已腐朽，无法判断。

填土，使用原墓坑网纹红土回填，可见夯筑的痕迹，但难见明显的夯层。

二 出土器物

23 件（套）。有软陶器 5 件、硬陶器 8 件、酱釉硬陶器 5 件、滑石器 4 件和铁环首刀（图版一四，2）。

（一）软陶器

5 件。有鼎、盒、壶、钫，均保存较差。

（二）硬陶器

8 件。均为罐。肩部和腹部均饰方格纹。根据其形制和特征可分为双耳罐和无耳罐。

1. 双耳罐

5 件。形制和大小基本相同。标本 M2094：6，平沿，尖唇，口微敞，束颈，圆肩，收腹，平底，最大腹径位于肩之下。肩部对称有双附耳。口径 9.4、腹径 16.4、底径 8.2、高 15.4 厘米（图一六一，1；彩版七九，2）。

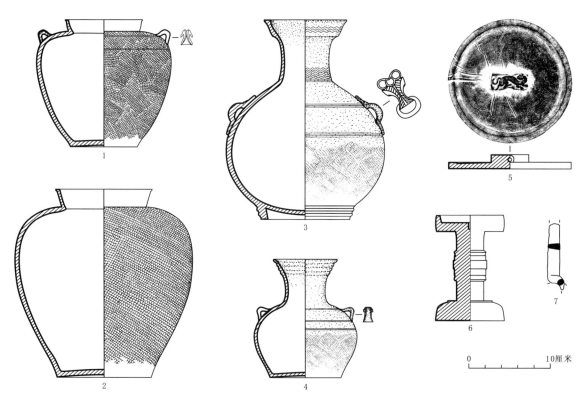

图一六一 M2094 出土硬陶双耳罐、无耳罐，酱釉硬陶壶，滑石璧、镜、灯，铁环首刀
1. 硬陶双耳罐（6） 2. 硬陶无耳罐（5） 3、4. 酱釉硬陶壶（8，1） 5. 滑石镜（23）
6. 滑石灯（10） 7. 铁环首刀（11）

2. 无耳罐

3 件。形制和大小基本相同，个体比双耳罐大，但器形并无大的差别。标本 M2094：5，平沿，尖唇，口微敞，束颈，圆肩，收腹，大平底稍内凹，最大腹径位于肩部之下。口径 11.8、腹径

21.6、底径 11.6、高 22.8 厘米（图一六一，2）。

（三）酱釉硬陶器

5 件。均为壶。其中 M2094：8 和 M2094：15 两件形制和大小相同，M2094：17 和 M2094：21 两件形制基本相同，个体稍小。M2094：1 则与其有较大区别。此墓出土的三件酱釉硬陶壶均是在胎体上饰细方格纹后再施釉，釉色均匀，结构紧密，极少有脱釉现象，釉色与常见的酱黑色不同而与青瓷器相近，可能属本地模仿外地输入青瓷器而烧制的。

标本 M2094：8，平沿，尖唇，浅盘口，外沿有两道凹弦纹。长颈，溜肩，长鼓腹，矮圈足。肩部有对称的变形云纹状铺首及桥形耳，耳下衔附加堆纹环，耳上饰叶脉纹。在外口沿及颈部有多道凹弦纹和 3 道、6 道二组水波纹，双耳上下均有凹弦纹。圈足有两道高凸棱。周身饰方格纹，从口沿开始到上腹部施酱色釉，釉呈青绿色，和青瓷的颜色很接近。整器釉层和胎体结构紧密。口径 10、腹径 19.2、底径 10.8、高 24.2 厘米（图一六一，3；彩版七九，3）。

标本 M2094：1，尖唇，喇叭形敞口，长颈，溜肩，鼓腹内收，大平底稍内凹。口沿外有多道凸弦纹，肩部有对称桥形耳。周身饰方格纹。肩和上腹部施酱黑色釉，釉层结构紧密，无脱落现象。口径 7.8、腹径 12.4、底径 8.6、高 14.4 厘米（图一六一，4）。

（四）滑石器

4 件。有璧 2 件，镜和灯各 1 件。

1. 璧

2 件。出土于墓主头部一端。均残损严重。

M2094：12，肉、好均有缘。肉之外缘有一圈刻划三角形锯齿纹。主纹饰为在斜菱格交叉处饰重圈纹。通径 19.6、肉厚 0.5 厘米。

M2094：22，肉上有缘。肉缘有一圈刻划三角形锯齿纹。主纹饰为在斜菱格交叉处饰重圈纹。通径 20.6、肉厚 0.52 厘米。

2. 镜

1 件。M2094：23，圆形，长条形纽，无纽座，纽中部有穿，镜纽在穿处稍窄，纽上阳刻一螭虎。纽外布满如意状云纹。直径 15、缘厚 0.5 厘米，重 380 克（图一六一，5；彩版八〇）。

3. 灯

1 件。M2094：10，整块滑石制作而成。豆形，平沿，圆唇，弧壁，浅盘，长柱柄，中间有多道折棱，平底实心底盘。口径 8.2、底径 8.2、高 12.8 厘米（图一六一，6）。

（五）铁器

1 件。为环首刀。残损严重。

M2094：11，单面刃，椭圆形柄已残。残长 7.9、宽 1.3~2.1、厚 0.7 厘米（图一六一，7）。

墓例四四 M2096（93 德武桃 M37）

一 墓葬形制

长方形土坑竖穴墓。方向 0°。该墓是德山武陵酒厂桃花山墓地一座重要的中型墓葬，墓口西

部最近与 M2098 的墓口相距 1 米左右，是整个墓地中墓口相距最近的两座，而且 M2096 是整个墓
地唯一因出土印章而可知墓主身份的墓——出土了滑石"镡成长印"。发掘前 M2096 与 M2098 同
处在一个封堆之下。虽然上部封土在施工中被机械破坏，但该墓墓室保存完整。墓口长 4.40、宽
3.20 米，墓底长 4.20、宽 3 米，残深 1.20 米（图一六二）。

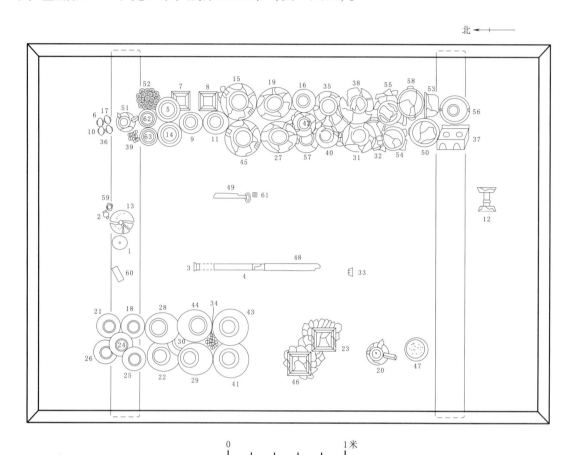

图一六二　M2096 平面及随葬器物分布图

1. 铜镜　2、9、11. 滑石壶　3. 滑石剑首　4. 滑石剑璲　5、14、62、63. 滑石盘　6、10、17、36. 滑石耳杯
7、8. 滑石钫　12. 滑石灯　13. 滑石璧　15、16、19、27、45. 青瓷壶　18、21、22、24~26、28~30、41、
43、44. 硬陶罐　20. 陶鐎壶　23、46. 陶钫　31、35、38、40、42、57. 陶壶　32、50、58. 陶鼎　33. 滑石
剑珌　34. 泥五铢　37. 陶灶　39. 铜五铢　47. 陶熏炉　48. 铁剑　49. 铁环首刀　51. 铜鐎壶　52. 泥金饼
53. 陶盆　54、55. 陶盒　56. 陶井　59. 滑石鼎　60. 石黛板　61. 滑石"镡成长印"

葬具，结构不清晰，但从墓底痕迹推测应有椁有棺。

枕木沟，墓底有两条对称的横向枕木沟，沟长 3.14、宽 0.20、深 0.12 米。

葬式，因墓主的骨架已腐朽，无法判断。

填土，墓室内均为原墓坑网纹红土捣碎后形成的五花土回填，可见夯筑痕迹，夯层不明显。

二　出土器物

63 件（套）。有软陶器 18 件、硬陶器 12 件、青瓷器 5 件、滑石器 20 件、铜器 2 件，还有铁
剑、铁环首刀、铜五铢、泥五铢和泥金饼、石黛板（彩版八一，1）。

（一）软陶器

18 件。有鼎、盒、壶、钫、盆、灶、井、鐎壶和熏炉。除灶和井外均使用颜料绘制宽线条的蕉叶纹和宽带纹。

1. 鼎

3 件。形制和大小基本相同。标本 M2096：50，子母口承盖，圆弧形盖上有三立纽，纽中部有圆形穿孔。敛口，折腹，圜底，三柱状蹄足稍外撇，长附耳外撇，最大腹径在下腹部。鼎身和顶盖上均使用黑色颜料绘制了蕉叶纹和柿蒂叶纹，盖上的纹饰保存基本完整，鼎身纹饰脱落严重。口径 17.2、腹径 20.8、通高 19.8 厘米（图一六三，1；彩版七九，4）。

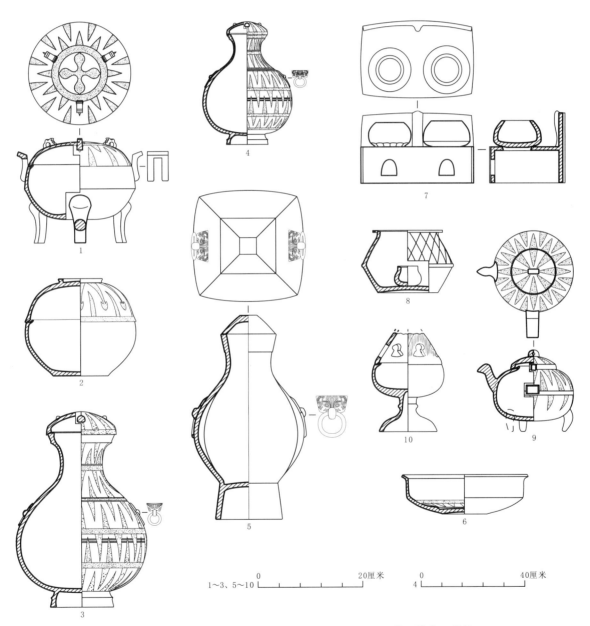

图一六三 M2096 出土陶鼎、盒、壶、钫、盆、灶、井、鐎壶、熏炉

1. 陶鼎（50）　2. 陶盒（54）　3、4. 陶壶（31、38）　5. 陶钫（23）　6. 陶盆（53）　7. 陶灶（37）
8. 陶井（56）　9. 陶鐎壶（20）　10. 陶熏炉（47）

2. 盒

2 件。形制和大小基本相同。标本 M2096：54，子母口承盖，圆弧形盖顶部有圈足形捉手。敛口，深腹，平底。盒身和盒盖上均用黑色颜料绘制了蕉叶纹、宽带纹和叶纹，盖上纹饰保存基本完整，身上纹饰脱落严重。口径 18、腹径 20.6、底径 10.2、通高 18.8 厘米（图一六三，2；彩版八一，2）。

3. 壶

6 件。形制基本相同，大小稍有区别。标本 M2096：31，同样形制和大小的 2 件。平口承圆弧形盖，盖上部有三个圆乳丁形纽。壶身近盘口，束颈，长鼓腹略下垂，圈足上有一道凸棱。上腹部饰对称铺首衔环。从口沿以下到圈足之间，四周宽带纹间饰四组上下相对的蕉叶纹。颈部、肩部及腹部饰有多道凹弦纹。口径 12.4、腹径 24.4、底径 11.8、通高 37.4 厘米（图一六三，3）。

标本 M2096：38，同样形制和大小的 4 件。圆弧形盖，盖上部有三个圆乳丁形纽。壶身近盘口，外斜沿，束颈，斜溜肩，长鼓腹略下垂，圈足有一道凸折棱。上腹饰对称铺首衔环。从口沿以下到圈足之间，六周宽带纹间饰五组俯仰相对的蕉叶纹。颈部、肩部及腹部饰有多道凹弦纹。口径 14.6、腹径 33.8、底径 15.4、通高 46.8 厘米（图一六三，4；彩版八一，3）。

4. 钫

2 件。形制和大小相同。标本 M2096：23，平口承盝顶式盖，方口略外侈，方腹外鼓，高方圈足。腹部有对称浮雕式铺首衔环。口径 10.4、腹径 21.6、底径 12.6、高 38.6 厘米（图一六三，5）。

5. 盆

1 件。M2096：53，斜沿，尖唇，敞口，深腹较直，下腹内折，圜底内凹。周身用黑色颜料彩绘宽带和蕉叶纹。口径 24、底径 8.4、高 7.4 厘米（图一六三，6）。

6. 灶

1 件。M2096：37，略呈长方形，前后两边呈弧形，上有两釜座，正面有两个梯形不落地火门，后部有高挡风板，挡风板正中有仿烟囱的泥柱，灶面置两个小陶釜。长 21.8、宽 14.4、残高 13.4 厘米（图一六三，7）。

7. 井

1 件。M2096：56，宽平沿，束颈，腹外折，平底内凹，内置一侈口束颈圜底的汲水小罐。沿上有两象征安装井架的对称双孔，上腹部刻划有菱格纹。口径 13.2、腹径 17.4、底径 11.4、高 11.8 厘米（图一六三，8）。

8. 鐎壶

1 件。M2096：20，由盖和身组成。弧形盖顶有纽。扁圆腹，中部有两道凹弦纹，腹部有流和长条形把手，流为实心鸡首形。把手中空，呈长方形。圜底，三柱足。盖和身用黑色颜料彩绘宽带和蕉叶纹。盖径 8.6、高 3.7 厘米，腹径 15.2、通高 15.6 厘米（图一六三，9）。

9. 熏炉

1 件。M2096：47，子母口承连峰式盖，炉身深腹，敛口，柄中空至炉底，喇叭形高圈足。炉口径 10.4、底径 11.4、残通高 18.8 厘米（图一六三，10）。

（二）硬陶器

12 件。均为罐。器形基本相同，大小稍有区别，可分为大、中、小三种规格。肩部均有刻划字符（图四六二，7～18）。

标本 M2096：41，同样形制和大小的 2 件。窄平沿，尖唇，敞口，溜肩，鼓腹，平底稍内凹。周身饰方格纹（图四六二，16）。口径 17.2、腹径 36、底径 15.6、高 39.4 厘米（图一六四，1）。

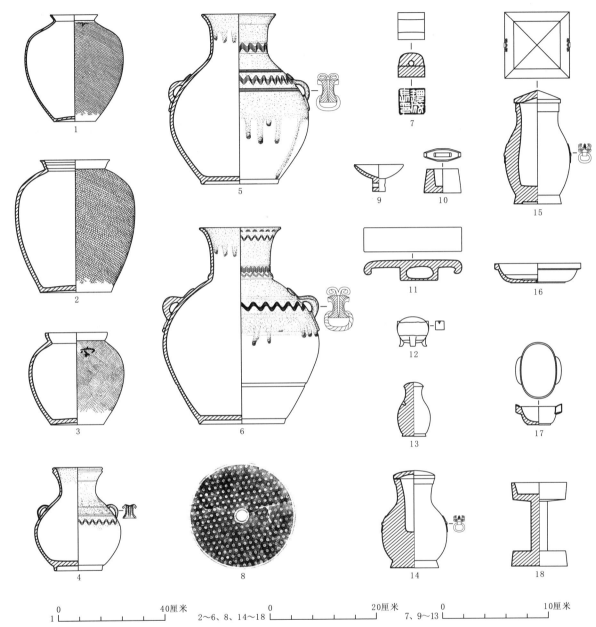

图一六四　M2096 出土硬陶罐，青瓷壶，滑石印章、璧、剑首、剑珌、剑璏、鼎、壶、钫、盘、耳杯、灯

1～3. 硬陶罐（41，22，18）　4～6. 青瓷壶（16，19，27）　7. 滑石"镡成长印"（61）　8. 滑石璧（13）
9. 滑石剑首（3）　10. 滑石剑珌（33）　11. 滑石剑璏（4）　12. 滑石鼎（59）　13、14. 滑石壶（2，9）
15. 滑石钫（8）　16. 滑石　盘（63）　17. 滑石耳杯（6）　18. 滑石灯（12）

标本 M2096：22，同样形制和大小的 5 件。平沿，尖唇，敞口，口沿内有三道凸棱。溜肩，长弧腹，平底稍内凹。周身饰方格纹（图四六二，9）。口径 12.6、腹径 21.8、底径 13、高 24.4 厘米（图一六四，2）。

标本 M2096：18，同样形制和大小的 5 件。平沿，尖唇，口微收，溜肩，长弧腹，平底稍内凹。

周身饰方格纹（图四六二，7）。口径11.4、腹径17.4、底径9.8、高17厘米（图一六四，3）。

（三）青瓷器

5件。均为壶。形制、大小及纹饰差别很小。

标本M2096：16，侈口，圆唇，口外沿内折，粗短颈，溜肩，大鼓腹，底平，圈足极矮，肩部对称置两桥形耳。沿下有一周宽凹弦纹，耳面饰弦纹，颈部和腹部各有两组凹弦纹，颈部和上腹部饰5道和3道水波纹。胎体上旋胎制作留下的凸棱清晰可见。口径9.2、腹径15.8、底径8.8、高19厘米（图一六四，4）。

标本M2096：19，同样形制和大小的2件。圆唇，侈口，粗长颈，溜肩，鼓腹，平底略凹成矮圈足状，口沿、肩部和腹部各饰数道凹弦纹，长颈下部和肩部饰细密的水波纹。腹部对称附贴变形云纹状铺首及桥形耳，耳上饰叶脉纹，耳下衔附加堆纹环。胎体上旋胎制作留下的凸棱清晰可见。从口沿到上腹部施青釉，下部有流釉现象。其他釉色均匀，无脱釉现象。下腹部和壶底均呈暗红色。造型优美，质地精良，胎质坚硬，吸水性小，叩之有声。口径13.4、腹径25.2、底径13.8、高31.4厘米（图一六四，5；彩版八二，1、2）。

标本M2096：27，同样形制和大小的2件。圆唇，侈口，粗长颈，溜肩，鼓腹，平底略凹成矮圈足状。口沿、肩部和腹部各饰有数道凹弦纹，颈部上下饰细密的水波纹，腹部对称附贴变形云纹状铺首及桥形耳，耳上饰叶脉纹，耳下衔附加堆纹环。胎体上旋胎制作留下的凸棱清晰可见。从口沿到上腹部施青釉，下部有流釉现象。其他釉色均匀，无脱釉现象。下腹部和壶底呈暗红色。口径15.2、腹径28.8、底径15.4、高35.8厘米（图一六四，6；彩版八二，3）。

（四）滑石器

20件。有印章、璧、剑首、剑璏、剑珌、小鼎、壶、钫、盘、耳杯、灯等。

1. 印章

M2096：61，方形，瓦纽。出土于墓室一侧，与铁环首刀在一起。印残成两块，长、宽均为2.5厘米，通高2.2厘米，有阴刻铭文"镡成长印"（图一六四，7；彩版八二，4）。

2. 璧

1件。M2096：13，肉、好均为素窄缘。以细密的重圈纹为主纹饰。通径19.6、肉厚0.85厘米（图一六四，8）。

3. 剑首、剑璏和剑珌

1件（套），应为同一铁剑和剑鞘上的装饰物。

剑首，M2096：3，喇叭形，短柱上有供钉附的小孔。直径4.6、高2.5厘米（图一六四，9）。

剑璏，M2096：4，呈长方形，两端均向外出檐，双檐内卷，钩面中部有椭圆形穿孔。全长9、宽2.2、厚1.9厘米（图一六四，11）。

剑珌，M2096：33，呈梯形，平面呈椭圆形，一端有供连鞘的榫孔。长3.4、高2.2、厚1.2厘米（图一六四，10）。

4. 鼎

1件。为一件微缩的模型，与一般滑石器均为不能实用且制作简陋的明器又有区别，应为明器中的玩具。M2096：59，器身基本呈圆球状，三极矮撇足，有象征对称的双附耳。直径2.9、高2.7厘米（图一六四，12）。

5. 壶

3 件。其中一件是和滑石小鼎相同的明器中的玩具——微型小壶，出土时位于墓主的头部，与滑石璧和铜镜在一起，可能属墓主把玩的玩具。另外两件滑石壶的个体则大了许多倍。

M2096：2，玩具模型。高 5 厘米（图一六四，13）。

M2096：9，同样形制和大小的 2 件。平口承圆弧形盖，束颈，鼓腹，平底，仅上腹以上部分空，其余均为实心。口径 7.4、腹径 11.8、底径 8.8、通高 17.9 厘米（图一六四，14）。

6. 钫

2 件。形制和大小相同。标本 M2096：8，平口承盝顶式盖。直颈，鼓腹，矮方圈足，腹部中空。口径 8、腹径 12.4、底径 8.8、通高 21 厘米（图一六四，15）。

7. 盘

4 件。形制和大小相同。标本 M2096：63，宽平沿，浅腹，斜收腹，平底。口径 16、底径 10.2、高 3.6 厘米（图一六四，16）。

8. 耳杯

4 件。形制和大小相同。标本 M2096：6，杯呈椭圆形。敞口，圆唇，附耳较窄，与口部连成一体并上翘，平底。长 10.4、通耳宽 7.6、通高 4.8 厘米（图一六四，17）。

9. 灯

1 件。M2096：12，整块滑石制作而成。呈豆形。平沿，圆唇，斜壁，浅盘，长柱柄，平底实心底盘。口径 10.2、底径 10.4、高 15.4 厘米（图一六四，18；彩版八三，1）。

（五）铜器

2 件。有镜和镰壶。

1. 镜

1 件。昭明镜。M2096：1，圆形，钮部已残失。钮座外为八内向连弧纹，其外为一周铭文："内清质昭明，光象夫日月。"字间多有"夫"和"而"等字符。直径 7.3、缘厚 0.3 厘米（图一六五，1；彩版八三，2）。

2. 镰壶

1 件。残损严重。

（六）铁器

2 件。有环首刀和剑。

1. 环首刀

1 件。M2096：49，残损严重。单面刃，椭圆形柄已残。残长 17.5、宽 1.2～1.5、厚 0.6 厘米（图一六五，5）。

2. 剑

1 件。M2096：48，残损严重。双面刃，中间有脊。残长 21.6、宽 1～3 厘米（图一六五，6）。

（七）石器

1 件。黛板。M2096：60，砂岩质地。长方形。长 16.9、宽 6、厚 0.25 厘米（图一六五，4）。

（八）其他

有铜五铢、泥五铢、泥金饼。

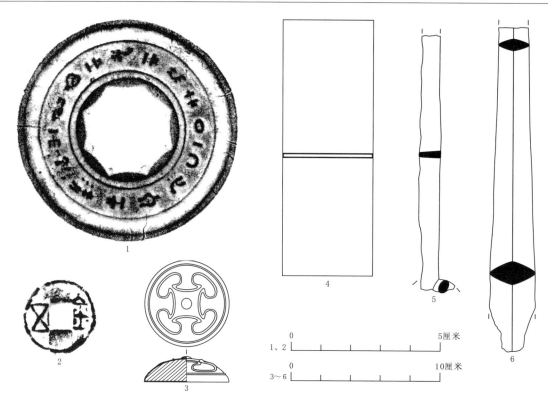

图一六五　M2096 出土铜镜，泥五铢、泥金饼，石黛板，铁环首刀

1. 铜镜（1）　　2. 泥五铢（34）　　3. 泥金饼（52）　　4. 石黛板（60）　　5. 铁环首刀（49）　　6. 铁剑（48）

1. 铜五铢

数百枚，保存极差。

2. 泥五铢

数千枚。出土于椁室。标本 M2096：34，泥质灰陶，火候较低，模压而成。钱文"五铢"的"五"字之间交叉，上下两笔错开；"铢"字笔画简略，仅有"金"部。此墓出土钱币的钱文与一般的区别极大，方向相反，呈"金五"字样。直径 2.3、穿径 0.8 厘米（图一六五，2）。

3. 泥金饼

出土时近百枚，形制和大小相同，保存完整的不多。表面均有黑色陶衣。圆饼形，周身饰小圆乳丁和四组连贯卷云纹，下部有一道凸弦纹，底部平。标本 M2096：52，直径 5.6、高 1.8 厘米（图一六五，3）。

墓例四五　M2097（93 德武桃 M38）

一　墓葬形制

带长方形竖穴墓道的土坑竖穴墓（图一六六）。方向 190°。该墓是德山武陵酒厂桃花山土坑墓群中一座形制较独特的中型墓葬。墓口西北部与 M2094（93 德武桃 M32）的墓口相距 2 米左右，南部相距 3 米左右分布有两座墓（M2086、M2089），东部则为几座小型楚墓。M2097 上部封土在施工中已被破坏，但墓室保存完整。墓口长 4.30、宽 2.90 米，墓底长 4.10、宽 2.70 米，残

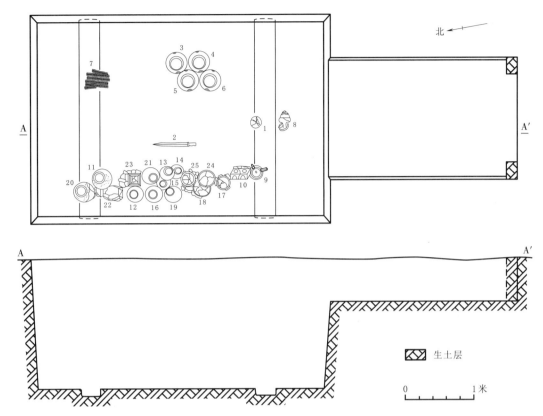

图一六六　M2097 平、剖面及随葬器物分布图

1. 铜镜　2. 铁剑　3~6. 酱釉硬陶壶　7. 泥五铢　8. 陶熏炉　9. 陶镳壶　10. 陶灶

11~16、19~21. 硬陶罐　17、25. 陶鼎　18、24. 陶盒　22、23. 陶钫

深 1.80 米。长方形竖穴墓道位于墓室南部，墓道与常见的斜坡墓道不同，竖穴平底墓道距墓底 1.20 米，长 2.70、宽 1.90 米，墓道的南部东、西两角从下往上保留有两对称的生土柱，生土柱存高 0.60、长 0.24、宽 0.16 米，这二个对称的生土柱应是修建墓室和墓道时有意所为。

葬具，结构不清晰，但从墓底痕迹推测应有椁有棺。

枕木沟，墓底有两条对称横向枕木沟，沟长 2.78、宽 0.30、深 0.10 米。

葬式，因墓主的骨架已腐朽，无法判断。

填土，墓室内均为原墓坑网纹红土捣碎后形成的五花土回填。

二　出土器物

25 件（套）。有软陶器 9 件、硬陶器 9 件、酱釉硬陶器 4 件和铜镜、铁剑及泥五铢（彩版八三，3）。

（一）软陶器

9 件。有鼎、盒、钫、灶、镳壶和熏炉。其中鼎 2 件，盒 2 件，镳壶、熏炉各 1 件，均残毁严重。仅钫和灶相对完整。

1. 钫

2 件。形制和大小基本相同。标本 M2097：23，泥质灰陶，胎较厚。平口承盉顶式盖。方口外撇，束颈，腹较直，上腹部模印铺首，高方足。口径 10.4、腹径 18.4、底径 12.8、通高 40.2 厘米（图一六七，1）。

2. 灶

1件。M2097：10，由灶身和小陶釜及陶甑组成。灶身呈长方形，前后两边略弧。中部有两个釜座，正面有二个半椭圆形不落地火门，另一侧有挡风板，挡风板上有二个象征烟囱的泥柱。陶釜微敞口，鼓腹，圜底，腹内有制作留下的痕迹。长26、宽17、高15.8厘米（图一六七，2）。

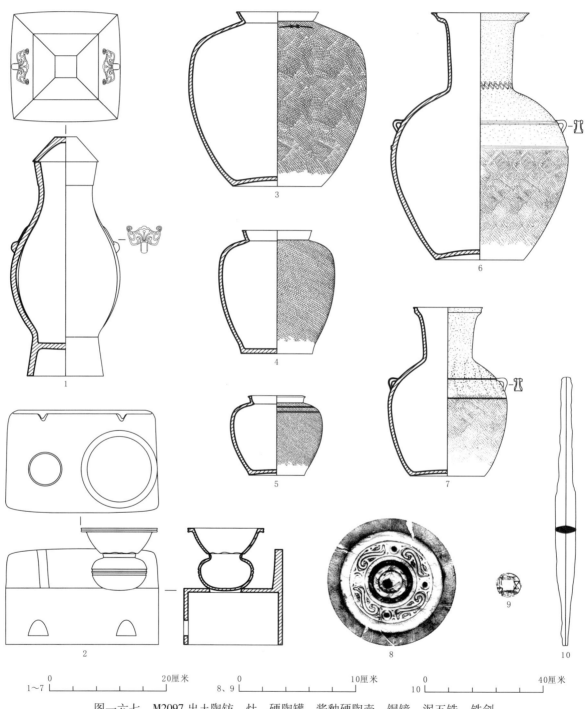

图一六七　M2097出土陶钫、灶，硬陶罐，酱釉硬陶壶，铜镜，泥五铢，铁剑

1. 陶钫（23）　2. 陶灶（10）　3～5. 硬陶罐（11，12，13）　6、7. 酱釉硬陶壶（3，4）

8. 铜镜（1）　9. 泥五铢（7）　10. 铁剑（2）

（二）硬陶器

9 件。均为罐。器形基本相同，个体有较大区别，根据规格可分为大、中、小三种，其中 M2097：11 和 M2097：20 两件罐的肩部有刻划字符（图四六二，19、20）。

标本 M2097：11，同样形制和大小的 2 件。胎体呈黄红色，肩部有刻划字符。敞口，折颈，尖唇，溜肩，上腹圆鼓，下腹斜收，最大腹径在近肩部，平底内凹。饰方格纹。口径 13.8、腹径 30、底径 15、高 29.4 厘米（图一六七，3）。

标本 M2097：12，同样形制和大小的 4 件。胎体呈青灰色。敞口，尖唇，溜肩，长弧腹，平底。饰方格纹。口径 11.8、腹径 19.4、底径 12.2、高 20.8 厘米（图一六七，4）。

标本 M2097：13，同样形制和大小的 3 件。胎体呈青灰色。微敞口，平沿，尖唇，溜肩，弧腹，平底稍内凹。肩部饰两道凹弦纹，周身饰方格纹。口径 9.6、腹径 15.4、底径 9.4、高 13.4 厘米（图一六六，5）。

（三）酱釉硬陶器

4 件。均为壶。形制基本相同，大小稍有差别。

标本 M2097：3，同样形制和大小的 2 件。盘口，平沿，尖唇，直长颈，溜肩，大鼓腹，平底略内凹。肩部有对称弓形竖耳，耳上部和下部各有三道凸弦纹。颈部与肩部间有四道水波纹。从口沿到上腹部的方格纹上施有酱黑色釉，釉层和胎结合不紧密。口径 16.2、腹径 29.4、底径 14.4、高 41.6 厘米（图一六七，6；彩版八四，1）。

标本 M2097：4，同样形制和大小的 2 件。盘口，平沿，尖唇，长颈，溜肩，大鼓腹，平底稍内凹。肩部有对称弓形竖耳，耳上部和下部各有两道凹弦纹。从口沿到上腹部的方格纹上施有酱黑色釉，釉层和胎结合不紧密。口径 11.4、腹径 19.8、底径 12.4、高 28.4 厘米（图一六七，7）。

（四）铜器

1 件。为镜。

四乳四虺镜。出土于墓主棺内头部。M2097：1，圆形，半球形圆钮，圆钮座。主纹饰为四带座乳丁和四虺相间环绕。直径 10.8、缘宽 1.1、缘厚 0.6 厘米（图一六七，8）。

（五）铁器

1 件。为剑。

M2097：2，残损严重，出土后锈蚀更严重，双面刃。残长 90 厘米左右（图一六七，10）。

（六）其他

仅有泥五铢。数百枚。出土于椁室边箱一端。标本 M2097：7，泥质灰陶，火候较低，为模压而成。钱文"五铢"中的"五"字之间交叉，上下两笔错开，上横长而下横短。"铢"字笔画简略，仅有"朱"部。直径 2.15、穿径 0.92 厘米（图一六七，9）。

墓例四六　M2098（93 德武桃 M39）

一　墓葬形制

带斜坡墓道的土坑竖穴墓（图一六八）。方向 350°。该墓是德山武陵酒厂桃花山墓群中，也

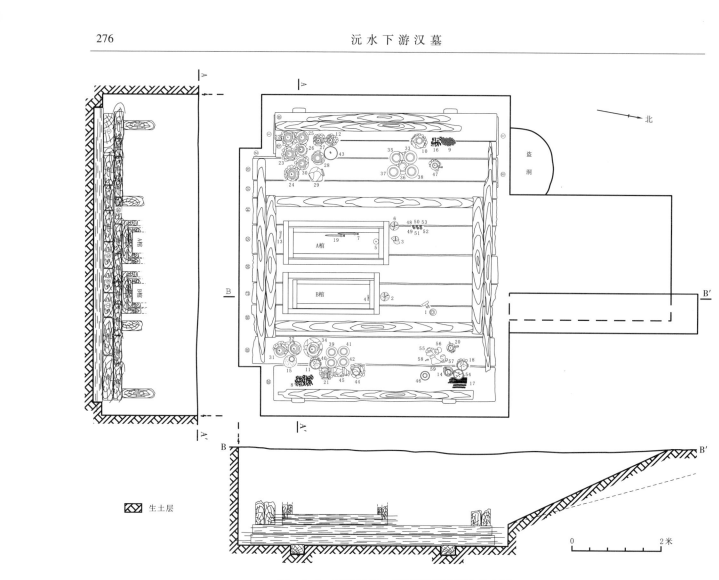

图一六八　M2098 平、剖面及随葬器物分布图

1. 滑石灯　2、3、6. 滑石璧　4、5. 铜镜　7、19. 铜剑　8、17. 铜五铢　9. 泥金饼　10、15、29、33、
35~42. 硬陶罐　11、18、54. 铜鼎　12、22~28、30~32、34. 硬陶双唇罐　13. 铁器　14. 陶壶　16. 泥
五铢　20. 铜鐎壶　21、59. 铜钫　43. 硬陶双唇罐盖　44. 铜壶　45. 陶钫　46. 陶井　47. 陶熏炉
48~53. 黄金金饼　55、56. 铜盒　57. 铜熏炉　58. 铜带钩

是沅水下游西汉墓中规模最大、级别最高、葬具保存最完整、出土文物最丰富的墓葬。墓口东与出土滑石"镡成长印"的 M2096 墓口仅 1 米左右。发掘前还保存有高大的封土堆。该墓东部还有两座墓（M2087 和 M2088）也处于该封土堆的外部边缘。墓葬开口距封堆顶部至少应在 5 米以上。由于发掘工作还没有展开时遭遇了机械施工，上部封土在一夜之间被搬走，所幸施工被制止时墓室保存的基本完整。

　　墓底呈不规则长方形，长 5.60~6.10、宽 7.20、残深 2.20 米。墓道位于北侧，有两条斜坡墓道：第一条（A）墓道位于墓室中部北侧，为主墓道，存长 3.60、宽 2.80 米，墓道底距墓底 0.50 米，坡度 25°；第二条（B）墓道位于墓室北侧偏南，打破部分 A 墓道，存留长 4.20、宽 0.90 米，墓道底距墓底 0.50 米，坡度 15°。该墓道是为墓主第二次合葬时掘开墓室下葬留下的，仅仅是为了将墓主的葬具运入合葬的墓室内。从此种现象分析，广泛流行的夫妻合葬现象中第一次墓主下葬时墓室肯定是"掩圹"的，但是否堆上封土尚难确认。墓室的南壁不规则，中部比两端宽 0.50 米，墓室的宽度超过长度。

葬具，该墓的葬具是数十年来沅水下游已发掘的汉代土坑竖穴墓中保存最完整的一座，结构相当清晰，为两椁双重棺。

从墓口往下清理约 0.60 米的白膏泥开始露出葬具，椁室的顶板、重棺盖板和椁室部分边板已朽，大部分内外椁边板、墓主夫妻双重棺的部分边板和底板、两层椁底板、枕木均保存较完整。

还保存四块外椁边板，均为厚 20、长 421、518、440、460，宽 12～65 厘米的整木板。

内椁板的南北两端直接和外椁板相接，中间并无间歇。残留两块内椁侧边板，长 446、残宽 15～50、厚 22 厘米，保存两块内椁挡板，长 316、残宽 10～43、厚 24 厘米。

两层椁室底板和枕木保存基本完好。

外椁底板呈南北向，由 9 块整木板对缝平铺组成，仅第一块长 504 厘米，其余 8 块均长 550、厚 22 厘米，宽度分别为：86、66、55、68、60、54、54、84、99 厘米。

内椁底板和外椁底板相同，亦呈南北向，由 11 块整木板对缝平铺组成，从第一块到第十一块，长度分别为：500、496、548、550、550、550、550、550、550、550、500 厘米，厚度均为 20 厘米，宽度分别为：60、39、50、39、58、65、62、48、68、60、80 厘米。

枕木沟，两层椁底板下有两条横向枕木沟，沟内枕木保存基本完整，长 6.60、宽 0.30、厚 0.20 米。

呈"井"字形内椁内可见明显的两组并列的重棺，棺呈南北向，均位于内椁的南部，从出土随葬器物的位置发现，应为夫妻合葬墓。A 棺，为两层长方形盒形棺，棺盖已朽，侧板也部分残朽。外棺（A1）长 240、宽 98、残高 40 厘米，棺板厚 12～14 厘米；内棺（A2）长 218、宽 68、残高 28 厘米，棺板厚 10 厘米。B 棺也为两层长方形盒形棺，棺盖已朽，侧板也大部分残朽。外棺（B1）长 220、宽 94、残高 42 厘米，棺板厚 12～14 厘米；内棺（B2）长 188、宽 64、残高 26 厘米，棺板厚 10 厘米。

葬式，因墓主的骨架均已腐朽，且棺椁内部被盗掘而无法判定。从棺内随葬器物的分布位置推测墓主的头向应与墓道的方向一致。

填土，墓室上部封土和墓室内填土均为挖墓坑所取网纹红土捣碎后形成的五花土回填。椁室上部填筑有厚达 60～80 厘米的白膏泥。

二　出土器物

58 件（套）。有软陶器 4 件、硬陶器 25 件、铜器 15 件、滑石器 4 件，还有残铁器及黄金金饼、铜五铢、泥五铢和泥金饼（图版一五，1）。

（一）软陶器

4 件。有壶、钫、井、熏炉。因该墓严重被盗，随葬器物遭破坏，软陶器保存较差，仅可辨器形。

（二）硬陶器

25 件。

1. 罐

12 件。胎体呈灰白色，器形和大小基本相同。标本 M2098：15，内斜沿，尖唇，敞口，束颈，溜肩，长鼓腹，平底略内凹。口径 13.6、腹径 23、底径 13.8、高 22.4 厘米（图一六九，1）。

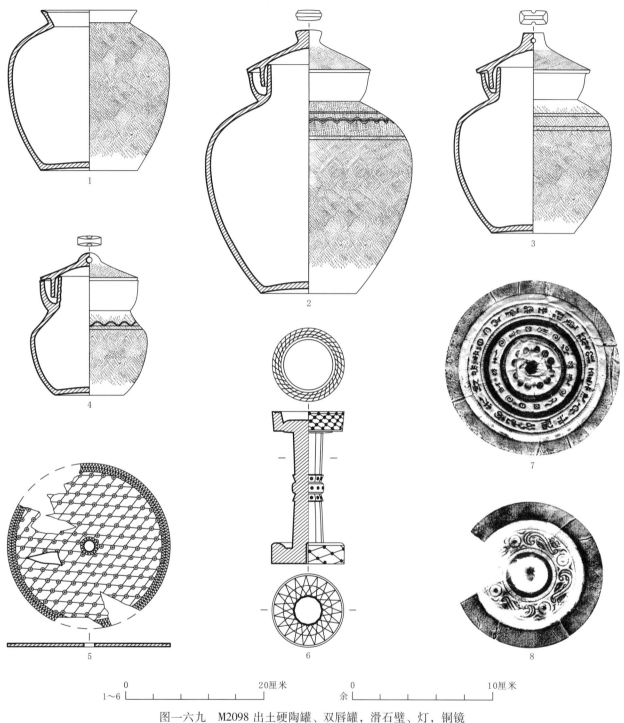

图一六九　M2098 出土硬陶罐、双唇罐，滑石璧、灯，铜镜

1. 硬陶罐（15）　2～4. 硬陶双唇罐（12，22，25）　5. 滑石璧（2）　6. 滑石灯（1）　7、8. 铜镜（4，5）

2. 双唇罐

12 件。胎体呈灰白色。周身饰方格纹，方格纹上再施一层淡绿色釉，但釉脱落非常严重，不仔细观察几乎难以察觉。器形基本相同，大小有区别。

标本 M2098：12，同样大小的 2 件。带盖。盖下有子口伸入罐的双唇间，盖顶部有桥形长纽，纽中部有穿。内外双唇，内唇直而高，外唇敞，内唇远远高于外唇。溜肩，鼓腹，平底略内凹。罐身中部有多道凹弦纹。盖径 17.6、高 8 厘米，内唇口径 17.4、腹径 29.6、底径 13.8、高 32 厘米（图一六九，2；彩版八四，2）。

标本 M2098：22，同样大小的 2 件。盖径 16.2、高 7.8 厘米，内唇口径 11.2、腹径 22.2、底径 11.8、高 23.2 厘米（图一六九，3）。

标本 M2098：25，同样大小的 9 件。罐身中部有多道凹弦纹和两道水波纹。盖径 13.8、高 6.2 厘米，内唇口径 8.8、腹径 16.6、底径 9.8、高 16.6 厘米（图一六九，4）。

3. 双唇罐盖

1 件。标本 M2098：43，为一件硬陶双唇罐的器盖，罐身已失。

（三）滑石器

4 件。有璧和灯。

1. 璧

3 件。均出土于墓主头部的棺外。

M2098：2，残损。好和肉上有缘，缘上有锯齿纹。肉正面有浅而稀疏的斜菱格，菱格的交叉点上饰重圈纹。通径 23.4、好径 1.65、肉厚 0.46 厘米（图一六九，5）。

M2098：3，残损较严重。好和肉上有缘，缘上各有一周锯齿纹。肉正面有浅而稀疏的斜菱格，菱格的交叉点上饰重圈纹。通径 22.8、好径 1.8、肉厚 0.45 厘米。

M2098：6，残损严重。肉上有缘，缘上有两周锯齿纹。肉正面有浅而细密的斜菱格，菱格的交叉点上饰重圈纹。通径 23.2、肉厚 0.42 厘米。

2. 灯

1 件。出土于椁内 B 棺头部一端。M2098：1，由一整块滑石制作而成，分盘、柄和座三部分。盘尖唇，平沿，浅盘腹，盘腹内留有制作时的刻刀痕迹。灯柄略呈十二面棱柱形，中部有三道棱，中间一道为凸棱，上下两道为折棱。方形底座，座的四边弧形内卷。灯盘沿上刻两道凹弦纹，灯璧、灯柄的棱、灯座上刻有斜菱格纹和重圈纹。口径 10.4、高 21.5 厘米（图一六九，6；彩版八四，3）。

（四）铜器

15 件。有镜、剑、鼎、盒、壶、钫、熏炉、镵壶、带钩等。

1. 镜

2 面。分别出土于两个墓主棺内的头部。

M2098：4，重圈铭文镜。出土于 B 棺内的墓主头部，呈侧立状。圆形，半球形圆钮，十二连珠纹钮座。座外有两周栉齿纹和两周凸带相间分布，其间有两周铭文带。内圈铭文："久不相见，长毋相忘。"外圈铭文："内清质以昭眒，光辉象夫日月，心忽穆而顾（愿）忠，然雍（壅）而不泄。"直径 12.2、缘宽 0.9、缘厚 0.46 厘米（图一六九，7）。

标本 M2098：5，四乳四虺镜。出土于 A 棺内的墓主头部。圆形，半球形圆钮，圆钮座。主纹饰为四带座乳丁和四虺相间环绕。直径 10.3、缘宽 1.3、缘厚 0.55 厘米（图一六九，8）。

2. 剑

2 件。残损较严重。

M2098：7，双面刃，中间有脊。茎和其他均已残失。残长 23.8 厘米（图一七〇，1）。

M2098：19，双面刃，中间有脊。茎和其他均已残失。残长 26.4 厘米（图一七〇，2）。

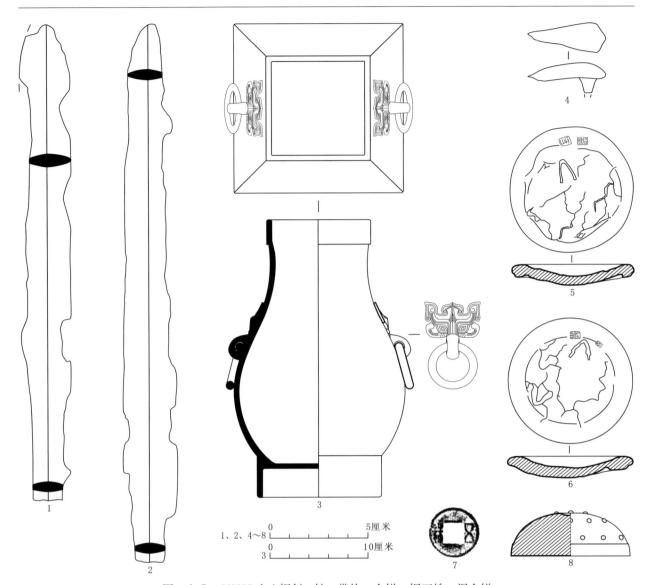

图一七○　M2098 出土铜剑、钫、带钩，金饼，铜五铢，泥金饼

1、2. 铜剑（7，19）　3. 铜钫（21）　4. 铜带钩（58）　5、6. 黄金金饼（48，49）　7. 铜五铢（17－1）　8. 泥金饼（9）

3. 鼎

3 件。形制和大小基本相同，残损严重。

4. 盒

2 件。形制和大小基本相同，均残损成碎片。盖中央一钮套环，盖面立三个昂首卧身绵羊。器身子口，弧壁，圈足外撇，上腹两侧有铺首衔环。盖和身均有富丽繁缛的錾刻花纹。盖面中心饰四相连的柿蒂花纹，其内各饰两只飞翔的凤鸟和奔鹿。往外依次为弦纹套重线三角组成的锯齿纹，弦纹套菱格纹（所有菱格纹中间都錾刻有短线），弦纹套连贯菱格纹（间刻有重线三角纹和变形羽纹），最下为一周重线三角组成的锯齿纹。分别为：重线三角组成的锯齿纹、菱格纹、连贯菱格纹、菱格纹、重线三角组成的锯齿纹、菱格纹。此盒的纹饰、形状与广州汉墓 M3028：21 铜盒和湖南保靖清水坪 M248：4 铜盒、D3M24：20 铜盒基本相同。

5. 壶

1 件。M2098：44，残损严重。

6. 钫

2 件。形制和大小基本相同，其中一件残损严重。

标本 M2098：21，残损严重，直口微敞，平唇，束颈，鼓腹，高方圈足。肩部饰对称兽面铺首衔环。口径 10.6、腹径 17.2、方圈足底径 12.6、高 27.6 厘米（图一七〇，3）。

7. 熏炉

1 件。M2098：57，已残损成碎片。熏炉由炉盖、炉身和托盘三部分组成。盖作重山式，有多个不规则圆形烟孔，上刻划变形云纹和神兽纹，盖沿錾刻有重线三角组成的锯齿纹。炉盏深腹，子母口承炉盖。炉腹中部有一道凸棱，上下均有纹饰：上部为錾刻的连贯重线菱形纹，下部为神兽，神兽的躯干和四肢有细密的短线，炉柄为双面人，头部有冠，面部的眼、耳、嘴较清晰，双手叉腰。喇叭形座上錾刻有重线三角组成的锯齿纹。盘沿錾刻有重线三角组成的锯齿纹和连贯菱格纹各一周。该熏炉与广州汉墓出土的 M5036：26 及 D3M24：23 铜熏炉基本相同。

8. 镶壶

1 件。M2098：20，残损严重，可辨器形。镶壶带揭拉式弧形顶盖，盖面起台，有钮。扁圆腹部的中部有一周凸棱，腹部有流和长条形銮。流为带活动嘴盖的鸡首形，长条形銮中空。銮口为四角梯形。圜底，三兽面蹄足。銮长 9、蹄足高 4.6 厘米。

9. 带钩

1 件。M2098：58，残损严重。钩首已残，钩体略呈琵琶形，断面近半圆形。柱状帽形钮位于钩背，残损严重。残长 3.8、钩面宽 0.4~1.5、钮残高 0.7 厘米（图一七〇，4）。

（五）铁器

残损严重，出土时已难判定是棺钉还是环首刀。

（六）其他

9 件（套）。有黄金金饼、铜五铢、泥五铢和泥金饼。

1. 金饼

6 枚。形制和大小基本相同。圆形，背面凸起，表面粗糙，正面凹陷，边廓圆浑，直径 6.2~6.3 厘米，单枚重量 241~249 克。凹面一般都戳印有文字和符号，戳印符号有"∪"和"Ⅴ"两种。戳印文字有"长、寿"（图一七〇，5）、"黄、文"（图一七〇，6）、"市"等。六枚总重 1479 克，平均每枚重 246.5 克（表五）。

标本 M2098：48，直径 6.2、厚 1.1 厘米，重 247 克。凹面戳印有一个"Ⅴ"形符号，在"Ⅴ"形符号底部两侧戳印有"长寿"二字（图一七〇，5；彩版八四，4、5）。

标本 M2098：49，直径 6.3、厚 1.05 厘米，重 249 克。凹面戳印有两个"Ⅴ"形符号，在"Ⅴ"形符号底部两侧錾刻有"黄"、"文"二字（图一七〇，6；彩版八五，1、2）。

2. 铜五铢

成千上万枚。出土于椁室，保存不好，完整的不多。标本 M2098：17－1，制作规范，形制和大小基本相同。钱文纤细清晰，"五"上下两横平直相等，中间圆弧较差；"铢"的"朱"字头呈三角形，四点均匀，"朱"字上下直折（图一七〇，7）。

3. 泥五铢

数百枚。出土于椁室边箱。标本 M2098：16，泥质灰陶，火候较低，为模压而成。

4. 泥金饼

数十枚。出土于椁室边箱。标本 M2098：9，泥质灰陶，火候较低，为模压而成。表面涂有白色陶衣。圆饼形，周身饰小圆乳丁和刻划纹，底平。直径 6、高 2.1 厘米（图一七〇，8）。

表五　　　　　　　　　　M2098 出土金饼登记表　　　　长度单位：厘米　重量单位：克

器物编号	形状特征	戳记戳印	錾刻或刻划	直径	缘厚	重量	备　注
M2098：48	背面凸起，正面凹陷，边廓圆浑	"V" 戳记	錾刻 "长、寿" 二字	6.2	0.60 ~ 0.76	247 克	图一七〇，5；彩版八四，4、5
M2098：49	背面凸起，正面凹陷，边廓圆浑	相对两个 "V" 戳记	錾刻 "黄"、"文" 二字	6.3	0.60 ~ 0.76	249 克	图一七〇，6；图四六〇，1；彩版八五，1、2；图版一七〇，1 ~ 3
M2098：50	背面凸起，正面凹陷，边廓圆浑	"U" 戳记	无	6.3	0.60 ~ 0.76	245 克	
M2098：51	背面凸起，正面凹陷，边廓圆浑	"V" 戳记	錾刻 "长" 一字	6.2	0.60 ~ 0.76	248 克	
M2098：52	背面凸起，正面凹陷，边廓圆浑	"U" 戳记		6.3	0.60 ~ 0.76	241 克	
M2098：53	背面凸起，正面凹陷，边廓圆浑	"V" 标记	錾刻 "市" 一字	6.3	0.60 ~ 0.76	249 克	
合　计	6 枚，重 1479 克						图版一六九，3

墓例四七　M2112（88 常德市武陵酒厂 M2）

一　墓葬形制

长方形土坑竖穴墓。方向 295°。该墓在常德德山武陵酒厂施工中被发现，上部已被破坏，但墓室和随葬器物保存完整。墓口长 3.70、一端宽 2.60、另一端宽 2.40、残深 0.50 米，墓口和墓底基本相同。墓壁经过二次加工，上下修造规整（图一七一）。

葬具，结构不清晰，但从墓底痕迹推测应有椁有棺。墓底无枕木沟痕迹。

葬式，因墓主的骨架已腐朽，无法判断。

填土，墓室内为原墓坑中的网纹红土捣碎后形成的五花土回填。

二　出土器物

37 件（套）。其中除滑石璧、滑石镜、泥半两和 4 件硬陶罐外全为软陶器。

（一）软陶器

30 件。有鼎、盒、壶、钫、熏炉、釜和甑。

1. 鼎

13 件。根据盖的隆弧形状、腹部深浅、底部特征、足部形状的细微差别可分为三种：

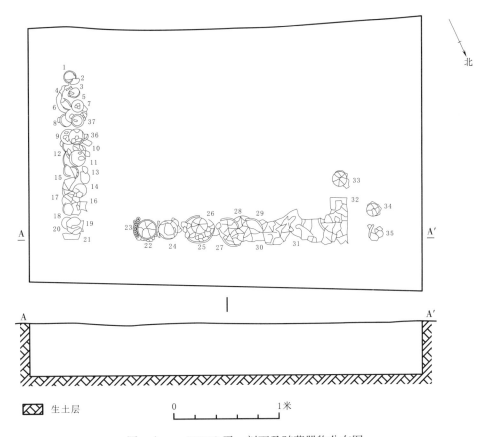

图一七一　M2112 平、剖面及随葬器物分布图

1、2、4、6、9、12、15、22、24~27、29. 陶鼎　3、5、7、11、13、16. 陶壶　8、14、18、

37. 陶盒　10、17、19. 硬陶罐　21. 硬陶印纹罐　20. 陶釜　23. 泥半两　28、30~32. 陶钫

33. 滑石璧　34. 滑石镜　35. 陶薰炉　36. 陶甑

标本 M2112：6，泥质灰陶。同样形制和大小的 3 件。子母口承圆弧形盖，盖上无纽无环。口内敛，腹较深，圜底近平，三兽面蹄足略外撇。口沿下对称长耳外撇。腹部饰一道凹弦纹。口径 14、腹径 17.2、通高 14.4 厘米（图一七二，1）。

标本 M2112：9，泥质灰陶。同样形制和大小的 5 件。子母口承弧形浅盖，盖上无纽无环。口内敛，深腹，圜底，口沿下对称长耳外撇，腹部饰一道宽凹带。三兽面蹄足外撇，截面呈半圆形。口径 14.4、腹径 16.8、通高 15.4 厘米（图一七二，2）。

标本 M2112：12，泥质灰陶。同样形制和大小的 5 件。子母口承弧形浅盖，盖上无纽无环。口内敛，腹较深，小平底。口沿下对称长耳较直，腹部饰三道凸棱。三兽面蹄足外撇，截面呈半圆形。口径 13.6、腹径 16.8、通高 13.8 厘米（图一七二，3）。

2. 盒

4 件。形制和大小基本相同。标本 M2112：18，泥质灰胎黑皮陶。盖为覆钵形，盒身子母口承圆弧形盖，口内敛，深腹，平底。口径 14.4、底径 7.6、通高 11.8 厘米（图一七二，4）。

3. 壶

6 件。大小基本相同，形状稍有区别。

标本 M2112：11，颈部已残，溜肩，扁鼓腹，平底假圈足，圈足与下腹部有一道凸折棱，上腹有多道凸棱。腹径 15.2、底径 12.4、残高 18 厘米（图一七二，5）。

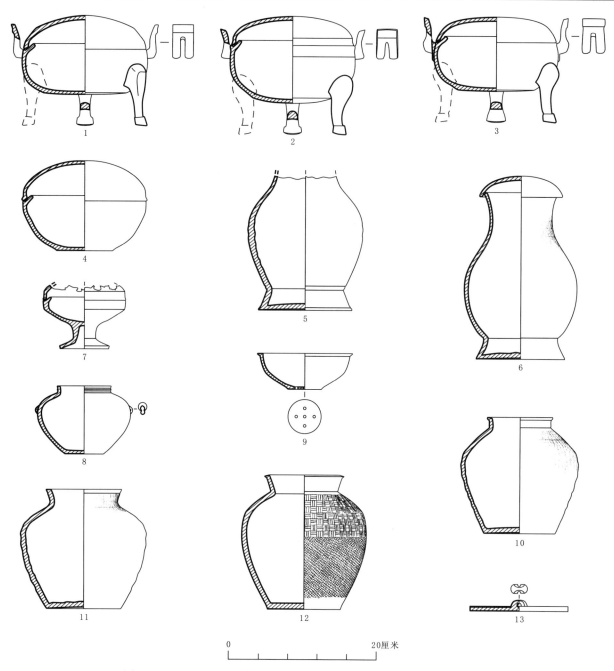

图一七二　M2112 出土陶鼎、盒、壶、熏炉、釜、甑，硬陶罐，滑石镜

1~3. 陶鼎（6，9，12）　4. 陶盒（18）　5、6. 陶壶（11，16）　7. 陶熏炉（35）　8. 陶釜（20）　9. 陶甑（36）
10、11. 硬陶罐（10，17）　12. 印纹硬陶罐（21）　13. 滑石镜（34）

标本 M2112∶16，平口承圆弧形盖，微束颈，斜溜肩，腹略鼓，平底假圈足。颈部和上腹部饰错乱绳纹。口径 10、腹径 15.4、底径 12、通高 24 厘米（图一七二，6）。

4. 钫

4 件。难以修复，形制不明。

5. 熏炉

1 件。M2112∶35，子母口承连峰式盖，盖大部已残，炉身深腹，敛口，矮柄中空至盘底，喇叭形底座。炉径 9、座径 6.8、残高 8.4 厘米（图一七二，7）。

6. 釜

1件。M2112：20，圆唇，矮直领，圆肩，鼓腹，平底，肩部有对称双系。口径7.2、腹径12.4、底径5.2、高9厘米（图一七二，8）。

7. 甑

1件。M2112：36，平沿，尖唇，敞口，收腹，平底，上有五个对称分布的算眼。口径12.8、底径4.8、高4.8厘米（图一七二，9）。

（二）硬陶器

4件。均为罐。分为两类。一类胎体厚重，呈暗红灰色，烧成的火候较高。肩部和上腹部饰错乱绳纹。共3件。

标本M2112：10，同样形制和大小的2件。尖唇，微敞口，直领，溜肩，鼓腹，平底，腹部有多道制胎时留下的旋轮痕迹。肩部和上腹部饰错乱绳纹。口径8.8、腹径16、底径9.6、高15厘米（图一七二，10）。

标本M2112：17，圆唇，敞口，束领，溜肩，鼓腹，平底稍内凹，肩部和腹部有多道制胎时留下的旋轮痕迹。颈部下饰错乱绳纹。口径10、腹径16.8、底径10.4、高15.6厘米（图一七二，11）。

另一类仅1件。为印纹罐。肩部和上腹部拍印席纹，下腹饰方格纹。标本M2112：21，尖唇，外斜沿，敞口，束领，溜肩，鼓腹，平底。口径10.6、腹径16.6、底径9.8、高17.8厘米（图一七二，12；彩版八五，3）。

（三）滑石器

2件。有璧和镜。

1. 璧

1件。M2112：33，肉、好均为素窄缘。肉上凹面小方格内饰与方格基本等大的重圈纹。通径16.8、好径2.4、肉厚0.52厘米。

2. 镜

1件。M2112：34，圆形，桥形纽，无纽座。素面无纹饰。直径13、缘厚0.64厘米（图一七二，13）。

（四）其他

只有泥半两，数千枚，保存极差。标本M2112：23，泥质灰陶，模压而成，火候较低。钱面上的文字模糊，但仍可看清钱文，钱面的圆形方孔也不规范。钱径2.4、穿径0.7厘米。

墓例四八　M2113（88武陵酒厂M3）

一　墓葬形制

长方形土坑竖穴墓。方向285°。发现时该墓上部已被破坏，是否有墓道不得而知，但墓底和随葬器物保存完整。墓口长3.80、宽2.80、残深0.80米。墓壁经过二次加工，修造规整。

葬具，结构不清晰，但从墓底痕迹推测应有椁有棺。墓底无枕木沟痕迹。

葬式，因墓主的骨架已腐朽，无法判断。

填土，均为原墓坑网纹红土捣碎后形成的五花土回填。

二 出土器物

34 件（套）。其中除两枚滑石印章及滑石带钩、滑石镜、泥半两外全为软陶器（图一七三）。

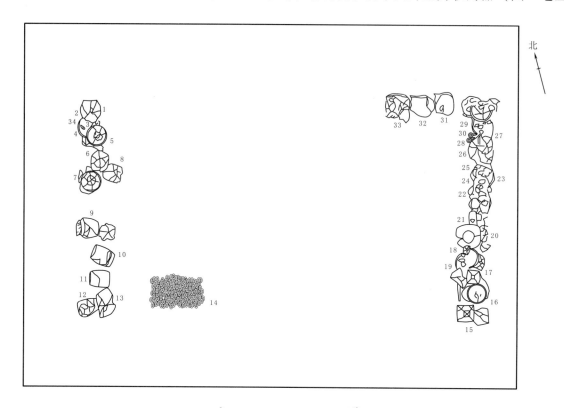

图一七三 M2113 平面及随葬器物分布图

1、5～13. 陶罐 2. 滑石"鄙右尉印" 3. 滑石带钩 4. 滑石镜 14. 泥半两 15、17、32、33. 陶钫
16、20、22、24. 陶盒 18. 陶薰炉 19、21、23、27. 陶鼎 25、26、29、31. 陶壶 28、30. 陶勺
34. 滑石"蔡但"印

（一）软陶器

29 件。有鼎、盒、壶、钫、罐、熏炉和勺，其中鼎、盒、壶、钫均出土成套的 4 件，但均保存较差。熏炉 1 件和勺 2 件，也残破难以复原。

1. 盒

4 件。形制和大小基本相同。

标本 M2113：20，由盖和身组成，盖残失。器身为深腹钵形，尖唇，内斜沿，下腹斜内收，矮圈足。口径 19.2、底径 8.8、高 6.6 厘米（图一七四，1）。

2. 罐

10 件。均为夹砂灰陶。形制相近，大小区别较大。胎体呈青灰色，烧成火候比一般软陶器要高得多。肩部和上腹部多有制胎时留下的旋纹。

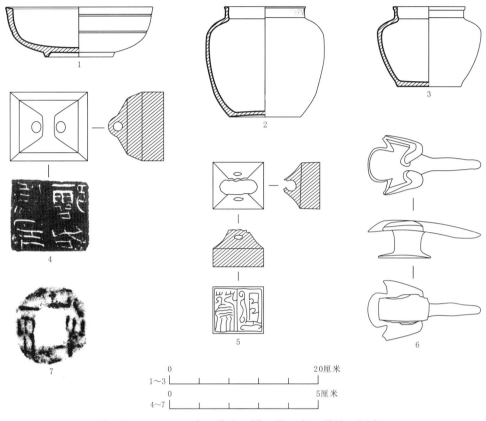

图一七四　M2113 出土陶盒、罐，滑石印、带钩，泥半两

1. 陶盒（20）　　2、3. 陶罐（10、12）　　4. 滑石"酈右尉印"（2）　　5. 滑石"蔡但"印（34）
6. 滑石带钩（3）　　7. 泥半两（14）

　　标本 M2113：10，同样形制和大小的 6 件。尖唇，束颈，直领，溜肩，直深腹，平底稍内凹。周身有轮制胎体时留下的旋纹。口径 10.8、腹径 16、底径 9.6、高 14.4 厘米（图一七四，2）。

　　标本 M2113：12，同样形制和大小的 4 件。圆唇，束颈，直领，溜肩，鼓腹，平底。口径 9.8、腹径 14.8、底径 8.8、高 10.4 厘米（图一七四，3）。

　　（二）滑石器

　　4 件。有印章、镜和带钩。

　　1. 印章

　　2 枚。出土于墓内头箱一侧。

　　M2113：2，"酈右尉印"。灰白色，印面呈正方形，二层坛式，鼻纽。阴刻"酈右尉印"，书体略显草率。长、宽 2.6，高 1.8 厘米（图一七四，4；彩版八五，4）。

　　M2113：34，"蔡但"私印。灰白色，印面呈正方形，桥形纽，纽部稍残。阴刻"蔡但"。长 1.7、宽 1.5、残高 1.2 厘米（图一七四，5；彩版八五，5）。

　　2. 镜

　　1 面。M2113：4，圆形，鼻形镜纽，中部穿特别大，纽外素面无纹饰。素窄折缘。直径 12、缘厚 0.5 厘米，重 208 克（彩版八六，1）。

　　3. 带钩

　　1 件。M2113：3，钩面呈天鹅状，断面近半圆形，圆柱状帽形纽位于钩背。长 3.9、宽 0.3 ~

2、高 1.3 厘米（图一七四，6）。

（三）其他

只有泥半两，数千枚，保存极差。

标本 M2113：14，泥质灰陶。模压而成，火候较低。部分钱面的文字相当清晰，可看清钱文。钱面的圆形方孔较规范。钱径 2.5、穿径 1.1 厘米（图一七四，7）。还有部分应为半成品，钱面无字，钱径 2.8、穿径 0.85 厘米。

墓例四九　M2120（94 德山中路 M9）

一　墓葬形制

长方形土坑竖穴墓。方向 65°。该墓被发现时上部结构已被破坏，墓葬的一端也被挖毁，但墓室主体和主要随葬器物基本完整。残存墓口长 3.20、宽 3、深 4.30 米，墓口和墓底基本相同。墓壁经过二次加工，上下修造规整。

葬具，结构不清晰，但从墓底痕迹推测应有椁有棺。墓底无枕木沟痕迹。

葬式，因墓主的骨架已腐朽，无法判断。

填土，为原墓坑网纹红土捣碎后形成的五花土回填，墓室底部有厚约 20 厘米的白膏泥。

二　出土器物

36 件（套）。有软陶器 17 件、硬陶器 2 件、滑石器 16 件和泥半两（图一七五；图版一五，2）。

（一）软陶器

17 件。有鼎、盒、壶、钫。多为泥质灰陶。

1. 鼎

4 件。形制和大小基本相同。标本 M2120：6，子母口承盖，半圆形盖。鼎身敛口，圆弧腹，沿外对称附耳外撇，圜底近平，三锥状足稍外撇。口径 14.2、腹径 16.6、通高 15.4 厘米（图一七六，1）。

2. 盒

6 件。根据形制和大小差别可分为两种：

标本 M2120：11，同样形制和大小的 4 件。盖为覆碗形，盖大于身。盒身子母口内敛，深腹，底近平。盖径 20、高 6.4 厘米，身口径 16.4、底径 7.8、高 7.5 厘米（图一七六，2）。

标本 M2120：7，同样形制和大小的 2 件。盖为覆钵形，盖大于身。盒身子母口内敛，深腹，平底略内凹。盖径 17、高 4.8 厘米，盒身口径 13.4、底径 5.8、高 6.8 厘米（图一七六，3）。

3. 壶

3 件。形制和大小基本相同。

标本 M2120：31，颈部及口沿已残。溜肩，鼓腹，平底假圈足。肩部饰一周凹弦纹。腹径 15.6、底径 12、残高 19.2 厘米（图一七六，4）。

4. 钫

4 件。形制和大小基本相同。保存较差，难以修复。

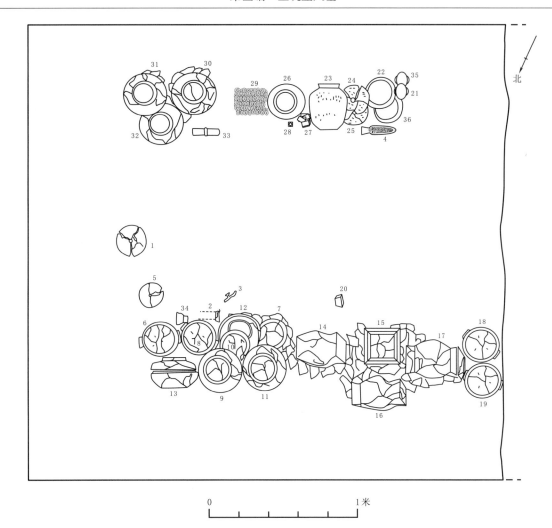

图一七五　M2120 平面及随葬器物分布图

1、24、25. 滑石璧　2. 滑石剑格　3. 滑石带钩　4. 滑石矛　5. 滑石镜　6、8、18、19. 陶鼎　7、9～13. 陶盒　14～17. 陶钫　20. 滑石剑珌　21、35. 滑石耳杯　22、36. 滑石盘　23、26. 硬陶罐　27. 滑石博具　28. 滑石印章　29. 泥半两　30～32. 陶壶　33. 滑石矛镦　34. 滑石剑首

（二）硬陶器

2 件。均为罐。形制和大小相同。胎体厚重，呈暗红色，烧成的火候较高。肩部和上腹部饰拍印席纹，下腹部饰方格纹。

标本 M2120：23，宽外弧沿，尖唇，短颈，微敞口，溜肩，长弧腹，大平底。口径 12.2、腹径 18.4、底径 11.6、高 19.8 厘米（图一七六，5）。

（三）滑石器

16 件。有印章、璧、镜、带钩、剑首、剑格、剑珌、矛、矛镦、盘、耳杯、博具等。

1. 印章

1 件。M2120：28，出土于墓室一侧中部。鼻纽，无铭文。长、宽均为 1.9，通高 1.6 厘米（图一七七，3）。

2. 璧

3 件。形制基本相同，大小稍有区别。

M2120：24，双面纹饰。肉、好均有素窄缘。正反面纹饰均为在斜菱格交叉点饰重圈纹。通径

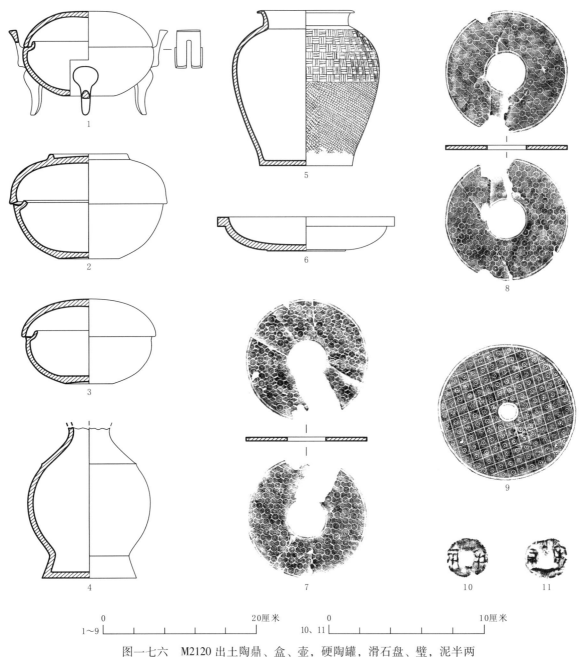

图一七六　M2120 出土陶鼎、盒、壶，硬陶罐，滑石盘、璧，泥半两

1. 陶鼎（6）　2、3. 陶盒（11，7）　4. 陶壶（31）　5. 硬陶罐（23）　6. 滑石盘（22）　7～9. 滑石璧
（24，25，1）　10、11. 泥半两（29-1，29-2）

15.6、好径 4.8、肉厚 0.45 厘米（图一七六，7）。

　　M2120：25，双面纹饰。肉、好均有素窄缘。正反面纹饰均为在斜菱格交叉点饰重圈纹。通径
15.5、好径 5.1、肉厚 0.50 厘米（图一七六，8）。

　　M2120：1，单面纹饰。肉、好均有素窄缘。肉正面纹饰为在凹面方格内饰重圈纹。通径 17.5、
好径 1.85、肉厚 0.45 厘米（图一七六，9）。

　　3. 镜

　　1件。M2120：5，圆形，环形纽，纽上有凹槽。重凹弦纹纽座。镜上饰繁缛的卷云纹。窄素

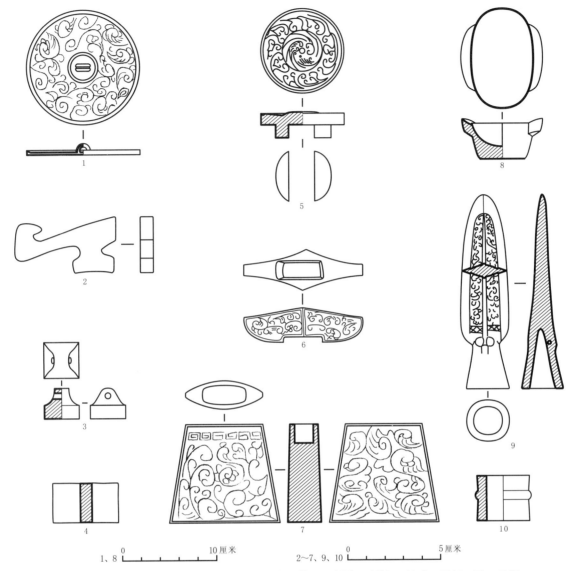

图一七七 M2120 出土滑石镜、带钩、印章、博具、剑首、剑格、剑珌、耳杯、矛、矛镦

1. 镜（5） 2. 带钩（3） 3. 印章（28） 4. 博具（27） 5. 剑首（34） 6. 剑格（2）

7. 剑珌（20） 8. 耳杯（21） 9. 矛（4） 10. 矛镦（33）

缘。直径 12、缘厚 0.5 厘米（图一七七，1；彩版八六，2）。

4. 带钩

1 件。M2120：3，无纹饰，制作简陋。略呈长条形。钩首稍显兽首状。长 5.5 厘米（图一七七，2）。

5. 剑饰

3 件。剑首、剑格和剑珌各一件，应为一件剑上的装饰物，出土时剑已全朽无存。

剑首，M2120：34，正面呈圆饼形，微凸，刻划内外两周变形流云纹，两组纹饰内外各有一周凹弦纹。另一面有二个对称半月形矮柱，柱间有宽槽，便于与剑茎相接。直径 4.5、高 1.4 厘米（图一七七，5；彩版八六，3）。

剑格，M2120：2，整块滑石透雕而成。两面均刻划变形云纹和鸟纹。中间有便于穿剑茎的长方形穿孔。最长 6.4、最宽 2.1、高 1.8 厘米（图一七七，6；彩版八六，4）。

剑珌，M2120：20，梯形。上部有用于与剑鞘连接的椭圆形孔。一侧上部刻划连贯回纹，下部为卷云纹。另一侧全部刻划卷云纹。高5.2、宽4.1～5.9、厚0.4～1.5厘米（图一七七，7；彩版八六，5）。

6. 矛

1件。M2120：4，圆銎，短骹，双棱圆脊。在棱与脊间饰有连续绵密的变形卷云纹。骹的一侧有一穿孔。通长10.2厘米（图一七七，9；彩版八七，1）。

7. 矛镦

1件。M2120：33，空心柱状，上下直径相同，中间安装木柲的孔径1.8厘米，中部有一周凸棱。直径3、高2.4厘米（图一七七，10；彩版八七，2）。

8. 博具

1套，共12件。形制和大小基本相同，呈长方形。标本M2120：27-10，长3.45、宽2.1、厚0.55厘米（表六；图一七七，4；彩版八七，3）。

表六　　　　　　　　　　　　M2120出土滑石博具登记表　　　　　　　　　　单位：厘米

器物编号	形状	尺寸	刻划字符	其他
M2120：27-1	长方形	3.4×2.1-0.55	有刻划痕迹	
M2120：27-2	长方形	3.45×2.15-0.55		
M2120：27-3	长方形	3.45×2.05-0.50		
M2120：27-4	长方形	3.45×2.15-0.50		
M2120：27-5	长方形	3.45×2.15-0.40	有刻划痕迹	
M2120：27-6	长方形	3.45×2.15-0.55		
M2120：27-7	长方形	3.45×2.05-0.55		
M2120：27-8	长方形	3.45×2.05-0.50		
M2120：27-9	长方形	3.5×2-0.70	有刻划痕迹	
M2120：27-10	长方形	3.45×2.10-0.55		
M2120：27-11	长方形	3.45×2.05-0.45		
M2120：27-12	长方形	3.45×2.10-0.50		

9. 盘

2件。形制和大小相同。标本M2120：22，平沿，方唇，敞口，浅腹，斜弧腹，平底。口径22.8、底径10、高4.4厘米（图一七六，6）。

10. 耳杯

2件。形制和大小相同。整块滑石制作而成。椭圆形，敞口，尖唇，窄附耳与口部连成一体并上翘，平底。

标本M2120：21，长10.6、通宽8.4、通高4.3厘米（图一七七，8）。

（四）其他

只有泥半两，数千枚，完整的极少。

标本 M2120：29－1，泥质灰陶，模压而成，火候较低。钱面文字较清晰，方孔也较规范。钱径 2.6、穿径 0.95 厘米（图一七六，10）。

标本 M2120：29－2，泥质灰陶，模压而成，火候较低。钱面文字模糊，方孔极为随意而不规范。钱径 2.5 厘米左右（图一七六，11）。

墓例五〇　M2129（2007 德山恒安二期扩改工程 M15）

一　墓葬形制

长方形土坑竖穴墓。根据墓内出土滑石璧等器物的位置推测墓主头向 10°。该墓在施工中被发现时墓南部和西部已被破坏，墓室和随葬器物均遭到破坏。墓底长 2.20、残宽 1.80、深 0～2.80 米。墓口和墓底基本相同。墓壁经过二次加工，上下修造规整。

葬具，结构不清晰，但从墓底痕迹推测应有椁有棺。墓底并无枕木沟痕迹。

葬式，因墓主的骨架已腐朽，无法判断。

填土，为原墓坑网纹红土捣碎后形成的五花土回填，填土经夯筑，夯层不明显。墓室底部有厚约 3～5 厘米的白膏泥。

二　出土器物

17 件。有软陶器 8 件、硬陶器 2 件、酱釉硬陶器 6 件和滑石璧 1 件（图一七八；彩版八八，1）。

（一）软陶器

8 件。有鼎 3 件、钫 4 件和罐 1 件。除罐为黄灰色外，均为青灰色，烧成温度较低，保存较差。

罐

1 件。M2129：14，沿稍内凹，尖唇，微敛口，鼓腹，斜收腹，平底。肩部和腹部各有一道细弦纹。口径 12、腹径 16.2、底径 6.6、高 9.8 厘米（图一七九，1）。

（二）硬陶器

2 件。均为罐。两件罐的器形和纹饰区别很大。

M2129：2，印纹罐。宽平沿，圆唇，敞口，高领，溜肩，长弧腹，平底稍内凹。肩和上腹饰叶脉纹，下腹饰方格纹。口径 12.2、腹径 15、底径 9.2、高 14.4 厘米（图一七九，2）。

M2129：3，外斜沿，圆唇，微敞口，高领，溜肩，鼓腹，平底。腹部饰方格纹。口径 14、腹径 21.2、底径 12.2、高 17 厘米（图一七九，3）。

（三）酱釉硬陶器

6 件。有鼎、盒、壶各 2 件。

1. 鼎

2 件。大小基本相同，形制稍有区别。

M2129：6，子母口承圆形盖，盖上有桥形纽，纽中部有穿。鼎身敛口，圆弧腹，口沿外对称双附立耳，圜底近平，三柱状矮蹄足。口径 12、腹径 17.6、通高 18.2 厘米（图一七九，4；彩版

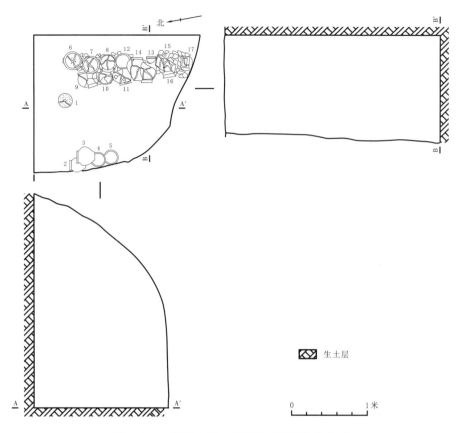

图一七八　M2129 平、剖面及随葬器物分布图

1. 滑石璧　2、3. 硬陶罐　4、5. 酱釉硬陶盒　6、10. 酱釉硬陶鼎

7、8、12. 陶鼎　9、11. 酱釉硬陶壶　13、15～17. 陶钫　14. 陶罐

八八，2）。

M2129：10，三扁锥状矮足。口径 13.4、腹径 19.6、通高 18.8 厘米（图一七九，5；彩版八八，3）。

2. 盒

2 件。形制和大小基本相同。

标本 M2129：4，子母口承覆碗形盖，盖上部有圈足形捉手，上部有三道凹弦纹，盒盖大于盒身。盒身子母口内敛，斜收腹，矮圈足，腹部有三道凹弦纹。盖口径 19.2、高 6.8 厘米，盒身口径 17、底径 10.8、高 9 厘米（图一七九，6；彩版八七，4）。

3. 壶

2 件。形制基本相同，大小稍有区别。

标本 M2129：9，侈口，圆唇，长颈，溜肩，鼓腹，高圈足。腹部对称有弓形附耳，耳上下各有一周凹弦纹。口径 10、腹径 19、底径 11.8、高 26.4 厘米（图一七九，7；彩版八九，1）。

（四）滑石器

1 件。为璧。

M2129：1，肉上有素窄缘。主纹饰为在阴刻的凹面小格内饰涡纹，小格已经开始从小方格向小菱格变化。通径 15.4、好径 2.9、肉厚 0.32 厘米（图一七九，8）。

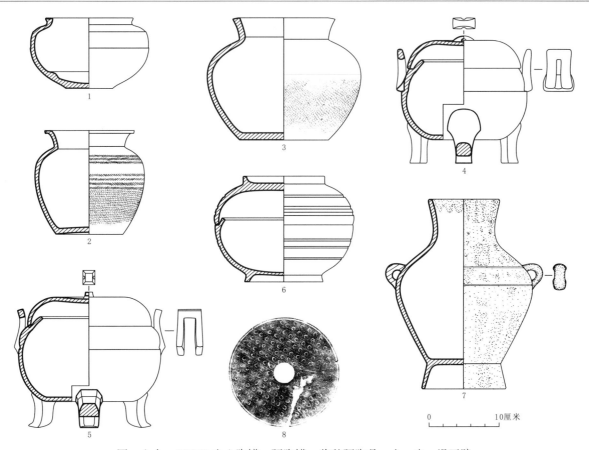

图一七九　M2129 出土陶罐，硬陶罐，酱釉硬陶鼎、盒、壶，滑石璧
1. 陶罐（14）　2、3. 硬陶罐（2，3）　4、5. 酱釉硬陶鼎（6，10）　6. 酱釉硬陶盒（4）
7. 酱釉硬陶壶（9）　8. 滑石璧（1）

墓例五一　M2130（2007 德山恒安二期扩改工程 M16）

一　墓葬形制

长方形土坑竖穴墓。根据同墓地其他墓葬的分布规律及墓内出土器物的位置推测墓主头向可能为 15°。该墓被发现时，墓室南部已被破坏，墓室和随葬器物均被毁。墓底残长 2.50、宽 2.20、深 3.20 米。墓口和墓底基本相同。墓壁经过二次加工，上下修造规整。

葬具，结构不清晰。从墓底痕迹已难以推测原来是否有棺椁。墓底无枕木沟痕迹。

葬式，因墓主的骨架已腐朽，无法判断。

填土，为原墓坑网纹红土捣碎后形成的五花土回填，填土夯筑，夯层不明显。

二　出土器物

11 件。除一件滑石镜外全部为软陶器（图一八〇、一八一）。

（一）软陶器

10 件。发掘时可辨器形的有鼎 2 件、盒 2 件及罐 6 件，除罐为灰黄色外，其他均为青灰色，烧成火候较低，保存较差。

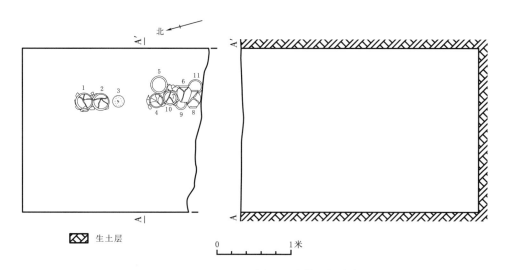

図──八○　M2130 平、剖面及随葬器物分布图
1、2. 陶鼎　3. 滑石镜　4、5. 陶盒　6~11. 陶罐

1. 盒

2 件。形制和大小基本相同。

标本 M2130∶4，泥质灰陶。由盖和身组成。盖面隆起，身为内斜沿，尖唇，收腹，底部有极矮圈足。口径 19.4、底径 9、通高 12.4 厘米（图一八一，1）。

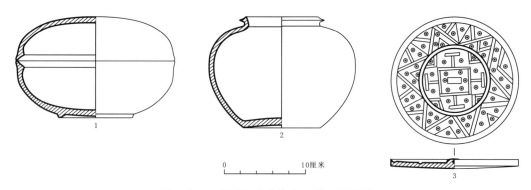

图一八一　M2130 出土陶盒、罐，滑石镜
1. 陶盒（4）　2. 陶罐（10）　3. 滑石镜（3）

2. 罐

6 件。形制和大小基本相同。

标本 M2130∶10，泥质灰陶。外斜沿，尖唇，束短颈，圆肩，鼓腹，平底稍内凹。口径 10.2、腹径 17.8、底径 9.4、高 13.6 厘米（图一八一，2）。

（二）滑石器

1 件。为镜。

M2130∶3，圆形，桥形纽，无纽座。镜背面由两周凹面环带将纹饰分成内区、外区和镜缘三部分。内区由镜纽外的六重圈纹、一双线方框、四组有 "T、V" 形博局纹及十二重圈纹组成。外区由三角纹、V 形纹和菱形纹组成的不太规则的六角形和大小不等的三角形纹组成，其间分布有 48 个重圈纹。直径 15.6、缘厚 0.8 厘米，重 330 克（图一八一，3；彩版八九，2）。

墓例五二 M2131（2007 德山恒安二期扩改工程 M17）

一 墓葬形制

带斜坡墓道的土坑竖穴墓（彩版八九，3）。根据其墓道和随葬器物的位置推测，墓主头向和墓道方向不一致，墓道方向 115°，墓主头向应和 M2132 墓主头向一致，为 25°。该墓在德山恒安纸业二期扩改工程建设施工中发掘，除早期村民在其上建有住房外并未遭到大的破坏，墓口上部的封土堆保存基本完整：从墓口往上高约 3 米，封堆直径约 28 米。封土没有经过夯筑，从上向墓口大致可分为五层（彩版九〇，1）。同一封堆下有两座墓（M2131 和 M2132），两座墓的墓口相距仅 2 米。M2131 的墓道短而陡，M2132 的墓道长而缓。从发掘时的地层叠压关系判断，可能属夫妻同茔异穴合葬，M2131 下葬的时间要比 M2132 晚。可能因地理位置等原因，M2131 下葬时，M2131 墓道的北侧已经没有位置，而且地域狭窄，只能选择将短而陡的墓道置于东部，造成墓室的长度比宽度短（图一八二）。

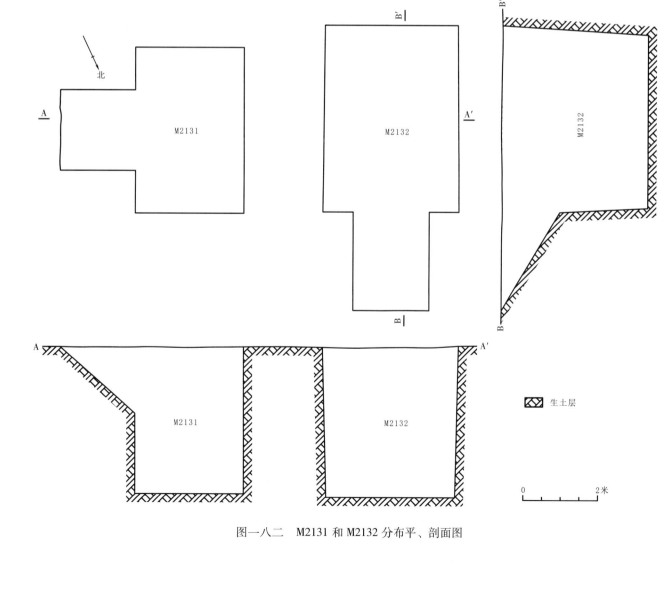

图一八二 M2131 和 M2132 分布平、剖面图

M2131 的墓口和墓底基本相同,墓底长 2.90、宽 4.30、深 3.90 米(不含墓口以上封土高度 3 米)。墓道长 2.23、宽 2.10 米,墓道底部距墓底 2.10 米。墓壁经过二次加工,修造规整。

葬具,结构较清晰,墓底残留有一根长 176、宽 4~6、厚 2~5 厘米的外椁板。从残留的棺椁板和痕迹推测葬具应为两椁两棺。

枕木沟,墓底枕木沟痕迹明显,纵向分布,且伸入两侧墓壁各 0.25 米,墓底的宽度仅 2.90 米,但枕木沟却长 3.40、宽 0.50、深 0.15 米,是目前常德已经发掘的两汉墓葬中枕木沟最宽的墓葬之一。

葬式,因墓主的骨架已腐朽,无法判断。

填土,墓葬的封土均为五花土。墓室内填土从墓口往下 3.50 米开始露出一层厚 10~30 厘米的木炭,该墓墓内有积炭现象,木炭下有厚 10~20 厘米的白膏泥。

二 出土器物

31 件。有软陶器 2 件、硬陶器 9 件、酱釉硬陶器 18 件和滑石镜及滑石璧各 1 件(图一八三;彩版九〇,2)。

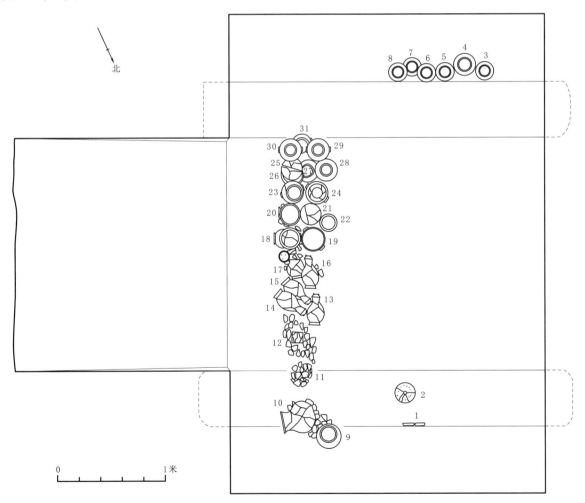

图一八三 M2131 平面及随葬器物分布图

1. 滑石镜 2. 滑石璧 3~10、28. 硬陶罐 11、12. 陶钫 13~17、22. 酱釉硬陶壶
18、20、21、25、27. 酱釉硬陶盒 19、23、24、26、29~31. 酱釉硬陶鼎

（一）软陶器

2 件。均为钫，呈青灰色，烧成火候较低，难以修复。

（二）硬陶器

9 件。均为印纹罐。形制和纹饰稍有差别。

标本 M2131：10，口部胎体呈青灰色，腹部以下呈暗红色，火候高，敲击有声，可能因胎质较粗而火候高的缘故，周身有许多鼓泡和变形处。敞口，宽缘外弧折，圆唇，高领外撇，圆肩，斜收腹，平底稍内弧。最大腹径位于肩部下。从肩部到上腹部为拍印的叶脉纹，下腹部到底部间饰方格纹。口径15.6、腹径21.4、底径11.8、高25.4厘米（图一八四，1）。

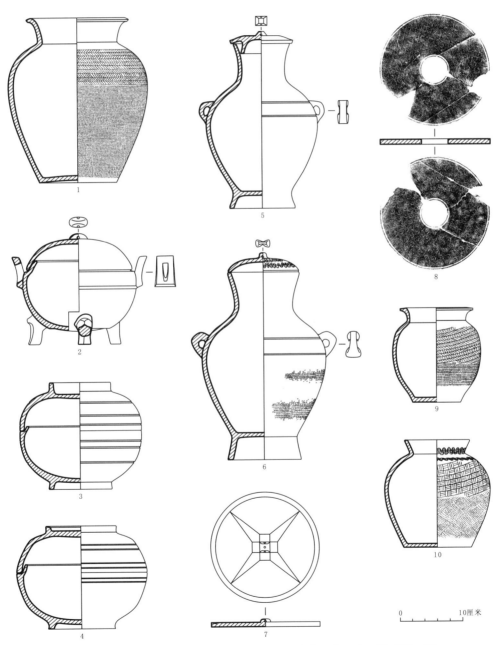

图一八四　M2131 出土硬陶罐，酱釉硬陶鼎、盒、壶，滑石镜、璧

1、9、10. 硬陶罐（10，5，7）　2. 酱釉硬陶鼎（19）　3、4. 酱釉硬陶盒（20，25）

5、6. 酱釉硬陶壶（14，15）　7. 滑石镜（1）　8. 滑石璧（2）

标本 M2131：5，胎体呈青灰色，火候高。敞口，宽缘外弧，方唇，高领外撇，溜肩，斜收腹，平底。上腹部为拍印的叶脉纹，下腹部到底部间饰方格纹。口径 11.6、腹径 14、底径 7.6、高 14.4 厘米（图一八四，9）。

标本 M2131：7，胎体呈青灰色，火候高。敞口，尖唇，矮领略外撇，溜肩，鼓腹，平底。颈部和肩部饰两组多重水波纹，上腹部拍印席纹，下腹部饰细方格纹。口径 10.4、腹径 16.8、底径 10.8、高 16.4 厘米（图一八四，10）。

（三）酱釉硬陶器

18 件。有鼎、盒、壶三种。胎体厚重，多呈青灰色，质地坚硬，敲击有声。鼎、盒和壶均带有完整的盖子，大部分器物方格纹上所施酱黑色釉层保存较好，而素胎上所施酱釉几乎全部脱落，初看好像是无釉的硬陶器。

1. 鼎

7 件。形制和大小基本相同。未饰方格纹，酱釉几乎全部脱落。

标本 M2131：19，子母口承圆弧形深盖，盖上有条形纽，纽上有一穿孔。深弧腹，圜底，腹部有一道折棱，三矮削蹄足略外撇。双附贯耳稍外张。口径 13.8、通宽 21、通高 17 厘米（图一八四，2；彩版九一，1）。

2. 盒

5 件。大小基本相同，形制稍有区别，个别器身的酱釉全部脱落，大部分釉层保存非常好。

标本 M2131：20，釉层保存较好。盖与身几相近。盒身子母口内敛，深弧腹，矮圈足。圆弧形盖，上部有圈足状捉手。盒身和盖上各有三道凹弦纹，整个器身近圆形。口径 16.6、底径 9.6、通高 16.4 厘米（图一八四，3；彩版九一，2）。

标本 M2131：25，釉层保存好。盒身子母口内敛，深弧腹，矮圈足。圆弧形盖，上部有圈足状捉手。盒身和盖上均有多道凹弦纹，器身略扁。口径 17.4、底径 10.2、通高 15.8 厘米（图一八四，4；彩版九一，3）。

3. 壶

6 件。形制和大小稍有区别。

标本 M2131：14，敞口，圆唇，长颈，溜肩，鼓腹斜收，圈足外撇，上腹部对称有弓形双耳，耳的上下各有一道凹弦纹。圆盖上有长方梯形带穿小纽，纽下部有长子口伸入壶口内。周身无纹饰，酱黑色釉脱落严重。口径 8.8、底径 10.2、通高 27 厘米（图一八四，5；彩版九一，4）。

标本 M2131：15，敞口，圆唇，长颈，溜肩，鼓腹斜收，高圈足外撇，上腹部对称有弓形双耳，耳的上下各有一道凹弦纹，下腹部饰方格纹。圆弧形盖上有长方弓形带穿小纽，纽上有三组六至八道水波纹。酱黑色釉保存较完整。口径 11.2、底径 11.4、通高 31.6 厘米（图一八四，6；彩版九二，1）。

（四）滑石器

2 件。有镜和璧。

1. 镜

1 件。M2131：1，圆形。有残损。桥形纽，纽外四方各有一方形小框，方框间纽的四角有对称分布的三角形。镜缘内侧有一周凹弦纹。直径 17、缘厚 0.7 厘米（图一八四，7；彩版九二，2）。

2. 璧

1 件。M2131：2，双面纹饰。肉、好均有极素窄缘。正面主纹饰为在细凹面小方格内饰涡纹。背面饰涡纹。通径 17.4、好径 4.2、肉厚 0.75 厘米（图一八四，8）。

墓例五三　M2132（2007 德山恒安二期扩改工程 M18）

一　墓葬形制

带斜坡墓道的土坑竖穴墓（彩版九二，3）。根据其墓道和随葬器物的位置推测，墓主头向和墓道方向一致，为 25°。墓口上部的封土堆保存较完整：从墓口往上高约 3 米，封堆直径约 28 米。封土没有经过夯筑，大致可分为五层。与同一封堆下的 M2131 墓口相距 2 米。从发掘时的地层叠压关系判定，可能属夫妻同茔异穴合葬，M2132 下葬的时间要比 M2131 早（图一八二）。

M2132 墓口长 5.10、宽 3.70 米，墓底长 4.90、宽 3.60、深 3.90 米（不含墓口以上封土高度 3 米）。墓道长 2.50、宽 2 米，墓道底部距墓底 2.30 米（图一八二）。墓壁经过二次加工，上下修造规整。

葬具，结构较清晰，从残留的棺椁板和痕迹推测葬具可能为两椁重棺。

枕木沟，墓底枕木沟痕迹明显，横向分布，长 3.60、宽 0.30、深 0.10 米（图一八五）。

葬式，因墓主的骨架已腐朽，无法判断。

填土，墓葬的封土为五花土。墓室内填土从墓口往下 3.50 米开始露出一层厚 20～40 厘米的木炭，墓壁四周明显有使用木炭留下的痕迹。木炭下有厚 10～20 厘米的白膏泥。

二　出土器物

30 件。有软陶器 26 件、滑石镜 1 件及滑石璧 3 件（图一八五；图版一六，1）。

（一）软陶器

26 件。均为泥质灰陶，火候较低。保存很差，极难修复。有鼎 7 件、壶 5 件、小壶 1 件、罐 10 件、豆 2 件、勺 1 件。

1. 鼎

7 件。形制相近，大小稍有区别。因陶质差，难以修复。均为矮蹄足。

2. 壶

5 件。形制相近，大小稍有区别，因陶质差，难以修复。仅可见均为平底，假圈足，口沿及腹部不清。

3. 小壶

1 件。M2132：24，平沿，尖唇，微敞口，鼓腹，平底假圈足。口径 4.8、腹径 8、底径 4.4、高 9 厘米（图一八六，1）。

4. 罐

10 件。均为橄榄形罐。形制基本相近，大小稍有区别。修复 3 件。

标本 M2132：8，圆唇，口内敛，弧腹，平底。腹部饰错乱绳纹。圆弧形小盖，盖和罐身结合

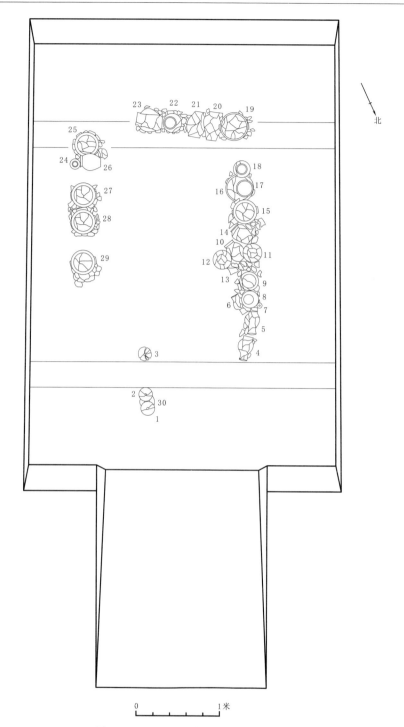

北

图一八五　M2132 平面及随葬器物分布图

1、3、30. 滑石璧　2. 滑石镜　4~6、9、13. 陶壶　7. 陶勺　8、10、14、17、18、20~23、
26. 陶罐　11、12. 陶豆　15、16、19、25、27~29. 陶鼎　24. 陶小壶

严实。口径 10.6、底径 10.4、通高 21.4 厘米（图一八六，2）。

标本 M2132：26，盖已失。圆唇，内敛口，短颈，腹稍弧，平底。腹部饰错乱绳纹。口径 10、底径 9.4、高 17.4 厘米（图一八四，3）。

5. 豆和勺

均残损严重，只可辨器形，难以修复。

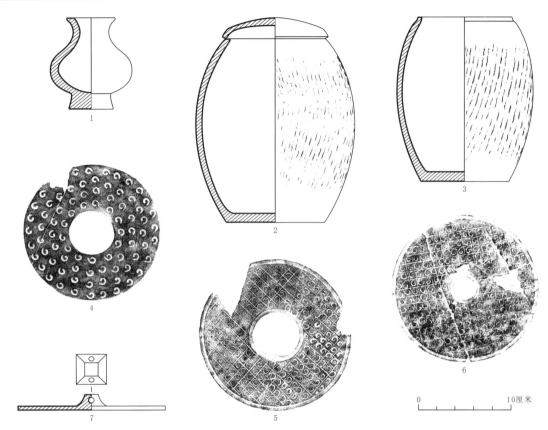

图一八六　M2132 出土陶小壶、罐，滑石璧、镜

1. 陶小壶（24）　2、3. 陶罐（8、26）　4～6. 滑石璧（1、3、30）　7. 滑石镜（2）

（二）滑石器

4 件。有璧 3 件和镜 1 件。

1. 璧

3 件。M2132：1，肉、好均无缘。正面主纹饰为涡纹，无细凹面小方格或斜菱格。通径 14.6、好径 4.3、肉厚 0.5 厘米（图一八六，4）。

M2132：3，肉、好均有素缘。正面主纹饰为在细凹面小方格内饰涡纹。通径 16、好径 4.6、肉厚 0.5 厘米（图一八六，5）。

M2132：30，肉、好均有素缘。正面主纹饰为在凹面小方格内饰涡纹。通径 15.7、好径 2.4、肉厚 0.75 厘米（图一八六，6）。

2. 镜

1 件。M2132：2，圆形，方形纽，素面无纹饰。有残损。直径 15.6、缘厚 0.4 厘米（图一八六，7；彩版九三，1）。

墓例五四　M2133（2007 德山恒安二期扩改工程 M19）

一　墓葬形制

土坑竖穴墓。该墓被发现时，墓室大部分已遭严重破坏，原来是否有墓道及封土（在早期调查中发现有封土堆）高度等均已不清。根据随葬器物位置推测墓主头向应为275°。同一封堆下分布有两座墓（M2133 和 M2134），而且这两座墓的墓口存在明显的打破关系：从发掘时地层叠压打破关系判断 M2134 下葬的时间要比 M2133 晚，M2134 打破 M2133（图一八七）。

　　墓口已遭破坏，仅存部分墓底和部分随葬器物。墓底北壁残长 2、南壁残长 3.80、宽 4.10、残深 0.50 米。墓壁经过二次加工，上下修造规整。

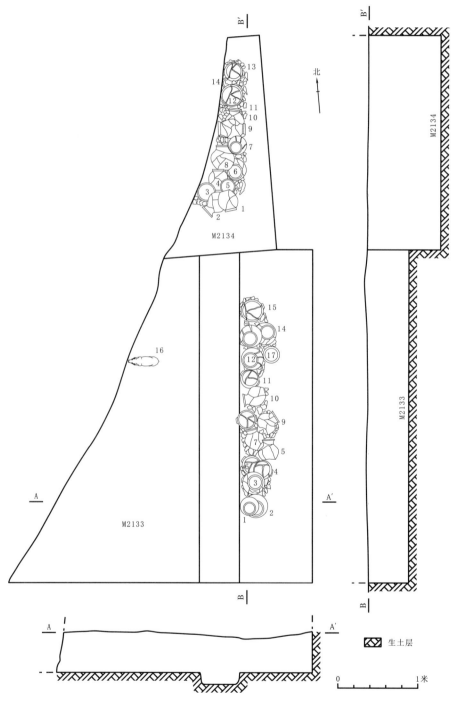

图一八七　M2133 和 M2134 平、剖面及随葬器物分布图

M2133：1～3、5、7、9、10、12～14. 陶罐　4、6、8、11、15. 陶鼎　16. 滑石猪　17. 陶瓿

M2134：1、2、4、5. 硬陶罐　3、6～8. 陶罐　9、11. 陶壶　10、14. 陶盒　12、13. 陶鼎

葬具，墓底残留有部分葬具痕迹，但结构不清。

枕木沟，墓底枕木沟痕迹明显，长 4.10、宽 0.50、深 0.15 米，和同一墓地的 M2131 一样，是沅水下游已发掘的两汉墓葬中枕木沟最宽的墓葬之一。

葬式，因墓主的骨架已腐朽，无法判断。

填土，残存的墓葬填土全部为木炭和五花土，木炭至少厚 50 厘米以上，木炭之下还有厚约 5 厘米的白膏泥。存留部分的墓壁周边有炭迹，该墓有积炭现象。

二　出土器物

17 件。其中除滑石猪 1 件外均为软陶器（图一八七；图版一六，2）。

（一）软陶器

16 件。均为泥质灰陶和红陶，少量夹砂。陶器火候较低，保存较差。有罐 10 件、鼎 5 件、甑 1 件。

1. 鼎

5 件。均残损严重，只可辨器形，难以修复。

2. 罐

10 件。形制和大小基本相同，与楚墓中常见的绳纹圜底罐相近，有灰色和灰红两种颜色。

标本 M2133：14，宽折沿微坠，方唇，高领，弧折肩，深鼓腹，圜底内凹。肩部和上腹部的绳纹被四道凹弦纹截断，下腹部饰错乱绳纹。口径 12.6、腹径 23、高 20.8 厘米（图一八八，1）。

3. 甑

1 件。可能是和陶灶配套的陶甑，但出土时已不在一起。M2133：17，夹砂灰红陶。平沿，尖唇，斜收腹，平底。底部有五个箅眼。口径 18.8、底径 7、高 9 厘米（图一八八，2）。

（二）滑石器

1 件。为猪。M2133：16，整块滑石制作而成。猪呈卧伏状，两前脚略前伸，后腿蜷缩。嘴微张，略上翘，鼻孔和眼及耳清晰，成浮雕状，身子圆润，乃滑石器中的精品。通长 26.8、宽 7.8、高 9.6 厘米（图一八八，3；彩版九三，2）。

墓例五五　M2134（2007 德山恒安二期扩改工程 M20）

一　墓葬形制

土坑竖穴墓。该墓被发现时破坏严重，原来的结构是否有墓道及封土高度等均已不清。根据随葬器物位置推测墓葬方向应为 270°。被破坏前同一封堆下有两座墓（M2133 和 M2134），两座墓间存在打破关系：M2134 下葬的时间比 M2133 晚，M2134 打破 M2133，两座墓可能属夫妻同茔合葬（图一八七）。

墓口已遭破坏，残存部分墓底和部分随葬器物。北壁残长 0.40、南壁残长 1.44、宽 2.60、残深 0.90 米。墓壁经过二次加工，上下修造规整。

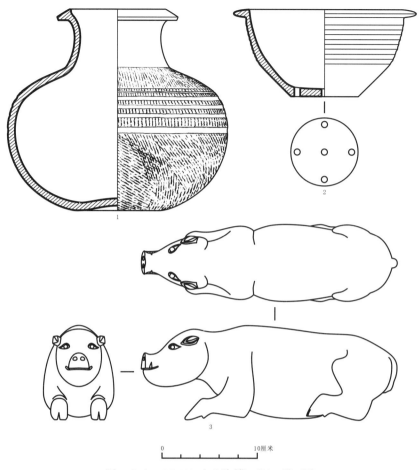

图一八八　M2133 出土陶罐、甄，滑石猪
1. 陶罐（14）　2. 陶甄（17）　3. 滑石猪（16）

葬具，墓底还残留有部分葬具痕迹，但结构不清。残留墓底部分无枕木沟痕迹。

葬式，因墓主的骨架已腐朽，无法判断。

填土，残存墓葬部分的填土全部为木炭和五花土，木炭的厚度至少在 80 厘米以上，木炭之下
还有厚约 1～3 厘米的白膏泥。存留部分的墓壁周边均有炭迹，墓内有积炭现象。

二　出土器物

该墓幸存随葬器物 14 件。均为陶器，有鼎、盒、壶各 2 件，罐 4 件，硬陶罐 4 件（图一八
七；图版一六，3）。

（一）软陶器

有罐、鼎、盒和壶。均为泥质或夹砂灰陶，火候较低。鼎、盒、壶残损严重，仅能辨明个体
数量，无法修复，难知器形。

1. 罐

4 件。形制和大小基本相同。夹砂。与楚墓常见的绳纹圜底罐相近，有灰色和灰红两种颜色。

标本 M2134：8，宽折沿，尖唇，高领外敞，溜肩，深腹下垂，圜底内凹。最大腹径位于下腹
部。颈部饰细绳纹，肩部和上腹部绳纹被五道宽窄不一的凹弦纹截断，下腹部饰错乱绳纹。口径
11.2、腹径 20.4、高 22 厘米（图一八九，1）。

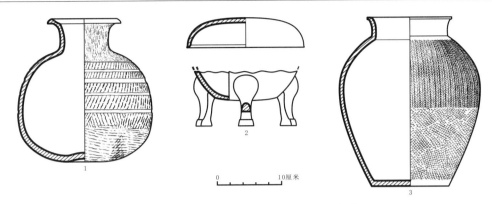

图一八九　M2134 出土陶罐、鼎，硬陶罐
1. 陶罐（8）　　2. 陶鼎（12）　　3. 硬陶罐（1）

2. 鼎

2 件。形制和大小基本相同。残损严重。对称立附贯耳，三矮蹄足稍外撇。圆弧形盖，盖上无纽。残高 8.4、足高 7.6 厘米（图一八九，2）。

（二）硬陶器

4 件。均为印纹罐。形制和大小基本相近。胎质口部呈青灰色，腹部以下呈暗红色，火候高，敲击有声，可能因胎质较粗而火候高的缘故，周身有许多鼓泡和变形处。微敞口，窄缘外折，方唇，矮领稍外撇，溜肩，斜收腹，平底。最大腹径位于腹部。肩部到上腹部为从上往下拍印的叶脉纹，下腹部到底部间饰方格纹。

标本 M2134：1，口径 13、腹径 21.8、底径 12.2、高 26 厘米（图一八九，3）。

墓例五六　M2136（2007 德山恒安二期扩改工程 M26）

一　墓葬形制

长方形土坑竖穴墓。根据墓内出土滑石璧等随葬器物的位置推测墓主头向可能为 180°。该墓在发现时上部结构已基本被破坏，但墓室和随葬器物均保存完整。墓底长 4、宽 3.05、深 4.80 米（图一九〇）。墓口和墓底基本相同，墓壁经过二次加工，上下修造规整。

葬具，结构不清晰，但从墓底痕迹推测应有椁有棺。

枕木沟，墓底有两条横向枕木沟，沟长 3.05、宽 0.40、深 0.15 米。

葬式，因墓主的骨架已腐朽，无法判断。

填土，为原墓坑网纹红土捣碎后形成的五花土回填，墓室底部有厚约 5 厘米的白膏泥。

二　出土器物

53 件（套）。除滑石器 4 件和泥半两外，其余均为软陶器。

（一）软陶器

48 件。有鼎、盒、壶、钫、盆、勺、匜、匕、罐。

1. 鼎

9 件。形制和大小基本相同。

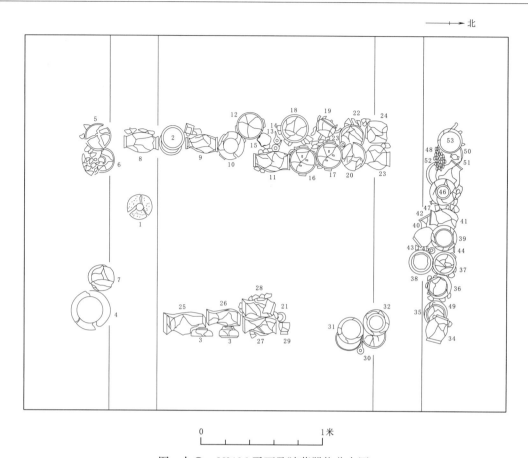

图一九〇　M2136 平面及随葬器物分布图

1. 滑石璧　2、3. 滑石盒　4. 滑石盘　5～7、20、22、31、32、35、36、38. 陶盒
8、9、11、25～28. 陶钫　10、12、16～19、37、39、53. 陶鼎　13、14、30、33. 陶勺
15、21. 陶匜　23、24、34、51. 陶壶　29、43、44、47、50. 陶小壶　40～42、46、49. 陶罐
45. 陶匕　48. 泥半两　52. 陶盆

　　标本 M2136：12，残损严重。子母口承盖，对称立附贯耳，三矮蹄足稍外撇。残高 8.2、足高 6.8 厘米（图一九一，1）。

　　2. 盒

　　10 件。根据形制和大小差别可分为两种。

　　标本 M2136：22，同样形制和大小的 6 件。泥质灰陶。盖为覆钵形，盒身子母口内敛，斜收腹，平底内凹。口径 15.6、底径 7.2、通高 10.4 厘米（图一九一，2）。

　　标本 M2136：38，同样形制和大小的 4 件。泥质灰陶。盖为覆碗形，盖顶有圈足形捉手，中部有一周凹弦纹。盒身子母口内敛，折腹，平底稍内凹。口径 16、底径 8、通高 14.4 厘米（图一九一，3）。

　　3. 壶

　　4 件。形制和大小基本相同。标本 M2136：51，残损严重，颈部和底部已残，无盖。束颈，大鼓腹，圈足已残。腹径 18.2、残高 18.8 厘米（图一九一，4）。

　　4. 小壶

　　5 件。形制和大小基本相同。标本 M2136：43，平沿，尖唇，微敞口，鼓腹，平底假圈足。口径 5、腹径 8.4、底径 4.6、高 9.6 厘米（图一九一，5）。

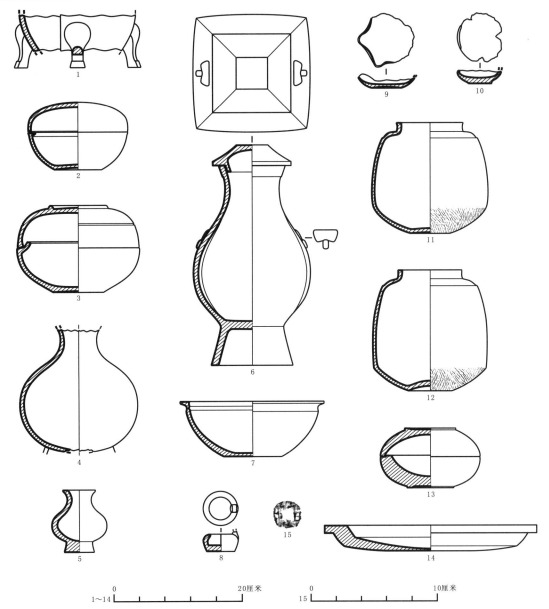

图一九一　M2136 出土陶鼎、盒、壶、钫、盆、勺、匜、匕、罐，滑石盒、盘，泥半两

1. 陶鼎（12）　2、3. 陶盒（22，38）　4、5. 陶壶（51，43）　6. 陶钫（8）　7. 陶盆（52）

8. 陶勺（14）　9. 陶匜（21）　10. 陶匕（45）　11、12. 陶罐（46，49）　13. 滑石盒（2）

14. 滑石盘（4）　15. 泥半两（48）

5. 钫

7 件。形制和大小基本相同。泥质灰陶。盝顶盖，盖下有子口伸入壶口沿内。平沿，微敞口，束颈，方腹外鼓，高方圈足，腹部饰对称铺首。

标本 M2136∶8，口径 10.2、最大腹径 18、底径 12.4、通高 34.2 厘米（图一九一，6）。

6. 盆

1 件。M2136∶52，宽平沿，束颈，斜收腹，平底。口径 22.2、底径 9、高 8.6 厘米（图一九一，7）。

7. 勺

4 件。形制和大小基本相同。标本 M2136∶14，斗形。敛口，圆唇，算珠形弧壁，平底。勺柄直立微弧，柄尾残。口径 3.4、底径 4.2、残高 3.1 厘米（图一九一，8）。

8. 匜

2 件。形制和大小基本相同。标本 M2136:21，圆弧形流，与流对应一侧的扣手已残，平底内凹。口径 8.3 ~ 8.5、残高 2.2 厘米（图一九一，9）。

9. 匕

1 件。M2136:45，圆弧敛口，锥柄已残断，圆耸肩，平底。通宽 7.6、底径 3.6、残高 2 厘米（图一九一，10）。

10. 罐

5 件。根据形制和大小可分两种：

标本 M2136:46，平沿，直颈，尖唇，重折肩，直腹，下腹斜折，圜底近平。下腹饰绳纹。口径 10.2、腹径 17.8、底径 5.8、高 17.2 厘米（图一九一，11）。

标本 M2136:49，平沿，直颈，圆唇，折肩，直腹，下腹斜折，圜底内凹。下腹饰绳纹。口径 10、腹径 18、底径 6.8、高 18.6 厘米（图一九一，12）。

（二）滑石器

4 件。有璧、盒、盘。

1. 璧

1 件。M2136:1，肉、好均为素窄缘。双面纹饰，两面的主纹饰均为在凹面方格内饰涡纹。通径 15.3、好径 3.65、肉厚 1.0 厘米。

2. 盒

2 件。形制和大小相同。标本 M2136:2，由盖和身组成，整体呈扁圆形。圆弧形盖，盖顶有矮圈足状捉手。平口承盖，敞口，尖唇，斜收腹，矮圈足。口径 15.6、底径 7.2、通高 9.2 厘米（图一九一，13）。

3. 盘

1 件。M2136:4，宽平沿，尖唇，敞口，浅盘。折腹，圜底近平。口径 33.4、底径 13.2、高 4 厘米（图一九一，14）。

（三）其他

只有泥半两，数千枚，完整的极少。

标本 M2136:48，泥质灰陶，模压而成，火候较低。钱面的文字较清晰，圆形方孔也较规范。钱径 2.6、穿径 0.95 厘米（图一九一，15）。

墓例五七　M2137（1992 德山汪家山 M1）

一　墓葬形制

带斜坡墓道的土坑竖穴墓。墓葬还保留有较完整的封堆，发掘时揭去封土后发现封堆下有三座方向基本一致、规模区别较大的墓。墓葬基本呈南北向，M2137 位于三座墓的西南侧（图一九二）。

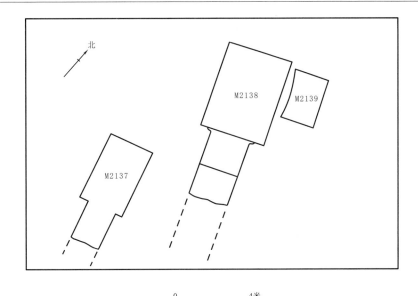

图一九二　M2137、M2138 和 M2139 分布平面图

墓口长 3.85、宽 2.50、深 2.80 米（不含墓道）。墓道位于墓室的南侧，残长 2.15、宽 1.54 米，方向 165°。墓壁经过二次加工，修造规整。

葬具，从墓底残留棺的红色和黑色漆皮判断原有棺椁等葬具，但详细结构已不清。墓底保留有横向枕木沟痕迹。

葬式，因墓主的骨架已腐朽，无法判断。

填土，外部封堆和墓室均用红色网纹土捣碎后形成的五花土回填，墓室内的五花土有明显的夯筑痕迹。

二　出土器物

24 件。有软陶器 2 件、酱釉硬陶器 6 件和滑石器 16 件。

（一）软陶器

2 件。均为泥质灰陶钫，出土时成泥饼状，无法修复。

（二）酱釉硬陶器

6 件。均为鼎，形制和大小基本相同。胎质呈灰白色，胎体厚重，质地坚硬细密。盖和身上均施有酱黑色釉，釉层厚薄不均，局部脱落严重，有流釉现象，釉层厚的部位呈现出玻璃光泽。

标本 M2137：19，子母口承盖，圆弧形盖上有三个柱形纽，纽下部有半圆形穿孔。鼎身敛口，圆鼓腹，大平底，三矮蹄足，立附耳，腹部饰一周凸棱。口径 13.6、最大腹径 18、通高 19.2 厘米（图一九三，1）。

（三）滑石器

16 件。有印章、镜、璧、盘和耳杯。

1. 印章

1 枚。出土于墓主头部的滑石璧下。M2137：1，方形，瓦纽，铭文为阴刻四字"临湘之印"。

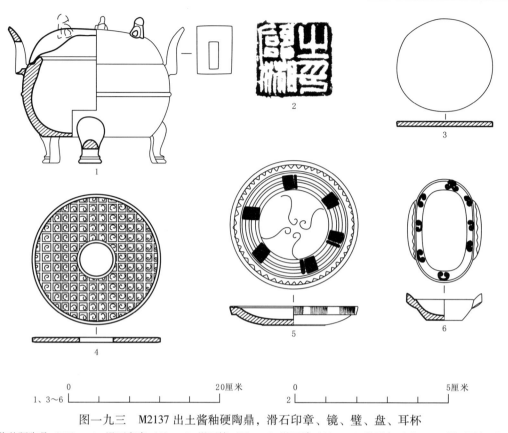

图一九三　M2137 出土酱釉硬陶鼎，滑石印章、镜、璧、盘、耳杯

1. 酱釉硬陶鼎（19）　2. 滑石印章（1）　3. 滑石镜（2）　4. 滑石璧（3）　5. 滑石盘（4）　6. 滑石耳杯（21）

印面长、宽均 2.3，高 1.6 厘米（图一九三，2；彩版九三，3）。

2. 镜

1 面。为双面素镜。两面虽经简单打磨，但仍可见切割留下的痕迹，通体无其他纹饰，制作较粗糙，无纽。M2137：2，直径 12.4、厚 0.4~0.6 厘米（图一九三，3）。

3. 璧

1 件。M2137：3，双面阴刻两周弦纹，将其分成了内、中、外三区，内、外区为素面，中区最大，先刻出小方格，格内再阴刻涡纹。通径 16.8、好径 4.1、肉厚 0.6 厘米（图一九三，4）。

4. 盘

6 件。形制相同，大小稍有区别。出土时叠放在一起，盘上有黑色彩漆痕迹。标本 M2137：4，浅腹，平底，宽斜折沿，口沿上部印刻多周同心弦纹，盘内刻单线卷云纹。口径 16.4、腹深 1.6、底径 8、高 2.6 厘米（图一九三，5）。

5. 耳杯

7 件。形制相同，大小稍有区别。出土时叠放在一起，耳杯上有黑色和红色彩漆痕迹。标本 M2137：21，长椭圆形，敞口。薄平唇，两侧长附耳耳内侧出唇部台面，圆收腹，平底。整器从口部逐渐变厚，耳绘有长线水波纹，盆内绘有双线涡纹。长 13.4、通耳宽 10.6、腹深 2.2、通高 3.6 厘米（图一九三，6）。

墓例五八　M2138（1992 德山汪家山 M2）

一　墓葬形制

带斜坡式和台阶式结合墓道的土坑竖穴墓。与 M2137 及 M2139 处于同一封堆下，三座墓的方向基本一致，基本上呈南北向。位于 M2137 的东北部，正东为 M2139，两座墓的墓口相距仅 0.30 ~ 0.40 米（图一九二）。

墓口长 4.80、宽 3.54、深 2.45 米（不含墓道）。墓道位于墓室的南侧，残长 3.80、宽 1.85 ~ 2 米。墓道分为两部分：上部为斜坡式，下部为台阶式，斜坡的坡度为 25°。第一层台阶距墓底 0.20 米，是一个 2 米的正方形平台；第二级台阶距第一级台阶 0.80 米。墓道方向 165°。墓壁经过二次加工，修造规整。

葬具，从墓底残留棺的红色和黑色漆皮判断原有棺椁等葬具，但详细结构已不清。墓底保留有横向枕木沟痕迹。

葬式，因墓主的骨架已腐朽，无法判断。墓室上部发现有明显的盗洞痕迹，盗洞直径 1.10 米，从内部的包含物推测，该墓最迟在唐代已遭盗掘。

填土，外部封堆和墓室均为第四纪红色网纹土捣碎后形成的五花土回填，墓室内的五花土有明显的夯筑痕迹。

二　出土器物

20 件。其中软陶器 2 件、硬陶器 1 件、酱釉硬陶器 11 件、滑石器 4 件及铜镜和玉环各 1 件。

（一）软陶器

2 件。均为泥质灰陶钫，出土时成泥饼状，无法修复。

（二）硬陶器

1 件。为印纹罐。M2138:15，平沿，尖唇，侈口，圆肩，鼓腹，大平底，器表呈暗红色。上腹饰叶脉纹，下腹饰方格纹。口径 10.8、腹径 16、底径 10.2、通高 14 厘米（图一九四，5）。

（三）酱釉硬陶器

11 件。有鼎、盒、壶。胎质呈灰白色，胎体厚重，质地坚硬细密，盖和身上均施有酱黑色和酱黄色釉，釉层厚薄不均，局部脱落严重，有流釉现象，釉层厚的部位呈现出玻璃光泽。

1. 鼎

5 件。根据其形制和大小，可分为两种类型。

标本 M2138:14，同样形制和大小的 2 件。子母口承盖，半球形盖，盖上有一桥形穿孔纽。鼎身敛口，圆鼓腹，圜底，三矮蹄足，方形立附耳，腹部饰一周折棱。口径 12.6、腹径 17、通高 17.6 厘米（图一九四，1）。

标本 M2138:19，同样形制和大小的 3 件。子母口承盖，圆浅弧形盖，盖上有蘑菇状纽。鼎身敛口，深折腹，大平底，三矮柱状足，方形附耳外撇，腹部饰一周折棱。口径 10.4、腹径 15.2、通高 16 厘米（图一九四，2）。

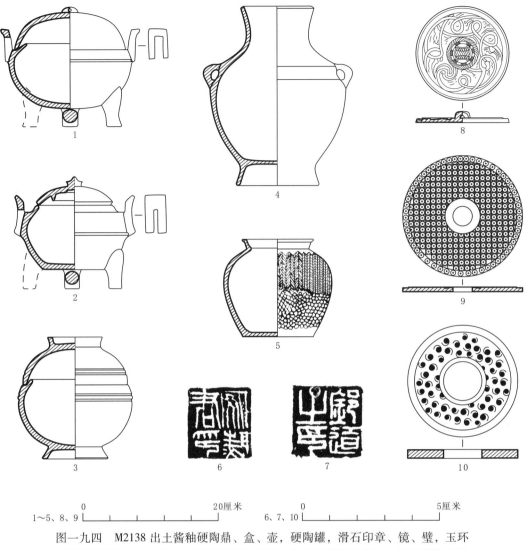

图一九四　M2138 出土酱釉硬陶鼎、盒、壶，硬陶罐，滑石印章、镜、璧，玉环
1、2. 酱釉硬陶鼎（14, 19）　3. 酱釉硬陶盒（17）　4. 酱釉硬陶壶（8）　5. 硬陶罐（15）
6、7. 滑石印章（1, 2）　8. 滑石镜（4）　9. 滑石璧（3）　10. 玉环（6）

2. 盒

3 件。形制和大小基本相同。标本 M2138：17，子母口承盖，圆弧形盖上部有高圈足形捉手，腹部有两道凹弦纹。盒身为敛口，深腹，喇叭形高圈足，腹部亦有两道凹弦纹。口径 12、腹径 16.4、通高 17.6 厘米（图一九四，3）。

3. 壶

3 件。形制和大小基本相同。标本 M2138：8，圆唇，外斜沿，微敞口，束颈，溜肩，长鼓腹内收，高圈足稍外撇，上腹部有对称两桥形穿孔形耳。肩部饰二组细凹弦纹。口径 11.2、腹径 18.8、通高 26 厘米（图一九四，4）。

（四）滑石器

4 件。有印章、镜和璧。

1. 印章

2 枚。可能为墓主生前职官印和爵位印之明器。

标本 M2138：1，出土于墓主棺内。方形，鼻纽残，阴刻四字隶书"安陵君印"，印文古朴率性。印面纵长 2.6、横宽 2.3、高 1.2 厘米（图一九四，6；彩版九三，4）。

标本 M2138：2，出土于左边箱内。方形，瓦纽残，阴刻四字"陰道之印"，印文庄重，书风较成熟。印面纵长 2.5、横宽 2.4、高 1.8 厘米（图一九四，7；彩版九三，5）。

2. 镜

1 面。长绸花洁纹镜。圆形，桥形纽，镜背面浮雕长绸花洁纹。从断面看，阴刻两周凹弦纹，浮雕花纹位于两周凹弦纹间，以云纹为地纹。M2138：4，直径 13.4、缘厚 0.8 厘米（图一九四，8）。

3. 璧

1 件。M2138：3，肉、好均有缘。好缘素面外凹。肉之外缘内斜，上面饰方格纹和重圈纹。通径 16.8、好径 1.8、肉厚 0.6 厘米（图一九四，9）。

（五）铜器

1 件。为镜。残损严重，已无法判定其类型。

（六）玉器

1 件。为环。白色青玉质。圆形，完整。

M2138：6，形似滑石璧，肉、好均有素缘。中区主纹饰为阳刻涡纹。通径 4、好径 1.45、肉厚 0.3 厘米（图一九四，10）。

墓例五九　M2148（2009 德山二纺机 M6）

一　墓葬形制

无墓道的土坑竖穴墓。方向 235°。揭去上部的表土后，墓口长 4.10、宽 2.50、深 4.10 米（图一九五）。墓壁经过二次加工，修造规整。

葬具，从墓底残留棺的红色和黑色漆皮判断原有棺椁等葬具，但详细结构不清。

枕木沟，墓底有两条横向枕木沟，长 2.46、宽 0.30、深 0.06 米。

葬式，因墓主的骨架已腐朽，无法判断。

填土，外部封堆和墓室均为第四纪红色网纹土捣碎后形成的五花土回填，墓室内的五花土有明显的夯筑痕迹，墓底有少量白膏泥。

二　出土器物

33 件。其中除一件滑石璧外，均为软陶器（图版一七，1、2）。

（一）软陶器

32 件。均为泥质灰陶。有鼎、盒、壶、勺、匕。

1. 鼎

8 件。形制和大小相同。标本 M2148：17，子母口承圆弧形盖。鼎身敛口，圆弧腹，口沿外对称立附耳，圜底近平，三兽面蹄足。口径 15.2、腹径 17.2、通高 13 厘米（图一九六，1）。

2. 盒

8 件。大小基本相同，根据盒身和盖上的凹弦纹可分为两种形态。

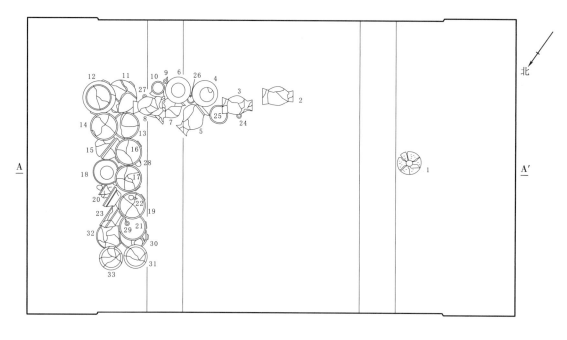

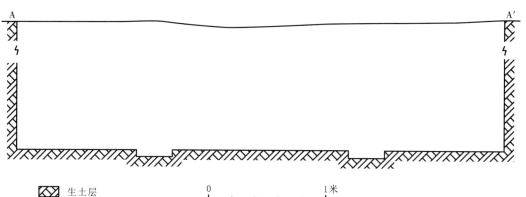

图一九五　M2148 平、剖面及随葬器物分布图

1. 滑石璧　2、3～8、10、25. 陶壶　9、24、27、29. 陶勺　11、12、14、16、17、19、21、30. 陶鼎
13、15、18、20、23、31～33. 陶盒　22、26、28. 陶匕

　　标本 M2148：20，同样形态的 3 件。泥质灰陶。盖为覆钵形，盒身子母口内敛，腹较浅，平底稍内凹，器身呈椭圆形。盖和盒均有一道凹弦纹。口径 14.4、底径 9.4、通高 10.2 厘米（图一九六，2）。

　　标本 M2148：32，同样形态的 5 件。泥质灰陶。盖为覆钵形，盒身子母口内敛，深腹，平底稍内凹，器身近圆形。口径 15、底径 7.4、通高 11.8 厘米（图一九六，3）。

　　3. 壶

　　9 件。大小相差不大，从形态上可分为两种。

　　标本 M2148：10，同样形态的 4 件。外斜沿承圆弧形盖，盖上无纽。尖唇，侈口，扁腹下垂，圈足外撇呈喇叭形。口径 9.8、腹径 17、底径 10.6、通高 21.6 厘米（图一九六，4）。

　　标本 M2148：3，同样形态的 5 件。平口承圆弧形盖，盖上无纽。圆唇，侈口，深鼓腹，高圈足外撇。口径 9.4、腹径 17.4、底径 12、通高 25.4 厘米（图一九六，5）。

　　4. 勺

　　4 件。形制和大小基本相同。标本 M2148：29，斗形。敛口，圆唇，算珠形弧壁，平底。勺柄

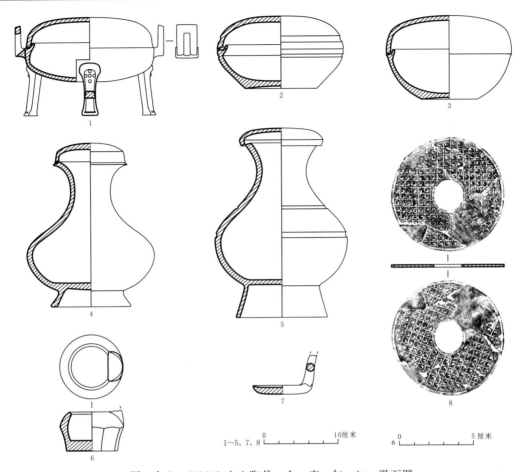

图一九六　M2148 出土陶鼎、盒、壶、勺、匕，滑石璧

1. 陶鼎（17）　2、3. 陶盒（20，32）　4、5. 陶壶（10，3）　6. 陶勺（29）　7. 陶匕（22）　8. 滑石璧（1）

直立，已残。口径3、底径3.4、残高2.7厘米（图一九六，6）。

5. 匕

3件。形制和大小基本相同。标本 M2148∶22，圆弧敛口，柱柄斜立，圆耸肩，圜底近平。通宽7.6、残高5.2厘米（图一九六，7）。

（二）滑石器

1件。璧。

M2148∶1，双面纹饰。肉、好均为窄素缘。肉上主纹饰为在先刻成的小方格内阴刻涡纹。两面纹饰基本相同。通径15.2、好径3.8、肉厚0.4厘米（图一九六，8）。

墓例六〇　M2153（2007 德山二中 M7）

一　墓葬形制

无墓道的土坑竖穴墓。方向235°。揭去上部的表土后，墓口长2.80、宽1.80、深2.50米（图一九七）。墓壁经过二次加工，修造规整。

M2153 是目前沅水下游已发掘的汉代土坑竖穴墓中唯一一座发掘出排水设施的墓。该墓的

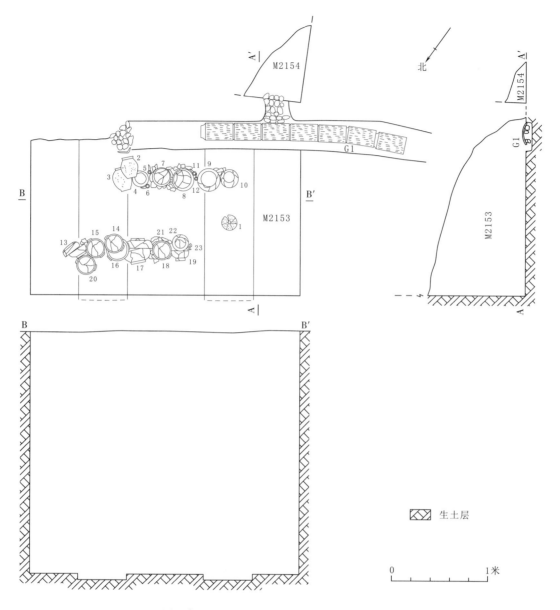

图一九七　M2153 平、剖面及随葬器物分布图

1. 滑石璧　2~4、14. 陶罐　5、6、11、12. 陶勺　7~10. 陶壶　13、19. 陶盆　15、16、18、20. 陶鼎
17. 陶盒　21~23. 陶匕

西南侧原应还有一座墓（M2154），只是已被破坏，仅剩残长 0.60、残宽 0.80 米的东北角，随葬器物也全部被毁。排水沟（G1）位于两墓之间（图版一八，1），沟底低于墓室底部 0.06 ~ 0.08 米，沟宽 0.30 米，发掘长度 3.10 米。G1 沿 M2153 南壁底部向西延伸，因延伸到另一家单位的围墙，未能全部清理，故不知 G1 的全部长度。G1 系采用河卵石和绳纹筒瓦、绳纹板瓦建成。

　　葬具，从墓底残留的红、黑色漆皮判断原有棺椁等葬具，但详细结构已不清。

　　枕木沟，墓底保留两条横向枕木沟，沟长 1.66、宽 0.50、深 0.06 米。

　　葬式，因墓主的骨架已腐朽，无法判断。

　　填土，使用第四纪网纹红土捣碎后形成的五花土回填，无明显的夯筑痕迹。

二　出土器物

23件。除一件滑石璧外，其余均为软陶器（图版一八，1）。

（一）软陶器

22件。均为泥质灰陶。有鼎、盒、壶、盘、罐、勺、匕。

1. 鼎

4件。形制和大小基本相同。标本M2153：18，子母口承圆弧形盖。鼎身敛口，深腹，平底，三扁圆足直立，口沿外对称立附耳。口径13.4、腹径16.8、通高16.8厘米（图一九八，1）。

2. 盒

1件。M2153：17，盖为覆钵形，盒身子母口内敛，深腹，平底，整个器身基本呈椭圆形。口径13.8、底径7.6、通高12厘米（图一九八，2）。

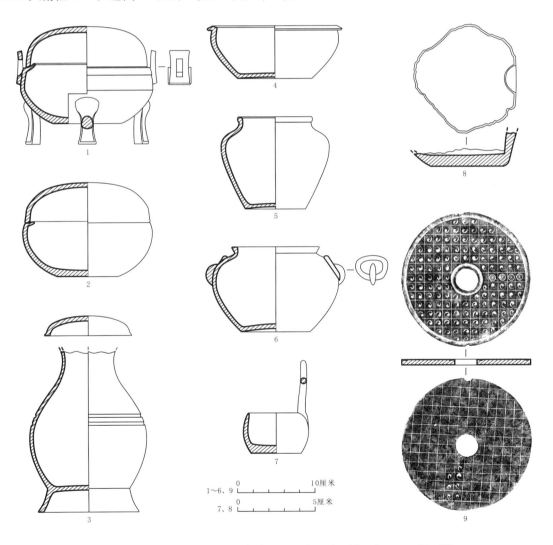

图一九八　M2153出土陶鼎、盒、壶、盆、罐、勺、匕，滑石璧

1. 陶鼎（18）　2. 陶盒（17）　3. 陶壶（10）　4. 陶盆（13）　5、6. 陶罐（3，14）　7. 陶勺（5）
8. 陶匕（21）　9. 滑石璧（1）

3. 壶

4件。形制和大小基本相同。标本 M2153：10，圆弧形盖，盖上无纽。侈口，长弧腹下垂，喇叭形高圈足外撇。腹部有两道凹弦纹。腹径15、底径13、残高20.4厘米（图一九八，3）。

4. 盆

2件。形制和大小基本相同。标本 M2153：13，外卷沿，尖唇，微敛口，深腹，平底稍内凹。口径17.2、底径9.4、高6.8厘米（图一九八，4）。

8. 罐

4件。从形制和大小可分为两种。

标本 M2153：3，同样形制的2件。圆唇，微敞口，短颈，圆肩，斜腹，平底内凹。口径9.6、腹径13.8、底径7.8、高11.8厘米（图一九八，5）。

标本 M2153：14，同样形制的2件。平沿，尖唇，直口，束颈，圆肩，斜腹，平底内凹。肩部堆贴浮雕短纽衔环状双耳。口径11.2、腹径16.2、底径9、高10.8厘米（图一九八，6）。

6. 勺

4件。形制和大小基本相同。标本 M2153：5，斗形。敛口，圆唇，算珠形弧壁，平底。圆柱勺柄直立，柄尾圆。口径4.2、底径3.4、通高5.9厘米（图一九八，7）。

7. 匕

3件。形制和大小相同。标本 M2153：21，圆弧敛口，锥柄已残断，圆耸肩，平底。通宽6.9、底径4.8、残高2.1厘米（图一九八，8）。

（二）滑石器

1件。为璧。

M2153：1，双面纹饰。肉、好均有素缘。肉上主纹饰为在先刻成的小方格内阴刻涡纹，其中四个小方格内是重圈纹。背面纹饰主要为阴刻凹面小方格，除在一侧的七个方格内饰不规则涡纹外，其他小方格内无纹饰。此种纹饰的滑石璧非常罕见。通径16.7、好径2.9、肉厚0.7厘米（图一九八，9）。

墓例六一　M2156（2011 汉顺 M6）

一　墓葬形制

无墓道的土坑竖穴墓。方向160°。揭去上部的表土后，墓口长2.80、宽1.80、深3.80米（图一九九）。墓壁经过二次加工，修造规整。

葬具，从墓底残留的红、黑色漆皮判断原有棺椁等葬具，但详细结构已不清。

枕木沟，墓底保留两条横向枕木沟。沟长1.64、宽0.30、深0.06米。

葬式，因墓主的骨架已腐朽，无法判断。

填土，使用原墓坑的网纹红土捣碎后形成的五花土回填，无明显的夯筑痕迹。

二　出土器物

18件。除铜镜和滑石璧各一件外，其余均为软陶器（图版一八，2）。

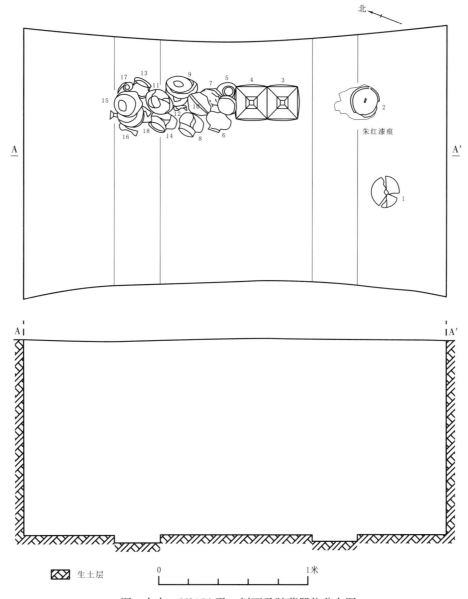

图一九九　M2156平、剖面及随葬器物分布图

1. 滑石璧　2. 铜镜　3、4. 陶钫　5. 陶壶　6、7、11、13~15. 陶罐　8、10、18. 陶盒
9、12、16. 陶鼎　17. 陶勺

（一）软陶器

16件。均为泥质灰陶。有鼎、盒、壶、钫、罐、勺。

1. 鼎

3件。根据形制和大小的不同，可分为两种。

标本 M2156：12，子母口承圆弧形盖。鼎身敛口，深腹，圜底，三半圆形矮柱足，口沿外对称附耳外撇。口径16.6、腹径19.2、通高18厘米（图二〇〇，1）。

标本 M2156：16，子母口承盖，盖已失。鼎身敛口，浅腹，圜底近平，三兽面扁足外撇，口沿对称附耳外撇。耳外侧有刻划纹。口径15.2、腹径17.4、通高15.6厘米（图二〇〇，2；彩版九四，1）。

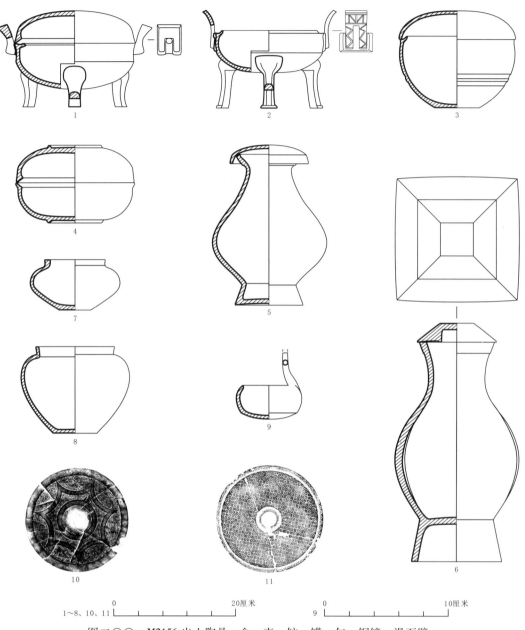

图二〇〇　M2156 出土陶鼎、盒、壶、钫、罐、勺，铜镜，滑石璧

1、2. 陶鼎（12，16）　3、4. 陶盒（10，18）　5. 陶壶（5）　6. 陶钫（4）　7、8. 陶罐（13，15）
9. 陶勺（17）　10. 铜镜（2）　11. 滑石璧（1）

2. 盒

3 件。形制和大小稍有不同。标本 M2156：10，盖为覆钵形。盒身子母口内敛，深腹，平底，器身基本呈椭圆形。口径 16.2、底径 7.2、通高 15.8 厘米（图二〇〇，3）。

标本 M2156：18，盖与身基本相同，沿均内斜，深腹，矮圈足。口径 19、底径 8.8、通高 12.4 厘米（图二〇〇，4）。

3. 壶

1 件。M2156：5，圆弧形盖，盖上无纽。敞口，束颈，鼓腹，平底假圈足。口径 10.4、腹径 18.2、底径 10.8、通高 27 厘米（图二〇〇，5）。

4. 钫

2 件。形制和大小基本相同。标本 M2156：4，平沿承盝顶盖。口微外撇，束颈，上腹较直，下腹略鼓，高方足。口径 11.8、腹径 19.6、方足底径 14.2、通高 38 厘米（图二〇〇，6）。

9. 罐

6 件。标本 M2156：13，平沿，圆唇，直口，圆肩，上腹鼓，下腹斜收，平底。口径 9.6、腹径 14.2、底径 5、高 8.1 厘米（图二〇〇，7）。

标本 M2156：15，同样形制和大小的 5 件。平沿，圆唇，直颈，圆肩，收腹，小平底。口径 12.4、腹径 17.2、底径 7、高 13.8 厘米（图二〇〇，8）。

8. 勺

1 件。M2156：17，斗形。敛口，圆唇，算珠形弧壁，圜底。圆柱勺柄内斜，柄尾圆稍残。口径 5.2、残高 5.3 厘米（图二〇〇，9）。

（二）铜器

1 件。为镜。出土于墓主的头部一端。

M2156：2，圆形，三弦钮，无钮座，钮外有一周凹带，云雷纹地上有七段内向连弧，连弧内外饰涡纹。直径 16.5、缘宽 1.2、缘厚 0.2 厘米（图二〇〇，10；彩版九四，2）。

（三）滑石器

1 件。为璧。

M2156：1，好有素窄缘。肉上主纹饰为在先刻成的小方格内阴刻重圈纹。通径 17.1、好径 2.4、肉厚 0.65 厘米（图二〇〇，11）。

墓例六二　M2157（2011 汉顺 M8）

一　墓葬形制

无墓道的土坑竖穴墓。方向 165°。揭去上部的表土后，墓口长 3、宽 2.40、深 3.50 米（图二〇一）。墓壁经过二次加工，修造规整（彩版九四，3）。

葬具，从墓底残留棺的红、黑色漆皮判断原有棺椁等葬具，但其详细结构已不清。

枕木沟，墓底有两条横向枕木沟，沟长 2.40、宽 0.24、深 0.10 米。

葬式，因墓主的骨架已腐朽，无法判断。

填土，使用原墓坑的网纹红土捣碎后形成的五花土回填，有夯筑痕迹，但夯层不明显。

二　出土器物

18 件。除滑石璧、泥半两和残铁棺钉外，其余均为软陶器。

（一）软陶器

15 件。均为泥质灰陶。有鼎、盒、壶、钫、罐。

1. 鼎

3 件。形制和大小基本相同。标本 M2157：10，子母口承弧形盖，盖上无纽。鼎身微敛口，浅

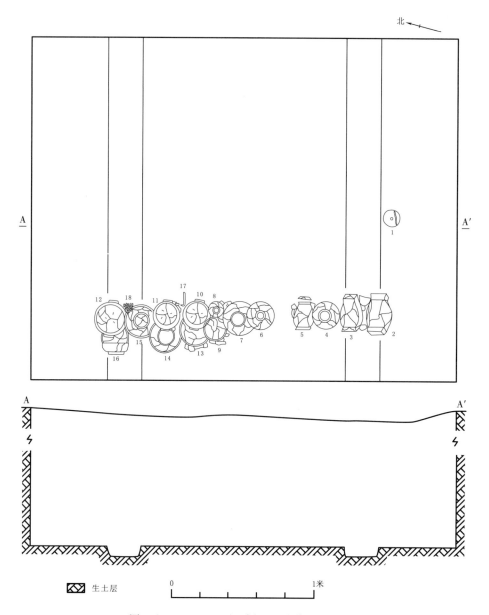

图二〇一　M2157 平、剖面及随葬器物分布图

1. 滑石璧　2、3. 陶钫　4、5. 陶壶　6～8. 陶罐　9、13～16. 陶盒　10～12. 陶鼎　17. 铁棺钉
18. 泥半两

腹，圜底近平，三兽扁足外撇，口沿对称附耳外撇。口径 14.8、腹径 17、通高 12.6 厘米（图二
〇二，1）。

2. 盒

5 件。形制和大小基本相同。标本 M2157：16，盖为覆碗形，顶部有矮圈足形捉手。盒身子母
口内敛，深腹，平底稍内凹。口径 15.8、底径 9.6、通高 13.6 厘米（图二〇二，2）。

3. 壶

2 件。形制和大小基本相同。标本 M2157：5，圆弧形盖，盖顶无纽，盖下有子口深入壶口内。
敞口，长颈，鼓腹下垂，喇叭形高圈足。口径 10.6、腹径 16.2、底径 10.2、高 24.2 厘米（图二
〇二，3）。

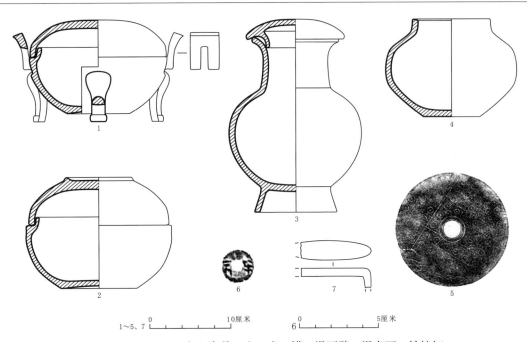

图二〇二　M2157 出土陶鼎、盒、壶、罐，滑石璧，泥半两，铁棺钉
1. 陶鼎（10）　2. 陶盒（16）　3. 陶壶（5）　4. 陶罐（6）　5. 滑石璧（1）　6. 泥半两（18）
7. 铁棺钉（17）

4. 钫

2 件。出土时成泥饼，可辨器形却无法修复。

5. 罐

3 件。形制和大小基本相同。标本 M2157：6，平沿，圆唇，直领，圆肩，鼓腹，下斜收，平底。口径 9.8、腹径 16.4、底径 7.2、高 12 厘米（图二〇二，4）。

（二）滑石器

1 件。为璧。

M2157：1，肉无缘，好有素窄缘。肉上主纹饰为在小方格内阴刻重圈纹。重圈纹外环均匀，内圈简化为圆点形。通径 14、好径 2.2、肉厚 0.7 厘米（图二〇二，5）。

（三）铁器

1 件。为棺钉。中间宽，两端窄，钉尖已残。

M2157：17，中间宽 2.4、残长 8.8 厘米（图二〇二，7）。

（四）其他

仅有泥半两。出土时有上千枚。泥质灰陶，模制而成，烧成的火候并不高。钱面的"半"和"两"字较清晰，圆形方孔也较规范。

标本 M2157：18，钱径 1.9、穿径 0.7 厘米（图二〇二，6）。

墓例六三　M2158（2011 汉顺 M21）

一　墓葬形制

无墓道的土坑竖穴墓。方向 180°。墓口长 2.70、宽 1.80、残深 0.60 米（图二〇三）。墓壁经

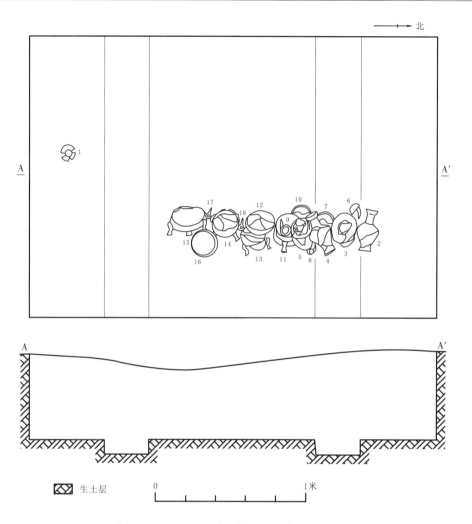

图二○三　M2158 平、剖面及随葬器物分布图
1. 玻璃璧　2～5. 陶壶　6、8、17. 陶勺　7、10、12、16. 陶盒　9、18. 陶匕　11、13～15. 陶鼎

过二次加工，修造规整。

葬具，从墓底残留棺的红、黑色漆皮判断原有棺椁等葬具，但详细结构已不清。

枕木沟，墓底有两条横向枕木沟，沟长 1.80、宽 0.30、深 0.10 米。

葬式，因墓主的骨架已腐朽，无法判断。

填土，使用原墓坑网纹红土捣碎后形成的五花土回填，有夯筑痕迹，但夯层不明显。

二　出土器物

18 件。除一件玻璃璧外，其余均为软陶器。

（一）软陶器

17 件。均为泥质灰陶。有鼎、盒、壶、勺、匕。

1. 鼎

4 件。形制和大小基本相同。标本 M2158：13，子母口承圆弧形盖。鼎身敛口，深腹，大平底，三兽面扁足外撇，口沿对称附耳外撇。口径 14、腹径 16.8、通高 12.8 厘米（图二○四，1）。

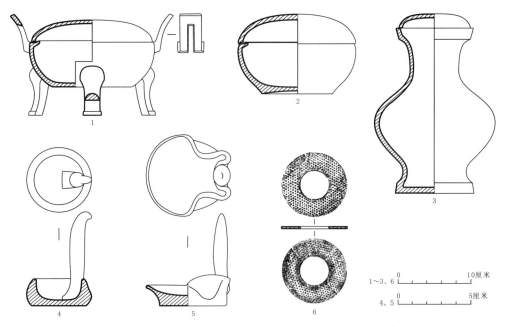

图二〇四　M2158 出土陶鼎、盒、壶、勺、匕，玻璃璧
1. 陶鼎（13）　　2. 陶盒（10）　　3. 陶壶（4）　　4. 陶勺（6）　　5. 陶匕（9）　　6. 玻璃璧（1）

2. 盒

4 件。形制和大小基本相同。标本 M2158∶10，子母口承圆弧形盖。盒身子母口内敛，深腹，平底内凹。口径 15.2、底径 9.2、通高 10.6 厘米（图二〇四，2）。

3. 壶

4 件。形制和大小基本相同。标本 M2158∶4，平沿承圆弧形盖，盖顶无纽。盘口，长弧颈，鼓腹较高，平底假圈足。口径 10.4、腹径 16.2、底径 10.6、高 24 厘米（图二〇四，3）。

4. 勺

3 件。形制和大小基本相同。标本 M2158∶6，敛口，圆唇，算珠形弧壁，平底。圆柱勺柄外折。口径 3、底径 3.6、高 6.3 厘米（图二〇四，4）。

5. 匕

2 件。形制和大小基本相同。标本 M2158∶9，敞口，耸肩，平底，锥柄直立微弧曲。通宽 5.6、通高 6.3 厘米（图二〇四，5）。

（二）玻璃器

1 件。为璧，经中国科学院上海光学精密机械研究所科技考古中心检测确认为铅钡玻璃。

M2158∶1，灰白色，正反两面均有凸出的谷纹。通径 8.8、好径 3.9、肉厚 0.25 厘米（图二〇四，6）。

墓例六四　M2159（2011 汉顺 M22）

一　墓葬形制

无墓道的土坑竖穴墓。方向 90°。墓口长 3、宽 2.30、残深 0.60 米（图二〇五）。墓壁经过二

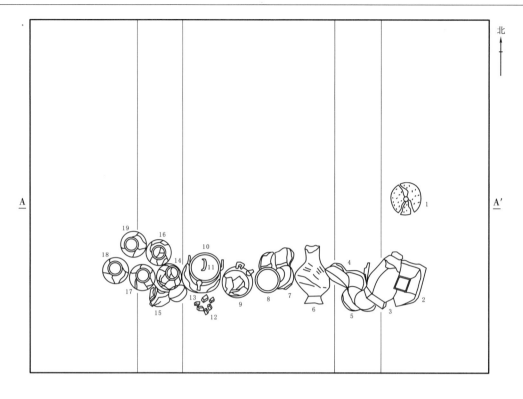

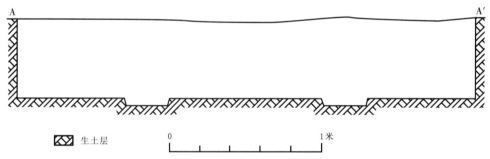

图二〇五　M2159 平、剖面及随葬器物分布图

1. 滑石璧　2、3. 陶钫　4、5、8. 陶盒　6、15. 陶壶　7、14、16～19. 陶罐　9、10、13. 陶鼎
11. 铁棺钉　12. 滑石博具

次加工，修造规整。

葬具，从墓底残留棺的红、黑色漆皮判断原应有木质葬具，但详细结构已不清。

枕木沟，墓底有两条横向枕木沟，沟长 2.30、宽 0.30、深 0.05 米。

葬式，因墓主的骨架已腐朽，无法判断。

填土，使用原墓坑网纹红土回填，有夯筑痕迹，但夯层不明显。

二　出土器物

19 件。除滑石璧、博具和铁棺钉外，其余均为软陶器（图版一九，1）。

（一）软陶器

16 件。均为泥质灰陶。有鼎、盒、壶、钫、罐。

1. 鼎

3 件。形制和大小基本相同。标本 M2159：10，子母口承弧形盖。鼎身敛口，深腹，圜底近平，三兽面扁足外撇，口沿对称附耳外撇。耳外侧有刻划纹。口径 16.2、通径 23.6、通高 17.4 厘米（图二〇六，1；彩版九五，1）。

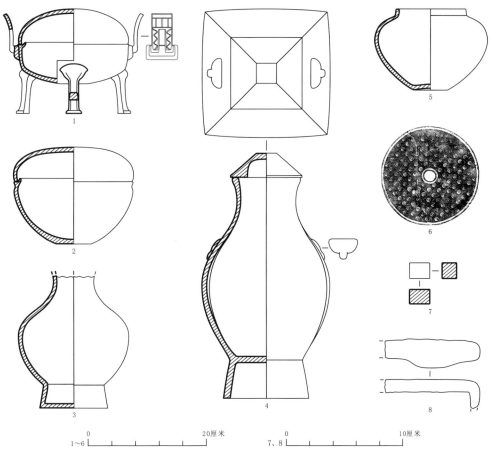

图二〇六　M2159 出土陶鼎、盒、壶、钫、罐，滑石璧、博具，铁棺钉

1. 陶鼎（10）　　2. 陶盒（4）　　3. 陶壶（6）　　4. 陶钫（3）　　5. 陶罐（16）　　6. 滑石璧（1）
7. 滑石博具（12-1）　　8. 铁棺钉（11）

2. 盒

3 件。形制和大小基本相同。标本 M2159：4，盖为覆钵形。盒身子母口内敛，深腹，小平底，盖和身差别较大。口径 17.6、底径 5.8、通高 16.2 厘米（图二〇六，2）。

3. 壶

2 件。形制和大小基本相同。标本 M2159：6，敞口稍残，束颈，鼓腹，平底假圈足。腹径 18.4、底径 11.4、残高 22 厘米（图二〇六，3）。

4. 钫

2 件。形制和大小基本相同。标本 M2159：3，平沿承盝顶式盖。口微外撇，束颈，上腹较直，下腹略鼓，高方圈足。腹部对称有铺首。口径 11.2、腹径 21.4、方足底径 14.2、通高 40.8 厘米（图二〇六，4）。

5. 罐

6 件。形制基本相同，大小稍有区别。标本 M2159：16，平沿，圆唇，直颈，圆肩，鼓腹，下腹斜收，小平底内凹。口径 12、腹径 19.2、底径 5.8、高 13.4 厘米（图二〇六，5）。

（二）滑石器

2 件（套）。有璧、博具。

1. 璧

1 件。M2159：1，肉和好均有素窄缘。肉上主纹饰为在小方格内阴刻重圈纹。通径 16.6、好径 1.9、肉厚 0.45 厘米（图二〇六，6）。

2. 博具

1 套 6 件。两件一组，形状和大小基本相同（彩版九五，2）。有长方体和正方体两种形状。标本 M2159：12 - 2 的两面均有刻划文字，字近汉隶，笔划草率，难以释读。M2159：12 - 1，长 1.7、宽 1.3、厚 1.2 厘米（图二〇六，7）。详见表七。

表七		M2159 出土滑石博具登记表		单位：厘米
器物编号	形状	尺寸	刻划字符	其他
M2159：12 - 1	长方形	1.7×1.3 - 1.2	无	
M2159：12 - 2	近方形	1.6×1.25 - 1.15	两面均刻划有两个字	字难识
M2159：12 - 3	长方形	1.68×1.15 - 1.0	无	
M2159：12 - 4	长方形	2.0×1.35 - 1.15	无	
M2159：12 - 5	长方形	1.75×1.3 - 1.0	无	
M2159：12 - 6	长方形	2.08×1.38 - 0.85	一侧有切割留下的凹槽	

（三）铁器

1 件。为棺钉。中间宽，两端窄，钉尖已残。

M2159：11，宽 1.6～2.5、残长 8 厘米（图二〇六，8）。

墓例六五　M2166（2011 汉顺 M36）

一　墓葬形制

长方形土坑竖穴墓。方向 175°。墓口长 2.76、宽 1.70、残深 1.50 米（图二〇七）。墓壁经过二次加工，修造规整。

葬具，从墓底残留棺的红、黑色漆皮判断原应有葬具，但其结构已不清。

枕木沟，墓底有两条横向枕木沟，沟长 1.70、宽 0.20、深 0.05 米。

葬式，因墓主的骨架已腐朽，无法判断。

填土，使用原墓坑网纹红土捣碎后形成的五花土回填，有夯筑痕迹，但夯层不明显。

二　出土器物

11 件。除滑石璧和酱釉硬陶壶各一件外，其余均为软陶器（彩版九五，3）。

（一）软陶器

9 件。大部分为泥质灰陶，少量为夹砂灰陶。有鼎、盒、壶、罐和豆。

图二〇七　M2166 平、剖面及随葬器物分布图
1. 滑石璧　2~4. 陶罐　5、7. 陶鼎　6、11. 陶盒　8. 陶壶　9. 陶豆　10. 酱釉硬陶壶

1. 鼎

2 件。形制和大小基本相同。标本 M2166：5，子母口承圆弧形盖。鼎身敛口，深腹，圜底，三扁足稍外撇，口沿对称附耳略外撇。口径 15.2、腹径 18、通高 14.6 厘米（图二〇八，1；彩版九六，1）。

2. 盒

2 件。形制和大小基本相同。标本 M2166：6，子母口承覆钵式盖，盒身子母口内敛，深腹，小平底，有四道凸弦折棱。口径 13.8、底径 8.6、通高 13.4 厘米（图二〇八，2）。

3. 壶

1 件。标本 M2166：8，外斜沿，圆唇，敞口，长颈，鼓腹，平底假圈足。口径 12.4、腹径 18.6、底径 12.2、通高 29.8 厘米（图二〇八，3）。

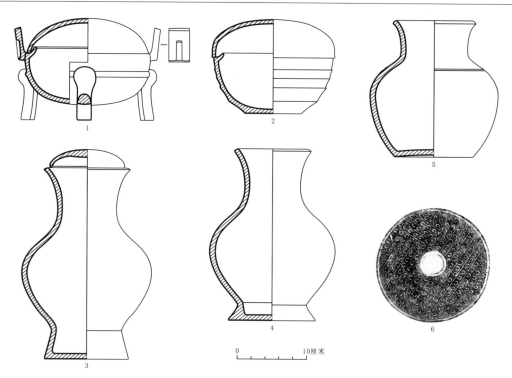

图二〇八　M2166 出土陶鼎、盒、壶、罐，酱釉硬陶壶，滑石璧

1. 陶鼎（5）　2. 陶盒（6）　3. 陶壶（8）　4. 酱釉硬陶壶（10）　5. 陶罐（2）　6. 滑石璧（1）

4. 罐

3 件。夹砂灰陶。形制和大小基本相同。标本 M2166：2，外斜沿，圆唇，侈口，长颈，圆溜肩，鼓腹，平底稍内凹。口径 11.6、腹径 18、底径 11、高 19.4 厘米（图二〇八，5）。

5. 豆

1 件。残损严重，难以修复。

（二）酱釉硬陶器

1 件。为壶。

标本 M2166：10，夹砂硬陶，酱黑色釉几乎全部脱落，胎体呈暗红色，质地坚硬。外斜沿，圆唇，敞口，长颈，鼓腹稍下垂，平底，假圈足。口径 10.8、腹径 17.6、底径 12.2、高 24.4 厘米（图二〇八，4；彩版九六，2）。

（三）滑石器

1 件。为璧。

M2166：1，肉和好均有素窄缘。肉上主纹饰为在刻成的小方格内阴刻涡纹。通径 16.3、好径 2.7、肉厚 0.4 厘米（图二〇八，6）。

墓例六六　M2190（2011 常鼎灌五里 M24）

一　墓葬形制

长方形土坑竖穴墓。方向 135°。墓口长 3.50、宽 2.30、残深 0.60 米（图二〇九）。墓壁经过

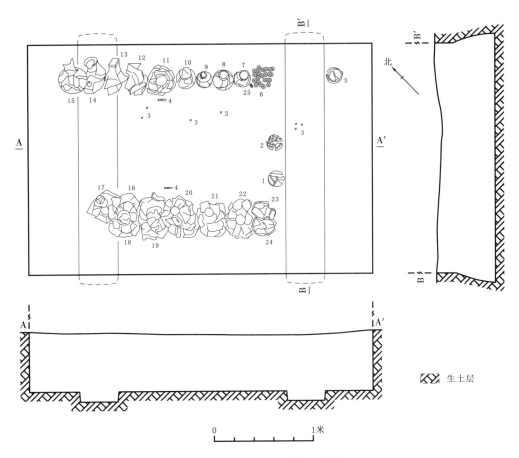

图二〇九　M2190 平、剖面及随葬器物分布图

1. 铜镜　2. 滑石璧　3. 鎏金铜扣　4. 铁棺钉　5. 陶熏炉　6. 泥金饼　7~9、23、24. 硬陶罐　10、11、14、15. 陶壶　12、13. 陶钫　16. 陶瓿　17. 陶灶　18. 陶镟　19、20. 陶鼎　21、22. 陶盒　25. 泥五铢

二次加工，修造规整光滑。

　　葬具，从墓底残留棺的黑色漆皮判断原应有葬具，但详细结构已不清。

　　枕木沟，墓底有两条横向枕木沟，两端伸入墓底两侧墓壁，沟长 2.50、宽 0.40、深 0.10 米。

　　葬式，因墓主的骨架已腐朽，无法判断。

　　填土，使用原墓坑的网纹红土捣碎后形成的五花土回填，有夯筑痕迹，但夯层已不明显。

　　二　出土器物

　　25 件。有软陶器 14 件、硬陶器 5 件，还有铜镜、滑石璧、鎏金铜扣、铁棺钉、泥金饼和泥五铢（彩版九六，3；彩版九七，1）。

　　（一）软陶器

　　14 件。大部分为泥质灰陶。有鼎、盒、壶、钫、罐、瓿、甌、灶和熏炉。

　　1. 鼎

　　2 件。形制和大小基本相同。标本 M2190：20，子母口承盖，盖上有三梯形纽。鼎身敛口，深腹，圜底，三矮蹄足略外撇，口沿外对称立附耳。口径 21.2、腹径 25.6、通高 20.6 厘米（图二一〇，1；彩版九七，2）。

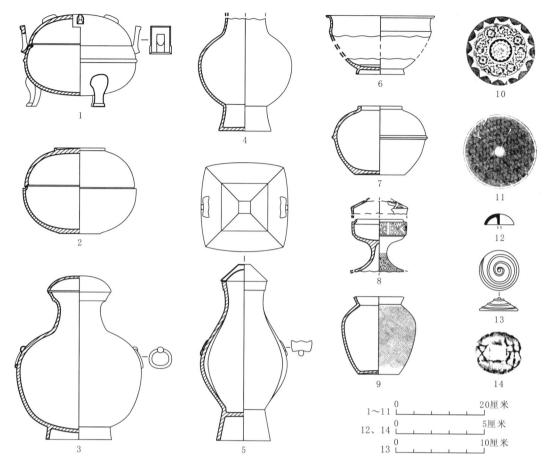

图二一〇　M2190 出土陶鼎、盒、壶、钫、瓿、镂、熏炉，硬陶罐，铜镜，滑石璧，铜扣，泥金饼、泥五铢

1. 陶鼎（20）　　2. 陶盒（21）　　3、4. 陶壶（14，10）　　5. 陶钫（13）　　6. 陶瓿（16）　　7. 陶镂（18）
8. 陶熏炉（5）　　9. 硬陶罐（7）　　10. 铜镜（1）　　11. 滑石璧（2）　　12. 鎏金铜扣（3）　　13. 泥金
饼（6）　　14. 泥五铢（25）

2. 盒

2 件。形制和大小基本相同。标本 M2190：21，子母口承盖，盖和身的高度不同，盖顶有矮圈
足状捉手。盒身敛口，斜收腹，小平底稍内凹。盖径 24.4、高 8.8 厘米，盒身口径 23.6、高
10.6，通高 19 厘米（图二一〇，2；彩版九七，3）。

3. 壶

4 件。根据其形制可分为两种。

标本 M2190：14，平沿承圆弧形盖，尖唇，敞口折颈而变成近盘口状，长颈，大鼓腹下垂，高
圈足。口径 14、腹径 27.8、底径 14.8、通高 36.6 厘米（图二一〇，3）。

标本 M2190：10，口沿及上颈已残，无盖。鼓腹，平底假圈足。腹径 21、底径 11.8、残高
25.2 厘米（图二一〇，4）。

4. 钫

2 件。形制和大小基本相同。标本 M2190：13，平沿承盝顶盖。口微外撇，束颈，上腹较直，
下腹略鼓，高方圈足。腹部有对称铺首。口径 10.2、腹径 19.8、方足底径 12.4、通高 39.4 厘米
（图二一〇，5）。

5. 甗

1 件。胎体夹砂，呈灰黄色。M2190：16，腹部已残。宽沿内斜，尖唇，束颈，折腹，矮圈足。底部有五个圆形界眼，中间一个，周边四个呈对称分布。口径 24、底径 10.6 厘米（图二一〇，6）。

6. 镂

1 件。夹砂灰陶。M2190：18，平沿，直领，鼓腹，平底略内凹，肩部有一周扉棱。可能应与编号为 M2190：16 的陶甗是一套，出土时也在一起。口径 9.6、腹径 21、底径 11、高 15.4 厘米（图二一〇，7）。

7. 灶

1 件。为长方形单眼灶，上部配有小陶釜和小陶甑。残损严重。

8. 熏炉

1 件。M2190：5，夹砂灰陶。由炉盖、炉身和柄组成，炉柄的下部已残。盖为镂孔式，盖面布满三角形烟孔。炉身子母口承盖，深腹，柄中空至炉底。炉腹外壁和柄下部均饰刻划三角纹和锥刻涡纹。炉身口径 10、盘径 12、残高 11.8 厘米（图二一〇，8）。

（二）硬陶器

5 件。均为罐，形制和大小基本相同。肩部和上腹部均饰方格纹，其中一件罐（M2190：7）的肩部有刻划字符（图四六二，21）。

标本 M2190：7，外斜沿，尖唇，敞口，束短颈，斜溜肩，长鼓腹，平底略内凹。口径 11、腹径 16.2、底径 9、高 17.4 厘米（图二一〇，9）。

（三）铜器

2 件。有镜和鎏金铜扣。

1. 镜

M2190：1，星云纹镜。圆形，呈黑色。连峰式钮，钮外由浮雕花果纹和十六段内向连弧组成钮座，钮座外由四枚带十字星和八连珠纹座乳丁及四组浮雕变形云龙纹组成主纹饰，外缘为十六内向连弧。直径 15.4、缘厚 0.6 厘米，重 558 克（图二一〇，10；彩版九八）。

2. 鎏金铜扣

破碎相当严重，出土于墓主棺内，可能为墓主衣物上的饰件。M2190：3，通体鎏金，已残损。表面呈半球形，凹面内有钉柱，钉柱部分已残。直径 1.6、残高 0.6 厘米（图二一〇，12）。

（四）滑石器

1 件。为璧。

M2190：2，肉和好均有素窄缘。肉上主纹饰为在斜菱格内阴刻重圈纹。通径 16.5、好径 1.9、肉厚 0.45 厘米（图二一〇，11）。

（五）其他

有泥金饼和泥五铢。

1. 泥金饼

出土时有数十枚，保存完整的不多。标本 M2190：6，泥质灰陶。金饼剖面呈半锥体形。饰凸弦纹，自上而下盘绕而成。直径 4.4、高 1.5 厘米（图二一〇，13）。

2. 泥五铢

出土时成千上万枚，保存完整的不多。泥质灰陶，模压而成，火候较低。标本 M2190：25，钱面的"五"和"铢"字较清晰，圆形方孔也较规范，但是钱文与一般的相反，应读为"朱"、"五"。钱径 2.4～2.6、穿径 1.0 厘米（图二一〇，14）。

墓例六七　M2192（2011 常鼎灌五里 M82）

一　墓葬形制

长方形土坑竖穴墓。方向 155°。墓室的一端已被破坏，墓口残长 2.90～4.10 米，宽度保持完整，宽 2.80、残深 1.08 米（图二一一）。墓壁经过二次加工，修造规整光滑（彩版九九，1）。

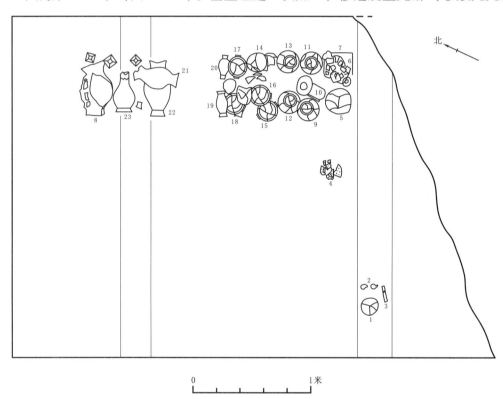

0　　　　　　　1米

图二一一　M2192 平面及随葬器物分布图

1. 铜镜　2. 泥金饼　3. 铁棺钉　4. 滑石璧　5、6、9～13. 陶罐　7. 陶灶　8、21～23. 陶钫

14. 陶盒　15～18. 陶鼎　19、20. 滑石钫

葬具，从墓底残留棺的黑色漆皮判断原应有葬具，但详细结构已不清。

枕木沟，墓底有两条横向枕木沟，沟长 2.80、宽 0.26、深 0.10 米。

葬式，因墓主的骨架已腐朽，无法判断。

填土，使用原墓坑网纹红土捣碎后形成的五花土回填，有夯筑痕迹，但夯层已不明显。

二　出土器物

23 件。有软陶器 17 件，还有铜镜、滑石璧、滑石钫、铁棺钉、泥金饼（彩版九九，2）。

（一）软陶器

17 件。均为泥质灰陶。有鼎、盒、钫、罐、灶。

1. 鼎

4 件。形制和大小基本相同。标本 M2192∶16，子母口承圆弧形盖，盖上无纽无环。鼎身口微敞，深腹，圜底，三蹄足的外侧有多条凸棱，口沿外对称附耳末端外折。口径 18、腹径 19.6、通高 16 厘米（图二一二，1）。

图二一二　M2192 出土陶鼎、盒、钫、罐、灶，滑石璧、钫，铜镜，泥金饼，铁棺钉

1. 陶鼎（16）　2. 陶盒（14）　3. 陶钫（23）　4. 陶罐（5）　5. 陶灶（7）　6. 滑石璧（4）　7. 滑石钫（19）

8. 铜镜（1）　9. 泥金饼（2）　10. 铁棺钉（3）

2. 盒

1 件。M2192：14，子母口承盖，盖和身高度不同，盖上有一周凹弦纹。盒身敛口，斜收腹，平底稍内凹。盖径 17.8、高 5.2 厘米，盒身口径 16.6、底径 8.8、高 7.8 厘米（图二一二，2）。

3. 钫

4 件。形制和大小基本相同。标本 M2192：23，平沿承盝顶式盖。口微外撇，束颈，上腹较直，下腹略鼓，高方圈足。口径 10.8、腹径 17、方足底径 14.2、通高 38.8 厘米（图二一二，3）。

4. 罐

7 件。形制和大小基本相同。标本 M2192：5，外斜沿，尖唇，微敞口，短颈，溜肩，长弧腹，大平底略内凹。口径 11.8、腹径 16.8、底径 11.4、高 15.8 厘米（图二一二，4）。

5. 灶

1 件。M2192：7，长方形双眼釜座，上部配小陶釜和小陶甑各一件。正面有两个略呈三角形的不落地火门，后部有高挡风板。长 21.4、宽 16.2、高 10.8 厘米（图二一二，5）。

（二）铜器

1 件。为镜。

M2192：1，星云纹镜。圆形，呈黑色。连峰式钮，钮外由浮雕花果纹和十六段内向连弧组成钮座。座外由四枚带座乳丁将主纹饰带分成四区，每区内各有 5 枚带座小乳丁，乳丁间以重弦纹相连接。一周凸弦纹和栉齿纹外为镜缘，镜缘为十六内向连弧。直径 11.3、缘厚 0.4 厘米（图二一二，8；彩版一〇〇，1）。

（三）滑石器

3 件。有璧和钫。

1. 璧

1 件。M2192：4，双面纹饰。肉和好均有素窄缘。肉上主纹饰为在斜菱格交汇处阴刻重圈纹。通径 16.6、好径 2.1、肉厚 0.4 厘米（图二一二，6）。

2. 钫

2 件。形制和大小基本相同。标本 M2192：19，无盖，方口外侈，束颈，鼓腹，方圈足。口径 6.8、腹径 10.6、足径 8.2、高 22.2 厘米（图二一二，7）。

（四）其他

有泥金饼和铁棺钉。

1. 泥金饼

2 枚。标本 M2192：2，金饼上部饰凹凸弦纹，自上而下盘绕，下部内凹。直径 3.4、高 1.3 厘米（图二一二，9）。

2. 铁棺钉

原有多枚，保存较完整的仅一件。

标本 M2192：3，长条形，两端的钉尖已残断。长 16、宽 1.7、厚 0.7 厘米（图二一二，10）。

墓例六八　M2197（2011 常鼎灌五里 M87）

一　墓葬形制

长方形土坑竖穴墓。方向90°。墓口长372、宽255、残深115厘米（图二一三）。墓壁经过二次加工，修造规整光滑（彩版一○○，2）。

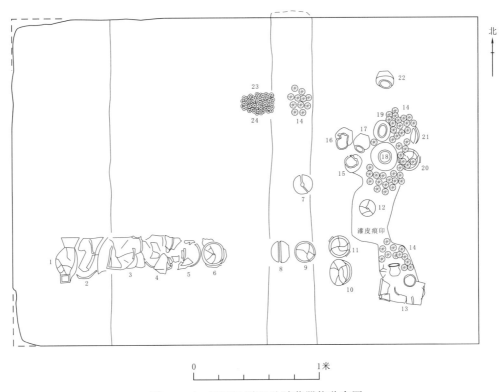

图二一三　M2197 平面及随葬器物分布图

1~4. 陶钫　5、6、11、20. 陶鼎　7. 滑石璧　8~10、21. 陶盒　12. 铜镜　13. 陶灶　14. 泥金饼
15~17、19、22. 陶罐　18. 硬陶罐　23. 铁器　24. 泥半两

葬具，从墓底残留棺的黑色漆皮判断原应有葬具，但结构不清。

枕木沟，墓底有两条横向枕木沟，但两条枕木沟在墓底分布并不对称，西部枕木沟接近墓壁，而东部枕木沟距墓壁1.32米。枕木沟长2.55、深0.07米。

葬式，因墓主的骨架已腐朽，无法判断。

填土，使用原墓坑内网纹红土捣碎后形成的五花土回填，有夯筑痕迹，但夯层不明显。

二　出土器物

24件（套）。有软陶器18件、硬陶器1件，还有铜镜、滑石璧、铁棺钉、泥金饼和泥半两（彩版一○一，1）。

（一）软陶器

18件。均为泥质灰陶，有鼎、盒、钫、罐和灶。

1. 鼎

4 件。形制和大小基本相同。标本 M2197：5，子母口承圆弧形盖，盖上无纽无环。鼎身敛口，深腹，圜底，三矮蹄足较直，口沿对称附耳外撇。口径 18、腹径 20.8、通高 15.2 厘米（图二一四，1）。

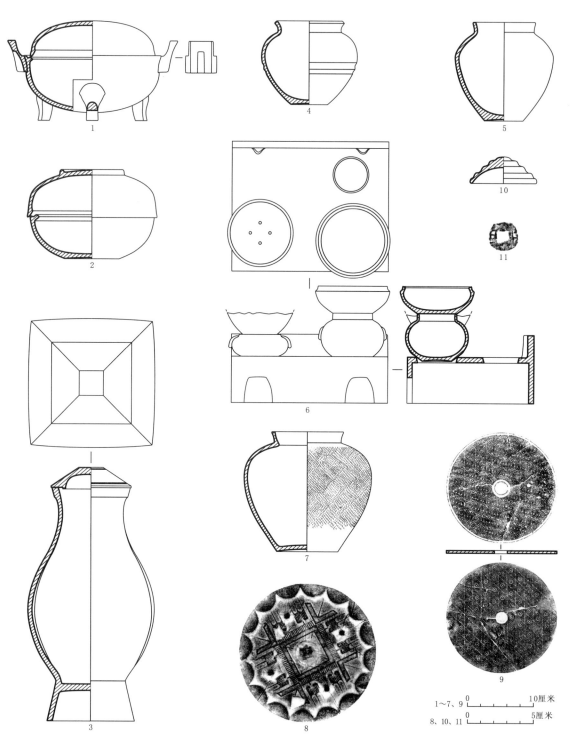

图二一四 M2197 出土陶鼎、盒、钫、罐、灶，硬陶罐，铜镜，滑石璧，泥金饼、泥半两

1. 陶鼎（5）　2. 陶盒（8）　3. 陶钫（1）　4、5. 陶罐（15、22）　6. 陶灶（13）　7. 硬陶罐（18）
8. 铜镜（12）　9. 滑石璧（7）　10. 泥金饼（14－1）　11. 泥半两（24）

2. 盒

4 件。形制和大小基本相同。标本 M2197：8，子母口承盖，盖和身高度基本相当，盖顶有矮圈足状捉手。盒身敛口，斜收腹，底部稍内凹。盖径 19.6、高 7.2 厘米，盒身口径 18.8、高 6.6 厘米（图二一四，2）。

3. 钫

4 件。形制和大小基本相同。标本 M2197：1，平沿承盝顶式盖，盖下部内空。口微外撇，束颈，上腹较直，下腹略鼓，高方圈足。盖和身上均有红色和黑色两种颜料绘制的宽带和凤鸟纹，但纹饰脱落严重。口径 11.6、腹径 19、方足底径 13.2、通高 38.2 厘米（图二一四，3）。

4. 罐

5 件。大小基本相近，形制稍有区别。

标本 M2197：15，外斜沿，圆唇，敞口，束短颈，圆溜肩，鼓腹，平底略内凹。下腹部有多道凹弦纹。口径 10.4、腹径 14.2、底径 5.6、高 12.6 厘米（图二一四，4）。

标本 M2197：22，圆唇，侈口，圆溜肩，鼓腹较高，平底内凹。口径 9.4、腹径 14.6、底径 5.8、高 14.8 厘米（图二一四，5）。

5. 灶

1 件。为长方形三釜座陶灶，上部配有小陶釜和小陶甑，三件小陶釜的形制不同。正面有两个略呈半圆形的落地火门，后部有挡风板，板上有两象征烟道的泥棱柱。M2197：13，长 23.8、宽 19.2、高 10.2 厘米（图二一四，6；彩版一〇一，2）。

（二）硬陶器

1 件。为罐。胎质呈黑色，周身饰方格纹。M2197：18，外斜沿，尖唇，敞口，束短颈，圆溜肩，鼓腹，平底略内凹。口径 10.8、腹径 19.2、底径 9.2、高 18 厘米（图二一四，7）。

（三）铜器

1 件。为镜。M2197：12，草叶连弧纹镜。圆形，呈黑色。半圆形小钮，方形钮座，座外有四乳丁和规矩纹，间饰四组草叶纹，外缘为十六内向连弧。直径 10.3、缘厚 0.3 厘米（图二一四，8；彩版一〇一，3）。

（四）铁器

仅有棺钉。锈蚀残损严重。

（五）滑石器

1 件。为璧。M2197：7，双面纹饰。肉和好均有素窄缘。肉上主纹饰为斜菱格内阴刻重圈纹。一面菱格纹和重圈纹密布，另一面纹饰疏朗。通径 16.6、好径 1.9、肉厚 0.4 厘米（图二一四，9）。

（六）其他

有泥金饼、泥半两。

1. 泥金饼

出土时有数百枚，保存完整的达数十枚，大小基本相同，形制区别较大，大致可分为两种。

标本 M2197：14-1，泥质灰陶。金饼剖面呈锥体形，内空。饰凸弦纹，自上而下盘绕而成。直径 5、高 2 厘米（图二一四，10）。

标本 M2197：14-2，泥质灰陶。金饼剖面呈锥体形，平底。饰凸弦纹，自上而下盘绕而成。

直径 5、高 2 厘米。

2. 泥半两

成千上万枚，保存完整的不多。泥质灰陶，模压制成，火候较低。标本 M2197：24，钱面的"半"和"两"字均不清晰，且简笔非常厉害。钱径 2.1 ~ 2.3、穿径 0.9 厘米（图二一四，11）。

墓例六九　M2198（2011 常鼎灌五里 M88）

一　墓葬形制

长方形土坑竖穴墓。方向 275°。M2198 是同一个封堆（图版一九，2）下并列的三座墓葬之一，该封堆在清理发掘前还基本保存完整，外形呈椭圆形，南北长 25、东西宽 18、残高 1.80 米。该墓墓口的北部相距 0.80 米为 M2199，M2199 北部 3.25 米为 M2200（图版二〇，1）。封土和部分墓口被破坏后，墓口长 3.50、宽 2.30、残深 0.60 米（图二一五）。墓壁经过二次加工，修造规整光滑（彩版一〇二，1）。

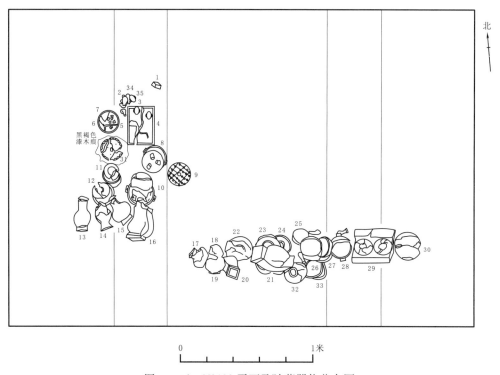

图二一五　M2198 平面及随葬器物分布图

1. 滑石"胡平"印　2、34. 滑石勺　3、35. 滑石耳杯　4. 滑石案　5. 滑石杯　6、7. 滑石盘
8、10. 滑石鼎　9. 滑石璧　11、12. 滑石盒　13、14. 滑石壶　15. 滑石扁壶　16. 滑石钫
17、22 ~ 24、32. 陶罐　18、19、25、27、33. 陶盒　20、21. 陶钫　26、28. 陶鼎　29. 陶灶
30. 陶盆　31. 铜镜

葬具，从墓底残留棺的黑色漆皮判断原有葬具，但结构已不清。

枕木沟，墓底有两横向枕木沟，其长度与墓葬宽度相同，长 2.30、宽 0.40、深 0.10 米。

葬式，因墓主的骨架已腐朽，无法判断。

填土，使用原墓坑红色网纹土捣碎后形成的五花土回填，有夯筑痕迹，夯层不明显。

二 出土器物

35件。有软陶器16件、滑石器18件和铜镜1件（彩版一〇二，2）。

（一）软陶器

16件。主要为泥质灰陶，也有少量夹砂灰陶。有鼎、盒、钫、罐、盆、灶、碗。

1. 鼎

2件。形制和大小基本相同。标本M2198：28，子母口承圆弧形盖，盖上无纽无环。鼎身敛口，深腹，小平底，三蹄足外撇，口沿外对称附耳外撇。口径17.2、腹径20.2、通高17.4厘米（图二一六，1；彩版一〇三，1）。

图二一六 M2198 出土陶鼎、盒、钫、罐、灶、盆，铜镜

1. 陶鼎（28） 2、7. 陶盒（25，19） 3. 陶钫（21） 4. 陶罐（24） 5. 陶灶（29）
6. 陶盆（30） 8. 铜镜（31）

2. 盒

5 件。形制和大小稍有区别。

标本 M2198:25,子母口承盖,盖和身高度基本相当,盖顶平。盒身敛口,斜收腹,平底。盖径 18.4、高 6.8 厘米,盒身口径 18.4、底径 7.2、高 7.4,通高 14 厘米(图二一六,2)。

标本 M2198:19,子母口承盖,盖和身高基本相当,盖顶有矮圈足状捉手。盒身敛口,腹斜折收,平底稍内凹。腹部有多道折棱。盖径 20.2、高 6.4 厘米,盒身口径 19.4、底径 8、高 9.2 厘米,通高 15.4 厘米(图二一六,7)。

3. 钫

2 件。形制和大小基本相同。标本 M2198:21,平沿承盝顶式盖。口微外撇,束颈,上腹较直,下腹略鼓,高方圈足。口径 11、最大腹径 19.8、方足底径 14.2、通高 40.4 厘米(图二一六,3)。

4. 罐

5 件。形制和大小基本相同,均为泥质灰陶或灰黄陶,火候较低。标本 M2198:24,平沿,尖唇,直口,束短颈,圆肩,鼓腹,平底略内凹。腹部饰方格纹。口径 11.2、腹径 18.4、底径 8、高 15.4 厘米(图二一六,4)。

5. 灶

1 件。夹砂灰陶。M2198:29,长方形灶体上有双釜座,上部配有小陶釜和小陶甑。两件小陶釜的形制不同。小陶甑为敞口,斜收腹。正面有两个略呈方形的不落地火门,后部有挡风板。长 26.8、宽 21.4、高 13 厘米(图二一六,5)。

6. 盆

1 件。宽沿,圆唇,斜腹内收至底,平底。M2198:30,口径 16.2、底径 5.8、高 6.6 厘米(图二一六,6)。

(二)铜器

1 件。为镜。M2198:31,星云纹镜。圆形,呈黑色。连峰式钮,钮外有一周栉齿纹。钮座外的四枚带座乳丁将镜背主纹饰分成四区,每区内各有一组六枚小乳丁,间以重弦纹相连。外缘为十六内向连弧。直径 11.2、缘厚 0.4 厘米,重 165 克(图二一六,8;彩版一〇三,2)。

(三)滑石器

18 件,有滑石印章、璧、鼎、盒、壶、扁壶、钫、盘、案、勺、耳杯、杯。

1. 印章

1 枚。略呈长方体。M2198:1,一端阴刻白文"胡平"。印长 1.9、宽 1.7、高 2.6 厘米(图二一七,1;彩版一〇三,3)。

2. 璧

1 件。M2198:9,肉和好均无缘。肉上主纹饰为在刻成的方格纹内阴刻重圈纹。通径 16.7、好径 1.1、肉厚 0.5 厘米(图二一七,2)。

3. 鼎

2 件。形制和大小相同。标本 M2198:10,鼎身由整块滑石制作而成。盖弧形隆起,与鼎身子母口承合。口微敛,弧腹,圜底,圆柱状矮足,附耳外撇。盖径 13.2、高 2.4 厘米,口径 10.8、通高 7.4 厘米(图二一七,3)。

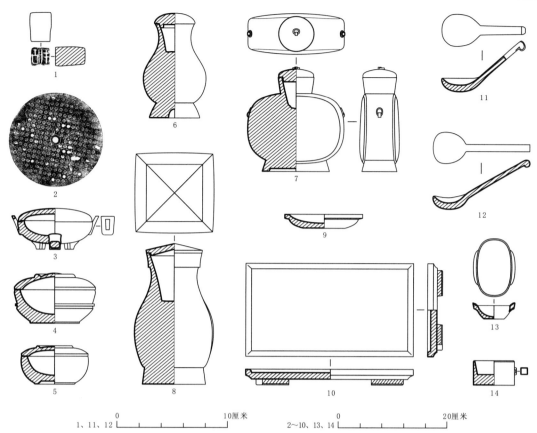

图二一七　M2198 出土滑石印章、鼎、盒、壶、扁壶、钫、盘、案、勺、耳杯、杯

1. 印章（1）　2. 璧（9）　3. 鼎（10）　4、5. 盒（11、12）　6. 壶（13）　7. 扁壶（15）　8. 钫（16）
9. 盘（7）　10. 案（4）　11、12. 勺（2，34）　13. 耳杯（3）　14. 杯（5）

4. 盒

2 件。形制和大小均有区别。

标本 M2198：11，平口承盖，盖顶有一周高凸弦纹。盒身敞口，弧腹外有一周凹带内刻凿出一周凸弦纹，平底。盖径 14.2、高 3 厘米，盒身口径 14、底径 8.6、高 6 厘米，通高 9 厘米（图二一七，4）。

标本 M2198：12，平口承盖，顶有一周高凸弦纹。盒身敞口，弧腹，矮圈足。盖径 11.8、高 1.9 厘米，盒身口径 11.8、底径 7、高 5 厘米，通高 7 厘米（图二一七，5）。

5. 壶

2 件。形制和大小相同。标本 M2198：13，身为整块滑石制作而成。平口承圆弧形盖，盖下有子口伸入壶口内。壶身平沿，尖唇，微敞口，颈部微束，腹部略下垂，平底假圈足。口径 7、腹径 11.2、底径 9、通高 18.6 厘米（图二一七，6）。

6. 扁壶

1 件。M2198：15，身为整块滑石制作而成。平口承圆盖，盖顶有纽衔环，下有子口伸入壶口内。扁壶身长颈，扁身。口径 6.2、底径 11.8×6.4、宽 17.2、厚 7、通高 18.2 厘米（图二一七，7；彩版一〇三，4）。

7. 钫

1 件。M2198：16，圆弧形盖。钫身由整块滑石制作而成，方口微侈，尖唇，弧腹稍下垂，方足。口径9.8、腹径14、足径11.2、通高25.6厘米（图二一七，8）。

8. 盘

2件。形制和大小相同。标本M2198∶7，由乳白色滑石制作，打磨抛光工整。宽平口沿，尖唇，腹微弧，浅内腹，平底。口径13.8、底径7.4、高2.5厘米（图二一七，9）。

9. 案

1件。M2198∶4，为整块滑石制作而成。长方形，浅盘。底部有四方足对称分布。长29.8、宽16.6、高2.8厘米（图二一七，10）。

10. 勺

2件。形制和大小均有区别。

标本M2198∶2，勺身呈椭圆形，圜形底，柄斜长，末端卷曲。全长7.4、宽2.9厘米（图二一七，11）。

标本M2198∶34，勺身呈圆形，底呈圜形，柄斜长，末端卷曲。全长8.6、宽2.8厘米（图二一七，12）。

11. 耳杯

2件。形制和大小相同。标本M2198∶3，杯呈椭圆形，敞口，尖唇，窄附耳与口部连成一体并上翘，平底。长10.4、通耳宽7.4、通高2.9厘米（图二一七，13）。

12. 杯

1件。M2198∶5，杯身呈圆桶形，敞口，尖唇，深腹，平底。一侧有一方形贯通小柄。口径7.2、底径7.2、高4.4厘米（图二一七，14）。

墓例七〇　M2199（2011常鼎灌五里M111）

一　墓葬形制

长方形土坑竖穴墓。方向275°。是同一封堆下并列的三座墓葬之一。该封堆在发掘前还基本保存完整，外形呈椭圆形，南北长25、东西宽18、残高1.80米。该墓墓口的南部相距0.80米为M2198，其北3.25米为M2200。封土和部分墓口被破坏后，墓口长3.70、头宽2.40、足宽2.56、残深0.80米（图二一八）。墓壁经过二次加工，修造规整光滑（图版二〇，2）。

葬具，结构已不清晰。

枕木沟，墓底有两条横向枕木沟，深入两侧墓壁之内，沟长2.66、宽0.40、深0.10米。

葬式，因墓主的骨架已腐朽，无法判断。

填土，使用原墓坑红色网纹土捣碎后形成的五花土回填，能见夯筑痕迹，但夯层不明显，墓底有少量白膏泥。

二　出土器物

25件（套）。有软陶器10件、硬陶器5件、滑石器7件，还有铜镜、泥金饼和泥五铢（彩版一〇四，1）。

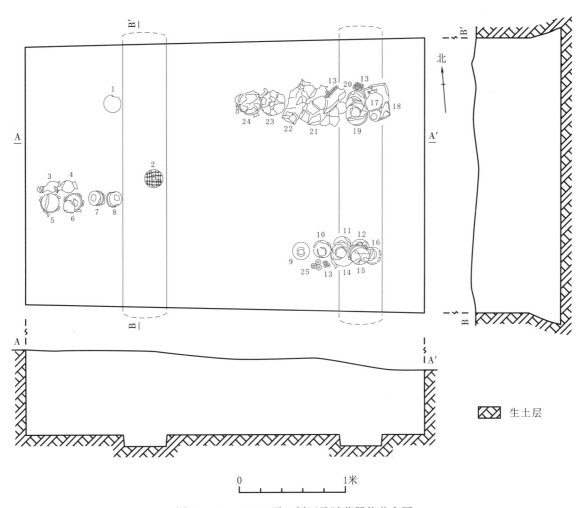

图二一八　M2199 平、剖面及随葬器物分布图

1. 铜镜　2. 滑石璧　3、4. 滑石壶　5、6. 滑石鼎　7、8. 滑石盒　9、11、12、17、20. 硬陶罐　10、23. 陶罐
13. 泥五铢　14、24. 陶鼎　15、16、19. 陶盒　18. 陶灶　21、22. 陶钫　25. 泥金饼

（一）软陶器

10 件。多为泥质灰陶。有鼎、盒、钫、罐和灶。

1. 鼎

2 件。形制和大小基本相同。标本 M2199∶14，子母口承圆弧形盖，盖上无纽无环。鼎身敛口，深腹，圜底，三矮蹄足弧折，口沿外对称附耳稍外撇。口径 16.8、最大径 18.4、通高 15.6 厘米（图二一九，1；彩版一〇四，2）。

2. 盒

3 件。形制和大小基本相同。标本 M2199∶15，子母口承盖，盖和身高度不同，盖顶有矮圈足状捉手。盒身敛口，斜收腹，底部稍内凹。盖径 18.4、高 6 厘米，盒身口径 16.2、高 8.2 厘米（图二一九，2）。

3. 钫

2 件。形制和大小基本相同。标本 M2199∶22，平沿承盝顶式盖，盖内空，盖的直径小于壶身的口径。口微外撇，束颈，上腹较直，下腹略鼓，高方足。口径 11.4、腹径 20.2、方足底径 12.6、通高 35.2 厘米（图二一九，3）。

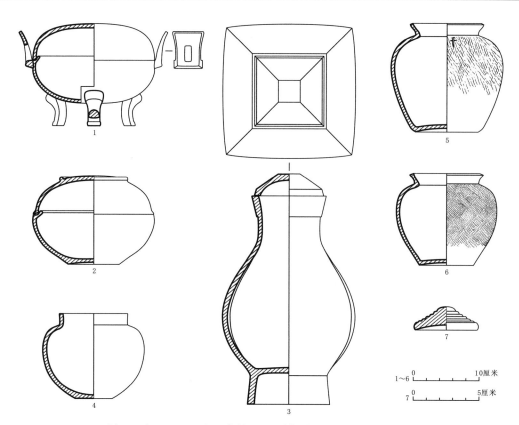

图二一九　M2199 出土陶鼎、盒、罐、钫，硬陶罐，泥金饼
1. 陶鼎（14）　2. 陶盒（15）　3. 陶钫（22）　4. 陶罐（10）　5、6. 硬陶罐（20，12）　7. 泥金饼（25）

4. 罐

2 件。大小基本相近，形制稍有区别。标本 M2199：10，夹砂灰陶。平沿，圆唇，直颈，圆溜肩，鼓腹，平底。口径 10.4、腹径 15.4、底径 5.6、高 13 厘米（图二一九，4）。

5. 灶

1 件。M2199：18，夹砂灰陶。长方形，灶体残损严重，上部配有小陶釜和小陶甑。

（二）硬陶器

5 件。均为罐。胎体呈暗红色，周身饰方格纹。其中三件（M2199：11、M2199：17、M2199：20）肩部有刻划纹（图四六二，22~24）。形制和大小稍有区别。

标本 M2199：20，同样形制和大小的 2 件。外斜沿，尖唇，敞口，束颈，圆溜肩，长弧腹，平底内凹。口径 11、腹径 16、底径 9.4、高 16.6 厘米（图二一九，5）。

标本 M2199：12，同样形制和大小的 3 件。外斜沿，尖唇，敞口，束颈，圆溜肩，鼓腹，平底略内凹。口径 11、腹径 15、底径 8.2、高 14 厘米（图二一九，6）。

（三）滑石器

7 件。有璧、鼎、盒、壶。

1. 璧

1 件。M2199：2，肉和好有极窄缘。肉上主纹饰为在方格纹内阴刻重圈纹。通径 16.4、好径 1.4、肉厚 0.4 厘米（图二二〇，4）。

2. 鼎

2 件。形制和大小基本相同。标本 M2199：5，盖为圆弧形，下部内凹。鼎身由一块滑石制作而成，平口承盖，圆弧腹，鼎腹内部留有制作时留下的钻孔痕迹。圜底，三矮蹄足截面呈半圆形，略外撇。长方形直立附耳。盖径 13.8、口径 14、腹径 14.8、通高 8.4 厘米（图二二〇，1）。

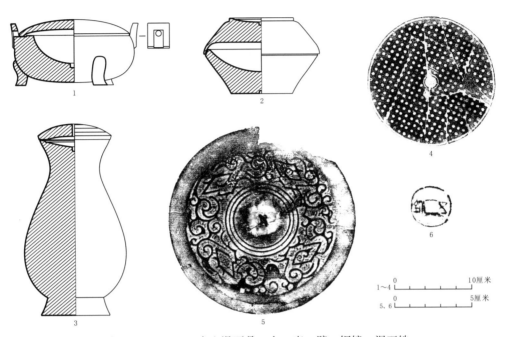

图二二〇　M2199 出土滑石鼎、盒、壶、璧，铜镜，泥五铢
1. 滑石鼎（5）　2. 滑石盒（7）　3. 滑石壶（3）　4. 滑石璧（2）　5. 铜镜（1）　6. 泥五铢（13）

3. 盒

2 件。形制和大小基本相同。标本 M2199：7，由乳白色滑石制作，打磨抛光工整。圆弧形盖顶部内凹，周边有矮圈足状捉手。身子口，弧内腹，斜直壁，平底。口径 14、底径 7.6、通高 11 厘米（图二二〇，2）。

4. 壶

2 件。形制和大小基本相同。标本 M2199：3，由盖和身组成，身由整块乳白色滑石制作而成。盖呈圆弧形，顶部刻划 5 道同心圆状凹弦纹。壶身广口，平沿，尖唇，束颈，长弧腹，假圈足外撇。壶身仅口沿部位凿去少许部分，外部及口沿经过打磨抛光。口径 8.6、腹径 12.6、底径 8.4、通高 24.2 厘米（图二二〇，3）。

（四）铜器

1 件。为镜。

M2199：1，云雷纹地变形龙凤纹镜。圆形，周身黑漆古。三弦钮，无钮座，外有三道窄凸弦纹，以云雷纹为地纹，主纹饰为变形龙凤纹。直径 11.8、缘厚 0.15 厘米（图二二〇，5；彩版一〇三，5）。

（五）其他

有泥金饼、泥五铢。

1. 泥金饼

出土时有数百枚，保存较完整的 3 枚。形制和大小基本相同。标本 M2199：25，泥质灰陶。呈锥体状，顶部较平，下部凹，表面环绕凸弦纹。直径 5、高 1.8 厘米（图二一九，7）。

2. 泥五铢

出土时成千上万枚，保存完整的 10 余枚。泥质灰陶，模压而成，火候较低。标本 M2199：13，钱面的"五"和"铢"字清晰，笔画较完整。钱径 2.5～2.6、穿径 0.85 厘米（图二二〇，6）。

墓例七一　M2200（2011 常鼎灌五里 M112）

一　墓葬形制

长方形土坑竖穴墓。方向 275°。是同一封堆下并列的三座墓葬之一，墓口南壁距 M2199 为 3.25 米，M2199 南 4.05 米为 M2198。封土和部分墓口被破坏后，墓口长 3.80、宽 2.50、残深 0.80 米（图二二一）。墓壁经过二次加工，修造规整光滑（彩版一〇五，1）。

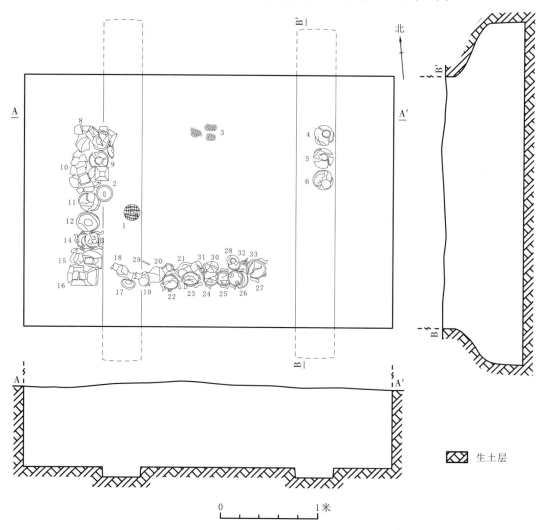

图二二一　M2200 平、剖面及随葬器物分布图

1. 滑石璧　2. 滑石镜　3. 泥半两　4～6. 陶罐　7、9、11、12、22、23、28、30. 陶盒　8、10、15、16. 陶钫
13、14、17、24～27. 陶鼎　18～21. 陶壶　29. 铁棺钉　31、32. 陶匕　33 陶勺

葬具，结构已不清晰。

枕木沟，墓底有两条横向枕木沟，枕木沟深深地伸入两侧墓壁。沟长 3.42、宽 0.40、深 0.10 米。

葬式，因墓主的骨架已腐朽，无法判断。

填土，使用原墓坑红色网纹土捣碎后形成的五花土回填，夯筑痕迹不明显，墓底有极少量白膏泥，厚度不超过 3 厘米。

二　出土器物

33 件（套）。有软陶器 29 件、滑石器 2 件，还有泥半两和铁棺钉（彩版一〇五，2）。

（一）软陶器

29 件。主要为泥质灰陶，少量夹砂灰陶和灰褐陶。器形有鼎、盒、壶、钫、罐、勺、匕。

1. 鼎

7 件。根据其形制等可分为两种形态。

标本 M2200：24，同样形制和大小的 2 件。泥质灰陶。子母口承圆弧形盖。子母口内敛，深弧腹，圜底，三矮蹄足，长方形附耳外撇。盖径 17.4、口径 15.6、通宽 21.2、通高 16.4 厘米（图二二二，1；彩版一〇四，3）。

标本 M2200：26，同样形制和大小的 5 件。泥质灰陶。子母口承圆弧形盖。子母口内敛，尖唇，深腹，腹中部一道折棱将腹部分为上下两部分。圜底，三矮蹄足外撇，长方形附耳外撇较甚。盖径 17.4、口径 15.6、通宽 23.6、通高 14.8 厘米（图二二二，2）。

2. 盒

8 件。根据形制可分为两种形态。

标本 M2200：22，同样形制和大小的 4 件。子母口承盖，盖顶有矮圈足状捉手。身子口，弧内腹，斜直壁，小平底。盖和身有多道凹弦纹。口径 13.6、底径 7.2、通高 16.4 厘米（图二二二，3）。

标本 M2200：28，同样形制和大小的 4 件。子母口承圆盖，盖顶有矮圈足状捉手。身子口，弧内腹，斜直壁，平底。盖和身均有多道凹弦纹。口径 13.6、底径 7.6、通高 17 厘米（图二二二，4）。

3. 壶

4 件。形制和大小基本相同。标本 M2200：18，由盖和身组成。圆弧形盖下部有子口伸入壶口内。身为尖唇，平沿，折颈成近盘口状，弧长颈，鼓腹，高圈足外撇，颈部、腹部分别有多道凹弦纹。盖径 11.4、高 2.3 厘米，口径 10.4、腹径 16.4、底径 11.6、通高 26.4 厘米（图二二二，5）。

4. 钫

4 件。形制和大小基本相同。标本 M2200：16，泥质灰陶。平沿，口微外撇，束颈。腹部亦残，高方圈足。方足底径 14.4、残高 38.4 厘米（图二二二，9）。

4. 罐

3 件。形制和大小基本相同。标本 M2200：6，夹砂灰陶。平沿，圆唇，直颈，圆溜肩，鼓腹，平底稍内凹。口径 11.4、腹径 16.4、底径 7、高 11 厘米（图二二二，6）。

5. 勺

1 件。M2200：33，勺身呈桶状，平底，柄残。口径 3.8、底径 3.5、残高 2.5 厘米（图二二

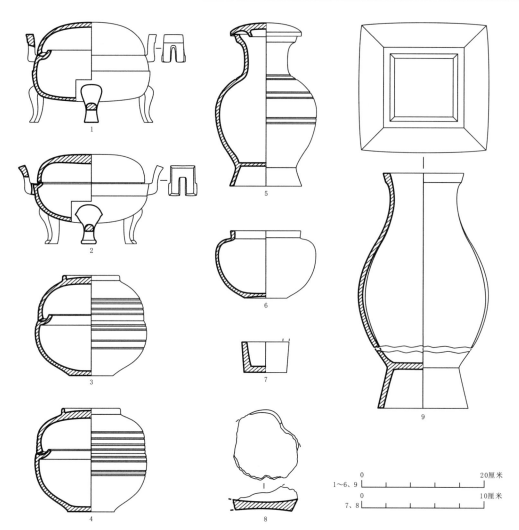

图二二二　M2200 出土陶鼎、盒、壶、钫、罐、勺、匕

1、2. 鼎（24，26）　3、4. 盒（22，28）　5. 壶（18）　6. 罐（6）　7. 勺（33）

8. 匕（31）　9. 钫（16）

二，7）。

6. 匕

2 件。形制和大小相同。标本 M2200：31，平底微凹，柄残。残长 5.7、宽 5.2、残高 2 厘米（图二二二，8）。

（二）滑石器

2 件。有璧和镜。

1. 璧

1 件。M2200：1，肉和好有极窄缘。肉上主纹饰为在阴刻的方格纹内阴刻涡纹。通径 16.8、好径 2.6、肉厚 0.35 厘米（图二二三，2）。

2. 镜

1 件。M2200：2，由整块滑石制作而成。圆形，桥形纽，背面素面无纹饰，原有彩绘已失。直径 15.4、缘厚 1.45 厘米（图二二三，1；彩版一〇六，1）。

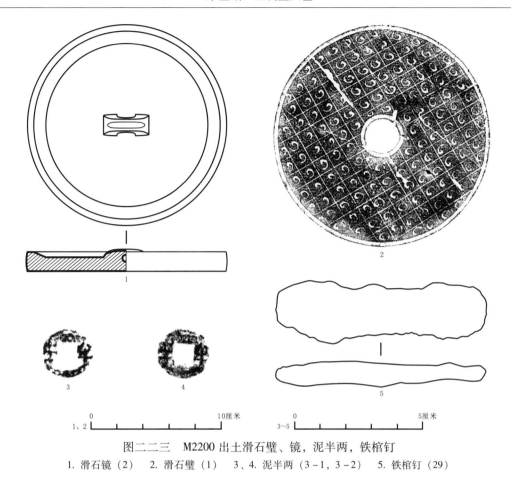

图二二三　M2200 出土滑石璧、镜，泥半两，铁棺钉
1. 滑石镜（2）　2. 滑石璧（1）　3、4. 泥半两（3-1，3-2）　5. 铁棺钉（29）

（三）铁器

仅棺钉一种。共 3 枚。形制和大小相同，锈蚀严重。标本 M2200：29，已残，现呈长方形。残长 8.1、残宽 2.4、厚 1 厘米（图二二三，5）。

（四）其他

仅有泥半两。

出土时成堆，保存完整的不多。泥质灰陶，采用多种模压而成，火候较低。标本 M2200：3，钱面的"半"和"两"字有的较清晰，有的笔画较模糊。钱径 1.9、穿径 0.8~0.9 厘米（图二二三，3、4）。

墓例七二　M2201（2011 常鼎灌五里 M89）

一　墓葬形制

带竖穴墓道的土坑竖穴墓。方向 82°（彩版一○六，2）。M2201 是灌溪汉墓中，也是沅水下游已发掘的数百座汉墓中唯一一座在墓道中放置一套完整的随葬器物、并且使用木制葬具的墓葬，可能具有"外藏椁"的性质。墓室底部和墓道底部平齐，整个墓室呈刀把形。墓口残深 1.10 米，墓口北壁长 5.50、南壁长 3.30 米，西壁宽 2.96、东壁宽 1.44 米，墓道东西长 2.20、宽 1.44 米（图二二四）。

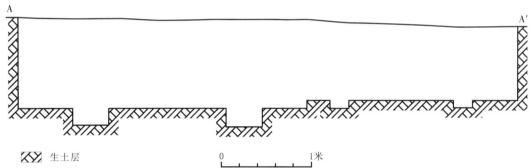

图二二四　M2201 平、剖面及随葬器物分布图

1～3、5、6、25～28、31、32. 陶罐　4、34. 陶灶　7、8、16、17、18. 陶盒　9～12、23、24、

29、30. 陶鼎　13、19、20. 陶钫　14、15、21、22. 陶壶　33. 泥半两

葬具，结构较清晰。从墓底残留的漆皮痕迹推测应有外椁和内棺。

枕木沟，墓室和墓道内保留有两条横向枕木沟的痕迹。主墓室枕木沟长 2.96、宽 0.40、深 0.18 米。

葬式，因墓主的骨架已腐朽，无法判断。

填土，墓室内采用网纹红土捣碎后形成的五花土回填，有夯筑痕迹，但夯层不明显。

二　出土器物

34 件（套）。除泥半两外均为软陶器，有泥质灰陶和夹砂灰陶。该墓在所谓墓道内和墓室内均出土有随葬器物，且风格还有一定差别，有可能属夫妻合葬墓中的异时合葬，但因发掘前墓口已被破坏，无法判定是否属有打破关系的两座墓，本报告中将其作为特殊形制的墓道处理。

（一）软陶器

33 件。有鼎、盒、壶、钫、罐和灶（彩版一〇七，1）。

1. 鼎

8 件。形制和大小基本相同。标本 M2201：12，泥质灰陶。子母口承弧形盖，盖上无纽无环。

口内敛，深腹，圜底。口沿外对称附耳外撇，矮扁蹄足稍外撇。盖径18.8、通高14.4厘米（图二二五，1）。

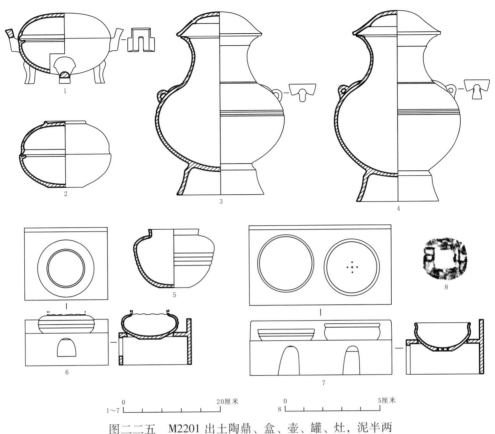

图二二五　M2201出土陶鼎、盒、壶、罐、灶，泥半两
1. 陶鼎（12）　2. 陶盒（8）　3、4. 陶壶（15，22）　5. 陶罐（2）　6、7. 陶灶（4，34）
8. 泥半两钱（33）

2. 盒

5件。形制和大小基本相同。标本M2201：8，泥质灰陶。子母口承盖，盖和身高度不同，盖顶有矮圈足状捉手。盒身敛口，斜收腹，平底。盖径18.2、高6.8厘米，盒身口径18.8、底径7.2、通高13.6厘米（图二二五，2）。

1. 壶

4件。形制基本相同，大小稍有区别。

标本M2201：15，由盖和身组成。盖略呈圆弧的头盔状，边沿略外翘。壶身广口，尖唇，束颈，颈部和肩部各有一周折棱，鼓腹稍下垂，高圈足外撇，圈足外部亦有一周折棱。腹部有对称铺首。盖径17.2、高5厘米，口径15.6、腹径26、底径17.6、通高37.6厘米（图二二五，3）。

标本M2201：22，由盖和身组成。盖略呈圆弧的头盔状，边沿略外翘。壶身广口，尖唇，束颈，颈部和肩部各有一周折棱，鼓腹，高圈足外撇，圈足外亦有折棱。腹部有对称铺首。盖径18.2、高5厘米，口径16.8、腹径26.2、底径17、通高39.2厘米（图二二五，4）。

4. 钫

3件。形制和大小基本相同，保存较差。

5. 罐

11 件。大小基本相近，形制稍有区别。标本 M2201：2，夹砂灰陶。平沿，圆唇，直颈，圆溜肩，斜收腹，小平底，下腹有多道凹弦纹。口径 10.2、腹径 16.4、底径 6、高 12 厘米（图二二五，5）。

6. 灶

2 件。分别出土于墓室内和墓道内。一件为单釜座灶，另一件为双釜座灶。

M2201：4，单釜座灶，出土于墓道内。夹砂灰陶。灶体呈长方形，灶面有一釜座，正面有一半圆形不落地火门，后部有挡风板。灶上有一束颈鼓腹小平底小陶釜。长 17、宽 14.8、高 9.4 厘米（图二二五，6）。

M2201：34，双釜座灶，出土于墓室内。夹砂灰陶。灶体呈长方形，灶面有两个大小相同的釜座，正面有两半椭圆形落地火门，后部有挡风板。灶上有一微敞口斜收腹平底小陶甑和一件圜底小釜。长 29.6、宽 16.2、高 11 厘米（图二二五，7）。

（二）其他

仅有泥半两，出土时成千上万枚，保存完整的 10 余枚。泥质灰陶，模压而成，火候较低。

标本 M2201：33，钱面的“半”和“两”字不清晰，笔画简化厉害。钱径 2.1～2.3、穿径 0.95 厘米（图二二五，8）。

墓例七三　M2203（2011 常鼎灌五里 M91）

一　墓葬形制

墓边不太规整的土坑竖穴墓。方向 330°（彩版一〇七，2）。墓口残深 1.25 米，墓口西壁长 3.08、东壁长 3.15、北壁宽 2.52、南壁宽 2.40 米（图二二六）。

葬具，结构不清晰。墓底也无残留的漆皮痕迹。

枕木沟，墓底有两条横向枕木沟，沟长 2.50、宽 0.28、深 0.12 米。

葬式，因墓主的骨架已腐朽，无法判断。

填土，使用原墓坑红色网纹土捣碎后形成的五花土回填，有夯筑痕迹，但夯层不明显。

二　出土器物

23 件。除一件滑石璧外均为软陶器，有泥质灰陶和夹砂灰陶（彩版一〇八，1）。

（一）软陶器

22 件。有鼎、盒、壶、罐、仓、灶和甑。

1. 鼎

4 件。形制和大小基本相同。标本 M2203：10，泥质灰陶。子母口承圆弧形盖，盖上无纽无环。口内敛，深腹，圜底。口沿下对称长附耳外撇，扁蹄足略外撇。盖径 17.4、口径 15.2、通高 16.4 厘米（图二二七，1）。

2. 盒

4 件。大小基本相同，形制稍有区别。

图二二六　M2203 平面及随葬器物分布图

1. 滑石璧　2～4、6. 陶壶　5、7、8、11. 陶盒　9、13、18～21、23. 陶罐
10、12、15、16. 陶鼎　14. 陶甗　17. 陶仓　22. 陶灶

标本 M2203：8，同样形制的 2 件。泥质灰陶。子母口承盖，盖呈圆弧形，盖顶无环无纽。盒身敛口，斜收腹，平底。盖径 17.2、高 5.4 厘米，盒身口径 14.6、底径 7.6、通高 11.4 厘米（图二二七，2）。

标本 M2203：5，同样形制的 2 件。泥质灰陶。子母口承盖，盖和盒高度不同，盖顶有矮圈足状捉手。盒身敛口，斜收腹，平底。盖径 17.8、高 6 厘米，盒身口径 14.4、底径 7.2、通高 12.8 厘米（图二二七，3）。

3. 壶

4 件。形制和大小基本相同。标本 M2203：2，由盖和身组成。盖呈圆弧形。壶身宽沿稍内凹，圆唇，长颈，鼓腹，高圈足外撇。颈部、上下腹部有多道凹弦纹。盖径 12.2、高 2.4 厘米，口径 11.2、腹径 20.4、底径 15.4、通高 23.4 厘米（图二二七，4）。

4. 罐

7 件。根据形制和大小可分为两种。

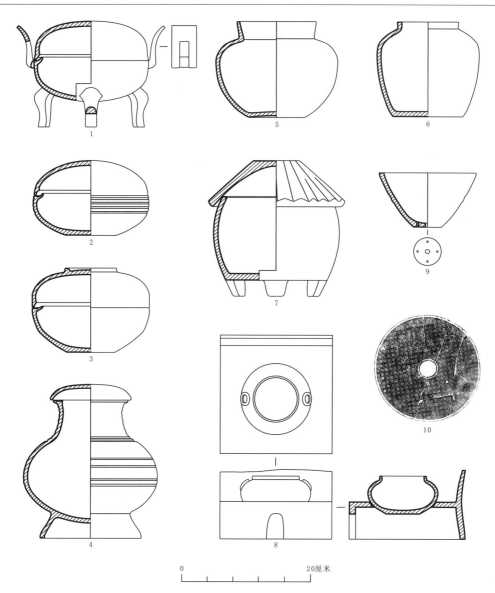

图二二七　M2203 出土陶鼎、盒、壶、罐、仓、灶、甑，滑石璧

1. 陶鼎（10）　2、3. 陶盒（8，5）　4. 陶壶（2）　5、6. 陶罐（23，19）　7. 陶仓（17）

8. 陶灶（22）　9. 陶甑（14）　10. 滑石璧（1）

标本 M2203：23，夹砂灰陶。圆唇，高直领稍外撇，圆溜肩，斜收腹，平底稍内凹。口径 12、腹径 18.4、底径 8.4、高 14.6 厘米（图二二七，5）。

标本 M2203：19，同样形制和大小的 6 件。夹砂灰陶。平沿，尖唇，短直颈，溜肩，直腹斜收，大平底。口径 9.4、腹径 15.6、底径 10.6、高 14.2 厘米（图二二七，6）。

5. 仓

1 件。M2203：17，夹砂灰陶。由盖和身组成。形如桶状，屋顶形盖，盖顶有多道瓦楞。器身平沿，弧壁，平底。底部有三个半锥状足。盖径 20.6、高 7 厘米，仓身口径 16.2、腹径 19、通高 20.6 厘米（图二二七，7）。

6. 灶

1 件。为近方形单釜座灶，上部配有小陶釜。M2203：22，灶体近方形，灶面有一单釜座，正面有一半椭圆形落地火门，后部有挡风板。灶上有一直领鼓腹平底肩部饰椭圆形对称附耳的小陶釜。长17.8、宽17.2、高10.4厘米（图二二七，8）。

7. 甑

1件。可能是与灶配套的陶甑，但出土时已不在一起。M2203：14，夹砂灰黄陶。平沿，尖唇，斜收腹，平底。底部有四个对称界眼。口径14.8、底径4.2、高8.2厘米（图二二七，9）。

（二）滑石器

1件。为璧。

M2203：1，肉和好有窄素缘。肉上主纹饰为在方格纹内阴刻重圈纹。通径16.4、好径2.4、肉厚0.3厘米（图二二七，10）。

墓例七四　M2204（2011常鼎灌五里M92）

一　墓葬形制

墓边不太规整的长方形土坑竖穴墓。方向330°。残深1.78米，墓口西壁长2.56、东壁长2.76、宽2米（图二二八）。

葬具，结构不清晰。墓底也无明显的漆皮痕迹。

枕木沟，墓底有两条横向枕木沟，沟长2.50、宽0.30、深0.08米。

葬式，因墓主的骨架已腐朽，无法判断。

填土，使用红色网纹土捣碎后形成的五花土回填，有夯筑痕迹，但夯层不明显。

二　出土器物

13件。除一件滑石璧外均为软陶器，有泥质灰陶和夹砂灰陶（图版二一，1）。

（一）软陶器

12件。有鼎、盒、壶、钫、罐、灶。

1. 鼎

2件。形制和大小基本相同。标本M2204：11，泥质灰陶。子母口承圆弧形盖，盖上无纽无环。口内敛，深腹，圜底。口沿下对称长附耳外撇，扁蹄足略外撇。盖径17.4、口径15.2、通高16.4厘米（图二二九，1）。

2. 盒

2件。形制和大小基本相同。标本M2204：6，泥质灰陶。子母口承盖，盖顶有矮圈足状捉手。盒身敛口，斜收腹，平底略内凹。盖径18.8、高7厘米，盒身口径19、底径8.2、通高14.4厘米（图二二九，2）。

3. 壶

2件。形制和大小基本相同。标本M2204：5，泥质灰陶。由盖和身组成。圆弧形盖。壶身平沿，尖唇，敞口，折颈近盘口状，鼓腹下垂，高圈足外撇。盖径12.4、高3.4厘米，口径12.2、腹径19.4、底径15.4、通高27.8厘米（图二二九，3）。

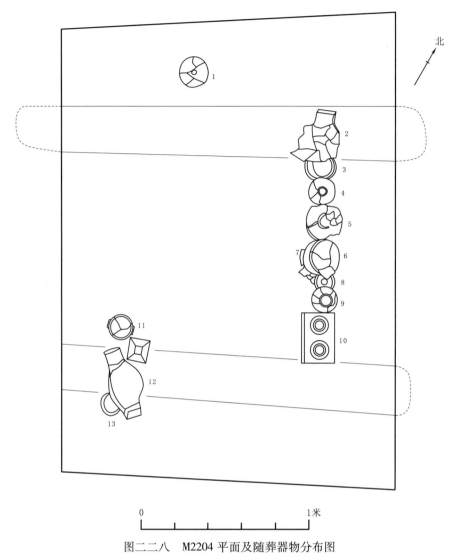

图二二八　M2204 平面及随葬器物分布图

1. 滑石璧　2、12. 陶钫　3、6. 陶盒　4、5. 陶壶　7、11. 陶鼎　8、9、13. 陶罐　10. 陶灶

4. 钫

2 件。形制和大小基本相同。标本 M2204：2，泥质灰陶。平沿承盏顶式盖，盖内空，下部有子口伸入壶口内。口微外撇，束颈，上腹较直，下腹略鼓，高方足。口径 12、最大腹径 18.4、方足底径 13.4、通高 37.4 厘米（图二二九，4）。

5. 罐

3 件。形制和大小基本相同。标本 M2204：8，夹砂灰陶。圆唇，高直领稍外撇，圆溜肩，斜收腹，平底稍内凹。口径 12.4、腹径 18.6、底径 8、高 15 厘米（图二二九，5）。

6. 灶

1 件。呈长方形，双釜座，上部配有小陶釜两件。M2204：10，灶面下凹，有两大小相同的釜座，正面有两半椭圆形落地火门，后部有挡风板。灶上有两鼓腹平底的小陶釜。长 25.2、宽 16.6、高 10.6 厘米（图二二九，6）。

（二）滑石器

1 件。为璧。

图二二九 M2204 出土陶鼎、盒、壶、钫、罐、灶，滑石璧
1. 陶鼎（11） 2. 陶盒（6） 3. 陶壶（5） 4. 陶钫（2） 5. 陶罐（8） 6. 陶灶（10）
7. 滑石璧（1）

M2204：1，肉和好有窄素缘。肉上主纹饰为在斜菱格纹内阴刻重圈纹。通径15.9、好径1.9、肉厚0.5厘米（图二二九，7）。

墓例七五 M2206（2011常鼎灌五里M94）

一 墓葬形制

长方形土坑竖穴墓（该墓被破坏前可能存有墓道）。方向95°。墓口长4.30、宽3、残深0.50~2.50米（图二三○）。墓壁修造规整，明显经过二次加工，墓底平整（彩版一○八，2）。

葬具，结构不清晰。墓底也无明显的漆皮痕迹。

枕木沟，墓底有两条横向枕木沟，沟长3、宽0.30、深0.10米。

葬式，因墓主的骨架已腐朽，无法判断。

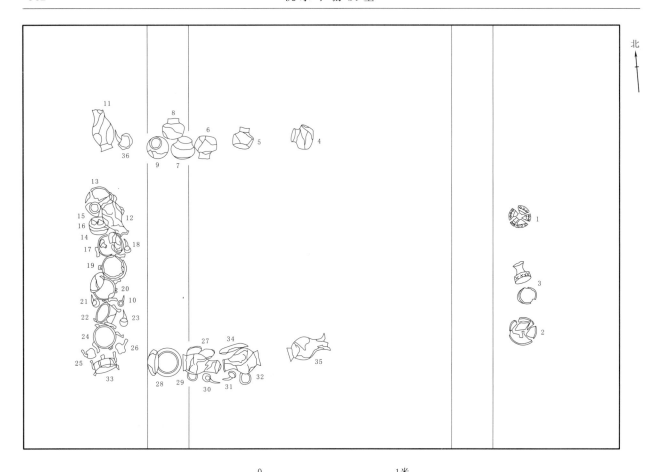

图二三○　M2206 平面及随葬器物分布图

1. 滑石璧　2. 铜镜　3. 陶熏炉　4~9. 陶罐　10、16、18、21、30、31. 陶勺　11~13、29、32、35. 陶壶

14、15、27、28、34. 陶盒　17、19、20、22、24、33. 陶鼎　23、25、26、36. 陶匕

　　填土，墓室使用原墓坑内的红色网纹土捣碎后形成的五花土回填，有夯筑痕迹，但夯层不明显。

　　M2206 和另一座长方形土坑竖穴墓 M2207 可能存在着特殊关系：两座墓葬的墓口相距仅 1.50 米，墓葬方向相同，规模相近，同处于一座封堆下。

　　二　出土器物

　　36 件。除一件滑石璧和铜镜外均为软陶器，陶质有泥质灰陶和夹砂灰陶（彩版一○九，1）。

　　（一）软陶器

　　34 件。有鼎、盒、壶、罐、熏炉、勺、匕。

　　1. 鼎

　　6 件。形制和大小基本相同。标本 M2206：24，泥质灰陶。子母口承圆弧形盖，盖上无纽无环。口内敛，腹较浅，圜底。口沿下对称附耳外撇，长扁足稍外撇。盖径 17.8、口径 15.6、通高 13 厘米（图二三一，1；彩版一○九，2）。

　　2. 盒

　　5 件。形制和大小基本相同。标本 M2206：34，泥质灰陶。子母口承圆弧形盖。身敛口，斜收

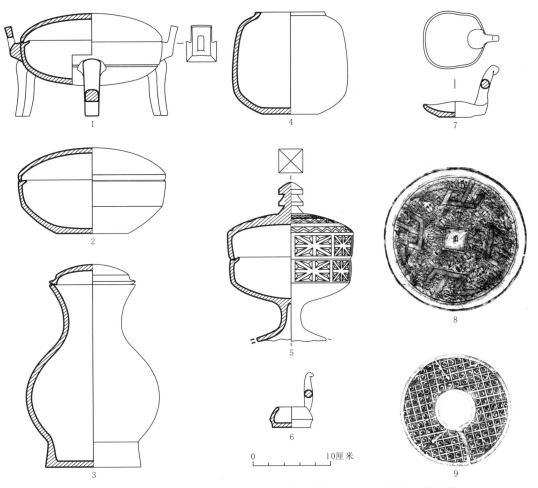

图二三一　M2206 出土陶鼎、盒、壶、罐、熏炉、勺、匕，铜镜，滑石璧

1. 陶鼎（24）　　2. 陶盒（34）　　3. 陶壶（11）　　4. 陶罐（7）　　5. 陶熏炉（3）　　6. 陶勺（21）

7. 陶匕（25）　　8. 铜镜（2）　　9. 滑石璧（1）

腹，平底略内凹。盖径 18.6、高 4.2 厘米，身口径 18.6、底径 9、通高 11 厘米（图二三一，2）。

　　3. 壶

　　6 件。形制和大小基本相同。标本 M2206：11，由盖和身组成。圆弧形盖，盖沿上翘。壶身平沿，尖唇，侈口，鼓腹，平底假圈足。口径 10.8、腹径 16.8、底径 12、通高 25.8 厘米（图二三一，3）。

　　4. 罐

　　6 件。形制和大小基本相同。标本 M2206：7，泥质灰陶。平沿，敛口，直腹，近底处内折，平底。口径 8.8、腹径 14.6、底径 7、高 13 厘米（图二三一，4）。

　　5. 熏炉

　　1 件。M2206：3，夹砂灰陶。由炉盖和炉身构成。子母口承盖，盖顶部有三层塔式手柄，盖上有镂孔和多道连贯三角纹等几何图案。炉身敛口，深腹，折盘，柄部中空至盘底。炉身腹部也有多道连贯三角纹等几何图案。炉身口径 13.2、残通高 20.3 厘米（图二三一，5；彩版一〇九，3）。

　　6. 勺

　　6 件。形制和大小基本相同。标本 M2206：21，敛口，圆唇，算珠形弧折壁，平底。圆柱勺柄外折。口径3.2、底径4.8、高7厘米（图二三一，6）。

7. 匕

4件。形制和大小基本相同。标本M2206：25，口沿呈箕形，敞口，耸肩，平底，锥柄斜立微弧曲。通宽7.4、通高6.6厘米（图二三一，7）。

（二）铜器

1件。为镜。

M2206：2，四山字镜，又称羽状地十六花四竹叶四山纹镜。圆形，有残损，三弦钮，方形凹面宽带钮座。在羽状地纹之上，于凹面方格纹的四角和中间向外伸出四组花叶，外部饰四组向右倾斜的山字，每个山字间和山字的左侧各有一组花叶。窄素卷缘。直径18.2、缘厚0.6厘米（图二三一，8；彩版一〇九，4）。

（三）滑石器

1件。为璧。

M2206：1，肉和好有窄素缘。肉上主纹饰为在刻好的方格内阴刻涡纹。通径14.2、好径4.3、肉厚0.3厘米（图二三一，9）。

墓例七六　M2207（2011 常鼎灌五里 M95）

一　墓葬形制

带斜坡墓道的土坑竖穴墓。墓道方向95°。墓室长4、宽2.60、残深3米。斜坡墓道位于东部，残长1.86、宽1.70米，墓道底部距墓底1.90米，墓道坡度30°（图二三二）。墓壁修造规整，明显经过二次加工，墓底平整（彩版一一〇，1）。M2207和另一座长方形土坑竖穴墓M2206可能存在特殊关系：两座墓葬的墓口相距仅1.50米，墓葬方向相同，规模相近，同处于一座封堆下，有可能属夫妻异穴合葬。

葬具，结构不清晰，但从墓底的漆皮痕迹推测，该墓应有椁有棺。

枕木沟，墓底有两条横向枕木沟，沟长2.60、宽0.40、深0.10米。

葬式，因墓主的骨架已腐朽，无法判断。从出土滑石璧的位置推测墓主的头向可能是95°，与墓道方向一致。

填土，墓室内采用红色网纹土捣碎后形成的五花土回填，有夯筑痕迹，但夯层不明显。

二　出土器物

39件。除一件滑石璧和铜镜外均为软陶器，陶质有泥质灰陶和夹砂灰陶（彩版一一〇，2）。

（一）软陶器

37件。有鼎、盒、壶、熏炉、豆、勺、匕。

1. 鼎

8件。形制和大小基本相同。标本M2207：26，泥质灰陶。子母口承圆弧形盖，盖上无纽无环。口内敛，腹较深，圜底近平。口沿下对称附耳外撇，扁足略内敛。盖径17.4、口径15.2、通高

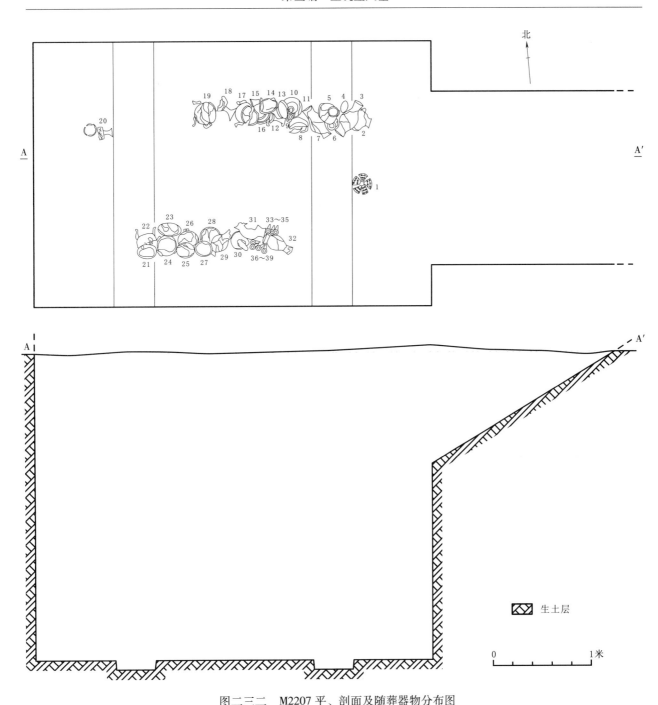

图二三二　M2207 平、剖面及随葬器物分布图

1. 滑石璧　2、3、5、7、29～32. 陶壶　4. 铜镜　6、9、33～35. 陶勺　8、11、14、21、23、25、27. 陶盒
10、12、15、18. 陶豆　13、16、17、19、22、24、26、28. 陶鼎　20. 陶熏炉　36～39. 陶匕

15.2 厘米（图二三三，1；彩版一一一，1）。

2. 盒

7 件。形制和大小基本相同。标本 M2207：14，泥质灰陶。子母口承盖。盒身敛口，斜收腹，平底内凹。盖径 17、高 4.2 厘米，盒身口径 14.8、底径 8、通高 9.6 厘米（图二三三，2）。

3. 壶

8 件。大小基本相当，有两种形制。

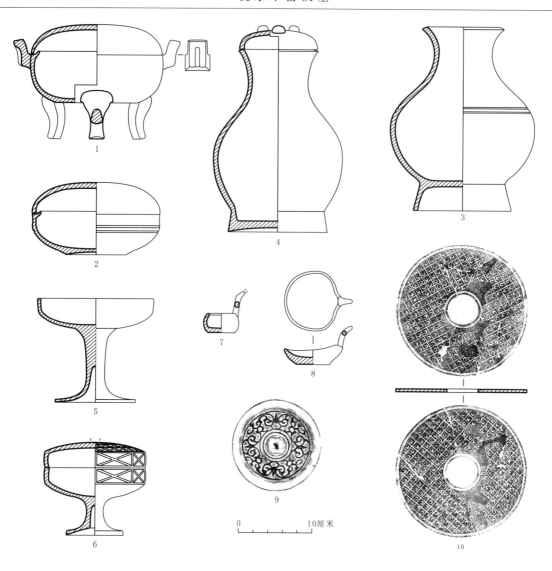

图二三三　M2207 出土陶鼎、盒、壶、豆、熏炉、勺、匕，铜镜，滑石璧

1. 陶鼎（26）　2. 陶盒（14）　3、4. 陶壶（3、32）　5. 陶豆（10）　6. 陶熏炉（20）　7. 陶勺（6）
8. 陶匕（36）　9. 铜镜（4）　10. 滑石璧（1）

标本 M2207：3，同样形制的 4 件。壶身平沿，尖唇，侈口，鼓腹，高圈足。口径 10.8、腹径 19、底径 12.8、通高 24.4 厘米（图二三三，3）。

标本 M2207：32，同样形制的 4 件。由盖和身组成。圆弧形盖，盖上有三乳状纽。壶身平沿，尖唇，侈口，长弧腹，平底假圈足内凹。口径 10.6、腹径 17.2、底径 13.2、通高 24.2 厘米（图二三三，4）。

4. 豆

4 件。形制和大小基本相同。标本 M2207：10，微敞口，圆唇，深弧壁。高柄，喇叭形圈足。口径 15.4、底径 10.6、高 13.8 厘米（图二三三，5）。

5. 熏炉

1 件。M2207：20，夹砂灰陶。由炉盖和炉身构成。平口承盖，盖顶手柄已残，盖上有镂孔和多道连贯三角纹等几何图案。炉身敛口，深腹，折盘，柄部中空至盘底。炉身腹部也有多道连贯三角纹等几何图案。盖径 13.4、残高 3.4 厘米，炉身口径 13.4、底径 7.6 厘米，残通高 13 厘米（图二三三，6）。

6. 勺

5 件。形制和大小基本相同。标本 M2207：6，敛口，圆唇，算珠形弧壁，平底。圆柱勺柄外撇。口径 3.2、底径 3.6、残高 5.5 厘米（图二三三，7）。

7. 匕

4 件。形制和大小基本相同。标本 M2207：36，口沿近圆形，敞口，耸肩，平底，锥柄直立微弧曲。通宽 8.2、通高 5.1 厘米（图二三三，8）。

（二）铜器

1 件。为镜。

M2207：4，变形龙凤纹镜，圆形，三弦钮，素地圆钮座。座外有三道细凸弦纹组成的两条凹环带，环带内饰短斜线纹。主纹饰是在细密的云雷地纹上再饰以四组变形龙凤纹。窄素缘。直径 12.2、缘厚 0.4 厘米（图二三三，9；彩版一一一，2）。

（三）滑石器

1 件。为璧。

M2207：1，双面纹饰。肉和好有极窄素缘。肉上主纹饰为在方格纹内阴刻涡纹。通径 17.4、好径 4.1、肉厚 0.4 厘米（图二三三，10）。

墓例七七　M2209（2011 常鼎灌五里 M98）

一　墓葬形制

长方形土坑竖穴墓。方向 175°。墓口长 2.80、宽 1.70、残深 1.23 米（图二三四）。墓底的两端均向内弧，尤其是东部有向内掏挖的龛形洞，形成墓底两端宽、墓口小的形状。墓壁修造规整，明显经过二次加工，墓底平整。

葬具，结构不清晰，从墓底的漆皮痕迹推测应有木质葬具。

枕木沟，墓底有两条横向枕木沟，沟长 1.70、宽 0.30、深 0.05 米。

葬式，因墓主的骨架已腐朽，无法判断。

填土，墓室内采用网纹红土捣碎后形成的五花土回填，有夯筑痕迹，但夯层不明显。

二　出土器物

26 件（套）。除滑石璧、滑石镜、铁器和泥半两外均为软陶器（彩版一一一，3）。

（一）软陶器

22 件。有鼎、盒、壶、钫、罐、熏炉、勺、匕。

1. 鼎

4 件。根据形制和大小可分为两种。

标本 M2209：4，同样形制和大小的 2 件。泥质灰陶。子母口承圆弧形盖，盖上无钮无环。口

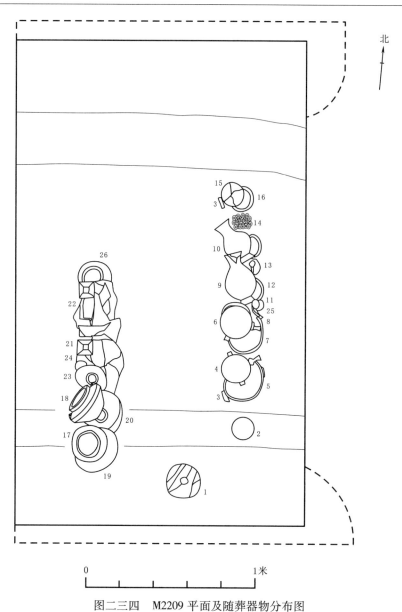

图二三四　M2209 平面及随葬器物分布图

1. 滑石璧　2. 滑石镜　3. 铁棺钉　4~7. 陶鼎　8、12. 陶匕　9、10、13. 陶壶　11、25. 陶勺
14. 泥半两　15、16、19、20. 陶盒　17、18、23、26. 陶罐　21、22. 陶钫　24. 陶熏炉

内敛，腹较浅，小平底略内凹。口沿对称长附耳的端部外折，高蹄足略外撇。盖径 16.6、口径
14、通高 15.3 厘米（图二三五，1）。

标本 M2209：5，同样形制和大小的 2 件。泥质灰陶。子母口承圆弧形盖，盖上无纽无环。口
内敛，腹较深，圜底。口沿对称立附耳外撇，粗蹄足较直。盖径 18.6、高 6.4 厘米，口径 16、通
高 17.4 厘米（图二三五，2）。

2. 盒

4 件。根据形制和大小可分为两种。

标本 M2209：15，同样形制和大小的 2 件。泥质灰陶。子母口承圆弧形矮盖。盒身敛口，斜收
腹，平底。盒身口径 12、底径 4.8、通高 9.6 厘米（图二三五，3）。

标本 M2209：19，同样形制和大小的 2 件。泥质灰陶。子母口承盖，盖上有矮圈足状捉手。盒

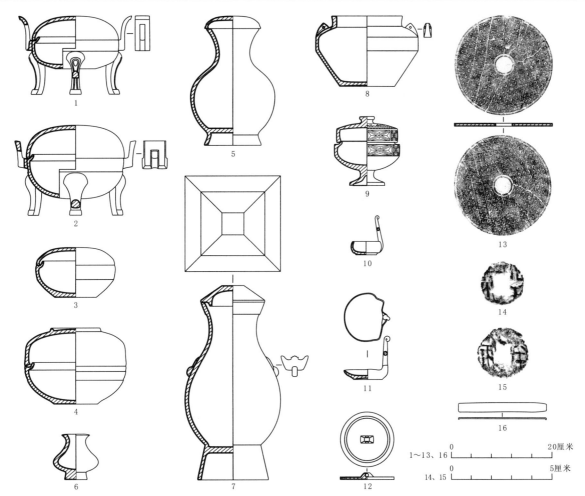

图二三五　M2209 出土陶鼎、盒、壶、钫、罐、熏炉、勺、匕，滑石镜、璧，泥半两，铁棺钉

1、2. 陶鼎（4，5）　　3、4. 陶盒（15，19）　　5、6. 陶壶（10，13）　　7. 陶钫（22）　　8. 陶罐（18）

9. 陶熏炉（24）　　10. 陶勺（11）　　11. 陶匕（12）　　12. 滑石镜（2）　　13. 滑石璧（1）　　14、15. 泥

半两（14 - 1，14 - 2）　　16. 铁棺钉（3）

身敛口，斜收腹，平底。盒身口径 16.6、底径 8.4、通高 14.4 厘米（图二三五，4）。

3. 壶

3 件。根据形制和大小可分为两种。

标本 M2209：10，同样形制的有 2 件。泥质灰陶。壶身平沿，尖唇，侈口，鼓腹，高圈足。口径 10、腹径 16.2、底径 10.8、通高 25 厘米（图二三五，5）。

标本 M2209：13，是一个特殊的小陶壶。壶身平沿，尖唇，侈口，扁腹，平底，假圈足。口径 5.4、腹径 8.6、底径 4.4、高 8.8 厘米（图二三五，6）。

4. 钫

2 件。形制和大小基本相同。标本 M2209：22，泥质灰陶。平沿承盝顶式盖，盖内空，下部有子口伸入壶口内。口微外撇，束颈，上腹较直，下腹略鼓，高方足。腹部有对称铺首。口径 12.2、腹径 18.4、方足底径 13.4、通高 37.4 厘米（图二三五，7）。

5. 罐

4 件。形制和大小基本相同。标本 M2209：18，夹砂灰陶。平沿，尖唇，直领，折肩，下腹斜折，平底稍内凹。口径 13.6、腹径 19.8、底径 10.6、高 13.6 厘米（图二三五，8）。

6. 熏炉

1 件。M2209∶24，夹砂灰陶。由盖和身构成。子母口承盖，盖顶圆柄，盖上有镂孔和多道连贯三角纹和几何图案。炉身敛口，深腹，折盘，柄部中空至盘底。炉身腹部也有多道连贯三角纹和几何图案。炉身口径 10、底径 6.8、通高 13.4 厘米（图二三五，9；彩版一一二，1）。

7. 勺

2 件。形制和大小基本相同。标本 M2209∶11，敛口，圆唇，算珠形弧壁，平底。圆柱勺柄外卷。口径 5.2、底径 4、高 7.6 厘米（图二三五，10）。

8. 匕

2 件。形制和大小基本相同。标本 M2209∶12，口沿近箕形，敞口，耸肩，平底，锥柄直立，末端卷曲。通宽 9.6、通高 8.4 厘米（图二三五，11）。

（二）滑石器

2 件。为镜、璧。

1. 镜

1 面。M2209∶2，圆形，桥形纽，镜背素地无纹。近缘处有一道凹弦纹。制作粗糙简单。周身有红色彩绘。直径 10.5、缘厚 0.5 厘米（图二三五，12）。

2. 璧

1 件。M2209∶1，双面纹饰。肉和好有窄素缘。肉上主纹饰为在先刻的方格纹内阴刻涡纹。通径 19.5、好径 3.2、肉厚 0.45 厘米（图二三五，13）。

（三）铁器

仅有棺钉 1 件，已残断成四段。

M2209∶3，残长 17.2、宽 1.8、厚 0.25 厘米（图二三五，16）。

（四）其他

仅有泥半两。出土时数千枚，保存完整的 10 余枚。泥质灰陶，模压而成，火候较低。从文字和大小看有两种。

标本 M2209∶14-1，钱面的"半"和"两"字不清晰，笔画简化。钱径 2~2.05、穿径 0.85厘米（图二三五，14）。

标本 M2209∶14-2，钱面的"半"和"两"字清晰，笔画纤细而完整。钱径 2.4~2.5、穿径 0.9 厘米（图二三五，15）。

墓例七八　M2211（2011 常鼎灌五里 M100）

一　墓葬形制

长方形土坑竖穴墓。方向 340°。墓口长 2.40、宽 1.45、残深 0.32 米（图二三六）。墓室的四壁有明显经过二次加工的痕迹（彩版一一二，3）。

葬具，结构不清晰，从墓底的漆皮痕迹推测应有木质葬具。

枕木沟，墓底有两条横向枕木沟，沟长1.70～1.80、宽0.38、深0.05～8厘米，枕木沟伸入墓壁之内。

葬式，因墓主的骨架已腐朽，无法判断。

填土，使用红色网纹土捣碎后形成的五花土回填，有夯筑痕迹，但夯层不明显。

二　出土器物

13 件（套）。除一件滑石璧外均为软陶器（图版二一，2）。

（一）软陶器

12 件。有鼎、盒、壶、豆、勺、匕。

1. 鼎

2 件。形制和大小基本相同。标本 M2211:11，泥质灰陶。子母口承盖，盖顶平。鼎身敛口，斜收腹，小平底。腹部有一道折棱。长方形附耳较直。三蹄状足截面近圆形。口径 14.8、底径 11.2、通高 14.4 厘米（图二三七，1；彩版一一二，2）。

2. 盒

2 件。形制和大小基本相同。标本 M2211:8，泥质灰陶。子母口承盖。盒身敛口，斜收腹，平底稍内凹。盒身口径 14.8、底径 8.6、通高 10 厘米（图二三七，2）。

3. 壶

2 件。形制和大小稍有区别，分为两种。

M2211:2，泥质灰陶。侈口，稍内斜沿，尖唇。束颈，弧腹下垂，高圈足。壶底近平。口径 10.2、腹径 15.8、底径 13、高 22.4 厘米（图二三七，3）。

M2211:4，泥质灰陶。平沿承盖。侈口，尖唇，鼓腹，高圈足。口径 11.4、腹径 15.6、底径 13、通高 25.6 厘米（图二三七，4）。

4. 豆

2 件。形制和大小基本相同。标本 M2211:10，弧形柄，喇叭形圈座。敛口，深腹，圆唇。口径 16.4、底径 9.2、高 10.2 厘米（图二三七，5）。

5. 勺

2 件。形制和大小基本相同。标本 M2211:3，敛口，圆唇，算珠形弧壁，平底。圆柱勺柄外卷。口径 4.2、底径 3.6、高 4.8 厘米（图二三七，6）。

6. 匕

2 件。形制和大小基本相同。标本 M2211:13，平面近箕形。敞口，圆肩，平底，锥柄直立，末端残。通长 6.5、通宽 6、残高 4.8 厘米（图二三七，7）。

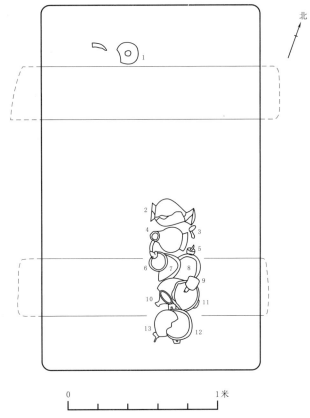

图二三六　M2211 平面及随葬器物分布图

1. 滑石璧　2、4. 陶壶　3、5. 陶勺　6、10. 陶豆　7、8. 陶盒　9、13. 陶匕　11、12. 陶鼎

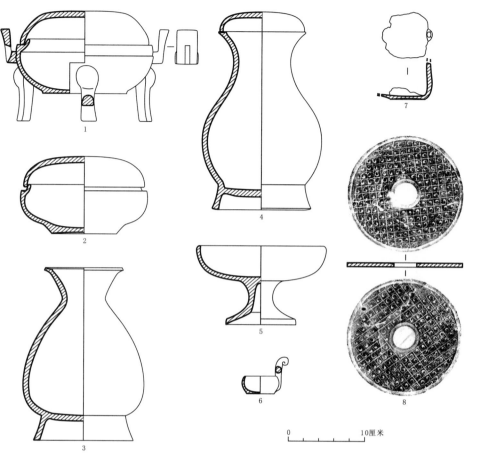

图二三七　M2211 出土陶鼎、盒、壶、豆、勺、匕，滑石璧

1. 陶鼎（11）　2. 陶盒（8）　3、4. 陶壶（2，4）　5. 陶豆（10）　6. 陶勺（3）

7. 陶匕（13）　8. 滑石璧（1）

（二）滑石器

1 件。为璧。

M2211:1，双面纹饰。肉和好有窄素缘。肉上主纹饰为在先刻好的方格纹内阴刻涡纹。通径 15、好径 3、肉厚 0.5 厘米（图二三七，8）。

墓例七九　M2213（2011 常鼎灌五里 M102）

一　墓葬形制

长方形土坑竖穴墓。方向 160°。墓口长 2.80、宽 2.04、残深 0.54 米（图二三八）。墓室的四壁修造规整，明显经过二次加工，墓底平整（彩版一一三，1）。

葬具，结构不清晰，从墓底痕迹推测应有木质葬具。

枕木沟，墓底有两条横向枕木沟，沟长 2.04、宽分别为 0.40 和 0.34、深 0.08 米。

葬式，因墓主的骨架已腐朽，无法判断。从出土滑石璧的位置推测墓主的头向可能是 160°。

填土，使用原墓坑内红色网纹土捣碎后形成的五花土回填，有夯筑痕迹，但夯层不明显。

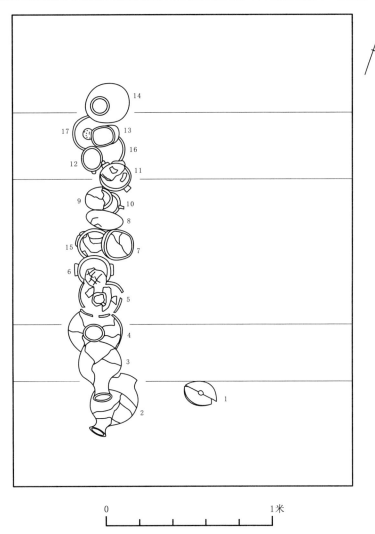

图二三八　M2213 平面及随葬器物分布图
1. 滑石璧　2～5. 陶壶　6、8、10、11. 陶鼎　7、9、15、16. 陶盒
12. 陶釜　13. 陶罐　14. 硬陶罐　17. 陶甑

二　出土器物

17 件。除一件滑石璧外均为软陶器（图版二二，1）。

（一）软陶器

16 件。有鼎、盒、壶、罐、双耳釜、甑。

1. 鼎

4 件。形制和大小基本相同。标本 M2213∶10，泥质灰陶。子母口承盖，盖上无纽无环。口内敛，深腹，平底。口沿对称长附耳的端部外折，三蹄足稍外撇。盖径 17、口径 18.8、通高 15 厘米（图二三九，1；彩版一一三，2）。

2. 盒

4 件。形制和大小基本相同。标本 M2213∶15，泥质灰陶。子母口承盖，盖的下部有两道凹弦纹。盒身敛口，斜收腹，平底略内凹。盒身腹部亦有两道凹弦纹。盒身口径 12.2、底径 8.2、通高 11.7 厘米（图二三九，2）。

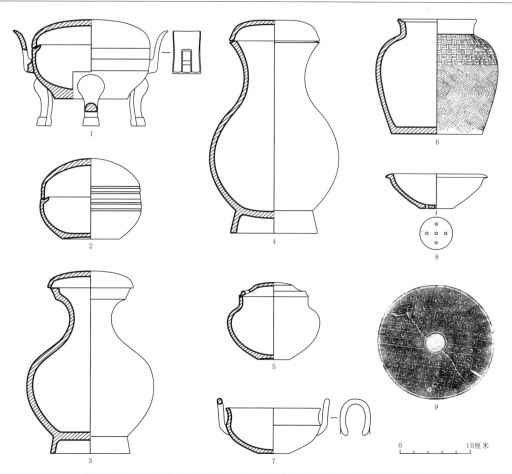

图二三九　M2213 出土陶鼎、盒、壶、罐、釜、甑，硬陶罐，滑石璧

1. 陶鼎（10）　2. 陶盒（15）　3. 4. 陶壶（2、3）　5. 陶罐（13）　6. 硬陶罐（14）
7. 陶釜（12）　8. 陶甑（17）　9. 滑石璧（1）

3. 壶

4 件。根据形制和大小可分为两种。

标本 M2213：2，同样形制的 3 件。壶平沿呈圆弧形盖，盖上无环无纽。尖唇，口沿下折成盘口状，鼓腹，平底，高圈足。口径 11.4、腹径 18.2、底径 11.4、通高 26 厘米（图二三九，3）。

标本 M2213：3，壶平沿承圆弧形盖，尖唇，侈口，长弧腹下垂，高圈足。口径 12.8、腹径 18.4、底径 12.4、通高 30.4 厘米（图二三九，4）。

4. 罐

1 件。泥质灰陶。带盖。平沿承盖，盖略呈圆弧形，中部凹，沿边有小孔，用途不明。罐身直领，鼓腹，小平底略内凹。标本 M2213：13，口径 9.8、腹径 13、底径 4.6、通高 11 厘米（图二三九，5）。

5. 釜

1 件。M2213：12，夹砂灰陶。圆唇，束领，折腹，上腹外折鼓，下腹斜收，小平底。腹部饰有对称椭圆形附立耳。口径 13.6、腹径 13.6、底径 4.8、高 7.8 厘米（图二三九，7）。

6. 甑

1 件。M2213：17，夹砂灰陶。宽外斜沿，尖唇，斜收腹，小平底上有五个圆形界眼。口径 14.6、底径 4.6、高 5 厘米（图二三九，8）。

（二）硬陶器

1件。为印纹罐。夹砂红陶，肩部拍印席纹，下部为方格纹。内斜沿，圆唇，直领，溜肩，直腹，平底。

M2213：14，口径11、腹径17、底径12.8、高16.4厘米（图二三九，6）。

（三）滑石器

1件。璧。

M2213：1，单面纹饰，肉和好有窄素缘。肉上主纹饰为在先刻好的方格纹内阴刻涡纹。通径16.6、好径2.7、肉厚0.4厘米（图二三九，9）。

墓例八〇　M2215（2011 常鼎灌五里 M104）

一　墓葬形制

长方形土坑竖穴墓。方向90°。墓口长2.80、宽1.80、残深0.70米（图二四〇）。墓室的四壁修造规整，明显经过二次加工，墓底平整。

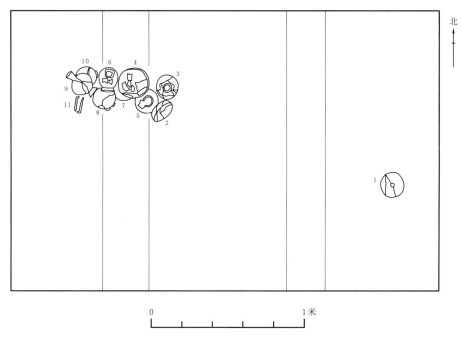

图二四〇　M2215 平面及随葬器物分布图

1. 滑石璧　2、4. 陶盒　3、5、7. 陶罐　6、9. 陶壶　8、10. 陶鼎　11. 铁棺钉

葬具，结构不清晰，从墓底痕迹推测，该墓应使用过木质葬具。

枕木沟，墓底有两条横向枕木沟，沟长1.80、宽分别为0.30和0.25、深0.05米。

葬式，因墓主的骨架已腐朽，无法判断。

填土，采用第四纪网纹红土捣碎后形成的五花土回填，有夯筑痕迹，但夯层不明显。

二　出土器物

11件。除一件滑石璧和铁棺钉外均为软陶器（图版二二，2）。

（一）软陶器

9 件。有鼎、盒、壶、罐。

1. 鼎

2 件。形制和大小基本相同。标本 M2215：8，泥质灰陶。子母口承盖。口内敛，腹较深，圜底。口沿对称长附耳的端部外撇，高蹄足。盖径 16.2、口径 14、通高 14 厘米（图二四一，1）。

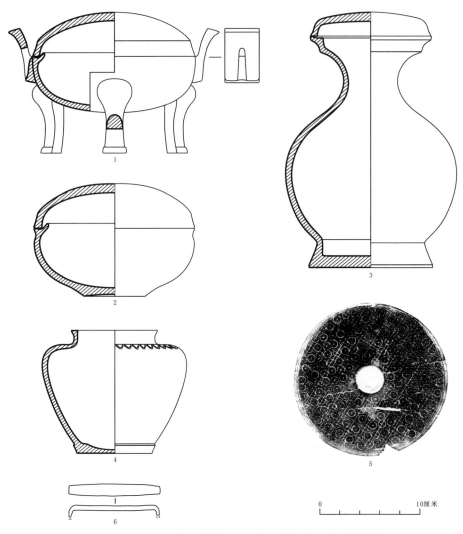

图二四一　M2215 出土陶鼎、盒、壶、罐，滑石璧，铁棺钉

1. 陶鼎（8）　2. 陶盒（2）　3. 陶壶（9）　4. 陶罐（3）　5. 滑石璧（1）　6. 铁棺钉（11）

2. 盒

2 件。形制和大小基本相同。标本 M2215：2，泥质灰陶。子母口承盖。盒身敛口，斜收腹，平底稍内凹。盒身口径 13.4、底径 6.4、通高 11.2 厘米（图二四一，2）。

3. 壶

2 件。形制和大小基本相同。标本 M2215：9，壶平沿承盖。尖唇，口沿下折成盘口状，鼓腹，平底假圈足。口径 11.8、腹径 16.8、底径 12.2、通高 25.4 厘米（图二四一，3）。

4. 罐

3 件。形制和大小基本相同。标本 M2215：3，泥质灰陶。平沿，尖唇，短直领，斜收腹，平

底。颈部和肩部刻划有数道凹弦纹和数道细水波纹。口径 8.6、腹径 14.4、底径 7.6、通高 12.2
厘米（图二四一，4）。

（二）滑石器

1 件。为璧。

M2215：1，通径 15.2、好径 2.9、肉厚 0.6 厘米（图二四一，5）。

（三）铁器

2 件。为棺钉。长条形，中间宽，两端窄，两端有钉。

标本 M2215：11，长 9.2、宽 1.2 厘米（图二四一，6）。

墓例八一　M2218（2011 常鼎灌五里 M107）

一　墓葬形制

长方形土坑竖穴墓。方向 165°。墓口长 2.94、宽 2.10、残深 1.20 米（图二四二）。墓室四壁
修造简陋，二次加工不明显（彩版一一四，1）。

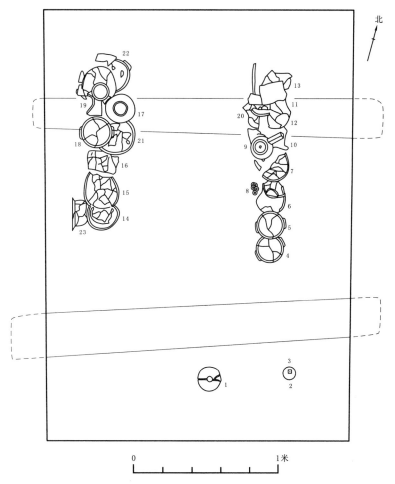

图二四二　M2218 平面及随葬器物分布图

1. 滑石璧　2. 滑石镜　3. 滑石印章　4、5、18、22. 陶鼎　6、7、16、17. 陶罐
8. 泥半两　9. 陶瓿壶　10、20. 陶壶　11、13. 陶钫　12、14、19、21. 陶盒
15. 陶鍪　23. 陶甑

葬具，结构不清晰，从墓底痕迹推测，该墓原应有木质葬具。

枕木沟，墓底两条横向枕木沟排列不规范，沟长 2.42～2.55、宽 0.20～0.30、深 0.07 米。

葬式，因墓主的骨架已腐朽，无法判断。从出土滑石璧和印章的位置推测墓主的头向可能为 165°。

填土，使用原墓坑内红色网纹土捣碎后形成的五花土回填，有夯筑痕迹，但夯层不明显。

二 出土器物

23 件（套）。除滑石璧、镜、印章和泥半两外均为软陶器（图版二三，1）。

（一）软陶器

19 件。有鼎、盒、壶、钫、罐、镣壶、镬、甑。

1. 鼎

4 件。形制和大小基本相同。标本 M2218：5，泥质灰陶。子母口承盖，盖上无纽无环。口内敛，深腹，圜底。口沿对称有长方附耳，矮蹄足。盖径 18.2、口径 15.2、通高 14.8 厘米（图二四三，1）。

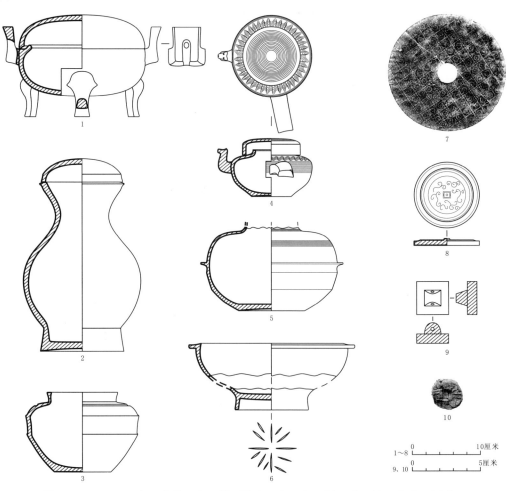

图二四三 M2218 出土陶鼎、壶、罐、镣壶、镬、甑，滑石璧、镜、印章，泥半两

1. 陶鼎（5） 2. 陶壶（20） 3. 陶罐（17） 4. 陶镣壶（9） 5. 陶镬（15） 6. 陶甑（23）
7. 滑石璧（1） 8. 滑石镜（2） 9. 滑石印章（3） 10. 泥半两（8）

2. 盒

4 件。形制和大小基本相同。夹砂灰陶。盖与身子母口承合，底平。均残损严重。

3. 壶

2 件。形制和大小基本相同。标本 M2218：20，平沿承盖，盖上无环无纽。尖唇，鼓腹，平底假圈足。口径 12.4、腹径 17.2、底径 12.2、通高 28 厘米（图二四三，2）。

4. 钫

2 件。形制和大小基本相同，残损严重，难以修复。

5. 罐

4 件。形制和大小基本相同。标本 M2218：17，泥质灰陶。平沿，圆唇，短直领，腹部上下均有折棱，平底。肩部和上腹部刻划有多道凹弦纹。口径 10.2、腹径 17.6、底径 8.2、通高 11.6 厘米（图二四三，3）。

6. 镳壶

1 件。M2218：9，泥质灰陶。直口，圆唇，盖上有扁纽和多道弦纹，鼓腹，兽首形实心流和长把保存完整，平底稍内凹。在兽首流和长把间亦饰有十多道细弦纹。口径 5.6、腹径 12、通高 8 厘米（图二四三，4）。

7. 镬

1 件。M2218：15，平沿，口沿已残，鼓腹，平底略内凹，肩部有一周扉棱。出土时与陶甑放在一起，应是一套。腹径 20.8、底径 9.6、残高 12.2 厘米（图二四三，5；彩版一一四，2）。

8. 甑

1 件。M2218：23，夹砂灰陶。宽外斜沿，尖唇，斜收腹，圈足，底部有 13 个条形箅孔。口径 24、底径 10.6 厘米（图二四三，6）。

（二）滑石器

3 件。有璧、镜、印章。

1. 璧

1 件。M2218：1，肉和好均无缘。肉上主纹饰为在宽凹带方格纹内阴刻重圈纹。通径 17.2、好径 2.9、肉厚 0.55 厘米（图二四三，7）。

2. 镜

1 面。M2218：2，圆形，方形纽，纽上的穿不是传统的横穿，而是贯穿镜面。纽外有矮方座，座外饰四组相互连接的单线卷云纹，外有五道凹弦纹疏密相间。周身的红色彩绘脱落严重。直径 9.2、缘厚 0.45 厘米（图二四三，8）。

3. 印章

1 件。M2218：3，无铭文。印面呈方形，桥形纽。长和宽均为 2.3、高 1.5 厘米（图二四三，9）。

（三）其他

仅有泥半两。出土时数百枚，保存完整的 5 枚。泥质灰陶，模压而成，火候较低。

标本 M2218：8，钱面的"半"和"两"字清晰，笔画简化严重。钱径 2.35、穿径 0.8 厘米（图二四三，10）。

墓例八二　M2222（2011 常鼎灌五里 M164）

一　墓葬形制

带斜坡墓道的土坑竖穴墓。墓道方向 110°。墓口长 4.10、宽 2.95、深 2.83 米。斜坡墓道位于东部，墓道长 1.90、宽 1.85 米，墓道底距墓底 1.56 米，坡度 35°，墓道距北壁 0.70、距南壁 0.40 米（图二四四）。墓室壁经过精心修整，光滑陡直（彩版一一五，1）。

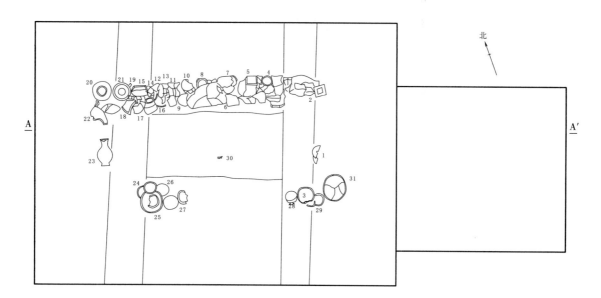

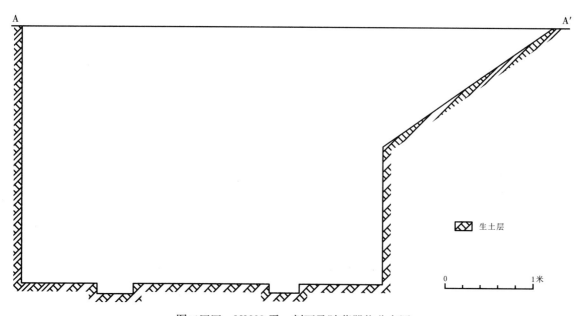

图二四四　M2222 平、剖面及随葬器物分布图

1. 滑石璧　2、3. 陶钫　4~6、9、10、23. 陶壶　7、8、11、15、17、19、22. 陶鼎　12、16、18、20. 陶罐　13. 陶匕　14. 陶勺　21、24~27、29、31. 陶盒　28. 陶熏炉　30. 铜扣

葬具，结构较清晰，从墓底残留的漆皮和木质葬具的痕迹推测，该墓至少应有一椁一棺以上。

枕木沟，墓底有两条对称横向枕木沟，沟长 2.90、宽 0.28~0.40、深 0.10 米。

葬式，因墓主的骨架已腐朽，无法判断。从出土滑石璧的位置推测墓主的头向可能和墓道方向一致，同为 110°。

填土，使用原墓坑内网纹红土捣碎后形成的五花土回填，有夯筑痕迹，但夯层不明显。

二　出土器物

31 件。除滑石璧和铜扣外均为软陶器（图版二三，2）。

（一）软陶器

29 件。有鼎、盒、壶、钫、罐、熏炉、勺、匕。

1. 鼎

7 件。根据形制和大小可分为两种。

标本 M2222：11，同样形制和大小的 4 件。泥质灰陶。子母口承盖，盖上无纽无环。口内敛，深腹，圜底。口沿对称长方附耳上窄下宽，矮柱状足外撇。盖径 18.8、口径 16、腹径 19.2、通高 17.4 厘米（图二四五，1；彩版一一四，3）。

标本 M2222：22，同样形制和大小的 3 件。泥质灰陶。子母口承圆盖。口内敛，腹较浅，圜底。口沿对称长方附耳末端外折，高蹄足。盖径 18、口径 15.2、腹径 18、通高 16.6 厘米（图二四五，2；彩版一一五，2）。

2. 盒

7 件。形制和大小基本相同。夹砂灰陶。标本 M2222：29，子母口承盖，盖顶有矮圈足状捉手。盒身敛口，斜收腹，平底稍内凹。盒身口径 16.6、底径 8.2、通高 15.2 厘米（图二四五，3；彩版一一五，3）。

3. 壶

6 件。形制和大小相同。标本 M2222：9，平沿承盖，盖上无环无纽，下部有子口伸入盘口内。尖唇，平沿，口沿下折成盘口状，鼓腹，高圈足下折，底部平。口径 13.2、腹径 18、底径 13.8、通高 28.4 厘米（图二四五，4）。

4. 钫

2 件。形制和大小基本相同。夹砂灰陶。标本 M2222：2，平沿承盝顶式盖，盖下有子口伸入钫口沿内。口微外撇，束颈，上腹较直，下腹略鼓，上腹附对称模印铺首，高方足。口径 11.8、腹径 18.8、方足底径 12.8、通高 38.4 厘米（图二四五，5）。

5. 罐

4 件。根据其形制和大小可分为两种。

（1）双耳罐

2 件。形制和大小基本相同。标本 M2222：20，泥质灰陶。平沿，尖唇，口微敞，肩部有对称上鼻形贯耳，平底。口径 12.8、底径 9.6、高 14.4 厘米（图二四五，6）。

（2）无耳罐

2 件。形制和大小基本相同。标本 M2222：16，泥质灰陶。宽平沿，圆唇，束短颈，腹部上中

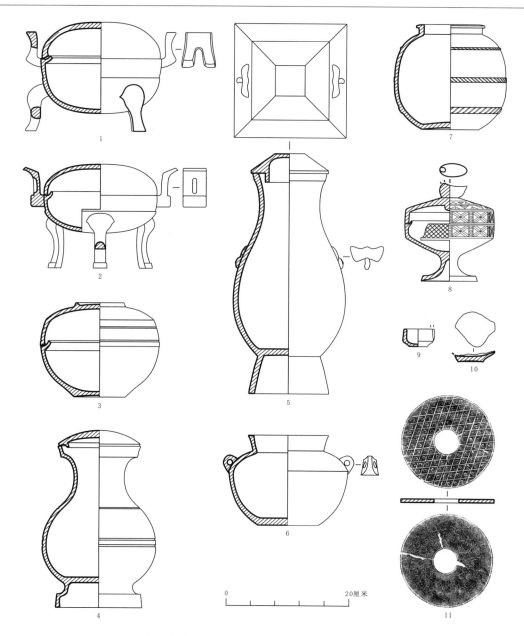

图二四五　M2222 出土陶鼎、盒、壶、钫、双耳罐、无耳罐、熏炉、勺、匕，滑石璧
1、2. 陶鼎（11，22）　3. 陶盒（29）　4. 陶壶（9）　5. 陶钫（2）　6. 陶双耳罐（20）
7. 陶无耳罐（16）　8. 陶熏炉（28）　9. 陶勺（14）　10. 陶匕（13）　11. 滑石璧（1）

下有三周宽折棱，折棱上有刻划纹，平底略内凹。口径 10.8、腹径 17.8、底径 9、通高 16.8 厘米
（图二四五，7）。

　　6. 熏炉

　　1 件。M2222：28，夹砂灰陶。由炉盖和炉身构成。子母口承盖，盖顶有鸟形捉手，盖上有
镂孔、多道连贯三角纹和较复杂的几何图案及戳印圆点。炉身敛口，深腹，折盘，柄部中空至
盘底。炉身腹部满饰网格纹。炉身口径 12、底径 9、通高 15.6 厘米（图二四五，8；彩版一一
六，1）。

　　7. 勺

　　1 件。M2222：14，夹砂灰陶。圆唇，算珠形弧壁，平底。勺柄已残。口径 4.6、底径 2.8、残

高 2.8 厘米（图二四五，9）。

8. 匕

1 件。M2222：13，口沿近箕形，敞口，耸肩，平底，柄已残。残宽 5.6、残高 1.7 厘米（图二四五，10）。

（二）滑石器

1 件。为璧。

M2222：1，双面纹饰。肉和好均有窄素缘。肉上主纹饰之正面为宽凹带斜菱格纹及纹内的涡纹，背面为斜菱格纹内饰重圈纹。通径 15、好径 3.8、肉厚 0.55 厘米（图二四五，11）。

（三）铜器

仅有扣一种。出土时数枚（以 1 件计），残损严重。

墓例八三　M2248（85 常灌三 M30）

一　墓葬形制

长方形土坑竖穴墓。方向 199°。墓口长 4、宽 2.92、残深 0.70 米（图二四六）。

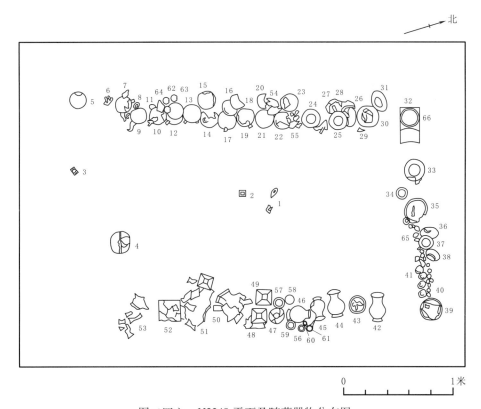

图二四六　M2248 平面及随葬器物分布图

1. 玛瑙带钩　2、3. 滑石印章　4. 滑石璧　5. 滑石镜　6、9、10、12～14、17～19、21、54、55. 陶鼎　7、11、56、62～64. 陶匕　8、57～61. 陶勺　15、16、20、22、23、26、27、29. 陶盒　24、25、30、33. 陶罐　28. 铁棺钉　31. 陶镵壶　32. 陶灶　34、37、38. 陶汲水罐　35、36. 陶釜　39. 陶仓　40. 泥半两　41. 泥金饼　42～47. 陶壶　48～53. 陶钫　65. 泥金版　66. 陶甑

葬具，结构较清晰，从墓底残留的朱红色漆皮和木质葬具的痕迹推测，该墓至少应有一椁一棺以上。墓底枕木沟的痕迹不明显。墓室四壁经过修整，墓壁较直。

葬式，因墓主的骨架已腐朽，无法判断。

填土，系用墓坑内网纹红土捣碎后形成的五花土回填，有夯筑痕迹，但夯层不明显。

二　出土器物

66 件（套）。有软陶器 57 件、玛瑙带钩 1 件、滑石器 4 件及铁棺钉、泥半两、泥金饼和泥金版。

（一）软陶器

57 件。有鼎、盒、壶、钫、罐、灶、镳壶、甑、汲水罐、双耳釜、仓、勺、匕。

1. 鼎

12 件。根据形制和大小可分为两种。

标本 M2248：18，同样形制和大小的 6 件。子母口承盖，盖面隆起，斜收腹，小平底，口部对称双附耳，耳稍外侈。扁形蹄足略外撇。器身还残留有红色彩绘。口径 14、通高 15.5 厘米（图二四七，1）。

标本 M2248：9，同样形制和大小的 6 件。泥质红陶，火候较低。圆弧形盖，子母口相承，方形附耳稍外撇，深腹，圜底，矮蹄足，足端略外撇。器身残留红色彩绘。口径 15、通高 16 厘米（图二四七，2）。

2. 盒

8 件。根据形制和大小可分为两种。

标本 M2248：20，同样形制和大小的 4 件。泥质灰陶。器身留有红色彩绘。盖隆起，子母口承盖，盒身深腹，平底。口径 15、底径 7、通高 12 厘米（图二四七，3）。

标本 M2248：15，同样形制和大小的 4 件。盖隆起，顶部饰一周凸弦纹。盖与盒身子母口相承，盒身敛口，深腹，平底。盖和身近口沿外各有两道凹弦纹。口径 16、底径 8、通高 14 厘米（图二四七，4）。

3. 壶

6 件。形制和大小基本相同。标本 M2248：42，泥质灰陶。平沿承盖，盖隆起，下有子口伸入壶口沿内，壶盘口，束短颈，斜肩，鼓腹，平底假圈足。口径 9、腹径 17、底径 12、通高 25 厘米（图二四七，5）。

4. 钫

6 件。形制和大小基本相同。标本 M2248：48，平沿承覆斗形盖，钫身敞口，平沿，溜肩，方腹外鼓，高圈足。器表彩绘有各种云纹。口径 9.5、腹径 19、底径 13、通高 37 厘米（图二四七，6）。

5. 罐

4 件。形制和大小基本相同。标本 M2248：30，平沿，圆唇，直领，鼓腹，平底。口径 9.5、腹径 16、底径 8、通高 15 厘米（图二四七，7）。

6. 汲水罐

3 件。泥质灰陶。形制和大小基本相同，应为与水井配套的汲水罐，只是不见井。外斜

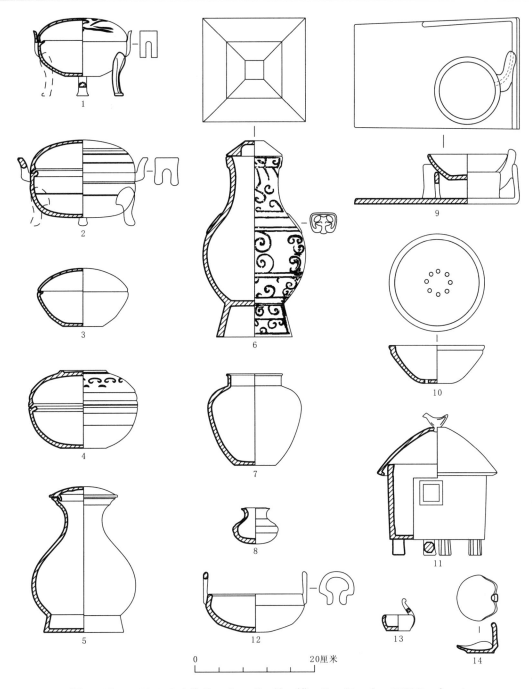

图二四七　M2248 出土陶鼎、盒、壶、钫、罐、灶、甑、仓、双耳釜、勺、匕

1、2. 鼎（18，9）　3、4. 陶盒（20，15）　5. 陶壶（42）　6. 陶钫（48）　7. 陶罐（30）

8. 汲水罐（37）　9. 陶灶（32）　10. 陶甑（66）　11. 陶仓（39）　12. 双耳釜（35）

13. 陶勺（57）　14. 陶匕（11）

沿，敞口，尖唇，束颈，扁圆腹，圜底。标本 M2248：37，口径 5、腹径 8、通高 6 厘米（图二四七，8）。

　　7. 灶

　　1 件。M2248：32，泥质灰陶。底板长方形，一端立有一圆筒形灶，梯形灶门，灶后斜立一圆筒形烟囱，灶两侧各自在底板上立一块相同的长方形泥板，可能作为挡风之用。灶底板长 28.2、宽 18、通高 8.2 厘米（图二四七，9）。

8. 甑

1 件。M2248：66，泥质灰陶。宽沿，收腹，平底。底部有一周共八个圆形界眼。口径 15、底径 5.8、高 6 厘米（图二四七，10）。

9. 仓

1 件。M2248：39，伞顶式盖，盖顶有一立鸟形纽。仓身呈圆筒形，中部有一正方形仓门，内有门框。平底，底下有四个六棱形柱足。仓盖口径 19、仓身口径 16、通高 23.5 厘米（图二四七，11）。

10. 双耳釜

2 件。形制和大小基本相同。泥质灰陶。应为陶灶上配套的小陶釜，出土时已与陶灶脱离。口稍内敛，边沿对称有圜形附耳，深腹微折，圜底近平。标本 M2248：35，口径 13.5、高 10 厘米（图二四七，12）。

11. 勺

6 件。形制和大小基本相同。M2248：57，圆筒形，圆唇内敛，平底。口径 4.5、底径 4、柄长 3 厘米（图二四七，13）。

12. 匕

6 件。形制和大小基本相同。M2248：11，匕身呈箕形，一边刃较宽，呈圆弧形，其他三边折起呈六棱形，宽刃对边后端有一直柄，平底。宽 8、柄长 3.5、底径 5 厘米（图二四七，14）。

13. 镳壶

1 件。M2248：31，泥质灰陶，火候低。盖已失。直口，扁圆腹，平底，腹部有一细长圆柄和一实体残流。口径 5、腹径 10、柄长 6、高 5 厘米（图二四八，8）。

（二）滑石器

4 件。有璧、镜和印章。

1. 印章

2 枚。分别出土于墓主的头部和腰部。

M2248：2，桥形纽，印面阴刻铭文"长沙郢丞"，字迹清晰规整。印面边长 2.3、通高 1.8 厘米（图二四八，2；彩版一一六，2）。

M2248：3，长方形，覆斗纽，纽侧有一穿孔，底面阴刻铭文"器印"二字。印面长 1.9、宽 1.5、通高 1.9 厘米（图二四八，3；彩版一一六，3）。

2. 璧

1 件。M2248：4，肉和好均有窄素缘。肉上主纹饰之正面为宽凹带方格及涡纹。通径 17.5、好径 2.5、肉厚 0.6 厘米（图二四八，4）。

3. 镜

1 件。M2248：5，一块乳白色滑石制作而成。圆形，三弦纽，纽下有穿，方形纽座，纽下四边有阴刻双线水浪纹，座外对称饰卷云纹，卷云纹外有一周凹弦纹，窄卷缘。直径 13.8、缘厚 0.7 厘米（图二四八，5；彩版一一六，4）。

（三）其他

有玛瑙带钩、泥半两、泥金饼、泥金版。

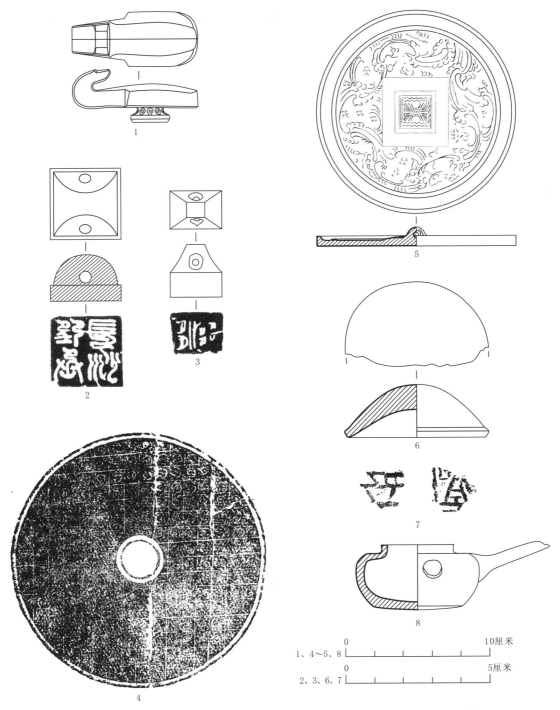

图二四八　M2248 出土玛瑙带钩，滑石印章、璧、镜，泥金饼、泥金版，陶鐎壶
1. 玛瑙带钩（1）　2. 滑石"长沙郢丞"印（2）　3. 滑石"器印"（3）　4. 滑石璧（4）　5. 滑石镜（5）
6. 泥金饼（41）　7. 泥金版（65）　8. 陶鐎壶（31）

1. 玛瑙带钩

1件。M2248∶1，紫红色，钩身呈椭圆形，圆扣纽，纽周围有10个深浅不一的小圆孔。钩首如鸭首形。通长8.6、宽4.4、厚1.9厘米（图二四八，1；彩版一一六，5）。

2. 泥半两

出土时千余枚。有泥质黑陶和灰褐陶两种，模压而成。一面较平，另一面凹凸不平，火候较低。标本 M2248：40，钱面的"半"和"两"字不清晰，笔画简省。钱径 2.5 厘米左右。

3. 泥金饼

完整的 4 枚，和泥半两及泥金版一起出土。泥质红陶，火候较低。表面呈半球状，底凹。标本 M2248：41，底径 5、高 1.8 厘米（图二四八，6）。

4. 泥金版

出土时近 10 枚，夹杂在泥半两中。泥质红陶，烧成火候低，体薄，残损严重。有方形和圆形两种。标本 M2248：65，一面平，一面凹凸不平，上面有字形符号（图二四八，7）。

墓例八四　M2344（2001 桃青羊 M26）

一　墓葬形制

长方形土坑竖穴墓。方向 155°。墓口长 3.80、宽 2.40、深 1.45 米（图二四九）。

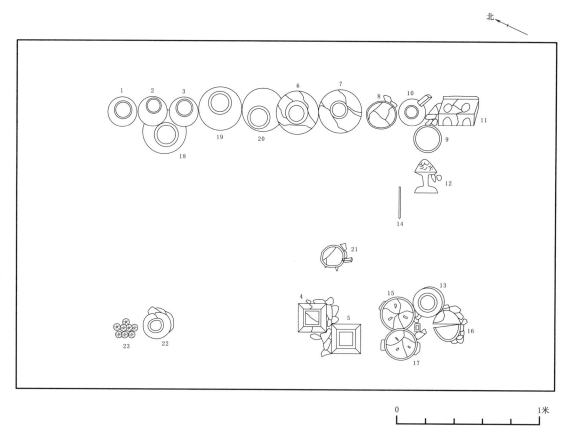

图二四九　M2344 平面及随葬器物分布图

1～3、18～20. 硬陶罐　4、5. 陶钫　6、7. 陶壶　8. 陶盘　9. 陶井　10. 陶镳壶　11. 陶灶　12. 陶熏炉
13、16. 陶盒　14. 滑石璧　15、17. 陶鼎　21. 铜镳壶　22. 残铁釜　23. 泥金饼

葬具，结构不清晰，但从墓底残留漆皮和葬具痕迹推测，可能为一椁一棺以上。墓室四壁经过修整，墓壁规整陡直。墓底不见枕木沟痕迹。

葬式，因墓主的骨架已腐朽，无法判断。

填土，墓室内采用东周遗址内的青灰色杂土回填，内含少量的东周时期陶片。

二　出土器物

23 件（套）。有软陶器 13 件、硬陶罐 6 件、滑石璧、铜镬壶、铁釜、泥金饼（图版二四，1）。

（一）软陶器

13 件。有鼎、盒、壶、钫、灶、井、镬壶、熏炉、盘。

1. 鼎

2 件。形制和大小基本相同。标本 M2344：17，子母口承盖，斜收腹，圜底近平，口部对称双附耳外撇。柱状蹄足略外撇。

2. 盒

2 件。形制和大小基本相同。标本 M2344：16，泥质灰陶。平口承盖，盖顶稍平。盒身微敛口，深腹，小平底内凹。口径 18、底径 9、通高 17.8 厘米（图二五○，1）。

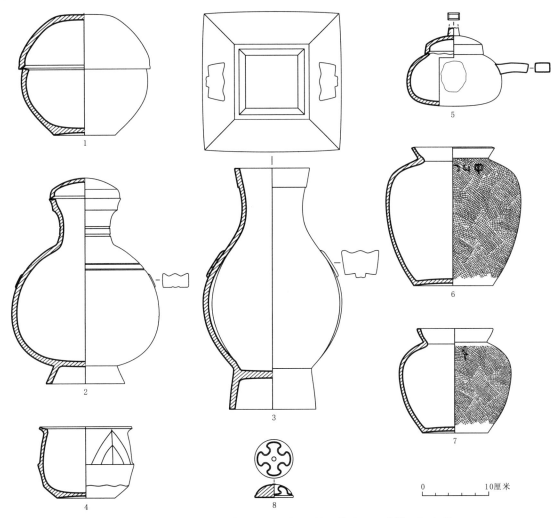

0　　　　　10厘米

图二五○　M2344 出土陶盒、壶、钫、井、镬壶，硬陶罐，泥金饼

1. 陶盒（16）　2. 陶壶（6）　3. 陶钫（5）　4. 陶井（9）　5. 陶镬壶（10）　6、7. 硬陶罐（2，20）

8. 泥金饼（23）

3. 壶

2件。形制和大小基本相同。标本 M2344：6，泥质黄胎上涂黑色陶衣。圆弧形盖。壶身口部外折近盘口，尖唇，凹沿，束颈，鼓腹下垂，高圈足。上腹部饰铺首。颈部、上腹部、下腹部饰多道凹弦纹。口径 10.2、腹径 21.4、底径 11.4、通高 30 厘米（图二五〇，2）。

4. 钫

2件。形制和大小基本相同。标本 M2344：5，泥质灰陶。无盖，平沿，口微侈，溜肩，方腹外鼓，高圈足，肩部饰无环铺首。口径 10.8、腹径 20、底径 12.4、通高 35.2 厘米（图二五〇，3）。

5. 灶

1件。M2344：11，夹砂灰陶。灶呈长方形，四角稍弧，上部有两釜座，每个釜座上各置微敛口圜底小陶釜一件。

6. 井

1件。M2344：9，泥质灰陶。平沿，尖唇，上腹竖直，下腹平折，平底。下腹近底处有削胎的痕迹。小汲水罐已失。口沿上有象征安装井架的对称小孔。口径 13.4、底径 8.4、高 10.4 厘米（图二五〇，4）。

7. 鐎壶

1件。M2344：10，泥质灰陶。敛口承盖，盖顶有长方纽。深鼓腹，兽首形实心流和斜长方形把手均已残。盖径 8.8、腹径 14.2、残高 11.5 厘米（图二五〇，5）。

8. 熏炉

1件。M2344：12，泥质灰陶。可辨器形，难以修复。

9. 盘

1件。残甚，难以修复。

（二）硬陶器

6件。均为罐。形制基本相同，大小稍有区别，肩部均有刻划符号（图四六二，27、28；四六三，1~3，其中 M2344：1 的肩部残损，刻划符号已被毁）。根据其形制和大小可分为两种。

标本 M2344：2，夹砂灰陶。侈口，平沿，尖唇，束颈，溜肩，斜收腹，平底。口沿内有多道凸弦纹，从肩部到下腹部饰方格纹。肩部有刻划符号（图四六二，27）。口径 12.2、腹径 19.8、底径 11.8、高 20 厘米（图二五〇，6）。

标本 M2344：20，夹砂灰陶。侈口，平沿，尖唇，口沿内有多道凸弦纹，束颈，斜溜肩，收腹，平底。从肩部到下腹部饰方格纹。肩部有刻划符号（图四六三，3）。口径 11.2、腹径 16.4、底径 9.8，高 15.2 厘米（图二五〇，7）。

（三）铜器

1件。为鐎壶。

M2344：21，残损严重，仅可辨器形。

（四）铁器

1件。为釜。

M2344：22，残损严重，仅可辨器形。

（五）滑石器

1 件。为璧。

M2344：14，好和肉上均有窄缘。通径 20.8 厘米。

（六）其他

仅有泥金饼。出土时十余枚，保存完整的六枚。模压而成。顶部有乳突，底平。截面基本呈半椭圆形，上部有凹凸四瓣曲线云纹。

标本 M2344：23，直径 5.6、高 2 厘米（图二五〇，8）。

墓例八五　M2345（2010 桃漳官 M2）

一　墓葬形制

长方形土坑竖穴墓。方向 280°。墓口长 3.63、宽 2.40、深 4.30 米（图二五一）。

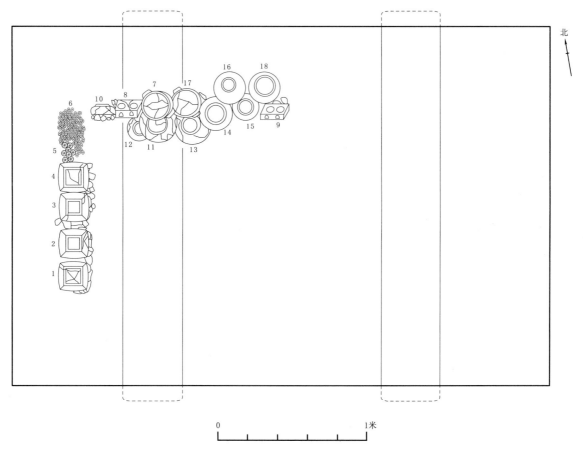

图二五一　M2345 平面及随葬器物分布图

1～4. 陶钫　5. 泥金饼　6. 泥五铢　7、17. 陶鼎　8、9. 陶灶　10、14. 陶盒　11、13. 陶壶　12. 陶罐　15、16、18. 硬陶罐

葬具，结构不清晰，但从墓底残留漆皮和葬具痕迹推测，可能为一椁一棺以上。墓室四壁经过修整，墓壁规整陡直。

枕木沟，墓底的两端有两条横向枕木沟，枕木沟两端伸入两侧墓壁之内。沟长 2.60、宽

0.40、深 0.14 米。

葬式，因墓主的骨架已腐朽，无法判断。

填土，墓室内采用坑内原有的网纹红土回填，属较均匀的五花土，无白膏泥。

二 出土器物

18 件（套）。有软陶器 13 件、硬陶罐 3 件、泥金饼和泥五铢。

（一）软陶器

13 件。有鼎、盒、壶、钫、灶和罐。

1. 鼎

2 件。形制和大小基本相同。泥质灰陶。器表有一层黄灰色陶衣，上部有彩绘，脱落严重。标本 M2345：17，子母口承弧形盖，斜收腹，圜底，口部对称双立耳。矮柱状蹄足稍内敛。口径 14.4、通高 14.6 厘米（图二五二，1）。

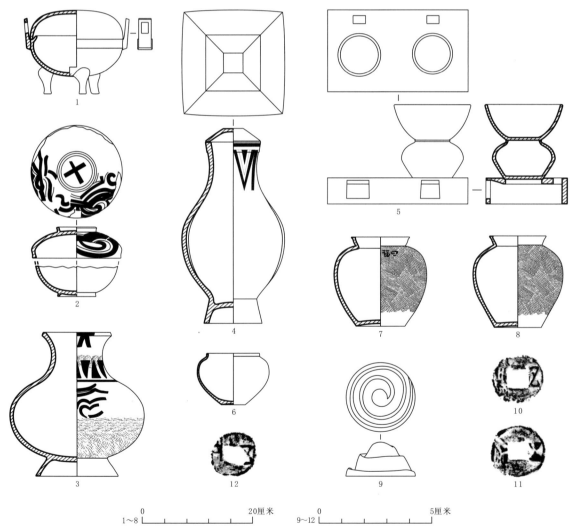

图二五二 M2345 出土陶鼎、盒、壶、钫、灶、罐，硬陶罐，泥金饼、泥五铢
1. 陶鼎（17） 2. 陶盒（14） 3. 陶壶（13） 4. 陶钫（2） 5. 陶灶（8） 6. 陶罐（12） 7、8. 硬陶罐（16, 18） 9. 泥金饼（5） 10～12. 泥五铢（6-1, 6-2, 6-3）

2. 盒

2 件。形制和大小基本相同。泥质灰陶，器表有黄灰色陶衣，上部有使用黑色和红色颜料彩绘的宽条带纹、旋转涡纹、变形鸟兽纹等，彩绘脱落较严重。标本 M2345：14，残损，盖与身承合不明，弧形盖上部有圈足形捉手，盒身为斜收腹，矮圈足。盖径 16.2、顶径 7.2、高 5.4 厘米（图二五二，2）。

3. 壶

2 件。形制和大小基本相同。泥质灰陶。器表有黄灰色陶衣，上部有使用黑色和红色颜料彩绘的宽条带纹、蕉叶纹、旋转涡纹、变形鸟兽纹等，彩绘脱落较严重。标本 M2345：13，壶身侈口，圆唇，平沿，束颈，鼓腹，高圈足。从口沿以下到上腹部均有彩绘图案，在颈部和下腹部还饰有错乱绳纹。口径 12.2、腹径 23.8、底径 14.6、高 25.4 厘米（图二五二，3）。

4. 钫

4 件。形制和大小基本相同。夹砂灰陶。器表陶衣上部有使用黑色和红色颜料彩绘的宽条带、蕉叶纹等，彩绘脱落较严重。标本 M2345：2，带盝顶式盖，盖顶平。钫身平沿，口微侈，溜肩，方腹外鼓，高圈足。口径 9.8、腹径 18.2、方足径 10.2、通高 34.4 厘米（图二五二，4）。

5. 灶

2 件。形制和大小基本相同。夹砂灰陶。火候不高。标本 M2345：8，灶呈长方形，上部有两釜座，釜座上置微敛口圜底小陶釜和平沿敞口收腹小陶甑各一件。灶正面有两方形不落地火门，灶面两釜座后部各有一象征烟囱的长方形小孔。长 24.8、宽 14.4、高（不含小陶釜和小陶甑）4.6 厘米（图二五二，5）。

6. 罐

1 件。M2345：12，泥质灰陶。平沿，圆唇，直矮领，鼓腹斜内收，平底稍内凹。口径 9.6、腹径 13、底径 4.4、高 9 厘米（图二五二，6）。

（二）硬陶器

3 件。均为罐。大小基本相同，形制稍有区别。其中一件（M2345：16）肩部有刻划符号（图四六三，4）。根据其形制和大小可分为两种：

标本 M2345：16，夹砂灰陶。侈口，平沿，尖唇，束颈，溜肩，斜收腹，平底内凹。从肩部到下腹部饰方格纹。口径 10.2、腹径 16.2、底径 8.6、高 15.6 厘米（图二五二，7）。

标本 M2345：18，夹砂灰陶。侈口，平沿，尖唇，束颈，斜溜肩，收腹，平底稍内凹。从肩部到下腹部饰方格纹。口径 10、腹径 15.8、底径 8.4、高 16 厘米（图二五二，8）。

（三）其他

有泥金饼和泥五铢。

1. 泥金饼

出土时数十枚，保存完整的 20 枚。泥质灰陶。金饼剖面呈半锥体。饰凸弦纹，自上而下盘绕而成。标本 M2345：5，直径 3、高 1.5 厘米（图二五二，9）。

2. 泥五铢

出土时成千上万。夹砂灰陶和灰红陶，模压而成，火候不高。保存完整的不多。根据上部文字和尺寸可分为三种。

标本 M2345：6－1，钱面的"五"字非常清晰，但"铢"字不清晰，笔画简省。钱径约 2.2 厘米（图二五二，10）。

标本 M2345：6－2，钱面的字迹模糊，"五"字的交叉两笔似漏斗状，"铢"字模糊。钱径约 2.2 厘米（图二五二，11）。

标本 M2345：6－3，钱面的字迹较模糊，"铢"字简笔已成"朱"。钱径约 2 厘米（图二五二，12）。

墓例八六　M2359（84 狮子山 M46）

一　墓葬形制

长方形土坑竖穴墓。方向 290°。墓口长 3.50、宽 2.20、深 2.40 米（图二五三）。打破了同一墓地的 84 狮子山 M45，而且同时 84 狮子山 M44 又打破 84 狮子山 M45，两座墓都是东周墓。

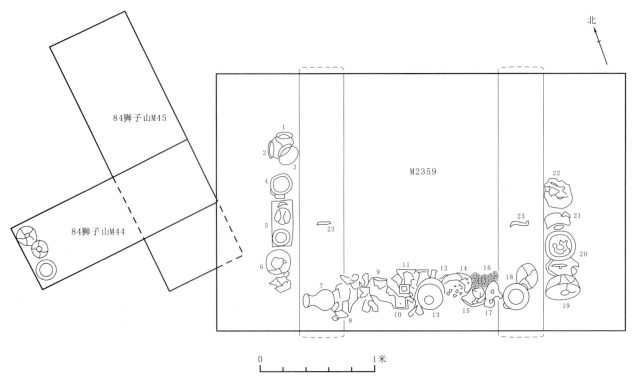

图二五三　M2359 平面及随葬器物分布图

1～4、6、12. 硬陶罐　5. 陶灶　7、9、15. 陶壶　8、10、11. 陶钫　13、14、19. 陶盒　16. 泥五铢
17、20、21. 陶鼎　18. 陶仓　22. 陶熏炉　23. 铁棺钉

葬具，结构不清晰，但从墓底残留漆皮和葬具痕迹推测，可能为一椁一棺以上。墓室四壁经过修整，墓壁较直。

枕木沟，墓底有两条规整的横向枕木沟，两端均伸入两侧墓壁内，沟长 2.30、宽 0.35、深 0.15 米。

葬式，因墓主的骨架已腐朽，无法判断。

填土，墓室内使用原坑内网纹色土捣碎后形成的五花土回填，有夯筑痕迹，但夯层不明显。

二　出土器物

23 件（套）。有软陶器 15 件、硬陶罐 6 件、泥五铢和铁棺钉。

（一）软陶器

15 件。有鼎、盒、壶、钫、灶、仓和熏炉。

1．鼎

3 件。根据形制和大小可分为两种。

标本 M2359：17，同样形制和大小的 2 件。子母口承弧形盖，斜收腹，圜底近平，口部对称双附耳，耳外撇。柱状蹄足略外撇。最大径 20、通高 13 厘米（图二五四，1）。

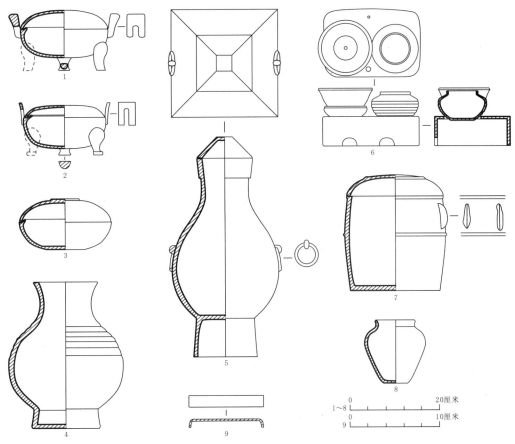

图二五四　M2359 出土陶鼎、盒、壶、钫、灶、仓，硬陶罐，铁棺钉
1、2．陶鼎（17、20）　3．陶盒（13）　4．陶壶（7）　5．陶钫（11）　6．陶灶（5）
7．陶仓（18）　8．硬陶罐（2）　9．铁棺钉（23）

标本 M2359：20，泥质灰陶，火候较低。子母口承盖，方形附耳稍外撇，浅腹，圜底，矮蹄足。最大径 18、通高 11.5 厘米（图二五四，2）。

2．盒

3 件。形制和大小基本相同。标本 M2359：13，泥质灰陶，涂有黑色陶衣。子母口承盖，盒身敛口，深腹，小平底。口径 20、底径 8.8、通高 10.8 厘米（图二五四，3）。

3. 壶

3 件。形制和大小基本相同。标本 M2359:7，泥质黄胎上涂黑色陶衣。壶身侈口，鼓腹，平底假圈足。肩部饰多道凸弦纹。口径 14、腹径 24、底径 14.4、通高 31.2 厘米（图二五四，4）。

4. 钫

3 件。形制和大小基本相同。标本 M2359:11，泥质灰陶，多涂黑色陶衣。平沿承盝顶式盖。钫身口微侈，平沿，溜肩，方腹外鼓，高圈足，肩部饰穿纽套环。口径 12、腹径 22.8、底径 14.4、通高 47.2 厘米（图二五四，5）。

5. 灶

1 件。M2359:5，泥质灰陶。灶呈长方形，四角呈圆弧状，上有两釜座，一个釜座上置陶釜和单孔小陶甑，另一釜座上置微敛口平底小陶釜。前有两落地半圆形火门，前后各有一象征烟囱的大小不一的小圆孔。灶长 21、宽 15、通高 12 厘米（图二五四，6）。

6. 仓

1 件。M2359:18，泥质陶，呈暗红色，火候低。形如桶状，弧形盖，盖上有一圈凸弦纹。器身平口，直壁，腹微凸，平底。上腹部饰凸棱形把手，腹中部饰凸弦纹。口径 21.6、底径 21、通高 25.2 厘米（图二五四，7）。

7. 熏炉

1 件。M2359:22，泥质红陶，火候低。可辨器形，难以修复。

（二）硬陶器

6 件。均为罐。形制基本相同，大小稍有区别，其中 M2359:12 的肩部有刻划字符（图四六三，5）。直口微侈，圆唇，短颈，溜肩，斜收腹，平底。

标本 M2359:2，口径 8.8、腹径 16、底径 5.6、通高 13.6 厘米（图二五四，8）。

（三）其他

有泥五铢和铁棺钉。

1. 泥五铢

出土时千余枚。有泥质黑陶和灰褐陶两种。模压而成，一面较平，另一面凹凸不平，火候较低。标本 M2359:16，钱面上的"五"和"铢"的文字不清晰，笔画简省。钱径约 2.3 厘米。

2. 铁棺钉

2 枚。出土于棺的两端。标本 M2359:23，长条形，两端有钉。长 8.3、宽 1.3 厘米（图二五四，9）。

墓例八七　M2360（84 狮子山 M56）

一　墓葬形制

长方形土坑竖穴墓。方向 85°。墓口长 3.50、宽 2.15、深 1.75 米（图二五五）。是同一封土堆下七座墓中的一座，M2360 打破了东周墓 84 狮子山 M55，同时还打破了汉代墓 M2361（84 狮子山 M67）。该封堆位于狮子山的东南端"狮头"上，残高 3.1、底部直径约 15 米。整个封堆基本

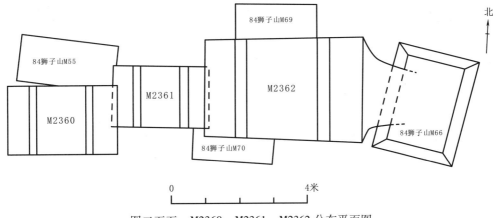

图二五五　M2360、M2361、M2362 分布平面图

以 M2362 为中心，共有三座汉墓（M2360～M2362）和四座东周墓（84 狮子山 M55、84 狮子山 M66、84 狮子山 M69、84 狮子山 M70），打破关系复杂。根据打破关系可基本判定三座汉墓之间的早晚关系：M2360 打破 M2361，同时 M2362 也打破 M2361。

葬具，结构不清晰，墓室四壁经过修整，墓壁较直。

枕木沟，墓底的两端有两条对称分布的横向枕木沟，沟长 2.15、宽 0.22、深 0.12 米。

葬式，因墓主的骨架已腐朽，无法判断。

填土，采用墓坑原网纹红土捣碎后形成的五花土回填，有夯筑痕迹，但夯层不明显。

二　出土器物

20 件（套）。有软陶器 14 件、硬陶罐 3 件、滑石璧、铁棺钉和泥金饼。

（一）软陶器

14 件。有鼎、盒、壶、钫、灶、井、熏炉、碗和钵。

1. 鼎

2 件。形制和大小基本相同。标本 M2360：4，泥质灰陶，外涂黑色陶衣。子母口承盖，盖面略弧，盖顶有三角形纽。鼎身敛口，鼓腹，三蹄足，方形附耳外撇。腹径 18.6、通高 16.8 厘米（图二五六，1）。

2. 盒

2 件。形制和大小基本相同。泥质灰陶。盖隆起，子母口承盖，盒身深腹，平底。

3. 壶

4 件。形制和大小基本相同。标本 M2360：3，泥质灰陶，施有黑色陶衣。平沿承盖，盖上无纽和耳。壶口微侈，鼓腹，矮圈足。肩部饰多道弦纹，腹部有无环铺首。口径 16.8、腹径 26.4、底径 18、通高 36.5 厘米（图二五六，2）。

4. 钫

2 件。形制和大小基本相同。泥质灰陶。残损严重。

5. 灶

1 件。M2360：6，灶呈长方形，上有两釜座，釜座上各置一双耳陶釜和陶甑（甑上无箅眼），前有两长方梯形落地火门，后有较矮的挡风板，挡风板与釜座间有两方形烟孔。长 27、宽 20.3、

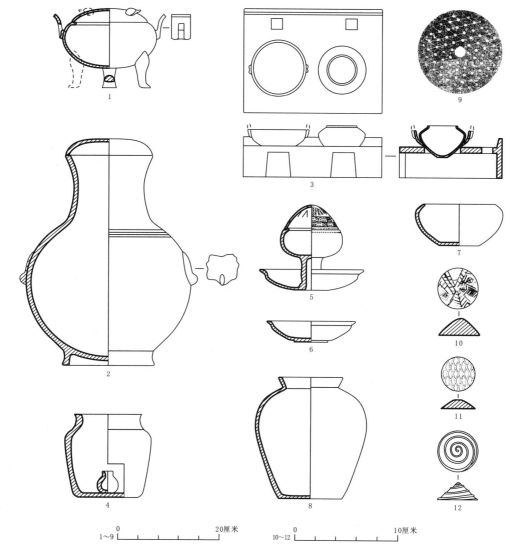

图二五六　M2360 出土陶鼎、壶、灶、井、熏炉、碗、钵，硬陶罐，滑石璧，泥金饼
1. 陶鼎（4）　2. 陶壶（3）　3. 陶灶（6）　4. 陶井（17）　5. 陶熏炉（14）　6. 陶碗（9）
7. 陶钵（7）　8. 硬陶罐（8）　9. 滑石璧（1）　10～12. 泥金饼（16 - 1，16 - 2，16 - 3）

通高 10 厘米（图二五六，3）。

6. 井

1 件。M2360:17，泥质灰陶。平沿，尖唇，束颈，折肩，直腹，平底。内有一微敞口鼓腹圜底的汲水小罐。口径 11、底径 10、通高 15 厘米（图二五六，4）。

7. 熏炉

1 件。M2360:14，泥质灰陶。熏炉由盖、身和托盘组成。炉身子母口，深腹。托盘敞口，平底，炉柄中空至盘底。通高 16.8 厘米（图二五六，5）。

8. 碗

1 件。M2360:9，泥质灰陶。宽平沿，尖唇，斜收腹，饼状平底。口径 18.8、底径 6.4、高 4 厘米（图二五六，6）。

9. 钵

1 件。M2360:7，泥质黄胎，素面，局部有黑色陶衣。敛口，深鼓腹，平底。口径 14、高 8 厘米（图二五六，7）。

（二）硬陶器

3件。均为罐。形制基本相同，大小稍有区别。侈口，尖唇，束颈，溜肩，斜收腹，平底。腹部饰方格纹。

标本 M2360∶8，口径12、腹径21.6、底径12.8、通高23.8厘米（图二五六，8）。

（三）滑石器

1件。为璧。

M2360∶1，出土于墓主的头部。残损。肉上有缘，缘上有刻划的三角和短斜线纹。肉上主纹饰为菱格纹和重圈纹。通径16.2、好径2.1、厚0.45厘米（图二五六，9）。

（四）铁器

仅有棺钉。1枚。出土于棺室。长条形，两端有钉。

（五）其他

仅有泥金饼。出土时近百枚。有泥质黑陶和灰褐陶两种，火候较低，模压而成。根据金饼顶部和剖面结构可分为三种。

标本 M2360∶16－1，器表涂有黑色陶衣。金饼剖面呈半圆形，底平，顶部刻划复杂图案，形制罕见。直径4、高1.6厘米（图二五六，10）。

标本 M2360∶16－2，金饼剖面呈半椭圆形，顶部饰双线菱格纹，底平。直径3.4、高1厘米（图二五六，11）。

标本 M2360∶16－3，器表涂有黑色陶衣。金饼剖面呈半锥体形。饰凸弦纹，自上而下盘绕而成，与M2362∶38－3出土的泥金饼几乎完全相同。直径4、高1.7厘米（图二五六，12）。

墓例八八　M2362（84狮子山M68）

一　墓葬形制

带竖穴墓道的土坑墓。方向85°。墓口长4.95、宽3.40、残深1.65米（图二五五）。是同一封土堆下七座墓中规模最大、级别最高、唯一具有墓道的墓。竖穴墓道位于墓室的东部，长1.8、宽2.95米，距墓底0.38米。该墓不仅打破了东周墓84狮子山M66、84狮子山M69及84狮子山M70，而且还打破汉墓M2361。封堆位于狮子山的东南端，残高3.1、底部直径约15米。

葬具，结构不清晰，从墓底痕迹推测原曾使用了木制葬具。墓室四壁经过修整，墓壁较直。

枕木沟，墓底两端有规整的横向枕木沟，长3.40、宽0.40、深0.15米。

葬式，因墓主的骨架已腐朽，无法判断。

填土，墓室内采用原墓坑内网纹红土捣碎后形成的五花土回填，有夯筑痕迹，但夯层不明显。

二　出土器物

61件（套）。其中有软陶器37件、硬陶罐14件、滑石璧、铜镜、铜五铢、铜饰件、铁刀、石黛板和泥五铢、泥金饼、泥金版。

（一）软陶器

37 件。有鼎、盒、壶、钫、灶、井、熏炉、镙壶、钵和盆。

1. 鼎

5 件。根据其形制和大小可分为两种。

标本 M2362：50，同样大小和形制的 3 件。泥质灰陶。子母口承盖，鼎身敛口，鼓腹，三蹄足外撇，方形附耳外撇。腹径 19.2、通高 15 厘米（图二五七，1）。

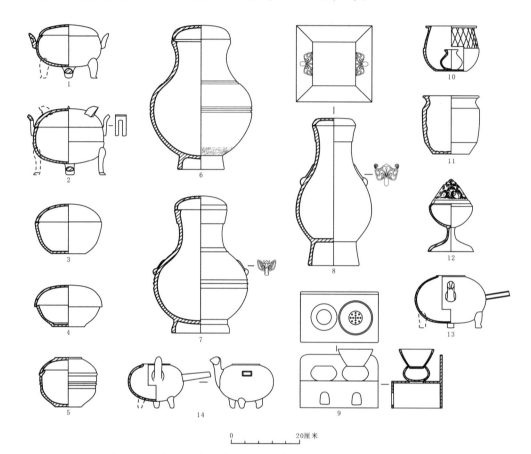

图二五七　M2362 出土陶鼎、盒、壶、钫、灶、井、熏炉、镙壶

1、2. 陶鼎（50、10）　3～5. 陶盒（16、22、60）　6、7. 陶壶（14、15）　8. 陶钫（30）

9. 陶灶（21）　10、11. 陶井（23、47）　12. 陶熏炉（27）　13、14. 陶镙壶（24、52）

标本 M2362：10，同样大小和形制的 2 件。泥质灰陶，外涂黑色陶衣。子母口承盖，盖隆起，盖顶有三对称立纽。鼎身敛口，鼓腹，圜底，三高蹄足，方形附耳。腹径 21、通高 20 厘米（图二五七，2）。

2. 盒

5 件。根据其形制和大小，可分为三种。

标本 M2362：16，泥质灰陶，上有黑色陶衣。平口承盖，盖素面。盒身深腹，平底。盖和身扣合严密。口径 20、底径 9.6、通高 14.4 厘米（图二五七，3）。

标本 M2362：22，泥质灰陶。平口承盖，盖素面。盒身斜收腹，平底。盒盖明显要比盒身宽大。口径 17.2、底径 8.8、通高 12 厘米（图二五七，4）。

标本 M2362：60，泥质灰陶。子母口承盖，盖顶有圈足状捉手，下部有一道凹弦纹。盒身子母口内敛，斜收腹，平底。盒身上部饰多道凹弦纹。口径16.4、底径8、通高14.4厘米（图二五七，5）。

3. 壶

8件。根据其形制和大小可分为两种。

标本M2362∶14，同样形制和大小的4件。泥质灰陶，多施有黑色陶衣。平沿承盖，盖上无纽和耳。壶口微侈，粗颈，鼓腹下垂，圈足较直。肩部、腹部和下腹近圈足处饰多道凹弦纹。口径16.2、腹径30、底径13.2、通高41.4厘米（图二五七，6）。

标本M2362∶15，同样形制和大小的4件。泥质灰陶。平沿承弧形盖，盖上无纽和耳。壶身平沿，尖唇，口微侈，折颈，鼓腹，矮圈足弧折。颈部、肩部、腹部饰多道弦纹，腹部饰无环兽面铺首。口径15、腹径27.6、底径16.8、通高39.6厘米（图二五七，7）。

4. 钫

5件。形制和大小基本相同。泥质黄胎，烧成的火候不高。标本M2362∶30，平口承正方形饼形盖，盖上无饰物。钫身口微侈，平沿，溜肩，方腹外鼓，高方圈足稍外撇，肩部饰不衔环兽面铺首。口径12、腹径21、底径13.2、通高42厘米（图二五七，8）。

5. 灶

2件。一件保存较完整，另一件残损严重。标本M2362∶21，灶呈长方形，上有两个釜座，釜座上各置一敛口圜底小陶釜，其中一件上置一小陶甑。前有两半椭圆形不落地火门，后有一道高挡风板。长22.2、宽14.4、通高16.2厘米（图二五七，9）。

6. 井

2件。根据其形制和大小可分为两种。

标本M2362∶23，泥质灰陶。井身平沿略斜，束颈，折腹，平底，上腹部饰斜网格纹，沿上有置井架的双孔。内有提水罐。口径14.4、底径9、高13.2厘米（图二五七，10）。

标本M2362∶47，平折沿，束短颈，深直腹，平底。汲水小罐置于陶井之外。口径15.6、底径10.2、高16.8厘米（图二五七，11）。

7. 熏炉

2件。形制和大小基本相同。标本M2362∶27，泥质灰陶。由盖、炉身和底座组成。炉身子母口，深腹，盖为博山式。底座呈喇叭形，中空至炉身底部。底径12.6、通高20.4厘米（图二五七，12）。

8. 鐎壶

2件。形制和大小均有不同，可分两种。

标本M2362∶24，泥质灰陶，外涂黑色陶衣。敛口承盖，盖已失，深鼓腹，兽首形实心流，斜长方形把手，下为蹄状矮足。口径7.8、腹径20.4、高15.4厘米（图二五七，13）。

标本M2362∶52，泥质灰陶。敛口承盖，盖已失，深鼓腹，兽首形实心流，斜长方形实心把手，下为锥状矮足。口径8.6、腹径16.2、通高14.6厘米（图二五七，14）。

9. 钵

3件。形制和大小基本相同。标本M2362∶3，泥质黄胎，有黑色陶衣。微敛口，深鼓腹，平底。口径17.2、高8.4厘米（图二五八，1）。

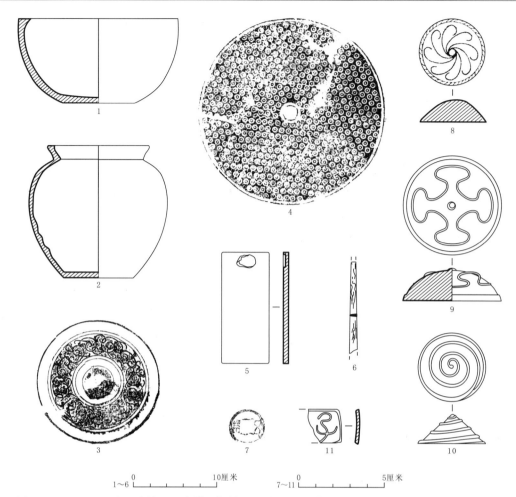

图二五八　M2362 出土陶钵，硬陶罐，铜镜、五铢，滑石璧，石黛板，铁刀，泥金饼、泥金版
1. 陶钵（3）　2. 硬陶罐（7）　3. 铜镜（1）　4. 滑石璧（25）　5. 石黛板（2）　6. 铁刀（5）
7. 铜五铢（8）　8～10. 泥金饼（38－1，38－2，38－3）　11. 泥金版（49）

10. 盆

3 件。残损严重，难以修复。

（二）硬陶器

14 件。均为罐。形制基本相同，大小稍有区别。夹砂硬陶。从肩部到下腹部饰方格纹，其中三件（M2362：7、M2362：9、M2362：13）的肩部有刻划符号（图四六三，6～8）。

标本 M2362：7，平沿，尖唇，敞口，束颈，溜肩，深腹，平底。口沿以内有多道凸弦纹。口径 11.6、腹径 16.3、底径 8、高 15.2 厘米（图二五八，2）。

（三）铜器

有镜和饰件。

1. 镜

1 件。M2362：1，有残损。半球形钮，以云雷纹为地纹，地纹之上是变形龙纹。素外窄缘。直径 14.2 厘米（图二五八，3）。

2. 饰件

残损严重。

（四）铁器

1 件。为刀。

M2362：5，首尾均已残断，残存部分一端粗一端细。残长 11 厘米（图二五八，6）。

（五）滑石器

2 件。均为璧。形制和大小基本相同。

标本 M2362：25，肉和好上均有素窄缘。肉上主纹饰为小网格纹和重圈纹。通径 21.6、好径 1.65、肉厚 0.5 厘米（图二五八，4）。

（六）石器

1 件。黛板。

M2362：2，砂岩质地，无研子。长条形，一端有一小凹坑，应是便于盛水之用。长 13、宽 5.6、厚 0.7 厘米（图二五八，5）。

（七）其他

有铜五铢、泥五铢、泥金饼和泥金版。

1. 铜五铢

出土时有 20 余枚。标本 M2362：8，宽廓，钱文规范，"五"字之间交叉两笔圆润，"铢"字的"金"头为三角形，中间四点为四圆点。钱径 2.6、穿径 0.9 厘米（图二五八，7）。

2. 泥五铢

出土时成千上万枚。夹砂灰陶，模制而成，火候低。保存完整的少。

3. 泥金饼

出土时数百枚。有泥质黑陶和灰褐陶两种，火候较低，模压而成。根据泥金饼顶部和剖面结构可分为三种：

标本 M2362：38－1，器表涂有黑色陶衣。剖面呈半圆形，底平，顶部有旋转涡纹。直径 3.8、高 1.3 厘米（图二五八，8）。

标本 M2362：38－2，泥质灰陶。模制。圆饼形，顶部有乳突，底平。通体黑衣上涂有银白色蜡状物，应仿汉代真实的"银饼"而成。截面呈半椭圆形，上部有凹凸四瓣曲线云纹。直径 5.6、高 1.9 厘米（图二五八，9）。

标本 M2362：38－3，器表涂有黑色陶衣。剖面呈半锥体形。饰凸弦纹，自上而下盘绕而成。形状与 M2360：19－3 泥金饼几乎完全相同。直径 4、高 1.7 厘米（图二五八，10）。

4. 泥金版

出土时 20 余片，完整的不多。标本 M2362：49，长方形，正面有模印文字，印文至少有四种以上。主要规格有 3.6×2.5 厘米和 3.1×2.2 厘米两种（图二五八，11）。

墓例八九　M2363（2001 汉聂武 M1）

一　墓葬形制

带斜坡墓道的长方形土坑竖穴墓。方向 100°。墓口长 3、宽 2.25 米；墓底长 2.90、宽 2.20、残深 2. 70 米；墓道长 2. 40、宽 1. 50 米，墓道底部距墓底 1. 60 米（图二五九）。是汉寿县聂家桥武峰山东周—西汉墓地 35 座墓葬中唯一一座带墓道的墓。

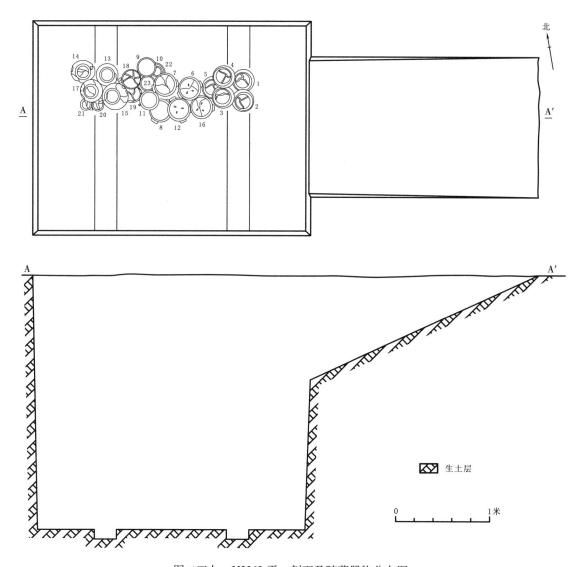

图二五九　M2363 平、剖面及随葬器物分布图

1～5. 陶盒　6、7、12、16. 陶鼎　8. 铜鼎　9、10、22、23. 铜釦饰
11. 铜樽　13～15、17. 陶壶　18～21. 陶盆

葬具，结构不清晰，从痕迹判断应为一椁一棺。墓室四壁经过修整，墓壁较直。

枕木沟，墓底的两端有较规整的横向枕木沟，沟长 2. 20、宽 0. 24、深 0. 12 米。

葬式，因墓主的骨架已腐朽，无法判断。

填土，墓室内用原墓坑内网纹红土捣碎后形成的五花土回填，有夯筑痕迹，夯层不明显。

二　出土器物

23 件。其中有软陶器 17 件、铜器 6 件。

（一）软陶器

17 件。有鼎、盒、壶、盆。

1. 鼎

4件。形制、大小基本相同。均为泥质灰陶。子母口承盖，盖上无纽也无纹饰。鼎身敛口，鼓腹，圜底，三高扁足较直，长方形附耳外撇。标本 M2363：6，口径 15.8、通宽 25.6、通高 16.2 厘米（图二六〇，1；彩版一一七，1）。

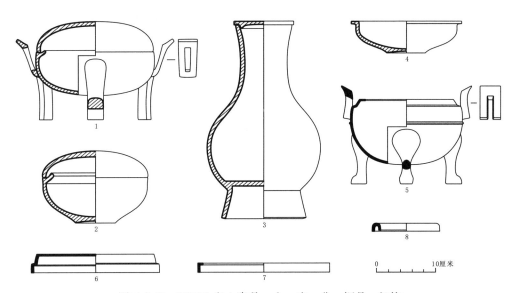

图二六〇　M2363 出土陶鼎、盒、壶、盆，铜鼎、釦饰
1. 陶鼎（6）　2. 陶盒（3）　3. 陶壶（13）　4. 陶盆（18）　5. 铜鼎（8）　6~8. 铜釦饰（9，22，10）

2. 盒

5件。形制、大小基本相同。泥质灰陶，上有黑色陶衣。子母口承盖，盖上无纹饰。盒身深腹，平底稍内凹。标本 M2363：3，口径 14、底径 6.4、通高 11.8 厘米（图二六〇，2）。

3. 壶

4件。形制、大小相同。泥质灰陶，多施有黑色陶衣。平沿承圆饼形盖，盖下部有子口伸入壶口内与之套合。壶口微侈，圆唇，粗颈，鼓腹下垂，高圈足较直。标本 M2363：13，口径 9、腹径 18.4、底径 13.6、通高 32.2 厘米（图二六〇，3；彩版一一七，2）。

4. 盆

4件。形制、大小基本相同。泥质灰陶。宽平沿，方唇，斜收腹，小平底稍内凹。标本 M2363：18，口径 18.2、底径 6.4、高 5.2 厘米（图二六〇，4）。

（二）铜器

6件。有鼎、樽和釦饰

1. 鼎

1件。M2363：8，子母口承盖，盖已失。鼎身敛口，鼓腹，圜底，口部有折棱，腹部有一道凸棱。矮蹄足直立，双附耳略外撇。周身素面无纹。口径 15.8、通宽 21.6、高 15.8 厘米（图二六〇，5；彩版一一七，3）。

2. 樽

1件。M2363：11，残损严重，出土时仅能辨明器形。

3. 釦饰

4 件。形制和大小有区别。应为木胎漆鼎或盒的口部。

M2363：9，环状。直径 20.8、高 3 厘米（图二六〇，6）。

M2363：22，环状。直径 21.4、高 1.5 厘米（图二六〇，7）。

M2363：10，环状。出土时还有木胎朽后的痕迹。直径 11.4、高 1.3 厘米（图二六〇，8）。

M2363：23，与 M2363：10 的形制和大小相同。

墓例九〇　M2371（2001 汉聂武 M22）

一　墓葬形制

长方形土坑竖穴墓。方向 180°。墓口长 3、宽 1.70、残深 0.50 米（图二六一）。

葬具，木质葬具已朽，从朽后的痕迹推测，可能有椁有棺。墓室四壁经过修整，墓壁较直。

枕木沟，墓底虽平直规整，但无枕木沟痕迹。

葬式，因墓主的骨架已腐朽，无法判断。

填土，墓室内用原墓坑网纹红土捣碎后形成的五花土回填，不见夯筑痕迹。

二　出土器物

10 件。其中有软陶器 9 件和铜带钩（图版二四，2）。

（一）软陶器

9 件。有鼎、盒、壶、勺、匕。

1. 鼎

2 件。形制、大小相同。泥质灰陶。子母口承盖，盖上无纹饰。鼎身敛口，鼓腹，圜底。三扁蹄略外撇，方形附耳。标本 M2371：4，口径 15.2、通径 21.6、通高 13 厘米（图二六二，1）。

2. 盒

2 件。形制、大小相同。泥质灰陶，上有黑色陶衣。子母口承盖，盖上无纹饰。盒身深腹，平底稍内凹。盖和身的差别较大。标本 M2371：6，口径 14.8、底径 8.2、通高 11.4 厘米（图二六二，2）。

3. 壶

2 件。形制、大小相同。泥质灰陶。平沿承盖，盖上无纹无纽，盖下部有子口伸入壶口内。壶口微侈，圆唇，颈与肩间略束，鼓腹下垂，平底假圈足。标本 M2371：3，口径 10.6、腹径 18、底径 12.2、通高 25 厘米（图二六二，3）。

4. 勺

2 件。形制、大小相同。泥质灰陶。斗形，敛口，圆唇，算珠形弧腹，平底。略弧折勺柄斜立。标本 M2371：8，口径 5.8、高 6 厘米（图二六二，4）。

5. 匕

1 件。M2371：10，盘状圆弧形口，宽圆肩，两腰略束。圜底。锥状柄斜伸。通宽 7、通高 4.8

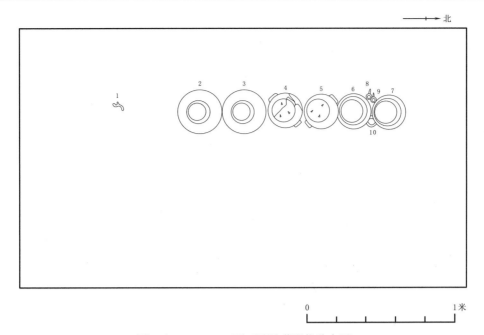

图二六一　M2371 平面及随葬器物分布图

1. 铜带钩　2、3. 陶壶　4、5. 陶鼎　6、7. 陶盒　8、9. 陶勺　10. 陶匕

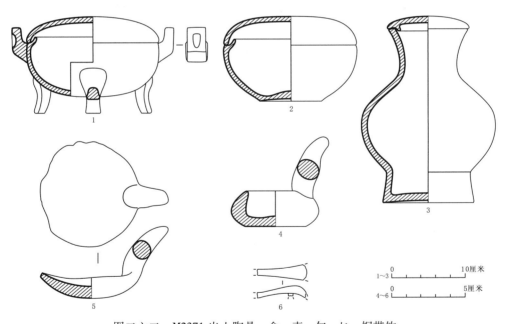

图二六二　M2371 出土陶鼎、盒、壶、勺、匕，铜带钩

1. 陶鼎（4）　2. 陶盒（6）　3. 陶壶（3）　4. 陶勺（8）　5. 陶匕（10）　6. 铜带钩（1）

厘米（图二六二，5）。

（二）铜器

仅有带钩 1 件。

M2371:1，钩体略呈琵琶形，断面近长方形，钩首已残。残长 3.3、钩面宽 0.4~1 厘米（图二六二，6）。

墓例九一　M2372（2001 汉聂武 M23）

一　墓葬形制

长方形土坑竖穴墓。方向 180°。墓口长 3.50、宽 2.60、残深 0.80 米（图二六三）。

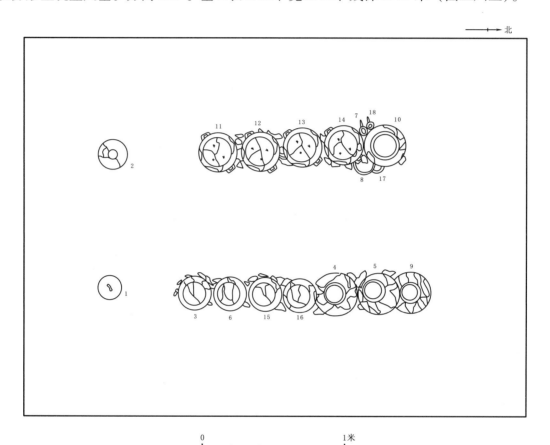

图二六三　M2372 平面及随葬器物分布图

1. 滑石镜　2. 滑石璧　3、6、15、16. 陶盒　4、5、9、10. 陶壶　7、18. 陶勺　8. 陶盘
11～14. 陶鼎　17. 陶匕

葬具，木质葬具已朽，从朽后的痕迹推测，至少有一椁一棺。墓室四壁经过修整，墓壁较直。

枕木沟，墓底虽平直规整，但无枕木沟痕迹。

葬式，因墓主的骨架已腐朽，无法判断。

填土，墓室内用原墓坑内网纹红土捣碎后形成的五花土回填，不见有夯筑痕迹。

二　出土器物

18 件。有软陶器 16 件和滑石镜及滑石璧（图版二五，1）。

（一）软陶器

16 件。有鼎、盒、壶、盘、勺、匕。

1. 鼎

4 件。根据其形制和大小可分为两种。

标本 M2372：11，泥质灰陶。子母口承盖，盖上无纽无纹。鼎身敛口，深弧腹，圜底，三扁蹄足，长方形附耳稍外撇。口径 15.6、通径 23、通高 16.8 厘米（图二六四，1）。

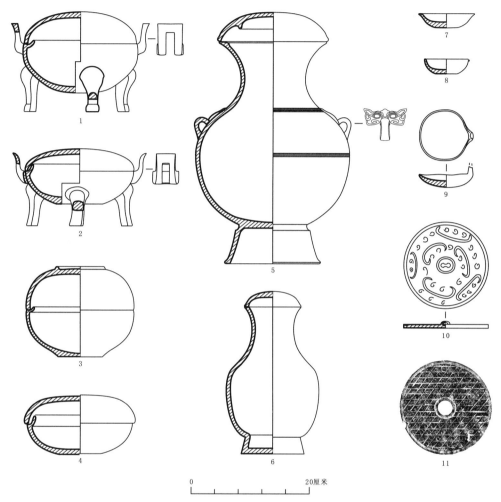

图二六四　M2372 出土陶鼎、盒、壶、盘、勺、匕，滑石镜、璧

1、2. 陶鼎（11，13）　　3、4. 陶盒（3，15）　　5、6. 陶壶（9，4）　　7. 陶盘（8）　　8. 陶勺（18）

9. 陶匕（17）　　10. 滑石镜（1）　　11. 滑石璧（2）

标本 M2372：13，同样大小和形制的 3 件。泥质灰陶，外涂黑色陶衣。子母口承盖，盖上无纽无纹。鼎身敛口，斜收腹，小平底，三扁足略外撇，长方形附耳外撇。口径 15.6、通径 22.2、通高 13 厘米（图二六四，2）。

2. 盒

4 件。根据其形制和大小，可分为两种。

标本 M2372：3，泥质灰陶，上有黑色陶衣。子母口承盖，盖顶有圈足状捉手。盒身敛口，深弧腹，小平底。盖和身大小差别不大，扣合严密。口径 15.4、底径 7.4、通高 15.2 厘米（图二六四，3）。

标本 M2372：15，同样大小和形制的 3 件。泥质灰陶。子母口承盖，盖上无纽无纹。盒身敛口，折肩，斜收腹，小平底。盖明显比身宽大，扣合不严。口径 15、底径 7、通高 9 厘米（图二六四，4）。

4. 壶

4 件。根据其形制和大小可分为两种。

标本 M2372∶9，泥质灰陶。平沿承盖，盖上无纽无纹饰，盖内下部有子口，但没有伸入壶口沿内。壶身侈口，宽平沿，粗束颈，鼓腹下垂，平底，高圈足略外撇。腹部饰有对称铺首。肩部、腹部饰多道弦纹，高圈足近平底处有折棱。口径 17.8、腹径 25.8、底径 15.8、通高 42.4 厘米（图二六四，5）。

标本 M2372∶4，同样大小和形制的 3 件。泥质灰陶。平沿承盖。壶身平沿，尖唇，口微侈，鼓腹，平底假圈足。口径 9.6、腹径 15.6、底径 10.6、通高 27 厘米（图二六四，6）。

4. 盘

1 件。M2372∶8，平沿，圆唇，弧壁，圜底近平，浅盘。口径 9.6、高 2.4 厘米（图二六四，7）。

5. 勺

2 件。形制、大小相同。标本 M2372∶18，泥质灰陶。略呈斗形，口微敞，圆唇，弧腹，平底。勺柄残失。口径 7.4、底径 3.8、残高 2.5 厘米（图二六四，8）。

6. 匕

1 件。M2372∶17，盘状圆弧形口，宽圆肩，两腰略束。圜底近平。柄已残失。通宽 8.6、残高 3.6 厘米（图二六四，9）。

（二）滑石器

2 件。有镜和璧。

1. 镜

1 件。M2372∶1，弓形小纽，椭圆形纽座外饰六组涡纹和卷云纹，素窄缘。直径 14.6、缘厚 0.6 厘米，重 298 克（图二六四，10）。

2. 璧

1 件。M2372∶2，肉和好上有素缘。肉上主纹饰为凹面斜菱格内饰涡纹。通径 15.6、好径 2.6、肉厚 0.55 厘米（图二六四，11）。

墓例九二　M2374（2001 汉聂武 M25）

一　墓葬形制

长方形土坑竖穴墓。方向 275°。墓口长 2.80、宽 1.80、残深 0.60 米（图二六五）。墓室四壁经过修整，墓壁较直。

葬具，木质葬具已朽，从痕迹推测已难准确判定其结构。

枕木沟，墓底虽平直规整，但无枕木沟痕迹。

葬式，因墓主的骨架已腐朽，无法判断。

填土，主要用原墓坑内网纹红土捣碎后形成的五花土回填，但掺杂有少量青灰色土。

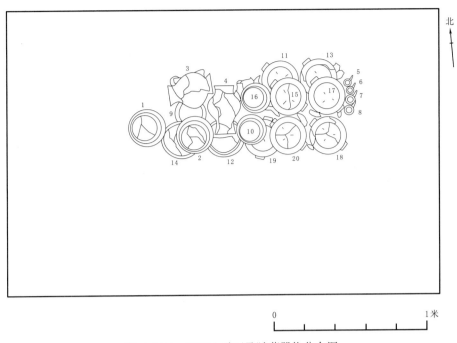

图二六五　M2374 平面及随葬器物分布图

1、2、9、12、14. 陶盒　3、4、10、16. 陶壶　5～8. 陶勺　11、13、15、17～20. 陶鼎

二　出土器物

20 件。全部为软陶器。有鼎、盒、壶、勺（图版二五，2）。

1. 鼎

7 件。均为泥质灰陶。形制、大小基本相同。标本 M2374：18，子母口承盖，盖上有三个对称分布的卧羊形纽，盖顶有一周圈足状捉手，纽外有一周凸弦纹。鼎身敛口，折腹，圜底，三高兽面蹄足，长方形附耳外撇。口径 15.8、通宽 22.6、通高 22.4 厘米（图二六六，1）。

2. 盒

5 件。形制、大小基本相同。泥质灰陶，上有黑色陶衣。标本 M2374：14，子母口承盖，盖顶有圈足状捉手，下部有三道凹弦纹。盒身敛口，深腹斜收，平底，矮圈足。盖与身扣合不严密。口径 16、底径 9.4、通高 14.4 厘米（图二六六，2；彩版一一七，4）。

3. 壶

4 件。形制、大小基本相同。泥质灰陶。标本 M2374：4，壶口沿均已残。圆弧形盖上有三锥体状纽。粗颈已残，鼓腹下垂，圜底，高圈足外撇。腹部无环无铺首。盖径 12.2、高 5.6 厘米，腹径 21.4、底径 13.4、残高 18.8 厘米（图二六六，3）。

4. 勺

4 件。泥质灰陶。根据其形制和大小可分为两种。

标本 M2374：5，同样形制和大小的 2 件。斗形，口微敛，圆唇，弧腹，平底。方形勺柄直立。口径 5.8、底径 3.6、高 9.8 厘米（图二六六，4）。

标本 M2374：7，同样形制和大小的 2 件。碗形，口微敛，尖唇，弧腹，平底。锥状勺柄已残。口径 6.2、底径 3.6、残高 3.6 厘米（图二六六，5）。

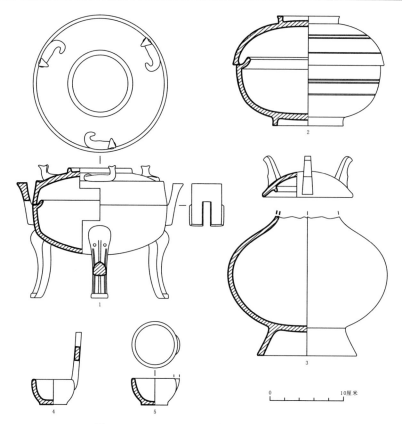

图二六六　M2374 出土陶鼎、盒、壶、勺
1. 鼎（18）　2. 盒（14）　3. 壶（4）　4、5. 勺（5，7）

墓例九三　M2375（2001 汉聂武 M26）

一　墓葬形制

长方形土坑竖穴墓。方向 80°。墓口长 4.20、宽 3、残深 1.10 米（图二六七）。

葬具，木质葬具已朽，从朽后的痕迹推测，至少有一椁一棺。墓室四壁经过修整，墓壁较直。

枕木沟，墓底虽平直规整，但无枕木沟痕迹。

葬式，因墓主的骨架已腐朽，无法判断。

填土，使用原墓坑内网纹红土捣碎后形成的五花土和少量的青灰土回填，有夯筑痕迹，但夯层不明显。

二　出土器物

54 件（组）。其中有软陶器 52 件，还有铜镜及泥半两（图版二六，1）。

（一）软陶器

52 件。有鼎、盒、壶、钫、罐、熏炉、勺、匕。

1. 鼎

13 件。均为泥质灰陶。根据其形制和大小可分为四种。

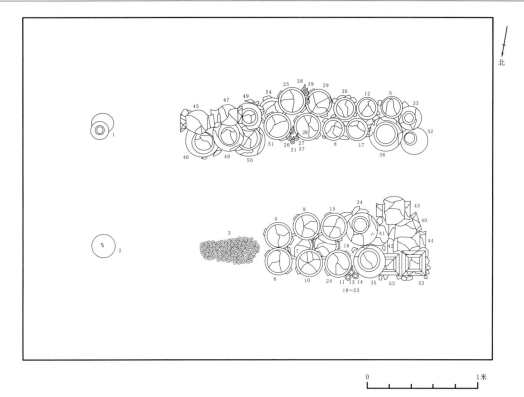

图二六七　M2375 平面及随葬器物分布图

1. 陶熏炉　2. 铜镜　3. 泥半两　4、6、7、9、10、15、16、24、25、28、29、51、54. 陶鼎
5、8、12、17、30. 陶盒　11、13、14、18～23. 陶匕　26、27、31、37～39. 陶勺
32、33、36. 陶罐　34、35、40～50. 陶壶　52、53. 陶钫

标本 M2375：54，同样形制和大小的 3 件。子母口承盖，盖残损严重。鼎身敛口，斜收腹，三扁足略外撇，方形附耳。口径 18.2、通经 25.8、通高 15.8 厘米（图二六八，1）。

标本 M2375：7，同样大小和形制的 4 件。外涂黑色陶衣，在陶衣上用黑色和红色两种颜料绘有草叶纹和变形云纹，鼎盖上保存较完整，鼎身上已脱落。子母口承盖，盖上无纽。鼎身敛口，深腹，圜底，三高兽面蹄足稍外撇，方形附耳略外撇。口径 16.4、通径 23.2、通高 18.8 厘米（图二六八，2；彩版一一八，1）。

标本 M2375：4，同样大小和形制的 4 件。外涂黑色陶衣，在陶衣上用黑色和红色两种颜料绘有变形云纹，鼎盖上保存较完整，鼎身上已脱落。子母口承盖，盖上无纽，盖中心一组外为三组变形云纹。鼎身敛口，斜收腹，圜底近平，三高扁蹄足，长方形立附耳。口径 14.4、通径 19.8、通高 16.4 厘米（图二六八，3）。

标本 M2375：15，同样形制和大小的 2 件。子母口承盖，盖顶近平，沿边有一道凸弦纹和两道凹弦纹。鼎身敛口，上腹直，下腹斜收，三兽面扁足略外张，长方形附立耳。口径 16.4、通经 21.2、通高 13.4 厘米（图二六八，4；彩版一一八，2）。

2. 盒

5 件。均为泥质灰陶。根据其形制和大小分为两种。

标本 M2375：5，同样形制和大小的 3 件。子母口承盖，盖隆起，无纹无纽。盒身敛口，深腹斜收，平底。盖和身扣合较严密。口径 16.6、底径 7.8、通高 13.4 厘米（图二六八，5）。

标本 M2375：8，同样形制和大小的 2 件。子母口承盖，盖已失。盒身敛口，斜收腹，平底略

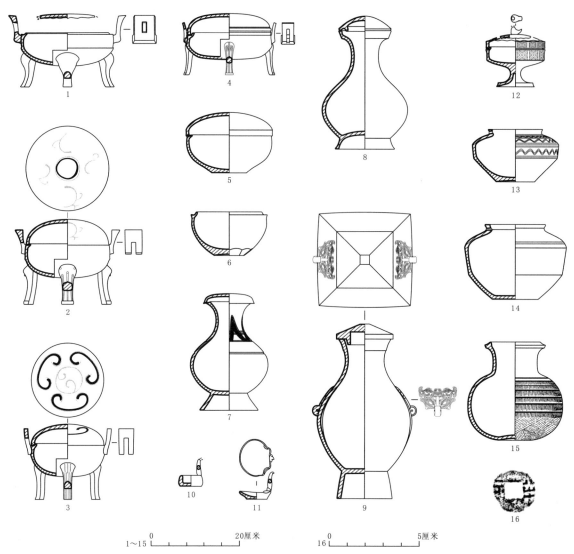

图二六八　M2375 出土陶鼎、盒、壶、钫、勺、匕、熏炉、罐，泥半两

1～4. 陶鼎（54，7，4，15）　5、6. 陶盒（5，8）　7、8. 陶壶（35，42）　9. 陶钫（53）　10. 陶勺（31）

11. 陶匕（11）　12. 陶熏炉（1）　13～15. 陶罐（32，33，36）　16. 泥半两（3）

内凹。底外部可见明显的削胎痕迹。口径 14.4、底径 6.6、高 9.7 厘米（图二六八，6）。

3. 壶

13 件。均为泥质灰陶。根据其形制和大小可分为二种。

标本 M2375:35，同样形制和大小的 2 件。平沿承盖，无纹无纽。壶口微侈，宽平沿，细长颈，鼓腹略下垂，高圈足外撇。除肩部和腹部除多道凹弦纹外，颈部和上腹部有用红、黑两色颜料彩绘的蕉叶纹。口径 10、腹径 17.4、底径 13.2、通高 41.4 厘米（图二六八，7）。

标本 M2375:42，同样形制和大小的 11 件。平沿承盖，盖隆起，下部有子口伸入壶之盘口内。壶身平沿，尖唇，口折成浅盘口。长细颈，鼓腹下垂。底内凹，圈足外撇。口径 11.4、腹径 18.6、底径 12.8、通高 29.6 厘米（图二六八，8）。

4. 钫

2 件。均为泥质灰陶。形制和大小基本相同。标本 M2375:53，平沿承盝顶式盖，盖顶平，下有子口伸入钫口沿内。钫身侈口，尖唇，沿外有一周宽带。长颈，溜肩，鼓腹，平底，高方足较直，口及足为正方形，腹部呈弧边方形。口径11.2、腹径20.8、通高38.6厘米（图二六八，9）。

5. 勺

6件。均为泥质灰陶。形制和大小基本相同。标本M2375：31，斗形，口微敛，圆唇，算珠形弧壁，平底。锥形勺柄直立，柄端稍残。口径5.4、底径4.8、残高6厘米（图二六八，10）。

6. 匕

9件。均为泥质灰陶。形制和大小基本相同。标本M2375：11，盘状圆弧形口，宽圆肩，两腰略束，圜底近平。柄已残失。通宽7.6、底径4.6、高6厘米（图二六八，11）。

7. 熏炉

1件。标本M2375：1，泥质灰陶。由盖和炉身组成。子母口承盖，盖顶有一立鸟形纽，盖面和缘均有镂空。深直腹，矮柄中空至中部。喇叭形底座。炉身口径11.4、底径8.4、残通高13.6厘米（图二六八，12）。

8. 罐

3件。根据其形制可分为三种。

M2375：33，灰陶罐。平沿，圆唇，口微敞，折肩，直腹，下腹斜收，平底。颈部有对称系绳双孔。肩部和腹部刻划出多道凹弦纹。口径13.2、腹径22.2、底径10、高16.6厘米（图二六八，14）。

M2375：32，刻划纹（戳印纹）陶罐。白胎，胎质细腻，烧成温度较高。平沿，尖唇，口微敞，折肩，直腹，下腹斜收，平底稍内凹。颈部有对称系绳双孔；肩部和腹部有多道刻划凹弦纹，凹弦纹带间饰有多重水波纹。口径11.8、腹径18.8、底径8.4、高11.6厘米（图二六八，13）。

M2375：36，高领罐。敞口，三角形折沿，弧形高领。溜肩，鼓腹，圜底内凹。肩部饰一圈戳印细绳纹带，下部五组双凹弦纹内饰四圈戳印细绳纹带；下腹部饰错乱绳纹。口径10.8、腹径20.8、底径7.2、高21.6厘米（图二六八，15）。

（二）铜器

1件。镜。

M2375：2，四山镜。圆形，有残损，三弦钮，方形凹面宽带钮座。纹饰以繁缛的羽状地纹和主纹饰相结合而成。地纹之上，在凹面方格纹的四角由中间向外伸出四组花叶，外部饰四组向右倾斜的山字，每个山字之间和山字左侧也各有一组花叶，四山字间饰四竹叶纹。纹饰稍显模糊。外缘素窄。直径13.8、缘厚0.35厘米。

（三）其他

仅有泥半两。

M2375：3，出土时成千上万枚。夹砂灰陶，模压而成，火候低。保存完整的少。钱面的"半"和"两"字有的清晰，有的笔画简省，文字不清晰。钱径1.9～2.4厘米（图二六八，16）。

墓例九四　M2378（2001汉聂武M29）

一　墓葬形制

长方形土坑竖穴墓。方向280°。墓口长4、宽2.20、残深2.40米（图二六九）。墓室四壁经

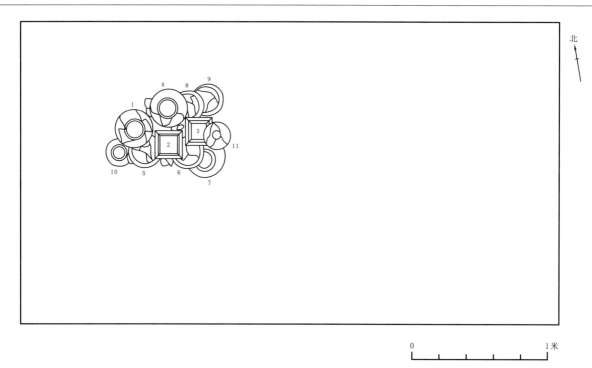

图二六九　M2378 平面及随葬器物分布图

1、4. 陶壶　2、3. 陶钫　5、6. 陶鼎　7. 硬陶罐　8、9. 陶盒　10. 陶罐　11. 滑石璧

过修整，墓壁较直。

葬具，葬具已朽，仅存痕迹，具体结构不清。

枕木沟，墓底虽平直规整，但无枕木沟痕迹。

葬式，因墓主的骨架已腐朽，无法判断。

填土，使用原墓坑网纹红土捣碎后形成的五花土和青灰色杂土回填，有夯筑痕迹，但夯层不明显。

二　出土器物

11 件。其中软陶器 9 件及硬陶罐和滑石璧各 1 件。

（一）软陶器

9 件。有鼎、盒、壶、钫、罐。均为泥质灰陶。

1. 鼎

2 件。形制和大小基本相同，均残损严重。子母口承弧形盖，盖上无纽无纹。鼎身敛口，鼓腹，三柱足，长方形附耳。

2. 盒

2 件。形制和大小基本相同。子母口承盖，盖上无纽无纹。盒身腹较深，平底。

3. 壶

2 件。形制和大小基本相同，残损严重。平沿承弧形盖。

4. 钫

2 件。形制和大小基本相同，残损严重。M2378：2，钫身口微侈，圆唇，长颈。肩、腹均残损，平底。高方足略外撇，腹部呈弧边方形。口径 10、腹径 18 厘米（图二七〇，1）。

5. 罐

1 件。M2378：10，平沿，圆唇，口微敞，短颈，溜肩，鼓腹，下腹斜收，平底。肩部和腹部有多道宽凹凸棱。口径 8、腹径 15.6、底径 7.6、高 11 厘米（图二七〇，2）。

（二）硬陶器

1 件。为罐。

M2378：7，肩部有刻划符号（图四六三，9）。平沿，尖唇，口微敞，口沿内有三道凸棱。溜肩，弧腹，平底内凹。颈部以下除罐底周边外均饰错乱粗绳纹。口径 11、腹径 17、底径 9、高 18 厘米（图二七〇，3）。

（三）滑石器

仅有璧 1 件。

M2378：11，肉和好上均有素窄缘。肉上主纹饰为重圈纹，无菱格或方格纹。通径 16.6、好径 0.9、厚 0.55 厘米（图二七〇，4）。

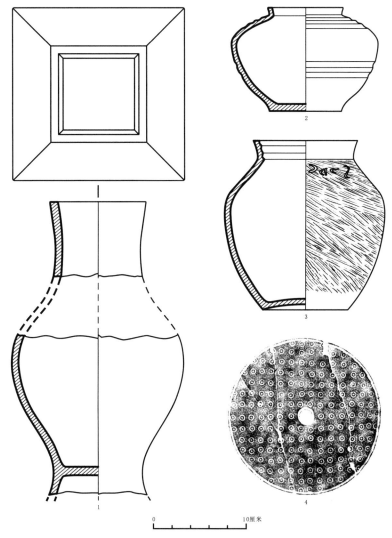

图二七〇　M2378 出土陶钫、罐，硬陶罐，滑石璧
1. 陶钫（2）　2. 陶罐（10）　3. 硬陶罐（7）　4. 滑石璧（11）

墓例九五　M2379（2001 汉聂武 M30）

一　墓葬形制

长方形土坑竖穴墓。方向 100°。墓口长 3.30、宽 2.30、残深 2.50 米（图二七一）。墓室四壁经过修整，墓壁较直。

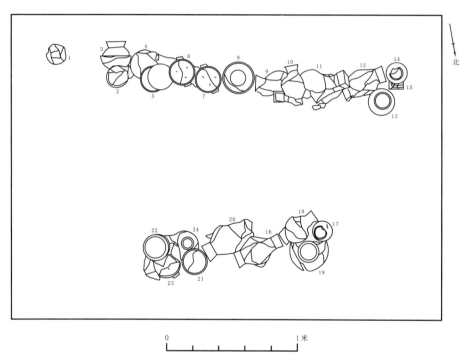

图二七一　M2379 平面及随葬器物分布图

1. 铜镜　2. 陶镂　3、9、10、18. 陶壶　4、6、7、23. 陶鼎　5、8、21、22. 陶盒　11、12、16、20. 陶钫　13、14、17. 硬陶罐　15. 铁斧　19、24. 陶罐

葬具，葬具已朽，从朽后的痕迹推测，至少有一椁一棺。

枕木沟，墓底虽平直规整，但无枕木沟痕迹。

葬式，因墓主的骨架已腐朽，无法判断。

填土，使用原墓坑内红网纹土捣碎后形成的五花土和其他青灰土回填，无夯筑痕迹。

二　出土器物

24 件。其中有软陶器 19 件、硬陶罐 3 件和铜镜、铁斧各 1 件。

（一）软陶器

19 件。有鼎、盒、壶、钫、罐、镂。主要为泥质灰陶，少量夹砂陶。

1. 鼎

4 件。形制和大小基本相同。标本 M2379：4，子母口承盖，盖面隆起。鼎身敛口，深腹，下腹斜收，小平底。三矮蹄足略外撇，方形立附耳。口径 15.8、通径 22.4、通高 16 厘米（图二七二，1）。

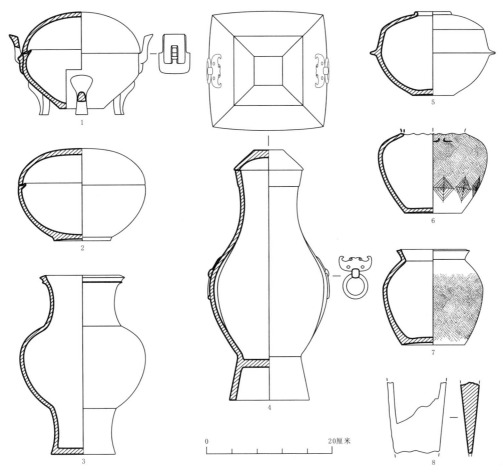

图二七二　M2379 出土陶鼎、盒、壶、钫、镂，硬陶罐，铁斧

陶鼎（4）　　2. 陶盒（5）　　3. 陶壶（18）　　4. 陶钫（20）　　5. 陶镂（2）　　6、7. 硬陶罐（13，17）
铁斧（15）

2. 盒

4 件。形制和大小基本相同。标本 M2379:5，子母口承盖。盒身敛口，深腹斜收，平底内凹呈矮圈足状。盖和身扣合严密。盖径 19.8、底径 8.8、通高 14.6 厘米（图二七二，2）。

3. 壶

4 件。形制和大小基本相同。标本 M2379:18，外斜沿，尖唇，沿外有两周凸棱。侈口，粗颈，鼓腹位于中部，平底假圈足。底径小于口径。口径 13.2、腹径 19.6、底径 10.2、高 28.4 厘米（图二七二，3）。

4. 钫

4 件。形制和大小基本相同。标本 M2379:20，平沿承盝顶式盖，盖顶平。钫身侈口，尖唇，沿外有一周宽带。长颈，溜肩，鼓腹，平底。高方足较直。口及足为正方形，腹部呈弧边方形。口径 10.4、腹径 18.8、通高 39.2 厘米（图二七二，4）。

5. 镂

1 件。M2379:2，圆唇，短领，溜肩，鼓腹，平底略内凹，腹中部有一周扉棱。出土时并未与陶甑在一起。口径 6、腹径 19.6、底径 6.6、高 13.2 厘米（图二七二，5；彩版一一八，3）。

6. 罐

2 件。残损严重，难以修复。

（二）硬陶罐

3 件。一件为印纹罐，二件为罐。

M2379：13，印纹罐。口部已残。溜肩，鼓腹，下腹稍内收，平底略内凹。颈部以下除罐底周边外均为绳纹和重线菱格纹。肩部有刻划符号（图四六三，10）。腹径 17、底径 9、残高 12.6 厘米（图二七二，6）。

M2379：17，外斜沿，尖唇，口微敞，溜肩，弧腹，平底内凹。颈部以下除罐底周边外均为方格纹。口径 11.4、腹径 15.6、底径 9.8、高 15 厘米（图二七二，7）。同样形制的还有 M2379：14，此件的肩部有刻划符号（图四六三，11）。

（三）铜器

1 件。为镜。

M2379：1，圈带蟠螭纹镜。残损严重。圆形，三弦钮，钮座外有凹面圈带。主纹饰是四组变形蟠螭纹，每组蟠螭纹间有一乳丁。素缘。直径 8.5、缘厚 0.35 厘米。

（四）铁器

1 件。斧。

M2379：15，方銎，刃部残损。残长 11、宽 7.4～9.4 厘米（图二七二，8）。

墓例九六　M2396（97 武陵大道 M12）

一　墓葬形制

青灰墓砖铺底的土坑竖穴墓。方向 20°（图二七三）。该墓是沅水下游一座少见的墓葬，墓口上部已毁，难以准确判断此墓的原始深度，但底部结构基本完整。墓坑明显与本地区土墩（坑）竖穴墓有区别：墓底用青灰色墓砖侧砌，其上有木质棺椁。从残留的木质葬具推断，至少有一椁一棺。残存椁板三块：第一块长 228、宽 10～68、厚 22 厘米；第二块长 230、宽 64、厚 22 厘米；第三块长 230、宽 60、厚 22 厘米。其余的椁板和棺均已朽无存。墓室全长 4.80、宽 3.20、残深 0.90 米。铺地砖的规格为 31×14－7.2 厘米，双面绳纹，侧面中间一道竖棱和两道横棱间饰六组半圆图案。

葬式，因墓主的骨架已腐朽和后期被毁，葬式已无法判断。

二　出土器物

3 件。其中有硬陶器 2 件和滑石璧 1 件（图版二六，2）。

（一）硬陶器

2 件。均为罐。肩部和腹部均饰方格纹。

M2396：1，平沿，尖唇，直领，微敞口，溜肩，斜收腹，平底稍内凹，最大腹径位于肩部。口径 12.6、腹径 18.8、底径 9.6、高 21.6 厘米（图二七四，1）。

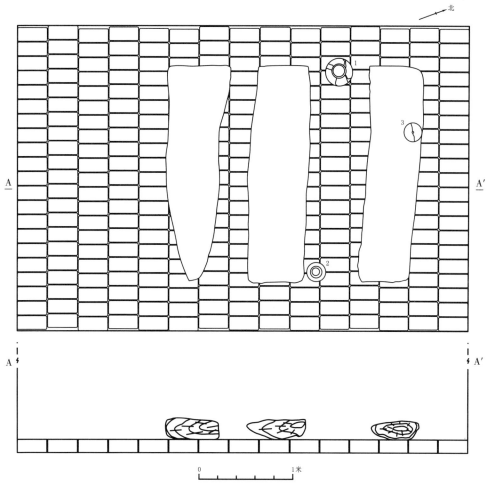

图二七三　M2396 平、剖面及随葬器物分布图

1、2. 硬陶罐　3. 滑石璧

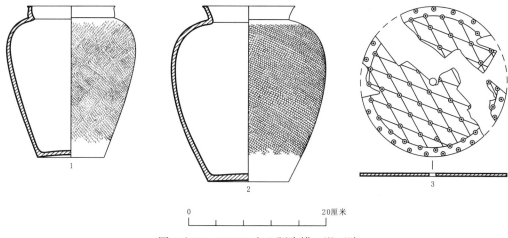

图二七四　M2396 出土硬陶罐，滑石璧

1、2. 硬陶罐（1，2）　3. 滑石璧（3）

M2396∶2，平沿，尖唇，敞口。束颈，圆肩，上腹鼓，下腹斜收，平底。最大腹径位于上腹部。口径13.4、腹径22.4、底径11.6、高25厘米（图二七四，2）。

（二）滑石器

1件。璧。

M2396∶3，肉和好上均无缘。肉上饰菱形格纹和重圈纹。肉的外缘还有一周重圈纹。通径21.6、好径1、肉厚0.4厘米（图二七四，3）。

注　释

① M2086∶2的铜镜铭文释读参照了上海复旦大学鹏宇博士的意见。

砖室墓

第肆编

ZHUANSHIMU

第一章　砖室墓

沅水下游各区已发掘砖室墓的时代主要从东汉早中期开始，经三国、两晋、南北朝时期，逐渐演变成砖石结构墓和土坑墓。

沅水下游汉代砖室墓完全改变了本地从东周开始到西汉时期大多选择地势较高、干爽、土层深厚的山包作为墓地的习惯，从山地移到了山脚和平地，多在平地开挖较浅的土圹或者仅草草清理地表浅层土，即修建砖椁，下葬后再在砖椁上堆筑封土堆，形成高大的坟丘。这些平地往往是长期以来人类生产和生活比较密集的区域，因此人类活动对其破坏也较大，几乎所有的砖室墓均遭到不同程度的破坏。本报告收录的沅水下游各区县历年以来抢救性清理发掘的 60 座砖室墓中，仅有一座（M2429）保存完整。

砖室墓主要分布在常德老城区周边及武陵区南坪乡、东郊乡、东江乡、芦山乡、白鹤山乡和索县古城周围区域，桃源县的漳江镇、青林乡等地也有零星分布（图四）。汉寿县聂家桥乡（附近有黄城港城址）茶铺村（彩版二，2）则是沅水下游靠洞庭湖边一处东汉砖室墓最为集中的区域，其规模和级别足可与武陵区南坪分布的砖室墓媲美，部分墓葬还保留有高大的封堆。汉寿县县城附近的西竺山乡（附近有西湖古城）八角村一带也有零星分布。

本报告收录的砖室墓资料中，除桃源县漳江镇二里岗 1 座、汉寿县西竺山乡八角村 1 座外，均位于常德市武陵区，尤其以南坪乡最为集中，共有 58 座。分布在武陵区南坪乡的砖室墓大多与分布在这一区域的土墩墓相间杂处，有的是在土墩墓封堆间另建有独立的封堆，但一般墓葬的封堆要比土墩墓的封堆规模小、高度低，有的则直接利用原土墩墓的封堆修建砖椁后下葬。

第二章　砖室墓的墓例

60 座砖室墓中，除一座保存完整外，其余均遭到不同程度的破坏，最严重的墓葬不仅上部封堆全部被毁，砖椁、墓底和全部文物也被毁无存，残留部分仅能判定属一座基本清晰的砖室墓，真正属"十室九空"。本报告为了保证资料的严谨性，同时又要避免简单的重复，从 60 座墓葬中挑选了 14 座作为墓例。

墓例九七　M2384（83 南粮 M3）

一　墓葬形制

长方形单室券顶砖室墓。方向 345°。墓口上部被推毁，难以准确判断墓的原始高度，其上部结构也难以判定。墓室全长 3.62、最宽 1.48、残深 1 米。砖椁的边墙用长 30、宽 15～16、厚 5 厘米的几何纹青灰色墓砖单层错缝砌筑而成，墓砖间使用黏合力较强的黄泥。墓底单砖平铺（图二七五）。随葬器物遭严重破坏。

葬具，因遭到严重破坏，具体结构和准确数据已不清，但从墓底残留痕迹和铁质棺钉推测应属单棺。

葬式，因墓主的骨架已腐朽和后期被毁，墓主的葬式无法判断。

二　出土器物

20 件（套）。其中软陶器 12 件、硬陶器 4 件、铜镜 1 件、滑石璧 1 件及铜五铢和铁棺钉（图版二七，1）。

（一）软陶器

12 件。有鼎、壶、罐、灶、井、镳壶、熏炉和器盖。均为泥质灰陶。

1. 鼎

1 件。M2384：10，敛口，子母口承盖，盖已失。上腹鼓，下腹斜收，平底稍内凹。口沿外对

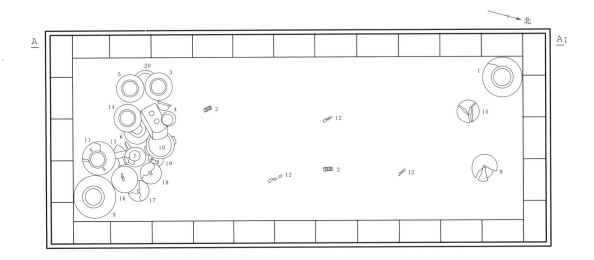

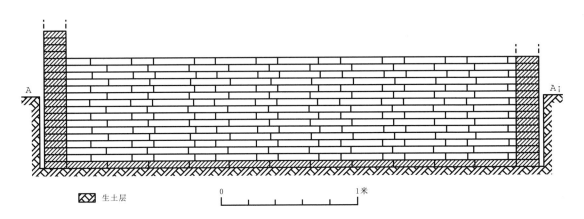

图二七五　M2384 平、剖面及随葬器物分布图

1、6. 陶罐　2. 铜五铢　3. 陶井　4. 陶灶　5、8、20. 硬陶无耳罐　7. 陶鐎壶　9. 滑石璧　10. 陶鼎
11. 陶壶　12. 铁棺钉　13. 陶熏炉　14. 硬陶双耳罐　15. 铜镜　16～18. 陶器盖　19. 陶熏炉盖

称长方形附耳外撇，耳上有圆形孔。口径 11、通径 18.8、高 11.2 厘米（图二七六，1；彩版一一八，4）。

2. 壶

1 件。M2384：11，口沿已残。粗颈，溜肩，鼓腹，平底。肩部有对称竖耳，耳上有小圆孔。腹径 19.4、底径 13.2、残高 21 厘米（图二七六，2）。

3. 灶

1 件。M2384：4，灶呈长方形，上有一大一小两圆形釜座，釜座上有一小釜和两件小陶甑。灶面一端高一端低。灶的宽端中部有一方形不落地火门，其上部有矮挡风板。长 22.6、宽 18、灶身高 8.4 厘米（图二七六，3；彩版一一九，1）。

4. 井

1 件。M2384：3，宽平沿，方唇，微敛口，束颈，直腹，平底内凹。内置一宽凹折沿束颈鼓腹圜底的汲水罐。口径 11.8、底径 11、高 12.2 厘米（图二七六，4）。

5. 鐎壶

1 件。M2384：7，子母口承盖，盖顶有长条形两端上翘的小捉手。壶身敛口，收腹，平底，底部有三锥状足。一侧有长条形把,相邻的另一侧有兽首形实心短流。口径8.6、高10.8厘米(图二七六,5)。

6. 熏炉

1件。M2384:13,由盖、炉身、柄和托盘组成。盖顶部有条形捉手,盖身有多个圆形镂孔和叶脉纹。炉身圆口承盖,扁腹,柄和腹相连,柄下部空,和托盘相连。托盘内斜沿,斜腹,平底内凹呈环带状。盖径10.2、高6.9厘米,炉身口径6.6、底径8.6、高11.4厘米(图二七六,6)。

7. 罐

2件。形制和大小差别都较大。

M2384:1,高领罐。弇口,宽折沿,尖唇,粗长颈,鼓腹,圜底内凹。底部饰错乱绳纹。口径13、腹径25.2、底径10、高24.4厘米(图二七六,7)。

M2384:6,小罐。可能为灶上小釜,出土时已与灶脱离。圆唇,溜肩,折鼓腹,圜底。口径7.8、腹径12、高6.4厘米(图二七六,8)。

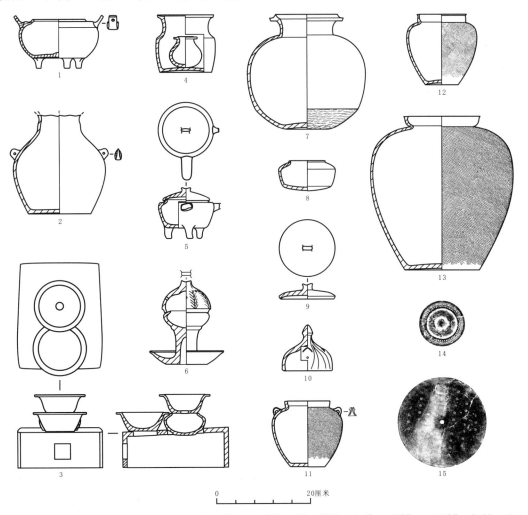

图二七六 M2384出土陶鼎、壶、灶、井、镵壶、熏炉、罐、器盖,硬陶双耳罐、无耳罐,铜镜,滑石璧

1. 陶鼎(10) 2. 壶(11) 3. 陶灶(4) 4. 陶井(3) 5. 陶镵壶(7) 6. 陶熏炉(13) 7、8. 陶罐(1、6)

9. 陶器盖(18) 10. 陶熏炉盖(19) 11. 硬陶双耳罐(14) 12、13. 硬陶无耳罐(5、8) 14. 铜镜(15) 15. 滑石璧(9)

8. 器盖

3 件。形制基本相同,大小有别。标本 M2384:18,圆饼状,顶部有一高出的鸟形捉手。直径 12、高 3.3 厘米(图二七六,9)。

9. 熏炉盖

1 件。器身已无存,仅存炉盖。M2384:19,半圆帽形。顶部有塔尖形捉手,盖身有不规则的刻划纹和多个圆形镂空。盖径 10.8、高 9.8 厘米(图二七六,10)。

(二)硬陶器

4 件。均为罐。一件的肩部有双耳。腹部饰方格纹。

1. 双耳罐

1 件。M2384:14,从颈部到下腹部拍印方格纹,肩部有两对称的双竖贯耳。平沿,尖唇,口微敞,圆肩,深弧腹,平底。口径 9.6、腹径 15、底径 7.4、高 14 厘米(图二七六,11)。

2. 无耳罐

3 件。形制和大小稍有区别。

标本 M2384:5,同样形制和大小的 2 件。窄平沿,尖唇,直领,微敞口,圆溜肩,斜收腹,平底稍内凹。口径 10.4、腹径 15、底径 7.2、高 15 厘米(图二七六,12)。

标本 M2384:8,平沿,尖唇,口沿弧折成盘口状,圆溜肩,深鼓腹,平底稍内凹。口径 16.2、腹径 30.6、底径 16、高 32.6 厘米(图二七六,13)。

(三)铜器

1 件。镜。

M2384:15,龙虎纹镜。残损较严重。圆形,半球形钮。主纹饰为浮雕龙虎对峙。宽镜缘有两周锯齿纹。直径 9.8、缘宽 2.1、缘厚 0.48 厘米(图二七六,14)。

(四)滑石器

1 件。璧。

M2384:9,肉和好均有缘。通径 19、好径 1、肉厚 0.4 厘米(图二七六,15)。

(五)其他

有铜五铢、铁棺钉。保存均较差。

墓例九八 M2390(87 常德县南坪村一组高八斗坵 M1)

一 墓葬形制

带甬道、主室和后室的"中"字形券顶砖室墓。方向 200°。墓口及上部已被推毁,难以准确判断其原始高度。墓葬全长 10.48、最宽 4.08、残深 0.10 ~ 1.14 米。砖椁的边墙均使用长 34、宽 16、厚 5 厘米的几何纹青灰色墓砖双排一横一直错缝砌筑,墓砖间使用黏合力较强的黄泥(图二七七)。

甬道,位于墓室的南侧,平面呈长方形。两壁和封门均用青灰色墓砖双排一横一直错缝砌筑,其南壁靠近主室附近增加有一段长 1.32、宽 5 米的承重墙。底部用同样规格的青砖平铺,但严

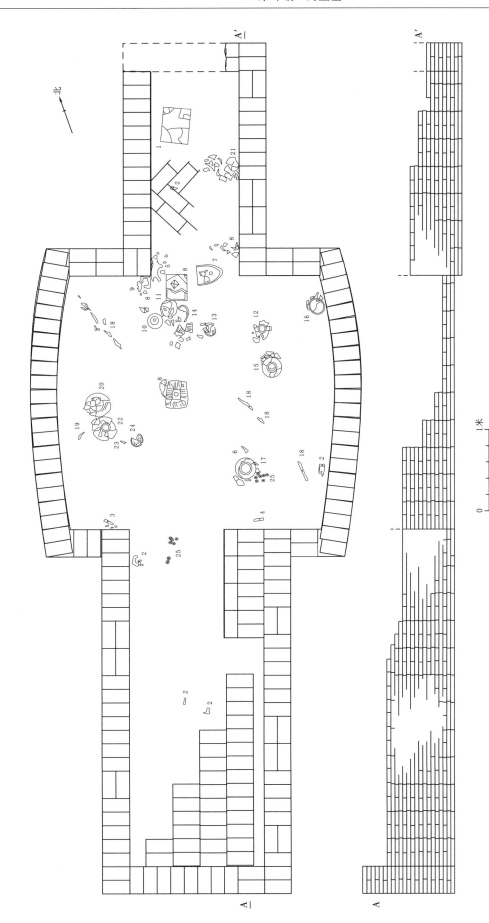

图二七七 M2390 平、剖面及随葬器物分布图

1. 陶案 2. 铜弩机 3、4、6、23. 滑石猪 5. 釉陶狗 7. 釉陶楼 8. 釉陶灶 9. 釉陶猪 10. 釉陶熏炉 11. 釉陶鼎 12. 釉陶井 13. 釉陶杯 14. 釉陶屋顶 15. 釉陶灯 16. 釉陶碗 17. 硬陶罐 18. 铁棺钉 19. 残铁器 20. 釉陶猪圈 21. 釉陶壶 22. 釉陶罐 24. 陶瓦当 25. 铜五铢

重被毁。甬道长 4.18、宽 2.35、残高 1.14 米。

主室，位于墓室的中部，平面略呈长方形，东、西两壁略弧。两壁用青灰色墓砖双排一横一直错缝砌筑，底部用青砖平铺，亦严重被毁。主室长 3.46、宽 4.08、残高 0.10～0.50 米。

后室，位于墓室的北部，平面略呈长方形。两壁用青灰色墓砖双排一横一直错缝砌筑，墓底用青砖三层人字形平铺，严重被毁。长 2.84、宽 1.80、残高 0.10～0.50 米。

葬具，因遭到严重破坏，葬具的准确数量和结构已不清，但从墓底残留痕迹和大量的铁棺钉推测应属多具棺合葬。

葬式，因墓主的骨架已腐朽和后期被毁，已无法判断。

二 出土器物

25 件（套）。其中软陶器 3 件、硬陶器 1 件、釉陶器 13 件、铜器 1 件、滑石猪 4 件及铜五铢、铁棺钉和残铁器（图版二七，2）。

（一）软陶器

3 件。有案、罐和瓦当。均为泥质灰陶。

1. 案

1 件。M2390：1，长方形。四边均有宽 1.6 厘米的缘，外直内弧，平底。残长 33.8、宽 40、高 2.4 厘米（图二七八，1）。

2. 罐

1 件。M2390：22，胎体较厚。外斜沿，尖唇，微敞口，短颈，溜肩，鼓腹，平底内凹。口径 13.6、腹径 25.6、底径 14.7、高 23.5 厘米（图二七八，2）。

3. 瓦当

1 件。M2390：24，已残损，连瓦当的筒瓦已失。当面分内、外两区，内区为主纹饰区，低于边轮。当面主纹饰为四组回纹，纹间有铭文，仅可读一 "乐" 字，其余字无存，初步判断可能是 "长乐未央"。直径 12.2、边轮宽 1.2 厘米（图二七八，3）。

（二）硬陶器

1 件。为罐。肩部和腹部均饰方格纹，肩部有浅青色釉的痕迹。

M2390：17，内斜沿，尖唇，折颈，溜肩，鼓腹，平底稍内凹。口径 11.3、腹径 19.5、底径 11、高 20.8 厘米（图二七八，4）。

（三）釉陶器

13 件。有鼎、壶、灶、井、灯、楼、熏炉、杯、碗、猪圈、猪、狗、屋顶。胎体多夹砂，少量为泥质。胎体均呈红色。器表施有厚厚的暗红色或绿色釉，少量可能因烧制时位于窑内火焰中心部位的器物釉层保存较完整，但多呈酱黑色，其他器物的釉层与胎体结构酥松，大部分脱落，致使部分器物好像无釉。

1. 鼎

1 件。M2390：11，残损严重，仅存鼎腿，腿上为变形动物图案。

2. 壶

1 件。M2390：20，残损严重。平沿，浅盘口。壶身和底均已残损不明。

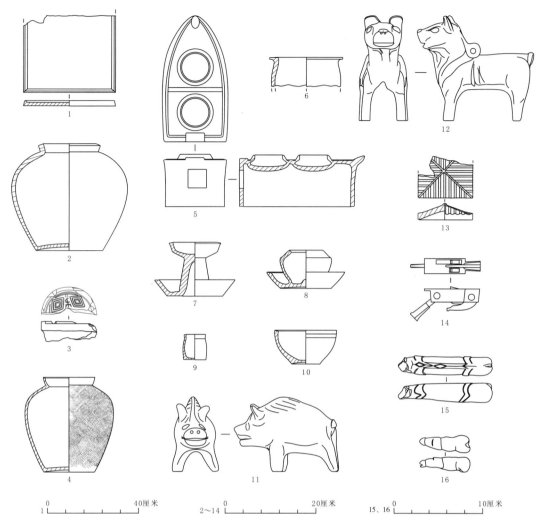

图二七八　M2390 出土陶案、罐、瓦当，硬陶罐，釉陶灶、井、灯、熏炉、杯、碗、狗、猪、屋顶，铜弩机，滑石猪
1. 陶案（1）　2. 陶罐（22）　3. 瓦当（24）　4. 硬陶罐（17）　5. 釉陶灶（7）　6. 釉陶井（12）　7. 釉陶灯（15）　8. 釉陶熏炉（10）
9. 釉陶杯（13）　10. 釉陶碗（16）　11. 釉陶猪（9）　12. 釉陶狗（5）　13. 釉陶屋顶（14）　14. 铜弩机（2）　15、16. 滑石猪（3、23）

3. 灶

1 件。M2390∶7，船形，上有两圆形釜座，釜座上有两小釜。灶的尖端有一斜管形排烟道。灶的宽端中部有一方形不落地火门，其上部有矮挡风板。两小陶釜与灶身连为一体，两小釜间和灶面周边均刻划有双线纹。长 27.4、宽 14.6、残高 11.8 厘米（图二七八，5；彩版一一九，2）。

4. 井

1 件。M2390∶12，宽平沿，方唇，束颈，弧腹下垂，下部已残。口径 16、残高 6.4 厘米（图二七八，6）。

5. 灯

1 件。M2390∶15，由盘、柄和座构成。盘略外斜沿，尖唇，折腹。矮粗柄中空至盘底。座平沿，环状平底。口径 11.4、底径 12.2、高 11.8 厘米（图二七八，7）。

6. 楼

1 件。M2390∶8，为一座分开制作而成的四层楼房。第一部分为楼的底层和第二层，底层呈四合院式，周边绕以围墙，前部开门，门两侧对称有双门阙，阙顶部留有插旗的孔洞。围墙三边均开有透风的窗。房的底层正面双扇大门往室内打开，周边无窗。房的第二层正面和背面均开有方形窗，两侧面各开一长方形窗，正面有四个象征性乳突。第二层的屋顶和第三层的屋身连为一体。屋顶均为四角挑檐的四面坡式，瓦棱和椽檩清晰。第三层屋身正面开有百叶窗式正门，门通往第二层的屋檐间有双扶梯，两侧和背面各开一长方形小窗。第三层的屋顶和第四层的屋身连为一体，形制基本和第二层相同。第四层的屋顶为单独制作。底层长 35、宽 31 厘米，通高 68 厘米（图二七九；彩版一一九，3）。

7. 熏炉

1 件。M2390：10，由盖、炉身、柄和托盘组成。盖已失。炉身圆口承盖，深腹，柄和腹相连，中空。托盘略内斜沿，斜收腹，平底稍内凹。口径 7.2、底径 11.2、通高 8.4 厘米（图二七八，8）。

8. 杯

1 件。M2390：13，平沿，圆唇，微敛口，颈部略束，腹部较直，平底。口径 4.6、底径 5、高

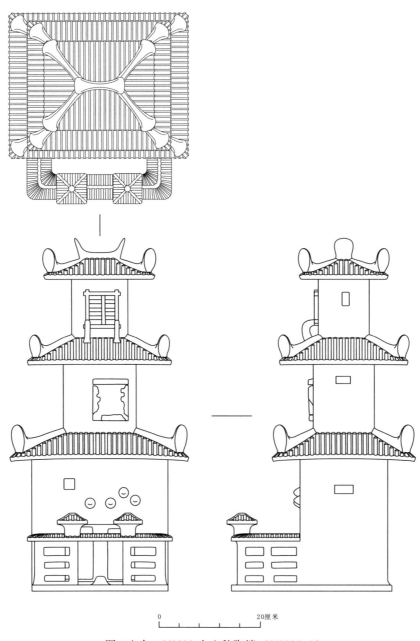

图二七九　M2390 出土釉陶楼（M2390：8）

5.6厘米（图二七八，9）。

9. 碗

1件。M2390:16，略内斜沿，尖唇，口稍内敛，斜收腹，平底稍内凹。口沿下有多道弦纹。口径13.6、底径6.2、高7.4厘米（图二七八，10）。

10. 猪圈

1件。M2390:21，大致呈圆形，平沿，直壁，平底微内凹，一侧有门。

11. 猪

1件。M2390:9，嘴微张，圆鼻孔，眼圆睁，短颈，双立耳，背部上拱，背上鬃毛清晰，短尾。前双腿张开蹬立，后双腿前蹬。动感明显，野性十足。长22.5、宽10.4、高16.5厘米（图二七八，11）。

12. 狗

1件。M2390:5，嘴微张，鼻孔清晰，眼圆睁，短颈，双立耳，背部系有铃铛类装饰物。短尾上翘。前后腿张开蹬立。显得憨态可掬。长26、宽11、高22.8厘米（图二七八，12；彩版一一九，4）。

13. 屋顶

1件。M2390:14，应为一件釉陶猪圈或鸡舍上部的屋顶，只是其他部位残损严重。釉和胎结构紧密，釉已成酱黑色。呈四面坡式，屋顶和瓦棱清晰，长12.2、残宽9.2、高3.6厘米（图二七八，13）。

（四）铜器

1件。弩机。

M2390:2，出土时该弩机被拆开为5个小零件，应是下葬时有意所为。由望山、牙、悬刀等组成，无枢。望山的两侧有刻度。郭面前窄后宽，有三条矢槽。郭全长12.4、宽2.2～3.3厘米（图二七八，14；彩版一二〇，1）。

（五）滑石器

4件。均为猪。根据其形制和大小可分为两种。

标本M2390:3，同样形制和大小的2件。可能是利用制作其他滑石器的材料因陋就简制作而成。均为卧伏状，屁股圆润肥硕，短尾，四肢仅刻划其形。猪嘴已残，头部略比身细，刻划简略。残长10.4、宽2.1、高2.1厘米（图二七八，15；彩版一二〇，2）。

标本M2390:23，同样形制和大小的2件。是用制作其他滑石器的材料因陋就简制作而成。卧伏状，屁股圆肥，短尾，四肢仅刻划其形。头部略比身细，刻划简略。残长5.6、高1.6厘米（图二七八，16）。

（六）其他

有铜五铢和铁棺钉，均残损严重。

墓例九九 M2445

一 墓葬的相关信息

M2445位于现汉寿县龙阳镇八角村，因为2001年7月12日在此出土了大批金银饼后追踪其来源时发现。墓已被毁①，从现场遗留的大量墓砖和盛装金银饼的方格纹硬陶罐判断，这批金银饼是出土于砖室墓中。墓地距现汉寿县城 1.5 千米，北距东周至秦汉时期的西湖古城 1 千米。

由于墓葬被毁，其结构、规格及方向均已不详。仅收集到该墓出土的黄金金饼 9 枚、金环 2 件（表八）、银饼 46 枚（表九），并采集到墓砖和盛装金银饼的硬陶罐残片。

表八　　　　　　　　　　M2445 出土金饼（含金环）登记表　　长度单位：厘米　　重量单位：克

器物编号 器物型制	形状特征	戳记 戳印	錾刻或 刻划	直径	缘厚	重量	附注
M2445：1 Ba 型	双层镂孔，表面隆起，镂空，两条奔腾飞舞的龙，中间为方孔。背面内凹，有鳞片状纹饰，边廓圆浑		沿上有錾刻的"V"	6.65	1	244	图二八〇，5；图四六〇，2；彩版一二〇，3～6；图版一七〇，4～6
M2445：2 Bb 型	双层镂孔，表面隆起，镂空，13 个圆孔，外缘铸有八卦图案。背面内凹，有鳞片状纹饰，边廓圆浑	有"V"形符号	"十三铢"和其他刻划字符	6.5	1	192	图二八〇，6；图四六〇，3；彩版一二一，1～3；图版一七〇，1～3
M2445：3 Bb 型	双层镂孔，表面隆起，镂空 13 个圆孔，外缘铸有八卦图案。背面内凹，有鳞片状纹饰，边廓圆浑	有"◇"形符号	背面有一"r"符号	6.15	1	226	图二八〇，7；彩版一二一，4
M2445：4 C 型	表面隆起，背面凹陷，两面光滑，有戳印的印记		有刻划印记	4.4～4.5	1.2	222	图二八〇，8
M2445：5 D 型	呈不规则马蹄形，表面有瘤状物和切割痕迹			3.7～4.4		210	图二八〇，10；图四六〇，5
M2445：6 C 型	呈不规则圆饼形，表面隆起，平底微凹。有凹坑和气孔			4.6	1.2	210	图二八〇，9；图四六〇，4；彩版一二一，6；图版一七一，4
M2445：7 D 型	呈不规则马蹄饼状，表面有瘤状物和切割痕迹			3.8～4.1		208	图二八〇，11
M2445：8 C 型	呈不规则马蹄饼状，有瘤状物和切割痕迹			3.9		112	
M2445：9 C 型	呈不规则马蹄饼状，有瘤状物和切割痕迹			3.1～3.7		116	
M2445：10	金环			6.5		15	
M2445：11	金环，残成两段			6.5		15	
合　计	金饼 9 枚、金环 2 件，总重 1770。 其中金饼重 1740						彩版一二〇，3；图版一六九，4

表九	M2445 出土银饼登记表			长度单位：厘米　重量单位：克			
器物编号 器物型制	形状特征	戳记 文字	錾刻或 刻划	直径	厚度	重量	附注
M2445：12 C 型	呈不规则饼状，背面有节状梁和铸造时留下的瘤状银块			6.1		234	
M2445：13 C 型	呈不规则饼状，背面有节状梁和铸造时留下的瘤状银块			5.8		240	
M2445：14 C 型	呈不规则饼状，背面有节状梁和铸造时留下的瘤状银块		刻 "一、二"	5.8		237	
M2445：15 C 型	呈不规则饼状，背面有节状梁和铸造时留下的瘤状银块			5.4		248	
M2445：16 C 型	呈不规则饼状，背面有节状梁和铸造时留下的瘤状银块		刻划的 "五"	5.8		220	
M2445：17 C 型	呈不规则饼状，背面有节状梁和铸造时留下的瘤状银块			5.4		237	
M2445：18 C 型	呈不规则饼状，背面有节状梁和铸造时留下的瘤状银块			5.5		339	
M2445：19 B 型	呈不规则饼状，背面有节状梁和铸造时留下的瘤状银块	背面有墨书"少一铢"		5.3～5.4	厚1.5，通高2.4	237	图二八一，7；图四六一，3；彩版一二二，5、6；图版一七一，7、8
M2445：20 C 型	呈不规则饼状，背面有节状梁和铸造时留下的瘤状银块			5.4		238	
M2445：21 C 型	呈不规则饼状，背面有节状梁和铸造时留下的瘤状银块			5.5		238	
M2445：22 C 型	呈不规则饼状，背面有节状梁和铸造时留下的瘤状银块		刻 "十、一"字样	5.5		235	
M2445：23 A 型	呈不规则饼状，背面有节状梁和铸造时留下的瘤状银块		背面 ≠ 符号	5.45	1.9	190	图二八一，1
M2445：24 C 型	呈不规则饼状，背面有节状梁和铸造时留下的瘤状银块			6.0		237	
M2445：25 C 型	呈不规则饼状，背面有节状梁和铸造时留下的瘤状银块			5.1		190	
M2445：26 C 型	呈不规则饼状，背面有节状梁和铸造时留下的瘤状银块			6.2		218	
M2445：27 A 型	呈不规则饼状，背面有节状梁和铸造时留下的瘤状银块		刻划 "×"	5.4	厚1.1，通高2.4	214	彩版一二二，1、2

续表九

器物编号 器物型制	形状特征	戳记 文字	錾刻或 刻划	直径	厚度	重量	附注
M2445:28 C型	呈不规则饼状,背面有节状梁和铸造时留下的瘤状银块			6.1		240	
M2445:29 C型	呈不规则饼状,背面有节状梁和铸造时留下的瘤状银块和蜂窝状孔	无	无	6.1	厚1.15,通高2.35	224	
M2445:30 C型	呈不规则饼状,背面有节状梁和铸造时留下的瘤状银块			5.8		208	
M2445:31 C型	呈不规则饼状,背面有节状梁和铸造时留下的瘤状银块			5.7		210	
M2445:32 C型	呈不规则饼状,背面有节状梁和铸造时留下的瘤状银块			5.7		240	
M2445:33 C型	呈不规则饼状,背面有节状梁和铸造时留下的瘤状银块			5.7		233	
M2445:34 C型	呈不规则饼状,背面有节状梁和铸造时留下的瘤状银块			6.7		233	
M2445:35 C型	呈不规则饼状,背面有节状梁和铸造时留下的瘤状银块			5.4		226	
M2445:36 B型	呈不规则饼状,背面有节状梁和铸造时留下的瘤状银块	背面有墨书"少三铢"		5.35~5.5	厚1.05,通高1.95	208	图二八一,6;图四六一,4
M2445:37 A型	呈不规则饼状,背面有节状梁和铸造时留下的瘤状银块		背面刻×、+形符号	5.3	厚1.05,通高2	210	彩版一二二,3、4;图版一七一,5、6
M2445:38 C型	呈不规则饼状,背面有节状梁和铸造时留下的瘤状银块			5.8		228	
M2445:39 A型	呈不规则饼状,背面有节状梁和铸造时留下的瘤状银块		背面刻×、+形符号	5.55~5.7	厚1.1,通高2	220	图二八一,3
M2445:40 C型	呈不规则饼状,背面有节状梁和铸造时留下的瘤状银块			5.8		122	
M2445:41 C型	呈不规则饼状,背面有节状梁和铸造时留下的瘤状银块和蜂窝状孔	无	无	5~5.15	厚1.7,通高2.7	236	图二八一,10;图四六一,5
M2445:42 C型	呈不规则饼状,背面有节状梁和铸造时留下的瘤状银块			5.5		202	
M2445:43 C型	呈不规则饼状,背面有节状梁和铸造时留下的瘤状银块			5.8		222	

续表九

器物编号 器物型制	形状特征	戳记 文字	錾刻或 刻划	直径	厚度	重量	附注
M2445：44 C型	呈不规则饼状，背面有节状梁和铸造时留下的瘤状银块			5.5		232	
M2445：45 C型	呈不规则饼状，背面有节状梁和铸造时留下的瘤状银块			5.5		227	
M2445：46 C型	呈不规则饼状，背面有节状梁和铸造时留下的瘤状银块			5.7		214	
M2445：47 B型	呈不规则饼状，背面有节状梁和铸造时留下的瘤状银块	背面有墨书"少二铢"		5.35～5.7	厚1.25，通高2.2	228	图二八一，8
M2445：48 C型	呈不规则饼状，背面有节状梁和铸造时留下的瘤状银块			5.8		234	
M2445：49 A型	呈不规则饼状，背面有节状梁和铸造时留下的瘤状银块		背面刻有"石"和"二"	5.5	厚1，通高2	209	图二八一，4；图四六一，2
M2445：50 C型	呈不规则饼状，背面有节状梁和铸造时留下的瘤状银块			5.6		214	
M2445：51 C型	呈不规则饼状，背面有节状梁和铸造时留下的瘤状银块			5.2		235	
M2445：52 C型	呈不规则饼状，背面有节状梁和铸造时留下的瘤状银块			6.2		236	
M2445：53 A型	呈不规则饼状，背面有节状梁和铸造时留下的瘤状银块	无	背面刻有≠、×、+形符号	5.35～5.5	厚1.5，通高2.65	235	图二八一，5
M2445：54 C型	呈不规则饼状，背面有节状梁和铸造时留下的瘤状银块和蜂窝状孔	无	无	4.6～4.8	厚0.85，通高1.65	112	图二八一，9
M2445：55 A型	呈不规则饼状，背面有节状梁和铸造时留下的瘤状银块	无	背面刻有×、+符号	5.2～5.5	厚1.1，通高2	182	
M2445：56 C型	呈不规则饼状，背面有节状梁和铸造时留下的瘤状银块			5.5		208	
M2445：57 C型 （汉寿612）	呈不规则饼状，背面有节状梁和铸造时留下的瘤状银块			5.6		212	
合　计	共46枚，总重10192						彩版一二一，6

墓砖，长方形，青灰色，两面饰细绳纹，侧面饰几何纹。长32、宽14、厚4.5厘米（图二八〇，1~3）。

硬陶罐，仅收集到部分口沿和腹部残片，准确尺寸不清。折沿，鼓腹，腹部饰细方格纹（图二八〇，4）

二　出土金饼、银饼和金环

（一）金饼

9枚。9枚金饼的形状、纹饰、成色、含金量等均有区别（彩版一二〇，3），总重1740克。从外形上可分为四种。

M2445：1，双层镂孔，圆饼形，表面隆起，顶部中心镂空为铜钱形。钱周围有两条盘曲的龙。底部内凹，表面有鳞片状纹饰，鳞片周边有曲线纹。经检测含金量为95.68%。直径6.65、缘厚1厘米，重244克（图二八〇，5；彩版一二〇，4~6）。

M2445：2，双层镂孔，圆饼形，表面隆起，顶部及周边镂空13个圆孔。外缘有八卦图案。底部内凹，有鳞片状纹饰，纹饰间有2个不规则孔洞、戳印的"V"字，及刻划的"十三铢"和其

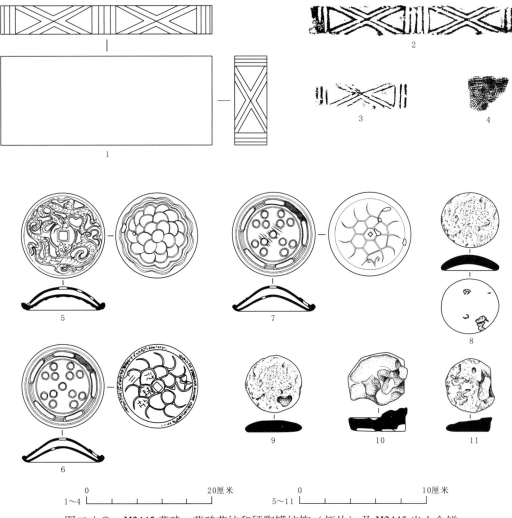

图二八〇　M2445墓砖、墓砖花纹和硬陶罐纹饰（拓片）及M2445出土金饼

1. 墓砖　2. 墓砖直侧面花纹　3. 墓砖横侧面花纹　4. 硬陶罐　5~11. 金饼（1~7）

他符号。经检测含金 67.37%，含银 30.52%。直径 6.5、缘厚 1 厘米，重 192 克（图二八〇，6；彩版一二一，1~3）。

M2445:3，双层镂孔，圆饼形，表面隆起，顶部中心及周边镂空 13 个圆孔。外缘有八卦图案状纹饰。底部内凹，有龟甲鳞片状纹饰，纹饰间有 5 个不规则孔洞和戳印的 "r" 纹符。经检测含金 78.63%，含银 20.23%。直径 6.15、缘厚 1 厘米，重 226 克（图二八〇，7；彩版一二一，4）。

M2445:4，近圆形。表面隆起，背面内凹。素面无纹饰，表面有许多使用时磨损的印迹。经检测含金 98.09%。直径 4.4~4.5、厚 1.2 厘米，重 222 克（图二八〇，8）。

M2445:6，不规则圆饼状。表面稍隆起，平底微凹。素面无纹饰，表面粗糙，有凹坑和气孔。经检测含金 91.38%，含银 3.61%。直径 4.6、厚 1.2 厘米，重 222 克（图二八〇，9；彩版一二一，5）。

M2445:5，不规则马蹄状。表面粗糙，有瘤状物和切割痕迹，周边上卷，有凹坑和气孔。经检测含金 93.52%，含银 5.83%。直径 3.7~4.4 厘米，重 210 克（图二八〇，10）。

M2445:7，不规则马蹄饼状。表面稍隆起，平底微凹。素面无纹饰，表面粗糙，有凹坑和气孔。经检测含金 94.46%，含银 4.09%。直径 3.8~4.1 厘米，重 208 克（图二八〇，11）。

M2445:8 和 M2445:9 均为不规则的圆饼状，有瘤状物和切割痕迹，分别重 112 克和 116 克。

（二）银饼

46 枚。多为饼状，背面有凸起的瘤状物和节梁（彩版一二一，6），单枚最重 248 克，最轻 112 克，大多数在 210~235 克左右，总重 10192 克。根据银饼上的刻划字符、书写文字和外形可分为三类。

第一类：7 枚。正面和背面均有刻划符号，主要集中在背面。

M2445:23，背面刻有 ≠ 符号。直径 5.45、厚 1.9 厘米，重 190 克（图二八一，1）。

M2445:27，背面刻有 × 符号。直径 5.4、厚 1.1、通高 2.4 厘米，重 214 克（彩版一二二，1、2）。

M2445:37，背面刻有 ×、+ 等多种符号。直径 5.3、厚 1.25、通高 2 厘米，重 210 克（图二八一，2；彩版一二二，3、4；图版一七一，5）。

M2445:39，背面刻有 × 等符号。直径 5.55~5.7、厚 1.1、通高 2 厘米，重 220 克（图二八一，3）。

M2445:49，背面刻有 "石" 和 "二" 字符。经检测含银量为 98.26%。直径 5.5、厚 1、通高 2 厘米，重 209 克（图二八一，4；图四六一，2）。

M2445:53，背面刻有多种符号。直径 5.35~5.5、厚 1.5、通高 2.65 厘米，重 235 克（图二八一，5）。

M2445:55，背面刻有 ×、+ 等多种符号。直径 5.2~5.5、厚 1.1、通高 2 厘米，重 182 克。

第二类：3 枚。形状和第一类基本相同，但背面有墨书文字。

M2445:36，背面有墨书文字 "少三铢"。直径 5.35~5.55、厚 1.05、通高 1.95 厘米，重 208 克（图二八一，6；图四六一，4）。

M2445:19，背面有墨书文字 "少一铢"。直径 5.3~5.4、厚 1.5、通高 2.4 厘米，重 237 克

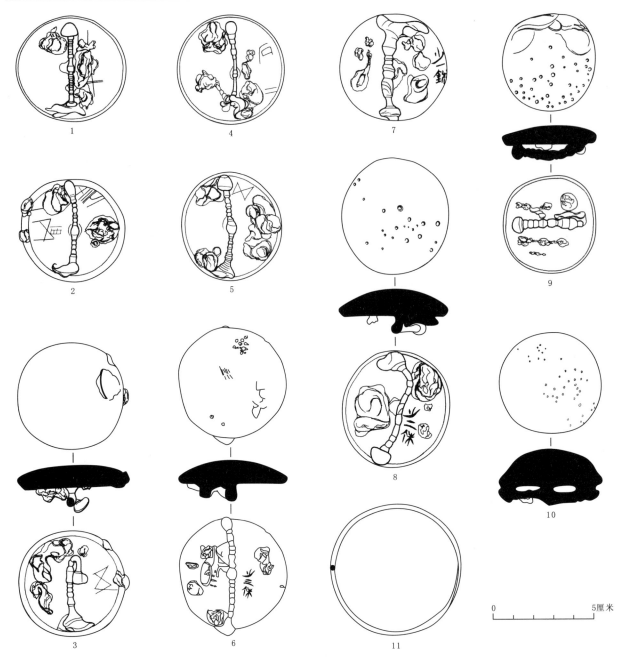

图二八一　M2445 出土银饼，金环

1～10. 银饼（23，37，39，49，53，36，19，47，54，41）　11. 金环（11）

（图二八一，7；图四六一，3；彩版一二二，5、6；图版一七一，7、8）。

M2445：47，背面有墨书文字"少二铢"。经检测含银量为78.09%。直径5.35～5.7、厚1.25、通高2.2厘米，重228克（图二八一，8）。

第三类：形状和第一类基本相同，素面，既无刻划符号也无墨书文字，36枚。平面较规整，有的近似椭圆形。部分有蜂窝状孔，应为铸造时因冷却收缩造成的。直径4.6～6.35、厚0.85～1.7、通高1.65～2.65厘米，重112～248克。

标本M2445：29，不规则饼状，正面有许多蜂窝状气孔，背面还有瘤块和节状梁。直径6.1、厚1.15、通高2.35厘米，重224克。

标本 M2445：54，不规则饼状，正面有瘤块，背面有节状梁。经检测含银量为 88.98%，含金 0.04%。直径 4.6～4.8、厚 0.85、通高 1.65 厘米，重 112 克（图二八一，9）。

标本 M2445：41，不规则饼状，正面有许多蜂窝状气孔，背面还有瘤块和节状梁。经检测含银量为 98%，含金 0.11%。直径 5～5.15、厚 1.7、通高 2.7 厘米，重 236 克（图二八一，10；图四六一，5）。

（三）金环

2 件。形状和大小基本相同，环状。一件完整，一件断成两段。

标本 M2445：11，环径 6.5、直径 0.22 厘米，重 15 克（图二八一，11）。

墓例一〇〇　M2395（97 常武陵大道 M11）

一　墓葬形制

长方形单室券顶砖室墓。方向为 190°。该墓因早期取土上部已被毁，难以准确判断墓葬上部的结构和封堆的原始高度。大部分墓壁和墓底铺地砖不同程度地受到破坏，随葬器物也严重被毁。墓室全长 4.65、宽 2.40、残深 0.10～0.50 米。砖椁的边墙均使用长 36、宽 16、厚 5 厘米的几何

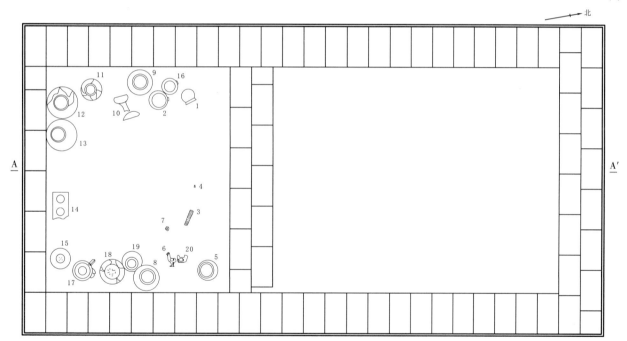

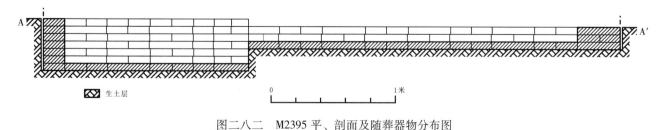

图二八二　M2395 平、剖面及随葬器物分布图

1、5、11、19. 陶罐　2、16. 釉陶把杯　3. 铜五铢　4. 玻璃珰　6、20. 陶鸡　7. 银戒指　8、9、12、13. 硬陶罐　10. 陶灯　14. 陶灶　15. 陶甑　17. 陶鐎壶　18. 陶熏炉

纹青灰色墓砖双排一横一直错缝砌筑，墓砖间使用黏合力较强的黄泥（图二八二）。

墓室，平面呈长方形，四壁平直，使用青灰色墓砖错缝砌筑而成，封门则为单砖平砌。底部用同样规格的青砖平铺，已严重被毁。从封门到墓室 1.50 米范围比棺室低 0.20 米，形成象征性"甬道"，后部为棺室。发掘时残存的随葬器物散布在"甬道"内和棺室内。

葬具，因遭到严重破坏，准确数量和结构均已不清。

葬式，因墓主的骨架已腐朽和后期被毁已无法判断。

二 出土器物

20 件（套）。其中有软陶器 11 件、硬陶器 4 件、釉陶器 2 件、铜五铢、玻璃珰及银戒指（图版二八，1）。

（一）软陶器

11 件。有罐、鸡、灯、灶、甑和熏炉。均为泥质灰陶。

1. 罐

4 件。其中三件形制和大小相同，另一件与其他三件有区别。

标本 M2395：1，同样形制和大小的 3 件。外斜沿，弇口，尖唇，矮领，溜肩，鼓腹，平底稍内凹。肩部有两周戳印连贯三角纹。口径 12、腹径 18.6、底径 11.4、高 14.8 厘米（图二八三，1）。

M2395：19，平沿，圆唇，矮领，溜肩，鼓腹，平底。口径 4.4、腹径 7.8、底径 4.5、高 5.8 厘米（图二八三，2）。

2. 鸡

2 件。手工捏制而成。可分为公鸡和母鸡。

M2395：6，公鸡。尖嘴，高冠，长高颈，眼大睁，长耳，下冠下垂，双翅做张开状，尾部已残。双腿分立，下有起稳固作用的泥圈。残长 10.8、宽 7.2、高 15.4 厘米（图二八三，3）。

M2395：20，母鸡。头部已残，双翅下张，宽短尾上翘。不见双腿，似做孵小鸡状。残长 10.8、宽 7.6、残高 7.4 厘米（图二八三，4）。

3. 灯

1 件。M2395：10，由灯盘、柄和座构成。灯盏外斜沿，尖唇，折腹。高柄上细下粗，中空至底。喇叭形灯座。口径 12.4、座径 10.4、高 14.5 厘米（图二八三，5）。

4. 灶

1 件。M2395：14，灶身略呈长方形。灶上的釜和灶身连为一体。灶面中间偏前部为釜座。灶无烟囱，稍宽的一端下部有一半圆形不落地火门，火门上部有凸出的挡风板。该灶还另外配有一小釜。长 18.4、宽 11.6、高 9.2 厘米（图二八三，6；彩版一二三，1）。

5. 甑

1 件。M2395：15，宽平沿，圆唇，敞口，斜收腹，平底。底部有五个对称分布的圆形箅眼。口径 14、底径 5.2、高 5.6 厘米（图二八三，7）。

6. 镳壶

1 件。M2395：17，壶身敞口，鼓腹，圜底，底部有三圆锥状足。把和流已残失。口径 9、高 9.4 厘米（图二八三，8）。

图二八三　M2395 出土陶罐、鸡、灯、灶、甑、镳壶、熏炉，硬陶罐，釉陶把杯，玻璃珰，银戒指

1、2. 陶罐（1，19）　3. 公鸡（6）　4. 母鸡（20）　5. 陶灯（10）　6. 陶灶（14）　7. 陶甑（15）　8. 陶镳壶（17）

9. 陶熏炉（18）　10. 硬陶罐（8）　11. 釉陶把杯（16）　12. 玻璃珰（4）　13. 银戒指（7）

7. 熏炉

1 件。M2395∶18，残损。炉身子母口承盖，折扁腹，柄下部空。炉身有多道刻划弦纹。炉身口径 7.2、残高 11.4 厘米（图二八三，9）。

（二）硬陶器

4 件。均为罐，形制和大小相同。标本 M2395∶8，肩部和腹部均饰方格纹。平沿，尖唇，敞口，束颈，圆肩，长弧腹，平底稍内凹，最大腹径位于肩部。口径 13.8、腹径 16.2、底径 11.6、高 13.8 厘米（图二八三，10）。

（三）釉陶器

2 件。为把杯。形制和大小相同。胎质夹砂，呈红色。器表施有厚厚的暗红色釉，釉层与胎体结构酥松，脱落严重。

标本 M2395∶16，内斜沿，圆唇，口微敛。腹稍弧，平底。口沿下和腹部各有两组凹弦纹。两组凹弦纹间有一竖贯小把手。口径 7.8、底径 9.2、高 7.6 厘米（图二八三，11）。

（四）其他

3 件。有铜五铢、玻璃珰和银戒指。

1. 铜五铢

50 余枚。出土时粘连严重，保存较差。

2. 玻璃珰

2 件（1 套）。M2395：4，呈两端粗中间细的束腰状，中间从上到下有穿孔。高 2.2 厘米（图二八三，12）。

3. 银戒指

1 件。M2395：7，圆环形，戒面部分较宽，有镶嵌玉石或其他宝石的小孔，上面所镶嵌之物已失。直径 1.5 厘米（图二八三，13）。

墓例一〇一　M2400（98 常柳 M50）

一　墓葬形制

带短甬道的"凸"字形券顶砖室墓。方向为 100°。因早期取土等原因上部已被毁，墓室券顶已垮塌，随葬器物也严重被毁，保留不全。墓室全长 4.28、宽 1.76、残深 1.35～1.50 米。砖椁的边墙用长 36、宽 16、厚 5 厘米的几何纹青灰色墓砖错缝砌筑，墓室后壁和甬道封门则为双排平砌。墓砖间使用黏合力较强的黄泥（图二八四）。

甬道，位于墓室的东部，平面为长方形。两壁和封门平直，均使用青砖平砌。长 0.70、宽 1.40、残深 0.46～1.35 米。

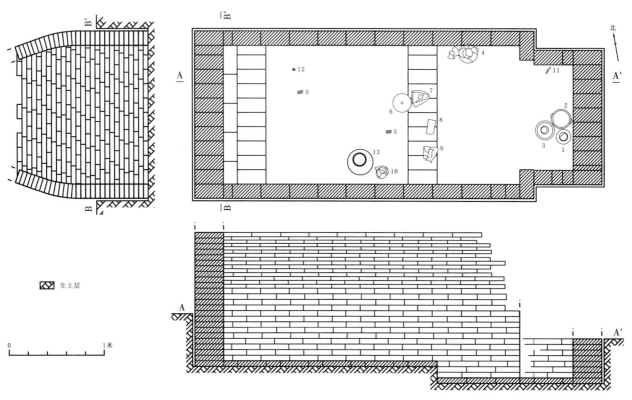

图二八四　M2400 平、剖面及随葬器物分布图

1、4、13. 硬陶罐　2. 陶鼎　3. 陶井　5. 铜五铢　6. 滑石璧　7. 陶灶　8. 石黛板　9. 陶灯　10. 陶熏炉　11. 铜箭镞　12. 玻璃珠

墓室，平面呈长方形，四壁平直，使用青砖错缝砌筑，底部也用青砖平铺。甬道至墓室1米范围内的地面比棺室的地面低0.20米，和甬道一起成为放置随葬器物的地方，后部棺室比前部高0.20米。全长3.58、宽1.76、残高1.50米。

葬具，因遭到严重破坏，葬具的准确数量和结构均已不清。

葬式，因墓主的骨架已腐朽和后期被毁，墓主的葬式无法判断。

二 出土器物

13件（套）。其中有软陶器5件、硬陶器3件、铜五铢、铜箭镞、石黛板、滑石璧和玻璃珠。

（一）软陶器

5件。有鼎、灶、井、灯和熏炉。多为泥质灰陶。

1. 鼎

1件。M2400：2，子母口承盖，盖已残失。圆唇，敛口，上腹竖折，下腹斜收，圜底近平。底部有三圆柱状矮足。条形双附耳，双耳上有小长方形孔。口径10.8、通宽18、高11.8厘米（图二八五，1）。

2. 灶

1件。M2400：7，残损严重。

3. 井

1件。M2400：3，井身已残。腹较直，平底内凹。内置一件微敞口束颈圜底小陶釜。底径9.4、残高8.7厘米（图二八五，2）。

4. 灯

1件。M2400：9，豆形。外斜沿，圆唇，浅腹，高柄，柄已残，喇叭形底座。口径12、底径10.6、残高14.6厘米（图二八五，3）。

5. 熏炉

1件。M2400：10，夹砂灰陶。由炉盖、炉身和托盘构成。子母口承盖，盖已失。炉身敛口，深折腹。托盘与炉柄连为一体，柄部中空至盘底。炉身口径9、底径8.6、残高10.6厘米（图二八五，4）。

（二）硬陶器

3件。均为罐，形制基本相同，大小稍有区别。肩部和腹部均饰方格纹。

标本M2400：1，平沿，尖唇，敞口，束颈，溜肩，长弧腹，平底内凹，最大腹径位于上腹部。口径14.2、腹径24.8、底径12.4、高25.2厘米（图二八五，5）。

（三）铜器

1件。为箭镞。

M2400：11，三翼形镞头短小，柱形短圆铤已残。残长3.4厘米（图二八五，8）。

（四）滑石器

1件。为璧。

M2400：6，残损较严重。肉和好均有缘。肉缘上刻十字交叉纹，好缘素面。通径21.3、好径1.9、厚0.50厘米（图二八五，6）。

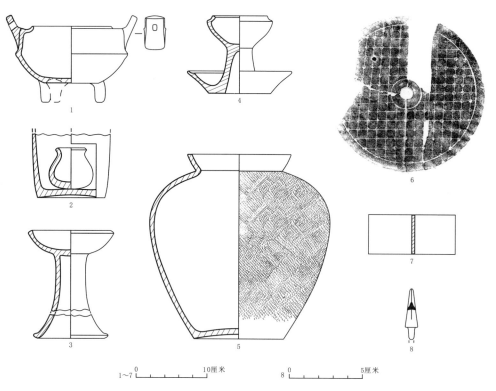

图二八五　M2400 出土陶鼎、井、灯、熏炉，硬陶罐，滑石璧，石黛板，铜箭镞

1. 陶鼎（2）　2. 陶井（3）　3. 陶灯（9）　4. 陶熏炉（10）　5. 硬陶罐（1）　6. 滑石璧（6）
7. 石黛板（8）　8. 铜箭镞（11）

（五）石器

1件。黛板。

M2400：8，应与石研子是一套妆具，石研子已失。长方形，灰色砂岩质地。残长 12、宽 5.4、厚 0.4 厘米（图二八五，7）。

（六）玻璃器

1件。珠。

M2400：12，大致呈六方形，有残损。直径 1.5 厘米。

（七）其他

仅有铜五铢。共 30 余枚。保存较差，存 10 余枚，黏结。钱径 2.5、穿径 0.9 厘米。

墓例一〇二　M2401（98 常穿紫河 M63）

一　墓葬形制

带甬道、主室和后室的"中"字形券顶砖墓。方向 275°。墓口上部虽已被扰，但仍然可以判断墓葬的原始高度。墓室全长 8.15、最宽 3.42、残深 0.50～3.05 米。砖椁边墙用长 37、宽 18、厚 5 厘米的几何纹青灰色墓砖双排一横一直错缝砌筑，墓砖间用黏合力较强的黄泥。墓底用砖人字形平铺（图二八六）。

甬道，位于墓室的西部，平面呈长方形。两壁和封门均用墓砖双排一横一直错缝砌筑。原应

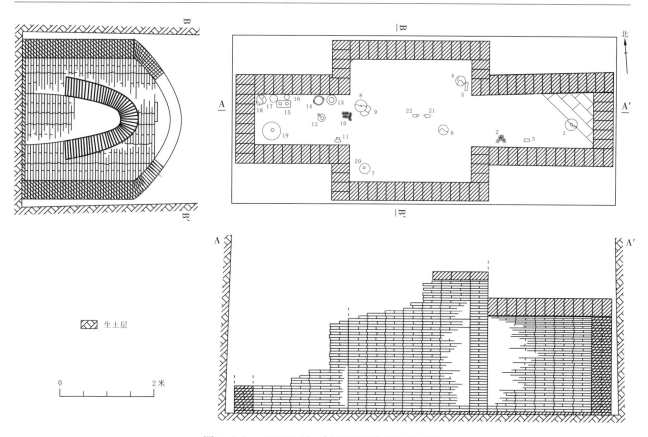

图二八六　M2401 平、剖面及随葬器物分布图

1、4、6、7. 铜镜　2、10. 铜五铢　3. 滑石印　5. 石镇纸　8、9. 滑石璧　11. 铜钫　12. 釉陶镳壶　13. 釉陶壶　14. 釉陶鼎　15. 釉陶灶　16. 釉陶熏炉　17. 釉陶灯　18. 硬陶罐　19. 釉陶仓　20. 铜印　21、22. 滑石猪

有券拱，已全部毁塌。甬道长 2.05、宽 1.95、残高 0.50～2.10 米。

　　主室，位于墓室的中部，平面基本呈正方形，四壁平直。两壁使用墓砖双排一横一直错缝砌筑到高 2.30 米开始起券顶，券顶使用长 35、宽 16、厚 35～45 厘米的楔形砖砌筑。主室长 3.42、宽 3.42、高 2.10～3.05 米。

　　后室，位于墓室的东部，平面呈长方形。两壁和后墙均用墓砖双排一横一直错缝砌筑至高 2 米开始起券顶，券顶保存最高 2.45 米。长 2.68、宽 1.80、残高 2～2.45 米。

　　葬具，因遭到严重扰乱，准确数量和结构均已不清，但从墓底残留痕迹和大量的铁质棺钉推测应属多具棺合葬。

　　葬式，因墓主的骨架已腐朽和后期被毁，葬式已无法判断。

二　出土器物

21 件（套）。其中有硬陶器 1 件、釉陶器 7 件、铜器 6 件、石器 5 件及印章和铜五铢。

（一）硬陶器

1 件。为大罐。

　　M2401：18，肩部和腹部均饰方格纹。平窄沿，沿内折近盘口。尖唇，束短颈，溜肩，鼓腹，下腹斜内收，平底内凹。口径 19.6、腹径 41、底径 17、高 39.2 厘米（图二八七，1）。

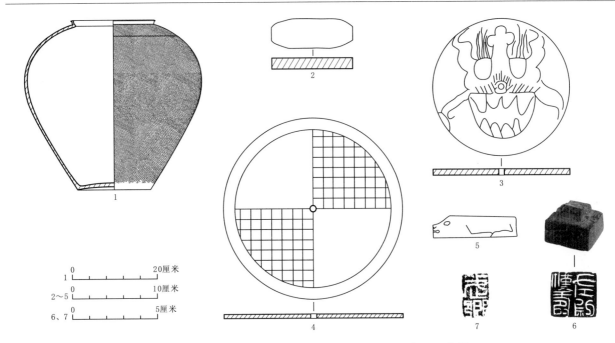

图二八七　M2401 出土石镇纸，滑石璧、猪、印章，硬陶罐

1. 硬陶罐（18）　2. 石镇纸（5）　3、4. 滑石璧（8，9）　5. 滑石猪（21）　6. 滑石印（3）　7. 铜印（20）

（二）釉陶器

7 件。有鼎、壶、灶、仓、灯、镶壶、熏炉。胎体均呈红色，多夹砂，少量为泥质。器表均施有厚厚的暗绿色釉，少量的可能因烧制时位于窑内火焰的中心部位釉层保存较完整，但多变成了酱黑色，一般的釉层与胎体结构酥松，大部分脱落，致使部分器物好似无釉。

1. 鼎

1 件。M2401：14，子母口承盖，盖已残失。圆唇，敛口，上腹鼓，下腹斜收，平底。底部有三乳丁状矮足。环形双耳残。双耳下有三周凹弦纹。口径 12、底径 10.4、通高 12.8 厘米（图二八八，1）。

2. 壶

1 件。M2401：13，平沿，尖唇。盘口，束颈，鼓腹，平底假圈足。腹部有三道凹弦纹。口径 11.6、底径 13、高 18.4 厘米（图二八八，2）。

3. 灶

1 件。M2401：15，近方形，上有两釜座，残损严重。

4. 仓

1 件。M2401：19，盖已失。圆唇，敛口，溜肩，深直腹，平底，底部有三乳丁状锥足。肩部和腹部各有两道凹弦纹。口径 10、底径 12.4、残高 17.6 厘米（图二八八，5）。

5. 灯

1 件。M2401：17，由灯盏、柄和灯座构成。灯盏平沿，尖唇，折腹。柄上细下粗，中空至盘底。灯座宽平沿，环状平底。口径 14、座口径 22、底径 15、高 20.4 厘米（图二八八，3）。

6. 熏炉

1 件。M2401：16，由炉身、柄和底盘组成，盖已失。炉身圆唇，敛口，深腹。柄中空至炉底，

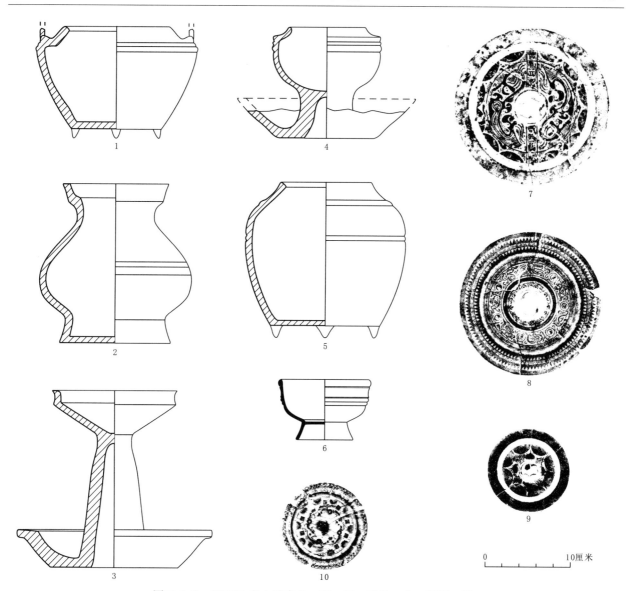

图二八八　M2401 出土釉陶鼎、壶、灯、熏炉、仓，铜铍、镜

1. 釉陶鼎（14）　2. 釉陶壶（13）　3. 釉陶灯（17）　4. 釉陶熏炉（16）　5. 釉陶仓（19）　6. 铜铍（11）　7～10. 铜镜（1，4，6，7）

矮短柄。托盘沿已残，环状平底。口径 8.4、底径 10.8、残高 12.8 厘米（图二八八，4）。

7. 镶壶

1 件。M2401：12，残损严重。

（三）铜器

6 件。有印章、铍、镜。

1. 印章

1 件。M2401：20，青铜质。长方形，桥形钮。印面阴刻"武乡"篆书铭文。长 2.5、宽 1.5、印台厚 0.8、通高 1.9 厘米（图二八七，7；彩版一二四，1）。

2. 铍

1 件。M2401：11，侈口，圆唇，束腰，下腹斜收。喇叭状高圈足。口沿和腹部均有数道宽凸弦纹。口径 10.8、圈足直径 6.6、高 6.8 厘米（图二八八，6；彩版一二三，2）。

3. 镜

4 件。有四种。

M2401：1，"君宜官"双夔龙连弧铭文镜。圆形，半球形钮，圆钮座。钮两侧各有两条竖线将镜面分成三部分。中部钮的上下各有三字铭文，分别为"君宜官"、"长宜官"。两侧各有一条互为倒置的夔龙。夔龙均为两首一身，双角，嘴大张，吐舌露齿，长须飘飘，身似细长条，脚似钺形。夔龙纹外有一周十二内向连弧纹。宽素平缘。直径 18、缘宽 1.6、缘厚 0.3 厘米，重 510 克（图二八八，7；彩版一二三，3）。

M2401：4，"吕氏作"神兽铭文镜。圆形，半球形钮，圆钮座。钮座外环绕九枚小乳丁，乳丁间有铭文"宜子孙"。往外两周栉齿纹夹一周凸弦纹，其后为主纹饰带：包括七枚花瓣座乳钮，并饰有青龙、朱雀、羽人逐鹿、白虎、独角神兽、玄武等神兽，周围饰有云气纹。再外有一周铭文："吕氏作镜自有纪，上有仙人不知老，渴饮玉泉饥食枣"。往外一周栉齿纹后是镜缘，镜缘上有一周锯齿纹和一周由简化龙纹、羽人、车轮、异形神兽相互缠绕组成的纹饰带。直径 16.5、缘厚 0.7 厘米（图二八八，8）。

M2401：6，"长宜子孙"连弧纹铭文镜。圆形，半球形钮。四柿蒂叶纹钮座，钮座间有"长宜子孙"铭文，其外为一周八段内向连弧纹。宽素平缘。直径 10.6、缘宽 1.3、缘厚 0.3 厘米（图二八八，9）。

M2401：7，半圆方枚神人神兽铭文镜。圆形，半球形钮。主纹饰由六个环状子纹分成相连的六区，间饰神人和神兽，神人带平顶冠，或坐或仰。外区有凸起的半圆和方枚各十枚相间排列，方枚上有铭文："吾作竟幽湅三商大吉羊。"镜缘上浮雕飞云走兽和重叠云朵纹各一周。直径 9.6、缘厚 0.4 厘米（图二八八，10；彩版一二三，4）。

（四）石器

1 件。为石镇纸。黑色砂岩质地。

M2401：5，长方体，两端渐细。通体磨光。通长 9.6、厚 2 厘米（图二八七，2）。

（五）滑石器

5 件。有印章、璧和猪。

1. 印章

1 件。M2401：3，印面呈方形，桥形钮。印面阴刻篆体"汉寿左尉"四字铭文。字体刻制粗糙，印文反书，应为墓主卒后急就而成。长、宽 2.7 厘米，印台厚 1.4 厘米，通高 2 厘米（图二八七，6；彩版一二四，2）。

2. 璧

2 件。根据形制和纹饰可分为两种。

M2401：8，变形兽面纹璧。肉、好无缘。肉面刻有一变形兽面，高冠，有对称双角，头顶部长发飘飘，双眼无珠，嘴大张，嘴内上下各露四颗獠牙。通径 15.6、好径 0.6、肉厚 0.8 厘米（图二八七，3）。

M2401：9，方格纹璧。肉有素缘。肉上有刻划纹，中间两条轴线相交将璧面平均分成四份，其中斜对称的刻划成方格纹。通径 21、好径 0.6、肉厚 0.4 厘米（图二八七，4）。

3. 猪

2 件。形制大小相同。标本 M2401：21，在基本呈圆形的滑石条上刻出猪嘴、眼和耳，后部刻出象征性的卧伏状腿。长 9.7、高 2.7 厘米（图二八七，5）。

（六）其他

有铜五铢。

保存较差，锈蚀严重，难以分开。可辨钱文为"五铢"。

墓例一〇三　M2408（99 常南原 M8）

一　墓葬形制

带短甬道的"凸"字形券顶砖室墓。方向为 210°。该墓因早期破坏，封土和部分墓室及甬道被毁，其原始高度已不清。墓室全长 7.12、最宽 2.42、残深 0～1.90 米。砖椁的边墙用长 36、宽 16、厚 5 厘米的饰几何纹青灰色墓砖双排一横一直错缝砌筑，墓砖间使用黏合力较强的黄泥。墓底用墓砖平铺（图二八九）。

甬道，位于墓室的西南部，平面呈长方形。两壁和封门均用墓砖双排一横一直错缝砌筑。原应有券拱，已全部毁塌。甬道长 1.40、宽 1.52、残高 0.60～1.20 米。

主室，位于墓室的中部，平面基本呈正方形，四壁平直。两壁用墓砖双排一横一直错缝砌筑。从残留的墓室两壁最高处（1.90 米）没有发现券拱痕迹推测，该墓至少是在高 1.90 米以上才开

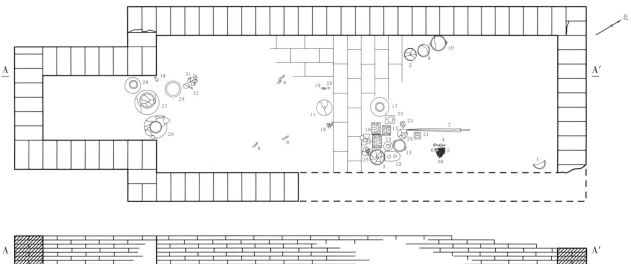

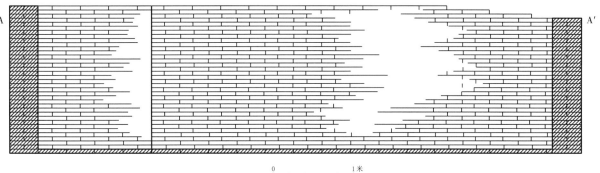

图二八九　M2408 平、剖面及随葬器物分布图

1、3. 铜镜　2. 铜碗　4. 铜带钩　5. 铜五铢　6. 铜印章　7. 铜剑　8. 铁器　9. 铜盘　10. 铜鍪　11. 滑石璧　12. 釉陶灶　13 釉陶鼎　14. 釉陶熏炉　15. 釉陶楼　16. 釉陶仓　17、25～28. 硬陶罐　18. 铜铺首　19. 玛瑙管　20. 玻璃珠　21. 铜钫盖　22. 釉陶井　23. 铜灯　24. 釉陶灯　29. 釉陶盘　30. 货泉　31. 釉陶耳杯　32. 釉陶勺

始起券的。主室与后室间用青砖砌筑高 0.40 米的矮墙相隔。长 2.56、宽 2.42、高 1.20～1.90 米。

后室，位于墓室的东北部，平面呈长方形。两壁和后墙使用墓砖双排一横一直错缝砌筑，不见券顶痕迹。后室与主室之间有高 0.40 米的矮墙。东南墓壁基本被破坏。长 3.16、宽 2.42、残高 0～1.80 米。

葬具，因遭到严重扰乱，准确数量和结构不清，但从墓底残留痕迹和大量的铁棺钉推测可能属多具棺合葬。

葬式，因墓主的骨架已腐朽和后期被毁，墓主的葬式已无法判断。

二　出土器物

32 件（套）。其中有硬陶器 5 件、釉陶器 10 件、铜器 10 件、滑石璧 1 件及印章、铁剑、玛瑙珠、玻璃珠、铜五铢和货泉（图版二八，2）。

（一）硬陶器

5 件。均为罐。根据其形制和大小可分为两种。

标本 M2408∶17，同样形制的 3 件，大小稍有区别。肩部和腹部饰方格纹。内斜沿，尖唇，折颈，溜肩，鼓腹，平底稍内凹。口径 12.2、腹径 21、底径 10、高 22.4 厘米（图二九〇，1）。

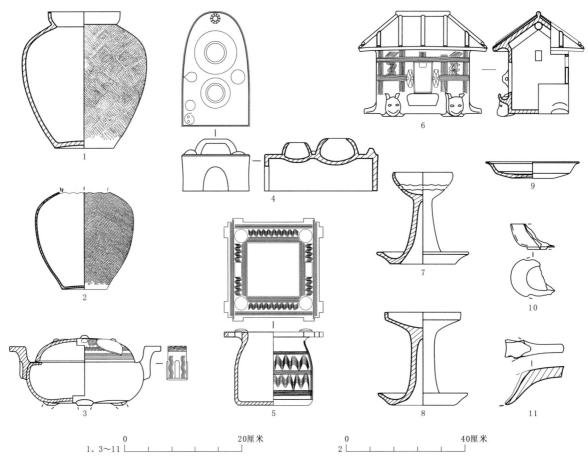

图二九〇　M2408 出土硬陶罐、釉陶鼎、灶、井、仓、熏炉、灯、盘、耳杯、勺
1、2. 硬陶罐（17，26）　3. 釉陶鼎（13）　4. 釉陶灶（12）　5. 釉陶井（22）　6. 釉陶仓（16）　7. 釉陶熏炉（14）
8. 釉陶灯（24）　9. 釉陶盘（29）　10. 釉陶耳杯（31）　11. 釉陶勺（32）

标本 M2408：26，同样形制的 2 件，大小稍有区别。口部已残。肩部和腹部饰方格纹。溜肩，鼓腹，平底稍内凹。腹径 37、底径 15.2、残高 32 厘米（图二九〇，2）。

（二）釉陶器

10 件。有鼎、灶、井、仓、灯、熏炉、楼、盘、耳杯、勺。胎体均呈红色，多夹砂陶，少量泥质陶。器表均施有厚厚的暗红色和绿色釉。局部釉层保存较完整，一般釉层与胎体结构酥松脱落严重。

1. 鼎

1 件。M2408：13，子母口承盖，口近平。盖顶中心和周边有乳突状小纽，顶部刻划有六道弦纹和四道水波纹，以及多道弧线纹和对称的四组柿蒂纹。圆唇，敛口，扁腹，圜底内凹。底部三足已残。长折附耳，耳上有多道横和竖水波纹。口径 14.6、通宽 25.6、残高 11.6 厘米（图二九〇，3；彩版一二四，3）。

2. 灶

1 件。M2408：12，灶面一端略呈圆形，另一端为长方形，上部两釜和灶连为一体。略呈圆弧的一端有一乳突状烟道，灶面还有圆形、水滴形和不规则形的象征不同物件的乳突。长方形一端下部有半椭圆形落地火门。长 19、宽 11.6、高 8.6 厘米（图二九〇，4；彩版一二四，4）。

3. 井

1 件。M2408：22，方形，上部井架已失。方形井台台面略呈栏杆式，两侧有对称安装井架的长方形小孔，四角各有一个圆形乳突。台面上每边均刻划有多道凹弦纹和 8 道水波纹。井身束颈，直腹，平底。井身刻划三组凹弦纹和两组水波纹。井台长、宽 16.8，底径 11.6，高 12.5 厘米（图二九〇，5）。

4. 仓

1 件。M2408：16，由盖、身组成。盖呈两面坡式，硬山顶，屋顶浮雕出檩和瓦的模型。仓身呈长方形，正面开长方形仓门，门两侧有安装门锁的纽，门下部有踏步。仓身周边开有长方形小窗。门下部两侧各有一只圆脸双耳上翘宽嘴圆睁眼的卧伏状熊猺。仓身下部有四矮乳突状足。仓身四壁均有多道刻划线纹和波浪形水波纹。仓长 21.2、宽 15.2、通高 17.4 厘米（图二九〇，6；彩版一二四，5）。

5. 熏炉

1 件。M2408：14，由炉身、柄和底盘组成。盖已失。炉身圆唇，敛口，深腹略残，高柄中空至炉底。托盘宽沿，环状平底。口径 10、底径 11、残高 15.2 厘米（图二九〇，7）。

6. 灯

1 件。M2408：24，由灯盏、柄和灯座构成。灯盏平沿，方唇，折腹。细高柄中空至盘底。灯座宽平沿，环状平底。口径 12.8、底径 10.6、高 15.4 厘米（图二九〇，8）。

7. 楼

1 件。M2408：15，为整体制作的四层楼房。楼底层呈四合院式，周边绕以围墙，围墙上有宽大的屋檐，前部开一小月亮门。右侧围墙已残，不知具体结构。围墙上不另外开窗。房底层左侧开有一半圆形落地门洞，无门。房的左右两侧各有一长方形小窗，背面无窗无门。房的第二层正面无窗，仅右侧有一长方形小门。两侧面各有一象征性方形窗（只作出痕迹）。第三层屋身的正中开一方形小门，门两侧刻划水波纹和凹弦纹。屋顶为四面坡式，四边的脊棱均不挑檐，瓦棱和椽檩清晰。第四层屋身正面有象征性窗式门，门的左右两侧也刻划水波纹和凹弦纹，屋身无窗。最上部的屋顶横脊粗大。底层长23、宽19.4厘米，通高48厘米（图二九一；彩版一二四，6）。

8. 盘

1件。M2408：29，宽沿略内斜。浅折腹，平底稍内凹。口径15.6、底径7、高2.7厘米（图二九○，9）。

9. 耳杯

有数个个体（以1件计），均残。标本M2408：31，泥质红陶胎，通体施黄釉或绿釉。杯呈椭圆形，敞口，圆唇，新月形窄附耳与口部连成一体并上翘，弧腹，平底。口残长7.2、残宽6.2、

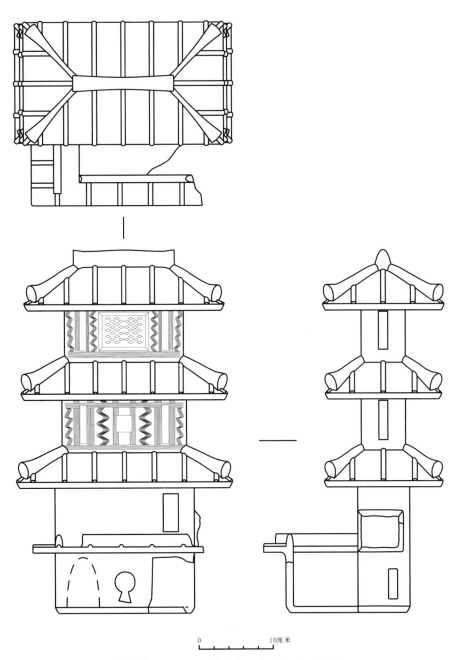

0　　　　　　　10厘米

图二九一　M2408 出土釉陶楼（M2408：15）

高 4.2 厘米（图二九〇，10）。

10. 勺

1 件。M2408∶32，残损严重。勺身已基本无存。残长 9.6、残高 6.4 厘米（图二九〇，11）。

（三）铜器

10 件。有镜、碗、带钩、剑、盘、鍪、铺首、钫盖、灯、印章。

1. 镜

2 件。一件完整，另一件残损较严重。

M2408∶3，"长宜子孙"八连弧铭文镜。圆形，半球形钮。四柿蒂叶纹钮座，钮座间有"长宜子孙"四字铭文，外一周八段内向连弧纹，连弧纹间有铭文"寿如金石，佳且好兮"。连弧纹外为两道栉齿纹夹一周云雷纹，云雷纹带间夹八枚带重圈座的小乳丁。宽素平缘。直径 19.8、缘厚 0.75 厘米（图二九二，1；彩版一二五，1）。

M2408∶1，龙虎纹镜。有残损，断口呈银灰色。圆形，半球形钮，窄圆钮座。主纹饰为：左龙右虎夹钮对峙，龙和虎均为半浮雕式，龙张嘴凸眼，上有长角，颈细身粗，虎腿粗尾长。龙和虎的尾部还浮雕有走兽。外有一周铭文"□氏作镜四夷服，多贺国家人民息，胡虏殄灭天下复，风雨时节□□□□"。铭文带外一周栉齿纹后就是镜缘，宽镜缘上有二周纹饰，分别为锯齿纹、双细线水波纹。窄素外缘。直径 11.5、缘宽 1.4、缘厚 0.6 厘米，残重 295 克（彩版一二五，2）。

2. 碗

1 件。M2408∶2，侈口，尖唇，腹较深。平底稍内折。口径 15.8、底径 9.4、残高 4.2 厘米（图二九二，2）。

3. 带钩

1 件。M2408∶4，钩首呈兽首状，嘴颈修长。钩体略呈圆柱形，断面近圆形，圆柱状帽形钮位于钩背。长 11.9、钩面宽 1.8、钮高 1.9、钮径 1.8 厘米（图二九二，3）。

4. 剑

1 件。M2408∶7，剑身和剑茎保存基本完整。无格，长方形剑茎。剑身中间有脊，双面刃，略残。通长 82.6、宽 2.9 厘米（图二九二，4）。

5. 盘

1 件。M2408∶9，宽平沿，方唇，侈口，腹较浅，平底略折。口径 18.8、底径 9.2、高 2.4 厘米（图二九二，5）。

6. 鍪

1 件。M2408∶10，圆唇，直口，沿下部内折，深腹，底已残。口沿外部有对称双环形附耳，附耳上饰绹索纹，略外撇。口径 23.2、通径 25.6、残高 9.8 厘米（图二九二，6）。

7. 铺首

1 组（3 件）。有的残损较严重，应为铜器上的铺首。标本 M2408∶18，残长 4.1、残宽 3.3 厘米（图二九二，7）。

8. 钫盖

1 件。M2408∶21，钫身已残损无存，仅存钫盖。盖顶略呈篆顶式，顶有半圆形环钮，四面饰变形柿蒂纹。下部有短子口，伸入钫口沿内，起稳固作用。长、宽均为 7，高 2.8 厘米（图二九

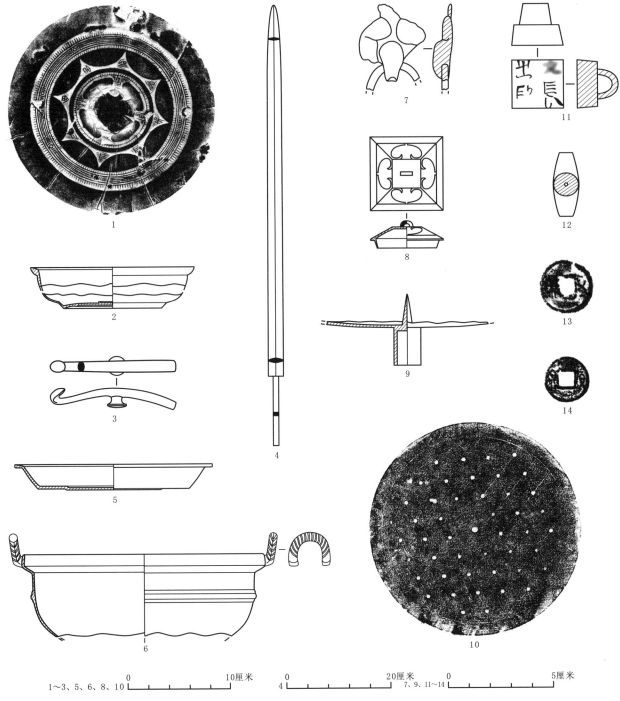

图二九二　M2408 出土铜镜、碗、带钩、剑、盘、鍪、铺首、钫盖、灯、印章，滑石璧，玛瑙管，铜五铢、货泉

1. 铜镜（3）　2. 铜碗（2）　3. 铜带钩（4）　4. 铜剑（7）　5. 铜盘（9）　6. 铜鍪（10）　7. 铜铺首（18）　8. 铜钫盖（21）
9. 铜灯（23）　10. 滑石璧（11）　11. 铜印章（6）　12. 玛瑙管（19）　13. 铜五铢（5）　14. 货泉（30）

二，8；彩版一二六，1）。

9. 灯

1 件。M2408：23，残损严重，仅存部分灯柄和盘。残高 3.4 厘米（图二九二，9）。

10. 印章

1 件。M2408：6，印面近方形，桥形钮。印面墨书篆体"□长之印"四字。制作较粗糙。应为墓主卒后急就而成。长 2.4、宽 2.3、印台高 1、通高 2 厘米（图二九二，11；彩版一二六，2）。

（四）滑石器

1 件。为璧。M2408：11，肉有宽缘。肉上刻划斜菱格纹，交叉处有重圈纹。通径 20.2、好径 0.6、肉厚 0.8 厘米（图二九二，10）。

（五）铁器

1 件（套）。

M2408：8，残损严重，从残留物推测，可能属剑和棺钉。

（六）其他

5 件（套）。有玛瑙管、玻璃珠、铜五铢、货泉。

1. 玛瑙管

2 件。大小和形状基本相同，应属墓主胸前佩挂佩饰的一部分。标本 M2408：19，纺锤状柱形，中间粗，两端稍细。长 3 厘米（图二九二，12）。

2. 玻璃珠

2 件。大小和形状基本相同，应和玛瑙管一道属一组佩饰，只是因墓遭扰乱，已难知其原来的排列顺序。标本 M2408：20，六方算珠形，上、下两面平，中间有穿挂的小孔。直径 2～2.3、高 1～1.9 厘米。

3. 铜五铢

200 余枚。保存较差。标本 M2408：5，钱边郭宽窄不一，钱文模糊，"铢"字的"金"字头为三角形，中间四点为竖点状。钱径 2.45、穿径 1.05 厘米（图二九二，13）。

4. 货泉

2 枚。和铜五铢一起出土，保存较好。标本 M2408：30，钱边郭较宽，悬针篆钱文纤细。钱径 2.1、穿径 0.8 厘米（图二九二，14）。

墓例一〇四　M2409（99 常南原柳 M87）

一　墓葬形制

带并列双甬道、双主室和双后室的多室砖室墓。方向 135°。券顶部分已毁，墓室内也被扰乱，但墓葬的主体结构还得以保存，随葬器物也大体保留（图二九三）。

墓室全长 10.46、宽 8.68、残深 1.20 米。砖椁的边墙用长 34、宽 17、厚 4～5 厘米的几何纹青灰色墓砖砌筑，墓砖间使用黏合力较强的黄泥。

甬道，并列双甬道位于墓室的西南部，平面呈长方形。两条甬道相距 2.62 米，东甬道比西甬道略长。壁和封门均用砖错缝砌筑，最高处残存 1.20 米。东甬道长 3.90、宽 2.14 米，西甬道长 3.54、宽 2.20 米。底部有两层"人"字形铺地砖。

主室，双主室均位于墓室的中部，平面略呈正方形。四壁平直，系用砖错缝砌筑。两主室间有短甬道相通。墓底有三层"人"字形铺地砖。东主室长 3.44、宽 3.84、残高 0.90～1.20 米，西主室长 3.48、宽 3.60、残高 0.60～0.90 米。两主室间的短甬道长 1.72、宽 1.76 米。

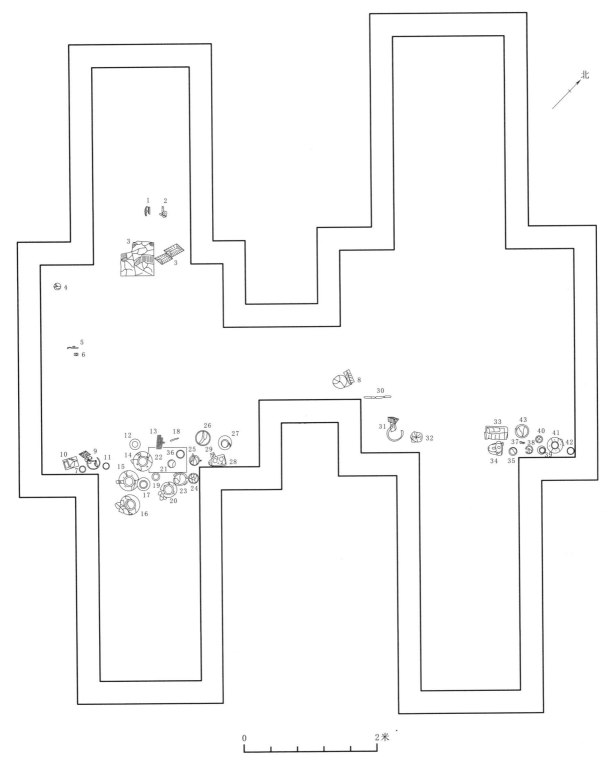

图二九三 M2409 平面及随葬器物分布图

1、5. 铜带钩 2. 铜弩机 3. 釉陶楼 4. 铜镜 6. 铜印章 7、11、19、21、36、38~40. 青瓷碗 8、10. 釉陶鸡舍和鸡 9、

31. 釉陶猪圈和猪 12. 釉陶杯 13. 铜五铢 14、15、20、41. 青瓷坛 16. 硬陶罐 17. 釉陶灯 18. 铜箸 22、33. 陶案

23. 釉陶鼎 24、42. 釉陶井 25. 釉陶镌壶 26. 铜洗 27. 釉陶仓 28、34. 釉陶灶 29、35. 釉陶釜 30. 铁剑 32. 釉陶熏炉

37. 铜铃形器 43. 釉陶盘

后室，并列双后室位于西北侧，平面略呈长方形。四壁平直，系用砖错缝砌筑。东后室长3.20、宽2.36、残高0.70～0.90米，西后室长2.94、宽2.12、残高0.50～1米。

葬具，因遭到严重扰乱，葬具的准确数量和结构已不清，但从墓底残留痕迹和大量的铁质棺钉推测可能属多具棺合葬。

葬式，因墓主的骨架已腐朽和后期被毁，墓主的葬式已无法判断。

二　出土器物

43件（套）。其中有软陶器2件、硬陶器1件、釉陶器18件、青瓷器12件、铜器7件及印章、铁剑、铜五铢（彩版一二六，4）。

（一）软陶器

2件。均为案。形制和大小基本相同。夹砂灰陶。一件完整，另一件残损。

标本M2409：33，长方形，四边均有宽0.8厘米的缘，外直内弧，平底。长64.8、宽40.8、高1.7厘米（图二九四，1）。

（二）硬陶器

1件。为罐。

M2409：16，肩部和腹部饰方格纹。内斜沿，沿内折成盘状。尖唇，束短颈，溜肩，鼓腹，下腹内收，平底稍内凹。口径17、腹径40、底径17、高34厘米（图二九四，2）。

（三）釉陶器

18件。有鼎、灶、釜、井、仓、镶壶、熏炉、灯、楼、盘、猪及猪圈、鸡及鸡舍、杯。多为夹砂，少量泥质。胎体均呈红色。器表均施有暗红色和绿色釉，少量的烧制较好，釉层保存较完整，但多变成了酱黑色，一般的釉层与胎体结构酥松，大部分脱落，致使部分器物好像无釉。

1. 鼎

1件。M2409：23，盖已残失。圆唇，敛口，扁腹，圜底略内凹。底部有矮锥状足。环形双附耳外撇。口径11.4、通宽20.2、通高11.6厘米（图二九四，3；彩版一二七，1）。

2. 灶

2件。形制和大小基本相同。一件完整，另一件残损。标本M2409：28，夹砂红陶胎，灶面施酱黑色釉。灶身呈船形，烟道一端为船头尖状，较高，烟道为圆形。一端下部有方形火门，有火门的一端较矮，整个灶面呈坡状。灶面中部有两大小略有差别的釜眼。灶面周边有多道刻划凹线纹。通长31、宽18.2、高14.2厘米（图二九五，1；彩版一二七，2）。

3. 井

2件。根据其形制不同可分为两种。

标本M2409：24，井身宽平沿，桶形腹，下腹内收，大平底。井底置一汲水罐，罐敛口，束颈，鼓腹，平底。井沿上立有井架，架顶横梁稍下弧。口径15.6、底径12.4、高23.8厘米（图二九四，4）。

标本M2409：42，井身宽平沿，桶形腹，下腹平直，大平底略内凹。井底置一汲水罐，罐微敞口，束颈，鼓腹，平底内凹。口径14.6、底径12.4、高12.2厘米（图二九四，5）。

图二九四　M2409 出土陶案，硬陶罐，釉陶鼎、井、仓、釜、熏炉、镰壶、灯、盘、杯

1. 陶案（33）　2. 硬陶罐（16）　3. 釉陶鼎（23）　4、5. 釉陶井（24，42）　6. 釉陶仓（27）　7、8. 釉陶釜（29，35）
9. 釉陶熏炉（32）　10. 釉陶镰壶（25）　11. 釉陶灯（17）　12. 釉陶盘（43）　13. 釉陶杯（12）

4. 仓

1 件。M2409：27，泥质红陶胎，施黄釉，脱落严重。盖已失，器身呈罐形，敛口，矮领，折肩，深腹，平底。底部有三矮锥状足。口径 9.8、腹径 20.4、残高 20.6 厘米（图二九四，6）。

5. 釜

2 件。应是釉陶灶上的釜，出土时已与灶分离。

M2409：29，敞口，圆唇，束颈，圆唇，鼓腹，平底稍内凹。口径 11.2、腹径 12.2、底径 8.4、高 8.1 厘米（图二九四，7）。

M2409：35，口部已残。折腹，平底稍内凹。腹径 12、底径 7.2、残高 5.4 厘米（图二九四，8）。

6. 熏炉

1 件。M2409：32，原由炉身、柄和底盘组成，现炉身、柄均已残。托盘宽沿，平底。底盘口径 18.4、底径 11.8、残高 3.9 厘米（图二九四，9）。

7. 镌壶

1 件。M2409∶25，泥质红陶上施黄色釉，釉层脱落严重。敛口承盖，盖已失。扁腹，兽首状实心流，圆柱状短把，平底略内凹，三锥状足已残。口径 6.8、腹径 14.6、残高 8 厘米（图二九四，10）。

8. 灯

1 件。M2409∶17，由盘、柄和座构成。盘平沿，尖唇，折腹，腹深入到柄中间。长柄下部到盘底为实心。灯座宽平沿，大平底。口径 11、底径 11.8、高 15.6 厘米（图二九四，11）。

9. 楼

1 件。M2409∶3，共四层，系分开制作。第一部分为楼的底层和第二层，底层呈四合院式，周边绕以围墙，前部开大门，大门两侧对称有双门阙，双阙中间似卧有一犬。围墙三边均开有透风窗。房的底层正面双扇大门往室内打开，周边无窗。房的第二层正面无窗无门，只有三个象征性乳突。背面开一长方形窗，两侧面各开两个长方形小窗，第二层的屋顶和第三层的屋身连为一体。屋顶均为四角挑檐的四面坡式，瓦棱和椽檩清晰。第三层屋身正面开有百叶窗式门，门通往第二

图二九五　M2409 出土釉陶灶、猪圈和猪、鸡舍和鸡
1. 灶（28）　2. 猪圈和猪（9）　3. 猪圈（31）　4. 鸡舍和鸡（8）

层的屋檐间有双扶梯，百叶窗式门的左侧开一长方形窗。第三层屋身的左右两侧各开一长方形小窗，背面对称开两长方形小窗。第三层的屋顶和第四层的屋身连为一体，形制基本和第二层相同。第四层的屋顶为单独制作。底层长 33、宽 35、通高 67 厘米（图二九六；彩版一二八）。

10. 盘

1 件。M2409：43，宽沿略内斜。斜收腹，平底略内凹。口径 19、底径 9.6、高 4.3 厘米（图二九四，12）。

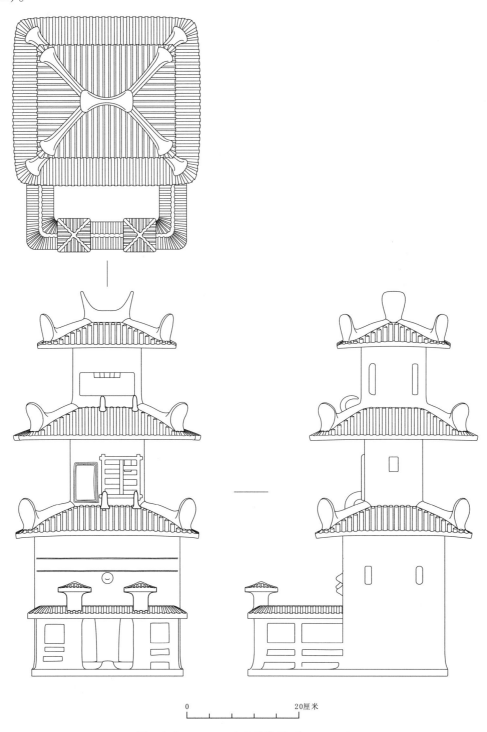

0   20厘米

图二九六 M2409 出土釉陶楼（M2409：3）

11. 猪圈和猪

2 件（套）。一件为猪圈，一件有猪和猪圈。

标本 M2409：9，夹砂红陶，施浅黄色釉，部分釉层呈暗黑色。猪圈和圈顶分开制作而成。圈顶呈两面坡式，硬山顶，屋顶浮雕出檩和瓦。圈身下部略呈圆形，一侧有略呈圆弧形的门。上部有圆形厕屋，厕屋的一面有一向内折开的小门，厕屋外壁有多道刻划弦纹。猪圈内有一只公猪，长尖嘴，鼻孔清晰，双眼圆睁，翘尾，粗短腿，背部上拱，脊背鬃毛清晰。猪圈长 23、宽 19.6、通高 20.4 厘米（图二九五，2；彩版一二七，3）。

标本 M2409：31，夹砂红陶，施浅黄色釉，部分釉层呈暗黑色。猪圈和圈顶分开制作。圈顶呈两面坡式，硬山顶，屋顶浮雕出檩和瓦。圈身下部略呈圆形，一侧有略长的弧形门。上部有略呈方形的厕屋，厕屋的一面有一向内折开的小门，厕屋外壁上部有四道刻划弦纹。猪圈内无猪。猪圈长 28.4、宽 18.8、通高 23.2 厘米（图二九五，3；彩版一二七，4）。

12. 鸡舍和鸡

2 件（套）。一件残损严重，另一件基本完整。标本 M2409：8，夹砂红陶，施浅黄色釉，部分釉层呈暗黑色。舍顶和舍身分开制作。舍顶呈两面坡式，硬山顶，屋顶浮雕出檩和瓦。舍身下部呈长方形，三面封闭，一面有略呈圆弧形的门，周边墙上开有多个方向的长方形窗。上部有略呈方形的厕屋，厕屋的一面有一向内开的小门，厕屋左右侧墙上开有多个长条形窗。鸡舍院内有一只母鸡，尖嘴，鸡冠短小，眼大睁，短尾已残，呈卧伏状。鸡舍长 22、宽 15.2、通高 23.4 厘米（图二九五，3）。

13. 杯

1 件。M2409：12，敛口，圆唇，斜腹，平底稍内凹。口径 6.2、底径 8.6、高 7.8 厘米（图二九四，13）。

（四）青瓷器

12 件。有碗和坛。

1. 碗

8 件。形制和大小基本相同。灰白胎，内部和外壁施一层淡青色釉，釉层脱落严重。内外均可见旋胎痕迹。标本 M2409：39，微敞口，圆唇，斜收腹，平底。口径 11.4、底径 5.8、高 4.9 厘米（图二九七，1）。

2. 坛

4 件。可分为四系和六系两种。

四系坛，3 件。形制基本相同，口沿和肩部稍有区别。大小渐次变化。灰白胎，内部和外壁施一层淡青色釉，釉层脱落严重。标本 M2409：15，短直颈，圆唇，折肩，鼓腹下斜收，平底。肩部对称分布四横系。肩部和腹部拍印细密的方格纹和多道凹弦纹，方格纹上施淡青色釉，釉层脱落严重。口径 12.8、腹径 30.8、底径 13.8、高 32.2 厘米（图二九七，2）。

六系坛，1 件。灰白胎，内部和外壁施一层淡青色釉，釉层脱落严重。M2409：41，矮短颈，尖唇，口微敞，溜肩，鼓腹，平底。肩部对称分布四横系，腹部对称双竖系。肩部和腹部有三道凹弦纹。口径 13.6、腹径 24.2、底径 15.2、高 26.6 厘米（图二九七，3）。

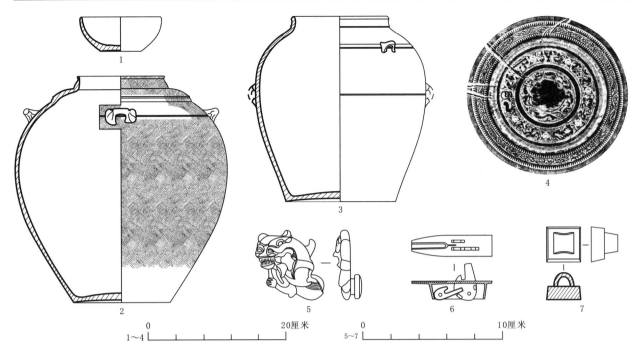

图二九七　M2409 出土青瓷碗、四系坛、六系坛，铜镜、带钩、弩机、印章

1. 青瓷碗（39）　2. 青瓷四系坛（15）　3. 青瓷六系坛（41）　4. 铜镜（4）　5. 铜带钩（1）　6. 铜弩机（2）　7. 铜印章（6）

（五）铜器

8 件。有印章、镜、带钩、弩机、箸、洗和铃形器。

1. 印章

1 件。M2409：6，铜质。略呈长方形，桥形钮。无铭文。边长 2.5、宽 2.4、通高 1.9 厘米（图二九七，7）。

2. 镜

1 件。M2409：4，李氏作七子车马人物神兽铭文镜。圆形，半球形圆钮，小圆钮座。钮座外纹饰由三部分组成。钮座为一周十二生肖图案，往外两周短辐纹线和一周凸弦纹后为主纹饰：七枚带十字形尖叶座乳丁均匀分布，其间有七组不同图案，奔腾的战马驾辐车、神兽、驾龙仙人、龙、虎、羽人神仙、乘龙御虎仙人和踞座抚琴仙人，仙人的背后和前部各跪一侍者。外有一周铭文"李氏作竟（镜）四夷服，多贺国家人民息，胡虏殄灭天下服，风雨时节五谷熟，长保二亲得天力，传告后世乐无极，自有纪，上有仙人不知老，渴饮玉泉饥食枣。□清明□如□，长宜子□"。宽平镜缘上是两周锯齿纹间饰一周龙、虎、蛇、长尾象、牛、鸟、双鱼、雀、凤等图案。内外纹饰均采用半浮雕式。直径 23.1、缘厚 1 厘米，重 1926 克（图二九七，4；彩版一二九）。

3. 带钩

2 件。M2409：5 残损成粉末状，难辨其形。M2409：1，钩呈卧虎状，钩首为回首虎头，虎头嘴大张，露出满嘴牙齿，双眼大睁，双耳上立，身子蜷曲，前双脚分立，尾部蜷曲。圆柱状帽形钮位于钩背。长 4.9、钩面宽 4.2~4.8、钮高 0.8、钮径 1.8 厘米（图二九七，5；彩版一二六，3）。

4. 弩机

1 件。M2409：2，由郭、钩心、望山三部分构成，郭一端宽一端窄。郭长 5.6、宽 0.7~1.6 厘米（图二九七，6）。

5. 箸

1 副（两根）。M2409：18，长柱形，一端略粗一端略细，粗的一端有小环，两根间的环状链已残。

6. 洗

1 件。M2409：26，宽沿，腹部和底部严重残缺。

7. 铃形器

3 件（以 1 件计）。均残损较严重。

（六）铁器

1 件（套）。

M2409：30，残损严重，应为铁剑。残长 50、宽 4.2～5.8 厘米。

（七）其他

仅有铜五铢。100 余枚。保存较差。

标本 M2409：13，钱边郭宽窄不一，钱文模糊，"铢"字的"金"字头为三角形，中间四点为竖点状。

墓例一〇五　M2416（2004 常德柏子园 M1）

一　墓葬形制

带甬道和主室的"中"字形四角攒顶穹隆式砖室墓（图二九八；彩版一三〇，1）。方向

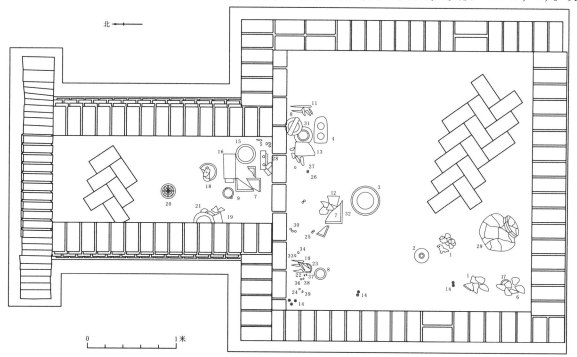

图二九八　M2416 平面及随葬器物分布图

1. 釉陶鸡舍和鸡　2. 釉陶灯　3、7. 陶案　4. 釉陶灶　5、17. 釉陶釜　6. 陶唾壶　8. 釉陶井　9. 釉陶鼎　10. 铁釜　11. 铁釜架　12. 釉陶熏炉　13. 陶奁盒　14. 铜五铢　15. 陶量　16、20. 瓦当及筒瓦　18. 釉陶猪圈和猪　19、21. 陶高圈足壶　22、23、36～38. 金环　24、39. 金饰　25. 金珠　26. 玛瑙管（珠）　27. 玻璃珠　28. 铜弩机　29. 青瓷坛　30. 鎏金铜泡钉　31. 釉陶仓　32. 青铜铺首衔环　33、34. 铜戒面　35. 瓦当（墓外采集，有数十个个体，本报告中以 1 件计）

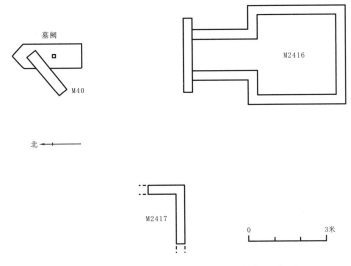

图二九九　M2416、M2417 及墓阙分布示意图

360°。该墓在发现时已处于城区排水系统改造后形成的人工湖——姻缘湖内，长期受到湖水冲刷，周边另一座墓（M2417）和砂岩建筑的阙基都已严重被毁。虽可判定墓葬所处位置是地势较高的独立小山包，但此墓甬道的券顶一部分被毁，墓室的券顶则已全毁，并在历史上多次被扰动，部分墓底所铺"人"字形三层底砖也被掘毁。M2417 破坏严重，仅存东南角一部分，残长 1.50、宽 2.20、残深 0.30 米，位于 M2416 甬道封门正西 3.40 米处，已无任何随葬器物。M2416 正北 3.78 米处有一"圭"字形石质墓阙（图二九九；彩版一三〇，2），长 2.62、宽 0.92、残高 0.30 米。系采用厚约 8 厘米的暗红色砂岩叠修而成，周边饰蕉叶形连弦纹，留有凿修的痕迹。阙中部有长、宽 12 厘米，深达阙底的方孔，可能属安装木质建筑构件的榫孔。墓阙还被一座宋代墓葬打破（图三〇〇）。该墓的周边存留有大量绳纹筒瓦、板瓦和兽面纹瓦当。

墓室全长 6.22、宽 3.72、残深 1.20～1.56 米。砖椁的边墙用长 31、宽 16.5、厚 4.4 厘米的几何纹青灰色墓砖（图三〇一，1）砌筑，墓砖间使用黏合力较强的黄泥。

甬道，位于墓室的北部，平面呈长方形。两壁和封门均用砖砌筑，封门采用侧砌法，墓壁则系错缝平砌。从高 1.20 米处开始起券，最高处残存 1.56 米。甬道长 2.50、宽 1.90、残高 0.90～

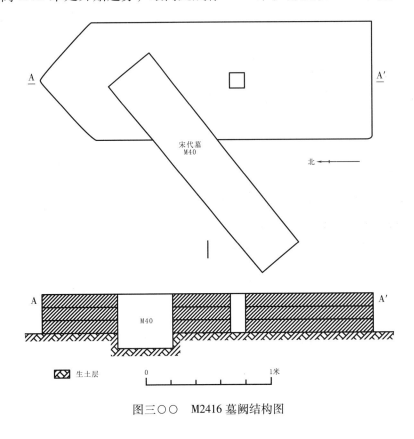

图三〇〇　M2416 墓阙结构图

1.56 米。墓底有两层"人"字形铺地砖。

主室，位于墓室的中部，平面呈正方形，四壁平直，用青砖错缝砌筑。从墓室四角和墓底残留的长 31、宽 16、厚 2.4～4.2 厘米（图三〇一，2）的楔形砖和宽 16、厚 4 厘米（图三〇一，3）的斜侧面砖以及四角开始变圆的痕迹推断，墓顶属四角攒顶穹隆式，大约从 1.26 米开始起券。攒顶穹隆已垮塌。墓底有"人"字形铺地砖三层。主室也长 3.72、高 0.90～1.32 米。

葬具，因严重扰乱，准确数量和结构已不清，但从墓底残留痕迹和大量铁棺钉推测可能属多具棺合葬。

葬式，因墓主的骨架已腐朽和后期被毁，墓主的葬式已无法判断。

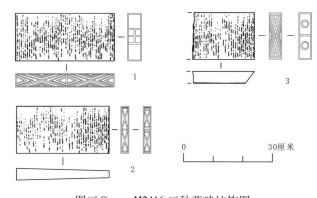

图三〇一　M2416 三种墓砖纹饰图
1. 椁室墓砖纹饰　2. 楔形砖纹饰　3. 斜侧面砖纹饰

二　出土器物

39 件（套）。其中有软陶器 10 件、青瓷坛 1 件、釉陶器 10 件、金器 8 件、铜器 5 件及玛瑙管、玻璃珠、铜五铢、铁釜和釜架。

（一）软陶器

10 件（含墓室外采集的兽面纹瓦当）。有案、唾壶、奁盒、量、壶、瓦当及筒瓦。均为夹砂灰陶。

1. 案

2 件。有圆案和长案各 1 件。

M2416：3，圆案。一面微凸，正面缘宽 1.4 厘米，中部有一周凹弦纹，正面用红、黑颜料彩绘云纹，严重脱落。直径 39.6、厚 1.6 厘米（图三〇二，1；彩版一三一，1）。

M2416：7，长方案。四边均有宽 1.2 厘米的缘，外直内弧。长 65、宽 45、高 1.8 厘米（图三〇二，3）。

2. 唾壶

1 件。M2416：6，敞口，尖唇，束颈，鼓腹，平底。口径 9、腹径 13.2、底径 9.4、高 9.7 厘米（图三〇二，2）。

3. 奁盒

1 件（套）。M2416：13，长方形。盖和身套合。器身长 36、宽 15.5、高 13 厘米。盖长 45、宽 18.5、高 17.5 厘米，上部有长 28、宽 3.5 厘米的长方形浅槽，四角均有一小圆乳丁（图三〇二，4；彩版一三一，2）。

4. 量

1 件。M2416：15，圆柱形，口略小，底部稍粗，直腹，圆唇，大平底。口径 21、底径 22.5、高 17 厘米（图三〇二，5；彩版一三一，3）。

5. 高圈足壶

2 件。形制大小相同。标本 M2416：19，平沿，圆唇，粗长颈，大鼓腹，高圈足，圈足外部为

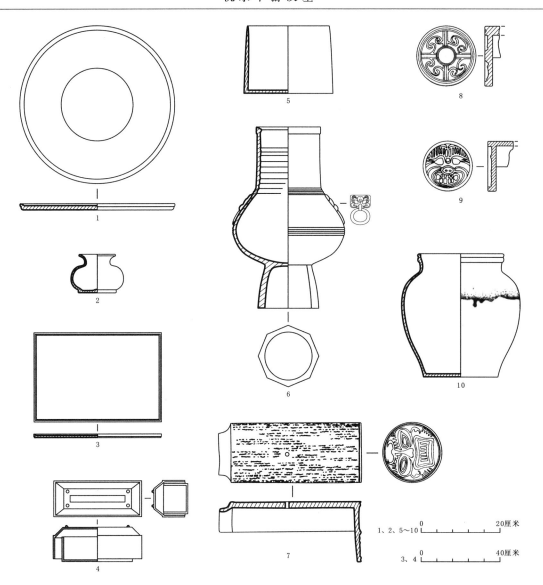

图三〇二　M2416 出土陶圆案、唾壶、长案、奁盒、量、壶、瓦当，青瓷坛
1. 陶圆案（3）　2. 陶唾壶（6）　3. 陶长案（7）　4. 陶奁盒（13）　5. 陶量（15）　6. 陶壶（19）　7~9. 瓦当（16, 20, 35）
10. 青瓷坛（29）

八方形，内为圆形。腹部有对称铺首衔环。颈、肩、腹部均有数道凹弦纹。口径 16.6、腹径
28.5、足径 14.4、高 45.8 厘米（图三〇二，6；彩版一三一，4）。

6. 瓦当及筒瓦

共有三种。有人面纹瓦当（筒瓦）、卷云纹瓦当、兽面纹瓦当，本报告中一种按 1 件计。

M2416:16，人面纹瓦当（筒瓦）。出土于甬道中。筒瓦中部有一直径 0.8 厘米的钉孔，
瓦上饰绳纹。瓦当当面的人面纹，叶形眼向上抬，粗眉上翘，鼻梁挺直与额头相通，上部与
一连穗宝珠形饰物相连。双竖耳前伸。方形大口，两边嘴角上翘，上部牙齿毕现，舌外伸。
瓦当直径 15、边轮宽 0.9、连筒瓦长 36.5 厘米（图三〇二，7；彩版一三二，1、2）。

M2416:20，卷云纹瓦当。筒瓦已失。当面分内、外两区，内区与边轮同高，为直径 4 厘米的
凸起乳突，乳突外与边轮间各有一周凸弦纹，两道凸线将当面分成四组卷云纹。直径 15、边轮宽
1.2 厘米（图三〇二，8；彩版一三二，3）。

标本 M2416∶35，兽面纹瓦当。数十件。采集于墓室外。当面为高浮雕兽面纹，边轮凸起，兽面三角形双眼，椭圆形鼻，两鼻孔朝天，方形鼻梁，弯月形粗眉，眉心和额间有饰物。大嘴张口，獠牙外露。直径 12.5、边轮宽 1.2 厘米（图三〇二，9；彩版一三二，4）。

（二）青瓷器

1 件。坛。

M2416∶29，肩部和腹部均施釉。平沿，圆唇，束短颈，溜肩，鼓腹，下腹内收，大平底。口径 22.4、腹径 30、底径 19、高 32 厘米（图三〇二，10）。

（三）釉陶器

10 件。有鼎、灶、井、仓、灯、熏炉、楼、耳杯、勺、鸡舍和鸡、猪圈和猪。多为夹砂陶，少量泥质陶。红色胎。器表施有暗红色和绿色釉。局部釉层保存较完整，一般釉层与胎体结构酥松，脱落严重。

1. 鼎

1 件。M2416∶9，子母口承盖，盖已残失。圆唇，敛口，外折腹，下腹折收，平底。底部有三乳丁状足。环形双立耳。口径 15、通宽 19、通高 15 厘米（图三〇三，1；彩版一三三，1）。

2. 鸡舍和鸡

1 件（套）。M2416∶1，夹砂红陶，施浅黄色釉。整体呈屋形。舍顶和舍身分开制作。舍顶呈两面坡，硬山顶，屋顶浮雕出檩和瓦。舍身三面封闭，正面有向内开的两扇门。舍身底座前部有踏步。两面有一公一母两只鸡，公鸡尾宽大上翘，大鸡冠。母鸡尾短而低，呈卧伏状。舍顶长 18.8、宽 12 厘米，舍身长 17、宽 10、通高 14 厘米（图三〇三，2）。

3. 灯

1 件。M2416∶2，由盘、柄和灯座构成。灯盘平沿，尖唇，折腹。长柄中空至盘底。灯座宽平沿，环状平底。口径 10.8、底径 11.5、高 16 厘米（图三〇三，3）。

4. 灶

1 件。M2416∶4，夹砂红陶胎，灶面施酱黑色釉。灶身呈船形，烟道一端为船头尖状，烟道为椭圆形，长径 1.8 厘米。灶面中部有两釜眼，直径 9 厘米。灶面周边刻有一周双线凹纹，釜眼边有三组凹线纹，单火门，上部有一挡烟板。通长 27.2、宽 17.8、高 12 厘米（图三〇三，4；彩版一三三，2）。

5. 釜

2 件。应是釉陶灶上的釜，出土时已与灶分离。

M2416∶5，敛口，短颈，尖唇，矮鼓腹，平底。口径 5.8、腹径 10.6、底径 5.6、高 5.4 厘米（图三〇三，5）。

M2416∶17，敞口，圆唇，束颈，鼓腹，平底。口径 8.2、底径 6、高 6.6 厘米（图三〇三，8）。

6. 井

1 件。M2416∶8，红陶胎，周身施酱色釉，井罐周边有长长的釉痕。井身宽平沿，桶形腹，下腹内收，大平底。井底置一汲水罐。罐敞口，束颈，鼓腹，平底。井沿上立有井架，井架呈"亚"字形，架上部两层间有两根小立柱，构成三个长方形孔，架顶横梁稍下弧。口径 13.4、底径

图三〇三　M2416 出土釉陶鼎、鸡舍和鸡、灯、灶、釜、井、熏炉、猪圈和猪、仓
1. 鼎（9）　2. 鸡舍和鸡（1）　3. 灯（2）　4. 灶（4）　5、8. 釜（5，17）　6. 井（8）　7. 熏炉（12）
9. 猪圈和猪（18）　10. 仓（31）

11.2、高 24.6（图三〇三，6）。

7. 熏炉

1 件。M2416：12，红陶胎，周身施酱色釉，炉身口沿有流釉现象。炉盖已失。炉身敛口，深腹，下腹与炉柄相通，直通托盘底部。托盘为宽平沿，斜腹，平底。口径 6.4、盘径 18.6、残高 9.5 厘米（图三〇三，7）。

8. 猪圈和猪

1 件（套）。M2416：18，红陶胎，周身施酱色釉。猪圈的盖和上部口沿已残失，猪保存完好。猪圈大致呈圆形，平沿，直壁，平底微内凹，一侧有门。猪长嘴大鼻，鼻孔外露，嘴微张，双眼外突，双耳小而直立，粗身短腿，背部鬃毛竖立，尾上翘。猪圈口径20.3、残高7.4厘米（图三〇三，9）。

9. 仓

1件。M2416：31，泥质红陶胎，施黄釉，脱落严重。盖已失，器身敛口，矮领，折肩，深腹，平底。底部有三矮锥状足。腹部开一方形门，其下设有旋梯。口径9.4、腹径20.2、残高25厘米（图三〇三，10）。

（四）金器

8件。有环5件、蟾蜍形饰2件和十二孔珠。

1. 环

5件。形状基本相同，大小稍有区别。标本M2416：22，圆环形。直径3.7厘米，重4.7克（图三〇四，1；彩版一三三，3）。

2. 饰件

2件。形状大小基本相同。蟾蜍形。蟾蜍前肢伸立，后肢屈缩，呈蹲立状。双眼前鼓，口大张，背部刻有鳞片状纹饰。腹部前后腿间有供系绳的穿。标本M2416：24，直径2.5～2.6、厚0.1、方穿径0.95厘米，重1.8克（彩版一三三，4）。

1. 珠

1件。M2416：25，由圆形金条焊接成12个直径约1厘米的金环，每个金环上又用五个大金珠和五个小金珠焊接，组成一个十二面球形金饰，每面都由一个金环和大小各五枚金珠组成。重6.48克（彩版一三三，5）。

（五）铜器

5件。有弩机、铺首衔环、鎏金泡钉、戒面。

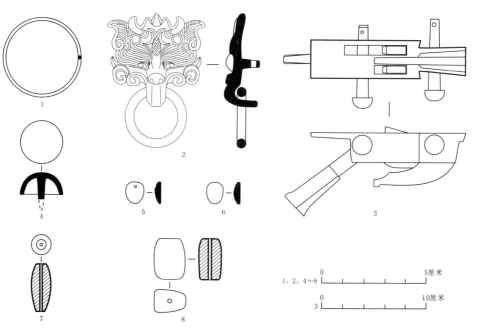

图三〇四　M2416出土金环，铜铺首衔环、弩机、鎏金泡钉、戒面，玛瑙管，玻璃珠
1. 金环（22）　2. 铜铺首衔环（32）　3. 铜弩机（28）　4. 鎏金铜泡钉（30）　5、6. 铜戒面（33、34）　7. 玛瑙管（26）　8. 玻璃珠（27）

1. 弩机

1件。M2416∶28，由郭、望山、牙、悬刀和枢组成。郭面前窄后宽，有三条矢槽，两枢呈圆柱状，枢头各有一个小圆孔，枢帽为半球状。全长 14.8、宽 2.4～3.8 厘米（图三〇四，3；彩版一三三，6）。

2. 铺首衔环

1组（2件）。形制、大小基本相同。标本 M2416∶32，兽首形，双眼圆睁，眉上毛厚且细密上卷。额上的一对犄角上有两圆孔，供钉附于木器或漆器上所用。鼻孔外露，舌伸出下卷，上挂铜环。宽 4.3、环径 2.9 厘米（图三〇四，2）。

3. 鎏金泡钉

1件（4枚）。形制、大小基本相同。标本 M2416∶30，面呈半球状，内有钉柱，应是钉附在某件漆器上部的装饰物，通体鎏金。直径 2 厘米（图三〇四，4）。

4. 戒面

2件。形制、大小基本相同。

M2416∶33，略呈桃形，正面弧，底面平，正面有一直径 0.08 厘米的小孔。直径 1 厘米（图三〇四，5）。

M2416∶34，略呈桃形水滴状，正面弧，底面平。直径 1 厘米（图三〇四，6）。

（六）铁器

2件。有残釜和釜架。严重锈蚀，出土时在发掘现场还可初步判定属釜和釜架形状的铁质随葬器物。

M2416∶10，釜。直颈，圆唇，圜底，两边有双附耳。

M2416∶11，釜架。圆环上带三直立扁足。

（七）其他

3件。有玛瑙管、玻璃珠、铜五铢。

1. 玛瑙管（珠）

1件。M2416∶26，纺锤状，暗红色玛瑙质，有浅色玉筋。长 2.2、中部最大直径 0.9 厘米。中部有直径 0.1 厘米的贯穿孔（图三〇四，7；彩版一三三，7）。

2. 玻璃珠

1件（3枚）。形制基本相同，大小稍有区别。标本 M2416∶27，呈不规则管状，平面呈梯形。浅黄色，易碎，为穿挂佩戴的饰件。中部孔径 0.2、长 1.9 厘米（图三〇四，8）。

3. 铜五铢

60枚。除甬道外零散分布于墓室内。制作规整。标本 M2416∶14，钱径 2.5～2.6、穿径 0.95、肉厚 0.1 厘米。钱文为篆书“五铢”，字体瘦长。可分为两类：第一类，钱文的“五”字两笔交叉有弧度，上下两横出头。“铢”字的“金”字头为“△”形，但外郭倾斜，四点粗短，中间一横粗。铢字上端亦稍倾，呈波浪形。第二类，钱文的“五”字两笔交叉亦有弧度，但上下两横稍短，不出头。“铢”字的“金”字头呈尖锐的“△”形，四点长而直，中间一横细而短。

墓例一〇六　M2427（2010HNM1）

一　墓葬形制

带甬道、主室和后室的券顶砖室墓。方向为20°。封堆和墓室已遭到严重破坏，墓内文物仅甬道内基本完整，主室和后室的已被破坏一空。甬道和墓室的券顶被毁，墓底所铺地砖也被掘毁（图三〇五；彩版一三四，1）。

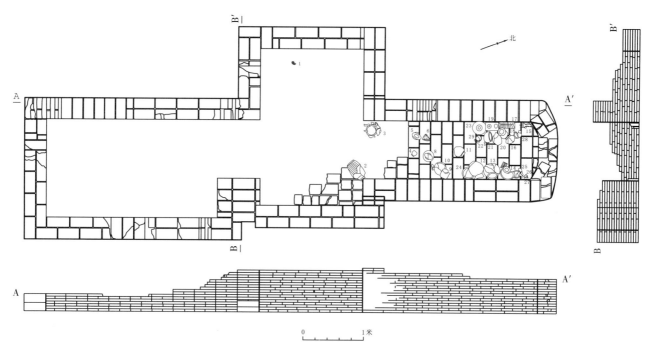

图三〇五　M2427 平、剖面及随葬器物分布图

1. 铜五铢　2、11～13. 硬陶罐　3. 釉陶鼎　4. 釉陶把杯　5、7、21. 釉陶耳杯　6、23. 釉陶熏炉　8、22、24. 釉陶盘　9、20. 陶罐　10. 釉陶壶　14、25. 釉陶猪圈和猪　15. 釉陶狗　16. 釉陶镳壶　17. 釉陶楼　18. 釉陶井　19. 釉陶灶　26、27. 釉陶鸡　28. 釉陶仓　29. 釉陶炉

墓室全长8.86、宽3.46、残深0.20～0.76米。砖椁的边墙系用长36、宽16、厚5厘米的几何纹青灰色墓砖（图三〇六）砌筑，墓砖间使用黏合力较强的黄泥。从墓室内出土大量长36、宽16、厚3～5厘米的楔形砖（图三〇六）可以判断，墓室上部原有券顶。

甬道，位于墓室的北部，平面呈长方形。两壁平直，封门略呈圆弧状，为墓砖错缝平砌。甬道长2.90、宽1.66、残高0.50～0.86米。墓底有两层铺地砖。

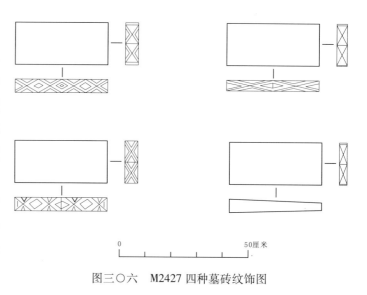

图三〇六　M2427 四种墓砖纹饰图

主室，位于墓室的中部，平面呈正方形，四壁平直，使用青砖错缝砌筑。主室长 2.42、宽 3.46、残高 0.10～0.62 米。

后室，位于墓室的南部，平面呈正方形。四壁平直，使用青砖错缝砌筑。主室通后室的东北角有长 0.50、宽 0.48 米的承重墙柱。后室长 3.54、宽 2.30、残高 0.20～0.42 米。

葬具，因遭到严重扰乱，葬具的准确数量和结构均已不清，但从墓底残留痕迹和大量的铁质棺钉推测可能属多棺合葬。

葬式，因墓主的骨架已腐朽和后期被毁，墓主的葬式已无法判断。

二　出土器物

29 件（套）。其中有软陶器 2 件、硬陶器 4 件、釉陶器 22 件和铜五铢。

（一）软陶器

2 件。均为罐。形制、大小基本相同。标本 M2427：9，有残损。平沿，圆唇，直短颈，鼓腹，平底稍内凹。肩部有三周凹弦纹。口径 10.4、腹径 16.2、残高 13.4 厘米（图三〇七，1）。

（二）硬陶器

4 件。均为罐。形制基本相同，大小稍有区别。

标本 M2427：2，尖唇，略外斜沿，束颈，溜肩，长弧腹略内收，平底稍内凹。肩部以下饰细方格纹。肩部有一道凹弦纹。口径 15.6、腹径 23.6、底径 12.6、高 32.4 厘米（图三〇七，2）。

（三）釉陶器

22 件。有鼎、楼、把杯、耳杯、盘、熏炉、狗、井、灶、壶、仓、镣壶、猪圈、鸡、炉等。胎体多夹细砂，少量为泥质，均呈暗红色。其中壶、仓、猪圈、鸡、炉等保存较差。

1. 鼎

1 件。M2427：3，子母口承盖，盖已残失。圆唇，敛口，外折腹，下腹折收，平底略内凹。底部有三长高扁足，足外部有凸棱和兽面。长条形双附耳外折。口径 18.4、通宽 24.8、通高 14.8 厘米（图三〇七，3；彩版一三四，2）。

2. 楼

1 件。M2427：17，为一座整体三层楼房。屋顶呈两面坡式，硬山顶，屋顶浮雕出檩和瓦，正面开有方形门和对称两长方形窗。第二层也是两面坡式，四边出檐。第一层带有小庭院，但残损较严重。宽 27.4、高 35、厚 13.6 厘米（图三〇七，4；彩版一三五，1）。

3. 把杯

1 件。M2427：4，内斜沿，圆唇，口微敛。腹稍弧，平底。口沿下和腹部各有两组凹弦纹。两组凹弦纹间有一横贯小把手。口径 6、底径 7.6、高 8.2 厘米（图三〇七，5）。

4. 耳杯

3 件。形制和大小相同。标本 M2427：5，胎体酥松，暗红色釉几乎全部脱落。杯呈椭圆形，敞口，圆唇，窄附耳与口部连成一体，小平底。长 14.4、通耳宽 11.4、通高 4.5 厘米（图三〇七，6）。

5. 盘

3 件。形制和大小相同。标本 M2427：22，宽平沿，尖唇，敞口，斜收腹，平底。口径 20.2、底径 8.2、高 4 厘米（图三〇七，7）。

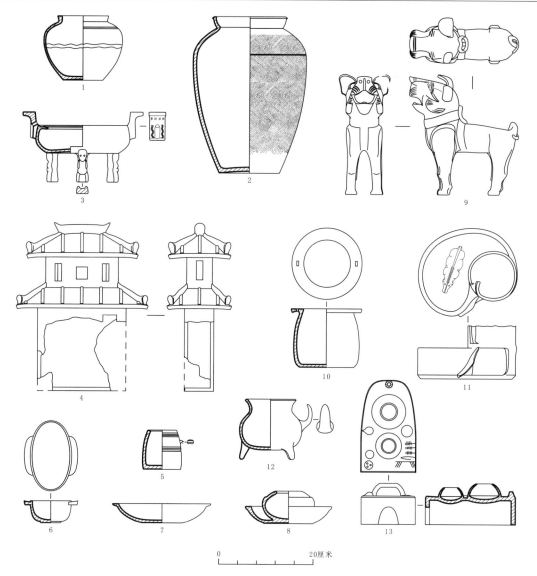

图三〇七　M2427 出土陶罐，硬陶罐，釉陶鼎、屋、把杯、耳杯、盘、熏炉、狗、井、灶

1. 陶罐（9）　2. 硬陶罐（2）　3. 釉陶鼎（3）　4. 釉陶楼（17）　5. 釉陶把杯（4）　6. 釉陶耳杯（5）　7. 釉陶盘（22）　8. 釉陶熏炉（23）　9. 釉陶狗（15）　10. 釉陶井（18）　11. 釉陶猪圈和猪（14）　12. 釉陶镵壶（16）　13. 釉陶灶（19）

6. 熏炉

2 件。一件残埙严重，一件保存基本完整。标本 M2427：23，炉盖已失。炉身敛口，深腹，内下腹与炉柄相同并与托盘相连。托盘为宽平沿，斜腹，平底。炉口径5.4、底径10.2、残高6.8厘米（图三〇七，8）。

7. 狗

1 件。M2427：15，胎体呈暗红色，暗绿色釉脱落较少。狗四脚站立，呈仰天咆哮状。鼻孔、嘴上须毛、双眼和双耳均清晰可见，四条腿粗壮有力，身滚圆，尾蜷曲。脖子和腰部套有宽带，带上佩有璎珞。长23.2、高24.6厘米（图三〇七，9；彩版一三五，2）。

8. 井

1 件。M2427：18，宽平沿，桶形腹，下腹稍外鼓，大平底。汲水罐和井架已失，仅在井台留有对称两长方形小孔。口径14.6、底径11.2、高12.2（图三〇七，10）。

9. 灶

1件。M2427：19，夹砂红陶胎，施暗绿釉。灶身呈前方后圆的长方形，烟道呈十边形位于后部。灶面前后有和灶身连成一体的一大一小两釜。灶面的釉层下饰有鱼、蔬菜、盘子、碗等图案。灶身前部为半椭圆形落地火门。通长19.2、宽11.6、高8.4厘米（图三〇七，13；彩版一三五，3）。

10. 猪圈和猪

2件（套）。一件残塌严重，一件保存基本完整。标本M2427：14，泥质红陶胎，施酱紫色釉。平面呈椭圆形，一端设有圆形厕，厕顶盖已失。圈内有一雄性猪。圈长20.8、宽20.2、残高11厘米（图三〇七，11；彩版一三五，4）。

11. 镳壶

1件。M2427：16，夹砂红陶胎，上部的黄色釉脱落严重。敞口，圆唇，束颈，鼓腹，圈底，下部有三锥状足。一侧有一上翘弧形把。无盖，无流。口径10.6、腹径13、通宽15.1、高12.6厘米（图三〇七，12）。

12. 壶、仓、鸡、猪圈和炉

5件。均残塌严重。

（四）其他

仅有铜五铢。出土时有数十枚，残塌极为严重，无法拓片。

墓例一〇七　M2428（2010D1M7）

一　墓葬形制

长方形单室券顶砖室墓。方向60°。该墓位于D1M2"屏陵丞"墓葬封堆东部25米处，发现时上部已无任何标志，墓室遭到严重破坏，券顶和铺地砖多被掘毁，墓内文物也基本被毁（图三〇八；彩版一三六，1）。

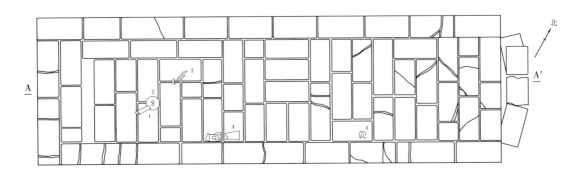

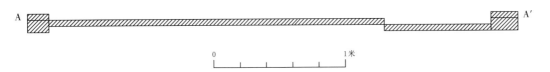

图三〇八　M2428平、剖面及随葬器物分布图
1. 铁环首刀　2. 铜镜　3. 铜带钩　4. 陶灯

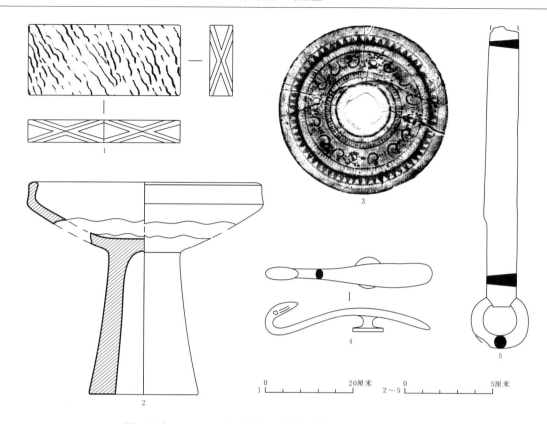

图三〇九　M2428 出土陶灯，铜镜、带钩，铁环首刀，墓砖
1. 墓砖　2. 陶灯（4）　3. 铜镜（2）　4. 铜带钩（3）　5. 铁环首刀（1）

墓室全长 3.70、宽 1.10、残深 0.10~0.25 米。砖椁的边墙系用长 34、宽 16、厚 5 厘米的几何纹青灰色墓砖（图三〇九，1）砌筑，墓砖间使用黏合力较强的黄泥。墓室前部的封门用青砖单排错缝砌筑，略呈弧形。从封门往墓室 1 米范围内低于墓室棺床 5 厘米（一层墓砖的高度）。铺地砖为单层，直砌。

甬道，位于墓室的北部，平面呈长方形。两壁平直，封门略呈圆弧状，均使用青砖错缝平砌。

主室，位于墓室的中部，平面基本呈方形。四壁平直，系用青砖错缝砌筑。主室内空长 2.53、宽 0.78、残高 0.05~0.14 米。

葬具，因遭到严重扰乱，葬具的准确数量和结构均已不清，但从墓底棺上漆皮残留的痕迹和砖椁的内空推测可能属单棺。

葬式，因墓主的骨架已腐朽，墓主的葬式已不明。

二　出土器物

4 件。有软陶器 1 件、铜器 2 件和铁环首刀 1 件。

（一）软陶器

1 件。灯，残损严重。M2428:4，豆形，喇叭形柄中空至盘底，灯盏已残。残高 11.8 厘米（图三〇九，2）。

（二）铜器

2 件。有镜、带钩。

1. 镜

1件。M2428：2，圆形，半球形钮。圆钮座，钮座外有一周栉齿纹，再往外为一周主纹带，四带座乳丁间饰十二只变禽鸟纹，再往外为栉齿纹和锯齿纹。素窄缘。直径9.5、缘厚0.38厘米，重101克（图三〇九，3；彩版一三六，2）。

2. 带钩

1件。M2428：3，钩首呈鸭首状，双眼清晰。琵琶状钩面，断面近长方形，柱状帽形钮位于钩背。长9.5、宽1.75厘米（图三〇九，4；彩版一三七，1）。

（三）铁器

1件。为环首刀。

M2428：1，环首，单面刃，直背，前端已残。残长17.9厘米（图三〇九，5）。

墓例一〇八　M2429（D2M1）

一　墓葬形制

单室券顶砖室墓。方向125°。该墓位于D2的内部，打破D2后下葬，西北与D2M7相距1.40

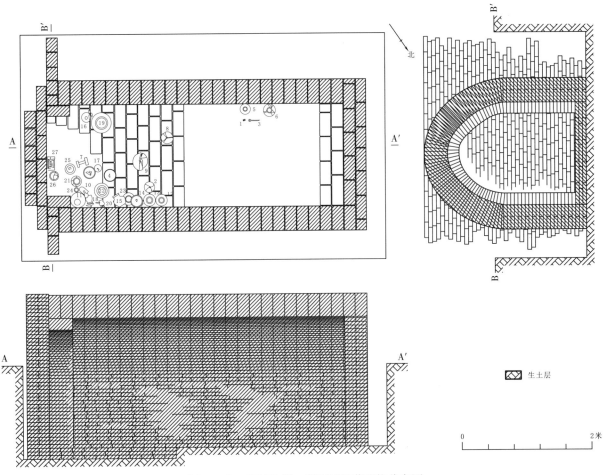

图三一〇　M2429平、剖面及随葬器物分布图

1. 铜五铢　2. 铜镜　3. 铜环首刀　4. 铜碗　5、6、11~13、22~24. 陶罐　7. 滑石灯　8、9. 滑石璧　10. 陶灶　14. 陶鼎　15. 陶壶　16. 陶灯　17. 陶熏炉　18. 陶仓　19. 硬陶罐　20. 陶镌壶　21. 陶井　25. 陶甑　26. 陶碗　27. 陶屋

米，东北与 D2M11 相距 6.10 米
（图一一）。是目前常德沅水下游发
掘的唯一一座墓室、券顶、封门、
墓内随葬器物均保存完整的砖室墓，
发掘时封土等地面特征全部融入了
D2 中。M2429 还是目前所发掘的砖
室墓中打破生土层最清晰的墓葬，
修筑砖室墓时所挖的墓圹全部打破
D2 的封土及熟土台后，还打破生土
层约 1 米。从发掘时 M2429 西侧和
北部保留的两座土墩墓看，该墓在筑
墓时可能打破早期的土墩墓（图三一
〇；彩版一三七，2；彩版一三八，
1、2；彩版一三九，1）。

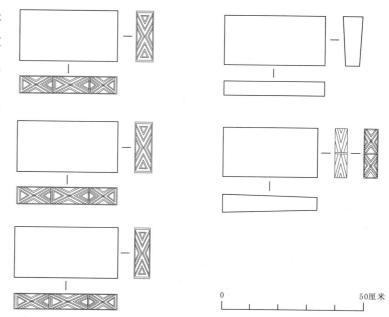

图三一一　M2429 五种墓砖纹饰图

墓室全长 5.34、宽 2.28、高 2.50 米。砖椁的边墙系用长 34～36、宽 17.5、厚 5.5～6 厘米
（图三一一）的几何纹青灰色墓砖砌筑，墓砖间使用黏合力较强的黄泥。

墓室前部的封门完全位于墓室券顶之外，系用青砖双排错缝砌筑。墓室靠近封门的两侧各有
一条单墙从墓圹底向上往两侧延伸，全长 3.24 米。

墓室内从高 1.26 米开始起券，券顶使用长 34～36、宽 17、厚 4～7 厘米（图三一一）的
几何纹青灰色砖砌筑，券顶最高 1.24 米。券顶内靠封门处有一起加固承重作用的单砖券拱，
上部券顶的部分重量得以通过此单砖券拱分担，这也可能是该墓上部券顶保存如此完好的原
因之一。

封门内往墓室 1.76 米范围低于墓室棺床 0.18 米（三层墓砖的高度）范围可能象征后期的甬
道。铺地砖除"甬道"与墓室棺床交界处为三层外均为单层，直砌（彩版一三八，1、2）。

葬具，此墓虽保存完整，但因长期积水有厚厚的泥浆，在发掘时，葬具已全朽，只留下厚厚
的漆皮。而且因墓内常年积水达 1 米左右，葬具可能存在飘移，葬具朽后的漆皮相互叠压，已难
以准确判定棺的尺寸，其详细结构也已不清。但从漆皮痕迹和铁棺钉的位置推测可能属单棺。

葬式，因墓主的骨架已腐朽，墓主的葬式已不明。

二　出土器物

27 件。其中软陶器 19 件、硬陶罐 1 件、铜器 3 件、滑石器 3 件和铜五铢（彩版一三九，1、2）。

（一）软陶器

19 件。有罐、鼎、壶、灶、仓、熏炉、镶壶、灯、甑、碗、屋。有夹砂灰陶和泥质灰陶。

1. 罐

8 件。形制相近，大小稍有区别。

标本 M2429：23，外斜沿，敞口，尖唇，束颈，溜肩，鼓腹，平底稍内凹。肩部有一周压印三
角纹。口径 11.2、腹径 15.8、底径 10、高 12.8 厘米（图三一二，1）。

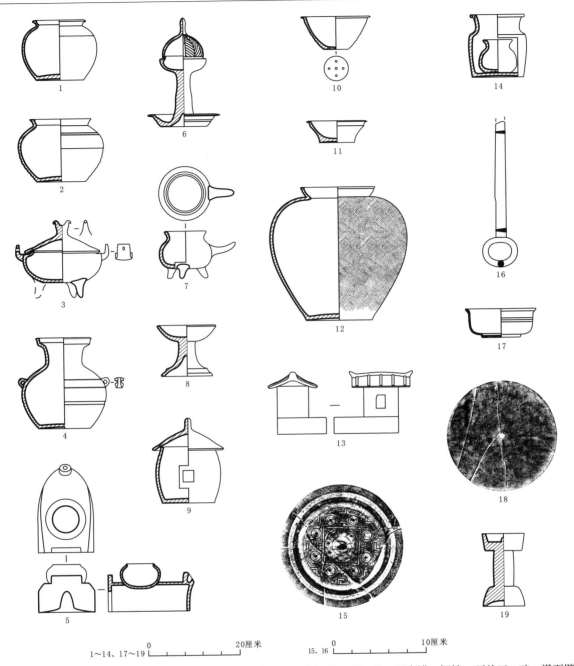

图三一二　M2429 出土陶罐、鼎、壶、灶、熏炉、镶壶、灯、仓、甑、碗、屋、井，硬陶罐，铜镜、环首刀、碗，滑石璧、灯
1、2. 陶罐（23，5）　3. 陶鼎（14）　4. 陶壶（15）　5. 陶灶（10）　6. 陶熏炉（17）　7. 陶镶壶（20）　8. 陶灯（16）　9. 陶仓
（18）　10. 陶甑（25）　11. 陶碗（26）　12. 硬陶罐（19）　13. 陶屋（27）　14. 陶井（21）　15. 铜镜（2）　16. 铜环首刀（3）　17.
铜碗（4）　18. 滑石璧（9）　19. 滑石灯（7）

标本 M2429：5，外斜沿，敞口，尖唇，束矮领，溜肩，鼓腹，平底稍内凹。肩部和腹部分别
有两周和一周凹弦纹。口径 13.2、腹径 18.4、底径 10.4、高 13.2 厘米（图三一二，2）。

2. 鼎

1 件。M2429：14，子母口承盖。盖顶部有一高捉手（纽）。鼓腹，圜底近平。下部有三锥状足，
腹部对称附立贯耳。口径 12.8、通宽 19.8、通高 16.4 厘米（图三一二，3；彩版一四〇，1）。

3. 壶

1 件。M2429：15，盘口外敞，尖唇，粗长颈，溜肩，鼓腹，平底稍内凹。上腹部有对称双系，

系中部有穿。腹部有三道凹弦纹。口径 12、腹径 19、底径 11.2、高 19.2 厘米（图三一二，4）。

4. 灶

1 件。M2429：10，灶身略呈长方形，单釜座，上置一套小陶釜。前有一半圆弧形落地火门，火门上部有挡烟板。灶身尾部有一斜立圆柱形烟囱。长 18.6、宽 12、灶身高 8.2 厘米（图三一二，5；彩版一四〇，2）。

5. 熏炉

1 件。M2429：17，由炉盖、身和托盘组成。盖与炉身子母口承合，盖顶有锥状捉手，盖身刻划叶脉纹，象征烟孔。盘敛口，圆唇，浅腹。竹节形柄。口径 8.2、底径 10.2、通高 22.4 厘米（图三一二，6；彩版一四〇，3）。

6. 鐎壶

1 件。M2429：20，敞口，尖唇，束颈，鼓腹，圜底近平，底部有三锥状足。一侧有一向上弧的条形把，无流。口径 9、高 10 厘米（图三一二，7）。

7. 灯

1 件。M2429：16，豆形。圆唇，深腹，矮柄，喇叭形底座。口沿、盏底、底座上有多道折棱。口径 12.8、底径 11.2、高 10.8 厘米（图三一二，8）。

8. 仓

1 件。M2429：18，由盖和身组成，盖顶有锥状捉手。器身为桶形，微敛口，深腹，平底。腹中部开一方形小门。通高 17.8 厘米（图三一二，9）。

9. 甀

1 件。M2429：25，宽平沿，尖唇，敞口，斜收腹，平底。底部有五个对称分布的圆形界眼。腹部有多道凹弦纹。口径 14.8、底径 5.2、高 7 厘米（图三一二，10）。

10. 碗

1 件。M2429：26，宽平沿，尖唇，敞口，斜收腹，平底内凹。上腹内折。口径 13、底径 7.6、高 4.6 厘米（图三一二，11）。

11. 屋

1 件。M2429：27，泥质灰陶胎。屋顶为两面坡式，硬山顶，两端有挑檐。身呈长方体，底部为四合院式。方形屋墙有一方孔形窗。顶长 13.4、宽 10.4 厘米，屋墙长 13.8、宽 12.6 厘米，通高 13.2 厘米（图三一二，13；彩版一四〇，4）。

12. 井

1 件。M2429：21，宽平沿，高束颈，直腹，下腹稍内收，大平底稍内凹。汲水罐敞口，尖唇，束颈，鼓腹，平底。井架已失，仅在井台留有对称的两个长方形小孔。口径 11.6、底径 11、高 13.3 厘米（图三一二，14）。

（二）硬陶器

1 件。为罐。

M2429：19，平沿，尖唇，沿内有凸棱，束颈，溜肩，鼓腹，平底稍内凹。颈部以下饰方格纹。口径 16、腹径 29.6、底径 14.4、高 28 厘米（图三一二，12）。

（三）铜器

3 件。有镜、环首刀和碗。

1. 镜

1 件。四神博局纹镜。M2429：2，半球形钮，由九枚小乳丁组成环状钮座，外有凹面方框。主纹饰为四组博局纹，间饰青龙、白虎、朱雀、玄武四神，四神间饰神兽和变形流云纹。镜缘有双线锯齿纹。直径 13.4、缘厚 0.4 厘米（图三一二，15；彩版一四一，1）。

2. 环首刀

1 件。M2429：3，椭圆形环首，单边刃。残损。残长 15.5 厘米（图三一二，16）。

3. 碗

1 件。M2429：4，敞口，尖唇，直腹内收，矮圈足。腹中部有两道凸弦纹。口径 15.2、底径 8.2、高 6 厘米（图三一二，17；彩版一四一，2）。

（四）滑石器

3 件。有璧 2 件、灯 1 件。

1. 璧

2 件。纹饰和尺寸均有区别。

M2429：8，肉和好上均有窄缘，肉缘和好缘上均有浅且细的凹弦纹。肉上稀疏的斜菱格纹交叉处饰有重圈纹。通径 19.5、好径 1、肉厚 0.40 厘米。

标本 M2429：9，肉和好上均有窄缘，肉缘饰凹弦纹。肉上的斜菱格纹交叉处饰有重圈纹。通径 23.8、好径 1.1、肉厚 0.50 厘米（图三一二，18）。

2. 灯

1 件。M2429：7，由一整块滑石制作而成。灯盘平沿，尖唇，浅腹，盘中部有一乳突状灯芯。圆柱状粗实柄。饼状座底稍内凹。在底座和柄上还留有明显的制作痕迹。口径 9、底径 9、高 15.2 厘米（图三一二，19）。

（五）其他

仅有铜五铢。10 余枚，保存较差。

墓例一〇九　M2434（D6M3）

一　墓葬形制

单室券顶砖室墓。方向 280°。该墓位于 D2 西部的另一个封堆 D6 内，D6 内分布有三座砖室墓（M2432～M2434），均受到严重破坏，M2434 是三座墓中保存较好的一座。M2434 的砖椁打破生土层 0.50 米（图三一三；彩版一四二，1）。

墓室全长 4.90、宽 1.80、残高 0.75 米。砖椁的边墙和封门均使用长 34、宽 16.5、厚 5 厘米的几何纹青灰墓砖砌筑而成，墓砖间使用黏合力较强的黄泥。墓室上部的券顶已全毁。

封门内往墓室的封门两侧分别有长 0.54、宽 0.36 或 0.17 米的承重短墙，两短墙间形成象征性"甬道"，"甬道"到墓室后部"棺床"间，低于后部"棺床"0.05 米（一层墓砖的高度），是

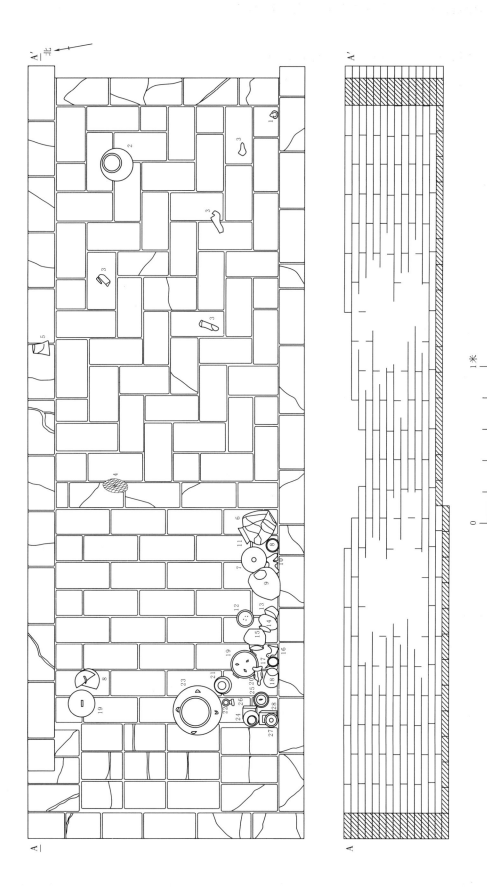

图三一三　M2434 平、剖面及随葬器物分布图

1. 滑石坠饰　2、6、9、14、15、24. 硬陶罐　3. 滑石壁　4、7. 滑石璧　5. 铁锛　8. 陶合　10. 滑石兽面　11. 铜弩机　12. 陶瓿　13. 陶碗　16、20. 陶鸡
17. 陶镳壶　18. 陶井　19. 陶鼎　21. 陶灯　22. 滑石灯　23. 青瓷坛　25. 陶熏炉　26. 陶灶　27. 酱釉硬陶器盖　28. 陶屋

主要陶质随葬器物放置的位置。从后部有大量铁棺钉推断后部"棺床"位置应放有棺。铺地砖均为单层直砌。

葬具，从葬具朽后存留的漆皮和棺钉推测可能属单棺，只是难以准确判定其详细结构。

葬式，因墓主的骨架已腐朽，墓主的葬式已不明。

二　出土器物

28件。其中有软陶器12件、硬陶器6件、酱釉硬陶器盖1件、青瓷坛1件、铜器1件、滑石器4件、铜五铢及铁器2件（彩版一四二，2）。

（一）软陶器

12件。有鼎、灶、甑、井、仓、碗、熏炉、镰壶、灯、鸡、鸡舍。

1. 鼎

1件。M2434:19，圆口承盖，盖为圆形，盖顶部有长条形捉手。鼎身敛口，折肩，斜收腹，圜底近平。下部有三矮锥状足。肩部有对称上翘椭圆附耳。口径13、通宽16.8、高7.6厘米（图三一四，3；彩版一四一，3）。

2. 灶

1件。M2434:26，灶身略呈长方形。灶上的釜和灶身连为一体。灶面中间偏前部为釜座和釜的位置，稍窄一端有一稍外斜的烟囱，稍宽一端下部有一方形不落地火门，火门上部有凸出的挡火墙。长18、宽10.8、高10.2厘米（图三一四，4；彩版一四一，4）。

3. 仓

1件。M2434:8，由盖和身组成，盖顶有条形捉手。器身为桶形，微敛口，深腹，平底稍凹。腹部开一长方形门。通高17.2厘米（图三一五，1）。

4. 甑

1件。M2434:12，宽平沿，尖唇，敞口，斜收腹，平底。底部有五个对称分布的圆形箅眼。口径12.4、底径4.2、高4.6厘米（图三一五，2；彩版一四三，1）。

5. 碗

1件。M2434:13，宽沿略外斜，尖唇，敞口，斜收腹，平底稍凹。口径13.2、底径5.6、高5.4厘米（图三一五，3）。

6. 镰壶

1件。M2434:17，壶身敞口，鼓腹，圜底近平，底部有三锥状足。一侧有长条形上翘扁把，流已残失。口径7.4、高7.4厘米（图三一五，4）。

7. 熏炉

1件。M2434:25，由盖、炉身、柄和托盘组成。盖顶部有塔顶形捉手，盖身上有博山式附加堆纹，盖下部有一周刻划的三角纹。炉身圆口承盖，扁腹，柄下部空，和托盘相连。托盘平沿，斜腹，平底内凹呈环带状。炉身和炉柄上部有多道刻划弦纹。盖径9.2、炉身口径7.2、底径8.4、通高17.4厘米（图三一五，5；彩版一四三，2）。

8. 井

1件。M2434:18，宽平沿，束颈，直腹，平底稍内凹。汲水罐已失。口径10、腹径10.8、底

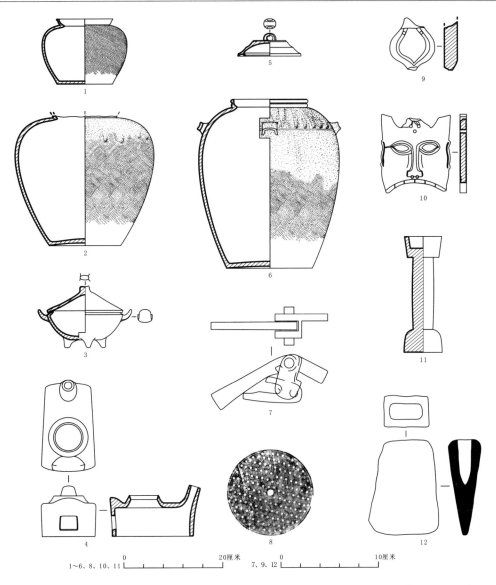

图三一四　M2434 出土硬陶罐，陶鼎、灶，酱釉硬陶器盖，青瓷四系坛，铜弩机，滑石璧、坠饰、兽面、灯，铁斧
　　1、2. 硬陶罐（2，9）　3. 陶鼎（19）　4. 陶灶（26）　5. 酱釉硬陶器盖（27）　6. 青瓷四系坛（23）　7. 铜弩机（11）
　　8. 滑石璧（4）　9. 滑石坠饰（1）　10. 滑石兽面（10）　11. 滑石灯（22）　12. 铁斧（5）

径 9、高 11.2 厘米（图三一五，6）。

9. 灯

1 件。M2434：21，由盘、柄和灯座构成。灯盘外斜沿，尖唇，折腹。矮粗柄仅下部空。灯座略外斜沿，环状平底。口径 10.4、底径 13.8、高 11.2 厘米（图三一五，7）。

10. 屋

1 件。M2434：28，屋顶已失。略呈长方形，下部为高台形，从下往上有三级台阶，中部有椭圆形。上部有一厕，厕呈长方形。长 13.2、宽 12.4、高 10.7 厘米（图三一五，8）。

11. 鸡

2 件。分别为公鸡和母鸡。手工捏制而成。

M2434：16，公鸡。尖嘴，高冠，垂耳，双翅做张开状，宽高尾上翘。双腿分立，下有起稳固作用的泥圈。长 12.4、宽 6.4、高 13 厘米（图三一五，9）。

M2434：20，母鸡。尖短嘴，鸡冠小而短，耳小，双翅下张，宽短尾。双腿不见，似作孵小鸡状。长 11、宽 6.6、高 8 厘米（图三一五，10）。

（二）硬陶器

6 件。均为罐。根据其形制和大小可分为两种。

标本 M2434：2，同样形制和大小的 4 件。平沿，尖唇，敞口，束颈，溜肩，鼓腹，下腹内收，平底。口径 11.2、腹径 16.8、底径 11、高 13 厘米（图三一四，1）。

标本 M2434：9，同样形制和大小的 2 件。肩部有淡淡一层暗黑色釉。口部已残。溜肩，鼓腹，平底稍内凹。腹径 27.4、底径 14.2、残高 26 厘米（图三一四，2）。

（三）酱釉硬陶器

1 件。为器盖。

M2434：27，为某件器物的盖子，器身已失。圆形，顶部平，平顶中部有圆环形纽。盖面有多道刻划弦纹。直径 12.6、高 4.6 厘米（图三一四，5）。

（四）青瓷器

1 件。为四系坛。

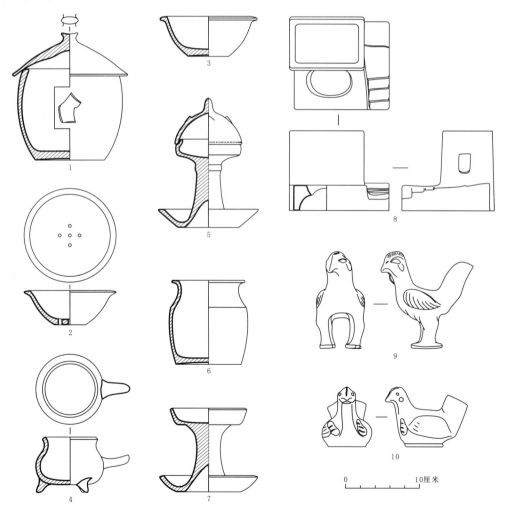

图三一五　M2434 出土陶仓、甑、碗、鐎壶、熏炉、井、灯、屋、鸡
1. 仓（8）　2. 甑（12）　3. 碗（13）　4. 鐎壶（17）　5. 熏炉（25）　6. 井（18）　7. 灯（21）
8. 屋（28）　9. 公鸡（16）　10. 母鸡（20）

M2434：23，胎体灰白，口沿内部、肩部及上腹部均施一层淡青色釉，肩部以上釉层较厚。釉层局部有脱落，肩部有流釉现象。短颈，圆唇，折肩，鼓腹下斜收，平底稍内凹。肩部对称分布四横系。肩部有两道凹弦纹，下腹部饰拍印方格纹。口径14.4、腹径27.8、底径17、高33.8厘米（图三一四，6）。

（五）铜器

1件。为弩机。

M2434：11，由望山、牙、悬刀和枢组成。望山的两侧无刻度。郭面短，前窄后宽，上不见矢槽。单枢。郭长8.5、宽2.4厘米（图三一四，7；彩版一四三，3）。

（六）滑石器

5件。有璧、坠饰、兽面和灯。

1. 璧

2件。形制、大小基本相同。肉和好均有窄缘。肉上主纹饰为在斜菱格之交点处饰重圈纹。标本M2434：4，通径17.2、好径1.35、肉厚0.35厘米（图三一四，8）。

2. 坠饰

1件。M2434：1，呈心形，上下两尖均残。正面有两道凹弦纹。下部有对称两穿孔。残长5.1、厚1.3厘米（图三一四，9）。

3. 兽面

1件。M2434：10，由一块滑石雕凿而成，浅浮雕。兽面上部为三峰饰冠，中间一冠已残。双眼珠凸出，眼珠上有两个小圆孔，可能象征瞳孔，高鼻梁。嘴部已简化，仅在上嘴唇下刻划了六枚巨型牙齿的痕迹。脸部仅简略刻划出长双耳。该兽面应为钉附于墓棺一端的饰件，额头部位有三个，鼻子下有二个共五个小钉孔，孔内还残存有铁钉的痕迹。宽14.2、残高15.4、厚1.3厘米（图三一四，10；彩版一四三，4）。

4. 灯

1件。M2434：22，整块滑石制作而成，略呈哑铃形。平沿，尖唇，直腹。圆直高柄。实心底座。口径7.4、底径7.6、高23.2厘米（图三一四，11）。

（七）铁器

有斧和棺钉。

1. 斧（锛）

1件。M2434：5，锈蚀较严重。楔形，圆弧形刃部较宽，銎部稍窄，銎孔呈长方形。长9.4厘米（图三一四，12）。

2. 棺钉

有多个个体，均锈蚀严重。残长6~8厘米。

墓例一一〇　M2438（96CNM1）

一　墓葬形制

并列双室券顶砖室墓。方向35°。该墓位于常德市武陵区芦山乡台家铺村，西与汉代临沅城相

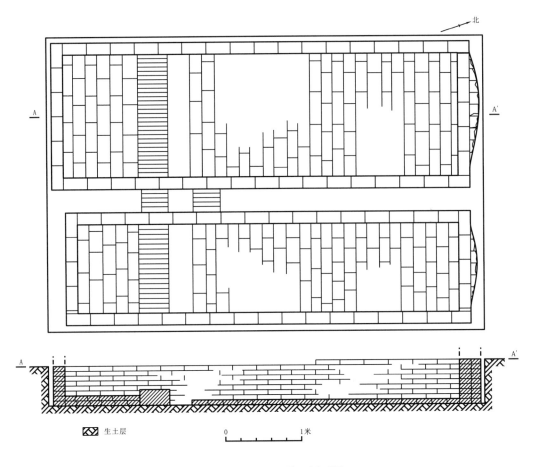

图三一六　M2438 平、剖面图

距约 12 千米，北与索县城直线距离约 10 千米，发掘前周边均为鱼塘。墓葬所处位置地势较高，原有封土，封土直径 15、高 3 米以上，因早年农田水利建设和修路取土而被夷为平地。后又因村民修建鱼塘取土后发现墓内随葬器物并将其全部取走而被发现，所有的随葬器物已离开了原来的位置，还有部分被填入堰塘内。墓室券顶已全毁。

　　砖椁外有长 5.80、宽 4、深 1.2 米的生土墓圹。墓圹内左右并列两墓室，相距 0.30 米，两墓室间有一条用墓砖侧砌的通道（图三一六）。

　　西侧墓室应为主室，长 5.80、宽 2.10、残高 1.20 米。砖椁的边墙和封门均用长 32～35、宽 16～18、厚 3.5～5 厘米的几何纹和同心圆纹青灰砖（图三一七）单条错缝砌筑，封门墙稍呈弧形，墓砖间使用黏合力较强的黄泥。上部券顶已毁。

　　东侧墓室应为侧室，长 5.60、宽 1.60、残高 0.80～1.20 米。砖椁的边墙和封门均使用同样规格的墓砖单条错缝砌筑，封门墙也稍呈弧形。在墓室内的西南端距墓壁 1 米处有用砖侧砌的宽 0.35 米（一块墓砖的长度）的墙，在墙与墓壁间有两层墓砖铺成的小平台，可能象征随葬器物的放置位置。墓底棺室位置主要采用单砖错缝平铺直砌，只有在距短墙 0.30 米方位内没有铺地砖。

　　葬具，从葬具朽后存留的漆皮和棺钉推测可能属双棺，只是已难以准确判定其详细结构。并列双室应可能为夫妻同茔合葬。

　　葬式，因墓主的骨架已腐朽，墓主的葬式已不明。

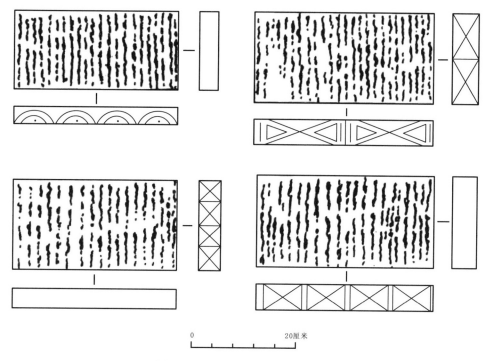

0   20厘米

图三一七 M2438 四种墓砖纹饰图

二 出土器物

56 件。有软陶器 5 件、硬陶器 6 件、釉陶器 34 件、铜器 6 件、滑石器 2 件及货泉、铜五铢和残铁器。

（一）软陶器

5 件。有罐和案。

1. 罐

4 件。形制和大小基本相同。M2438：15，侈口，圆唇，束颈，溜肩，鼓腹，凹圜底。口径 11、底径 10、高 13 厘米（图三一八，1）。

2. 案

1 件。M2438：20，长方形，四周卷缘，平底。长 58、宽 37、缘厚 3.5 厘米（图三一八，2）。

（二）硬陶器

6 件。均为罐。根据其形制和大小可分为两种。

标本 M2438：7，同样形制和大小的 4 件。周身施大方格纹。侈口，尖唇，沿内饰一道凸弦纹。束短颈。溜肩，鼓腹，平底。口径 17.2、底径 16、高 36 厘米（图三一八，3）。

标本 M2438：11，同样形制和大小的 2 件。周身施大方格纹。侈口，圆唇，沿外有一周凸棱。束颈，鼓腹，平底。口径 12、底径 9.8、高 15 厘米（图三一八，4）。

（三）釉陶器

34 件。有鼎、罐、壶、带把罐、三足炉、盆、灶、井、仓、熏炉、碗、盘、器座、猪及猪圈、屋等。胎体多夹细砂，少量泥质，均呈红色。器表均施有厚厚的暗红色和绿色釉，少量烧制时因位于窑内火焰的中心部位釉层保存较完整，但多变成了酱黑色。一般的釉层与胎体结构酥松，大部分脱落，致使部分器物好似无釉。

1. 鼎

1 件。M2438：39，泥质红陶胎，器身施黄釉。子母口承盖，盖隆起，顶部有一小把手。鼎身敛口，鼓腹，平底，底部有三矮乳丁状足。肩部对称有环形附耳。通宽 15、通高 14 厘米（图三一八，5）。

2. 壶

1 件。M2438：17，泥质红陶胎，施酱黑色釉，下腹部和底部无釉。平沿，方唇，浅盘口。束长颈，鼓腹，大平底。肩部有对称双竖耳。口径 12.6、底径 13.2、高 16.5 厘米（图三一八，6）。

3. 带把罐

1 件。M2438：21，侈口，三角沿。长颈，鼓腹，大平底。腹部一侧有一斜短把手。口径 7.8、底径 10.8、高 12.5 厘米（图三一八，7）。

4. 三足炉

2 件。形制和大小均有区别。

M2438：22，泥质红陶胎，施黄色釉。侈口，三角沿，圆唇。粗颈，鼓腹，凹圜底。底部有三锥状矮足。腹部一侧有三棱锥状斜短把手。口径 7、高 9.2 厘米（图三一八，8）。

M2438：23，泥质红陶胎，施酱紫色釉。敛口，圆唇，束颈，扁鼓腹，平底。底部有三锥状矮足。肩部对称有环形小耳。口径 9.2、高 10 厘米（图三一八，9）。

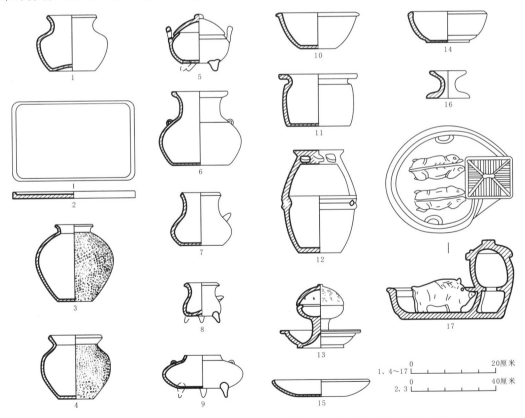

图三一八　M2438 出土陶罐、案，硬陶罐，釉陶鼎、罐、壶、带把罐、三足炉、钵、井、熏炉、碗、盘、器座、猪圈及猪

1. 陶罐（15）　2. 陶案（20）　3、4. 硬陶罐（7，11）　5. 釉陶鼎（39）　6. 釉陶壶（17）　7. 釉陶带把罐（21）　8、9. 釉陶三足炉（22，23）　10. 釉陶盆（24）　11、12. 釉陶井（25，32）　13. 釉陶熏炉（26）　14. 釉陶碗（27）　15. 釉陶盘（28）　16. 釉陶器座（29）　17. 釉陶猪圈及猪（30）

5. 盆

2件。形制、大小基本相同。标本 M2438：24，敞口，折沿，弧腹，平底。口径 19.6、底径 8.6、高 8.4 厘米（图三一八，10）。

6. 井

2件。形制和大小均有区别。

M2438：25，泥质红陶胎，施黄釉，脱落严重。宽平沿，方唇，侈口，束颈，直腹，平底。口径 19.2、底径 15、高 12.5 厘米（图三一八，11）。

M2438：32，泥质红陶胎，施绿釉。井身圆筒状，沿上有井架，架上的横栏有方眼。井内原应有汲水罐，已失。口径 18、通高 24 厘米（图三一八，12）。

7. 熏炉

2件。形制和大小均有区别。

M2438：26，泥质红陶胎，施黄釉。圆口承盖。盖隆起，顶部有圆形捉手，盖面有象征烟孔的斜长条形刻划纹。炉身敛口，深腹。矮实柄。托盘为宽平沿，方唇，斜折腹，平底。托盘口径 17.6、底径 10、通高 14.6 厘米（图三一八，13）。

M2438：47，泥质红陶胎，施黄釉。盖已失，豆形器身。矮柄下部中空。托盘敛口，圆唇，平底。炉身口径 7、托盘底径 11、高 14.5 厘米（图三一九，5）。

8. 碗

1件。M2438：27，泥质红陶胎，施黄绿釉。微敛口，圆唇，斜收腹，平底。下腹有一周折棱。口径 19.2、底径 10、高 7.4 厘米（图三一八，14）。

9. 盘

1件。M2438：28，泥质红陶胎，施绿釉。敛口，圆唇。斜腹，圜底近平。口径 21.5、高 4 厘米（图三一八，15）。

10. 器座

1件。M2438：29，泥质红陶胎，施酱紫色釉。束腰形，中空。口径 8、底径 9.5、高 6.5 厘米（图三一八，16）。

11. 猪圈、猪和猪圈构件

3件（套）。一件（套）为猪圈和猪组合，另一件为猪圈的构件，其他部位已毁。

M2438：30，猪圈和猪。泥质红陶胎，施酱紫色釉。平面呈椭圆形，一端设有厕，厕顶盖为四阿式。圈内有雌、雄二猪。圈长 30、宽 25、通高 18.3 厘米（图三一八，17）。

M2438：37，猪圈构件。形制和大小相同的 2 件。泥质红陶胎，施酱紫色釉。圆筒形，平底。底部有一边长 4 厘米的方孔，一侧也有一边长 5 厘米的方孔。口径 8、高 9 厘米（图三一九，3）。

12. 仓

7件。形制、大小基本相同。泥质红陶胎，施黄釉，脱落严重。标本 M2438：33，盖已失，器身为罐形，敛口，矮领，折肩，深腹，平底。底部有三矮锥状足。腹部开一方形门，从下往上有象征性旋梯。高 14 厘米（图三一九，1）。

13. 灶

1件。M2438：34，泥质红陶胎，施绿釉。灶呈长方形，一端有圆筒形短烟囱，灶面有两釜座，

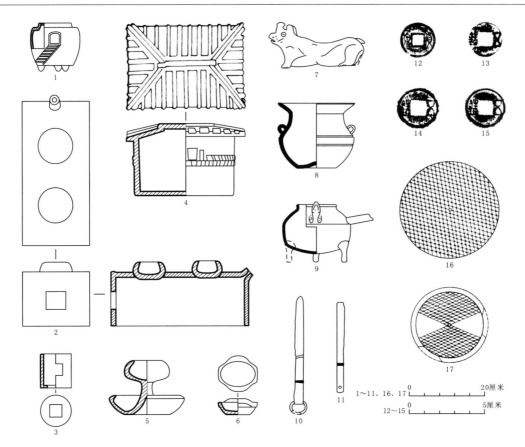

图三一九   M2438 出土釉陶仓、灶、猪圈构件、屋、熏炉、耳杯、狗、铜鍪、镳壶、环首刀、尺、货泉、五铢，滑石璧

1. 釉陶仓（33）   2. 釉陶灶（34）   3. 釉陶猪圈构件（37）   4. 釉陶屋（31）   5. 釉陶熏炉（47）   6. 釉陶耳杯（19）   7. 釉陶狗
（18）   8. 铜鍪（3）   9. 铜镳壶（2）   10. 铜环首刀（1）   11. 铜尺（4）   12. 货泉（50）   13～15. 铜五铢（51，52，53）   16、
17. 滑石璧（35，36）

上有釜。灶长 38、宽 18、通高 17 厘米（图三一九，2）。

14. 屋

1 件。M2438：31，泥质红陶胎，顶部施酱黄釉。屋顶为四面坡式。身呈长方体状，平底。墙壁中部有两周凸棱，其上饰索状纹。凸棱的上部有一方孔形门。顶长 32、宽 23 厘米，屋墙长 28、宽 18、高 19 厘米（图三一九，4）。

15. 耳杯

7 件。形制、大小基本相同。泥质红陶胎，通体施黄釉或绿釉。杯呈椭圆形，敞口，圆唇，新月形窄附耳与口部连成一体并上翘，弧腹，平底。标本 M2438：19，口长 11、宽 9、高 4.5 厘米（图三一九，6）。

16. 狗

1 件。M2438：18，泥质红陶胎，通体施绿釉。体肥，咧嘴，立耳、短尾。呈卧伏状。长 25.5、高 12 厘米（图三一九，7）。

（四）铜器

6 件。有鍪、镳壶、环首刀、尺、泡钉。

1. 鍪

1 件。M2438：3，口沿残。侈口，束颈，溜肩，鼓腹，圜底凹底。腹部有对称双耳。腹部饰数周凸弦纹。口径 20、高 17 厘米（图三一九，8）。

2. 镳壶

2 件。形制、大小基本相同。标本 M2438∶2，器身口微敛，短颈，鼓腹，圜底。底部三蹄足稍外撇。腹部有一凤首形流和一中空的管状手柄，手柄残损。口径 9.6、腹径 18 厘米（图三一九，9）。

3. 环首刀

1 件。M2438∶1，环首已残，刀身断为两段。刀背平直，刃已残。通长 31、宽 2.3、厚 0.3 厘米（图三一九，10）。

4. 尺

1 件。M2438∶4，长方形，锈蚀较严重，已不见刻度。在一端的 1.5 厘米处有一直径 0.3 厘米的穿孔。其长度略合汉代的一尺[②]。长 23.8、宽 2.2～2.3、厚 0.3 厘米（图三一九，11）。

5. 泡钉

1 件（套），共 2 枚。残损严重，用途不明。

（五）滑石器

2 件。均为璧，其纹饰和尺寸均有区别：

M2438∶35，肉、好均无缘。肉上主纹饰为在斜菱格的交叉点饰重圈纹，重圈已基本变成了圆形实点。通径 26、好径 0.6、肉厚 0.6 厘米（图三一九，16）。

M2438∶36，肉有缘。肉上主纹饰为在肉背面五分之三范围内有斜线交叉构成的菱格纹。通径 20、好径 0.6、肉厚 0.6 厘米（图三一九，17）。

（六）残铁器

多件（以 1 件计）。残损严重，应为铁棺钉锈蚀后留下的。残长 6～8 厘米。

（七）其他

2 件（套）。有货泉和铜五铢。

1. 货泉

1 件（3 枚）。钱文为悬针篆，“泉”字直竖中断。标本 M2438∶50，钱径 2.3 厘米（图三一九，12）。

2. 铜五铢

1 件（套），有 300 余枚。根据钱文书写特征和尺寸，可分为三式。

标本 M2438∶51，为磨郭钱，钱文突出高于郭面。“五”字微曲，“铢”字圆滑，“金”字的四点较短，字迹不清，制作粗糙。钱径 2.2 厘米（图三一九，13）。

标本 M2438∶52，钱郭稍宽。“五”字微曲，“铢”字圆滑，“金”字的四点较短，字迹不清，制作粗糙。钱径 2.5 厘米（图三一九，14）。

标本 M2438∶53，钱郭较宽。“五”字上下两笔平直，交叉两笔圆弧。“铢”字的“金”字头三角较钝，四点略短，“朱”字变得圆滑。钱径 2.5 厘米（图三一九，15）。

注　释

① 王永彪：《湖南常德出土一批汉代金银饼》，《文物》2013 年第 6 期。

② 杨宽：《中国历代尺度考》，上海商务印书馆，1955 年。

沅水下游汉墓（中）

湖南省常德市文物局
常德博物馆
鼎城区文物局
桃源县文物局
汉寿县文物局
编著

文物出版社

The Han Dynasty Tombs in the Lower Reaches of Yuanshui River

(II)

(With an English Abstract)

by

Administration of Cultural Heritage of Changde City, Hunan Province

Museum of Changde

Dingcheng District Administration of Cultural Heritage

Taoyuan County Administration of Cultural Heritage

Hanshou County Administration of Cultural Heritage

Cultural Relics Press

Beijing · 2016

综合研究

第伍编

ZONGHEYANJIU

第一章　随葬器物

第一节　随葬器物的分类

　　鉴于两汉墓随葬器物种类的丰富性、制作技术的复杂性和文化因素的多样性，本报告将随葬器物主要按照其质地进行分类，有陶瓷器、铜器、石器、玻璃器、铁器、金银器和漆木竹器等类别。陶瓷类又按胎质、烧成温度、釉色等不同因素分为软陶器、硬陶器、酱釉硬陶器、釉陶器、青瓷器。石器类分为滑石器和玉石器。通过这种分类方法，不仅体现出当时的人们制作不同类别器物时的取材习惯、迥异的理念、不同的劳动付出以及审美价值的差异，也能明显地将陶瓷类随葬器物的胎质、釉色、釉质、烧成温度、吸水性、颜色、硬度、纹饰等各种物理性和化学性差异较清楚地体现出来，使整理者和查阅材料的人清晰了解这几类随葬器物内在和外在的差别，也能较充分地体现出不同器物群文化因素的差异。

　　随葬器物中的印章和钱币，尽管均存在多种质地，但鉴于其使用功能的共性，不再按质地分开，以免画蛇添足。

　　软陶器，随葬的陶质明器，有泥质陶和夹砂陶两种。大多呈灰色，少量呈灰黄色和暗红色。一般火候较低，吸水性高，胎质酥松。无釉，但少量器身上可能涂黑色和白色陶衣，部分器身有彩绘。主要器形有鼎、盒、壶、钫、罐、瓮、灶、井、仓、镶壶、熏炉、镊、甑、豆、勺、盘、匕、匜、碗、灯、案、奁、量、钵、釜、瓦当、动物模型等。

　　釉陶器，主要指从新莽时期开始出现的施有绿色、黄色、暗红色釉的器类，一般周身施釉，烧成温度不高，胎体吸水性偏高。初期胎体酥松，釉层和胎体结合不紧，釉层脱落较严重。部分烧造时可能因受火情况的差异而造成同一件器物的局部釉层脱落，局部硬度高，釉层有烧结等现象。最初出现的是低温铅釉陶，之后，釉陶器在东汉中期开始大量出现，烧成温度逐渐提高，技术逐渐成熟。

　　低温铅釉陶，本区最早出现于新莽时期，为一件绿釉水波纹双唇罐（D3M24∶50）。低温铅釉陶的起源及发展，目前学术界看法并不统一。陈彦堂氏认为"目前所知的中国最早的低温铅釉陶器出现在西汉早期晚段"[①]，具体的墓葬资料是陕西西安龙首原西北医疗设备厂 M170 所出的十余件釉陶器。王仲殊氏[②]认为，铅釉陶起源于关中地区，然后东渐和南传。目前南方地区，尤其是湖南地区的低温铅釉陶器出现较晚[③]。高至喜氏[④]综合长沙汉墓资料后认为长沙地区的低温铅釉陶最早出现在东汉早期，但并没有流行，直到东汉中期才正式流行起来。

釉陶器的主要器形有鼎、灯、灶、井、镶壶、熏炉、房、猪圈、鸡舍、狗、猪及鸡等动物模型，大多是模仿现实生活。东汉中晚期，釉陶器开始衰落，本地的青瓷器开始出现，以后在相当长的时期内，釉陶器和青瓷器都是并驾齐驱，灰陶器成为陪衬。

新莽墓 M2056 出土的两件釉陶钫较特殊，是本报告中收录的仅有的两件灰白色釉陶器。其胎体中的 Fe_2O_3 含量较低，Al_2O_3 的含量超过 20%，接近瓷石中 Al_2O_3 含量的最高值。因釉中 CaO 含量较低，Fe_2O_3 的含量也较低，仅为 2% 左右，要烧成白瓷对烧造温度和火候要求更高，但当时的窑工并没有掌握此类技术，因此，烧成后其釉呈青灰色，更接近无色透明釉，胎的烧结也并不完全，生烧严重，胎和釉结合不紧密，出现大面积剥釉，显示出烧制技术尚不成熟。

硬陶器，是不同于"软陶器"器类的称谓。本报告中将硬度高、吸水性低、不施釉的器类称为硬陶器，主要器形为罐。

酱釉硬陶器，应是施釉的硬陶器，也属高温钙釉陶的范畴。一般在器物的表面施有一层薄薄的釉，烧成后一般呈酱黑色、酱黄色。施釉的部位一般位于器物的口部、肩部和上腹部，通体施釉的仅见于 M2025 一座墓中。釉层较薄，局部流釉处有玻璃化的现象，烧成温度应"接近甚至高于 1100℃"（见附录一）。早期的酱釉硬陶器胎体一般厚重，采用普通的陶土，而且比普通的硬陶器胎体所夹砂粒更多更大，没有使用瓷土的现象。酱釉硬陶器烧成后胎体硬度大，吸水性小，敲击有声，非常实用。沅水下游出土的酱釉硬陶器出现较早，在西汉早期中段已大量出现，其中四座墓葬（如 M2129、M2131、M2137、M2138）的随葬器物就以酱釉硬陶器为主，仅有极少数其他器类。酱釉硬陶器以鼎、盒、壶为主，造型与普通软陶器并无太大区别。西汉中期开始模仿青瓷瓿、壶的器形，胎体仅少数为素面，大多数拍印细方格纹。中晚期时，酱釉硬陶器虽在外形上明显模仿外来青瓷器的器形，但制作工艺依然完全本地化。胎体上的方格纹越来越密，越来越细，部分通体（底部除外）均有。到东汉早中期时，因釉陶器的大量出现和烧制成熟，很快就取代了酱釉硬陶器。

青瓷器，本报告收录的新莽以前及部分东汉墓葬出土的"青瓷器"主要指壶和瓿这两种器形，同样的器类在浙江、江苏、山东、湖北、陕西等地都有大量出土，但最为集中的可能属江浙一带。长期以来，这类器物在江浙一带常称"高温钙釉陶器"、"高温釉陶器"[⑤]，在湖北则称"釉陶器"[⑥]，近来研究此类器物的杨哲峰先生则称之为"江东类型陶瓷器"[⑦]。本报告中收录的青瓷壶和瓿共 68 件（表一〇），经过北京大学考古与文博学院科技考古实验室检测分析（见附录一），不仅其釉色"和后世传统意义的青瓷几无二致，其成分也非常接近后世青瓷的成分"，"其胎的化学元素组成与越窑系的青瓷胎化学组成十分接近"，"初步可以判定很可能是来自越窑系的产品"。

本报告收录的 14 件青瓷碗和坛，不论器形还是釉色、胎质，均与本报告的"青瓷壶"、"青瓷瓿"有较大区别，但和湖南地区的湘阴窑、长沙窑的青瓷器已非常接近，应属本地烧制的釉陶器发展的产物。

本报告所收录的 485 座两汉墓葬共出土随葬器物 8147 件（组）。按照质地分为软陶器、硬陶器、酱釉硬陶器、釉陶器、青瓷器、滑石器、玉石器、玻璃器、金银器、铁器、漆木器等，按器形大致可分为近 90 种。

第二节　软陶器

共 5028 件（组），约占随葬器物总数的 61%。其中形态明确的 3385 件。分为鼎、盒、壶、钫、罐、瓿、灶、井、仓、镳壶、熏炉、豆、盘、勺、匜、匕、镆、釜、甑、碗、灯、盆、案、仓、钵、碟、杯、衮、锺、量、瓦当、器盖和动物模型等。

一　鼎

961 件，其中形态明确的 591 件。根据腹、底等部位及整体造型差异可分为十二型。

A 型

7 件。泥质灰陶。子母口承盖，盖上有三对称分布的卧羊形纽，盖顶有一周圈足状捉手，纽外有一周凸弦纹。鼎身敛口，折腹，圜底，三高兽面蹄足，长方形附耳外撇。此类鼎与楚式鼎几乎完全相同，明显属楚式风格的传承。

标本 M2374：18，口径 15.8、通宽 22.6、通高 22.4 厘米（图三二〇，1；图版二九，1）。

B 型

83 件。泥质灰陶。子母口承弧形盖，盖上无纽无纹饰。鼎身敛口，扁腹，圜底，三高扁足较直，长方形附耳外撇。可分为二式。

Ⅰ式　16 件。腹扁较严重，三足较直较高，附耳外撇。

标本 M2363：6，口径 16.2、通宽 25.6、通高 16.2 厘米（图三二〇，2；图版二九，2）。

Ⅱ式　67 件。腹变高，三蹄足变矮，折附耳直立。

标本 M2166：5，口径 15.2、腹径 18、通高 14.6 厘米（图三二〇，3；图版二九，3）。

C 型

89 件。泥质灰陶，少数红陶胎体夹砂。子母口承弧形盖，盖顶平。鼎身敛口，斜收腹，平底。长方形折附耳，三蹄状足稍外撇。可分为三式。

Ⅰ式　7 件。鼎身敛口，斜收腹，平底。腹部有一道折棱。长方形附耳直立。三蹄状足截面近圆形。

标本 M2211：11，口径 14.8、底径 11.2、通高 14.4 厘米（图三二〇，4；图版二九，4）。

Ⅱ式　68 件。鼎身敛口，斜收腹，平底。长方形折附耳外撇较甚。三蹄状足外撇，截面近半圆形。

标本 M2158：13，盖较平，腹较深，大平底。口径 14、腹径 16.8、通高 12.8 厘米（图三二〇，5）。

标本 M2213：10，子母口内敛，深腹，平底。口沿对称长附耳的端部外折。盖径 17、口径 18.8、通高 15 厘米（图三二〇，6；图版三〇，1）。

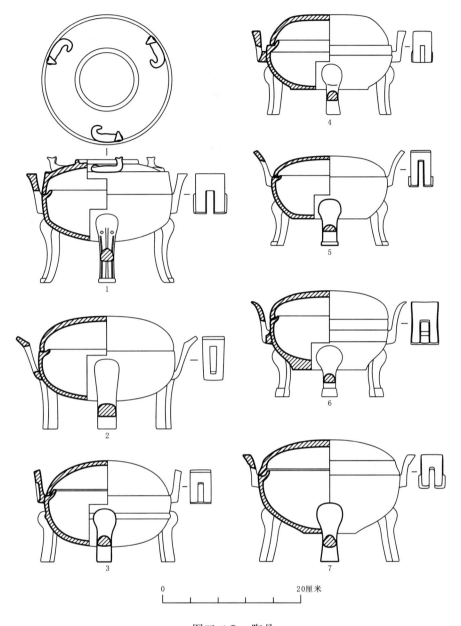

图三二〇　陶鼎

1. A 型（M2374∶18）　2. B 型Ⅰ式（M2363∶6）　3. B 型Ⅱ式（M2166∶5）　4. C 型Ⅰ式（M2211∶11）　5、6. C
型Ⅱ式（M2158∶13，M2213∶10）　7. C 型Ⅲ式（M2198∶28）

Ⅲ式　14 件。鼎身敛口，深弧腹，小平底。长方形附耳的耳端外折。三高蹄足外撇较甚，足
截面基本呈圆形。

标本 M2198∶28，口径 17.2、腹径 20.2、通高 17.4 厘米（图三二〇，7；图版三〇，2）。

D 型

18 件。泥质灰陶。子母口承弧形盖，盖隆起。深腹，圜底，折附耳。三兽面蹄足位于鼎腹中
部，外撇较明显。

标本 M2222∶11，盖径 18.8、口径 16、腹径 19.2、通高 17.4 厘米（图三二一，1；图版三〇，
3）。

标本 M2203∶10，盖径 17.4、口径 15.2、通高 16.4 厘米（图三二一，2）。

E 型

103 件。泥质灰陶。子母口承弧形盖，盖隆起。鼎腹较深，圜底，附耳外撇。三兽面矮蹄足位于鼎腹下部，内敛较明显。

标本 M2207：26，口内敛，腹较深，圜底。口沿下方形折附耳较矮，稍外撇。扁足内敛。盖径 17.4、口径 15.2、通高 15.2 厘米（图三二一，3；彩版一一一，1；图版三〇，4）。

标本 M2156：12，口径 16.6、腹径 19.2、通高 18 厘米（图三二一，4）。

标本 M2199：14，方形折附耳较高，接近鼎盖高度，外撇稍甚。口径 16.8、腹径 18.4、通高 15.6 厘米（图三二一，5；彩版一〇四，2；图版三一，1）。

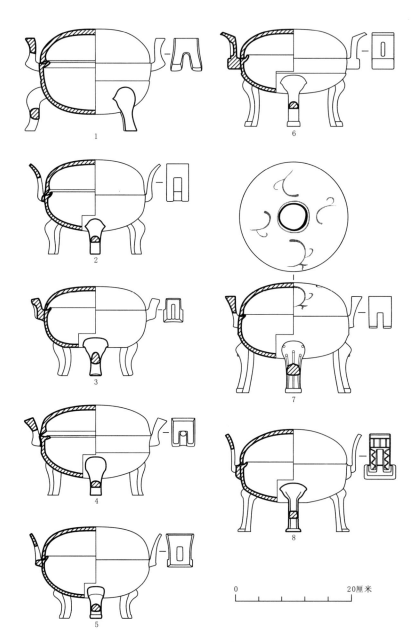

图三二一　陶鼎

1、2. D 型（M2222：11，M2203：10）　3~5. E 型（M2207：26，M2156：12，M2199：14）

6. F 型 I 式（M2222：22）　7. F 型 II 式（M2375：7）　8. F 型 III 式（M2159：10）

F 型

61 件。子母口承弧形盖，盖隆起。圜底，折附耳较高，一般高度超过鼎盖。兽面高蹄足。可分为三式。

Ⅰ式 6 件。腹较浅，器身较扁。口沿对称长方形折附耳末端外折较甚，兽面高蹄足。

标本 M2222：22，盖径 18、口径 15.2、腹径 18、通高 16.6 厘米（图三二一，6；彩版一一五，2；图版三一，2）。

Ⅱ式 8 件。多外涂黑色陶衣，在陶衣上用黑色和红色两种颜料绘草叶纹和变形云纹。深腹，圜底，器身变高。三高兽面蹄足稍外撇，长方形附耳略外撇。

标本 M2375：7，口径 16.4、通径 23.2、通高 18.8 厘米（图三二一，7；图版三一，3）。

Ⅲ式 47 件。腹稍浅，圜底近平，三兽面扁足外撇，口沿对称外撇附耳的高度超过鼎盖。耳外侧有刻划纹。

标本 M2159：10，口径 16.2、通经 23.6、通高 17.4 厘米（图三二一，8；图版三一，4）。

G 型

58 件。子母口承弧形盖。口内敛，深弧腹，圜底近平，三兽面蹄足，长方形直立折附耳。可分为二式。

Ⅰ式 13 件。腹较深，圜底近平，三兽面高蹄足稍外撇。

标本 M2112：6，口径 14、腹径 17.2、通高 14.4 厘米（图三二二，1）。

Ⅱ式 45 件。盖隆起，腹变深，圜底近平。鼎底部直径大于鼎口部。三矮蹄足，长方形折附耳耳端稍外折。

标本 M2200：24，盖径 17.4、口径 15.6、通宽 21.2、通高 16.4 厘米（图三二二，2；彩版一〇四，3；图版三二，1）。

H 型

13 件。浅腹，弧形盖，盖顶近平。圜底，三兽面高蹄足稍外撇，直立折附耳。

标本 M2148：17，口径 15.2、通宽 19.6、通高 13 厘米（图三二二，3）。

J 型

154 件。子母口承盖。盖面隆起，顶部有立纽。口内敛，腹壁呈圆形。三蹄足。可分为八式。

Ⅰ式 4 件。弧形盖稍扁，盖顶有三梯形实心小纽。鼎身敛口，深腹，圜底，三矮蹄足，口沿对称有直立附耳。腹部有一道凸棱。

标本 M2190：20，口径 21.2、腹径 25.6、通高 20.6 厘米（图三二二，4；图版三二，2）。

Ⅱ式 7 件。弧形盖较扁，盖上三立纽，纽中部有穿孔，纽的高度增加。折腹，圜底，三蹄足稍外撇，长立附耳，耳顶端外折。鼎腹中部有一道折棱。鼎身和顶盖均有用黑色颜料绘制的蕉叶纹和柿蒂叶纹，盖上纹饰保存基本完整，鼎身纹饰脱落严重。

标本 M2096：50，口径 17.2、腹径 20.8、通高 19.8 厘米（图三二二，5；图版三二，3）。

Ⅲ式 53 件。盖面隆起，盖上有对称三立纽，纽中部有穿孔，纽的高度增加。深腹，腹壁呈圆形，圜底。三兽面蹄足，横断面近半圆形。长方形附耳的顶端外折。

标本 D3M27：35，腹部有一道凹弦纹。口径 18.4、腹径 19.6、通高 19.6 厘米（图三二二，6；彩版一一，2；图版三二，4）。

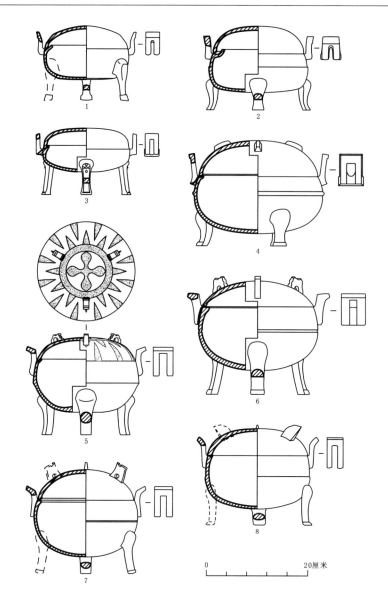

图三二二　陶鼎

1. G 型 I 式（M2112：6）　2. G 型 II 式（M2200：24）　3. H 型（M2148：17）　4. J 型 I 式（M2190：20）　5. J
型 II 式（M2096：50）　6. J 型 III 式（D3M27：35）　7. J 型 IV 式（D7M4：11）　8. J 型 V 式（M2362：10）

IV 式　12 件。圆口承盖，盖隆起，上有三带穿孔的立纽，深弧腹，圜底，三蹄足逐渐变细变高。附立耳外折。腹部饰一道凹弦纹。

标本 D7M4：11，口径 18.8、腹径 20.4、通高 21.8 厘米（图三二二，7；图版三三，1）。

V 式　21 件。泥质灰陶，外涂黑色陶衣。子母口承盖，盖面隆起，盖顶有三角形纽，纽上已无穿孔。鼎身敛口，鼓腹，长方形附耳外撇。

标本 M2362：10，通高 20、通径 21 厘米（图三二二，8）。

VI 式　31 件。子母口承盖，盖浅而扁，盖上有三梯形实心纽。敛口，三蹄足，长附耳外弧或弧折。最大腹径位于上腹部或口沿外。

标本 D8M4：20，深弧腹，圜底，三蹄足较高，稍外撇。上腹对称附立耳外折。口径 17.6、通高 19 厘米（图三二三，1；彩版六〇，1；图版三三，2）。

标本 M2023:19，子母口内敛，折肩，深腹，圜底。三兽面蹄足稍内敛，腿中部有一道凹槽。长方形附耳外撇。口径 14.2、通高 19 厘米（图三二三，2；彩版七〇，2；图版三三，3）。

Ⅶ式　7 件。口内敛，腹变浅，腹壁呈圜形，圜底。腹部有一道凸棱。三兽面蹄足上有扉棱，有的兽面似人面。长方形附耳外撇，耳上部饰有菱格纹。

标本 M2020:26，口径 16.6、高 16.6 厘米（图三二三，3；彩版六八，2；图版三三，4）。

Ⅷ式　19 件。盖扁圆，盖顶的纽已经演变成仅中心有一梯形实心纽。扁腹，圜底近平。三兽蹄足位于鼎腹的底部。

标本 M2086:4，最大腹径在口沿之下。口径 17.8、腹径 20、通高 19.5 厘米（图三二三，4；彩版七八，3；图版三四，1）。

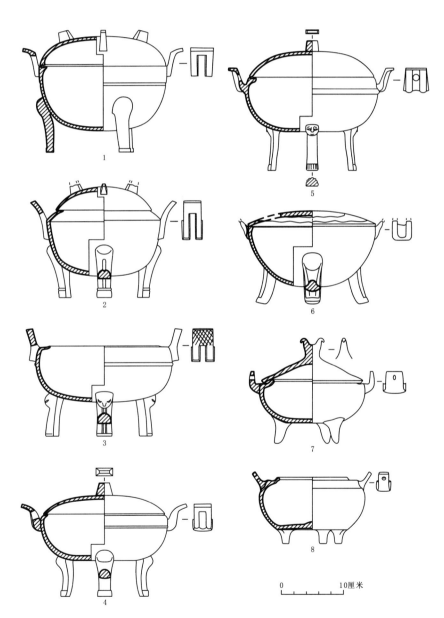

图三二三　陶鼎

1、2. J 型Ⅵ式（D8M4:20，M2023:19）　3. J 型Ⅶ式（M2020:26）　4、5. J 型Ⅷ式（M2086:4，D3M28:8）
6. K 型（D2M7:2）　7. L 型（M2429:14）　8. M 型（M2384:10）

标本 D3M28：8，口沿下对称附耳外撇，人面形三扁足，耳下有一道宽凹折棱。口径 20、腹径 22、通高 20 厘米（图三二三，5；彩版四三，1；图版三四，2）。

K 型

1 件。平沿承盖，盖顶近平。口微内敛，斜弧腹，身近钵形，最大腹径位于鼎口，圜底，三蹄足外撇，附耳简化而矮小。标本 D2M7：2，口径 20、通高 15 厘米（图三二三，6；图版三四，3）。

L 型

2 件。子母口承盖。盖顶部有一高捉手（纽）。鼓腹，圜底近平。下有三锥状足。

标本 M2429：14，腹部对称附立贯耳。口径 12.8、通宽 19.8、通高 16.4 厘米（图三二三，7；彩版一四〇，1；图版三四，4）。

M 型

2 件。敛口，子母口承盖，上腹鼓，下腹斜收，平底稍内凹。口沿外附耳外撇，耳上有孔。

标本 M2384：10，盖已失。口径 11、通径 18.8、高 11.2 厘米（图三二三，8；彩版一一八，4；图版三五，1）。

二 盒

774 件，其中形态明确的 577 件。根据盖、底的变化及整体造型差异可分为五型。

A 型

137 件。泥质灰陶，上有黑色陶衣。子母口承弧形盖，盖顶有圈足状捉手。盒身敛口，深腹斜收，平底或矮圈足。可分为四式。

Ⅰ式　5 件。盖和腹部均有三道凹弦纹，盖和身扣合不严密。盖稍扁，盒身腹部较深。

标本 M2374：14，口径 16、底径 9.4、通高 14.4 厘米（图三二四，1；图版三五，2）。

Ⅱ式　67 件。盖和身高度基本相当，均有多道弦纹。盖上圈足状捉手高而深，底部圈足变成平底状。整个器身窄而高。

标本 M2200：28，口径 13.6、底径 7.6、通高 17 厘米（图三二四，2）。

Ⅲ式　63 件。盖和身高度基本相当，盖和底的圈足浅而平。整个器身显得扁平。

标本 M2156：18，盒盖与盒身基本相同，沿均内斜。口径 19、底径 8.8、通高 12.4 厘米（图三二四，3；图版三五，3）。

Ⅳ式　2 件。弧形盖上部有矮圈足形捉手，盒身为斜收腹，矮圈足。

标本 M2345：14，器表有黄灰色陶衣，上部有使用黑色和红色颜料彩绘的图案——宽条带纹、旋转涡纹、变形鸟兽纹等，彩绘脱落较严重。盖径 16.2、顶径 7.2、高 5.4 厘米（图三二四，4）。

B 型

155 件。泥质灰陶。子母口承弧形盖，盒盖上有圈足状捉手，盒底较平。可分为六式。

Ⅰ式　10 件。盒身和盒盖基本同高。盒盖的圈足状捉手较高，盒底平而稍内凹。

标本 M2222：29，盒身口径 16.6、底径 8.2、通高 15.2 厘米（图三二四，5；图版三五，4）。

Ⅱ式　105 件。子母口承弧形盖，盒盖上有圈足状捉手，盒底平。

标本 M2120：11，盖径 20、高 6.4 厘米；盒身口径 16.4、底径 7.8、高 7.5 厘米（图三二四，6）。

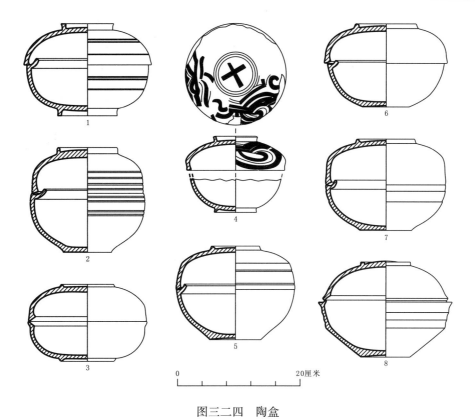

图三二四　陶盒

1. A 型 I 式（M2374：14）　2. A 型 II 式（M2200：28）　3. A 型 III 式（M2156：18）　4. A 型 IV 式（M2345：14）
5. B 型 I 式（M2222：29）　6～8. B 型 II 式（M2120：11，M2209：19，M2198：19）

标本 M2209：19，盒身口径 16.6、底径 8.4、通高 14.4 厘米（图三二四，7；图版三五，5）。

标本 M2198：19，子母口较宽。盒身腹部下收，有多道折棱。盖径 20.2、高 6.4 厘米，盒身口径 19.4、底径 8、高 9.2 厘米，通高 15.4 厘米（图三二四，8）。

III 式　7 件。子母口承盖，盒盖和盒身高度不同，盖顶有矮圈足状捉手。盒身敛口，斜收腹，平底。

标本 M2190：21，盖径 24.4、高 8.8 厘米；盒身口径 23.6、高 10.6 厘米，通高 19 厘米（图三二五，1；彩版九七，3；图版三五，6）。

IV 式　12 件。子母口承盖，弧形盖顶部圈足状捉手较高。敛口，深腹，平底。

标本 M2096：54，盒身和盒盖上均用黑色颜料绘制了蕉叶纹、宽带纹和叶纹，盖上的纹饰多保存基本完整，身上纹饰脱落严重。口径 18、腹径 20.6、底径 10.2、通高 18.8 厘米（图三二五，2；彩版八一，2；图版三六，1）。

V 式　17 件。涂有黑色陶衣。子母口承弧形盖，盒身敛口，深腹，平底。

标本 M2359：13，口径 20、底径 8.8、通高 10.8 厘米（图三二五，3）。

VI 式　4 件。子母口承盖，盖顶有圈足状捉手，下部有一道凹弦纹。盒身子母口内敛，斜收腹，腹特别深，平底。盒身上饰多道凹弦纹。

标本 M2362：60，口径 16.4、底径 8、通高 14.4 厘米（图三二五，4）。

C 型

50 件。子母口承弧形矮盖。盒身敛口，斜收腹或弧腹，平底稍内凹成圈足状或为矮圈足状。

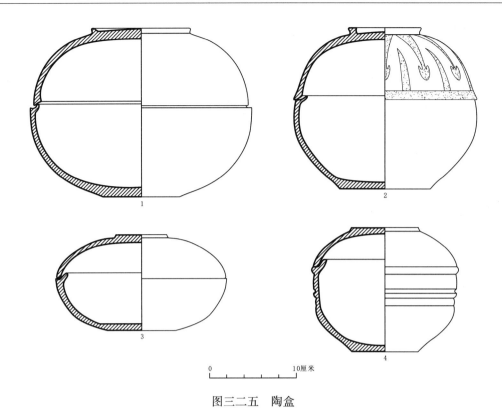

图三二五　陶盒

1. B 型Ⅲ式（M2190：21）　2. B 型Ⅳ式（M2096：54）　3. B 型Ⅴ式（M2359：13）　4. B 型Ⅵ式（M2362：60）

可分为二式。

Ⅰ式　6 件。盒身敛口，斜收腹，平底稍内凹。

标本 M2211：8，泥质灰陶。盒身口径 14.8、底径 8.6、通高 10 厘米（图三二六，1；图版三六，2）。

Ⅱ式　44 件。弧形盖面隆起，平底稍内凹呈矮圈足状。

标本 M2130：4，身为内斜沿，尖唇，弧腹。口径 19.4、底径 9、通高 12.4 厘米（图三二六，2；图版三六，3）。

标本 M2379：5，盖和身扣合严密。盖径 19.8、底径 8.8、通高 14.6 厘米（图三二六，3）。

D 型

191 件。弧形盖，盒身平底，腹较深。可分为四式。

Ⅰ式　91 件。泥质灰陶。盖为覆钵形，盒身子母口承弧形盖，口内敛，深腹，平底或稍内凹。

标本 M2112：18，黑色陶衣。口径 14.4、底径 7.6、通高 11.8 厘米（图三二六，4）。

标本 M2148：20，腹较浅，平底稍内凹，整个器身呈扁椭圆形。盖和盒身均有一道凹弦纹。口径 14.4、底径 9.4、通高 10.2 厘米（图三二六，5）。

标本 M2148：32，深腹，平底稍内凹。口径 15、底径 7.4、通高 11.8 厘米（图三二六，6）。

标本 M2363：3，通体有黑色陶衣。深腹，平底稍内凹。口径 14、底径 6.4、通高 11.8 厘米（图三二六，7）。

标本 M2375：5，盒身敛口，深腹斜收，平底。盖和身扣合较严密。口径 16.6、底径 7.8、通高 13.4 厘米（图三二六，8）。

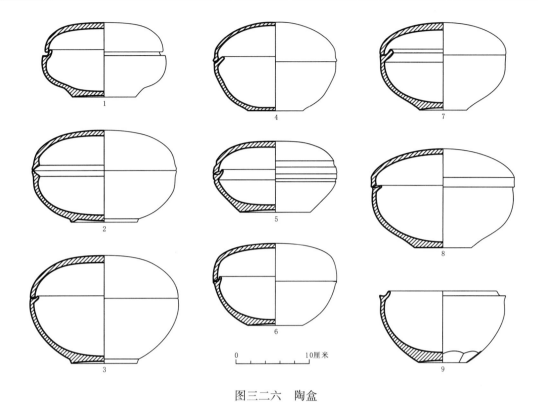

图三二六　陶盒

1. C 型 I 式（M2211∶8）　2、3. C 型 II 式（M2130∶4，M2379∶5）　4～9. D 型 I 式（M2112∶18，M2148∶20，M2148∶32，M2363∶3，M2375∶5，M2375∶8）

标本 M2375∶8，盖已失。盒身敛口，斜收腹，平底内稍凹。底外部可见明显的削胎痕迹。口径 14.4、底径 6.6、高 9.7 厘米（图三二六，9）。

II 式　43 件。盖和身多扣合严密。盖隆起，器身为深腹，内斜沿，弧腹内收，平底。盖和身的高度差别不大，整个器身接近圆形。

标本 D3M29∶16，整个器身近圆形。口径 18、底径 9、通高 17 厘米（图三二七，1；图版三六，4）。

标本 D9M2∶10，盒身子母口内敛，深腹，平底，整个器身近圆形。口径 18.3、底径 9.3、通高 17.1 厘米（图三二七，2）。

标本 M2344∶16，平口承弧形盖，盖顶稍平。盒身微敛口，深腹，小平底内凹。盖和身差别较大，不能较好扣合。口径 18、底径 9、通高 17.8 厘米（图三二七，3）。

标本 D8M3∶53，盖顶稍平，身之腹较深，尖唇，内斜沿，弧腹内收，平底略内凹。口径 20.4、底径 8、通高 14.3 厘米（图三二七，4；彩版五五，1；图版三六，5）。

标本 D7M4∶10，口径 20、底径 9.2、通高 17 厘米（图三二七，5；图版三六，6）。

标本 D7M5∶15，口径 20、底径 8.6、通高 16.6 厘米（图三二七，6）。

III 式　15 件。泥质灰陶，多有黑色陶衣。平口承盖，盖身较扁，盒身腹较深，大平底。盖和身扣合严密。

标本 M2362∶16，口径 20、底径 9.6、通高 14.4 厘米（图三二八，1）。

IV 式　31 件。由盖和身组成。盒身深腹，尖唇，内斜沿，下腹斜内收，大平底。盖的高度仅占盒整体高度的三分之一。

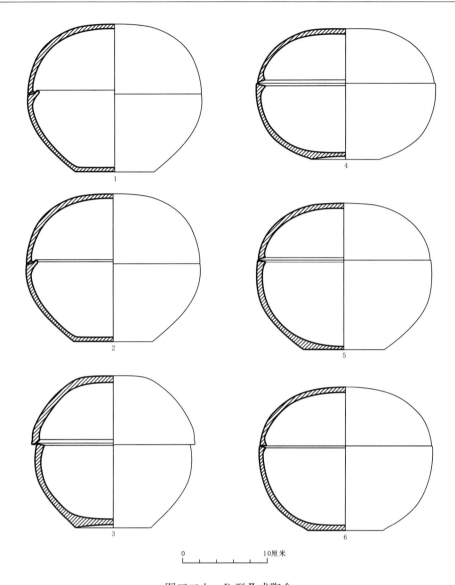

0　　　　　　　10厘米

图三二七　D型Ⅱ式陶盒

1. D3M29∶16　2. D9M2∶10　3. M2344∶16　4. D8M3∶53　5. D7M4∶10　6. D7M5∶15

标本 D3M16∶5，口径 19.4、腹径 20、底径 9.6、通高 13.6 厘米（图三二八，2；图版三七，1）。

Ⅴ式　11 件。盒身深腹，尖唇，平沿，弧腹，大平底。盖多显扁而矮，高度仅占盒整体高度的四分之一。

标本 D3M28∶12，盖已失。口径 19.6、底径 11.6、高 9 厘米（图三二八，3；图版三七，2）。

E 型

44 件。泥质灰陶。子母口承盖，弧形盖稍扁。盒身敛口，斜收腹，腹部较浅，平底略内凹。盒身整体扁矮。

标本 M2206∶34，盖径 18.6、高 4.2 厘米；盒身口径 18.6、底径 9、通高 11 厘米（图三二八，4；图版三七，3）。

标本 M2207∶14，盖径 17、高 4.2 厘米；盒身口径 14.8、底径 8、通高 9.6 厘米（图三二八，5）。

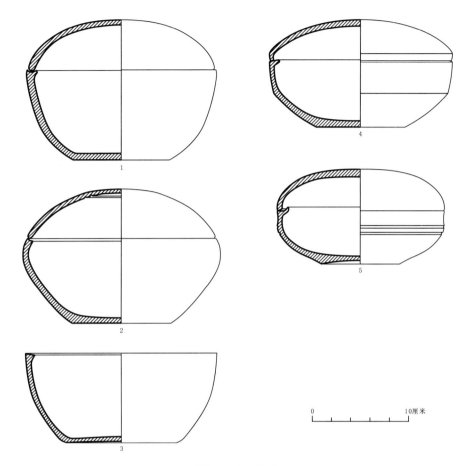

图三二八 陶盒

1. D 型Ⅲ式（M2362：16） 2. D 型Ⅳ式（D3M16：5） 3. D 型Ⅴ式（D3M28：12） 4、5. E 型（M2206：34、M2207：14）

三 壶

860 件，其中形态明确的 596 件。根据盖、腹、足部的变化及整体造型差异可分为十二型。

A 型

4 件。均出土于 M2374 中。泥质灰陶。弧形盖上有三锥体状长纽。粗颈已残，鼓腹下垂，高圈足外撇。腹部无环无铺首。该壶与楚式晚期壶接近。

标本 M2374：4，盖径 12.2、高 5.6 厘米，腹径 21.4、底径 13.4、残高 18.8 厘米（图三二九，1；图版三七，4）。

B 型

4 件。均出土于 M2363 中。泥质灰陶，多施有黑色陶衣。平沿承圆饼形盖，盖下有子口深入壶口内与之套合。壶口微侈，圆唇，粗长颈，鼓腹下垂，底平，高圈足较直。

标本 M2363：13，口径 9、腹径 18.4、底径 13.6、通高 32.2 厘米（图三二九，2；彩版一一七，2；图版三七，5）。

C 型

1 件。泥质灰陶。侈口，稍内斜沿，尖唇。束颈，长弧腹下垂，高圈足。底近平。标本 M2211：2，口径 10.2、腹径 15.8、底径 13、高 22.4 厘米（图三二九，3；图版三七，6）。

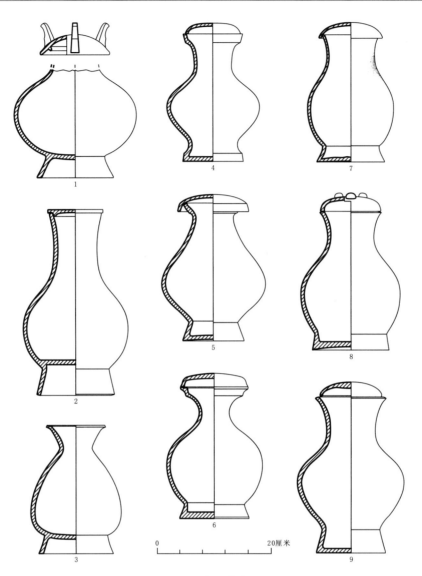

图三二九　陶壶

1. A 型（M2374:4）　2. B 型（M2363:13）　3. C 型（M2211:2）　4、5. Da 型 I 式（M2158:4，M2156:5）　6. Da 型 II 式
（M2215:9）　7. Db 型 I 式（M2112:16）　8. Db 型 II 式（M2207:32）　9. Db 型 III 式（M2166:8）

D 型

176 件。为平底假圈足。可分为二个亚型。

Da 型

75 件。平底假圈足，盘状口。可分为二式。

I 式　35 件。弧形盖，盖上无纽。口沿外折近盘口状，束颈，鼓腹较高，平底假圈足。

标本 M2158:4，长折颈，鼓腹较高，平底假圈足。盖小于口。口径 10.4、腹径 16.2、底径
10.6、高 24 厘米（图三二九，4；图版三八，1）。

标本 M2156:5，盖比口大。口径 10.4、腹径 18.2、底径 10.8、通高 27 厘米（图三二九，5；
图版三八，2）。

II 式　40 件。泥质灰陶。平沿承弧形盖，盖上无环无纽。尖唇，口沿下折成盘口状，鼓腹下
垂，平底假圈足。盖径和口径基本相当。

标本 M2215：9，口径 11.8、腹径 16.8、底径 12.2、通高 25.4 厘米（图三二九，6；图版三八，3）。

Db 型

101 件。平底假圈足，侈口。可分为五式。

Ⅰ式　24 件。平口承弧形盖。束颈，斜溜肩，腹略鼓，最大腹径偏下，平底假圈足。颈部和上腹部饰错乱绳纹。盖径大于口径。

标本 M2112：16，口径 10、腹径 15.4、底径 12、通高 24 厘米（图三二九，7）。

Ⅱ式　16 件。平底假圈足。由盖和身组成。壶身平沿，尖唇，侈口，长弧腹。盖径和口径基本相当。

标本 M2207：32，弧形盖，盖上有三乳状纽。平底假圈足稍内凹。口径 10.6、腹径 17.2、底径 13.2、通高 24.2 厘米（图三二九，8；图版三八，4）。

Ⅲ式　34 件。泥质灰陶。外斜沿，弧形盖，圆唇，敞口，长颈，鼓腹，最大腹径位于中部，平底假圈足。盖径小于口径。

标本 M2166：8，口径 12.4、腹径 18.6、底径 12.2、通高 29.8 厘米（图三二九，9；图版三九，1）。

Ⅳ式　24 件。平沿承弧形盖，盖上无环无纽。尖唇，粗颈，长弧腹，平底假圈足。

标本 M2218：20，口径 12.4、腹径 17.2、底径 12.2、通高 28 厘米（图三三〇，1；图版三九，2）。

Ⅴ式　3 件。泥质黄胎上施黑色陶衣。壶身侈口，鼓腹，最大腹径偏上，平底假圈足。肩部饰多道折棱和凸弦纹。

标本 M2359：7，口径 14、腹径 24、底径 14.4、通高 31.2 厘米（图三三〇，2）。

E 型

152 件。泥质灰陶，圈足较高。根据口沿的不同可分为二个亚型。

Ea 型

93 件。口部为盘口状。根据其圈足、腹部等不同，可分为三式。

Ⅰ式　19 件。平沿承盖，盖隆起，上无纹无纽。壶身平沿，尖唇，口折成盘口。长细颈，鼓腹下垂。底内凹，圈足外撇。

标本 M2375：42，盖下有子口深入壶之盘口内。口径 11.4、腹径 18.6、底径 12.8、通高 29.6 厘米（图三三〇，3；图版三九，3）。

标本 M2213：2，尖唇。弧形盖比壶口大。口径 11.4、腹径 18.2、底径 11.4、通高 26 厘米（图三三〇，4）。

Ⅱ式　42 件。弧形盖。壶身平沿，尖唇，口敞，折颈近盘口状，鼓腹下垂，高圈足外撇。

标本 M2204：5，盖径 12.4、高 3.4 厘米，口径 12.2、腹径 19.4、底径 15.4、通高 27.8 厘米（图三三〇，5；图版三九，4）。

Ⅲ式　32 件。弧形盖下子口深入壶口内。壶身为尖唇，平沿，折颈成盘口状，弧长颈，弧腹，高圈足外撇，底平。颈部、腹部各有多道凹弦纹。

标本 M2200：18，盖径 11.4、高 2.3 厘米，口径 10.4、腹径 16.4、底径 11.6、通高 26.4 厘米

（图三三〇，6；图版四〇，1）。

Eb 型

59 件。口沿为侈口状。根据其圈足、腹部等不同，可分为五式。

Ⅰ式　6 件。侈口，鼓腹下垂，圈足外撇呈喇叭形。盖径小于口径。

标本 M2148：10，口径9.8、腹径17、底径10.6、通高21.6厘米（图三三〇，7；图版四〇，2）。

Ⅱ式　5 件。侈口，鼓腹，最大腹径位于中部，颈径和圈足直径差别不大。高圈足外撇。盖径大于口径。

标本 M2148：3，口径9.4、腹径17.4、底径12、通高25.4厘米（图三三〇，8；图版四〇，3）。

Ⅲ式　20 件。侈口，尖唇，长弧腹，圈足变矮。盖径和口径基本相当。

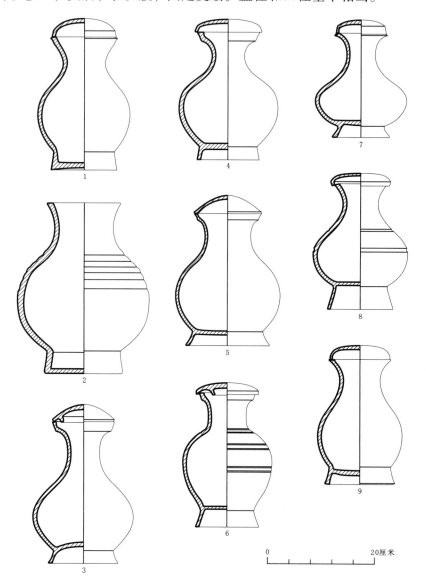

0　　　　　　　　　　　20厘米

图三三〇　陶壶

1. Db 型Ⅳ式（M2218：20）　2. Db 型Ⅴ式（M2359：7）　3、4. Ea 型Ⅰ式（M2375：42，M2213：2）　5. Ea 型Ⅱ式（M2204：5）　6. Ea 型Ⅲ式（M2200：18）　7. Eb 型Ⅰ式（M2148：10）　8. Eb 型Ⅱ式（M2148：3）　9. Eb 型Ⅲ式（M2211：4）

标本 M2211：4，口径 11.4、腹径 15.6、底径 13、通高 25.6 厘米（图三三〇，9；图版四〇，4）。

Ⅳ式　16 件。泥质灰陶。弧形盖，盖顶无纽，盖下子口深入壶口内。敞口，长颈，鼓腹位于中部，喇叭形高圈足。颈径和底径相当。

标本 M2157：5，口径 10.6、腹径 16.2、底径 10.2、高 24.2 厘米（图三三一，1；图版四一，1）。

Ⅴ式　12 件。泥质灰陶。由盖和身组成。盖呈弧形。壶身宽沿稍内凹，圆唇，矮颈，大鼓腹下垂，高圈足外撇。颈部、上下腹部均有多道凹弦纹。

标本 M2203：2，盖径 12.2、高 2.4 厘米，口径 11.2、腹径 20.4、底径 15.4、通高 23.4 厘米（图三三一，2；图版四一，2）。

F 型

7 件。泥质灰陶。是一种个体较小的特殊陶壶，属明器中的模型器。平底假圈足，壶身平沿，尖唇，侈口，鼓腹下垂。

标本 M2132：24，口径 4.8、腹径 8、底径 4.4、高 9 厘米（图三三一，3）。

标本 M2136：43，口径 5、腹径 8.4、底径 4.6、高 9.6 厘米（图三三一，4）。

标本 M2209：13，口径 5.4、腹径 8.6、底径 4.4、高 8.8 厘米（图三三一，5）。

G 型

5 件。泥质灰陶。平沿承弧形盖，盖上无纽和耳，盖下有子口，但没有伸到壶口沿内。壶身侈口，宽平沿，粗束颈，鼓腹下垂，高圈足略外撇。腹部饰有对称鼻纽铺首。肩部、腹部饰多道弦纹，高圈足近底处有折棱。

标本 M2372：9，口径 17.8、腹径 25.8、底径 15.8、通高 42.4 厘米（图三三一，6；图版四一，3）。

标本 M2201：22，盖略呈圆弧的头盔状，边沿略外翘。盖径 18.2、高 5 厘米，口径 16.8、腹径 26.2、底径 17、通高 39.2 厘米（图三三一，7）。

H 型

16 件。外斜沿，尖唇，沿外有两周凸棱。侈口，粗颈，鼓腹位于中部，平底假圈足。可分为二式。

Ⅰ式　8 件。底径小于口径，鼓腹的最大径偏高，稍显头重脚轻。

标本 M2379：18，口径 13.2、腹径 19.6、底径 10.2、高 28.4 厘米（图三三一，8；图版四一，4）。

Ⅱ式　8 件。底径和口径基本相当，鼓腹的最大径稍往下移，整体显得重心较稳。

标本 M2190：10，口沿及上颈部已残，无盖。腹径 21、底径 11.8、残高 25.2 厘米（图三三一，9）。

I 型

6 件。平沿承弧形盖，盖上无环无纽，下有子口深入壶盘口内。尖唇，平沿，口沿下折成盘口状，鼓腹，平底，高圈足下折。

标本 M2222：9，口径 13.2、腹径 18、底径 13.8、通高 28.4 厘米（图三三一，10；图版四二，1）。

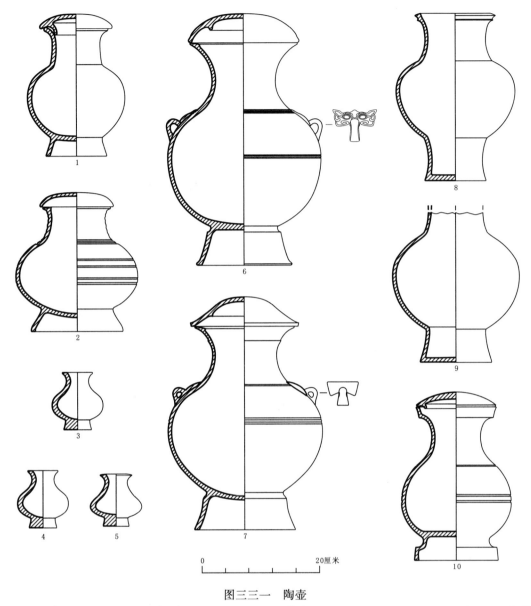

图三三一　陶壶

1. Eb 型Ⅳ式（M2157：5）　2. Eb 型Ⅴ式（M2203：2）　3～5. F 型（M2132：24，M2136：43，M2209：13）　6、7. G 型
（M2372：9，M2201：22）　8. H 型Ⅰ式（M2379：18）　9. H 型Ⅱ式（M2190：10）　10. I 型（M2222：9）

J 型

215 件。泥质灰陶。平沿，尖唇，溜肩，鼓腹，圈足。腹部多有铺首。分为六式。

Ⅰ式　9 件。平沿呈弧形盖，敞口折颈变成近盘口状，粗颈，最大腹径位于中部，圈足较直。
腹部有对称鼻纽衔环

标本 M2190：14，口径 14、腹径 27.8、底径 14.8、通高 36.6 厘米（图三三二，1；图版四二，
2）。

Ⅱ式　12 件。平沿承弧形盖，近盘口，束颈，溜肩，鼓腹下垂，圈足较矮。上有一道凸折棱。
颈部、肩部及腹部饰有多道凹弦纹。通体有彩绘。

标本 M2096：31，盖有三个圆乳丁状纽。上腹部饰对称兽面铺首衔环。圈足上有一道折棱。从
盖到器身，通体绘四周宽带纹，间饰四组上下相对的蕉叶纹。口径 12.4、腹径 24.4、底径 11.8、

通高 37.4 厘米（图三三二，2；图版四二，3）。

标本 D3M27：38，弧形盖，盖上无纽也无彩绘。腹部对称有兽面铺首，无衔环。凹弦纹间有使用红色颜料描绘的四周双线三角纹。口径 12、腹径 26.8、底径 12、通高 35.6 厘米（图三三二，3）。

Ⅲ式　54 件。多有弧形盖。平沿，尖唇，口沿外折近盘口，盘口外有一道折棱。长颈，溜肩，鼓腹，喇叭形圈足较矮。肩部和腹部饰多道凹弦纹，腹部对称有兽面铺首。

标本 D9M2：15，无盖。口径 14.5、腹径 31.2、底径 16、高 36 厘米（图三三二，4）。

标本 D8M3：36，无盖。口径 15、腹径 32.2、底径 14.2、高 37.2 厘米（图三三二，5；彩版五五，2；图版四三，1）。

标本 D8M3：35，弧形盖。口径 11、腹径 23.2、底径 11、通高 33.7 厘米（图三三二，6；彩版

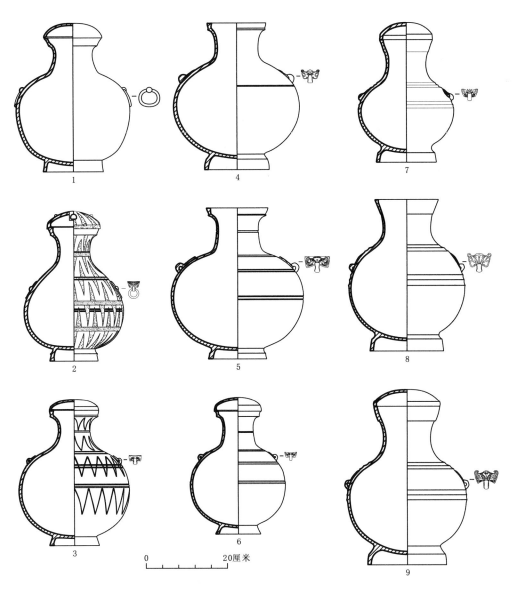

图三三二　陶壶

1. J 型 I 式（M2190：14）　　2、3. J 型 Ⅱ式（M2096：31，D3M27：38）　4～6. J 型 Ⅲ式（D9M2：15，
D8M3：36，D8M3：35）　7～9. J 型 Ⅳ式（D7M4：15，D7M5：11，M2009：17）

五五，3；图版四三，2）。

Ⅳ式　71件。平沿，尖唇，敞口，沿外有一圈宽带，从外部看近似盘口状。溜肩，鼓腹，高圈足弧折，肩部对称有兽面铺首，无衔环。肩部和腹部各有三道凸弦纹。

标本D7M4：15，口径13、腹径23.6、底径14.8、通高34.4厘米（图三三二，7；图版四三，3）。

标本D7M5：11，口径16、腹径29.2、底径18.4、高37厘米（图三三二，8）。

标本M2009：17，口径16.2、底径19.4、腹径29.6、通高43.2厘米（图三三二，9）。

Ⅴ式　53件。平沿，尖唇，口外撇，外沿折成近盘口，束颈，溜肩，鼓腹，圈足弧折，变矮。肩部和腹部有多道凸棱，腹部对称有兽面铺首，无衔环（图版四三，4）。

标本D8M4：30，口径13.4、腹径21.6、底径16.2、高29厘米（图三三三，1）。

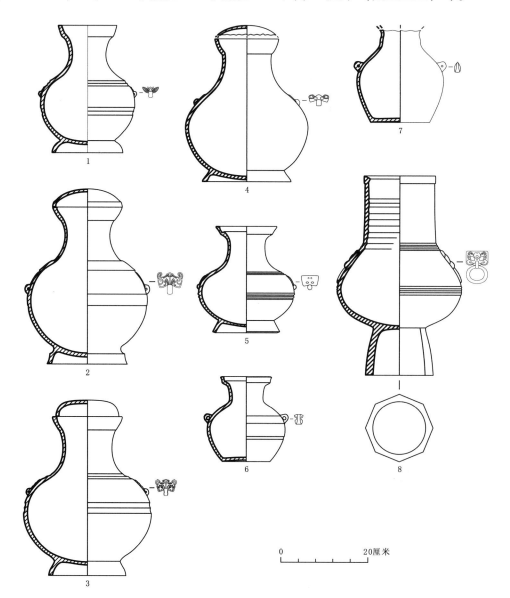

图三三三　陶壶

1~4. J型Ⅴ式（D8M4：30，M2029：3，M2023：25，M2073：17）　5. J型Ⅵ式（M2086：15）　6. K型Ⅰ式（M2429：15）　7. K型Ⅱ式（M2384：11）　8. L型（M2416：19）

标本 M2029：3，口径 16、腹径 28.8、底径 18.4、通高 40 厘米（图三三三，2）。

标本 M2023：25，盖径 14.4、高 3.8 厘米，口径 16、底径 17.8、腹径 29.2、通高 40 厘米（图三三三，3）。

标本 M2073：17，喇叭形圈足极矮，鼓腹下垂。口径 14.6、腹径 28、底径 20.4、通高 32.6 厘米（图三三三，4；图版四四，1）。

Ⅵ式　16 件。平沿，尖唇，折颈，盘口外撇，扁鼓腹，矮圈足。上腹部饰对称兽面铺首，无衔环。铺首上下有多道凹弦折棱。

标本 M2086：15，口径 14、腹径 22、底径 15.4、高 24.2 厘米（图三三三，5；图版四四，2）。

K 型

8 件。平沿，尖唇，盘口，粗颈，溜肩，鼓腹，平底。肩部有对称竖贯耳。可分为二式。

Ⅰ式　5 件。盘口外敞，尖唇。平底稍内凹。腹部有三道凹弦纹。

标本 M2429：15，口径 12、腹径 19、底径 11.2、高 19.2 厘米（图三三三，6；图版四四，3）。

Ⅱ式　3 件。肩部有对称竖贯耳，腹部最大径较矮。

标本 M2384：11，口沿已残。腹径 19.4、底径 13.2、残高 21 厘米（图三三三，7；图版四四，4）。

L 型

2 件。八边高圈足壶。

标本 M2416：19，圆唇。粗长颈，鼓腹较扁，高圈足，圈足外部为八边形，内部为圆形。腹部有对称兽面铺首衔环。颈、肩、腹部均有数道凹弦纹。口径 16.6、腹径 28.5、足径 14.4、高 45.8 厘米（图三三三，8；彩版一三一，4；图版四五，1）。

四　钫

515 件，其中形态明确的 382 件。根据腹部、盖的变化及整体造型差异分为九型。

A 型

151 件。泥质灰陶。平沿承盏顶式盖，盖下常有子口深入钫口沿内。口微外撇，束颈，上腹较直，下腹鼓，上腹附对称模印铺首，铺首非常简化。高方足外撇。可分为五式。

Ⅰ式　4 件。子口深入钫口内较深。

标本 M2222：2，口径 11.8、最大腹径 18.8、方足底径 12.8、通高 38.4 厘米（图三三四，1；图版四五，2）。

Ⅱ式　99 件。子口深入钫口内较浅，而且向内敛。腹部下垂，外鼓，方足外撇。

标本 M2136：8，口径 10.2、最大腹径 18、底径 12.4、通高 34.2 厘米（图三三四，2）。

Ⅲ式　4 件。盖内凹，无子口。

标本 M2190：13，口径 10.2、最大腹径 19.8、方足底径 12.4、通高 39.4 厘米（图三三四，3；图版四五，3）。

Ⅳ式　31 件。无盖。

标本 M2344：5，口径 10.8、腹径 20、底径 12.4、高 35.2 厘米（图三三四，4；图版四五，4）。

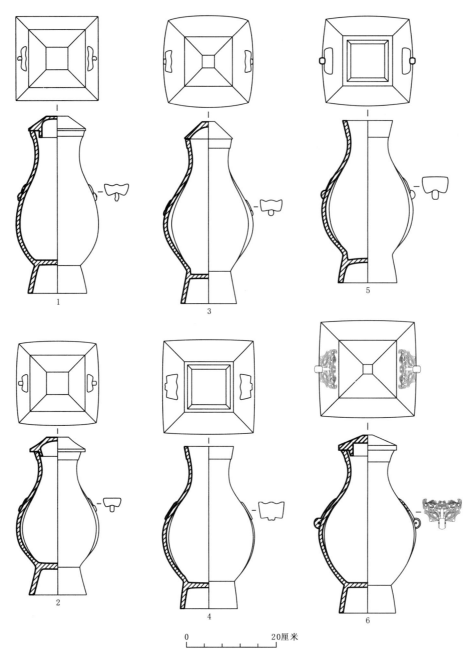

图三三四　陶钫

1. A 型 I 式（M2222：2）　2. A 型 Ⅱ式（M2136：8）　3. A 型 Ⅲ式（M2190：13）　4. A 型 Ⅳ式
（M2344：5）　5. A 型 Ⅴ式（D10M2：1）　6. B 型（M2375：53）

Ⅴ式　13 件。无盖。形态修长。方腹外鼓，高方足略外撇。

标本 D10M2：1，口径 10.6、足径 12.2、腹径 20.2、高 35 厘米（图三三四，5；图版四六，1）。

B 型

39 件。泥质灰陶。平沿承盝顶式盖，盖顶平，盖下有子口深入钫口沿内。钫身侈口，尖唇，沿外有一周宽带。长颈，溜肩，鼓腹，平底。高方足较直，口及足基本为弧边方形。腹部饰对称兽面铺首。

标本 M2375：53，口径 11.2、腹径 20.8、通高 38.6 厘米（图三三四，6；图版四六，2）。

C 型

69 件。平沿承盝顶式盖，盖顶平，钫身侈口，平沿尖唇，沿外有一周宽带。长颈，溜肩，鼓腹，平底，高方足。腹部不饰铺首。可分为三式。

Ⅰ式　55 件。沿外宽带较窄，盖径大于口径。侈口，方足外撇。

标本 M2198：21，口径 11、腹径 19.8、方足底径 14.2、通高 40.4 厘米（图三三五，1）。

Ⅱ式　8 件。盖径小于口径，沿外宽带变宽，口较直，方足较直。

标本 M2199：22，口径 11.4、腹径 20.2、方足底径 12.6、通高 35.2 厘米（图三三五，2；图版四六，3）。

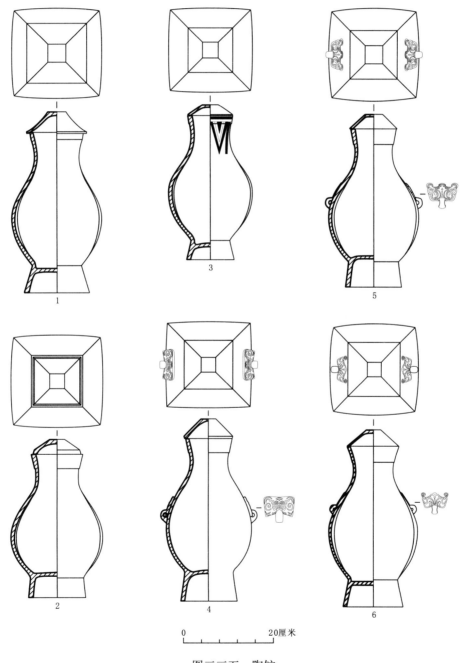

图三三五　陶钫

1. C 型 Ⅰ式（M2198：21）　2. C 型 Ⅱ式（M2199：22）　3. C 型 Ⅲ式（M2345：2）　4～6. D 型（D3M27：42，D8M3：65，D7M3：7）

Ⅲ式 6件。盖径和口径基本相当。沿外宽带较窄，口较直，方足矮而直。鼓腹占整个器身的绝大部分。口径和底径接近。

标本 M2345：2，夹砂灰陶，器表陶衣上部有使用黑色和红色颜料彩绘的图案——宽条带、蕉叶纹等，彩绘脱落较严重。口径9.8、腹径18.2、底径10.2、通高34.4厘米（图三三五，3；图版四六，4）。

D 型

32件。平沿承盉顶式盖，尖唇，沿外有一周宽带，束颈，鼓腹，平底。高方圈足较直。上腹附对称模印兽面铺首。盖径和口径基本相当。

标本 D3M27：42，口径10.4、腹径18.8、方足底径12.6、通高40.4厘米（图三三五，4；图版四七，1）。

标本 D8M3：65，口径10.2、足径12.6、通高38.2厘米（图三三五，5）。

标本 D7M3：7，口径11.8、腹径20.2、足径13.6、通高39.2厘米（图三三五，6）。

标本 D7M5：24，口径10.8、腹径18.6、底径12.2、通高39.5厘米（图三三六，1；图版四七，2）。

标本 D1M2：4，盖已失。口径10.4、底径12.4、高36.4厘米（图三三六，2）。

标本 M2009：14，钫身口径10.8、腹径18.8、底径12.6、通高39.4厘米（图三三六，3）。

E 型

14件。无盖。平沿，方唇内斜，方腹外鼓，肩部对称饰兽面铺首。平底，高方足稍外撇。

标本 M2023：24，口径11、腹径20、底径12.4、高34.6厘米（图三三六，4）。

标本 D3M18：23，口径10.8、腹径18.8、底径12、高35厘米（图三三六，5；图版四七，3）。

F 型

14件。泥质黄陶胎，烧成的火候不高。饼形方盖。方腹呈正方形，兽面铺首位于上腹部。平底，高方足较直。

标本 M2362：30，口径12、腹径21、底径13.2、通高42厘米（图三三六，6）。

G 型

19件。泥质灰陶，火候较高，制作规范。尖盖。平沿，直口，口沿外有一道宽带，溜肩，方腹外鼓，高方足较直。腹部饰对称兽面铺首。

标本 M2020：9，口径9.4、腹径18.2、底径12.6、通高38.8厘米（图三三七，1；图版四七，4）。

标本 D8M4：26，口径10、足径11.8、通高38.8厘米（图三三七，2；图版四八，1）。

H 型

34件。腹部饰铺首衔环。

标本 M2379：20，腹部饰兽面铺首衔环。口径10.4、腹径18.8、通高39.2厘米（图三三七，3；图版四八，2）。

标本 M2359：11，腹部饰鼻纽衔环。口径12、腹径22.8、底径14.4、通高47.2厘米（图三三七，4）。

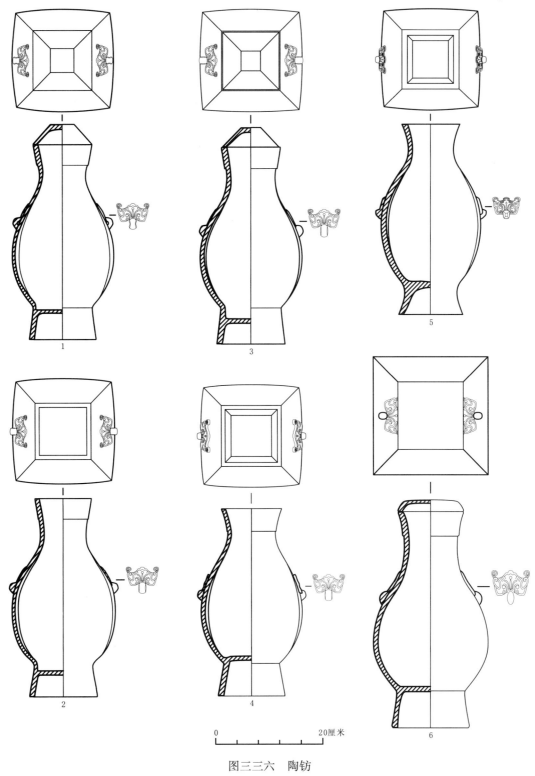

图三三六　陶钫

1～3. D 型（D7M5∶24，D1M2∶4，M2009∶14）　4、5. E 型（M2023∶24，D3M18∶23）　6. F 型（M2362∶30）

L 型

10 件。平沿承盏顶式盖，钫盖小于钫身。钫身略敞口，沿外有一周宽带，方腹略鼓，高方足外撇，腹部饰对称铺首。胎体磨光，烧制火候高，硬度较大，部分好似施有一层淡黄色釉。

标本 M2086∶14，口径 10.8、腹径 17.8、底径 12、通高 37.8 厘米（图三三七，5；图版四八，3）。

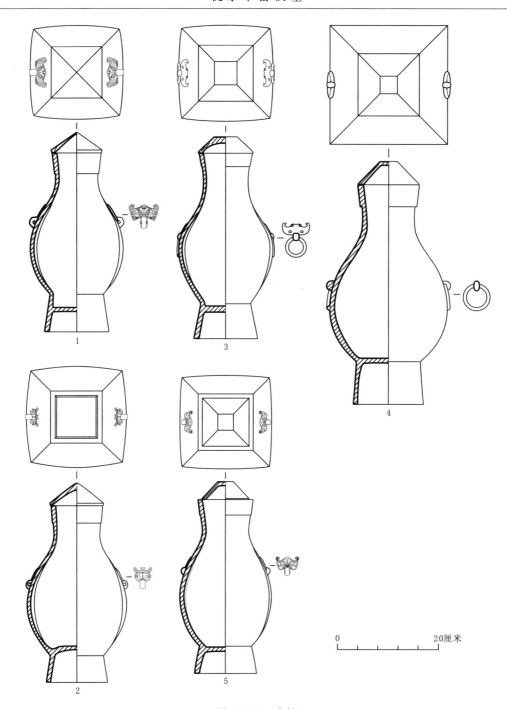

图三三七 陶钫

1、2. G 型（M2020：9，D8M4：26） 3、4. H 型（M2379：20，M2359：11） 5. L 型（M2086：14）

五 罐

649 件，其中形态明确的 430 件。可分为高领罐、双耳罐、异形罐、刻划（戳印）纹罐和矮领罐五类。

（一）高领罐

27 件。出土于 8 座墓中。可分为二型。

A 型

18 件。敞口，三角形宽沿外折，高领，溜肩，鼓腹，圜底内凹。腹部饰错乱绳纹。分为四式。

Ⅰ式 1 件。肩部有一圈戳印细绳纹，腹部五组双凹弦纹内饰四圈戳印细绳纹，下腹部饰错乱绳纹。

M2375：36，口径 10.8、腹径 20.8、底径 7.2、高 21.6 厘米（图三三八，1；图版四八，4）。

Ⅱ式 10 件。沿外折且变宽，颈变矮，腹部扁而矮。

标本 M2133：14，肩部和上腹部的绳纹被四道凹弦纹截断。口径 12.6、腹径 23、高 20.8 厘米（图三三八，2；图版四九，1）。

Ⅲ式 6 件。出土于二座墓中。夹砂灰陶和灰红陶。宽折沿，尖唇，高领外敞，溜肩，深腹下垂，圜底内凹。最大腹径位于下腹部。颈部饰细绳纹，肩部和上腹部的绳纹被五道宽窄不一的凹弦纹截断，下腹部饰错乱绳纹。

标本 M2134：8，口径 11.2、腹径 20.4、高 22 厘米（图三三八，3；图版四九，2）。

Ⅳ式 1 件。火候较高。弇口，宽折沿，尖唇，粗短颈，鼓腹，圜底内凹。颈部和腹部均无纹饰，底部饰绳纹。

标本 M2384：1，口径 13、腹径 25.2、底径 10、高 24.4 厘米（图三三八，4；图版四九，3）。

B 型

9 件。夹砂灰陶，外斜沿，圆唇，侈口，长颈，圆溜肩，鼓腹，平底或平底内凹。可分为

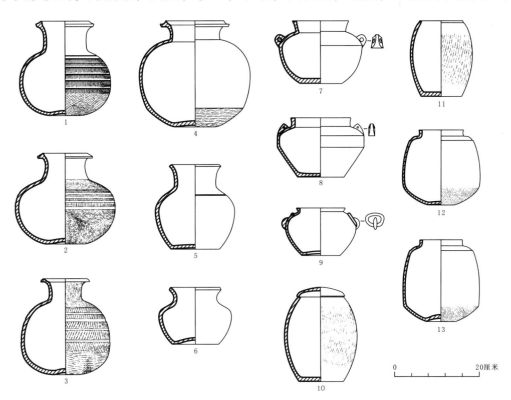

图三三八 陶高领罐、双耳罐、异形罐

1. A 型Ⅰ式高领罐（M2375：36） 2. A 型Ⅱ式高领罐（M2133：14） 3. A 型Ⅲ式高领罐（M2134：8） 4. A 型Ⅳ式高领罐（M2384：1） 5. B 型Ⅰ式高领罐（M2166：2） 6. B 型Ⅱ式高领罐（M2438：15） 7、8. A 型双耳罐（M2222：20，M2209：18） 9. B 型双耳罐（M2153：14） 10、11. A 型异形罐（M2132：8、M2132：26） 12、13. B 型异形罐（M2136：46、M2136：49）

二式。

Ⅰ式　3件。外斜沿，侈口，颈较长，平底。

标本 M2166：2，口径 11.6、腹径 18、底径 11、高 19.4 厘米（图三三八，5；图版四九，4）。

Ⅱ式　6件。外斜沿，侈口，束颈较短，平底内凹。

标本 M2438：15，口径 11、底径 10、高 13 厘米（图三三八，6）。

（二）双耳罐

8件。出土于三座墓中。可分为二型。

A 型

6件。主要为泥质灰陶，少数夹砂。平沿，尖唇，口微敞，肩部对称有鼻形贯耳，平底。腹部有折棱。

标本 M2222：20，尖唇，腹部有一道折棱。口径 12.8、底径 9.6、高 14.4 厘米（图三三八，7；图版五〇，1）。

标本 M2209：18，腹部二道折棱将腹折成三段。溜肩，直腹，下腹斜折。口径 13.6、腹径 19.8、底径 10.6、高 13.6 厘米（图三三八，8；图版五〇，2）。

B 型

2件。平沿，尖唇，直口，束颈，圆肩，弧腹，平底内凹。肩部堆贴短纽衔环状双耳。

标本 M2153：14，口径 11.2、腹径 16.2、底径 9、高 10.8 厘米（图三三八，9；图版五〇，3）。

（三）异形罐

15件。出土于二座墓中。可分为二型。

A 型

10件。弧形扁盖，圆唇，敛口，弧壁，平底。周身饰错乱绳纹。和盖连接整体呈橄榄形。

标本 M2132：8，弧形小盖罐身扣合严实。口径 10.6、底径 10.4、通高 21.4 厘米（图三三八，10；图版五〇，4）。

标本 M2132：26，盖已失。口径 10、底径 9.4、高 17.4 厘米（图三三八，11；图版五一，1）。

B 型

5件。平沿，矮直颈，尖唇，折肩，下腹斜折，圜底。下腹饰错乱绳纹。

标本 M2136：46，圜底近平。口径 10.2、腹径 17.8、底径 5.8、高 17.2 厘米（图三三八，12；图版五一，2）。

标本 M2136：49，圜底内凹。口径 10、腹径 18、底径 6.8、高 18.6 厘米（图三三八，13）。

（四）刻划（戳印）纹罐

17件。胎质较硬，胎体磨光，胎质白而细腻。烧成温度较高。肩部和上腹部多有刻划的弦纹、水波纹，也有戳印纹。可分为五型。

A 型

2件。平沿，尖唇，口微敞，折肩，直腹，下腹斜收，平底。颈部有对称系绳双孔。肩部和腹部有多道刻划凹弦纹。

标本 M2375：32，腹部刻划凹弦纹带间饰多重水波纹。口径 11.8、腹径 18.8、底径 8.4、高

11.6 厘米（图三三九，1；图版五一，3）。

标本 M2375：33，口径 13.2、腹径 22.2、底径 10、高 16.6 厘米（图三三九，2；图版五一，4）。

B 型

4 件。平沿，圆唇，矮领，腹部上下均有折棱，平底。肩部和上腹部有多道刻划凹弦纹。

标本 M2218：17，口径 10.2、腹径 17.6、底径 8.2、高 11.6 厘米（图三三九，3；图版五一，5）。

C 型

5 件。平沿，圆唇，矮直领，肩部和腹部有多道折棱，平底。肩部和上腹部有多道刻划凹弦纹，凹弦纹间刻划多道水波纹。

标本 M2320：1，口径 12.8、腹径 20.4、底径 12、高 14.6 厘米（图三三九，4）。

D 型

3 件。平沿，尖唇，矮领，斜收腹，平底。颈部和肩部刻划有数道凹弦纹和细水波纹。

标本 M2215：3，口径 8.6、腹径 14.4、底径 7.6、高 12.2 厘米（图三三九，5；图版五一，6）。

E 型

3 件。外斜沿，弇口，尖唇，矮领，溜肩，鼓腹，平底。肩部有两周戳印的连贯三角纹。

标本 M2395：1，口径 12、腹径 18.6、底径 11.4、高 14.8 厘米（图三三九，6）。

（五）矮领罐

582 件。形态明确的 363 件。泥质灰陶为主，部分为夹砂陶。矮领或无领。可分为五型。

A 型

24 件。口径大于底径，深腹，肩部和下腹弧折，小平底或稍内凹。

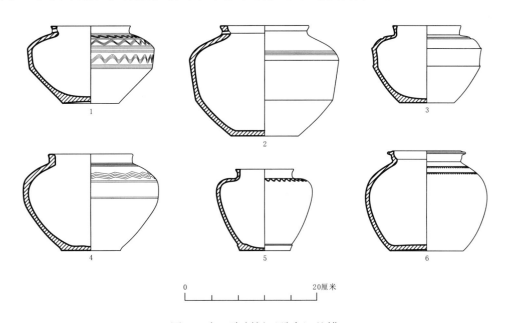

0　　　　　　　　　　20厘米

图三三九　陶刻划（戳印）纹罐

1、2. A 型（M2375：32，M2375：33）　3. B 型（M2218：17）　4. C 型（M2320：1）　5. D 型（M2215：3）
6. E 型（M2395：1）

标本 M2222：16，宽平沿，圆唇，束短颈，腹部有上中下三周宽折棱，折棱上有刻划纹。口径 10.8、腹径 17.8、底径 9、高 16.8 厘米（图三四○，1；图版五二，1）。

标本 M2206：7，口径 8.8、腹径 14.6、底径 7、高 13 厘米（图三四○，2；图版五二，2）。

标本 M2113：10，周身均有轮制胎体时留下的旋纹。口径 10.8、腹径 16、底径 9.6、高 14.4 厘米（图三四○，3）。

B 型

91 件。夹砂灰陶。平沿，圆唇，极矮颈或颈与腹直接相连，平底或稍内凹。

标本 M2203：19，口径 9.4、腹径 15.6、底径 10.6、高 14.2 厘米（图三四○，4；图版五二，3）。

标本 M2159：16，口径 12、腹径 19.2、底径 5.8、高 13.4 厘米（图三四○，5）。

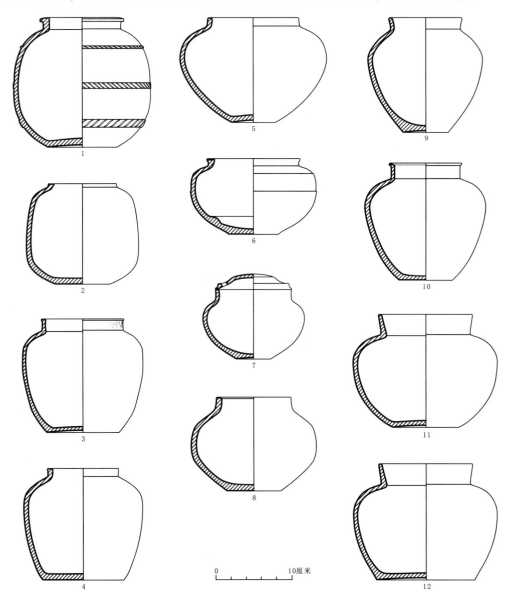

图三四○ 陶矮领罐

1～3. A 型（M2222：16，M2206：7，M2113：10） 4～8. B 型（M2203：19，M2159：16，M2129：14，M2213：13，M2157：6） 9～12. C 型（M2197：22，M2248：30，M2203：23，M2204：8）

标本 M2129：14，宽沿稍内凹，尖唇，微敛口，鼓腹，斜收腹，平底。肩部和腹部各有一道细弦纹。口径 12、腹径 16.2、底径 6.6、高 9.8 厘米（图三四〇，6）。

标本 M2213：13，平沿承盖，盖略呈弧形，中部稍凹，沿边有一小孔，用途不明。罐身直领，鼓腹，小平底略内凹。口径 9.8、腹径 13、底径 4.6、通高 11 厘米（图三四〇，7）。

标本 M2157：6，口径 9.8、腹径 16.4、底径 7.2、高 12 厘米（图三四〇，8）。

C 型

79 件。主要为泥质灰陶，少数为夹砂陶。直领较高，口微敞，圆溜肩，平底或稍内凹。

标本 M2197：22，口径 9.4、腹径 14.6、底径 5.8、高 14.8 厘米（图三四〇，9；图版五二，4）。

标本 M2248：30，内斜沿，圆唇，直领，圆肩，弧腹，平底。口径 9.5、腹径 16、底径 8、高 15 厘米（图三四〇，10）。

标本 M2203：23，夹砂灰陶。平底稍内凹。口径 12、腹径 18.4、底径 8.4、高 14.6 厘米（图三四〇，11）。

标本 M2204：8，夹砂灰陶。圆唇，高直领稍外撇，平底稍内凹。口径 12.4、腹径 18.6、底径 8、高 15 厘米（图三四〇，12）。

D 型

116 件。主要为夹砂灰陶，少数有浅黄色陶衣。矮直领，鼓腹，平底或稍内凹。

标本 M2201：2，口径 10.2、腹径 16.4、底径 6、高 12 厘米（图三四一，1；图版五二，5）。

标本 M2156：13，口径 9.6、腹径 14.2、底径 5、高 8.1 厘米（图三四一，2）。

标本 M2156：15，口径 12.4、腹径 17.2、底径 7、高 13.8 厘米（图三四一，3）。

标本 M2200：6，口径 11.4、腹径 16.4、底径 7、高 11 厘米（图三四一，4）。

标本 M2199：10，口径 10.4、腹径 15.4、底径 5.6、高 13 厘米（图三四一，5；图版五二，6）。

E 型

53 件。泥质灰陶为主，少数为夹砂陶。矮领，尖唇，敞口，平底。

标本 M2130：10，口径 10.2、腹径 17.8、底径 9.4、高 13.6 厘米（图三四一，6）。

标本 M2198：24，腹部饰有方格纹。口径 11.2、腹径 18.4、底径 8、高 15.4 厘米（图三四一，7；图版五三，1）。

标本 D10M2：5，肩部与腹部间有一道折棱。口径 17、腹径 26、底径 17、高 20 厘米（图三四一，8）。

标本 D10M1：26，肩部有一周戳印三角纹。口径 11、底径 9、腹径 15.4、高 13.4 厘米（图三四一，9）。

标本 M2429：5，肩部和腹部分别有两周和一周凹弦纹。口径 13.2、腹径 18.4、底径 10.4、高 13.2 厘米（图三四一，10）。

标本 M2390：22，外斜沿，尖唇，微敞口，短领，溜肩，鼓腹，平底内凹。胎体较厚。口径 13.6、腹径 25.6、底径 14.7、高 23.5 厘米（图三四一，11）。

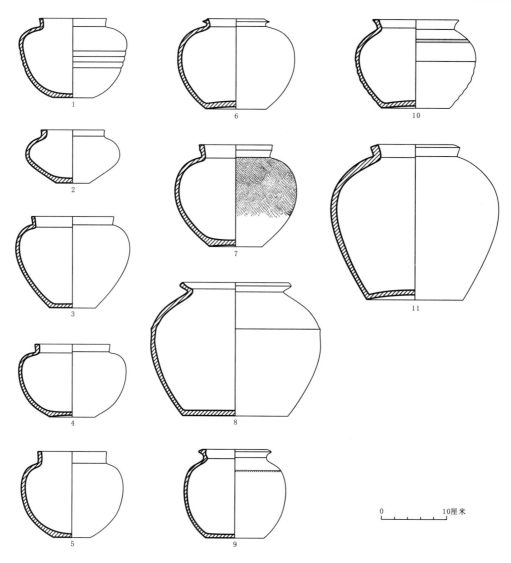

图三四一 陶矮领罐

1~5. D 型（M2201：2，M2156：13，M2156：15，M2200：6，M2199：10） 6~11. E 型（M2130：10，M2198：24，D10M2：5，D10M1：26，M2429：5，M2390：22）

六 瓮

176 件。其中形态明确的 137 件。多为夹砂灰陶，少数为灰黄陶。口径多小于底径，腹径大于高度，鼓腹，矮领，平底。肩部与腹部间多弧折。从西汉中期开始出现，到新莽时期基本消失，砖室墓中已不见。可分为四型。

A 型

48 件。矮领，折肩，斜收腹，平底。根据其领、肩、腹及整体造型可分为三式。

Ⅰ式 26 件。矮直领，折肩。通体饰大方格纹。

标本 D3M20：25，胎质酥松。口径 12、底径 16.2、残高 24 厘米（图三四二，1）。

Ⅱ式 14 件。矮直领，折肩。通体粗糙无纹饰，胎体酥松，火候较低。

标本 M2072：36，尖唇，束领，溜肩，折腹，最大腹径位于肩部与上腹部之间，肩部与腹部间有一道折棱。底径 7.4、腹径 20.2、残高 13 厘米（图三四二，2；图版五三，2）。

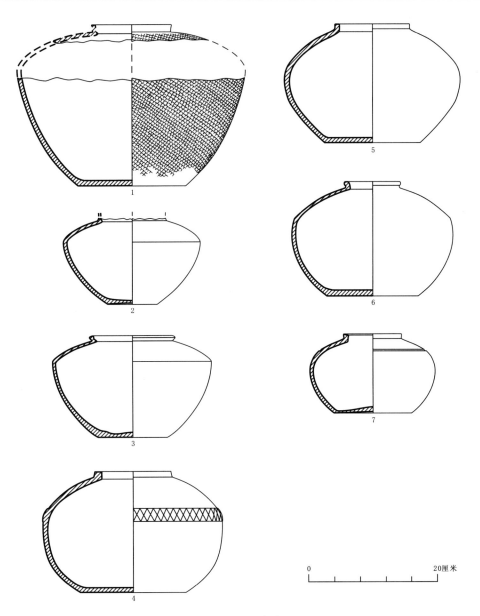

图三四二 陶瓮

1. A 型 I 式（D3M20：25） 2. A 型 II 式（M2072：36） 3. A 型 III 式（D3M26：19） 4、5. B 型 I 式（M2030：6，M2072：47） 6. B 型 II 式（D8M4：33） 7. B 型 III 式（D3M14：19）

III式　8 件。微敞口，圆唇，斜溜肩，折腹，下腹内收。

标本 D3M26：19，口径 12.8、腹径 23.6、底径 10.4、高 15.4 厘米（图三四二，3；图版五三，3）。

B 型

48 件。矮直领，折肩，长鼓腹，平底。可分为三式。

I 式　6 件。最大腹径位于上部。

标本 M2030：6，平沿，尖唇，大平底。最大腹径位于上腹部，肩部与腹部间有一道宽凸带，凸带上饰交叉斜线纹。口径 11.4、腹径 26.8、底径 15.8、高 18.4 厘米（图三四二，4；图版五三，4）。

标本 M2072：47，口径 11.6、腹径 27、底径 15、高 17.8 厘米（图三四二，5；图版五三，5）。

Ⅱ式　17件。最大腹径位于中部。

标本D8M4:33，矮短直颈，口微敞，溜肩。口径8.6、腹径24.4、底径14、高17.3厘米（图三四二，6；图版五三，6）。

Ⅲ式　25件。最大腹径位于中部，肩部有一道明显的凹折棱。

标本D3M14:19，直领，圆唇，溜肩，鼓腹，平底稍内凹。口径8.8、腹径19.2、底径12、高12厘米（图三四二，7；图版五四，1）。

C型

25件。矮领稍外敞，折肩。长腹，平底。可分为二式。

Ⅰ式　11件。圆唇，溜肩，深鼓腹。肩与腹间有折棱，明显可见上下拼接的痕迹。

标本D3M30:35，口径10.4、腹径22.4、底径13.6、高16.4厘米（图三四三，1；图版五四，2）。

Ⅱ式　14件。圆唇，口微敞，溜肩，深鼓腹，平底。肩、腹部有折棱，明显可见拼接的痕迹。

标本D8M4:29，肩部和下腹均有折棱，最大腹径位于中部。口径8.8、腹径22.8、底径13.4、高16.4厘米（图三四三，2；图版五四，3）。

标本M2073:19，腹部有折痕。口径10.6、腹径21.4、底径12.2、高15.4厘米（图三四三，3）。

标本M2023:6，配有一带锥体状捏手的盖。盖扣置于口沿上。瓮为平沿，圆唇，束短颈，圆肩，折腹，平底稍内凹。肩部与腹部折棱处有一周戳印的三角形纹饰。口径10.8、腹径22.2、底径11.2、高18厘米（图三四三，4）。

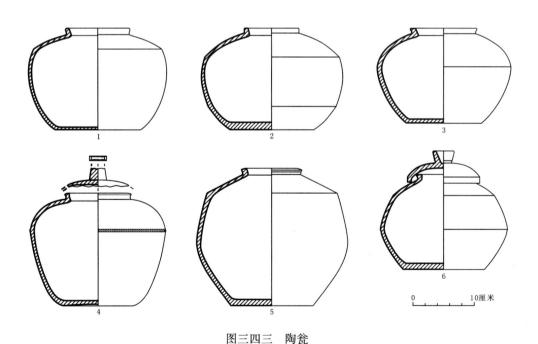

图三四三　陶瓮

1. C型Ⅰ式（D3M30:35）　2~4. C型Ⅱ式（D8M4:29，M2073:19，M2023:6）　5. D型Ⅰ式（M2020:27）
6. D型Ⅱ式（M2029:11）

D 型

16 件。肩部和腹部均有折棱，器身整体保留有轮制的明显痕迹。可分为二式。

Ⅰ式　4 件。平沿，圆唇，矮束颈，折肩，平底。

标本 M2020∶27，口径 9.8、腹径 24.6、底径 13.4、高 22 厘米（图三四三，5；图版五四，4）。

Ⅱ式　12 件。带有一件带高捉手的豆形盖，陶质与一般的软陶有别，且与硬陶器不同。这种胎质质地坚硬，不夹砂，既无硬陶罐上常见的方格纹，也没见有施釉的痕迹。盖扣置于口沿上。盖为高圈足，深腹，平沿，直口，

标本 M2029∶11，盖口径 11.6、高 5.2 厘米，口径 8.8、腹径 20.4、底径 13、通高 19.2 厘米（图三四三，6；图版五四，5）。

七　灶

168 件。形态明确的 124 件。主要为泥质灰陶，少数为夹砂黄陶。有单釜座、双釜座和三釜座三种。根据灶的形制、釜座的不同、火门的位置等变化可分为四型。

A 型

1 件。泥质灰陶。底板长方形，一端立有一圆筒形灶，梯形灶门，灶后斜立一圆筒形的烟囱，灶两侧各自在底板上立一块相同的长方形挡风板。

标本 M2248∶32，灶底板长 28.2、宽 18、通高 8.2 厘米（图三四四，1）。

B 型

15 件。泥质灰陶和灰黄陶，少数为夹砂灰陶。单火门，单釜座。挡风板有高有低。一般灶体较矮，个体较小。可分为三式。

Ⅰ式　11 件。灶体略呈方形，灶前部为半椭圆形火门，无烟道。

标本 M2203∶22，灶上小陶釜直领，鼓腹，平底；肩部饰椭圆形对称附耳。挡风板较高。长 17.8、宽 17.2、高 10.4 厘米（图三四四，2；图版五四，6）。

标本 M2201∶4，夹砂灰陶。灶正面有一半圆形不落地火门。挡风板较矮。灶上小陶釜颈残，鼓腹，圜底。长 17、宽 14.8、高 9.4 厘米（图三四四，3）。

Ⅱ式　2 件。出土于二座墓中。单釜座上附有连体陶釜，陶甑则为另配。挡烟板矮小，位于火门的正上方。斜立圆形烟道位于灶尾。

标本 M2429∶10，灶体略呈船形，灶前部有半椭圆形落地火门。灶长 18.6、宽 12、灶身高 8.2 厘米（图三四四，4；彩版一四〇，2；图版五五，1）。

标本 M2434∶26，灶体略呈圆角长方形，灶前部为方形不落地火门。灶长 18、宽 10.8、高 10.2 厘米（图三四四，5；图版五五，2）。

Ⅲ式　2 件。出土于二座墓中。灶体略呈圆角长方形，灶前部有不落地半圆形或方形火门，单釜座上附有连体陶釜，陶甑则为另配。小陶釜与灶身连体。挡风板矮小，无烟道。

标本 M2395∶14，长 18.4、宽 11.6、高 9.2 厘米（图三四四，6；彩版一二三，1；图版五五，3）。

C 型

16 件。夹砂灰陶。灶面有三个釜座，灶前部有火门，后有高挡风板，挡风板上有泥质棱柱形

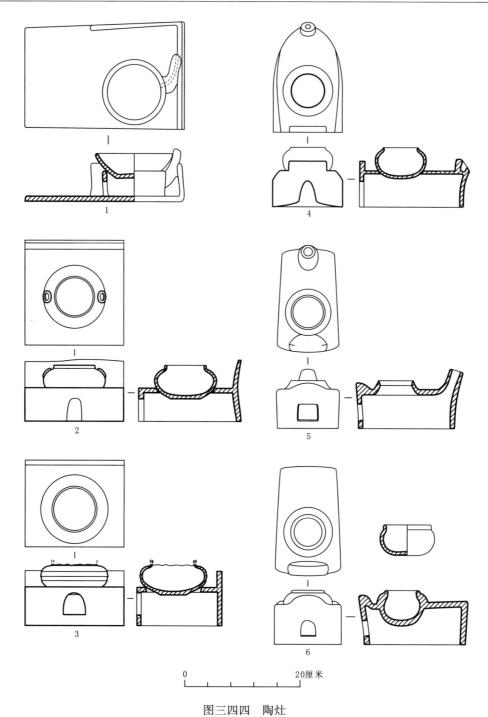

图三四四　陶灶

1. A 型（M2248：32）　2、3. B 型 I 式（M2203：22，M2201：4）　4、5. B 型 II 式（M2429：10，M2434：26）　6. B 型 III 式（M2395：14）

象征性实心烟道。根据其变化可分为二式。

　　I 式　8 件。近方形，灶面有三釜座，配有小陶釜和小陶甑。陶釜的形制不同。正面有两个略呈半圆形的落地火门。

　　标本 M2197：13，长 23.8、宽 19.2、高 10.2 厘米（图三四五，1；图版五五，4）。

　　II 式　8 件。灶面呈曲尺形，应是由单体灶演变为复合灶体。曲尺形灶面上有三个釜座，有半椭圆形不落地火门，后部有高挡风板，板上有象征烟道的泥条棱柱。灶面和挡风板上饰满圆圈纹。灶上配有小陶釜和小陶甑。

标本 M2072：16，通长 29、宽 17.8、通高 17.7 厘米（图三四五，2；图版五五，5）。

D 型

92 件。泥质灰陶，少数为夹砂陶。前有双火门，灶面上有双釜座，后部有挡风板。早期板上无烟道，后逐渐增加烟道，但西汉晚期和新莽时期，烟道又逐渐消失，变为后部的两个小孔。可分为六式。

Ⅰ式　9 件。前有两落地半椭圆形火门，灶面上有双釜座，后部有挡风板，挡风板上无烟道，

图三四五　陶灶

1. C 型Ⅰ式（M2197：13）　2. C 型Ⅱ式（M2072：16）　3、4. D 型Ⅰ式（M2204：10，M2201：34）

5. D 型Ⅱ式（M2198：29）　6. D 型Ⅲ式（D3M27：33）

灶面配有两陶釜。

标本 M2204：10，长 25.2、宽 16.6、高 10.6 厘米（图三四五，3；图版五五，6）。

标本 M2201：34，长 29.6、宽 16.2、高 11 厘米（图三四五，4）。

Ⅱ式　5 件。灶呈长方形，前有两不落地火门，火门较高。灶面有双釜座，后部挡风板较矮，挡风板上无烟道，灶面上配有双陶釜和陶甑。灶体较宽。

标本 M2198：29，夹砂灰陶。长方形灶上部配有小陶釜和小陶甑，两件小陶釜的形制不同。小陶甑为敞口，斜收腹。正面有两个略呈正方形的不落地火门。长 26.8、宽 21.4、高 13 厘米（图三四五，5；图版五六，1）。

Ⅲ式　31 件。灶呈长方形，前有半圆形双火门。灶面上有双釜座，后部有圆角矮挡风板。挡风板上有象征烟道的实心棱柱。灶面上配有双陶釜和陶甑。

标本 D3M27：33，长 22.4、宽 12.4、通高 12 厘米（图三四五，6；图版五六，2）。

标本 M2359：5，灶呈长方形，四角呈圆弧状。前有两落地半圆形火门，前后各有一象征烟囱的小圆孔。后无挡风板。灶长 21、宽 15、通高 12 厘米（图三四六，1）。

Ⅳ式　14 件。灶呈长方形，前有半椭圆形双火门。灶面上双釜座一般一大一小。后部有圆角矮挡风板。挡风板有象征烟道的实心棱柱。

标本 D1M2：12，灶前为半椭圆形不落地双火门。长 26、宽 16、通高 15.6 厘米（图三四六，2；图版五六，3）。

标本 M2020：4，灶体前后两边略呈弧形，有两半椭圆形落地火门，后部挡风板外斜，挡风板

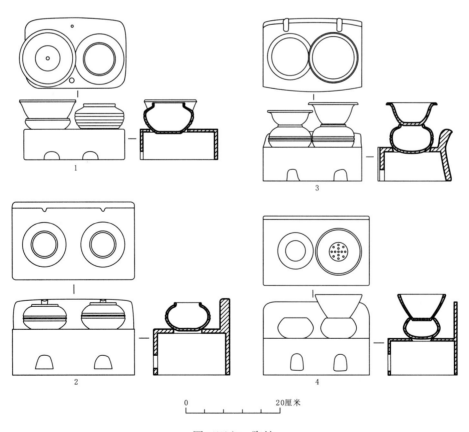

0　　　　　　　20厘米

图三四六　陶灶

1. D 型Ⅲ式（M2359：5）　2～4. D 型Ⅳ式（D1M2：12，M2020：4，M2362：21）

中部有两条象征烟道的泥条棱柱。通长 20.8、宽 15.2、灶体高 10.6 厘米（图三四六，3）。

标本 M2362∶21，前有两半椭圆形不落地火门，后有一道高挡风板。长 22.2、宽 14.4、通高 16.2 厘米（图三四六，4）。

Ⅴ式　21 件。灶略呈正方形，半椭圆形双火门。灶面上釜座大小基本相同，后部挡风板较高，挡风板后留对称双孔象征烟道。

标本 D8M4∶14，长 22.4、宽 18.6、通高 12.8 厘米（图三四七，1）。

标本 D3M13∶4，灶面上两釜座稍有区别，有两半椭圆形不落地火门。长 22.6、宽 19、通高 15.4 厘米（图三四七，2；图版五六，4）。

Ⅵ式　12 件。灶呈方形，落地火门。灶面上双釜座基本同样大小。后部有较高的挡风板，板上烟道已简化成双孔。

图三四七　陶灶

1、2. D 型Ⅴ式（D8M4∶14，D3M13∶4）　3、4. D 型Ⅵ式（D3M14∶12，M2086∶7）

标本 D3M14：12，灶呈前低后高状，前有两三角形落地火门。长、宽21.6，通高12.7厘米（图三四七，3；图版五六，5）。

标本 M2086：7，灶面上有两釜座，正面有两个半椭圆形落地火门，后部有高挡风板，后挡板上有两从里往外斜的圆形烟孔。长21.2、宽19、残高11.8厘米（图三四七，4；图版五六，6）。

八　井

58件。形态明确的51件。陶井在西汉早期极少出现，中期开始广泛出现，直至东汉中期开始衰落，被其他物品取代。大部分为泥质陶，少量为夹砂陶。主要为灰陶，到东汉时期出现少量灰黄陶。可分为四型。

A型

31件。泥质灰陶，少量为夹砂灰陶。平沿，沿上多有象征安装井架的对称双孔。颈略束，弧壁，平底。上腹部多饰斜交叉的网格纹。内置一侈口束颈平底的汲水小罐。可分为四式。

Ⅰ式　7件。宽平沿，上腹直斜，下腹弧折，平底。上腹部饰斜交叉的网格纹，上下腹间有一道折棱。器身显得矮胖。

标本 D3M27：36，口径13.2、底径5、高12厘米（图三四八，1；彩版一一，3；图版五七，1）。

Ⅱ式　11件。宽平沿，圆唇，上下腹相连，平底。上腹部饰斜交叉的网格纹，上下腹间有凹折棱。器身变高且匀称。内置一宽平沿束颈鼓腹圜底近平的汲水小罐。

标本 D7M4：7，口径15.4、高13.2厘米（图三四八，2）。

标本 M2003：17，口径13.6、底径8.2、高12.4厘米（图三四八，3）。

标本 M2020：43，口径16.4、腹径17.6、底径8.6、高15厘米（图三四八，4；图版五七，2）。

标本 M2030：15，口径14、腹径16、底径8.4、高13.4厘米（图三四八，5）。

标本 M2362：23，口径14.4、底径9、高13.2厘米（图三四八，6）。

Ⅲ式　7件。宽平沿，沿上有双孔。方唇，束颈。腹部下垂，平底稍内凹。腹间有凹折棱。内置平沿束颈鼓腹圜底近平的汲水小罐。

标本 D8M4：18，长弧腹下部内折至底，平底略内凹。颈部和腹部各有两道宽凹弦，上腹刻划重线菱格纹。口径13、最大腹径16.4、底径10.6、高14.3厘米（图三四八，7；图版五七，3）。

标本 M2023：5，腹部饰一道宽凹弦纹。口径13.8、腹径14.4、底径8.4、高10.6厘米（图三四八，8）。

Ⅳ式　6件。宽平沿，沿上有双孔。方唇，颈稍束。平底。腹间有凹折棱。多内置一圜底汲水小罐。整个器身重心下垂。

标本 D9M4：8，口径11.6、底径10.4、高12厘米（图三四九，1）。

标本 D3M24：47，直斜腹，近底处内收，平底。近底部留有制胎时留下的痕迹。口径13、腹径14.4、高13厘米（图三四九，2；彩版二一，4；图版五七，4）。

标本 D3M14：7，口径11.2、底径8、高15.6厘米（图三四九，3）。

标本 M2086：8，口径13、底径10、高13.4厘米（图三四九，4）。

B型

10件。多为尖唇，束颈，腹较直，平底。可分二个亚型。

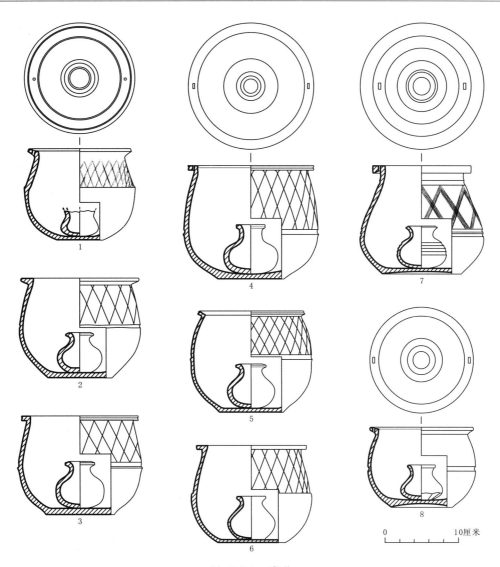

图三四八　陶井

1. A 型 I 式（D3M27∶36）　2~6. A 型 II 式（D7M4∶7，M2003∶17，M2020∶43，M2030∶15，M2362∶23）
7、8. A 型 III 式（D8M4∶18，M2023∶5）

Ba 型

7 件。泥质灰陶。窄沿，直腹，平底。内置圜底汲水小罐。可分二式。

I 式　3 件。尖唇，上腹竖直，下腹平折，平底。下腹近底处有削胎的痕迹。口沿上有象征安装井架的对称小孔。标本 M2344∶9，口径 13.4、底径 8.4、高 10.4 厘米（图三四九，5；图版五七，5）。

II 式　4 件。平沿，尖唇，束颈，折肩，直腹，平底。

标本 M2360∶17，口径 11、底径 10、通高 15 厘米（图三四九，6）。

标本 M2362∶47，口径 15.6、底径 10.2、高 16.8 厘米（图三四九，7）。

Bb 型

3 件。沿较窄，方唇，平底。内置圜底汲水小罐。井身上下基本相同。可分为二式。

I 式　2 件。腹较深。

标本 D1M2：14，平沿，圆唇，直腹略弧，平底，腹部有一道凹弦。口径 15、底径 9、残高 13 厘米（图三四九，8）。

标本 D3M30：22，井面内斜，折沿，直颈，弧腹内收，平底。沿上有两小孔，腹部有一道凹弦。口径 17.2、高 12 厘米（图三四九，9；图版五七，6）。

Ⅱ式　1件。腹较浅，身变矮胖。

标本 M2020：52，口径 14、腹径 14.6、底径 12.4、高 9 厘米（图三四九，10；图版五八，1）。

C 型

6件。多为宽沿，有平有折，沿上有两象征安装井架的对称双孔。折腹。上腹部饰交叉网状菱格纹。内置有圜底汲水小罐。可分为三式。

Ⅰ式　2件。上腹部直折，下腹斜收，平底或稍内凹。

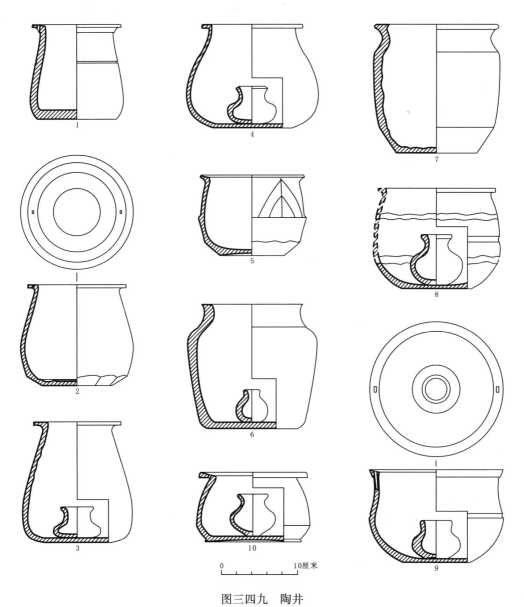

图三四九　陶井

1~4. A 型Ⅳ式（D9M4：8，D3M24：47，D3M14：7，M2086：8）　5. Ba 型Ⅰ式（M2344：9）　6、7. Ba 型Ⅱ式（M2360：17，M2362：47）　8、9. Bb 型Ⅰ式（D1M2：14，D3M30：22）　10. Bb 型Ⅱ式（M2020：52）

　　标本 D3M20：15，圆唇，敞口，折颈。腹部有一道凸折棱。平底。口径 15.2、高 9.6 厘米（图三五〇，1；图版五八，2）。

　　标本 M2096：56，宽平沿，平底稍内凹。口径 13.2、腹径 17.4、底径 11.4、高 11.8 厘米（图三五〇，2）。

　　Ⅱ式　1 件。上腹内弧，下腹外弧，上下腹间折痕明显。汲水小罐瘦高。

　　标本 M2072：15，宽平沿，侈口。颈部到上腹部饰菱格线纹，腹部折棱处饰戳印三角纹。口径 15.8、腹径 17、底径 10、高 14.6 厘米（图三五〇，3；图版五八，3）。

　　Ⅲ式　3 件。折腹。汲水小罐较矮。大平底。

　　标本 D3M18：31，井身残损。底径 12、残高 9.2 厘米（图三五〇，4）。

　　D 型

　　4 件。宽平沿，上腹弧，下腹直，平底稍内凹。汲水罐敞口，尖唇，束颈，鼓腹，平底。井沿

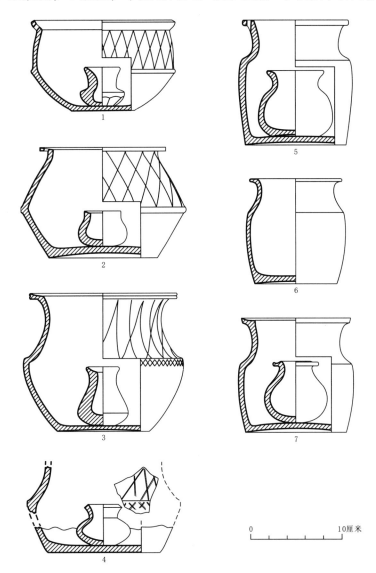

图三五〇　陶井

1、2. C 型Ⅰ式（D3M20：15，M2096：56）　3. C 型Ⅱ式（M2072：15）　4. C 型Ⅲ式

（D3M18：31）　5～7. D 型（M2429：21，M2434：18，M2384：3）

留有安装井架的对称两长方形小孔。

　　标本 M2429：21，口径 11.6、底径 11、高 13.3 厘米（图三五〇，5；图版五八，4）。

　　标本 M2434：18，口径 10、腹径 10.8、底径 9、高 11.2 厘米（图三五〇，6；图版五八，5）。

　　标本 M2384：3，口径 11.8、底径 11、高 12.2 厘米（图三五〇，7；图版五八，6）。

　　九　镶壶

83 件。形态明确的 29 件。可分为三型。

A 型

7 件。泥质灰陶。平底或圜底，底部无足。可分二个亚型。

Aa 型

1 件。直口，圆唇，盖上有多道弦纹和连贯曲线纹。鼓腹，兽首形实心流和长把保存完整，平底。在兽首流和长把间饰有十多道细弦纹和连贯曲线纹。

　　标本 M2218：9，口径 5.6、腹径 12、通高 8 厘米（图三五一，1；图版五九，1）。

Ab 型

6 件。直口，扁腹，圜底近平。流部位已残。可分二式。

　　Ⅰ式　3 件。圜底近平，腹部有长圆把手和实心流。

　　标本 M2248：31，流已残损。口径 5、腹径 10、柄长 6、高 5 厘米（图三五一，2）。

　　Ⅱ式　3 件。敛口承弧形盖，盖顶有长方纽。兽首形实心流和斜长方形把手均已残。

　　标本 M2344：10，盖径 8.8、腹径 14.2、残高 11.5 厘米（图三五一，3；图版五九，2）。

B 型

18 件。弧形盖，盖上有环形纽，兽首形实心流，与之 90°一侧有长方条形把手。腹较扁，圜底。底部有三锥状足。可分为三式。

　　Ⅰ式　4 件。三锥足较矮，实心流和拐折式短把。

　　标本 D3M27：55，敛口，腹较扁，实心流和拐折式把均已残，把正面有斜网格纹。口径 6.6、腹径 14、高 11.4 厘米（图三五一，4）。

　　标本 M2096：20，扁圆腹，中部有两道凹弦纹，腹部有流和长条形把手，流为实心鸡首形。把手中空为长方形。圜底，三锥状足。盖和身用黑色颜料彩绘宽带和蕉叶纹。盖径 8.6、高 3.7 厘米，腹径 15.2、通高 15.6 厘米（图三五一，5；图版五九，3）。

　　Ⅱ式　6 件。三扁锥足变高，兽首状实心流，宽把，有的把与壶身倾斜相交。

　　标本 D7M4：9，弧形盖，盖上有环形小纽。鸡首形实心流。口径 6.8、腹径 16.8、通高 17 厘米（图三五一，6；图版五九，4）。

　　标本 M2020：23，口径 8、腹径 17.6、残高 17.5 厘米（图三五一，7）。

　　标本 D8M3：27，圆弧形盖上有带孔条形小纽。敛口，圆唇、鼓腹。口径 6、腹径 14.4、通高 15 厘米（图三五一，8；图版五九，5）。

　　Ⅲ式　8 件。弧形盖顶部有小纽。三锥足变矮变短，兽首状实心流简化，宽把较长，有的把与镶壶壶身倾斜相交。

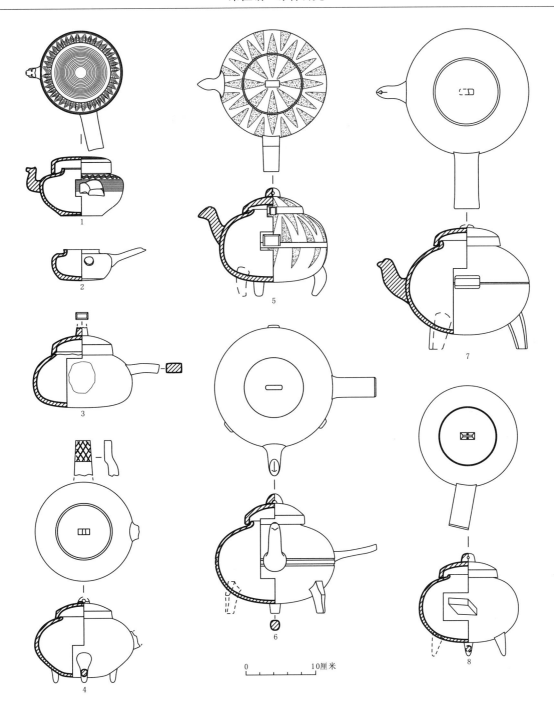

图三五一　陶鐎壶

1. Aa 型（M2218：9）　2. Ab 型 I 式（M2248：31）　3. Ab 型 II 式（M2344：10）　4、5. B 型 I 式（D3M27：55，M2096：20）

6~8. B 型 II 式（D7M4：9，M2020：23，D8M3：27）

　　标本 D3M16：1，鼓腹，圜底近平。三乳丁状足。口径 5.6、腹径 13.2，通高 11.6 厘米（图三五二，1；图版五九，6）。

　　标本 D8M4：24，口径 6.8、腹径 17.2、通高 14.8 厘米（图三五二，2；图版六〇，1）。

　　标本 M2029：16，鸡首形实心流。口径 7.4、腹径 16.3、残高 14 厘米（图三五二，3）。

　　C 型

　　4 件。泥质灰陶，少数为夹砂红陶。流基本已简化，把手成一端宽一端圆弧状。足略呈柱状。

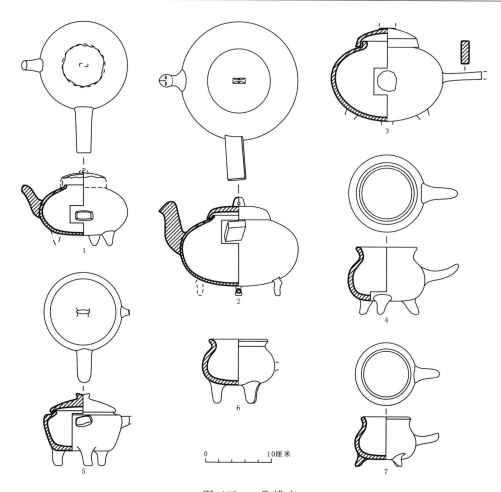

图三五二　陶鐎壶

1~3. B 型Ⅲ式（D3M16：1，D8M4：24，M2029：16）　4~7. C 型（M2429：20，M2384：7，
M2395：17，M2434：17）

标本 M2429：20，敞口，尖唇，束颈，鼓腹，圜底近平。一侧有一向上弧的条形把，无流。口
径 9、高 10 厘米（图三五二，4；图版六○，2）。

标本 M2384：7，子母口承盖，盖顶有长条形两端上翘的小提手。一侧有长条形把，相邻的另
一侧有简化的兽首形实心短流。口径 8.6、高 10.8 厘米（图三五二，5；图版六○，3）。

标本 M2395：17，流已简化，把手残断。口径 9、高 9.4 厘米（图三五二，6；图版六○，4）。

标本 M2434：17，口径 7.4、高 7.4 厘米（图三五二，7；图版六○，5）。

一○　熏炉

121 件。形态明确的 57 件。主要为夹砂灰陶，少数为泥质灰陶。根据其形制可分为三型。

A 型

13 件。由炉盖和炉身构成，无托盘。子母口承盖，盖顶部有高的捉手，盖上有镂孔和多道连
贯三角纹和较复杂的几何图案。炉身敛口，深腹，折盘，柄部中空至盘底。炉身腹部也有多道连
贯三角纹和较复杂的几何图案。根据其盖上的手柄等区别可分为二个亚型。

Aa 型

6 件。夹砂灰陶。盖顶为塔式或饼形手柄。可分为二式。

Ⅰ式　3件。盖顶为二层四方塔式手柄。

标本 M2206:3，炉身口径 13.2、残通高 20.3 厘米（图三五三，1；彩版一〇九，3；图版六〇，6）。

标本 M2207:20，盖径 13.4、残高 3.4 厘米，炉身口径 13.4、底径 7.6、残通高 13 厘米（图三五三，2）。

Ⅱ式　3件。盖顶为单层饼形手柄。

图三五三　陶熏炉

1、2. Aa 型Ⅰ式（M2206:3，M2207:20）　3、4. Ab 型（M2222:28，M2375:1）　5、6. Aa 型Ⅱ式（M2209:24，M2190:5）

7、8. B 型Ⅰ式（D3M27:24，D3M29:11）　9~11. B 型Ⅱ式（D7M4:6，D8M3:39，M2360:14）

标本 M2209：24，炉身口径 10、底径 6.8、通高 13.4 厘米（图三五三，5；图版六一，1）。

标本 M2190：5，夹砂灰陶。盖为镂孔式，盖面布满三角形烟孔。炉身子母口承盖，深腹，柄中空至炉底。炉腹外壁和柄的下部均饰刻划三角纹和锥刻的涡纹。炉身口径 10、盘径 12、残高 11.8 厘米（图三五三，6）。

Ab 型

8 件。泥质灰陶，盖顶为立鸟形手柄。

标本 M2222：28，炉身口径 12、底径 9、通高 15.6 厘米（图三五三，3；图版六一，2）。

标本 M2375：1，炉身口径 11.4、底径 8.4、残通高 13.6 厘米（图三五三，4）。

B 型

39 件。由炉身、托盘及炉盖组成。凹沿承连峰式博山炉盖，盖上有十多个不规则烟孔。可分为六式。

Ⅰ式　5 件。粗矮柄，柄底中空部位较浅，柄上下粗细基本相同。

标本 D3M27：24，口径 10.8、盘径 16.4、残高 13.8 厘米（图三五三，7）。

标本 D3M29：11，炉径 10.6、盘径 17、通高 16 厘米（图三五三，8；图版六一，3）。

Ⅱ式　12 件。柄中空较深，柄上细下粗。

标本 D7M4：6，圆口承连峰式盖，盖上有八个圆形烟孔。炉身敛口，深腹，短柄中空极高。口径 10.8、通高 21.2 厘米（图三五三，9；图版六一，4）。

标本 D8M3：39，残损严重。口径 10.8、底径 10 厘米（图三五三，10）。

标本 M2360：14，炉身子母口，深腹。托盘敞口，平底，炉柄中空至炉身底部。通高 16.8 厘米（图三五三，11）。

Ⅲ式　12 件。炉身的腹较深，炉座盘较浅。

标本 D8M4：22，柄中空至炉身底。口径 10.8、底径 10.4、通高 21.2 厘米（图三五四，1；图版六一，5）。

标本 D3M18：12，柄中空较浅。口径 10、盘径 14.4、通高 17.6 厘米（图三五四，2；图版六一，6）。

标本 M2029：22，实心炉柄。炉盖口径 11、高 6 厘米，炉盏口径 11.2、高 13.8 厘米，通高 19.6 厘米（图三五四，3）。

Ⅳ式　4 件。炉柄高且直，托盘底部近平底状。整个炉身变得修长。

标本 M2086：5，口径 11、盘径 16.8、底径 5、通高 18.8 厘米（图三五四，4；图版六二，1）。

Ⅴ式　1 件。炉柄变高，炉腹变小，炉盖上带高而长的纽，盖上饰叶脉纹。

标本 M2429：17，盖与炉身子母口承合，盖顶有锥状捉手，盖身刻划叶脉纹，象征烟孔。烟盘敛口，圆唇，浅腹。竹节形柄。口径 8.2、底径 10.2、通高 22.4 厘米（图三五四，5；彩版一四〇，3；图版六二，2）。

Ⅵ式　5 件。炉柄变粗，盖上饰叶脉纹和戳印纹，已无镂孔。

标本 M2384：13，盖顶部有条形捉手，盖身上有多个圆形镂孔和刻划的叶脉纹。炉身圆口承盖，扁腹，柄和腹相连，柄下部空，和托盘相连。托盘内斜沿，斜腹，平底内凹呈环带状。盖径 10.2、高 6.9 厘米，炉身口径 6.6、底径 8.6、高 11.4 厘米，通高 18 厘米（图三五四，6；图版六

图三五四　陶熏炉

1～3. B 型Ⅲ式（D8M4：22，D3M18：12，M2029：22）　4. B 型Ⅳ式（M2086：5）　5. B 型Ⅴ式（M2429：17）　6、7.
B 型Ⅵ式（M2384：13，M2434：25）　8. C 型Ⅰ式（M2096：47）　9. C 型Ⅱ式（M2362：27）

二，3）。

标本 M2434：25，盖顶部有塔顶形捉手，盖身有博山式附加堆纹，盖下部有一周刻划三角纹。炉身圆口承盖，扁腹，柄下部空，和托盘相连。托盘平沿，斜腹，平底内凹呈环带状。炉身和炉柄上部有多道刻划弦纹。盖径9.2、炉身口径7.2、底径8.4、通高17.4厘米（图三五四，7；彩版一四三，2；图版六二，4）。

C 型

5 件。博山式炉盖，喇叭形柄座，柄中空至炉身底部。无托盘。可分为二式。

Ⅰ式　3 件。炉柄上有凸棱。

标本 M2096：47，子母口承连峰式盖。炉身深腹，敛口，柄中空至炉底，喇叭形高圈足。炉口径10.4、底径11.4、残通高18.8厘米（图三五四，8；图版六三，1）。

Ⅱ式　2 件。炉柄细而无棱。

标本 M2362：27，泥质灰陶。炉身子母口，深腹，盖为博山式。底座呈喇叭形，中空至炉身底部。底径 12.6、通高 20.4 厘米（图三五四，9）。

一一　盘

64 件。形态明确的 37 件。形态变化较小，可分为二型。

A 型

25 件。泥质灰陶。平沿，圆唇，弧壁，圜底近平，浅腹。

标本 M2372：8，口径 9.6、高 2.4 厘米（图三五五，1；图版六三，2）。

B 型

12 件。泥质灰陶。斜沿，尖唇，口微敛，浅腹，圜底近平。

标本 D3M28：19，口径 14.4、高 2.4 厘米（图三五五，2；图版六三，3）。

一二　勺

278 件。形态明确的 170 件。泥质灰陶为主，少数为灰黄陶。根据斗、柄的区别可分为七型。

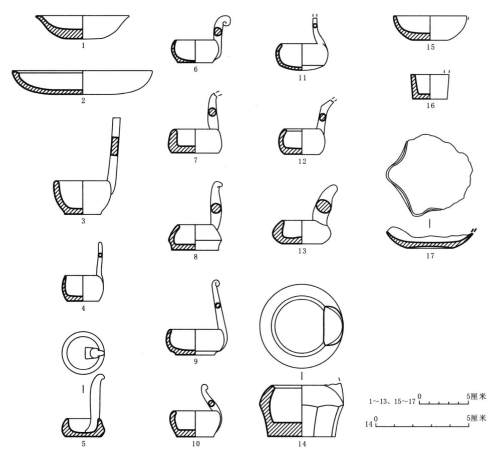

图三五五　陶盘、勺、匜

1. A 型盘（M2372：8）　2. B 型盘（D3M28：19）　3. A 型Ⅰ式勺（M2374：5）　4. A 型Ⅱ式勺（M2153：5）　5～7. B 型Ⅰ式勺（M2158：6，M2211：3，M2375：31）　8. B 型Ⅱ式勺（M2206：21）　9、10. C 型Ⅰ式勺（M2209：11，M2248：57）　11. C 型Ⅱ式勺（M2156：17）　12. D 型Ⅰ式勺（M2207：6）　13. D 型Ⅱ式勺（M2371：8）　14. E 型勺（M2148：29）　15. F 型勺（M2372：18）　16. G 型勺（M2200：33）　17. 匜（M2136：21）

A 型

30 件。主要特征为深斗，直柄。可分为二式。

Ⅰ式　4 件。深斗，斗腹弧，平底。方形长直柄，长柄上下同粗，柄端平。

标本 M2374：5，口微敞，圆唇。口径 5.8、底径 3.6、通高 9.8 厘米（图三五五，3；图版六三，4）。

Ⅱ式　26 件。深斗，算珠形弧壁，平底。圆形长直立柄，柄端稍细。

标本 M2153：5，敛口，圆唇。口径 4.2、底径 3.4、通高 5.9 厘米（图三五五，4；图版六三，5）。

B 型

18 件。主要特征为浅斗，柄直立，柄端弧形外卷折。可分为二式。

Ⅰ式　12 件。浅斗，弧腹。

标本 M2158：6，敛口，圆唇，算珠形弧壁，平底。口径 3、底径 3.6、通高 6.3 厘米（图三五五，5；图版六三，6）。

标本 M2211：3，敛口，圆唇，算珠形弧壁，平底。口径 4.2、底径 3.6、通高 4.8 厘米（图三五五，6）。

标本 M2375：31，口微敛，圆唇，算珠形弧腹，平底。勺柄端稍残。口径 5.4、底径 4.8、残高 6 厘米（图三五五，7；图版六四，1）。

Ⅱ式　6 件。浅斗，折腹。

标本 M2206：21，敛口，圆唇。弧折壁，平底。口径 3.2、底径 4.8、通高 7 厘米（图三五五，8；图版六四，2）。

C 型

66 件。勺柄向斗腹内弧。可分为二式。

Ⅰ式　42 件。算珠形斗，平底。

标本 M2209：11，敛口，圆唇，算珠形弧壁，平底。圆柱勺柄外卷。口径 5.2、底径 4、通高 7.6 厘米（图三五五，9；图版六四，3）。

标本 M2248：57，口径 4.5、底径 4、柄长 3 厘米（图三五五，10）。

Ⅱ式　24 件。斗腹较深，弧壁，圜底近平。

标本 M2156：17，柄尾稍残。口径 5.2、残高 5.3 厘米（图三五五，11；图版六四，4）。

D 型

23 件。斗柄外斜。可分为二式。

Ⅰ式　5 件。算珠形深斗腹，斗柄外斜折。

标本 M2207：6，敛口，圆唇，平底。口径 3.2、底径 3.6、残高 5.5 厘米（图三五五，12；图版六四，5）。

Ⅱ式　18 件。算珠形浅斗腹，斗柄外斜弧。

标本 M2371：8，口径 5.8、通高 6 厘米（图三五五，13）。

E 型

4 件。深斗腹，下部削胎痕迹明显。斗柄直立。

标本 M2148:29，敛口，圆唇，平底。勺柄已残。口径 3、底径 3.4、残高 2.7 厘米（图三五五，14）。

F 型

18 件。口大而敞，斗腹极浅，斜收腹，平底。

标本 M2372:18，勺柄残失。口径 7.4、底径 3.8、残高 2.5 厘米（图三五五，15）。

G 型

11 件。深斗腹，直壁，平底。

标本 M2200:33，柄残。口径 3.8、底径 3.5、残高 2.5 厘米（图三五五，16；图版六四，6）。

一三 匜

11 件。形态明确的 7 件。陶匜仅在西汉早期的 5 座墓中出土，保存较差，修复成型的较少，难辨其型式。

标本 M2136:21，圆弧形流，与流对应一侧扣手已残，平底内凹。口径 8.3~8.5、残高 2.2 厘米（图三五五，17）。

一四 匕

87 件。形态明确的 61 件。根据柄、肩、平面形状及整体造型的差异可分为五型。

A 型

3 件。斜柱柄，极浅盘。

标本 M2148:22，圜底近平。通宽 7.6、残高 5.2 厘米（图三五六，1；图版六五，1）。

B 型

17 件。斜锥形柄，耸肩，浅盘，平底。可分为二式。

I 式 13 件。斜锥形柄的柄端外卷。

标本 M2206:25，口沿呈箕形，敞口。通宽 7.4、通高 6.6 厘米（图三五六，2；图版六五，2）。

标本 M2375:11，盘状圆弧形口，宽圆肩，两腰略束。平底。通宽 7.6、底径 4.6、通高 6 厘米（图三五六，3）。

II 式 4 件。斜锥形柄端外弧。

标本 M2207:36，口沿近圆形，敞口，耸肩，平底，锥柄弧曲。通宽 8.2、通高 5.1 厘米（图三五六，4；图版六五，3）。

C 型

9 件。耸肩或圆肩，锥形柄直立。分为二式。

I 式 2 件。敞口，耸肩，平底，锥形柄直立。

标本 M2158:9，通宽 5.6、通高 6.3 厘米（图三五六，5；图版六五，4）。

II 式 7 件。敞口，圆肩，平底，锥形柄直立，柄端外卷。

标本 M2209:12，通宽 9.6、通高 8.4 厘米（图三五六，6；图版六五，5）。

D 型

19 件。敞口，圆肩，平底或圜底，柱状柄向内倾斜。

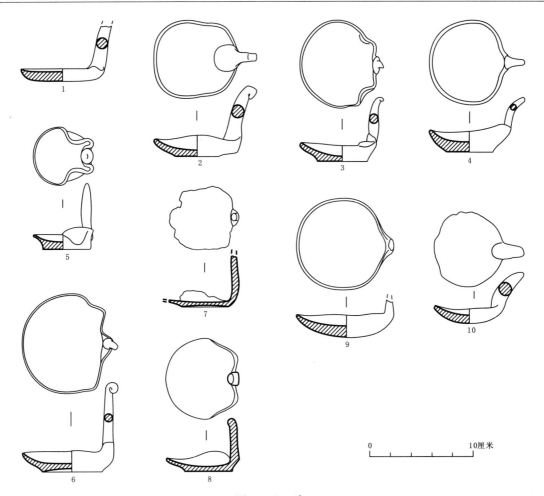

图三五六 陶匕

1. A 型（M2148：22） 2、3. B 型 I 式（M2206：25，M2375：11） 4. B 型 II 式（M2207：36） 5. C 型 I 式（M2158：9）
6. C 型 II 式（M2209：12） 7～9. D 型（M2211：13，M2248：11，M2372：17） 10. E 型（M2371：10）

标本 M2211：13，平面近箕形。敞口，圆肩，平底。通长 6.5、通宽 6、残高 4.8 厘米（图三五六，7）。

标本 M2248：11，身呈箕形，一边刃较宽，呈圆弧形，其他三边折起。宽 8、柄长 3.5、底径 5 厘米（图三五六，8）。

标本 M2372：17，圜底。通宽 8.6、残高 3.6 厘米（图三五六，9；图版六五，6）。

E 型

13 件。呈铲形。敞口，浅盘，圜底。斜锥柄。

标本 M2371：10，盘状圆弧形口，宽圆肩，两腰略束。通宽 7、通高 4.8 厘米（图三五六，10；图版六五，7）。

一五 仓

16 件。形态明确的 7 件。可分为四型。

A 型

2 件。夹砂灰陶，由仓盖和仓身组成。屋顶形盖，盖顶平，有多道瓦楞。器身平沿，弧壁，平底。底部有三半锥体状足。

标本 M2203：17，盖径 20.6、高 7 厘米，仓身口径 16.2、腹径 19、通高 20.6 厘米（图三五七，1；图版六六，1）。

B 型

2 件。伞顶式盖，盖顶有一立鸟形纽。仓身中部有一方形仓门，内有门框。平底，底下有四个六棱形柱足。

标本 M2248：39，仓盖口径 19、仓身口径 16、通高 23.5 厘米（图三五七，2）。

C 型

1 件。泥质陶，呈暗红色，火候低。弧形盖，盖上有一圈凸弦纹。器身平口，直壁，腹微凸，平底。上腹部有凸棱形把手，腹中部饰一道凸棱。

标本 M2359：18，口径 21.6、底径 21、通高 25.2 厘米（图三五七，3）。

D 型

2 件。由盖和身组成，盖顶有锥状捉手。器身为桶形，微敛口，深腹，平底。腹中部开一方形小门。

M2429：18，通高 17.8 厘米（图三五七，4；图版六六，2）。

M2434：8，通高 17.2 厘米（图三五七，5；图版六六，3）。

一六　镇

9 件。形态明确的 4 件。形状无大变化。可分为二式。

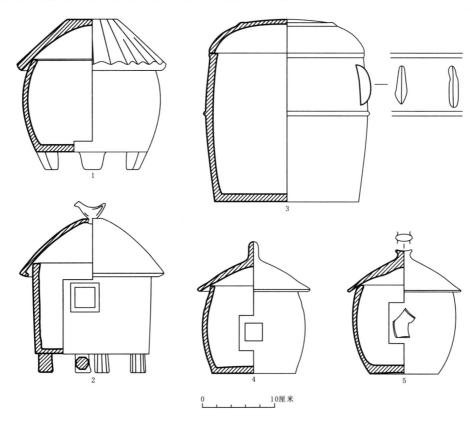

图三五七　陶仓

1. A 型（M2203：17）　2. B 型（M2248：39）　3. C 型（M2359：18）　4、5. D 型（M2429：18，M2434：8）

Ⅰ式　2件。圆唇，短领，溜肩，鼓腹，平底稍内凹，肩部有一周扉棱。

M2218：15，腹径20.8、底9.6、残高12.2厘米（图三五八，1；图版六六，4）。

M2379：2，口径6、腹径19.6、底径6.6、高13.2厘米（图三五八，2；图版六六，5）。

Ⅱ式　2件。夹砂灰陶。平沿，直领，鼓腹，平底稍内凹，肩部有一周扉棱。

标本M2190：18，口径9.6、腹径21、底径11、高15.4厘米（图三五八，3）。

一七　甑

30件。形态明确的13件。可分为四型。

A型

5件。夹砂灰陶或红陶。平沿，尖唇，敞口，收腹，平底上有五个对称分布的箅眼。

标本M2112：36，口径12.8、底径4.8、高4.8厘米（图三五八，4）。

标本M2133：17，腹部有多道弦纹。口径18.8、底径7、高9厘米（图三五八，5；图版六六，6）。

标本M2213：17，口径14.6、底径4.6、高5厘米（图三五八，6）。

B型

3件。夹砂灰陶或灰黄陶。宽外斜沿，尖唇，斜收腹，高圈足。底部有箅眼。分为二式。

Ⅰ式　2件。底部有13个条形箅眼。

标本M2218：23，口径24、底径10.6厘米（图三五八，7）。

Ⅱ式　1件。底部有五个圆形箅眼。中间一个，周边四个呈对称分布。

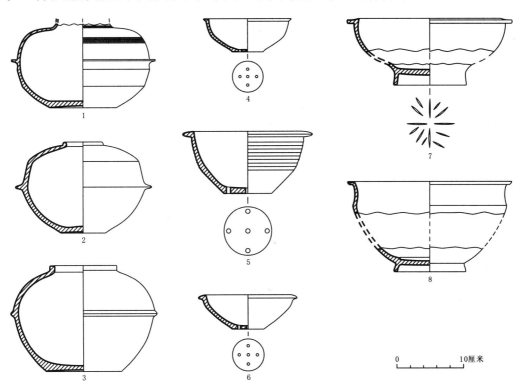

图三五八　陶镜、甑

1、2. Ⅰ式镜（M2218：15，M2379：2）　3. Ⅱ式镜（M2190：18）　4～6. A型甑（M2112：36，M2133：17，M2213：17）　7. B型Ⅰ式甑（M2218：23）　8. B型Ⅱ式甑（M2190：16）

标本 M2190:16，腹部残损严重。口径 24、底径 10.6 厘米（图三五八，8）。

C 型

2 件。夹砂灰、黄陶。平沿，尖唇，斜收腹，口大底小，平底。底部有多个圆形界眼。

标本 M2203:14，底部有五个圆形界眼。口径 14.8、底径 4.2、高 8.2 厘米（图三五九，1；图版六七，1）。

标本 M2248:66，底部有一周共八个圆形界眼。口径 15、底径 5.8、高 6 厘米（图三五九，2）。

D 型

3 件。宽平沿，尖唇，敞口，斜收腹，平底。底部有五个对称分布的圆形界眼。腹部有多道凹弦纹。

M2429:25，口径 14.8、底径 5.2、高 7 厘米（图三五九，3；图版六七，2）。

M2395:15，口径 14、底径 5.2、高 5.6 厘米（图三五九，4；图版六七，3）。

M2434:12，口径 12.4、底径 4.2、高 4.6 厘米（图三五九，5；彩版一四三，1；图版六七，4）。

一八　豆

52 件。主要出土于西汉早期墓，从西汉中期开始，陶豆基本消失。52 件陶豆出土于 25 座墓

图三五九　陶甑、豆、碗

1、2. C 型甑（M2203:14，M2248:66）　3～5. D 型甑（M2429:25，M2395:15，M2434:12）　6. A 型豆（M2207:10）　7. B 型豆（M2211:10）　8. A 型碗（M2360:9）　9. B 型碗（M2429:26）　10. C 型碗（M2434:13）

中，经过修复后形态明确的有 29 件。可分为二型。

A 型

15 件。微敞口，圆唇，深弧壁。细高柄，柄中空较低。喇叭形圈足极矮。

标本 M2207：10，口径 15.4、底径 10.6、高 13.8 厘米（图三五九，6；图版六七，5）。

B 型

14 件。弧形粗柄，中空至盘底。喇叭形圈座。敛口，深腹，圆唇。

标本 M2211：10，口径 16.4、底径 9.2、高 10.2 厘米（图三五九，7；图版六七，6）。

一九　碗

10 件。出土于 6 座墓中，9 件形态基本明确。分为三型。

A 型

1 件。泥质灰陶。宽平沿，尖唇，斜收腹，饼状平底。

M2360：9，口径 18.8、底径 6.4、高 4 厘米（图三五九，8）。

B 型

5 件。宽平沿，尖唇，敞口，斜收腹，平底稍内凹。上腹内折。

标本 M2429：26，口径 13、底径 7.6、高 4.6 厘米（图三五九，9）。

C 型

3 件。宽沿略外斜，尖唇，敞口，斜收腹，平底稍凹。

标本 M2434：13，口径 13.2、底径 5.6、高 5.4 厘米（图三五九，10；图版六八，1）。

二○　盆

30 件。出土于 25 座墓中，形态明确的 23 件。泥质灰陶，少数夹砂陶。分为二型。

A 型

19 件。宽沿，深腹，上腹直或斜收，小平底。分四式

Ⅰ式　4 件。宽平沿，方唇，上腹直弧，下腹斜收。平底稍内凹。

标本 M2363：18，口径 18.2、底径 6.4、高 5.2 厘米（图三六○，1；图版六八，2）。

Ⅱ式　8 件。敞口，深腹较直，下腹内折，圜底内凹。

标本 M2096：53，外斜沿，尖唇，周身用黑色颜料彩绘宽带和蕉叶纹。口径 24、底径 8.4、高 7.4 厘米（图三六○，2；图版六八，3）。

标本 D3M29：13，宽平沿，折腹，平底。口径 19.2、底径 6.8、高 6.8 厘米（图三六○，3）。

Ⅲ式　4 件。宽平沿，底近平。

标本 D7M4：26，腹部有一道浅折棱。口径 21.6、底径 7.2、高 7.4 厘米（图三六○，4；图版六八，4）。

标本 D7M5：26，口径 25、底径 7.8、高 8 厘米（图三六○，5）。

Ⅳ式　3 件。宽平沿，圜底稍内凹。腹部折棱明显。

标本 D8M4：12，圆唇，斜腹内折至底。口径 22、底径 7、高 5.6 厘米（图三六○，6；图版六八，5）。

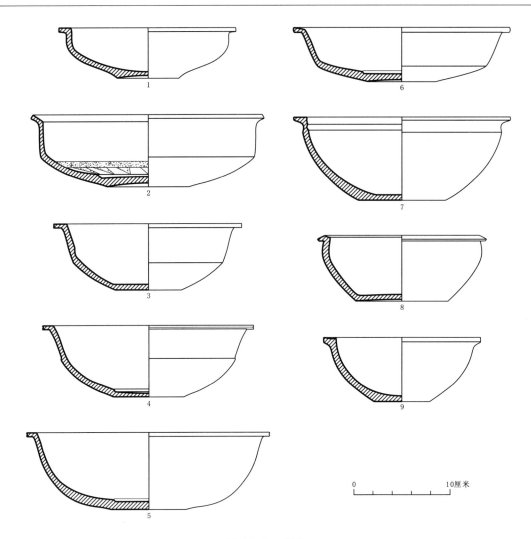

图三六〇　陶盆

1. A 型 I 式（M2363：18）　2、3. A 型 II 式（M2096：53，D3M29：13）　4、5. A 型 III 式（D7M4：26，D7M5：26）　6. A 型
IV 式（D8M4：12）　7、8. B 型 I 式（M2136：52，M2153：13）　9. B 型 II 式（M2198：30）

B 型

4 件。深腹，平底。

I 式　3 件。宽沿，束颈，平底。

标本 M2136：52，口径 22.2、底径 9、高 8.6 厘米（图三六〇，7；图版六八，6）。

标本 M2153：13，外卷沿，尖唇，微敛口，平底稍内凹。口径 17.2、底径 9.4、高 6.8 厘米
（图三六〇，8）。

II 式　1 件。斜收腹，小平底。

标本 M2198：30，宽沿，圆唇，斜腹内收至底。口径 16.2、底径 5.8、高 6.6 厘米（图三六
〇，9；图版六九，1）。

二一　灯

11 件。其中形态明确的 8 件。陶灯从西汉晚期开始出现，东汉时期广泛流行。根据其盏、柄、
底座的不同可分为二型。

A 型

5 件。呈豆形，圆唇，盏较深，柄中空至盘底，喇叭形座。

标本 D3M18：11，底座已残。盏径 12、残高 13 厘米（图三六一，1）。

标本 M2429：16，深腹，矮柄。口沿、盏底、底座上有多道折棱。口径 12.8、底径 11.2、高 10.8 厘米（图三六一，2）。

标本 M2395：10，灯盏外斜沿，尖唇。口径 12.4、座径 10.4、高 14.5 厘米（图三六一，3）。

B 型

3 件。呈熏炉状。由盏、柄、座组成。

标本 M2434：21，灯盏外斜沿，尖唇，折腹。矮粗柄仅下部空。灯座略外斜沿，环状平底。口径 10.4、底径 13.8、高 11.2 厘米（图三六一，4；图版六九，2）。

图三六一　陶灯、案

1~3. A 型灯（D3M18：11，M2429：16，M2395：10）　4. B 型灯（M2434：21）　5. A 型案（M2438：20）　6. B 型案（M2416：3）

二二　案

8 件。泥质灰陶，少量夹砂。形态基本明确。可分为二型。

A 型

7 件。长方形，卷沿，平底。

标本 M2438∶20，长 58、宽 37、沿厚 3.5 厘米（图三六一，5）。

B 型

1 件。标本 M2416∶3，圆形。一面微凸，正面缘宽 1.4 厘米，中部有一周凹弦纹，正面用红、黑颜料彩绘云纹，严重脱落。直径 39.6、厚 1.6 厘米（图三六一，6；图版六九，3）。

二三　钵

18 件。其中形态明确者 9 件。根据其口、腹、底及整体形态可分为二型。

A 型

6 件。泥质灰陶或灰黄陶。敛口，深弧腹，平底。口大底小。分为二式。

Ⅰ式　1 件。圆唇。

标本 M2360∶7，泥质黄胎。素面，局部有黑色陶衣。敛口，深鼓腹，平底。口径 14、高 8 厘米（图三六二，1）。

Ⅱ式　5 件。尖唇。

标本 D2M7∶3，内斜沿，敛口，深弧腹，平底。口径 18.6、底径 7.6、高 7 厘米（图三六二，2；图版六九，4）。

B 型

3 件。宽平沿，内敛口，深腹，大平底。

标本 M2362∶3，泥质黄胎，有黑色陶衣。口径 17.2、高 8.4 厘米（图三六二，3）。

二四　器盖

6 件。5 件形态明确。可分为二型。

A 型

4 件。盖顶有捉手。可分为二式。

Ⅰ式　1 件。顶部捉手为喇叭形。

标本 D3M20∶38，盖径 19.4、高 6.4 厘米（图三六二，4；图版六九，5）。

Ⅱ式　3 件。顶部有突出的鸟形捉手。

标本 M2384∶18，直径 12、高 3.3 厘米（图三六二，5；图版六九，6）。

B 型

1 件。盖顶无捉手。

D8M4∶23，直径 18.6、高 4.2 厘米（图三六二，6；图版七〇，1）。

二五　釜

20 件。形态明确的 8 件。应属配置在陶灶上使用的，但出土时均与灶身脱离。可分为二型。

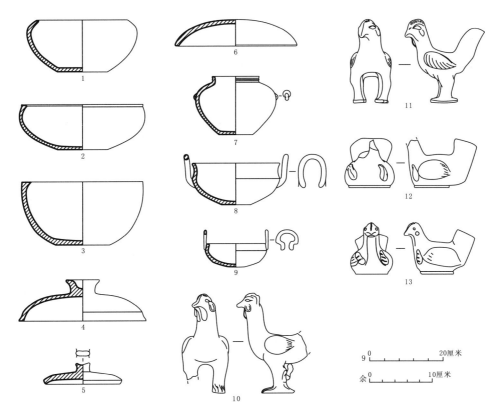

图三六二　陶钵、器盖、釜、鸡

1. A 型 I 式钵（M2360:7）　2. A 型 II 式钵（D2M7:3）　3. B 型钵（M2362:3）　4. A 型 I 式器盖（D3M20:38）　5. A 型 II 式器盖（M2384:18）　6. B 型器盖（D8M4:23）　7. A 型釜（M2112:20）　8、9. B 型釜（M2213:12，M2248:35）　10、11. 公鸡（M2395:6，M2434:16）　12、13. 母鸡（M2395:20，M2434:20）

A 型

1 件。泥质灰陶。圆唇，矮直领，圆肩，鼓腹，平底，肩部有对称双系。

M2112:20，口径 7.2、腹径 12.4、底径 5.2、高 9 厘米（图三六二，7）。

B 型

7 件。泥质或夹砂灰陶。圆唇，束领，折腹，上腹外折鼓，下腹斜收，小平底或圜底。腹部饰有对称椭圆形附立耳。

标本 M2213:12，口径 13.6、底径 4.8、腹径 13.6、通高 7.8 厘米（图三六二，8；图版七〇，2）。

标本 M2248:35，口稍内敛，边沿对称有圜形附耳，深腹微折，圜底近平。口径 13.5、通高 10 厘米（图三六二，9）。

二六　鸡

5 件。可分为公鸡和母鸡。

公鸡　3 件。夹砂灰陶。手工捏制而成。尖嘴，高冠，长高颈，眼大睁，长耳和下冠下垂，双翅做张开状，尾部高翘。双腿分立，下有起稳固作用的泥圈。

标本 M2395:6，残长 10.8、宽 7.2、高 15.4 厘米（图三六二，10；图版七〇，3）。

标本 M2434:16，长 12.4、宽 6.4、高 13 厘米（图三六二，11；图版七〇，4）。

母鸡　2 件。夹砂灰陶。手工捏制而成。短嘴，鸡冠小而短，耳小，双翅下张，宽短尾。不见双腿，似做孵小鸡状。

M2395：20，残长10.8、宽7.6、残高7.4厘米（图三六二，12；图版七〇，5）。

M2434：20，长11、宽6.6、高8厘米（图三六二，13；图版七〇，6）。

二七　屋、鸡舍、唾壶、量、奁盒

多为夹砂灰陶，每种仅一件，均在各自的墓例报告中作了介绍，此不再赘述。

二八　筒瓦、板瓦、瓦当

筒瓦、板瓦主要出土于D2和D3的排水沟内，是排水沟的主要建筑材料，其准确数量已难以统计，本报告中均按一件（套）计。排水沟内均用无当筒瓦，有当筒瓦和瓦当主要出土于M2416中和在其墓外采集。

（一）筒瓦

可分为二型。

A 型

无当筒瓦　出土于D3的排水沟内。瓦面饰粗绳纹，呈半圆形。长36、直径13.6厘米（图三六三，1；图版七一，1）。

B 型

连当筒瓦　1件。出土于M2416的甬道内。标本M2416：16，筒瓦中部有一直径0.8厘米的钉孔，瓦上饰绳纹。当面的人面双眼大睁，眼珠和眼眶呈叶形，向上抬。两边粗眉上翘。鼻梁挺直，与额头相通，上部与一连穗宝珠形饰物相连。双竖耳前伸。方形大口，嘴角上翘，嘴唇外张，上部牙齿

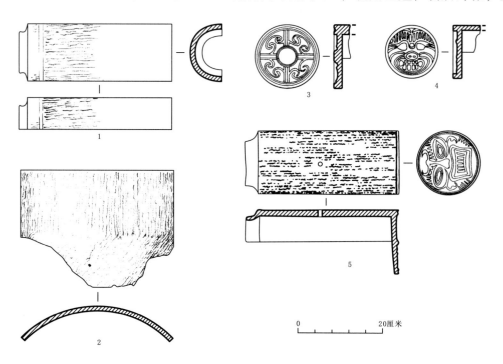

图三六三　陶筒瓦、板瓦、瓦当

1. 无当筒瓦（D3排水沟）　2. 板瓦（D3排水沟）　3. A型瓦当（M2416：20）　4. B型瓦当（M2416：35）

5. 连当筒瓦（M2416：16）

毕现，舌外伸。瓦当直径 15、边轮宽 0.9、全长 36.5 厘米（图三六三，5；图版七一，2、3）。

（二）板瓦

均为 D3 排水沟内的建筑材料。瓦面饰错乱的粗绳纹。残长 18~27.2、宽 36、厚 1 厘米（图三六三，2）。

（三）瓦当

出于 M2390 墓室和 M2416 甬道内，或在墓外采集，共有 50 余件，本报告中按一类为一件（套）计。可分为三型。

A 型

1 件。卷云纹瓦当。M2416：20，当面分内、外两区，内区最高，为直径 4 厘米的凸起乳丁，与边轮同高。乳丁外与边轮间各有一周凸弦纹，与四方各两道凸线连接，并将当面外分成四组对称涡状卷云纹。直径 15、边轮宽 1.2 厘米（图三六三，3；图版七一，4）。

B 型

兽面纹瓦当。墓室外采集。标本 M2416：35，当面为高浮雕的兽面纹。边轮凸起，兽面三角形双眼凸起，椭圆形鼻，鼻孔朝天，方形鼻梁，弯月形粗眉，眉心和额间有饰物。半圆形大嘴张口，獠牙外露，嘴角须毛大张。直径 12.5、边轮宽 1.2 厘米（图三六三，4；图版七一，5）。

C 型

1 件。M2390：24，已残损。当面分内、外两区，内区为主纹饰区，低于边轮。主纹饰为四组回纹，纹间有铭文，似可读一 "乐" 字，其他字无存，推测可能是 "长乐未央"。直径 12.2、边轮宽 1.2 厘米（图二七八，3）。

第三节　硬陶器

本报告中的硬陶器主要是指胎质较硬、火候较高、周身多有拍印方格纹的硬陶器，极少施釉。少数器物可能在烧制时因火候高而呈釉化现象，但与酱釉硬陶器、釉陶器等有别。共 760 件，以罐为主，可分为双唇罐、印纹罐、无耳罐和双耳罐等。

一　双唇罐

14 件。出土于二座墓中。可分为二型。

A 型

12 件。均出土于 M2098 中。灰白胎，盖和身均饰方格纹，个别的在方格纹上施一层淡绿色釉，釉脱落非常严重。带盖，盖下子口伸入罐的双唇间，盖顶部有桥形长纽，纽中部有穿。内外双唇，内唇直而高，外唇敞，内唇远远高于外唇。溜肩，鼓腹，平底略内凹。

标本 M2098：12，罐身中部有多道凹弦纹。盖径 17.6、高 8 厘米，内唇口径 17.4、腹径 29.6、底径 13.8、高 32 厘米，通高 37.4 厘米（图三六四，1；图版七二，1）。

标本 M2098：22，盖径 16.2、高 7.8 厘米，内唇口径 11.2、腹径 22.2、底径 11.8、高 23.2 厘米，通高 28.4 厘米（图三六四，2；图版七二，2）。

标本 M2098:25，罐身中部有多道凹弦纹和两道水波纹。罐身较矮，腹较扁。盖径 13.8、高 6.2 厘米，内唇口径 8.8、腹径 16.6、底径 9.8、高 16.6 厘米，通高 20 厘米（图三六四，3；图版七二，3）。

B 型

2 件。出土于 M2076 中。灰白胎，身饰方格纹。带盖，盖下有长子口伸入罐的双唇间，盖顶部纽高而宽，纽中部有穿。内外双唇高度相同，内唇向内敛，外唇敞。溜肩，鼓腹，平底内凹。

标本 M2076:15，盖下子口伸入双唇间，结合紧密。盖径 15.8、高 5.2 厘米，口径 15.6、腹径 22、底径 12.2、高 24.6 厘米，通高 28 厘米（图三六四，4；彩版七七，3；图版七二，4）。

二　印纹罐

20 件。夹砂胎质，呈灰色，火候较高，吸水性低，无釉。一般肩部拍印叶脉纹或席纹，腹部

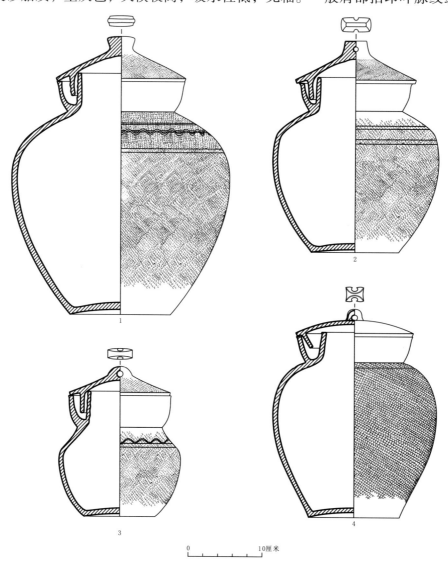

图三六四　硬陶双唇罐
1～3. A 型（M2098:12，M2098:22，M2098:25）　4. B 型（M2076:15）

饰方格纹。可分为二型。

A 型

7 件。敞口，尖唇，束颈，溜肩，鼓腹，平底。可分为二式。

Ⅰ式　1 件。领较高。肩部和上腹部饰席纹。

M2112：21，口径 10.6、腹径 16.6、底径 9.8、高 17.8 厘米（图三六五，1；图版七三，1）。

Ⅱ式　6 件。领高矮有不同。肩部和上腹部均饰席纹和竖的叶脉纹，下腹部饰拍印方格纹。

标本 M2131：7，颈部和肩部饰两组多重水波纹，上腹部为席纹，下腹部为细方格纹。口径 10.4、腹径 16.8、底径 10.8、高 16.4 厘米（图三六五，2）。

标本 M2138：15，侈口，圆肩，器表呈暗红色。上腹部饰竖叶脉纹，下腹部饰大方格纹。口径 10.8、腹径 16、底径 10.2、高 14 厘米（图三六五，3）。

标本 M2213：14，夹砂红陶。肩部饰拍印席纹，下部饰方格纹。内斜沿，圆唇，直领，溜肩，

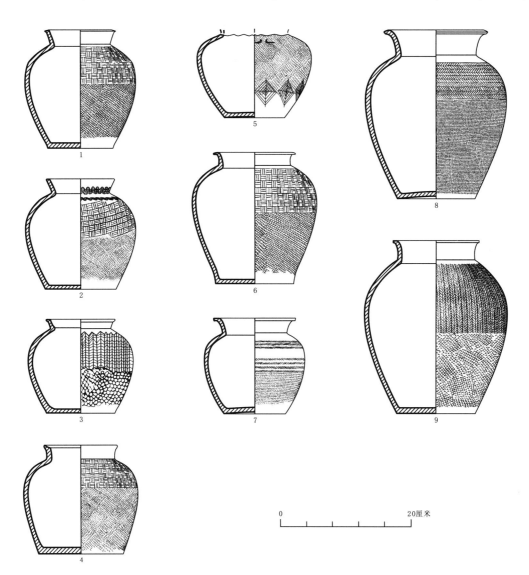

0　　　　　　　　　　　20厘米

图三六五　硬陶印纹罐

1. A 型Ⅰ式（M2112：21）　2～5. A 型Ⅱ式（M2131：7，M2138：15，M2213：14，M2379：13）

6～9. B 型（M2120：23，M2129：2，M2131：10，M2134：1）

弧腹，平底。口径 11、腹径 17、底径 12.8、高 16.4 厘米（图三六五，4；图版七三，2）。

标本 M2379：13，溜肩，鼓腹，下腹稍内收，平底略内凹。颈部以下除罐底周边外均饰绳纹和重线菱格纹。肩部有刻划符号。腹径 17、底径 9、残高 12.6 厘米（图三六五，5；图版七三，3）。

B 型

13 件。敞口，宽沿外弧折，圆唇，高领外撇，圆肩，斜收腹，平底。最大腹径位于肩部下。从肩部到上腹部饰拍印的席纹和叶脉纹，下腹部饰方格纹。

标本 M2120：23，宽外弧沿，尖唇，短颈，微敞口，溜肩，长弧腹，大平底。肩部到上腹间饰拍印席纹，下腹部饰方格纹。口径 12.2、腹径 18.4、底径 11.6、高 19.8 厘米（图三六五，6；图版七三，4）。

标本 M2129：2，平底稍内凹。肩部和上腹部饰叶脉纹，下腹部饰方格纹。口径 12.2、腹径 15、底径 9.2、高 14.4 厘米（图三六五，7）。

标本 M2131：10，周身有许多鼓泡和变形处。从肩部到上腹部饰拍印的叶脉纹，下腹饰方格纹。口径 15.6、腹径 21.4、底径 11.8、高 25.4 厘米（图三六五，8；图版七四，1）。

标本 M2134：1，肩部到上腹部饰叶脉纹，下腹饰方格纹。口径 13、腹径 21.8、底径 12.2、高 26 厘米（图三六五，9；图版七四，2）。

三 双耳罐

36 件。西汉中期开始大量出现，东汉砖室墓中已非常罕见。器身由浑圆变修长，口沿由微敞向稍折的盘口转化，肩部的多道凹弦纹逐渐减少。形态明确的 31 件。可分为五式。

Ⅰ式 5 件。平沿，尖唇，口微敞，束颈，圆肩，收腹，平底，最大腹径位于肩部之下。肩部对称双弓形附耳。

标本 M2094：6，口径 9.4、腹径 16.4、底径 8.2、高 15.4 厘米（图三六六，1；图版七四，3）。

Ⅱ式 8 件。从颈部到下腹部拍印方格纹，肩部有两对称弓形双耳。外斜沿，尖唇，敞口，圆肩，深弧腹，平底。附耳处饰二至三道凹弦纹。

标本 D2M11：12，口径 9.8、腹径 15.6、底径 8、高 14.9 厘米（图三六六，2；图版七四，4）。

标本 D7M4：18，口径 9.2、腹径 16.2、底径 8、高 14.2 厘米（图三六六，3）。

标本 D7M5：27，口径 10、腹径 16.8、底径 7.6、高 13.6 厘米（图三六六，4；图版七五，1）。

Ⅲ式 13 件。外斜沿，尖唇，束颈，圆肩，鼓腹下收，平底。肩部对称有弓形附耳。从肩部到下腹部间饰细密的方格纹。

标本 D9M4：2，口径 10、腹径 15.8、底径 8、高 16.4 厘米（图三六六，5）。

标本 D10M2：6，口径 9.8、底径 7.8、高 16.6 厘米（图三六六，6；图版七五，2）。

标本 M2009：7，口径 9.8、底径 8、高 14.8 厘米（图三六六，7）。

Ⅳ式 4 件。平沿，尖唇，束颈，口微敞，圆肩，斜收腹，平底。口沿稍弧折近盘口状。肩部有对称双耳。腹部饰方格纹。

标本 D3M24：13，口径 11.4、腹径 16、底径 6.8、高 16.6 厘米（图三六六，8；图版七五，3）。

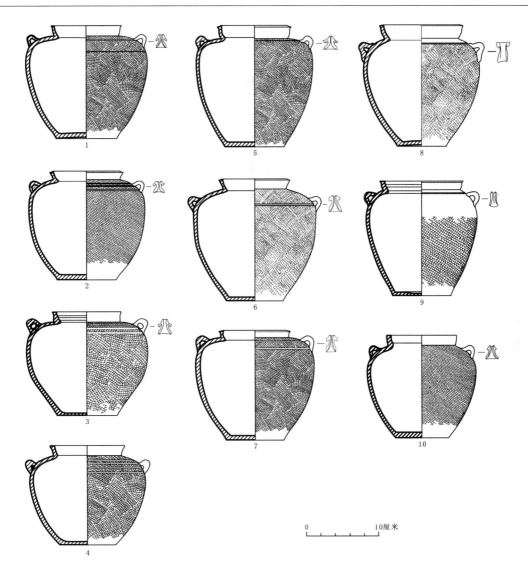

图三六六　硬陶双耳罐

1. Ⅰ式（M2094∶6）　2~4. Ⅱ式（D2M11∶12，D7M4∶18，D7M5∶27）　5~7. Ⅲ式（D9M4∶2，D10M2∶6，M2009∶7）　8、9. Ⅳ式（D3M24∶13，D3M28∶25）　10. Ⅴ式（M2384∶14）

标本 D3M28∶25，口径 11.6、腹径 15.6、底径 8.4、高 15.6 厘米（图三六六，9；图版七五，4）。

Ⅴ式　1件。从颈部到下腹饰方格纹，肩部有两对称的双竖贯耳。平沿，尖唇，口微敞，圆肩，深弧腹，平底。

标本 M2384∶14，口径 9.6、腹径 15、底径 7.4、高 14 厘米（图三六六，10；图版七六，1）。

四　无耳罐

690 件。可分为四型。

A 型

248 件。尖唇，微敞口或敞口，平底或稍内凹。早期饰错乱绳纹或不规则方格纹。口径和底径基本接近，高度极少超过 15 厘米。

标本 M2112：10，腹部有多道制胎时旋轮的痕迹，肩部和上腹部饰错乱绳纹。口径 8.8、腹径 16、底径 9.6、高 15 厘米（图三六七，1）。

标本 M2112：17，口径 10、腹径 16.8、底径 10.4、高 15.6 厘米（图三六七，2）。

标本 M2129：3，腹部饰细方格纹。口径 14、腹径 21.2、底径 12.2、高 17 厘米（图三六七，3；图版七六，2）。

标本 M2378：7，肩部有刻划符号。口沿内有三道凸棱。颈部以下除罐底周边外均饰错乱粗绳纹。口径 11、腹径 17、底径 9、高 18 厘米（图三六七，4；图版七六，3）。

标本 M2199：20，长弧腹，平底内凹。口径 11、腹径 16、底径 9.4、高 16.6 厘米（图三六七，5）。

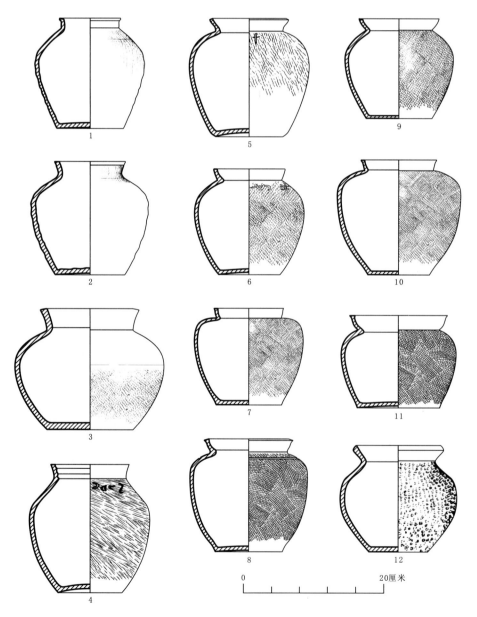

图三六七　A 型硬陶无耳罐

1. M2112：10　2. M2112：17　3. M2129：3　4. M2378：7　5. M2199：20　6. D9M2：11　7. D2M11：11

8. M2072：20　9. D3M16：17　10. M2076：8　11. M2395：8　12. M2438：11

标本 D9M2：11，颈部以下饰方格纹。肩部有刻划字符。口径 10、腹径 15.4、底径 8.6、高 14.8 厘米（图三六七，6）。

标本 D2M11：11，口径 9.6、腹径 15.2、底径 9、高 13.6 厘米（图三六七，7）。

标本 M2072：20，口径 12.4、腹径 16.6、底径 9.4、高 15.8 厘米（图三六七，8）。

标本 D3M16：17，最大腹径位于中部。口径 10.4、腹径 15.2、底径 9.2、高 14 厘米（图三六七，9；图版七六，4）。

标本 M2076：8，口径 10.4、腹径 17、底径 8.4、高 16.1 厘米（图三六七，10）。

标本 M2395：8，肩部和腹部饰方格纹，最大腹径位于肩部。口径 13.8、腹径 16.2、底径 11.6、高 13.8 厘米（图三六七，11）。

标本 M2438：11，周身施大方格纹。侈口，圆唇，平底。口径 12、底径 9.8、高 15 厘米（图三六七，12）。

B 型

216 件。平沿，尖唇，直颈。颈部以下饰细密的方格纹，肩部饰凹弦纹。溜肩，直腹，平底。口径一般大于底径，高度多在 20 厘米以上，器形显得修长。

标本 D1M2：7，口径 12、腹径 16、底径 9.6、高 19.4 厘米（图三六八，1；图版七七，1）。

标本 D2M11：10，圆肩，深弧腹，平底略内凹。口沿内有两道凸弦纹。口径 11.2、腹径 19.6、底径 11.6、高 20.6 厘米（图三六八，2）。

标本 D3M30：26，个体较小。斜沿，尖唇，高领，溜肩，长弧腹，平底。口径 9.4、腹径 14、底径 8.6、高 16 厘米（图三六八，3）。

标本 M2073：16，口径 13.2、腹径 22.2、底径 12.4、高 27.8 厘米（图三六八，4；图版七七，2）。

标本 D3M24：14，口径 13.6、腹径 22.2、底径 13.4、高 25.8 厘米（图三六八，5）。

标本 D3M24：32，口内有多道凸弦纹，肩部有两道凹弦纹。口径 13.6、腹径 27、底径 16、高 33.2 厘米（图三六八，6；图版七七，3）。

标本 D3M28：23，口内有三道凸棱。圆肩，腹较直，平底略内凹。饰大方格纹。口径 12.4、腹径 17.6、底径 9.6、高 23.4 厘米（图三六八，7）。

标本 M2396：1，溜肩，斜收腹，平底稍内凹，最大腹径位于肩部。口径 12.6、腹径 18.8、底径 9.6、高 21.6 厘米（图三六八，8；图版七七，4）。

标本 M2427：2，长弧腹略内收，平底稍内凹。肩部有一道凹弦纹。口径 15.6、腹径 23.6、底径 12.6、高 32.4 厘米（图三六八，9；图版七八，1）。

C 型

222 件。多为敞口，溜肩，鼓腹，下腹斜收，平底多内凹，高度一般与最大腹径接近，底径通常大于口径。前期多饰大方格纹，东汉中晚期则多饰细密的小方格纹。

标本 M2097：11，胎体呈黄红色，肩部有刻划字符。尖唇，最大腹径在近肩部。口径 13.8、腹径 30、底径 15、高 29.4 厘米（图三六九，1）。

标本 D7M3：25，溜肩，长鼓腹，最大腹径在中部。口径 15、腹径 33.8、底径 14.8、高 34.4 厘米（图三六九，2；图版七八，2）。

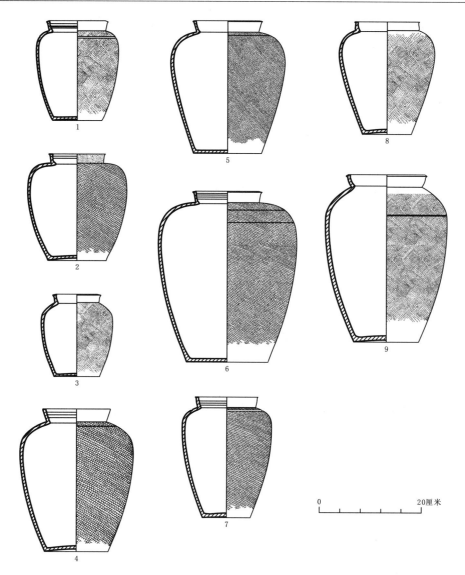

图三六八　B 型硬陶无耳罐

1. D1M2：7　2. D2M11：10　3. D3M30：26　4. M2073：16　5. D3M24：14　6. D3M24：32
7. D3M28：23　8. M2396：1　9. M2427：2

标本 D10M2：7，圆肩，长弧腹内收，肩部有刻划符号。口径 13、底径 13、通高 27.2 厘米（图三六九，3）。

标本 D3M28：15，口内有三道凸棱。圆溜肩，最大腹径在近肩部。口径 15.2、腹径 27.2、底径 12.4、高 27.4 厘米（图三六九，4；图版七八，3）。

标本 D3M26：4，敞口，溜肩，鼓腹，平底。肩部有两道凹弦纹，最大腹径位于中部。口径 14、腹径 28、底径 12、高 27 厘米（图三六九，5）。

标本 D10M1：17，最大腹径位于肩部，肩部有刻划符号。口径 13.8、腹径 28、底径 15.2、通高 28.8 厘米（图三六九，6；图版七八，4）。

标本 M2384：8，口沿弧折成盘口状。圆肩，深鼓腹。口径 16.2、腹径 30.6、底径 16、高 32.6 厘米（图三六九，7）。

标本 M2400：1，长弧腹，最大腹径位于上腹部。口径 14.2、腹径 24.8、底径 12.4、高 25.2

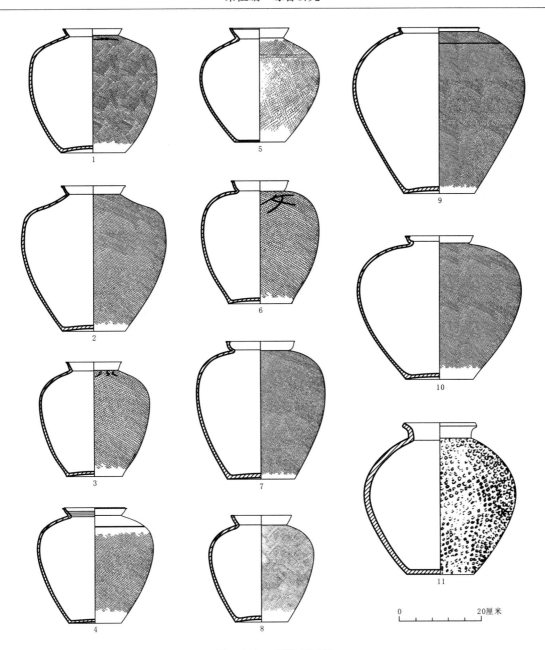

图三六九　硬陶无耳罐

1～10. C 型（M2097：11，D7M3：25，D10M2：7，D3M28：15，D3M26：4，D10M1：17，M2384：8，M2400：1，M2401：18，M2409：16）　11. D 型（M2438：7）

厘米（图三六九，8）。

标本 M2401：18，肩部和腹部饰方格纹。平窄沿，沿内折近盘口，尖唇。口径 19.6、腹径 41、底径 17、高 39.2 厘米（图三六九，9；图版七九，1）。

标本 M2409：16，内斜沿，沿内折成盘状。肩部和腹部饰方格纹。口径 17、腹径 40、底径 17、高 34 厘米（图三六九，10；图版七九，2）。

D 型

4 件。周身施大方格纹。侈口，尖唇，沿内有一道凸弦纹。束短颈。溜肩，鼓腹，平底。

标本 M2438：7，口径 17.2、底径 16、高 36 厘米（图三六九，11）。

第四节 酱釉硬陶器

127 件。有鼎、盒、瓿、壶、罐、器盖。

一 鼎

23 件。出土于 7 座墓中。可分为六型。

A 型

2 件。子母口承圆形盖，盖上有小纽，纽中部有穿。鼎身敛口，圆弧腹，口沿外对称附立耳，平底，三粗矮蹄足外撇。

标本 M2129：6，盖上为桥形小纽。口径 12、腹径 17.6、通高 18.2 厘米（图三七〇，1；彩版八八，2；图版七九，3）。

标本 M2129：10，盖上为方形小纽。三矮足截面略呈梯形。口径 13.4、腹径 19.6、通高 18.8 厘米（图三七〇，2；彩版八八，3；图版七九，4）。

B 型

9 件。出土于 2 座墓中。胎体上无纹饰，酱釉几乎全部脱落。子母口承圆弧形深盖，盖上有条形小纽，纽上有一小穿孔。深弧腹，圜底，腹部有一道折棱，三矮削蹄足略外撇，双附贯耳稍外张。

标本 M2131：19，口径 13.8、通宽 21、通高 17 厘米（图三七〇，3；图版七九，5）。

标本 M2138：14，口径 12.6、最大腹径 17、通高 17.6 厘米（图三七〇，4）。

C 型

3 件。出土于 M2138 中。子母口承弧形盖，盖上有蘑菇状纽。鼎身敛口，深折腹，平底，三矮柱状足，附立耳外撇，腹部饰一周折棱。

标本 M2138：19，口径 10.4、最大腹径 15.2、通高 16 厘米（图三七〇，5）。

D 型

6 件。均出土于 M2137 中。胎质呈灰白色，胎体厚重，质地坚硬细密，盖和身上均施有酱黑色釉，釉层厚薄不均，局部脱落严重，有流釉现象，釉层厚的部位呈现玻璃光泽。

标本 M2137：19，子母口承盖，弧形盖上有三个柱形纽，纽下部有半圆形穿孔。鼎身敛口，鼓腹，平底，三矮蹄足，立附耳，腹部饰一周凸棱。口径 13.6、最大腹径 18、通高 19.2 厘米（图三七〇，6）。

E 型

2 件。出土于 2 座墓中。平沿承盖，盖呈尖帽式。圆唇，鼓腹，平底，腹部一道凹弦间有外撇附耳，兽面短扁足外撇，足几乎和底在同一高度。周身饰方格纹后再施酱黑色釉，下腹釉层薄。整个器形就似在一件硬陶罐上加了双耳、三条腿和盖。

标本 M2009：6，盖径 9.6、高 2.1 厘米，鼎身口径 8.2、腹径 17.2、底径 9.4 厘米，通高 14.8 厘米（图三七〇，7；彩版六六，3；图版七九，6）。

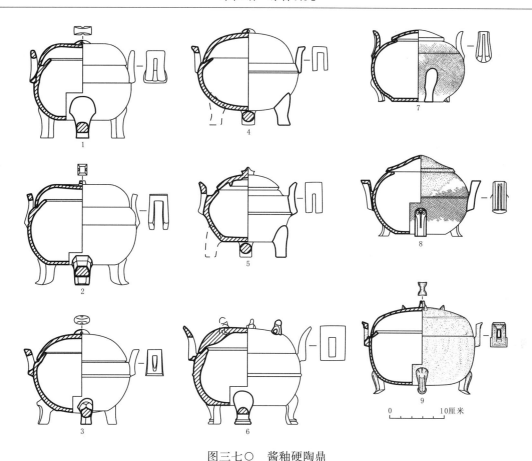

图三七〇　酱釉硬陶鼎

1、2. A 型（M2129：6，M2129：10）　3、4. B 型（M2131：19，M2138：14）　5. C 型（M2138：19）　6. D 型
（M2137：19）　7、8. E 型（M2009：6，D3M18：15）　9. F 型（M2025：11）

标本 D3M18：15，盖顶有一小孔。口径 9.6、腹径 17.6、底径 9.2、通高 14 厘米（图三七〇，8；彩版四六，1；图版八〇，1）。

F 型

1 件。出土于 M2025 中。该鼎较少见，胎体为夹砂硬陶，周身饰方格纹和多道凹弦纹后再施厚厚的酱黄色釉，釉层较均匀，仅局部有流釉现象。

M2025：11，子母口承盖，弧形盖上有三个锥形立纽，顶部有一横纽。口内敛，深腹，圜底。三兽面蹄足稍外撇，长方形附耳外撇。盖径 18.8、高 6.4 厘米，鼎身口径 16.8、通宽 21、高 13 厘米，通高 16.8 厘米（图三七〇，9；彩版七〇，3；图版八〇，2）。

二　盒

15 件。出土于六座墓中。可分为五型。

A 型

7 件。出土于二座墓中。子母口承覆碗形盖，盖顶部有圈足形捉手，盒盖大于盒身。盒身子母口内敛，斜收腹，矮圈足，盖和腹部各有三道凹弦纹。

标本 M2129：4，盖口径 19.2、高 6.8 厘米，盒身口径 17、底径 10.8、高 9 厘米，通高 14.5 厘米（图三七一，1；彩版八七，4；图版八〇，3）。

标本 M2131：20，釉层保存较好，盖与身几相近，器身呈圆球形。口径 16.6、底径 9.6、通高

16.4 厘米（图三七一，2；图版八〇，4）。

标本 M2131:25，器身略扁。口径 17.4、底径 10.2、通高 15.8 厘米（图三七一，3；图版八〇，5）。

B 型

3 件。出土于 M2138 中。子母口承弧形盖，盖顶有高圈足形捉手。盒身为敛口，深腹，喇叭形高圈足。盒盖与盒身差别较大，盖和腹部均有两道凹弦纹。

标本 M2138:17，口径 12、腹径 16.4、通高 17.6 厘米（图三七一，4）。

C 型

2 件。出土于 M2072 中。子母口承弧形盖，盖顶部有圈足状捉手。盒身敛口，弧腹斜内收，高圈足外撇。

M2072:12，盖径 22.8、高 5.8 厘米，盒身口径 20.8、底径 14、高 11 厘米，通高 16.2 厘米（图三七一，5；彩版七三，2；图版八〇，6）。

M2072:13，盖顶部饰四瓣柿蒂叶纹，下部有三周凹弦纹，三道凹弦纹间饰戳印圆点组成的四

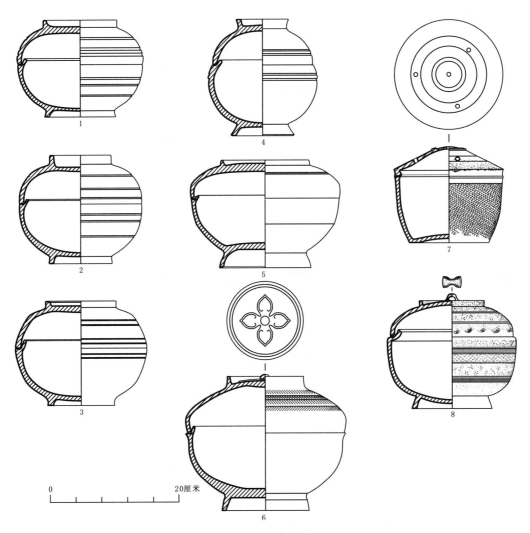

图三七一　酱釉硬陶盒

1~3. A 型（M2129:4，M2131:20，M2131:25）　4. B 型（M2138:17）　5、6. C 型（M2072:12，M2072:13）
7. D 型（D3M18:14）　8. E 型（M2025:16）

周短斜线纹。盒身敛口，弧腹斜内收，高圈足略外撇。盖径 24.6、高 8.6 厘米，盒身口径 22.6、底径 13.4、高 12.8 厘米，通高 20.6 厘米（图三七一，6；彩版七三，3；图版八一，1）。

D 型

2 件。出土于 D3M18 中。盖与身平口承合。盖顶有矮捉手，周边对称有三个小圆孔。盒身直腹略内收，平底略内凹，饰方格纹。通体（底除外）施有酱黑色釉，盒身上釉脱落严重。

标本 D3M18：14，口径 16.4、底径 12、通高 14.6 厘米（图三七一，7；彩版四六，2；图版八一，2）。

E 型

1 件。出土于 M2025 中。

M2025：16，胎体夹砂，周身饰方格纹和凹弦纹后再施酱黄釉，有流釉现象。子母口承盖，盖有捉手，盖顶有桥形纽。盒身敛口，深腹，圈足外撇，腹部有凹弦纹。盖口径 18.6、高 6.5 厘米，盒身口径 16.2、底径 12.2、高 12 厘米，通高 17.2 厘米（图三七一，8；彩版七〇，4；图版八一，3）。

三　瓿

5 件。出土于三座墓中。可分为二型。

A 型

3 件。出土于 M2009 和 M2071 中。束短颈，尖唇，口微敞，圆肩，鼓腹，平底。肩部附对称叶脉纹双立耳。立耳上下各有一道宽凸棱。下腹部饰细方格纹。

标本 M2009：13，颈到肩及上腹釉脱落严重。口径 11.8、腹径 27.2、底径 13.6、高 27.4 厘米（图三七二，1；彩版六八，1；图版八一，4）。

B 型

2 件。出土于 D3M18 中。直短颈，圆唇，溜肩，鼓腹，平底内凹。肩部饰对称铺首和弓形双耳，腹部饰方格纹。颈与腹间釉脱落严重。

标本 D3M18：4，口径 10.8、腹径 28、底径 13.6、高 27 厘米（图三七二，2；图版八一，5）。

四　壶

57 件。出土于 21 座墓中，形态基本明确。夹砂胎质，器表一般施有酱黑色釉，釉层厚薄不均。有的釉层全部脱落，裸露出暗红色或深灰色胎体，个别釉色和釉质（M2025：15）明显不同，呈酱黄色。火候较高，敲击有声，吸水性很低。部分器物的胎体上有拍印的方格纹和席纹，个别器盖上刻划水波纹。可分为五型。

A 型

1 件。平底假圈足。酱黑色釉几乎全部脱落，胎体呈暗红色，质地坚硬。

M2166：10，外斜沿，圆唇，敞口，长颈，鼓腹稍下垂，平底假圈足。口径 10.8、腹径 17.6、底径 12.2、高 24.4 厘米（图三七二，3；图版八二，1）。

B 型

14 件。通体施酱黑色釉，釉层有厚有薄，脱落严重。口微敞，圆唇，长颈，溜肩，鼓腹，高圈足。腹部对称有弓形附耳，耳的上下均有凹弦纹。部分带盖。

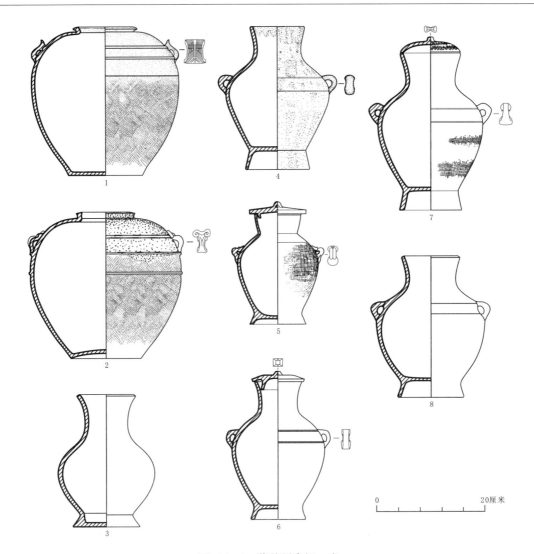

图三七二 酱釉硬陶瓿、壶

1. A 型瓿（M2009:13） 2. B 型瓿（D3M18:4） 3. A 型壶（M2166:10） 4～8. B 型壶（M2129:9,
M2114:3, M2131:14, M2131:15, M2138:8）

标本 M2129:9，口径 10、腹径 19、底径 11.8、高 26.4 厘米（图三七二，4；图版八二，2）。

标本 M2114:3，圆饼形盖上有弓形小纽，下有子口伸入壶口内。腹部拍印交错席纹，下腹部有细方格纹。口径 8.8、腹径 15.2、底径 10.6、通高 22.6 厘米（图三七二，5）。

标本 M2131:14，腹部对称有弓形双耳。盖上有长方梯形带穿小纽，纽下部子口深入壶口内。周身无纹饰，酱黑色釉脱落严重。口径 8.8、底径 10.2、通高 27 厘米（图三七二，6；图版八二，3）。

标本 M2131:15，腹部对称有弓形双耳。上腹部饰凹弦纹，下腹部饰方格纹。弧形盖上有长方弓形带穿小纽，纽上有三组六至八道水波纹。酱黑色釉保存较完整。口径 11.2、底径 11.4、通高 31.6 厘米（图三七二，7；图版八二，4）。

标本 M2138:8，口径 11.2、腹径 18.8、通高 26 厘米（图三七二，8）。

C 型

24 件。多通体施酱黑色或酱黄色釉，釉层虽厚但脱落严重。盘口，尖唇，长颈，溜肩，鼓腹。釉下胎体的颈部和肩部多饰水波纹、凹弦纹，下腹部多饰方格纹。腹部对称附耳。可分为三式。

Ⅰ式　8件。盘口，尖唇，长颈较细，溜肩，鼓腹，矮圈足或平底内凹。

标本 M2094:8，矮圈足。外沿有两道凹弦纹。釉呈青绿色，和青瓷的颜色很接近。整器釉层和胎体结构紧密。口径10、腹径19.2、底径10.8、高24.2厘米（图三七三，1；图版八三，1）。

标本 M2097:3，平底内凹，口沿与上腹间方格纹上施酱黑色釉，釉和胎结合不紧密。口径16.2、腹径29.4、底径14.4、高41.6厘米（图三七三，2；图版八三，2）。

标本 M2097:4，平底稍内凹。肩部有对称弓形竖耳，耳上有两道凹弦纹。口沿与上腹间方格纹上施酱黑色釉，釉和胎结合不紧密。口径11.4、腹径19.8、底径12.4、高28.4厘米（图三七三，3）。

Ⅱ式　11件。盘口较深，尖唇，长颈较粗，溜肩，鼓腹，平底或稍内凹。

标本 M2076:1，平底稍内凹。腹部对称有兽面铺首衔环。口部和颈部饰有水波纹。口径15、腹径33.2、底径15、高42.6厘米（图三七三，4；彩版七八，1；图版八三，3）。

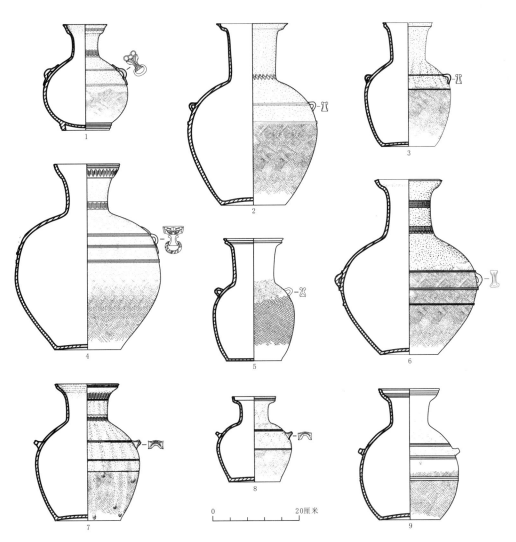

图三七三　C型酱釉硬陶壶

1~3. C型Ⅰ式（M2094:8，M2097:3，M2097:4）　4~6. C型Ⅱ式（M2076:1，D3M16:21，D3M18:19）

7~9. C型Ⅲ式（M2086:6，M2086:13，D3M14:8）

标本 D3M16：21，浅盘口外折，粗长颈，溜肩，长弧腹，大平底。口径 13.6、腹径 18.6、底径 12.8、高 28 厘米（图三七三，5；图版八三，4）。

标本 D3M18：19，平底内凹。颈部饰两组细密的水波纹。腹部有对称弓形双耳，上下饰两道凹弦纹，腹部饰方格纹。口径 14、腹径 31、底径 13、高 40 厘米（图三七三，6；图版八四，1）。

Ⅲ式　5 件。盘口，尖唇，颈较矮，溜肩，鼓腹，平底稍内凹。上腹饰对称横贯耳。

标本 M2086：6，颈部有凹弦纹和水波纹，双耳上下有凹弦纹。周身饰方格纹，从口沿开始到上腹部施有酱色釉，釉色呈青绿色，和青瓷的颜色很接近。口径 14.6、腹径 23.6、底径 14.8、高 31.4 厘米（图三七三，7；彩版七八，4；图版八四，2）。

标本 M2086：13，大平底稍内凹。口径 10、腹径 17、底径 11.6、高 19.6 厘米（图三七三，8）。

标本 D3M14：8，平底内凹。口沿、肩和腹部各有数道凹弦纹。口径 14、腹径 22.8、底径 14、高 30 厘米（图三七三，9）。

D 型

17 件。夹砂灰陶胎，胎上有细密的方格纹，在纹饰上施釉，釉层厚薄不均。敞口，长束颈，溜肩，鼓腹，平底或有矮圈足。上腹部有对称附耳。可分为三式。

Ⅰ式　3 件。釉色均匀，结构紧密，极少脱釉现象，釉色与青瓷器相近。

M2094：1，尖唇，喇叭形口，长颈，溜肩，鼓腹内收，大平底稍内凹。口径 7.8、腹径 12.4、底径 8.6、高 14.4 厘米（图三七四，1；图版八四，3）。

Ⅱ式　8 件。均出土于 M2072 中。器形近青瓷器，但通体无透明釉，也与常见的酱釉硬陶器有一定区别。

标本 M2072：40，肩部饰对称竖耳，耳上饰叶脉纹。口径 6.2、腹径 13.2、底径 7.8、高 15 厘米（图三七四，2；图版八四，4）。

标本 M2072：11，矮圈足。肩部和腹部各有数道凹折棱，肩部有对称横贯耳。口径 13、腹径 22、底径 12、高 27.2 厘米（图三七四，3；图版八五，1）。

Ⅲ式　6 件。酱黑色釉有气泡和开裂，釉脱落严重。腹部一般饰较大的方格纹

标本 D3M18：3，颈到肩间红色漆书写的文字已漫灭难识。盘口，平沿，尖唇，直颈，圆肩，鼓腹，平底。腹部有对称双竖耳。口径 9.2、腹径 16.6、底径 9.6、高 19 厘米（图三七四，4；图版八五，2）。

标本 D3M18：29，尖唇，微斜沿，口内折成极浅的盘口，长颈，溜肩，鼓腹，平底内凹。腹部有对称双竖耳。口径 12、腹径 21.5、底径 12.4、高 29 厘米（图三七四，5；彩版四六，4；图版八五，3）。

标本 M2009：15，溜肩，鼓腹，矮圈足。颈部饰水波纹。腹部有对称弓形双横贯耳。腹径 23.2、底径 11.4、残高 25.2 厘米（图三七四，6）。

E 型

1 件。胎体为夹砂硬陶，周身饰方格纹和多道凹弦纹后再施厚厚的酱黄色釉，釉层较均匀，局部有流釉现象。

M2025：15，带盖，盖上有环形小纽，下有子口，放置时套入壶口沿内。壶身平沿，尖唇，沿外有一周宽带，外观呈盘口状，粗颈，溜肩，鼓腹下垂，圈足外撇，肩部有对称横贯耳。口径 10.8、腹径 17.6、底径 10.4、通高 26 厘米（图三七四，7；彩版七一，1；图版八五，4）。

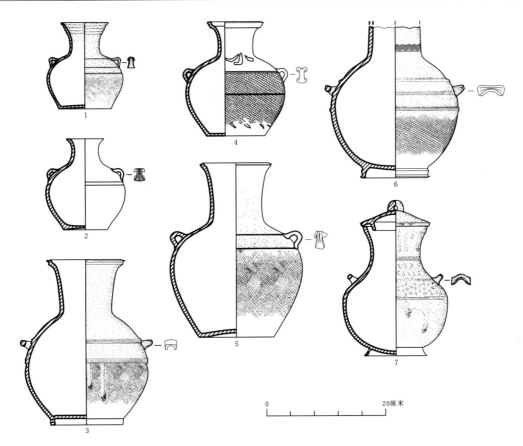

图三七四 酱釉硬陶壶

1. D 型 I 式（M2094：1） 2、3. D 型 II 式（M2072：40, M2072：11） 4～6. D 型 III 式（D3M18：3,
D3M18：29, M2009：15） 7. E 型（M2025：15）

五 罐

23 件。出土于 13 座墓中。分为双耳罐、无耳罐、四系罐三种类型。

（一）双耳罐

2 件。平沿，尖唇，口微敞，束颈，溜肩，深鼓腹，平底稍内凹。肩部有对称立耳，立耳上下有两道凹弦纹。器身饰方格纹，从颈部到上腹部施酱黑色釉，釉层脱落较严重。

标本 M2029：4，口径 11.2、腹径 17.8、底径 10.6、高 20.8 厘米（图三七五，1；图版八六，1）。

（二）无耳罐

20 件。夹砂硬陶，胎上饰细密的方格纹。烧成火候较高，釉主要集中在口沿以下、肩部和上腹部，多有脱落。可分为二型。

A 型

7 件。平沿，尖唇，口微内敛，斜领，圆肩，深鼓腹，平底稍内凹，肩部多饰凹弦纹。器身显得浑圆。

标本 D1M2：15，口径 14.8、腹径 30、底径 14.6、高 31 厘米（图三七五，2；图版八六，2）。

标本 D7M4：22，口径 13.4、腹径 27、底径 14、高 29.6 厘米（图三七五，3；图版八六，3）。

标本 D7M5：19，口径 13.2、腹径 26.6、底径 13.4、高 28.2 厘米（图三七五，4）。

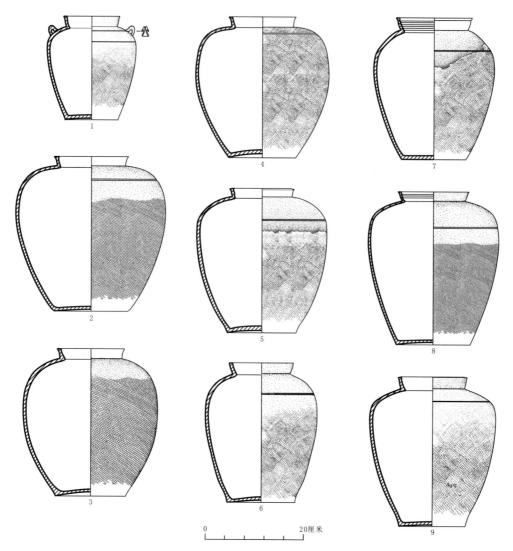

图三七五　酱釉硬陶双耳罐、无耳罐

1. 双耳罐（M2029∶4）　2~5. A 型无耳罐（D1M2∶15，D7M4∶22，D7M5∶19，M2023∶3）

6~9. B 型无耳罐（D3M30∶21，D3M16∶19，D8M4∶11，M2029∶20）

标本 M2023∶3，平底稍内凹。口径 12.8、腹径 26、底径 13.8、高 29 厘米（图三七五，5；图版八六，4）。

B 型

13 件。平沿，尖唇，口微内敛，溜肩，深鼓腹，下部内收，平底稍内凹，肩部多饰凹弦纹。器身显得修长。

标本 D3M30∶21，口径 12.8、腹径 22.4、底径 13.6、高 28 厘米（图三七五，6；图版八七，1）。

标本 D3M16∶19，口径 15.2、腹径 24、底径 12.8、高 28.4 厘米（图三七五，7；图版八七，2）。

标本 D8M4∶11，口径 14、腹径 25.8、底径 14.6、高 30.6 厘米（图三七五，8）。

标本 M2029∶20，口径 13.6、腹径 25、底径 13.2、高 30 厘米（图三七五，9）。

（三）四系罐

1件。M2072：41，圆唇，直领，口稍敛，溜肩，鼓腹，大平底。肩部和腹部各有一道凹弦纹，肩部有四对称横置桥形系。上腹部饰细密的方格纹。口沿到肩部间施一层酱黑色釉，脱落严重。口径8.4、腹径18.6、底径12、高15.2厘米（图三七六，1；彩版七四，1；图版八七，3）。

六　器盖

4件。出土于三座墓中。形态明确的3件，可分为二型。

A型

2件。均出土于M2072中。

M2072：37，盖顶部凸起，以凸起处为中心饰四瓣柿蒂叶纹，其外为两周凸弦纹间饰戳印圆点组成的短弧线条两周。盖径12.6、高4.2厘米（图三七六，2；彩版七四，2；图版八七，4）。

M2072：39，盖径11.2、高3.6厘米（图三七六，3；彩版七四，3；图版八七，5）。

B型

1件。出土于M2434中。是砖室墓中出土的少见的酱黑色釉硬陶器，其胎质明显比同墓出土的釉陶器要致密。

标本M2434：27，圆形，顶部平，平顶中部有圆环形纽。盖面有多道刻划弦纹。直径12.6、高

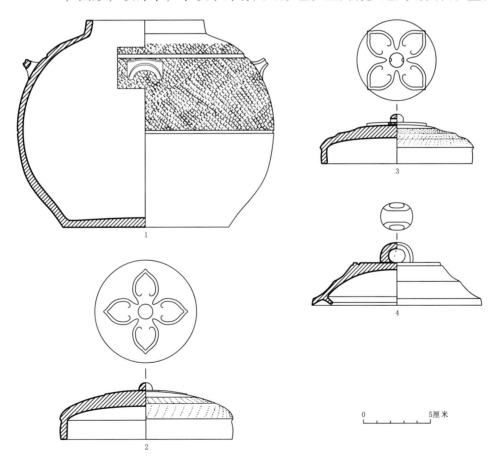

0　　　　　　5厘米

图三七六　酱釉硬陶四系罐、器盖

1. 四系罐（M2072：41）　2、3. A型器盖（M2072：37，M2072：39）　4. B型器盖（M2434：27）

4.6厘米（图三七六，4；图版八七，6）。

第五节　青瓷器

84件（表一〇），器形有瓿、壶、碗、坛四种。青瓷瓿、壶仅出土于西汉中期以后至新莽以前的土坑（墩）墓中，而碗、坛则仅在东汉砖室墓中出土。这两类虽在本报告中均称"青瓷器"，但前后两种的器形、制作、釉色和胎体均有区别。

表一〇　　　　　　　　　　　　　　青瓷器登记表

墓葬编号	总随葬器物	青瓷器数量	青　瓷　器			
			壶	瓿	碗	坛
D3M27	58	2	A型Ⅰ式2			
D3M20	44	10	B型Ⅰ式6 C型Ⅰ式2	A型　1 B型　1		
D8M3	72	6	A型Ⅱ式4	B型2		
D9M2	31	2	B型Ⅱ式2			
D10M1	32	2	B型Ⅲ式2			
M2002	24	2	B型Ⅰ式2			
M2005	45	4	B型Ⅰ式2	C型2		
M2024	25	6	B型Ⅱ式4	A型2		
M2026	18	2	C型Ⅱ式2			
M2028	18	4	A型Ⅰ式2	C型2		
M2036	59	8	A型Ⅲ式6	A型2		
M2072	55	4	A型Ⅲ式2	C型2		
M2083	24	6	B型Ⅱ式6			
M2087	28	3	B型Ⅰ式3			
M2096	63	5	A型Ⅲ式4 C型Ⅱ式1			
M2146	31	2	C型Ⅱ式2			
M2387	3	1			1	
M2409	43	12			8	B型Ⅰ式3 B型Ⅱ式1
M2416	39	1				A型　1
M2422	1	1				B型Ⅰ式1
M2434	28	1				B型Ⅰ式1
合　计		84	54	14	9	7

一　瓿

14件。出土于7座墓中，每座墓出土2件。出土青瓷瓿的墓必出土有青瓷壶，而且出土青瓷瓿的墓中出土青瓷壶的数量均成双，为2件、4件、6件或8件。

青瓷瓿的胎质坚硬，火候高，叩之有声。吸水性低，釉和胎结构紧密，少酥松脱落现象，从颈到上腹施青釉，釉色均匀，仅局部有流釉现象。下腹和底部均呈暗红色。肩部和上腹部饰水波纹、变形鸟纹和凸弦纹。上腹部有对称立附耳。14件青瓷瓿的器形及纹饰等整体变化不大，但根据其口沿、腹部、纹饰及附耳的细微变化可分为三型。

A型

5件。分别出土于D3M20、M2024和M2036中。平沿，尖唇，口微敛，溜肩，大鼓腹，平底稍内凹。肩部有两兽面铺首和贴附立耳，立耳上部饰人面，下部饰叶脉纹，立耳下衔附加堆塑环。肩和腹上下各饰三道凸弦纹。

标本D3M20：21，口径11.4、腹径39.4、底径17.6、高34厘米（图三七七，1；彩版一九，2、3；图版八八，1）。

标本M2024：10，同样大小和形制的2件。肩部有两兽面铺首和贴附立耳，立耳上部的兽面铺首刻划简略，接近人面形。附立耳上部饰人面，下部饰叶脉纹，立耳下衔附加堆塑环。肩和腹上下各饰三道凸弦纹。两组弦纹间饰有两组变形鸟纹，口沿下一组由四只变形鸟纹首尾相接均匀分布，下部一组由三只变形鸟纹首尾相接构成。口径12.4、腹径37、底径17.8、高32厘米（图三七七，2；图版八八，2、3）。

B型

3件。分别出土于D3M20和D8M3中。平沿，尖唇，微敛口，溜肩，大鼓腹，平底内凹。肩部有对称卷云纹状铺首和贴附立耳。立耳上部饰人面纹，下部饰叶脉纹，肩和腹上下均饰凸弦纹。立耳下部无附加堆塑环。

标本D3M20：22，最大腹径位于中下部。肩部和上腹部各饰三道凸弦纹。口径12.6、腹径37、底径20.6、高31.5厘米（图三七七，3；彩版二〇，1、2；图版八八，4）。

标本D8M3：21，弧形盖，截面呈凹形，盖上无纽，凹面内有子口，放置时套入瓿口沿内。口径11.4、腹径36.6、底径18、通高35.6厘米（图三七七，4；图版八九，1、2）。

C型

6件。分别出土于M2005、M2028、M2072中。无盖，平沿，尖唇，口微敛，溜肩，大鼓腹，平底内凹。肩部对称的堆塑卷云纹似为贴附的人面纹立耳的冠饰，立耳下部无附加堆塑环。肩和腹上下均饰凸弦纹。

标本M2072：9，口径11.8、腹径35.8、底径17.6、通高33.4厘米（图三七七，5；图版八九，3、4）。

标本M2028：14，口径11.6、腹径36.6、底径16.4、通高33.2厘米（图三七七，6；彩版七一，2、3；图版九〇，1）。

二　壶

54件。出土于16座墓中。青瓷壶多成双出土，一般两件一组，其大小、纹饰变化和形制均相

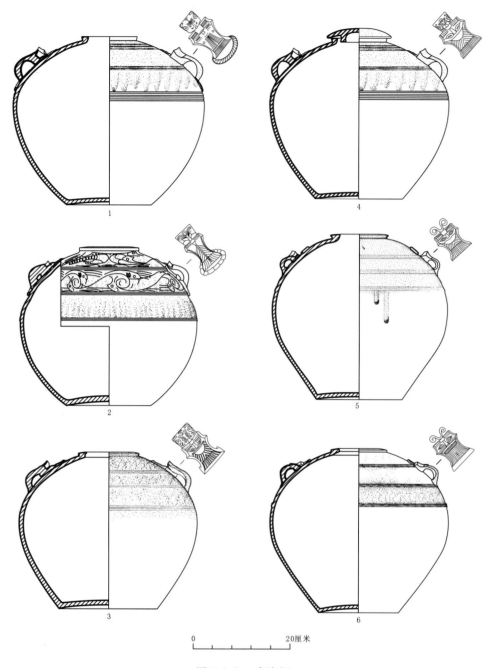

图三七七　青瓷瓿

1、2. A 型（D3M20：21，M2024：10）　3、4. B 型（D3M20：22，D8M3：21）　5、6. C 型（M2072：9，M2028：14）

同，仅 M2087 和 M2096 两座墓出现单件，分别为 3 件和 5 件。7 座出土青瓷壶的墓中出土了青瓷瓿。

青瓷壶胎质坚硬，火候高，叩之有声，吸水性低，釉和胎结构紧密，少酥松脱落现象，从颈到上腹施青釉，釉色均匀，仅局部有流釉现象。肩部和上腹部饰水波纹、变形云纹和凸弦纹。腹部附对称双耳。

根据 54 件青瓷壶的纹饰、最大腹部高度、双耳的形状、底部等变化，大致可分为三型。

A 型

20 件。圆唇，侈口，粗颈，溜肩，鼓腹，底近平或仅有极矮圈状足，口沿、肩部和腹部各饰数道凹弦纹，颈部上下饰细密的水波纹，腹部对称有兽面铺首和桥形耳，耳上饰叶脉纹，耳下多衔附加堆纹环。腹部胎体上原来旋胎制作时留下的凸棱经过修整后已无痕迹。可分为三式。

Ⅰ式　4件。出土于D3M27和M2028中。腹部对称铺首近人面状。

标本D3M27：14，平底稍内凹。口径16.6、腹径39、底径18.4、高46.6厘米（图三七八，1；彩版一二，2、3；图版九〇，2）。

标本M2028：12，平底内凹成极矮圈足。腹部对称有兽面铺首及桥形耳，耳面上半部饰人面纹，下半部饰叶脉纹。耳下衔附加堆纹环。颈部上下饰八道重叠水波纹。口径12、腹径26、底径14、高34.6厘米（图三七八，2）。

Ⅱ式　4件。出土于D8M3中。均带弧形盖，盖上无纽，凹面下有子口，放置时套入壶口沿内。壶身侈口，平沿，圆唇，长颈，溜肩，大鼓腹，平底或极矮圈足，腹部对称有兽面铺首及桥形耳，耳面饰叶脉纹，耳下衔附加堆纹环。颈部上下各饰八道重叠水波纹。

标本D8M3：24，口径14.4、腹径36.6、底径17.6、通高47厘米（图三七八，3；图版九〇，3、4）。

标本D8M3：25，口径12.2、腹径26.4、底径14.2、通高36.6厘米（图三七八，4；图版九

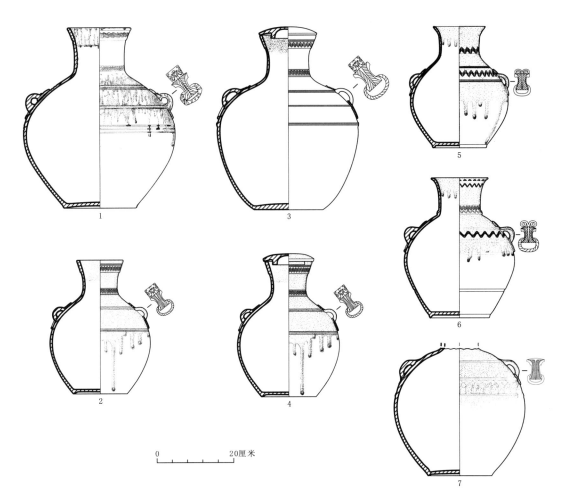

图三七八　青瓷壶

1、2. A型Ⅰ式（D3M27：14，M2028：12）　3、4. A型Ⅱ式（D8M3：24，D8M3：25）　5~7. A型Ⅲ式
（M2096：19，M2096：27，M2072：1）

一，1）。

Ⅲ式 12件。出土于M2036、M2072和M2096中。腹部对称附贴变形云纹状铺首及桥形耳，耳上饰叶脉纹，耳下衔附加堆纹环，矮圈足。胎体上旋胎制作留下的凸棱清晰可见。

标本M2096：19，口径13.4、腹径25.2、底径13.8、高31.4厘米（图三七八，5；彩版八二，1、2；图版九一，2）。

标本M2096：27，口径15.2、腹径28.8、底径15.4、高35.8厘米（图三七八，6；彩版八二，3；图版九一，3）。

标本M2072：1，壶身颈部以上残。耳的上、中、下各有一道宽凸棱。胎体上旋胎制作留下的凸棱经过修整后已不见痕迹。腹径34.4、底径16.8、残高32.6厘米（图三七八，7；图版九一，4）。

B型

27件。尖唇，喇叭形侈口，长颈，在颈下部开始出现水波纹，肩部和上腹部也有水波纹，鼓腹。肩部和上腹部间饰对称双耳，耳面饰叶脉纹。矮圈足。有流釉现象。可分为三式。

Ⅰ式 13件。肩部对称置两桥形耳，耳面饰叶脉纹，肩部和上腹部各有两组凸弦纹，颈部和上腹部饰重叠水波纹。腹部有旋胎制作留下的连续凸棱。

标本D3M20：10，所饰水波纹仅在颈部。口径12.8、腹径22.4、底径12、高29厘米（图三七九，1；彩版二〇，3；图版九二，1）。

标本D3M20：30，肩部不饰水波纹，耳面无叶脉纹。口径9.8、腹径16.4、底径9.6、高21.2厘米（图三七九，2）。

标本D3M20：32，形体稍小。耳面饰叶脉纹，颈部和上腹部饰重叠水波纹。从颈部到腹部有旋胎制作留下的凸棱。口径10、腹径16.6、底径9.6、高21.4厘米（图三七九，3；图版九二，2）。

Ⅱ式 12件。肩部对称置卷云状铺首和桥形耳，耳面饰叶脉纹，肩部和上腹部各有两组凸弦纹，颈部饰重叠水波纹。

标本D9M2：16，颈部有七道水波纹。胎体上原有旋胎制作留下的凸棱，经修整后不见痕迹。口径10.6、腹径18.6、底径10.6、高23.4厘米（图三七九，4）。

Ⅲ式 2件。肩部对称置两桥形耳，耳面饰叶脉纹，肩部和上腹部各有两组凸弦纹，颈下部饰十二道重叠水波纹。腹部原来旋胎制作留下的凸棱未经过修整。

标本D10M1：24，口径12.6、腹径21.6、底径10.4、高27.8厘米（图三七九，5；彩版六四，1；图版九二，3）。

C型

7件。斜沿，折唇，侈口，上颈部有折棱，外形似盘口状。腹较扁，颈部无水波纹。肩部和上腹部间饰对称双耳，耳面饰叶脉纹。矮圈足。可分为二式。

Ⅰ式 2件。圈足较高，肩部对称置两桥形耳，耳面饰叶脉纹，腹部有旋胎制作留下的连续凸棱。

标本D3M20：23，同样形制的有2件。口径7.2、腹径13.4、底径9、高16.4厘米（图三七九，6；图版九二，4）。

Ⅱ式 5件。粗短颈，溜肩。圈足较高，肩部对称置两桥形耳，耳面饰叶脉纹，颈部和上腹

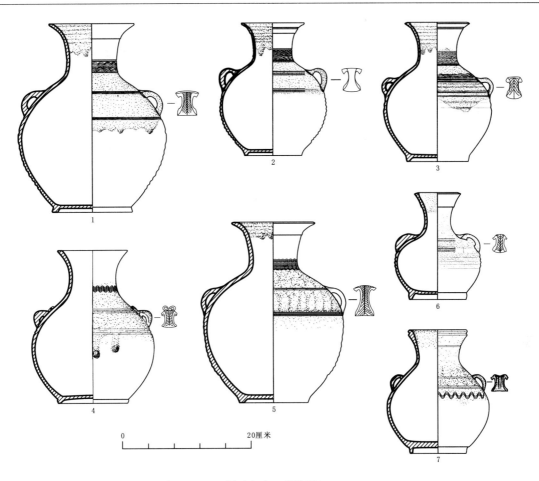

图三七九 青瓷壶

1~3. B 型 I 式 （D3M20：10，D3M20：30，D3M20：32） 4. B 型 II 式 （D9M2：16） 5. B 型 III 式
（D10M1：24） 6. C 型 I 式 （D3M20：23） 7. C 型 II 式 （M2096：16）

部饰 5 道和 3 道水波纹。腹部有旋胎制作留下的凸棱。

标本 M2096：16，口径 9.2、腹径 15.8、底径 8.8、高 19 厘米（图三七九，7；图版九三，1）。

三 坛

7 件。出土于五座墓中。可分二型。

A 型

1 件。M2416：29，平沿，圆唇，口沿外部有两道折棱，束短颈，溜肩，鼓腹，下腹内收，大平底。口沿、肩部及上腹部施釉。口径 22.4、腹径 30、底径 19、高 32 厘米（图三八〇，1；图版九三，2）。

B 型

6 件。出土于四座墓中。平沿，短颈，鼓腹，平底稍内凹。或通体施釉或腹部以上施釉。釉下有的通体有细方格纹。肩部和腹部有对称的系。可分为两式。

I 式 5 件。四系坛。出土于三座墓中。胎体灰白，口沿内部、肩部及上腹部均施一层淡青色釉，肩部以上釉层较厚。釉局部有脱落，肩部有流釉现象。短颈，圆唇，折肩，鼓腹下斜收，平底稍内凹。肩部对称分布四横系。肩部有两道凹弦纹，下腹部饰方格纹。

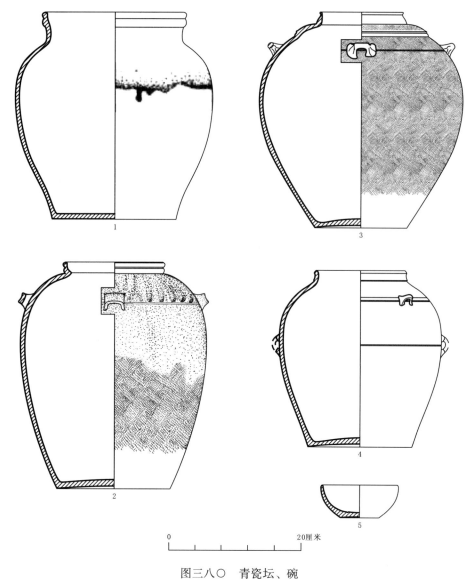

图三八〇　青瓷坛、碗

1. A 型坛（M2416：29）　2、3. B 型 I 式坛（M2434：23，M2409：15）　4. B 型 II 式坛（M2409：41）
5. 碗（M2409：39）

标本 M2434：23，口径 14.4、腹径 27.8、底径 17、高 33.8 厘米（图三八〇，2；图版九三，3）。

标本 M2409：15，口径 12.8、腹径 30.8、底径 13.8、高 32.2 厘米（图三八〇，3；图版九三，4）。

II 式　1 件。六系坛。肩部对称分布四系，腹部的中间对称分布两系。胎体灰白，上无方格纹。内部和外壁施一层淡青色釉，釉层脱落严重。

标本 M2409：41，口径 13.6、腹径 24.2、底径 15.2、高 26.6 厘米（图三八〇，4；图版九四，1）。

四　碗

9 件。出土于两座墓中，形制相同，大小稍有差别。灰白胎，内部和外壁施一层淡青色釉，釉层脱落严重。内外可见旋胎痕迹。

标本 M2409：39，微敞口，圆唇，斜收腹，平底。口径 11.4、底径 5.8、高 4.9 厘米（图三八○，5；图版九四，2）。

第六节　釉陶器

纳入本报告的釉陶器共 173 件。有双唇罐、鼎、壶、灶 、井、仓、楼和屋、猪和猪圈、鸡和鸡舍、狗、熏炉、镶壶、灯、盘、盆、碗 、杯 、耳杯、勺、三足炉、釜、带把罐、器座及构件等 24 种。最早从新莽时期开始正式出现，本区早期流行的酱釉硬陶器迅速衰落，被釉陶器所代替。

一　双唇罐

1 件。出土于 D3M24 中。为低温铅釉陶双唇罐。胎质为夹细砂红陶，酥松，火候不高。在沿、肩及上腹部施低温绿釉，脱落严重。

D3M24：50，无盖。内外双唇，内唇敛，外唇敞，双唇平齐。圆肩，鼓腹，平底略内凹。口径 12.2、腹径 18.2、底径 11.6、高 13.4 厘米（图三八一，1；图版九四，3）。

二　鼎

15 件。出土于 12 座墓中。胎为泥质红陶或灰陶，少量夹砂。胎体和釉层结构并不紧密，常有脱釉现象。釉色呈青绿色、黄色和黄黑色。形态基本明确。可分为三型。

A 型

8 件。子母口承盖，敛口，环形双附耳外撇，底近平，底部有三锥形小足。可分为三式。

Ⅰ式　3 件。圆唇，敛口，上腹鼓，下腹斜收，平底。底部锥状足矮小。标本 M2401：14，盖已失。耳残。双耳下有三周凹弦纹。口径 12、底径 10.4、通高 12.8 厘米（图三八一，2）。

Ⅱ式　3 件。泥质红陶胎，器身施黄釉。子母口承盖，盖隆起，顶部有一小把手。标本 M2438：39，通宽 15、通高 14 厘米（图三八一，3）。

Ⅲ式　2 件。圆唇，敛口，扁腹，圜底略内凹。锥状足底部平。标本 M2409：23，口径 11.4、通宽 20.2、通高 11.6 厘米（图三八一，4；图版九四，4）。

B 型

1 件。子母口承盖，敛口，环形双附耳呈直立状，腹部有多道折棱，下腹部留有削胎痕迹。底近平，底部有三锥形小足。M2416：9，口径 15、通宽 19、通高 15 厘米（图三八一，5；图版九五，1）。

C 型

6 件。子母口承盖，敛口，长方形双附耳呈直立状，耳顶部向外平折。浅腹，平底稍内凹。底部有直立三高足。耳部饰水波纹。可分为二式。

Ⅰ式　2 件。底部有三长高扁足，足外部有凸棱和兽面。M2427：3，盖已失。口径 18.4、通宽 24.8、通高 14.8 厘米（图三八一，6；彩版一三四，2；图版九五，2）。

Ⅱ式　4 件。子母口承弧形盖，口近平。盖顶中心和周边有乳突状小纽，顶部刻划有六道弦

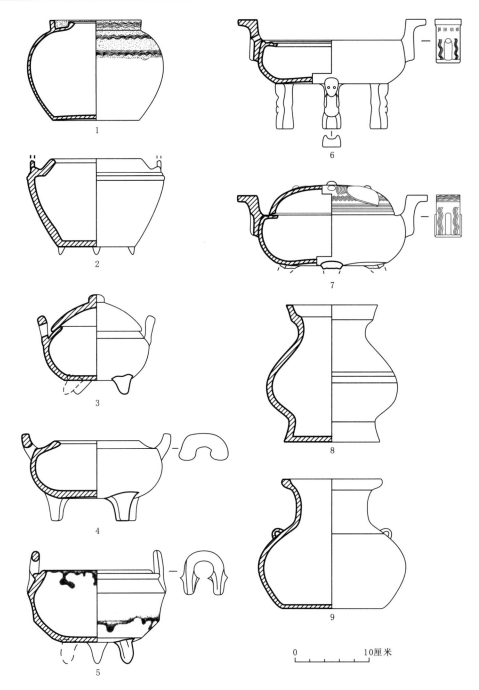

图三八一　釉陶双唇罐、鼎、壶

1. 低温铅釉陶双唇罐（D3M24：50）　2. A 型 I 式鼎（M2401：14）　3. A 型 II 式鼎（M2438：39）　4. A 型 III 式鼎（M2409：23）
5. B 型鼎（M2416：9）　6. C 型 I 式鼎（M2427：3）　7. C 型 II 式鼎（M2408：13）　8、9. 壶（M2401：13，M2438：17）

纹和四道水波纹，以及多道弧线纹和四组对称柿蒂纹。底部三足已残。长折附耳，耳上有多道横和竖水波纹。标本 M2408：13，口径 14.6、通宽 25.6、残高 11.6 厘米（图三八一，7；图版九五，3）。

三　壶

5 件。出土于四座墓中。形态明确的 2 件。

标本 M2401：13，平沿，尖唇。盘口，束颈，鼓腹下垂，平底假圈足。腹部有三道凹弦纹。口径 11.6、底径 13、高 18.4 厘米（图三八一，8）。

标本 M2438：17，泥质红胎，施酱黑色釉，下腹部和底部无釉。平沿，方唇，浅盘口。束长颈，鼓腹，大平底。肩部有对称双竖耳。口径 12.6、底径 13.2、高 16.5 厘米（图三八一，9）。

四 灶

15 件。出土于 14 座墓中。形态明确的 11 件。可分为三型。

A 型

4 件。灶面一端略呈圆弧形，另一端为长方形，上部两釜和灶连为一体。略呈圆弧的一端有一乳突状烟道，灶面还有圆形、水滴形和不规则形状象征不同物件的乳突。长方形一端下部有半椭圆形落地火门。

标本 M2427：19，灶面釉层下饰有鱼、蔬菜、盘子、碗等图案。通长 19.2、宽 11.6、高 8.4 厘米（图三八二，1；彩版一三五，3；图版九五，4）。

B 型

2 件。泥质红陶胎，施绿釉。灶呈长方形，一端有圆筒形短烟囱，两釜座和灶身连为一体，上有釜。

标本 M2438：34，灶长 38、宽 18、高 17 厘米（图三八二，2）。

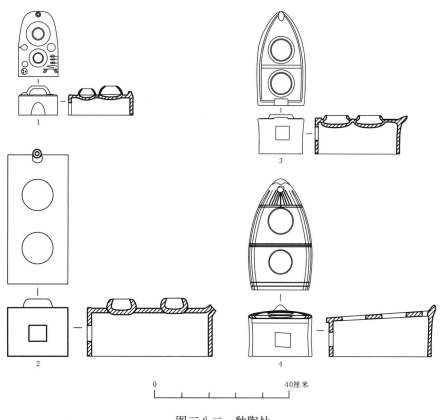

图三八二 釉陶灶

1. A 型（M2427：19） 2. B 型（M2438：34） 3、4. C 型（M2390：7，M2409：28）

C 型

5 件。夹砂红陶胎。灶身施酱黑色釉。灶呈船形，上有两圆形釜座，釜座有与灶身连为一体的两小釜。灶的尖端有一斜管形排烟道，宽端中部有方形不落地火门，上部有矮挡火板。

标本 M2390：7，两小釜间和灶面周边有刻划双线纹。长 27.4、最宽 14.6、残高 11.8 厘米（图三八二，3；图版九五，5）。

标本 M2409：28，灶面呈坡状，火门的一端较矮，圆形烟道一端较高。两釜眼大小略有差别。灶面周边有多道刻划凹线纹。通长 31、宽 18.2、高 14.2 厘米（图三八二，4；图版九五，6）。

五　井

11 件。出土于 9 座墓中。形态明确的 8 件。可分为四型。

A 型

4 件。出土于 4 座墓中。泥质红陶胎，黄色釉脱落严重。井身宽平沿，桶形腹，下腹稍外鼓，平底。汲水罐多已失。井沿已无井架。

标本 M2427：18，井台沿留有安装井架的对称两长方形小孔。口径 14.6、底径 11.2、高 12.2（图三八三，1；图版九六，1）。

标本 M2438：25，方唇，侈口，束颈，直腹，大平底。口径 19.2、底径 15、高 12.5 厘米（图三八三，2）。

标本 M2409：42，平底略内凹。井底置一汲水罐，罐微敞口，束颈，鼓腹，平底内凹。口径 14.6、底径 12.4、高 12.2 厘米（图三八三，3；图版九六，2）。

B 型

1 件。井台呈方形，上部井架已失。台面略呈栏杆式，两侧有安装井架的长方形小孔，四角各有一个圆形乳突。台面每边均刻划有多道凹弦纹和水波纹。井身束颈，直腹，平底。井身刻划三组凹弦纹和两组水波纹。

M2408：22，井台长、宽 16.8，底径 11.6，高 12.5 厘米（图三八三，4；图版九六，3）。

C 型

1 件。红陶胎，周身施酱色釉。井架和井身连为一体。井身宽平沿，上腹敞，下腹收，大平底。

M2438：32，井架上横栏上有方眼。原汲水罐已失。口径 18、通高 24 厘米（图三八三，5）。

D 型

2 件。出土于二座墓中。红陶胎，周身施酱色釉。井架和井身连为一体。井身宽平沿，桶形腹，下腹内收，大平底。

M2409：24，井底置一汲水罐。罐敛口，束颈，鼓腹，平底。井沿上立有井架，架顶横梁为穿梁式。口径 15.6、底径 12.4、高 23.8 厘米（图三八三，6；图版九六，4）。

M2416：8，井身周边有流釉釉痕。井底置一汲水罐。罐敞口，束颈，鼓腹，平底。井沿上立有井架，井架呈"亚"字形，架上部两层间有两根小立柱，构成三个长方形孔，架顶横梁稍下弧。口径 13.4、底径 11.2、高 24.6（图三八三，7；图版九六，5）。

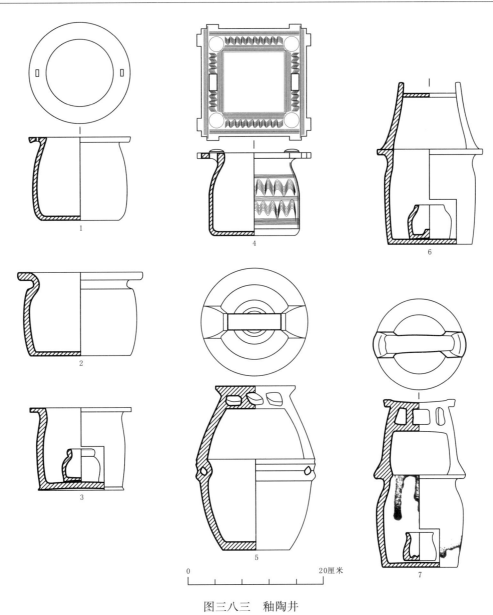

图三八三 釉陶井

1. A 型（M2427：18，M2438：25，M2409：42） 4. B 型（M2408：22） 5. C 型（M2438：32）

6、7. D 型（M2409：24，M2416：8）

六 仓

15 件。出土于九座墓中。形态明确的 12 件。可分为二型。

A 型

11 件。泥质红陶胎，施黄釉，脱落严重。盖已失。圆唇，敛口，溜肩，长弧腹，平底，底部有三乳丁状锥足。肩部和腹部各有两道凹弦纹。可分为二式。

Ⅰ式 2 件。腹部无仓孔，也无旋梯。

M2401：19，口径 10、底径 12.4、残高 17.6 厘米（图三八四，1）。

M2409：27，口径 9.8、腹径 20.4、残高 20.6 厘米（图三八四，2；图版九六，6）。

Ⅱ式 9 件。出土于 M2416 和 M2438 中。仓的中部有方形仓孔，从下往上有象征性旋梯。

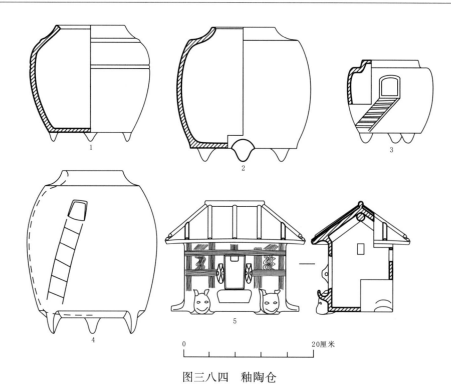

图三八四　釉陶仓

1、2. A 型 I 式（M2401：19，M2409：27）　3、4. A 型 II 式（M2438：33，M2416：31）　5. B 型（M2408：16）

标本 M2438：33，仓盖已失。残高 14 厘米（图三八四，3）。

标本 M2416：31，口径 9.4、腹径 20.2、残高 25 厘米（图三八四，4；图版九七，1）。

B 型

1 件。由盖、身组成。盖呈两面坡式，硬山顶，屋顶上浮雕出檩和瓦的模型。身呈长方形，正面开长方形门，门两侧有安装门锁的钮，门下部有踏步。仓身周边开有长方形小窗。门下部两侧各有一只圆脸、双上翘耳、宽嘴、圆睁眼的卧伏状熊狸。仓身下部有四矮乳突状足。仓身四壁均有多道刻划线纹和波浪形水波纹。

M2408：16，长 21.2、宽 15.2、通高 17.4 厘米（图三八四，5；图版九七，2）。

七　楼和屋

9 件。可分多层的楼和单层的屋。出土于七座墓中。形态明确的 6 件。

（一）楼

4 件。出土于四座墓中。可分为三式。

I 式　1 件。为一座整体三层楼房。屋顶呈两面坡式，硬山顶，屋顶浮雕出檩和瓦的模型，正面开有方形门和对称两长方形窗。第二层也呈两面坡式，四边出檐。第一层的小庭院残损较严重。M2427：17，宽 27.4、高 35、厚 13.6 厘米（图三八五，1；彩版一三五，1；图版九七，3）。

II 式　1 件。整体制作的四层楼。M2408：15，底层长 23、宽 19.4 厘米，通高 48 厘米（图三八五，2；图版九八，1）。

III 式　2 件，形制和尺寸基本相同。四层分开制作。

标本 M2390：8，底层长 35、宽 31 厘米，通高 68 厘米（图三八五，3；图版九八，2）。

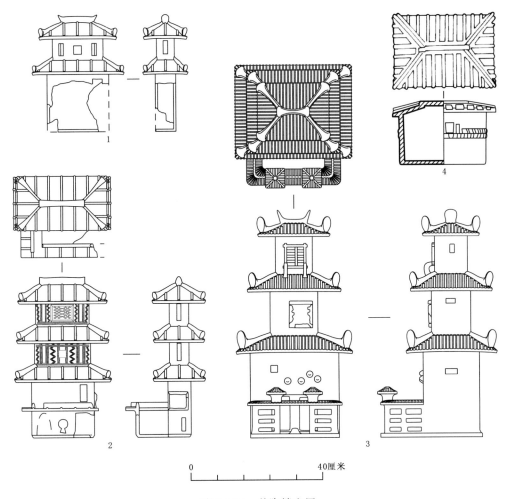

图三八五　釉陶楼和屋

1. I 式釉陶楼（M2427：17）　2. II 式釉陶楼（M2408：15）　3. III 式釉陶楼（M2390：8）　4. 釉陶屋（M2438：31）

（二）屋

5 件。形态明确的 2 件。泥质红陶胎，顶部施酱黄釉。屋顶为四面坡式。身呈长方体状，平底。墙壁中部有两周凸棱，其上饰索状纹。在凸棱的上部有一方孔形门。

标本 M2438：31，顶长 32、宽 23 厘米，屋墙长 28、宽 18、高 19 厘米（图三八五，4）。

八　猪圈和猪

13 件。出土于 8 座墓中。因砖室墓多遭到破坏，许多墓内随葬器物移位、损毁，13 件并不全部成套。形态明确的 6 件。可分为三式。

I 式　4 件。出土于 3 座墓中。泥质和夹砂红陶胎，施酱紫色、暗绿色或黄色釉。有猪圈和猪两部分。猪圈平面呈椭圆状，一端有厕，厕顶盖为四阿式，一侧有门。

标本 M2438：30，圈内有雌、雄二猪。圈长 30、宽 25、通高 18.3 厘米（图三八六，1）。

标本 M2427：14，厕顶盖已失。圈内有一头雄性猪。圈长 20.8、宽 20.2、残高 11 厘米（图三八六，2；彩版一三五，4；图版九八，3）。

标本 M2416：18，圈盖和上部口沿已失。内有一头雄性猪。猪圈口径 20.3、残高 7.4 厘米（图三八六，3；图版九九，1）。

图三八六　釉陶猪圈和猪、鸡舍和鸡

1~3. I 式釉陶猪圈和猪（M2438:30，M2427:14，M2416:18）　4. II 式釉陶猪圈和猪（M2409:9）　5. III 式
釉陶猪圈和猪（M2409:31）　6、7. 釉陶鸡舍和鸡（M2409:8，M2416:1）

II 式　1 件。夹砂红陶胎，施酱紫色釉。有猪和猪圈两部分。猪圈平面呈椭圆状，一端设有
厕，厕顶盖呈两面坡式。

标本 M2409:9，猪圈和圈顶分开制作。圈顶呈两面坡式，硬山顶。圈身下部略呈圆形，一侧
开一门。上部有厕屋，厕屋的一面有一向内折开的小门。圈内有一头公猪。猪圈长 23、宽 19.6、
通高 20.4 厘米（图三八六，4；图版九九，2）。

III 式　1 件。夹砂红陶胎，施浅黄色釉，部分釉层呈暗黑色。猪圈和圈顶分开制作。圈顶呈
两面坡式，硬山顶，屋顶浮雕出檩和瓦。猪圈内无猪。

标本 M2409:31，猪圈长 28.4、宽 18.8、通高 23.2 厘米（图三八六，5；图版九九，3）。

九　鸡舍和鸡

5件。出土于三座墓中。因后期破坏，随葬器物移位、损毁，5件并不全部成套。形态明确的2件。泥质和夹砂红陶胎，施酱紫色、暗绿色或黄色釉。舍身下部呈长方形，三面封闭，一面开一门，四周墙上开有多个方形和长方形窗。舍顶和舍身分开制作。鸡舍顶呈两面坡式，硬山顶，屋顶浮雕出檩和瓦。

标本M2409:8，鸡舍院内有一只母鸡。尖嘴，鸡冠矮小，眼大睁，短尾已残，呈卧伏状。鸡舍长22、宽15.2、通高23.4厘米（图三八六，6；图版九九，4）。

标本M2416:1，舍身底座前部有踏步。两面有一公一母两只鸡。公鸡尾宽大上翘，鸡冠高大，眼大睁。母鸡尾短而低，呈卧伏状。舍顶长18.8、宽12厘米，舍身长17、宽10厘米，通高14厘米（图三八六，7）。

一〇　狗

4件。出土于四座墓中。形态明确的3件。

标本M2427:15，胎体呈暗红色，暗绿色釉脱落较少。四脚站立，头上抬，嘴大张，作仰天咆哮状。头部的鼻孔、嘴上须毛、双眼和双耳均清晰可见，四条腿粗壮有力，身滚圆，狗尾蜷曲。狗的脖子和前腰套有宽带，带上佩璎珞。长23.2、高24.6厘米（图三八七，1；图版一〇〇，1）。

标本M2438:18，泥质红陶胎，通体施绿釉。体肥，咧嘴，立耳、短尾。呈卧伏状。长25.5、高12厘米（图三八七，2）。

标本M2390:5，肥嘴微张，鼻孔清晰。眼圆睁，肥短颈，双立耳，背部系有铃铛类装饰物。短尾上翘。前后腿张开蹬立。长26、宽11、高22.8厘米（图三八七，3；图版一〇〇，2）。

一一　熏炉

11件。出土于九座墓中。形态明确的8件。可分为三型。

A型

2件。出土于二座墓中。炉身圆唇，敛口，深腹略残，高柄中空至炉底。托盘宽沿，圈状平底。

标本M2408:14，口径10、底径11、残高15.2厘米（图三八七，4；图版一〇〇，3）。

B型

3件。出土于二座墓中。泥质红陶胎，施黄釉。炉腹、柄、底座连为一体。炉身圆唇，敛口，深腹，柄较矮短。托盘为圈状平底。

M2401:16，口径8.4、底径10.8、残高12.8厘米（图三八七，5）。

M2438:26，圆口承盖。盖隆起，顶部有圆形捉手，盖面戳印出象征烟孔的斜长条形刻划纹。托盘口径17.6、底径10、通高14.6厘米（图三八七，6）。

M2438:47，炉身口径7、托盘底径11、高14.5厘米（图三八七，7）。

C型

3件。出土于三座墓中。红陶胎，周身施酱色釉，炉身口沿部位有流釉现象。炉腹和炉底座

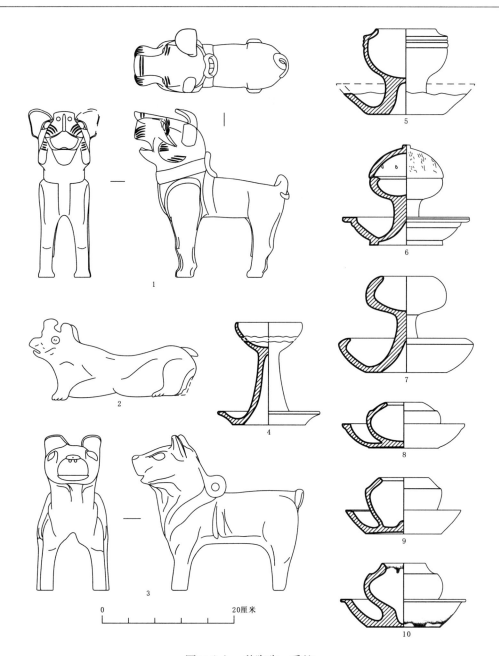

图三八七　釉陶狗、熏炉

1~3. 狗（M2427：15，M2438：18，M2390：5）　4. A型熏炉（M2408：14）　5~7. B型熏炉（M2401：16，
M2438：26，M2438：47）　8~10. C型熏炉（M2427：23，M2390：10，M2416：12）

几乎相连，柄极短。

标本 M2427：23，炉口径 5.4、底径 10.2、残高 6.8 厘米（图三八七，8；图版一〇〇，4）。

M2390：10，口径 7.2、底径 11.2、通高 8.4 厘米（图三八七，9；图版一〇〇，5）。

M2416：12，口径 6.4、盘径 18.6、残高 9.5 厘米（图三八七，10）。

一二　镳壶

4 件。出土于四座墓中。形态明确的 2 件。

标本 M2427：16，夹砂红陶胎，釉层脱落严重。敞口，圆唇，束颈，鼓腹，圈底，下部有三锥状足，一侧有一上翘弧形把。无盖，无流。口径 10.6、腹径 13、通宽 15.1、高 12.6 厘米（图三八八，1）。

标本 M2409：25，黄色釉层脱落严重。敛口承盖，盖已失。扁腹，兽首状实心流和圆柱状短把，平底略内凹，三锥状足已残。口径 6.8、腹径 14.6、残高 8 厘米（图三八八，2；图版一〇〇，6）。

一三 灯

10 件。出土于九座墓中。形态明确的 5 件。可分为二型。

A 型

2 件。出土于二座墓中。红陶胎，周身施酱色釉。由盏、柄和座构成。灯盏平沿，尖唇，折腹，柄上细下粗，中空至盏底。灯座宽平沿，环带状平底。

M2401：17，口径 14、座口径 22、底径 15、高 20.4 厘米（图三八八，3）。

M2390：15，口径 11.4、底径 12.2、高 11.8 厘米（图三八八，4；图版一〇一，1）。

B 型

3 件。出土于三座墓中。红陶胎，周身施酱色釉。由盏、柄和座构成。灯盏平沿，尖唇，折腹。高柄。根据柄的不同可分为二式。

Ⅰ式　1 件。腹深入柄中间。长柄下部到盏底为实心。灯座宽平沿，大平底。

M2409：17，口径 11、底径 11.8、高 15.6 厘米（图三八八，5；图版一〇一，2）。

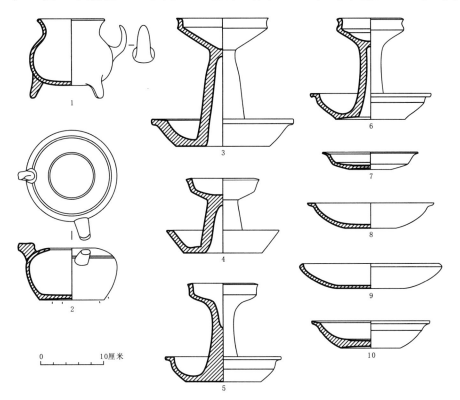

图三八八　釉陶镳壶、灯、盘

1、2. 镳壶（M2427：16，M2409：25）　3、4. A 型灯（M2401：17，M2390：15）　5. B 型Ⅰ式灯（M2409：17）　6. B 型Ⅱ式灯（M2416：2）　7～10. 盘（M2408：29，M2427：22，M2438：28，M2409：43）

Ⅱ式　2件。出土于二座墓中。红陶胎，周身施酱色釉。由盏、柄和座构成。灯盏平沿，尖唇，折腹。长柄中空至盏底。灯座宽平沿，环带状平底内凹。

标本M2416∶2，口径10.8、底径11.5、高16厘米（图三八八，6；图版一〇一，3）。

一四　盘

9件。出土于七座墓中。形态明确的6件。

标本M2408∶29，宽沿略内斜。浅折腹，平底稍内凹。口径15.6、底径7、高2.7厘米（图三八八，7；图版一〇一，4）。

标本M2427∶22，宽平沿，尖唇，敞口，斜收腹，平底。口径20.2、底径8.2、高4厘米（图三八八，8）。

标本M2438∶28，泥质红陶胎，施绿釉。敛口，圆唇，斜腹，圜底近平。口径21.5、底径11、高4厘米（图三八八，9）。

标本M2409∶43，宽沿略内斜，斜收腹，平底略内凹。口径19、底径9.6、高4.3厘米（图三八八，10；图版一〇一，5）。

一五　盆

4件。出土于二座墓中。形态基本清晰。敞口，折沿，弧腹，平底。

标本M2438∶24，口径19.6、底径8.6、高8.4厘米（图三八九，1）。

一六　碗

6件。出土于五座墓中。形态基本明确。可分为二型。

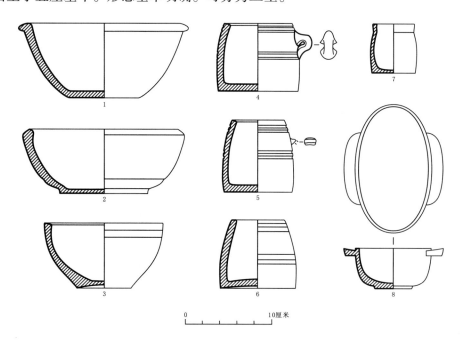

图三八九　釉陶盆、碗、杯、耳杯
1. 盆（M2438∶24）　2. A型碗（M2438∶27）　3. B型碗（M2390∶16）　4、5. 把杯（M2395∶16，M2427∶4）　6、7. 无把杯（M2409∶12，M2390∶13）　8. 耳杯（M2427∶5）

A 型

2 件。泥质红陶胎，施黄绿釉。微敛口，圆唇，斜收腹，平底。下腹有一周折棱。

标本 M2438∶27，口径 19.2、底径 10、高 7.4 厘米（图三八九，2）。

B 型

4 件。略内斜沿，尖唇，口稍内敛，斜收腹，平底稍内凹。口沿下有多道弦纹。

标本 M2390∶16，口径 13.6、底径 6.2、高 7.4 厘米（图三八九，3；图版一〇一，6）。

一七　杯

7 件。出土于六座墓中。形态明确的 6 件。可分为把杯和无把杯。

（一）把杯

3 件。出土于二座墓中。形态明确的 3 件。

标本 M2395∶16，夹砂红陶胎。器表暗红色釉层与胎体结构酥松，脱落严重。口沿下和腹部各有两组凹弦纹。凹弦纹间有一竖贯耳形小把手。口径 7.8、底径 9.2、高 7.6 厘米（图三八九，4；图版一〇二，1）。

标本 M2427∶4，内斜沿，圆唇，口微敛，腹稍弧，平底。口沿下和腹部各有两组凹弦纹。两组凹弦纹间有一横贯耳形把手。口径 6、底径 7.6、高 8.2 厘米（图三八九，5；图版一〇二，2）。

（二）无把杯

4 件。出土于四座墓中。形态明确的 2 件。

标本 M2409∶12，敛口，圆唇，斜腹，平底稍内凹。口径 6.2、底径 8.6、高 7.8 厘米（图三八九，6；图版一〇二，3）。

标本 M2390∶13，平沿，圆唇，微敛口，颈部略束，腹部较直，平底。口径 4.6、底径 5、高 5.6 厘米（图三八九，7；图版一〇二，4）。

一八　耳杯

15 件。出土于四座墓中。形态明确的 4 件。

胎体酥松，暗红釉几乎全部脱落。椭圆形，敞口，圆唇，窄附耳与口部连成一体，平底。

标本 M2427∶5，长 14.4、通耳宽 11.4、通高 4.5 厘米（图三八九，8；图版一〇二，5）。

一九　勺

3 件。出土于 M2386 和 M2408 中，均残损严重。

二〇　三足炉

2 件。出土于 M2438 中。

M2438∶22，泥质红陶胎，施黄色釉。侈口，三角沿，圆唇。粗颈，鼓腹，凹环底。底部有三锥状矮足。腹部一侧有三棱锥状斜短把手。口径 7、高 9.2 厘米（图三九〇，1）。

M2438∶23，泥质红陶胎，釉呈酱紫色。敛口，圆唇，束颈，扁鼓腹，平底。底部有三锥状矮足。肩部对称有环形小耳。口径 9.2、高 10 厘米（图三九〇，2；图版一〇二，6）。

二一 釜

4件。可分为二型。

A 型

2件。敛口，短颈，尖唇，矮鼓腹，平底。通体施酱黄色釉。

标本 M2416：5，口径 5.8、腹径 10.6、底径 5.6、高 5.4 厘米（图三九○，3）。

B 型

2件。敞口，圆唇，束颈，圆唇，鼓腹，平底稍内凹。

标本 M2409：29，口径 11.2、腹径 12.2、底径 8.4、高 8.1 厘米（图三九○，4；图版一○三，1）。

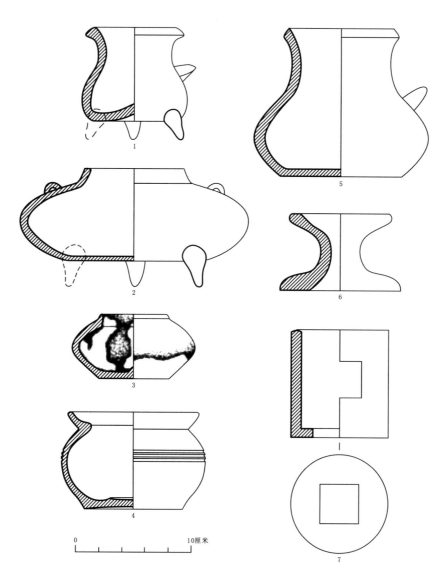

图三九○ 釉陶三足炉、釜、带把罐、器座、构件

1、2. 三足炉（M2438：22，M2438：23） 3. A 型釜（M2416：5） 4. B 型釜（M2409：29）

5. 带把罐（M2438：21） 6. 器座（M2438：29） 7. 构件（M2438：37）

二二　带把罐

1件。侈口，三角沿，长颈，鼓腹，大平底。腹部一侧有一斜短把。
M2438：21，口径7.8、底径10.8、高12.5厘米（图三九〇，5）。

二三　器座

2件。泥质红陶胎，施酱紫色釉。束腰形，中空。M2438：29，口径8、底径9.5、高6.5厘米
（图三九〇，6）。

二四　构件

2件。泥质红陶胎，施酱紫色釉。圆筒形，平底，可能属猪圈的构件。
标本M2438：37，底部有一边长4厘米的方孔，一侧也有一边长5厘米的方孔。口径8、高9
厘米（图三九〇，7）。

第七节　铜器（不含印章和钱币）

416件（组）。有鼎、盒、壶、钫、镜、镶壶、熏炉、灯和行灯、灶、井、釜和甑、樽、熨
斗、带钩、剑、环首刀、矛和镦、弩机、碗、钵、盘、洗、勺、铞、鐎、鋈、坩埚及漆木器的釦
器、卮蓥、奁、发簪、泡钉及诸多饰件等36种。

一　鼎

28件，出土于14座墓中。形态明确的20件。根据鼎身的腹、底、足、附耳及鼎盖等的差别
可分为三型。

A型

10件。长方形立附耳，子母口承盖，弧形盖上对称三立钮。根据附耳、足和鼎盖、盖钮的变
化可分为三式。

Ⅰ式　1件。立附耳，鼓腹，圜底。三高蹄足直立。口沿有一道折棱，腹部有一周凸棱。
M2363：8，盖已失，周身素面无纹。口径15.8、通宽21.6、通高16.2厘米（图三九一，1；彩版
一一七，3；图版一〇三，2）。

Ⅱ式　4件。长方形立耳稍外撇，扁圆形蹄足外撇，腹部有一道凸棱。

标本D3M27：19，弧形盖上部有三立耳，立耳上有穿孔。鼎身子口内敛，扁腹，圜底，截面呈
半圆形的三矮蹄足外撇，长方形直立附耳。口径11.6、通径15.6、通高12.6厘米（图三九一，
2；彩版一四，1；图版一〇三，3）。

标本M2072：48，盖面隆起，有三个鸟首状实心钮。子母口内敛，腹较深，腹壁呈圜形，圜底
近平。三蹄足略外撇。腹部一道凸棱的上部折出长方形附耳。盖口径14.2、高3.4厘米，口径
12.8、腹径18.8厘米，通高17厘米（图三九一，3）。

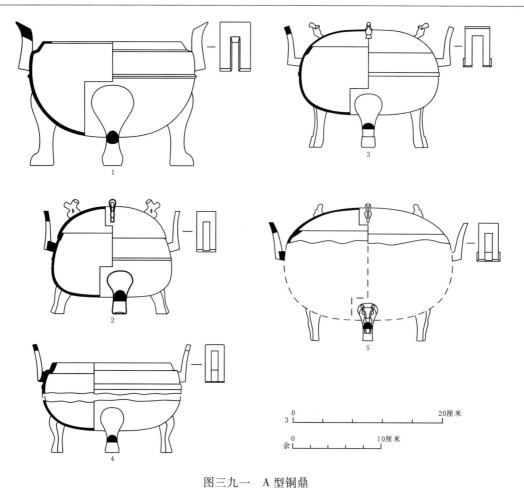

图三九一　A 型铜鼎
1. A 型 I 式（M2363∶8）　2~4. A 型 II 式（D3M27∶19, M2072∶48, M2073∶9）　5. A 型 III 式（D8M3∶17）

标本 M2073∶9，盖已失。鼎身子口内敛，扁圆腹，腹部有一周凸棱。长方形附耳稍外撇。圜底，三矮蹄足截面呈半圆形。口径 13.6、残高 12 厘米（图三九一，4）。

III 式　5 件。长立附耳较短小，稍外撇，三兽面足直立，腹部有一道凸棱。

标本 D8M3∶17，盖面隆起，顶部有三个实心立钮。子母口内敛，腹较深，腹壁呈圜形，圜底。三兽面足直立，横断面近半圆形。口径 15.6、通高 14.2 厘米（图三九一，5）。

B 型

8 件。环形附立耳，子母口承盖，弧形盖上对称有三环钮，钮上有一小乳突。三蹄足，截面呈半圆形。

标本 D3M30∶15，盖隆起，上有三个对称分布的环形钮。身子母口内敛，扁鼓腹，圜底，三蹄足，圆环形立耳。口径 13.2、通宽 17.8、高 15.4 厘米（图三九二，1；图版一〇三，4）。

标本 D3M14∶16，盖面隆起。腹较深，腹壁呈圜形，圜底近平。三兽蹄状足，上下略粗，中间细，横断面呈半圆形。腹部一道凸棱处折出环形立耳，耳上圆下方。口径 13.4、通径 18.4、通高 15.4 厘米（图三九二，2；彩版三五，1；图版一〇四，1）。

标本 D3M24∶51，弧形盖，盖上半环形钮有平顶乳突。扁圆腹，腹部有一周凸棱。环形直立附耳。大圜底，三矮蹄足截面呈半圆形。口径 13.6、腹径 15.8、通高 13.4 厘米（图三九二，3；图版一〇四，2）。

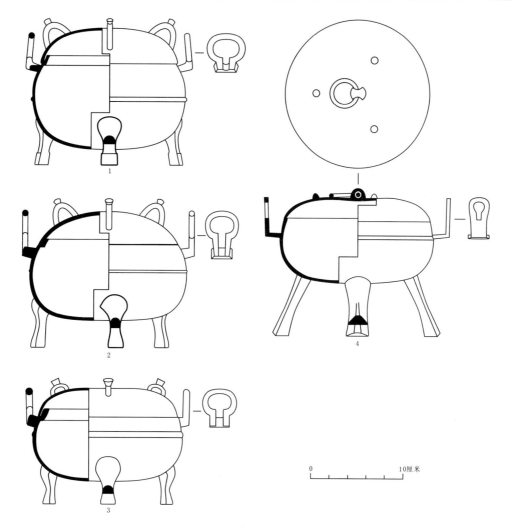

图三九二 铜鼎
1~3. B型铜鼎（D3M30：15，D3M14：16，D3M24：51） 4. C型铜鼎（D3M26：10）

C型

2件。子母口承盖。盖面隆起，中部平圆，中央有环钮和圆环，外有三个实心小钮。子母口内敛，腹较深，腹壁呈圜形，圜底近平。三瘦长足外撇，上下略粗，中间稍细，横断面近三角形。腹部一道凸棱处折出附耳，附耳上圆下方。

标本D3M26：10，口径15.2、腹径16.4、通高15.8厘米（图三九二，4；彩版三〇，2；图版一〇四，3）。该型铜鼎和广州汉墓M5036：24[⑧]基本相同。

二 盒

5件。出土于三座墓中。明确形态的4件，出土于D3M26和M2098中，每座墓各两件，四件的形制基本相同。

标本D3M24：20，盖和身均有富丽繁缛的錾刻花纹。盒的纹饰、形状与湖南保靖清水坪M248：4铜盒[⑨]及广州汉墓M3028：21铜盒[⑩]基本相同。口径26.4、腹径30.8、底径18.8、通高25厘米（图四三；彩版二五；图版一〇四，4）。

三　壶

22 件。出土于 12 座墓中，其中 M2036 出土 4 件，M2001、M2020、M2032 和 M2098 各出土 1 件，其余 7 座墓均出土 2 件。形态明确的 15 件。可分为二型。

A 型

10 件。平沿，侈口，外沿有一道宽折棱，鼓腹，圈足外撇。肩部对称铺首衔环或小耳。可分为三式。

Ⅰ 式　4 件。盖面微隆，中部有一环形小钮，盖的子口扣入器内。圆肩，鼓腹，圈足较矮。下腹有一道宽折棱。肩部饰对称铺首衔环。标本 D3M27：18，口径 7.2、腹径 13.2、底径 8、通高 19.2 厘米（图三九三，1；彩版一四，2；图版一〇五，1）。

Ⅱ 式　4 件。束颈，溜肩，鼓腹，圈足较高，外撇。底留有合范铸造时浇注铜液的范口痕迹。标本 D3M30：18，口径 8.2、腹径 14、底径 9.6、高 19.5 厘米（图三九三，2；彩版四八，2；图版一〇五，2）。

Ⅲ 式　2 件。无盖。圆肩，鼓腹，高圈足外撇。肩部和腹部各有两道宽折棱，上腹部有鼻形钮。标本 D3M14：10，口径 7.4、腹径 14.6、底径 9.6、高 20.7 厘米（图三九三，3；彩版三五，2；图版一〇五，3）。

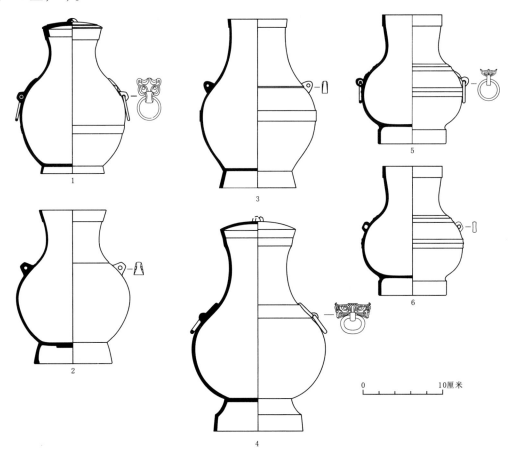

图三九三　铜壶

1. A 型 Ⅰ 式（D3M27：18）　2. A 型 Ⅱ 式（D3M30：18）　3. A 型 Ⅲ 式（D3M14：10）　4. B 型 Ⅰ 式（M2020：24）

5. B 型 Ⅱ 式（M2073：4）　6. B 型 Ⅲ 式（D3M24：30）

B 型

5 件。出土于三座墓中。平沿，长颈，口沿外有一道折棱。圆肩，鼓腹，圈足。肩部和腹部有折棱。可分为三式。

Ⅰ式　1 件。带盖。盖上有环形小钮，下有子口，放置时套入壶口沿内。沿外有一周宽带，鼓腹下垂，高圈足外折成喇叭状，肩部对称有铺首衔环。M2020：24，口径 8.8、腹径 16.8、底径 11.2、通高 26.2 厘米（图三九三，4）。

Ⅱ式　2 件。圈足高直。肩部和腹部各有两道折棱。肩部饰对称铺首衔环，铺首简约。标本 M2073：4，口径 7.4、腹径 12.4、底径 8.5、高 16 厘米（图三九三，5）。

Ⅲ式　2 件。圈足高直。肩部和腹部各有两道折棱。肩部饰对称弓形小耳。标本 D3M24：30，口径 7、腹径 12.4、底径 8.4、高 16 厘米（图三九三，6；彩版二四，2；图版一〇五，4）。

四　钫

25 件。出土于 14 座墓中，其中 D8M3 出土 4 件，M2032、M2077、M2079、M2370 和 M2408 中各出土 1 件，其余 8 座墓各出土 2 件。形态基本明确的 16 件。根据铺首、足、耳和盖等的差异可分为二型。

A 型

12 件。多带盖，盖上多有不同的纹饰。平沿，尖唇，方足较直，肩部饰对称铺首或铺首衔环。可分为三式。

Ⅰ式　4 件。平沿，尖唇，方足直立，肩部饰对称兽面铺首，无衔环。

标本 D3M27：21，盝顶式盖，盖顶平，顶部有环形小钮。盖有子口。直口微敞，束颈，鼓腹。口径 6.2、方圈足径 7.6、通高 19.4 厘米（图三九四，1；彩版一四，3；图版一〇六，1）。

标本 D3M24：28，无盖。肩部有两个对称兽面铺首，无衔环。口径 6、腹径 9.8、足径 7.2、高 16 厘米（图四二，5；彩版二四，3；图版一〇六，2）。

Ⅱ式　8 件。平沿，尖唇，方足较直，肩部饰对称兽面铺首衔环。

标本 M2072：51，盖已失。方腹外鼓，肩部兽面铺首衔环较小。高方足略外撇。底径 9.8、残高 16 厘米（图三九四，2）。

标本 D8M3：15，平沿承盝顶式盖。盖下部有折棱，顶平，平顶中部有一实心钮，钮外四边饰卷云纹。盖下有子口。身平沿尖唇，粗颈，方腹直弧，高方圈足稍外撇。腹部对称有兽面铺首衔环。口径 6.2、方腹径 9.6、底径 7.8、通高 19.2 厘米（图三九四，3）。

标本 M2098：21，盝顶式盖，盖顶平，顶部有环形小钮。盖下子口扣入器口内。直口微敞，平唇，束颈，鼓腹，高方圈足。口径 10.6、腹径 17.2、方圈足底径 12.6、高 27.6 厘米（图三九四，4）。

Ⅲ式　1 件。身已残失，仅存盖。

盖略呈盝顶形，顶部有半圆形环钮，四面饰变形柿蒂纹。下部有短子口。M2408：21，长、宽 7，高 2.8 厘米（图二九二，8；图版一〇六，3）。

B 型　4 件。无盖。平沿，尖唇，方足外撇。分为二式。

Ⅰ式　2 件。肩部鼻钮，无环。

标本 D3M30：20，素面。肩部和上腹部有墨书文字"四斤十一□"。口径 7.2、腹径 11.2、底

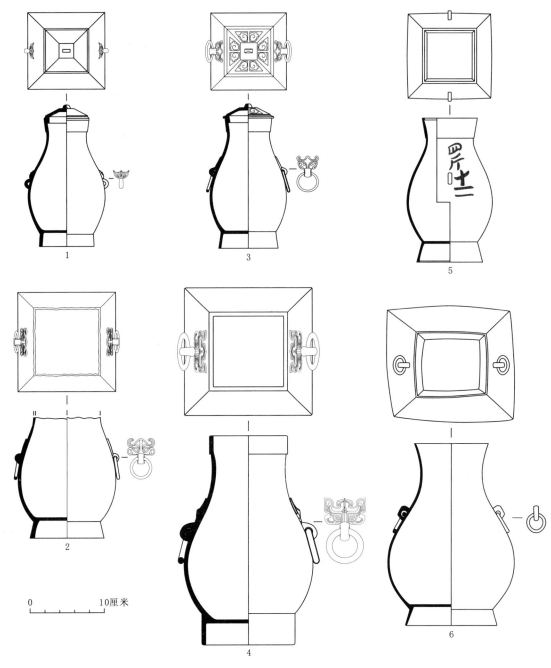

图三九四　铜钫

1. A 型 I 式（D3M27：21）　2~4. A 型 II 式（M2072：51，D8M3：15，M2098：21）　5. B 型 I 式（D3M30：20）
6. B 型 II 式（D3M26：8）

径 8.8、高 18.6 厘米（图三九四，5；彩版四八，3、4；图版一○六，4）。

　　II 式　2 件。肩部有鼻钮衔环。无盖，方唇内斜，方腹外鼓，方足外撇。

　　标本 D3M26：8，口部长 9.6、宽 8.8 厘米，底部长 12、宽 11 厘米，高 24 厘米（图三九四，
6；彩版三一，1；图版一○七，1）。

　　五　镜

　　本报告所收录的 485 座墓葬中有 117 座墓共随葬铜镜 141 件。在墓葬中，铜镜一般位于棺内

墓主头部一侧，少数位于墓主胸部或脚端等其他部位。出土铜镜的 117 座墓中，有 96 座墓各出 1 件、19 座墓各出 2 件、1 座墓（M2070）出 3 件、1 座墓（M2401）出 4 件。出二件铜镜的墓大部分为合葬墓，出三件铜镜的 M2070 因早期发掘条件所限，是否属合葬已不明，出四件铜镜的 M2401 属多室砖室墓，应属多人合葬墓。目前为止，沅水下游地区单座墓中出土铜镜最多的是 1977 年由湖南省博物馆在武陵区东江乡发掘的一座可分八室的家族合葬砖室①墓，有铜镜 8 件，这八件铜镜的时代差异还比较大。

141 件铜镜中，有 26 件残损较严重，难辨型式；34 件虽有残缺但可辨型式；81 件铜镜保存较完整。主要有四山镜、连弧纹镜、变形龙纹镜、日光镜、昭明镜、草叶纹镜、星云纹镜、四乳神兽纹镜、博局纹镜、重圈铭文镜、双夔龙纹镜、神人神兽纹镜、半圆方枚神人神兽铭文镜、四乳禽鸟纹镜等，其中日光镜、昭明镜、星云纹镜、博局纹镜、四乳神兽纹镜、神人神兽纹镜数量最多。根据镜背主体纹饰特征可分为十七型（表一一）。

表一一		铜镜登记表					尺寸：厘米　重量：克	
编号	型式	纹饰特征	颜色	钮形	尺　寸	重量	铭　文	备注
D3M27：17	H 型Ⅱ式	草叶纹镜	黑色	半球形	直径 16.2、缘厚 0.4	331	无	
D3M29：1	Fb 型	昭明连弧纹镜	灰黑色	半球形	直径 8.8、缘宽 0.6	223	内清以昭明，光象夫日月□□	稍残修复
D3M29：9	Ka 型	四乳四虺镜	黄褐色	半球形	直径 10.8、缘宽 0.45、缘厚 0.7	154	无	残后修复
D3M24：9	M 型Ⅰ式	七子九孙神兽铭文镜	黄褐色	半球形	直径 16.3、缘宽 2、缘厚 0.45	558	作佳镜兮宜子孙	完整
D3M24：38	Fb 型	昭明连弧纹镜	灰黑色	半球形	直径 10.5、缘宽 1.2、缘厚 0.45	178	内清□□明，□夫日月□□	稍残修复
D3M26：30	La 型	八子神兽博局铭文镜	暗红色	半球形	直径 14.4、缘宽 1.8、缘厚 0.5	510	作佳镜（竟）分真大好，上有仙人不知老，浮游天下敖四海，寿比金石为国保	完整
D3M20：29	J 型Ⅰ式	重圈铭文镜	灰黑色	半球形	直径 16.1、缘宽 1、缘厚 0.5	468	内圈：见日之光，长毋相忘；外圈：内清质以昭明，光□□□夫日月，心忽穆而愿忠，然雍塞□□□	稍残修复
D3M14：1	La 型	八子十孙神兽博局镜	银灰色	半球形	直径 13.8、缘宽 2.1	358	无	完整
D3M13：2	Fb 型	昭明连弧纹镜	灰黑色	半球形	直径 10、缘宽 1.2、缘厚 0.5	194	内清以昭明，光象□日月	稍残修复
D3M16：8	Kc 型	四乳神兽纹镜	灰白色	半球形	直径 15.5、缘宽 2.2、缘厚 0.7	570	无	完整

续表——

编号	型式	纹饰特征	颜色	钮形	尺　寸	重量	铭　文	备注
D3M16：10	Kb 型	四乳四神镜	灰黑色	半球形	直径 11、缘宽1.55、缘厚0.52	270	无	
D3M9：1	Ka 型	四乳四虺镜	银黑色	半球形	直径 13.7、缘宽1.3	435	无	
D3M18：1	Ka 型	四乳四虺镜	银黑色	半球形	直径 12.5、缘宽1、缘厚0.4	237	无	完整
D8M3：41	Fb 型	昭明连弧纹镜	银灰色	半球形	直径 11.2、缘厚0.4		内清质以昭明，光而□□□□，心忽穆而愿忠，然壅塞而不泄	残损
D8M3：55	J 型Ⅱ式	重圈铭文镜	灰黑色	连峰式	直径 12.6、缘厚0.5		内圈：见日之光，长勿相忘。外圈：内清质以昭明而象夫日月心忽穆而愿忠而不一	
D8M4：1	N 型Ⅰ式	四乳八禽纹镜	灰色	半球形	直径8、缘宽1、厚0.45		无	完整
D8M4：2	G 型	连珠连弧铭带纹镜	银灰色	半球形	直径 13、缘宽0.6、缘厚0.4		□志而□□之夆明……	残损
D9M3：1	Ka 型	四乳四虺镜	银黑色	半球形			无	残损
D9M3：17	Fb 型	昭明连弧纹镜	银灰色	半球形			无	残损
D9M4：19	I 型Ⅰ式	星云纹镜	银灰色	连峰式	直径6.8、缘厚0.42	80	无	完整
D9M6：1	Kb 型	四乳四神镜	灰黑	半球形			无	残损
D9M7：1	Fb 型	昭明连弧纹镜	黑灰色	半球形	直径8.8、缘宽1、缘厚0.4		内清质以昭明光夫日月	残损
D9M7：7	Ka 型	四乳四虺镜	银黑色	半球形	直径10.2、缘宽1.3、缘厚0.48		无	残损
D9M8：1	I 型Ⅲ式	星云纹镜	银灰色	连峰式	直径12.5、缘厚0.4		无	残损
D9M9：2	Fb 型	昭明连弧纹镜	黑灰色	半球形	直径8.6、缘宽1、缘厚0.4		内清质以昭明光夫日月	残损
D10M1：6	Kc 型	四乳神兽纹镜	银灰色	半球形	直径16.5、缘宽1.9、缘厚0.5	548	无	完好
D11M4：1	I 型Ⅲ式	星云纹镜	银黑色	连峰式	直径15.5、缘厚0.6	560	无	

续表——

编号	型式	纹饰特征	颜色	钮形	尺　寸	重量	铭　文	备注
D11M4：2	G 型	连珠连弧铭带纹镜	银灰色	半球形	直径 16、缘宽 0.7、缘厚 0.5	380	洁清白之事君，志行之夆明，光玄锡之流泽，恐□忘美毋□□纪	有残损
M2001：4	La 型	八子八孙神兽博局镜	灰黄色	半球形	直径 15、缘宽 2.3、缘厚 0.35	491	无	
M2003：2	E 型Ⅱ式	日光连弧纹镜	黑色	圆形	直径 6.2、缘宽 0.3、缘厚 0.4		见日之光，长毋相忘	
M2005：17	Lb 型	描金四神博局纹镜	黄金色	半球形	直径 11、缘宽 1.5、缘厚 0.5	220	无	有残损
M2006：5	Ka 型	四乳四虺镜	银黑色	半球形	直径 10.8、缘宽 1.4、缘厚 0.5	239	无	
M2006：8	Fb 型	昭明连弧纹镜	银灰色	半球形				残损
M2008：1	Fd 型	连珠纹钮座昭明镜	黑灰色	半球形	直径 12.5、缘宽 1、缘厚 0.46		内 清 质 以 昭 明□□□□□□□□	残损
M2008：4	Lb 型	四神博局纹镜	黄黑色	半球形	直径 11.4、缘厚 0.5	195	无	完整
M2011：5	E 型Ⅱ式	日光连弧纹镜	黑色	半球形	直径 8		见日之光，长毋相忘	
M2012：15	Fb 型	昭明连弧纹镜	黑灰色	半球形	直径 9、缘宽 1、缘厚 0.4	296	内清质以昭明光夫日月	
M2014：2	E 型Ⅱ式	日光连弧纹镜	黑色	圆形	直径 8.2、缘宽 0.3、缘厚 0.4		见日之光□□□□	残损
M2014：3	Fb 型	昭明连弧纹镜	银黑色	半球形				残损
M2016：1	Fd 型	连珠纹钮座昭明镜	黑灰色	半球形	直径 12、缘宽 1、缘厚 0.5		内清质以昭明，光象夫□□□□□□	残损严重
M2017：2	Fa 型	昭明连弧纹镜	灰色黑色	半球形	直径 7.2、缘宽 0.45、缘厚 0.42	36	内 清 □□□□ 象 夫□□□□	残损严重
M2020：16	Kc 型	四乳神兽镜	银黑色	半球形	直径 18.5、缘厚 0.55、缘宽 1.8	780	无	
M2020：37	Fb 型	昭明连弧纹镜	黑灰色	半球形	直径 9、缘厚 0.5、缘宽 0.8		内清质□昭明，光象夫日月	有残损
M2024：5	G 型	连珠连弧铭带纹镜	银灰色	半球形				残损严重

续表——

编号	型式	纹饰特征	颜色	钮形	尺　寸	重量	铭　文	备注
M2028：1	Fd 型	连珠纹钮座昭明镜	黑灰色	半球形	直径 12.3、缘宽 1、缘厚 0.5		内清质以昭明，光象夫日月，心愿忠□塞而不泄	有残损
M2030：14	E 型Ⅲ式	日光连弧纹镜	灰色	圆形	10、缘宽 0.35、缘厚 0.5		见日之光，□□□□	残损
M2031：1	不明	铜镜						残损
M2032：31	Fb 型	昭明连弧纹镜	黑灰色	半球形	直径 9.8、缘宽 1.7、缘厚 0.4	217	内清质以昭明光月心	
M2033：2	Fa 型	昭明连弧纹镜	灰色黑色	半球形				残损
M2034：1	Fa 型	昭明连弧纹镜	灰色黑色	半球形				残损
M2040：1	Fa 型	昭明连弧纹镜	灰色黑色	半球形	直径 7.2、缘宽 0.5、缘厚 0.4	36	内清以昭明光象夫日月心忽	
M2041：4	Fa 型	昭明连弧纹镜	灰色黑色	半球形	直径 6.8、缘宽 0.2、缘厚 0.35	83	内清质昭明，光象夫日月心忽	
M2044：1	Ka 型	四乳四虺镜	银黑色	半球形			无	残损
M2044：2	Fb 型	昭明连弧纹镜	灰色黑色	半球形				残损
M2051：12	E 型Ⅲ式	日光连弧纹镜	灰色	半球形	直径 8.8		见日之光，长□□□	残损严重
M2059：1	不明	铜镜						
M2061：1	Fb 型	昭明连弧纹镜	灰色黑色	半球形	直径 10.8、缘宽 0.9、缘厚 0.45		内清质昭明，光象夫日月，心忽穆而忠而不泄	残损
M2070：1	Fb 型	昭明连弧纹镜	灰色黑色	半球形	直径 11.2、缘宽 0.75、缘厚 0.4			残损
M2070：2	Ka 型	四乳四虺镜	银黑色	半球形	直径 10.8、缘宽 0.5、缘厚 0.4			残损
M2070：3	E 型Ⅲ式	日光连弧纹镜	灰色	半球形	直径 9		见日之光，长□□□	残损
M2072：7	J 型Ⅱ式	重圈铭文镜	灰黄色	半球形	直径 12.7、缘宽 1、缘厚 0.4		内圈：久不相见，长毋相忘；外圈：内清质以昭明，光辉象夫而日月，心忽而穆愿忠，然雍塞不泄兮	有残损

续表——

编号	型式	纹饰特征	颜色	钮形	尺　寸	重量	铭　文	备注
M2072：6	J型Ⅱ式	重圈铭文镜	灰黄色	半球形	直径15.7、缘宽0.9、缘厚0.55		内清质以昭明，光辉□夫日月，心忽穆而愿，然壅塞而不泄；洁清白而事君，怨欢之弇明，玄錫之流澤，恐疏远而日忘，怀媚美之躬体，外承欢之可悦，慕窈窕灵影，愿永思而毋绝	有残损
M2073：2	Fd型	连珠纹钮座昭明镜	灰黑色	半球形	直径12.8、缘宽1.4、厚0.5	380	内清质以昭明光象夫日月	
M2074：1	不明	铜镜						残损
M2076：2	Ka型	四乳四虺纹镜	银黑色	半球形	直径8.1、缘宽0.6、缘厚0.4		无	完整
M2082：2	Fc型	柿蒂叶纹钮座昭明镜	灰白色	半球形	直径10、缘宽1、缘厚0.3	190	内清质以昭明，光象夫日月	
M2086：2	G型	连珠连弧铭带纹镜	灰黑色	半球形	直径14.9、缘宽1.25，缘厚0.55	278	炼治铜华清而明，以之为镜而宜文章，延年益寿去不祥，与天毋极而（如）日光	完整
M2087：2	G型	连珠连弧铭带纹镜	灰白色	半球形	直径15.6、缘宽0.8	不清	不清	残损
M2087：3	G型	连珠连弧铭带纹镜	银灰色	半球形	直径15.2、缘宽0.8		不清	残损严重
M2095：15	Fa型	昭明连弧纹镜	灰黑色	已残			不清	残损
M2096：1	Fa型	昭明连弧纹镜	灰黑色	已残	直径7.3、缘厚0.3		内清质昭明，光象夫日月	残损
M2097：1	Ka型	四乳四虺镜	灰黑色	半球形	直径10.8、缘宽1.1、缘厚0.6		无	完整
M2098：4	J型Ⅱ式	重圈铭文镜	灰黄色	半球形	直径12.2、缘宽0.9、缘厚0.46		内圈：久不相见，长毋相忘；外圈：内清质以昭明，光辉象夫日月，心忽穆而愿忠，然壅而不泄	完整

续表一一

编号	型式	纹饰特征	颜色	钮形	尺　寸	重量	铭　文	备注
M2098：5	Ka 型	四乳四虺镜	灰黑色	半球形	直径10.3、缘宽1.3、缘厚0.55		无	完整
M2099：4	E 型	日光连弧纹镜	灰色	半球形	直径8.2		见日之光，长□□□	残损
M2105：3	不明	铜镜						残损
M2115：1	不明	铜镜						残损
M2116：2	C 型 I 式	云雷地变形龙凤纹镜	灰黑色	三弦钮	直径10.8、缘厚0.32	不清	无	
M2117：1	I 型 I 式	星云纹镜	灰黑色	连峰式	直径12、缘厚0.42		无	残损
M2126：1	不明	铜镜						残损
M2127：1	不明	铜镜						残损
M2135：2	不明	铜镜						全成碎片
M2138：2	不明	铜镜						残损
M2143：8	不明	铜镜						残损
M2146：9	E 型 I 式	日光圈带铭带纹镜	黑灰色	半球形	直径7、缘宽0.7、缘厚0.4	42	见日之光，天下大明	
M2146：31	不明	铜镜						残损
M2156：2	D 型	云雷纹地连弧纹镜	黑色	三弦钮	直径16.5、缘宽1.2、缘厚0.2			残损
M2169：7	不明	铜镜						残损
M2174：6	D 型	云雷纹地连弧纹镜	黑色	三弦钮				残损
M2175：1	B 型 II 式	云雷地四叶龙纹镜	黑色	三弦钮				残损
M2179：1	D 型	云雷纹地连弧纹镜	黑色	三弦钮	直径15			
M2187：1	不明	铜镜						
M2190：1	I 型 II 式	星云纹镜	灰黑色	连峰式	直径15.4、缘厚0.6	558	无	
M2192：1	I 型 III 式	星云纹镜	银灰色	连峰式	直径11.3、缘厚0.4		无	

续表一一

编号	型式	纹饰特征	颜色	钮形	尺　寸	重量	铭　文	备注
M2195:2	B 型 II 式	云雷地四叶龙纹镜		三弦钮	直径 8.6，缘厚 0.4	63	"大乐□□□□□，千秋万□□□□"	
M2197:12	H 型 I 式	草叶纹镜	黑色	半球形	直径 10.3、缘厚 0.3		无	
M2198:31	I 型 I 式	星云纹镜	灰黑色	连峰式	直径 11.2、缘厚 0.4	165	无	
M2199:1	C 型 I 式	云雷纹地变形龙凤纹镜	灰黑色	三弦钮	直径 11.8、缘厚 0.15		无	
M2206:2	A 型	四山字纹镜	黑色	三弦钮	直径 18.2、缘厚 0.6		无	有残损
M2207:4	C 型 I 式	云雷纹地变形龙凤纹镜	黑色	三弦钮	直径 12.2、缘厚 0.4		无	
M2216:1	C 型 I 式	云雷纹地变形龙凤纹镜		三弦钮	直径 13.6、缘厚 0.15		无	残损严重
M2224:1	C 型 I 式	云雷纹地变形龙凤纹镜		三弦钮			无	残损严重
M2228:1	不明	铜镜						
M2241:1	E 型 III 式	日光连弧纹镜	灰色	半球形				残损严重
M2259:2	B 型 I 式	云雷纹地四叶涡纹镜	灰黑色	桥形钮	直径 8.2、缘厚 0.2	40	无	
M2261:6	B 型 I 式	云雷纹地四叶涡纹镜	灰黑色	桥形钮			无	残损严重
M2274:1	H 型 I 式	草叶纹镜	黑色	半球形			无	残损严重
M2277:18	不明	铜镜						残损
M2280:1	不明	铜镜						残损
M2287:2	不明	铜镜						残损
M2290:6	H 型 I 式	草叶纹镜	黑色	半球形			无	残损
M2295:18	不明	铜镜						残损
M2299:1	不明	铜镜						残损
M2301:3	不明	铜镜						残损
M2339:2	不明	铜镜						残损

续表——

编号	型式	纹饰特征	颜色	钮形	尺　寸	重量	铭　文	备注
M2353：5	不明	铜镜						残损
M2355：1	Ⅰ型Ⅲ式	星云纹镜	银黑色	连峰式	直径10、缘厚0.4	153	无	完整
M2362：1	C型Ⅱ式	云雷纹地变形龙纹镜		半球形	直径14.2，缘厚0.45		无	残损
M2366：8	A型	四山镜	黑色	三弦钮			无	残损严重
M2367：2	不明	铜镜						残损
M2370：3	不明	铜镜						残损
M2375：2	A型	四山镜	黑色	三弦钮	直径13.8、缘厚0.35厘米		无	残损严重
M2379：1	B型Ⅰ式	云雷纹地涡纹镜	灰黑色	桥形钮			无	残损严重
M2384：15	P型	龙虎纹镜	黑色	半球形	直径9.8、缘宽2.1、缘厚0.48		无	残损严重
M2388：1	不明	铜镜					不清	残损
M2389：2	不明	铜镜					不清	残损
M2394：1	Q型	半圆方枚神人神兽铭文镜	银灰色	半球形			不清	残损
M2394：6	Ob型	"君宜官"双夔龙连弧铭文镜	灰黑色	半球形			君宜官□□□	残损
M2401：1	Ob型	"君宜官"双夔龙连弧铭文镜	灰黑色	半球形	直径18、缘宽1.6、缘厚0.3	510	君宜官、长宜官	残
M2401：4	M型Ⅱ式	"吕氏作"神兽铭文镜	灰黑色	半球形	直径16.5、缘厚0.7		内圈：宜子孙；外圈：吕氏作镜自有纪，上有仙人不知老，渴饮玉泉饥食枣	有残损
M2401：6	Oa型	"长宜子孙"连弧铭文镜	灰黑色	半球形	直径10.6、缘宽1.3、缘厚0.3		长宜子孙	
M2401：7	Q型	半圆方枚神人神兽铭文镜	银灰色	半球形	直径9.6、缘厚0.4		吾作镜幽谏三商大吉羊	残损
M2408：1	P型	龙虎纹镜	黑色	半球形	直径11.5、缘宽1.4、缘厚0.6	残重295	□氏作镜四夷服，多贺国家人民息，胡房殄灭天下复，风雨时节□□□□	残损

续表一一

编号	型式	纹饰特征	颜色	钮形	尺　寸	重量	铭　文	备注
M2408：3	Oa 型	"长宜子孙"八连弧铭文镜	黑色	半球形	直径 19.8、缘厚 0.75		长宜子孙；寿如金石，佳且好兮	
M2409：4	M 型Ⅲ式	李氏作七子车马人物神兽铭文镜	银灰色	半球形	直径 23.1、缘厚 1	1926	李氏作竟（镜）四夷服，多贺国家人民息，胡房殄灭天下服，风雨时节五谷熟，长保二亲得天力，传告后世乐无极，自有纪，上有仙人不知老，渴饮玉泉饥食枣。□清明□如□，长宜子□	完整
M2411：3	N 型Ⅰ式	四乳八禽纹镜	灰黑色	半球形			无	残损严重
M2412：1	Ob 型	"君宜高官"连弧铭文镜	灰黑色	半球形			君宜高官	残损
M2418：24	Q 型	半圆方枚神人神兽铭文镜	银灰色	半球形	直径 14.5、缘宽 0.8、缘厚 0.4	435	吾作明镜，幽谏三商，长乐无极	
M2428：2	N 型Ⅱ式	四乳禽鸟纹镜	灰黑色	半球形	直径 9.5、缘厚 0.38	101	无	完整
M2429：2	Lb 型	四神博局纹镜	灰黑色	半球形	直径 13.4、缘厚 0.4		无	完整
M2443：8	Lb 型	四神博局纹镜	灰黑色	半球形			无	残损

A 型

3 件。四山字纹镜，又称羽状地四山纹镜。圆形，三弦钮，方形凹面宽带钮座。纹饰以繁缛的羽状地纹和主纹饰相结合而成。在凹面方格的四角和中间向外伸出花叶，外部饰四组向右倾斜的山字，每个山字之间和山字左侧也各有花叶，四山字间或饰四竹叶纹。

标本 M2206：2，有残损。直径 18.2、缘厚 0.6 厘米（图三九五，1；图版一〇七，2）。

B 型

5 件。云雷地四叶纹镜。圆形，桥形钮或三弦钮。以云雷纹为地纹，上饰变形云纹、禽兽纹或龙纹，纹饰间有四组对称的四叶。尺寸较小，镜体单薄，纹饰粗糙，制作简陋。可分为二式。

Ⅰ式　3 件。云雷地四叶涡纹镜。

标本 M2259：2，桥形小钮，钮上有三道弦纹。素面圈带钮座。从钮座伸出的四组变形叶纹间有四组变形涡纹。直径 8.2、缘厚 0.2 厘米，重 40 克（图版一〇七，3）。

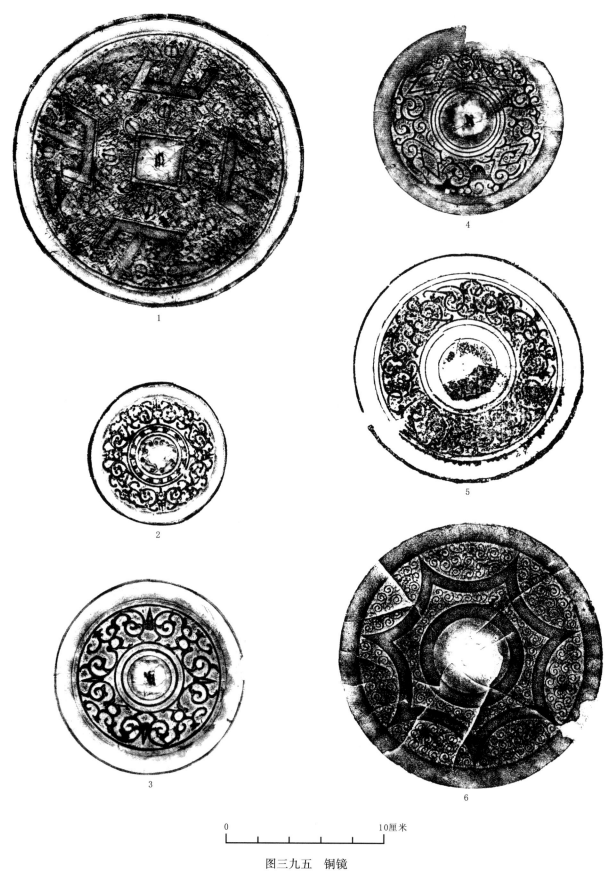

图三九五　铜镜

1. A 型（M2206：2）　2. B 型Ⅱ式（M2195：2）　3、4. C 型Ⅰ式（M2207：4，M2199：1）　5. C 型Ⅱ式（M2362：1）　6. D 型（M2156：2）

Ⅱ式 2件。云雷地四叶龙纹镜。

标本 M2195：2，三弦钮，钮座上饰变形云纹和禽兽纹，钮座外有一周铭文带，上有"大乐□□□□，千秋万□□□□"。在四组变形叶纹间有四组龙纹。纹饰较模糊，可能是长期使用的原因。直径 8.6、缘厚 0.4 厘米，重 63 克（图三九五，2；图版一〇七，4）。

C 型

6件。云雷纹地变形龙凤纹镜。圆形，镜面外凸，三弦钮或圆形钮，素地圆钮座。多以云雷纹为地纹，在多道凸弦纹间饰变形龙凤纹。镜体较薄，周身黑漆古。根据钮部的不同，可分为二式。

Ⅰ式 5件。三弦钮，在云雷纹上饰变形龙凤纹。

标本 M2207：4，三弦钮，素地圆钮座。云雷地纹上饰四组变形龙凤纹（图三九五，3；彩版一一一，2；图版一〇八，1）。

标本 M2199：1，三弦钮，素地钮座。外有三道凸弦纹。云雷地纹上饰变形龙凤纹（图三九五，4；彩版一〇三，5；图版一〇八，2）。

Ⅱ式 1件。半球形钮，云雷地纹上饰变形龙纹。

M2362：1，有残损。直径 14.2 厘米（图三九五，5）。

D 型

2件。云雷纹地连弧纹镜。圆形。镜面外凸，镜体较薄。三弦钮，环形圆钮座。以云雷纹为地纹，其上饰有七段内向凹面连弧。宽素缘。此类铜镜主要流行于西汉早期，中期还有少量出现，后逐渐消失。其纹饰特征、镜体厚度、表面的黑漆古都和战国时期的云雷地连弧纹镜接近。

标本 M2156：2，三弦钮，无钮座，钮外有一周凹带，外有七段内向连弧，连弧内外饰涡纹。直径 16.5、缘宽 1.2、缘厚 0.2 厘米（图三九五，6；图版一〇八，3）。

E 型

9件。日光镜。镜面稍外凸，镜体较薄，圆形钮，圆钮座，座外有一周凸面圈带，之间以短弧线与钮座相连。有铭文为："见日之光，天下大明"或"见日之光，长毋相忘"等，字间多用"e"和"田"形字符分隔。直径 6～10 厘米。日光镜最早出现在西汉早期，流行于西汉中期，晚期仍有出现。新莽和东汉时期已基本不见此类铜镜。本报告收录日光镜 9 面，西汉中期以前的日光连弧纹镜一般镜体较厚重，铸造较规范，以宽平素缘为主，座外有一周八内向连弧或一周凸面圈带，文字篆体浑厚，省缺字不多，到西汉晚期以后镜体越来越小，铸造粗糙简约，座外纹饰多样化，铸造的文字简约稀疏，缺省字的现象严重，中间夹杂的字符随意。可分为三式。

Ⅰ式 1件。可称日光圈带铭带纹镜。

M2146：9，半球形钮，圆钮座。钮座外有四组线条和四组变形云纹，其外两周短栉齿纹间夹一周篆体铭文："见日之光，天下大明"。直径 7、缘宽 0.7、缘厚 0.4 厘米，重 42 克（图版一〇八，4）。

Ⅱ式 3件。可称日光连弧纹镜。圆形。圆钮，钮外有一周八内向连弧纹，再往外为一周篆体铭文。

标本 M2003：2，钮座有残损。钮外一周八内向连弧纹，在往外饰一周篆体铭文："见日之光，长毋相忘"。直径 6.2、缘宽 0.3、缘厚 0.4 厘米（图三九六，1；彩版六六，2；图版一〇九，1）。该镜磨损严重，应属长期使用的结果。

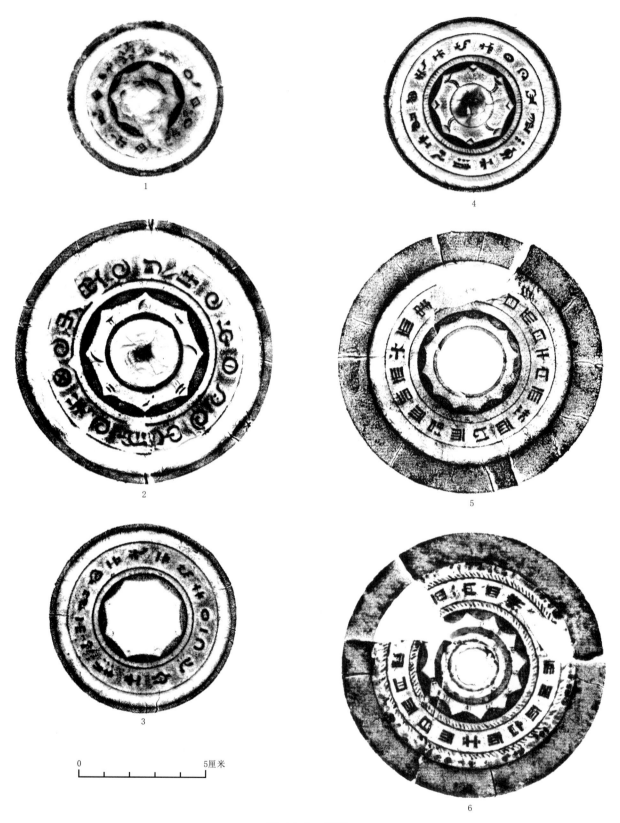

图三九六　铜镜

1. E 型 Ⅱ 式（M2003∶2）　2. E 型 Ⅲ 式（M2030∶14）　3、4. Fa 型（M2096∶1，M2041∶4）
5、6. Fb 型（D3M13∶2，D3M24∶38）

Ⅲ式　5件。亦可称日光连弧纹镜。圆形，圆形钮，钮外一周八内向连弧纹，再往外饰一周铭文，文体非隶非篆，字间夹有"田"、"而"字符。

标本 M2030∶14，有铭文："见日之光，□□□□。"直径 10、缘宽 0.35、缘厚 0.5 厘米（图三九六，2；彩版七二，2；图版一〇九，2）。

F 型

27 件。昭明镜。镜面稍外凸，半球形钮。钮座的变化较大，有十二连珠纹、四瓣柿蒂叶纹和多重线条纹。座外有八或十二内向连弧纹，外两周短栉齿纹夹一周铭文："内清（质）以昭明，光象夫日月"或"内清（质）以昭明，光象夫日月，心忽穆而愿忠，然壅塞而不泄"等，字间多用"而"、"天"、"夫"、"之"字符分隔。宽平素缘。镜体越来越厚重，直径 7~13 厘米。根据镜背主体纹饰特征可分为四个亚型。

Fa 型　7 件。昭明连弧纹镜。镜体小而薄，镜面稍外凸，半球形钮。钮座外为八段内向连弧纹。铭文简单，多为"内清以昭明光象夫日月心忽"之类，字体非隶非篆，字间饰有"夫"和"而"等字符。

标本 M2096∶1，圆形。钮部已失。铭文："内清质昭明，光象夫日月"。字间饰有"夫"和"而"字。直径 7.3、缘厚 0.3 厘米（图三九六，3；彩版八三，2；图版一〇九，3）。

标本 M2041∶4，圆形。半球形钮，多重线条纹钮座。隶书铭文："内清质昭明，光象夫日月心忽"，字间用"天"字符分隔。窄素缘。直径 6.8、缘宽 0.2、缘厚 0.35 厘米，重 83 克（图三九六，4）。

标本 M2040∶1，圆形。半球形钮，铭文："内清以昭明光象夫日月心忽"。字体非隶非篆，字间夹有"天"字符。直径 7.2、缘宽 0.5、缘厚 0.4 厘米，重 36 克（图版一〇九，4）。

Fb 型　15 件。昭明连弧纹镜。圆形，半球形钮，多重线条纹钮座。座外有八或十二内向连弧，再外有一周铭文。

标本 D3M13∶2，座外有十二内向连弧纹。隶书铭文："内清以昭明，光象□日月"，字间多饰"而"字符。宽素缘。直径 10、缘宽 1.2、缘厚 0.5 厘米，残重 194 克（图三九六，5；彩版三七，1；图版一一〇，1）。

标本 D3M24∶38，圆形。半球形钮，多重线条纹钮座。座外有十二内向连弧。隶书铭文："内清□□明，□夫日月□□"。字间用"而"字符分隔。宽平素缘。直径 10.5、缘宽 1.2、缘厚 0.45 厘米，残重 178 克（图三九六，6；彩版二二，3；图版一一〇，2）。

标本 D3M29∶1，圆形。圆钮。外有一周八内向连弧，两周短栉齿纹间有一周铭文："内清以昭明，光象夫日月□□。"字间饰有"天"字。直径 8.8、缘宽 0.6 厘米，重 223 克（图三九七，1；彩版一七，1；图版一一〇，3）。

标本 D8M3∶41，半球形钮，重圈钮座。钮座外饰内向八连弧。外圈铭文为"内清质以昭明，光而□□□□，心忽穆而愿忠，然壅塞而不泄。"字间多由"而"间隔。铭文内外各有细斜线纹一周。素缘凸起，镜面平。直径 11.2、缘厚 0.4 厘米（图三九七，2；图版一一〇，4）。

标本 M2020∶37，圆钮。八内向连弧纹钮座。外一周铭文："内清质□昭明，光象夫日月。"宽平缘。直径 9、缘厚 0.5、缘宽 0.8 厘米（图三九七，3；彩版六九，1；图版一一一，1）。

标本 M2032∶31，半球形钮，多重线条纹钮座。座外有八内向连弧。隶书铭文："内清质以昭明光月心"。字间用"而"字符分隔。宽平素缘。直径9.8、缘宽1.7、缘厚0.4厘米，重217克（图三九七，4；图版———，2）。

Fc 型

1 件。四柿蒂叶纹座昭明镜。半球形钮，四柿蒂叶纹钮座。

M2082：2，隶书铭文："内清质以昭明，光象夫日月"，字间用"而"形字符分隔。宽平素缘。直径10、缘宽1、缘厚0.3厘米，重190克（图版———，3）。

Fd 型

4 件。连珠纹钮座昭明镜。半球形钮，十二连珠纹钮座。

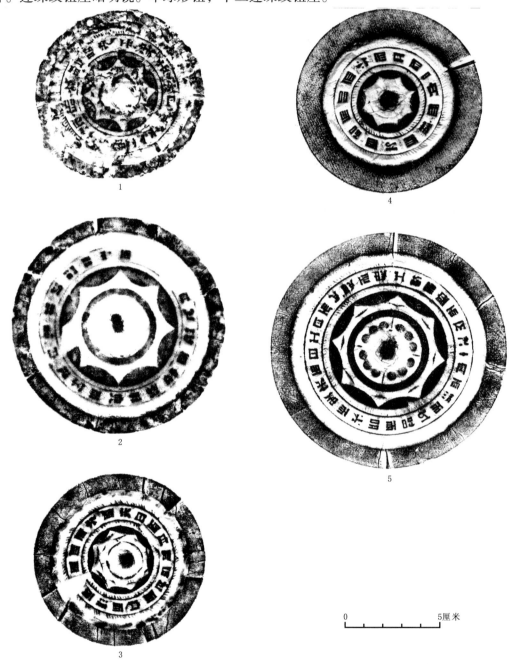

图三九七　铜镜

1~4. Fb 型（D3M29：1，D8M3：41，M2020：37，M2032：31）　5. Fd 型（M2028：1）

标本 M2028：1，隶书铭文："内清质以昭明，光象夫日月，心愿忠□塞而不泄"，字间用"而"、"之"和"【"形符号分隔。直径12.3、缘宽1、缘厚0.5厘米（图三九七，5；彩版七二，1；图版一一一，4）。

标本 M2073：2，半球形钮，十二连珠纹钮座。隶书铭文："内清质以昭明，光象夫日月"。字间用"而"和"【"字符分隔。直径12.8、缘宽1.4、缘厚0.5厘米，重380克（彩版七七，1；图版一一二，1）。

本报告收集的27面昭明镜，是西汉墓中常见的镜类，西汉中期开始出现，流行于西汉中晚期至新莽，东汉时期已极为少见。此类铜镜的样式繁多，几乎没有两面完全相同的。

G 型

6件。连珠连弧铭带纹镜。半球形钮，钮外有十二连珠纹及一周栉齿纹和一周素凸带钮座。座外有八内向连弧纹，连弧间饰以龙头，每个龙头两侧有三条平行圆弧。最外两周短栉齿纹夹一周隶书铭文带："洁清白之事君，志行之弇明，光玄锡之流泽，恐□忘美毋□□纪"，字间多用"而"、"天"形符号分隔。宽平素缘。镜体呈银灰色，制作精良，直径13～16.5厘米。

标本 D11M4：2，半球形钮。铭文："洁清白之事君，志行之弇明，光玄锡之流泽，恐□忘美毋□□纪"。直径16、缘宽0.7、缘厚0.5厘米，重380克（彩版六七；图版一一二，2）。

标本 D8M4：2，半球形钮，连珠钮座。短弧线条已经变形山字与卷云纹组成的纹饰相间环列于钮座与八连弧之间。外有一圈铭文，因镜残损严重，仅保留"□志而□□之弇明…"。直径13、缘宽0.6、缘厚0.4厘米。

H 型

4件。草叶纹镜。半球形钮，柿蒂叶纹或方钮座。镜面中心四乳丁和规矩纹间饰有叠式草叶（或麦穗），有的还浮雕变形神兽。缘饰十六内向连弧。根据镜背主体纹饰特征可分为两式。

Ⅰ式 3件。黑色，半球形钮，方钮座。镜面中心四乳丁和简易规矩纹间饰有四组叠式草叶（或麦穗）。缘饰十六内向连弧。纹饰均呈浮雕式。

标本 M2197：12，直径10.3、缘厚0.3厘米（图三九八，1；彩版一〇一，3；图版一一二，3）。

Ⅱ式 1件。

D3M27：17，圆形，呈黑色，半球形钮，四柿蒂叶纹钮座。镜面四乳丁和规矩纹间饰有八组叠式草叶，间饰变形神兽纹。缘饰十六内向连弧。纹饰呈浮雕式。直径16.2、缘厚0.4厘米，重331克（图三九八，2；彩版一三；图版一一二，4）。

Ⅰ 型

8件。星云纹镜。镜面外凸，呈黑色，镜体厚重，断口均呈银灰色。连峰式钮。钮座变化较大。根据镜背钮座和主体纹饰特征可分为三式。

Ⅰ式 3件。钮外有八枚乳丁形成钮座。外有一周短栉齿纹。镜面中心四带座乳丁将主纹饰分成四区，每区内各有六枚乳丁，间以重线纹相连。缘饰十六内向连弧。纹饰均呈浮雕式。

标本 M2198：31，直径11.2、缘厚0.4厘米，重165克（图三九八，3；图版一一三，1）。

Ⅱ式 1件。钮外由浮雕花果纹和十六段内向连弧组成钮座。钮座外有四枚带十字星、八连珠纹座乳丁及四组浮雕变形云龙纹。镜缘饰十六内向连弧。

M2190：1，直径15.4、缘厚0.6厘米，重558克（图三九八，4；彩版九八；图版一一三，2）。

0   10厘米

图三九八　铜镜

1. H型Ⅰ式（M2197∶12）　2. H型Ⅱ式（D3M27∶17）　3. I型Ⅰ式（M2198∶31）　4. I型Ⅱ式（M2190∶1）
5. J型Ⅰ式（D3M20∶29）　6. J型Ⅱ式（D8M3∶55）

Ⅲ式　4件。连峰式钮，钮外由浮雕花果纹或变形重线纹、十六段内向连弧及短栉齿纹组成钮座。钮座外有四枚带座乳丁及四组浮雕变形云龙纹或变形重线纹。镜缘饰十六内向连弧，纹饰均呈浮雕式。

标本 M2192∶1，直径11.3、缘厚0.4厘米（图二一二，8；彩版一〇〇，1；图版一一三，3）。

标本 D11M4∶1，直径15.5、缘厚0.6厘米，重560克（彩版六六，1；图版一一三，4）。

J 型

5件。重圈铭文镜。镜面稍外凸，呈灰黑色。博山钮或半球形钮。根据镜钮和主体纹饰特征可分为两式。

Ⅰ式　1件。

标本 D3M20∶29，半球形钮，十二连珠钮座。内圈铭文为"见日之光，长毋相忘"。字间夹卷云形符号。外圈铭文为"内清质以昭明，光□□□夫日月，心忽穆而愿忠，然雍塞□□□"。凸环带与双铭文带间饰三周栉齿纹。宽素缘。直径16.1、缘宽1、缘厚0.5厘米，残重468克（图三九八，5；图版一一四，1）。

Ⅱ式　4件。半球形钮或博山钮，十二连珠纹钮座。座外两周凸带和五周栉齿纹相间分布，其间饰两周铭文，素缘宽厚，镜面稍凸。铭文字体和内容稍有区别。

标本 D8M3∶55，博山钮，变形重线纹钮座。内圈铭文为："见日之光，长勿相忘。"字间以菱形田字和云纹分隔。外圈铭文为："内清质以昭明而象夫日月心忽穆而愿忠而不一。"素缘宽厚，镜面稍凸。直径12.6、缘厚0.5厘米（图三九八，6；彩版五七，2；图版一一四，2）。

标本 M2072∶6，半球形钮。内圈铭文为："内清质以昭明，光辉□夫日月，心忽穆而愿，然雍塞而不泄。"外圈铭文："洁清白而事君，怨欢之弇明，玄锡之流泽，恐疏远而日忘，怀媚美之躬体，外承欢之可悦，慕窈窕灵影，愿永思而毋绝。"直径15.7、缘宽0.9、缘厚0.55厘米（图三九九，1；彩版七五，2；图版一一四，3）。

标本 M2072∶7，半球形钮。内圈铭文为"久不相见，长毋相忘。"外圈铭文为："内清质以昭眣，光辉象夫而日月，心忽而穆愿忠，然雍塞不泄兮。"纹饰基本和 M2072∶6 重圈铭文镜相同。直径12.7、缘宽1、缘厚0.4厘米（图三九九，2；彩版七五，3；图版一一四，4）。

K 型

16件。四乳神兽纹镜。镜面稍外凸，呈灰黑色。半球形钮。根据钮座和镜面纹饰可分为四乳四虺镜、四乳四神镜、四乳神兽纹镜三个亚型。

Ka 型

11件。四乳四虺镜。钮座有四柿蒂叶纹、十二连珠纹、凸环带和变形重线纹相间的三种。主纹饰为四枚带座乳丁与四虺相间环绕，间饰小朵云纹。凸环带和变形重线纹钮座。宽平素缘。

标本 D3M29∶9，直径10.8、缘宽0.45、缘厚0.7厘米，重154克（图三九九，3；彩版一七，2；图版一一五，1）。

标本 D3M18∶1，十二连珠钮座。直径12.5、缘宽1、缘厚0.4厘米，重237克（图三九九，4；彩版四七，2；图版一一五，2）。

标本 M2076∶2，直径8.1、缘宽0.6、缘厚0.4厘米（图三九九，5；图版一一五，3）。

图三九九　铜镜

1、2. J 型 Ⅱ 式（M2072:6，M2072:7）　3~6. Ka 型（D3M29:9，D3M18:1，M2076:2，D3M9:1）

标本 M2006∶5，四柿蒂叶纹钮座。直径 10.8、缘宽 1.4、缘厚 0.5 厘米，重 239 克（图版一一五，4）。

标本 D3M9∶1，十二连珠钮座。直径 13.7、缘宽 1.3 厘米，重 435 克（图三九九，6）。

Kb 型

2 件。四乳四神镜。镜面稍外凸，呈黑色。半球形钮。凸环带和变形重线纹相间钮座。主纹饰为四枚带座乳丁，乳丁间饰青龙、白虎、朱雀和玄武四神。宽平素缘。

标本 D3M16∶10，直径 11、缘厚 0.52、缘宽 1.55 厘米，重 270 克（图四〇〇，1；彩版四一；图版一一六，1）。

Kc 型

3 件。四乳神兽纹镜。镜面较平，四瓣柿蒂叶纹钮座。主纹饰为四枚带环带或四瓣小柿蒂叶纹座乳丁，乳丁间饰青龙、白虎、朱雀和玄武四神，四神间配饰怪兽、天禄、神人、羽鸟、奔鹿等。镜内缘饰双线锯齿纹，外缘素窄。

M2020∶16，直径 18.5、缘厚 0.55、缘宽 1.8 厘米，重 780 克（图四〇〇，2；彩版六九，2；图版一一六，2）。

D3M16∶8，宽素平缘。直径 15.5、缘厚 0.7、缘宽 2.2 厘米，重 570 克（图四〇〇，3；彩版四〇，3；图版一一六，3）。

D10M1∶6，有残损。直径 16.5、缘宽 1.9、缘厚 0.5 厘米，重 548 克（图四〇〇，4；彩版六五；图版一一六，4）。

L 型

7 件。博局纹镜。半球形钮。圆环形或四瓣柿蒂叶纹钮座。可分为两个亚型。

La 型

3 件。子孙博局纹镜。根据其子孙纹饰（大小乳丁）的不同及钮座的区别可分为八子八孙神兽博局镜、八子十孙神兽博局镜、八子神兽博局镜。

八子八孙神兽博局镜 1 件。M2001∶4，圆环形钮座，座外有八枚带座乳丁（孙纹），间饰山形纹和云气纹。外围以凹面方格，格的四角各饰一桃形纹。八枚带四叶座乳丁（子纹）和博局纹将主纹饰分成四方八极，分别配以龙、直立兽、长卷独角兽、长耳兽、虎、神兽、朱雀及神兽。外一周短斜线纹后是镜缘，缘上纹饰繁缛，有龙、虎、神鸟、羽人、禽鸟、蛇等。外缘素窄。直径 15、缘宽 2.3、缘厚 0.35，重 491 克（图版一一七，1）。

八子十孙神兽博局镜 1 件。D3M14∶1，圆环形钮座，座外有十枚带座乳丁（孙纹），间饰云气纹。外围以凹面方格，格的四角各饰一桃形纹。八枚带四叶座乳丁（子纹）和博局纹将主纹饰分成四方八极，分别配以龙、虎、朱雀及神兽。外一周短斜线纹后是镜缘，内缘饰锯齿纹和变形云纹。外缘素窄。直径 13.8、缘宽 2.1 厘米，重 358 克（图四〇〇，5；图版一一七，2）。

八子神兽博局铭文镜 1 件。D3M26∶30，四瓣柿蒂叶纹钮座，座外为凹面方格。八枚带四叶座乳丁（子纹）和博局纹将主纹饰分成四方八极，分别配以青龙、白虎、朱雀及羽人。外有一周铭文"作佳镜（竟）兮真大好，上有仙人不知老，浮游天下敖四海，寿比金石为国保。"铭文带外一周栉齿纹后为镜缘。宽镜缘从内向外分别为一周锯齿纹和一周卷云纹。直径 14.4、缘宽 1.8、缘厚 0.5 厘米，重 510 克（图四〇〇，6；彩版三〇，1；图版一一七，3）。

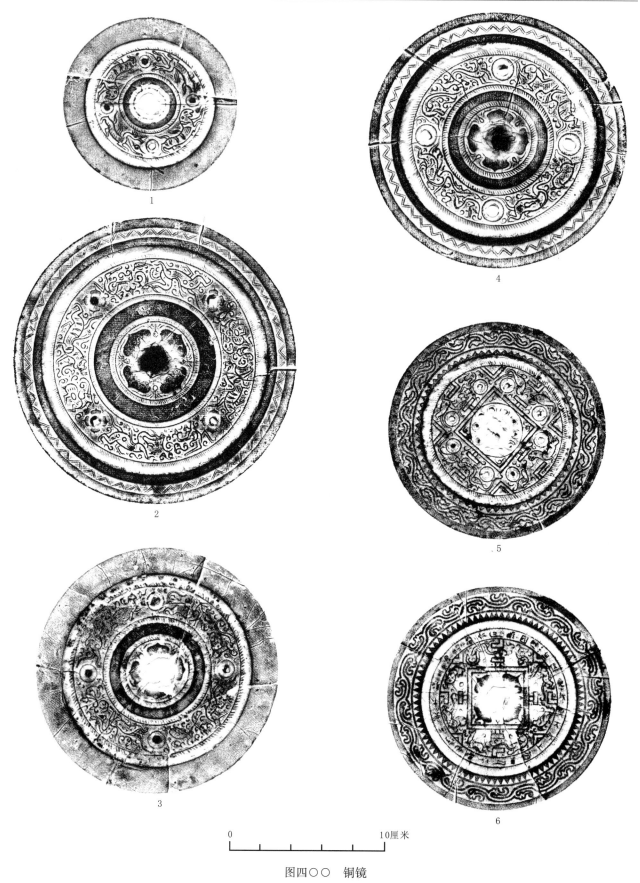

图四〇〇　铜镜

1. Kb 型（D3M16：10）　2～4. Kc 型（M2020：16，D3M16：8，D10M1：6）　5、6. La 型（D3M14：1，D3M26：30）

Lb 型

4 件。四神博局纹镜。四瓣柿蒂纹或环带纹钮座，外有凹面方框。主纹饰为四组博局纹，间饰青龙、白虎、朱雀、玄武四神，四神间饰神兽和变形流云纹。镜缘上有双线锯齿纹和变形流云纹。

标本 M2008：4，四瓣柿蒂纹钮座。直径 11.4、缘厚 0.5 厘米，重 195 克（图四○一，1；图版一一七，4）。

标本 M2429：2，由九枚乳丁组成环状钮座。直径 13.4、缘厚 0.4 厘米（图四○一，2；彩版一四一，1；图版一一八，1）。

标本 M2005：17，描金四神博局纹镜。有残损。窄环带纹钮座。主纹饰为四组 T、V、L 形博局

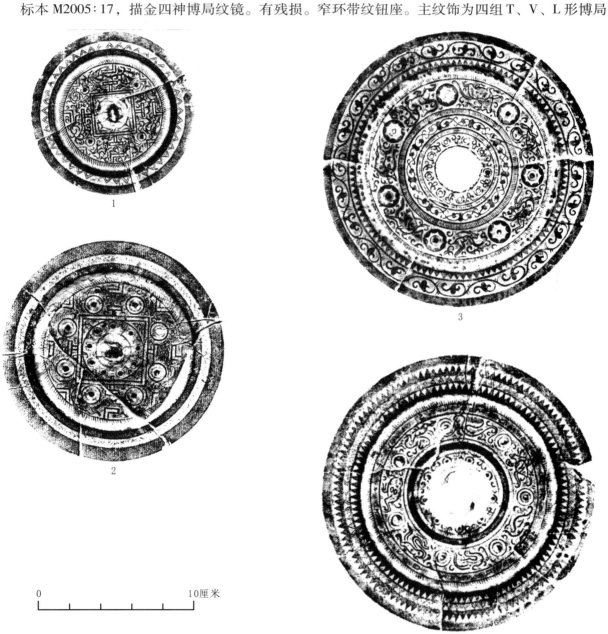

图四○一 铜镜

1、2. Lb 型（M2008：4，M2429：2） 3. M 型 I 式（D3M24：9） 4. M 型 II 式（M2401：4）

0   5厘米

图四〇二　Lb 型铜镜（M2005∶17）

纹，间饰长颈鹿、青龙、朱雀、玄武和变形流云纹。往外一周锯齿纹后是镜缘，上有流云纹。所有纹饰均描金，显得华贵而富丽，是当时高超制镜技术的完美体现。直径 11、缘宽 1.5、缘厚 0.5 厘米，残重 220 克（图四〇二；图版一一八，2）。

　　M 型

　　3 件。子孙神兽铭文镜。半球形钮。圆钮座，钮外有九枚带座乳丁（孙纹）。中间多枚带座乳丁（子纹）将主纹饰分为多部分，其间饰有青龙、白虎、朱雀、玄武、独角神兽、戴冠羽人等。有的乳丁间夹有两周铭文。可分为三式。

　　Ⅰ式　1 件。七子九孙神兽铭文镜。

　　D3M24∶9，钮外九枚乳丁（孙纹）间饰三叶花草，外有一周铭文"作佳镜兮宜子孙"。七枚带座乳丁（子纹）将主纹饰分为七部分，其间饰有七种神兽。宽缘上有锯齿纹和喇叭花叶纹。直径 16.3、缘宽 2、缘厚 0.45 厘米，重 558 克（图四〇一，3；彩版二二，2；图版一一八，3）。

　　Ⅱ式　1 件。"吕氏作"神兽铭文镜。

　　M2401∶4，钮座外九枚小乳丁（孙纹）间有三字铭文"宜子孙"。往外两周栉齿纹夹一周凸弦纹，其外为七枚带四花瓣座乳丁（子纹）间饰青龙、朱雀、羽人逐鹿、白虎、独角神兽、玄武。再外有一周铭文："吕氏作镜自有纪，上有仙人不知老，渴饮玉泉饥食枣。"镜缘上有锯齿纹和简化的龙纹、羽人、车轮、异形神兽相互缠绕组成的纹饰带。直径 16.5、缘厚 0.7 厘米（图四〇一，4）。

Ⅲ式　1件。李氏作七子车马人物神兽铭文镜。

M2409∶4，钮座为一周十二生肖图案，往外为两周短辐纹线和一周凸弦纹，七枚带十字形尖叶座乳丁均匀分布，其间有七组不同的图案：奔腾的战马驾辐车、神兽、驾龙仙人、龙、虎、羽人神仙、乘龙御虎的仙人、踞座抚琴仙人等。再外有一周铭文"李氏作竟（镜）四夷服，多贺国家人民息，胡虏殄灭天下服，风雨时节五谷熟，长保二亲得天力，传告后世乐无极，自有纪，上有仙人不知老，渴饮玉泉饥食枣。□清明□如□，长宜子□。"宽平镜缘上是两周锯齿纹间饰一周龙、虎、蛇、长尾象、牛、鸟、双鱼、雀、凤等图案。内外纹饰均采用半浮雕式。直径 23.1、缘厚 1 厘米，重 1926 克（图四〇三；图版一一八，4）。

0　　　　　　　　　　5厘米

图四〇三　M 型Ⅲ式铜镜（M2409∶4）

N 型

3 件。四乳禽鸟纹镜。半球形钮。重圈圆钮座。主纹饰为四枚带座乳丁间饰四组变形禽鸟纹，外饰栉齿纹或锯齿纹。可分为二式。

Ⅰ式　2 件。四乳八禽纹镜。

标本 D8M4：1，三道凸弦纹间饰短线纹和栉齿纹。宽平素缘，镜面微凸。直径 8、缘宽 1、厚 0.45 厘米（图四〇四，1；彩版六一，1；图版一一九，1）。

Ⅱ式　1 件。四乳禽鸟纹镜。

M2428：2，素窄缘。直径 9.5、缘厚 0.38 厘米，重 101 克（图四〇四，2；图版一一九，2）。

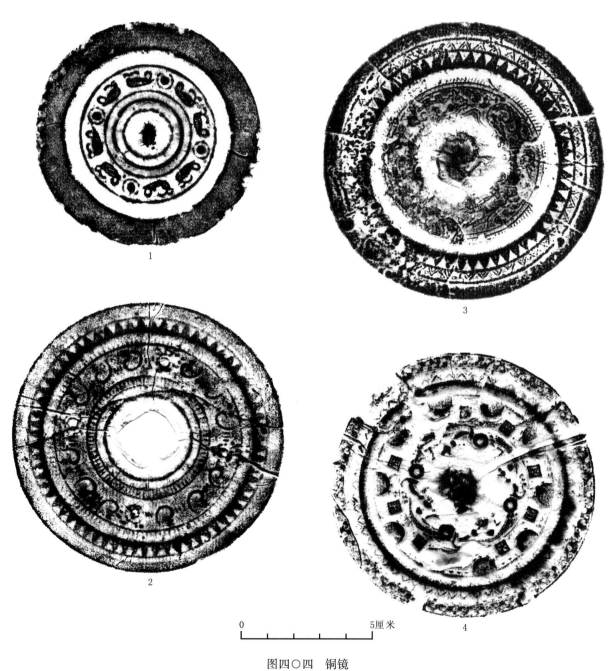

图四〇四　铜镜

1. N 型 Ⅰ式（D8M4：1）　2. N 型 Ⅱ式（M2428：2）　3. P 型（M2384：15）　4. Q 型（M2401：7）

O 型

5 件。连弧铭文镜。半球形钮。四柿蒂叶纹钮座，钮座间有"长宜子孙"、"寿如金石，佳且好兮"、"君宜官"、"长宜官"等铭文，外一周八段内向连弧纹。宽素平缘。可分为两个亚型。

Oa 型

2 件。钮座间有"长宜子孙"、"寿如金石，佳且好兮"等铭文，可称"长宜子孙"连弧铭文镜。

M2401:6，钮座间铭文为"长宜子孙"四字。直径 10.6、缘宽 1.3、缘厚 0.3 厘米（图二八八，9）。

M2408:3，钮座间有"长宜子孙"四字铭文，外有一周八段内向连弧纹，连弧纹间有铭文"寿如金石，佳且好兮"。连弧纹外为两道栉齿纹夹一周云雷纹，云雷纹带间夹八枚带重圈座的小乳丁。直径 19.8、缘厚 0.75 厘米（图二九二，1；彩版一二五，1；图版一一九，3）。

Ob 型

3 件。"君宜官"双夔龙连弧铭文镜。

标本 M2401:1，圆钮座。钮两侧各有两条竖线将镜面分成三部分。中部钮的上、下各有三字铭文，分别为"君宜官"、"长宜官"。两侧各有一条互为倒置的夔龙，夔龙均为两首一身。夔龙纹外有一周十二内向连弧纹。直径 18、缘宽 1.6、缘厚 0.3 厘米，重 510 克（图二八八，7；图版一一九，4）。

P 型

2 件。龙虎纹镜。半球形钮。

M2408:1，有残损。窄圆钮座。主纹饰为龙虎对峙，龙和虎均为半浮雕式，龙张嘴凸眼，长角，颈细身粗；虎腿粗尾长。龙和虎的尾部还浮雕有走兽。外有一周铭文"□氏作镜四夷服，多贺国家人民息，胡虏殄灭天下复，风雨时节□□□□"。宽镜缘上有二周纹饰，分别为锯齿纹和双细线水波纹。窄素外缘。直径 11.5、缘宽 1.4、缘厚 0.6 厘米，残重 295 克（图版一二〇，1）。

M2384:15，锈蚀严重。主纹饰为龙虎对峙，浅浮雕式。宽镜缘有两周锯齿纹，内周为三角锯齿，外周为双线锯齿纹。直径 9.8、缘宽 2.1、缘厚 0.48 厘米（图四〇四，3）。

Q 型

3 件。半圆方枚神人神兽铭文镜。半球形钮。主纹饰由六个小环状子纹分成相连的六区，间饰神人和神兽，神人带平顶冠饰，或坐或仰。外区有凸起的半枚和方枚相间排列，方枚上有铭文："吾作镜幽谏三商大吉羊"或"吾作明镜，幽谏三商，长乐无极"。外一周锯齿纹后是镜缘，缘上饰云朵纹和神兽。纹饰均为浮雕式。

标本 M2401:7，方枚上的铭文为："吾作镜幽谏三商大吉羊"。直径 9.6、缘厚 0.4 厘米（图四〇四，4；彩版一二三，4；图版一二〇，2）。

标本 M2418:24，方枚上的铭文为："吾作明镜，幽谏三商，长乐无极"。直径 14.5、缘宽 0.8、缘厚 0.4 厘米，重 435 克（图版一二〇，3）。

六　镳壶

21 件。出土于 18 座墓中。明确形态的 12 件。根据流、手柄、足的不同可分为二型。

A 型

5 件。腹部有流和手柄，流为带活动嘴盖的鸡首形，长条形手柄中空，圜底，三蹄足，足截面呈半圆形。可分为二式。

Ⅰ式　4 件。揭拉式圆弧形盖，盖顶有一钮，盖有短销和壶身的节约以栓相连。錾口为上宽下窄的梯形。

标本 D3M30：14，盖径 7.6、口径 6.8、腹径 14.8、通高 12.8 厘米（图四〇五，1；彩版四九，1；图版一二〇，4）。

标本 D3M24：31，带揭拉式弧形顶盖，盖面起台，有钮。扁圆腹的中部有一周凸棱，腹部有流和长条形手柄，流为带活动上嘴盖的鸡首形，手柄中空，錾口为圆角梯形。圜底，三蹄足。盖径 7.2、腹径 12.8、通高 12.2、把手长 8 厘米（图四〇五，2；彩版二七，1；图版一二一，1）。

Ⅱ式　1 件。M2438：2，器身口微敛，短颈，鼓腹，圜底。底部附三蹄足稍外撇。腹部有一凤首形流和一中空的管状手柄，已残损。是否有盖已不明。口径 9.6、最大腹径 18 厘米（图四〇五，3）。

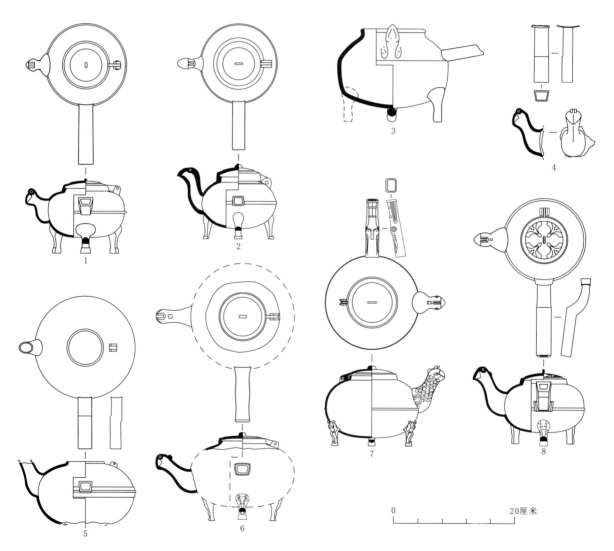

图四〇五　铜鐎壶

1、2. A 型Ⅰ式（D3M30：14，D3M24：31）　3. A 型Ⅱ式（M2438：2）　4～8. B 型（M2072：54，D11M4：17，D8M3：19，M2073：8，D3M14：28）

B 型

7 件。腹部有流和手柄。流上有活动的兽首形嘴盖，手柄中空，呈弧形或曲折形。圜底，三蹄足。

标本 M2072：54，残损严重，仅流、手柄完整。原器腹部的流为带活动上嘴盖的鸡首形，长条形手柄中空，可分前、后两部分。流长 6、手柄长 9.2 厘米（图四〇五，4）。

标本 D11M4：17，盖已失。敛口，圆唇，扁腹，圜底已残，一侧有长条形手柄，銮口呈梯形。口径 6、腹径 16.2、残高 10.2 厘米（图四〇五，5）。

标本 D8M3：19，器身较残，盖、流、把手和足完整。带揭拉式弧形顶盖，盖面起台，盖面上有钮。腹部有流和手柄，流为带活动上嘴盖的鸡首形，长条形手柄中部略变粗，中空，銮口为圆角方形。圜底，三兽面蹄足。盖径 7.8、残高 14.4、把手长 9 厘米（图四〇五，6）。

标本 M2073：8，带揭拉式弧形顶盖，盖面起台，有钮。扁圆腹中部有一周凸棱，腹部有流和长条形銮。流为带活动上嘴盖的鸡首形，上饰羽状纹。长条形手柄中空，銮口为圆角方形，把手的上部有两道便于把握的凸棱，两侧有带实心圆的涡纹和长条叶纹。圜底，三兽面蹄足。盖径 8.4、腹径 15.4、通高 13、手柄长 9.6 厘米（图四〇五，7）。形状与湘西里耶清水坪 M2：11[12]所出铜镳壶基本相同。

标本 D3M14：28，带揭拉式弧形顶盖，盖面起台，有钮。钮面上对称分布四组柿蒂叶纹和圆叶纹。扁圆腹中部有一周凸棱，腹部有流和长条形把手。流为带活动上嘴盖的鸡首形，长条形手柄中空。銮口为四角梯形。圜底，三兽面蹄足。盖径 7.8、腹径 13.6、通高 12、手柄长 12.2 厘米（图四〇五，8；彩版三六，1；图版一二一，2）。

七 熏炉

13 件。出土于 10 座墓中。形态基本明确。可分为二型。

A 型

7 件。出土于四座墓中。博山式炉盖，炉腹较深，炉柄粗而矮，有折棱。

标本 D11M4：20，由炉身、炉盖和托盘组成，残损严重。炉盖饰博山草叶纹和云纹。炉身敛口，子母口承盖，腹部有一道凸棱。喇叭形座足，下承盘通过圆柱与盘铆合。盘为广口，宽沿，残损严重。口径 5.6、残高 7.4 厘米（图四〇六，1）。

标本 D3M30：9，由炉身、炉盖和底座组成。炉盖为重山式，不规则圆形烟孔，錾刻各种变形云纹和龙形纹饰，盖沿錾刻一周三角形锯齿纹。炉身深腹，口微敛，子母口，腹部有三道宽凸棱带。圈足底部有柱，与托盘铆合，托盘已失。炉柄中部有一道宽凹棱。炉身和炉盖上各有一圆形钮，原链索已失。炉径 7.4、底径 7.8、通高 16 厘米（图四〇六，2；彩版四九，2；图版一二一，3）。

标本 D3M13：15，仅存器盖，盖为博山式尖峰状，内空，上围浮雕连峰，有圆形和不规则烟孔 17 个。口径 6.4、高 5 厘米（图四〇六，3；彩版三七，2；图版一二一，4）。

B 型

6 件。出土于六座墓中。由炉体、盖和托盘三部分组成。博山式炉盖，盖顶有飞鸟形饰件或钮，炉腹较浅，炉柄细而高，有折棱。有浅盆形托盘。

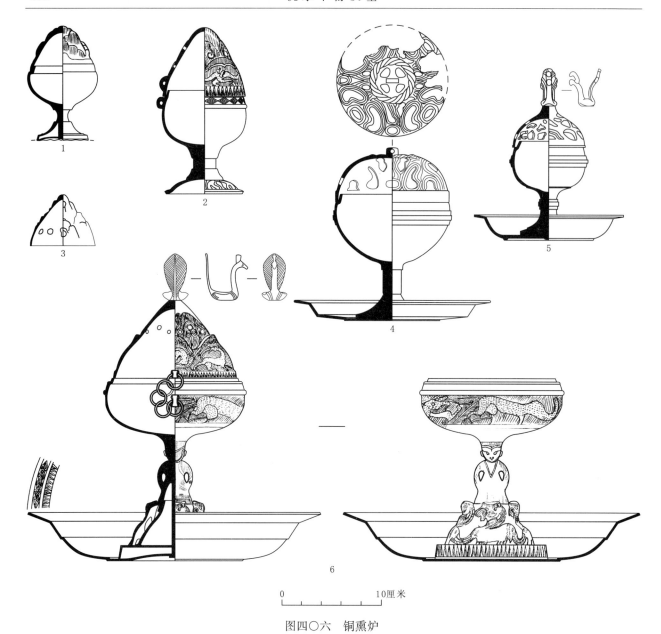

0　　　　　　　　　　10厘米

图四〇六　铜熏炉

1～3. A 型（D11M4：20，D3M30：9，D3M13：15）　4～6. B 型（M2020：25，D3M26：20，D3M24：23）

标本 M2020：25，盖呈博山式，有残损。炉身的盏深腹，喇叭形座，座与托盘经座足底部的柱与盘铆合。盘为广口，平折沿，中腹内折，下腹收分为矮圈足，底内凹。口径 10、底径 9.2、通高 17 厘米（图四〇六，4；图版一二二，1）。

标本 D3M26：20，盖面为镂空式。盖顶有一小立鸟形捉手。炉身深腹，口微敛，子母口，腹部有三道宽凸棱带。圈足与托盘相连，圈足底部有柱，与托盘铆合。炉柄中部有三道凸棱。盘为广口，宽平沿，浅腹，下有矮圈足。炉身有方形和菱形小孔，还有红铜补片。炉径 6、托盘径 14.8、通高 16.6 厘米（图四〇六，5；图版一二二，2）。

标本 D3M24：23，炉盖呈圆锥形，顶部有一高冠、长颈、高翘尾的凤鸟形钮。盖作重山式，有多个不规则圆形烟孔，上刻划变形云纹和神兽纹，盖沿錾刻有重线三角组成的锯齿纹。炉身的盏深腹，子母口承炉盖。炉腹中部的一道凸棱上下均有纹饰：上部为錾刻的连贯重线菱形纹，下部为神兽，神兽的躯干和四肢上有细密的短线。炉柄为双面人，头部有冠，眼、耳、嘴较清晰，双手叉腰，人身下部为四组似大象和狮子的浮雕饰件，是单独铸造后焊接而成。喇叭形座上錾刻有重线三角组成的锯齿纹。炉盖和炉身上各出一耳，以链索相连。座与托盘经座足底部的柱与盘铆合。托盘为广口，折沿，中腹内折，下腹收分为矮圈足，底内凹。盘沿錾刻有重线三角组成的锯齿纹和连贯菱格纹各一周。该熏炉与广州汉墓 M5036：26 铜熏炉⑬及罗州城陈家大地东汉"陈 M4：4"熏炉⑭几乎完全相同。口径 10.6、炉腹径 12.4、底径 13.6、通高 29.6 厘米（图四〇六，6；彩版二七，2；图版一二二，3）。

八　灯

12 件。含行灯 5 件，出土于 11 座墓中。

（一）行灯

5 件。出土于五座墓中。长柄上折翘，浅圆盘，三蹄足。少数盘中间有供插烛用的锥形烛插。

D3M20：45，弧形长柄，浅圆盘，平底，底部有三直立蹄足。盘径 9.5、高 6.4、柄长 9.3 厘米（图四〇七，1；彩版二一，3；图版一二二，4）。

D8M3：69，琵琶形长柄，柄后端上部有凸弦纹和十二枚小乳突，浅圆盘，盘口内敛，平底，三高蹄足略外撇。口径 7.2、器高 5.9、柄长 6.3 厘米（图四〇七，2）。

M2020：51，浅直腹，平底，底部有对称三蹄足，其中一足上部有一兽首，盘中间有锥形烛插，长柄已残。口径 14、高 4.6 厘米（图四〇七，3）。

M2076：4，矮柱状三足，长柄，浅平盘。盘径 12、高 5 厘米（图四〇七，4）。

D3M26：12，盘中间有锥形烛插，三直立高蹄足。盘径 10.2、高 5.4、柄长 12 厘米（图四〇七，5；彩版三二，3；图版一二三，1）。

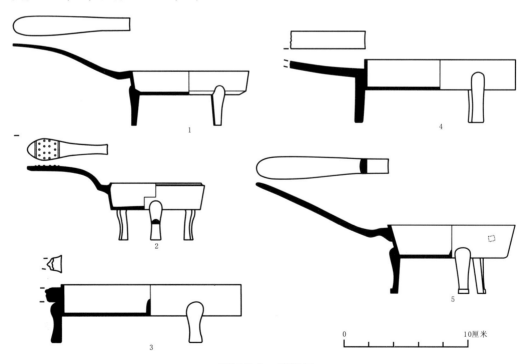

图四〇七　铜行灯
1. D3M20：45　2. D8M3：69　3. M2020：51　4. M2076：4　5. D3M26：12

（二）灯

7件。出土于七座墓中。形态明确的5件。可分为二型。

A 型

3件。出土于三座墓中。浅盘，壁较直，竹节形高实心柄，喇叭形灯座。灯盏盘中间有锥形烛插。可分为二式。

Ⅰ式　2件。灯盏和灯座差别较小，直壁，柄较高。

D3M20∶4，浅盘，直壁，平底，高柱状柄上部两道折棱后变鼓，喇叭形座，底座有圈足。口径14、盏深2.1、底径13、高25.6厘米（图四〇八，1；彩版二一，2；图版一二三，2）。

D3M29∶4，口径11.2、底径8、高13厘米（图四〇八，2）。

Ⅱ式　1件。灯盏和灯座差别较大，壁稍斜，柄较矮。

D3M24∶24，盘腹较深，壁稍斜，高柱状柄上部鼓突，喇叭形座，座上有折棱，底座有圈足。口径11.2、盏深2.6、底径8、通高13厘米（图四〇八，4；彩版二七，4；图版一二三，3）。

B 型

2件。出土于二座墓中。应为多枝灯，均残损严重。

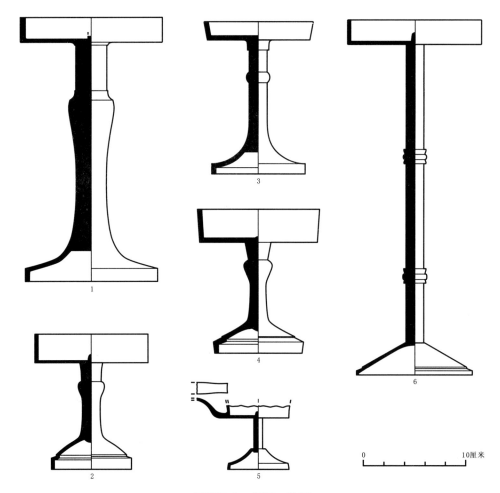

图四〇八　铜灯，铁灯

1、2.A型Ⅰ式铜灯（D3M20∶4，D3M29∶4）　3.铁灯（M2025∶2）　4.A型Ⅱ式铜灯（D3M24∶24）
5、6.B型铜灯（D11M4∶9，M2073∶42）

D11M4：9，应为多枝灯，承盘已全残朽，座足呈喇叭形状，座足上出有圆柱形枝干，枝干上通过榫卯套合的另一段枝干已残，已难以断言究竟为几枝。残存一件灯盏，灯盏为行灯状，叶形把手，盘中间有锥形烛插，灯盏下是否有足已难以判定。承盘底径6、残高5.6厘米，灯盏直径6、残高1.9厘米（图四〇八，5）。

M2073：42，应为多枝灯的一种，残损严重。平沿，浅盘，盘中心位置有锥形烛插，圆柱形实心柄，柄中间有两处各有三道凸棱，喇叭形足。口径12、底径10.4、高34.5厘米（图四〇八，6）。

九　灶

2件。可分为两型。

A型

1件。D3M24：48，出土时铜釜和铜镶连为一体置于灶身上，甑残碎严重而难辨其形。灶身前方后圆。灶门略成梯形，上部挡烟板向灶门一侧斜趋。灶后部有一圆形斜趋烟囱。圆形单釜座，内套置一铜镶。釜为直颈，鼓腹，圜底。原有铜甑套合于铜镶上，甑的形状已不清。灶长30、宽18、通高16厘米（图四〇九，1；彩版二六，4；图版一二三，4）。

B型

1件。D3M26：1，灶身、铜镶和铜甑套合为一体。灶身略呈船体形，前宽后窄。灶门呈半圆形，上部有直立挡烟板。灶后部有直立挡泥墙，靠挡泥墙的中部有一方形烟囱。单釜座内套置一铜镶，镶上有铜甑。铜镶为直颈，鼓腹，高圈足，上腹部有一周圈宽沿与釜座套合。铜甑套合于铜镶上，甑为广口深腹圈足，圈足套合于镶口上。甑底部有镂空的横直箅眼，箅眼属铸造后凿刻而成。灶体长22.6、宽9.8～16.6厘米，通高20厘米（图四〇九，2；图版一二四，1、2）。

一〇　井

1件。D3M26：2，筒形，宽平沿，沿上有置放井架的两对称小孔。口径16、底径14.8、高12厘米（图四〇九，3；彩版三一，5；图版一二四，3）。

一一　釜和甑

5件。

（一）釜

3件。形态明确的1件。敞口，宽沿，斜腹内收，平底。

标本D3M26：3，口径19.2、底径7.2、高10.6厘米（图四〇九，4；彩版三二，1；图版一二四，4）。

（二）甑

2件。根据其形态可分为二型。

A型

1件。M2073：44，由甑和镶合体组成。甑为敞口，深腹，底部有纵横箅眼。镶为直领，鼓腹，腹部有一周宽錾，圜底。腹径20、残高21厘米（图四〇九，5）。

B型

1件。D3M14：13，宽沿稍内斜，敞口，斜收腹，盘底。底部有五个不对称分布的圆形箅眼。

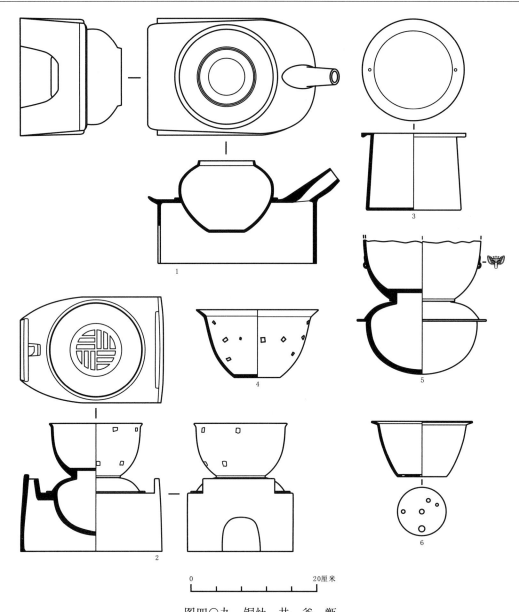

图四〇九　铜灶、井、釜、甑

1、2. 灶（D3M24∶48，D3M26∶1）　3. 井（D3M26∶2）　4. 釜（D3M26∶3）　5. A 型甑（M2073∶44）
6. B 型甑（D3M14∶13）

口径 15.8、底径 7.8、高 8.6 厘米（图四〇九，6；彩版三五，3；图版一二五，1）。

一二　樽

6 件。出土于六座墓中。形态明确的 2 件。

M2073∶11，平口承盖，盖面稍隆起，顶部有圆钮衔环，外饰四瓣柿蒂叶纹，往外有多周凸弦纹，盖下有子口伸入器腹内。器身直腹，平底，下有三矮蹄足，截面呈半圆形。上腹部对称兽面铺首衔环，下腹部有两道凹凸形宽带。盖径 24、高 4.8 厘米，器身口径 23.4、底径 24、高 20.6厘米，通高 25.2 厘米（图四一〇，1）。该樽与广西合浦风门岭 M26∶30 铜樽[15]基本相同。

M2076∶24，子母口承盖，盖已失。平沿，尖唇，直口，腹壁圆直，腹部饰两周宽凸带纹，中部两侧有一对铺首衔环形附耳，平底，三矮蹄足。底径 18.8、高 16 厘米（图四一〇，2）。

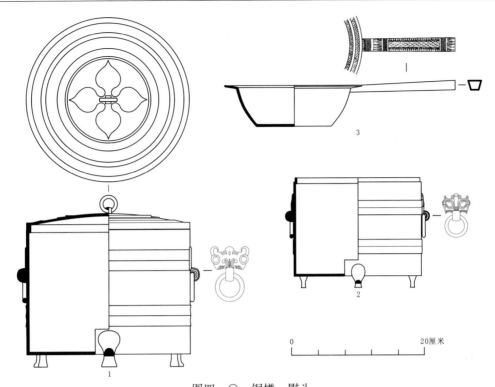

图四一〇　铜樽、熨斗

1、2. 铜樽（M2073：11，M2076：24）　3. 铜熨斗（D3M24：43）

一三　熨斗

1 件。D3M24：43，宽平沿，沿上有两周錾刻花纹，敞口外撇，深腹斜内收，平底。沿下一侧有銎口为梯形的长把手。把手的正面有七组錾刻花纹。口径 20.4、底径 11、高 7、把长 14 厘米（图四一〇，3；彩版二七，3；图版一二五，2）。

一四　带钩

17 件。出土于 16 座墓中。形态明确的 8 件。可分为两型。

A 型

6 件。钩体多呈琵琶形。钩首有兽首、鸭首形，钩身的长度差别较大。可分为三式。

Ⅰ式　2 件。体短，钩体略呈琵琶形。

M2371：1，断面近长方形，钩首已残。残长 3.3、钩面宽 0.4~1 厘米（图四一一，1）。

M2098：58，钩首已残，断面近半圆形，柱状帽形钮也残。残长 3.8、钩面宽 0.4~1.5、钮残高 0.7 厘米（图四一一，2）。

Ⅱ式　3 件。体长，钩体呈琵琶形，钩首呈兽首状，钩尾呈圆弧状。

D10M1：2，断面呈椭圆形。长 9.6、宽 1.7 厘米（图四一一，3；彩版六四，2；图版一二五，3）。

D3M14：2，钩首呈鸭首形，断面呈椭圆形，钮位于钩背。长 11.5、宽 1.2 厘米（图四一一，4；彩版三六，2；图版一二五，4）。

M2428：3，钩首呈鸭首状，双眼清晰。琵琶状钩面，断面近长方形，柱状帽形钮位于钩背。长 9.5、宽 1.75 厘米（图四一一，5；图版一二五，5）。

Ⅲ式　1 件。M2408：4，钩首呈兽首状，嘴颈修长。钩体略呈圆柱形，断面近圆形。长 11.9、

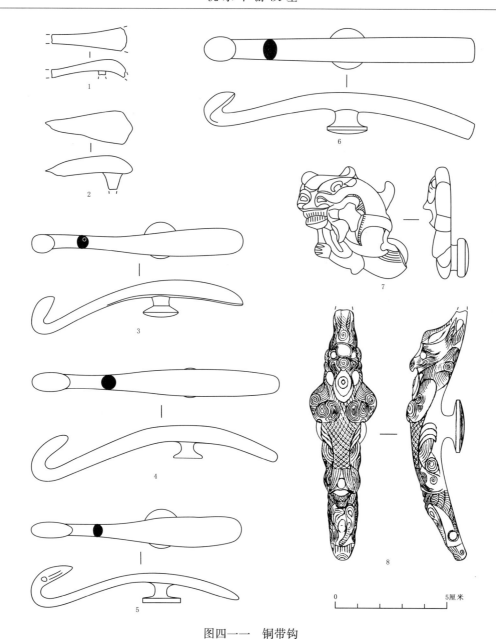

图四一一　铜带钩

1、2. A 型 I 式（M2371∶1，M2098∶58）　3～5. A 型 II 式（D10M1∶2，D3M14∶2，M2428∶3）
6. A 型 III 式（M2408∶4）　7. B 型 I 式（M2409∶1）　8. B 型 II 式（M2398∶3）

钩面宽 1.8、钮高 1.9、钮径 1.8 厘米（图四一一，6）。

B 型

2 件。造型呈龙、虎形，钩面上纹饰复杂。可分为二式。

I 式　1 件。M2409∶1，钩呈卧虎状，钩首为回首的虎头。虎头嘴大张，露出满嘴牙齿，双眼大睁，双耳上立，身子蜷曲，双脚分立，尾部蜷曲。圆柱状帽形钮位于钩背。长 4.9、钩面宽 4.2～4.8、钮高 0.8、钮径 1.8 厘米（图四一一，7；彩版一二六，3；图版一二五，6）。

II 式　1 件。M2398∶3，钩呈伏龙状，钩首原为回首的龙头，龙头已残断。钩身中部较宽，为龙身蜷缩成拱背状，背和身上刻划象征龙身的鳞片纹，多处镶嵌绿松石。通体鎏金。圆柱状帽形钮位于龙身腹部。残长 11.1、钩面宽 0.6～3、钮高 1、钮径 2.3 厘米（图四一一，8）。

一五　剑

16 件。出土于 15 座墓中。形态明确的 9 件。可分为三型。

A 型

3 件。通常有与剑身相连的剑格、剑首。长方形剑茎，茎上靠剑首位置有一小圆孔，应为穿绳子连接剑首和系缠缑之用。可分为三式。

Ⅰ式　1 件。D3M27：9，喇叭形剑首，剑首内有多个同心圆弦纹。凹形剑格，剑身修长，中脊起棱，刃锋多残，断面呈菱形。剑残长 68.2、格宽 4.9 厘米，剑首直径 5 厘米（图四一二，1；图版一二六，1）。

Ⅱ式　1 件。D3M29：7，剑身断面呈菱形，凹形剑格。剑长 79、格宽 4.3、茎厚 1.2 厘米（图四一二，2；图版一二六，2）。

Ⅲ式　1 件。D3M26：28，带剑鞘。长剑身，两面刃，断面呈菱形。凹形玉剑格，格上刻划有变形云纹和变形人面纹。剑长 98、宽 1.7～3.4 厘米。玉剑格的两面均有纹饰，中部为一变形神人，左右对称有卷云纹。剑鞘已残，由竹木片缠扎丝带后层层髹漆制作而成。长 76 厘米（图四一二，3；彩版三二，4、5；图版一二六，3、4）。

B 型

2 件。圆实剑茎，剑格与剑身相连。具有楚式青铜剑的遗风。可分为二式。

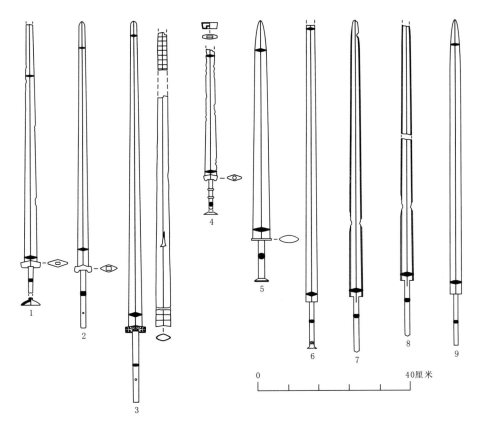

图四一二　铜剑

1. A 型Ⅰ式（D3M27：9）　2. A 型Ⅱ式（D3M29：7）　3. A 型Ⅲ式（D3M26：28）　4. B 型Ⅰ式（D3M30：6）

5. B 型Ⅱ式（D3M24：6）　6. C 型Ⅰ式（M2073：1）　7～9. C 型Ⅱ式（D2M11：2，D9M4：28，M2408：7）

Ⅰ式　1件。D3M30∶6，剑鞘已朽，存剑珌。喇叭形剑首，圆实剑茎，上有双箍，凹形剑格，菱形脊，双面锋刃。残长41.2厘米（图四一二，4；图版一二六，5）。

Ⅱ式　1件。D3M24∶6，喇叭形剑首，圆柱状剑茎。椭圆形直窄剑格，剑身中脊起棱，锋刃多残，断面呈菱形。剑长67.2、格宽5.2厘米（图四一二，5；图版一二六，6）。

C型

4件。剑身修长，长80～110厘米。剑茎与剑身相连，一般另配活动的滑石、玻璃或铜质剑首和剑格。可分为二式。

Ⅰ式　1件。喇叭形剑首和剑茎通过榫孔钉合，无剑格。

标本M2073∶1，残损。残长83厘米（图四一二，6）。

Ⅱ式　3件。长条形剑茎，一般配活动的滑石剑首、剑格。

D2M11∶2，配滑石喇叭形剑首、一字形剑格和剑璏，残损严重。滑石剑璏附于剑身中部，长方形，两端有檐，中部有长方形穿孔，长8.6、宽3.4厘米。长条形剑茎，剑身修长，中脊起棱，锋刃基本完整，截面呈菱形。剑身长85.6厘米（图四一二，7；图版一二六，7）。

D9M4∶28，配滑石喇叭形剑首和一字形剑格，均残损严重。剑身残断，长条形剑茎，剑身修长，中脊起棱，截面呈菱形。剑身长80厘米（图四一二，8）。

M2408∶7，剑身和剑茎保存基本完整。无格，长方形剑茎。剑身中间有脊，双面刃，略残。通长82.6、宽2.9厘米（图四一二，9；图版一二六，8）。

一六　环首刀

13件。出土于13座墓（表一二）中，形态明确的7件。椭圆形环首，平脊，单面刃。环首到刃部的手柄有宽窄变化。环首刀一般都出土于墓主的右手一侧，多和铜剑、铁剑同出。

表一二　　　　　　　　　　　　　铜环首刀登记表　　　　　　　　　　　　单位：厘米

编号	出土位置	分布位置图	规　格	该墓随葬其他兵器	墓主身份及姓名
D2M11∶3	棺内墓主右手一侧，与左侧的铜剑相对，环首与剑首同向	图一四	长26.6	铜剑1	不详
D3M27∶49	棺内墓主右手一侧，与左侧的铜剑相对，环首与剑首同向	图二六	长28.5	铜矛2、铁戟2、铜剑、铜弩机	长沙郎中令廖福
D3M24∶7	棺内墓主右手一侧，与左侧的铜剑相对，环首与剑首反向	图四〇	30	铜剑1	不详
D3M26∶32	棺内墓主右手一侧，与左侧的铜剑相对，环首与剑首同向	图四七彩版二九，1	24.5	铜剑1	廖宏
D3M30∶7	棺内墓主右手一侧，与左侧的铜剑相对，环首与剑首同向	图六五	残长8.7	铜剑1、铁剑1	不详

续表一二

编号	出土位置	分布位置图	规　格	该墓随葬其他兵器	墓主身份及姓名
M2005：24	棺内墓主右手一侧，与左侧的铁剑相对，环首与剑首同向		长 27.5	铁剑1、铁环首刀1	不详
M2012：24	墓主棺内一侧		长 29.6	无	不详
M2016：3	棺内墓主右手一侧，与左侧的铁剑相对，环首与剑首同向		残长 16	铁剑1	不详
M2017：9	墓主棺内一侧		长 28.6	无	不详
M2034：5	棺内墓主右手一侧，与左侧的铁剑相对，环首与剑首同向		残长 12	铁剑1	不详
M2311：8	墓主棺内一侧		长 26	无	不详
M2429：3	砖椁的棺室内一侧	图三一〇	残长 15.5	无	不详
M2438：1	不详		通长 31、宽 2.3、厚 0.3	不详	不详

标本 D3M27：49，环首刀刃部的手柄与刃部的宽度差别较小。长 28.5 厘米（图四一三，1；图版一二七，1）。

标本 D2M11：3，长 26.6 厘米（图四一三，2；图版一二七，2）。

标本 D3M30：7，残长 8.7 厘米（图四一三，3）。

标本 D3M24：7，近圆形环首，长条形窄手柄，背平直，单面长刃。长 30 厘米（图四一三，4；图版一二七，3）。

标本 D3M26：32，带刀鞘。环形首，柄上有缠缕的痕迹。直背，直刃，断面呈三角形。长 24.5、刃宽 1.35、环径 3.5 厘米。刀鞘保存较完整，由竹片上缠扎丝带后层层髹漆制作而成。残长 17.7、宽 2 厘米（图四一三，5；彩版三二，6；图版一二七，4）。

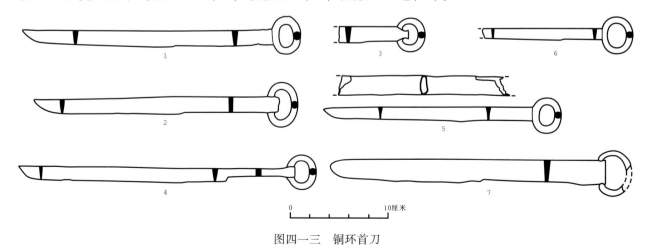

图四一三 铜环首刀

1. D3M27：49　2. D2M11：3　3. D3M30：7　4. D3M24：7　5. D3M26：32　6. M2429：3　7. M2438：1

标本 M2429：3，椭圆形环首，单边刃。环首到刃部的手柄与刃部的宽度差别较小。残长15.5厘米（图四一三，6）。

标本 M2438：1，手柄与刃部的宽度差别较小。刀身断为两段，刀背平直。单边刃。长31、宽2.3、厚0.3厘米（图四一三，7）。

一七　矛和镦

7件。出土于六座墓中。其中矛6件、镦1件。形态明确的3件。

（一）矛

6件。形态明确的2件，均出土于D3M27中。可分为二型。

A 型

1件。D3M27：2，长骹口部呈喇叭形，銎部为椭圆形，骹两侧各有单鼻。近菱形脊两侧有浅血槽。通长18.1厘米（图四一四，1；彩版一四，4；图版一二七，5）。

B 型

1件。D3M27：3，圆形长骹口部呈喇叭形，銎部圆形。弧菱形脊两侧无血槽，叶较宽。通长22.2厘米（图四一四，2；彩版一四，5；图版一二七，6）。

（二）镦

1件。圆筒形，銎口略内敛，中部有三道凸棱，中间一道高，底部略呈圆弧形，有四个小榫柱。镦体错金出卷云纹、蔓草纹和龙、虎、奔鹿等图案。

D8M3：40，长15.8、直径2.6、壁厚0.18厘米（图四一四，3；图版一二七，7）。

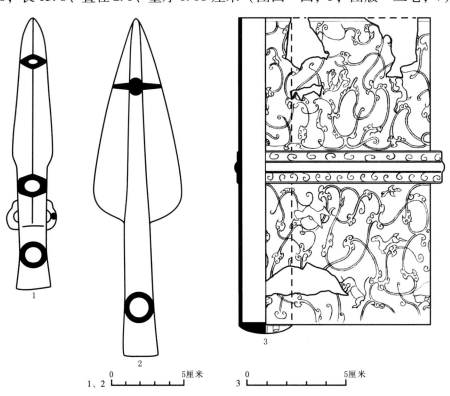

图四一四　铜矛、矛镦
1. A 型矛（D3M27：2）　2. B 型矛（D3M27：3）　3. 矛镦（D8M3：40）

一八　弩机

5件。由郭、望山、牙、悬刀和枢等组成。根据其变化可分为三型。

A型

2件。郭较短，郭上矢槽浅而短，悬刀短小。

D3M27:26，郭、望山、牙、悬刀均短小，枢简化。郭一端宽一端窄，郭面中间有一矢槽。望山上无刻度。郭长4.1厘米（图四一五，1；彩版一五，1；图版一二八，1）。

M2409:2，由郭、钩心、望山三部分构成，郭一端宽一端窄，枢已基本简化。郭长5.6、宽0.7~1.6厘米（图四一五，2）。

B型

1件。悬刀和望山较长，但郭短小，也无明显的矢槽。

M2434:11，由望山、牙、悬刀和枢组成。望山的两侧无刻度。郭面短，前窄后宽，单枢。郭长8.5、宽2.4厘米（图四一五，3；彩版一四三，3；图版一二八，2）。

C型

2件。望山、牙、悬刀和枢均较大，郭较长，郭上有三条深且长的矢槽。应为可实用的兵器。

M2416:28，郭面前窄后宽，有三条矢槽。两枢呈圆柱状，枢头各有一圆孔，枢帽作半球状。郭全长14.8厘米（图四一五，4；图版一二八，3）。

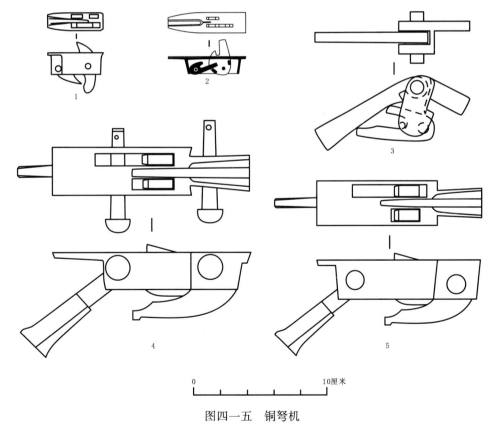

图四一五　铜弩机

1、2. A型（D3M27:26，M2409:2）　3. B型（M2434:11）　4、5. C型（M2416:28，M2390:2）

M2390：2，由望山、牙、悬刀等组成，无枢。望山的两侧有刻度。郭面前窄后宽，有三条矢槽。郭全长12.4、宽2.2～3.3厘米（图四一五，5；图版一二八，4）。

一九　碗

4件。侈口，尖唇，宽沿，深腹，底近平或略内凹。可分为三式。

Ⅰ式　2件。深腹斜内收，底近平。标本D3M24：44，平底稍内凹。口沿内有两周刻划的短斜线纹。口径16.4、底径8.2、高8.6厘米（图四一六，1；彩版二六，2；图版一二八，5）。

Ⅱ式　1件。敞口，尖唇，直腹内收，矮圈足。腹中部有两道凸弦纹。M2429：4，口径15.2、底径8.2、高6厘米（图四一六，2；彩版一四一，2；图版一二八，6）。

Ⅲ式　1件。残损严重。腹较深，下部弧折，底内凹近圈足状。M2408：2，侈口，尖唇，宽沿略内凹。口径15.8、底径9.4、残高4.2厘米（图四一六，3）。

二〇　钵

4件。出土于三座墓中。可分为三型。

A型

2件。标本D3M24：21，敞口，尖唇，斜弧腹，腹部的上、中、下均有数道凹弦纹。圜底近平。口径16、底径6.8、高5.6厘米（图四一六，4；彩版二六，3；图版一二九，1）。

B型

1件。敞口，圆唇，深腹，上腹有数道凹弦纹。近圜底。内部有朱红彩绘。D3M28：1，口径14.8、高6.4厘米（图四一六，5；彩版四三，2；图版一二九，2）。

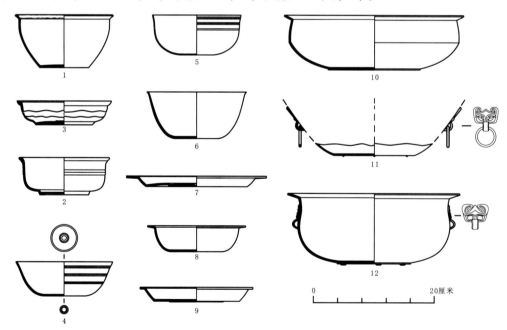

图四一六　铜碗、钵、盘、洗

1. Ⅰ式碗（D3M24：44）　2. Ⅱ式碗（M2429：4）　3. Ⅲ式碗（M2408：2）　4. A型钵（D3M24：21）　5. B型钵（D3M28：1）　6. C型钵（D3M14：14）　7. Ⅰ式盘（M2073：10）　8. Ⅱ式盘（D3M24：16）　9. Ⅲ式盘（M2408：9）　10. Ⅰ式洗（M2073：3）　11、12. Ⅱ式洗（D8M4：7，D3M24：49）

C 型

1 件。侈口，弧腹内收，圜底近平。D3M14∶14，口径 15.2、底径 7.2、高 7.4 厘米（图四一六，6；彩版三五，4；图版一二九，3）。

二一　盘

6 件。出土于五座墓中。形态明确的 4 件。可分为三式。

Ⅰ式　1 件。宽平沿，浅盘，小平底稍内凹，底部中间有一圆孔。M2073∶10，口径 23.6、底径 17.2、高 2 厘米（图四一六，7）。

Ⅱ式　2 件。均出土于 D3M24 中。宽沿略内斜，敞口，弧腹，平底。标本 D3M24∶16，口径 16.6、底径 9、高 4.2 厘米（图四一六，8；彩版二七，5；图版一二九，4）。

Ⅲ式　1 件。宽平沿，方唇，侈口，腹较浅，平底略折。M2408∶9，口径 18.8、底径 9.2、高 2.4 厘米（图四一六，9）。

二二　洗

14 件。出土于 12 座墓中。残损严重，形态明确的仅 4 件。可分为二式。

Ⅰ式　1 件。M2073∶3，宽斜沿，圆唇，敞口，深腹，上腹较直，下部折腹内收，下腹有一道折棱，底部收成凸出的平底矮圈足状。口径 29.2、底径 15、高 9 厘米（图四一六，10）。

Ⅱ式　3 件。

标本 D8M4∶7，胎体薄，残损严重，仅可辨器形。口沿和腹部不清，平底小且有三个乳状小足，腹部对称有兽面铺首衔环。底径 13、残高 8 厘米（图四一六，11）。

标本 D3M24∶49，宽沿内斜，敞口，深腹，平底。底部有三个对称矮乳状足。口沿下有对称不衔环的兽面铺首。口径 28.6、底径 12.2、高 11.6 厘米（图四一六，12；彩版二六，1；图版一二九，5）。

二三　勺

2 件。可分为二式。

Ⅰ式　1 件。M2072∶29，勺身近椭圆形，圜底。身柄相连通为一体，长柄内凹，柄端已残，勺身宽 6、残长 13.8 厘米（图四一七，1；彩版七六，1；图版一二九，6）。

Ⅱ式　1 件。D3M26∶15，勺身近圆形，圜底。身柄相连通为一体，长柄内凹，柄端呈花瓣形，中部有一圆孔。勺身和勺柄上有许多小孔，孔内使用铜片进行了修补。勺宽 8.6、通长 14.5 厘米（图四一七，2；彩版三一，2；图版一三〇，1）。

二四　铞

1 件。M2072∶55，沿外弧折，口微敞，深腹内收，极矮的小圈足近平，腹部对称有铺首衔环。口径 17.6、底径 8.8、高 9.8 厘米（图四一七，3）。

二五　钲

1 件。M2401∶11，侈口，圆唇，束腰，下腹斜收，喇叭状高圈足。口沿和腹部均有数道宽凸

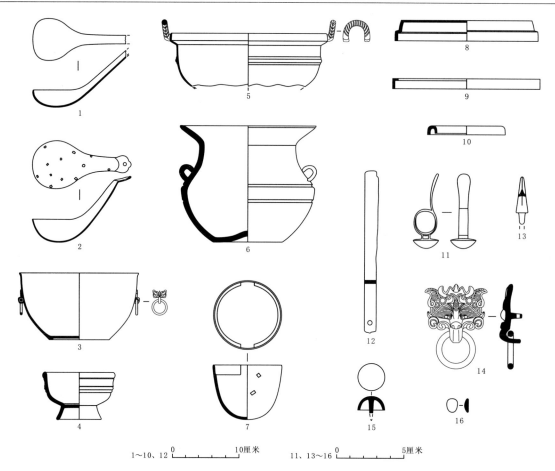

图四一七　铜勺、铜、铟、鍪、坩埚、釦器、厄鋬、尺、箭镞、铺首衔环、泡钉、戒面

1. Ⅰ式勺（M2072：29）　2. Ⅱ式勺（D3M26：15）　3. 铜（M2072：55）　4. 铟（M2401：11）　5. A型鍪（M2408：10）　6. B型鍪
（M2438：3）　7. 坩埚（D3M26：38）　8～10. 釦器（M2363：9，M2363：22，M2363：10）　11. 厄鋬（D3M26：37）　12. 尺（M2438：4）
13. 箭镞（M2400：11）　14. 铺首衔环（M2416：32）　15. 泡钉（M2416：30）　16. 戒面（M2416：34）

弦纹。口径 10.8、圈足直径 6.6、高 6.8 厘米（图四一七，4；彩版一二三，2；图版一三〇，2）。

二六　鍪

2 件。可分为二型。

A 型

1 件。M2408：10，圆唇，直口，沿下部内折，深腹，圜底已残。口沿外部有对称双环形附耳，附耳上饰绚索纹，略外撇。口径 23.2、通径 25.6、残高 9.8 厘米（图四一七，5）。

B 型

1 件。M2438：3，侈口，束颈，溜肩，鼓腹，圜底凹底。腹部对称有双耳。腹部饰数周凸弦纹。口径 20、高 17 厘米（图四一七，6）。

二七　坩埚

1 件。D3M26：38，深腹，圜底。腹部有使用铜片进行修补的痕迹。口径 10、高 8 厘米（图四一七，7；图版一三〇，3）。

二八 其他

有漆木器的釦器、厄錾、铺首衔环、奁、发簪、箸、尺、戈、箭镞、泡钉和扣饰、帽饰、车饰、戒面等，除部分基本完整外，大部分保存较差。

（一）釦器

均为漆木器的釦器口沿，其胎体已全部朽蚀无存，仅留铜质釦器口沿。14 件（套），主要出土于 M2363 和 D3M24 中，有鼎、盒及耳杯的釦饰件。

标本 M2363：9，呈环状。应为木胎漆鼎或盒的口或底。直径 20.8、高 3 厘米（图四一七，8；图版一三〇，4）。

标本 M2363：22，环状。应为木胎漆盒的口部。直径 21.4、高 1.5 厘米（图四一七，9；图版一三〇，5）。

标本 M2363：10，环状。应为漆（木）盒的口部。出土时还有木胎朽后的痕迹。直径 11.4、高 1.3 厘米（图四一七，10）。

标本 D3M24：46，为耳杯的鎏金釦耳，耳杯的胎体已全部朽蚀，仅存釦耳。8 套（16 件），形制和大小相同。长 6.8、宽 1.2 厘米（图四六，9）。

（二）厄錾

1 组（2 件）。为漆厄的錾。

标本 D3M26：37，长 5.4 厘米（图四一七，11；图版一三〇，6）。

（三）尺

1 件。

M2438：4，已不见刻度。在一端的 1.5 厘米处有一直径 0.3 厘米的穿孔。长 23.8、宽 2.2 ～ 2.3、厚 0.3 厘米（图四一七，12）。

（四）箭镞

1 件。M2400：11，三翼形镞头短小，柱形短圆铤已残。残长 3.4 厘米（图四一七，13）。

（五）铺首衔环

3 件。出土于二座砖室墓中，为墓内随葬器物被毁后残留。

标本 M2416：32，铺首的兽面双眼圆睁，眉毛厚且细密，飘飘上卷。额上一对犄角有两圆孔，供钉附于木器或漆器上。鼻孔外露，舌伸出下卷，上挂铜环。宽 4.3、环径 2.9 厘米（图四一七，14）。

（六）泡钉

19 件。出土于 19 座墓主级别较高、随葬器物丰富的墓中，每墓中以一件计。大多鎏金。泡钉壁非常薄，出土时多呈粉末状，仅能辨明器形。一般出土于墓主的棺内，可能属墓主随身衣物上的饰件，少数带长钉的分散于椁室内，应为漆木器上的装饰物。

标本 M2416：30，呈半球状，内有钉柱，应是钉附在某件漆器上部的装饰物，通体鎏金。直径 2 厘米（图四一七，15）。

（七）戒面

2 件。略呈桃形水滴状，正面弧，底面平。标本 M2416：34，直径 1 厘米（图四一七，16）。

第八节 玉器和石器（不含玉印章和滑石器）

91 件（组）。有玉猪、玉琀、玉塞、玉带钩、玉眼盖、玉环、玛瑙和水晶管（珠）、石黛板、研子（为了不将 D3M26 出土的黛板和研分开，特地将 D3M26：24 这件陶研子放在本节中介绍）、燧石纺轮、按摩石和卵石、石凿、石斧形器、炭精坠饰、石镇纸等。

一 玉猪

2 件。均为 M2001 出土，形制和大小相同。猪身呈卧伏状，四条腿、粗长的头部及尾部刻划准确而生动，简略而不失神韵，造型精美，属汉代玉器雕刻中的精品。标本 M2001：1，长 10.6 厘米（图四一八，1；图版一三一，1）。

二 玉琀

2 件。青玉质地。形制和大小基本相同。呈长方形片状，刻出蝉的头、眼、嘴、双翅，尾部分开并上翘。头部的双眼突出。

M2072：46，长 6.6、宽 3.05、厚 0.78 厘米（图四一八，2；彩版七六，5；图版一三一，2）。

D3M24：3，长 6.3、宽 3、厚 0.8 厘米（图四一八，3）。

三 玉塞

1 件。D3M24：5，青玉质。断面呈多边形的长柱状。长 4.2 厘米（图四一八，4）。

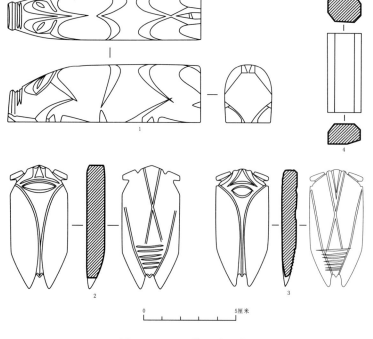

图四一八 玉猪、琀、塞

1. 猪（M2001：1）　2、3. 琀（M2072：46，D3M24：3）　4. 塞（D3M24：5）

四　玉带钩

5件。出土于5座墓中。形态明确的4件。可分为二型。

A 型

2件。体短，身肥硕，钩首呈鸭首或鹅首状。可分二式。

Ⅰ式　1件。钩首如鸭首形，纽上有纹饰。M2248∶1，血红玛瑙质地，钩身呈椭圆形，圆扣纽，纽周围有10个深浅不一的小圆孔。通长8.6、宽4.4、厚1.9厘米（图四一九，1；图版一三一，3）。

Ⅱ式　1件。钩首呈鹅首状，纽上无纹饰。

D3M26∶29，青玉质地。嘴短而肥，颈部圆润。钩体略呈琵琶形，断面近圆形，钩面外凸，圆柱状帽形纽位于钩背。长3.2、钩面宽0.6～1.5、纽高0.7、纽径1.5厘米（图四一九，2；彩版三三，1；图版一三一，4）。

B 型

2件。青玉质地。钩首呈龙首状，嘴颈修长。钩体略呈琵琶形，断面近半圆形，钩面有多道凹线，圆柱状帽形纽位于钩背。

D3M24∶2，长6.2、钩面宽0.5～1.5、纽高0.6、纽径1.3厘米（图四一九，3；彩版二八，1；图版一三一，5）。

D3M26∶33，长6、钩面宽0.65～1.5、纽高0.7、纽径1.6厘米（图四一九，4；彩版三三，2；图版一三一，6）。

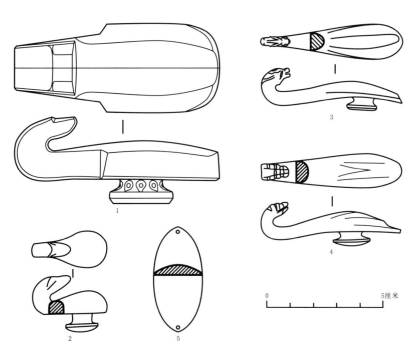

图四一九　玛瑙带钩，玉带钩、眼盖

1. A 型Ⅰ式玛瑙带钩（M2248∶1）　2. A 型Ⅱ式玉带钩（D3M26∶29）　3、4. B 型玉带钩（D3M24∶2，D3M26∶33）　5. 玉眼盖（D3M24∶4）

五　玉眼盖

1套（2件）。形制和大小相同。青玉质，标本 D3M24：4，椭圆形，两端稍尖，各有一小孔，一面平，一面弧。长 4.4、宽 2.1 厘米（图四一九，5）。

六　石黛板和研子

本报告收录的墓葬资料中有 26 座墓出土了石黛板和研子。除 D3M26：24 研子为陶质外，其余的黛板和研子全部为砂岩质地和青石质地。为便于介绍，亦将 D3M26：24 纳入本部分。

（一）石黛板

25 件。出于 25 座墓中（表一三）。许多石黛板和研子（石）在出土时有许多红色和黑色颜料黏附在上面。砂岩质地或青石质地。长方形。一般长 7.8～22、宽 3.9～7.1、厚 0.2～0.8 厘米。

表一三　　　　　　　　　　　　　　石黛板和研子登记表　　　　　　　　　　　　　单位：厘米

墓号 分类	名称及编号	规格 长×宽－厚	研子型式	墓室状况	出土位置	墓主埋葬方式及性别推测
D3M29	37. 石黛板	17.4×5.8－0.6		完整	边箱头部一端	可能为 D3M27 夫人
	10. 石研子	3.1×3.1－1.3	A 型			
D3M26	36. 石黛板	12.9×7.1－0.2		完整	边箱头部一端	男性墓主廖宏
	24. 陶研子	3×3－1.2	D 型			
D3M14	6. 石黛板	12×5－0.4		D3M14 扰动了 D3M13	边箱头部一端	D3M14 和 D3M13 可能为夫妻异穴合葬
	27. 石研子	3.6×3.6－1.6	B 型			
D3M13	6. 研石	上：3.9×3.9 下：4.7×4.7－6	C 型		边箱头部一端	
D3M28	6. 石黛板	7.8×3.9－0.8		完整	边箱头部一端	不清
	13. 石研子	残损	B 型			
D3M30	11. 石黛板	13.6×5.4－0.6		完整	边箱头部一端	不清
	12. 石研子	3.6×3.6－1.6	B 型			
D7M5	22. 石黛板	15.2×5.3－0.4		完整	边箱头部一端	夫妻同穴合葬墓
	23. 石研子	3.3×3.3－2	B 型			
D9M10	31. 石黛板	10.8×4.8－0.8		完整	墓主头部	可能为夫妻同穴合葬墓
	30. 石研子	3.1×3.1－1.6	B 型			
M2006	10. 石黛板	13.8×4.2－0.6		完整	边箱头部一端	可能为夫妻同穴合葬墓
	11. 石研子	残	B 型			
M2016	4. 石黛板	8.6×3.6－0.6		完整	棺室中部	可能为夫妻同穴合葬墓

续表一三

分类　墓号	名称及编号	规　格　长×宽–厚	研子型式	墓室状况	出土位置	墓主埋葬方式及性别推测
M2018	15. 石黛板	12.8×4.75–0.78		完整	边箱头部一端	可能为夫妻同穴合葬墓
	16. 石研子	3×3–1.9	B 型			
M2033	17. 石黛板	14.8×5–0.7		完整	棺室墓主脚端	不清
M2056	18. 石黛板	残		完整	棺室中部	不清
	19. 石研子	3.1×3.1–1.75	B 型			
M2061	5. 石黛板	12.2×5.3–0.3		完整	边箱头部一端	不清
	17. 石研子	3×3–1.3	B 型			
M2062	7. 石黛板	16.2×4.8–0.32		完整	棺室中部	不清
	17. 石研子	残	B 型			
M2067	3. 石黛板	22×4.5–0.7		完整	棺室中部	可能为夫妻同穴合葬墓
	4. 石研子	3×3–2	B 型			
M2073	7. 石黛板	11.8×4.9–0.6		完整	墓室一端	不清
M2081	2. 石黛板	12.6×5–0.35		被扰	边箱头部一端	不清
	3. 石研子	3.2×3.2–1.6	B 型			
M2096	60. 石黛板	16.9×6–0.25		被扰	墓室头部	不清
M2143	7. 石黛板	残损		被扰	边箱头部一端	不清
M2168	4. 石黛板	12.7×5.2–0.6		完整	边箱头部一端	不清
M2246	10. 石黛板	14×4.5–0.4		完整	边箱头部一端	不清
	9. 石研子	3×3–1.6	B 型			
M2349	5. 石黛板	12.6×5.3–0.6		完整	墓室一端	不清
M2362	2. 石黛板	13×5.6–0.7		完整	墓室一端	不清
M2400	8. 石黛板	12×5.4–0.4		被扰	墓室靠甬道附近	合葬墓
M2430	2. 石黛板	13×5.4–0.6		被扰	墓室一端	合葬墓

标本 D3M29∶37，石黛板上有红色颜料。长 17.4、宽 5.8、厚 0.6 厘米（图四二〇，1；图版一三二，1）。

标本 M2096∶60，长 16.9、宽 6、厚 0.25 厘米（图四二〇，2）。

（二）研子

16 件。出土于 16 座墓中。其中 15 座墓中石黛板和研子（石）成套出土，仅 D3M13 单出研子（石）。D3M26∶24 出土的龙纹陶研子周身髹漆，属陶胎漆器。D3M29 出土的方形石研子周身六面均有黑色漆层，上有红漆绘制的线条和图案，但脱落严重，为一种石胎漆器。根据其造型、质地、装饰艺术等，可分为四型。

A 型

1 件。D3M29∶10，砂岩质地。方形，研子周身六面均有黑色漆层，上有红漆绘制的线条和变

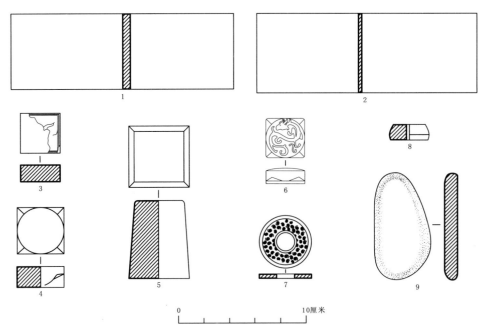

图四二〇　石黛板和研子，玉环，燧石纺轮，按摩石

1、2. 石黛板（D3M29：37，M2096：60）　3. A 型石研子（D3M29：10）　4. B 型石研子（D3M30：12）　5. C 型石研子（D3M13：6）　6. D 型石研子（D3M26：24）　7. 玉环（M2138：6）　8. 燧石纺轮（M2020：31 - 1）　9. 按摩石（M2020：33）

形云纹，脱落严重。该石研子为一种石胎漆器。长、宽均为 3.1，高 1.3 厘米（图四二〇，3；彩版一八，1）。

B 型

13 件。出土于 13 座墓中。均为黄色或灰色砂岩质地，下部为方形，上部圆形如纽。

标本 D3M30：12，和石黛板组成一套，同出于椁室，底部也有红色颜料，上圆下方。长、宽均为 3.6，高 1.6 厘米（图四二〇，4；图版一三二，2）。

C 型

1 件。D3M13：6，黄色砂岩质地。呈上小下大的覆斗形。上长、宽 3.9 厘米，下长、宽 4.7 厘米，高 6 厘米（图四二〇，5；彩版三七，3；图版一三二，3）。

D 型

1 件。D3M26：24，陶胎，周身髹漆，可看作一件陶胎漆器。研子下部为方形，上部圆形如纽，纽上有模印龙纹。长、宽均为 3，高 1.2 厘米（图四二〇，6；彩版三三，4；图版一三二，4）。

七　其他

39 件。有玉环、玛瑙和水晶管（珠）、燧石纺轮、按摩石及卵石、凿、斧形器、炭精坠饰、石镇纸等。

（一）玉环

1 件。白色青玉质。M2138：6，肉、好均有素缘。中区主纹饰为阳刻涡纹。通径 4、好径 1.45、肉厚 0.3 厘米（图四二〇，7）。

（二）玛瑙和水晶管（珠）

26 件。出土于六座墓中，应为墓主的佩饰，多已组合不全。

标本 M2408：19，呈纺锤状，中间粗，有供穿挂的孔；两端稍细。长 3 厘米（图四二一，1）。

标本 M2416：26，暗红色玛瑙质，有浅色的玉筋。呈纺锤状，中间有供穿挂的孔。长 2.2、直径 0.9 厘米。中部有直径 0.1 厘米的贯穿孔（图四二一，2；图版一三二，5）。

标本 M2072：43，水晶珠。上、下两面平，中间有穿挂的小孔。直径 2.3、高 1.9 厘米（图四二一，3；图版一三二，6）。

（三）燧石纺轮

5 件。均出土于 M2020。黑色燧石，形制和大小基本相同。

标本 M2020：31－1，呈算盘珠状，中间有贯通孔。直径 3、厚 1.2 厘米（图四二○，8；图版一三二，7）。

（四）按摩石及卵石

2 件。

M2020：33，按摩石。河砺石质地。形状不规则，上下两面及周边光滑圆润。长 8.2、宽 1~4.3、厚 1 厘米（图四二○，9；图版一三二，8）。

M2012：23，卵石。形状不规则，长 9.8 厘米。

（五）石凿

1 件。青石质地。长条楔形，截面呈梯形。D3M18：8，长 7.5、宽 1.8 厘米（图四二一，4）。

（六）石斧形器

1 件。长条形，一端略宽而斜，窄的一端平，全身布满细密的小孔。D8M3：43，长 7.7、宽 5.3、厚 3 厘米（图四二一，5）。

（七）炭精坠饰

2 件。呈不规则的椭圆环形。标本 D8M3：10，长 3.1 厘米（图四二一，6；图版一三二，9）。

（八）石镇纸

1 件。黑色砂岩质地。M2401：5，长方形，通体磨光。通长 9.6、厚 2 厘米（图二八七，2）。

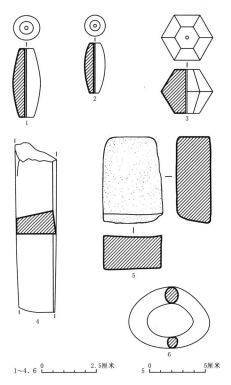

图四二一　玛瑙管、水晶珠，石凿、斧形器，炭精坠饰

1、2. 玛瑙管（M2408：19，M2416：26）　3. 水晶珠（M2072：43）　4. 石凿（D3M18：8）　5. 石斧形器（D8M3：43）　6. 炭精坠饰（D8M3：10）

第九节　滑石器

802 件（套）。有璧、镜、鼎、盒、壶、钫、扁壶、盘、勺、耳杯、灯、杯、案和几、碗、灶、镳壶、熏炉、三足炉、魁、卮、樽、井、猪、鸡、鸟、坠饰、装饰器、带钩、兽面、矛和矛镦、博具、臼和杵、剑饰、璧形组佩等 37 类，形态明确的 593 件（套）。

一　璧

485 座墓中除 32 座因各种原因随葬器物被毁不存外，出土随葬器物的墓中有 288 座随葬有滑石璧，约占墓葬总数的 63.5%。共出土滑石璧 355 件，占出土滑石类随葬器物总数的 44%。其中出土一面滑石璧的墓有 235 座墓，出土二面滑石璧的墓有 42 座，出土三面滑石璧的墓有 9 座，出土四面滑石璧的墓 1 座（D3M26），出土五面滑石璧的墓 1 座（M2277）。从棺椁痕迹判定可能属合葬的墓葬均出 2 件以上。滑石璧一般出土于墓主头部一端，极少数位于墓主的胸部或脚部等其他部位。

355 件璧中形态明确的有 275 件。多数为单面刻划纹饰，仅少数双面刻划和在肉的侧面刻划纹饰，大多数为网格纹和斜菱格纹加涡纹、重圈纹。前期的璧一般制作规整，越往后制作越随意，有的还是半成品状。其中直径最大的 23.6 厘米，最小的 14 厘米，最厚的 1.2 厘米，最薄的 0.3 厘米。大多数直径 16～21 厘米间，厚度在 0.6 厘米左右。根据璧的直径、纹饰等变化可分为五型。

A 型

41 件。好和肉均有素缘，肉的正反两面均刻划浅凹槽构成小格，小格内饰涡纹或重圈纹。一般通径 14～19.5、好径 2.6～4.3、肉厚 0.4～1.2 厘米。根据纹饰特征、规格等可分六式。

Ⅰ式　8 件。双面纹饰。好和肉均有素窄缘，肉的正反两面阴刻较宽的浅凹槽构成小方格，小方格内饰涡纹。

标本 M2160：1，正反两面的肉和好均有素窄缘，好缘从内往外斜，肉的外缘比璧肉要薄。涡纹方向基本一致。通径 18、好径 3.3、肉厚 1.2 厘米（图版一三三，1）。

标本 M2207：1，通径 17.4、好径 4.1、肉厚 0.4 厘米（图四二二，1；图版一三三，2）。

标本 M2209：1，通径 19.3、好径 3.2、肉厚 0.6 厘米（图二三五，13；图版一三三，3）。

Ⅱ式　2 件。双面纹饰。肉和好有窄素缘。肉的一面刻宽凹带斜菱格纹，格内阴刻涡纹。背面饰重圈圆点纹。

标本 M2222：1，通径 15、好径 3.8、肉厚 0.55 厘米（图四二二，2；图版一三三，4）。

Ⅲ式　15 件。双面纹饰。肉和好有窄素缘。

标本 M2153：1，肉的正反两面均刻宽凹带方格纹，正面的方格纹内阴刻涡纹和重圈纹，背面仅在数个方格内刻有方格纹。通径 16.7、好径 2.9、肉厚 0.7 厘米（图四二二，3；图版一三四，1）。

Ⅳ式　9 件。双面纹饰。肉和好有窄素缘。肉的正反两面均阴刻细斜菱格纹，在菱格的顶点饰规整的重圈圆点纹。

标本 M2120：25，通径 15.5、好径 5.1、肉厚 0.50 厘米（图四二二，4）。

Ⅴ式　6 件。双面纹饰。肉和好有窄素缘。肉的正反两面均阴刻细斜菱格纹，在菱格的中间饰重圈圆点纹。

标本 M2192：4，通径 16.6、好径 2.1、肉厚 0.4 厘米（图四二二，5）。

Ⅵ式　1 件。双面纹饰。肉和好有窄素缘。肉的正反两面均阴刻细斜菱格纹，在菱格的交叉点饰重圈圆点纹。肉的侧缘边也有刻划的三角形锯齿纹和变形云纹。

D11M4：3，好无缘。肉的正面有斜菱格纹和重圈纹，背面则在斜线交点处饰重圈纹。肉缘饰变形云纹。通径 21.6、好径 1.05、厚 0.75 厘米（图四二二，6；图版一三四，2）。

B 型

118 件。肉的正面阴刻浅而细的方形小格或菱格，在方格内或菱格的交叉点阴刻涡纹和重圈纹。可分为五式。

Ⅰ式　11 件。肉的正面刻划浅而细的方形小格，在方格的中间阴刻涡纹，背面无纹饰。通径

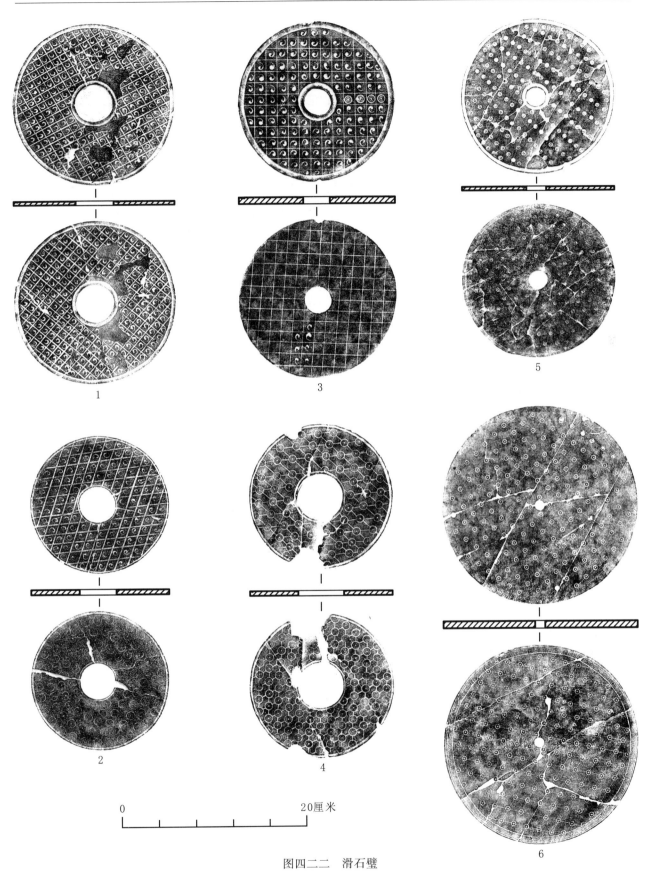

图四二二 滑石璧

1. A 型 I 式 （M2207：1） 2. A 型 II 式 （M2222：1） 3. A 型 III 式 （M2153：1） 4. A 型 IV 式 （M2120：25）

5. A 型 V 式 （M2192：4） 6. A 型 VI 式 （D11M4：3）

15～19 厘米，好径 2 厘米以上，肉较厚。

标本 M2137:3，通径 16.8、好径 4.1、肉厚 0.6 厘米（图四二三，1）。

标本 M2200:1，肉和好有极窄缘。通径 16.8、好径 2.6、肉厚 0.35 厘米（图版一三四，3）。

Ⅱ式　16 件。肉的正面阴刻方形小格，在方格的中间阴刻重圈纹，背面无纹饰。

标本 M2120:1，肉、好均为素窄缘。通径 17.5、好径 1.85、肉厚 0.45 厘米（图四二三，2；

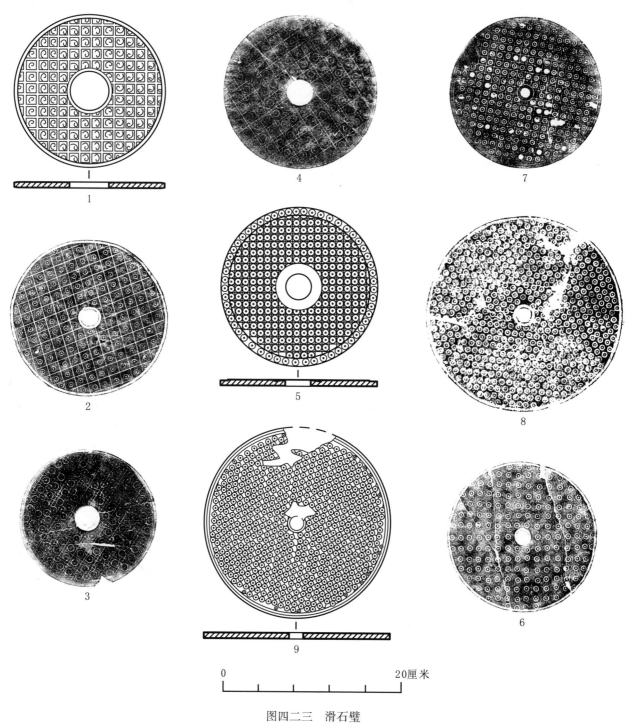

图四二三　滑石璧

1. B 型Ⅰ式（M2137:3） 2. B 型Ⅱ式（M2120:1） 3、4. B 型Ⅲ式（M2215:1，M2218:1） 5～9. B 型Ⅳ式
（M2138:3，M2378:11，M2198:9，M2362:25，D8M3:8）

图版一三四，4）。

Ⅲ式　10件。肉的正面阴刻浅而细的方形小格，在方格的中间和较叉点阴刻重圈纹，重圈纹大而规范。背面无纹饰。

标本 M2215：1，肉上有窄缘，缘上有两道细凹弦纹。通径15.2、好径2.9、肉厚0.6厘米（图四二三，3）。

标本 M2218：1，肉和好均无缘。通径17.2、好径2.9、肉厚0.55厘米（图四二三，4；图版一三五，1）。

Ⅳ式　36件。肉的正面阴刻浅而细的方形小格，在方格的中间阴刻非常细密的重圈纹，重圈纹基本布满肉的正面。背面无纹饰。

标本 M2138：3，好上素缘较宽。缘上有重圈纹。通径16.8、好径1.8、厚0.6厘米（图四二三，5）。

标本 M2378：11，肉和好上均有素窄缘。肉上主纹饰为重圈纹，无菱格或方格地纹。通径16.6、好径0.9、厚0.55厘米（图四二三，6）。

标本 M2198：9，肉和好均有素缘。通径16.7、好径1.1、肉厚0.5厘米（图四二三，7；图版一三五，2）。

标本 M2362：25，肉和好均有素窄缘。通径21.6、好径1.65、厚0.5厘米（图四二三，8）。

标本 D8M3：8，通径20.9、好径1.6、肉厚0.6厘米（图四二三，9）。

Ⅴ式　45件。单面纹饰。肉和好的缘上有一至两周锯齿纹。肉上饰细密的斜菱格，每个菱格的交叉点均有重圈纹。重圈纹的大小和深度规范，均匀。

标本 D3M20：7，通径20.8、好径1.4、厚0.7厘米（图四二四，1）。

标本 M2098：2，通径23.4、好径1.65、肉厚0.46厘米（图四二四，2）。

标本 D3M28：2，通径21.5、好径0.8、厚0.52厘米（图四二四，3）。

C型

99件。单面纹饰。初期在肉正面阴刻粗大的涡纹，并逐渐演变为在斜菱格中间阴刻涡纹；之后是在斜菱格中阴刻重圈纹；后期则在稀疏的斜菱格交叉处饰重圈纹。在肉的外缘还常饰细弦纹。可分为五式。

Ⅰ式　20件。

标本 M2132：1，肉、好均有素窄缘，缘比肉薄。正面主纹饰为涡纹，无细凹面小方格或斜菱格。通径14.6、好径4.3、肉厚0.5厘米（图四二四，4）。

Ⅱ式　15件。肉的正面阴刻斜菱格纹，在斜菱格的中间阴刻涡纹。

标本 M2129：1，肉上有素窄缘。主纹饰为在阴刻的凹面小格内阴刻涡纹，小方格已开始向小菱格变化。通径15.4、好径2.9、肉厚0.32厘米（图四二四，5）。

标本 M2372：2，肉和好均有素缘。肉上主纹饰为在凹面斜菱格内饰涡纹。通径15.6、好径2.6、肉厚0.55厘米（图四二四，6；图版一三五，3）。

Ⅲ式　5件。肉的正面阴刻斜菱格纹，在斜菱格的中间阴刻重圈纹。

标本 M2093：4，肉、好均有素缘。通径16.2、好径1.6、肉厚0.6厘米（图四二四，7）。

Ⅳ式　34件。肉的正面阴刻较稀疏的斜菱格纹，在斜菱格的交点饰规范而整齐的重圈纹。

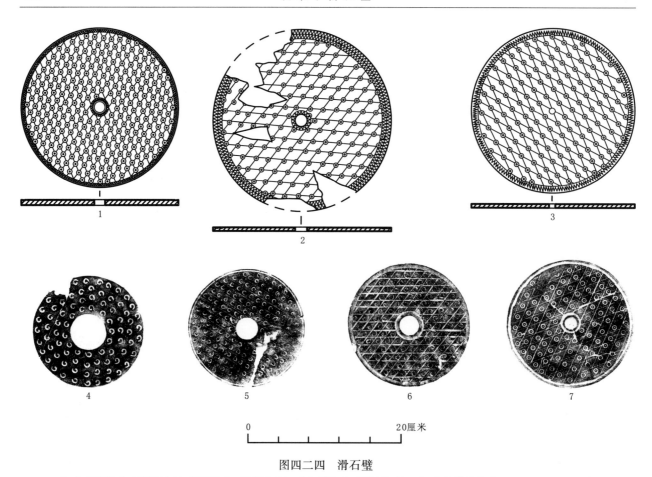

图四二四 滑石璧

1~3. B 型 V 式（D3M20：7，M2098：2，D3M28：2） 4. C 型 I 式（M2132：1） 5、6. C 型 II 式（M2129：1，M2372：2）
7. C 型 III 式（M2093：4）

标本 D3M29：5，肉、好均有缘，缘上有数圈刻划纹。通径 18.8、好径 1.5、肉厚 0.5 厘米（图四二五，1）。

标本 D7M5：2，肉和好均无缘。通径 19.8、好径 1.2、肉厚 0.4 厘米（图四二五，2；图版一三五，4）。

标本 D3M26：27，肉素宽缘内斜，好无缘。通径 19.7、好径 1.2、肉厚 0.7 厘米（图四二五，3）。

标本 D3M26：11，肉有宽素缘，好缘窄。通径 20、好径 2.7、肉厚 0.5 厘米（图四二五，4）。

V 式 25 件。肉的正面阴刻较稀疏的斜菱格纹，在斜菱格的交叉点饰规范而整齐的重圈纹。好径越往后越小。

标本 D8M3：38，肉和好均有窄缘。通径 20.2、好径 1.6、肉厚 0.6 厘米（图四二五，5；图版一三六，1）。

标本 D3M24：11，肉上有窄缘，好无缘。通径 22.2、好径 0.9、肉厚 0.6 厘米（图四二五，6）。

标本 D3M14：3，肉外有缘，缘上有两周刻划纹。通径 21.3、好径 1.3、肉厚 0.6 厘米（图四二五，7）。

标本 D3M26：21，肉有缘，缘上有一周刻划纹，好斜而无缘。通径 21.6、好径 0.7、肉厚 0.5

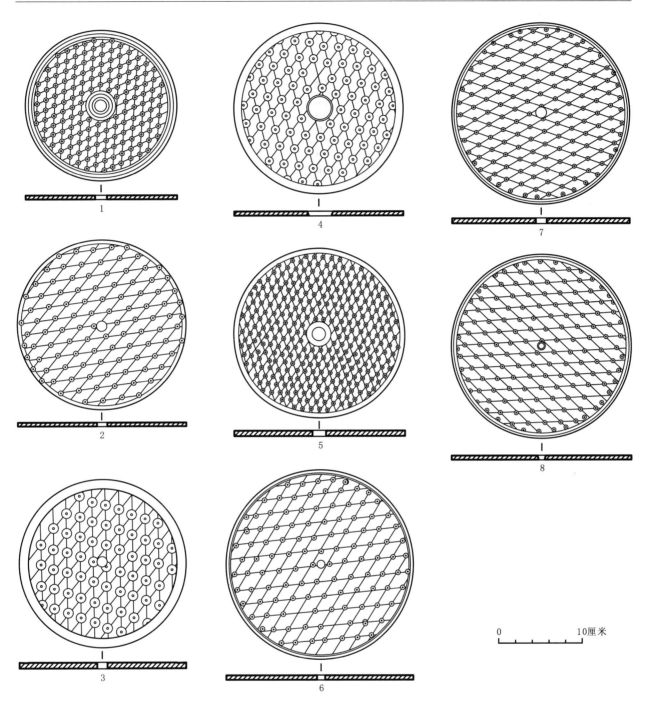

图四二五　滑石璧

1~4. C 型Ⅳ式（D3M29:5, D7M5:2, D3M26:27, D3M26:11）　5~8. C 型Ⅴ式（D8M3:38, D3M24:11, D3M14:3, D3M26:21）

厘米（图四二五，8）。

D 型

14 件。有稀疏的斜菱格，在菱格的交叉点饰重圈纹。菱格愈往后愈稀，重圈纹也愈简化，逐渐变成一个小点。好径愈来愈小，逐渐变成一个象征性小孔。可分为三式。

Ⅰ式　10 件。好径变小，菱格稀疏，在交叉处所饰重圈纹愈简化。

标本 M2396:3，通径 21.6、好径 1、肉厚 0.4 厘米（图四二六，1）。

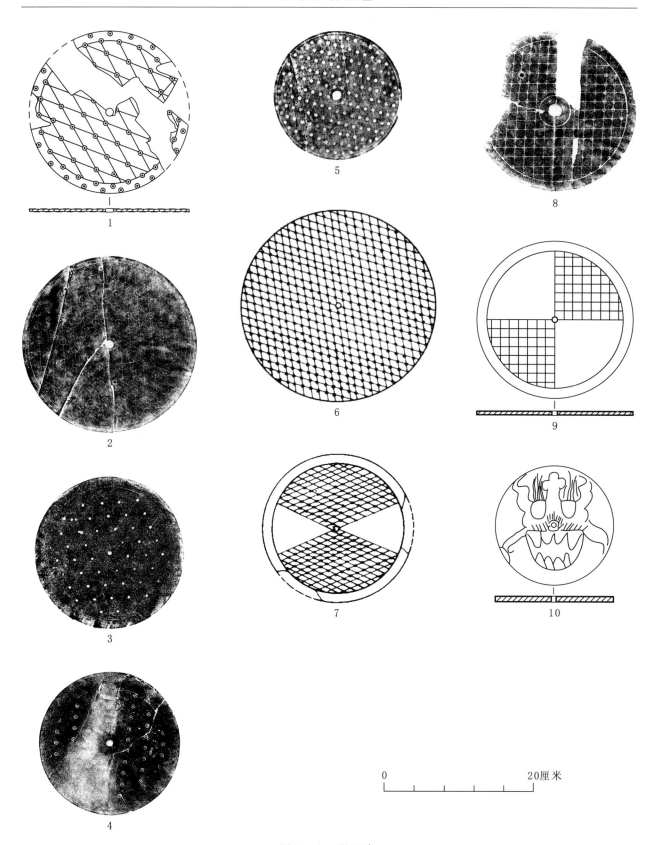

图四二六　滑石璧

1～5. D 型 I 式（M2396:3，M2429:9，M2408:11，M2384:9，M2434:4）　6、7. D 型 II 式（M2438:35，M2438:36）
8. E 型 I 式（M2400:6）　9. E 型 II 式（M2401:9）　10. F 型（M2401:8）

标本 M2429：9，肉和好上均有窄缘，肉缘为两周浅且细的凹弦纹。斜菱格纹的交叉处饰圆圈纹，在每个交叉处进行加深，与外部的圆圈形成象征性重圈纹。通径 23.8、好径 1.1、肉厚 0.50 厘米（图四二六，2）。

标本 M2408：11，肉有宽缘。通径 20.2、好径 0.6、肉厚 0.8 厘米（图四二六，3）。

标本 M2384：9，肉和好均有缘。通径 19、好径 1、肉厚 0.4 厘米（图四二六，4）。

标本 M2434：4，肉和好均有窄缘。通径 17.2、好径 1.35、肉厚 0.35 厘米（图四二六，5；图版一三六，2）。

Ⅱ式 4件。璧上好径极小。肉上所饰斜菱格纹交叉点的重圈纹已基本简化成象征性的实心圆点，制作非常随意。

标本 M2438：35，肉、好均无缘。通径 26、好径 0.6、肉厚 0.6 厘米（图四二六，6）。

标本 M2438：36，肉有缘。肉上主纹饰为在肉面五分之三范围内刻斜菱格纹。通径 20、好径 0.6、肉厚 0.6 厘米（图四二六，7）。

E 型

2件。单面纹饰，肉上饰方形格。可分为二式。

Ⅰ式 1件。好和肉均有缘，好径较大。肉上饰较规整的方格纹，在方格的交点饰重圈纹。重圈制作简单，重圈的内圈没有进行加工。

标本 M2400：6，通径 21.3、好径 1.9、厚 0.50 厘米（图四二六，8）。

Ⅱ式 1件。肉有素缘。肉上有刻划纹，中间两条轴线相交将璧面平均分成四份，于其中斜对称地刻划方格纹。

标本 M2401：9，通径 21、好径 0.6、肉厚 0.4 厘米（图四二六，9）。

F 型

1件。变形兽面纹璧。肉、好均无缘。肉面刻划一变形兽面。兽面带高冠，有对称双角，头顶部长发飘飘，双眼无珠，嘴大张，嘴内上下各露四颗獠牙。此类璧的使用功能可能已经发生了改变，与礼器已渐行渐远，预示着滑石璧已退出了历史舞台。

标本 M2401：8，通径 15.6、好径 0.6、肉厚 0.8 厘米（图四二六，10；图版一三六，3）。

二 镜

34件。出土于 34 座墓中。一般位于墓主头部一端，极少数位于墓主的胸部或脚部等其他部位。除 M2138 和铜镜一起出土外，其他 33 座墓均无铜镜随葬，滑石镜应是替代铜镜的，在随葬时和铜镜的功能相同。34 座出土滑石镜的墓中有 19 座出土泥半两、一座墓（M2110）出土铜半两，二座墓有泥金饼（M2130 和 M2040），12 座墓无钱币类随葬（表一四）。

表一四				滑石镜登记表	长度单位：厘米　重量单位：克
编号	型式	规　格	纽形	纹饰特征	墓葬形制 墓葬时代
M2093：2	B 型	直径 17、缘厚 0.6	桥形纽	纽上有穿。纽外纹饰有如意状云纹、斜菱格纹，纹饰草率。中部厚，两边薄	BAa 西汉早期晚段

续表一四

编号	型式	规　格	纽形	纹　饰　特　征	墓葬形制 墓葬时代
M2094:23	B型	直径15、缘厚0.5,重380	长条形	纽上有穿,纽上阳刻一螭虎。纽外布满如意状云纹	BAb 西汉中期前段
M2110:1	B型	直径15、缘厚0.6,重366	环形	纽上有穿。纽外饰多组云纹,纹饰工整。整镜制作规范	不详 西汉早期中段
M2112:34	A型	直径13、缘厚0.64	桥形	圆形,无纽座。素面无纹饰	BAa 西汉早期早段
M2113:4	A型	直径12、缘厚0.5,重208	鼻形	穿大,纽外素面无纹饰,素窄折缘	BAb 西汉早期中段
M2114:17	不清	不清		残损严重,形制不清	BAa 西汉早期中段
M2120:5	B型	直径12、缘厚0.5,重310	环形	圆形,纽上有凹槽。重凹弦纹纽座。镜上饰繁缛的卷云纹	BAb 西汉早期中段
M2130:3	B型	直径15.6、缘厚0.8,重330	桥形	有博局纹及重圈纹、三角纹、V形纹和菱形纹等	不详 西汉早期中段
M2131:1	B型	直径17、缘厚0.7,重542	桥形	纽外四方各有一方框,方框间纽的四角有对称分布的三角形。镜缘内侧有一周凹弦纹	BBaⅠ 西汉早期中段
M2132:2	A型	直径15.6、缘厚0.4,重410	方形	素面无纹饰	BBaⅠ 西汉早期中段
M2137:2	A型	直径12.4、厚0.4~0.6	无	素面无纹饰,制作较粗糙	BBaⅠ 西汉早期中段
M2138:4	B型	直径13.4、缘厚0.8	桥形	浮雕长绸花洁纹,以云纹为底纹	BBd 西汉早期中段
M2139:2	A型	直径12.2、缘厚0.5	桥形	素面无纹饰,缘略卷	不详 西汉早期中段
M2140:1	B型	直径11、缘厚0.4	弓形	纽外饰涡纹。镜缘一周凹弦纹	BAa 西汉早期中段
M2173:1	不清	残损		严重残损,纹饰不明	BAb 西汉早期中段
M2177:3	不清	残损		严重残损,纹饰不明	BAb 西汉早期中段
M2184:6	A型	直径7.3~7.7、厚0.9,重111	弓形	镜面呈椭圆形,素面无纹饰	BAb 西汉早期中段
M2186:12	不清	残损		严重残损,纹饰不明	BAb 西汉早期中段

续表一四

编号	型式	规　格	纽形	纹 饰 特 征	墓葬形制 墓葬时代
M2200：2	A型	直径　15.4、缘厚1.45	桥形	背面素面无纹饰，原有彩绘已失	BAa 西汉早期中段
M2202：1	A型	直径15、缘厚0.9，重244	桥形	背面素面无纹饰，原有彩绘已失	不详 西汉早期中段
M2209：2	A型	直径　10.5、缘厚0.5	桥形	素地无纹。近缘处有一道凹弦纹。粗糙简单，周身有红色彩绘	BAa 西汉早期中段
M2218：2	B型	直 径　9.2、缘厚0.45	方形	纽外有方座，穿贯穿镜面，饰四组单线卷云纹，外有凹弦纹疏密相间，周身彩绘脱落严重	BAb 西汉早期中段
M2219：2	不清	残损		严重残损，纹饰不明	BAa 西汉早期中段
M2233：1	A型	直径13	桥形	背面素面无纹饰，原有彩绘已失	BAa 西汉早期中段
M2247：1	A型	直径14.6	桥形	背面素面无纹饰，原有彩绘已失	BAb 西汉早期中段
M2248：5	B型	直径13.8、缘厚0.7	三弦纽	方形纽座，纽下阴刻双线水浪纹，座外对称饰有卷云纹，卷外有一周凹弦纹，窄卷缘，有残损	BAb 西汉早期中段
M2256：2	A型	直径15.6	桥形	背面素面无纹饰，原有彩绘已失	不详 西汉早期中段
M2267：1	不清	残损		严重残损，纹饰不明	BAb 西汉早期中段
M2271：1	A型	直径12.6	桥形	背面素面无纹饰，原有彩绘已失	BAb 西汉早期中段
M2272：1	A型	直径13.6	桥形	背面素面无纹饰，原有彩绘已失	BAb 西汉早期中段
M2273：1	不清	残损		严重残损，纹饰不明	BAb 西汉早期中段
M2276：3	不清	残损		严重残损，纹饰不明	BAb 西汉早期中段
M2302：1	A型	直径　17.8、缘厚0.55，残重350	桥形	素面无纹饰。残损。	BAb 西汉早期中段
M2372：1	B型	直径　14.6、缘厚0.6，重298	弓形	椭圆形纽座饰六组涡纹和卷云纹，素窄缘	BAb 西汉早期中段

滑石镜均出土于土坑竖穴墓，土墩竖穴墓没有发现滑石镜。滑石镜应属随葬的明器，大多数制作较随意，显然属匆忙中制作而成，只有少部分制作较规范，打磨精致，纹饰精美。滑石镜的造型和纹饰几乎没有相同的，应属手工制作。34 面滑石镜中形态明确的 26 件。从镜背的装饰可分为二型。

A 型

15 件。素面镜，除纽外镜背无其他纹饰。许多所谓的素面镜在下葬时可能使用彩绘装饰，只是出土时已基本脱落。

标本 M2112∶34，桥形纽，无纽座。素面无纹饰。直径 13、缘厚 0.64 厘米（图四二七，1）。

标本 M2113∶4，圆形，镜纽呈鼻形，中部穿特别大。素窄折缘。直径 12、缘厚 0.5 厘米，重 208 克（彩版八六，1；图版一三六，4）。

标本 M2132∶2，方形纽。直径 15.6、缘厚 0.4 厘米（图四二七，2；图版一三七，1）。

标本 M2137∶2，双面素镜，无纽。两面经过打磨，可见切割留下的痕迹，制作粗糙。直径 12.4、厚 0.4~0.6 厘米（图四二七，3）。

标本 M2139∶2，桥形纽，缘略卷。直径 12.2、缘厚 0.5 厘米（图四二七，4）。

标本 M2200∶2，桥形纽，背面素面无纹饰，原有彩绘已失。直径 15.4、缘厚 1.45 厘米（图四

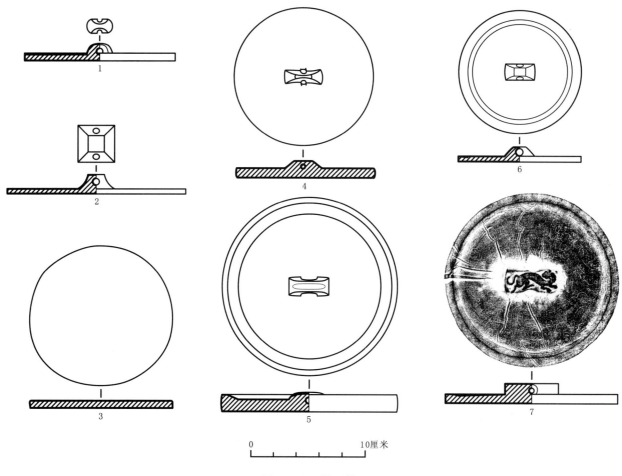

图四二七　滑石镜

1~6. A 型滑石镜（M2112∶34，M2132∶2，M2137∶2，M2139∶2，M2200∶2，M2209∶2）　7. B 型滑石镜（M2094∶23）

二七，5；图版一三七，2）。

标本 M2209∶2，桥形纽。近缘处有一道凹弦纹。制作粗糙。周身有红色彩绘。直径 10.5、缘厚 0.5 厘米（图四二七，6）。

B 型

11 件。镜背有各种纹饰。

M2094∶23，圆形，长条形纽，无纽座，纽中部有穿，镜纽在穿处稍窄。纽上阳刻一螭虎，纽外布满如意状云纹。直径 15、缘厚 0.5 厘米，重 380 克（图四二七，7；图版一三七，3）。

M2372∶1，弓形纽，椭圆形纽座饰六组涡纹和卷云纹，素窄缘。直径 14.6、缘厚 0.6 厘米，重 298 克（图四二八，1）。

M2110∶1，环形纽，纽上有穿。纽外饰多组云纹，纹饰工整，制作规范。直径 15、缘厚 0.6 厘米，重 366 克（图四二八，2；图版一三七，4）。

M2120∶5，圆形，环形纽，纽上有凹槽。重凹弦纹纽座。镜上饰繁缛的卷云纹。素窄缘。直径 12、缘厚 0.5 厘米（图四二八，3；彩版八六，2；图版一三八，1）。

M2130∶3，圆形，桥形纽，无纽座。镜背面由两周凹面环带将纹饰分成内区、外区和镜缘三部分。内区由镜纽外六重圈纹、一双线方框、四组有"T、V"形博局纹及十二重圈纹组成。外区有双线和单线三角纹、V 形纹和菱形纹组成不太规则的六角形和大小不等的三角形纹，其间布有 48 个重圈纹。直径 15.6、缘厚 0.8 厘米，重 330 克（图四二八，4；图版一三八，2）。

M2131∶1，有残损，圆形。桥形纽，纽外四方各有一方框，方框间纽的四角有对称分布的三角形。镜缘内侧有一周凹弦纹。直径 17、缘厚 0.7 厘米，重 542 克（图四二八，5；图版一三八，3）。

M2138∶4，长绸花洁纹镜，桥形纽做工精细，镜面磨光，镜背浮雕长绸花洁纹。浮雕花纹位于两周凹弦纹间，以云纹为地纹。直径 13.4、缘厚 0.8 厘米（图四二八，6）。

M2140∶1，弓形纽，纽外饰涡纹。镜缘有一周凹弦纹。直径 11、缘厚 0.4 厘米（图版一三八，4）。

M2218∶2，方形纽，纽上穿贯穿镜面。纽外有方座，座外饰四组相互连接的单线卷云纹，外有五道凹弦纹疏密相间。周身红彩脱落严重。直径 9.2、缘厚 0.45 厘米（图四二八，7）。

M2248∶5，三弦纽，纽下有穿，方形纽座，纽下四边有阴刻双线水浪纹，座外对称饰有卷云纹，卷云纹外有一周凹弦纹，窄卷缘。直径 13.8、缘厚 0.7 厘米（图四二八，8；图版一三九，1）。

M2093∶2，桥形纽，无纽座，纽之中部有穿。纽外纹饰分内外两层如意状云纹，外缘有阴刻线纹。中间厚，周边薄。素窄平缘。直径 17、缘厚 0.6 厘米（图四二八，9；图版一三九，2）。

三　鼎

29 件。出于 18 座墓中。根据盖、腹部、耳、足等及整体造型的差异可分为二型。

A 型

1 件。属玩具类的模型器。鼎盖、耳、身、足连为一体。

M2096∶59，器身基本呈圆球状，三极矮撇足，有象征对称的双附耳。直径 2.9、高 2.7 厘米（图四二九，1；图版一四〇，1）。

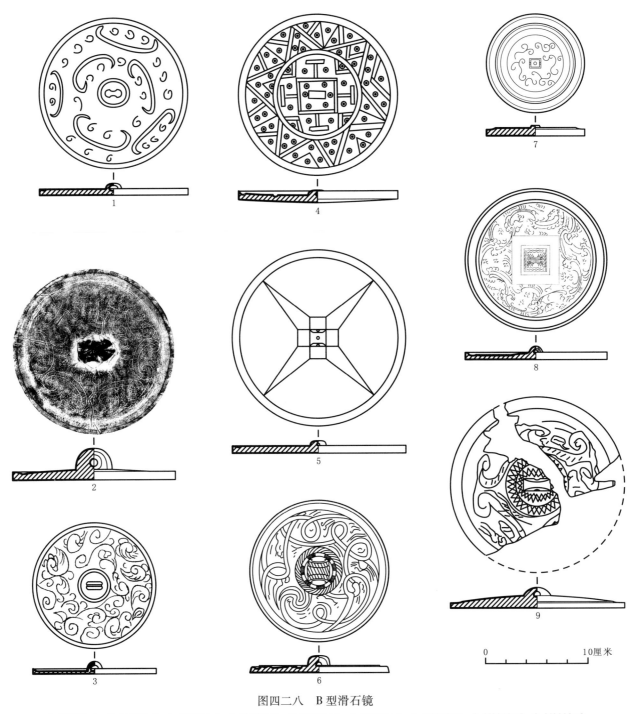

图四二八　B 型滑石镜

1. M2372：1　2. M2110：1　3. M2120：5　4. M2130：3　5. M2131：1　6. M2138：4　7. M2218：2　8. M2248：5　9. M2093：2

B 型

28 件。除盖外，鼎身由整块滑石制作而成。

标本 M2198：10，盖弧形隆起，与鼎身子母口承合。口微敛，弧腹，圜底，圆柱体状矮足，附耳外撇。盖径 13.2、高 2.4 厘米，口径 10.8、通高 7.4 厘米（图四二九，2；图版一四〇，2）。

标本 M2199：5，由盖和身组成。盖为圆弧形，下部内凹。鼎身平口承盖，圆弧腹，鼎腹内部留有制作时留下的钻孔痕迹。圜底，三矮蹄足截面呈半圆形，略外撇。长方形直立附耳。盖径 13.8、口径 14、腹径 14.8、通高 8.4 厘米（图四二九，3；图版一四〇，3）。

标本 D3M20：3，无盖。平沿，敛口，弧腹，腹部有一凸棱，圜底，蹄形矮足，长方形附耳稍外撇。口径 13.2、腹径 15.6、高 11.6 厘米（图四二九，4）。

标本 D9M2：7，盖圆弧形隆起，下有子口。口微敛，圆腹，圜底，圆形矮足，附立耳外撇。耳下腹部有一周凸棱。口径 12、通高 11.6 厘米（图四二九，5；图版一四〇，4）。

标本 D11M7：2，盖已失。口微敛，圆腹，平底，圆形矮蹄足，附立耳上部已残。口径 13.6、残高 9.7 厘米（图四二九，6）。

标本 D9M4：22，平沿，口微敛，圆腹，圜底，圆形矮柱足，环形附立耳。口径 11、高 10.4 厘米（图四二九，7）。

标本 D9M4：23，弧形盖，盖下子口深入鼎口沿内。平沿，口直，圆腹，圜底，矮兽蹄足，长弧附耳。耳下有一道凹弦纹。口径 8.8、通高 10.6 厘米（图四二九，8）。

标本 D9M10：12，盖已失。平沿，口微敛，圆腹，圜底，圆形矮蹄足，无耳。口径 10.4、腹径 15、高 11 厘米（图四二九，9；图版一四〇，5）。

标本 D10M1：23，盖已失。口微敛，圆腹，平底，半圆形矮柱足，附立耳上部已残。口径 10.2、残高 9.4 厘米（图四二九，10；图版一四〇，6）。

四　盒

25 件。出于 14 座墓中。其中形态明确者 19 件。可分为二型。

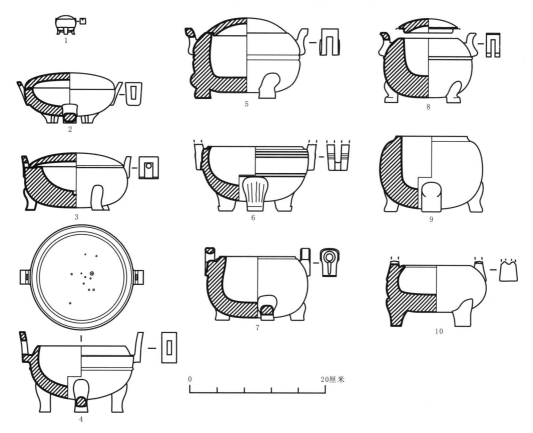

图四二九　滑石鼎

1. A 型（M2096：59）　2～10. B 型（M2198：10，M2199：5，D3M20：3，D9M2：7，D11M7：2，D9M4：22，D9M4：23，D9M10：12，D10M1：23）

A 型

10 件。由盖和身组成，盖和身早期形状基本相同，下有圈足，盖上有圈足状矮捉手。盖与身平口承合。可分为四式。

Ⅰ式　2 件。盖和身平口承合后盒整体近椭圆状。盖的胎体比身的胎体薄。

标本 M2136：2，整体呈扁圆形。平口承盖，弧形盖，盖顶有矮圈足状捉手。盒身敞口，尖唇，斜收腹，矮圈足。口径 15.6、底径 7.2、通高 9.2 厘米（图四三〇，1；图版一四一，1）。

Ⅱ式　4 件。盖和身平口承合，盖逐渐变矮，上下均有圈足，腹部有的有多道折棱。

标本 M2198：11，盖顶有一周高凸弦纹。盒身敞口，弧腹外部有一周凹带内刻凿出一周凸弦纹，平底。盖径 14.2、高 3 厘米，盒身口径 14、底径 8.6、高 6 厘米，通高 9 厘米（图四三〇，2；图版一四一，2）。

标本 M2198：12，平口承盖，顶有一周高凸弦纹。盒身敞口，弧腹，矮圈足。盖径 11.8、高 1.9 厘米，盒身口径 11.8、底径 7、高 5 厘米，通高 7 厘米（图四三〇，3；图版一四一，3）。

Ⅲ式　2 件。D7M3：3，无盖。平沿，弧腹，矮圈足近平，口沿下有一道深凹弦。口径 18.4、底径 11.2、高 7 厘米（图四三〇，4；图版一四一，4）。

Ⅳ式　2 件。盖和身平口承合，盖上圈足状捉手变矮，盖和身胎体厚度相当。

标本 D9M10：13，平沿承盖，盖微弧，顶部有矮捉手。盒身方唇，敞口，深腹，平底矮圈足。盖径 17、高 3.6 厘米，盒身口径 16.6、底径 9.8、高 6.6 厘米（图四三〇，5；图版一四一，5）。

B 型

9 件。盖与身子母口承合。敞口，斜收腹内凹，平底。可分三式。

Ⅰ式　6 件。盖与身的高度相近。盖上为圈足状捉手，盒身平底。

标本 M2199：7，身子口，弧内腹，斜直壁，平底。口径 14、底径 7.6、通高 11 厘米（图四三

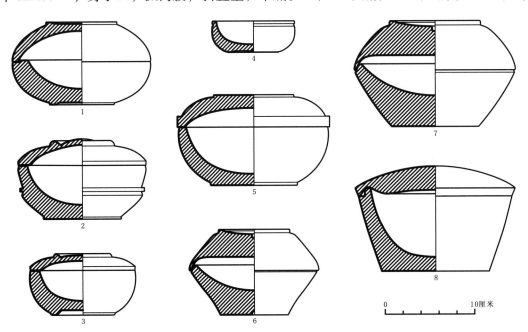

图四三〇　滑石盒

1. A 型Ⅰ式（M2136：2）　2、3. A 型Ⅱ式（M2198：11，M2198：12）　4. A 型Ⅲ式（D7M3：3）　5. A 型Ⅳ式（D9M10：13）　6. B 型Ⅰ式（M2199：7）　7. B 型Ⅱ式（M2092：1）　8. B 型Ⅲ式（D3M27：29）

○，6；图版一四一，6）。

Ⅱ式　2件。盖与身子母口承合。敞口，斜收腹逐渐变直，盖上有圈足状捉手，平底。

标本 M2092∶1，身子口，弧内腹，弧壁，平底。盒身口径 17、底径 9.7、通高 11.8 厘米（图四三○，7）。

Ⅲ式　1件。D3M27∶29，盖变矮，不及盒身的三分之一，呈圆弧饼形。身子母口，弧内腹，斜直壁，平底。口径 15.6、底径 12、通高 11.8 厘米（图四三○，8）。

五　壶

34件。出于 20 座墓中。其中形态明确者 25 件。分为三型。

A 型

2件。为模型玩具，由小块石料制作而成。根据腹部的变化可分为二式。

Ⅰ式　1件。腹部无纽也无铺首。M2096∶2，象征性的盖和身连为一体，实心，肩部穿一小洞。高 5 厘米（图四三一，1；图版一四二，1）。

Ⅱ式　1件。腹部饰兽面铺首。M2005∶13，无盖。敞口，鼓腹下垂，圈足外撇，下腹部刻对称铺首。腹内和圈足制作规范，打磨光滑。口径 3.2、腹径 5.2、底径 3、高 6 厘米（图四三一，2）。

B 型

9件。腹部无任何饰物，无纽无铺首。

标本 M2198∶13，平口承弧形盖，盖下子口深入壶口内。壶身平沿，微敞口，腹部下垂，平底假圈足，足底有凹洞。口径 7、腹径 11.2、底径 9、通高 18.6 厘米（图四三一，3；图版一四二，2）。

标本 M2199∶3，由盖和身组成。盖呈圆弧形，顶部刻划 5 道同心圆状凹弦纹。壶身平沿，尖唇，束颈，长弧腹，平底假圈足外撇。壶身仅口沿部位凿去少许部分，外部及口沿经过打磨抛光，口内留有制作痕迹。口径 8.6、腹径 12.6、底径 8.4、通高 24.2 厘米（图四三一，4；图版一四二，3）。

标本 M2092∶4，身近椭圆形。平底。仅口沿部分空，其余全为实心。口径 6.4、腹径 10.8、底径 9.2×8.6、高 21.2 厘米（图四三一，5；图版一四二，4）。

标本 D9M2∶4，无盖。口微敞，颈部微束，鼓腹部下垂，高圈足，平底。口径 7.8、腹径 13.4、底径 10、高 18.6 厘米（图四三一，6；图版一四三，1）。

标本 D9M4∶20，盝顶式盖，盖顶平，盖下子口深入壶口沿内。平沿，尖唇，稍弧直颈，鼓腹，高平底假圈足。口径 7.8、腹径 14、底径 10.2、通高 21.5 厘米（图四三一，7；图版一四三，2）。

标本 D9M10∶2，壶身呈椭圆形。饼形盖，盖顶平。鼓腹下垂，平底高圈足。口径 7.7～8、腹径 12.4～13.6、底径 9.7～10.4、通高 19.8 厘米（图四三一，8；图版一四三，3）。

C 型

14件。腹部有纽或铺首衔环。可分为二个亚型。

Ca 型

4件。腹部为鼻纽或象征性衔环。

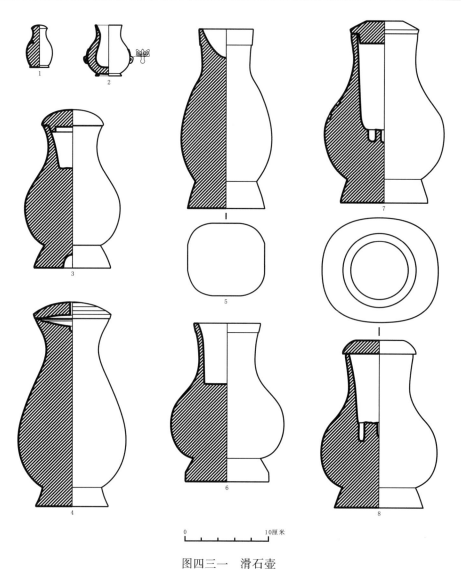

图四三一　滑石壶

1. A 型 I 式（M2096：2）　2. A 型 II 式（M2005：13）　3～8. B 型（M2198：13，M2199：3，
M2092：4，D9M2：4，D9M4：20，D9M10：2）

　　标本 M2072：28，颈部以下实心。口沿有一周宽带，平底假圈足。口沿下有一周刻划连贯的三角纹，下颈部刻有一周连贯变形三角纹和短弧线纹，肩部有刻划的云纹。上腹部的连贯三角纹上刻一周凹弦纹，纹带上有对称竖耳纽。足部亦有一周连贯三角纹。口径 7.8、腹径 13.6、底径 8.8、高 16.6 厘米（图四三二，1；图版一四三，4）。

　　标本 D3M13：14，椭圆形。鼓腹下垂，圈足外撇。腹部浮雕鼻纽衔环。在上腹部和颈部间有红漆书写的"□鍾"二字，前一字应为"玉"。口径 7.2、腹径 10.4～11.6、底径 11.2、高 17.4 厘米（图四三二，2；彩版三八，1、2；图版一四四，1）。

　　标本 D10M1：21，身呈椭圆形，平沿承饼形盖，盖顶微隆，口微敞，腹部下垂，平底高圈足，平底，腹部有对称鼻纽。口径 8、底径 10.4、通高 20.6 厘米（图四三二，3；图版一四四，2）。

　　Cb 型

　　10 件。腹部有兽面铺首或兽面铺首衔环。

　　标本 D3M27：30，由盖和身组成。圆饼状盖。壶身广口，平沿，束颈，弧腹，圈足外撇，上腹

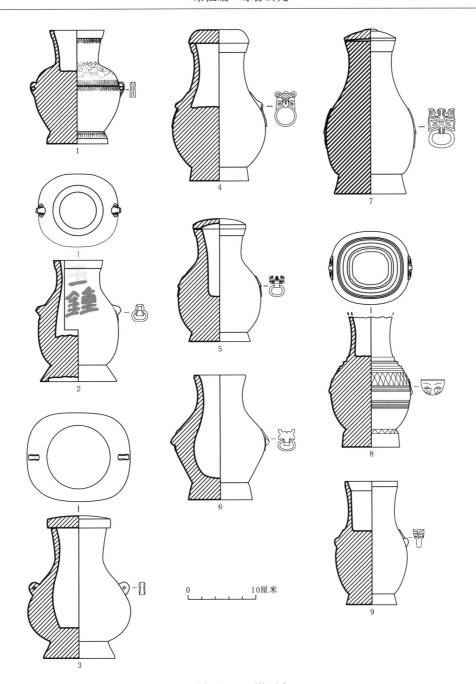

图四三二 滑石壶

1~3. Ca 型（M2072：28，D3M13：14，D10M1：21） 4~9. Cb 型（D3M27：30，M2096：9，
D3M20：1，M2003：21，D11M7：3，M2072：27）

部刻对称兽面铺首衔环。腹内仅凿去少部分，还可见明显的凿刻痕迹。口径 8.8、腹径 13.4、底径 8.8、通高 22 厘米（图四三二，4）。

标本 M2096：9，平口承弧形盖。束颈，鼓腹，平底，仅上腹以上部分空，其余均为实心。口径 7.4、底径 8.8、腹径 11.8、通高 17.9 厘米（图四三二，5；图版一四四，3）。

标本 D3M20：1，无盖。高圈足外撇，上腹部刻对称铺首衔环。口径 7.6、腹径 14.4、底径 9.4、高 18.4 厘米（图四三二，6）。

标本 M2003：21，实心。平口承弧形盖，盖顶圆形。平沿，束颈，长鼓腹下垂，平底高圈足，腹部有对称浅浮雕铺首衔环。口径7.4、底径10.8、通高24厘米（图四三二，7）。

标本D11M7：3，身略呈椭圆形。口残，平底高圈足，腹部有对称浅浮雕人面铺首，无衔环。腹部和圈足上有多道刻划弦纹和连贯三角纹。腹径10.6~11.6、底径8.4、残高19厘米（图四三二，8）。

标本M2072：27，颈部以下为实心。腹较直，平底假圈足。腹部刻有对称铺首。口径7.8、腹径11、底径7.6、高17.8厘米（图四三二，9；图版一四四，4）。

六　钫

31件。出土于18座墓中。形态明确者19件。可分为二型。

A型

6件。腹部无装饰。

标本M2198：16，弧形盖。方口微侈，尖唇，弧腹稍下垂，高方足。口径9.8、腹径14、足径11.2、通高25.6厘米（图四三三，1；图版一四五，1）。

标本M2115：4，盝顶形方盖。平沿，尖唇，方口外侈，束颈，鼓腹，高方足。口径8、腹径11.8、足径8、通高19.4厘米（图四三三，2）。

标本D10M1：20，无盖。方口外侈，束颈，鼓腹下垂，方圈足。口径7、腹径11.6、底径9、高20.2厘米（图四三三，3）。

B型

13件。腹部饰铺首或铺首衔环。

标本M2003：19，盝顶形盖，盖顶有圆形纽。方口微侈，弧腹稍下垂，高方圈足。腹部对称有浅浮雕铺首衔环。盖口径8.2、高1.7厘米，钫身口径8、腹径14.4、底径10.6厘米，通高28.2厘米（图四三三，4；图版一四五，2）。

标本D3M13：11，无盖。方口外侈，束颈，鼓腹，方圈足。腹部对称浮雕铺首衔环。一侧有红漆书写的"玉钫"二字，字高3~5、宽5.5厘米。口径7.6、腹径10.4、足径8.2、高18.2厘米（图四三三，5；彩版三八，3、4；图版一四五，3）。

标本M2001：34，无盖。方口外侈，束颈，鼓腹，高方足。腹部对称有浮雕铺首。口径9.1、腹径13、足径10.5、高22.2厘米（图四三三，6；图版一四五，4）。

七　镳壶

3件。出土于二座墓中。形态明确者2件。

D9M10：9，由盖、身和足三部分组成。弧形盖，盖顶有纽。扁圆腹，腹部有长条形把手，无流。圜底，三足已失，仅存三个用于装足的小圆孔。盖径7.4、高2.4厘米，腹径9.2、残高9厘米（图四三四，1；图版一四六，1）。

D9M10：29，由盖、身组成。盖已残。深腹，腹内底部留有制作时钻的孔洞六个，腹部有长方形把手，无流。圜底，底部有三矮柱状足。长13、残高6.7厘米（图四三四，2）。

八　熏炉

5件。出于五座墓中。形态明确者4件。可分为二型。

图四三三　滑石钫

1～3. A 型（M2198：16，M2115：4，D10M1：20）　4～6. B 型（M2003：19，D3M13：11，M2001：34）

A 型

1 件。由炉身和炉盖组成。炉身矮柄，座为托盘式。D9M4：21，塔式盖，顶平，中空，沿平。口径 8、高 6.6 厘米。炉身由炉腹、柄和底座构成。炉身深腹，敞口，束颈，底座为浅腹盘状，宽平沿，平底。口径 7.4、底径 15.4、通高 17.6 厘米（图四三四，3）。

B 型

3 件。由炉身和炉盖组成。炉身高柄，座为平底圆饼式。

D3M20：16，盖与炉身子母口承合，盖顶平，盖身浮雕卷云纹，周身有 15 个眼孔。圆柱形短柄，圆饼形座，平底。口径 8.4、底径 12、通高 19 厘米（图四三四，4）。

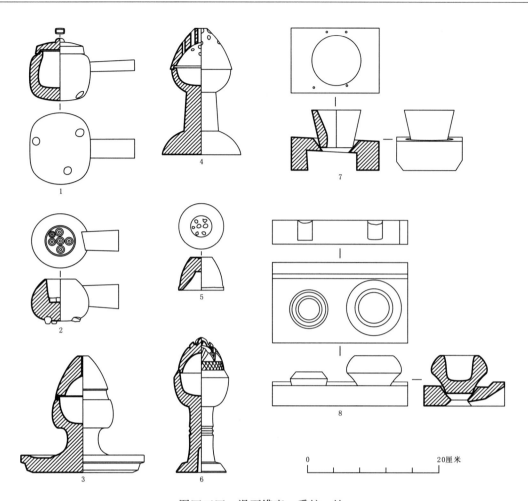

图四三四　滑石镳壶、熏炉、灶

1、2. 镳壶（D9M10：9，D9M10：29）　3. A 型熏炉（D9M4：21）　4～6. B 型熏炉（D3M20：16，D9M10：8，M2001：24）　7. A 型灶（D9M2：25）　8. B 型灶（D9M10：5）

　　D9M10：8，熏炉的炉身已失，仅存炉盖。锥体状，内中空，平顶上部有七个象征透烟孔的不规则且不通透的小孔。底径 6.8、高 5 厘米（图四三四，5；图版一四六，2）。

　　M2001：24，盖与炉身子母口承合，博山式盖，盖身刻画叶脉纹和菱格纹，有多个缕孔。圆柱形长柄，中部有多道凸弦纹，喇叭形圆饼形座，底部有深圆孔。口径 7.1、底径 7.6、通高 20.3 厘米（图四三四，6；图版一四六，3）。

九　灶

　　2 件。根据其制作特征和形态可分为二型。

A 型

　　1 件。灶身和釜分开制作。长条形灶身，中间有釜座，灶面有四个对称小孔。釜为穿孔杯形。D9M2：25，灶身长 13.6、宽 9.8、高 5 厘米，釜身口径 7.4、高 5.6 厘米（图四三四，7；图版一四六，4）。

B 型

　　1 件。灶身和釜分开制作。灶身呈长方形，正中有两个釜座，灶面后部有挡火板，挡火板下部对应釜座位置有两烟道。灶身前无火门。所配两釜的大小和形状均有区别。D9M10:5，灶身长20.4、宽12、高3.6厘米（图四三四，8）。

一〇　井

3件。出土于三座墓中。可分为三型。

A型

1件。颈部有一道凹弦纹。无汲水罐。D9M2:20，口径9.4、底径6.8、高5.4厘米（图四三六，1；图版一四六，5）。

B型

1件。M2040:10，呈上方下圆状。上部为方形井圈，下部为圆形井身。底部平。口径12.6、高7.6厘米（图四三五，2；图版一四七，1）。

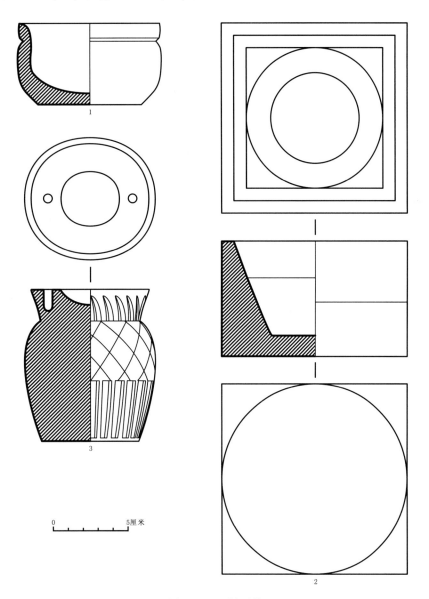

图四三五　滑石井

1. A型（D9M2:20）　2. B型（M2040:10）　3. C型（M2001:26）

C 型

1 件。呈罐状。平沿，尖唇，束颈，鼓腹。口部稍内凹，平底。口沿上有对称的两小孔，为安装井架的孔。腹部有刻划的网格状纹饰，沿和下腹部有制作时的刻划痕迹。M2001：26，口径 9.8、底径 6.6、高 10 厘米（图四三五，3；图版一四七，2）。

一一 灯

25 件。出土于 25 座墓中。根据盏盘、柄、座不同可分为两型。

A 型

13 件。灯柄呈圆柱形。

标本 M2096：12，呈豆形，长圆柱柄，实心底盘。口径 10.2、底径 10.4、高 15.4 厘米（图四三六，1；彩版八三，1；图版一四七，3）。

标本 D9M2：6，敛口，圆唇，圆形深腹盏，柱状柄，喇叭状座。口径 7.4、底径 8、高 10.7 厘米（图四三六，2；图版一四七，4）。

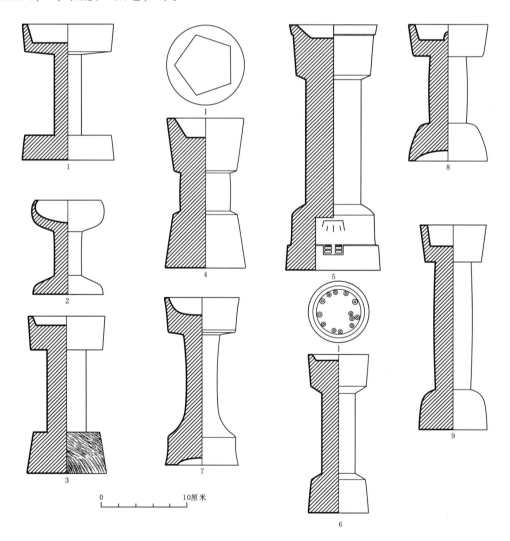

0   10厘米

图四三六 A 型滑石灯

1. M2096：12 2. D9M2：6 3. D3M30：10 4. D7M5：1 5. D9M8：13 6. D9M10：4 7. D11M13：1 8. M2429：7 9. M2434：22

标本 D3M30：10，浅盏盘，平沿，圆柱柄，高座略呈喇叭形，座上有细密的工具印痕。口径8.8、底径9、高17.6厘米（图四三六，3）。

标本 D7M5：1，平沿，尖唇，等边五角星形浅腹盏盘，柱状柄。口径8.8、底径9.2、高17厘米（图四三六，4；图版一四八，1）。

标本 D9M8：13，敞口，尖唇，平沿，圆形浅腹盏，盏内留有制作时留下的痕迹，柱状柄，二层台状柱形座。底座上划有一字形符号和一似八卦中的"坤"形符号。口径9.8、底径10.6、高27.6厘米（图四三六，5；图版一四八，2）。

标本 D9M10：4，敞口，尖唇，圆形浅腹盏盘，盏内有制作时留下的痕迹，柱状柄，喇叭状座。口径6.8、底径6.8、高18厘米（图四三六，6；图版一四八，3）。

标本 D11M13：1，敞口，尖唇，平沿，圆形深腹盏，柱柄中部稍细，台状柱形座，底内稍内凹。口径8.6、底径8.4、高18.8厘米（图四三六，7）。

标本 M2429：7，盏平沿，中部有一乳突状灯芯。圆柱状粗实柄。饼状座底稍内凹。底座和柄上留有制作痕迹。口径9、底径9、高15.2厘米（图四三六，8；图版一四八，4）。

标本 M2434：22，略呈哑铃形。圆直高柄。实心底座。口径7.4、底径7.6、高23.2厘米（图四三六，9；图版一四九，1）。

B型

12件。灯柄为仿铜灯的竹节状，有多道凸折棱。

标本 M2094：10， 呈豆形，长柱柄，中间有多道折棱，平底实心底座。盏径8.2、底径8.2、高12.8厘米（图四三七，1；图版一四九，2）。

标本 D3M20：35，灯柄呈竹节形，中间有二道凸棱。盏径7.6、座径7.2、通高19.8厘米（图

图四三七 B型滑石灯

1. M2094：10 2. D3M20：35 3. D3M27：23 4. M2098：1 5. D8M3：1 6. M2024：6 7. D11M10：3 8. M2001：5 9. D10M1：12

四三七，2；图版一四九，3）。

标本 D3M27：23，由盏、柄和座构成。柄呈竹节形，上部和中间有三道弦纹。盏径 7.4、座径 7.6、通高 17.2 厘米（图四三七，3）。

标本 M2098：1，分盏、柄和座。柄略呈十二面棱柱形，中部有三道棱，中间一道为凸棱，上下两道为折棱。方形底座，座的四边弧形内卷。灯身上纹饰较复杂：盏沿上刻两道凹弦纹，盏壁、柄的棱、底座上刻有斜菱格纹和重圈纹。盏径 10.4、高 21.5 厘米（图四三七，4；彩版八四，3；图版一四九，4）。

标本 D8M3：1，盏中心有象征灯芯的乳突，柱状柄，柄中部有三道凸棱，高底座。盏径 8、底径 8.2、高 14.4 厘米（图四三七，5；图版一五〇，1）。

标本 M2024：6，平沿，尖唇，盏腹内有台级，盏中心有象征灯芯的乳突，竹节状柄，柄中部有一道凸棱，圆台形底座。盏径 8.6、底径 9、高 14 厘米（图四三七，6；图版一五〇，2）。

标本 D11M10：3，平沿，尖唇，盏腹较深。竹节状柄，柄中部有一道宽凸棱，圆台形底座，座底稍内凹，座上有细密的加工痕迹。盏径 11.2、底径 11.8、高 22.6 厘米（图四三七，7）。

标本 M2001：5，平沿，尖唇，盏腹较深。竹节状柱柄，柄中部有三道宽凸棱，圆台形底座，柄和座加工成十二面形。盏径 7.1、底径 8、高 17.6 厘米（图四三七，8；图版一五〇，3）。

标本 D10M1：12，盏腹较浅，平沿，竹节状圆柱柄，高座略呈喇叭形。盏径 8.4、底径 8.4、高 20.2 厘米（图四三七，9；图版一五〇，4）。

一二　耳杯

83 件。出土于 31 座墓中，形态明确的有 48 件。

标本 M2137：21，长椭圆形，敞口。薄平唇，两侧长附耳耳内侧出唇部台面，圆收腹，平底。整器从口部渐变渐厚，耳绘有长线水波纹，盆内会有双线涡纹。长 13.4、通耳宽 10.6、腹深 2.2、通高 3.6 厘米（图四三八，1）。

标本 M2198：3，杯呈椭圆形，敞口，尖唇，窄附耳与口部连成一体并上翘，平底。长 10.4、通耳宽 7.4、通高 2.9 厘米（图四三八，2；图版一五一，1）。

标本 M2115：2，椭圆形，敞口。圆唇，两侧长附耳耳内侧出唇部台面，圆收腹，平底有极矮圈足。长 11.8、通耳宽 9.6、腹深 3.4、通高 4 厘米（图四三八，3）。

标本 D9M2：21，椭圆形，敞口，圆唇，窄附耳与口部连成一体并上翘，平底。长 11、通耳宽 8.4、通高 3.8 厘米（图四三八，4；图版一五一，2）。

标本 M2003：23，椭圆形，敞口，圆唇，窄附耳与口部连成一体并上翘，平底。长 10.2、通耳宽 7.8、通高 3.2 厘米（图四三八，5；图版一五一，3）。

标本 M2020：50，椭圆形，敞口，圆唇，窄附耳与口部连成一体并上翘，附耳略呈弧形，平底。底部有刻划的一着尖冠、蒜头鼻、圆眼的人面形象。长 8、通耳宽 5.8、通高 2.9 厘米（图四三八，6）。

标本 D9M4：27，椭圆形，敞口，圆唇，窄附耳与口部连成一体并上翘，平底。长 12.2、通耳宽 7.2、通高 4.3 厘米（图四三八，7；图版一五一，4）。

标本 D10M1：28，椭圆形，敞口，圆唇，窄附耳与口部连成一体并上翘，附耳中部内收，平

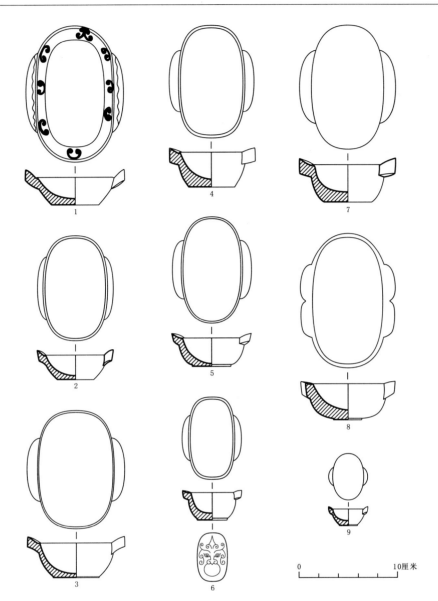

图四三八　滑石耳杯
1. M2137：21　2. M2198：3　3. M2115：2　4. D9M2：21　5. M2003：23　6. M2020：50
7. D9M4：27　8. D10M1：28　9. M2005：3

底。长 13.2、通耳宽 9.4、通高 3.8 厘米（图四三八，8；图版一五一，5）。

标本 M2005：3，椭圆形，敞口，圆唇，窄附耳与口器部连成一体并上翘，平底有极矮圈足。
长 4.6、通耳宽 4.4、通高 1.9 厘米（图四三八，9）。

一三　盘

50 件。出土于 25 座墓中。其中形态明确者 27 件。可分为三型。

A 型

13 件。平沿，方唇，浅腹，弧壁。

标本 M2120：22，平沿，方唇，敞口，浅腹，斜弧腹，平底有极矮的圈足。口径 22.8、底径
10、高 4.4 厘米（图四三九，1）。

标本 M2136：4，宽平沿，尖唇，敞口，浅盘。折腹，圜底近平。口径 33.4、底径 13.2、高 4 厘米（图四三九，2；图版一五一，6）。

标本 M2137：4，浅腹平底，宽斜折沿，口沿上部刻多周同心弦纹，盘内刻单线卷云纹。口径 16.4、腹深 1.6、底径 8、高 2.6 厘米（图四三九，3）。

标本 M2093：23，宽平沿，浅腹，斜收腹，圜底近平。口径 13、底径 5.6、高 1.9 厘米（图四三九，4；图版一五二，1）。

标本 M2198：7，宽平口沿，尖唇，腹微弧，浅内腹，平底。口径 13.8、底径 7.4、高 2.5 厘米（图四三九，5；图版一五二，2）。

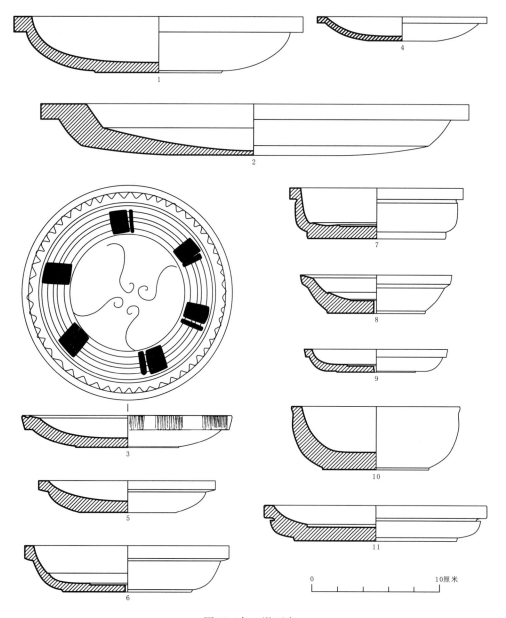

图四三九　滑石盘

1～5. A 型（M2120：22，M2136：4，M2137：4，M2093：23，M2198：7）　6～9、11. B 型（M2096：63，D3M20：17，M2003：22，M2020：44，D10M1：27）　10. C 型（D3M13：8）

B 型

13 件。沿较宽，腹部稍深，平底有矮圈足。

标本 M2096：63，宽平沿，浅腹，斜收腹，平底。口径 16、底径 10.2、高 3.6 厘米（图四三九，6；图版一五二，3）。

标本 D3M20：17，宽平沿，腹较直，浅内腹，平底高圈足。口径 13.4、底径 10.8、高 4 厘米（图四三九，7）。

标本 M2003：22，平沿，浅盘，斜收腹，平底矮圈足。口径 11.6、底径 7.6、高 3.2 厘米（图四三九，8；图版一五二，4）。

标本 M2020：44，平沿，方唇，敞口，极浅腹，平底矮圈足。口径 11、底径 6、高 1.8 厘米（图四三九，9）。

标本 D10M1：27，平沿，浅腹，平底。盘沿和盘腹间饰一道深凹弦纹。口径 17.2、底径 12.6、高 2.8 厘米（图四三九，11；图版一五二，5）。

C 型

1 件。尖唇，敞口，深腹，弧壁，平底，矮圈足。D3M13：8，口径 13.2、底径 8.4、高 5 厘米（图四三九，10）。

一四　勺

20 件。出土于 11 座墓中。形态明确的 12 件。可分为二型。

A 型

11 件。斜长柄，椭圆形勺身，勺底部呈圜底状。分为二式。

Ⅰ式　2 件。勺身小，勺柄窄而长，柄长略为勺身长度的二倍。

标本 M2198：2，长 7.4、宽 2.9 厘米（图四四〇，1；图版一五二，6）。

标本 M2198：34，勺身呈圆形，底呈圜形，柄斜长，末端卷曲。长 8.6、宽 2.8 厘米（图四四〇，2；图版一五三，1）。

Ⅱ式　9 件。勺身宽而长，勺柄宽，勺柄基本与勺身等长。

标本 D3M27：27，勺身呈椭圆形，圜底。长柄稍内凹，柄端弧。长 22、宽 7.8 厘米（图四四〇，3）。

标本 D3M24：45，勺身近圆形，圜底。长柄稍内凹，柄端有孔，似兽眼。长 16、宽 6.8 厘米（图四四〇，4）。

标本 D9M10：11，勺身呈椭圆形，浅腹，斜长柄，柄端内卷，上部有四道斜刻划纹。长 17.4、宽 1.5～6.8 厘米（图四四〇，5）。

标本 D9M10：14，勺身呈椭圆形，浅腹，斜长柄下弧折，柄端呈鸭首状。长 14.6、宽 1.2～6.4 厘米（图四四〇，6；图版一五三，2）。

标本 D10M1：8，勺身呈椭圆形，圜底，斜柄弯曲呈鹅颈状。长 10、宽 4.4 厘米（图四四〇，7；图版一五三，3）。

标本 M2001：20-1，勺身呈椭圆形，腹较深，柄较直，柄端较粗下弧折。长 16.2、宽 6.4～9.2 厘米（图四四〇，8；图版一五三，4）。

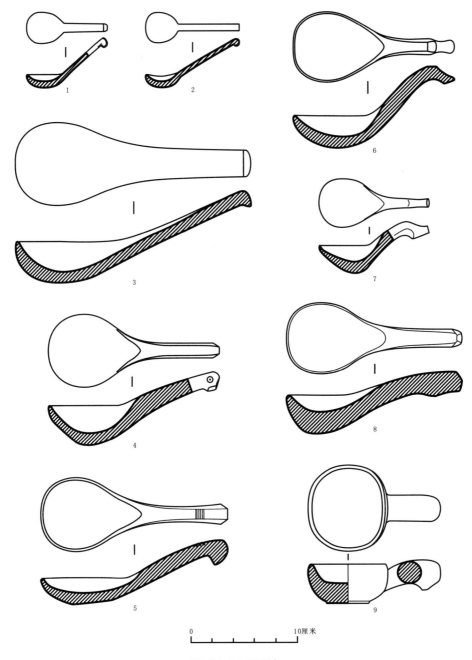

图四四〇　滑石勺

1、2. A 型 I 式（M2198：2，M2198：34）　3～8. A 型 II 式（D3M27：27，D3M24：45，D9M10：11，D9M10：14，
D10M1：8，M2001：20-1）　9. B 型（M2001：20-2）

B 型

1 件。勺身近圆形，底平，圆形柄，柄端有折。M2001：20-2，长 12.2、宽 7.4～8 厘米（图
四四〇，9；图版一五三，5）。

一五　碗

4 件。形态明确的 3 件。

标本 D3M20：20，侈口，圆唇，折缘，弧腹，矮平底，底缘有一周凹弦。口径 10.2、底径

6.8、高 5.4 厘米（图四四一，10）。

标本 D9M2：8，侈口，圆唇，折缘，弧腹，平底，矮圈足。口沿有一周深凹弦。口径 10.8、底径 7、高 4.4 厘米（图四四一，11）。

一六　杯

17 件。出于 14 座墓中，形态明确的 7 件。可分为三型。

A 型

5 件。直桶形，中空，平底。多在一侧有一方形贯通小柄。

标本 M2198：5，杯身呈桶形，敞口，尖唇，深腹，平底。一侧有一方形贯通小柄。口径 7.2、底径 7.2、高 4.4 厘米（图四四一，1；图版一五三，6）。

标本 D9M2：17，器身呈桶形，平沿，口微内敛，直腹，平底，一侧有环形把手。口径 8.4、底径 8.6、高 8.4 厘米（图四四一，2；图版一五四，1）。

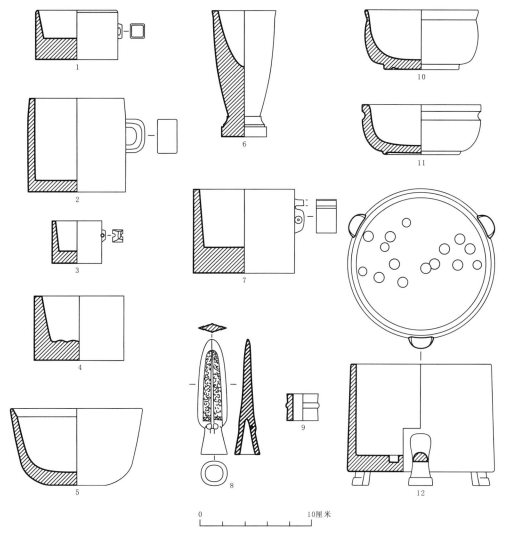

图四四一　滑石杯、卮、矛、矛镦、碗、樽

1~4. A 型杯（M2198：5，D9M2：17，D11M4：4，D9M10：1）　5. B 型杯（D3M13：12）　6. C 型杯（D9M4：24）　7. 卮（D10M1：9）　8. 矛（M2120：4）　9. 矛镦（M2120：33）　10、11. 碗（D3M20：20，D9M2：8）　12. 樽（D10M1：18）

标本 D11M4∶4，器身呈桶形，平沿，深腹，一侧有完整小鋬。口径 4.4、高 3.8 厘米（图四四一，3；图版一五四，2）。

标本 D9M10∶1，器身呈桶形，平沿，口微敞，直腹，平底。无把。口径 8、高 5.8 厘米（图四四一，4；图版一五四，3）。

B 型

1 件。D3M13∶12，敞口，尖唇，深腹，圜底近平。口径 11.6、底径 5、高 6.8 厘米（图四四一，5）。

C 型

1 件。D9M4∶24，平沿，深腹，直壁，高足，平底。口径 5.6、底径 4、高 11.2 厘米（图四四一，6；图版一五四，4）。

一七　樽

2 件。均出土于 D10M1 中，形制和大小相同。

标本 D10M1∶18，器身基本呈桶形，平沿，深腹，腹底有十多个制作过程中留下的孔，器身下部有三矮蹄足。口径 12.6、高 10.8 厘米（图四四一，12；图版一五四，5）。

一八　卮

2 件。器身呈桶形。平沿，深腹，一侧有鋬，鋬上部分残损。

标本 D10M1∶9，口径 9、高 7.5 厘米（图四四一，7；图版一五四，6）。

一九　案和几

12 件。形态明确的 8 件。根据足部的区别可分为三型。

A 型

6 件。长方形，下部长边的四角有矮长方形足，腹较浅。

标本 M2198∶4，长方形，浅盘，下部有四个对称方足。长 29.8、宽 16.6、通高 2.8 厘米（图四四二，1；图版一五五，1）。

标本 M2092∶6，长方形，浅盘，下部有四个对称的长方形矮足。长 39.2、宽 22、足高 2、通高 4.4 厘米（图四四二，2；图版一五五，2）。

标本 D3M24∶18，长方形，浅盘，下部有四个对称方足。长 33.6、宽 20.2、足高 2.2、通高 4.2 厘米（图四四二，3）。

标本 D9M10∶16，长方形，宽沿内弧，浅盘腹，平底，四角有极矮方足。长 32.4、宽 21.6、通高 3.3 厘米（图四四二，4）。

标本 D10M1∶10，整块滑石制作而成。长方形，浅盘，下部有四个对称方足。长 29.8、宽 20.4、足高 0.6、通高 3.7 厘米（图四四二，5；彩版六四，4；图版一五五，3）。

B 型

1 件。长方形，浅腹，下部有长条形极矮足。D9M1∶12，长 28.4、宽 18.6、足高 0.3、通高 2.8 厘米（图四四二，6；图版一五五，4）。

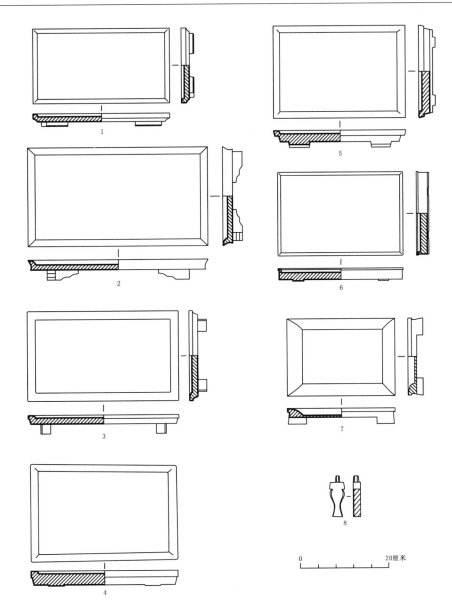

图四四二　滑石案和几足

1~5. A 型案（M2198∶4，M2092∶6，D3M24∶18，D9M10∶16，D10M1∶10）　6. B 型案
（D9M1∶12）　7. C 型案（D9M4∶26）　8. 几足（D10M1∶13）

C 型

1 件。长方形，案的腹较深，下部矮方足位于四角转角处。D9M4∶26，下部四角有四个对称方足，足稍外撇。长 24.4、宽 17、足高 1.4、通高 3.4 厘米（图四四二，7；图版一五五，5）。

几仅在 D9M10 和 D10M1 中出土，而且均遭到破坏，仅存几足，几身不存，形制不明。

标本 D10M1∶13，几足，2 件。形制和大小基本相同，应为一件滑石几的足，以榫和几身相连，身已失。长 9.1、宽 3.4、厚 1.6 厘米（图四四二，8）。

二〇　矛和矛镦

6 件（矛 4 件、矛镦 2 件）。出土于三座墓中。形态明确的 2 件（矛和矛镦各一件）。

标本 M2120∶4，滑石矛。圆銎，短骹。双棱圆脊。在棱与脊间饰有连续绵密的变形卷云纹。

骹的一侧有一穿孔。通长 10.2 厘米（图四四一，8；彩版八七，1；图版一五五，6）。

标本 M2120：33，矛镦。呈空心柱状，上下直径相同，中间安装木柲的孔径 1.8 厘米，中部有一周凸棱。直径 3、高 2.4 厘米（图四四一，9；彩版八七，2；图版一五六，1）。

二一　剑饰

20 件。其中形态明确的 13 件。主要为剑首、剑格、剑璲、剑珌，有 10 座墓出土。仅一座墓（M2210）出土的剑饰成套，其他九座墓均不成套。其中三座墓（M2096、D2M11、M2034）的剑饰出土时和随葬的剑放在一起，其他七座墓中均没有出土金属剑具，可能原随葬的漆木剑具已腐朽不存。剑首和剑格的变化较明显，而剑璲、剑珌的变化则不明显。可分为四式。

Ⅰ式　1 套（剑首、剑格、剑珌各 1 件）。剑首呈圆形。凹形剑格。剑珌呈梯形。系成套出土，但无金属剑具存在。

标本 M2120：34，剑首。正面呈圆饼形，微凸，刻流云纹，两组纹饰内外各有一周凹弦纹。另一面有两对称的半月形矮柱，柱间有宽槽，便于与剑茎相接。直径 4.5、高 1.4 厘米（图四四三，1；彩版八六，3；图版一五六，2）。

标本 M2120：2，剑格。两面均刻有变形云纹和鸟纹，中间有便于穿剑茎的长方形穿孔。最长6.4、最宽 2.1、高 1.8 厘米（图四四三，2；彩版八六，4；图版一五六，3）。

标本 M2120：20，剑珌。上部有用于与剑鞘连接的椭圆形孔，一侧的上部刻划连贯回纹，下部为卷云纹。另一侧全部刻划卷云纹。高 5.2、宽 4.1~5.9、厚 0.4~1.5 厘米（图四四三，3；彩版八六，5；图版一五六，4）。

Ⅱ式　1 套（剑首、剑格、剑璲、剑珌各 1 件）。剑首呈圆形。系成套出土，但无金属剑具。

标本 M2210：4，剑首。梯形台柱体状。正面微凸，底面有与剑茎相接的孔。直径 3.4~4.3、高 1.8 厘米（图四四三，4；图版一五六，5）。

标本 M2210：21，剑格。一字形。格中间微凹处有便于穿剑茎的长方形穿孔。最长 6.2、最宽1.3、厚 0.4~1.4 厘米（图四四三，5；图版一五六，6）。

标本 M2210：15，剑璲。长方形。面的两端均向外出檐，双檐内卷，钩面中部有长方形穿孔，稍残。长 8.8、宽 2、厚 0.5 厘米（图四四三，6；图版一五七，1）。

标本 M2210：17，剑珌。束腰梯形。上部有用于与剑鞘连接的椭圆形孔。高 4.5、宽 4.2~5.3、厚 0.4~1.4 厘米（图四四三，7；图版一五七，2）。

Ⅲ式　3 件（套）。

标本 D11M4：18，剑首。出土时并无金属剑具。呈束腰圆台状，有横竖两个小圆孔。直径1.3~2.3、高 2.1 厘米（图四四三，8）。

标本 D2M11：2，剑璲。出土时附于铜剑剑身的中部。长方形，两端有檐，中部有长方形穿孔。长 8.6、宽 3.4 厘米（图四四三，9）。

标本 D9M2：3，剑璲。出土时并无金属剑具。长方形，一端有檐，另一端残，中部有长方形穿孔，正面刻划细线菱格纹和重圈纹。残长 8.6、宽 2.8 厘米（图四四三，10；图版一五七，3）。

Ⅳ式　1 套（剑首、剑璲、剑珌各 1 件）。剑璲呈长方形，两端。剑珌呈梯形。三件剑饰出土时和铁剑在一起，乃成套随葬。

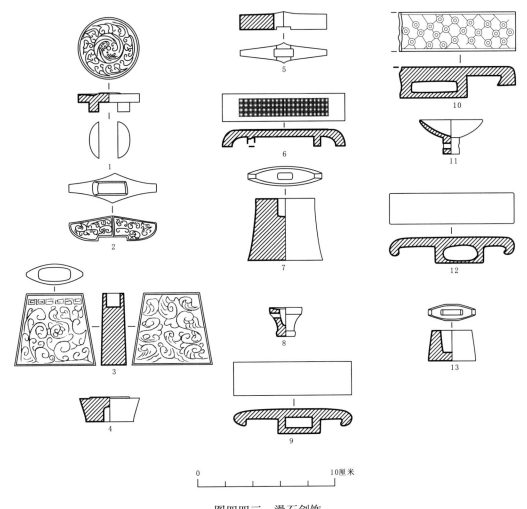

图四四三　滑石剑饰

1～3. Ⅰ式（M2120：34，M2120：2，M2120：20）　4～7. Ⅱ式（M2210：4，M2210：21，M2210：15，M2210：17）　8～10.
Ⅲ式（D11M4：18，D2M11：2，D9M2：3）　11～13. Ⅳ式（M2096：3，M2096：4，M2096：33）

标本 M2096：3，剑首。喇叭形。短柱上有供钉附的小孔。直径 4.6、高 2.5 厘米（图四四三，11；图版一五七，4）。

标本 M2096：4，剑璏。长方形。面的两端均向外出檐，双檐内卷，钩面中部有椭圆形穿孔。长 9、宽 2.2、厚 1.9 厘米（图四四三，12；图版一五七，5）。

标本 M2096：33，剑珌。梯形，平面呈长椭圆形，一端有供连鞘的榫孔。长 3.4、高 2.2、厚 1.2 厘米（图四四三，13；图版一五七，6）。

另有三件剑饰，出土于三座墓中，每座一件。有两件剑璏，一件剑首。

二二　带钩

7 件。出于七座墓中。形态明确的 3 件。可分为三式。

Ⅰ式　1 件。M2113：3，钩面呈天鹅形状，断面近半圆形，圆柱状帽形纽位于钩背。长 3.9、宽 0.3～2、高 1.3 厘米（图四四四，1）。

Ⅱ式　1 件。M2120：3，无刻划纹饰，制作简陋，略呈长条形。钩首稍显兽首状。长 5.3 厘米（图四四四，2）。

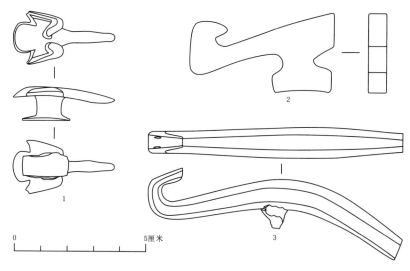

图四四四　滑石带钩
1. Ⅰ式（M2113∶3）　2. Ⅱ式（M2120∶3）　3. Ⅲ式（M2146∶2）

Ⅲ式　1件。M2146∶2，呈"S"形，钩面刻有两道棱线，其余素面无纹饰。钩首呈鸭首状，长嘴，双眼明显。钩尾部平。钩纽已残。长9.8、宽0.7~1.2、残高3.5厘米（图四四四，3）。

二三　兽面

兽面，又称"吞口"、"鬼脸"和"面具"，应属一种用于辟邪、防止妖魔鬼怪侵入棺内以保护死者亡灵的棺饰，在沅水流域广泛出土。1973年在怀化溆浦马田坪的46座汉墓中出土13件，常德于1973和1977年也分别出土了1件和3件，本报告收录了4件，分别出土于D9M2、D9M4、M2436和M2434中。根据其造型和雕刻风格可分为两型。

A型

2件。纹饰采用高浮雕的方式，眼、鼻、嘴和牙均凸出较高，嘴部有双獠牙伸出，头部的冠饰部分尖角突出，整个造型更接近凶猛的神兽，充满了神秘和诡异。可分为两式。

Ⅰ式　1件。D9M2∶5，上部为三峰饰冠，下为卷云状粗眉，眉下眼珠凸出，眼珠上有两个小圆孔，可能象征瞳孔，高鼻梁，双鼻孔，嘴唇宽厚，下嘴角有两个对称外撇的獠牙，中间有四颗大牙。兽面上有八个钉孔，孔内还残存有铁钉的痕迹。宽22.5、高19.6、厚0.8~2.7厘米（图四四五，1；彩版六二，3；图版一五八，1）。

Ⅱ式　1件。标本M2436∶1，上部为三峰饰冠，中峰呈心形，左右两冠峰向两侧伸出，尖角。眉下眼珠向外凸出，蒜头大鼻，双鼻孔，两侧有"S"形长耳。嘴唇宽厚，嘴角有两对称外撇獠牙，中间的牙齿刻划简约。兽面上有多个钉孔。宽24.6、高20.3、厚1.3厘米（图四四五，2；图版一五八，2）。

B型

2件。纹饰采用浅浮雕的方式，眼、鼻、嘴和牙等虽均凸出不高，嘴内也无獠牙伸出，嘴唇下为一排排列整齐的大牙。头部的冠饰部分尖角突出较圆，整个造型更接近人的面部特征。根据其不同可分为两式。

Ⅰ式　1件。D9M4∶18，上部为三分冠，中间一冠上部为高髻。椭圆形双眼微凸，大鼻梁。

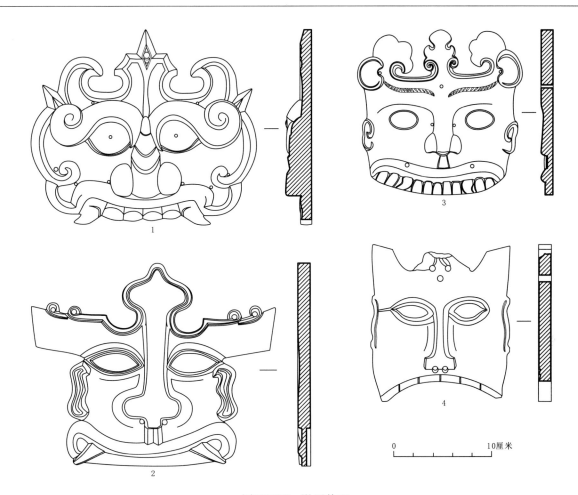

图四四五　滑石兽面

1. A型Ⅰ式（D9M2：5）　2. A型Ⅱ式（M2436：1）　3. B型Ⅰ式（D9M4：18）　4. B型Ⅱ式（M2434：10）

嘴部简约，仅在嘴唇下刻划出 11 颗大牙。脸部仅简略刻划出双椭圆形耳。兽面的额头和鼻下共五个钉孔。宽 16.8、高 16.5、厚 1.2 厘米（图四四五，3；彩版六三；图版一五九，1）。

Ⅱ式　1 件。M2434：10，上部为三峰饰冠，中间一冠已残。眼珠凸出，上有两个小圆孔，可能象征瞳孔。高鼻梁。嘴部已简化，仅在上嘴唇下刻划了六枚巨型牙齿的痕迹。简略刻出长双耳，额头和鼻下共有五个钉孔，孔内残存有铁钉的痕迹。宽 14.2、残高 15.4、厚 1.3 厘米（图四四五，4；彩版一四三，4；图版一五九，2）。

二四　博具[⑯]

2 套。

M2120：27，一套 12 枚，基本呈长方形，大小不规范，三件上面刻划有难以识读的字符。长 3.4～3.5、宽 2.05～2.15、厚 0.4～0.7 厘米（图一七七，15；彩版八七，3；图版一六〇，1）。

M2159：12，一套六枚，基本呈长方形，大小也不规范，一件上面刻划有难以识读的篆体文字。长 1.6～2.08、宽 1.15～1.35、厚 0.85～1.2 厘米（图二〇六，7；图版一六〇，2）。

二五　猪

13 件。分别出土于八座墓中。其造型从体形较大，制作精细逐渐向体形变小，刻画简约，制作只追求神似直至演变为造型小，刻画随意抽象，制作粗糙不堪。根据其变化可分为三型。

A 型

2 件。一般呈卧伏状，前脚略伸，后腿蜷缩。嘴略翘微张，两鼻孔、双眼及双耳清晰，成浮雕状，腹部肥圆。整体圆润，结构比例均匀，写实程度高。刻制精细。主要出现在西汉早期偏晚至西汉中期。

标本 M2133：16，通长 26.8、宽 7.8、高 9.6 厘米（图四四六，1；彩版九三，2；图版一六〇，3）。

B 型

4 件。一般呈站立状，前脚前伸，后腿蹬立。尖嘴微张，鼻孔、双眼及双耳清晰，成浮雕状，腹部肥圆而且下垂。既有家养猪的肥大，又具有野猪的动感和野性。结构比例较均匀，从写实程度高向逐渐抽象化演变。刻制仍然精细，主要出现在西汉早期偏晚至西汉中晚期。

标本 D9M2：23，整块滑石制作而成。是一头公猪的形象。通长 13.6、宽 4.3、高 6.9 厘米

图四四六 滑石猪

1. A 型（M2133：16） 2. B 型（D9M2：23） 3. C 型 I 式（M2401：21） 4、5. C 型 II 式（M2390：3，M2390：23）

（图四四六，2；彩版六二，1；图版一六一，1）。

C 型

7 件。呈卧伏状，头、脚、身、尾和耳基本可辨其形。初期的虽然刻制简约，但还能将猪的肥硕、健壮及匀称体现出来。从东汉中期开始，已演变为采用边角余料随意刻制，既无形也无神，结构比例失调，完全抽象化，已没有多少艺术价值了。可分为两式。

Ⅰ 式　2 件。选用经过挑选的石料加工而成。形体虽较小，刻制简约，但刀法精巧，形象生动传神，属玉石雕刻中"汉八刀"的韵风。

标本 M2401：21，在基本呈圆形的滑石条上刻出嘴、眼和耳，后部刻出象征卧状的腿。笔画简略却生动传神。长9.7、高2.7 厘米（图四四六，3）。

Ⅱ 式　5 件。是利用废料因陋就简制作而成，刻制随意粗糙，无艺术价值。

标本 M2390：3，卧伏状，屁股圆润肥硕，有短尾，四肢仅刻划其形。嘴细小，头颈比身细，刻划相当简略。残长10.4、宽2.1、高2.1 厘米（图四四六，4；图版一六一，2）。

标本 M2390：23，四肢仅刻划其形。头部尖细，刻划简略，几乎难以看出猪的形象。残长5.6、高1.6 厘米（图四四六，5）。

二六　璧形组佩

一套 4 件。出土于 D3M30 中。四件璧形佩（饰）的外形和璧基本相同，只是有四个圆形穿孔对称分布，出土时位于墓主胸部，分布对称而有规则，但显然不是佩戴于胸部，可能属棺盖上的棺饰。

标本 D3M30：2，肉有窄缘而好无缘。肉上主纹饰为在斜菱格之交点饰重圈纹。边沿的四角各有一贯通小孔，供钉附和穿挂之用。通径11.8、好径0.4、肉厚0.5 厘米（图四四七，1）。

二七　扁壶

2 件。分别出土于二座墓中。

M2198：15，平口承圆盖，盖顶有纽衔环，下部子口深入壶口内。长颈，扁身。口径6.2、底径11.8×6.4、腹宽17.2、厚7、通高18.2 厘米（图四四七，2；彩版一〇三，4；图版一六一，3）。

M2177：7，为一件小的模型玩具。形制和 M2198：15 扁壶基本相同。高6.4 厘米。

二八　三足炉

1 件。M2072：4，整块滑石制作而成。平沿，尖唇，浅腹，平底，下有三细高柱状蹄足。口径9.8、高7 厘米（图四四七，3；彩版七六，3；图版一六一，4）。

二九　魁

1 件。M2072：3，整块滑石制作而成。平沿，浅腹，平底，下有三矮柱状蹄足，一侧有一龇牙咧嘴的兽头，兽头上鼻梁和双眼外凸，嘴大张，牙外露。口径9.8、高5 厘米（图四四七，4；彩版七六，2；图版一六二，1）。

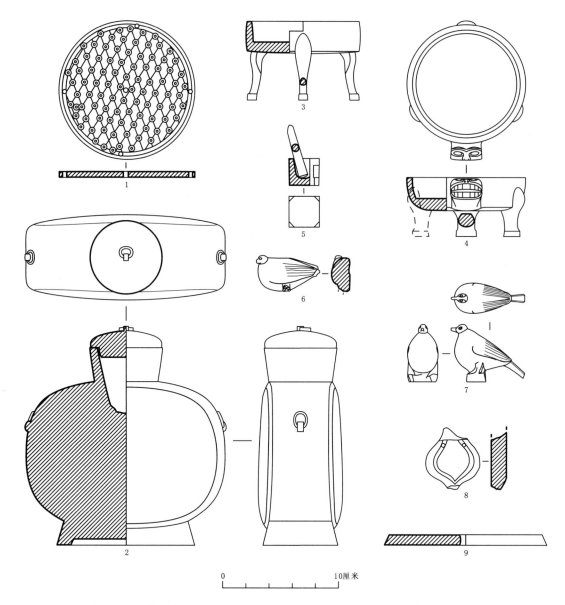

图四四七　滑石璧形佩、扁壶、三足炉、魁、臼和杵、鸡、鸟、坠饰、装饰器

1. 璧形佩（D3M30∶2）　2. 扁壶（M2198∶15）　3. 三足炉（M2072∶4）　4. 魁（M2072∶3）　5. 臼和杵（M2005∶11，M2005∶12）　6. 鸡（D9M2∶27）　7. 鸟（D9M2∶24）　8. 坠饰（M2434∶1）　9. 装饰器（D8M3∶51）

三〇　臼和杵

1套2件。M2005∶11，臼。近方形，中部有圆形臼槽，外部四角中部和下部切割，便于手用力握紧。长、宽2.6，高2.5厘米。M2005∶12，杵。为一端稍细的圆柱形。长4.6、直径约0.8厘米（图四四七，5；图版一六二，2）。该滑石臼和杵与河北高庄汉墓[17]出土的一套铜"药臼和药杵"（M1∶442、M1∶443）的功用可能有相同之处，可以用来制药品、香料或颜料。

三一　鸡和鸟

各1件。均是动物模型。

D9M2∶27，鸡。相当简约，缩颈，短圆嘴，眼圆睁，身肥大，腿已简化。长5.3、宽3厘米

（图四四七，6；图版一六二，3）。

D9M2∶24，鸟。一块滑石制作而成。尖嘴，圆眼，短颈，身短而肥，双翅的羽毛刻划清晰，长尾稍下斜。立于滑石底座上。长6.3、高4.8厘米（图四四七，7；彩版六二，2；图版一六二，4）。

三二 坠饰

1件。M2434∶1，心形，上下两尖均残。正面有两道凹弦纹。下部有对称两穿孔。残长5.1、厚1.3厘米（图四四七，8）。

三三 装饰器

1件。D8M3∶51，圆饼形，中间有一直径0.4厘米的穿孔，一侧靠外缘处有一钉孔，内附有铁钉，应为钉附于漆木器或棺椁上的装饰物。截面呈梯形，下部直径13.6、上部直径13、厚0.85厘米（图四四七，9）。

第一○节 玻璃器

17件（组）。有璧、杯、手握、珰、剑格和剑璏、管和珠。

一 璧

4件。可分为二型。

A型

1件。M2158∶1，灰白色，正、反两面均有凸出的谷纹。通径8.8、好径3.9、肉厚0.25厘米（图四四八，1；图版一六三，1）。

B型

3件（1组）。正反两面均有凸出的谷纹，和东周时的楚式玻璃璧基本相同。出土时位于墓主胸部，对称规则地分布，但从墓主佩有青铜剑和铜环首刀看，墓主将其佩戴于胸部不合情理，可能应属棺盖上的棺饰，因棺朽下塌而形成。三件形制和大小相同。

标本D3M27∶4，正面光，背面涩。正面有凸起的谷纹，背面亦有，但较浅平。好和肉均有缘。整器质地酥松。通径12.4、好径4.8、厚0.6厘米（图四四八，2）。

二 杯

1件。D3M24∶12，出土于墓主头部棺外。呈深蓝色半透明状。广口，圆唇，弧腹，圈底，腹部有一道凸棱，凸棱的上下各有两道凹弦纹。口径7.6、高4厘米（图四四八，3；彩版二八，2；图版一六三，2）。

三 手握

2件（1组）。呈六棱柱形，中间略粗，两端稍细。淡蓝色。标本D3M9∶4，长9.8厘米（图

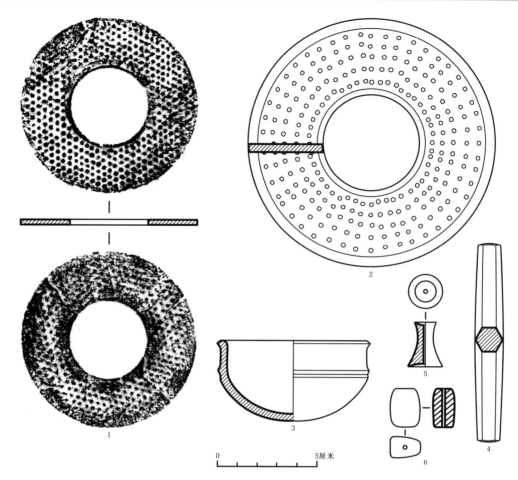

图四四八　玻璃璧、杯、手握、珰、管（珠）

1. A 型璧（M2158：1）　2. B 型璧（D3M27：4）　3. 杯（D3M24：12）　4. 手握（D3M9：4）
5. 珰（M2395：4）　6. 珠（管）（M2416：27）

四四八，4）。

四　珰

2 件（1 组）。M2395：4，呈两端粗中间细的束腰状，中间从上到下有穿孔。高 2.2 厘米（图四四八，5）。

五　剑格和剑璏

2 件（1 组）。为 D3M27：9 青铜剑的配件，在发掘时可辨器形，出土不久就分解成粉末。

六　管（珠）

6 件（组），出土于三座墓中。属于装饰器，原应成组，因墓葬被扰乱，组合已不全。

标本 M2416：27，不规则管状，平面呈梯形，浅黄色，易碎，为穿挂佩戴的饰件。中部孔径0.2、长 1.9 厘米（图四四八，6）。

沅水下游汉墓中出土的玻璃器并不多，器形也不丰富。经中国科学院上海光学精密机械研究所科技考古中心检测分析（见附录二），M2158 和 D3M27 出土的 4 件玻璃璧和 D3M27 青铜剑上的玻璃剑格及璲均为铅钡玻璃，D3M24 出土的玻璃杯及 D3M9 出土的玻璃手握均属钾钙玻璃，可能属岭南地区风格的玻璃器。

第一一节　金银器（不含金银饼和印章）

11 件。有十二孔金珠、蟾蜍形金饰、金环、银戒指，全属于墓主随身佩带的饰件。

一　金珠

1 件。M2416：25，由圆形金条焊接成 12 个直径约 1 厘米的金环，每个金环上又用五个大金珠和五个小金珠相焊接，组成一个十二面球形金饰，每个面上都由一个金环和大小各五枚金珠组成，每个上还有无数小金珠。重 6.48 克（图版一六三，3）。

这种金珠在国内外曾多次发现，国外学者将其定名为"十二面珠"，但在我国境内曾发现有多至十四面者，故多称"多面金珠"[18]。在南亚、中亚及西亚的印支半岛、印度东海岸、巴基斯坦与我国东汉时期相当的遗址中常有成批完整的出土，在古希腊迈锡尼文明中更是常发现多面金珠。1959 年长沙五里牌李家老屋 9 号东汉墓出土 11 颗采用金丝环和金粒焊接而成的不同造型的金珠[19]，1964 年长沙黄土岭汽车电器厂 3 号晋墓出土的 4 颗金珠[20]中有一大一小两颗金珠就同M2416：25 的形制和制作工艺完全相同。此金珠的独特造型及焊接工艺明显不是我国本土的技术，可能应属从中亚经印支半岛的越南等传入的。

二　金饰

2 件。蟾蜍形。蟾蜍前肢伸立，后肢屈缩，呈蹲立状。双眼前鼓，口大张，背部刻划许多鳞片状纹饰。腹部前后腿有供系绳的穿。制作精良，规整。

标本 M2416：24，直径 2.5 ~ 2.6、厚 0.1、方穿径 0.95 厘米，重 1.8 克（图版一六三，4）。

三　金环

7 件。出土于三座砖室墓中。大小差别较大，均为圆环形，有两件的部分位置略扁。可分为两型。

A 型

5 件。出土于 M2416 中。

标本 M2416：22，直径 3.7 厘米，重 4.7 克（图三〇四，1；图版一六三，5）。

B 型

2 件。出于 M2445 中。

标本 M2445：11，环径 6.5、直径 0.22 厘米，重 15 克（图二八一，11）。

四　银戒指

1 件。圆环形，戒面部分较宽，戒面部位有镶嵌玉石或其他宝石的小孔，上面所嵌之物已失。

M2395：7，直径1.5厘米（图二八三，13）。

第一二节　铁器

247件（组）。有剑、环首刀、戟、刀、削、弽、架、剪、釜、斧、灯及棺钉和棺环等13类。铁棺钉和棺环在99座墓中有出土，因锈蚀特别严重，一般每座墓中以一件计。

一　剑

22件。出土于21座墓中。一般出土于墓主棺内，与墓主随身的铜环首刀、铁环首刀等分布在墓主的两侧。由于南方土壤酸性对铁质器物的腐蚀较强，铁剑保存完整的极少。形态明确的有12件。可分为二型。

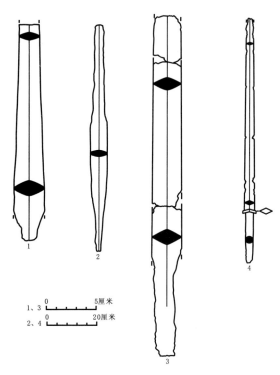

图四四九　铁剑

1~3. A型（M2096：48，M2097：2，D8M3：5）

4. B型（D8M3：12）

A型

9件。锈蚀严重，断成多段。无剑格等其他配件。剑茎、剑首等结构不清。

标本M2096：48，残损严重。双面刃，中间有脊。残长21.6、宽1~3厘米（图四四九，1）。

标本M2097：2，残损严重，出土后锈蚀更严重。双面刃。残长90厘米左右（图四四九，2）。

标本D8M3：5，出土时摆放于墓主的头部棺外器物箱中。残长33.6厘米（图四四九，3）。

B型

3件。圆剑茎，青铜菱形剑格，格上无纹饰，中脊已不明显，锋和刃锈蚀，断面呈菱形，残长100厘米左右。

标本D8M3：12，出土时摆放于墓主的棺内左侧，锈蚀严重，断成多段。残长97厘米（图四四九，4）。

二　环首刀

25件。出土于23座墓中。和铜环首刀一样，一般出土于墓主棺内一侧，多与铜剑、铁剑对称分布。其形态大体明确。

标本D3M29：8，一面有刃，背较直，尖端成斜刃，另一端有环形柄。残长29厘米（图四五〇，1）。

标本D7M4：4，椭圆形环首，柄与刀身渐变，单面刃，直背。残长16、宽3.2厘米（图四五〇，2）。

标本D8M4：4，椭圆形环首，柄与刃相同，单面刃，直背。残长37.6、宽4.6、厚0.1~0.8

厘米（图四五〇，3）。

标本 M2428∶1，环首，单面刃，直背，前端已残。残长 17.9 厘米（图四五〇，4）。

三　戟

2 件。均出土于 D3M27 中。呈"卜"字形。只有前伸的直刺和旁出的横枝。

标本 D3M27∶15，锈蚀较严重。长 16、横宽 8.8 厘米（图四五一，1）。

四　釜

10 件（组），含釜和釜架，残损严重。

五　斧

5 件。出土于五座墓中，残损严重。形态明确的 1 件。

M2434∶5，锈蚀较严重。呈楔形，圆弧形刃部较宽，銎部稍窄，銎孔呈长方形。长 9.4 厘米（图四五一，2；图版一六三，6）。

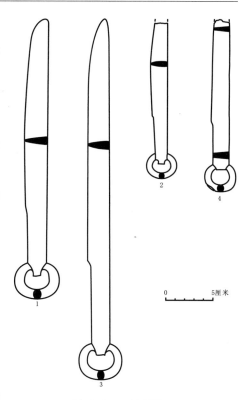

图四五〇　铁环首刀
1. D3M29∶8　2. D7M4∶4　3. D8M4∶4
4. M2428∶1

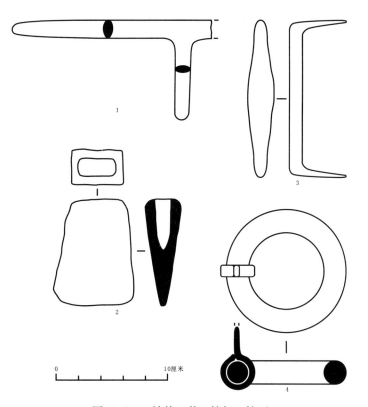

图四五一　铁戟、斧、棺钉、棺环
1. 戟（D3M27∶15）　2. 斧（M2434∶5）　3. 棺钉（D8M4∶8）　4. 棺环（D7M4∶5）

六 棺钉和棺环

99 座墓中均出土有铁棺钉，但仅少数墓中发现铁棺环。均残损严重，没有遭到扰乱的墓中出土的铁棺钉多呈对称分布。棺钉和棺环在西汉墓葬中大量出土，而棺环在东汉砖室墓中不见，这可能是两汉时期的埋葬习俗、墓葬形制、棺椁结构发生巨大变化的结果。当砖室墓出现并成熟后，墓主下葬一般是在砖椁建成之后下葬，砖椁一般都有券顶，墓主的葬具无法吊运入葬，只能采用人力运输，棺环已没有必要。

标本 D8M4：8，长 14、宽 0.6～2.4 厘米（图四五一，3）。

标本 D7M4：5，锈蚀严重。铁质圆环上套铁钉。直径 11、截面直径 2.05 厘米（图四五一，4）。

七 灯

1 件。M2025：2，平沿，浅盘，竹节状柱柄，喇叭状圈足。口径 10.6、底径 9.2、高 14.8 厘米（图四〇八，3）。

八 其他

本区域两汉墓葬还出土了削、臿、架、剪等，共计 83 件。均锈蚀严重，保存较差。

第一三节 印章

两汉时期，列侯、二千石高级官吏及其他与皇室关系密切的贵族在死后大多会得到朝廷的不同赙赠礼遇，主要包括：祖衣被、赙钱财、赐东园之器、赐棺椁冢地、赐赠谥、印（玺）绶等[21]，因高级官吏在治葬过程中广泛使用印章陪葬，所谓上行下效，中小官吏、贵族们均也争相效仿，甚至普通平民也开始使用印章随葬，因而在这一时期的墓葬中留下了不少印章。

一 印章的出土

目前可查证属沅水下游两汉墓葬出土的印章共 50 枚（见附表四和附表五），出自 41 座墓中，其中有 9 座墓各出土 2 枚，其余每座墓各出土 1 枚。纳入本报告的有 39 枚印章，出土于 32 座墓中。7 座土墩竖穴墓出土印章 9 枚，22 座土坑竖穴墓出土印章 26 枚，3 座砖室墓出印章 4 枚。32 座墓除 D1M2 遭多次盗掘及三座砖室墓（M2401、M2408、M2409）遭扰动外，其他 28 座墓葬均保存完整，印章出土时位置基本明确，其出土位置可分为三类：

（一）墓主的头部

印章出于墓主头部的常伴出有铜镜、滑石镜或滑石璧。从附表四可知，D3M24：1、M2110：2、M2137：1、M2138：1、M2138：2、M2169：9、M2198：1、M2218：3、M2248：3、M2261：5、M2261：8、M2267：2、M2366：1 等共 13 枚印章均出土于墓主头部。

（二）墓主的腰间

这类印章一般与带钩、环首刀一起出土，与印章、带钩及环首刀对应的墓主骨骼的另一侧通常还有剑伴出，但仅随葬剑而无环首刀的墓中一般位于剑身中部，出土时多压于剑身之下。从附表四可知共有 11 枚印章出土于墓主腰间。

（三）边箱中墓主头部一端

从附表四可知，D1M2：1、D8M3：6、M2113：2、M2113：34、M2120：28、M2124：1、M2253：2、M2259：4、M2264：11、M2269：1、M2281：5 等共 11 枚印章出土于边箱的一端，大多数应靠近墓主头部一端，与其他随葬器物一般相距较远。

三座砖室墓在发掘前都遭到不同程度的扰乱，葬具痕迹被扰乱，M2401 中的两枚印章一件出于主室内，另一件出于甬道。M2408 的青铜印出于甬道内，与铜带钩和铜剑一道出土。M2409 的无字铜印出于主室内，和铜带钩一起出土。

《湖南省博物馆藏古玺印集》、《沅水下游楚墓》的作者通过对长沙地区和沅水下游战国中期至晚期楚墓出土玺印的分布位置进行归纳认为："战国中期的玺印多出在头部或头龛内，原来随葬时可能是放在奁盒内的，而战国晚期的玺印则大多数出在腰部，这也许说明墓主人生前是佩戴于腰间的"。他们认为玺印分布位置的不同与时代有关[22]。但从沅水下游汉墓 39 枚印章出土的位置看，两汉时期陪葬的印章，虽多数位于墓主的头部和腰间，却也有相当一部分是出土于边箱靠头部一端，这似乎与时代无多大关系，可能更多的是因为习惯等其他原因。另有一个现象就是印章出土于墓主腰间的 10 座墓一般均有兵器随葬，规模也较大。印章多出于剑的中部或环首刀的一端。如 D3M27：7 和 D3M27：8 位于铜剑之下，D3M26：31 与铜剑和玉带钩一起，D8M3：9 位于铁剑之下，M2096：61 和环首刀一起，D10M1：1、M2024：2、M2107：2、M2277：19、M2295：16 等均位于墓主腰间。这些墓葬的主人一般地位都较高，有郎中令、长、尉、丞等级别的官吏，几乎没有普通平民。

二　印章的分类与释文

39 枚印章出土于 32 座墓，其中有七座墓各出土 2 枚。有铜印 8 枚、银印 1 枚、玉印 2 枚、滑石印 28 枚。可清晰辨明印文的 27 枚，其他 12 枚印章中，3 枚铜印和 9 枚滑石印或无铭文或原书写文字已泯灭不清。可辨明印文的 27 枚印章按照印文内容可分为：私印 10 枚、官署印 4 枚、职官印 9 枚、官爵印 2 枚和暂时难以判定性质的印章 2 枚。

（一）官爵印

2 枚。一枚为银质，一枚为滑石质地。

M2366：1，银质。方形，坛钮，印体呈盝顶式。印面阴刻"田"字界格，内横栏左高右低。格内刻白文"长信侯□"。边角略有崩缺。边长 1.45、通高 1.5 厘米（图四五二，1；图版一六三，7）。

M2138：1，滑石质地。长方形，鼻纽稍残，印台较薄。印面阴刻白文"安陵君印"。该印章应为"急就章"，制作草率。长 2.6、宽 2.3、通高 1.2 厘米（图四五二，2；图版一六三，8）。M2138 是一座西汉早期中段墓，与东周时期的"安陵君"应无直接关系，而汉代未见有封安陵君的记载。"安陵君"之"君"若当"郡"理解，则查《汉书·地理志》，汉代并无安陵郡，只有

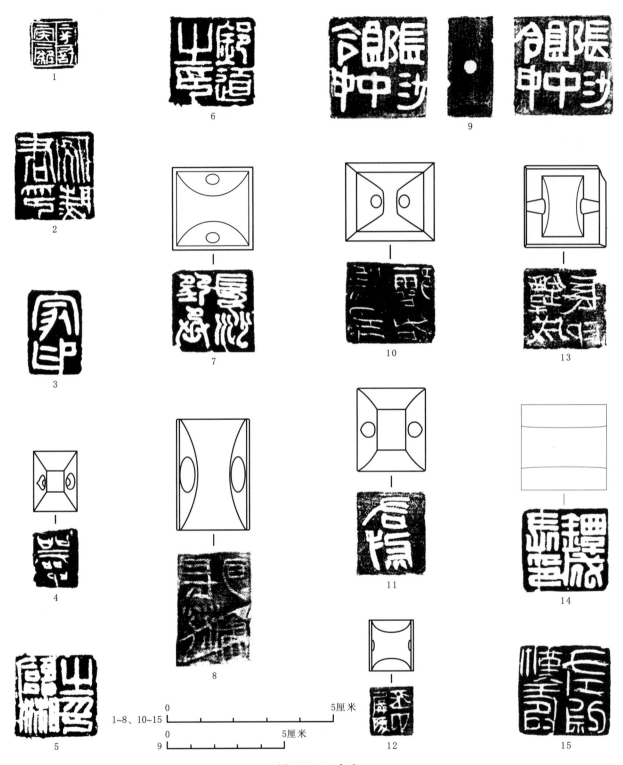

图四五二　印章

1. 银质"长信侯□"印（M2366∶1）　2. 滑石"安陵君印"（M2138∶1）　3. 滑石"家印"（M2110∶2）　4. 滑石"器印"（M2248∶3）
5. 滑石"临湘之印"（M2137∶1）　6. 滑石"陰道之印"（M2138∶2）　7. 滑石"长沙郢丞"印（M2248∶2）　8. 滑石"长沙司马"印
（M2281∶5）　9. 滑石"长沙郎中令印"（D3M27∶7）　10. 滑石"鄙右尉印"（M2113∶2）　11. 滑石"右尉"印（M2261∶8）　12. 滑石
"屠陵丞印"（D1M2∶1）　13. 滑石"镡成长印"（D10M1∶1）　14. 滑石"镡成长印"（M2096∶61）　15. 滑石"汉寿左尉"印（M2401∶3）

安陵县㉓（据《汉书·地理志卷八》，汉惠帝时置，属右扶风，其故址大致在今陕西省咸阳市东北）。

（二）官署印

4枚。均为滑石质地。

M2110：2，长方形，覆斗纽，印台较薄。印面阴刻白文"家印"㉔。书体规范，制作精致。长2.5、宽1.6、通高1.5厘米（图四五二，3；图版一六四，1）。

M2248：3，长方形，覆斗纽，纽侧有穿，底面阴刻篆体白文"器印"二字。该印应为掌管各类器械制作的官署之印㉕，属"急就章"，制作草率。印面长1.9、宽1.5、通高1.9厘米（图四五六，4；图版一六四，2）。

M2137：1，属墓主生前曾经担任过官职的"临湘"县官署之印。方形，瓦纽，印面阴刻四字隶书白文"临湘之印"㉖。印文庄重饱满，书风成熟。长、宽2.3，通高1.6厘米（图四五二，5；图版一六四，3）。

M2138：2，略呈长方形，瓦纽，纽侧有穿，底面阴刻"陰道之印"白文四字。据印文推知，墓主似曾在西汉"陰道"县为官㉗，后归葬武陵郡之今常德德山，此印即为后制作的原官署之印，印文庄重，书风较成熟。长2.5、宽2.4、通高1.8厘米（图四五二，6；图版一六四，4）。

（三）职官印

9枚。均为滑石质地。

M2248：2，方形，桥纽，印面阴刻篆字白文"长沙郢丞"。字迹清晰规整。印面边长2.3、通高1.8厘米（图四五二，7；图版一六四，5）。

M2281：5，长方形，桥纽，印面阴刻篆字白文"长沙司马"。字迹清晰，但制作较草率，在"司"和"马"字间的留白较多。长3.2、宽2.2、通高1.9厘米（图四五二，8；图版一六四，6、7）。

D3M27：7，正方形，双面文字。正反两面均阴刻"长沙郎中令印"铭文。两面的文字笔画娴熟圆润，还稍有变化。属汉印中的精品。印身中间有一直径0.4厘米的穿。长、宽2.9，通高1.4厘米（图四五二，9；图版一六四，8、9）。

M2113：2，正方形，二层坛式，鼻纽。印面阴刻篆书白文"鄙右尉印"。书体略显草率。长、宽2.6，通高1.8厘米（图四五二，10；彩版八五，4；图版一六五，1）。

M2261：8，长方形，覆斗纽。印面阴刻白文"右尉"。书体规范，笔画圆润成熟。长2.4、宽2、通高1.3厘米（图四五二，11；图版一六五，2、3）。

D1M2：1，略呈长方形，瓦纽。纽上有直径0.3～0.5厘米的穿。印文为阴刻白文"孱陵丞印"，书写和刻制得仓促草率。"孱陵"乃县名，为西汉武陵郡下辖十三县之一。长2.05、宽1.8、通高1.2厘米（图四五二，12；图版一六五，4、5）。

D10M1：1，近方形，桥形纽。印面阴刻反书"镡成长印"。铭文书体刻制草率，明显属专门随葬用的"急就章"。长2.4、宽2.3、通高2厘米（图四五二，13；图版一六五，6、7）。

M2096：61，方形，瓦纽。印残成两块，印面阴刻铭文"镡成长印"。文字刻制规范，线条流畅而平直。长、宽2.5，通高2.2厘米（图四五二，14；彩版八二，4；图版一六五，8）。

M2401：3，方形，桥纽。印面阴刻篆体"汉寿左尉"铭文。刻制粗糙，印文反书，应为墓主卒后急就而成。长、宽2.7，通高2厘米（图四五二，15；图版一六五，9）。

（四）私印

10枚。均为墓主私人印信。有5枚滑石印，3枚铜印，2枚玉印。

M2113：34，滑石质地。近方形，桥纽，纽部稍残。印文为阴刻篆书"蔡但"。长1.7、宽1.5、残高1.2厘米（图四五三，1；彩版八五，5；图版一六六，1）。

M2261：5，滑石质地。正方形，桥纽，纽部稍残。印文为阴刻篆书"李忌"。长、宽1.9，残

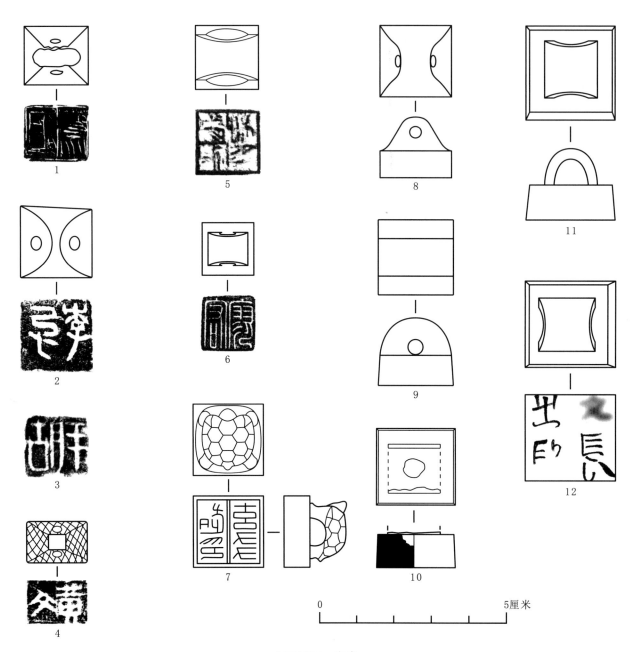

图四五三　印章

1. 滑石"蔡但"印（M2113：34）　2. 滑石"李忌"印（M2261：5）　3. 滑石"胡平"印（M2198：1）　4. 滑石"黄文"印（M2259：4）
5. 铜"廖福私印"（D3M27：8）　6. "廖宏"玉印（D3M26：31）　7. 青铜"赵玄友印"（D8M3：6）　8. 滑石无字印（M2120：28）　9. 滑石无字印（D8M3：9）　10. 铜无字印（D3M24：1）　11. 铜无字印（M2409：6）　12. 铜"□长之印"（M2408：6）

高 1.2 厘米（图四五三，2；图版一六六，2、3）。

M2169∶9，青铜质。正方形，中部有长方形穿。双面刻铭文。一面刻"周阮"，另一面刻"臣阮印"。铭文均采用阴、阳两种刻制方法，"周"字采用阳刻，而"阮"却采用阴刻，两字间有竖栏。同样的"臣"字采用阳刻，但"阮印"却采用阴刻，字体不同，其间也有竖栏。长 1.5、宽1.4、通高 0.6 厘米（图版一六六，4、5）。

M2198∶1，滑石质地。长方形。一端阴刻白文"胡平"。长 1.9、宽 1.7、通高 2.6 厘米（图四五三，3；彩版一○三，3；图版一六六，6）。

M2259∶4，滑石质地。长方形，盝顶钮。印台较薄，一面钮上刻划细菱格纹。印面阴刻白文"黄文"。书体规范，笔画圆润。长 1.55、宽 1.05、通高 0.8 厘米（图四五三，4；图版一六六，7、8）。

M2267∶2，青玉质地。方形，盝顶钮。印面阴刻白文"絑婴"。书体规范，笔画圆润，属西汉中期汉印中的精品。边长 2、通高 1.5 厘米（图版一六七，1、2）。

M2277∶19，滑石质地。印面略呈长方形，鼻钮。印台较薄。印面阴刻白文"彭三老印"，书体草率。长 1.7、宽 1.55、通高 1.1 厘米（图版一六六，9）。此印其实也可能属西汉时期主管县级以下教化等事务的低级官吏的官印。若此说成立，则该墓墓主可能是属西汉武陵郡临沅县的一位彭姓三老。

D3M27∶8，青铜质。方形，瓦钮。印面阳刻"田"字界格，格内阳刻"廖福私印"。笔画纤细规范，制作精致，应属墓主生前使用的印信。边长 1.7、通高 1.5 厘米（图四五三，5；图版一六七，3、4）。

D3M26∶31，和田白玉质。为墓主生前使用的私印。方形，鼻钮。篆书铭文"廖宏"。笔画娴熟流畅。边长 1.4、通高 1.1 厘米（图四五三，6；图版一六七，5）。

D8M3∶6，青铜质地。印面正方形，龟形钮。龟钮以四脚与印台四角相连，龟首短而上扬，龟背鳞片清晰可见。阳刻篆书铭文"赵玄友印"四字，字体舒畅。印面周边有方形界栏，中间有竖隔栏将印面一分为二。边长 1.9、通高 1.7 厘米（图四五三，7；图版一六七，6、7）。

（五）无字印

12 枚。其中 9 枚滑石质地，3 枚铜质。这批印章大部分应该都是没有刻写铭文的，有的可能曾经书写过，但没有来得及刻写就匆匆下葬，书写的文字已经湮灭无存。

M2120∶28，滑石质地。出土于墓室一侧中部。方形，鼻钮。边长 1.9、通高 1.6 厘米（图四五三，8）。

M2269∶1，滑石质地。出土于墓室边箱的头端。近方形，桥钮。长 1.95、宽 1.9、通高 1.6厘米。

M2295∶16，滑石质地。出土于墓室边箱的中部。近方形，鼻钮。长 2、宽 1.9、通高 1.5厘米。

M2107∶2，滑石质地。出土于墓室中部，可能属墓主的腰间。方形，覆斗钮。边长 1.8、通高1.6 厘米。

M2124∶1，滑石质地。出土于墓室边箱一端。方形，鼻钮。边长 2.05、通高 1.8 厘米。

M2218∶3，滑石质地。出土于墓主头部一侧，和滑石镜一起。方形，桥钮。边长 2.3、通高1.5 厘米。

M2253：2，滑石质地。方形，桥纽。边长 1.9、通高 1.65 厘米。

M2024：2，滑石质地。近方形，桥纽。出土于墓主腰间。长 2.0、宽 1.9、通高 1.85 厘米。

D8M3：9，滑石质地。出土于墓主棺内铁剑中部。方形，桥纽。边长 1.9、通高 1.7 厘米（图四五三，9；图版一六七，8）。

M2264：11，铜质。出土于边箱。方形，鼻纽。边长 1.95、通高 1.75 厘米。

D3M24：1，铜质。出土于墓主的头部。方形，瓦钮已残。边长 2.1、残高 1 厘米（图四五三，10；图版一六七，9）。

M2409：6，铜质。近方形，桥纽。长 2.5、宽 2.4、通高 1.9 厘米（图四五三，11）。

（六）其他印章

2 枚。铜印，均出土于东汉砖室墓中。"武乡"印呈长方形，从铭文看，可能属墓主的私印，也可能属汉代县以下所置乡、亭、里、什、伍等行政机构中"乡"的官署印。"□长之印"第一字难以准确释读，所缺失的"□"若是东汉某县的县名——如"充"等，则此印应属职官印，墓主可能为东汉武陵郡下充县之长，但从此墓葬的规格看可能性似乎又很小。所缺失的"□"若是"亭"字，则此墓可能为东汉县级机构下某亭的亭长。目前东汉的"亭长之印"极少出土，若如此，则此印极为珍贵。若"□"和"长"结合起来属东汉某县的县名，则此印应属官署印。若"□"和"长"结合起来为墓主的姓名，则此印可能属墓主私印。因此"□长之印"即可能属墓主生前担任的职官印，也可能属墓主生前为官的官署印，还可能为墓主的私印。

M2401：20，长方形，桥形钮。印面阴刻"武乡"二篆书铭文。长 2.5、宽 1.5、印台厚 0.8、通高 1.9 厘米（图二八七，7；图版一六八，1）。

M2408：6，近方形，桥形钮。印面墨写"□长之印"四字。印章制作较粗糙，应为墓主卒后急就而成。长 2.4、宽 2.3、印台高 1、通高 2 厘米（图四五二，12；图版一六八，2）。

第一四节　钱币类（含铜钱、泥钱、金饼、银饼）

485 座两汉墓葬中共有 201 座（表一五）出土钱币实物或钱币明器，有铜钱（含半两、五铢、大泉五十、货泉）、泥钱（含泥半两、泥五铢、泥金饼、泥金版）、金饼和银饼，共 347 件（组）。出土铜钱的共 106 座，其中二座墓中出土的铜钱保存非常差，难以判定种类，还有九座墓中的泥钱也难以判定具体种类。本报告中每一座墓中出土的一类按照 1 件（组）计算，若出土多类，就按照多件计算（金饼和银饼按实际数量计件）。

表一五　　　　　　　　　　　钱币类登记表　　　　　　　　　　单位：枚

墓葬编号	铜钱					泥钱				金饼	银饼
	半两	五铢	大泉五十	货泉	不明铜钱	半两	五铢	金饼金版	不明泥钱		
D1M2		10 余									
D2M7		3									
D2M11		30 余						30 余			

续表一五

墓葬编号	铜钱					泥钱				金饼	银饼
	半两	五铢	大泉五十	货泉	不明铜钱	半两	五铢	金饼金版	不明泥钱		
D3M27		数十					数千	29			
D3M29		20					数千	30余			
D3M20		10余					存2	存29			
D3M24		1602	3739					40余			
D3M26			2031								
D3M14			300余								
D3M13		100余						10余			
D3M16		数十						余8			
D3M9			10余								
D3M18		数十					数枚	近百			
D3M30		数十						数十			
D3M28			近百								
D7M3		50余						近百			
D7M4		10余						近百			
D7M5		10余					近千	近百			
D8M3		10余					数千	金饼			
D8M4		10余					数千	金饼			
D9M1							五铢	金饼			
D9M3			大泉五十					金饼			
D9M4								10余			
D9M6			10余								
D9M7		五铢									
D9M8		五铢									
D9M9		五铢									
D9M10			大泉五十								
D10M1		20余	数十								
D10M2							五铢	存5			
D11M4		五铢						金饼			
D11M7								26			
M2001			32								
M2002		五铢						金饼			
M2003		存1						数十			
M2004		五铢						金饼			

续表一五

墓葬编号	铜 钱					泥 钱				金饼	银饼
	半两	五铢	大泉五十	货泉	不明铜钱	半两	五铢	金饼金版	不明泥钱		
M2005		五铢					五铢	金饼			
M2006		五铢	30余								
M2008		五铢	大泉五十								
M2009		五铢									
M2010							五铢				
M2011		五铢									
M2012		五铢						金饼			
M2013		五铢	10余								
M2014		五铢									
M2015		五铢	大泉五十								
M2016		五铢									
M2017		五铢	大泉五十								
M2018								金饼			
M2019		五铢						金饼			
M2020		五铢						金饼			
M2021		五铢									
M2022		60余									
M2023		50余						金饼			
M2024		五铢						金饼			
M2025		五铢	大泉五十								
M2027		五铢						金饼			
M2028		五铢									
M2029		五铢						金饼			
M2030		五铢									
M2031		五铢	20余								
M2032								金饼			
M2034		五铢									
M2036		五铢									
M2040								金饼			
M2041								金饼			
M2042		五铢									
M2044								金饼			
M2045		五铢									

续表一五

墓葬编号	铜　钱					泥　钱				金饼	银饼
	半两	五铢	大泉五十	货泉	不明铜钱	半两	五铢	金饼金版	不明泥钱		
M2047		五铢									
M2051		五铢						金饼			
M2056			大泉五十								
M2058		五铢									
M2061		100余									
M2062		剪轮五铢									
M2064		五铢									
M2066		剪轮五铢									
M2067		五铢									
M2070		五铢	大泉五十								
M2071		100						金饼			
M2072		20余						30余			
M2073		100余						存5			
M2074		五铢						金饼			
M2076		10余						6			
M2078		五铢									
M2080								金饼			
M2081		五铢									
M2082		五铢									
M2083		五铢									
M2087		五铢					五铢				
M2088		五铢						5			
M2089		五铢						金饼			
M2090		五铢									
M2092							五铢				
M2093						半两					
M2095							五铢				
M2096		五铢					100	金饼			
M2097							五铢				
M2098		五铢					五铢	金饼		6	
M2099							五铢	金饼			
M2100							五铢	金饼			
M2102							五铢				

续表一五

墓葬编号	铜　钱					泥　钱				金饼	银饼
	半两	五铢	大泉五十	货泉	不明铜钱	半两	五铢	金饼金版	不明泥钱		
M2105					铜钱						
M2106							五铢				
M2110	3										
M2112						半两					
M2113						半两					
M2114						半两					
M2117					铜钱		五铢				
M2118								金饼			
M2120						半两					
M2126									泥钱		
M2136						半两					
M2141								金饼	泥钱		
M2146		五铢						金饼			
M2157						半两					
M2169									泥钱		
M2171						半两		金饼			
M2172						半两					
M2173						半两					
M2174						半两					
M2179								金饼			
M2180						半两					
M2182								金饼	泥钱		
M2183								金饼			
M2184						半两					
M2185								金饼	泥钱		
M2186						半两					
M2190							五铢	金饼			
M2192								金饼			
M2197						半两		金饼			
M2199							五铢	金饼			
M2200						半两					
M2201						半两					
M2202						半两					

续表一五

墓葬编号	铜　　钱					泥　　钱				金饼	银饼
	半两	五铢	大泉五十	货泉	不明铜钱	半两	五铢	金饼金版	不明泥钱		
M2209						半两					
M2210						半两					
M2218						半两					
M2221									泥钱		
M2232						半两					
M2233						半两					
M2238						半两					
M2239						半两					
M2242						半两		金饼			
M2243									泥钱		
M2247						半两					
M2248						半两		金饼金版			
M2251						半两					
M2253									泥钱		
M2255						3					
M2256						半两					
M2258						半两					
M2259							5				
M2261						半两					
M2262						半两					
M2263						半两					
M2268						半两		金饼			
M2269						半两					
M2271						半两					
M2272						半两		金饼			
M2276								金饼			
M2288						半两					
M2291						半两					
M2293						半两					
M2294						半两					
M2307									泥钱		
M2322		五铢						金饼			
M2331						半两					

续表一五

墓葬编号	铜钱					泥钱				金饼	银饼
	半两	五铢	大泉五十	货泉	不明铜钱	半两	五铢	金饼金版	不明泥钱		
M2333							五铢	金饼			
M2339							五铢	金饼			
M2344								6			
M2345							五铢	金饼			
M2347							五铢				
M2351							五铢				
M2353								金饼			
M2354							五铢				
M2355								金饼			
M2356							五铢				
M2359							五铢				
M2360								金饼			
M2361							五铢	金饼			
M2362		五铢					五铢	金饼金版			
M2375						半两					
M2380								金饼			
M2384		五铢									
M2388		五铢									
M2390		五铢									
M2395		五铢									
M2400		五铢									
M2401		五铢									
M2408		五铢		货泉							
M2409		五铢									
M2412		五铢									
M2414		五铢									
M2416		五铢									
M2427		五铢									
M2429		五铢									
M2438		五铢		货泉							
M2442		五铢									
M2443		五铢									
M2445										9	46

注：本表格的"泥金饼和泥金版"栏中未标明者均为泥金饼。

一　铜钱

在 106 座墓中出土了铜钱，有半两、五铢、大泉五十和货泉。

（一）半两

出土铜半两的仅 1 座墓（M2110），3 枚，出土时可以辨明钱币的钱文，稍碰即碎。

（二）五铢

铜五铢是出土最多的钱币，不仅数量多，而且涉及的墓葬多。土坑墓、土墩墓和砖室墓均大量出土，共有 94 座墓。一般每座墓出土 10～100 枚左右，少数达千枚以上，最多的是 D3M24，达 1602 枚，最少的是 M2003，仅 1 枚。出土 10 枚左右五铢钱的墓一般将钱币分散于墓室内，出土达 100 枚以上的墓一般将钱币分成两部分，少部分为墓主随身携带置于棺内，大部分置于椁室内。数十枚以上的钱币一般都用细麻绳或细棕绳串连。有 10 座墓是铜五铢和大泉五十同出。

94 座墓中出土的铜五铢，根据其大小尺寸、钱文特征、廓等可分为有廓五铢、磨廓五铢、剪轮五铢三型。以有廓五铢为主。

A 型

有廓五铢。圆形方穿，穿两侧有篆文"五铢"二字，极少数的正面穿上部或背面有半月形标记。

标本 D3M20：14 - 1，钱边廓较窄，"五"字上下两笔长度相当，中间两笔交叉圆弧状。"铢"字的"金"字头为三角形，中间四点为短竖状，"朱"字的上下两笔圆弧。廓径 2.4、穿径 1.05 厘米（图四五四，1）。

标本 D3M20：14 - 2，钱边廓较宽，钱文纤细，"铢"字的"金"字头为三角形，中间四点为原点状，"朱"字的上下两笔直折。廓径 2.6、穿径 1.05 厘米（图四五四，2）。

标本 D8M3：4 - 1，穿两侧有篆文"五铢"二字，边廓和内廓都较窄。廓径 2.35、穿径 1.05、廓厚 0.2 厘米（图四五四，3）。

标本 M2022：1 - 1，钱文较纤细，钱内外廓规整。廓径 2.55、穿径 1.02 厘米（图四五四，4）。

标本 M2022：1 - 2，钱文较宽而模糊，上方有一半月形标记，钱内外廓规整。廓径 2.5、穿径 1.05 厘米（图四五四，5）。

标本 M2098：17，钱文纤细而清晰，"五"上下两横平直相等，中间圆弧交叉，"铢"的"朱"字头呈三角形，四点均匀，"朱"字上下直折（图四五四，6）。

标本 M2362：8，宽廓，钱文规范，"五"字之间交叉两笔圆润，"铢"字的"金"头为三角形，中间四点为圆点。廓径 2.6、穿径 0.9 厘米（图四五四，7）。

标本 D3M16：14，外廓窄，内廓更窄，钱文"五"字交叉两笔呈弧形，"铢"的"金"字头为尖角，下部四圆点，"朱"字上折下弧。廓经 2.55、穿径 1.15 厘米（图四五四，8）。

标本 M2073：20，钱文字体纤细，清晰，"五"字上下两笔平行，中间两笔对称交叉，"铢"字的"金"头为三角形，下为四点，"朱"字上为方折，下为圆折。廓径 2.7、穿径 1.05 厘米（图四五四，9）。

标本 D3M24：8 - 22，"五"字两笔较圆，"金"字头呈三角形，廓经 2.4、穿径 1.02 厘米（图四五四，10）。

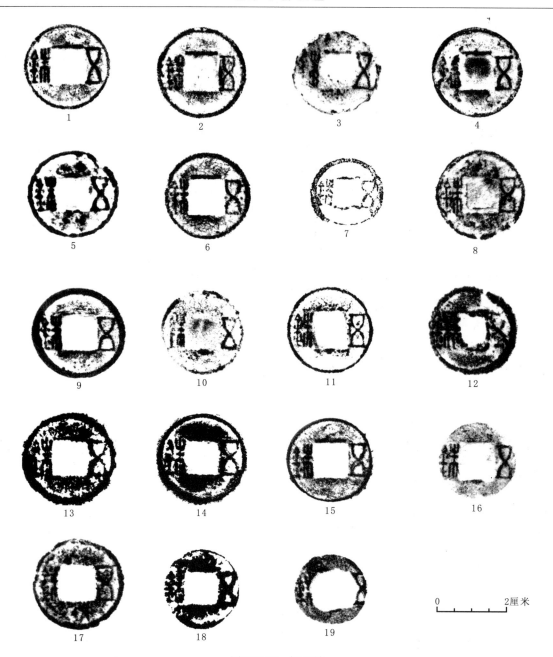

图四五四　铜五铢

1～14. A 型 （D3M20∶14－1，D3M20∶14－2，D8M3∶4－1，M2022∶1－1，M2022∶1－2，M2098∶17，M2362∶8，
D3M16∶14，M2073∶20，D3M24∶8－22，D10M1∶4，M2408∶5，M2438∶52，M2438∶53）　15～18. B 型 （M2020∶1，
D3M30∶24，D3M13∶3－2，M2438∶51）　19. C 型 （D3M13∶3－1）

　　标本 D10M1∶4，廓径 2.45、穿径 1 厘米 （图四五四，11）。

　　标本 M2408∶5，钱边廓宽窄不一，钱文模糊，"铢"字的"金"字头为三角形，中间四点为
竖点状。廓径 2.45、穿径 1.05 厘米 （图四五四，12）。

　　标本 M2438∶52，钱廓稍宽，"五"字微曲，"铢"字圆滑，"金"字的四点较短，字迹不清，
制作粗糙。廓径 2.5 厘米 （图四五四，13）。

　　标本 M2438∶53，钱廓较宽。"五"字上下两笔平直，交叉两笔圆弧，"铢"字的"金"字头
三角较钝，四点略短，"朱"字变得圆滑。廓径 2.5 厘米 （图四五四，14）。

B 型

磨廓五铢。圆形方穿，穿两侧的篆文"五铢"二字和有廓五铢无大的区别，但其钱身的外廓、内廓或内外廓均有明显的磨蚀痕迹，有的内外廓均磨蚀。

标本 M2020：1，钱文清晰，钱外廓规整。内廓较模糊，有明显磨蚀的痕迹。"五"字上下两笔平行，交叉两笔圆润，"铢"字的"朱"为尖头的三角形，下部四点较长，"朱"字上下两部分基本对称。廓径 2.48、穿径 1.05 厘米（图四五四，15）。

标本 D3M30：24，窄廓，廓有明显磨减的痕迹，宽穿，钱文清晰。廓径 2.15、穿径 1.1 厘米（图四五四，16）。

标本 D3M13：3-2，外廓规整，内廓模糊，有明显磨蚀的痕迹。廓经 2.1、穿径 1.1 厘米（图四五四，17）。

标本 M2438：51，钱文高于廓面。"五"字微曲，"铢"字圆滑，"金"字的四点较短，字迹不清，制作粗糙。廓径 2.2 厘米（图四五四，18）。

C 型

剪轮五铢。圆形，方穿，无内外廓。钱文的"五"字交叉两笔圆弧，右侧不全，"朱"字为尖头，仅存左侧少许。

标本 D3M13：3-1，廓经 2.05、穿径 1.15、厚 0.09 厘米（图四五四，19）。

（三）大泉五十

出土铜钱的 106 座墓中，有 19 座墓出土大泉五十，其中和铜五铢一同出土的有 10 座（D3M24、D10M1、M2006、M2008、M2013、M2015、M2017、M2025、M2031 和 M2070）。一般每座墓出土 10~100 枚左右，最多的是 D3M24，达 3739 枚，还有 D3M26 出土达 2031 枚；D3M14 有 300 余枚。同五铢钱出土时的情况相同，一般出土钱币 10 枚左右的墓将其分散于墓室内；出土 100 枚以上的墓则将钱币分成两部分：少部分为墓主随身携带置于棺内，大部分置于椁室内。数十枚以上的钱币均用细麻绳或细棕绳串连。

标本 D3M26：26-1，文字纤细，背光。廓径 2.7、穿径 1.05、厚 0.1~0.2 厘米，重 4.87 克（图四五五，1）。

标本 D3M26：26-2，文字较粗，"泉"字上部缺点，下部的"水"字笔画模糊。廓径 2.5、穿径 0.85、厚 0.1~0.2 厘米，重 4.86 克（图四五五，2）。

标本 D3M26：26-3，文字纤细清晰，背光。廓径 2.45、穿径 1、厚 0.08~0.2 厘米，重 3.72 克（图四五五，3）。

标本 D3M24：8-1，文字纤细。廓径 2.65、穿径 1、厚 0.12~0.3 厘米，重 4.88 克（图四五五，4）。

标本 D3M14：15-1，文字纤细。廓径 2.6、穿径 0.95、厚 0.1~0.2 厘米，重 3.65 克（图四五五，5）。

标本 D3M9：5，廓经 2.75、穿径 0.95 厘米（图四五五，6）。

标本 D3M28：3，廓径 2.85、穿径 1.05 厘米（图四五五，7）。

标本 D9M10：23-1，文字纤细，"泉"字上无点，边廓较窄，背光。廓径 2.3、穿径 0.95 厘米（图四五五，8）。

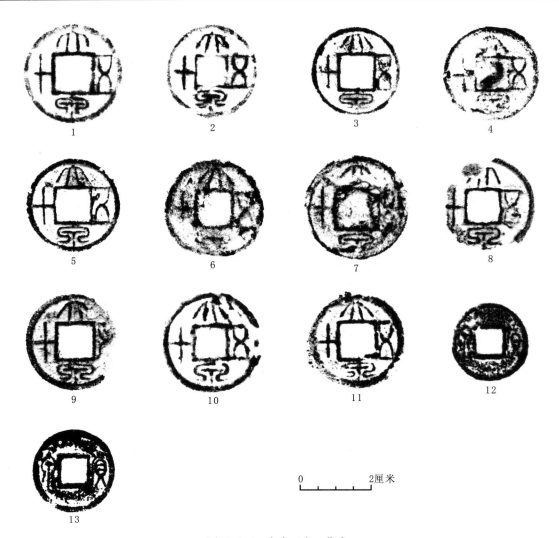

图四五五　大泉五十、货泉

1～11. 大泉五十（D3M26：26-1，D3M26：26-2，D3M26：26-3，D3M24：8-1，D3M14：15-1，D3M9：5，D3M28：3，
D9M10：23-1，D9M10：23-2，D10M1：3，M2025：28）　12、13. 货泉（M2408：30，M2438：50）

标本 D9M10：23-2，文字宽粗，笔画清晰，"泉"字上部无点，下部的"水"字笔划清晰，边廓较宽，背光。廓径2.65、穿径0.95厘米（图四五五，9）。

标本 D10M1：3，廓径2.7、穿径0.9厘米（图四五五，10）。

标本 M2025：28，廓径2.65、穿径1厘米（图四五五，11）。

（四）货泉

5枚。M2408出土2枚，M2438出土3枚。均和铜五铢一同出土。

标本 M2408：30，钱边廓较宽，悬针篆钱文纤细。廓径2.1、穿径0.8厘米（图四五五，12）。

标本 M2438：50，钱文为悬针篆，"泉"字直竖中断。廓径2.3厘米（图四五五，13）。

二　泥钱

泥钱有泥半两、泥五铢、泥金饼、泥金版四种。

（一）泥半两

出土圆形泥钱的墓葬共89座，其中出泥半两的墓葬45座，出土泥五铢的墓35座，还有9座出土的泥钱已难判定其种类。没有泥半两和泥五铢同出的墓葬。

45 座墓中出土泥半两，一般数量非常多，几乎有成千上万枚，均模制而成，制作粗糙，变形严重。多为泥质灰陶，少量夹砂陶，烧成火候低。出土时和泥土混杂，保存极差，无法精准统计其数量。可基本辨其形制的有 35 座墓出土的泥半两。

标本 M2375∶3，出土时成千上万枚，保存完整的少。钱面文字"半"和"两"有的清晰，有的笔画简省，文字不清晰。廓径 1.9~2.4 厘米（图四五六，1）。

标本 M2120∶29-1，泥质灰陶。钱面文字较清晰，圆形方孔也较规范。廓径 2.6、穿径 0.95 厘米（图四五六，2）。

标本 M2120∶29-2，泥质灰陶。钱面文字模糊，圆形方孔不规范。廓径 2.5 厘米左右（图四五六，3）。

标本 M2113∶14，泥质灰陶。部分钱面文字相当清晰，圆形方孔较规范。廓径 2.5、穿径 1.1 厘米（图四五六，4）。

标本 M2197∶24，钱面文字不清晰，且笔画简省。廓径 2.1~2.3、穿径 0.9 厘米（图四五六，5）。

标本 M2200∶3-1，廓径 1.9、穿径 0.8 厘米（图四五六，6）。

标本 M2200∶3-2，廓径 1.9、穿径 0.9 厘米（图四五六，7）。

标本 M2201∶33，钱面文字不清晰，笔画简省。廓径 2.1~2.3、穿径 0.95 厘米（图四五六，8）。

标本 M2209∶14-1，钱面文字不清晰，笔画简化。廓径 2~2.05、穿径 0.85 厘米（图四五六，9）。

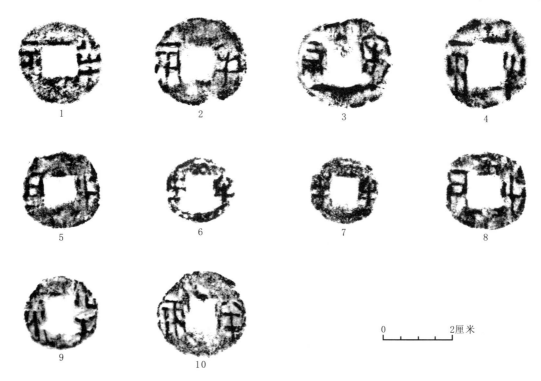

图四五六　泥半两

1. M2375∶3　2. M2120∶29-1　3. M2120∶29-2　4. M2113∶14　5. M2197∶24　6. M2200∶3-1　7. M2200∶3-2
8. M2201∶33　9. M2209∶14-1　10. M2209∶14-2

标本 M2209:14-2，钱面文字清晰，笔画纤细而完整。廓径 2.4~2.5、穿径 0.9 厘米（图四五六，10）。

（二）泥五铢

35 座墓中出土泥五铢。泥五铢的数量一般非常多，制作粗糙，烧成火候低，变形严重。出土时和泥土混杂，保存极差，无法精准统计其数量。根据其大小尺寸、钱文特征等可分为三型。

A 型

泥质灰陶。模压而成，火候较低。钱面文字清晰，笔画较完整。

标本 M2199:13，廓径 2.5~2.6、穿径 0.85 厘米（图四五七，1）。

标本 D3M27:47，"五"字交叉，上下两笔错开，"铢"字笔画简略。廓径 2.3、穿径 0.9 厘米（图四五七，2）。

标本 D3M29:34-1，外廓清晰，"五"字上横长，下横短，字纤细，"铢"字完整。廓径 2.4、穿径 0.6 厘米（图四五七，3）。

标本 D3M29:34-2，外廓模糊，钱文粗短。廓径 2.3、穿径 0.7 厘米（图四五七，4）。

标本 D3M20:34，有外廓，"五"字斜直交叉，"铢"字简化厉害。廓径 2.4、穿径 0.7 厘米（图四五七，5）。

B 型

泥质灰陶，少量夹砂，模压而成，火候较低。"五"较完整，"铢"字仅有偏旁"金"而无"朱"字，整体钱文可读为"五金"。

标本 M2096:34，泥质灰陶，火候较低，为模压而成。"五"字之间交叉，上下两笔错开。

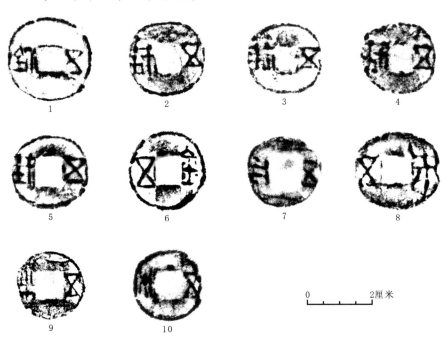

图四五七　泥五铢

1~5. A 型（M2199:13，D3M27:47，D3M29:34-1，D3M29:34-2，D3M20:34）　6、7. B 型（M2096:34，D8M3:30）　8~10. C 型（M2190:25，M2097:7，D8M4:36）

"铢"字笔画简略，仅有"金"部。此墓出土钱币的钱文与一般的区别极大，方向相反，呈"金五"字样。廓径2.3、穿径0.8厘米（图四五七，6）。

标本D8M3∶30，肉和廓不分。"五"字上下和中间的笔画平直不圆转，字高于钱面。"铢"字的笔画简略，仅存"金"字而无"朱"。整个钱文读为"五金"。廓径2.3~2.4、穿径0.85、厚0.4厘米（图四五七，7）。

C 型

泥质灰陶，少量夹砂，模压而成，火候较低。具体枚数难以准确统计。钱文中的"五"较完整，"铢"字仅有偏旁"朱"而无"金"，整体钱文可读为"五朱"。

标本M2190∶25，圆形方孔较规范。廓径2.4~2.6、穿径1.0厘米（图四五七，8）。

标本M2097∶7，廓径2.15、穿径0.92厘米（图四五七，9）。

标本D8M4∶36，背面肉和廓不分，正面有肉有廓。廓径2.2~2.3、穿径0.7、厚0.2~0.3厘米（图四五七，10）。

（三）泥金饼

出土泥金饼的墓有77座。单独出土泥金饼而无其他钱币的墓有18座，有6座墓是和泥半两同出，仅有2座墓是大泉五十钱和泥金饼同出。

泥金饼的数量较多，一般达数十枚，少数上百枚。多集中堆放，部分是存放于陶容器中，也有部分原应存放在木质箱盒中。多数为模制，烧成火候不高，出土时和泥土混杂，保存较差，很难精准统计其数量。

泥金饼有银灰色和黑色两种。泥金饼上所涂银灰色物质可能并不是陶衣，而是一种比较特殊的制陶工艺——锡涂陶的产物[22]。

根据泥金饼的形状、纹饰、尺寸等特征可分为六型。

A 型

泥质陶。剖面呈锥体形，内空。多饰凸弦纹，自上而下盘绕而成，少数凸面无纹饰。

标本M2197∶14，直径5、高2厘米（图四五八，1；图版一六八，3）。

标本M2248∶41，泥质红陶，火候较低。表面呈半球状，底凹。底径5、高1.8厘米（图四五八，2）。

标本M2192∶2，泥质灰陶。金饼上部饰凹凸弦纹，自上而下盘绕，下部内凹。直径3.4、高1.3厘米（图四五八，3；图版一六八，4）。

标本M2199∶25，泥质灰陶。呈锥体状，顶部较平，下部内凹，表面环绕凸弦纹。直径5、高1.8厘米（图四五八，4；图版一六八，5）。

B 型

剖面呈半锥体形，平底。多饰凸弦纹，自上而下盘绕而成，少数模印较复杂的菱格纹和其他纹饰。多数为泥质灰陶和黑陶，少数为夹砂灰陶和暗红色陶，火候不高，易碎。

标本M2190∶6，直径4.4、高1.5厘米（图四五八，5）。

标本M2360∶16-1，器表涂有黑色陶衣。剖面呈半圆形，底平，顶部刻划复杂图案，形制少见。直径4、高1.6厘米（图四五八，6）。

标本M2360∶16-2，剖面呈半椭圆形，顶部饰双线菱格纹，底平。直径3.4、高1厘米（图四

图四五八　泥金饼

1～4. A 型（M2197：14，M2248：41，M2192：2，M2199：25）　5～11. B 型（M2190：6，M2360：16－1，M2360：16－2，M2360：16－3，M2362：38－3，M2362：38－1，M2345：5）　12～15. C 型（M2344：23，M2096：52，M2362：38－2，D9M4：17）

五八，7）。

标本 M2360：16－3，器表涂有黑色陶衣。剖面呈半锥体形。饰凸弦纹，自上而下盘绕而成。直径4、高1.7厘米（图四五八，8）。

标本 M2362：38－3，器表涂有黑色陶衣。剖面呈半锥体形。饰凸弦纹，自上而下盘绕而成。直径4、高1.7厘米（图四五八，9）。

标本 M2362：38－1，器表涂有黑色陶衣。剖面呈半圆形，底平，顶部有旋转涡纹。直径3.8、高1.3厘米（图四五八，10）。

标本 M2345：5，剖面呈半锥体形。饰凸弦纹，自上而下盘绕而成。直径3、高1.5厘米（图四五八，11）。

C 型

表面有黑色陶衣。圆饼形，周身饰小圆乳丁和四组连贯的卷云纹，下部有一道凸弦纹，底部平。

标本 M2344：23，模压而成。顶部有乳突，底平。截面基本呈半椭圆状，上部有凹凸四瓣曲线云纹。直径 5.6、高 2 厘米（图四五八，12）。

标本 M2096：52，直径 5.6、高 1.8 厘米（图四五八，13；图版一六八，6）。

标本 M2362：38 - 2，顶部有乳突，底平。通体黑衣，其上涂有银灰色蜡状物，可能是模仿汉代真实的"银饼"制作。截面基本呈半椭圆形，上部有凹凸的曲线云纹。直径 5.6、高 1.9 厘米（图四五八，14）。

标本 D9M4：17，圆饼形，顶部及周边有五枚乳丁状纹饰，乳丁纹外有四组变形云纹。平底。少数有黑色陶衣。直径 5.7、高 1.9 厘米（图四五八，15）。

D 型

泥质灰陶，模压而成，圆饼形，顶部略凹，平底，饰菱形网格纹，下部有多道凹弦纹，周身涂有一层黑色陶衣。

标本 D2M11：8，直径 5.8、高 2.1 厘米（图四五九，1；图版一六八，7）。

标本 D3M30：23，直径 6、高 2 厘米（图四五九，2）。

标本 M2072：18，周身饰双线菱格纹。直径 6.2、高 2 厘米（图四五九，3）。

标本 D3M13：9，直径 6、高 2 厘米（图四五九，4）。

标本 D3M24：58，凸面中心内凹，中心周围为菱形网格纹，下部有三道凸弦纹。直径 6、高 2 厘米（图四五九，5）。

E 型

夹砂陶。表面涂有白色陶衣。圆饼形，周身饰小圆乳丁和刻划纹，底平。

标本 D3M27：13，直径 6、高 2.2 厘米（图四五九，6；图版一六八，8）。

标本 D3M20：27，底径 6、高 2 厘米（图四五九，7）。

标本 D8M3：29 - 1，顶部略凹，周身饰交叉弧线，每一弧线的交点有乳丁纹，下部有一道凸弦纹。直径 6.2、高 2.2 厘米（图四五九，8）。

标本 D8M3：29 - 2，直径 6.2、高 2.3 厘米（图四五九，9）

标本 D3M18：7，直径 6、高 2.6 厘米（图四五九，10；图版一六九，1）。

F 型

泥质灰陶。模制。圆饼形，顶部多凹，平底，周身多饰乳丁纹，下部有凹弦，多有黑色或白色陶衣。

标本 D3M29：2，周身无乳丁，表面有黑色陶衣。直径 6、高 2.2 厘米（图四五九，11）。

标本 D7M5：12，直径 7、高 2.6 厘米（图四五九，12）。

标本 M2098：9，表面涂有白色陶衣。直径 6、高 2.1 厘米（图四五九，13；图版一六九，2）。

标本 M2003：3，直径 7.2、高 2.5 厘米（图四五九，14）。

标本 M2076：7，直径 6.2、高 2 厘米（图四五九，15）。

标本 D8M4：37，直径 5.6、高 2 厘米（图四五九，16）。

（四）泥金版

出土泥金版的墓有 2 座。M2248 泥金版与泥半两、泥金饼同出，M2362 则是泥五铢、泥金饼与泥金版同出。具体枚数无法统计，本报告中将每座墓出土的泥金版以 1 件计。

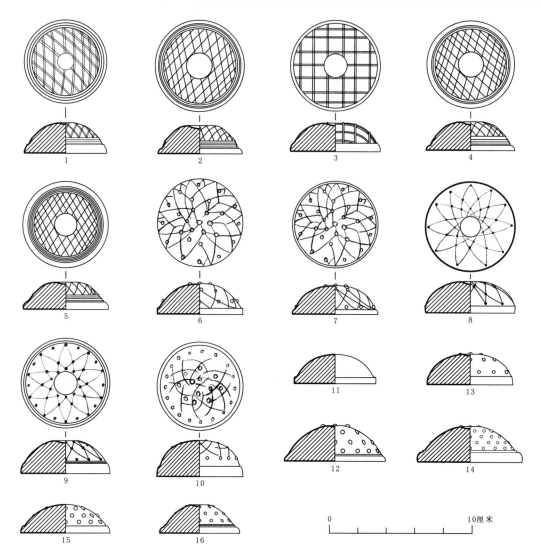

图四五九　泥金饼

1～5. D 型（D2M11：8，D3M30：23，M2072：18，D3M13：9，D3M24：58）　6～10. E 型（D3M27：13，D3M20：27，D8M3：
29－1，D8M3：29－2，D3M18：7）　11～16. F 型（D3M29：2，D7M5：12，M2098：9，M2003：3，M2076：7，D8M4：37）

三　金饼

15 枚。M2098 出土 6 枚（图版一六九，3），M2445 出土 9 枚（图版一六九，4）。根据其时代不同和造型的不同可分为四型。

A 型

6 枚。均出土于 M2098。形制和大小基本相同。圆形，背面凸起，表面粗糙，正面凹陷，边廓圆浑。直径 6.2～6.4 厘米，单枚重量 241～249 克，六枚总重 1479 克，平均每枚重 246.5 克，略合西汉的一斤。金饼的凹面一般都有戳印的文字和符号，戳印符号有"∪"和"V"两种。戳印文字有"长、寿"（图一七〇，5）、"黄、文"（图一七〇，3）、"市"等。

标本 M2098：49，凹面戳印两个"V"形符号，在"V"形符号的底部两侧錾刻有"黄"和"文"两字。直径 6.3、厚 1.05 厘米，重 249 克。（图四六〇，1；图版一七〇，1～3）。

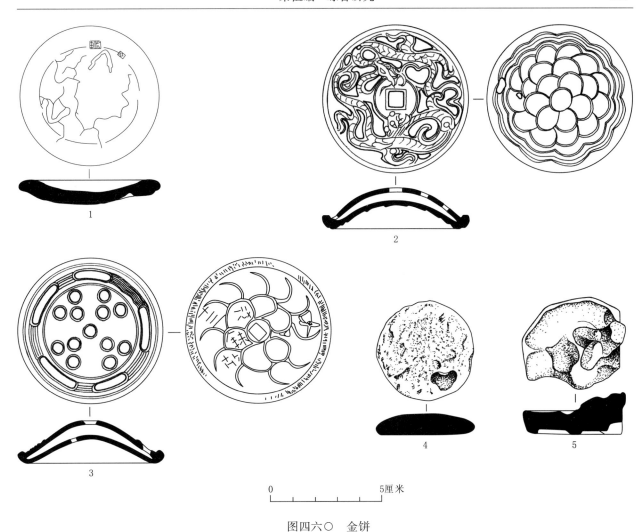

图四六〇　金饼

1. A 型（M2098：49）　2. Ba 型（M2445：1）　3. Bb 型（M2445：2）　4. C 型（M2445：6）　5. D 型（M2445：5）

B 型

3 枚。均出土于 M2445。根据其形状和纹饰可分为两个亚型。

Ba 型

1 枚。M2445：1，双层镂孔，圆饼形，表面隆起，顶部中心镂空为圆形方孔铜钱形状。孔周围有两条盘曲的龙。底部内凹，表面饰有鳞片状纹饰，鳞片周边饰有曲线纹。鳞片纹和曲线纹间有两个一大一小不规则圆孔。经检测含金量为 95.68%。直径 6.65、缘厚 1 厘米，重 244 克（图四六〇，2；图版一七〇，4~6）。

Bb 型

2 枚。形状和大小基本相同，仅背面的戳印纹和底部孔洞不同。色泽呈银灰黄色。双层镂孔，圆饼形，表面隆起，顶部中心及周边镂空有 13 个圆孔，外围边缘有 5 个弧形长方形镂孔，长方形镂孔间以似八卦图案状凸弦纹相隔。底部内凹，有龟甲鳞片状纹饰，纹饰间有不规则孔洞。

标本 M2445：2，纹饰间有 2 个不规则孔洞，一孔边有一戳印的"V"字及"十三铢"和其他符号。经检测含金 67.37%，含银 30.52%。直径 6.5、缘厚 1 厘米，重 192 克（图四六〇，3；图版一七一，1~3）。

C 型

4 枚。圆饼状。表面稍隆起，平底微凹。素面无纹饰，表面粗糙，有凹坑和气孔。

标本 M2445:6，经检测含金 91.38%，含银 3.61%。直径 4.6、厚 1.2 厘米，重 222 克（图四六〇，4；图版一七一，4）。

D 型

2 枚。不规则马蹄状。表面粗糙，有瘤状物和切割痕迹，周边上卷，底较平，略似马蹄状。有凹坑和气孔。标本 M2445:5，经检测含金 93.52%，含银 5.83%。直径 3.7～4.4 厘米，重 210 克（图四六〇，5）。

西汉金饼，目前在沅水流域仅于常德德山 M2098 中发现 6 枚，但在湖南的湘江流域却常有发现。1963 年长沙汤家岭 M1[29]出土了一枚"齐"、"V"戳印和刻划纹金饼，直径 6.4 厘米，重 245.6 克。2006 年长沙望城风篷岭刘姓长沙国某代王后墓[30]中出土金饼 19 枚，均为圆饼形，直径 6 厘米，枚均重 250.5 克。1971 年发掘的广西合浦望牛岭西汉晚期木椁墓[31]中出土了 2 枚金饼，一枚直径 6.5 厘米，重 247 克，金饼上錾刻"阮"和"位"二字；另一枚直径 6.3 厘米，重 249 克，金饼上錾刻"大"和"太史"等字。在北方的西汉墓中金饼出土则属常见：河北满城中山靖王刘胜和妻子窦绾墓中出土 69 枚金饼；河北正定 40 号中山怀王刘修墓[32]中出土 40 枚金饼及掐丝贴花镶琉璃马蹄金和麟趾金；1996 年山东长清双乳山济北王陵 M1 中出土 20 枚金饼；1999 年西安市郊一砖厂出土的 219 枚金饼[33]乃是目前所见一次出土最多的。目前发现的西汉金饼除刘胜和妻子窦绾墓中出土的金饼平均每块只有 15.11～17.99 克，略合汉代一两外，其他金饼枚重均为 250 克左右，与汉代的一斤相符，而且金饼上大多数都有刻划字符和戳印文字。这些金饼除西安谭家乡砖厂金饼应为窖藏外，大多数出土于墓葬，而且出土金饼的墓葬一般为王侯级别的贵族。反观 M2098，该墓虽在早期已经多次被盗掘，但墓葬的封土、墓室规格、葬具处处都体现出与其他墓葬的不同。M2098 为夫妻同穴合葬，有两椁和双重棺，带斜坡墓道，墓口面积 57 平方米，位于同一封堆下墓口相距仅 1 米的 M2096 的墓葬开口面积近 14 平方米，其墓主还曾任西汉武陵郡镡成县之长，但也仅仅是陪葬的角色。故推测，M2098 至少是二千石以上的官员，甚至可能属王侯级贵族。

东汉金饼，曾在湖南长沙 1957 年发掘的桐阴里东汉墓发现 1 枚；1959 年长沙五里牌[34]李家老屋 9 号东汉墓出土 1 枚金饼，上刻一"张"字，金饼直径 7.1、厚 0.7 厘米，重 234.5 克；1953 年在湖南衡阳蒋家山[35]也发现一枚金饼。但目前在全国其他地区金饼则非常少见，M2445 一次出土 9 枚，这在全国也极为罕见。长沙桐阴里金饼外形和西汉金饼并无区别，而五里牌李家老屋 9 号墓出土的金饼是一种马蹄金，和 M2445 出土的二枚 D 型马蹄状金饼基本相同，只是 M2445 中的二枚 D 型马蹄状金饼是经过人工剪裁的，已非铸造时的原样了。

四 银饼

46 枚。均出土于 M2445 中。均为饼状，背面有凸起的瘤状物和节梁，单枚最重 248 克，最轻 112 克，大多重在 210～235 克左右，总重 10192 克。根据银饼的不同形状和刻划符号、文字等可为三型。

A 型

7 枚。正面和背面均有刻划符号，但主要集中在背面。刻划符号有"≠"、"×"、"+"、"石"、"二"等。

标本 M2445：37，背面刻有 "＋" 等符号。直径 5.3、厚 1.25、通高 2 厘米，重 210 克（图四六一，1；图版一七一，5、6）。

标本 M2445：49，背面刻有 "石" 和 "二" 符号。经检测含银量为 98.26%。直径 5.5、厚 1、通高 2 厘米，重 209 克（图四六一，2）。

B 型

3 枚。外形和 A 型基本相同，背面有墨书文字而无刻划符号。文字有 "少一铢"、"少二铢"、"少三铢" 三种。

标本 M2445：19，背面有墨书文字 "少一铢"。直径 5.3～5.4、厚 1.5、通高 2.4 厘米，重 237 克（图四六一，3；图版一七一，7、8）。

标本 M2445：36，背面有墨书文字 "少三铢"。直径 5.35～5.55、厚 1.05、通高 1.95 厘米，重 208 克（图四六一，4）。

C 型

36 枚。素面，既无刻划符号也无墨书文字，平面较规整，有的近似椭圆形。部分有蜂窝状孔，应为铸造时因冷却收缩而形成的。直径 4.6～6.35、厚 0.85～1.7、通高 1.65～2.65 厘米，重 112～248 克。

标本 M2445：41，不规则饼状，正面有许多蜂窝状冷却时留下的气孔，背面还有瘤块和节状梁。经检测含银量为 98%，含金量为 0.11%。直径 5～5.15、厚 1.7、通高 2.7 厘米，重 236 克（图四六一，5）。

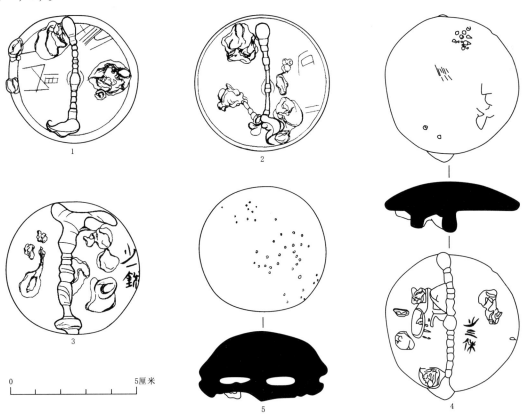

图四六一　银饼

1、2. A 型（M2445：37，M2445：49）　3、4. B 型（M2445：19，M2445：36）　5. C 型银饼（M2445：41）

第一五节　漆木竹器

　　作为随葬器物的漆木器在沅水下游汉墓中是常见的器类，但由于本区两汉墓葬使用白膏泥的并不多，因此绝大部分漆器没有保存下来，在发掘时，大多只见漆皮痕迹。限于发掘条件，对于这些已朽的漆器均仅在发掘记录中简要记录，多数已不明其种类，只有极少数保留下来。漆器有木胎、竹胎、陶胎和石胎等，除少数陶胎漆器和石胎漆器外，能辨明器形有木俑、木针形器、竹扇骨等。

一　木俑

2 件。出土于 D3M26 中，保存非常差，已朽成木片状。

二　木针形器

1 组（3 件）。出土于 D3M24 中，位于墓主的头部。

标本 D3M24∶25，两端呈锥状，中间窄，一端有一小孔。长 5.4、厚 0.2 厘米（图四六，11）。

三　竹扇骨

1 件。出土于 D3M14 中。

D3M14∶5，竹质，长条形，上端宽而薄，下端窄而略厚，有一小圆孔。长 23、宽 0.8～1.2、厚 0.2～0.4 厘米（图五四，6）。

注　释

① 陈彦堂：《关于汉代低温铅釉陶器研究的几个问题》，《古代文明》第 4 卷，文物出版社，2005 年。

② 王仲殊：《汉代考古学概说》，中华书局，1984 年。

③ 西安市文物保护考古所：《西安龙首原汉墓》甲编，第 169、173 页，西北大学出版社，1999 年。

④ 高至喜：《长沙东汉墓出土低温铅釉陶建筑模型明器研究》，《湖南省博物馆馆刊》第七期，岳麓书社，2011 年。

⑤ 浙江省文物考古研究所、湖州市博物馆：《浙江省湖州市杨家埠古墓发掘报告》，浙江省文物考古研究所编《浙江省文物考古研究所学刊》第七期，2005 年。

⑥⑭ 黄冈市博物馆等：《罗州城与汉墓》，科学出版社，2000 年。

⑦ 杨哲峰：《蕲春汉墓所见江东与岭南陶瓷产品及相关问题——读＜罗州城与汉墓＞札记之一》，《江汉考古》2011 年第 4 期。

⑧⑩ 广州市文物管理委员会等：《广州汉墓》，文物出版社，1981 年。

⑨⑫ 湖南省文物考古研究所编著：《里耶发掘报告》，岳麓书社，2007 年。

⑪ 湖南省博物馆：《湖南常德东汉墓》，《考古学集刊》第 1 集，中国社会科学出版社，1981 年。

⑬ 同⑧，第 439 页。

⑮ 广西壮族自治区文物工作队、合浦县博物馆编著：《合浦风门岭汉墓——2003～2005 发掘报告》，科学出版社，2006 年。

⑯ 长江流域第二期文物考古工作人员训练班：《湖北江陵凤凰山西汉墓发掘简报》，《文物》1974 年第 6 期。熊传薪：《谈马王堆3 号西汉墓出土的陆博》，《文物》1979 年第 4 期。

⑰ 河北省文物研究所、鹿泉市文物保管所编著：《高庄汉墓》，科学出版社，2006 年。

⑱ 岑蕊：《试论东汉魏晋墓葬中的多面金珠用途及其源流》，《考古与文物》1990 年第 3 期。

⑲⑳㉞ 湖南省博物馆 禾青：《湖南省博物馆馆藏金银器小议》，《湖南省博物馆馆刊》第七辑，岳麓书社，2010 年。

㉑ 杜林渊:《西汉赗赙制度研究》,《考古与文物》2007 年增刊。

㉒ 湖南省常德市文物局等编著:《沅水下游楚墓》第 819 页,文物出版社,2010 年。

㉓㉕㉖㉗ 陈松长:《湖南古代玺印》,上海辞书出版社,2004 年。

㉔ 傅举有:《汉代的"家"和家吏》,《考古与文物》1984 年第 3 期。

㉘ 李建毛:《长沙楚汉墓出土锡涂陶的考察》,《考古》1998 年第 3 期。

㉙ 湖南省博物馆:《长沙汤家岭西汉墓清理报告》,《考古》1966 年 第 4 期。

㉚ 长沙市文物考古研究所、望城县文物管理局:《湖南望城风篷岭汉墓发掘简报》,《文物》2007 年第 12 期。

㉛ 廖国一:《汉代北部湾货币流通圈与海上丝绸之路——以环北部湾地区中国与越南汉代墓葬出土钱币为例》,《广西金融研究》,2006 年增刊。

㉜ 河北省文物研究所 刘来成:《河北定县 40 号汉墓发掘简报》,《文物》1981 年第 8 期。

㉝ 陕西省文物局文物鉴定组:《记西安北郊谭家乡出土的汉代金饼》,《文物》2000 年第 6 期。

㉟ 周世荣:《衡阳蒋家山东汉墓》,载《湖南古墓与古窑址》,岳麓书社,2004 年。

第二章　墓葬形制

第一节　土墩竖穴墓（A 类）

本报告收录的 485 座两汉墓葬，根据其结构特征可分为三类：土墩竖穴墓、土坑竖穴墓和砖室墓。三种墓葬的形制区别较大，为了便于叙述，将其分为 A 类、B 类和 C 类。

共 126 座。这批墓葬材料是自 20 世纪 70 年代就开始由各级文物部门配合生产建设和基本建设取土而抢救性清理的，当时均作为土坑竖穴墓来处理，以今天的眼光来审视这些材料，许多墓葬的结构并不清楚。真正对其有比较清楚的认识是始于 2009 年常德南坪夏家岗 D10 的三座西汉镡成县"镡成长"家族墓葬发掘之后，到此时发掘者才明确提出"土墩墓"的概念。2010 至 2011 年间，常德博物馆考古部在常德市武陵区南坪乡南坪村一组、十组及原常德县粮食仓库范围内集中清理发掘了五座封堆（D1 ~ D3、D7、D8）内的 22 座汉代土墩竖穴墓，尤其是对 D3 内长沙国郎中令廖福和廖宏等 12 名家族成员的墓葬进行了考古清理发掘之后，才彻底弄清了常德南坪汉代土墩竖穴墓（尤其是家族土墩墓）的主要结构特征。

从保存的封堆及发掘资料判定 2010 至 2011 年发掘的 21 座（D8M7 在发掘前已遭严重破坏而形制不明，不再讨论）A 类墓的墓葬形制可分为两型。

AA 型

8 座。无墓道的土墩竖穴墓。墓葬的形状基本和土坑竖穴墓相同，只是下葬在人工堆筑的熟土台内。长方形竖穴，无墓道，无封门，规模较小，深度较浅，随葬器物较少。根据其使用可分为二个亚型。

AAa 型

7 座。结构和常见的土坑竖穴墓基本相同。

AAb 型

1 座。D8M2，为空墓，无墓主下葬，亦无随葬器物。

AB 型

13 座。带墓道的土墩竖穴墓。均在墓室的一端有长长的墓道，在墓道与墓室交界处有使用青灰土（青膏泥）填筑而成的"封门"。可分为三个亚型。

ABa 型

11 座。带竖穴式墓道的土墩竖穴墓。根据其竖穴式墓道的高度可分为两个亚亚型。

Ⅰ 型

6 座。竖穴式墓道与墓底平齐。如 D2M11 和 D3M29 等。

Ⅱ 型

5 座。竖穴式墓道高于墓底。其中 D3M26 是墓道与墓底高差最大的，达 3.80 米，D8M3 则是最小的，高差仅 0.20 米。

ABb 型

1 座（D3M27）。带斜坡式和竖穴式相结合墓道的土墩竖穴墓。墓道位于西部，全长 7.60 米，由斜坡墓道和竖穴墓道相结合而成。斜坡墓道长 4.40、口宽 2.62、底宽 2.46 米，坡度为 17°。竖穴墓道长 3.20、口宽 2.63、底宽 2.30 米，深与墓底平齐。

ABc 型

1 座（D3M24）。带长斜坡式墓道的土墩竖穴墓。墓道位于西部，全长 7.80、宽 2.60～2.90 米，竖穴墓道稍斜，坡度约 3°。墓道底高于墓室 0.30 米。封门伸入墓室内 0.50 米，高与墓口平齐，总高度为 2.50 米左右。封门上部为青灰土填筑，高 1.30、长 4.30、宽 0.20 米。封门平齐椁室顶部到墓底为几何纹青灰砖砌筑，高 1.20 米，上部单砖错缝平砌，最下部采用侧砌法。

常德南坪的汉代土墩竖穴墓既与江浙沿海一带广泛分布和发掘的秦汉土墩墓有着相同之处，又有明显的地方特征：

1. 封堆的建造均属事先规划。规模大的封堆内部建有排水设施，外部也有相对封闭的排水沟，由这些排水沟将内部和周边的积水与雨水汇入附近的水塘。外部排水沟界还可以作为区别不同家族墓葬的参照。

2. 均从外部运土堆筑成高约 1.70～2 米的熟土台。墓葬下葬在熟土台内，墓口和熟土台的高度相同，但不同墓葬的深度不同，有的打破生土层。

3. 封堆是在墓葬下葬完成后形成的，当封堆形成后就不再有其他同一家族墓葬下葬。

4. 熟土台内使用青膏泥筑起的标志墙（兆域），随着封土台的加高而增高，在标志墙（兆域）的位置使用纯净的青膏泥（青灰土）。从剖面观察，在一层层青膏泥（青灰土）之间夹杂有封堆的灰黄土，两者互相咬合。一般中心主墓的位置预留有坑，在主墓下葬时，对原留的土坑进行整理，在墓室内侧使用模板后用纯净的青膏泥（中间有时夹有少量黄土）将四壁修整加固。这种现象体现在发掘时所见墓室一侧的墓壁自上而下笔直整齐，而外侧的青膏泥却宽窄不一。

5. 所有带墓道的土墩竖穴墓之墓道与墓室间均有使用青膏泥填筑的"封门"，其高度与墓室深度相同。几乎所有的"封门"均伸入墓室内，一般在 0.30～1.50 米左右。

6. 既有一墩一墓也有一墩多墓，其中最多的是 D3，内部至少有长沙国郎中令廖福家族 12 名成员合葬。以多名家族成员合葬的家族墓为主，D2 内存 2 座，D7 内有 3 座，D8 内有 4 座，D9 内有 9 座，D10 内存 3 座，D11 内存 7 座。

土墩竖穴墓中没有发现带头龛和边龛的现象。

D8M2 是沅水下游已发掘的两汉墓葬中唯一一座可确定的空墓。发掘时从平面可清楚发现 D8M2 将 D8M3 的部分墓道、墓室和封门打破（图八二），墓底比 D8M3 高 0.20 米以上，墓底既无棺椁葬具的痕迹，也无随葬器物，仅有红色朱砂的痕迹。此墓墓坑内填土纯净，极少杂质，而且根本没有遭受盗掘的迹象，故此出现空墓显然不是盗掘的原因。同在沅水流域，东周时期就出现过大量"空墓"，《沅水下游楚墓》一书登记有 197 座，排除可能因为原墓葬的头龛或边龛被毁后随葬器物被破坏的部分墓葬外，绝大部分应是无通常所见的陶器和铜器等随葬器物的，但报告作者显然认为这些墓葬均是墓主下葬使用的，认为可能"是当地土著民族葬俗的另一种表现方式"，"构成一种特殊的文化现象"。这明显与 D8M2 仅有规整的墓坑却无墓主下葬使用的性质不同。

其实，我国目前已经发现的建好墓室但没有葬人的"空墓"不少，只是见于报道的却不多。对"空墓"出现的原因也众说纷纭，有"迁葬说"、"衣冠冢说"、"疑冢说"等。新沂市博物馆、徐州博物馆的李平及耿建军在《徐州西汉空墓的特点及形成原因》[①]一文中提出了"开战前预先做好的墓葬，战争中客死他乡而成为空墓"的推测。但从 D8M2 的墓坑修筑、回填和墓底的朱砂等迹象看，显然成因与其不同。从 D8M2 墓坑明显打破 D8M3 墓道等迹象看，D8M2 的时代显然比 D8M3 晚，而 D8M3 墓主赵玄友是这一家族土墩墓中的主墓，其显赫的身份和地位毋庸置疑。但该家族可能因后期衰败或其他原因停止使用此墓地后，外人开始在此修墓，却在修建过程中被制止或主动停止，从而出现了"空墓"的现象？空墓出现的具体原因虽不得而知，但我国历代出现的"空墓"现象，仍有待学界认真探究。

第二节　土坑竖穴墓（B 类）

本报告收录的 299 座土坑竖穴墓均位于沅水下游的战国—汉代古城临沅城、索县城、采菱城、西湖古城、黄城港古城周边低矮的山丘上，墓坑大多开挖在第四纪网纹红土中，有 35 座在发掘前因各种原因致使墓口和墓室遭较严重破坏而形制不明，其余 264 座保存较完整的墓大致可分为三型。

BA 型

249 座。无墓道的土坑竖穴墓。墓穴基本呈长方形，无墓道。根据其长、宽的差别大致可分为两个亚型。

BAa 型

121 座。窄坑土坑竖穴墓。墓室呈覆斗形，一般开口略大，墓底稍小。墓葬的长、宽比例一般在 1.5∶1 以上，最大的达 2.41∶1（M2316）。

BAb 型

128 座。宽坑土坑竖穴墓。墓室也呈覆斗形，一般口部略大，墓底稍小。墓葬的长、宽比例一般在 1.5∶1 以下，少数达 1.1∶1（M2184、MM2253、M2275 和 M2295、M2302、M2356），呈长宽基本相同的方坑状。

BB 型

14 座。带墓道的土坑竖穴墓。墓室基本呈长方形，墓道有斜坡式、阶梯式和竖穴式等多种。根据其墓道的不同大致可分为五个亚型。

BBa 型

8 座。带斜坡墓道的土坑竖穴墓。墓室前有长斜坡墓道，距墓底深度一般在 0.90~2.30 米左右。根据其墓道的结构和分布位置的不同又可分两个亚亚型。

Ⅰ 型

7 座。带一条斜坡墓道的土坑竖穴墓。墓道位于墓室的正中，有 M2101、M2104、M2131、M2132、M2137、M2228、M2363。

Ⅱ 型

1 座。带两条斜坡墓道的土坑竖穴墓。两条墓道均位于墓室的一侧，有早晚打破关系，属夫妻合葬时留下的痕迹和证据，仅见于 M2098。

BBb 型

2 座。带竖穴墓道的土坑竖穴墓。M2097 长方形竖穴墓道位于墓室南部，墓道距墓底 1.20、长 2.70、宽 1.90 米。墓道的南部东西两角从下往上保留有两对称高 0.60、长 0.24、宽 0.16 米的生土柱。M2362 的竖穴墓道位于东部，距墓底 0.38 米。

BBc 型

1 座（M2092）。带阶梯式墓道的土坑竖穴墓。墓道位于墓室一端正中，分五级台阶。

BBd 型

1 座（M2138）。带斜坡式和阶梯式相结合墓道的土坑竖穴墓。墓道位于墓室一端的正中，前部为斜坡式，后部为台阶式。斜坡的坡度为 25°。第一层台阶距墓底 0.20 米，是一个边长 2 米的正方形平台；第二级台阶距第一级台阶 0.80 米。

BBe 型

2 座。带偏墓道的土坑竖穴墓。根据墓道位置和形状，可分两个亚亚型。

Ⅰ 型

1 座（M2146）。墓道为斜坡式。墓道偏向墓室的一侧，属夫妻合葬墓。

Ⅱ 型

1 座（M2201）。墓道为竖穴式。墓道位于墓室的一侧，可看做刀把形墓道。墓道内随葬有一整套器物，这在沅水下游西汉墓中极为罕见。此墓也可能属夫妻异时同穴合葬的一种，因后期合葬时寻找原来墓口发生偏差而致。

BC 型

1 座（M2396）。青砖铺地的竖穴土坑墓。墓葬形制和一般的土坑竖穴墓相同，只是墓底采用青灰色墓砖侧立砌筑，木质葬具置于墓砖之上，墓内填土也使用了青膏泥，还残存有部分木质葬具。此种墓葬应属由土坑（墩）墓向砖室墓过渡时期的墓葬。

在土坑竖穴墓中也没有发现头龛和边龛。

第三节　砖室墓（C类）

　　本报告收录的 60 座砖室墓（C 型墓）多位于平地，通常开挖较浅的土圹或仅简单地清理一下地表浅层土后就修建砖椁，然后堆筑高大的封土堆，没有发现竖穴墓道。除 M2445 墓室已严重被毁外，能判明形态的 59 座墓的形制可分为七型。

　　CA 型

　　24 座。长方形单室券顶砖墓。无甬道和其他部分。一般可分为前、后两部分：前部墓底铺地砖稍低一至两层铺地砖的高度，为随葬器物放置的位置，后部为放置墓主葬具的位置。墓葬封门有单层和双层，个别呈弧形，在封门进入墓室附近两侧有增加承重的墙垛。这种墓葬为砖室墓的主要形式。如 M2384、M2429 和 M2434 等。

　　CB 型

　　7 座。带甬道、主室和后室的券顶砖墓。根据甬道、主室和后室的位置可分为两个亚型。

　　Ⅰ型

　　5 座。带甬道、主室和后室的"中"字形券顶砖墓。甬道和后室均位于主室的中轴线上，结构规整。如 M2390 和 M2401 等。

　　Ⅱ型

　　2 座（M2418 和 M2427）。带甬道、主室和后室的券顶砖墓。甬道、主室和后室不在一条轴线上，形状不规整。

　　CC 型

　　9 座。带甬道和主室的券顶砖墓。甬道位于墓室的正前方，墓室呈长方形，整体形状基本呈"凸"字形。甬道与墓室均为券顶式。如 M2400 等。

　　CD 型

　　2 座（M2416 和 M2431）。带甬道和主室的四角攒顶砖墓。甬道位于墓室的正前方，墓室近方形，整体形状基本呈"凸"字形。甬道为券顶式，墓室为四角攒顶式。M2431 墓室后部有一小型耳室。

　　CE 型

　　6 座。带短甬道的"刀"把形券顶砖墓。墓室呈长方形，甬道位于墓室的一端，一般甬道和墓室前半部为随葬器物陈放的位置，因此比后部棺床所在位置低 6～20 厘米。如 M2399 和 M2432 等。

　　CF 型

　　9 座。并列双室砖墓。由两座并列的砖墓组成，墓葬结构基本相同，两座墓之间相距一般在 0.30～1.20 米左右。可分为两个亚型。

　　Ⅰ型

　　2 座（M2402 和 M2438）。并列双室券顶砖墓。由两座并列的单室券顶砖墓组成，两座墓的规格稍有差别，一般一大一小，墓室大的墓葬稍长和宽，内部结构和 B 型砖墓基本相同，两室一般有短墙相连。

Ⅱ 型

7 座。并列双甬道、双主室、双后室的多室砖墓。为两座并列的 CB 型砖墓组成，两座墓的规格差别较小，两室一般相距 0.80 ~ 1.20 米左右，并无连接的附属建筑。如 M2409、M2412 与 M2413 等。

CJ 型

2 座（M2385 和 M2443）。带甬道、左右侧室和后室的"亚"字形多室券顶砖墓。墓室、券顶及墓内随葬器物被毁严重。

第四节　墓葬的封土、封门、填土、方向、葬具及葬式

一　封土

本报告收录的两汉墓葬中，只有规模较大和多座墓葬合葬的土坑竖穴墓可见高大封堆。土墩竖穴墓中除少数墓葬因发掘前已遭破坏外，大部分都有封堆，尤其是家族墓群的封堆更加明显。砖室墓的上部原均有封土堆。

土坑竖穴墓中一般多座墓合葬或夫妻合葬的墓有封堆。一般小型墓葬，尤其是单独的小型墓葬，可能因两千余年的水土流失和人类活动，多已与山体融为一体，从外表已很难发现是否曾经有封堆存在。有明显封堆的墓葬主要有三种：

第一是在汉王朝中央、郡国或地方任职官员的墓葬。这些官员通常都具有较雄厚的经济实力和政治资本，再加上这些墓葬多位于墓地所在山丘的顶部，封土堆一般直径 18 ~ 30、高 2 ~ 7 米，使得发掘前从远处就可看见其高大的封堆。如 M2248（墓主为"长沙郢丞"）、M2096（墓主为"镡成长"）等。

第二是家族合葬墓。两汉时具有较强经济实力的大家族和各级官吏的家族，显然更有实力修筑高大的封堆。如鼎城区灌溪五里的 M2198 ~ M2200 胡平家族的三座墓、桃源狮子山 M2360 ~ M2362、武陵区德山的桃花山 M2096 ~ M2098 镡成长家族墓、武陵区德山的汪家山 M2137 ~ M2139 家族墓等。

第三是夫妻合葬墓。武陵区德山恒安 M2131 和 M2132，两座墓的墓口相距仅 2 米。M2131 是短而陡的墓道，而 M2132 则是长而缓的墓道。从发掘时的地层叠压关系判断，明显属夫妻同茔异穴合葬，M2131 比 M2132 稍晚。可能因地理位置等原因的局限，M2131 下葬时，其墓道在北侧已经没有位置，且东部地域也较狭窄，便只能选择将置于东部的墓道建得短而陡，使墓室长度远远比宽度要短。封土从墓口往上高约 3 米，直径约 28 米，没有经过夯筑。

因土墩竖穴墓主要以家族墓群为主，墓葬下葬前都筑有高 1.70 ~ 2 米的熟土台，家族成员下葬后，均在上部堆筑高大的封堆，即使是一墩一墓的非家族墓葬也筑有高大的封堆。从已经发掘较完整的八座封堆看，封堆直径 20 ~ 50、高 2.1 ~ 7 米（从生土层开始计算，含熟土台的高度），基本呈不规则的圆形。保存最完整的 D3 封堆顶部较平。

沅水下游砖室墓通常是在平地开挖较浅的土圹或仅简单地清理一下地表浅层土后就修建砖椁，没有墓道，其主要防护均依靠上部堆筑的封土，因此所有的砖室墓在下葬时均筑有高大的封堆，墓葬规模越大封堆也越高大。但这些砖室墓分布区大多属后期人类聚居较密集的地方，砖椁所使用的漂亮且规整的墓砖为后期居民提供了免费的建筑材料，顺理成章地成为他们源源不断的建材来源，而砖室墓高大的封堆又为他们提供了清晰明了的目标，致使几乎所有砖室墓都多次遭到破坏。

沅水下游汉墓的封土，均没有发现夯筑的痕迹，大多是呈坡状多层堆积，保存下来的封堆外形基本呈不规则圆形。从发掘解剖的封堆结构看，封堆的封土均系一层一层加高堆积，没有发现局部成堆的现象。

很显然，从春秋时代开始严格区分贵族与平民的"丘封之度"②的界限已被全部打破，《周礼》对汉代埋葬习俗已很少具有约束力，普通财力雄厚的平民墓和聚族而葬的家族墓均广泛筑有高大的封堆。

二 封门

沅水下游汉墓中土坑竖穴墓深深的竖穴墓坑、相对封闭的棺椁结构、大部分木质葬具已经腐朽无存等特征，表明此类墓葬应不设封门。

土墩竖穴墓中，发掘时带较完整墓道的13座墓均有封门。封门位于墓道进入墓室间，其厚度一般为0.20～0.30米，高与墓口平，宽度多与墓室相同而宽于墓道，伸入墓室内0.30～1.50米。封门的修筑方法是在墓葬下葬填土时与墓室同时封填，墓室的填土和封门的青灰土相互咬合，层层叠压。几乎所有土墩竖穴墓的封门都是全部使用青灰土（青膏泥）和黄土填筑，只有D3M24的封门从墓口向下1米使用青灰土填筑，往下从椁室顶部到墓底间约1.2米使用青灰砖修筑成封门墙（彩版二二，1）。

砖室墓，由于其建筑和埋葬的原因，所有墓葬均有封门。本报告收录的59座有砖椁的墓葬，均属先修建周边砖椁和券顶然后下葬。24座CA型长方形单室券顶砖墓可能属一次葬，在墓主入葬后建好封门并堆筑好封堆。其他墓葬大多属多次葬，位于甬道外的封门多次反复打开以便让夫妻合葬或家族的其他成员入葬。这样，砖室墓的封门就成了必需的组成部分。砖室墓封门有长条形和弧形两种，有单层和双层之分。砌筑方法有平砌、侧砌和混合砌筑，砖与砖之间一般不用泥浆勾缝。

三 填土

沅水下游汉墓中土坑竖穴墓和土墩竖穴墓的墓坑均使用填土，砖室墓则只有封土而无填土。

土坑墓和土墩墓的墓坑上部填土大多数用原墓坑土回填。回填时对原墓坑土很少像东周墓那样进行捣碎均匀的加工，除规模较大、地位较高的墓葬如德山的桃花山M2096、M2097、M2098镡成长家族墓、武陵区南坪D3内多座墓葬使用均匀的五花土回填外，大部分墓葬填土很随意，土坑墓的填土常见没有打碎的生土团，而且常回填从墓室周边随意取的含杂质的表层土。仅极少墓的填土有夯筑现象，而且夯层也不明显。

沅水下游汉墓有使用白膏泥（含青膏泥）的现象。424座土坑墓（砖室墓无白膏泥）和土墩墓中回填有白膏泥（含青膏泥）的墓有 32 座，占 7.5%，但使用的多少却有着天壤之别。如 D3M26 不仅棺椁顶部有厚 30 ~ 50 厘米的白膏泥，而且椁室周边也全部填筑白膏泥（彩版二八，3），在其椁室的底部还填有厚达 150 厘米的青膏泥；而一般墓葬内白膏泥（含青膏泥）的厚度仅约 10 ~ 30 厘米，个别仅有 3 ~ 5 厘米。

沅水下游汉墓还有积炭现象，但仅限于 D3M24、M2131 和 M2132、M2133 和 M2134 五座封堆高大、墓主级别较高的墓葬中。积炭一般在椁底板下、椁室顶部和周边，厚约 20 ~ 50 厘米。在 D3M24 墓室的东北和东南两角还留有倒填木炭时留下的痕迹。

四　方向

本报告记录的墓葬方向，一般按照常规的取向原则，有墓主骨骼的以头向为准，无骨骼的以墓道、墓门、甬道为准，无骨骼和墓道等的墓葬，一般采用以随葬的滑石璧、滑石镜、铜镜等的摆放位置的一端为准，无铜镜、滑石镜、滑石璧而有铜剑、铁剑、环首刀等随葬器物的以剑首、环首所在的一端作为墓葬的方向。对于武陵区南坪家族土墩墓中的许多墓葬虽有墓道，但却可根据随葬器物位置、棺椁痕迹和整个家族墓埋葬的特征判定墓葬方向并不与墓道方向相同的，则分别记录了墓道方向及经过推测的墓主头向。因为本区所有两汉墓葬中墓主的骸骨均已不存，故凡涉及随葬器物相对于墓主的位置时，均约定为仰身直肢葬。除八座早期已严重被毁无法判定其方向的墓葬外，其余 477 座墓葬的方向以向东和向南为主，其中向东的 155 座，约占 32.5%；向南的 122 座，约占 25.6%。其次是向西的 101 座，约占 21.2%；向北的 99 座，约占 20.7%。

五　葬具及葬式

土坑竖穴墓中，有 60 座墓的墓底不见枕木沟，推测可能这种墓葬是没有使用椁室而仅有木质单棺或无棺。墓底明确有枕木沟的有 238 座，这些墓葬原应有椁室，能使用椁室的应均有棺。238 座有椁有棺的墓，仅有两座墓的葬具保存较完整：M2098 为两椁双重棺，棺为双层盒形棺，该墓属夫妻同穴合葬；M2131 为两椁两棺，棺的形制不清。

土墩竖穴墓中，早期发掘的墓葬中有 10 座因填土使用的白膏泥较厚而残留有极少的棺椁，其他墓葬只知道使用有木质葬具，然其具体情况已不得而知。

2009 至 2011 年发掘的六座封堆内的 24 座（空墓 D8M2 除外）土墩竖穴墓的葬具较清晰：

均使用有木质葬具，除 D8M7、D10M2 和 D10M3 外，葬具保存最完整的是 D3M24，使用两椁一棺，棺为整木棺，棺的两侧和底部为一块整木制作，两端另加木板。其余 21 座墓的木质葬具均只能从墓底痕迹判定：九座使用两椁，其中 D3M27、D3M24 和 D10M1 为两椁两棺，D8M3 为两椁双棺，D3M29、D3M26、D3M20、D3M14、D1M2 等五座则为两椁一棺。一座（D2M7）为单棺。11 座使用一椁，其中 D7M3、D7M4、D7M5、D8M4 为一椁双棺，其余七座为一椁一棺。

59 座（M2445 已破坏）砖室墓均是以砖室为椁室，内部置有木棺，只是所有的木质葬具均已朽无存。

24 座 CA 型长方形单室券顶砖墓为单室，从砖椁内空的尺寸和发掘时木质葬具朽蚀后残留的漆皮等痕迹推测，这类墓葬大多为单棺，很少有夫妻合葬的现象。

35 座其他砖室墓中，二座由并列单室券顶砖墓组成的 CF 型 I 式并列双室砖墓（M2402 和

M2438）虽已难判定墓主使用木棺的重数，但仍可断定属夫妻异穴合葬。其余 33 座 CB 型、CC 型、CD 型、CE 型、CF 型 II 式、CJ 型砖室墓的封门多有多次打开的痕迹，据砖椁内的木质葬具朽蚀后残留的漆皮和随葬器物推测，这类墓葬可能均为夫妻或多名家族成员的合葬墓。

因葬具多朽蚀严重，大部分棺椁已无法弄清板与板、壁与壁之间的连接方式，但从棺椁保存较完整的 M2098 和 D3M26 看，西汉中晚期之前，许多葬具和本地楚墓的葬具结构有异曲同工之妙，多采用平底盒形棺，重棺是大小套合。椁板的挡板与壁板间通过暗槽套合，棺的挡板、边板与底板间通过榫卯和暗销进行连接。西汉晚期到新莽时期后，出现了整木棺（D3M26），与本地早期楚墓的流行的弧形悬底棺和盒形棺明显不同。

本报告收录的两汉墓葬中，有 99 座墓的墓底大部分出土有铁质棺钉或带环的棺钉，没有被扰乱的墓内棺钉基本呈对称分布，从棺钉的分布位置大致可断定棺的大致规格。如 D2M11，其椁室长 240、宽 140 厘米，无使用棺钉的痕迹，但在长 214、宽 58、高约 50 厘米的内棺位置发现两排对称分布的棺钉，棺的四角还有四件带圆环的铁质棺环。从痕迹推测，这时棺的盖板与棺身间是用铁质棺钉来加固的，已完全改变了楚墓和西汉早期使用榫卯套合的方法。在棺的四角加装带环铁棺环，是用来下葬时吊放于椁室之用。棺钉的长度一般为 6～12 厘米，最长达 15 厘米，足可将棺盖板与棺侧板紧紧钉合。

从铁质棺钉的出土情况看，这时的棺钉主要是用于钉合棺盖板与棺侧板和挡板，而棺底板与边板和挡板之间则还是采用榫卯套合。当然，整木棺则不存在这个问题。

东汉中晚期盛行的砖室墓中，几乎所有墓葬中均发现有长条形铁质棺钉（或锈迹），但没有发现使用铁质棺环。这应该是这时期的砖室墓均属券顶式封闭结构，葬具需通过封门和甬道运进墓室，不可能再采用吊运方式安葬葬具的缘故。

从棺椁的装饰风格推测，60 座墓可能没有椁室而仅有木质单棺，在墓底没有发现漆皮，这类墓的葬具应没有髹漆。其余可能有椁有棺的墓中，大部分发现有成片的漆皮。从 D3M26 和 M2098 保存较完整的棺椁看，椁室没有髹漆和彩绘的习惯，而棺则多采用红色、黑色两种漆，均为内红外黑，并没有发现长沙马王堆汉墓中的彩绘现象。砖室墓中大多数墓底均有成片的漆皮。如 M2429 墓底漆皮有 6～7 层，单层厚度有的达 0.2～0.3 厘米，同样是外黑内红，只是经过多次髹制，漆层的厚度显著增加，似乎表明这时棺的制作还是非常考究和严格的。

棺的装饰上还有一个明显的特征，就是棺饰的明显增加。288 座墓中共出土滑石璧 355 件，其中大部分滑石璧出土于墓主头部一端，尤其是从 D11M12、M2030 和 M2344 等墓葬中滑石璧出土时还呈侧立状态来推测，许多滑石璧可能是作为棺饰黏附在棺的头部一端。

从四件滑石兽面保留的痕迹看，每个兽面上均有 4～6 个小孔，孔内还残留有铁钉，应该属钉附在棺的一端。虽然出土滑石兽面的两座砖室墓 D6M3 和 D8M8 的随葬器物位置被扰乱，但土墩墓 D9M2 和 D9M4 出土的两件均位于棺的头部，似乎也证明了滑石兽面也应是棺饰。兽面棺饰在沅水和澧水流域源远流长，距今约 7400 年的怀化洪江高庙遗址出土的陶器上就有兽面纹饰[③]，而在澧县优周岗环遗址新石器时代的壕沟中也发现过木质兽面，发掘者认为是属本地区傩戏起源的证据之一[④]。目前出土滑石兽面最为集中的是湖南怀化溆浦马田坪，53 座西汉墓中出土了 14 件，其中配发有随葬器物分布平面图的 78 溆马 M5[⑤] 出土的兽面明显位于墓主棺的一端，也应属棺饰，其主观上可能还有"用于辟邪、防止妖魔鬼怪侵入到棺内，以保护死者亡灵"的用途[⑥]。

D3M27 出土的一组三件玻璃璧和 D3M30 出土的一组四件滑石璧形饰也应属棺饰。D3M30 出土四件滑石璧形饰的外形和同墓中的滑石璧基本相同，但有四个小圆形穿孔对称分布，虽然因棺已全朽仅留下痕迹，出土位置也似乎在墓主胸部对称分布，但从墓主佩有青铜剑和铜环首刀看，墓主将这四件滑石璧形饰佩戴于胸部很不合情理，而应属棺盖上的棺饰，因棺朽后下塌而形成。

由于南方的酸性土壤不利于骨骼保存，加上使用白膏泥少且薄，填土多不经夯筑而使密封性和防水性差，485 座汉墓中无骨骼保存下来，因此墓主的葬式不明。但从个别墓葬完整随葬有铜（铁）剑和环首铜（铁）刀的分布特征（如 D2M11 和 D3M26 等）推测，墓主可能是以仰身直肢葬为主。

第五节　墓室内外排水沟、墓阙等附属设施

一　排水沟

墓葬的排水设施应包括内部的排水沟和外部的排水设施。墓室内的排水设施主要指在修建墓室时有意识建造的将墓室内积水引排到墓室外部的附属设施，一般采用卵石、筒瓦、板瓦等材料修建。沅水下游墓葬中排水沟的出现较晚，整个东周时期极少发现这种现象。《沅水下游楚墓》收录了本区域内发掘的 1592 座东周墓葬，仅在 M1532（汉株 87M24）墓底周边发现宽 30～40、深 50 厘米的沟，但这种"沟"并不与墓室外部相通，根本不能将墓室内部的积水排往墓外。湖南省溆浦县马田坪[⑦]西汉墓 M33 的墓室中部也有用卵石修筑的排水沟，但也没有通往墓室外部，因此也不能算作真正的排水沟，至多算作早期排水沟的雏形。

湖北黄冈市罗州城付家山[⑧]西汉 M2 中的呈"Y"字形排水沟，以及 M5 中的"T"字形排水沟用卵石和板瓦建成，均已通往墓室外部，已属成熟的排水沟。

沅水流域墓室内真正的排水沟应出现在西汉。M2153 是本区土坑竖穴墓中唯一一座发掘出排水设施的墓（图一九七），该墓的西南侧原还有一座墓（M2154），排水沟（G1）位于两墓之间，沟底低于墓室底部 0.06～0.08 米，沟宽 0.30 米，发掘长度 3.10 米，沿 M2153 南壁底部向西延伸。G1 采用河卵石和绳纹筒瓦及绳纹板瓦建成，属于两座墓共用的排水沟。

D3M27 与 D3M29 间用河卵石和筒瓦、板瓦建成的排水沟则是土墩竖穴墓中唯一保留完整的排水沟（发掘时编号 D3G1）。D3G1 深 0.90～1.60、全长 31.20、宽 0.40～0.50 米（图二一），西部长 18.30 米全部使用直径 8～25 厘米的河卵石分两排或三排上下两层构筑，中间长 2.40 米使用板瓦建筑，东部存长 2.30 米一段用筒瓦分两排上下两层扣合而成。该排水暗沟是在封堆未建成之前，在规划好墓地及封堆的位置后就建成的，深入生土层 0.90～1.20 米，自西向东倾斜，西高东低，坡度 4°。D3G1 在 D3M27 内还有附属的排水设施，在墓底有一个用河卵石修筑的"口"字形沥水设施，和主排水暗沟一起，形成一个"中"字（彩版七，2）。

D2 内也曾发现这类使用筒瓦、板瓦建成的排水沟遗迹，只是因 D2 在后期遭受的破坏较大，其具体结构已不清。

东汉，尤其是东汉中后期，本地区所有墓葬均为砖室墓。因这时的砖室墓更多地采用合葬的

方式，墓门需要经常打开，以便葬入后葬者，这就为排出墓室内的积水提出了更高的要求，因此，这时为合葬而建造的墓一般都应建造排水沟。长期的发掘实践也证明，东汉砖室墓中建排水沟的现象往往比西汉土坑墓更普遍。2010 年发掘的株洲攸县皇图岭 10 号墓⑨墓底就有通往墓室外部的排水沟，其全长可能达 30 米，用筒瓦拼合组成。已发掘的沅水下游东汉砖室墓中，仅一座（M2429）未遭破坏，其墓室内外结构保存完整，但该墓是一座东汉早期的单室券顶墓，属一次性葬，可能缺少建排水设施的动因，而许多合葬的砖室墓均遭严重破坏，排水设施的状况已难判定。

沅水下游家族土墩墓的封堆外部有修建排水沟的现象。发掘表明 D3 封堆外围的南部、西部和北部均发现有排水沟，只有东部因后期扰乱严重而不清。这些排水沟的宽窄和深度各有不同，西部有三条，南部有一条，北部有一条，按照一定的坡度倾斜，并与内部的排水暗沟相连接，最后汇入外部的水塘。外部的排水沟使用的建筑材料基本和内部暗沟相同。

从地域分布上看，关中和中原地区中小型西汉墓的墓室底部发现排水沟的极少，但南方地区却较常见，南方地下水位较高可能是其主要原因，同时也适应了合葬的需要。

二　墓阙

阙，可分为宫阙、城阙、宅第阙、坞壁阙及寺庙阙、墓阙。从形制上可分为单阙和旁附子阙的子母阙及对称双阙⑩。从建筑材质上又可分为石阙⑪和砖、石、土、木混合材料阙⑫。阙身上常雕刻各种画像，内容有历史故事、神话传说、出行宴饮、舞乐百戏等，并刻勒题额，或标明姓名、官职，或记载营建年月⑬。

现有考古资料中未见有西汉时期的墓阙，最早的墓阙是始建于东汉建武十二年（公元 36 年）的四川梓潼李业阙。沅水下游西汉墓中也没有发现建有墓阙的现象，但在一座东汉中晚期（七期十段）带甬道和主室的“中”字形四角攒顶穹隆式砖墓（M2416）的甬道北部发现了墓阙的痕迹（图二九九）。该墓及墓阙在发现⑭时已严重被毁。M2416 正北 3.78 米处有一“圭”字形石质墓阙，长 2.62、宽 0.92、残高 0.3 米（图三〇〇）。系采用厚约 8 厘米的暗红色砂岩叠修而成，周边饰蕉叶纹，留有凿修的痕迹。阙中部有一长 12 厘米、深达阙底的方孔，系安放上部木质建筑构件的榫孔。该墓周边有大量绳纹筒瓦、板瓦和兽面纹瓦当。目前见于报道的四川、重庆等地的东汉墓阙⑮全为石质，而位于长江下游的南京梁朝南平王萧伟墓前的墓阙为砖、石、木混合结构的对称双阙⑯。M2416 的墓阙与四川和南京两种类型的墓阙均有较大区别。从 M2416 前的墓阙建筑及墓室内被盗后留下的金器，尤其是墓葬规格和结构推测，该墓墓主可能属东汉时期的一名二千石官员。

沅水下游其他东汉墓前也可能有曾建有墓阙等建筑的遗存，只是因遭到的破坏更彻底而没有保留下来。

第六节　墓葬形制的演变

沅水下游地区自西汉高祖五年（前 202 年）正式纳入西汉帝国的版图，到公元 220 年曹丕称帝致东汉灭亡的四百余年间，墓葬的形制发生了巨大变化。本报告收录了 299 座土坑竖穴墓和 126

座土墩竖穴墓、60座砖室墓，全面展现了从土坑（土墩）竖穴墓向砖室墓演变的过程。

土坑竖穴墓大致可分为三型：无墓道墓（BA型）、带墓道墓（BB型）和青砖铺地的竖穴土坑木椁墓（BC型）。无墓道墓（BA型）还可分为窄坑墓（BAa型）和宽坑墓（BAb型），窄坑墓的长、宽比例一般为1.5∶1，最大的能达2.41∶1，但明显比前期楚墓的长、宽比例要小，宽坑墓成为主流。宽坑墓中长度和宽度常常几乎相当，呈长、宽基本相同的方坑状。

带墓道墓（BB型）的墓室基本呈长方形，墓道有斜坡式、阶梯式、竖穴式和斜坡与阶梯结合式四种。

青砖铺地的土坑竖穴木椁墓（BC型），仅一座（M2396）。土坑竖穴，墓底青砖铺地，使用木质棺椁。具有本地区土坑竖穴墓的基本形态，又已具有向砖室墓过渡的特征，但其时代已属东汉早期。

西汉早期土坑竖穴墓主要以BA型（无墓道墓）为主，BB型（带墓道墓）仅占极少数。239座西汉早期墓中，带墓道的9座，不到总墓葬数的4%。九座带墓道的西汉早期墓中，七座墓道为斜坡式，一座（M2138）为斜坡与阶梯结合式，一座（M2201）为竖穴式偏墓道。七座墓的斜坡式墓道大多高于墓底1.5米以上，高于椁室的高度。

西汉中期至新莽时期的土坑竖穴墓46座，有五座带墓道，约占墓葬总数的10%，远高于早期。五座带墓道的墓中，有二座墓道为竖穴式，一座（M2092）为阶梯式，一座（M2098）为斜坡式，一座（M2146）为偏墓道。五座墓道底部的高度在1米左右，与椁室的高度基本相同。

土坑竖穴墓主要以西汉早期墓葬为主，286座土坑墓（除13座因各种原因难以判定其年代外）中239座为西汉早期墓，约占土坑墓总数的84%，西汉中期至新莽时期的土坑竖穴墓仅有46座，只占土坑墓总数的16%，能断定为新莽时期的土坑竖穴墓仅1座（M2086）。

虽然本报告纳入土墩竖穴墓类别的为126座墓，但在整理随葬器物后发现，属于西汉早期墓的D11M5和M2075，由于早期发掘记录的混乱，难以确证属土墩竖穴墓。属于东汉早期墓的D2M7和D11M13，则可明确判定属土墩竖穴墓。因此从严格意义上说，沅水下游的土墩竖穴墓最早应从西汉中期前段开始出现，之后大量流行，到新莽—东汉早期结束。

土墩竖穴墓一经出现，就展现出与本地区土坑竖穴墓的显著差别，表现为事前规划墓葬区域、堆筑熟土台和家族聚族合葬等特征。

土墩竖穴墓可分为无墓道墓（AA型）和带墓道墓（AB型）两种类型。有无墓道与墓葬时代并无直接关联，主要与墓主身份及墓葬处于家族墓中的位置有关。带墓道墓（AB型）中使用竖穴式墓道非常广泛，其中又以与墓底平齐的竖穴式墓道为主。D3M27为带斜坡式和竖穴式相结合墓道的墓（ABb型），D3M24则为带长斜坡式墓道的墓（ABc型）。

虽然长沙马王堆三座利氏家族西汉早期墓都是"在自然形成的台地丘岗上积土夯筑以形成一个比原丘岗更高、更大的新的圆平顶丘岗，于新的圆平顶部岗丘上开掘墓坑、墓道和建造封土堆"[17]，似乎可以找到广义土墩墓的影子，但沅水下游西汉早期墓中却尚未发现此类现象。此地的土坑竖穴墓与土墩竖穴墓没有演变关系，土墩竖穴墓更应是一种因为外来文化因素影响而空降的全新的墓葬类型，从西汉中期开始，这两种墓葬类型基本平行发展，同时流行于这一区域。

东汉时期，政权结构发生了变化，反映到葬俗上也发生了巨大的改变。前期广泛流行的土墩墓和土坑墓似乎戛然而止，迅速被砖室墓所取代。本报告中发现最晚的是属新莽时期的土坑竖穴墓 M2086 和属东汉早期墓的三座土墩竖穴墓 M2396、D2M7、D11M13。

砖室墓并不是突然出现的，D3M24 是一座时代特征明确的新莽墓，墓道口与墓室间的封门已经开始使用几何纹青灰砖，此墓的青灰砖规格为：31×14–7.2 厘米，模压而成，双面饰绳纹，侧面中间一道竖棱和两道横棱间饰六组半圆图案（图四一，1），与后期的墓砖区别较大，可能是将建筑的青灰砖临时用于墓葬中，这也应是本地区青灰砖用于墓葬建筑的肇始。

M2396 则已体现出了本地区由土坑（墩）墓向砖室墓过渡的形态，既具有土坑（墩）竖穴墓的基本形态，墓底又采用青灰墓砖侧立铺砌。青灰砖的规格和纹饰与 D3M24 封门所用的青灰砖基本相同。本墓已具备了砖室墓的初期形态。

24 座 CA 型单室券顶砖墓，有一座（M2404）的墓底铺地砖与 M2396 的相同，也是采用青灰色墓砖侧砌，但周边筑有券顶砖樘，其余 23 座均为"人"字形平铺。单室券顶砖墓属东汉早期的基本墓葬形制，到东汉中期直至东汉晚期，这种墓葬形制依然存在。从砖室墓已成为主要的墓葬形式、建筑墓葬的墓砖已使用专门烧造的墓砖且本地区砖室墓分布较多的武陵区南坪曾发现专门烧造墓砖的汉代砖窑[18]推测，这些墓砖可能是由专门的工匠烧造的。

砖室墓发展到东汉中期，开始大量出现带甬道、主室和后室的券顶砖墓（CB 型墓）、带甬道和主室的券顶砖墓（CC 型墓）、并列双室砖墓（CF 型墓）及带甬道、左右侧室和后室的"亚"字形多室券顶砖墓（CJ 型墓）。

CB 型墓根据其甬道、主室和后室的位置又可分为：带甬道、主室和后室的"中"字形券顶砖墓（CB I 型）和带甬道、主室和后室的券顶砖墓（CB II 型）。前者的甬道和后室均位于主室的中轴线上，结构规整。此类砖室墓从东汉中期一直延续到东汉晚期。后者的甬道、主室和后室不在一条轴线上，形状不规整，到东汉晚期已不见这种墓葬形制。

CC 型墓（带甬道和主室的券顶砖墓）的甬道位于墓室的正前方，墓室呈长方形，整体形状基本呈"凸"字形。甬道与墓室均为券顶式。这种墓葬形制到东汉晚期基本被 CD 型墓所取代。

CF 型墓（并列双室砖墓）多由两座并列的结构基本相同的砖墓组成，两座墓相距一般在 0.30～1.20 米左右。这种墓葬形制从东汉中期开始广泛流行，并延续到东汉晚期。CF 型墓可分为两种：并列双室券顶砖墓（CF I 型）和并列双甬道、双主室、双后室的多室砖墓（CF II 型）。CF I 型墓主要出现于东汉中期。为两座并列的单室券顶砖墓组成，两座墓的规格稍有差别，一般一大一小，墓室大的墓葬稍长和宽，内部结构和 CB 型砖墓基本相同，两室一般有短墙相连。CF II 型墓从东汉中期开始出现，延续到东汉晚期。通常由两座并列的 CB 型砖墓组成，两座墓的规格差别较小，两室一般相距 0.80～1.20 米左右，并无连接的附属建筑。

CJ 型墓（带甬道、左右侧室和后室的"亚"字形多室券顶砖墓）的甬道、主室、左右侧室和后室均为券顶式，但因被毁严重，各个墓室间的连接方式却已不得而知，此类墓在东汉中期比较盛行。

CD 型墓（带甬道和主室的四角攒顶砖墓）的甬道位于墓室的正前方，墓室近方形，整体形状基本呈"凸"字形。甬道为券顶式，墓室为四角攒顶式。CD 型墓从东汉晚期开始出现，其结构可能属 CC 型墓的直接演变和发展，到三国两晋时期，依然流行。

CE 型墓（带短甬道的"刀"把形券顶砖墓）的墓室呈长方形，甬道位于墓室的一侧，甬道和墓室前部为随葬器物放置的位置，比后部棺床低 6～20 厘米。本报告收集的 CE 型墓共 6 座，多遭严重破坏，能判定时代的两座（M2430 和 M2432）均属东汉晚期。CE 型墓应从 CA 型单室券顶砖墓发展演变而来，三国两晋时期，本区盛行依然。

注　释

① 李平、耿建军：《徐州西汉空墓的特点及形成原因》，《湖南省博物馆馆刊》第九辑，岳麓书社，2012 年。

② 《春秋纬》："天子坟高三仞，诸侯半之，大夫八尺，士以四尺，庶人无坟。"《周礼·王制》所载"庶人……不封不树"，并专设掌管"以爵等为丘封之度与其树数"的冢人。

③ 贺刚：《中国史前艺术神器的初步考察——＜中国史前神器＞纲要》，载何介钧主编《长江中游史前文化暨第二届文明学术讨论会论文集》281 页，岳麓书社，1996 年。贺刚：《湘西史前遗存与中国古史传说》，岳麓书社，2013 年。

④ 赵亚锋：《澧县优周岗遗址 2010 年度考古发掘简报》，湖南省考古研究所编《2010·湖湘文化考古之旅》。

⑤⑦ 湖南省博物馆、怀化地区文物工作队：《湖南溆浦马田坪战国西汉墓发掘报告》，《湖南考古集刊》第二辑，岳麓书社，1984 年。

⑥ 湖南省博物馆 国红：《湖南省博物馆馆藏汉代滑石兽面》，《湖南省博物馆馆刊》第三辑，岳麓书社，2006 年。

⑧ 黄冈博物馆等编著：《罗州城与汉墓》，科学出版社，2000 年。

⑨ 张水湘：《东汉墓发现发达排水系统》，《长沙晚报》2010 年 7 月 20 日第 A05 版。

⑩ 朱晓南：《阙的类型及建筑形式》，《四川文物》1992 年第 6 期。

⑪ 陈明达：《汉代的石阙》，《文物》1966 年第 12 期。

⑫⑯ 朱光亚、贺云翱等：《南京梁萧伟墓墓阙原状研究》，《文物》2003 年第 5 期。

⑬ 韩钊、李库、张雷、贾强：《古代阙门相关问题研究》，《考古与文物》2004 年第 5 期。

⑭ 龙朝彬等：《湖南常德市城区东汉砖室墓及墓阙清理简报》，《考古与文物》2007 年增刊。

⑮ 徐文彬：《四川汉代石阙》，文物出版社，1992 年。

⑰ 何旭红：《汉代长沙国考古发现与研究》第 122 页，岳麓书社，2013 年。

⑱ 龙朝彬：《湖南常德市城区发现汉代砖窑》，《江汉考古》1998 年第 2 期。

第三章　墓葬间的打破关系与合葬习俗

第一节　墓葬间的打破关系

土坑竖穴墓和土墩竖穴墓中均存在墓葬间的打破关系，砖室墓打破土墩竖穴墓更是常见的现象，但砖室墓间不见有明确的打破关系。

因本报告收录的墓葬资料大部分是在配合基本建设中抢救性清理发掘所得，许多墓葬上部的封土已在发掘前被毁，或者根本没有对上部的封土堆进行解剖，故合葬墓的封土间是否存在打破关系及打破关系的顺序基本缺乏明确记载。

一　土坑竖穴墓中的打破关系

本报告收录的 299 座土坑墓中，墓坑间存在明确打破关系的有五组：M2134 打破 M2133（图一八七）；M2303 打破 M2302（图一四八）；M2309 打破 M2310（图一四八）；M2327 打破 M2326（图一五二）；M2360 打破 M2361，同时 M2362 也打破 M2361（图二五五）。

二　土墩竖穴墓中的打破关系

41 座土墩墓分布于七座独立的封堆内，墓室间存在明显打破关系的仅有一组：D3M14 打破 D3M13（图五二）。其余 85 座土墩墓的墓室间存在打破关系的也有一组：M2056 打破 M2055。

打破关系可分为两类情形。一类是被打破墓葬的墓坑和墓内随葬器物均遭到毁灭性破坏，部分被打破墓内的随葬器物残片还出现在后期墓葬的填土中，其中 M2309 将 M2310 打破、M2327 将 M2326 打破、M2056 将 M2055 打破就属这类情形。这可能不仅因为两座墓的时代相距较远，而且墓地的家族属性也发生了变化。另一类是被打破墓葬仅仅是墓坑的边缘少部分被打破，墓底的随葬器物基本没有被破坏，其中 M2134 将 M2133 打破、M2303 将 M2302 打破、M2360 和 M2362 对 M2361 的打破、D3M14 对 D3M13 的打破均属这类情形。D3M14 将 D3M13 打破时扰动了 D3M13 的随葬器物，但从发掘时观察 D3M13 墓底的部分随葬器物有后期整理过的痕迹看，这类打破关系可能一般出现在家族合葬或夫妻合葬时。

第二节 合葬习俗

西汉时期，家族合葬现象已相当普遍，著名的长沙马王堆墓主分别是西汉初年的长沙国丞相、轪侯利苍与他的夫人辛追和儿子利豨的墓葬。三座墓合葬于一个墓地。还有河南弘农杨氏家族墓地[①]、咸阳杨家湾周勃周亚夫墓[②]、山东临沂金雀山周氏墓群[③]等等。

1993 年发掘的江苏东海县尹湾汉墓群[④]M1 ~ M6 就是汉代东海郡功曹师饶（字君兄）家族的墓地。该墓地已经发掘的六座和探明的墓葬方向一致，结构基本相同，时代具有延续性，从西汉中晚期一直延续到新莽或稍后。师饶是夫妻同穴合葬，墓内有一椁双棺。

2008 年开始清理发掘的西安市长安区韦曲镇西汉名臣张安世家族墓群，亦是同一家族合葬的墓地。

沅水下游汉墓家族合葬有同一封堆内合葬和同一墓穴内合葬两种形式，夫妻合葬也有夫妻同茔异穴合葬和同穴合葬两种。沅水流域的夫妻合葬墓在东周时期就已经非常流行，从沅水上游支流酉水的保靖四方城[⑤]汉代迁陵县附近发掘的 M52 和 M53 的墓主遗骸判定，这二座墓葬属于夫妻异穴合葬。许多家族合葬的封堆内应同时存在夫妻异穴合葬和同穴合葬两种墓葬。

一 家族同一封堆内异穴合葬

沅水下游汉墓中土坑竖穴墓、土墩竖穴墓和砖室墓均存在家族同一封堆内合葬的现象。

（一）土坑竖穴墓中家族同一封堆内异穴合葬

德山武陵酒厂桃花山的 M2098、M2096、M2086、M2087、M2088、M2089、M2090、M2094、M2097 等九座墓（图一四六），可能属同一家族的合葬区。M2098 与 M2096 处于一座相对独立的封土堆下，两座墓的墓口相距仅 1 米，M2098 应是该家族墓群也是沅水下游西汉墓中规模最大、级别最高、葬具保存最完整、出土文物最丰富的墓。其墓主应是该家族墓地身份地位最高的。墓中出土了西汉时期多见于王侯级墓葬的黄金金饼 6 枚。袝葬墓（M2096）墓主曾任西汉武陵郡的"镡成长"，是秩五百石至三百石（见《汉书·百官志》）以上的官员。

德山汪家山 M2137、M2138 和 M2139 也位于一个独立的封堆之下，三座墓的方向基本一致，规模区别较大，基本呈南北向。M2137 位于三座墓的西南侧（图一九二），出土的滑石"临湘之印"表明墓主可能曾是西汉长沙国临湘县官员。M2138 位于 M2137 的东北部，正东为 M2139，两座墓的墓口相距仅 0.30 ~ 0.40 米，出土了滑石"安陵君印"和"邑道之印"。这三座西汉土坑竖穴墓应为西汉早期的一处西汉中下级官员的家族合葬墓。

鼎城区灌溪墓地 M2198、M2199、M2200 发掘前位于一相对独立的封堆之下，封堆呈椭圆形，南北长 25、东西宽 18、残高 1.80 米（图版一九，2）。M2198（墓主"胡平"）墓口的北部相距 0.80 米为 M2199，M2199 的北部 3.25 米为 M2200（图一五〇；图版二〇，1）。

桃源狮子山的 M2360、M2361、M2362 则是一处位于同一封堆之下七座东周至西汉墓中的三座西汉墓葬，封堆残高 3.1 米，底部直径 15 米左右。整个封堆以 M2362 为中心，三座汉墓和四座东周墓之间打破关系较清楚，汉墓间的打破关系也非常清晰：M2360 被 M2361 打破，M2361 又被 M2362 打破（图二五五）。

（二）土墩竖穴墓中家族同一封堆内异穴合葬

土墩竖穴墓中除个别封堆（D1）为单独的墓葬外，D3、D7～D11 等均应属家族合葬。D3 内保存的 12 座从西汉中期延续到新莽时期的墓葬（图二三），能明确墓主姓名的有"廖福"和"廖宏"，廖福的官职为西汉长沙国郎中令。D3 应是西汉至新莽的廖氏家族合葬墓地。D8 内原至少有四座墓合葬（图八二），可能为赵氏家族合葬墓地。D11 为一位曾任"镡成长"的家族合葬墓地。

（三）砖室墓中家族同一封堆内异穴合葬

砖室墓中有两组共七座墓，在发掘前明显属同一封堆下而各自有独立墓室的家族合葬群。

M2387、M2388、M2389 三座在发掘前位于同一封堆内，三座墓葬的规格基本相同，均为单室券顶砖墓，方向相同，墓葬之间相距 0.24～0.80 米。

M2418、M2419、M2420、M2421 也是处于同一封堆之下有各自独立墓室的砖室墓，但这四座墓的规模和墓葬形制较复杂，墓内的空间和增加的墓室已足能容纳夫妻合葬和其他成员合葬。

二　家族多名成员同一墓穴合葬

虽难以判定土坑（墩）竖穴墓中是否存在家族多名成员同一墓穴合葬的现象，但砖室墓中应广泛存在多名成员同一墓穴合葬的情况。

当土坑（土墩）竖穴墓逐渐演变为砖室墓后，就很好地解决了墓室多次重新打开的难题与合葬过程中水、泥和葬具朽烂后造成的混乱，多名成员合葬逐渐成为一种成熟、简约、可操作性强的埋葬习俗。

24 座 CA 型长方形单室券顶砖墓，墓室内的空间一般难以容纳夫妻合葬的双棺，更别说家族成员的多套葬具，显然不属合葬墓。

34 座 CB 型、CC 型、CD 型、CE 型、CF 型墓，宽大的墓室空间和多室的出现，完备的封门也更方便合葬的进行。

从 M2401（图二八六）出土的四面铜镜分别位于甬道和主室内，并结合墓底葬具残留漆皮和铁质棺钉推测该墓就应属多具棺合葬。

查 1977 年由傅举有等主持发掘的武陵区东江乡"常东 M1"和"常南 M10"[6]就是可分八室和六室的大型家族合葬砖室墓。

三　同茔异穴合葬

《白虎通义·崩薨》载[7]："夫妻生时同堂，死同葬之"。日本学者太田有子氏在《中国古代的夫妻合葬墓》[8]一文中认为夫妻合葬有三种形式：同坟异穴合葬、并穴合葬、同穴合葬。所谓同坟异穴合葬即应指同一封土堆下的夫妻异穴合葬，这种现象在沅水下游广泛分布。

（一）土坑竖穴墓中的同茔异穴合葬

因沅水下游两汉墓葬中均无墓主的遗骸保存下来，故本报告将在发掘时位于同一封堆、规模差别不大、时代差别较小等作为推断两座墓葬属夫妻同茔异穴合葬的依据。符合这三条的有四组：

M2131 和 M2132、M2133 和 M2134、M2153 和 M2154、M2206 和 M2207 等。鼎城区灌溪还有许多两座或三座一组的墓葬，相对独立的分布于墓区内，但因规模小，上部无封堆而缺乏推测其可能属夫妻同茔异穴合葬的直接证据。

M2131 和 M2132 均带斜坡墓道，处于同一保存较完整的封堆下，墓口相距 2 米（图一八二）。M2131 的墓道短而陡，M2132 的墓道长而缓。从地层叠压关系判断，M2131 下葬的时间比 M2132 晚。

M2133 和 M2134 也处于同一封堆下，两座墓的墓口存在着打破关系，从地层叠压关系判断 M2134 下葬的时间比 M2133 晚，M2134 打破 M2133（图一八七）。

M2153 和 M2154 的规模较小，无墓道，M2154 位于 M2153 的西南侧（图一九七）。两座墓的方向均为 235°。M2153 和 M2154 共用一条排水沟（G1），使用河卵石、绳纹筒瓦和板瓦建成的 G1 位于两墓之间，沟底低于墓室底部 6~8 厘米，沟宽 30 厘米，发掘长度 3.10 米，沿 M2153 的南壁底部向东延伸。

M2206 和 M2207 同处于一小山岗上的同一封堆下，两座墓葬的墓口相距仅 1.50 米，墓葬方向同为 95°，规模相近。

（二）土墩竖穴墓中的同茔异穴合葬

土墩竖穴墓中，仅廖氏家族合葬的 D3 内有三组大致推测可能属夫妻同茔异穴合葬：D3M27 和 D3M29、D3M13 和 D3M14、D3M18 和 D3M30。

墓主名廖宏的 D3M27 与 D3M29 的墓底下部有共用的主排水暗沟 D3G1，D3G1 贯穿于 D3M27 和 D3M29 的中部。D3M27 和 D3M29 基本处在同一方向，两墓壁相距仅 0.30~0.90 米，从随葬器物判断两座墓的时代均属西汉中期早段。

D3M14 和 D3M13 是 D3 内唯——组从墓口打破关系就可看出其特殊关系的墓葬。D3M14 位于北部，将 D3M13 的北部墓室、墓道和封门部分打破（图五二）。两座墓的方向一致，规格相当。D3M14 墓室向南跨入 D3M13 墓室 1.10~1.30 米，该范围内无 D3M14 的任何随葬器物，D3M13 墓室北部随葬器物有被移动的痕迹，其中一件铜熏炉（D3M13∶15）仅剩炉盖。从时代上看，D3M13 属西汉晚期，D3M14 则属新莽时期。

D3M18 和 D3M30 也可能属 D3 内另一组夫妻同茔异穴合葬墓。D3M18 位于北部，D3M30 位于南部，两墓口相距仅 0.20 米（图六五），方向均为 285°，规格相当，在时代上 D3M30 属西汉中期晚段，而 D3M18 属西汉晚期。

（三）砖室墓中的同茔异穴合葬

因沅水下游汉代砖室墓几乎全部被扰乱，欲判定夫妻同茔异穴合葬的墓相当困难，但 M2402 和 M2438 这两座并列双室券顶砖室墓的结构与其他砖室墓的区别较大，结构较独特，推测可能属夫妻同茔异穴合葬。

M2438 位于常德市武陵区芦山乡台家铺村，靠近汉索县城，墓葬原有直径达 15 米、高约 3 米的封土。其砖椁外有长 5.80、宽 4、深 1.20 米的生土墓圹。墓圹内左、右两墓室并列，相距 0.30 米，两墓室间有一条用墓砖侧砌的通道。西侧墓室可能为主室，长 5.80、宽 2.10、残高 1.20 米。东侧墓室可能为侧室，长 5.60、宽 1.60、残高 0.80~1.20 米（图三一六）。两墓室砖椁的边墙和封门墙均使用同样规格的墓砖单条错缝砌筑而成，封门墙稍呈弧形。在墓室内的西南端近墓壁处有用砖侧砌的宽 0.35 米（一块墓砖的长度）的墙，在墙与墓壁间有两层墓砖铺成的平台，可能象征随葬器物的放置位置。墓底的棺室位置主要采用单砖错缝平铺直砌，只有在距短墙 0.30 米方位内没有铺地砖。

M2402 也是一座并列双室券顶砖墓。并列双室共用中间的墓壁，该墓壁和两个独立的墓室为一次建成，封门均呈弧形。两墓室均长 5 米，宽度差别较大，较宽的墓室内空宽 1.04 米，较窄的墓室内空宽 0.76 米。

四　同穴合葬

判定是否属夫妻同穴合葬最直接的证据当然是在同一墓穴内合葬的墓主骨骸鉴定，但沅水下游所有汉墓均缺乏这种直接证据。早期的发掘过程和记录中，对于没有墓主骨骸的墓葬一般都极少注意到墓主是合葬还是单独葬。到 20 世纪 90 年代末期，随着发掘技术的改进和认识的提高，发掘者已经开始留意和记录墓内埋葬的情况，到 20 世纪进行的发掘中，已经注意到墓内棺椁的结构痕迹，并能初步判定其分布和结构等情况，为判定是否属夫妻同穴合葬提供了证据。

本报告收录的两汉土坑（墩）墓和砖室墓中均存在夫妻同穴合葬的现象。

（一）土坑竖穴墓中的同穴合葬

土坑竖穴墓中可判定属夫妻同穴合葬的墓有 M2098 和 M2146。

M2098 是带双斜坡墓道的土坑竖穴墓，方向 350°。该墓是这一家族墓地身份地位最高的墓葬。墓口东与 M2096（出滑石"镡成长印）墓口仅 1 米左右。发掘前保留有高大的封土堆，东部还有两座墓（M2087、M2088）也处于该封土堆的外部边缘（图一四六）。

M2098 的墓道位于北侧，有两条：第一条（A）墓道位于墓室中部北侧，为该墓的主墓道，存长 3.60、宽 2.80 米，墓道底部距墓底 0.50 米，墓道坡度为 25°；第二条（B）墓道位于墓室北侧偏南，打破部分 A 墓道，存长 4.20、宽 0.90 米，墓道底部距墓底 0.50 米，墓道坡度为 15°。该墓道应属墓主在掘开墓室合葬时留下的，仅仅是为了将墓主的葬具运入合葬的墓室内。由此推断，这时的夫妻合葬墓在第一位墓主下葬时，其墓室肯定是"掩圹"的。该墓葬具是数十年来沅水下游所发掘的汉代竖穴土坑墓中保存最完整的一座，结构相当清晰，为两椁双重棺。椁室内有两组并列的重棺，棺呈南北向，位于内椁的南部，均为两层长方形盒形棺，应为徐承泰氏所言的夫妻同穴合葬墓中的"异时合葬非单棺墓"⑨。该墓因严重被盗，其随葬器物已难以辨别出早晚。

M2146 为一座带斜坡式墓道的土坑竖穴墓，墓道偏向墓室的一侧，随葬器物分成两组，墓底残留的葬具痕迹表明为并列双棺合葬，应属夫妻同穴合葬墓。

（二）土墩竖穴墓中的同穴合葬

武陵区南坪土墩竖穴墓中能断定在同一椁室内双棺合葬的有 D7 和 D8。D7 内有三座墓（D7M3、D7M4、D7M5），D8 内保存完整的两座墓（D8M2、D8M3）均属夫妻同穴合葬。

D7M3 墓底的黑褐色和暗红色漆皮清晰地表明该墓葬具为一椁双棺。双棺并列置于墓室的中部，东棺长 230、宽 100 厘米，西棺长 230、宽 90 厘米，应属夫妻同茔同穴合葬。

D7M4 的葬具结构较清晰，为一椁双棺。双棺并列置于墓室的中部，东棺长 224、宽 70 厘米，西棺长 224、宽 60 厘米，属夫妻同茔同穴合葬。

D7M5 的葬具为一椁双棺。双棺并列置于墓室的中部，东棺长 226、宽 78 厘米，西棺长 226、宽 58 厘米。

D8 封堆的中心位置保存有两座墓葬。D8M3 是主墓，墓主为赵玄友。葬具痕迹较清晰，为两椁双棺。从墓底红黑色漆皮、棺钉的位置和两侧随葬器物的分布状况判断，双内棺位于墓室的中部，右侧内棺长 250、宽 60 厘米，左侧内棺长 240、宽 60 厘米。该墓也应属夫妻同穴合葬。

D8M4 葬具为一椁双棺。从墓底漆皮、棺钉位置和随葬器物的分布状况判断，双棺位于墓室的中部，右侧内棺长 204、宽 70 厘米，左侧内棺长 204、宽 90 厘米。该墓也属夫妻同穴合葬。

还有部分墓葬，如 M2020 等，在发掘时虽能判断属夫妻同墓穴合葬——墓底有并列双棺的痕迹，然随葬器物的放置并没有明显分成两组。但通过后期整理，却发现墓内有两组时代明显差异较大的器物群，其 J 型Ⅶ式（M2020：26）陶鼎、Bb 型Ⅱ式（M2020：52）陶井明显属西汉晚期，而 J 型Ⅳ式（M2020：46）陶壶、G 型（M2020：9）陶钫、A 型Ⅱ式（M2020：43）陶井、D 型Ⅳ式（M2020：4）陶灶等则明显属西汉中期后段。这应属于徐承泰氏所言的夫妻同穴合葬墓中的"异时合葬非单棺墓"[10]。

（三）砖室墓中的同穴合葬

由于墓葬多遭扰乱和破坏，究竟有多少座属于夫妻合葬，又有多少座属于家族成员合葬已难以准确区分，但其中肯定有不少属夫妻合葬墓。

注　释

① 陕西省文物管理委员会：《潼关吊桥汉代杨氏墓群发掘简报》，《文物》1961 年第 1 期。

② 陕西省文管会、咸阳市博物馆、杨家湾汉墓发掘小组（石兴邦等）：《咸阳杨家湾汉墓发掘简报》，《文物》1977 年第 10 期。

③ 临沂市博物馆：《山东临沂金雀山周氏墓群发掘简报》，《文物》1984 年第 11 期。

④ 纪达凯、刘劲松：《江苏东海县尹湾汉墓群发掘简报》，《文物》1996 年第 8 期。

⑤ 湘西自治州文物处、保靖县文物管理所：《保靖四方城战国、汉代墓葬发掘报告》，《湖南考古·2002》，岳麓书社，2004 年。

⑥ 湖南省博物馆：《湖南常德东汉墓》，《考古学集刊》第 1 集，中国社会科学出版社，1981 年。

⑦ 班固等：《白虎通义·崩薨》，中华书局，1994 年。

⑧ ［日］太田有子著，杨凌译：《中国古代的夫妻合葬墓》，《华夏考古》1989 年第 4 期。

⑨⑩ 徐承泰：《汉代非单棺墓葬的考古学意义观察——以中小型墓葬为观察对象》，《江汉考古》2008 年第 4 期。

第四章 随葬器物的组合与演变

通常情况下，在一定时期内墓葬中的常见器物具有相对稳定的共存关系，构成了器物相对稳定的组合，这种组合是其时代特征的集中体现（表一六）。

第一节 随葬器物的组合

485 座墓中，除 33 座墓的随葬器物全部被毁，52 座墓的随葬器物部分被毁外，其余 400 座墓的随葬器物组合基本齐全，形制较清楚。通过分析，可以归纳出以下十三种组合。

第一组：

出土 A 型、B 型 I 式、C 型 I 式和 II 式、D 型、E 型、F 型 I 式和 II 式、G 型 I 式、H 型陶鼎，A 型 I 式、B 型 I 式、C 型 I 式、D 型 I 式、E 型陶盒，A 型、B 型、C 型、Da 型 I 式、Db 型 I 式和 II 式、Ea 型 I 式、Eb 型 I 式和 II 式及 III 式、I 型陶壶，A 型 I 式、B 型陶钫，A 型、B 型陶豆，陶盘，A 型 I 式、B 型 I 式和 II 式、D 型 I 式、E 型陶勺，A 型、B 型 I 式和 II 式、C 型 I 式、D 型陶匕，陶匜，A 型 I 式和 II 式陶高领罐，A 型陶双耳罐，A 型陶刻划纹罐，A 型陶矮领罐，A 型 I 式印纹硬陶罐，A 型硬陶无耳罐，A 型 I 式和 II 式滑石璧（玻璃璧）等。还有 A 型 I 式铜鼎、剑、戈；A 型、C 型 I 式铜镜和 Aa 型 I 式、II 式陶熏炉及泥半两等。

第二组：

保留第一组的器形有：C 型 II 式、E 型陶鼎，Da 型 I 式、Db 型 I 式和 II 式及 Ea 型 I 式、Eb 型 III 式陶壶，B 型陶钫，陶罐，陶勺，陶匕，硬陶罐；A 型 I 式滑石璧和泥半两等。新出现了 B 型 II 式、F 型 III 式、G 型 II 式陶鼎，A 型 II 式和 III 式、B 型 II 式、C 型 II 式陶盒，Da 型 II 式、Db 型 III 式和 IV 式、Ea 型 II 式和 III 式、Eb 型 IV 式和 V 式、F 型、G 型、H 型 I 式陶壶，A 型 II 式、H 型陶钫，Ab 型陶熏炉，A 型 III 式和 IV 式、B 型 I 式和 II 式及 III 式、IV 式、C 型 I 式和 II 式滑石璧，滑石镜，A 型泥金饼，Aa 型、Ab 型 I 式陶鐎壶，A 型、B 型 I 式、C 型 I 式、D 型 I 式陶灶及滑

表一六　　　　　　　　　　　　　典型器物分期演变图表

期	段	陶　　　鼎			
		B型	C型	F型	J型
一	一	Ⅰ式（M2363:6）	Ⅰ式（M2211:11）	Ⅰ式（M2222:22）	
	二	Ⅱ式（M2166:5）	Ⅱ式（M2158:13）	Ⅱ式（M2375:7）Ⅲ式（M2159:10）	
	三		Ⅲ式（M2198:28）		Ⅰ式（M2190:20）
二	四				Ⅱ式（M2096:50）Ⅲ式（D3M27:35）

续表一六

期	段	陶 鼎		
		J 型	L 型	M 型
二	五	Ⅲ式（D8M3:54） Ⅳ式（D7M4:11） Ⅴ式（M2362:10） Ⅵ式（D8M4:20）		
三	六	Ⅶ式（M2020:26）		
四	七	Ⅷ式（D3M28:8）		
五	八		M2429：14	
六	九		M2434：19	M2384：10

续表一六

期	段	陶 盒			
		A型	B型	C型	D型
一	一	I式（M2374:14）	I式（M2222:29）	I式（M2211:8）	I式（M2112:18）
	二	II式（M2200:28） III式（M2156:18）	II式（M2120:11）	II式（M2130:4）	
	三		III式（M2190:21）		
二	四		IV式（M2096:54）		II式（D3M29:16）
	五	IV式（M2345:19）	V式（M2359:13） VI式（M2362:60）		III式（M2362:16）
三	六				IV式（D3M16:5）
四	七				V式（D3M28:12）

续表一六

期	段	陶　　　　壶			
		D型	E型	H型	J型
一	一	Da型Ⅰ式（M2158:2） Db型Ⅰ式（M2112:16） Db型Ⅱ式（M2207:32） Da型Ⅱ式（M2215:9）	Ea型Ⅰ式（M2375:42） Eb型Ⅰ式（M2148:10） Eb型Ⅱ式（M2148:3） Eb型Ⅲ式（M2211:4）		
	二	Db型Ⅲ式（M2166:8） Db型Ⅳ式（M2218:20）	Ea型Ⅱ式（M2204:5） Ea型Ⅲ式（M2200:18）	Ⅰ式（M2379:18）	
	三			Ⅰ式（M2379:18）	Ⅰ式（M2190:14）

续表一六

期	段	陶　壶			
		D型	E型	H型	J 型
二	四	Db型Ⅴ式（M2359:7）	Eb型Ⅳ式（M2157:5） Eb型Ⅴ式（M2203:2）		Ⅱ式（M2096:31） Ⅲ式（D8M3:36）
	五				Ⅳ式（M2009:17）
三	六				Ⅴ式（D8M4:30）
四	七				Ⅵ式（M2086:15）

续表一六

期	段	陶 钫			
		A型	B型	C型	D型
一	一	I式（M2222:2）	M2375:53		
	二	II式（M2136:8）	M2248:48		
	三	III式（M2190:13）		I式（M2198:21）	
二	四	IV式（M2344:5）		II式（M2199:22）	D3M27:42
	五			III式（M2345:2）	D7M5:24
三	六	V式（D10M2:1）			
四	七				M2009:14

续表一六

期	段	陶　　　灶			
		A型	B型	C型	D型
一	一 二	M2248:32	Ⅰ式（M2203:22）	Ⅰ式（M2197:13）	Ⅰ式（M2204:10）
	三				Ⅱ式（M2198:29）
二	四				Ⅲ式（D3M27:33）
	五			Ⅱ式（M2072:16）	Ⅳ式（D1M2:12）
三	六				Ⅴ式（D8M4:14）
四	七				
五	八		Ⅱ式（M2429:10）		Ⅵ式（D3M14:12）
六	九		Ⅲ式（M2395:14）		

续表一六

期	段	陶　　　井			
		A型	B型	C型	D型
一	一				
	二				
	三				
二	四	I式（D3M27:36）	Ba型I式（M2344:9）	I式（D3M20:15）	
	五	II式（D7M4:7）	Ba型II式（M2362:47） Bb型I式（D3M30:22）	II式（M2072:15）	
三	六	III式（D8M4:18）	Bb型II式（M2020:52）	III式（D3M18:31）	
四	七	IV式（D3M14:7）			
五	八				M2429:21
六	九				M2384:3

续表一六

期	段	陶　镳　壶		
		A型	B型	C型
一	一			
	二	Aa型（M2218:9）Ab型Ⅰ式（M2248:3）		
	三	Ab型Ⅱ式（M2344:10）		
二	四		Ⅰ式（M2096:20）	
	五		Ⅱ式（D7M4:9）	
三	六		Ⅲ式（D3M16:1）	
四	七			
五	八			M2429:20
六	九			M2384:7

续表一六

期	段	陶　熏　炉		
		A型	B型	C型
一	一	Aa型Ⅰ式（M2206:3）　Aa　型Ⅱ式（M2222:28）		
	二	Ab型（M2209:24）		
	三	Ab型（M2190:5）		
二	四		Ⅰ式（D3M29:11）	Ⅰ式（M2096:47）
	五		Ⅱ式（D7M4:6）	Ⅱ式（M2362:27）
三	六		Ⅲ式（D7M4:6）	
四	七		Ⅳ式（M2086:5）	
五	八		Ⅴ式（M2429:17）	
六	九		Ⅵ式（M2384:13）	

石盘，滑石耳杯，B型、D型、H型Ⅰ式铜镜等。

第三组：

陶器、滑石器和铜器及硬陶罐基本与第二组相同，新出现A型、B型、C型、D型酱釉硬陶鼎，A型、B型酱釉硬陶盒，A型、B型酱釉硬陶壶等。

第四组：

保留第二组和第三组的E型陶鼎，B型Ⅱ式陶盒，Ab型陶熏炉，A型泥金饼，陶罐，硬陶罐，B型Ⅳ式滑石璧，滑石盘、耳杯、镜，陶勺、匕、甑、镂，泥半两等。新出现C型Ⅲ式、J型Ⅰ式陶鼎，B型Ⅲ式陶盒，H型Ⅱ式、J型Ⅰ式陶壶，A型Ⅲ式、C型Ⅰ式和Ⅱ式陶钫，Ab型Ⅱ式、B型Ⅰ式陶镳壶，D型Ⅱ式陶灶，B型泥金饼，C型Ⅰ式、Ⅰ型Ⅰ式和Ⅱ式铜镜，A型Ⅴ式、C型Ⅲ式滑石璧，泥五铢，滑石鼎、盒、壶、钫等。

第五组：

新出现J型Ⅱ式和Ⅲ式陶鼎，B型Ⅳ式和Ⅴ式、D型Ⅱ式陶盒，J型Ⅱ式和Ⅲ式陶壶，A型Ⅳ式、D型、H型陶钫，B型Ⅱ式陶镳壶，B型Ⅰ式、C型Ⅰ式陶熏炉，D型Ⅲ式陶灶，A型Ⅰ式、Ba型Ⅰ式、Ba型Ⅱ式陶井，C型、E型、F型泥金饼，Fa型、Fb型、H型Ⅱ式、J型Ⅰ式、Ka型铜镜，A型Ⅱ式铜鼎，B型Ⅴ式、C型Ⅳ式滑石璧等。保留有硬陶罐、环首刀、铜五铢、铜剑、石黛板、石研子、泥五铢等。

第六组：

陶器、铜器、滑石器和硬陶器等和第五组组合基本相同，增加了A型Ⅰ式、Ⅲ式青瓷壶，A型、B型Ⅰ式青瓷瓿，C型Ⅰ式、D型Ⅰ式酱釉硬陶壶，滑石鼎、壶、钫、剑饰、盘、灯、耳杯，A型Ⅱ式铜鼎，A型Ⅰ式铜钫，A型Ⅰ式铜壶，铜矛、弩机等。

第七组：

保留有第五、六组的J型Ⅲ式陶鼎，D型Ⅱ式陶盒，J型Ⅲ式陶壶，D型陶钫，D型Ⅲ式陶灶，B型、C型、D型、E型、F型泥金饼，B型Ⅳ式、C型Ⅳ式和Ⅴ式滑石璧，陶镳壶，A型Ⅱ式铜鼎，陶盆，泥五铢，铜五铢，硬陶罐，酱釉硬陶罐，滑石灯，石黛板、石研子等，新出现了J型Ⅳ式和Ⅴ式陶鼎，B型Ⅵ式、D型Ⅲ式陶盒，J型Ⅳ式陶壶，C型Ⅲ式、F型、G型陶钫，D型Ⅳ式陶灶，A型Ⅱ式、Bb型Ⅰ式、C型Ⅱ式陶井，B型Ⅱ式、C型Ⅱ式陶熏炉，A型Ⅳ式、B型Ⅴ式、C型Ⅴ式滑石璧等。

第八组：

陶器、铜器、滑石器和硬陶器等和第七组组合基本相同，增加了A型Ⅲ式、B型铜鼎，A型Ⅱ式、B型Ⅰ式铜壶，A型Ⅱ式、B型Ⅰ式铜钫，A型、B型铜熏炉，A型Ⅰ式、B型铜镳壶，铜铟、勺，C型Ⅱ式、E型Ⅰ式和Ⅱ式及Ⅲ式、J型Ⅱ式、Kc型铜镜，D型Ⅱ式酱釉硬陶壶，C型酱釉硬陶盒，A型、B型、C型青瓷瓿，A型Ⅱ式、Ⅲ式青瓷壶，A型Ⅳ式、C型Ⅴ式滑石璧，滑石案、灯、耳杯等。

第九组：

保留有前期的D型、G型陶钫，C型、D型、E型、F型泥金饼，A型Ⅱ式铜鼎，Ka型、Kb型、N型Ⅰ式铜镜，A型Ⅳ式、B型Ⅳ式和Ⅴ式、C型Ⅳ式和Ⅴ式滑石璧，陶瓿，铜盘、樽、灯、甑、剑、洗，泥五铢，硬陶罐，铜五铢，铜环首刀，石黛板、研子等，新出现了J型Ⅵ式、Ⅶ式陶鼎，D 型Ⅳ式陶盒，J 型Ⅳ式、Ⅴ式陶壶，A 型Ⅴ式、E 型陶钫，D 型Ⅴ式陶灶，A 型Ⅲ式和Ⅵ式、C 型Ⅲ式陶井，B 型Ⅲ式陶镶壶，B 型Ⅲ式陶熏炉，B 型Ⅱ式铜壶，B 型铜镶壶，Kc 型、N 型Ⅰ式铜镜，E 型酱釉硬陶鼎，D 型酱釉硬陶盒，C 型Ⅱ式、D 型Ⅲ式酱釉硬陶壶，酱釉硬陶瓿等。

第十组：

陶器、铜器、青瓷器、硬陶器及滑石器等与第八、九组基本相同，新出现了 B 型、C 型铜鼎，A 型Ⅲ式、B 型Ⅲ式铜壶，B 型Ⅱ式铜钫，B 型铜镶壶，铜灶，La 型、Lb 型、M 型Ⅰ式铜镜，陶井，铜熨斗，大泉五十，玻璃杯，釉陶双唇罐，J 型Ⅷ式陶鼎，D 型Ⅴ式陶盒，J 型Ⅵ式陶壶，L 型陶钫，D 型Ⅵ式陶灶，C 型陶镶壶，B 型Ⅳ式陶熏炉，F 型酱釉硬陶鼎，E 型酱釉硬陶盒，C 型Ⅲ式、E 型酱釉硬陶壶等。

第十一组：

从本组开始，陶器、铜器、硬陶器、漆木器、滑石器、玉器等与前面十组的差别非常明显：釉陶器开始广泛出现，软陶器的数量和品种急剧减少，陶盒、钫基本不见，滑石器出现的频率在短时间内迅速降低。有 K 型、L 型陶鼎，K 型Ⅰ式陶壶，B 型Ⅱ式陶灶，D 型陶井，C 型陶镶壶，B 型Ⅴ式陶熏炉，陶仓、罐、甑、碗、屋，硬陶罐，铜五铢，Lb 型铜镜，环首刀，滑石灯，D 型Ⅰ式滑石璧，新出现了釉陶鼎、灶、仓等。

第十二组：

保留有第十一组的 L 型陶鼎，陶罐、案，硬陶罐，铜带钩，铜五铢，D 型Ⅰ式滑石璧，滑石灯、猪等。新出现 A 型Ⅰ式和Ⅱ式、C 型Ⅰ式和Ⅱ式釉陶鼎，A 型、B 型釉陶灶，A 型、B 型、C 型釉陶井，A 型Ⅰ式和Ⅱ式、B 型釉陶仓，釉陶器盖、勺、杯、耳杯、碗、楼、鸡和鸡舍，Ⅰ式釉陶猪圈，M 型陶鼎，K 型Ⅱ式陶壶，B 型Ⅵ式陶熏炉，B 型Ⅲ式陶灶，D 型陶井，M 型Ⅱ式、N 型Ⅱ式、P 型、Q 型铜镜，D 型Ⅱ式、E 型Ⅰ式和Ⅱ式、F 型滑石璧，青瓷碗、罐等。

第十三组：

除陶罐、案、筒瓦、瓦当及 L 型陶壶等软陶器外，陶鼎等已不见。新出现 A 型Ⅲ式、B 型釉陶鼎，釉陶壶，C 型釉陶灶，A 型、D 型釉陶井，A 型Ⅱ式釉陶仓，Ⅲ式釉陶楼，A 型、B 型Ⅰ式和Ⅱ式釉陶灯，C 型釉陶熏炉，M 型Ⅲ式铜镜。保留有釉陶镶壶、猪圈、鸡舍、狗、猪、鸡、鸟，硬陶罐，铜五铢、弩机，滑石猪，青瓷碗、罐等，釉陶器和青瓷器已占主导地位。

第二节　几种常见随葬器物的演变

一　陶鼎的演变

陶鼎是沅水下游汉墓中最常见的随葬器物，除东汉晚期砖室墓（可能还与此期段的墓葬均遭到严重破坏有关）外，都有陶鼎出土，也是所有随葬器物中最复杂而又演变发展较清晰的器类之一。

在西汉早期墓中经常出现 5～9 件陶鼎、盒、壶、钫，但常常表现为同一座墓中出现多套组合，每套 2～3 件，套与套间型式差别很明显，使得这时的陶器组合显得复杂而混乱。这一时期出现了 A 型、B 型 I 式和 II 式、C 型 I 式和 II 式及 III 式、D 型、E 型、F 型 I 式和 II 式及 III 式、G 型 I 式和 II 式、H 型、J 型 I 式陶鼎，从第五、六组开始到第十组，陶鼎的形制变得简单而统一，仅有 J 型 II 式、III 式、IV 式、V 式、VI 式、VII 式、VIII 式陶鼎，其型并无大的区别，仅有式的变化，其演变主要为：

除 A 型鼎外，早期器形的剖面基本呈扁椭圆形，盖呈覆钵形，弧顶，器身子母口，对称双附耳外撇，少数附耳外折明显，也有少数为直立双附耳，大部分附耳位于鼎口沿外，只有 B 型 I 式（M2363：6）附耳位于鼎腹中部。腹部一般较浅，少数较深，底部多为圜底或圜底近平，只有 C 型多为平底或小平底。三蹄足多数较矮，少数鼎足较高，多以素面为主，出现极少量模印兽面的。盖与身一般扣合不严。鼎整体多为素面，少有彩绘现象。

从第五、六组开始到第十组，陶鼎的发展变化有序，J 型 I 式的剖面依然呈椭圆形，盖上有条形纽，J 型 II 式、III 式、IV 式的剖面基本呈球形，盖上也有纽，子母口变浅，有的近平，对称双附耳外折，个别出现彩绘。J 型 V 式鼎的变化很不规范。J 型 VI 式鼎的鼎腹开始演变呈钵形，盖顶虽仍保留有三条形纽，但盖变矮而浅，对称附耳外撇更甚，三蹄足附立于鼎腹中部。J 型 VII 式鼎较为独特，腹浅，圜底近平，兽面扁蹄足立于腹底，立于鼎口沿的双耳稍外撇，无盖。J 型 VIII 式鼎则腹更浅，圜底近平，兽面扁蹄足立于腹底，鼎口沿的双耳外撇较严重，盖变得更矮更浅，盖顶仅中部有一个条形纽。

从第十一组开始，陶鼎又发生了变化，前十组的陶鼎均消失，新出现了 K 型、L 型、M 型陶鼎。K 型鼎鼎身完全为钵形，圜底，斜平沿，矮而浅的盖上无纽，口沿附近附对称矮外撇纽，三扁足下端外撇，纽和足已经开始简化，接近象征性。L 型、M 型陶鼎的制作随意，多为手工制作，个体变小，足和耳均更加简化，预示着陶鼎已经完全走向了衰落。到第十三组时，陶鼎全部消失，而代之为釉陶鼎，陶鼎基本退出历史舞台。

二 陶盒的演变

陶盒在西汉早期墓中同陶鼎一样，显得复杂而混乱。这时期先后出现了 A 型 I 式和 II 式及 III 式、B 型 I 式和 II 式及 III 式、C 型 I 式和 II 式、D 型 I 式、E 型陶盒，而从第五、六组开始到第十组，陶盒的形制变得相对简单，仅有 B 型 IV 式和 V 式及 VI 式、D 型 II 式和 III 式及 IV 式与 V 式陶盒，其型式变化较小。陶盒的演变可归纳为：一直保留有 B 型和 D 型两种大的演变序列，A 型盒从早期出现，到西汉中期消失。C 型盒从早期出现，到早期中段也消失。E 型盒更矮更扁，整体近横长方形，是一种比较少而特殊的器形，仅在早期少数墓中出现。

早期 A 型和 B 型陶盒的盒盖均有圈足状捉手，盒身底部或有圈足或为小平底，盖和身高差别不大，盖与身子母口承合，整个器身呈长条形。逐渐演变为盖变矮，盒身无圈足，整体剖面近圆形或椭圆形。C 型盒在西汉早期开始出现，盖为浅钵形，盒身较深，盖的高度仅占整体高度的三分之一，盖与身多子母口承合，盒身极少数有矮圈足，多数为平底。D 型盒也从西汉早期就开始出现，一直延续到新莽时期。D 型 I 式器身呈扁圆形，盖为覆钵形，盒身敛口，子母口承盖，平底。D 型 II 式器身逐渐变高，整体逐渐呈圆球形，盖与器身高度基本接近，盒身多斜平口，少数为子母口，平底或平底稍内凹。D 型 III 式整体高度又重新变矮，但盒身变化不大，主要是盒盖变成浅覆钵形，盒盖的高度约占整体高度的三分之一，盒身平口承盖，大平底。D 型 IV 式的盒身也呈钵形。D 型 V 式盒就基本不见配盒盖，斜收腹，大平底，D 型 V 式盒已经逐渐脱离了陶盒的范畴。

从第十一组开始，陶盒已基本不见。

三　陶壶的演变

陶壶在西汉早期墓中同陶鼎、盒相比较，显得更加混乱和复杂。这时期先后出现了 A 型，B型，C 型，Da 型 I 式、II 式、III 式，Db 型 I 式、II 式、III 式、IV式，Ea 型 I 式，Eb 型 I 式、II式、III 式、IV式、V 式，I 型，F 型，G 型，H 型 I 式、II 式，J 型 I 式陶壶。而从第五、六组开始到第十组，陶壶的形制变得简单而统一，仅有 J 型 II 式、III 式、IV式、V 式、VI式陶壶，变化有序。其演变可归纳为：早期流行圈足壶和平底假圈足壶，从 J 型 I 式开始，腹部和肩部多有数周凹凸弦纹，平底假圈足壶已基本不见，开始为圈足壶的一统天下。以盘口为主，盘口有从浅变深的趋势，也有部分为侈口。鼓腹，腹部最大直径初期较高，后逐渐往下垂。壶盖上多有三个矮纽。通体施黑色和白色颜料彩绘的明显增加，腹部饰铺首衔环。J 型 III 式中仅见素面，颈部变粗，盘口加深，盖上无纽，腹部所饰铺首无环。J 型 IV式基本同 J 型 III 式，粗颈，深盘口，盖上无纽或无盖，腹部最大直径变高，所饰铺首无环，折圈足。J 型 V 式、VI式陶壶圈足变矮，盘口变深变敞，腹部变扁，铺首简化，个体变小。

从第十一组开始，出现 K 型 I 式陶壶，盘口，束颈，鼓腹，平底，腹部铺首演变成对称双贯耳。第十二组为 K 型 II 式陶壶，大平底，对称双竖贯耳位于肩部。K 型 I 式和 II 式陶壶已与早期土坑墓出土的各式陶壶明显不同，第十三组为 L 型陶壶更是与以前的陶壶泾渭有别，而且其种类和数量急剧减少，并逐渐被釉陶壶所取代。

四　陶钫的演变

在第一至第四组器物组合中先后出现了 A 型 I 式、II 式、III 式，B 型，C 型 I 式、II 式，H型陶钫。从第五、六组开始到第十组，还先后有 A 型 IV式、V 式，C 型 III 式，D 型，E 型，F 型，G 型，H 型，L 型陶钫出土。虽然根据其盖、腹、铺首、圈足的细微变化划分了 A、B、C、D、E、F、G、H 等八型，但器形的总体变化并不大，从东周出现后到东汉前期为止，从来没有另外哪一种陶器在近千年的传承中其整体造型变化如此之小的。综合其演变可大致归纳为：早期 A 型 I 式、II 式、III 式陶钫方口较敞，口沿外无圈带或圈带较窄，长腹横截面多呈方形，方圈足较高，肩部模印简易铺首。盖顶平，盖下子口深入钫口沿内。A 型 IV式、V 式钫的长腹横截面多为弧壁方形，多无盖，方圈足较直。从早期就开始出现的 C 型 I 式、II 式陶钫的腹部无模印铺首，钫盖常大于钫口沿，口沿外无圈带或较窄，腹横截面略呈弧壁方形。C 型 III 式陶钫则出现兽面衔鼻铺首。C型 IV式陶钫的腹部横截面为弧壁方形。D 型钫为高方圈足，较直，腹部横截面略呈弧壁方形，口沿外圈带变宽变厚，兽面衔鼻铺首变大。L 型陶钫的形制规范，大小一致，钫盖比钫口沿小，腹部铺首变小而简化。在 B 型和 C 型钫上常有彩绘的现象。主要流行 A 型、C 型、D 型。

从第十一组开始，已基本无陶钫出土。

五　铜鼎的演变

沅水下游汉墓主要以中小型墓为主，出土的铜鼎并不多，仅 14 座墓共出土了 28 件，形态明

确的只有 20 件。在西汉早期的第一组中出土 A 型 I 式铜鼎后，直到第六组才重新出现 A 型 II 式铜
鼎，第八组出现 A 型 III 式、B 型铜鼎，第十组新出现 C 型铜鼎，之后的三组器物中，可能因为几
乎所有墓葬均遭到严重破坏而不见铜鼎出土。其演变可大致归纳为：A 型 I 式铜鼎为深腹，圜底，
子母口，对称双竖立耳，高粗蹄足。A 型 II 式铜鼎深腹，对称立附耳，子母口，蹄足不高，弧形
盖上有三对称钮。A 型 III 式铜鼎的腹部、耳、口沿、盖等基本与 II 式相同，但三足为兽面矮蹄足。
B 型铜鼎为环形附立耳，子母口承盖，弧形盖上对称三环钮，钮上有一小乳突。三蹄足，截面呈
半圆形，深腹。C 型铜鼎与 A 型、B 型的差别较大，盖面隆起，中部平圆，中央有环钮扣圆环，
外有对称三个突起实心小钮。子母口内敛，腹较深，腹壁呈圜形，底近平。三瘦长足外撇，上下
略粗，中间细，横断面近三角形。腹部一道凸棱处折出附耳，附耳上圆下方。

六　铜钫的演变

14 座墓葬中共出土 25 件铜钫，其中形态明确的有 17 件。前五组随葬器物中均不见铜钫出土，
直到第六组才出现 A 型 I 式铜钫，第八组出现 A 型 II 式、B 型 I 式铜钫，第十组出现 B 型 II 式铜
钫，之后的三组器物中，可能因大多数墓葬遭到严重破坏而难见铜钫出土。铜钫的演变可大致归
纳为：从西汉中期开始出现 A 型 I 式铜钫，这时的铜钫方圈足较直，平沿，沿外有宽圈带，腹部
较直，腹中部有衔鼻小铺首，钫盖小于钫口沿，盖下子口深入钫口内，整件器物个体较小，A 型
I 式铜钫一直延续到新莽时期。A 型 II 式铜钫出现在西汉中期后段，整个器形个体变化较大，腹
部饰规整清晰的铺首衔环，平沿承盝顶式盖。盖下部有折棱，顶平，平顶中部有一实心钮，钮外
四边饰卷云纹，盖下有子口。B 型铜钫的腹部横截面略呈弧壁方形，无盖，侈口，口部或无圈带，
肩部或仅有环钮，或环钮衔环。A 型 III 式钫出土于砖室墓中，仅存的钫盖与 A 型 II 式铜钫较接近，
只是所饰的纹饰已为变形柿蒂纹。

七　滑石璧的演变

滑石璧作为一种在沅水下游汉墓中广泛出土的随葬器物，其礼制的作用是毋庸置疑的。沅水
流域是目前所见汉墓出土滑石璧最多、最集中的地区之一。1982 年在湘西保靖县粟家坨[①]发掘的
13 座两汉墓葬出土随葬器物 147 件，共有滑石器 15 件，其中有滑石璧 13 件。1996 至 1998 年在湘
西保靖县三次发掘[②]的 21 座汉墓中有 12 座共出土滑石器 19 件。2002 至 2003 年在湘西保靖县清水
坪[③]清理发掘的 255 座西汉墓中，有 185 座墓共出土滑石璧 243 件。溆浦江口松树坡三座汉墓出土
的 55 件随葬器物中有 29 件滑石器，超过随葬器物的一半，其中滑石璧 4 件。溆浦马田坪 53 座西
汉至新莽墓[④]出土的 558 件随葬器物中有 112 件滑石器，其中滑石璧 63 件。1986 至 1987 年于大庸
（今张家界市）城区清理发掘的 49 座西汉墓[⑤]出土的 583 件随葬器物中有滑石器 54 件，其中滑石
璧 35 件。沅水流域如此密集出现的滑石璧又远非源于礼制可以解释的。本报告收集的 485 座两汉
墓葬中有 288 座共出土 355 件滑石璧，约占随葬器物总数的 4.3%。形态明确的有 275 件，可为
A、B、C、D、E、F 共六型 21 式。A 型滑石璧中的 A 型 I 式、A 型 II 式、A 型 III 式，B 型的 B 型
I 式、B 型 II 式、B 型 III 式，D 型的 D 型 I 式、D 型 II 式、D 型 III 式均是以宽窄不一的凹面小方格
内饰涡纹为主。这时的滑石璧一般制作较精致，做工较好，显得结实厚重。这种涡纹在本地区东
周墓的玉璧和玻璃璧上最为常见，显然属早期的传承和发展。以涡纹为主的滑石璧一般出现在西

汉早期，西汉中期已基本不见。出土此类滑石璧的墓葬中的钱币类随葬器物一般为泥半两和少量 A 型 Ⅰ 式泥金饼。

　　双面 A 型滑石璧在西汉早期出现概率最高，一直延续到西汉中晚期。从双面方格中饰涡纹；逐渐演变为一面方格中饰涡纹，另一面为规整的圆圈纹；又逐渐演变为 A 型 Ⅳ 式的双面均为细方格纹间饰规整的圆圈纹；到 A 型 Ⅴ 式演变为斜菱格内饰重圈纹；到 A 型 Ⅵ 式演变为在斜菱格的交叉处饰重圈纹。璧的通径逐渐增大，好径越来越小。

　　B 型和 C 型璧均为单面纹饰。

　　B 型璧是出土最多的一类。在西汉早期主要是在肉上凹面宽带构成的方格内饰涡纹，逐渐演变成饰重圈纹。再出现窄方格的中间和交叉点均有重圈纹。从西汉中期开始，肉上的方格逐渐变浅，几乎难以见到痕迹，而重圈纹越来越密集，几乎布满了璧的正面。从西汉中期偏晚开始，稍斜的菱格出现，重圈纹的密度降低，但在好和肉的缘上出现锯齿纹。

　　C 型璧出现在西汉早期。主要体现为在斜菱格内饰涡纹，后逐渐演变成在斜菱格内饰重圈纹。到西汉中期时，重圈纹位于斜菱格的交叉点，这类璧的斜菱格和重圈纹较稀疏且规整，肉的缘上多刻弦纹。

　　从东汉早期偏晚开始，D 型和 E 型璧大量出现，早期常见的涡纹和重圈纹多已不见，出现了饰兽面纹的 F 型璧，方格纹、斜菱格纹、涡纹、重圈纹均已消失，预示着滑石璧作为随葬器物的使命逐渐结束，渐渐退出了历史舞台。

　　滑石璧的演变规律较清晰：从西汉早期在方格纹中饰涡纹逐渐演变为在方格内饰重圈纹。从西汉中期开始演变为在菱格纹间饰重圈纹，后重圈纹出现在菱格的交叉点。之后菱格纹越来越稀疏，重圈纹越来越简化，并逐渐消失。璧的通径逐渐增大，而好径越来越小，好径和通径的比差越来越大，璧肉的厚度则有由厚变薄的趋势。

注　释

① 湘西土家族苗族自治州文物工作队：《湘西保靖粟家坨西汉墓发掘简报》，《考古》1985 年第 9 期。

② 湘西自治州文物管理处、保靖县文物管理所：《保靖四方城战国、汉代墓葬发掘报告》，《湖南考古·2002》，岳麓书社，2004 年。

③ 溆浦县文化局：《溆浦江口战国西汉墓》，《湖南考古辑刊》第三辑，岳麓书社，1986 年。

④ 湖南省文物考古研究所编著：《里耶发掘报告》，岳麓书社，2007 年。

⑤ 湖南省博物馆、怀化地区文物工作队：《湖南溆浦马田坪战国西汉墓发掘报告》，《湖南考古辑刊》第二辑，岳麓书社，1984 年。

第五章　墓葬的分期与年代

　　沅水流域已经发掘的上千座两汉墓葬中几乎没有明确纪年的墓，唯一纪年较明确的是 1999 年发掘的沅陵侯吴阳墓①。吴阳始封于高后元年（前 187 年），卒于文帝后元二年（前 162 年），就在吴阳卒后五年（文帝后元七年）吴氏长沙国无嫡子国除，长沙国被改为长沙郡，从吴阳墓的规模看，吴阳下葬的年代应该在文帝后元二年至七年间，属西汉早期墓。

　　沅水下游汉墓中虽然没有发现有明确纪年的墓葬，但墓中存在多组打破关系以及在 201 座墓葬中出土了各类钱币，还有 117 座墓中出土了 141 面各时代的铜镜，而且墓葬形制早晚间变化也较明显。墓葬间的打破关系可以界定墓葬间的相对年代，钱币则可为界定墓葬的上限提供参考，而数量众多的铜镜也可以为墓葬的相对年代提供必要的佐证。出土的十余枚官署、职官、官爵印章则为墓葬的年代上限提供了历史文献依据。结合各种材料，并综合运用考古类型学的方法，通过对随葬器物的分析、组合关系的归类和器物型式演变关系的排队，大致可以确定沅水下游两汉墓葬的发展序列和年代。由于许多墓葬受损严重，无随葬品出土，有 30 座墓没有参加详细排队，仅在列表中进行了大致分期，参加分期排队的共有 455 座。

　　第一期 239 座汉墓中，有 45 座墓出土泥半两、一座墓出土铜半两（M2110），还有三座墓出土泥五铢、37 座墓出土有 37 面铜镜。37 面铜镜中除 16 面因残损严重形制不明外，有 A 型四山字纹镜 3 面、C 型 I 式云雷纹变形龙纹镜 5 面、B 型 I 式云雷地涡纹镜 2 面、B 型 II 式云雷地四叶龙纹镜 2 面、D 型云雷地连弧纹镜 3 面、H 型 I 式草叶纹镜 3 面，以及 I 型 I 式、II 式、III 式星云纹镜 3 面。这些铜镜的造型特征、纹饰风格既有战国时期的传统风格，又明显具有新时期的特点，属王朝交替时期的文化现象。山字纹镜兴盛于楚文化时期，汉初基本沿用，云雷地涡纹镜和云雷地四叶龙纹镜也始于战国，在汉武帝时期基本消亡，草叶纹镜在西汉早期和中期流行后逐渐被日光镜和昭明镜取代。半两钱中绝大多数为泥半两，可见有仿四铢半两、榆荚半两、八铢半两，少数墓中出现了泥五铢。由此推测，这批墓葬的年代约相当于汉初至武帝前期。根据其随葬器物的演变、墓葬形制的变化等，这批墓葬又可分为三段：

　　第一期一段：

　　本期段 16 座墓中出土铜镜 4 面，有 A 型四山字纹镜 3 面（M2206、M2366、M2375），其造型、纹饰与本地区战国楚墓出土的 D 型[②]四山镜基本相同，只是纹饰较模糊，可能属长期使用或使用楚镜进行翻模铸造的缘故。有 C 型 I 式云雷纹变形龙纹镜 1 面（M2207），其造型、纹饰与本地区战国楚墓出土的 F 型[③]蟠螭纹镜相似。M2374 出土的 A 型陶鼎、盒、壶等均可在本地楚墓中找到痕迹。M2363 出土的 A 型 I 式铜鼎与河南三门峡火电厂汉墓[④]（M25∶17）及广州汉墓[⑤]（M1097∶21）出土西汉早期铜鼎相近。M2375 出土的泥半两则与秦半两较接近。随葬器物主要以软陶器为主，有少量的铜器和硬陶罐，而硬陶罐又以印纹硬陶罐为主。墓葬形制均为呈覆斗形口大底小的土坑竖穴墓，墓道均为长斜坡式，墓道底一般距墓底在 1.5 米以上，墓底的枕木沟一般为横列式。

综合以上各种因素，并与后期墓葬和周边墓葬进行横向比较，认为这批墓葬应属西汉早期早段，约为高帝至吕后时期。

第一期二段：

本期段 213 座墓中出土铜镜共 29 面，包括 C 型 I 式云雷纹变形龙纹镜 3 面（M2116、M2216、M2224）、B 型 I 式云雷地涡纹镜 2 面（M2261、M2379）、B 型 II 式云雷地四叶龙纹镜 2 面（M2175、M2195）、D 型云雷地连弧纹镜 3 面（M2156、M2174、M2179）、H 型 I 式草叶纹镜 3 面（M2197、M2274、M2290）。有 42 座墓出土泥半两钱（M2110 出土的 3 枚铜半两钱保存极差），除少量模仿高后二年（前 186 年）铸行的八铢半两外，主要模仿文帝五年（前 175 年）所铸四铢半两。陶鼎、盒、壶、钫的造型非常复杂，出现陶灶、镳壶、熏炉和泥金饼，酱釉硬陶器大量出现，个别墓葬中的随葬器物甚至以酱釉硬陶器为主，印纹硬陶罐仍保留，基本不见青铜容器和礼器。墓葬形制上仍为覆斗形土坑竖穴墓，但带墓道的墓之墓道一般较短，墓道底距墓底的高差逐渐变小，有的已基本接近椁室的高度。墓内除筑有白膏泥外，出现了积炭现象，墓底枕木沟出现纵列式。

综合以上各种因素，并与前、后期墓葬进行纵向、与周边墓葬进行横向比较，认为这批墓葬应属西汉早期中段，约为文帝、景帝时期。

第一期三段：

本期段 10 座墓中出土铜镜 4 面，其中有 C 型 I 式云雷纹变形龙纹镜 1 面（M2199）、星云纹镜 3 面（M2190、M2192、M2198）。出土泥半两钱（M2093）的墓一座，为仿武帝建元五年（前 136 年）铸行的有廓四铢半两。有三座墓（M2190、M2199、M2354）出土泥五铢。陶质随葬器物的鼎、盒、壶、钫的造型已逐渐统一规范，形制相对简单，陶灶、镳壶、熏炉和泥金饼大量流行，酱釉硬陶器则处于蛰伏期，印纹硬陶罐已基本不见，青铜容器和礼器极少。墓葬形制上仍为覆斗形土坑竖穴墓，但带墓道的墓之墓道不长，墓道底距墓底已基本接近椁室的高度。墓内除填有白膏泥外，保留了积炭现象，墓底枕木沟出现纵列式，但仍以横列式为主。

综合以上各种因素，并与前后期墓葬进行纵向、与周边墓葬进行横向比较，这批墓葬应属西汉早期后段，约为武帝前期。

第二期四段：

本期段的 49 座墓葬中有土墩竖穴墓 25 座、土坑竖穴墓 24 座。出土铜镜 15 面（其中 M2115 和 M2339 出土铜镜残损严重而形制不明），有 H 型 II 式草叶纹镜 1 面（D3M27）、E 型日光镜 1 面（M2099），Fa、Fb、Fc 型昭明镜 6 面，Ka 型四乳四虺镜 2 面（D3M29、M2097），I

型Ⅰ式、Ⅲ式星云纹镜 2 面（M2117、M2355），J 型Ⅰ式重圈铭文镜 1 面（D3M20）。出土五铢钱的墓有 28 座，其中出铜五铢的墓 15 座、出泥五铢的墓 17 座、出泥金饼的墓 18 座。铜五铢均为有廓五铢，"五"字交笔斜直或近直，上下基本呈对称三角形。"铢"字的"金"旁头多呈箭头形，部分呈三角形，四竖点较长，"朱"字头多方折，部分带圆意，下划转折多呈圆弧形，部分方折，该型钱应为武帝上林三官五铢钱。陶质随葬器物的鼎、盒、壶、钫的造型统一规范，形制简单。陶井、灶、镳壶、熏炉和泥金饼大量流行。酱釉硬陶器正处于转型期，出现大量形制变化很小的硬陶罐。青铜容器重新恢复了生气。D3M27 出土的 A 型Ⅱ式铜鼎和安徽天长三角圩 M1[6] 出土的铜鼎相近。墓葬形制上出现巨大的变化，在武陵区南坪出现大批土墩墓，尤其是家族的土墩墓群，逐渐形成许多家族土墩墓墓地。墓葬的墓道出现竖穴式、斜坡式、竖穴和斜坡相结合式几种类型，墓道和墓室间筑有"封门"，部分墓道底和墓底高度相同。墓内仍填有白膏泥，墓底枕木沟广泛出现纵列式。

综合以上各种因素，并与前后期墓葬进行纵向、与周边墓葬进行横向比较，这批墓葬应属西汉中期前段，约为武帝后期。

第二期五段：

本期段的墓葬 44 座，其中土墩竖穴墓 26 座、土坑竖穴墓 18 座，土墩墓占多数。15 座墓中共出土铜镜 20 面（其中三面因残损严重而形制不明），有 B 型Ⅰ式云雷地四叶涡纹镜 1 面（M2259）、C 型Ⅱ式云雷地变形龙纹镜 1 面（M2362）、E 型日光连弧纹镜 2 面（M2003、M2030）、F 型昭明镜 4 面（M2095、D8M3、M2020、M2032）、G 型连珠连弧铭带文镜 2 面（D11M4、M2024）、I 型Ⅲ式星云纹镜 1 面（D11M4）、J 型重圈铭文镜 4 面（D8M3、M2072、M2098）、K 型四乳四神（四虺）镜 2 面（M2020、M2098）。出土钱币类的墓有 32 座，其中出铜五铢钱的墓 20 座、出泥五铢的墓 10 座、出泥金饼的墓 21 座、出金饼的墓 1 座（M2098）。五铢钱均为有廓五铢钱，"五"字交笔甚曲，与上下横划相接处明显向内靠拢，并常有出锋。"铢"字的"金"旁头为三角形或箭头形，四竖点较短或近圆，"朱"字头方折，下划亦多方折。该型钱与西安出土的"元凤四年"（公元前 76 年）纪铭钱范[7]文字相近。部分五铢钱的"五"字交笔甚曲，与上下两笔相接处近乎平行或向内靠拢。"铢"字的"金"旁头呈三角形或箭头形，四竖点较短，"朱"字头多方折，下划亦多方折。该型钱与西安出土的宣帝"元康二年"（公元前 65 年）钱范及"元康丁巳"（前 64 年）纪铭钱范[8]文字风格相近。陶质随葬器物的鼎、盒、壶、钫制作统一而规范，陶井、灶、镳壶、熏炉和泥金饼大量流行。酱釉硬陶器出现新的文化因素，硬陶罐成批出现，青铜鼎、壶、钫成套出现。A 型Ⅲ式铜鼎（D8M3：17）和湖南溆浦茅坪坳 M20[9]出土铜鼎相近。B 型Ⅰ式铜鼎（D3M30：15）则和河南陕县 M3003[10]出土铜鼎较接近。墓葬形制上以土墩墓为主，形成许多家族的土墩墓墓地。墓道、墓道与墓室间的"封门"、墓内填筑方式、葬具、枕木沟等的变化则都不大。

综合以上各种因素，并与前后期墓葬进行纵向、与周边墓葬进行横向比较，这批墓葬应属西汉中期后段，约为昭帝、宣帝时期。

第三期六段：

本期段的墓葬 53 座，其中土墩竖穴墓 50 座、土坑竖穴墓 3 座，土墩墓已占绝对多数。在23 座墓中出土铜镜 28 面（其中三面因残损严重而形制不明），包括 E 型日光镜 3 面（M2011、

M2014、M2051）、F 型昭明镜 10 面、G 型连珠连弧铭带文镜 3 面（D8M4、M2087）、I 型星云纹镜 2 面（D9M4、D9M8）、K 型四乳神兽纹镜 5 面、L 型八子八孙神兽博局纹镜 1 面（D3M13）、N 型 I 式四乳八禽纹镜 1 面（D8M4）。出土钱币类的墓有 33 座，其中出铜五铢钱的墓 30 座、出泥五铢的墓 5 座、出泥金饼的墓 15 座。出土泥金饼和泥五铢的墓迅速减少。五铢钱出现大量的磨廓五铢和剪轮五铢。陶质随葬器物中的鼎、壶、钫制作较杂乱，但陶盒形制单一，陶井、灶、镳壶、熏炉等仍流行，酱釉硬陶器出现成套的鼎、盒、壶、瓿，硬陶罐成批出土，青铜鼎、壶、钫成套出现。墓葬形制以土墩墓为主，家族土墩墓墓地已经形成。墓道、封门、葬具、枕木沟等无大的变化。

综合以上各种因素，并与前后期墓葬进行纵向与周边墓葬进行横向比较，这批墓葬应属西汉晚期，约元帝、成帝、哀帝、平帝时期。

第四期七段：

本期段的 21 座墓葬中有土墩竖穴墓 20 座、土坑竖穴墓 1 座，土墩墓占绝对多数。14 座墓中出土铜镜 20 面（其中一面因残损严重而形制不明），其中包括 E 型 III 式日光连弧纹镜 1 面（M2070）、F 型昭明镜 6 面、G 型连珠连弧铭带文镜 1 面（M2086）、K 型四乳神兽纹镜 6 面、L 型神兽博局纹镜 4 面（D3M26、M2001、M2005、M2008）、M 型 I 式七子九孙神兽铭文镜 1 面（D3M24）。出土钱币类的墓有 20 座，其中出铜大泉五十钱的墓 19 座、出铜五铢的墓 11 座、出泥五铢的墓 1 座、出泥金饼的墓 3 座。出泥金饼和泥五铢的墓极少，基本以大泉五十为主。陶质随葬器物的鼎、盒、壶、钫形制单一，陶井、灶、镳壶、熏炉等仍流行，保存成套的酱釉硬陶鼎、盒、壶，硬陶罐成批出土，出现极少量的低温铅釉陶器。青铜鼎、壶、钫成套出现。B 型铜鼎（D3M24：51－55）与长沙汤家岭⑪西汉晚期汉墓出土铜鼎相近。C 型铜鼎（D3M26：10、73M26：14）与广州汉墓 M5036：24⑫、广西合浦九只岭 M5⑬等铜鼎基本相同。墓葬形制以土墩墓为主，家族土墩墓墓地完全形成。墓道、填土、葬具、枕木沟等无大的变化，但"封门"出现使用青砖砌筑的现象，预示着本区域竖穴式土坑（墩）墓基本走到了尽头，将被砖室墓迅速取代。

综合以上各种因素，并与前后期墓葬进行纵向、与周边墓葬进行横向比较，认为这批墓葬应属新莽时期。

第五期八段：

本期段的 15 座墓葬中可归入土墩墓范畴的 2 座、砖室墓 13 座。三座墓中出土铜镜 3 面（其中二面因残损严重而形制不明），有 La 型四神博局纹镜 1 面（M2429）。出土钱币的墓 4 座，均为五铢钱，已无泥金饼和其他泥钱。陶质随葬器物的鼎、壶形制单一，陶盒、钫已极为罕见，陶井、灶、镳壶、熏炉等虽仍有出土，但已不见成套出现。酱釉硬陶器消失，出现釉陶器。青铜器极少出现。墓葬形制上以 CB 型长方形单室券顶砖墓为主，还保留有部分竖穴土墩墓。

综合以上各种因素，并与前后期墓葬进行纵向、与周边墓葬进行横向比较，认为这批墓葬应属东汉早期，约光武帝时期。

第五期九段：

本期段的 24 座砖室墓中有 8 座墓共出土铜镜 12 面，包括 Lb 型神兽博局纹镜 1 面（M2443）、

M 型 II 式"吕氏作"神兽铭文镜 1 面（M2401）、N 型四乳禽鸟纹镜 2 面（M2411、M2428）、O 型连弧纹镜 4 面（M2408、M2401、M2401、M2412）、P 型龙虎纹镜 2 面（M2384、M2408）、Q 型半圆方枚神人神兽铭文镜 2 面（M2401、M2418）。出土钱币的墓 9 座，均有五铢钱，其中二座（M2408、M2438）还出有"货泉"，均为实际流通的货币。陶质随葬器物的鼎、壶、井、灶、镶壶、熏炉等虽仍有出土，但已不成套，陶盒、钫早已消失。釉陶器大量出现。全部为砖室墓，土坑（墩）墓已消失。M2401 中出土有滑石"汉寿左尉"印章。东汉顺帝阳嘉三年（134 年）将索县更名为"汉寿"，乃取汉王朝长寿不衰之意。此印可证明此墓的年代应在公元 134 年之后，至少属东汉中期晚段。

综合以上各种因素，并与前后期墓葬进行纵向、与周边墓葬进行横向比较，认为这批墓葬应属东汉中期，约明帝、章帝、和帝、安帝、顺帝初期。

第五期十段：

本期段的 10 座砖室墓中有二座墓共出土铜镜 3 面，有 M 型 III 式"李氏作"七子车马人物神兽铭文镜 1 面（M2409）、Ob 型"君宜官"双夔龙连弧铭文镜 1 面（M2394）、Q 型半圆方枚神人神兽铭文镜 1 面（M2394）。出土钱币的墓 3 座，均出五铢钱。陶质随葬器物已基本消失，仅存案等，其被釉陶鼎、壶、炉、灯、熏炉、猪圈、鸡舍、狗、鸡、鸭等替代，还出现了青瓷碗、罐等。砖室墓有 CB 型（长方形单室券顶砖墓）、CC I 型（带甬道、主室和后室的"中"字形券顶砖墓）、CD 型（带甬道和主室的券顶砖墓）、CE 型（带甬道和主室的四角攒顶砖墓）、CF 型（带短甬道的"刀"把形券顶砖墓）和 CF II 型（并列双甬道、双主室、双后室的多室砖墓）等多种形制。

综合以上各种因素，并与前后期墓葬进行纵向、与周边墓葬进行横向比较，认为这批墓葬应属东汉晚期，约顺帝晚期、桓帝、灵帝、献帝时期。

综合上述，可将沅水下游地区两汉墓葬分为五期十段：

第一期一段 西汉早期早段（约高帝、惠帝、吕后时期）。大致应为公元前 202 年至前 180 年。

第一期二段 西汉早期中段（约文帝、景帝时期）。大致应为公元前 179 年至前 140 年。

第一期三段 西汉早期晚段（约武帝前期）。大致应为公元前 140 年至前 110 年。

第二期四段 西汉中期前段（约武帝后期）。大致应为公元前 110 年至前 87 年。

第二期五段 西汉中期后段（约昭帝、宣帝时期）。大致应为公元前 86 年至前 49 年。

第三期六段 西汉晚期（约元帝、成帝、哀帝、平帝时期）。大致应为公元前 48 年至公元 7 年。

第四期七段 新莽时期（王莽）。大致应为公元 8 年至 24 年。

第五期八段 东汉早期（约光武帝时期）。大致应为公元 25 年至 57 年。

第五期九段 东汉中期（约明帝、章帝、和帝、安帝、顺帝初期）。大致应为公元 58 年至 138 年。

第五期十段 东汉晚期（约顺帝晚期、桓帝、灵帝、献帝时期）。大致应为公元 139 年至 220 年。

表一七 两汉墓葬分期表

墓号	墓型	期	段	墓号	墓型	期	段	墓号	墓型	期	段
D1M2	ABaⅡ	二	五	D11M4	不详	二	五	M2030	不详	二	五
D2M7	AAa	五	八	D11M5	不详	西汉早期		M2031	不详	四	七
D2M11	ABaⅠ	二	五	D11M7	不详	二	五	M2032	不详	二	五
D3M9	AAa	四	七	D11M10	不详	三	六	M2033	不详	三	六
D3M13	ABaⅡ	三	六	D11M12	不详	三	六	M2034	不详	二	四
D3M14	ABbⅡ	四	七	D11M13	不详	五	八	M2035	不详	二	五
D3M16	AAa	三	六	M2001	不详	四	七	M2036	不详	三	六
D3M18	AAa	三	六	M2002	不详	二	五	M2037	不详	三	六
D3M20	ABaⅠ	二	四	M2003	不详	二	五	M2038	不详	三	六
D3M24	ABc	四	七	M2004	不详	三	六	M2039	不详	三	六
D3M26	ABaⅡ	四	七	M2005	不详	四	七	M2040	不详	二	四
D3M27	ABb	二	四	M2006	不详	四	七	M2041	不详	二	四
D3M28	ABaⅡ	四	七	M2007	不详	三	六	M2042	不详	二	五
D3M29	ABaⅠ	二	四	M2008	不详	四	七	M2043	不详	二	五
D3M30	AAa	二	五	M2009	不详	三	六	M2044	不详	三	六
D7M3	AAa	二	五	M2010	不详	二	四	M2045	不详	二	四
D7M4	AAa	二	五	M2011	不详	三	六	M2046	不详	三	六
D7M5	ABaⅠ	二	五	M2012	不详	三	六	M2047	不详	二	五
D8M2	AAb	西汉中期		M2013	不详	四	七	M2048	不详	二	四
D8M3	ABaⅠ	二	五	M2014	不详	三	六	M2049	不详	二	四
D8M4	ABaⅠ	三	六	M2015	不详	四	七	M2050	不详	二	四
D8M7	不详	三	六	M2016	不详	三	六	M2051	不详	三	六
D9M1	不详	二	四	M2017	不详	四	七	M2052	不详	三	六
D9M2	不详	二	四	M2018	不详	二	四	M2053	不详	三	六
D9M3	不详	四	七	M2019	不详	二	四	M2054	不详	二	五
D9M4	不详	三	六	M2020	不详	二	五	M2055	不详	二	五
D9M6	不详	四	七	M2021	不详	二	四	M2056	不详	四	七
D9M7	不详	三	六	M2022	不详	二	五	M2057	不详	三	六
D9M8	不详	三	六	M2023	不详	三	六	M2058	不详	三	六
D9M9	不详	三	六	M2024	不详	二	五	M2059	不详	三	六
D9M10	不详	四	七	M2025	不详	四	七	M2060	不详	二	四
D10M1	不详	四	七	M2026	不详	二	五	M2061	不详	三	六
D10M2	不详	三	六	M2027	不详	三	六	M2062	不详	三	六
D10M3	不详	三	六	M2028	不详	三	六	M2063	不详	三	六
D11M3	不详	三	六	M2029	不详	三	六	M2064	不详	三	六

续表一七

墓号	墓型	期	段	墓号	墓型	期	段	墓号	墓型	期	段
M2065	不详	三	六	M2100	BAa	二	四	M2135	BAb	一	二
M2066	不详	三	六	M2101	BBa I	一	二	M2136	BAb	一	二
M2067	不详	二	四	M2102	不详	二	五	M2137	BBa I	一	二
M2068	不详	三	六	M2103	不详	西汉中晚期		M2138	BBd	一	二
M2069	不详	三	六	M2104	BBa I	一	二	M2139	不详	一	二
M2070	不详	四	七	M2105	BAb	二	五	M2140	BAa	一	二
M2071	不详	二	四	M2106	BAb	二	五	M2141	BAb	一	二
M2072	不详	二	五	M2107	BAa	一	二	M2142	不详	二	五
M2073	不详	三	六	M2108	BAb	一	二	M2143	不详	二	五
M2074	不详	三	六	M2109	不详	一	一	M2144	不详	一	二
M2075	不详	西汉早期		M2110	不详	一	二	M2145	BAa	一	二
M2076	不详	三	六	M2111	不详	西汉早期		M2146	BBe I	三	六
M2077	不详	三	六	M2112	BAa	一	一	M2147	BAa	一	二
M2078	不详	二	四	M2113	BAb	一	二	M2148	BAb	一	一
M2079	不详	二	四	M2114	BAa	一	二	M2149	BAa	一	二
M2080	不详	二	五	M2115	BAb	二	四	M2150	BAb	一	二
M2081	不详	二	四	M2116	BAa	一	二	M2151	BAa	西汉中晚期	
M2082	不详	二	四	M2117	BAb	二	四	M2152	不详	一	二
M2083	不详	二	四	M2118	不详	一	二	M2153	BAa	一	二
M2084	不详	二	五	M2119	不详	一	二	M2154	不详	一	二
M2085	不详	二	四	M2120	BAb	一	二	M2155	BAb	一	二
M2086	BAb	四	七	M2121	不详	一	二	M2156	BAa	一	二
M2087	BAa	三	六	M2122	不详	一	二	M2157	BAb	一	二
M2088	BAb	三	六	M2123	不详	一	二	M2158	BAa	一	一
M2089	BAb	二	五	M2124	BAb	一	二	M2159	BAb	一	二
M2090	BAa	二	四	M2125	BAb	一	二	M2160	BAb	一	二
M2091	BAa	一	二	M2126	BAb	一	二	M2161	BAb	一	二
M2092	BBc	二	四	M2127	BAa	一	二	M2162	BAa	一	二
M2093	BAa	一	三	M2128	BAa	一	二	M2163	BAa	西汉中晚期	
M2094	BAb	二	四	M2129	不详	一	二	M2164	BAa	一	二
M2095	BAa	二	五	M2130	不详	一	二	M2165	BAa	一	二
M2096	BAb	二	四	M2131	BBa I	一	二	M2166	BAa	一	二
M2097	BBb	二	四	M2132	BBa I	一	二	M2167	BAb	一	二
M2098	BBa II	二	五	M2133	不详	一	二	M2168	BAb	一	二
M2099	BAa	二	四	M2134	不详	一	二	M2169	BAb	一	二

续表一七

墓号	墓型	期	段	墓号	墓型	期	段	墓号	墓型	期	段
M2170	不详	一	二	M2205	BAa	一	二	M2240	BAb	一	二
M2171	BAb	一	二	M2206	BAb	一	一	M2241	BAa	一	二
M2172	BAb	一	二	M2207	Baa	一	一	M2242	BAb	一	二
M2173	BAb	一	二	M2208	BAa	一	二	M2243	BAb	一	二
M2174	BAa		二	M2209	BAa	一	二	M2244	BAa	一	二
M2175	BAb	一	二	M2210	BAa	一	二	M2245	BAa	一	二
M2176	BAb	一	二	M2211	Baa	一	一	M2246	BAa	一	二
M2177	BAb	一	二	M2212	BAb		二	M2247	BAb	一	二
M2178	BAa	一	二	M2213	BAb		二	M2248	BAb	一	二
M2179	BAb	一	二	M2214	BAa	一	二	M2249	BAa	一	二
M2180	BAb	一	二	M2215	BAa	一	二	M2250	BAa		二
M2181	BAb	一	二	M2216	BAb	一	二	M2251	BAa	一	二
M2182	不详	一	二	M2217	不详	一	二	M2252	BAa	西汉中晚期	
M2183	BAa	一	二	M2218	BAb	一	二	M2253	BAb	一	二
M2184	BAb	一	二	M2219	BAa	一	二	M2254	BAb	一	二
M2185	BAb	一	二	M2220	不详	一	二	M2255	不详	一	二
M2186	BAb	一	二	M2221	BAa	一	二	M2256	不详	一	二
M2187	不详	一	二	M2222	BAb	一	一	M2257	BAb	一	二
M2188	不详	西汉中晚期		M2223	BAb	一	二	M2258	BAb	一	二
M2189	BAb	一	二	M2224	BAa	一	二	M2259	BAb	二	五
M2190	BAa	一	三	M2225	BAa	一	二	M2260	BAa	一	二
M2191	不详	一	二	M2226	BAb	一	二	M2261	BAa	一	二
M2192	BAb	一	三	M2227	BAb	一	二	M2262	BAb	一	二
M2193	BAa	一	二	M2228	BBa I	一	二	M2263	BAb	一	二
M2194	BAa	一	二	M2229	BAa	一	二	M2264	BAa	一	二
M2195	BAa	一	二	M2230	BAa	一	二	M2265	BAa	一	二
M2196	不详	一	二	M2231	BAa	西汉中晚期		M2266	BAa	一	二
M2197	BAa	一	二	M2232	BAa	一	二	M2267	BAb	一	二
M2198	BAb	一	三	M2233	BAa	一	二	M2268	不详	一	二
M2199	BAa	一	三	M2234	BAb	一	二	M2269	BAb	一	二
M2200	BAb	一	二	M2235	BAa	一	二	M2270	BAb	一	二
M2201	BBe II	一	二	M2236	BAb	一	二	M2271	BAb	一	二
M2202	不详	一	二	M2237	BAa	西汉中晚期		M2272	BAb	一	二
M2203	BAb	一	二	M2238	BAa	一	二	M2273	BAb	一	二
M2204	BAb	一	二	M2239	BAb	一	二	M2274	BAa	一	二

续表一七

墓号	墓型	期	段	墓号	墓型	期	段	墓号	墓型	期	段
M2275	BAb	一	二	M2310	BAa	西汉中晚期		M2345	BAa	二	五
M2276	BAb	一	二	M2311	BAb	一	二	M2346	BAa	二	四
M2277	BAa	一	二	M2312	BAa	一	二	M2347	BAa	一	二
M2278	BAa	一	二	M2313	BAa	一	二	M2348	BAa	一	二
M2279	BAb	一	二	M2314	BAb	一	二	M2349	BAa	一	二
M2280	BAa	一	二	M2315	BAa	一	二	M2350	BAa	一	二
M2281	BAb	一	三	M2316	BAa	一	二	M2351	BAa	二	五
M2282	BAa	一	三	M2317	BAb	一	二	M2352	BAb	二	五
M2283	BAb	一	二	M2318	BAb	一	二	M2353	BAa	二	五
M2284	BAb	一	二	M2319	BAa	一	二	M2354	BAa	一	三
M2285	BAb	一	二	M2320	BAb	一	二	M2355	BAb	二	四
M2286	BAb	西汉中晚期		M2321	不详	二	四	M2356	BAb	二	四
M2287	BAb	一	二	M2322	Baa	二	四	M2357	不详	二	四
M2288	BAb	一	二	M2323	BAa	一	二	M2358	BAa	一	二
M2289	BAb	西汉中晚期		M2324	BAa	一	二	M2359	BAa	二	四
M2290	BAb	一	二	M2325	BAa	一	一	M2360	BAa	二	五
M2291	BAa	一	二	M2326	BAb	一	一	M2361	BAa	二	四
M2292	BAa	一	二	M2327	BAb	二	四	M2362	BAb	二	五
M2293	BAb	一	二	M2328	BAb	二	四	M2363	Bba I	一	一
M2294	BAa	一	二	M2329	BAa	二	五	M2364	BAa	一	二
M2295	BAb	一	二	M2330	BAa	二	五	M2365	BAa	一	二
M2296	BAb	一	二	M2331	BAb	一	二	M2366	BAb	一	一
M2297	BAa	一	二	M2332	BAa	二	五	M2367	BAa	一	二
M2298	BAa	一	二	M2333	BAb	二	四	M2368	BAa	一	二
M2299	BAb	一	二	M2334	BAb	二	四	M2369	BAa	一	二
M2300	BAb	一	二	M2335	BAb	二	四	M2370	BAb	一	二
M2301	BAb	一	二	M2336	BAb	一	二	M2371	BAa	一	二
M2302	BAb	一	二	M2337	BAa	一	二	M2372	BAb	一	二
M2303	BAb	一	三	M2338	BAa	一	二	M2373	BAb	一	二
M2304	BAb	一	二	M2339	BAa	二	四	M2374	BAa	一	一
M2305	BAb	一	二	M2340	BAa	一	二	M2375	BAb	一	一
M2306	BAb	西汉中晚期		M2341	BAa	西汉中晚期		M2376	BAb	一	二
M2307	BAb	一	二	M2342	BAa	一	二	M2377	BAa	一	二
M2308	BAb	一	二	M2343	BAb	一	二	M2378	BAa	一	二
M2309	BAb	一	三	M2344	BAa	二	四	M2379	BAb	一	二

续表一七

墓号	墓型	期	段	墓号	墓型	期	段	墓号	墓型	期	段
M2380	BAb	一	二	M2403	CE	东 汉		M2425	CC	六	九
M2381	BAb	一	二	M2404	CA	五	八	M2426	CB I	七	十
M2382	BAb	一	二	M2405	CE	东 汉		M2427	CB II	六	九
M2383	BAb	一	二	M2406	CA	五	八	M2428	CA	六	九
M2384	CA	六	九	M2407	CB I	六	九	M2429	CA	五	八
M2385	CJ	六	九	M2408	CC	六	九	M2430	CE	七	十
M2386	CB I	六	九	M2409	CF II	七	十	M2431	CD	七	十
M2387	CA	六	九	M2410	CA	东 汉		M2432	CE	七	十
M2388	CA	五	八	M2411	CA	六	九	M2433	CA	五	八
M2389	CA	五	八	M2412	CF II	六	九	M2434	CA	六	九
M2390	CB I	七	十	M2413	CF II	六	九	M2435	CC	东 汉	
M2392	CA	五	八	M2414	CF II	六	九	M2436	CA	五	八
M2393	CA	五	八	M2415	CF II	六	九	M2437	CA	五	八
M2394	CC	七	十	M2416	CD	七	十	M2438	CF I	六	九
M2395	CA	六	九	M2417	CA	东 汉		M2439	CC	东 汉	
M2396	BC	五	八	M2418	CB II	六	九	M2440	CC	东 汉	
M2397	CA	五	八	M2419	CE	东 汉		M2441	CC	东 汉	
M2398	CC	七	十	M2420	CF II	六	九	M2442	CA	五	八
M2399	CE	东 汉		M2421	CF II	六	九	M2443	CJ	六	九
M2400	CC	六	九	M2422	CA	七	十	M2444	CA	东 汉	
M2401	CB I	六	九	M2423	CA	东 汉		M2445	不详	东 汉	
M2402	CF I	六	九	M2424	CA	东 汉					

注　释

① 湖南省文物考古研究所等：《沅陵虎溪山一号汉墓发掘简报》，《文物》2003 年第 1 期。

②③ 湖南省常德市文物局、常德博物馆等编著：《沅水下游楚墓》，文物出版社，2010 年。

④ 三门峡市文物考古工作队：《河南三门峡市火电厂西汉墓》，《考古》1996 年第 6 期。

⑤ 广州市文物管理委员会等：《广州汉墓》，文物出版社，1981 年。

⑥ 安徽省文物考古研究所：《安徽天长县三角圩战国西汉墓出土文物》，《文物》1993 年第 9 期。

⑦ 蒋若是：《秦汉货币研究》，中华书局，1997 年。

⑧ 陈直：《西汉陶范纪年著录表》，《西北大学学报》创刊号。

⑨ 怀化市文物事业管理处：《湖南溆浦茅坪坳战国两汉墓》，《考古》1999 年第 8 期。

⑩ 中国社会科学院考古研究所：《陕县东周秦汉墓》，科学出版社，1994 年。

⑪ 湖南省博物馆：《长沙汤家岭西汉墓清理报告》，《考古》1966 年第 4 期。

⑫ 广州市文物管理委员会等：《广州汉墓》，文物出版社，1981 年。

⑬ 广西壮族自治区文物工作队：《广西合浦九只岭东汉墓》，《考古》2003 年第 9 期。

第六章　随葬器物的制作与装饰

第一节　随葬器物的制作

陶瓷类随葬器物从其质地、烧成温度、釉色、吸水性等物理化学特征分析，可分成软陶器、硬陶器、酱釉硬陶器、青瓷器和普通釉陶器，这四类器物的制作、纹饰、施釉、烧成等都有较大的区别。

一　软陶器的制作

我国从新石器时代开始陶器的制作方法主要有三种：手制法、模制法、轮制法。手制法又可分为捏塑法、泥条贴筑法和泥条盘筑法。两汉时期随葬的明器——软陶器的制作方法变化不大，主要以轮制法为主，模制法为辅，并结合捏塑法等其他方法。沅水下游西汉时期软陶器的制作则大致可分为三类：第一类，以轮制法为主。主体部分采用轮制完成，再将模制的耳、足、纽等配件手工粘接。器类有鼎、盒、壶、豆、盘、井、灯、罐、瓮等。第二类，部分采用轮制，主要部件采用手制和模制结合，然后手工粘接成型。器类有镳壶、熏炉、仓等。第三类，以手工制作为主，仅附加配件模制。器类有钫、俑、动物模型等。

鼎　由盖和身两部分组成，鼎身则又由腹、足和耳构成。鼎盖以轮制为主。鼎腹均为轮制，耳、足则为模制后再粘接于腹体上。轮制体形稍大的鼎身时多在鼎身腹部留有三个安装鼎足的孔。模制鼎足时，在足部制有栓柱，然后将栓柱插入鼎腹的孔内，再用手从鼎腹内部加固。鼎耳则多采用单纯的粘接方式，少数和鼎足一样安装。鼎内常留有工匠手工工作的痕迹。

盒　由盖和身两部分组成，分别采用轮制法制作，盖和身外壁常留有旋轮制作的痕迹，内壁留有制坯的指纹旋痕。圈足部分则是分开制作后与器身粘接的。

壶　颈、腹多为一次轮制，圈足则分开制作后与壶身粘接，壶底常留有工匠手工粘接时用力所致底部变形的痕迹。铺首则或先模制成型后粘接或在壶肩部贴泥片后再模印。壶盖与壶身分开制作，盖一般为轮制法，盖上的耳、纽有手工制作和模制两种，然后加装于盖顶。

钫　盖和身分开制作。盖多为模制一次成型，身分四块拼接，钫底在钫身拼接时嵌入。拼接时外壁粘接后用刀修平，内壁加抹泥条进行加固，底的外壁也抹泥进行加固。腹部的铺首多为贴附泥片后模压而成，衔环铺首则多为模制成型后粘接于腹部。

瓮　一般上下两部分分开轮制后从最大腹径处粘接。D3M26∶19 和 D3M30∶35 陶瓮腹部留有明显粘接后修整的痕迹。

井　一般采用轮制法制作井身上部和井台部分，井身下部和底部为第二次拼接，常常在拼接处留有多余的泥坯等拼接痕迹（图版一七二，1），底部外壁也常留有削胎修整的痕迹（图版一七二，2）。井身制作完成后，再在井台上制作加装井架的对称孔，在腹部刻划凹弦纹或菱格纹等纹饰。

软陶器的陶衣和彩绘则是在陶器烧成后再涂绘的。

二　硬陶器的制作

主要有双唇罐、印纹罐和普通罐。其胎体制作与软陶器无大的差别，但用料和烧成温度要求稍严，胎体均夹砂，烧成温度比软陶器要高。

双唇罐　由盖和身组成，分开制作。盖身采用轮制，盖纽采用手工制作。罐身的内唇、腹、底为一次轮制成型，外唇为加装粘接而成。罐腹部的凹弦纹多手工刻划，方格纹全部采用陶拍拍印，罐内外壁留有工匠抓握罐身时手指和手掌的痕迹，而且因需要全身拍印纹饰而经常转动罐身以致罐身常常变形扭曲。

普通罐　无盖。一次性轮制而成，成型后使用陶拍拍印出不同规格的方格纹。从罐内壁留下的工匠手指印痕看为用一只手抓托罐身内壁，另一只手握陶拍拍印。

印纹罐　无盖。一次性轮制而成，成型后使用陶拍在肩部和颈部压印出叶脉纹或席纹，部分腹部拍印有方格纹。从罐内壁留下的工匠手指印痕看其纹饰制作程序和普通硬陶罐并无不同。因需在胎体上压（拍）印较复杂的纹饰，在加工过程中常常使罐身变形更严重。

三　酱釉硬陶器的制作

有鼎、盒、壶、瓿、罐和器盖等，无钫。其胎体制作与软陶器、硬陶器并无大的差别，但用料应比硬陶器要求严格，以夹砂黏土为主，烧成温度也较高，达1100℃左右。

酱釉硬陶器在胎体制成后都拍印方格纹，再在拍印方格纹的胎体上施釉，方格纹一般细浅而均匀。北京大学考古文博学院科技考古实验室检测酱釉硬陶器的标本后认为，沅水下游汉墓出土的酱釉硬陶器的釉料"是来自植物灰料而非石灰石等无机灰料"（附录一）。

四　青瓷器的制作

具有典型吴越文化因素的青瓷瓿、壶等显然并非本地制造。除少量带盖的分体制作外，器身均一次性轮制完成，腹部留有旋胎痕迹。耳、铺首、铺首衔环则为分开模制成型后进行粘接，而后再施釉。

青瓷器胎体上常留有旋胎制作时的凸棱，其中 D3M20、D10M1、M2096 等的青瓷壶胎体腹部旋胎制作时留下的凸棱没有经过修整，凸棱清晰可见，但 D3M27、D8M3、D9M2、M2072 等青瓷壶胎体腹部的旋胎凸棱经过精心修整后已不见痕迹。青瓷瓿腹部的凸棱均经过二次修整，很难见到棱痕。

五　釉陶器的制作

有双唇罐、鼎、壶、灶、井、仓、楼、猪和猪圈、鸡和鸡舍、狗、熏炉、鐎壶、灯、盘、盆、碗、杯、耳杯、勺、三足炉、釜、带把罐、器座及构件等。其中罐、鼎、壶、井、仓、熏炉、灯、盘、盆、碗、杯、釜、器座等以轮制为主，模制和手工制作为辅；楼、猪和猪圈、鸡和鸡舍、狗、鐎壶、耳杯、勺、三足炉、带把罐等则以手工制作和模制为主，鐎壶、炉、罐等的器身以轮制为辅。

六　铜器的制作

我国的青铜器出现于史前时代，繁盛于夏商周时期。秦汉以后，随着传统礼制的日渐衰微、铁器制造业的发展、漆器的普及以及釉陶器和瓷器的兴起，以礼器为中心的青铜制造业逐渐衰落。尤其是青铜容器的制作，正如学者杨菊花[①]所言，汉以前的青铜容器主要为神服务，而汉以后的铜器主要是为人服务。俞伟超先生在《秦汉青铜器概论》[②]中认为：在中国古代青铜艺术的发展过程中，夏、商、周三代和秦汉时期，特别是汉武帝以后，分属于两大阶段，中间的东周时期，其实包括汉初，是过渡阶段。两汉时期，虽然仍然保存有青铜礼器的制造，但再也无商周时期的列鼎等大型青铜礼器了，而是倾向既实用又方便制造的实用性青铜器，其制作的工艺和技术也逐渐简化和粗放。观察沅水下游汉墓出土的铜器的制作大致可分为：

（一）范模铸造

普通的小型容器和生活实用器的器身一般采取范模一次性铸造。D3M26出土的铜勺、釜、熏炉、行灯和D3M24中的铜盒均为一次性铸造。铜勺、釜、熏炉、行灯等可能因胎体较薄，既要保证内外范的空间不能太大，又要保证铸造时铜液的流动性，于是在内外范间留有许多支钉，因此铸造出的铜器上留有大量菱形和方形孔，在初步铸造成型后再使用铜片进行修补。经过两千余年后出土时，许多补片都已脱落，没有脱落处的修补痕迹也非常明显（图版一七二，3）。胎体较厚的铜灶、井等则不必如此。

一般器形稍大的容器，应是采用合范一次性铸造。从铜盒（D3M24：20）底部留有合范和铜液浇注孔的痕迹（图版一七二，4）推测，盒身采用覆范铸造，铜液从底部范孔浇注。

铜鼎、鐎壶、熨斗等系分体铸造。鼎身、耳、腿、盖、钮、柄等则分开铸造，然后焊接组装成型。

（二）焊接

分开铸造的鼎身、耳、腿、钮、铺首、柄等必须经过焊接组装才能成型。此时的组装一般不再使用"浇铸铜液"来进行合为一体的工艺，而是采用焊接组装的方式，将鼎腿、耳、钮和柄分别焊接于器身上，利用腿、耳、钮和柄在铸造时预留的榫，穿入器身预留的孔洞中，再在内部加装铜片，既能加固又能防漏。这种铸造工艺在许多采用分体式铸造的铜器上均可看到明显的痕迹，铜鐎壶（M2073：8）的手柄和壶身连接处就是三层夹心饼式（图版一七二，5）。在鼎、熨斗腹内都有凸出的焊接印痕。

（三）修整和装饰

素面铜器在铸造、焊接成型后，还需要修整打磨等加工程序。D3M26出土的铜钫、熏炉等的口沿处可见明显的打磨痕迹，D3M26出土的铜灶所配铜甑的底部箅眼就是在甑铸造后用凿等工具凿刻而成的四长条形孔。

铸造时留有菱形和方形孔的铜器，在铸造成型后再使用铜片进行修补是必不可少的步骤。錾刻纹铜器、错金铜器、鎏金铜器、描金铜器的制作则更加复杂。

七　滑石器的制作

作为明器的滑石器在沅水流域两汉墓尤其西汉中晚期墓中出土非常广泛，同时代的所有器形几乎都有，其原因可能不仅与矿源有关，也应存在专门的制作和经营团队。

用摩氏硬度仅为1的滑石原料制作明器难度并不大，其制作水平要求也不高。初期制作的滑石璧一般都精工细作，双面打磨规整，纹饰制作规范。到西汉晚期后，滑石璧的纹饰虽然细密，但制作越来越简约，背面加工简陋。到东汉时期，滑石器开始衰退，制作越来越简陋，纹饰随性草率，器形更加单一。

经过观察两汉墓葬出土滑石器的制作，可发现使用刻刀的痕迹，滑石壶、钫、灯的腹内则留有明显的管钻痕迹（图版一七二，6），一般位于器腹内的痕迹都不进行再次打磨，只有耳杯、镜等进行过精细的打磨。

第二节　随葬器物的装饰

一　陶瓷类的装饰

软陶器的装饰比较简约，绝大多数墓葬出土的软陶器均为素面，仅极少数饰弦纹和绳纹，一改楚墓大量陪葬彩绘陶器的习惯。这应与汉初因长期战乱社会经济遭到严重破坏，上层统治集团提倡薄葬相关。

汉初，软陶器基本为素面，不见彩绘陶。在西汉中期，软陶器又重新开始在褐色、黑色陶衣上使用黑色、白色颜料绘制各种图案进行装饰（M2096出土的鼎、盒、壶、钫、镶壶、盘、灯等最具代表性）。可能因为颜料装饰的颜色效果、保存时效与此时开始流行的青瓷器差异很大，彩绘陶的色彩更无法与漆器比拟，结实程度也无法和釉陶器抗衡，导致社会的审美观念发生根本改变，彩绘陶失去了长期流行的基础，成为昨日黄花。

虽然彩绘陶从西汉中期后段就基本退出了历史舞台，但人们对美丽和奢华的追求并没有停下脚步，在楚文化分布区域早就开始出现的陶胎漆器依然保留下来了。D3M26：24的龙纹陶研子，就是在泥质灰陶的陶胎上进行髹漆，并在所髹黑漆上彩绘出图案。

对泥金饼进行装饰则在软陶器中一枝独秀。泥金饼用于陪葬明显是作为财富的象征，从西汉中期开始，墓葬出土的泥金饼上大多数都呈银白色，为锡涂陶[③]，这种状况一直持续到新莽时期。到东汉初期，泥金饼已经极少出土了。

二　铜器的装饰

本报告收录的能辨明器形的铜器共416件，大部分为没有纹饰的素面器，但少数经第二次装饰的铜器却异常精美，充分体现了两汉时期青铜器的制作水平和文化的多元性。

（一）錾刻

錾刻，有的也称线刻[④]，就是用刻刀、凿在铜器表面刻出细如发丝的图案。这种工艺出现在春秋晚期，战国时期较为流行，主要纹饰有人物活动、车马建筑、花草树木、珍禽异兽等，一般采用的刻镂工具可能是斜刃刀具。M2098 和 D3M26 出土的铜盒、熨斗的沿和柄、熏炉等均有富丽繁缛的錾刻花纹：凤鸟和奔鹿纹、重线三角形锯齿纹、弦纹、菱格纹、变形羽纹等。仔细观察可以发现许多纹饰在錾刻过程中线条经常发生偏移，同一种图案差异较大，手工錾刻的痕迹非常明显。

（二）鎏金

鎏金，就是把黄金在 400℃ 左右的温度下溶解于水银中，制成膏泥状金汞剂，均匀涂在铜器表面，再用火温烤，使水银蒸发，黄金固附于器表来增加器物的美观和富丽程度。D3M24 出土的耳杯釦器及 D3M27、D3M26、D3M14、D3M30、D8M3、M2001 等众多墓葬出土的泡钉和扣饰、帽饰、发簪等均鎏金。M2398 出土的一件嵌绿松石带钩上也鎏金。

（三）错金

错金，是先在青铜器上铸或凿、刻出口窄底宽的纹槽，然后将金丝或金片捶打镶入槽内，然后错磨平整，将美丽的图案呈现出来[⑤]。D8M3∶40，错金云纹铜镦（图版一二七，7）的纹饰就是采用错金工艺，先在铸造出的铜镦上刻凿出各种图案的凹槽，然后用金丝镶嵌出漂亮的卷云纹、蔓草纹和龙、虎、奔鹿动物等图案。

（四）描金

描金，又称泥金画漆，多在漆器的表面用金色描绘花纹。常以黑漆作地，少数以朱漆为地。通过仔细观察 M2005 出土的四神博局纹镜的残损部位和纹饰上的金饰脱落处，在四组 T、V、L 形博局纹、博局纹间所饰长颈鹿、青龙、朱雀和玄武、变形流云纹间，均发现有金饰层描于黑漆地上，应为描金装饰法。经描金装饰的铜镜显得华贵而富丽（图版一一八，2）。

（五）镶嵌

镶嵌是我国一种历史非常悠久的铜器装饰工艺，乃用漆或桐油将蚌、绿松石、玛瑙等镶嵌在铸造完成后的青铜器表面纹槽中。目前发现最早的是二里头文化遗物镶嵌绿松石铜牌，商代兵器和小型器物上也有镶绿松石的，战国时期的镶嵌工艺发展到鼎盛时期，汉代的铜器镶嵌也很发达，但沅水下游汉墓出土的 416 件铜器中仅发现一件镶嵌绿松石的龙形鎏金铜带钩（M2398∶3），带钩呈伏龙形，钩身为龙身蜷缩状，背和身上鳞片处多镶嵌绿松石，只是大部分已经脱落。

注　释

①　杨菊花：《汉代青铜文化概述》，《中原文物》1998 年第 2 期。

②　俞伟超：《秦汉青铜器概论》，《古史的考古学探索》，文物出版社，2002 年。

③　李建毛：《长沙楚汉墓出土锡涂陶的考察》，《考古》1998 年第 3 期。

④　张宏彦：《中国考古学十八讲》，陕西人民出版社，2008 年。

⑤　史树青：《我国古代的金错工艺》，《文物》1973 年第 6 期。

第七章　出土文字研究

485 座两汉墓中，除铜镜、铜钱和印章上的文字外，还发现许多硬陶罐、滑石器、铜器和金银饼上有刻划字符和颜料或漆书的文字。

第一节　硬陶器上的刻划字符和书写文字

760 件硬陶器中有 29 座墓出土的 83 件硬陶罐的肩部或上腹部有刻划字符（表一八），单座墓出土最多的是 M2096，12 件硬陶罐全部有刻划字符，其次是 D3M27 中的八件硬陶罐上均有，D3M29 的九件硬陶罐中七件上有刻划字符。砖室墓出土的硬陶罐上没有发现刻划字符和书写文字的。

一　硬陶器上的刻划字符

所发现的刻划字符一般位于硬陶罐的肩部或上腹部，多为用细木条或竹条在胎体上随手刻写，然后入窑烧制。一般单件硬陶罐上一字，少数两个，仅极少数有三个以上字符，仅有一件硬陶罐（M2284∶8）肩部两侧刻写字符。

硬陶罐上的刻划字符通常难识，只有部分可以确认或推测。根据确认和推测可将硬陶器上的字符大致分为六种：

1. 工匠和作坊主姓氏

在硬陶罐上发现的"李"、"黄"等文字，可能属制作工匠的姓氏。本报告收录的两汉墓葬资料中有 10 座墓的墓主姓名清楚，但 83 件有刻划字符的硬陶罐上似乎没有与墓主姓氏相同的，可能表明这些硬陶罐上的刻划字符并不是墓主生前按照自己的姓氏定烧的，更多的可能是制作工匠和作坊主的姓氏。

2. 可能代表送祭人的姓氏或墓主家定做时的特定符号

带刻划字符的 83 件硬陶罐许多是出土于墓主地位较高的墓中，如出"镡成长印"的 M2096、胡平家族墓、"长沙郎中令"廖福墓、赵玄友夫妻合葬墓，这些墓葬的墓主生前不仅有显赫的政治地位，拥有的财富也非常丰富，死者在下葬时可能会收到许多亲朋好友、同僚和下属赠送的"赙礼"①，这些硬陶罐中可能就有一部分属"赙礼"，上面可能出现馈赠者的姓氏。当然可能也有部分属墓主家定烧时起标示作用的字符。

3. 可能代表烧制时的序数

许多硬陶罐上有"九"、"十"、"十一"、"廿"、"廿六"等数字，可能属烧造时所编的器物序号，结合还有许多硬陶罐上并无刻划字符的现象，表明当时烧造硬陶器时可能存在多家合窑烧造的现象，即"搭烧"。这为研究两汉时期陶瓷烧造业的组织结构提供了资料。

4. 工匠随手所书文字

如 M2051：7 肩部的"手艺"二字，以及其他硬陶罐上的"大"、"小"等工匠所书代表商品大小类别的标志。

5. 可能属表明其容量的文字及刻划符号

如 M2284：8 的肩部，一侧有可能属烧造序号的"八"（图四六二，26），另一侧则有"□容二斗"（图四六二，25）四字。根据实际测量，该硬陶罐的实际容积为 2450 毫升，而汉代的一升略合今 200 毫升，一斗则合 2000 毫升，两者并不相合。

6. 其他不知意义的字符

许多硬陶罐上的刻划字符可能属工匠在制作时用手边的细木条或竹条在胎体上随手刻写的，可能当时表示不同的工匠所为。但时至今日，这些字符也许已永远无法识读了。

表一八　　　　　　　　　　　　　　　硬陶器上的刻划字符登记表

墓号	墓主姓名或职官情况	出土硬陶罐的数量	有字符和文字的硬陶器数量	刻划符号的类别					备　注
				工匠或作坊主	定做时的序号	特定的符号	随手所书文字	容量及其他	
D3M16	不详	10 件	1 件				1		图四六三，27
D3M27	长沙郎中令廖福	8 件	8 件	7	1				图四六三，12～19
D3M29	不详	9 件	7 件	1	4		2		图四六三，20～26
D7M3	不详	14 件	6 件			3	3		图四六三，28；图四六四，1～5
D7M4	不详	6 件	2 件					2	图四六四，6、7
D8M3	赵玄友	6 件	4 件				2	2	图四六四，8～11
D10M1	镡成长	2 件	1 件					1	图四六四，12
D10M2	不详	3 件	1 件				1		图四六四，13
D11M4	不详	3 件	1 件					1	图四六四，14
M2003	不详	7 件	3 件				3		图四六四，15～17

续表一八

墓号	墓主姓名或职官情况	出土硬陶罐的数量	有字符和文字的硬陶器数量	刻划符号的类别					备　注
				工匠或作坊主	定做时的序号	特定的符号	随手所书文字	容量及其他	
M2022	不详	8 件	6 件		2		4		图四六四，18～23
M2025	不详	7 件	1 件					1	图四六四，24
M2030	不详	7 件	1 件				1		图四六四，25
M2048	不详	6 件	1 件		1				图四六四，26
M2049	不详	7 件	1 件	1					图四六四，27
M2051	不详	9 件	1 件				1		图四六四，28
M2089	不详	5 件	1 件			1			图四六二，1
M2092	不详	7 件	5 件				1	4	图四六二，2～6
M2096	镡成长	12 件	12 件	1	3		6	2	图四六二，7～18
M2097	不详	9 件	2 件		1		1		图四六二，19、20
M2190	不详	5 件	1 件				1		图四六二，21
M2199	胡平家族成员	5 件	3 件				3		图四六二，22～24
M2284	不详	7 件	1 件					1	图四六二，25、26
M2344	不详	6 件	5 件		1		2	2	图四六二，27、28；图四六三，1～3
M2345	不详	3 件	1 件					1	图四六三，4
M2359	不详	6 件	1 件		1				图四六三，5
M2362	不详	14 件	3 件	1			1	1	图四六三，6～8
M2378	不详	1 件	1 件					1	图四六三，9
M2379	不详	3 件	2 件		1		1		图四六三，10、11
合计		195 件	83 件						

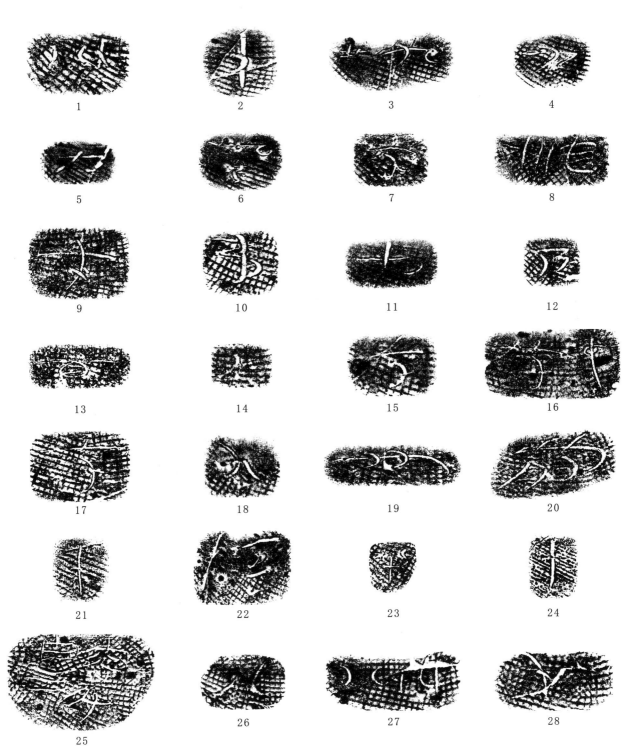

图四六二　硬陶器上的刻划字符

1. M2089：3　2. M2092：11　3. M2092：16　4. M2092：19　5. M2092：23　6. M2092：24　7. M2096：18　8. M2096：21　9. M2096：22
10. M2096：24　11. M2096：25　12. M2096：26　13. M2096：28　14. M2096：29　15. M2096：30　16. M2096：41　17. M2096：43
18. M2096：44　19. M2097：11　20. M2097：20　21. M2190：7　22. M2199：11　23. M2199：17　24. M2199：20　25、26. M2284：8
27. M2344：2　28. M2344：3

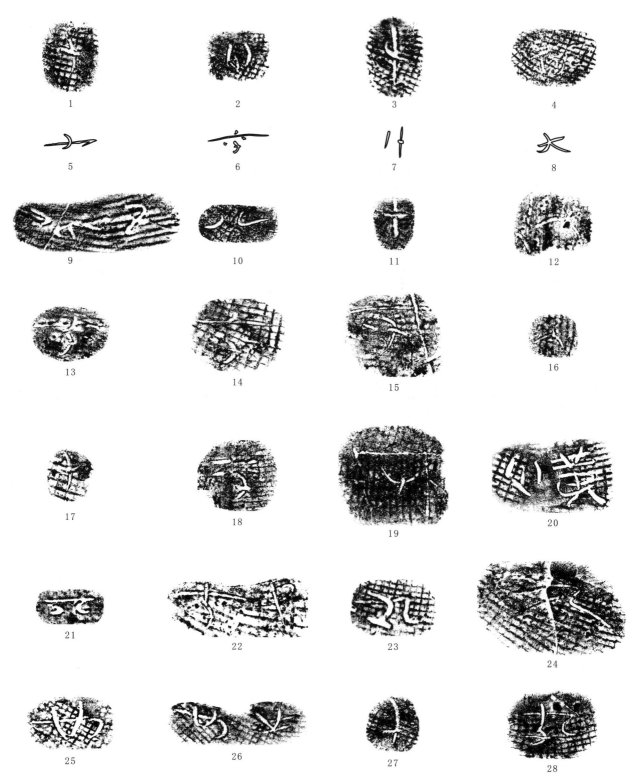

图四六三　硬陶器上的刻划字符

1. M2344：18　2. M2344：19　3. M2344：20　4. M2345：16　5. M2359：12　6. M2362：7　7. M2362：9　8. M2362：13　9. M2378：7
10. M2379：13　11. M2379：14　12. D3M27：37　13. D3M27：39　14. D3M27：40　15. D3M27：41　16. D3M27：46　17. D3M27：50
18. D3M27：52　19. D3M27：53　20. D3M29：12　21. D3M29：25　22. D3M29：26　23. D3M29：28　24. D3M29：30　25. D3M29：31
26. D3M29：32　27. D3M16：17　28. D7M3：9

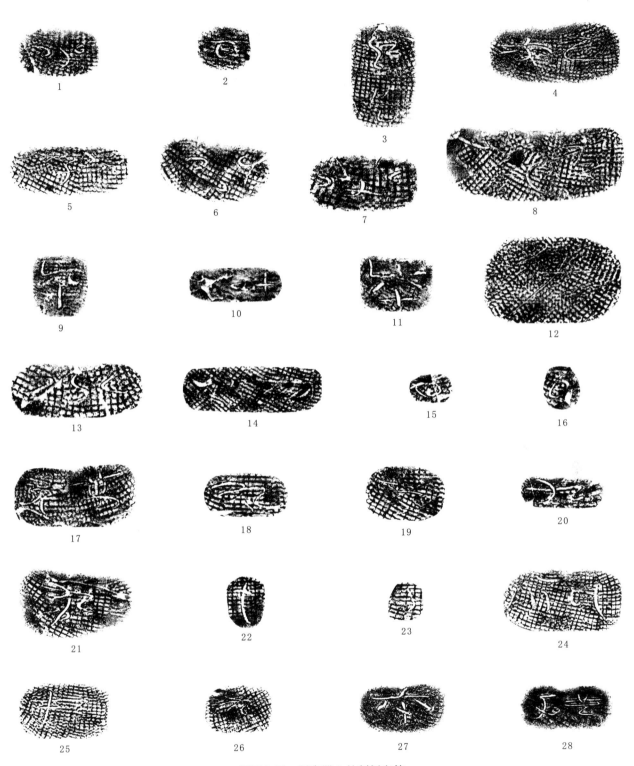

图四六四 硬陶器上的刻划字符

1. D7M3：15　2. D7M3：16　3. D7M3：26　4. D7M3：32　5. D7M3：34　6. D7M4：21　7. D7M4：24　8. D8M3：50　9. D8M3：57
10. D8M3：58　11. D8M3：59　12. D10M1：17　13. D10M2：7　14. D11M4：15　15. M2003：5　16. M2003：6　17. M2003：7　18. M2022：
7　19. M2022：20　20. M2022：21　21. M2022：22　22. M2022：24　23. M2022：26　24. M2025：13　25. M2030：18　26. M2048：12
27. M2049：11　28. M2051：7

二　硬陶器上的书写文字

除 83 件硬陶罐的肩部和上腹部有刻划字符外，还有许多硬陶罐的肩部到腹部间有墨书或漆书文字。D3M18 出土的五件硬陶罐之肩部和腹部均有红色文字，其中 D3M18：6 的肩部有 "内粟百□"，最后一个字可能是 "石" 字；D3M18：21 的肩部有 "醋十□□"，其他的均漫漶不清。主要是说明该罐内随葬的物品名称和重量，但所标示的数据大多属象征性，并不能证明实际随葬器物的重量。D3M18：6 是一件口径 13.6、高 29 厘米的硬陶罐，显然不能容纳 "百石"，应和长沙阿弥岭 M7② 出土的滑石仓上所刻 "万石仓" 有异曲同工之效。

从清理情况分析，除 D3M18 的两件硬陶罐上书写的文字基本可识读外，可判定的还有 D3M18 出土的两件酱釉硬陶盘口壶、D8M3 的五件硬陶罐的肩部和上腹部有颜料和红漆书写的文字，只是多已漫漶不清。许多墓内的硬陶器上原本有同类型文字，只是因地下水长期浸泡而脱落和褪色等原因造成目前可识读的文字并不多。

第二节　滑石器上的刻划文字和书写文字

485 座两汉墓葬出土的 802 件滑石器中，器身上刻划和书写的文字很少，仅见三件。

一　滑石器上的刻划文字

在沅水上游的保靖③、湘江流域的长沙等地发现有刻写文字的滑石璧、灶、仓等，但在沅水下游汉墓中刻写文字的滑石器却非常罕见。目前仅见武陵区德山 M2159 出土的博具（M2159：12 - 2）两面均有两个刻写文字（图版一六〇，2），字近汉隶，笔画草率，难以释读。

二　滑石器上的书写文字

有书写文字的滑石器仅发现 2 件，均出土于 D3M13。滑石壶（D3M13：14）的颈部到腹部间有红色漆书 "玉鍾"（图五六，2；彩版三八，1、2；图版一四四，1），滑石钫（D3M13：11）上朱书 "玉钫"（图五六，3；彩版三八，3、4；图版一四五，3）。

第三节　铜器上的文字

沅水下游两汉时期铜器（除印章、铜镜等）上有文字的极少，尤其是墓葬出土铜器上的文字更少。

1975 年桃源县大水田公社大池塘大队山竹湾生产队东汉窖藏④出土的 11 件大小不等的铜洗中有三件底部分别铸有 "富贵昌，宜侯王，大好王"、"刘氏" 和 "富贵昌，宜侯" 及 "富贵昌，宜"。

1985 年桃源县郝坪乡窖藏⑤出土有 "宜侯王宜子孙□□年□□月" 铭文的东汉铜锺。

　　墓葬出土的青铜盘有两件：一件 1973 年出土于常德东江公社新安大队 1 号墓中，另一件残器为常德一藏家收藏，两件铜盘底部的"律石衡蘭承水盘容六升始建国元年正月癸酉朔日制"铭文⑥完全相同。

　　本报告收录的 485 座汉墓出土的铜器中仅见一件铜钫（D3M30∶20）的肩部和上腹部有墨书文字："四斤十一□……"（彩版四八，3、4；图版一〇六，4）。

第四节　金银饼上的戳印和刻划字符、墨书文字

　　本报告收录的汉墓中有两座墓共出土金银饼 61 枚，其中 M2098 出土的六枚西汉金饼全部有戳印或刻划字符（表五），M2445 出土的九枚东汉金饼中四枚上有戳印和刻划字符（表八），46 枚银饼中有十余枚有刻划和戳印字符及墨书文字（表九）。这些符号和文字大致可分为：

　　一　戳记和刻划符号

　　M2098 出土的六枚金饼的凹面均有戳记。戳记有"V"形（图版一七〇，3）、"U"形两种，其中四枚为"V"形戳记，两枚（M2098∶50、M2098∶52）为"U"形戳记。四枚带"V"形戳记的金饼中，有一枚（M2098∶49）上有对称的两个"V"形戳记。

　　M2445 出土的九枚金饼中的四枚上有戳记和刻划符号。其中 M2445∶2 有一"V"形戳记（图版一七一，1、2），M2445∶3 上有一"◇"形戳记，M2445∶4 上亦有一戳记，但已模糊不清。

　　二　戳印

　　M2098 出土的金饼中有四枚在凹面钤盖戳印，但 M2445 出土的金饼和银饼均没有发现钤盖戳印。M2098 出土金饼上钤盖的戳印多为长方形，少数为方形，规格一般 0.5×0.4 厘米，字体为篆体阳文。主要有"长"、"寿"、"黄"、"文"、"长"、"市"等，这些戳印一般都位于金饼的边侧部位，位于中心的极少见。戳印的文字在西安北郊谭家乡出土的金饼⑦上也有发现。

　　三　錾刻和刻划的文字、符号

　　在部分金饼的凹面和背面有錾刻和刻划文字及符号，部分银饼上也有錾刻和刻划现象，共 10 余枚。一般刻划痕迹较浅，可能多针刻或用锋利的刀尖刻写，有文字、数字，有符号、记号和划痕，而有的则可能属使用时留下的痕迹。M2445 出土的银饼上主要有"一"、"二"、"十"、"≠"、"×"、和"石"等，这些文字和符号多难以识读。只有金饼 M2445∶2 上的刻划文字至少有 5 个，其中三个为"十三铢"（图二八〇，6；图版一七一，1、2）。

　　四　墨书文字

　　M2445 出土的银饼中有三枚的背面有墨书文字。银饼（M2445∶19）背面有墨书文字"少一铢"（图四六一，3；图版一七一，7）。银饼（M2445∶36）背面有墨书文字"少三铢"（图四六一，4）。银饼（M2445∶47）背面有墨书文字"少二铢"（图二八一，8）。

从金饼和银饼上的"十三铢"、"少一铢"等类内容并结合金饼和银饼本身的重量看，M2445∶2号金饼的重量有 192 克，其上部所刻划的"十三铢"明显不是指金饼本身的重量，可能与银饼上墨书的"少一铢"同样性质，属交易或入库时对其重量短缺的标示。

第五节　漆器上的文字

从许多墓葬底部残存的漆皮痕迹推测，沅水下游两汉墓葬中原来随葬的漆器并不少，只是因为保存较差且多经盗扰等破坏以及发掘技术和水平所限等诸多因素，出土的漆器极少。而出土的漆器主要以木俑、漆耳杯残片等为主，未见有完整的器物。而正因为此，发现漆器上的文字材料就更为罕见，仅在 D3M14 中清理出一片带文字的漆器残片（彩版三三，6）。在漆器残片上的黑色漆地上有用红漆描画的边长 1.6 厘米的方框，内有四字，文字难以识读。

第六节　墓砖上的文字

虽然 20 世纪 50 年代在常德西郊清理了有蜀汉延熙三年（240 年）铭文墓砖的砖室墓和有西晋元康四年（293 年）墓志的 M4[⑧]，但本报告收录的 485 座两汉墓葬中却没有发现有准确纪年的墓葬。东汉砖室墓 M2431 的墓砖上有"大吉昌、宜古（贾）市"铭文，应是代表祈求吉祥和财富。

在本区砖室墓周围曾采集到"王"、"张"、"中"字的铭文墓砖。其中"王""张"可能代表墓主姓氏或生产墓砖的工匠、作坊主姓氏；而"中"字的铭文墓砖，据发掘者回忆可能出土于墓葬椁券顶中部，若无误，则"中"字应是修筑砖室墓时代表墓室中心部位的标志。

沅水下游汉墓出土随葬器物中不见关中地区常见的书写大量文字的镇墓辟邪、为生者解殃、为死者除咎[⑨]的镇墓瓶（罐、砖），这种情形应不仅与本地区的许多两汉墓葬曾遭受损毁有关，更多的应与其和关中地区的文化与宗教信仰有较大的差异性相关。

注　释

① 杜林渊：《东汉赗赙制度研究》，《东南文化》2007 年第 2 期，总第 196 期。

② 湖南省博物馆 熊传薪：《长沙树木岭战国墓、阿弥岭汉墓》，《考古》1984 年第 9 期。

③ 刘长治：《保靖县发现东汉砖室墓》，《湖南考古辑刊》第三辑，岳麓书社，1986 年。

④ 高至喜：《湖南桃源大池塘东汉铜器》，《考古》1983 年第 7 期。

⑤ 桃源县文化馆：《桃源县发现汉代铜器和晋代印章》，《湖南考古辑刊》第三辑，岳麓书社，1986 年。

⑥ 田袱隆、陈建明、袁家荣等编著：《湖南历史图典》，湖南美术出版社，2010 年。

⑦ 陕西省文物局文物鉴定组：《记西安北郊谭家乡出土的汉代金饼》，《文物》2000 年第 6 期。

⑧ 湖南省文物管理委员会：《湖南常德西郊古墓群清理小结》，《文物参考资料》1955 年第 5 期。

⑨ 西安市文物保护考古所 程林泉、张翔宇等编著：《西安东汉墓》，文物出版社，2009 年。

第八章　墓主的身份等级和文化因素分析

第一节　墓主的身份等级

汉承秦楚之制，两汉的社会等级制度由爵秩和官职两套系统来体现，正常情况下，除皇帝和王后及所封王外，西汉的爵位分为二十级，第二十级为列（彻）侯，十九级为关内侯，十一级以上为二千石的官吏，十三级至第九级五大夫为六百石的官吏，八级以下多为中下级官吏，其爵有公乘、公大夫、官大夫、大夫、不更、簪袅、上造、公士等。有官者必有爵，但有爵者却不一定有官。与之相关的官印体制为：天子、皇后、诸侯王为金印紫绶，列侯、丞相、太傅、太师、太尉均属此类；秩比二千石和二千石的官吏为银印青绶，中央政府的郎中、内史、少府、中尉、太常、御史大夫及地方的郡守、郡尉属此列；千石至六百石的县令、郡丞、尉等为铜印黑绶；二百石以上为铜印黄绶。二百石以下及百石以下的"斗食"级官吏所佩官印情况则并不清楚。

通过分析目前湖南、湖北、广东、广西、山东、江苏、浙江等地已经发掘的汉墓资料，我们认为，西汉时期的各个等级尤其是社会中下层的墓葬制度并无具体规定，体现在丧葬制度中，其基本礼器组合与棺椁制度虽然在一定程度上仍体现了秦楚之制，但在实际执行过程中却并不严格，而且有愈往后愈随意的趋势。沅水下游的中小型两汉墓葬虽在西汉一代均可看到楚制的痕迹，但在基本礼器组合与棺椁制度上的随意性较大。新莽时期，明显出现短时间的复古。到东汉时期，已基本摆脱了礼制的束缚，随葬器物完全世俗化，其种类及多少完全依赖于墓主的政治地位和经济实力。因此，要辨明沅水下游汉墓的等级，不仅要参考墓室规格、封土规模、葬具和随葬器物等，还要结合墓中出土的文字材料，尤其是表明墓主身份等级的各种印章进行综合考量。

本报告收录的485座两汉墓中，14座出土了能表明墓主身份的印章，其中有墓主生前担任官职的职官之印9枚、有代表墓主生前曾经任职的官署之印4枚、有墓主生前可能的官爵印2枚，还有一枚龟钮铜印"赵玄友印"。直接体现墓主姓名的印章共有9枚（其中M2277的"彭三老印"滑石印也可能属低级官员的印信）。

土墩竖穴墓、土坑竖穴墓和砖室墓等三种墓葬形制区别较大，体现在墓坑的规格、使用的葬具、随葬器物的类别等也有较大差别，为了更准确地体现墓主的等级和身份，只能分开讨论。

一　土墩竖穴墓墓主的等级和身份

D3M27 出土的滑石双面"长沙郎中令印"表明墓主廖福生前曾担任西汉长沙国的郎中令。"郎中令"，秦代始设，主要负责宫廷禁卫，侍从皇帝左右，参与议政，地位尊贵。汉承秦制，在朝廷和所封诸侯国设此官职，侍从于皇帝（王）左右，卫戍皇（王）宫，下领诸大夫、郎官，初秩为二千石。汉武帝太初元年（前 104 年）将在朝廷所设的"郎中令"更名为"光禄勋"，但地方诸侯王国的"郎中令"并未改变，只是秩降为千石。

D3M27 出土大量的泥五铢、泥金饼和铜五铢，五铢钱是在汉武帝元狩五年（前 118 年）开始铸造。墓中出土的 J 型Ⅲ式陶鼎、D 型Ⅱ式陶盒、J 型Ⅱ式和Ⅲ式陶壶、D 型陶钫等陶器属西汉中期前段的器形。墓主廖福可能是西汉刘姓长沙国第二代戴王刘庸（前 128～前 101 年）王宫的郎中令。此墓墓室开口面积 23.1 平方米，墓底面积 18.7 平方米，墓道面积 19 平方米，整个墓室的面积 42.1 平方米。使用的葬具是两椁两棺。墓道采用了斜坡式和竖穴式相结合的形式，竖穴墓道与墓底高度差别很小，非常规整，很可能属模仿"外藏椁"而建造，但没作"外藏椁"使用，其内并无随葬器物。廖福作为一名秩仅千石的官员，若使用诸侯王才能使用的"外藏椁"肯定"逾制"，因此廖福使用的只能是象征性的"外藏椁"。廖福应是目前已发掘南坪土墩墓中级别最高的官员。

新莽时期的另一座廖氏家族成员墓（D3M24）墓室开口面积 22 平方米，墓底面积 19.2 平方米，墓道面积约 20 平方米，整个墓室面积约 42 平方米，使用五件铜鼎，两组铜盒、铜壶、铜钫随葬。墓主级别和身份与廖福可能基本相当。

廖氏家族的廖宏墓（D3M26）墓室开口面积 20.6 平方米，墓底面积 15.3 平方米，墓道面积 12 平方米，整个墓室面积 32.6 平方米，使用两组铜鼎、铜钫等随葬。

D8M3 是另一封堆内的一座非常重要的墓葬。墓室面积 25 平方米，墓道面积 15.2 平方米，整个墓室面积 40.2 平方米，使用三组铜鼎、壶、钫等随葬。该墓出土的"赵玄友印"铜印为龟形纽，龟纽以四脚与印台四角相连，龟首短而上扬，龟背鳞片清晰可见。墓主赵玄友亦可能属千石级的官吏。

印章中还有二枚西汉武陵郡辖属县的职官印：D10M1 出土的"镡成长印"，D1M2 出土的"孱陵丞印"。

从表一九及附表一可以大致分土墩墓墓主的等级和身份为四类：

第一类墓　5 座。墓室面积为 30 平方米～42 平方米，葬具通常为两椁两棺，个别属夫妻同穴合葬的为两椁双棺，少数为两椁一棺。墓室均带有墓道。均有铜质礼器随葬，常有鼎、盒、壶、钫等铜礼器 2～5 套。主要以廖氏家族的多名成员为主，随葬"赵玄友印"龟钮铜印的 D8M3 中有 3 套铜礼器，可能也为一名千石级官员墓。

第二类墓　墓室面积大致为 16 平方米～27 平方米，葬具有两椁两棺（D10M1）、两椁一棺（D1M2）、两椁双棺（D9M2）、一椁一棺、一椁双棺（属夫妻同穴合葬）等多种形式。墓室一般带有墓道。多有铜质礼器随葬，常有鼎、盒、壶、钫等铜礼器 1～3 套。墓主以县长（令）、县丞、县尉等县（邑）级官员为主。《汉书·百官公卿表第七》："县令、长，皆秦官，掌治其县。（县）万户以上为令，秩千石至六百石；（县）减万户为长，秩五百石至三百石。""令、长、相皆有丞、尉，秩四百石至二百石。"应劭的《汉官仪》："大县丞、左右尉，所谓命卿三人；小县一丞一尉，命卿二人。"

第三类　墓室面积为 8 平方米 ~ 16 平方米，葬具多为一椁一棺、一椁双棺（属夫妻同穴合葬）。墓室极少数带有墓道。无铜礼器随葬，多为仿铜陶礼器鼎、盒、壶、钫等 3 ~ 5 套。墓主可能以地方乡官和经济实力较雄厚的商人、地主等为主。

第四类　墓室面积大多在 8 平方米以下，葬具少数为一椁一棺，多为单棺，极个别可能无棺。墓室不带墓道。无铜礼器随葬，多为仿铜陶礼器鼎、盒、壶、钫等 1 ~ 3 套，有的则无。墓主应以平民为主。

表一九　　　　　　　　　　部分土墩竖穴墓墓葬等级及墓主身份登记表　　　　　　　　单位：平方米

墓　号	墓口面积	墓底面积	墓道面积	墓葬总面积	墓主姓名及职官	葬具	随葬铜礼器或仿铜礼器	墓主秩爵官职推测	墓葬时代
D3M27	23.1	18.7	19	42.1	廖福长沙郎中令	两椁两棺	铜鼎 2、壶 2、钫 2	千石级	西汉中期前段
D3M29	23.2	12.4	13.8	37	无印章	两椁一棺	陶鼎 2、盒 2、壶 4、钫 2	可能为廖福的夫人	西汉中期前段
D3M24	22	19.2	20	42	出无字铜印章	两椁两棺	铜鼎 5、盒 2、壶 2、钫 2	可能为千石级官吏	新莽时期
D3M26	20.6	15.3	12	32.6	廖宏	两椁一棺	铜鼎 2、钫 2	可能为千石级官吏	新莽时期
D8M3	25		15.2	40.2	赵玄友	两椁双棺	铜鼎 3、壶 2、钫 4、镶壶 2	可能为千石级官吏	西汉中期后段
D3M20	16.8	16.3	7.8	24.6	无印章	两椁一棺	滑石鼎 2、壶 2		西汉中期前段
D3M14	18.9	17.2	8	26.9	无印章	两椁一棺	铜鼎 1、壶 2		新莽时期
D1M2	20.9	19.1	残 3.4	24.3 以上	孱陵丞	两椁一棺	被盗严重，已无铜礼器	县丞四百至二百石	西汉中期后段
D3M13	13.1		7.6	20.7	无印章	一椁一棺			西汉晚期
D10M1	不清	约 20	不知有无墓道	约 20	镡成长	两椁两棺	铜鼎 1，滑石鼎 1、壶 2、钫 1	县长五百至三百石	新莽时期
M2001		22.5	不清	22.5	无印章	不清	陶鼎 2、盒 2、壶 2、钫 1		新莽时期
M2006	27.4	10.3	不清	27.4	无印章	不清	陶鼎 2、盒 5、壶 4、钫 2		新莽时期

续表一九

墓　号	墓口面积	墓底面积	墓道面积	墓葬总面积	墓主姓名及职官	葬具	随葬铜礼器或仿铜礼器	墓主秩爵官职推测	墓葬时代
D3M28	13.7	11.2	4	17.7	无印章	一椁一棺	陶鼎1、壶1、钫1		新莽时期
M2072		19.8	不清	19.8	无印章	不清	铜鼎2、壶2、钫2		西汉中期后段
M2005	17.9	17	不清	17.9	无印章	不清	陶鼎2、盒2、壶2、钫2		西汉中期后段
D3M30	16	13.8	无墓道	16	无印章	一椁一棺	铜鼎2、壶2、钫2		西汉中期后段
D7M5		12.8	4.9	17.7	无印章	一椁双棺	陶鼎2、壶4、钫2		西汉中期后段
D8M4		14.3	2.9	17.2	无印章	一椁双棺	陶鼎2、盒2、壶4、钫2		西汉晚期
D9M2		16.8	无墓道	16.8	无印章	两椁双棺	青瓷壶2，滑石鼎2、钫2、盒1、壶1		西汉中期前段
D3M18	12.9	11.5	无墓道	12.9	无印章	一椁一棺	陶壶、陶钫，釉陶鼎1、盒2、壶3		西汉晚期
D7M3		12.8	无墓道	12.8	无印章	一椁双棺	陶鼎2、壶8、钫3		西汉中期后段
D7M4		11.9	无墓道	11.9	无印章	一椁双棺	陶鼎2、盒2、壶4、钫2		西汉中期后段

二　土坑竖穴墓墓主的等级和身份

　　M2098 是土坑竖穴墓中封土、墓坑及葬具等规格最高、保存最完整的墓，墓口面积 43.2 平方米以上，墓道面积则在 14 平方米以上，总面积 57 平方米以上，葬具为两椁双重棺。此墓虽因严重被盗，没有出土直接证明墓主身份级别的文字实物，但出土了通常仅在王侯级别贵族墓中才出土的黄金金饼 6 枚。与 M2098 位于同一封堆下、墓口仅相距 1 米、墓口面积仅 14 平方米的 M2096 墓主虽曾任西汉武陵郡"镡成"县之长，但也仅仅是陪葬的角色，故推测 M2098 墓主应是二千石以上的官员，甚至可能属王侯级贵族。

　　M2248 出有"长沙郢丞"和"器印"两枚滑石印，此墓的陶器组合为 F 型Ⅲ式和 G 型Ⅱ式鼎、B 型Ⅱ式和 C 型Ⅱ式盒、Da 型Ⅱ式壶、B 型钫、A 型陶灶、B 型陶仓、Ab 型Ⅰ式陶镶壶等，据此推测该墓大致属西汉早期中段（一期二段）。此时的长沙国可能属汉初所封的吴姓长沙国晚期或景帝前元二年（前 155 年）所封刘姓长沙国之初。

　　属西汉早期晚段的 M2281 出有"长沙司马"滑石印。《后汉书·百官志第二十四》载："司马主兵"。"长沙司马"滑石印在长沙近郊汉墓中至少出土过两枚[1]。墓主生前应是刘姓长沙国职掌兵权的武官，和"长沙都尉"行使的职权相近。汉代的司马和都尉秩多为比二千石至比千石，但此墓的规格却极小，墓葬开口仅 9.6 平方米，也无墓道，并无千石级贵族的墓葬规格，是否因长沙国在汉初所封诸侯国中属不起眼的小国，长沙国"司马"的秩爵便也不和朝廷的司马相同？

印章中有二枚"尉"级武官印：M2113 出土的"鄜右尉印"，M2261 出土的滑石"右尉"印。

从表二〇及附表二也可大致分土坑墓墓主的等级和身份为四类：

第一类　M2098。墓室（含墓道）总面积为 57 平方米以上，葬具为两椁双重棺。为夫妻同穴合葬，带有两条墓道。该墓虽严重被盗，但仍残存有随葬的铜鼎、盒、壶、钫等铜礼器，尤其是出土了通常仅在王侯级别贵族墓中才出土的 6 枚黄金金饼。此墓的规模虽然与目前已经发掘的长沙马王堆轪侯家族墓[2]、长沙望城坡吴氏长沙国渔阳王侯墓[3]、沅陵虎溪山的沅陵侯吴阳墓[4]等无法相比，但和刘氏长沙国墓地的汤家岭张端君墓[5]、长沙砂子塘 1 号墓、永州泉陵侯家族墓地的鹞子岭刘彊墓等墓葬的规模相当。此墓墓主可能属二千石级太守甚至是王侯级高级贵族。此墓在沅水下游汉墓中显得鹤立鸡群，最为独特。

第二类　墓葬总面积大致为 10~25 平方米，葬具有两椁重棺（M2131 和 M2132）、一椁一棺两种，以一椁一棺为主。墓室一般带有墓道，有的无墓道。极少有铜质礼器随葬，以陶鼎、盒、壶、钫等仿铜陶礼器为主。墓主有西汉武陵郡辖镡成县长、右尉李忌、长沙国辖鄜县右尉蔡但，及长沙郡丞、长沙司马和曾在临湘等县任职的一批县级官员，其秩大致为五百石至二百石左右，属西汉王朝的基层统治阶层。

第三类　墓葬总面积大致为 8 平方米左右，葬具通常为一椁一棺，少数为单棺。以无墓道的墓为主，少数带有墓道。使用铜质礼器随葬的非常罕见，以陶鼎、盒、壶、钫等仿铜陶礼器为主。这批墓中有黄文、胡平等使用印章随葬，应属地方乡官和经济实力较雄厚的商人、地主等。M2366 是一座非常特殊的墓葬，出土有银质"长信侯□"印，葬具为一椁一棺，但墓室面积仅有 6.7 平方米，也无墓道。此印章从风格到铭文看似非汉印，但却在一座西汉早期小型土坑墓中出土，其墓坑、葬具和随葬器物的规格及种类，均与"侯"级墓葬有着天壤之别，故该印章可能并不代表 M2366 墓主的真实身份和等级。

第四类　墓葬面积 8 平方米以下，葬具通常为单棺，少数为一椁一棺，无墓道。无铜礼器随葬，通常使用陶鼎、盒、壶、钫等仿铜陶礼器 1~3 套，少数墓并无仿铜礼器。这批墓的墓主应为自耕农、小商品生产者等平民。

土墩墓和土坑墓的结构、随葬器物都有较大区别，反映在墓葬及墓主等级、身份上同样区别不小。土墩墓的第一类墓的墓主大概为千石级贵族官吏，而土坑墓中则似乎缺少同级别的墓葬。土坑墓的第一类墓（M2098）的墓口面积达 57 平方米，但土墩墓中却不见。两者第二类墓的墓主身份基本相同，可能为秩约五百石至二百石的县级官吏（长、丞、左右尉、长沙国的属官等），但两种类型墓葬的规格差别也非常明显，土坑墓的墓坑和葬具在使用上要低一个档次。这种现象在第三类和第四类墓葬中表现得同样明显。出现这种情形，可能与土坑墓主要是以西汉早期墓为主，而这时因长期的战争破坏，尤其是与西汉文景时期从上至下的薄葬习俗有关。而土墩墓出现在西汉中期，这时的社会经济经过初期的积累，财富已经显著增加，奢靡之风和厚葬盛行，因此在墓葬中也得到充分的体现。

表二〇　　　　　　部分土坑竖穴墓墓葬等级及墓主身份登记表　　　　　单位：平方米

墓 号	墓口面积	墓底面积	墓道面积	墓葬总面积	墓主姓名及职官	葬具	随葬铜礼器及仿铜礼器	墓主秩爵官职推测	墓葬时代
M2098		43.2	14	57.2	严重被盗，是否有印章不清	两椁双重棺	铜鼎3、盒2、壶、钫2（此墓被盗扰）	二千石以上或王侯级贵族	西汉中期后段
M2096	14		无墓道	14	镡成长	有椁有棺	陶鼎3、盒2、壶6、钫2	五百至三百石	西汉中期前段
M2092	12.8	10	3	15.8	无印章	有椁有棺	陶鼎3、盒3、壶3、钫3，滑石盒2、壶2、钫2		西汉中期前段
M2097	12.5		5.2	17.7	无印章	有椁有棺	陶鼎2、盒2、钫2，酱釉硬陶壶4		西汉中期前段
M2104		8.75	3.92	12.7	无印章	不清	陶鼎3、盒2、壶3、钫2		西汉早期中段
M2131	12.5		4.7	17.2	无印章	两椁重棺	酱釉硬陶鼎7、盒5、壶6，陶钫2		西汉早期中段
M2132	18.9		5	23.9	无印章	两椁重棺	陶鼎7、壶6、豆2		西汉早期中段
M2137	10.4		残1.5	11.9	滑石"临湘之印"		酱釉硬陶鼎6，陶钫2	县级官吏	西汉早期中段
M2138	16.3		7.6	23.9	无印章		酱釉硬陶鼎5、盒3、壶3，陶钫2		西汉早期中段
M2124	15		无墓道	15	无字滑石印		陶鼎5、盒5、壶7		西汉早期中段
M2110	10		无墓道	10	滑石"家印"		陶鼎8、盒6、壶4、钫4		西汉早期中段
M2113	10.6		无墓道	10.6	滑石"蔡但"印滑石"鄙右尉印"		陶鼎4、盒4、壶4、钫4	县尉	西汉早期中段
M2120	9.6		无墓道	9.6	无字滑石印		陶鼎4、盒6、壶3、钫4		西汉早期中段
M2146		20.7	6偏墓道	26.7	无印章	不清	陶鼎、盒、壶、钫3套，铜镳壶、洗		西汉晚期
M2169	9.6		无墓道	9.6	铜"臣阮印"铜"周阮"双面印		陶钫，滑石钫3（器物严重被毁）		西汉早期中段
M2198	8		无墓道	8	胡平		陶鼎2、盒5、钫2，滑石鼎2、盒2、壶2、钫2		西汉早期晚段

续表二〇

墓　号	墓口面积	墓底面积	墓道面积	墓葬总面积	墓主姓名及职官	葬　具	随葬铜礼器及仿铜礼器	墓主秩爵官职推测	墓葬时代
M2199	9		无墓道	9	无印章		陶鼎2、盒3、钫2，滑石鼎2、盒2、壶2		西汉早期晚段
M2201	9.8		3.2偏墓道	13	无印章		陶鼎8、盒5、壶4、钫3		西汉早期中段
M2218	6.1		无墓道	6.1	无字滑石印		陶鼎4、盒4、壶2、钫2		西汉早期中段
M2222	12.1		无墓道	12.1	无印章		陶鼎7、盒7、壶6、钫2		西汉早期早段
M2224	12		无墓道	12	无印章		陶鼎4、盒2、壶4		西汉早期中段
M2228	9.4	8.4	斜坡墓道	10以上	无印章	不清	陶鼎4、盒4、壶4		西汉早期中段
M2248	12		无墓道	12	"长沙郢丞"和"器印"二印章		陶鼎12、盒8、壶6、钫6	长沙国官吏	西汉早期中段
M2253	6.5		无墓道	6.5	无字滑石印		陶鼎2、壶1		西汉早期中段
M2259	5.8		无墓道	5.8	黄文		陶鼎3、盒2、壶2、钫2		西汉中期后段
M2261	9.5		无墓道	9.5	李忌右尉		陶鼎5、盒5、壶3、钫2	尉	西汉早期中段
M2264	3.7		无墓道	3.7	无字铜印		陶鼎2、盒2、壶3		西汉早期中段
M2267	9.4		无墓道	9.4	"絑婴"玉印		陶鼎4、钫4		西汉早期中段
M2269	5.4		无墓道	5.4	无字滑石印		陶鼎2、盒3、壶2、钫2		西汉早期中段
M2277	7.4		无墓道	7.4	彭三老印		陶鼎4、盒2、钫4；滑石鼎2、盒2、壶1、钫1		西汉早期中段
M2281	7.4		无墓道	7.4	长沙司马		陶鼎4、盒6、壶2、钫2	长沙国官吏	西汉早期晚段
M2295	7.2		无墓道	7.2	无字滑石印		陶鼎4、盒2、钫4		西汉早期中段

续表二〇

墓 号	墓口面积	墓底面积	墓道面积	墓葬总面积	墓主姓名及职官	葬具	随葬铜礼器及仿铜礼器	墓主秩爵官职推测	墓葬时代
M2362		16.8	5.3以上	22.1	无印章	一椁一棺	陶鼎5、盒5、壶8、钫5		西汉中期后段
M2363	6.8	6.4	3.6	10.4	无印章	一椁一棺	铜鼎、樽，陶鼎4、盒5、壶4		西汉早期早段
M2366	6.7		无墓道	6.7	银质"长信侯□"印	一椁一棺	陶鼎2、盒2、壶2、钫2		西汉早期早段

三 砖室墓墓主的等级和身份

60座砖室墓除一座（M2429）保存完整外，其余59座墓均遭受不同程度的破坏，有的甚至被毁坏殆尽，而且仅三座墓中出土了能体现墓主身份和等级的印章，其中M2409的铜印章无铭文；M2408的铜印为"□长之印"，按照汉印铭文习惯，大致可判断墓主曾任职于某县或曾任某种官职。能清楚反映墓主职官等级的仅有M2401，出土的"汉寿左尉"和"武乡"两枚印章，证明该墓中的一位墓主曾任东汉荆州武陵郡辖汉寿县"左尉"。"汉寿"，本西汉和东汉前期的"索"，东汉顺帝阳嘉三年（134年）更名为"汉寿"。

从M2416墓室甬道北侧保存的墓阙建筑与墓地周围的筒瓦、板瓦、瓦当以及规格和结构推测，该墓的墓主可能属东汉时期的一名二千石官员。

国内首次出土9枚金饼和46枚银饼的M2445的墓室已全部被毁，根本无法判定其墓主的相关信息。同时，砖室墓的情况比较复杂，尤其是多室墓可能常常是多名家族成员合葬，不仅有夫妻合葬，还有父子、祖孙等多代成员合葬的情况，也就存在着多次增修和改修的情况，考古发掘时的墓葬规格并不能完全准确体现出单独墓主的身份和等级。更何况，东汉时期随葬器物的礼制约束已经很小，随葬器物与现实生活密切相关，将现实生活中的方方面面运用到另一个世界中，随葬器物中的所谓"礼制"，这时已真正成为昨日黄花，一去难返了。

第二节 沅水下游汉墓文化因素分析

从西汉中期开始，武陵区南坪（西汉武陵郡临沅县和索县之间的滨湖平原地带）出现了一种与本地区长期流行的土坑墓迥异的土墩墓，目前考古界普遍认为土墩墓起源于江浙一带的东南沿海地区，而土墩墓突然出现在本地区，直至新莽时期，一直连绵不断，墓葬规模庞大，家族聚族而葬特征明显。已确定的就有廖福、廖宏之廖氏家族及赵玄友的赵氏家族等多个家族墓地，而没有经过科学发掘的土墩曾非常多，20世纪60年代以前，当地人称有"九十九个堆"。

从土墩墓分布范围内曾有不少战国晚期楚墓来分析，土墩墓的出现绝非是仅仅因为墓地地下水的水位较高。其实在常德北部的湖北荆州地区也可能有大量的土墩墓分布。据王从礼介绍[⑥]，湖北荆州汉郢城周边的"大冢子"、"粑粑草场"、"胡家草场"等地都是"以夯土筑高台再挖墓坑的"。在郢城周边约15平方千米的范围内大量分布的这类墓葬，似乎可能也是一种和常德武陵区南坪类似的土墩墓群。

在两湖地区的常德和荆州地区出现大量的土墩墓，拥有雄厚经济实力是必需的条件，但绝非因为财力雄厚就会使这些家族放弃周边高峻开阔的山地而选择采用筑高台作为墓地，而应该是葬俗、信仰等与本地原住民明显不同的家族人群之自主选择。

土墩墓这种具有明显江浙地方特色的埋葬习俗出现在本地区是耐人寻味的，普通的文化交流可能根本不会使本地延续数千年的土坑竖穴墓在短时间内出现如此大的改变，更何况同时期本地区的德山、灌溪仍然有大量的土坑竖穴墓存在，推测在西汉中期可能存在有组织的人口迁移。

砖室墓在沅水下游的出现明显迟于关中及中原地区，土坑（墩）墓演变为砖室墓属汉帝国政治、经济、文化一统的必然结果，之后的发展逐渐与北方同步。

沅水下游两汉墓葬出土随葬器物大致可分为十组差异较大的器物群，而这些不同的器物群组通常又体现出了不同的文化因素。

甲组：承继楚文化因素。陶器有 A 型、C 型Ⅰ式、F 型Ⅰ式陶鼎，C 型Ⅰ式陶盒，A 型、B 型、H 型陶壶，陶豆，陶勺，陶匜，陶匕，A 型、C 型铜镜，B 型铜剑等；都与本地区的战国晚期楚墓有许多相似之处。因此甲组器物应与楚文化有直接的渊源关系，是本地域楚文化的直接和间接的体现。

乙组：统一的西汉文化因素。陶器有 B 型、C 型Ⅱ式和Ⅲ式、D 型、E 型、F 型、G 型、H 型、J 型陶鼎，A 型、B 型、C 型Ⅱ式、D 型、E 型陶盒，C 型、D 型、E 型、F 型、J 型陶壶，A 型、B 型、C 型、D 型、E 型、F 型、G 型、H 型、L 型陶钫，A 型、B 型、C 型铜鼎，A 型、B 型铜壶，A 型、B 型铜钫，B 型、C 型、E 型、F 型、G 型、H 型、I 型、J 型、K 型、L 型等铜镜，铜灯，泥半两，泥金饼，泥五铢，铜五铢，环首刀等。乙组器物不仅在本区域，而且在沅水中上游、长沙等地区及湖北、湖南、河北、陕西等广大地区的西汉墓中广泛出现。因此乙组器物及组合应是西汉墓葬的时代共性，应代表着统一的西汉文化因素。

丙组：本地的土著文化因素。有 A、B、C、D 型酱釉硬陶鼎，A、B 型酱釉硬陶盒，A、B 型酱釉硬陶壶等；集中出现在六座墓中。为先在胎体上饰方格纹，然后施酱黑色釉，与代表吴越文化的青瓷器的釉色和制作有着显著的区别，不属一个体系。

从西汉中期后段开始，丙组器物群中又开始出现 A、B 型酱釉硬陶瓿、F 型酱釉硬陶罐形鼎、E 型酱釉硬陶盒、C 型Ⅱ式和Ⅲ式酱釉硬陶壶等。瓿是本地区早期西汉墓葬中不见的器形，A、B 型酱釉硬陶瓿明显属模仿 A、C 型青瓷瓿的外形，但其釉色并未能掌握青瓷器的烧造技术，与其祖形的青瓷瓿差别较大。

A、B、C 型酱釉硬陶鼎消失后，出现的 F 型酱釉硬陶罐形鼎，似乎就是将一件硬陶罐的颈部取消后加装三条腿和双耳并配上浅圆弧形盖后形成的。E 型酱釉硬陶盒与 F 型酱釉硬陶罐形鼎同时出现，到西汉晚期消失，再无踪迹。此类鼎和盒在沅水下游早期汉墓中不见；而与浙江省湖州市杨家埠⑦D3M13 的Ⅰ式鼎、Ⅰ式盒，浙江省杭州市老和山⑧的 M68 和 M97 出土的"高温釉陶"鼎（M68：14、M97：31）及"高温釉陶"盒（M118：19、M97：34）之盒身较为接近。

C 型酱釉硬陶壶中的Ⅰ式、Ⅱ式、Ⅲ式壶的器身明显模仿了青瓷壶的造型和制作方法，壶的腹部增加了多道分段凸棱，只有口部改成盘口，而其盘口则可能源于同时期本地流行的 J 型陶壶和其他文化因素的结合。

可见，酱釉硬陶器中 A、B、C、D 型鼎和 A、B 型盒及 A、B 型壶明显具有本地特色，属本地土著文化因素。A、B 型酱釉硬陶瓿，F 型酱釉硬陶罐形鼎，D 型酱釉硬陶盒，C 型 I 式、Ⅱ 式、Ⅲ 式酱釉硬陶壶明显吸收和融入了吴越文化因素。

丁组：吴越文化因素。有 A、B、C 型青瓷瓿，A、B、C 型青瓷壶等青瓷器。考古资料已经表明这两类青瓷器虽然在湖北、安徽、山东、河南及关中和两广地区都曾有出土，且各地对此类器物的名称存在分歧，但其起源、生产主要源于江浙吴越文化区乃不争的事实，属典型的吴越文化因素。北京大学考古与文博学院科技考古实验室的检测结果也证明本地区汉墓出土的青瓷瓿、壶的胎体和釉料的化学成分"应为越窑系的产品"。青瓷壶仅在 16 座墓中出土，基本两件一组成对出现，青瓷瓿仅出土于 7 座墓中，且每座墓均只出土 2 件。丁组青瓷器最早出土于西汉中期前段的 D3M27 中，西汉中期后段到西汉晚期常有出土，但新莽时期已非常罕见，最晚的可能是武陵区东郊新安村[⑨]的一座东汉砖室墓中出土的两件青瓷瓿，之后再也不见踪迹。此类青瓷器在本地墓葬中出现，可能与本地区生产没有关系，而是通过商品流通流入的。青瓷器精美的造型、富丽的颜色可能引起了当地官吏和富裕阶层的喜爱，成为他们体现自己身份的奢侈品之一。尽管青瓷器受到官吏和富裕阶层的追捧，但因大件青瓷器易碎且路途遥远增加了运输的难度和成本，因此输入此地的青瓷器价格必定非常昂贵，这便引起了本地陶瓷工匠的模仿，于是出现了外形与青瓷瓿极为相近的酱釉硬陶瓿。也许是江浙一带青瓷器的制作者和经营者的知识产权意识较好，本地工匠对青瓷器的模仿是失败的。随着王朝的更替，从新莽时期开始出现的釉陶器的烧造逐渐成熟，迅速成为时尚的新宠，取代了青瓷器，本地对青瓷器的仿烧也随之停止。

戊组：岭南文化因素。有錾刻纹铜盒（D3M24：19 和 D3M24：20、M2098：55 和 M2098：56）、铜熏炉（D3M24：23、M2098：57）、酱釉硬陶盒、戳印纹酱釉硬陶器盖、酱釉四系硬陶罐、钾玻璃杯、玻璃手握、玻璃珰等可能均代表着岭南文化因素对本地的影响。

M2098 和 D3M24 中出土的錾刻纹铜盒的形制、纹饰及制作工艺基本与湖南保靖清水坪 M248：4 铜盒[⑩]、广州汉墓 M3028：21 铜盒[⑪]、广西合浦堂排 M2B：34 及 M2A：18 铜盒[⑫]、广西合浦风门岭 M5：23 铜盒[⑬]相同。D3M24 出土的铜熏炉与广西合浦风门岭 M26：128[⑭]、湖北黄冈罗州城陈家大山陈 M4：4、广州汉墓中惠州坟场、江苏盱眙东阳 4 号[⑮]等众多墓葬出土的铜熏炉相同。有学者研究后认为这种錾刻纹铜器的制作中心和主产地应在岭南地区[⑯]。M2072 出土的酱釉硬陶盒（M2072：13）、戳印纹酱釉硬陶器盖（M2072：37、M2072：39）的盖顶饰四瓣柿蒂叶纹和对称规范的戳印纹的装饰手法显然是受岭南文化因素的影响或直接来源于此[⑰]。玻璃杯（D3M24：12）则几乎完全和广西贵县汽车路 5 号汉墓[⑱]出土的玻璃杯相同。经中国科学院上海光学精密机械研究所科技考古中心检测（见附录二），玻璃杯（D3M24：12）、玻璃手握（D3M9：4）和玻璃珰（M2395：4）均为钾玻璃，与原产于中国的铅钡玻璃和西亚、欧洲的钠钙玻璃不同。

己组：以 D3M24：50 的绿釉低温铅釉陶双唇罐为代表，这种低温铅釉陶的制造明显受关中地区釉陶文化因素的影响，虽然本地从西汉中期就广泛出现硬陶双唇罐，但从没有出现低温铅釉陶。

庚组：秦文化因素的余韵。M2198 和 M2177 出土有两件滑石扁壶，扁壶和蒜头壶及茧形壶是最能代表秦文化因素的器类。进入汉帝国时期，扁壶、蒜头壶和茧形壶被汉人吸收，M2198、

M2177 的两件滑石扁壶，应属秦文化因素对本地依然存在影响的证据。

辛组：外来文化因素。E 型酱釉硬陶鼎、E 型酱釉硬陶盒和 E 型酱釉硬陶壶，仅发现于 M2025。辛组鼎、盒、壶通体施淡黄色釉，胎体上饰有方格纹，与吴越产青瓷器泾渭分明，也与本地制造的酱釉硬陶器差别明显，却与江西莲花县升坊镇老虎坳罗汉山出土的长沙国刘发次子安成侯刘安墓[19]中出土的"瓷鼎"相近，可能属江西某窑的产品。若真如此，则 M2025 中成套的鼎、盒、壶就可能属从东部流入本地的另一种文化因素。

M2416∶25 十二孔金珠，明显具有印度和西亚的外域风格。

壬组：统一的东汉文化因素。主要是东汉砖室墓中出土的各种釉陶器。有鼎、灶、井、仓、镡壶、熏炉、楼等，是从新莽时期开始出现的以绿釉低温铅釉陶双唇罐（D3M24∶50）为代表的釉陶器逐渐成熟和发展的结果，其逐渐取代了软陶器和酱釉硬陶器，成为主导因素。

癸组：统一的东汉文化因素。有青瓷碗、青瓷坛等，是釉陶器制作成熟和发展的必然产物，并逐渐取代釉陶器成为主流。当然，取代在东汉时期并没能完成，直到两晋、南北朝、隋唐时期才基本完成。

应该注意的是，沅水下游两汉墓葬中甲、乙、丙、丁、戊、己、庚、辛、壬、癸等十组器物群所代表的不同时期不同文化因素在各个阶段所占的比例和分量是不同的。

第一期一段（西汉早期早段）：

乙组大量出现，但甲组所占的分量很高，个别墓葬中甲组还占主导地位。

第一期二段（西汉早期中段）：

乙组居主导地位，甲组依然存在，丙组开始大量出现，庚组依然保存。

第一期三段（西汉早期晚段）：

乙组居主导地位，甲组依然存在，丙组和庚组仍然保存。

第二期四段（西汉中期前段）：

乙组占绝对主导地位，甲组已难觅痕迹，丙组仍然存在，丁组开始出现。

第二期五段（西汉中期后段）：

乙组占绝对主导地位，戊组开始出现，丙组和丁组仍然存在。

第三期六段（西汉晚期）：

乙组占绝对主导地位，丙组仍然存在并有扩大的趋势，丁组仍然存在。

第四期七段（新莽时期）：

乙组的绝对主导地位开始削弱，丁组依然存在，戊组大量出现，丙组则基本消失，新出现了己组低温铅釉陶。

第五期八段（东汉早期）：

乙组仍然占主体，但壬组开始大量出现，丙组则完全消失，丁组和戊组依稀可见痕迹。

第五期九段（东汉中期）：

壬组已占主导地位，但乙组仍然保存，丁组完全消失，戊组中玻璃饰件依然存在，癸组的青瓷碗、坛开始出现。

第五期十段（东汉晚期）：

壬组占绝对的主导地位，但乙组仍然保存，戊组中的玻璃饰件依然存在，癸组的青瓷碗、坛大量出现。

西汉早期早段，墓葬葬制、棺椁结构和随葬器物组合均具有楚文化遗风。到西汉早期中段，墓葬葬制、棺椁结构和随葬器物组合虽仍保留有较强烈的楚文化元素，但出现了采用积炭防盗防潮的现象，随葬器物的组合也悄悄发生了不可逆的变化，一度沉寂的土著文化因素（以丁组器物群为代表）开始广泛出现，以扁壶为代表的庚组器物似乎还可见秦文化因素的影子。至西汉早期晚段，统一的汉文化因素开始占主导地位，楚文化因素虽然依旧根深蒂固，但主要体现在墓坑、葬具等悠久的习俗方面，随葬器物中已再难见明显的踪迹，而秦文化因素则依然留有痕迹。

西汉中期（武帝后期及昭、宣时期），随着汉帝国统治更加稳固和强大，沅水下游汉文化因素逐渐走出了楚文化因素的窠臼，呈现出欣欣向荣的新气象，经济发达，政治一统，文化多元成为其主要特征。土墩墓开始流行，改变了楚、汉初土坑墓一统的局面。具有强烈吴越文化因素的青瓷器（丁组器物群）和具有岭南特征的錾刻纹铜器（戊组器物群）开始出现，成为本地上层贵族官吏的奢侈品和玩好，一直延续到西汉晚期、新莽和东汉早期。由于青瓷器（丁组器物群）的稀缺，从西汉中期后段开始，本地开始大量仿制青瓷器，但仿制很不成功，并未能取代吴越青瓷。

西汉中、晚期和新莽墓葬中大量出现的戊组器物群（錾刻纹铜器、戳印纹硬陶盒、钾玻璃器）以及 M2025 中出现的辛组器物群应该是通过商品流通或其他方式进入本地的，与沅水下游本地的制造无关，一旦出现政局剧烈变化、人们审美喜好改变、商品流通渠道受阻，就会迅速消失。

低温铅釉陶器（己组）最早从新莽时期开始在沅水下游地区出现，而且仅在 D3M24 中出土一件，表明其在本地还是一件奢侈品，但其鲜艳的颜色、相对容易制作的特性使得南方地区开始广泛接受这种来源于北方的文化因素。虽然本地低温铅釉陶器仍然蛰伏了一段时期，但从东汉早期开始，砖室墓中大量出现釉陶器，而且其烧造也越来越成熟，胎和釉结合更紧密，出现大量的淡黄、暗黄、浅黄色釉陶器，并逐渐成为时宠。

东汉早期的砖室墓中，软陶器仍占主导地位，釉陶器仅占辅助地位。到东汉中期，釉陶器已基本与软陶器并驾齐驱。东汉晚期，釉陶器已占据主导地位，软陶器已处于次要地位，仅存长案、高领罐等。也正是因为釉陶器的广泛流行，其烧制技术的成熟，催生出青瓷碗、青瓷坛（癸组器物群），并对后世的青瓷器产生了深远的影响。

注　释

①　陈松长：《湖南古代玺印》，上海辞书出版社，2004 年。

②　湖南省博物馆、中国社会科学院考古研究所：《长沙马王堆 1 号墓发掘简报》，文物出版社，1972 年；《长沙马王堆二、三号墓发掘简报》，《文物》1974 年第 7 期。

③⑤　黎石生：《西汉长沙国王侯墓地及相关问题》，何介钧主编《考古耕耘录——湖南中青年考古学者论文选集》，岳麓书社，1999 年。

④　湖南省文物考古研究所等：《沅陵虎溪山 1 号汉墓发掘简报》，《文物》2003 年第 1 期。

⑥　荆州博物馆　王从礼、刘玮：《从谢家桥一号汉墓所想到的问题》，《湖南省博物馆馆刊》第九集，岳麓书社，2012 年。

⑦　浙江省文物考古研究所、湖州博物馆：《浙江省湖州市杨家埠古墓发掘报告》，浙江省文物考古研究所编《浙江省文物考古研究所学刊》第七期，2005 年。

⑧　浙江省文物考古研究所：《浙江省杭州市老和山汉墓发掘报告》，浙江省文物考古研究所编《浙江省文物考古研究所学刊》第七期，2005 年。

⑨　柴焕波：《石长铁路考古取得重大收获——常德新安村二号东汉墓出土一批重要文物》，《中国文物报》1995 年 9 月 17 日。

⑩　湖南省文物考古研究所编著：《里耶发掘报告》，岳麓书社，2007 年。

⑪　广州市文物管理委员会等：《广州汉墓》，文物出版社，1981 年。

⑫　广西壮族自治区文物工作队、合浦县博物馆：《广西合浦堂排汉墓发掘简报》，《文物资料丛刊》第 4 期，1981 年。

⑬⑯　蒋廷喻：《汉代錾刻花纹铜器研究》，《考古学报》2002 年第 3 期。

⑭　广西壮族自治区文物工作队、合浦县博物馆：《合浦风门岭汉墓——2003～2005 年发掘报告》，科学出版社，2006 年。

⑮　南京博物院：《江苏盱眙东阳汉墓》，《考古》1979 年第 5 期。

⑰　高成林：《岭南地区汉墓出土簋形盒渊源试探——从簋形盒看楚文化对岭南地区的影响》，《楚文化研究论集》第六集，湖北教育出版社，2005 年。

⑱　黄启善：《论两广地区古玻璃的来源》，《岭南考古研究》第 5 期，岭南美术出版社，2003 年。

⑲　徐长青、肖发标、李育远：《莲花汉墓——江西发现唯一最早的汉代王侯墓葬》，《江西画报》2009 年第 2 期。

附表一

沅水下游汉代土墩竖穴墓登记表

墓号	方向	墓坑结构、尺寸 长×宽-深 单位：米	葬具 长×宽-高 单位：厘米	出土器物 陶瓷器	出土器物 其他	保存状况	墓葬型式	期	段	备注
D1M2	210°	竖穴墓道：（残）1.40×2.40-0.40 墓口：5.50×3.80 墓底：5.30×3.60-2 墓底有两条枕木沟	两椁一棺，棺结构不明	J型Ⅳ式陶壶2，D型陶钫1，D型Ⅳ式陶灶1，Bb型Ⅰ式陶井1，B型Ⅱ式陶熏炉1，A型硬陶罐4，B型硬陶罐2，A型酱釉和硬陶罐1	滑石"孱陵丞印"1，铁环首刀1，铜五铢	墓室多次遭到盗掘	ABaⅡ	二	五	
D2M7	120°	无墓道和封门 2.50×1.35-(残)1	一棺	K型陶鼎1，A型Ⅱ式陶钵1，B型硬陶罐1	铜五铢	墓室保存完整	AAa	五	八	
D2M11	120°	竖穴墓道 封门：3.30×0.30-1.20 墓口：3.64×2.50 墓底：3.84×1.90-1.20	一棺一椁 棺：214×68-50，棺板厚6	B型硬陶罐2，A型硬陶罐1，Ⅱ式硬陶双耳罐1	B型Ⅴ式滑石璧2，C型Ⅱ式铜剑1，Ⅲ式滑石剑饰（剑格、剑璏）1，铜环首刀1，滑石耳杯2，铁棺钉，棺钉环，D型泥金饼	墓室保存完整	ABaⅠ	二	五	
D3M27	280°	斜坡和竖穴相结合的墓道：7.60×2.46-2.62，坡度17° 墓口：5.50×4.20-2.60 墓底：5.20×3.60-4.70 墓底有两条枕木沟	两椁两棺，红黑色漆	J型Ⅲ式陶鼎2，J型Ⅱ式陶壶4，D型陶钫2，D型Ⅲ式陶灶1，A型Ⅰ式陶井1，B型Ⅰ式陶熏炉1，B型Ⅰ式陶镟炉1，C型硬陶罐8，A型Ⅰ式青瓷壶2	A型Ⅲ式铜鼎2，A型Ⅰ式铜壶2，A型Ⅲ式铜钫2，H型Ⅲ式铜镜1，A型武铜矛1，B型铜矛1，鎏金铜泡，铜环首刀1，A型铜弩机1，鎏金铜饰片，鎏金铜饰1，铁戟2，C型Ⅲ式滑石璧2，铁棺钉环，铁棺钉，A型Ⅲ式滑石盒1，玻璃钉，铁棺钉环，B型Ⅲ式滑石灯1，A型Ⅲ式滑石勺1，A型Ⅲ式玻璃璧3，玻璃剑璲1，滑石壶2，B型玻璃剑璲1，铜"长沙郎中令印"1，铜"廖福私印"1，铜五铢，泥五铢，E型泥金饼	墓室保存完整	ABb	二	四	

续附表一

墓号	方向	墓坑结构、尺寸 长×宽~深 单位：米	葬具 长×宽-高 单位：厘米	出土器物 陶瓷器	出土器物 其他	保存状况	墓葬型式	期	段	备注
D3M29	墓道100° 墓主头向280°	长方形竖穴墓道：4.60×3 墓口（不含墓道）：5.40×4.30 墓底：4×3.10-2.60 墓底有两条枕木沟	两椁一棺，棺用红黑漆，外黑内红	J型Ⅲ式陶鼎2，D型Ⅲ式陶壶4，D型陶盒2，J型陶钫2，D型Ⅲ式陶井1，B型Ⅰ式陶灶1，A型Ⅰ式陶熏炉1，B型Ⅱ式陶盆2，A型Ⅱ式陶罐8，C型硬陶罐1	A型Ⅰ式铜灯1，A型Ⅱ式铜剑1，Fb型铜镜1，Ka型铜镜1，铜洗1，A型石砚子1，C型Ⅳ式石黛板1，A型石璧1，铁环首刀2，铜五铢，泥五铢，F型泥金饼	墓室保存完整	ABaⅠ	二	四	
D3M20	墓主头向和墓道方向为285°	竖穴墓道：3.90×1.90~2.20-2.60 墓口（不含墓道）：4.56×3.70 墓底：长4.40×3-2.60 墓底有两条枕木沟	两椁一棺，使用两种颜色的漆，黑、红	D型Ⅲ式陶灶1，C型Ⅰ式陶井1，A型Ⅰ式陶瓮7，A型Ⅰ式陶器盖1	B型滑石鼎2，Cb型滑石壶2，B型Ⅰ式青瓷壶2，C型Ⅰ式青瓷壶2，A型青瓷瓿1，B型青瓷瓿1，玛瑙佩饰1，B型滑石盆2，B型滑石熏炉1，B型滑石碗2，B型滑石灯1，B型Ⅴ式铜灯1，J型滑石璧1，A型Ⅰ式铜镜1，鎏金铜石璧1，铜行灯1，鎏金铜发簪1，铜饰片，铁棺钉，铜五铢，帽饰3，鎏金饰片，铁棺钉，铜五铢，泥五铢，E型泥金饼	墓室保存完整	ABaⅠ	二	四	
D3M24	墓主头向和墓道方向为285°	长斜坡墓道：7.80×2.60-2.90 墓口（不含墓道）：5×4.30 墓底：4.80×4-2.50 墓底有两条枕木沟	两椁两棺	A型Ⅳ式陶井1，低温铅釉陶双唇罐1，Ⅳ式硬陶双耳罐3，B型硬陶罐9	B型铜鼎5，铜盒2，B型Ⅲ式铜壶2，A型Ⅰ式铜钫2，A型铜灶1，A型Ⅰ式铜锥壶1，B型铜熏炉1，Ⅲ式铜洗2，Ⅱ式铜盘2，A型铜钵2，A型Ⅱ式铜碗2，铜熨斗1，Ⅰ式铜碗2，Fb型铜镜1，M型铜镜1，铜环镜1，B型Ⅱ式铜剑1，铜环首刀1，鎏金泡钉，铁棺钉，B型玉带钩1，玉珩1，玉眼盖1，玉塞1，玻璃杯1，C型Ⅴ式滑石璧1，A型滑石案2，A型Ⅱ式滑石勺2，木针形章1，铜印章1，铜五铢2，鎏金漆耳杯釦器1，铜五铢和大泉五十，D型泥金饼	墓室保存完整	ABc	四	七	

续附表一

墓号	方向	墓坑结构、尺寸 长×宽-深 单位：米	葬具 长×宽-高 单位：厘米	出土器物 陶瓷器	出土器物 其他	保存状况	墓葬型式	期	段	备注
D3M9	墓主头向290°	无墓道，墓口不详。墓底：（残）2.60×1.60-（残）0.40	一椁一棺，棺内用红漆，外用黑漆		Ka型铜镜1，鎏金铜发簪1，铁环首刀1，玻璃手握2，大泉五十	墓室部分被扰乱	AAa	四	七	
D3M26	墓道105° 墓主头向285°	竖穴墓道：4.20×2.90-170 墓口（不含墓道）：4.80×4.30 墓底：4.10×3.74-5.50	两椁一棺	A型Ⅲ式陶瓮2，B型硬陶罐4，C型硬陶罐1，D型陶研子1	C型铜鼎2，B型Ⅲ式铜钫2，B型铜灶1，铜井1，B型铜熏炉1，铜釜1，铜行灯1，Ⅱ式铜勺1，A型Ⅲ式铜剑（带鞘）1，铜泡钉1，La型铜镜1，铜卮鉴1，铜钳埚1，A型Ⅱ式玉带钩1，B型玉带钩1，石黛板1，C型Ⅳ式滑石璧3，C型Ⅴ式滑石璧1，漆耳杯（残）1，"廖宏"玉印1，大泉五十，木俑2	墓室保存完整	ABaⅡ	四	七	
D3M13	墓道105° 墓主头向285°	竖穴墓道：4×1.90-1.60 有封门 墓口（不含墓道）：4.10×（残）1.90 墓底：4.10×3.20-260 墓底有两条枕木沟	一椁一棺，红黑色漆	D型Ⅴ式陶灶1，A型硬陶罐1，B型硬陶罐4	Fb型铜镜1，A型铜熏炉盖1，铁环首刀1，C型研石1，C型滑石盘1，B型滑石钫1，B型滑石杯1，Ca型滑石壶1，B型Ⅴ式滑石璧1，铜五铢1，D型泥金饼	墓室保存完整	ABaⅡ	三	六	
D3M14	墓道105° 墓主头向285°	竖穴墓道：4×2-2.30 有封门 墓口（不含墓道）：4.20×4.50 墓底：4.20×4.10-2.60	两椁一棺，红黑色漆	D型Ⅵ式陶灶1，A型Ⅳ式陶井1，B型Ⅲ式陶瓮5，A型硬陶罐4，C型Ⅲ式酱釉硬陶壶2	B型铜鼎1，A型Ⅲ式铜壶2，B型铜锥1，铜镶壶1，B型铜甑1，C型铜钵1，La型铜镜1，A型Ⅱ式铜带钩1，大泉五十，竹简，B型Ⅴ式滑石璧1，石黛板1，骨1，B型石研子1，漆耳杯1	墓室保存完整	ABaⅡ	四	七	

续附表一

墓号	方向	墓坑结构、尺寸 长×宽-深 单位：米	葬具 长×宽-高 单位：厘米	出土器物 陶瓷器	出土器物 其他	保存状况	墓葬型式	期	段	备注
D3M16	墓主头向285°	无墓道 墓口：3.80×3 墓底：3.80×3-2.10	一椁一棺，红黑色漆	J型VI式陶鼎2，D型IV式陶壶2，陶盒2，陶钫2，B型III式陶熏炉1，B型V式陶镶壶1，陶盆1，D型V式陶灶1，A型硬陶罐5，C型II式酱釉硬陶罐2，B型酱釉硬陶罐2	Kb型铜镜1，Kc型铜镜1，B型V式滑石璧1，残铁器1，铜五铢1，D型泥金饼	墓室保存完整	AAa	三	六	
D3M28	墓道105° 墓主头向285°	竖穴墓道：2.10×1.90-0.90 有封门 墓口（不含墓道）：3.90×3.50 墓底：3.18-1.80 墓底有两条枕木沟	一椁一棺 棺：270×90	J型VIII式陶鼎1，D型V式陶壶2，E型陶钫1，D型VI式陶灶1，A型IV式陶井1，B型III式陶盒2，B型陶盘2，A型陶盆1，A型陶灯1，陶碟1，B型III式陶罐1，C型硬陶无耳罐2，IV式硬陶双耳罐1	B型铜钵1，铜带钩1，铁剪1，石黛板1，B型石研子1，B型V式滑石璧1，大泉五十	墓室保存完整	ABaII	四	七	
D3M18	墓主头向295°	无墓道 墓口：3.90×3.30 墓底：3.70×3.10-1.70 墓底有两条枕木沟	一椁一棺，棺内红外黑	陶盆1，A型陶灯1，陶壶1，E型陶钫1，D型V式陶壶1，C型III式陶灶1，B型III式陶井1，B型III式陶熏炉1，III式硬陶双耳罐5，E型酱釉硬陶盒1，B型硬陶无耳罐5，III式酱釉硬陶鼎1，D型酱釉硬陶壶2，C型II式酱釉硬陶盒2，D型III式酱釉硬陶瓿3，B型酱釉硬陶壶2	Ka型铜镜1，铁环首刀1，铁棺钉1，石凿1，B型V式滑石璧1，铜五铢，泥五铢，E型泥金饼	墓室保存完整	AAa	三	六	

续附表一

墓号	方向	墓坑结构、尺寸 长×宽-深 单位：米	葬具 长×宽-高 单位：厘米	出土器物 陶瓷器	出土器物 其他	保存状况	墓葬型式	期	段	备注
D3M30	墓主头向 285°	无墓道 墓口：4.60×3.48 墓底：4.32×3.20-2.60 墓底有两条枕木沟	一椁一棺，棺内红外黑 椁室 332×232	D型IV式陶灶 1，Bb型I式陶瓿 5，B型硬釉陶罐 6，B型酱釉硬陶罐 1	B型铜鼎 2，A型II式铜壶 2，B型I式铜钫 2，A型I式铜樵壶 1，A型铜薰炉 1，铜环首刀 1，鎏金泡钉 1，石黛板 1，B型石研子 1，滑石璧形饰 4，B型V式滑石璧 1，A型滑石灯 1，铜五铢，D型泥金饼	墓室保存完整	AAa	二	五	
D7M3	60°	无墓道 墓底：(残) 3~3.20×4-(残)0.40 墓底有两条枕木沟	一椁双棺合葬，黑褐色和暗红色漆 两棺分别：230×100，230×90	陶鼎 2，J型IV式陶壶 8，D型陶钫 3，B型II式陶樵壶 1，A型硬陶罐 5，C型硬釉陶罐 9	鎏金铜扣，B型V式滑石璧 2，A型III式滑石盒 1，铜五铢 1，石璧 1，D型泥金饼	墓室部分被毁	AAa	二	五	夫妻合葬
D7M4	60°	无墓道 墓道：4.20×2.80-0.50	一椁双棺合葬，黑褐色和暗红色漆	J型IV式陶鼎 2，D型II式陶盒 2，J型IV式陶壶 4，D型陶钫 2，D型III式陶灶 1，A型II式陶井 1，B型II式陶樵壶 1，A型III式酱釉硬陶罐 1，II式硬陶双耳罐 1，B型硬釉陶无耳罐 4	铁环首刀 1，铁棺环，B型V式滑石璧 1，铜五铢 1，F型泥金饼	墓室部分被毁	AAa	二	五	夫妻合葬
D7M5	墓道 240° 墓主头向可能为 60°	墓道：2.60×1.90-1.04 墓室：4.26×3-(残)1.24 墓底有两条枕木沟	一椁双棺，黑褐色和暗红色漆棺 椁：360×240-80 两棺分别：226×58和78，高不详	陶鼎 2，D型II式陶盒 2，J型IV式陶壶 4，D型陶钫 2，A型II式陶灶 1，D型IV式陶井 1，B型II式陶樵壶 1，B型II式陶薰炉 1，A型III式陶盆 1，II式硬陶双耳罐 1，C型硬釉陶无耳罐 4，A型酱釉硬陶罐 2	铁器 1，石黛板 1，B型研子 1，C型IV式滑石璧 2，A型滑石灯 1，铜五铢，泥五铢，F型泥金饼	墓室上部被毁	ABaI	二	五	夫妻合葬

续附表一

墓号	方向	墓坑结构、尺寸 长×宽-深 单位：米	葬具 长×宽-高 单位：厘米	出土器物 陶瓷器	出土器物 其他	保存状况	墓葬型式	期	段	备注
D8M2		墓室：3.80×2.80-（残）0.40	无	无	无	墓室完整	AAb	不清	不详	空墓，无使用痕迹
D8M3	墓主头向和墓道方向均为210°	竖穴墓道在墓室西稍偏西 有封门 墓室：5×5-0.60 墓道：7.60×2-0.40 墓底有两条枕木沟	两椁双棺，黑褐色和暗红色漆 椁不详 两棺分别为250×60、240×60	J型Ⅲ式陶鼎3，D型Ⅱ式陶盒2，J型Ⅲ式陶壶8，D型陶钫4，D型Ⅲ式陶灶2，A型Ⅱ式陶井1，B型Ⅱ式陶熏炉1，B型Ⅱ式青瓷瓿2，陶盆1，B型青瓷瓿2，A型Ⅱ式青瓷壶4，B型硬陶罐6	A型Ⅱ式铜钫4，A型Ⅱ式铜壶2，A型Ⅲ式铜鼎3，B型铜锥壶2，铜镦1，B型铜熏炉2，铜扣1，铜鐎形器1，J型Ⅱ式铜镜1，Fb型铜镜1，铜行灯1，鎏金铜泡钉1，龟钮铜"赵玄友印"1，A型铁剑1，B型铁剑1，铁环首刀1，滑石印1，B型滑石璧1，B型Ⅳ式滑石璧1，C型Ⅴ式滑石璧1，滑石圆形装饰器2，石斧形器1，滑石圆形装饰器1，炭精坠饰2，铜五铢1，泥五铢1，E型泥金饼	墓室完整	ABaⅠ	二	五	夫妻合葬
D8M4	墓主头向和墓道方向均为300°	竖穴墓道：（残）1.80×1.60-（残）0.30 有封门 墓室：4.20×3.40-（残）0.50 墓底有两条枕木沟	一椁双棺 两棺分别为204×70、204×90	J型Ⅵ式陶鼎2，J型Ⅴ式陶壶4，G型陶钫2，D型Ⅴ式陶灶1，A型Ⅲ式陶井1，B型Ⅲ式陶壶1，B型Ⅱ式陶熏炉1，B型Ⅱ式陶瓮3，C型Ⅱ式陶器盖1，A型Ⅳ式陶瓮2，B型陶器盖1，B型硬陶罐1，A型硬陶罐6，B型酱釉硬陶罐2	N型Ⅰ式铜镜1，G型铜镜1，Ⅱ式铜洗1，鎏金铜泡钉1，铁环首刀1，铁泡钉1，B型Ⅴ式滑石璧1，C型Ⅳ式滑石璧1，铜五铢1，泥五铢1，F型泥金饼	墓室完整	ABaⅠ	三	六	夫妻合葬
D8M7	不详	墓底超过生土0.40 （残）0.20×0.18-（残）0.10			B型Ⅴ式滑石璧	被一座未元砖石结构墓破坏	不详	三	六	

续附表一

墓号	方向	墓坑结构、尺寸 长×宽-深 单位：米	葬具 长×宽-高 单位：厘米	出土器物 陶瓷器	出土器物 其他	保存状况	墓葬型式	期	段	备注
D9M1	285°	3.60×2.70 - 0.4		J型Ⅲ式陶壶1，B型硬陶罐2	B型滑石鼎1，滑石盒2，B型滑石钫2，滑石盘1，滑石薰炉1，A型滑石灯1，滑石耳杯2，滑石勺1，B型滑石案1，B型滑石璧1，C型泥五铢，C型泥金饼	墓室保存完整	不详	二	四	
D9M2	285°	4.20×4 - 1.80	推测为两椁双棺	D型Ⅱ式陶壶2，陶镜壶1，A型硬陶罐4，B型Ⅱ式青瓷壶2	B型滑石鼎2，A型Ⅲ式滑石盒1，B型滑石壶1，B型滑石钫2，A型滑石灶1，A型滑石井1，B型Ⅳ式滑石璧1，A型Ⅰ式滑石剑鐻1，Ⅲ式滑石兽面1，A型滑石灯1，滑石耳杯1，A型滑石碗1，A型滑石杯2，滑石匕1，B型滑石猪1，滑石鸡1	墓室保存完整	不详	二	四	夫妻合葬
D9M3	285°	4.30×3.14 - 1.10		J型Ⅷ式陶鼎2，D型Ⅴ式陶盒2，陶壶2，L型陶钫2，D型Ⅵ式陶灶1，B型硬陶罐5，C型硬陶罐5	Ka型铜镜1，Fb型铜镜1，水晶佩饰，A型滑石灯1，C型滑石璧1，C型Ⅳ式滑石盘1，A型Ⅱ式滑石勺1，滑石耳杯2，滑石案1，铜饰件，铁棺钉，大泉五十，D型泥金饼1	墓室保存完整	不详	四	七	
D9M4	270°	3.80×2.80 - 1.10	推测为双棺	A型Ⅳ式陶井1，A型硬陶无耳罐12，Ⅲ式硬陶双耳罐1	C型Ⅱ式铜剑1，Ⅰ型Ⅰ式铜镜1，铜饰件，铁棺钉，B型滑石鼎2，B型滑石薰炉1，A型滑石兽面1，C型滑石杯1，B型Ⅰ式滑石耳杯1，C型滑石案1，C型Ⅴ式滑石璧2，C型泥金饼	墓室保存完整	不详	三	六	夫妻合葬

续附表一

墓号	方向	墓坑结构、尺寸 长×宽-深 单位：米	葬具 长×宽-高 单位：厘米	出土器物 陶瓷器 陶器	出土器物 其他	保存状况	墓葬型式	期	段	备注
D9M6	270°	（残）1.70 × 2.10-0~0.35		B型硬陶罐4	Kb型铜镜1，B型V式滑石璧1，大泉五十	墓室被毁	不详	四	七	
D9M7	285°	3.74 × 2.60 - 0~0.40		J型VI式陶鼎2，D型IV式陶盒2，陶壶1，D型V式陶灶1，A型硬陶双耳罐1，B型硬陶罐5	Fb型铜镜1，Ka型铜镜1，C型V式滑石璧2，滑石盒1，A型滑石灯1，铜五铢	墓室保存较差	不详	三	六	
D9M8	270°	3.80 × 2.70 - （残）1		陶鼎2，D型IV式陶盒1，J型IV式陶盒3，A型硬陶罐2，硬陶双耳罐1	I型III式铜镜1，铜镶壶1，C型V式滑石璧，A型滑石灯1，B型滑石盘2，铜五铢	墓室被盗	不详	三	六	
D9M9	285°	3×2.06 - （残）0.40		J型V式陶壶1，D型II式陶壶2，D型V式陶灶1，B型III式陶熏炉1，B型陶盘1	Fb型铜镜1，滑石璧1，铜五铢	墓葬基本完整 墓底有未砂	不详	三	六	
D9M10	285°	3.50×3 - （残）1		J型VI式陶壶2，陶壶3，陶盒4	石黛板1，B型滑石研子1，B型滑石鼎1，A型IV式滑石盒2，A型滑石杯1，B型滑石壶1，A型滑石灯1，B型薰炉1，滑石勺2，滑石耳杯1，A型滑石镶壶1，滑石儿足2，A型滑石镶壶2，A型II式滑石案2，滑石耳杯1，A型滑石案1，B型V式滑石璧1，C型IV式滑石璧2，大泉五十	墓葬基本完整 墓底有未砂	不详	四	七	

続附表一

墓号	方向	墓坑结构、尺寸 长×宽-深 单位：米	葬具 长×宽-高 单位：厘米	出土器物 陶瓷器	出土器物 其他	保存状况	墓葬型式	期	段	备注
D10M1	240°	（残）3.20 ×（残）3.50 -（残）0.90	推测为两椁两棺	E型陶罐1，C型硬陶罐2，B型Ⅲ式青瓷壶2	铜鼎足1，Kc型铜镜1，A型Ⅱ式铜带钩1，B型滑石盘1，滑石耳杯4，A型滑石案2，滑石樽2，A型滑石钫1，Ca型滑石壶2，B型滑石灯1，滑石几足石鼎1，B型滑石豆2，滑石V式滑石璧2，A型Ⅱ式滑石勺2，滑石"镡成长印"1，B型V式滑石卮2，A型Ⅱ式滑石卮2，铜五铢，大泉五十	墓室及随葬器物严重被毁	不详	四	七	
D10M2	240°	（残）3.60 ×（残）1.10 -（残）1	推测有椁有棺	A型V式陶钫2，E型陶罐1，Ⅲ式硬陶双耳罐2，C型硬陶无耳罐1	泥五铢，F型泥金饼	墓室及随葬器物严重被毁	不详	三	六	
D10M3	240°	（残）1 ×（残）1			滑石璧1	墓室及随葬器物严重被毁	不详	三	六	
D11M3	170°	（残）1.60 ×（残）2.30 -（残）1.85		D型Ⅱ式陶瓮1（其他全部被毁）		墓室及随葬器物严重被毁	不详	三	六	
D11M4	190°	3.80 × 2.60 - 0.70	推测有椁有棺	陶盒1，陶壶2，陶钫2，A型硬陶罐1，B型硬陶罐2	B型铜镳壶1，A型铜熏炉2，B型铜灯1，Ⅰ型Ⅲ式铜镜1，G型铜镜1，A型Ⅳ式滑石璧1，B型Ⅳ式滑石杯1，A型滑石璧1，Ⅲ式滑石剑首1，铜五铢，E型泥金饼	墓室保存完整	不详	二	五	

续附表一

墓号	方向	墓坑结构、尺寸 长×宽-深 单位：米	葬具 长×宽-高 单位：厘米	出土器物 陶瓷器	出土器物 其他	保存状况	墓葬型式	期	段	备注
D11M5	190°	（残）2.80 × （残）0.60 - （残）0.80		D型I式陶盒1，Da型II式陶壶1，陶豆1，A型陶罐1		墓室及随葬器物严重被毁	不详	一	不详	
D11M7	190°	3.40 × 2.30 - （残）0.60 墓底有两条枕木沟	推测有椁有棺	J型IV式陶壶2，陶钫2	B型滑石鼎1，Cb型滑石壶1，B型滑石钫1，C型泥金饼1，D型泥金饼	墓室及随葬器物部分被毁	不详	二	五	
D11M10	190°	（残）0.90 × 2.20 - （残）2.10		陶鸡	B型滑石猪2，B型滑石灯1，滑石盒1，滑石杯2	墓室及随葬器物部分被毁	不详	三	六	
D11M12	100°	（残）1.60 × （残）0.50 - （残）0.80			C型IV式滑石璧1	墓室及随葬器物严重被毁	不详	三	六	
D11M13	190°	（残）3 × 2.10 - （残）0.60		K型I式陶壶1，陶钵1，D型陶井1，B型硬陶罐2	D型I式滑石璧1，A型滑石灯1	墓室及随葬器物严重被毁	不详	五	八	
M2001	90°	封堆：37×27.5 - （高）3.30 4.84 × 4.64 - （残）1	保存7块木椁板	J型VIII式陶鼎2，D型V陶盒2，J型VI式陶壶2，L型陶钫1，D型VI式陶灶1，陶罐5，B型硬陶罐1，C型硬陶罐1，B型酱釉硬陶罐2	铜首铁剑1，La型铜镜1，铜匜1，残铜器1，玉猪1，铁灯1，B型滑石璧2，D型I式滑石璧1，滑石盘2，滑石耳杯2，A型II式滑石勺2，滑石案1，滑石樽1，B型滑石熏炉1，C型滑石井1，B型滑石钫1，大泉五十，漆竹片1，	墓室保存完整	不详	四	七	

续附表一

墓号	方向	墓坑结构、尺寸 长×宽-深 单位：米	葬具 长×宽-高 单位：厘米	出土器物 陶瓷器	出土器物 其他	保存状况	墓葬型式	期	段	备注
M2002	95°	4×3.50-（残）0.50~0.80		J型Ⅲ式陶鼎2，D型Ⅱ式陶盒2，J型Ⅲ式陶壶2，C型Ⅲ式陶钫2，D型Ⅳ式陶灶1，A型Ⅱ式陶井1，陶鐎壶1，陶甑1，陶镜1，A型硬陶罐2，B型硬陶罐2，B型Ⅰ式青瓷壶2	铁环首刀1，B型Ⅳ式滑石璧2，铜五铢1，C型泥金饼	墓室保存完整	不详	二	五	
M2003	330°	3.60×2.36-（残）1.50	推测有葬有棺	陶壶2，陶钫2，D型Ⅳ式陶灶1，A型Ⅱ式陶井1，B型Ⅱ式陶熏炉1，A型Ⅱ式硬陶罐2，A型硬陶无耳罐2，Ⅱ式硬陶双耳罐3	E型Ⅱ式铜镜1，Cb型滑石壶2，B型滑石盘2，滑石耳杯2，B型Ⅳ式滑石璧1，铜五铢1，F型泥金饼	墓室基本完整	不详	二	五	
M2004	330°	4.40×3.35-0~0.75		J型Ⅴ式陶壶1，A型Ⅲ式陶井1，C型Ⅱ式陶瓮3，硬陶罐1	铁环首刀1，铜五铢，泥金饼	墓室及随葬器物部分被毁	不详	三	六	
M2005	335°	墓口：5.10×3.50 基底：5×3.40-（残）1.50		J型Ⅷ式陶鼎2，D型Ⅴ式陶盒2，L型陶钫1，B型Ⅳ式陶熏炉1，A型Ⅲ式陶盆1，D型Ⅲ式陶鐎壶1，D型Ⅵ式陶灶1，A型Ⅱ式陶井1，B型Ⅱ式青瓷壶1，C型青瓷瓿2，B型陶罐4	Lb型铜镜1，铜带钩1，铜环首刀1，铜泡钉1，铁甬1，铁环首刀1，铁剑1，滑石耳杯8，滑石白1，滑石耳杯1，A型Ⅱ式滑石壶1，C型Ⅳ式滑石璧2，铜五铢，泥饼，泥金饼，铜五铢	墓室保存完整	不详	四	七	

续附表一

墓号	方向	墓坑结构、尺寸 长×宽-深 单位：米	葬具 长×宽-高 单位：厘米	出土器物 陶瓷器	出土器物 其他	保存状况	墓葬型式	期	段	备注
M2006	310°	墓口：5.70×4.80 墓底：4.10 × 2.50-(残)1.95		J型Ⅷ式陶鼎 2，陶盒 5，陶壶 4，L型陶钫 2，D型Ⅵ式陶灶 2，陶熏炉 2，D型Ⅱ式陶瓮 1，B型硬陶罐 4，C型硬陶罐 2	铜钫 2，Ka型铜镜 1，Fb型铜镜 1，铜镶盖 2，A型铜熏炉 1，三足铜奁 2，铁环首刀 1，砺石 1，铜釜 1，石黛板 1，B型石研子 1，滑石璧 3，铜五铢，大泉五十	墓室保存完整	不详	四	七	
M2007	210°	（残）1.80 × 2.20 － 1.20		J型Ⅵ式陶鼎 1，D型Ⅳ式陶盒 2，J型Ⅴ式陶壶 2，陶钫 3，小壶 1，A型Ⅴ式陶灶 1，B型陶盘 1，A型Ⅱ式陶碗 1，C型硬陶钵 1，陶灯 1	B型Ⅴ式滑石璧 2	墓室部分被毁	不详	三	六	
M2008	250°	3.85 × 3.60 － (残) 0.90		J型Ⅷ式陶鼎 1，J型Ⅵ式陶壶 2，D型Ⅳ式陶钫 2，D型Ⅵ式陶灶 1，陶熏炉 1，C型硬陶罐 6	Fd型铜镜 1，Lb型铜镜 1，铁剑，B型Ⅴ式滑石璧 2，玻璃鼻塞 2，水晶珠（白色 2，红色料珠 11，黑色料管 2），黑色饰物 1，淡青色料管 2），铜五铢，大泉五十	墓室保存完整	不详	四	七	
M2009	260°	（残）3.40 × 3.40 － (残) 0.30 墓底有两条枕木沟	推测有亭有棺	陶鼎 2，E型酱釉硬陶鼎 1，J型Ⅳ式陶壶 4，D型Ⅲ式酱釉硬陶瓿 1，A型酱釉硬陶瓿 1，D型陶钫 1，B型Ⅲ式陶熏炉 1，D型Ⅲ式陶井 1，A型Ⅲ式硬陶双耳罐 3，硬陶无耳罐 1	铜五铢	墓室部分被毁	不详	三	六	
M2010	55°	3.90×2.60 － (残) 0.30		J型Ⅲ式陶鼎 3，B型Ⅴ式陶盒 2，J型Ⅲ式陶壶 3，D型陶钫 3	C型Ⅳ式滑石璧 1，铁釜 1，铜剑首 1，泥五铢	墓室及随葬器物部分被毁	不详	二	四	

续附表一

墓号	方向	墓坑结构、尺寸长×宽－深单位：米	葬具长×宽－高单位：厘米	出土器物 陶瓷器	出土器物 其他	保存状况	墓葬型式	期	段	备注
M2011	50°	墓道：1.80 × 1.60 3.50 × 2.34 －（残）1.80		J型Ⅵ式陶鼎 2，D型Ⅳ式陶壶 2，J型Ⅴ式陶壶 2，陶盒 2，J型Ⅴ式陶瓮 1，B型Ⅱ式陶瓿 5	E型Ⅱ式铜镜 1，铜矛 1，玛瑙饰件 3，六方水晶鼻塞 1，滑石剑璏 1，C型Ⅴ式滑石璧 2，铜五铢	墓室保存完整	不详	三	六	
M2012	280°	3.70 × 2.70 －（残）0.70		J型Ⅵ式陶鼎 2，J型Ⅴ式陶壶 2，E型陶钫 2，陶灶 1，陶樵壶 1，B型Ⅲ式陶熏炉 1，陶纺轮 1，A型陶罐 1，B型硬陶罐 4，C型硬陶罐 2	铜樵壶 1，Fb型铜镜 1，铜环首刀 1，C型Ⅴ式滑石璧 1，滑石器 1，铜五铢，泥金饼	墓室保存完整	不详	三	六	
M2013	285°	3.60 × 3.24 －（残）0.70		J型Ⅷ式陶鼎 2，陶壶 2，陶钫 2，B型Ⅲ式陶瓮 10，B型Ⅱ式陶瓿 4，陶灶 1，陶樵壶 1，B型陶熏炉 1，B型Ⅱ式陶钵 1	铜器 1，铁剑 1，大泉五十	墓室保存完整	不详	四	七	
M2014	180°	3.90 × 2.90 －（残）0.90		J型Ⅵ式陶鼎 3，D型Ⅳ式陶壶 3，陶盒 3，E型陶钫 3，A型Ⅱ式陶瓮 6，B型Ⅱ式陶瓿 2，D型Ⅴ式陶灶 1	C型Ⅴ式滑石璧 2，滑石璧 1，E型Ⅱ式铜镜 1，Fb型铜镜 1，鎏金铜扣 1，铁剑 1，铜五铢	墓室保存完整	不详	三	六	
M2015	120°	3 × 2.56 －（残）0.90		J型Ⅷ式陶鼎 1，J型Ⅵ式陶壶 1，L型陶钫 2，陶灶 1，陶甑 1，B型Ⅲ式陶盒 3，A型Ⅱ式陶钵 1，陶仓 1，陶樵壶 1，B型Ⅳ式陶熏炉 1，B型硬陶罐 3	铜鼎 1，铜盘 1，铜洗 1，C型Ⅴ式滑石璧 1，铜五铢，大泉五十	墓室保存完整	不详	四	七	

续附表一

墓号	方向	墓坑结构、尺寸 长×宽-深 单位：米	葬具 长×宽-高 单位：厘米	出土器物 陶瓷器	出土器物 其他	保存状况	墓葬型式	期	段	备注
M2016	115°	3.60×2.30 - （残）0.70		J型Ⅷ式陶鼎1，J型Ⅴ式陶壶4，E型陶钫1，D型Ⅴ式陶灶1，A型Ⅲ式陶井1，陶熏炉1，C型Ⅰ式陶瓿6	Fd型铜镜1，铜碗1，铜环首刀1，铁剑1，石黛板1，C型Ⅳ式滑石璧1，铜五铢	墓室保存完整	不详	三	六	
M2017	108°	3.40×1.80 - （残）0.65		陶鼎1，D型Ⅴ式陶盒1，J型Ⅵ式陶壶2，陶钫1，陶瓿4，陶灶1，A型Ⅱ式陶钵1	C型Ⅴ式滑石璧1，Fa型铜镜1，铜环首刀1，铜五铢，大泉五十	墓室保存完整	不详	四	七	
M2018	90°	3.27×3.16 - （残）0.50		J型Ⅲ式陶鼎3，D型Ⅱ式陶盒2，A型Ⅳ式陶钫2，D型Ⅲ式陶灶1，A型Ⅰ式陶井1，陶镬壶1，A型Ⅰ式陶瓿8	石黛板1，B型石砑子1，C型Ⅳ式滑石璧1，泥金饼	墓室保存完整	不详	二	四	
M2019	90°	3.50×3 - （残）0.50		J型Ⅱ式陶鼎2，D型Ⅱ式陶盒2，A型Ⅳ式陶钫2，陶灶1，陶仓1，A型Ⅱ式陶瓿4，B型陶盘1	铜碗1，C型Ⅳ式滑石璧1，铜五铢，泥金饼	墓室保存完整	不详	二	四	
M2020	285°	3.80×3 - （残）0.70	推测有椁和并列双棺，具体尺寸不详	J型Ⅷ式陶鼎2，J型Ⅳ式陶壶9，G型陶钫4，D型Ⅳ式陶井2，A型Ⅲ式陶井1，Bb型Ⅲ式陶壶1，陶镬壶1，B型Ⅲ式陶壶1，B型Ⅲ式陶熏炉1，陶灯1，D型Ⅰ式陶瓿2，A型陶盆1，Ⅰ底式硬陶双耳罐4，A型Ⅱ式硬陶无耳罐4，C型泥金陶罐4	Kc型铜镜1，Fb型铜镜1，B型Ⅱ式铜壶1，B型铜熏炉1，铜行灯1，鎏金泡钉1，铁剑1，鎏金铜车饰1，B型Ⅳ式滑石璧2，B型滑石盘2，滑石耳杯2，楼石铢2，铜五铢1，按摩石1（5件），F型泥金饼	被扰	不详	二	五	夫妻合葬

续附表一

墓号	方向	墓坑结构、尺寸 长×宽-深 单位:米	葬具 长×宽-高 单位:厘米	出土器物 陶瓷器	出土器物 其他	保存状况	墓葬型式	期	段	备注
M2021	95°	3.20×2.20-（残）1.20		J型Ⅲ式陶鼎2，B型Ⅴ式陶盒2，J型Ⅱ式陶壶2，D型Ⅲ式陶灶1，陶熏炉1，A型Ⅰ式陶瓮5	C型Ⅳ式滑石璧2，铜五铢	墓室保存完整	不详	二	四	
M2022	95°	4.20×3.20-（残）1.80 墓底有两条枕木沟	推测有椁有棺	陶鼎2，D型Ⅱ式陶盒2，陶壶2，陶纺3，D型Ⅳ式陶灶1，A型Ⅱ式陶井1，陶罐壶1，B型Ⅱ式陶熏炉1，C型Ⅰ式硬陶罐7	C型Ⅴ式滑石璧2，铁环首刀1，鎏金铜扣1，铜五铢	被扰	不详	二	五	
M2023	95°	3.70×2.40-（残）1.30 墓底有两条枕木沟	推测有椁有棺	J型Ⅵ式陶鼎3，陶壶2，J型Ⅴ式陶盒3，E型陶纺2，D型Ⅴ式陶灶1，A型Ⅲ式陶井1，陶罐壶1，B型Ⅲ式陶熏炉1，C型Ⅱ式陶瓮6，A型硬陶罐1，C型硬陶罐2，A型酱釉硬陶罐1	C型Ⅴ式滑石璧2，铜五铢，E型泥金饼	被扰	不详	三	六	
M2024	260°	3.70×2.70-（残）1		J型Ⅳ式陶鼎1，F型陶纺1，C型Ⅱ式陶灶1，B型Ⅱ式陶罐1，A型硬陶罐5，A型熏炉1，A型青瓷瓿2，B型Ⅱ式青瓷壶4	铜带钩1，G型铜镜1，铜镶1，铜洗1，滑石带钩1，无字滑石印1，B型滑石灯1，滑石璧1，铜五铢，泥金饼	墓室保存完整	不详	二	五	
M2025	285°	3.60×2.70-（残）1.10 墓底有两条枕木沟	推测有椁有棺	陶鼎2，陶盒2，陶壶3，陶纺2，陶灶1，陶熏炉1，A型Ⅳ式陶井1，A型硬陶罐7，F型酱釉硬陶鼎1，F型酱釉硬陶盒1，E型酱釉硬陶壶1	铁灯1，铁刀1，C型Ⅴ式滑石璧1，鎏金铜泡钉1，鎏金铜泡钉、大泉五十	被扰	不详	四	七	

续附表一

墓号	方向	墓坑结构、尺寸 长×宽-深 单位：米	葬具 长×宽-高 单位：厘米	出土器物 陶瓷器	出土器物 其他	保存状况	墓葬型式	期	段	备注
M2026	65°	3.50×2.60-（残）1.40		J型V式陶鼎2，D型Ⅲ式陶盒1，J型Ⅳ式陶壶2，F型陶钫2，C型Ⅱ式陶灶1，陶熏炉1，陶镶壶1，B型陶盘1，B型硬陶陶罐4，C型Ⅱ式青瓷壶2	滑石璧1	被扰	不详	二	五	
M2027	5°	3×2.40-1.60		J型V式陶壶1，A型V式陶钫1，B型Ⅱ式陶瓿5	铁器1，铜五铢，泥金饼	被扰	不详	三	六	
M2028	95°	3.20×2.60-（残）1.40 墓底有两条枕木沟	推测有椁有棺	陶鼎1，陶壶2，A型Ⅲ式陶井1，B型Ⅲ式陶熏炉1，A型硬陶陶罐2，C型硬陶陶罐3，A型Ⅰ式青瓷瓿2，C型青瓷瓿2	Fd型铜镜1，铁环首刀1，铜五铢	墓室上部被扰	不详	三	六	
M2029	95°	5.20×4-（残）1.40 墓底有两条枕木沟	推测有椁有棺	陶鼎2，陶盒1，J型V式陶壶4，陶钫2，B型Ⅲ式陶熏炉1，D型Ⅳ式陶灶1，A型Ⅲ式陶井1，D型Ⅱ式陶瓿4，Ⅲ式硬陶双耳罐1，B型硬陶陶罐5，酱釉硬陶陶罐2，B型酱釉硬陶陶罐2	铁环首刀1，C型V式滑石璧1，B型V式滑石璧1，铜五铢，D型泥金饼	墓室上部被扰	不详	三	六	
M2030	275°	4.30×3.50-（残）1.40	推测有椁有棺	陶鼎2，陶盒4，陶钫3，D型V式陶壶1，A型V式陶井1，陶熏炉1，B型Ⅰ式陶灶1，陶盒4，A型Ⅱ式陶瓿2，B型硬陶陶罐2，C型硬陶陶罐2	E型Ⅲ式铜镜1，铁环首刀2，C型Ⅳ式滑石璧2，B型V式滑石璧1，铜五铢	墓室上部被扰，墓底完整	不详	二	五	

续附表一

墓号	方向	墓坑结构、尺寸 长×宽-深 单位:米	葬具 长×宽-高 单位:厘米	出土器物 陶瓷器	出土器物 其他	保存状况	墓葬型式	期	段	备注
M2031	70°	3.70×3.20 - (残)1.80		J型Ⅷ式陶鼎1, 陶盒1, 陶壶1, D型Ⅵ式陶灶1, 陶镶壶1, C型硬陶罐5	铜镜1, C型Ⅴ式滑石璧1, 铁刀1, 铜五铢, 大泉五十	墓室上部被毁,下部完整	不详	四	七	
M2032	200°	4.30×2.90 - (残)2.15		J型Ⅳ式陶鼎2, D型Ⅲ式陶盒2, 陶壶4, F型陶钫2, D型Ⅳ式陶灶1, 陶镶壶1, 陶熏炉1, B型硬陶罐8	铜灯1, 铜壶1, 铜钫1, Fb型铜镜1, 铁刀1, 滑石璧2, 玛瑙珠4, B型泥金饼	墓室上部被毁,下部完整	不详	二	五	
M2033	200°	3.50×2.30 - (残)2.40		J型Ⅶ式陶鼎2, D型Ⅳ式陶盒2, E型陶钫3, 陶灶1, 陶镶壶1, B型硬陶罐8, C型硬陶罐2	Fa型铜镜1, 铁剑1, B型滑石灯1, 滑石璧1, 石黛板1	墓室上部被毁,下部完整	不详	三	六	
M2034	200°	4.10×2.60 - (残)2.10		J型Ⅱ式陶鼎1, J型Ⅲ式陶壶3, H型陶钫1, 陶灶1, 硬陶罐3	Fa型铜镜1, 铜环首刀1, 铁剑1, B型Ⅳ式滑石璧1, 滑石剑格1, 铜五铢	墓室上部被毁,下部完整	不详	二	四	
M2035	210°	2.90×2 - (残)1.40		J型Ⅴ式陶鼎1, J型Ⅳ式陶壶2, 陶钫1, D型Ⅳ式陶灶1, A型Ⅲ式陶瓷6	B型Ⅳ式滑石璧1	被扰	不详	二	五	
M2036	210°	3.60×2.90 - (残)0.70		J型Ⅵ式陶鼎3, 陶盒3, J型Ⅴ式陶壶3, E型陶钫2, D型Ⅴ式陶灶1, C型硬陶罐7, C型Ⅲ式酱釉硬陶罐3, A型青瓷瓿2, A型Ⅲ式青瓷壶6	铜鼎2, 铜饰件1, 铁雷3, 铁釜鼎1, 滑石钫2, 滑石剑格1, B型滑石灯1, 滑石耳杯1, 滑石碗1, 滑石盘2, 滑石耳杯2, 铜五铢	墓室上部被毁,下部完整	不详	三	六	

续附表一

墓号	方向	墓坑结构、尺寸 长×宽-深 单位：米	葬具 长×宽-高 单位：厘米	出土器物 陶瓷器	出土器物 其他	保存状况	墓葬型式	期	段	备注
M2037	345°	3.50×2-（残）0.50		J型VI式陶鼎2，D型IV式陶盒2，陶壶4，D型V式陶灶1，B型III式陶镶壶1，B型III式陶熏炉1，陶盆1，B型硬陶罐5	B型V式滑石璧1	被扰	不详	三	六	
M2038	345°	残长1.90×2-（残）1.30		J型VI式陶鼎1，J型V式陶壶1，D型陶钫1，D型V式陶灶1，陶熏炉1，B型硬陶罐3	B型IV式滑石璧1	被扰	不详	三	六	
M2039	275°	3×2-（残）1.30		J型VII式陶壶1，陶盒1，J型V式陶壶1，陶灶1，陶瓮5		被扰	不详	三	六	
M2040	275°	3.80×2.80-（残）1.50		J型III式陶鼎2，D型II式陶盒2，J型II式陶壶3，H型陶钫2，D型III式陶灶1，陶熏炉1，A型硬陶罐5，B型硬陶罐5	B型滑石井1，Fa型铜镜1，B型V式滑石璧2，C型泥金饼	墓口被毁，墓底完整	不详	二	四	
M2041	275°	3.60×2.40-（残）1.10		J型II式陶鼎1，陶壶1，D型III式陶灶1，B型I式陶熏炉1，Ab型II式陶瓿1，陶瓷2	Fa型铜镜1，铜釜1，B型IV式滑石璧1，C型泥金饼	墓口被毁，墓底完整	不详	二	四	
M2042	160°	2.80×2.10-（残）0.30		J型V式陶鼎1，D型III式陶盒1，J型IV式陶壶2，D型II式陶钫B型硬陶罐5，D型II式酱釉硬陶壶2	B型IV式滑石璧1，铜五铢	墓口被毁，墓底完整	不详	二	五	

续附表一

墓号	方向	墓坑结构、尺寸 长×宽－深 单位：米	葬具 长×宽－高 单位：厘米	出土器物		保存状况	墓葬型式	期	段	备注
				陶瓷器	其他					
M2043	250°	（残）1.60×2.20－（残）0.90		J型Ⅲ式陶鼎1，D型Ⅲ式陶盒2，D型Ⅲ式陶灶1，陶熏炉1，陶镳壶1	B型Ⅳ式滑石璧1	墓室和随葬器物部分被毁	不详	二	五	
M2044	80°	3.50×3.10－（残）0.60		J型Ⅵ式陶鼎2，D型Ⅳ式陶盒2，J型Ⅴ式陶壶4，G型陶钫2，D型Ⅴ式陶灶1，B型Ⅱ式陶镳壶1，C型硬陶罐5	Ka型铜镜1，Fb型铜镜1，B型Ⅴ式滑石璧2，F型泥金饼	墓口被毁，墓底完整	不详	三	六	
M2045	275°	4×2.70－（残）1.70		J型Ⅱ式陶壶2，H型陶钫1，A型硬陶罐7	铜器残件1，B型Ⅳ式滑石璧2，铜五铢	被扰	不详	二	四	
M2046	280°	3.40×2.20－（残）0.90		J型Ⅴ式陶壶4，陶熏炉1，B型硬陶罐3		墓葬被一座宋代墓葬打破	不详	三	六	
M2047	110°	3.50×2.40－（残）0.30		B型硬陶罐2，C型硬陶罐2	B型Ⅳ式滑石璧1，铜五铢	墓室和随葬器物部分被毁	不详	二	五	
M2048	110°	3×2－（残）0.50		J型Ⅲ式陶鼎2，D型Ⅱ式陶盒3，陶钫4，H型陶钫2，D型Ⅲ式陶灶1，B型Ⅰ式陶镳壶1，A型硬陶罐6	B型Ⅳ式滑石璧1	被扰	不详	二	四	
M2049	190°	3.70×2.50－（残）2.50		陶鼎2，B型Ⅴ式陶盒2，陶壶3，D型陶钫3，陶灶1，A型Ⅰ式陶井1，B型Ⅳ式陶镳壶1，陶熏炉1，B型陶盘1，B型硬陶罐2，双耳硬陶罐5，硬陶罐2	B型Ⅳ式滑石璧1，滑石盘1	被扰	不详	二	四	

续附表一

墓号	方向	墓坑结构、尺寸 长×宽-深 单位：米	葬具 长×宽-高 单位：厘米	出土器物 陶瓷器	出土器物 其他	保存状况	墓葬型式	期	段	备注
M2050	180°	3.15 × 1.60 - (残) 2.50		J型III式陶鼎2，陶盒2，J型III式陶钫2，A型IV式陶井1，A型I式陶灶1，陶镳壶1，A型硬陶罐6		墓室被扰	不详	二	四	
M2051	300°	2.56 × 2.30 - (残) 0.25		J型V式陶壶4，G型陶钫1，D型V式陶灶1，陶熏炉1，陶镳壶1，B型硬陶罐5，C型硬陶罐4	E型III式铜镜1，C型IV式滑石璧1，铜五铢1，E型泥金饼	墓室完整	不详	三	六	
M2052	120°	3×2.60 - (残) 1.80		J型VII式陶鼎1，陶壶1，D型IV式陶盒1，陶壶1		墓室及随葬器物部分被毁	不详	三	六	
M2053	20°	3.30 × 3.10 - (残) 1.20		B型硬陶罐2		随葬器物大部分被毁	不详	三	六	
M2054	110°	3.50 × 2.50 - (残) 0.90		J型III式陶鼎2，D型III式陶盒2，J型IV式陶钫2，C型II式陶灶1，A型II式陶井1，陶镳壶1，B型硬陶罐5	滑石璧1	墓室被扰	不详	二	五	
M2055	190°	2.70 × 1.50 - (残) 0.80		B型II式陶熏炉1，陶熏炉1		被M2056打破，随葬器物被毁	不详	二	五	

续附表一

墓号	方向	墓坑结构、尺寸 长×宽−深 单位：米	葬具 长×宽−高 单位：厘米	出土器物 陶瓷器	出土器物 其他	保存状况	墓葬型式	期	段	备注
M2056	295°	2.90×1.80−1		J型Ⅷ式陶鼎2，陶鼎1，D型Ⅴ式陶盒2，陶壶3，陶钫2，陶灶2，A型Ⅳ式陶壶1，B型Ⅳ式陶井1，陶镛壶1，陶熏炉1，B型陶盘1，C型硬陶罐4	铁剑1，石黛板1，B型石研子1，滑石璧2，大泉五十	打破M2055	不详	四	七	
M2057	105°	（残）2.60×2−（残）1.50		J型Ⅵ式陶鼎1，陶壶2，G型陶钫1硬陶罐4	滑石璧1	墓室一端及部分随葬器物被毁	不详	三	六	
M2058	300°	（残）0.80×（残）0.90−（残）0.10~0.50		D型Ⅳ式陶盒1，陶壶1，陶灶1，A型Ⅲ式陶井1	铜五铢1	墓室及随葬器物严重被毁	不详	三	六	
M2059	280°	（残）2.60×（残）0.80−（残）1.50		全部被毁	铜镜1	墓室及随葬器物严重被毁	不详	三	六	
M2060	100°	（残）2.60×（残）1.40−（残）0.40		J型Ⅲ式陶鼎1，陶壶2，陶盒1，A型Ⅱ式陶盆1，D型Ⅲ式陶钫1，Ba型Ⅰ式陶井1，陶熏炉1，陶镛壶1		墓室和随葬器物严重被毁	不详	二	四	
M2061	100°	4.12×3.36−（残）1.20		J型Ⅵ式陶鼎1，D型Ⅳ式陶盒1，陶壶1，G型陶钫1，D型Ⅴ式陶灶1，陶瓮1，B型硬陶罐3	Fb型铜镜1，铁剑1，C型Ⅳ式滑石璧1，石黛板1，B型石研子1，滑石带钩1，铜五铢	墓室完整	不详	三	六	

续附表一

墓号	方向	墓坑结构、尺寸 长×宽-深 单位：米	葬具 长×宽-高 单位：厘米	出土器物 陶瓷器	出土器物 其他	保存状况	墓葬型式	期	段	备注
M2062	270°	4.60 × 3.30 - （残）0.90		J 型 VI 式陶鼎 1，D 型 IV 式陶盒 1，陶壶 1，C 型 III 式陶井 1，陶熏炉 1，陶镩壶 1，陶瓿 3	铁器 1，石黛板 1，B 型石研子 1，C 型 IV 式滑石璧 2，滑石璧 1，剪轮五铢	墓室完整	不详	三	六	
M2063	95°	3.80 ×2 - （残）0.70		J 型 V 式陶壶 1，D 型 V 式陶灶 1，陶瓿 4		墓室部分被毁	不详	三	六	
M2064	205°	3.10 × 2.30 - （残）0.50		陶鼎 1，陶盒 3，J 型 V 式陶壶 1，H 型陶钫 3，A 型 III 式陶井 1，陶熏炉 1，C 型硬陶罐 8	滑石璧 1，玛瑙鼻塞 1，玛瑙饰件 1，铜五铢	墓室部分被毁	三	六	
M2065	115°	3.50 × 2.10 - （残）0.60		J 型 VI 式陶鼎 1，D 型 IV 式陶盒 1，陶壶 2，H 型陶钫 1，D 型 V 式陶灶 1，陶镩壶 1，陶瓷 2，陶器盖 1，B 型硬陶罐 3	C 型 V 式滑石璧 2	墓室被扰	不详	三	六	
M2066	115°	（残）2.80 ×（残）1.70 -（残）0.20 ～ 0.50		J 型 V 式陶壶 1，G 型陶钫 2，B 型硬陶罐 10，C 型硬陶罐 3	滑石璧 1，铜五铢	墓室及随葬器物被毁	不详	三	六	
M2067	120°	3.40 × 2.20 - （残）0.40		J 型 III 式陶壶 1，陶灶 1，陶瓮 1	石黛板 1，B 型石研子 1，滑石璧 1，铜五铢	随葬器物部分被毁	不详	二	四	
M2068	120°	（残）2 ×（残）1 - 4		硬陶罐 2，D 型 III 式酱釉硬陶壶 1		墓室和随葬器物严重被毁	不详	三	六	

续附表一

墓号	方向	墓坑结构、尺寸 长×宽-深 单位：米	葬具 长×宽-高 单位：厘米	出土器物 陶瓷器	出土器物 其他	保存状况	墓葬型式	期	段	备注
M2069	300°	（残）2×（残）1-4	有椁有棺	陶猪1，陶片1，陶片1	铁棺钉1	墓室和随葬器物严重被毁	不详	三	六	
M2070	210°	4.10×3.80-1.70		J型Ⅷ式陶鼎1，陶盒1，J型Ⅵ式陶壶3，L型陶钫1，D型Ⅵ式陶灶1，A型Ⅳ式陶盆1，陶瓿2，硬陶罐3	Fb型铜镜1，Ka型铜镜1，E型Ⅲ武铜镜1，铜洗2，B型Ⅴ式滑石璧1，铜五铢，大泉五十	棺椁保存较好	不详	四	七	
M2071	170°	3.75×3-（残）0.50		D型Ⅰ式酱釉硬陶壶2，A型酱釉硬陶瓿2，B型酱釉硬陶罐1，A型陶井1，D型Ⅲ式陶灶1	铜锥壶1，铜五铢，泥金饼	墓底被扰动	不详	二	四	
M2072	170°	5.20×3.80-（残）0.20	推测有椁有棺	陶盒1，C型Ⅱ式陶井1，C型Ⅱ式陶灶1，A型Ⅱ式陶瓮6，B型Ⅱ式陶瓷2，A型青瓷罐4，B型硬陶罐3，C型青瓷瓿2，A型青瓷瓿2，C型D型Ⅲ式酱釉硬陶盒3，D型Ⅲ式酱釉硬陶盒2，A型酱釉硬陶罐2，酱釉硬陶器盖1	A型Ⅱ式铜鼎2，A型Ⅰ式铜壶2，A型Ⅱ式铜钫2，B型铜熏炉1，B型铜镈1，I式铜勺1，J型Ⅱ式铜镜1，玛瑙管1，水晶珠1，玉珞1，铁釜1，Ca型滑石壶1，Cb型滑石壶1，滑石魁1，滑石三足炉1，铜璧1，滑石三足炉1，铜五铢，D型泥金饼	墓室上部被毁，墓底完整	不详	二	五	
M2073	175°	4×2.60-（残）0.40	推测有椁有棺	陶盒3，J型Ⅴ式陶钫2，D型Ⅲ式陶井1，A型Ⅲ式陶灶1，B型Ⅲ式陶熏炉1，C型Ⅱ式陶瓮3，B型硬陶罐2	A型Ⅱ式铜鼎1，A型Ⅲ式铜壶1，C型Ⅰ式铜剑1，Fd型铜洗1，B型铜灯1，A型铜甑1，B型铜鐎壶1，I式铜盘1，铜樽1，铁环首刀1，I式滑石璧1，B型Ⅳ式滑石璧1，石黛板1，玛瑙管，铜五铢，F型泥金饼	墓室上部被毁，墓底完整	不详	三	六	

续附表一

墓号	方向	墓坑结构、尺寸 长×宽-深 单位：米	葬具 长×宽-高 单位：厘米	出土器物 陶瓷器	出土器物 其他	保存状况	墓葬型式	期	段	备注
M2074	175°	4.10×3.30-（残）0.40		D型Ⅲ式酱釉硬陶壶1，B型酱釉硬陶罐3，C型硬陶罐3，B型硬陶罐1，B型Ⅲ式陶盘1，B型陶壶1，B型V式陶灶1，D型熏炉1，D型V式陶井1，A型Ⅲ式陶瓮3，A型Ⅲ式陶井1	铜镜1，铁环首刀1，B型Ⅳ式滑石璧1，铜五铢1，泥金饼	墓室被扰	不详	三	六	
M2075	?	（残）1×（残）1-（残）0.50		D型陶鼎1，A型Ⅲ式陶盒1，陶壶1		墓室和随葬器物严重被扰	不详	一	不详	
M2076	0°	3.30×2.26-（残）0.40	推测有椁有棺	陶盒1，陶钫2，B型Ⅲ式陶熏炉1，A型硬陶无耳罐6，Ⅲ式硬陶双耳罐1，B型硬陶双唇罐2，C型Ⅱ式酱釉硬陶壶1	铜行灯1，Ka型铜镜1，铜饰件1，铜樽1，B型V式滑石璧，铜五铢，F型泥金饼	墓室上部被破坏，墓底完整	不详	三	六	
M2077	110°	（残）1.50×（残）0.80-（残）1		A型酱釉硬陶器盖1，陶钵1	铜钫1，铜盒1，滑石盘1	墓室和随葬器物严重被毁	不详	三	六	
M2078	90°	（残）1.80×（残）1.20-（残）1		陶片	B型Ⅳ式滑石璧1，铜五铢	墓室和随葬器物严重被毁	不详	二	四	
M2079	250°	4.50×3-（残）1.20	一椁一棺	A型Ⅰ式陶瓮2	铜鼎1，铜钫1	墓室和随葬器物严重被毁	不详	二	四	

续附表一

墓号	方向	墓坑结构、尺寸 长×宽-深 单位：米	葬具 长×宽-高 单位：厘米	出土器物 陶瓷器	出土器物 其他	保存状况	墓葬型式	期	段	备注
M2080	120°	3.10×2.60-（残）0.80		J型Ⅳ式陶鼎2，J型Ⅳ式陶壶2，F型陶钫2，陶瓮2，B型硬陶罐4	B型滑石鼎1，滑石钫2，铁剑1，铁矛1，D型泥金饼	墓室和随葬器物部分被毁	不详	二	五	
M2081	130°	4.40×2.80-（残）1.10		碎陶片	石黛板1，B型石研子1，铜五铢	墓室和随葬器物严重被毁	不详	二	四	
M2082	110°	（残）2.40×2.10-0.70		J型Ⅲ式陶鼎1，D型Ⅱ式陶盒1，J型Ⅲ式陶壶2，陶灶1，A型硬陶罐3	Fc型铜镜1，铁臿1，铜五铢	墓室和随葬器物严重被毁	不详	二	四	
M2083	110°	3.60×1.80-（残）0.40		J型Ⅲ式陶鼎2，D型Ⅱ式陶盒2，J型Ⅲ式陶壶2，A型Ⅳ式陶钫2，陶镳壶2，D型陶熏炉1，陶灶1，A型Ⅲ式陶盆1，A型Ⅲ式青瓷壶6，A型硬陶罐3	B型Ⅳ式滑石璧1，铜五铢	墓室没有清理完毕	不详	二	四	
M2084	100°	（残）2.80×（残）1.20-（残）0.30		A型Ⅱ式陶瓮2，陶片	B型滑石灯1	墓室和随葬器物严重被毁	不详	二	五	
M2085	260°	3.20×1.80-（残）0.10~0.30		A型Ⅳ式陶钫2，D型Ⅱ式陶盒1，陶钵1，硬陶罐1，硬陶壶盖1		墓室和随葬器物严重被毁	不详	二	四	

附表二

沅水下游汉代土坑竖穴墓登记表

墓号	方向	墓坑结构、尺寸 长×宽-深 单位：米	葬具 长×宽-高 单位：厘米	出土器物 陶瓷器	出土器物 其他	保存状况	墓葬型式	期	段	备注
M2086	0°	3.70 × 2.70 - （残）0.60 墓底有两条枕木沟		J型Ⅷ式陶鼎2，J型Ⅵ式陶壶3，L型陶纺1，陶罐壶1，B型Ⅳ式陶熏炉1，D型Ⅴ式陶灶1，A型Ⅳ式陶井1，B型陶盘1，陶瓮1，A型陶壶1，C型Ⅲ式酱釉硬陶罐3	G型铜镜1，铜盘1，C型Ⅴ式青石璧1	墓室基本完整	BAb	四	七	
M2087	5°	3.80 × 2.45 - （残）0.50		J型Ⅵ式陶鼎1，D型Ⅳ式陶盒2，J型Ⅴ式陶壶2，A型Ⅴ式陶纺2，D型Ⅴ式陶灶1，C型Ⅲ式陶井1，B型Ⅲ式陶镶壶1，陶熏炉1，C型硬陶罐2，C型硬陶罐5，B型I式青瓷壶3	铜五铢，G型铜镜2，鎏金铜件1，铁环首刀1，石纺轮1，泥五铢	墓室完整	BAa	三	六	
M2088	5°	3.50 × 2.60 - （残）0.30		J型Ⅵ式陶鼎1，D型Ⅳ式陶盒2，陶罐壶1，A型Ⅴ式陶壶1，D型Ⅳ式陶纺1，陶镶壶1，B型Ⅱ式陶瓮2，陶熏炉1，B型硬陶罐4	B型Ⅴ式滑石璧1，铁棺环1，铜五铢，D型泥金饼	墓室完整	BAb	三	六	
M2089	5°	3.20 × 2.30 - （残）0.50		J型Ⅴ式陶鼎1，B型Ⅴ式陶盒1，陶罐壶1，J型Ⅳ式陶壶1，A型硬陶罐3，C型硬陶罐2	铜五铢，泥金饼		BAb	二	五	
M2090	10°	墓底一端高0.20米，另一端折砌排水沟 3.20×1.50-（残）0.50~0.60			铜环1，铜五铢	墓室基本完整	BAa	二	四	

续附表二

墓号	方向	墓坑结构、尺寸 长×宽-深 单位：米	葬具 长×宽-高 单位：厘米	出土器物 陶瓷器	出土器物 其他	保存状况	墓葬型式	期	段	备注
M2091	260°	3.10×2 -（残）0.60		B型II式陶鼎2，B型II式陶盒2，A型II式陶钫2，A型硬陶罐4，硬陶罐1	铁棺钉，B型III式滑石璧1	墓室完整	BAa	一	二	
M2092	105°	墓道五级阶梯式：2×1.50，墓道底距墓底1.50，墓道坡度30° 墓口：4.40×2.90 墓底：4×2.50 -（残）2.70 墓底有两条枕木沟		陶鼎3，陶盒3，陶壶3，D型陶钫3，II式陶镟1，A型硬陶罐4，C型硬陶罐2，硬陶罐1	B型II式滑石璧2，B型滑石盒2，B型滑石钫2，A型滑石案1，滑石耳杯2，B型IV式滑石璧1，泥五铢	墓室完整	BBc	二	四	
M2093	180°	3.90×2.60 -（残）3.10 墓底有两条枕木沟		C型III式陶鼎4，陶盒1，陶壶2，陶钫3，陶罐4	C型III式滑石璧3，B型滑石镜1，滑石耳杯2，A型滑石盘2，泥半两	墓室完整	BAa	一	三	
M2094	170°	4.30×3 -（残）1.70	推测有椁有棺	陶鼎1，陶盒1，陶壶2，陶钫2，陶钫1，C型I式酱釉硬陶罐3，I式酱釉硬陶无耳罐4，A型硬陶双耳罐5，D型I式酱釉硬陶壶1	铁环首刀1，B型滑石灯1，滑石璧2，A型滑石镜1	墓室完整	BAb	二	四	
M2095	30°	4.10×2.60 -（残）1.50		J型V式陶鼎1，B型IV式陶盒1，J型IV式陶壶2，A型III式陶钫3，F型陶壶1，C型II式陶壶1，Ba型II式陶井1，陶灶1，陶镬炉1	Fa型铜镜1，B型V式滑石璧1，泥五铢	墓室完整	BAa	二	五	

续附表二

墓号	方向	墓坑结构、尺寸 长×宽-深 单位:米	葬具 长×宽-高 单位:厘米	出土器物 陶瓷器	出土器物 其他	保存状况	墓葬型式	期	段	备注
M2096	0°	墓口: 4.40×3.20，墓底: 4.20×3-（残）1.20 墓底有两条木沟		J型II式陶鼎3, B型IV式陶盒2, J型II式陶灶6, D型陶钫2, D型III式陶灶1, C型I式陶壶1, B型I式陶罐壶1, C型I式陶盆1, A型陶熏炉1, A型滑石盒1, B型硬陶罐5, C型硬陶罐2, A型III式青瓷壶4, C型II式青瓷壶1	Fa型铜镜1, A型I式铜镦壶1, 铁剑1, 铁环首刀1, 石黛板1, 滑石"镶成长印"1, IV式滑石剑饰（剑首、剑璏、剑珌）1, B型滑石盘4, A型滑石鼎1, A型I式滑石壶1, Cb型滑石壶2, B型滑石钫2, A型滑石灯1, B型IV式滑石璧1, 滑石耳杯4, 铜五铢1, C型泥金饼	墓室完整	BAb	二	四	
M2097	190°	墓道: 2.70×1.90, 高于墓底1.20, 墓口: 4.30×2.90, 墓底: 4.10×2.70-（残）1.80 墓底有两条枕木沟		J型III式陶鼎2, 陶盒2, D型陶钫2, D型III式陶灶1, 陶罐1, A型陶熏炉1, A型硬陶罐3, B型硬陶罐4, C型硬陶罐2, C型I式酱釉硬陶壶4	Ka型铜镜1, 铁剑1, 泥五铢	墓室完整	BBb	二	四	
M2098	350°	两条长斜坡墓道距墓底0.50（残）主墓道: 3.60×2.80, 坡度25°, 第二条墓道: 0.90, 坡度15°（残）墓口: 4.20×0.90, 墓底: 5.60~6.10×7.20-（残）2.20 墓底有两条枕木沟	两椁双棺, 结构较清晰	陶壶1, B型II式陶井1, 陶熏炉1, C型硬陶罐12, A型硬陶双唇罐12, 硬陶双唇罐盖1	铜鼎3, 铜盒2, 铜壶1, A型I式铜钫2, A型I式铜锥壶1, A型铜熏炉1, 铜剑2, 铁器1, A型I式铜带钩1, B型滑石灯1, B型V式滑石璧3, J型1, B型V式铜镜3, Ka型铜镜1, A型黄金金饼6, J型II式铜镜1, 铜五铢1, 泥五铢1, F型泥金饼	早期被盗	BBaII	二	五	夫妻合葬

续附表二

墓号	方向	墓坑结构、尺寸 长×宽-深 单位：米	葬具 长×宽-高 单位：厘米	出土器物 陶瓷器	出土器物 其他	保存状况	墓葬型式	期	段	备注
M2099	270°	3.60×2.40-（残）2		J型Ⅲ式陶鼎4，B型Ⅳ式陶盒2，J型Ⅲ式陶壶2，陶钫3，D型Ⅲ式陶灶1，硬陶罐1	E型铜镜1，B型Ⅴ式滑石璧1，泥五铢，泥金饼	墓室完整	BAa	二	四	
M2100	275°	3×2.08-（残）0.70		陶鼎2，J型Ⅲ式陶壶1，A型Ⅳ式陶钫1，D型Ⅲ式陶灶1，硬陶罐1	滑石璧1，铁棺钉，泥五铢，B型泥金饼	墓室完整	BAa	二	四	
M2101	25°	墓道：（残）2.50×1.60，距墓底1.60（残）1.60×2.70~2.50 墓道坡道20°		陶钵1	B型Ⅱ式滑石璧1	墓室和随葬器物被毁	BBaⅠ	一	二	
M2102	25°	墓口：（残）1.10×2.30 墓底：（残）2×2.30~3.60		J型Ⅴ式陶鼎1，B型Ⅱ式陶盒3，A型硬陶无耳罐3	泥五铢	墓室和随葬器物被毁	不详	二	五	
M2103	25°	（残）1.60×（残）0.70-（残）1.70				随葬器物全部被毁	不详	不详	不详	
M2104	25°	斜坡墓道：2.80×1.40，距墓底1.70，坡度50° 3.50×2.50-5		B型Ⅱ式陶鼎3，A型Ⅲ式陶壶3，A型Ⅲ式陶盒2，Da型Ⅰ式陶钫3，A型Ⅱ式陶纺2，A型硬陶罐3	A型Ⅲ式滑石璧1，滑石盘2，滑石耳杯1	墓室完整	BBaⅠ	一	二	

续附表二

墓号	方向	墓坑结构、尺寸 长×宽-深 单位:米	葬具 长×宽-高 单位:厘米	出土器物 陶瓷器	出土器物 其他	保存状况	墓葬型式	期	段	备注
M2105	20°	2.80×2.20-（残）1.50		B型IV式陶盒1，J型IV式陶壶2，陶钫2，C型II式酱釉硬陶壶3，D型II式陶灶1，陶罐1，A型	铜饰1，铜镜1，铁器1，B型V式滑石璧1，A型滑石猪1，铜钱	墓室完整	BAb	二	五	
M2106	20°	3.50×3.10-（残）1.50		J型V式陶鼎2，陶盒3，陶壶4，陶熏炉1，B型硬陶罐5	B型V式滑石璧1，泥五铢	墓室完整	BAb	二	五	
M2107	25°	4×2.65-3		G型II式陶鼎3，F型III式陶鼎2，A型II式陶盒2，A型III式陶盒4，陶壶5，陶钫2，Ab型陶熏炉1，C型I式陶勺1，A型陶矮领罐6，C型I式陶罐1	铁器1，B型II式滑石璧1，滑石印章1	墓室完整	BAa	一	二	
M2108	20°	墓口:3.60×2.60 墓底:2.60-（残）1.40		B型II式陶鼎3，E型陶鼎3，B型III式陶鼎3，C型陶盒3，Db型III式陶钫4，A型III式陶钫4，A型陶盘1，C型I式陶勺2，C型I式陶灶1，陶熏炉1，B型陶矮领罐7	B型II式滑石璧1	墓室完整	BAb	一	二	
M2109	300°	墓口:2.80×（残）0.80 墓底:2.80×（残）0.40-（残）0.70		B型I式陶鼎2，B型II式陶盒3，Db型III式陶钫1，A型I式陶壶1，B型I式陶勺1		墓室一边和部分随葬器物被毁	不详	一	一	
M2110	105°	墓口:4.10×（残）2.10 墓底:2.80×（残）2.10-（残）2		B型II式陶鼎4，E型陶鼎2，G型II式陶鼎2，C型II式陶盒4，B型II式陶壶4，D型I式陶钫4，陶罐2，A型硬陶罐17	B型滑石镜1，滑石"家"印1，B型II式滑石璧1，铜半两1	墓室被扰，墓室随葬器物完整	不详	一	二	

续附表二

墓号	方向	墓坑结构、尺寸 长×宽-深 单位:米	葬具 长×宽-高 单位:厘米	出土器物 陶瓷器	出土器物 其他	保存状况	墓葬型式	期	段	备注
M2111	115°	墓口:（残）2.70×（残）0.66 墓底:（残）2×（残）0.30-（残）0.70		陶壶1		墓室大部分被毁	不详	一		
M2112	295°	3.70×2.40-（残）0.50	推测有椁有棺	G型I式陶鼎13, D型I式陶盒4, Db型I式陶壶6, 陶纺4, Aa型I式陶熏炉1, A型陶釜1, A型陶甑1, 硬陶罐4	A型II式滑石璧1, A型滑石镜1, 泥半两	墓室保存完整	BAa	一	一	
M2113	285°	3.80×2.80-（残）0.80	推测有椁有棺	E型陶鼎2, 陶壶2, A型II式陶盒4, 陶纺4, 陶熏炉1, C型I式陶勺2, A型陶罐10	滑石"鄙右尉印"1, 滑石"蔡狟"印1, IIa式滑石带钩1, A型滑石镜1, 泥半两	墓室上部被毁, 下部完整	BAb	一	三	
M2114	285°	3.60×2.10-（残）0.55		F型III式陶鼎2, 陶鼎1, A型II式陶盒2, B型酱釉硬陶壶3, H型陶纺3, B型矮领陶罐3	A型IV式滑石璧1, 滑石镜1, 泥半两	墓室上部被毁, 下部完整	BAa	一	三	
M2115	285°	3.60×2.80-（残）0.90		J型III式陶鼎1, B型V式陶盒1, A型III式陶纺2, D型III式陶灶1, B型硬陶罐8	铜镜1, 滑石耳杯4, A型滑石纺2, 滑石璧1	墓室上部被毁, 下部完整	BAb	二	四	
M2116	100°	3.60×2.40-（残）0.60		F型III式陶鼎2, 陶鼎1, A型II式陶盒2, Da型I式陶壶3, B型I式陶灶1, 陶盘1, A型陶仓1, C型I式陶勺1, B型矮领陶罐5	A型III式滑石璧1, C型I式陶镜1	墓室上部被毁, 下部完整	BAa	一	三	

续附表二

墓号	方向	墓坑结构、尺寸 长×宽-深 单位：米	葬具 长×宽-高 单位：厘米	出土器物 陶瓷器	出土器物 其他	保存状况	墓葬型式	期	段	备注
M2117	81°	3×2.30-（残）0.80		B型V式陶盒1，A型IV式陶罐3，B型硬陶罐6	I型I式铜镜1，滑石璧1，铜钱，泥玉铢	墓室完整	BAb	二	四	
M2118	55°	（残）2.60×2.10-3.20		C型II式陶鼎4，陶盒2，陶钫3，D型I式陶灶1，B型矮领罐4	A型III式滑石璧1，A型泥金饼	墓室一端被毁，随葬器物完整	不详	一	二	
M2119	56°	（残）2.90×2.30-3.10		B型II式陶鼎3，B型II式陶盒3，Da型II式陶壶2，A型II式陶钫2，D型II式陶灶1，陶釜1，陶罐5	A型IV式滑石璧1	墓室一端被毁，随葬器物完整	不详	一	二	
M2120	65°	（残）3.20×3-4.30	推测有椁有棺	G型II式陶鼎4，B型II式陶盒4，E型陶盒2，Da型II式陶壶3，陶钫4，B型硬陶罐2	B型II式滑石璧1，A型IV式滑石璧2，I式滑石剑饰（剑首，剑格，剑珌）1，I式滑石带钩1，滑石矛1，B型滑石镜1，滑石耳杯2，A型滑石盘2，滑石博具1，滑石印1，泥半两	墓室一端被毁，随葬器物完整	BAb	一	二	可能是夫妻合葬墓
M2121	85°	（残）1.70×2.50-（残）1.60		G型II式陶鼎2，陶盒2，B型I式陶灶1，A型矮领罐2		墓室一端被毁，部分随葬器物被毁	不详	一	二	
M2122	15°	墓口：（残）3.40×（残）2.70 墓底：2.75×（残）2.70-（残）2.20		C型II式陶鼎2，陶鼎1，B型矮领罐6	滑石耳杯2，滑石杯，滑石矛2，滑石勺1	墓室一端被毁，部分随葬物被毁	不详	一	二	

续附表二

墓号	方向	墓坑结构、尺寸 长×宽-深 单位：米	葬具 长×宽-高 单位：厘米	出土器物 陶瓷器	出土器物 其他	保存状况	墓葬型式	期	段	备注
M2123	340°	墓口：(残)1.04×1.66-(残)1.60		E型陶鼎1，C型II式陶盒2，Da型I式陶壶2		墓室被毁，部分随葬器物被毁	不详	一	二	
M2124	95°	4.35×3.40-3.70		E型陶鼎3，陶盒2，C型II式陶盒3，D型I式陶壶2，Da型I式陶壶4，Da型III式陶壶3，B型I式陶灶1，B型矮领罐7	铁剑1，无字滑石印1	墓室完整	BAb	一	二	
M2125	60°	2.60×2.30-(残)1.10		B型II式陶鼎2，C型II式陶盒2，B型II式陶盒3，Db型IV式陶壶2，A型II式陶纺2，C型III式陶高领陶罐2	铁剑1，A型V式滑石璧1	墓室完整	BAb	一	二	
M2126	110°	墓道残存0.50，宽1.90，墓道距墓底0.60 3.70×2.80-3.30		E型陶鼎1，陶盒2，A型III式陶盒3，Ea型II式陶壶4，B型矮领罐8	铜镜1，A型III式滑石璧1，滑石耳杯2，泥钱	墓室完整	BAb	一	二	
M2127	10°	2.70×1.60-1.80		F型III式陶鼎2，A型II式陶盒2，A型II式陶纺2，陶礁壶1，陶罐3	铜镜1	墓室完整	BAa	一	二	
M2128	190°	2.80×1.80-(残)0.50		陶鼎2，A型III式陶盒2，Ea型III式陶壶2，B型陶豆2，F型陶勺1，陶罐3		墓室完整	BAa	一	二	

续附表二

墓号	方向	墓坑结构、尺寸 长×宽-深 单位:米	葬具 长×宽-高 单位:厘米	出土器物 陶瓷器	出土器物 其他	保存状况	墓葬型式	期	段	备注
M2129	10°	2.20×(残)1.80~2.80	推测有椁有棺	陶鼎3、陶纺4、B型陶罐1、A型硬陶罐1、B型硬陶罐1、A型酱釉硬陶盒2、A型酱釉硬陶鼎2、B型酱釉硬陶壶2	C型II式滑石璧1	墓室部分被毁,文物受损	不详	一	二	
M2130	15°	(残)2.50×2.20-3.20		陶鼎2、C型II式陶盒2、E型陶罐6	B型滑石镜1	墓室一端被毁,文物受损	不详	一	二	
M2131	115°	短斜坡墓道在东部 墓道:2.23×2.10 墓:2.90×4.30-3.90 墓底有两条木沟	残存一根长1.76、宽0.04~0.06、厚0.02~0.06的椁板,从痕迹上推测应为两椁棺	B型酱釉硬陶鼎7、A型酱釉硬陶盒5、B型酱釉硬陶壶6、陶纺2、A型II式硬陶罐6、B型硬陶罐3	B型滑石镜1、A型I式滑石璧1	墓口上有高3米、直径28米的封土	BBa I	一	二	与M2132为夫妻异穴合葬
M2132	25°	斜坡墓道坡度38°,长2.50,宽2,距墓底2.30 墓口:5.10×3.70-墓底:4.90×3.60-3.90 墓底有两条木沟	从痕迹上推测,墓主葬具应为两椁重棺	C型II式陶鼎2、陶鼎5、A型陶壶5、A型陶罐10、陶豆2、F型陶小壶1、C型II式陶勺1	C型I式滑石璧1、B型I式滑石璧2、A型滑石镜1		BBa I	一	二	与M2131为夫妻异穴合葬 墓室积炭
M2133	275°	4.10×2-3.80-(残)0.50 墓底残留一条枕木沟		B型I式陶鼎3、C型I式陶鼎2、A型II式陶罐10、A型陶瓿1	A型滑石猪1	墓室和随葬器物严重被毁	不详	一	一	M2134打破此墓 墓室积炭

续附表二

墓号	方向	墓坑结构、尺寸 长×宽-深 单位：米	葬具 长×宽-高 单位：厘米	出土器物 陶瓷器	出土器物 其他	保存状况	墓葬型式	期	段	备注
M2134	270°	（残）2.66 ×（残）0.40~1.44 -（残）0.90		C型II式陶鼎2，陶盒2，陶壶2，陶罐2，A型III式陶罐4，B型硬陶罐4		墓室和随葬器物严重被毁	不详	一	二	打破M2133，墓室积炭
M2135	180°	2.90×2 -（残）0.32		陶鼎3，A型II式陶盒4，Eb型II型IV式陶壶2，A型II式陶钫2，B型矮领罐5	铜镜1，B型I式滑石璧1	墓室上部被毁，墓底完整	BAb	一	三	
M2136	180°	4×3.05-4.80 墓底有两条枕木沟	推测有椁有棺	G型II式陶鼎2，陶鼎7，D型II式陶盒6，B型II式陶盒4，F型陶小壶5，A型II式陶钫7，C型II式陶勺4，陶匜2，B型陶罐5，C型II式陶罐乙1，B型I式陶盆1	A型III式滑石璧1，B型I式滑石盒2，A型石盘1，泥半两	墓室上部被毁及随葬器物完整	BAb	一	三	
M2137	165°	斜坡墓道：（残）2.15×1.54 墓道：3.85×2.50-2.80 墓底有两条枕木沟	推测有椁有棺	陶钫2，D型酱釉陶鼎6	滑石"临湘之印"1，A型滑石镜1，B型I式滑石璧1，A型II式滑石盘6，A型石壁1，A型滑石盒1，滑石耳杯7	除墓道部分被毁外，墓室保存完整	BBaI	一	二	
M2138	165°	斜坡和台阶相结合式墓道，坡度25°：（残）3.80×1.85~4.80×3.54-2.45 墓底有两条枕木沟	从墓底痕迹推测葬具应有椁有棺	陶钫2，A型II式硬陶罐1，B型酱釉硬陶鼎2，C型酱釉硬陶鼎3，陶盒3，B型酱釉硬陶壶3	铜镜1，玉环1，滑石"安陵君印"1，滑石"阴湘之印"，B型II式滑石璧1，B型I式滑石镜1	墓室上部有唐代盗洞，墓底随葬器物完整	BBd	一	二	

续附表二

墓号	方向	墓坑结构、尺寸 长×宽-深 单位：米	葬具 长×宽-高 单位：厘米	出土器物 陶瓷器	其他	保存状况	墓葬型式	期	段	备注
M2139	165°	2.60×1.78-2		陶鼎5，B型Ⅱ式陶盒4，陶壶3	铁削1，B型Ⅱ式滑石璧1，A型滑石镜1	墓室完整	不详	一	二	
M2140	180°	3.60×2.30-（残）1.40 墓底有两条枕木沟		G型Ⅱ式陶鼎2，陶鼎2，B型Ⅱ式陶盒4，Eb型Ⅳ式陶壶4，A型陶瓿1，B型陶罍1，陶罐4	铁削1，铁棺环3，B型滑石镜1，B型Ⅱ式滑石璧1	墓室一侧被毁	BAa	一	二	
M2141	172°	3×2.50-2.40 墓底有两条枕木沟		C型Ⅱ式陶鼎3，陶盒6，Da型Ⅱ式陶壶4，B型陶钫4，A型陶瓿1，Ab型陶熏炉1，B型陶矮领罐3	滑石璧1，泥钱，A型泥金饼	墓室完整	BAb	一	二	
M2142	150°	（残）1.80×（残）1.20-（残）0.35		J型Ⅲ式陶鼎4，陶盒1，J型Ⅳ式陶壶2，D型陶钫1，B型陶釜1，陶罐2，陶钵2，陶灶1，陶仓1		墓室和随葬器物严重被毁	不详	二	五	
M2143	350°	（残）1.70×2.56-（残）0.50		J型Ⅲ式陶鼎2，陶壶1，D型陶钫1	铜镜1，石黛板1，滑石璧1	墓室和随葬器物被毁	不详	二	五	
M2144	92°	（残）2.30×（残）0.80-（残）0.50		陶鼎2，E型陶盒2，Ea型Ⅲ式陶壶2，陶罐5		墓室和随葬器物被毁	不详	一	二	
M2145	85°	2.80×1.65-（残）0.20		E型陶鼎2，E型陶盒2，Ea型Ⅲ式陶壶2，F型陶勺3	铜带钩1，滑石璧1	墓室上部被毁，下部完整	BAa	一	二	

续附表二

墓号	方向	墓坑结构、尺寸 长×宽-深 单位：米 / 葬具 长×宽-高 单位：厘米		出土器物		保存状况	墓葬型式	期	段	备注
		墓坑结构、尺寸	葬具	陶瓷器	其他					
M2146	170°	偏墓道：(残) 2×3；4.60×4.50-(残)1.20		陶鼎3，D型IV式陶盒3，J型V式陶壶3，A型V式陶灶1，陶镬炉2，C型II式青瓷壶2，C型硬陶罐2	E型I式铜镜1，铜灯1，铜洗1，铜镶壶1，滑石璧2，III式滑石带钩1，铜五铢，E型泥金饼	墓室保存完整	BBeI	三	六	夫妻双棺并列同穴合葬
M2147	100°	3.28×2.20-(残)0.70		F型III式陶鼎2，Ea型III式陶壶2，陶罐3	B型III式滑石璧1，滑石耳杯2	墓室被扰	BAa	一	二	
M2148	235°	4.10×2.50-4.10 墓底有两条枕木沟	推测有椁有棺	H型陶鼎8，D型I式陶盒8，Eb型III式陶壶4，Eb型II式陶壶5，E型陶勺4，A型陶匕3	A型I式滑石璧1	墓室保存完整	BAb	一	一	
M2149	50°	3×2.24-(残)1 墓底有两条枕木沟		E型陶鼎2，A型III式陶盒2，B型陶纺2，陶罐1		墓室一段被破坏	BAa	一	二	
M2150	240°	2.60×2.30-(残)1		陶鼎2，Ea型II式陶壶2，陶罐5	残铁器1，滑石璧	墓室被扰	BAb	一	二	
M2151	130°	2.70×1.70-(残)0.30		无	无	随葬器物全毁	BAa	不详	不详	
M2152	130°	(残)0.50×(残)0.40-(残)0.30		无	B型II式滑石璧1	墓室及主要随葬器物被毁	不详	一	二	
M2153	235°	2.80×1.80-2.50 墓底有两条枕木沟	推测有椁有棺	C型II式陶鼎4，D型I式陶盒1，Ea型II式陶壶2，D型陶罐4，B型陶罐2，A型II式陶勺4，B型I式陶匕2，D型陶匕3	A型III式滑石璧1	墓室完整	BAa	一	二	与M2154为夫妻异穴合葬墓，其间有卵石、板瓦所筑排水沟

续附表二

墓号	方向	墓坑结构、尺寸 长×宽-深 单位:米	葬具 长×宽-高 单位:厘米	出土器物 陶瓷器	出土器物 其他	保存状况	墓葬型式	期	段	备注
M2154	355°	（残）0.30 × （残）0.20 - （残）0.50				随葬器物全部被毁	不详	一	二	有卵石、板瓦所筑排水沟，与M2153为夫妻异穴合葬墓
M2155	340°	3.90 × 2.70 - 4.50 墓底有两条枕木沟		陶鼎6，Ea型Ⅱ式陶壶6，A型Ⅱ式陶钫3，陶罐9		墓室被扰	BAb	一	二	
M2156	160°	2.80 × 1.80 - 3.80 墓底有两条枕木沟	推测有椁有棺	E型陶鼎1，F型Ⅲ式陶鼎2，A型Ⅲ式陶盒2，D型Ⅰ式陶盒1，Da型Ⅰ式陶壶1，C型Ⅰ式陶罐6，C型Ⅱ式陶勺1	D型铜镜1，B型Ⅳ式滑石璧1	墓室完整	BAa	一	二	
M2157	165°	3 × 2.40 - 3.50 墓底有两条枕木沟	推测有椁有棺	E型陶鼎3，B型Ⅱ式陶盒5，Eb型Ⅳ式陶壶2，陶钫2，B型陶罐3	B型Ⅲ式滑石璧1，铁棺钉，泥半两	墓室完整	BAb	一	二	
M2158	180°	2.70 × 1.80 - （残）0.60 墓底有两条枕木沟	推测有椁有棺	C型Ⅱ式陶鼎4，D型Ⅰ式陶盒4，Da型Ⅰ式陶壶4，B型Ⅰ式陶勺3，C型Ⅰ式陶匕2	A型玻璃璧1	墓室基本完整	BAa	一	二	
M2159	90°	3 × 2.30 - （残）0.60 墓底有两条枕木沟	推测有木质葬具	F型Ⅲ式陶鼎3，D型Ⅰ式陶盒3，H型Ⅱ式陶壶2，A型Ⅱ式陶钫2，B型陶罐6	B型Ⅱ式滑石璧1，滑石博具1，铁棺钉	墓底完整	BAb	一	二	

续附表二

墓号	方向	墓坑结构、尺寸 长×宽-深 单位：米	葬具 长×宽-高 单位：厘米	出土器物 陶瓷器	出土器物 其他	保存状况	墓葬型式	期	段	备注
M2160	90°	2.60×1.90-2.60 墓底有两条枕木沟		E型陶鼎5，陶壶4，G型陶勺1，陶盘1	A型I式滑石璧1	墓室完整	BAb	一	二	
M2161	90°	2.40×1.70-2.60 墓底有两条枕木沟		陶鼎2，D型II式陶盒1，Eb型IV式陶壶2，A型陶盘2，G型陶勺2，陶匜1		墓室完整	BAb	一	二	
M2162	90°	2.60×1.10-1.60 墓底有两条枕木沟		陶鼎3，C型II式陶盒1，Ea型II式陶壶2，陶罐3		墓室被扰	BAa	一	二	
M2163	245°	3×1.70-0.40		B型陶矮颈罐1		随葬器物被毁	BAa	不详	不详	
M2164	260°	2.60×1.60-0.40		C型II式陶鼎2，C型II式陶盒2，Ea型II式陶壶2，陶盘1，G型陶勺2，陶匜1	铜铃形器1，铜饰件2，玻璃珠子4	墓底完整	BAa	一	二	
M2165	85°	墓口：3.50×2.20 墓底：3.30×2-4 墓底有两条枕木沟		B型II式陶盒1，Ea型III式陶壶1，B型陶豆2，陶罐2		墓底被扰	BAa	一	二	
M2166	175°	2.76×1.70（残）-1.50 墓底有两条枕木沟	推测有木质葬具	B型II式陶鼎2，E型陶盒2，Db型III式陶壶2，B型I式陶罐3，A型酱釉硬陶壶1	B型II式滑石璧1	墓底保存完整	BAa	一	二	
M2167	95°	墓口：3.60×2.80 墓底：3.20×1.90-5 墓底有两条枕木沟		B型II式陶鼎2，E型陶盒2，Ea型III式陶壶2，陶豆2		墓室一端受损	BAb	一	二	

续附表二

墓号	方向	墓坑结构、尺寸 长×宽-深 单位：米	葬具 长×宽-高 单位：厘米	出土器物 陶瓷器	出土器物 其他	保存状况	墓葬型式	期	段	备注
M2168	180°	头部有一高0.33，长0.45，宽0.33的生土台 墓口：3.20×2.20 墓底：3.10 × 1.86-2.10		F型III式陶鼎2，陶盒1，Ea型III式陶壶2，A型陶豆2，A型陶盘2，G型陶勺1	石黛板1	墓底完整	BAb	一	二	
M2169	35°	3.70 × 2.58 - （残）0.85		A型II式陶钫1，陶罐1	鎏金铜泡钉1，铜镜1，"周阮"双面铜印1，铜铃形器1，铁镜架1，B型I式滑石璧1，滑石钫3，泥钱	墓室部分被扰乱	BAb	一	二	
M2170	100°	（残）0.30 × （残）0.94 - （残）0.65		E型陶鼎1，Ea型III式陶壶1	铁雷1	墓室和随葬器物部分被扰乱	不详	一	二	
M2171	40°	2.80×2.10-2 墓底有两条枕木沟		G型II式陶鼎2，F型III式陶盒2，陶壶2，陶灶1，B型陶罐4	铁器残件2，B型II式滑石璧1，泥半两，B型泥金饼	墓室完整	BAb	一	二	
M2172	15°	3.30 × 2.60 - 2.65 墓底有两条枕木沟		B型III式陶鼎2，A型II式陶钫2，陶钵1，A型硬陶罐4	铜矛1，铜带钩1，铁残件1，A型III式滑石璧1，泥半两	墓室完整	BAb	一	二	
M2173	20°	3.30 × 2.35 - （残）1 墓底有两条枕木沟		陶鼎2，A型III式陶盒2，Da型陶壶2，陶盘1，陶勺3，F型陶罐7，陶甑1，B型陶釜1，陶熏炉1	滑石镜1，A型III式滑石璧1，A型IV式滑石璧1，泥半两	墓底完整	BAb	一	二	

续附表二

墓号	方向	墓坑结构、尺寸 长×宽-深 单位:米	葬具 长×宽-高 单位:厘米	出土器物 陶瓷器	出土器物 其他	保存状况	墓葬型式	期	段	备注
M2174	115°	墓道坡度25°，距墓底3米 墓口：5.20×3 墓底：5.10×2.90-（残）3.70 墓底有两条枕木沟		B型Ⅱ式陶鼎2，陶盒5，陶壶5，B型Ⅰ式陶灶1，B型陶釜2，陶仓2，陶甑1，陶罐4，A型硬陶罐3	D型铜镜1，铜樽1，铜残片2，铜锥铺1，铜泡钉1，铁剑1，A型Ⅲ式滑石璧1，泥半两	墓底完整	BAa	一	二	
M2175	290°	3×2.70-（残）0.80		陶鼎2，A型Ⅱ式陶盒1，A型Ⅱ式陶钫2，C型Ⅰ式陶灶1，陶熏炉1，陶奁1，陶甑1，陶罐6	B型Ⅲ式铜镜1，A型Ⅲ式滑石璧1	墓底完整	BAb	一	二	
M2176	290°	2.65×1.90-（残）1.50 墓底有两条枕木沟		陶鼎2，A型Ⅲ式陶盒2，Ea型Ⅲ式陶灶4，F型陶勺1	滑石璧1	墓底完整	BAb	一	二	
M2177	20°	3.90×2.90-（残）0.40		陶鼎2，陶壶1	A型Ⅲ式滑石璧1，滑石镜1，滑石耳杯2，滑石壶1，滑石扁壶1，滑石盘1	墓室和随葬器物严重被毁	BAb	一	二	
M2178	35°	2.40×1.50-（残）0.50 墓底有两条枕木沟		G型Ⅱ式陶鼎2，陶盒2，Ea型Ⅱ式陶壶2，陶罐1	铁棺钉	墓室被扰	BAa	一	二	
M2179	215°	2.70×2.30-（残）0.80		陶鼎3，A型Ⅱ式陶盒2，C型Ⅰ式陶灶1，陶熏炉1，陶仓1，陶甑1，陶罐3	D型铜镜1，滑石璧1，泥金饼	墓室完整，随葬器物部分被毁	BAb	一	二	

续附表二

墓号	方向	墓坑结构、尺寸 长×宽-深 单位:米	葬具 长×宽-高 单位:厘米	出土器物 陶瓷器	出土器物 其他	保存状况	墓葬型式	期	段	备注
M2180	30°	2.74×2.40 - (残)0.40		E型陶鼎2，陶鼎2，D型I式陶盒2，Ea型II式陶壶2，A型II式陶钫2，陶罐2	B型IV式滑石璧1，泥半两	墓底完整	BAb	一	二	
M2181	60°	2.80×2.10 - 2.60		E型陶鼎1，陶盒1，C型I式陶钫1	滑石璧1	墓室完整，随葬器物部分被毁	BAb	一	二	
M2182	105°	(残)2.10×(残)2-3		陶鼎1，A型II式陶盒2，Eb型IV式陶壶1，陶灶1，陶罐3，陶片	泥钱，A型泥金饼	墓室和随葬器物严重被毁	不详	一	二	
M2183	118°	2.90×1.80 - 1.70		G型II式陶鼎2，B型II式陶盒2，C型II式陶钫2，陶罐1	滑石璧1，泥金饼	墓室被扰	BAa	一	二	
M2184	110°	2.80×2.50 - 2.20		陶鼎4，C型III式陶盒2，Eb型IV式陶壶2，A型II式陶钫2，Ab型陶熏炉1，陶罐3，D型III式陶勺1	A型IV式滑石璧1，A型滑石镜1，泥半两	墓室完整	BAb	一	二	
M2185	105°	4.10×3 - 4.50		F型III式陶鼎2，Eb型V式陶壶2，A型II式陶钫2，陶罐5，陶灶1	B型滑石盒4，滑石壶4，滑石盘3，滑石勺4，滑石耳杯10，滑石案1，泥金饼，泥钱	墓室完整	BAb	一	二	
M2186	275°	3×2.20 - 2.80		陶鼎2，Eb型V式陶壶2，A型II式陶钫5	滑石镜1，B型I式滑石璧1，泥半两	墓室完整	BAb	一	二	
M2187	295°	3.60×(残)2 - (残)1.80 墓底有两条枕木沟		陶鼎3，A型II式陶钫2，A型硬陶罐5	铜镜1，B型滑石鼎1，滑石璧1	墓室部分被毁	不详	一	二	

续附表二

墓号	方向	墓坑结构、尺寸 长×宽－深 单位：米	葬具 长×宽－高 单位：厘米	出土器物 陶瓷器	出土器物 其他	保存状况	墓葬型式	期	段	备注
M2188	270°	（残）0.70 ×（残）0.50 －（残）0.60		A 型硬陶罐 1，在被毁的土中曾发现陶灶、罐、壶等		墓室和随葬器物被毁	不详	不详	不详	
M2189	200°	4×3.35 －（残）0.80 墓底有两条枕木沟		陶鼎 5，A 型 II 式陶盒 3，陶盒 3，Da 型 II 式陶壶 4，陶壶 4，C 型 I 式陶勺 5，C 型 II 式陶匕 1，A 型陶盘 2，陶罐 6	B 型 II 式滑石璧 1，铁器 1	墓底完整	BAb	一	二	
M2190	135°	3.50×2.30 －（残）0.60 墓底有两条枕木沟	从墓底痕迹推测应有木质葬具	J 型 I 式陶鼎 2，B 型 II 式陶盒 2，H 型陶盒 2，J 型 I 式陶壶 2，A 型 III 式陶钫 2，B 型 II 式陶瓿 1，D 型 II 式陶灶 1，II 式陶镜 1，Aa 型 III 式硬陶罐 5	I 型 II 式铜镜 1，B 型 IV 式滑石璧 1，鎏金铜扣，泥五铢，B 型泥金饼	墓底完整	BAa	一	三	
M2191	175°	（残）1.80 ×（残）1.58 －（残）0.70		F 型 III 式陶鼎 3，A 型 III 式陶盒 2，陶钫 2，A 型陶盘 1	B 型滑石鼎滑石盘 2，滑石耳杯 2	墓室及随葬器物部分被毁	不详	一	二	
M2192	155°	南壁残长 410，北壁残长 290，宽 2.80 －残深 1.08 墓底有两条枕木沟		E 型陶鼎 4，D 型 I 式陶盒 1，C 型 I 式陶钫 4，D 型 II 式陶灶 1，B 型陶罐 7	I 型 III 式铜镜 1，铁棺钉，A 型 V 式滑石璧 1，A 型泥金饼	墓室及随葬器物部分被毁	BAb	一	三	
M2193	350°	3.58×（残）2.50 －（残）0.15 墓底有两条枕木沟		G 型 III 式陶鼎 3，A 型 III 式陶壶 2，陶罐 2	B 型 II 式滑石璧 1	墓室及随葬器物部分被毁	BAa	一	二	

续附表二

墓号	方向	墓坑结构、尺寸 长×宽-深 单位:米	葬具 长×宽-高 单位:厘米	出土器物 陶瓷器	出土器物 其他	保存状况	墓葬型式	期	段	备注
M2194	170°	2.80 × 2.14 -（残）1.15		G 型Ⅲ式陶鼎 3、A 型Ⅲ式陶盒 1、B 型陶钫 3、陶罐 2	铜剑 1、铁环首刀 1		BAa	一	二	
M2195	160°	3×2.12 -（残）1.25		F 型Ⅲ式陶鼎 3、A 型Ⅱ式陶盒 2、陶盒 2、A 型Ⅱ式陶钫 4、B 型陶钫矮领罐 5	B 型Ⅱ式铜镜 1、铁器 1、滑石璧 1	墓室部分被毁	BAa	一	二	
M2196	155°	（残）1.94 × 2.05 -（残）1		陶鼎 2、A 型Ⅱ式陶盒 2、Db 型Ⅲ式陶壶 2、陶钫 2、陶罐 3	铁器 1	墓室及随葬器物部分被毁	不详	一	二	
M2197	90°	3.72 × 2.55 -（残）1.15 墓底有两条枕木沟	推测有木质葬具	E 型陶鼎 4、B 型Ⅱ式陶盒 4、C 型Ⅴ式陶钫 4、C 型Ⅰ式陶壶 5、A 型硬陶陶罐 1	H 型Ⅰ式铜镜 1、铁器 1、A 型Ⅴ式滑石璧 1、A 型泥半两、泥金饼	墓室上部被毁，墓底完整	BAa	一	二	
M2198	275°	3.50 × 2.30 -（残）0.60 墓底有两条枕木沟	推测有木质葬具	C 型Ⅲ式陶鼎 2、B 型Ⅱ式陶盒 2、D 型Ⅱ式陶盒 3、C 型Ⅰ式陶壶 1、B 型Ⅱ式陶壶 1、B 型Ⅱ式陶罐 5、E 型陶罐	I 型Ⅰ式铜镜 1、"胡平"印 1、B 型滑石鼎 2、A 型Ⅱ式滑石盒 2、B 型滑石壶 2、滑石扁壶 1、A 型Ⅱ式滑石钫 1、A 型滑石勺 2、滑石耳杯 2、A 型Ⅱ式滑石案 1、A 型滑石杯 1、A 型滑石盘 2、B 型滑石盘 1、B 型Ⅳ式滑石璧 1	墓室上部被毁，墓底完整	BAb	一	三	和 M2199、M2200 为同一封堆合葬的家族墓
M2199	275°	3.70 头 2.40、足 2.56 -（残）0.80 墓底有两条枕木沟		E 型陶鼎 2、B 型Ⅲ式陶盒 3、C 型Ⅱ式陶钫 2、陶灶 1、A 型硬陶罐 5、D 型陶罐 2	C 型Ⅰ式铜镜 1、B 型滑石鼎 2、B 型Ⅰ式滑石盒 2、B 型滑石壶 2、B 型Ⅳ式滑石璧 1、泥五铢、A 型泥金饼	墓室上部被毁，墓底完整	BAa	一	三	和 M2198、M2200 为同一封堆合葬的家族墓

续附表二

墓号	方向	墓坑结构、尺寸 长×宽-深 单位：米	葬具 长×宽-高 单位：厘米	出土器物 陶瓷器	出土器物 其他	保存状况	墓葬型式	期	段	备注
M2200	275°	3.80 × 2.50 - (残) 0.80 墓底有两条枕木沟		E型陶鼎 4，G型 II 式陶鼎 3，A型 II 式陶盒 8，Ea型陶壶 4，C型 I 式陶钫 4，D型陶匕 2，G型陶罐 3	铁棺钉，B型 I 式滑石璧 1，A型滑石镜 1，泥半两	墓底完整	BAb	一	二	和 M2198、M2199 为同一封堆合葬的家族墓
M2201	82°	墓道：2.20×1.44 北壁 5.50，南壁 3.30，西壁 2.96，东壁 1.44 - (残) 1.10 墓底有两条枕木沟	推测应有棺有椁和其他木质葬具	E型陶鼎 8，B型 II 式陶盒 5，G型陶壶 4，陶钫 3，B型 I 式陶灶 1，D型 II 式陶灶 1，D型陶罐 11	泥半两	完整	BBe II	一	二	可能为夫妻异时合葬
M2202	90°	3.13×(残) 1.80 - (残) 1.67 墓底有两条枕木沟		陶鼎 5，B型 II 式陶盒 2，A型 II 式陶钫 4，陶罐 4	B型 III 式滑石璧 1，A型滑石镜 1，泥半两	墓室部分被毁	不详	一	二	
M2203	330°	西壁 3.08，东壁 3.15，北壁 2.52，南壁 2.4 - (残) 1.25 墓底有两条枕木沟		D型陶鼎 4，B型 III 式陶盒 2，D型 IV 式陶壶 4，B型陶罐 2，Eb型陶罐 6，C型陶瓿 1，A型陶仓 1，B型 II 式陶灶 1	B型 IV 式滑石璧 1	墓底完整	BAb	一	二	
M2204	330°	东壁 2.76，西壁 2.56×2 - (残) 1.78 墓底有两条枕木沟		D型陶鼎 2，B型 II 式陶壶 2，Ea型 II 式陶盒 2，A型 II 式陶钫 2，C型陶罐 2，D型 I 式陶灶 1	C型 IV 式滑石璧 1	墓底完整	BAb	一	二	墓坑不规则
M2205	165°	2.70 × 1.50 - (残) 0.70 墓底有两条枕木沟		陶鼎 2，B型 II 式陶壶 2，C型 II 式陶盒 2，Db型 III 式陶勺 2，C型 II 式陶匕	滑石璧 1	墓底完整	BAa	一	二	

续附表二

墓号	方向	墓坑结构、尺寸 长×宽-深 单位：米	葬具 长×宽-高 单位：厘米	出土器物 陶瓷器	出土器物 其他	保存状况	墓葬型式	期	段	备注
M2206	95°	4.30×3 -（残）2.50 墓底有两条枕木沟		B型Ⅰ式陶鼎6，E型陶盒5，Db型Ⅱ式陶壶6，Aa型Ⅰ式陶熏炉1，A型陶罐6，B型Ⅱ式陶勺6，B型Ⅰ式陶匕4	A型铜镜1，B型Ⅰ式滑石璧1	墓室完整	BAb	一	一	与M2207为夫妻异穴合葬
M2207	95°	斜坡墓道，坡度30°，距墓底1.90 4×2.60 -（残）3 墓底有两条枕木沟	推测有椁有棺	E型陶鼎8，E型陶盒7，Eb型陶壶4，Db型Ⅱ式陶壶4，D型Ⅰ式陶勺5，A型陶豆4，Aa型Ⅰ式陶熏炉1，B型Ⅱ式陶匕4	C型Ⅰ式铜镜1，A型Ⅰ式滑石璧1	墓室完整	BAa	一	二	与M2206为夫妻异穴合葬
M2208	175°	2.70×1.80 -（残）0.55 墓底有两条枕木沟		F型Ⅲ式陶鼎2，陶盒2，Db型Ⅳ式陶壶2，陶盘1，C型Ⅱ式陶勺1，E型陶匕1	B型Ⅲ式滑石璧	墓底完整	BAa	一	二	
M2209	175°	2.80×1.70 -（残）1.23 墓底有两条枕木沟	推测有木质葬具	C型Ⅱ式陶鼎2，F型Ⅲ式陶盒2，D型Ⅱ式陶盒2，B型Ⅱ式陶壶2，Eb型Ⅱ式陶壶1，F型Ⅱ式陶纺2，Aa型Ⅰ式陶熏炉2，C型Ⅰ式陶勺2，C型Ⅱ式陶匕2，A型陶罐4	A型Ⅰ式滑石璧1，A型滑石镜1，铁棺钉，泥半两	墓底完整	BAa	一	二	
M2210	175°	2.90×1.80 -（残）1.37 墓底有两条枕木沟		陶鼎2，E型陶盒2，Db型Ⅳ式陶壶2，陶罐2，陶熏炉3，A型Ⅱ式陶勺2，E型陶匕2	Ⅱ式滑石剑首1，Ⅱ式滑石剑格1，Ⅱ式滑石剑璏1，C型Ⅰ式滑石璧，铁棺钉，泥半两	墓底完整	BAa	一	二	
M2211	340°	2.40×1.45 -（残）0.32 墓底有两条枕木沟	推测有木质葬具	C型Ⅰ式陶鼎2，C型陶盒2，C型陶壶2，Eb型Ⅲ式陶盒1，B型陶豆2，D型陶匕2，B型Ⅰ式陶勺2	A型Ⅰ式滑石璧1	墓底完整	BAa	一	一	

续附表二

墓号	方向	墓坑结构、尺寸 长×宽-深 单位：米	葬具 长×宽-高 单位：厘米	出土器物 陶瓷器	出土器物 其他	保存状况	墓葬型式	期	段	备注
M2212	160°	2.80×2.04-（残）0.60 墓底有两条枕木沟		陶鼎3，E型陶盒2，A型II式陶钫2，B型陶矮领罐3	铜带钩1，C型I式滑石璧1，铁棺钉	墓室部分被毁	BAb	一	二	
M2213	160°	2.80×2.04-（残）0.54 墓底有两条枕木沟	推测有木质葬具	C型II式陶鼎4，D型I式陶盒4，Ea型陶壶3，Eb型III式陶壶1，B型陶釜1，A型II式硬陶罐1，A型陶甑1	B型I式滑石璧1	墓底完整	BAb	一	二	
M2214	90°	2.80×（残）1.67-（残）0.45 墓底有两条枕木沟		B型II式陶鼎2，陶盒1，Db型III式陶壶1，陶罐1，A型陶豆1	C型II式滑石璧1	墓室及随葬器物部分被毁	BAa	一	二	
M2215	90°	2.80×1.80-（残）0.70 墓底有两条枕木沟	推测有木质葬具	B型II式陶鼎2，D型I式陶盒2，Da型II式陶壶2，D型陶罐3	B型III式滑石璧1，铁棺钉	墓底完整	BAa	一	二	
M2216	180°	2.80×2.30-（残）0.70 墓底有两条枕木沟		B型II式陶鼎2，陶盒2，陶壶2，A型陶钫2，陶罐2，C型I式陶灶1，陶熏炉1	C型I式铜镜1，C型II式滑石璧1	墓底完整	BAb	一	二	
M2217	180°	（残）1.90×（残）2.36-（残）0.70 墓底有两条枕木沟		陶盒1，H型陶钫2	C型I式滑石璧1	墓室及随葬器物部分被毁	不详	一	二	
M2218	165°	2.94×2.10-（残）1.20 墓底有两条枕木沟	推测有木质葬具	E型陶鼎4，陶盒4，Db型IV式陶壶2，H型陶钫2，Aa型陶镦1，I式陶甑1，B型I式陶甑1，B型I式陶罐4	滑石无字印1，B型III式滑石璧1，B型滑石镜1，泥半两	墓口被毁，墓底保存完整	BAb	一	二	

续附表二

墓号	方向	墓坑结构、尺寸 长×宽-深 单位：米	葬具 长×宽-高 单位：厘米	出土器物 陶瓷器	出土器物 其他	保存状况	墓葬型式	期	段	备注
M2219	275°	3.50×2.10-（残）0.52 墓底有两条枕木沟		陶鼎4，D型I式陶盒4，陶壶4，A型II式陶勺3，B型陶矮领罐6	C型I式滑石璧1，滑石镜1	墓底完整	BAa	一	二	
M2220	200°	（残）2.95×1.93-（残）0.22 墓底有两条枕木沟		陶鼎4，D型I式陶盒4，Ea型III式陶壶4，D型II式陶勺3	铁器1，C型I式滑石璧1	墓室部分被毁	不详	一	二	
M2221	190°	3×1.70-（残）0.90 墓底有两条枕木沟		陶鼎3，D型II式陶盒2，陶壶3，C型I式陶纺2，陶罐4	C型I式滑石璧1，泥钱	墓室部分被毁	BAa	一	二	
M2222	110°	墓道坡度35°，距底1.56 4.10×2.95-2.83 墓底有两条枕木沟	推测一椁一棺以上	D型陶鼎4，F型I式陶鼎3，B型II式陶盒6，I式陶壶7，C型I式陶纺2，A型陶罐2，A型双耳陶罐2，C型II式陶匕1，A型II式陶勺1，Ab型陶熏炉1	铜扣1，A型II式滑石璧1	墓室完整	BAb	一	三	
M2223	225°	2.72×1.90-（残）0.23 墓底有两条枕木沟		B型II式陶鼎2，陶纺2，陶罐4	B型II式滑石璧1	墓室及随葬器物部分被毁	BAb	一	二	
M2224	90°	4.20×2.80-（残）0.82 墓底有两条枕木沟		B型II式陶鼎4，陶壶4，陶盒2，A型陶豆2，陶盘2，A型II式陶匕1，E型陶匕1，陶熏炉1	C型I式铜镜1，铁棺钉，C型I式滑石璧1	墓底完整	BAa	一	二	
M2225	100°	4×2.50-（残）1.60 墓底有两条枕木沟		C型II式陶鼎2，A型陶盘2，陶盒1，A型II式陶勺6		墓底完整	BAa	一	二	

续附表二

墓号	方向	墓坑结构、尺寸 长×宽-深 单位：米	葬具 长×宽-高 单位：厘米	出土器物 陶瓷器	出土器物 其他	保存状况	墓葬型式	期	段	备注
M2226	110°	3.35×2.24-（残）0.80 墓底有两条枕木沟	推测有椁有棺	B型II式陶鼎2，A型III式陶盒2，Db型III式陶壶2，A型陶豆2，C型I式陶盘2，E型陶匕1	C型I式滑石璧1	墓底完整	BAb	一	二	
M2227	100°	3.12×2.60-（残）0.60 墓底有两条枕木沟	推测有椁有棺	B型II式陶鼎2，B型II式陶盒2，A型II式陶纺2，陶灶1，B型I式陶甑1，C型II式陶匕1，D型陶匕1	滑石璧1	墓室及随葬器物部分被毁	BAb	一	二	
M2228	220°	斜坡墓道：（残）0.60×1.50，坡度45°，距墓底1.80 墓口：3.76×2.50 墓底：3.50×2.40-（残）2.30	推测有椁有棺	陶鼎4，C型II式陶盒4，Db型III式陶壶4，B型I式陶灶1，陶仓1，陶甑1，陶熏炉1，C型I式陶勺5，D型陶匕4	铜镜1，滑石璧1	墓室基本完整	BBaI	一	二	
M2229	275°	墓口：2.45×1.50 墓底：2.40×（残）1.40-0.90		B型II式陶鼎1，陶盒2，Ea型I式陶壶1，C型II式陶勺3	C型I式滑石璧1	墓室基本完整	BAa	一	二	
M2230	30°	墓口：2.40×1.28 墓底：2.30×1.28-（残）0.60		C型II式陶鼎2，陶盒2，Eb型IV式陶壶2，C型II式陶勺1	C型II式滑石璧1	墓底完整	BAa	一	二	

续附表二

墓号	方向	墓坑结构、尺寸 长×宽－深 单位：米	葬具 长×宽－高 单位：厘米	出土器物 陶瓷器	出土器物 其他	保存状况	墓葬型式	期	段	备注
M2231	30°	2.86×1.70－(残)0.40		碎陶片		墓室和随葬器物严重被毁	BAa	不详	不详	
M2232	360°	2.86×1.80－(残)1.70		陶鼎2，D型I式陶盒2，陶壶2，D型II式陶勺2，E型陶匕1	泥半两	墓底完整	BAa	一	二	
M2233	355°	2.55×1.55－(残)1.20		陶鼎2，D型I式陶盒2，Eb型IV式陶壶2，F型陶勺2，陶匕1	A型滑石镜1，泥半两	墓底完整	BAa	一	二	
M2234	16°	墓口：3×2.60 墓底：2.80×2.40－(残)1		陶鼎2，E型陶盒2，Eb型V式陶壶2，Ab型陶熏炉1，G型陶勺3，陶匕1	滑石璧1	墓室基本完整	BAb	一	二	
M2235	80°	2.50×1.50－(残)1.25		陶鼎4，E型陶盒2，陶壶1，A型II式陶纺2，陶罐1	C型I式滑石璧1	墓底基本完整	BAa	一	二	
M2236	90°	2.60×1.60－(残)1		B型II式陶鼎2，A型III式陶盒2，Ea型III式陶壶2，D型II式陶勺3	C型I式滑石璧1	墓底基本完整	BAb	一	二	
M2237	26°	(残)2.60×(残)1.70－(残)0.55		陶鼎残片		墓室和随葬器物严重被毁	BAa	不详	不详	
M2238	45°	墓底凹凸不平 2.85×1.70－(残)0.60		B型II式陶鼎2，A型III式陶盒1，陶壶2，F型陶勺2	泥半两	墓底完整	BAa	一	二	
M2239	35°	3.20×2.20－(残)0.80		陶鼎4，A型III式陶盒2，Eb型V式陶纺2，B型陶罐4	泥半两，C型II式滑石璧1，铁棺钉	墓底完整	BAb	一	二	

续附表二

墓号	方向	墓坑结构、尺寸 长×宽-深 单位:米	葬具 长×宽-高 单位:厘米	出土器物 陶瓷器	出土器物 其他	保存状况	墓葬型式	期	段	备注
M2240	290°	墓口: 3.80 × 2.60 墓底: 3.15 × 2.35 -(残)1.20	推测有椁有棺	陶鼎4, A型II式陶盒2, B型陶钫2, D型陶罐2, B型陶仓1, C型I式陶灶1, D型II式陶勺1, 陶镶领壶1, 陶瓶1	C型I式滑石璧1	墓室基本完整	BAb	一	二	
M2241	24°	(残)2.60 ×(残)1.70 -(残)0.45		陶罐1, E型陶盒1, 陶钫2	E型III式铜镜1	墓室和随葬器物严重被毁	BAa	一	二	
M2242	215°	2.85 × 2.18 -(残)1.90		陶鼎3, A型II式陶盒3, Da型武陶罐2, D型陶镶领壶2, A型II式陶勺4	C型I式滑石璧1, 滑石剑饰(剑首, 剑璏)1, 泥半两, 泥金饼	墓室完整	BAb	一	二	
M2243	20°	2.60×2 -(残)1.20		陶鼎4, A型II式陶盒3, Da型武陶罐3, C型I式陶钫2, 陶罐2, 陶熏炉1, 陶盘1, 陶勺1	C型II式滑石璧1, 泥钱, 铁棺钉	墓底完整	BAb	一	二	
M2244	300°	3 × 2 -(残)0.50		C型II式陶鼎2, 陶盒2, 陶壶2, A型陶豆2		墓底完整	BAa	一	二	
M2245	20°	2.60 × 1.60 -(残)0.80		C型II式陶鼎2, B型II式陶盒2, 陶壶2, C型II式陶勺2, E型陶匕2		墓底完整	BAa	一	二	
M2246	25°	墓口: 3.90 × 2.60 墓底: 2.50 -(残)1.80		C型II式陶鼎3, B型II式陶盒4, C型I式陶钫2, C型II式陶灶1, 陶勺3, D型矮领罐5	石黛板1, B型石研子1, B型滑石鼎2, 滑石壶2, 滑石钫2, A型IV式滑石璧1, 滑石耳杯4, 滑石盘3, 滑石勺2, 滑石剑饰(剑首, 剑璏)1	墓室完整	BAa	一	二	

续附表二

墓号	方向	墓坑结构、尺寸 长×宽－深 单位：米	葬具 长×宽－高 单位：厘米	出土器物 陶瓷器	出土器物 其他	保存状况	墓葬型式	期	段	备注
M2247	200°	3.20 × 2.36 －(残)1.60		C型Ⅱ式陶鼎3, G型Ⅱ式陶鼎2, A型Ⅲ式陶盒5, 陶盒2, A型Ⅱ式陶勺3, D型矮领罐6, 陶镶壶1, 陶薰炉1, 陶甑1	A型滑石镜1, 滑石璧, 泥半两	墓室基本完整	BAb	一	二	
M2248	199°	4×2.92－(残)0.70	推测一椁一棺以上	C型Ⅱ式陶鼎6, G型Ⅱ式陶鼎6, B型Ⅱ式陶盒4, D型Ⅱ式陶盒4, Da型Ⅱ式陶壶6, B型陶釜6, A型陶灶1, B型陶仓2, B型陶镶壶1, Ab型陶镶壶1, 陶汲水罐1, D型陶匕6, C型Ⅰ式陶勺6, C型陶罐4, C型陶瓿1	滑石"长沙邸丞"印1, 滑石"器印"1, B型Ⅰ式滑石璧1, B型滑石镜1, A型Ⅰ式玛瑙带钩1, 铁棺钉, 泥半两, A型泥金饼, 泥金版	墓室上部被毁, 墓底保存完整	BAb	一	二	
M2249	290°	2.70 × 1.60 －(残)0.60		陶鼎2, A型Ⅱ式陶盒2, 陶壶2, C型Ⅰ式陶勺1		墓底完整	BAa	一	二	
M2250	290°	2.80 × 1.70 －(残)0.90		陶鼎2, 陶盒2, Da型Ⅰ式陶壶2, 陶勺2	A型Ⅲ式滑石璧1	墓底完整	BAa	一	二	
M2251	15°	2.80 × 1.80 －2.30		陶鼎4, 陶盒4, Db型Ⅳ式陶壶5, 陶镶壶1, Ab型陶薰炉1, 陶勺4	A型Ⅳ式滑石璧1, 泥半两	墓室完整	BAa	一	二	
M2252	20°	2.65 × 1.50 －(残)0.60		陶鼎1, 陶盒2		随葬器物被毁严重	BAa	不详	不详	
M2253	120°	墓口: 2.70 × 2.40 墓底: 2.70 ×(残)2.20－0.20		陶鼎2, Db型Ⅳ式陶壶2, C型Ⅰ式陶勺2	滑石璧1, 滑石无字印1, 陶罐, 铁棺钉, 泥钱	墓底完整	BAb	一	二	

续附表二

墓号	方向	墓坑结构、尺寸 长×宽－深 单位：米	葬具 长×宽－高 单位：厘米	出土器物 陶瓷器	出土器物 其他	保存状况	墓葬型式	期	段	备注
M2254	20°	墓口：3×2.30 墓底：2.90×2.20－3.10	推测有葬有椁	陶鼎4，A型II式陶盒4，Db型IV式陶壶2，A型II式陶钫2，陶勺3	滑石璧1	墓室完整	BAb	一	二	
M2255	200°	（残）2.40×1.70－0.70		陶鼎2，A型III式陶盒2，Db型IV式陶壶2，陶勺2	滑石璧1，泥半两	墓室部分被毁	不详	一	二	和M2256为夫妻异穴合葬
M2256	200°	（残）2.80×2.30－0.70		E型陶鼎4，A型III式陶壶4，D型矮领陶罐6，陶灶1	滑石璧1，A型滑石镜1，泥半两	墓室部分被毁	不详	一	二	和M2255为夫妻异穴合葬
M2257	25°	2.90×2.10－（残）0.68		陶鼎5，A型III式陶盒3，Db型III式陶壶4，陶钫2，陶匕1	A型I式滑石璧1	墓底完整	BAb	一	二	
M2258	25°	3.20×2.50－（残）1.20		E型陶鼎3，陶盒3，A型III式陶壶3，A型III式陶盒3，陶钫4，C型I式陶钫2，D型矮领陶罐3，陶熏炉1，C型I式陶勺4，陶勺4	A型III式滑石璧1，泥半两，铁棺钉	墓室基本完整	BAb	一	二	
M2259	290°	2.75×2.10－（残）0.65		J型V式陶鼎3，陶盒2，陶罐2，J型IV式陶壶2，G型陶钫2，陶罐3，陶仓1，C型II式陶灶1，陶釜1，陶甑1，陶盘1，陶勺5	B型IV式滑石璧1，B型I式铜镜1，滑石带钩1，滑石"黄文"印1，泥五铢	墓底完整	BAb	二	五	
M2260	195°	3×1.80－（残）0.80		陶鼎2，A型III式陶盒2，Ea型II式陶壶2，陶勺3		墓底完整	BAa	一	二	

续附表二

墓号	方向	墓坑结构、尺寸 长×宽-深 单位：米	葬具 长×宽-高 单位：厘米	出土器物 陶瓷器	出土器物 其他	保存状况	墓葬型式	期	段	备注
M2261	110°	3.80×2.50-(残)0.80		陶鼎5，D型I式陶盒5，Ea型II式陶盒3，H型陶钫2，D型陶矮领罐5，陶熏炉1，陶甑1，陶釜1，C型II式陶勺4，陶勺2，E型陶匕4	滑石耳杯2，滑石杯1，滑石"李忌"印1，"右尉"印1，B型I式铜镜1，C型I式滑石璧1，A型II式滑石盒2，泥半两	墓底完整	BAa	一	二	
M2262	200°	2.70×2.10-(残)0.60		F型III式陶鼎4，陶盒4，陶壶2，H型陶钫2，陶勺4，陶甑1，陶镄1	C型I式滑石璧1，泥半两	墓底完整	BAb	一	二	
M2263	20°	3.70×2.60-(残)0.60		陶鼎7，C型II式陶盒3，Ea型II式陶盒2，D型III式陶壶4，D型陶矮领罐5，陶熏炉1，C型II式陶勺3，陶勺5	C型I式滑石璧2，滑石耳杯1，泥半两	墓底完整	BAb	一	二	
M2264	195°	2.44×1.50-(残)1.25		B型II式陶鼎2，B型II式陶盒2，陶壶2，陶勺4	铜无字印1	墓底完整	BAa	一	二	
M2265	106°	2.70×1.50-(残)1.60		B型II式陶鼎3，B型II式陶盒3，陶壶4，陶勺8	滑石璧	墓底完整	BAa	一	二	
M2266	180°	2.78×1.65-(残)1.20		陶鼎1，E型陶盒1，陶壶1，C型II式陶勺2		墓底完整	BAa	一	二	
M2267	104°	墓口：3.60×2.60 墓底：2.90×2.40-(残)0.74	推测有椁有棺	陶鼎4，H型陶钫4，D型陶矮领罐5，陶仓1，陶镄1，陶甑1，Ab型I式陶釜1，C型I式陶镦壶1	滑石镜1，玉"缧婴"印1，C型I式滑石璧1	墓底完整	BAb	一	二	

续附表二

墓号	方向	墓坑结构、尺寸 长×宽－深 单位：米	葬具 长×宽－高 单位：厘米	出土器物 陶瓷器	出土器物 其他	保存状况	墓葬型式	期	段	备注
M2268	200°	2.30×（残）0.70-（残）0.65		陶鼎1，E型陶盒1，Ea型II式陶壶2	泥半两，泥金饼	墓室及随葬品被破坏	不详	一	二	
M2269	180°	2.66×2.04-（残）1.20		C型II式陶鼎2，E型陶盒3，Ea型III式陶壶2，C型I式陶纺2，D型陶罐3，D型II式陶勺1，陶熏炉1	滑石无字印1，滑石璧1，泥半两	墓底完整	BAb	一	二	
M2270	110°	2.70×2.30-（残）2.20		陶鼎6，D型I式陶盒1，陶盒2，Ea型III式陶壶2，B型陶豆4，D型II式陶勺1		墓室基本完整	BAb	一	二	
M2271	104°	3.82×2.42-（残）1.80		陶鼎5，D型I式陶壶2，陶盒2，Ea型II式陶壶2，A型II式陶罐4，陶勺2，陶熏炉1	A型滑石镜1，滑石璧1，泥半两	墓室基本完整	BAb	一	二	
M2272	104°	2.90×2.34-（残）2		D型II式陶盒2，陶盒1，D型陶矮领罐4	铁剑1，A型滑石镜1，泥金饼，泥半两	墓室基本完整	BAb	一	二	
M2273	95°	2.72×1.92-（残）0.78		B型II式陶鼎2，B型II式陶盒2，陶壶2，A型陶豆2，F型陶勺4	滑石镜1，A型I式滑石璧1，铁棺钉	墓底完整	BAb	一	二	
M2274	8°	3.10×1.84-（残）1.10		陶鼎4，B型II式陶盒2，陶盒2，A型II式陶纺2，D型陶矮领罐3	H型I式铜镜1，A型III式滑石璧1	墓底完整	BAa	一	二	
M2275	100°	2.90×2.50-（残）1		F型III式陶鼎3，陶盒2，A型II式陶纺3，E型陶矮领罐5，陶灶1	铜扣1，滑石璧1	墓底完整	BAb	一	二	
M2276	110°	3.74×2.74-（残）1.50 墓底有两条枕木沟	推测有木质葬具	陶鼎9，B型III式陶盒2，陶盒5，C型I式陶纺2，D型陶矮领罐4，陶勺4，陶匕3	C型II式滑石璧1，滑石镜1，D型铜镜1，泥金饼	墓底完整	BAb	一	二	

续附表二

墓号	方向	墓坑结构、尺寸 长×宽-深 单位：米	葬具 长×宽-高 单位：厘米	出土器物 陶瓷器	出土器物 其他	保存状况	墓葬型式	期	段	备注
M2277	100°	3.50 × 2.10 - （残）0.64 墓底有两条枕木沟	推测有木质葬具	E型陶鼎4，陶盒2，陶钫4，C型I式陶灶1，D型陶矮领罐9	铜器残片1，C型I式滑石璧2，B型II式滑石璧3，B型滑石鼎2，滑石盒2，滑石壶1，滑石钫1，滑石耳杯1，滑石盘2，A型滑石灯1，滑石杯1，B型滑石猪1，铜镜1，滑石"彭三老印"1	墓底完整	BAa	一	二	
M2278	100°	3.20 × 2.10 - （残）1 墓底有两条枕木沟		陶鼎6，C型II式陶盒3，陶盒3，陶壶7，C型I式陶勺4	滑石璧1	墓底完整	BAa	一	二	
M2279	90°	2.70 × 2.10 - （残）0.50 墓底有两条枕木沟		陶壶4，陶盒4，B型陶钫4，C型陶矮领罐4	滑石璧1	墓底完整	BAb	一	二	
M2280	90°	3.80 × 2.30 - （残）1.70 墓底有两条枕木沟	推测有木质葬具	陶鼎5，C型II式陶盒3，陶盒3，Db型IV式陶壶4，陶钫4，A型陶盘1，E型陶罐10，陶灶1，陶勺2	铜镜1，滑石璧1	墓底完整	BAa	一	二	
M2281	105°	3.60 × 2.66 - （残）0.90 墓底有两条枕木沟	推测有木质葬具	C型III式陶鼎4，陶盒6，J型II式陶壶2，A型III式陶钫2，E型陶矮领罐4，陶熏炉1	A型V式滑石璧2，滑石"长沙司马"印1	墓底完整	BAb	一	三	
M2282	160°	3.80 × 2.30 - （残）1.10 墓底有两条枕木沟	推测有木质葬具	E型陶鼎3，C型III式陶盒4，J型I式陶钫2，B型III式陶壶2，C型II式陶罐4，陶勺1，陶匕1	C型III式滑石璧1	墓底完整	BAa	一	三	

续附表二

墓号	方向	墓坑结构、尺寸 长×宽-深 单位：米	葬具 长×宽-高 单位：厘米	出土器物 陶瓷器	出土器物 其他	保存状况	墓葬型式	期	段	备注
M2283	280°	2.80×2-（残）1.50 墓底有两条枕木沟		陶鼎2，B型Ⅱ式陶盒2，陶壶2，陶盘2，陶盘1，E型陶罐9	滑石璧	墓室基本完整	BAb	一	二	
M2284	200°	2.80×1.90-（残）1.80 墓底有两条枕木沟		陶鼎3，B型Ⅱ式陶盒3，A型Ⅱ式陶钫4，A型陶罐7，陶熏炉1	卵石	墓室基本完整	BAb	一	二	
M2285	108°	4.70×3.30-（残）2 墓底有两条枕木沟	推测有木质葬具	陶鼎6，C型Ⅱ式陶盒2，Da型武陶壶4，陶罐6，D型陶罐3，陶匜4，陶勺3	铜剑1，铜镦1，铜矛1，滑石璧1	墓室完整	BAb	一	二	
M2286	280°	2.40×1.80-（残）1.40		无	无	随葬器物全部被毁	BAb	不详	不详	
M2287	190°	3.60×2.80-2.10 墓底有两条枕木沟	推测有棺	陶鼎6，C型Ⅱ式陶盒3，陶盒2，D型陶罐4，陶豆3，陶勺3	铜镜1，C型Ⅱ式滑石璧1	墓室完整	BAb	一	二	
M2288	180°	3.10×2.70-（残）1.50 墓底有两条枕木沟	推测有木质葬具	陶鼎4，C型Ⅱ式陶盒3，陶钫4，D型陶矮领罐4，陶勺1，陶匕1	C型Ⅱ式滑石璧1，泥半两	墓室基本完整	BAb	一	二	
M2289	180°	3.20×2.80-（残）0.30		无	无	随葬器物全部被毁	BAb	不详	不详	
M2290	185°	2.80×2.10-（残）1.60 墓底有两条枕木沟		B型Ⅱ式陶鼎2，E型陶盒1，A型Ⅱ式陶钫1，C型陶矮领罐7，B型Ⅰ式陶灶1	H型Ⅰ式铜镜1，滑石璧2	墓室基本完整	BAb	一	二	

续附表二

墓号	方向	墓坑结构、尺寸 长×宽-深 单位：米	葬具 长×宽-高 单位：厘米	出土器物 陶瓷器	其他	保存状况	墓葬型式	期	段	备注
M2291	190°	3.40×2.10-（残）2.20 墓底有两条枕木沟		陶鼎5，陶盒5，Da型Ⅱ式陶壶2，C型Ⅰ式陶钫5，A型陶盘1，陶罐1，C型陶矮领罐16，D型Ⅰ式陶灶1，Ab型陶熏炉1	滑石璧1，泥半两	墓室完整	BAa	一	二	
M2292	190°	3.30×2-（残）1.45		陶鼎4，D型Ⅰ式陶盒2，Da型Ⅱ式陶壶4	滑石璧1	墓室完整，随葬器物受损	BAa	一	二	
M2293	280°	2.90×2.10-（残）0.50 墓底有两条枕木沟		F型Ⅲ式陶鼎4，B型陶钫5，陶灶1，C型陶矮领罐8	泥半两	墓室被扰	BAb	一	二	
M2294	280°	3×2-（残）2 墓底有两条枕木沟		陶鼎2，A型Ⅲ式陶盒2，陶灶1，D型Ⅰ式陶灶1，C型陶矮领罐2	滑石璧1，泥半两	墓室完整	BAa	一	二	
M2295	200°	2.88×2.50-（残）1.60 墓底有两条枕木沟		陶鼎4，A型Ⅲ式陶盒2，陶钫4，陶灶1，陶罐1	铜镜1，A型Ⅲ式滑石璧1，滑石盘1，滑石无字印1，滑石耳杯3	墓室完整	BAb	一	二	
M2296	280°	3.20×2.20-（残）1.32 墓底有两条枕木沟		B型Ⅱ式陶鼎1，陶盒1，Db型Ⅰ式陶壶1，A型Ⅱ式陶勺1		墓室完整	BAb	一	二	
M2297	280°	2.40×1.60-（残）1.47 墓底有两条枕木沟		B型Ⅱ式陶鼎2，陶盒2，Db型Ⅰ式陶壶2，陶豆2，陶杯2，陶匕1，A型Ⅱ式陶勺		墓室完整	BAa	一	二	
M2298	285°	2.60×1.60-（残）0.90 墓底有两条枕木沟		F型Ⅲ式陶鼎2，陶盒1，Da型Ⅰ式陶钫2，C型Ⅰ式陶壶1，陶灶1，陶罐2	滑石璧1	墓室完整	BAa	一	二	

续附表二

墓号	方向	墓坑结构、尺寸 长×宽－深 单位：米	葬具 长×宽－高 单位：厘米	出土器物 陶瓷器	出土器物 其他	保存状况	墓葬型式	期	段	备注
M2299	250°	3.30×2.60－（残）1.80 墓底有两条枕木沟		C型Ⅱ式陶鼎2，陶盒1，陶纺4	铜镜1，A型Ⅲ式滑石璧1	墓室完整	BAb	一	二	
M2300	280°	3.40×2.40－（残）2 墓底有两条枕木沟		陶鼎8，A型Ⅱ式陶盒2，Db型Ⅰ式陶壶4，陶勺5	滑石璧1	墓室完整	BAb	一	二	
M2301	270°	3×2.50－（残）0.50 墓底有两条枕木沟		陶鼎2，陶盒3，A型Ⅱ式陶纺4，C型陶矮领罐3，D型Ⅰ式陶灶1，陶熏炉1	铜镜1，滑石璧1	墓底完整	BAb	一	二	
M2302	285°	2.70×2.40－（残）1.10 墓底有两条枕木沟		陶鼎4，陶盒4，Db型Ⅰ式陶壶4，C型陶矮领罐3，陶匕2，陶勺2	A型滑石镜1	墓底完整	BAb	一	二	被M2303打破
M2303	285°	2.80×2.30－（残）1.30 墓底有两条枕木沟		E型陶鼎4，B型Ⅲ式陶盒2，J型Ⅰ式陶壶3，D型陶矮领罐3	C型Ⅲ式滑石璧1	墓底完整	BAb	一	三	打破M2302
M2304	105°	3.20×2.20－（残）1.10 墓底有两条枕木沟		陶鼎4，A型Ⅱ式陶盒4，陶纺4	滑石璧1	墓室被扰	BAb	一	二	
M2305	15°	3.20×2.20－（残）0.50 墓底有两条枕木沟		A型Ⅱ式陶纺2	滑石璧2	随葬器物大部分被毁	BAb	一	二	
M2306	103°	4×3.06－3.60		无		随葬器物全部被毁	BAb	不详	不详	

续附表二

墓号	方向	墓坑结构、尺寸 长×宽-深 单位：米	葬具 长×宽-高 单位：厘米	出土器物 陶瓷器	出土器物 其他	保存状况	墓葬型式	期	段	备注
M2307	188°	2.60×2-（残）0.80 墓底有两条枕木沟		G型Ⅱ式陶鼎2，陶盒2，B型陶钫2，C型陶矮领罐3	B型Ⅲ式滑石璧1，泥钱	墓底完整	BAb	一	二	
M2308	190°	2.80×2-（残）0.80 墓底有两条枕木沟		陶鼎4，A型Ⅲ式陶盒2，陶壶4，C型陶矮领罐7，陶勺3，陶匕3	B型Ⅲ式滑石璧1	墓底完整	BAb	一	二	
M2309	20°	2.70×2.10-（残）0.50 墓底有两条枕木沟		C型Ⅲ式陶鼎2，陶盒2，C型Ⅱ式陶钫4，陶罐3，D型Ⅱ式陶灶1		墓室被扰	BAb	一	三	打破M2310
M2310	20°	3.40×2.20-（残）0.50 墓底有两条枕木沟		D型陶矮领罐2，碎陶片	滑石璧1	被扰	BAa	不详	不详	被M2309打破
M2311	45°	3.50×2.60-6 墓底有两条枕木沟		陶鼎2，A型Ⅱ式陶盒2，Da型Ⅱ式陶壶2，陶匕1	铜环首刀1，滑石璧	墓室完整	BAb	一	二	
M2312	40°	2.70×1.60-（残）2.82 墓底有两条枕木沟		陶鼎2，A型Ⅲ式陶盒1，Da型Ⅱ式陶壶2，C型Ⅰ式陶勺2，陶匕2	滑石璧1	墓室完整	BAb	一	二	
M2313	84°	2.55×1.40-（残）0.35 墓底有两条枕木沟		G型Ⅱ式陶鼎1，陶盒1，H型陶钫1，陶罐1		墓底完整	BAa	一	二	
M2314	85°	2.90×2.15-（残）0.70 墓底有两条枕木沟		陶鼎3，A型Ⅱ式陶盒2，Db型Ⅲ式陶壶1		墓底完整	BAb	一	二	

续附表二

墓号	方向	墓坑结构、尺寸 长×宽-深 单位：米	葬具 长×宽-高 单位：厘米	出土器物 陶瓷器	出土器物 其他	保存状况	墓葬型式	期	段	备注
M2315	260°	（残）2.40×1.40-（残）1.70		陶鼎2，陶盒2，Db型Ⅲ式陶壶2，陶罐1，陶勺2	铜剑饰	墓室一端被毁	BAa	一	二	
M2316	80°	2.90×1.20-（残）1.60 墓底有两条枕木沟		B型Ⅱ式陶鼎1，陶盒1，陶壶1，陶豆1，陶熏炉1		墓室被扰	BAa	一	二	
M2317	110°	2.80×2-（残）1.30 墓底有两条枕木沟		B型Ⅱ式陶鼎2，E型陶盒2，Ea型Ⅱ式陶壶2		墓室被扰	BAb	一	二	
M2318	30°	3.67×2.50-（残）1.20 墓底有两条枕木沟		C型Ⅰ式陶鼎2，F型Ⅰ式陶盒2，E型陶壶1，Db型Ⅱ式陶壶1，A型Ⅰ式陶纺1，陶熏炉1		墓室被扰	BAb	一	一	
M2319	40°	2.60×1.70-（残）1.40 墓底有两条枕木沟		陶鼎3，E型陶盒3，陶壶3，A型Ⅱ式陶锥壶1，Ab型Ⅰ式陶纺3，陶熏炉1		墓室完整	BAa	一	二	
M2320	130°	3×2.30-1.75 墓底有两条枕木沟		E型陶鼎3，陶盒3，Ea型Ⅰ式陶壶3，C型陶罐5，A型陶盘		墓室完整	BAb	一	二	
M2321	135°	（残）1.10×2-（残）0.30		J型Ⅲ式陶鼎1，陶盒J型Ⅲ式陶壶1，陶灶1，陶罐1，C型硬陶罐2	铁棺钉2	墓室一端被毁	不详	二	四	
M2322	140°	3.85×2.40-（残）0.60 墓底有两条枕木沟		J型Ⅲ式陶鼎3，D型陶壶3，J型Ⅲ式陶纺3，A型Ⅳ式陶纺2，D型Ⅲ式陶灶1，B型Ⅰ式陶井1，Ab型Ⅱ式陶锥壶1，B型Ⅰ式陶熏炉1，C型硬陶罐4	铜矛，铁刀1，铜五铢，C型泥金饼	墓底完整	BAa	二	四	

续附表二

墓号	方向	墓坑结构、尺寸 长×宽-深 单位:米	葬具 长×宽-高 单位:厘米	出土器物 陶瓷器	出土器物 其他	保存状况	墓葬型式	期	段	备注
M2323	30°	2.70×1.70-(残)1.90 墓底有两条枕木沟		C型Ⅱ式陶鼎2，A型Ⅲ式陶盒2，Db型Ⅲ式陶壶2，陶匕3		墓室完整	BAa	一	二	
M2324	145°	2.60×1.56-(残)0.40 墓底有两条枕木沟		F型Ⅲ式陶鼎1，Db型Ⅲ式陶壶2，A型陶豆1		墓底完整	BAa	一	二	
M2325	320°	3×2-(残)1 墓底有两条枕木沟		F型Ⅰ式陶鼎1，E型陶盒1，Ea型Ⅰ式陶壶1，陶盘1，陶匕1		被扰	BAa	一	一	
M2326	315°	2.90×2.20-(残)1		残陶片		随葬器物被M2327毁坏	BAb	一	一	
M2327	145°	3.50×2.80-(残)0.75		J型Ⅲ式陶鼎2，J型Ⅲ式陶壶4，A型Ⅱ陶盆4，A型Ⅳ式陶钫3，A型Ⅱ式陶盒3，A型Ⅰ式陶井1，Ba型Ⅰ式陶壶1，D型Ⅲ式陶灶1，陶罐壶2，陶釜3，陶熏炉2，A型硬陶罐7	铁刀1，滑石璧	墓底完整	BAb	二	四	打破M2326
M2328	305°	3×2.70-(残)1.70		J型Ⅲ式陶鼎2，J型Ⅲ式陶壶2		被扰	BAb	二	四	
M2329	315°	2.60×1.30-(残)0.50		J型Ⅲ式陶鼎1，D型Ⅲ式陶盒1，J型Ⅳ式陶壶1，陶豆1，陶勺1，陶匕1		墓底完整	BAa	二	五	
M2330	140°	2.20×1.50-(残)0.40		J型Ⅲ式陶鼎1，D型Ⅲ式陶盒1，陶壶1		墓底完整	BAa	二	五	

续附表二

墓号	方向	墓坑结构、尺寸 长×宽-深 单位:米	葬具 长×宽-高 单位:厘米	出土器物 陶瓷器	出土器物 其他	保存状况	墓葬型式	期	段	备注
M2331	195°	墓底凹凸不平 墓口:2.50×1.76 墓底:2.40×1.68-（残）0.60		E型陶鼎1，陶壶1，A型Ⅱ式陶钫1，陶灶1，C型陶矮领罐2	泥半两	墓底完整	BAb	一	二	
M2332	195°	3.40×2-（残）0.70		J型Ⅳ式陶鼎2，D型Ⅲ式陶盒3，陶壶4，G型陶钫2，陶熏炉1，陶镟壶1，D型陶矮领罐3	C型Ⅳ式滑石璧1	墓底完整	BAa	二	五	
M2333	110°	（残）3.10×2.30-（残）1.60		陶鼎3，D型Ⅱ式陶盒3，陶壶3，陶钫2，陶罐5	C型Ⅳ式滑石璧1，D型泥金饼，泥五铢	墓室一端被毁	BAb	二	四	
M2334	100°	3.20×2.40-2.50		陶鼎2，D型Ⅱ式陶盒2，陶壶2，陶钫2，陶灶A型陶盘3	铜器残片，B型Ⅴ式滑石璧1，滑石璧1	墓室完整	BAb	二	四	
M2335	105°	2.90×1.90-1.70 墓底有两条枕木沟		陶鼎2，B型Ⅴ式陶盒2，J型Ⅲ式陶壶2		墓室完整	BAa	二	四	
M2336	105°	2.60×1.90-（残）1.30 墓底有两条枕木沟		陶鼎1，Ea型Ⅰ式陶盒1，A型Ⅱ式陶钫2，A型陶盘2，C型陶矮领罐4		墓底完整	BAb	一	二	
M2337	105°	3.20×2.10-（残）2.20 墓底有两条枕木沟		陶鼎4，A型Ⅱ式陶盒4，Db型Ⅰ式陶壶4，陶豆4，陶勺2，陶匕1		墓室完整	BAa	一	三	
M2338	110°	2.70×1.50-（残）1.20 墓底有两条枕木沟		E型陶鼎1，陶盒1，Da型Ⅰ式陶壶1，A型Ⅱ式陶钫1，陶罐1，陶灶1		墓底完整	BAa	一	二	

续附表二

墓号	方向	墓坑结构、尺寸 长×宽-深 单位：米	葬具 长×宽-高 单位：厘米	出土器物 陶瓷器（陶器）	出土器物 其他	保存状况	墓葬型式	期	段	备注
M2339	105°	3×2-（残）0.80 墓底有两条枕木沟		J型Ⅲ式陶鼎2，陶盒3，陶壶3，A型Ⅳ式陶钫2，D型Ⅲ式陶灶1，陶熏炉1，D型陶矮领罐3	铜镜1，A型Ⅴ式滑石璧1，泥金饼，泥五铢	墓底完整	BAa	二	四	
M2340	280°	2.90×1.65-（残）1		B型Ⅱ式陶鼎2，陶盒2，Da型Ⅱ式陶壶2，陶勺2，陶匕1		墓底完整	BAa	一	二	
M2341	310°	3.05×1.65-（残）0.60		陶壶1		主要随葬器物被毁	BAa	不详	不详	
M2342	290°	2.75×1.25-（残）1.60	推测有木质葬具	C型Ⅱ式陶鼎2，A型Ⅱ式陶盒2，陶壶2		墓室基本完整	BAa	一	二	
M2343	100°	3.70×3.20-（残）1.80 墓底有两条枕木沟	推测一椁一棺以上	F型Ⅲ式陶鼎1，陶盒1，Da型Ⅱ式陶壶1，C型Ⅰ式陶钫2，陶灶1，陶罐1	铁器1，滑石璧1	墓室基本完整	BAb	一	二	
M2344	155°	3.80×2.40-1.45	推测一椁一棺以上	陶鼎2，D型Ⅱ式陶盒2，J型Ⅲ式陶壶2，A型Ⅳ式陶钫2，D型Ⅲ式陶灶1，Ba型Ⅰ式陶井1，Ab型Ⅱ式陶镶壶1，B型Ⅰ式陶熏炉1，A型硬陶罐6	铜镶壶1，残铁釜1，B型Ⅴ式滑石璧1，C型泥金饼	墓室基本完整	BAa	二	四	
M2345	280°	3.63×2.40-4.30 墓底有两条枕木沟	推测一椁一棺以上	E型陶鼎2，A型Ⅳ式陶盒2，J型Ⅳ式陶壶2，C型Ⅲ式陶钫4，D型Ⅲ式陶灶2，陶罐1，A型Ⅲ式陶罐3	B型泥金饼，泥五铢	墓室完整	BAa	三	五	
M2346	299°	2.70×1.80-2.30 墓底有两条枕木沟		E型陶鼎1，陶壶1，A型Ⅳ式陶盒1，A型Ⅱ式陶钫1，A型Ⅱ式陶盆1	铁棺钉1，滑石璧1，B型滑石鼎1	墓室完整	BAa	二	四	

续附表二

墓号	方向	墓坑结构、尺寸 长×宽-深 单位：米	葬具 长×宽-高 单位：厘米	出土器物 陶瓷器	出土器物 其他	保存状况	墓葬型式	期	段	备注
M2347	300°	3.30 × 2.20（残）1.70 墓底有两条枕木沟		G型II式陶鼎2，陶盒3，Da型II式陶壶2，陶钫2，陶灶1，C型陶矮领罐2，陶镶壶1，陶熏炉1，A型硬陶罐5	铁斧1，B型III式滑石璧1，泥五铢	墓室完整	BAa	一	二	
M2348	115°	2.60 × 1.60 1.60 墓底有两条枕木沟		E型陶鼎2，B型II式陶盒2，C型I式陶钫2，陶灶1，A型硬陶罐3		墓室完整	BAa	一	二	
M2349	145°	3.85 × 2.35 3.10 墓底有两条枕木沟		G型II式陶鼎2，D型I式陶盒2，陶壶2，C型I式陶钫2，陶镶壶1，陶钵1，B型I式陶灶1，C型陶矮领罐1，A型硬陶罐5	铁棺钉1，石黛板1，滑石璧1	墓室完整	BAa	一	二	
M2350	352°	2.80 × 1.68 2.75 墓底有两条枕木沟		E型陶鼎2，A型II式陶盒2，陶壶3		墓室完整	BAa	一	二	
M2351	143°	3.20×2.10-3 墓底有两条枕木沟		J型V式陶鼎2，B型V式陶盒2，陶壶2，陶钫2，D型III式陶灶1，A型硬陶罐5	铁棺钉1，滑石璧1，泥五铢	墓室完整	BAa	二	五	
M2352	345°	2.55 × 1.77 1.27 墓底有两条枕木沟		陶鼎4，J型IV式陶壶2，陶钫2，陶盆1		墓室完整	BAb	二	五	
M2353	145°	3.27 × 2.16 2.96 墓底有两条枕木沟		J型V式陶盒2，B型V式陶壶2，J型IV式陶壶2，G型陶钫2，陶罐1	铜镜1，滑石璧1，泥金饼	墓室完整	BAa	二	五	

续附表二

墓号	方向	墓坑结构、尺寸 长×宽-深 单位:米	葬具 长×宽-高 单位:厘米	出土器物 陶瓷器	出土器物 其他	保存状况	墓葬型式	期	段	备注
M2354	285°	2.40×1.23 -（残）1 墓底有两条枕木沟		J型Ⅰ式陶鼎1，异形陶盒1，陶壶1，陶盆1，陶杯1，D型Ⅱ式陶灶1，A型硬陶罐4	泥五铢	墓底完整	BAa	一	三	
M2355	148°	3.60×2 -3.90 墓底有两条枕木沟		J型Ⅳ式陶鼎1，B型Ⅳ式陶盒2，陶壶4，A型Ⅳ式铜钫2，陶熏炉1，陶钵1，Ba型Ⅱ式陶井1，陶灶1	Ⅰ型Ⅲ式铜镜1，滑石璧1，泥金饼	墓室完整	BAb	二	四	
M2356	80°	2.90×2.70 -1.80		B型Ⅴ式陶盒1，C型硬陶罐10	泥五铢	被扰	BAb	二	四	
M2357	280°	（残）1.25×（残）0.90 -（残）1		J型Ⅲ式陶壶2，陶钵1，陶灶1，C型硬陶罐6		墓室和随葬器物受损	不详	二	四	
M2358	335°	2.95×1.80 -2.15	推测一椁一棺以上	E型陶鼎2，B型Ⅱ式陶盒2，C型Ⅰ式陶钫2		墓室完整	BAa	一	二	
M2359	290°	3.50×2.20 -2.40 墓底有两条枕木沟		E型陶鼎3，B型Ⅴ式陶盒3，Db型Ⅴ式陶壶3，D型陶钫3，H型陶灶1，C型陶仓1，陶熏炉1，B型硬陶罐6	铁棺钉1，泥五铢	墓室完整	BAa	二	四	打破84狮子山M45
M2360	85°	3.50×2.15 -1.75 墓底有两条枕木沟		J型Ⅴ式陶鼎2，B型Ⅵ式陶盒2，J型Ⅳ式陶壶4，陶灶2，A型陶碗1，C型Ⅱ式陶钵1，Ba型Ⅱ式陶井1，A型Ⅰ式陶钵1，B型Ⅱ式硬陶罐3，C型陶熏炉1	铁棺钉1，C型Ⅳ式滑石璧1，B型泥金饼	墓室完整	BAa	二	五	打破M2361

续附表二

墓号	方向	墓坑结构、尺寸 长×宽-深 单位：米	葬具 长×宽-高 单位：厘米	出土器物 陶瓷器	出土器物 其他	保存状况	墓葬型式	期	段	备注
M2361	85°	3×2-2.10 墓底有两条枕木沟		陶鼎 4，B 型 IV 式陶盒 3，A 型 IV 式陶纺 4，C 型硬陶罐 5	C 型 IV 式滑石璧 1，无字滑石印章，泥五铢，泥金饼	墓室完整	BAa	二	四	同时被 M2360 和 M2362 打破
M2362	85°	斜坡墓道（残）1.80×2.95，距墓底 0.38 4.95×3.40-（残）1.65 墓底有两条枕木沟	推测有木质葬具	J 型 IV 式陶鼎 3，陶鼎 2，B 型 VI 式陶盒 2，D 型 III 式陶盒 2，陶盒 1，J 型 IV 式陶壶 4，陶壶 2，F 型陶纺 5，D 型 IV 式陶灶 1，陶灶 1，A 型 III 式陶井 1，Ba 型 III 式陶井 1，陶熏炉 1，B 型陶薰炉 2，C 型 III 式陶耳杯 2，C 型陶钵 3，A 型陶盆 3，A 型硬陶罐 14	C 型 II 式铜镜 1，铜饰件 1，铁刀 1，石黛板 1，B 型 IV 式滑石璧 2，铜五铢，泥五铢，A 型泥金饼，B 型泥金饼，C 型泥金饼，泥金版	墓室完整	BAb	二	五	打破 M2361 和 84 狮子山 M66，M69 及 M70
M2363	100°	斜坡墓道：2.40×1.50，距墓底 1.60 墓口：3×2.25 墓底：2.90×2.20-2.70 墓底有两条枕木沟	推测有一椁一棺	B 型 I 式陶鼎 4，D 型 I 式陶盒 5，B 型陶盆 4，A 型 I 式陶盆 4	A 型 I 式铜鼎 1，铜釦器 4，铜樽 1	墓室完整	BBa I	一	一	
M2364	100°	2.70×1.40-2.30		陶鼎 2，A 型 II 式陶盒 2，陶壶 2，陶豆 2		墓室完整	BAa	一	二	
M2365	100°	3×2-（残）0.50		B 型 II 式陶鼎 2，陶盒 2，Eb 型 III 式陶壶 2，陶勺 1，陶匜 1		墓底完整	BAa	一	二	
M2366	90°	3.10×2.15-（残）1.20	推测有一椁一棺	B 型 I 式陶鼎 2，C 型 I 式陶盒 2，Db 型 I 式陶壶 2	A 型铜镜 1，铜剑 1，残铜盒 1，铁矛 1，残玉器 1，银"长信侯口"印 1	墓底完整	BAb	一	一	

续附表二

墓号	方向	墓坑结构、尺寸 长×宽-深 单位：米	葬具 长×宽-高 单位：厘米	出土器物 陶瓷器	出土器物 其他	保存状况	墓葬型式	期	段	备注
M2367	275°	3×2-（残）0.30		E型陶鼎3，陶盒3，Eb型Ⅲ式陶壶3，陶熏炉1，陶盘1，陶勺2	铜镜1	墓底完整	BAa	一	二	
M2368	270°	2.70×1.70-（残）1		陶鼎2，B型Ⅱ式陶盒2，Eb型Ⅲ式陶壶2，陶盘1		墓底完整	BAa	一	二	
M2369	100°	2.70×1.60-（残）1.20		陶鼎2，B型Ⅱ式陶盒2，陶壶2，陶勺1		墓底完整	BAa	一	二	
M2370	180°	3.50×2.40-2		陶鼎2，C型Ⅰ式陶盒2，Eb型Ⅲ式陶壶2，H型陶钫2，陶豆1	铜剑1，铜戈1，铜镜1，铜钫1，铜镈1	墓室完整	BAb	一	二	
M2371	180°	3×1.70-（残）0.50	推测有椁有棺	E型陶鼎2，D型Ⅰ式陶盒2，Db型Ⅳ式陶壶2，D型Ⅱ式陶勺1，E型陶匕1	A型Ⅰ式铜带钩1	墓底完整	BAa	一	二	
M2372	180°	3.50×2.60-（残）0.80	推测一椁一棺以上	C型Ⅱ式陶鼎2，D型陶盒2，B型Ⅲ式陶壶1，D型陶鼎2，D型Ⅰ式陶盒3，Db型Ⅲ式陶壶3，G型陶壶1，F型陶勺2，A型陶盘1，D型陶匕1	B型滑石镜1，C型Ⅱ式滑石璧1	墓室完整	BAb	一	二	
M2373	180°	2.70×2.00-（残）0.15	推测有木质葬具	D型陶鼎1，B型Ⅱ式陶盒1，陶壶1，陶盘1	滑石矛1，滑石带钩1，滑石镦1	墓室和随葬器物被毁	BAb	一	二	
M2374	275°	2.80×1.80-（残）0.60		A型陶鼎7，A型Ⅰ式陶盒5，A型Ⅰ式陶壶4	A型铜镜1，泥半两	墓底完整	BAa	一	一	
M2375	80°	4.20×3-（残）1.10	推测一椁一棺以上	F型Ⅲ式陶鼎8，H型陶鼎5，D型Ⅰ式陶盒5，Eb型Ⅱ式陶壶2，B型陶钫2，Ea型Ⅰ式陶壶11，B型Ⅰ式陶勺9，B型Ⅰ式陶匕6，A型陶罐2，Ab型陶熏炉1，A型Ⅰ式陶高领陶罐1		墓底完整	BAb	一	一	

续附表二

墓号	方向	墓坑结构、尺寸 长×宽-深 单位：米	葬具 长×宽-高 单位：厘米	出土器物 陶瓷器	出土器物 其他	保存状况	墓葬型式	期	段	备注
M2376	95°	4.20 × 3.10 – 2.10		D型陶鼎4、C型II式陶鼎3、陶鼎3、陶盒5、Db型II式陶壶5、陶壶4、A型陶盘2、陶盘3、陶匜6、陶勺6	铜剑1，铜戈1	墓室完整	BAb	一	二	
M2377	275°	2.60 × 1.70 – 2.10		陶鼎3、B型II式陶盒2、Db型III式陶壶3、陶纺2、C型陶矮领罐3	C型II式滑石璧1	墓室完整	BAa	一	二	
M2378	280°	4 × 2.20 – 2.40	推测有木质葬具	陶盒2、陶壶2、C型II式陶纺2、D型陶罐2、A型硬陶罐1	B型IV式滑石璧1	墓室完整	BAa	一	二	
M2379	100°	3.30 × 2.30 – 2.50（残）	推测一椁一棺以上	C型II式陶鼎4、C型II式陶盒4、H型I式陶壶4、I式陶纺2、陶罐2、A型II式硬陶罐1	B型I式铜镜1，铁矛1	墓室完整	BAb	一	二	
M2380	100°	3×2.20 –（残）2.20		陶鼎2、B型II式陶盒2、陶壶2、H型陶纺2、C型陶矮领罐4、B型I式陶罐1	铜饰件1，B型泥金饼	墓室完整	BAb	一	二	
M2381	170°	3.30 × 2.30 –（残）2.40		陶鼎3、陶盒2、H型I式陶壶2、B型陶纺2、D型II式陶灶1	C型II式滑石璧1	墓室完整	BAb	一	二	
M2382	285°	2.90×2 –（残）1.20		陶鼎2、B型II式陶壶2、H型III式陶壶2、H型陶纺2、D型II式陶灶1	C型II式滑石璧1	墓室完整	BAb	一	二	
M2383	285°	2.70 × 2.10 –（残）1.90		陶鼎4、陶壶4、H型II式陶壶4、C型I式陶纺2、陶灶1	C型II式滑石璧1	墓室完整	BAb	一	二	
M2396	20°	青灰墓砖铺底的竖穴土坑墓 4.80 × 3.20 –（残）0.90	墓底残留三块棺椁板，推测一棺一椁以上	B型硬陶罐2	D型I式滑石璧1	墓室完整	BC型	五	八	

附表三

沅水下游汉代砖室墓登记表

墓号	方向	墓葬结构及规格 长×宽－高 单位：米	墓砖规格及纹样 长×宽－厚 单位：厘米	出土器物	保存状况	墓葬型式	期	段	备注
M2384	345°	长方形券顶单室砖室墓，墓底为单砖平铺 墓室：3.62×1.48－（残）1	30×15～16－5 饰几何纹	M型陶鼎1，H型Ⅱ式陶壶1，B型Ⅲ式陶灶1，D型陶井1，C型陶镶壶1，B型Ⅵ式陶熏炉1，陶熏炉盖1，A型Ⅳ式陶罐1，A型Ⅱ式陶器盖3，陶罐1，A型硬陶罐2，C型硬陶罐1，V式硬陶双耳罐1，P型铜镜1，D型Ⅰ式滑石璧，铁棺钉，铜五铢	券顶已垮，墓被扰乱	CA	六	九	
M2385	190°	带甬道，左右侧室和后室的"亚"字形券顶砖室墓 墓室：4.74×4.50－（残）0.70 甬道：1.36×1.70 后室：2.60×1.70 左右侧室：1.40×0.90	饰几何纹	K型Ⅱ式陶壶2，C型硬陶罐8，C型Ⅰ式釉陶鼎1，A型釉陶灶1，A型釉陶碗1，釉陶盒1，D型Ⅰ式滑石璧1	墓室券顶、墓壁、随葬器物被毁	CJ	六	九	
M2386	180°	带甬道，主室和后室的"中"字形券顶砖室墓，墓底为单砖平铺 墓室：（残）6.60×3.52－（残）0.70	34×16－5 饰几何纹	陶罐3，陶镶壶1，A型陶案2，C型Ⅱ式釉陶鼎3，A型釉陶灶1，釉陶器盖1，釉陶勺2，釉陶耳杯4，B型釉陶碗2，铜带钩1，釉陶杯1，料珠	券顶已垮，墓室和砖壁被扰	CBⅠ	六	九	
M2387	105°	长方形单室券顶砖室墓，壁为单砖错缝平砌 墓室：4.36×1.22－（残）0.74	30～34×15～17－2、4，和5～5.5 饰几何纹	B型陶灯1，残陶片，青瓷碗1	券顶毁，随葬器物被毁	CA	六	九	

续附表三

墓号	方向	墓葬结构及规格 长 × 宽 - 高 单位：米	墓砖规格及纹样 长 × 宽 - 厚 单位：厘米	出 土 器 物	保存状况	墓葬型式	期	段	备注
M2388	100°	长方形单室券顶砖室墓 墓室：4 × 1.12 -（残） 0.88	墓砖有 3 种规格，其中楔形砖 1 种 饰几何纹	K 型 I 式陶壶 1，B 型 II 式陶罐 4，C 型硬陶罐 3，A 型 I 式釉陶鼎 2，釉陶灶 1，釉陶仓盖 1，铜镜 1，D 型 I 式滑石璧 1，铜五铢	券顶塌，樟为单砖错缝平砌；随葬器物被毁	CA	五	八	
M2389	100°	长方形单室券顶砖室墓 砖樟：3.80 × 1.82 -（残） 0.50	墓砖有 3 种规格，其中有楔形的砖 1 种 饰几何纹	K 型 I 式陶壶 2，B 型陶碗 4，陶罐 2，B 型 II 式陶灶 1，陶釜 1，陶仓顶 1，C 型硬陶罐 1，釉陶壶 1，釉陶灯 1，铜镜 1，玉带钩 1	券顶塌，樟为单砖错缝平砌；随葬器物被毁	CA	五	八	
M2390	200°	带甫道，主室和后室的"中"字形券顶砖室墓 墓室：10.48 × 4.08 - 0.10～1.14 墓底铺为单砖平铺	34 × 16 - 5 饰几何纹	E 型陶罐 1，A 型陶案 1，陶瓦当 1，C 型硬陶罐 1，A 型釉陶井 1，釉陶狗 1，A 型釉陶鼎 1，釉陶壶 1，III 式釉陶灶 1，C 型釉陶楼 1，釉陶猪 1，C 型釉陶熏炉 1，釉陶杯 1，釉陶屋顶 1，A 型釉陶灯 1，B 型釉陶碗 1，釉陶猪圈 1，C 型铜弩机 1，C 型 II 式滑石猪 4，铁棺钉，残铁器，铜五铢	券顶垮，墓室被扰	CB I	七	十	
M2392	190°	长方形单室券顶砖室墓 墓室：3.40 × 1.90 -（残） 1.10 樟单砖错缝平砌 墓底铺"人"字形砖	饰几何纹	无	券顶塌，随葬器物全部被毁	CA	五	八	
M2393	170°	长方形单室券顶砖室墓 墓室：4 × 1.38 -（残） 1.60 砖樟单砖错缝平砌 墓底铺"人"字形砖	饰几何纹	无	券顶塌，随葬器物全部被毁	CA	五	八	

续附表三

墓号	方向	墓葬结构及规格 长×宽-高 单位：米	墓砖规格及纹样 长×宽-厚 单位：厘米	出土器物	保存状况	墓葬型式	期	段	备注
M2394	320°	带甬道的"凸"形券顶砖室墓 墓室：（残）6×3.20-（残）0~1.70 砖椁为双排主砖错缝平砌 墓底铺"人"字形砖	缺	陶罐 1，C 型釉陶灶 1，釉陶仓 1，釉陶猪圈 1，Q 型铜镜 1，Ob 型铜镜 1，铜带钩 1，铁环首刀 1，料珠，石器 1	券顶全被毁，随葬器物部分被毁	CC	七	十	
M2395	190°	长方形单室券顶砖室墓 墓室：4.65×2.40-（残）0.10~0.50 墓底单砖平铺	36×16-5 饰几何纹	E 型陶罐 4，B 型Ⅲ式陶灶 1，D 型陶甑 1，B 型Ⅴ式陶瓿 1，C 型陶熏炉 1，陶鸡 2，A 型陶灯 1，A 型硬陶罐 4，釉陶把杯 2，银戒指 1，铜五铢，玻璃珠	券顶已垮，墓室被扰乱	CA	六	九	
M2397	105°	长方形单室券顶砖室墓 墓室：4.20×1.52-（残）0.50~0.58 砖椁为双排主砖错缝平砌 墓底铺地砖平铺	36×16-5 饰几何纹	C 型硬陶罐 1，釉陶盘 1	券顶已毁，随葬器物被毁	CA	五	八	
M2398	105°	带甬道的"凸"形券顶砖室墓 墓室：5.90×2.10-（残）0~1.70 甬道：0.70×1.88 墓底铺地砖双层平铺	缺	C 型硬陶罐 1，釉陶盘 1，B 型Ⅱ式铜带钩 1	券顶已毁，随葬器物大部分被毁	CC	七	十	
M2399	110°	带甬道的"刀"形券顶砖室墓 墓室：5.10×2.36-（残）0.50 甬道：1.10×1.70	缺	碎釉陶片	砖椁、券顶和铺底砖已毁，随葬器物被毁	CE	不详	不详	

续附表三

墓号	方向	墓葬结构及规格 长×宽-高 单位:米	墓砖规格及纹样 长×宽-厚 单位:厘米	出土器物	保存状况	墓葬型式	期	段	备注
M2400	100°	带短甬道的"凸"形券顶砖室墓 墓室:4.28×1.76-(残)1.35~1.50	36×16-5 饰几何纹	M型陶鼎1,陶灶1,D型陶井1,B型陶灯1,B型V式陶熏炉1,C型硬陶罐3,石黛板1,铜箭镞1,玻璃珠,铜五铢,E型I式滑石璧1	券顶塌,墓室被扰乱	CC	六	九	
M2401	275°	带甬道、主室和后室的"中"字形券顶砖室墓 墓室:8.15×3.42-(残)0.50~3.05 墓底为单层"人"字形平铺砖	37×18-5 饰几何纹	C型硬陶罐1,A型I式釉陶鼎1,釉陶壶1,釉陶镶壶1,釉陶熏炉1,B型釉陶熏炉1,A型I式釉陶仓1,滑石"汉寿左尉"印1,铜"武乡"印1,Ob型铜镜1,M型II式铜镜1,Oa型铜镜1,Q型铜镜1,铜釪1,F型滑石璧1,E型II式滑石璧1,C型I式滑石猪2,石镇纸1,铜五铢	券顶部分保存,墓室和砖椁部分被扰乱	CB I	六	九	
M2402	30°	并列双室券顶砖室墓 墓室:(残)5×2.76-(残)0~0.25	32×16-4.5 饰几何纹	无	砖椁、券顶和铺地砖均已毁,随葬器物均被毁	CF I	六	九	
M2403	110°	带甬道的"刀"形券顶砖室墓 墓室:(残)2.40×2-(残)0~0.50 甬道:1.10×1.82	36×18-5 饰几何纹	无	券顶、铺地砖和部分砖椁已毁,随葬器物被毁	CE	不详	不详	
M2404	110°	长方形单室券顶砖室墓 墓室:(残)2.76×2.62-(残)0~0.40 铺地砖为侧砌	36×18-5 饰几何纹	无	券顶、砖椁及随葬器物被毁	CA	五	八	

续附表三

墓号	方向	墓葬结构及规格 长×宽-高 单位：米	墓砖规格及纹样 长×宽-厚 单位：厘米	出 土 器 物	保存状况	墓葬型式	期	段	备注
M2405	355°	带甬道的"刀"形券顶砖室墓 墓室：(残) 4.15×3.32-(残) 0~0.40	38×18-5 饰几何纹	无	券顶、铺地砖和部分砖榫已毁，随葬器物被毁	CE	不详	不详	
M2406	175°	长方形单室券顶砖墓 墓室：(残) 2.10×1.56-(残) 0~0.40	38×18-5 饰几何纹	无	券顶、铺地砖和部分砖榫已毁，随葬器物被毁	CA	五	八	
M2407	135°	带甬道、主室和后室的"中"形券顶砖室墓 墓室：9.30×3.30-(残) 0.20~0.6 甬道：3×1.75 主室：3.60×3.30 后室：2.70×1.65	38×18-5 饰几何纹	无	券顶、铺地砖已毁，随葬器物被毁	CBⅠ	六	九	
M2408	210°	带短甬道的"凸"字形券顶砖室墓 墓室：7.12×2.42-(残) 0~1.90 单砖错缝平砌砖榫 墓底为单砖平铺	36×16-5 饰几何纹	C型硬陶罐5，C型Ⅲ式釉陶鼎1，A型釉陶灶1，B型釉陶井1，A型釉陶熏炉1，B型釉陶仓1，Ⅱ式釉陶楼1，B型Ⅱ式釉陶灯1，釉陶盘1，釉陶耳杯1，釉陶勺1，铜"口长之印"印1，A型Ⅲ式铜钫盖1，P型铜镜1，Oa型铜镜1，A型Ⅲ式铜碗1，A型Ⅲ式铜带钩1，Ⅲ式铜盘1，A型铜釜1，C型Ⅱ式铜剑1，铜钩1，铜灯1，D型Ⅰ式铜鐎1，铜首1，Ⅲ式滑石璧1，玛瑙管1，玻璃珠，铜五铢，货泉	券顶已垮，墓室部分被扰乱	CC	六	九	

续附表三

墓号	方向	墓葬结构及规格 长×宽-高 单位：米	墓砖规格及纹样 长×宽-厚 单位：厘米	出土器物	保存状况	墓葬型式	期	段	备注
M2409	135°	带并列双甬道、双主室和双后室的多室砖室墓 墓室：10.46 × 8.68 -（残）1.20	34×17-4~5 饰几何纹	A型陶案 2，C型硬陶罐 1，青瓷碗 8，B型I式青瓷四系坛 3，B型II青瓷六系坛 1，A型釉陶鼎 1，釉陶镶坛 1，A型釉陶熏炉 1，C型釉陶壶 1，A型釉陶井 1，D型釉陶猪圈 1，III式釉陶灶 1，釉陶鸡和鸡II式釉陶猪和猪圈 1，釉陶楼 1，釉陶杯 1，B合 1，II式釉陶盘 1，B型I式釉陶灯 1，釉陶鸡舍 1，A型I式釉陶仓 1，B型釉陶金 1，B型I式釉陶猪圈 1，M型III式铜镜 1，铜印章 1，铜洗 1，B型I式铜带钩 1，铜带钩 1，A型铜章 1，铜铃形器 2，III式釉陶猪圈 1，铜管 1，铁剑 1，A型铜弩机 1，铜五铢	券顶已垮，墓曾被扰乱；墓室铺地砖结构不详	CF II	七	十	
M2410	340°	长方形单室券顶砖室墓 墓室：(残) 3.87 ×（残）0.83 -（残）0~0.20	36×18-5 饰几何纹	无	券顶、铺地砖和部分砖椁已毁，随葬器物被毁	CA	不详	不详	
M2411	175°	长方形单室券顶砖室墓 墓室：6×2.20-（残）0~0.10	32×16-4.5 饰几何纹	N型I式铜镜 1，滑石璧 1，玛瑙饰件 2	券顶、铺地砖和砖椁已毁，随葬器物大部分被毁	CA	六	九	
M2412 和 M2413	85°	带双甬道、双主室和双后室的并列双室券顶砖室墓 墓室：10.70 × 6.42 -（残）0.30~0.50 封门呈弧形 墓底为三层"人"字形铺地砖	墓砖有5种 31.5~32×14.5~16-4~5 饰几何纹	Qb型铜镜 1，铜五铢，釉陶和泥质红陶陶片，石镞 1	券顶残损，墓室砖被扰乱	CF II	六	九	

续附表三

墓号	方向	墓葬结构及规格 长×宽－高 单位：米	墓砖规格及纹样 长－宽－厚 单位：厘米	出 土 器 物	保存状况	墓葬型式	期	段	备注
M2414 和 M2415	80°	带双甬道和双主室的并列双室券顶砖室墓 墓室：5.20×4.76－（残）0～0.52 封门为青砖侧砌 墓底铺地砖第一层为青砖侧砌，第二层为"人"字形平铺	墓砖有 5 种 32～33×14.5～16－4～5 饰几何纹	铜簪形器 1，釉陶井 1，釉陶灶 1，釉陶屋 1，釉陶灯 1，釉陶猪圈 1，C 型 Ⅱ 式滑石猪 1，铜五铢	券顶塌，墓顶碎片，墓室和砖椁部分被扰乱	CFⅡ	六	九	
M2416	360°	带甬道和主室的四角攒顶穹隆式券顶砖室墓 墓室：6.22×3.72－（残）1.20～1.56 其中甬道：2.50×1.90－（残）0.90～1.56；主室：3.72×3.72－0.90～1.32 墓底为三层"人"字形铺地砖	墓砖有 3 种 31×16.5－4.4 31×16－2.4～4.2 ?×16－0～4 饰几何纹	L 型陶壶 2，A 型陶案 1，B 型陶案 1，陶唾壶 1，陶量 1，陶奁盒 1，人面纹瓦当及筒瓦、卷云纹瓦当 兽面纹瓦当，A 型青瓷坛 1，B 型釉陶鼎 1，C 型釉陶熏炉 1，C 型釉陶灶 1，D 型釉陶井 1，A 型 Ⅱ 式釉陶仓 1，釉陶鸡和鸡舍 1，B 型 Ⅱ 式釉陶灯 1，A 型釉陶猪圈和猪圈 1，金环 5，金珠 1，金饰 2，Ⅰ 式釉陶猪和猪圈 1，金环 5，金珠 1，鎏金铜泡钉，铜玛瑙管 1，玻璃珠，C 型铜弩机 1，铜首衔环，铜戒面 2，铁釜 1，铁釜架 1，铜五铢	穹隆式券顶已塌，墓室和砖椁部分被扰乱	CD	七	十	
M2417	360°	单室券顶砖室墓 墓室：（残）1.50×（残）2.20－0～0.30 墓底为青砖平砌	31×16.5－4.4 饰几何纹	无	券顶已毁，墓室和砖椁被扰乱，随葬器物被毁	CA	不详	不详	
M2418	140°	带短甬道、前室和后室的券顶砖室墓 墓室：5.50×3.02－（残）0.30～0.62 封门呈弧形 墓底为"人"字形平铺砖	缺	陶罐 2，陶镶壶 1，C 型陶碗 2，C 型硬陶罐 4，A 型 Ⅱ 式釉陶鼎 1，釉陶灯 2，釉陶器盖 1，釉陶熏炉 1，釉陶井 1，B 型釉陶井 1，釉陶俑 1，釉陶猪 1，釉陶镜 1，铜扣 1，D 陶盆 2，釉陶仓 1，型 Ⅱ 式滑石璧 2	券顶塌，墓室和砖椁被扰乱	CBⅡ	六	九	

续附表三

墓号	方向	墓葬结构及规格 长×宽-高 单位：米	墓砖规格及纹样 长×宽-厚 单位：厘米	出土器物	保存状况	墓葬型式	期	段	备注
M2419	140°	带甬道的"刀"形券顶砖墓 墓室：（残）6.84×2.36-（残）0~0.15	38×18-5 饰几何纹	无	券顶、铺地砖已毁，墓室和砖样被扰乱，随葬器物全毁	CE	不详	不详	
M2420 和M2421	140°	带双短甬道和双主室、后室的并列多室多券顶砖墓 墓室：5.58×5-（残）0~0.20 墓底铺地砖平砌	36×16-5 饰几何纹	C型硬陶罐1，玻璃佩饰1	券顶、铺地砖和砖样全毁，随葬器物近全毁	CF II	六	九	
M2422	285°	长方形券顶砖墓 墓室：5.40×2.30-（残）0~0.60 墓底无铺地砖，有火烧烤地面的痕迹	缺	B型 I 式青瓷四系坛1	砖样和券顶全毁，随葬器物全毁	CA	七	十	
M2423	285°	长方形券顶砖墓 墓室：（残）1.80×2.50-（残）0~0.50 墓底无铺地砖，有火烧烤地面的痕迹	35×19-5.5 饰几何纹	无	砖样和券顶全毁，随葬器物全毁	CA	不详	不详	
M2424	115°	长方形券顶砖墓 墓室：（残）4×2.20-（残）0~0.35 墓底铺地砖平铺	34~35×17-5~5.5 饰几何纹	无	券顶全毁，砖样和墓底铺地砖部分被毁，随葬器物全毁	CA	不详	不详	

续附表三

墓号	方向	墓葬结构及规格 长×宽-高 单位：米	墓砖规格及纹样 长×宽-厚 单位：厘米	出土器物	保存状况	墓葬型式	期	段	备注
M2425	115°	带甬道的"凸"形券顶砖室墓 墓室：（残）2.36~2.90-（残）0.56×1.70 甬道：（残）0.20~0.44 墓底铺地砖双层平铺	缺	C型硬陶罐3，釉陶井1	砖椁、铺地砖和券顶儿平全毁，随葬器物严重被毁	CC	六	九	
M2426	115°	带甬道、主室和后室的"中"形券顶砖室墓 墓室：（残）4.48×3.42-（残）0~0.35 其中甬道：（残）0.76×1.76；主室：3.72×3.42；后室残：双层"人"字形铺地砖	33~35×17-4~5 饰儿何纹	无	券顶、铺地砖和墓顶儿平全毁，随葬器物全部被毁	CB I	七	十	
M2427	20°	带甬道、主室和后室的券顶砖室墓，有楔形砖 墓室：8.86×3.46-（残）0.20~0.76 其中甬道：2.90×1.66；主室：2.62×3.46；后室：3.54×2.30	两种墓砖：36×16-5 36×16-3~5 饰儿何纹	陶罐2，B型硬陶罐1，A型釉陶壶1，釉陶鼎1，C型I式釉陶鼎4，C型I式釉陶井1，A型釉陶灶1，釉陶镶壶1，C型釉陶熏炉1，釉陶把杯1，I式釉陶耳杯3，釉陶盘3，I式釉陶猪和猪圈1，I式釉陶猪圈1，釉陶狗1，I式釉陶楼1，釉陶鸡2，釉陶炉1，釉陶仓1，铜五铢1	券顶已塌，仅甬道内随葬器物率存	CB II	六	九	
M2428	60°	长方形单室券顶砖室墓 墓室：3.70×1.10-（残）0.10~0.25	34×16-5 饰儿何纹	A型陶灯1，N型II式铜镜1，A型II式铜带钩1，铁环首刀1	墓室及随葬器物大部被毁	CA	六	九	

续附表三

墓号	方向	墓葬结构及规格 长×宽-高 单位：米	墓砖规格及纹样 长×宽-厚 单位：厘米	出土器物	保存状况	墓葬型式	期	段	备注
M2429	125°	长方形单室券顶砖墓 砖椁：5.34×2.28－2.50	墓砖有5种 34~36×17.5－5.5~6 楔形砖有2种 饰几何纹	L型陶鼎1，K型Ⅱ式陶罐1，B型Ⅲ式陶壶1，D型陶井1，E型陶罐8，D型陶甑1，B型陶壶1，B型Ⅴ式陶熏炉1，C型陶镶壶1，D型陶灯1，A型硬陶罐5，Ib型铜镜1，Ⅱ式铜碗1，C型硬陶罐1，铜环首刀1，A型滑石灯1，D型Ⅰ式滑石璧2，铜五铢	完整	CA	五	八	
M2430	120°	带甬道的"刀"形券顶砖室墓 墓室：5.10×2.40－（残）0.50~1 铺地砖双层平砌，部分被毁	35~36×17－4~5 饰几何纹	釉陶熏炉1，釉陶瓿1，釉陶镶壶1，釉陶俑1，铜镬1，铜盒残片，铁棺钉，玛瑙珠1，石黛板1，帐帷钩3	券顶、砖椁被毁，铺地砖、随葬器物部分被毁	CE	七	十	
M2431	30°	带甬道、主室和后耳室的"中"形四角攒顶穹隆式砖室墓 墓室：7.26×3.16－（残）0.10~1.10 其中甬道：2.62×1.50；后耳室：3.56×3.16；主室：1.08×1.66 墓底铺地砖双层平铺	37×18－3~6 一种墓砖上有"大吉昌、宜古（贾）市"六字 饰几何纹	无	砖椁、铺地砖和券顶严重被毁，随葬器物全毁	CD	七	十	
M2432	195°	带甬道的"刀"形券顶砖室墓 墓室：6.78×2.30－（残）0~0.30 其中甬道：1.88×1.80；主室：4.90×2.30 铺地砖双层平砌	36×16~18－5 饰几何纹	无	砖椁、铺地砖和券顶及随葬器物被毁	CE	七	十	

续附表三

墓号	方向	墓葬结构及规格 长×宽-高 单位:米	墓砖规格及纹样 长×宽-厚 单位:厘米	出土器物	保存状况	墓葬型式	期	段	备注
M2433	180°	长方形券顶砖室墓 墓室:(残)4.38×1.20-(残)0~0.40 封门呈弧形	36×18-5 饰几何纹	无	券顶、铺地砖、砖椁和随葬器物被毁	CA	五	八	
M2434	280°	单室券顶砖室墓 墓室:4.90×1.80-(残)0.75	34×16.5-5 饰几何纹	L型陶鼎1,B型Ⅱ式陶灶1,D型陶井1,D型陶仓1,D型陶甗1,C型陶碗1,B型陶灯1,C型陶镶壶1,B型Ⅵ式陶熏炉1,陶屋1,A型硬陶罐4,C型硬硬陶罐2,B型酱釉硬质器盖1,B型青瓷坛1,B型铜弩机1,铁棺钉1,铁斧1,D型Ⅰ式滑石璧2,B型铜镜面1,B型Ⅱ式滑石兽面1,滑石坠饰1	券顶已塌,砖椁存高75,随葬器物部分被毁	CA	六	九	
M2435	135°	带甬道的"凸"形券顶砖室墓 墓室:(残)6×(残)2.50-(残)0~0.30 甬道:2.72×1.98 墓底铺地砖双层平铺	缺	无	券顶、铺地砖和砖椁严重被毁,随葬器物全部被毁	CC	不详	不详	
M2436	180°	长方形券顶砖室墓 墓室:(残)2.40×1.40-(残)0.10~0.40 封门呈弧形,墓底人字形铺地砖	36×18-5 饰几何纹	A型Ⅱ式滑石兽面1	券顶、铺地砖、砖椁和随葬器物严重被毁	CA	五	八	
M2437	170°	长方形券顶砖室墓 墓室:4.40×1.80-(残)0~0.55 墓底中部一端有青砖侧砌短墙	34×18-5 饰几何纹	无	券顶、铺地砖和砖椁严重被毁,随葬器物全部被毁	CA	五	八	

续附表三

墓号	方向	墓葬结构及规格 长×宽-高 单位：米	墓砖规格及纹样 长×宽-厚 单位：厘米	出土器物	保存状况	墓葬型式	期	段	备注
M2438	35°	并列双室券顶砖室墓 主室：5.80×2.10 -（残）1.20 侧室：5.60×1.63 -（残）0.8~1.20 两室间相距0.30	四种规格的墓砖：31.5×15-4 32×17.2-4.3 35×17.2-5.4 35×17.5-5 饰几何纹	A型陶案1，B型Ⅱ式陶高领罐4，D型陶壶1，A型硬陶罐2，A型Ⅱ式釉陶鼎1，B型釉陶仓1，A型釉陶灶1，C型釉陶井1，A型Ⅱ式釉陶井1，釉陶狗1，Ⅱ式釉陶耳杯7，釉陶带把罐1，釉陶三足炉1，釉陶盆2，B型釉陶薰炉2，釉陶猪圈座1，釉陶杯1，A型釉陶碗1，釉陶盘1，釉陶器座1，Ⅰ式釉陶猪和猪圈1，釉陶屋1，A型Ⅱ式铜镦壶1，D型Ⅱ式铜镦壶1，B型铜鐎1，铜尺1，铜环首刀1，铜五铢，滑石璧2，铜泡钉、铁器、货泉	券顶已塌，文物已全部被取走，后追缴	CF Ⅰ	六	九	
M2439	190°	带甬道的"凸"形券顶砖室墓 墓室：（残）6.14×3.28 -1.38~1.83 其中甬道：（残）2.86×1.92；墓室：3.28×3.28 墓底铺地砖双层平铺	缺	无	券顶、铺地砖和砖椁严重被毁，随葬器物全部被毁	CC	不详	不详	
M2440	225°	带甬道的"凸"形券顶砖室墓 墓室：（残）5.17×3.64 -0.30~0.40 其中甬道：（残）1.45×1.85；墓室：3.72×3.64	34×18-6 饰几何纹	无	券顶、铺地砖和砖椁严重被毁，随葬器物全部被毁	CC	不详	不详	
M2441	225°	带甬道的"凸"形券顶砖顶砖室墓 墓室：6.90×3.75-0.30~ 1.55 其中甬道：2.90×1.92；墓室：4×3.75	35×18-5 饰几何纹	无	券顶、铺地砖和砖椁严重被毁，随葬器物全部被毁	CC	不详	不详	

续附表三

墓号	方向	墓葬结构及规格 长×宽-高 单位：米	墓砖规格及纹样 长×宽-厚 单位：厘米	出土器物	保存状况	墓葬型式	期	段	备注
M2442	355°	长方形券顶砖室墓 墓室：2.80×1.30-（残）0.50~1.14 墓底青砖双层平铺	35×18-5 饰几何纹	铜五铢，铁棺钉	券顶、铺地砖和砖椁部分被毁，随葬器物严重被毁	CA	五	八	
M2443	85°	带甬道的券顶多室砖室墓 墓室：（残）3.20×2.40-（残）0~0.70 铺地砖双层"人"字形错缝平砌	36×18-5 饰几何纹	A型II式釉陶鼎1，釉陶屋2，釉陶罐1，釉陶灯1，釉陶狗1，Lb型铜镜1，铜五铢	券顶、铺地砖、砖椁和随葬器物严重被毁	CJ	六	九	
M2444	160°	长方形券顶砖室墓 墓室：4×2-（残）0~0.70	35×17-5 饰几何纹	无	券顶、铺地砖和砖椁严重被毁，随葬器物全部被毁	CA	不详	不详	
M2445	不详	不详	无完整墓砖 饰几何纹	Ba型金饼1，Bb型金饼2，C型金饼4，D型金饼2，金环2 A型银饼7，B型银饼3，C型银饼36，	墓室全部被毁，随葬的金银器为追缴	不详	不详	不详	

注：因早期发掘时极少取砖的标本，也没有绘墓砖的尺寸和纹饰，只能空缺。

附表四

沅水下游两汉墓葬出土印章一览表

单位：厘米

序号	质地	印文及钮部	编号	规格 长×宽-高	同墓出土器物	印章出土位置	墓葬时代
1	滑石	"屖陵丞印" 瓦钮	D1M2:1	2.05×1.8-1.2	陶壶2，陶钫1，陶灶1，陶井1，陶熏炉1，硬陶罐6，酱釉硬陶罐1，铁环首刀1，滑石屖陵丞1，铜五铢	边箱头端	二期五段
2	滑石	"长沙郎中令印" 铭文	D3M27:7	2.9×2.9-1.4	陶鼎2，陶壶4，陶钫2，陶井1，陶灶2，硬陶罐8，青瓷壶2，铜鼎2，铜钫2，铜矛2，铜"廖福私印"1，铜镜1，铜洗1，铜弩机1，铜剑1，铁釜2，鎏金铜釜1，铜环首刀1，鎏金铜泡钉1，铜泡钉1，铁棺钉环	墓主佩剑下	二期四段
3	青铜	"廖福私印" 瓦钮	D3M27:8	1.7×1.7-1.5	鎏金铜饰件2，玻璃剑珌1，玻璃璧1，滑石"长沙郎中令印"1，滑石勺1，滑石盒1，滑石璧2，铜五铢，泥金饼		二期四段
4	青铜	无铭文 瓦钮已残	D3M24:1	2.1×2.1-(残)1	陶井1，硬陶双耳罐3，硬陶罐9，低温铅釉陶双唇罐1，铜鼎5，铜盒2，铜壶2，铜钫2，铜镟壶1，铜灶1，铜洗2，铜盘2，铜钵2，铜剑1，铜环首刀1，铜镜2，铜驽斗1，铜熏炉1，鎏金铜钉，玉带钩1，玉珩1，玉眼盖1，玉塞1，铁棺钉，木钎形器1，滑石璧1，滑石勺2，滑石案2，漆耳杯，釦器，玻璃璧1，铜五铢，大泉五十，泥金饼	墓主头部	四期七段
5	玉质	"廖宏" 鼻钮	D3M26:31	1.4×1.4-1.1	陶瓮2，硬陶罐5，铜鼎2，铜灶1，铜井1，铜行灯1，铜勺1，铜熏炉1，铜泡钉2，铜钫2，铜镜1，铜环首刀1，铜卮鏊1，铜剑1，铜剑(带鞘)1，玉"廖宏"印1，玉带钩2，石黛板1，滑石璧4，漆耳杯2，木俑2(残)，甘埚1，铁棺钉，陶研子1，大泉五十	墓主棺内腰间，和带钩一起	四期七段
6	青铜	"赵玄友印" 龟钮	D8M3:6	1.9×1.9-1.7	陶鼎3，陶壶8，陶钫4，陶灶2，陶熏炉2，陶井1，陶盆1，陶樵壶(带盖)2，青瓷瓶2，青瓷壶(带盖)4，铜鼎3，铜镟2，铜行灯1，铜樵壶2，硬陶罐6，铜熏炉1，铜"赵玄友印"1，铜洗1，铜镜2，铜剑2，鎏金铜泡钉1，铁环首刀1，石斧形器1，滑石璧1，滑石印1，滑石装饰器1，铜五铢，泥金饼	梓室边箱	二期五段
7	滑石	无铭文 桥形钮	D8M3:9	1.9×1.9-1.7	灯1，铜扣1，铜箦形饰1，炭精坠饰1，铁环首刀1，滑石印1，滑石灯台1，滑石壁2，滑石装饰器1，铜五铢，泥五铢，泥金饼	墓主棺内铁剑附近	二期五段

续附表四

序号	质地	印文及纽部	编号	规格 长×宽-高	同墓出土器物	印章出土位置	墓葬时代
8	滑石	"镡成长印"桥形纽	D10M1:1	2.4×2.3-2	陶瓷1，硬陶罐2，青瓷壶2，铜鼎足，铜镜1，铜带钩1，滑石"镡成长印"1，滑石鼎1，滑石钫1，滑石璧1，滑石几足1，滑石扈2，滑石案2，滑石勺2，滑石耳杯2，滑石盘1，滑石耳杯4，铜五铢，大泉五十	墓主腰间	四期七段
9	滑石	无铭文桥形纽	M2024:2	2×1.9-1.85	陶鼎1，陶钫1，陶灶1，陶熏炉1，硬陶罐5，青瓷瓿2，青瓷壶4，铜带钩1，铜镜1，铜镶壶1，铜洗1，滑石带钩1，滑石印章1，滑石璧1，滑石灯1，铜五铢，泥金饼	墓主腰间	二期五段
10	滑石	"镡成长印"瓦纽	M2096:61	2.5×2.5-2.2	陶鼎3，陶盒2，陶壶6，陶钫2，陶灶1，陶井1，陶镶壶1，陶盆1，硬陶罐12，青瓷壶5，铜镶壶1，铁剑1，滑石"镡成长印"1，滑石钫1，滑石璧1，滑石灯1，滑石耳杯1，滑石小盂1，滑石盘1，滑石盒1，石黛板1，铜五铢，泥五铢1，滑石剑首1，滑石剑璏1，滑石剑璲1，泥金饼	墓主腰部，与铁环首刀一起	二期四段
11	滑石	无铭文覆斗纽	M2107:2	1.8×1.8-1.6	陶鼎5，陶盒6，陶壶2，陶钫2，陶熏炉1，陶罐6，陶勺1，滑石璧1，滑石印章1，铁器1	墓主腰间	一期三段
12	滑石	"冢印"覆斗纽	M2110:2	2.5×1.6-1.5	陶鼎8，陶盒6，陶壶4，陶钫4，硬陶罐17，滑石璧1，滑石镜1，滑石印章1，铜半两	墓主头部	一期二段
13	滑石	"鄱右尉印"鼻纽	M2113:2	2.6×2.6-1.8	陶鼎4，陶盒4，陶壶4，陶钫4，陶熏炉1，陶勺2，陶罐10，"鄱右尉印"滑石印1，"蔡旦"滑石印1，滑石镜1，泥半两	边箱头部一端	一期四段
14	滑石	"蔡旦"覆桥形纽	M2113:34	1.7×1.5-1.2		边箱一侧中部	一期二段
15	滑石	无铭文鼻纽	M2120:28	1.9×1.9-1.6	陶鼎4，陶盒2，陶壶6，陶钫4，陶矛1，滑石剑璲1，滑石剑首1，硬陶罐2，滑石剑璏2，滑石博具，滑石剑璏1，滑石带钩1，滑石镜1，滑石耳杯2，滑石盘2，滑石剑首1（六枚），滑石印章1，泥半两	边箱一侧中部	一期二段
16	滑石	无铭文鼻纽	M2124:1	2.05×2.05-1.8	陶鼎5，陶盒5，陶壶7，陶灶1，陶罐7，滑石印章1，铁剑1	边箱一端	一期二段

续附表四

序号	质地	印文及纽部	编号	规格 长×宽-高	同墓出土器物	印章出土位置	墓葬时代
17	滑石	"临湘之印" 瓦纽	M2137:1	2.3×2.3-1.6	陶钫2, 酱釉硬陶鼎6, "临湘之印" 滑石印1, 滑石璧1, 滑石镜1, 滑石盘6, 滑石耳杯7	墓主头部	一期二段
18	滑石	"安陵君印" 鼻纽	M2138:1	2.6×2.3-1.2	陶盒3, 陶钫2, 酱釉硬陶鼎5, 酱釉硬陶罐1, 滑石 "安陵君印" 1, 滑石镜1, 铜镜1	墓主头部	一期二段
19	滑石	"阴道之印" 瓦纽	M2138:2	2.5×2.4-1.8	滑石 "邑道之印" 1, 滑石璧1, 玉佩1, 铜镜1		一期二段
20	青铜	"周阮" 和 "臣阮印" 双面铭文	M2169:9	1.5×1.4-0.6	陶钫1, 陶罐1, 鎏金铜泡钉7, 铜印章1, 铜镜1, 铜铃形器1, 铁镜架1, 滑石璧1, 滑石钫3, 泥钱	墓主头部	一期二段
21	滑石	"胡平" 无纽	M2198:1	1.9×1.7-2.6	陶鼎2, 陶盒5, 陶钫2, 陶灶1, 陶盆1, 滑石鼎2, 滑石盒2, 滑石 "胡平" 印1, 滑石勺2, 滑石耳杯2, 滑石杯1, 滑石盘2, 滑石璧1, 铜镜1	墓主头端	一期三段
22	滑石	无铭文 桥形纽	M2218:3	2.3×2.3-1.5	陶鼎4, 陶盒2, 陶壶2, 陶甑1, 陶罐1, 陶甑壶4, 滑石璧1, 滑石镜1, 陶钫2, 滑石印章1, 泥半两	头部一侧, 和滑石镜一起	一期二段
23	滑石	"长沙邸丞" 桥形纽	M2248:2	2.3×2.3-1.8	陶鼎12, 陶盒8, 陶壶6, 陶钫6, 陶匕6, 陶甑1, 陶灶1, 陶镶壶1, 陶汲水罐3, 陶盆2, 陶仓1, 陶罐4, 玛瑙带钩1, 滑石 "器印" 1, 滑石		一期二段
24	滑石	"器印" 覆斗纽	M2248:3	1.9×1.5-1.9	石璧1, 滑石镜1, 铁棺钉1, 泥半两, 泥金饼, 泥金版		
25	滑石	无铭文 桥形纽	M2253:2	1.9×1.9- 1.65	陶鼎2, 陶壶1, 陶勺2, 陶罐2, 滑石璧1, 滑石印1, 铁棺钉2, 泥钱	边箱头部一端	一期二段
26	滑石	"黄文" 篆顶纽	M2259:4	1.55×1.05- 0.8	陶鼎3, 陶盒2, 陶壶2, 陶钫2, 陶罐3, 陶仓1, 陶灶1, 陶釜1, 陶甑1, 铜镜1, 滑石璧1, 滑石带钩1, 滑石印1, 陶勺1, 陶盘1, 泥五铢	边箱头端	二期五段

续附表四

序号	质地	印文及钮部	编号	规格 长×宽-高	同墓出土器物	印章出土位置	墓葬时代
27	滑石	"李忌"桥形纽	M2261：5	1.9×1.9-1.2	陶鼎5，陶盒5，陶纺3，陶勺2，铜镜1，陶"李忌"印1，滑石璧1，滑石耳杯2，滑石盒2，泥半两，釜1，陶勺6，陶熏炉1，陶仓1，陶罐5，陶甑1，陶	墓主头端	一期二段
28	滑石	"右尉"覆斗纽	M2261：8	2.4×2-1.3	滑石"右尉"印1，滑石璧1，滑石盒2，滑石耳杯2，泥半两		一期二段
29	青铜	无铭文鼻纽	M2264：11	1.95×1.95-1.75	陶鼎2，陶盒2，陶壶2，陶勺4，铜印章1	边箱头部一端	一期二段
30	玉质	"緤婴"坛纽	M2267：2	2×2-1.5	陶鼎4，陶纺4，陶樵壶1，陶仓1，陶甑2，陶釜1，陶罐5，玉"緤婴"印1，滑石璧1，滑石镜1	墓主头部	一期二段
31	滑石	无铭文桥形纽	M2269：1	1.95×1.9-1.6	陶鼎2，陶盒2，陶壶2，陶纺2，陶罐3，陶勺1，陶熏炉1，滑石印章1，滑石璧1，泥半两	边箱头端	一期二段
32	滑石	"彭三老印"弓形纽	M2277：19	1.7×1.55-1.1	陶鼎4，陶盆2，陶灶1，陶纺4，滑石"彭三老印"1，滑石璧5，滑石耳杯1，滑石盘2，滑石盒2，残铜镜2，残铜器1，滑石灯1，滑石猪1，滑石璧1	墓主腰部	一期三段
33	滑石	"长沙司马"桥形纽	M2281：5	3.2×2.2-1.9	陶鼎4，陶盒2，陶罐6，陶壶2，陶纺2，陶匝1，陶灯1，陶罐4，滑石镜1，滑石璧1，滑石"长沙司马"印1	边箱头端	一期二段
34	滑石	无铭文鼻纽	M2295：16	2×1.9-1.5	陶鼎4，陶盒1，陶罐1，陶钵1，陶壶2，陶灶1，铜镜1，滑石璧1，滑石盘1，滑石印章1，滑石耳杯3	墓室腰部	一期二段
35	银质	"长信侯囗"坛纽	M2366：1	1.45×1.45-1.5	陶鼎2，陶盒2，陶壶2，铜镜1，铜剑1，铁釜1，残玉器1，残铜器1，银"长信侯囗"印1	墓室头端	一期一段
36	青铜	"武乡"桥形纽	M2401：20	2.5×1.5-1.9	硬陶罐1，釉陶鼎1，釉陶壶1，釉陶灶1，釉陶灯1，釉陶熏炉1，釉陶焦壶1，铜"武乡"印1，铜镜4，石镇纸1，铜五铢，釉陶壶2，滑石璧2	主室内	六期九段
37	滑石	"汉寿左尉"桥形纽	M2401：3	2.7×2.7-2	釉陶仓1，铜钲1，铜铚1，滑石璧2，滑石猪2，滑石"汉寿左尉"印1，石镇纸1，铜五铢	甬道内	

续附表四

序号	质地	印文及纽部	编号	规格 长×宽-高	同墓出土器物	印章出土位置	墓葬时代
38	青铜	墨书"□长之印" 桥形纽	M2408∶6	2.4×2.3-2	硬陶罐5，釉陶鼎1，釉陶灶1，釉陶井1，釉陶盘1，釉陶耳杯1，釉陶勺1，釉陶盖1，铜镜2，釉陶楼1，釉陶仓1，釉陶熏炉1，铜"□长之印"1，铜纺轮1，釉陶盖1，铜镜2，滑石璧1，残铁器1，铜灯1，铜碗1，铜带钩1，铜錾1，铜铺首1，铜剑1，铜五铢，玛瑙管1，玻璃珠，货泉	甬道内铜剑和带钩附近	六期九段
39	青铜	铭文不清 桥形纽	M2409∶6	2.5×2.4-1.9	陶案2，硬陶罐1，青瓷坛4，釉陶鼎1，釉陶镇盖1，釉陶熏炉1，釉陶灶2，釉陶井2，釉陶猪和猪圈2，釉陶猪和鸡圈1，釉陶鸡舍1，釉陶鸡1，釉陶楼1，釉陶仓1，釉陶盘1，釉陶灯1，铜镜2，釉陶釜1，铜带钩1，铜弩机1，铜铃形器1，铜印章1，铜镜1，铜洗1，铜带钩2，青瓷碗8，青瓷罐1，铜印章1，铁剑1，铜箸1，铜五铢	墓内主室带钩附近	七期十段

沅水下游其他墓葬出土汉代印章登记表

单位：厘米

附表五

序号	质地	印文及纽部	墓葬及印章编号	印章规格 长×宽-高	同墓出土器物	印章出土位置	墓葬时代
1	青铜	"军司马印" 鼻钮	1954年常德市西郊7号墓	2.7×2.7 - 2.5	陶钵、缸、盂、井、灯、博山炉、猪圈、狗、铜镜、玻璃珠、铜钱	不清	东汉砖室墓
2	滑石	"酉阳长印" 瓦钮	73常南M1：3	2.4×2.2－2	1、11、12、16、25~27、48 硬陶罐，2、4、45 铜镜，3 滑石印，5、44 五铢钱，6、43 滑石璧，7 釉陶屋，8 釉陶猪圈，9、10、32、51 釉陶灯，13 釉陶鸡埘，14 釉陶井，15、49 陶碗，17 釉陶仓，18 釉陶盉，19、40 陶壶，20、29 釉陶灶，23、53 釉陶鼎，24 陶甑，28 釉陶俑，30 陶案，31、33 滑石盒，34、54 陶盒，35、39、42、52 釉陶耳杯，36、37 滑石耳杯，38 铜熏炉，41 陶斗，46、47 玻璃耳铛，50 釉陶勺、55 滑石勺	出于墓主的胸部	东汉中期砖墓《考古》1980年第4期
3	滑石	"索左尉印" 桥形纽	1977常东M1：72	2.8×2.8 － 2.2	1 铜弩机，2 铁刀，3、65、74 铜钱，5~8、18~20、67 铜镜，9 陶猪圈，10、11、27、51 陶盘，12、17、21、33~35、39、41~44、48、49、53、55 陶罐，13、29 陶盆，14 铜筷，15 铜耳杯，16、25、46 陶灶，22 陶屋，23、36~38、40、52 陶耳杯，24 陶熏炉，26 陶井，28 陶狗，30 陶镶壶，4、31、61 陶鸡，32 陶仓，45 陶釜，47 陶稲，50 陶狗，54 铜博山炉，56、57、60 陶壶，58 铜带钩，59 陶楼，62 陶鸡埘，63 铜刀，64 朱砂，66 铜甑，68 铜泡，69、70 水晶珠，71 砺石，72、73 滑石印，75 云母片	两颗印同出于第三侧室内	东汉中晚期
4	滑石	"酉阳丞印" 桥形纽	1977常东M1：73	2.3×2.1－2			
5	青铜	"邓曾私印" 鼻钮已残	1977常德市南坪乡新莽墓	1.3×1.3 － 1.4	墓葬资料未见，不知是否就是傅举有先生1977年发掘的资料	不清	新莽时期

续附表五

序号	质地	印文及钮部	墓葬及印章编号	印章规格 长×宽-高	同墓出土器物	印章出土位置	墓葬时代
6	青铜	"临湘右尉" 鼻钮	1977年常德南坪公社10号墓（1977常南M10：26）	2.5×2.5-2	1 玉叶形片，2 铜钱，3、16 铜刀，4 玉剑璏，5 玉条，6、10、29、30、42、49、67、75 陶案及腿，7、20、31、47、51 陶耳杯，8、18、21、28、43、70、71 陶盘，9、12、35、45、46、76 陶案残片，11 玉玲，13～15、22～25、27、32 金饰，17 铜洗，19、37、38、53、55、57、68、74、77、79 陶罐，26 "临湘右尉" 铜印，33 琥珀饰品，34 玉片，36 铜带钩，39、62 陶灯，40 残玉璧，41、44、78 陶屋，48 蹲鸡树，59 陶熊武器足，50、73 陶鸡，52、54 陶灶，58、61 陶井，56 陶壶，60、72 陶猪，63 陶猪，64、65 玉猪，66 铜碗，69 陶猪圈，80 陶甑，81 陶筒杯，82 瓷碗	印章出于侧室	东汉
7	滑石	"镡成之印" 1 覆斗钮		2.8×2.5-2.4	1980年于德山常德机械厂一座被严重毁坏的土坑竖穴墓中出土后送交常德博物馆	不清	西汉
8	滑石	"都尉" 1 覆斗钮	91德山肉联厂出土	2.9×2-1.3	1991年于常德常德肉联厂一座西汉土坑竖穴墓中出土后由刘惠清送交常德博物馆	不清	西汉
9	滑石	"沅南丞印" 1 盝顶钮	1995常德市东江乡新安村2号东汉砖室墓	2.3×2.1-2	硬陶罐，青瓷四系罐，铜镜，铜盆，铜奁，铜剑，铜刀，弩机，铜印，铜带钩，鎏金铜饰件，玛瑙饰件，铜钱，银戚洁，银手镯，滑石璧，滑石沅南丞印	不清 沅南县于公元50年始设	东汉中晚期砖室墓
10	青铜	铭文不清		2.2×2.0-1.95			
11	青铜	"□王长□" 覆斗钮	1996年德山桃花山天灯窝12号墓	2.3×2.0-1.85	陶鼎，陶敦，陶盒，陶壶，铜弩机，鎏金铜卮，铜镜，铜柄铁剑，铁刀，滑石耳杯，滑石盒，滑石盘，滑石碗，滑石璧，泥半两，铜半两	墓主腰部	西汉早期

器物编号	时代	金属成分及含量（%）								总计%	备注
		金 Au	银 Ag	铜 Cu	铁 Fe	铅 Pb	锌 Zn	锡 Sn	铋 Bi		
M2098：48	西汉	74.25		24.36	0.14	0.10	0.32		0.17	99.34	金饼
M2098：49	西汉	74.15		22.87	1.25	0.30	0.36		0.14	99.07	金饼
M2098：50	西汉	70.14		28.05	0.23		0.30		0.19	98.91	金饼
M2098：51	西汉	79.35		9.60	9.56	0.27			0.15	98.93	金饼
M2098：52	西汉	70.65		23.22	3.87	0.31	0.32	0.11	0.17	98.65	金饼
M2098：53	西汉	75.47		22.54	0.18		0.34			98.53	金饼

附表六　　M2098 出土金饼金属成分含量检测表

附表七　　　　　　　　　　M2445 出土金饼（含金环）金属成分含量检测表

器物编号	时代	金属成分及含量（%）								总计 %	备注
		金 Au	银 Ag	铜 Cu	铁 Fe	铅 Pb	锌 Zn	锡 Sn	铋 Bi		
M2445∶1	东汉	95.68	3.11	0.05	0.30	0.27		0.15	0.22	99.78	金饼
M2445∶2	东汉	78.63	20.23	0.19	0.14	0.26		0.35		99.80	金饼
M2445∶9	东汉	93.08	4.72	0.07	1.11	0.56				99.54	金饼
M2445∶3	东汉	67.37	30.52	0.13	0.26	0.35		0.55	0.18	99.36	金饼
M2445∶4	东汉	98.09			0.25	0.26				98.60	金饼
M2445∶8	东汉	95.50	3.42	0.13	0.41	0.22				99.68	金饼
M2445∶7	东汉	94.46	4.09	0.11	0.86	0.17				99.69	金饼
M2445∶6	东汉	91.38	3.61	0.09	0.37	2.81			0.14	98.40	金饼
M2445∶5	东汉	93.52	5.83	0.08	0.19	0.17				99.79	金饼
M2445∶10	东汉	94.70	4.25	0.10	0.29	0.45				99.79	金环
M2445∶11	东汉	94.26	4.10	0.11	0.45	0.43				99.35	金环

器物编号	时代	金属成分及含量（%）								总计 %	备注
		金 Au	银 Ag	铜 Cu	铁 Fe	铅 Pb	锌 Zn	锡 Sn	铋 Bi		
M2445：13	东汉	0.16	88.75	0.05	1.70	5.83			3.17	99.66	银饼
M2445：14	东汉		97.33	0.09	1.59	0.82			0.10	99.93	银饼
M2445：15	东汉	0.07	93.74	0.08	0.64	3.35		0.58	1.23	99.69	银饼
M2445：22	东汉	0.06	96.41	0.04	0.17	2.34		0.44	0.20	99.66	银饼
M2445：38	东汉	0.27	88.09	0.03	0.50	6.73			0.71	96.33	银饼
M2445：41	东汉	0.11	98.00		0.16	0.92		0.68	0.04	99.91	银饼
M2445：47	东汉		78.09	0.26	10.76	8.33			0.61	98.05	银饼
M2445：49	东汉		98.26		0.14	0.17		0.95	0.05	99.57	银饼
M2445：50	东汉		94.14	0.07	0.42	4.75		0.30	0.13	99.81	银饼
M2445：54	东汉	0.04	88.98	0.03	0.36	9.87		0.32	0.17	99.77	银饼

注：由于选择的测试方法是标准标定方法，所以总计一般只有99%左右，不会到100%。另外，从金饼的分析结果看，M2445 和 M2098 的金饼可以分开，存在铸造时间、铸造地点的差异。其中 M2445 都是金银合金，M2098 都是金铜合金。银饼都有较高的铅含量，说明这些银饼可能都是灰吹法炼银，这可能是已知中国较早的一批灰吹法炼银的制品。

附表九　　　　　　　　　　沅水下游汉墓出土铁环首刀一览表　　　　　　　　　单位：厘米

墓号＼分类	编　号	出 土 位 置	分布位置图	规格及图号	同墓出土的其他兵器	墓室及墓主情况
D1M2	D1M2：13	墓室被盗，位置可能被扰乱	图九	残长 50	无	墓室被盗 孱陵丞
D3M29	D3M29：3 D3M29：8	墓主头部一件，另一件与铜剑相对，位于墓主右手一侧	图三一	D3M29：8 残长 29（图三四，2）	铜剑1	墓室完整 墓主不清
D3M13	D3M13：5	位置可能被 D3M14 扰动	图五二	残长约 45	无	被 D3M14 部分扰动
D3M9	D3M9：2	可能属墓主头部，与铜镜一同位于漆木奁盒内	图五七	残长 11.5（图五八，3）	无	墓室完整 墓主不清
D3M18	D3M18：9	墓室边箱头部一端	图六六	长约 30	无	墓室完整 墓主不清
D7M4	D7M4：4	墓室一棺内右手一侧	图七六	残长 16、宽 3.2（图七八，6）	无	墓室完整 墓主不清
D8M3	D8M3：11	与一件铁剑相对，位于墓主右手一侧	图八三	残长 23（图八六，6）	铁剑2	墓室完整 赵玄友
D8M4	D8M4：4	墓室一棺内右手一侧	图八九	残长 37.6、宽 4.6（图九一，6）	无	墓室完整 墓主不清
M2002	M2002：13	墓室一侧		残长 18	无	墓室完整 墓主不清
M2004	M2004：3	可能属墓主右手一侧		残长 22	铁剑1（残长 100）	墓室完整 墓主不清
M2005	M2005：19	墓室一侧		残长 30	铁剑1（残长 120）、环首铜刀1	墓室完整 墓主不清
M2006	M2006：6	墓室一侧		残长 25	无	墓室完整 墓主不清
M2022	M2022：16	墓室一侧	图一二一	残长 38.8（图一二二，10）	无	墓室完整 墓主不清
M2028	M2028：3	可能属墓主棺内右手一侧	图一二七	残长 22、宽 2.2、厚 0.5（图一二八，6）	无	墓室完整 墓主不清

续附表九

分类 墓号	编　号	出　土　位　置	分布 位置图	规格及图号	同墓出土的 其他兵器	墓室及 墓主情况
M2029	M2029：6	可能属墓主一棺内左手一侧	图一二九	残长 19.8、宽 1.8~3.2（图一 三〇，13）	无	墓室完整 墓主不清
M2030	M2030：4 M2030：13	墓主两棺内两侧各一件	图一三一	4 号残长 24.4、 厚 0.8（图一三 二，10）	无	墓室完整 墓主不清
M2073	M2073：5	墓主棺外	图一三六	残长 21.8（图 一三八，12）	铜剑 1	墓室完整 墓主不清
M2074	M2074：18	不清		残长 51	无	墓室被扰 墓主不清
M2087	M2087：24	墓主棺外		残长 46	无	墓室完整 墓主不清
M2094	M2094：11	墓室边箱内	图一六〇	残长 7.9、宽 1.3~2.1（图一 六一，7）	无	墓室完整 墓主不清
M2096	M2096：49	墓主棺的一侧	图一六二	残长 8.4、宽 0.7~1.1（图一 六五，5）	铁剑相对	墓室完整 镡成长
M2194	M2194：2	墓室棺内可能属墓主右手一侧		残长 24	铜剑 1	
M2428	M2428：1	砖椁内墓主棺床上	图三〇八	残长 17.9（图三 〇九，5）	无	墓室被扰 墓主不清
M2438	M2438：1	位置不清		通长 31、宽 2.3、厚0.3（图 三一九，10）	无	墓室被扰 墓主不清

附表一〇　　　　　　　　　　沅水下游汉墓发掘情况一览表

发掘地点	发掘时间	墓葬总数	墓葬时代	发掘单位	发掘者
武陵区南坪和白马湖	1954 年 9 月	17 座	汉晋墓	湖南省文物清理工作队	文道义，周世荣
鼎城区的郭家铺乡	1967 年 12 月	5 座	砖室墓	湖南省博物馆考古部	周世荣
常德市东江乡、南坪乡	1977 年 8～9 月	13 座	西汉墓砖室墓	湖南省博物馆考古部	傅举有
常德南坪乡南坪村	1980 年	35 座	西汉墓砖室墓	常德地区文物工作队	孙常喜，杨启乾，董国安，曹传松，宋杰
武陵区南坪乡南坪村	1983 年	1 座	西汉墓	常德地区文物工作队	杨启乾，董国安
常德市南坪粮库	1983 年，1997 年	4 座	西汉墓	常德地区文物工作队	杨启乾，刘廉银，潘能艳，文智
常德南坪尼姑桥	1984 年	2 座	西汉墓	常德地区文物工作队	杨启乾，董国安
常德南坪气象站基建工地	1987 年	1 座	西汉墓	常德地区文物工作队	杨启乾，董国安
常德南坪原种场	1987 年，1999 年	7 座	西汉墓	常德地区文物工作队常德市文物处	潘能艳，文智，龙朝彬
常德南坪武陵大道	1995 年，1997 年	8 座	西汉墓	常德市文物处	潘能艳，文智，龙朝彬
		5 座	砖室墓		
常德南坪戴家岗	1994 年	1 座	西汉墓	常德市文物处	席道合
常德南坪乡南坪汽修厂	1997 年 8 月	7 座	西汉墓	常德市文物处	潘能艳，龙朝彬
常德市八中（芷兰学校）	1997 年 10 月	9 座	西汉墓	常德市文物处	潘能艳，文智，龙朝彬
常德市柳叶大道	1998 年 4 月，1999 年	8 座	西汉墓	常德市文物处	潘能艳，文智
		5 座	砖室墓		
常德市芷兰小区	1998 年	1 座	西汉墓	常德市文物处	文智
常德城建（新世纪花园内）	1999 年 11 月，2000 年	4 座	西汉墓	常德市文物处常德市文物局	文智
常德南坪金色小岛工程	1996 年 7～8 月	29 座	西汉墓砖室墓	常德市文物处	潘能艳，文智，龙朝彬
常德南坪新世纪花园小区	2003 年 5 月	4 座	砖室墓	常德博物馆考古部	龙朝彬，曹毅，潘智勇

续附表一〇

发掘地点	发掘时间	墓葬总数	墓葬时代	发掘单位	发掘者
南坪乡派出所 M1	2003 年 12 月	1 座	西汉墓	常德博物馆考古部	孙泽洪
常德南坪夏家岗（沙河中路）	2009 年 7～8 月	3 座	西汉墓	常德博物馆考古部	龙朝彬，徐小林，潘智勇
		3 座	砖室墓		
常德南坪村一组（伟星金域蓝湾小区）	2010 年 3 月～2011 年 9 月	22 座	西汉墓	常德博物馆考古部	龙朝彬，徐小林，潘智勇，刘颜春
		10 座	砖室墓		
常德南坪村一组（荷花南路）	2010 年 4 月 19 日	1 座	砖室墓	常德博物馆考古部	龙朝彬，徐小林，潘智勇
常德柏子圆城市风光带	2004 年 3 月 10～24 日	2 座	砖室墓	常德博物馆考古部	龙朝彬，潘智勇，刘颜春
常德南坪国源小区	2005 年 9 月 28 日	4 座	西汉墓	常德博物馆考古部	龙朝彬，徐小林，潘智勇，刘颜春
		2 座	东汉砖室墓		
常德南坪柳河鑫园	2005 年 11 月	4 座	砖室墓	常德博物馆考古部	龙朝彬，徐小林，潘智勇，刘颜春
常德南坪沙河东路	2010 年 5～6 月	1 座	砖室墓	常德博物馆考古部	龙朝彬，徐小林，潘智勇
德山二纺机墓区（含汉顺房产公司）	1984 年	5 座	西汉墓	常德地区文物工作队 常德市文物处 常德博物馆考古部	董国安，孙泽洪，龙朝彬，徐小林，潘智勇
	1993 年	1 座			
	2009 年	1 座			
	2011 年	13 座			
二纺机墓区（德山影剧院）	2004 年	1 座	西汉墓	常德博物馆考古部	龙朝彬，潘智勇
二纺机墓区（德山德政园）	2007 年	1 座	西汉墓	常德博物馆考古部	龙朝彬，潘智勇
德山纺机路	1984 年	2 座	西汉墓	常德地区文物工作队	董国安，潘能艳，杨启乾
	1985 年	2 座			
	1987 年	2 座			
德山常德丙纶厂	1984 年 11 月 21 日	1 座	西汉墓	常德地区文物工作队	孙常喜，潘能艳
德山玻璃厂	1985 年 5 月	2 座	西汉墓	常德地区文物工作队	孙常喜，潘能艳，杨启乾
德山生活湾	2007 年 3～5 月	6 座	西汉墓	常德博物馆考古部	徐小林，杨世球
德山茅湾砖厂	1984 年 8 月	2 座	西汉墓	常德地区文物工作队	董国安，潘能艳，杨启乾
德山武陵酒厂	1987 年 4 月	2 座	西汉墓	常德地区文物工作队	孙泽洪，刘廉银，董国安，席道合，文智
	1988 年 5～10 月	9 座			
德山武陵酒厂新址（桃花山）	1993 年 2～5 月	15 座	西汉墓	常德市文物处	潘能艳，王永彪，龙朝彬，郑祖梅
德山中路	1995 年 5～6 月	9 座	西汉墓	常德市文物处	潘能艳，文智

续附表一〇

发掘地点	发掘时间	墓葬总数	墓葬时代	发掘单位	发掘者
德山恒安纸业二期工程	2007年2～4月	8座	西汉墓	常德博物馆考古部	龙朝彬，徐小林，潘智勇
常德德山阀门厂（含SAS医院）	1984年	3座	西汉墓	常德地区文物工作队 常德博物馆考古部	董国安，潘能艳，龙朝彬
	2004年	2座			
德山税务局	1987年5月23日	1座	西汉墓	常德地区文物工作队	刘廉银
德山地税局（曾家山）	1996年4～5月	6座	西汉墓	常德市文物处	文智，潘智勇
德山二中	2007年2月	4座	西汉墓	常德博物馆考古部	龙朝彬，徐小林，潘智勇
德山莲花池	1996年4月20日	1座	西汉墓	常德市文物处	文智
德山桃花山旁的天灯窝	1996年4～6月	6座	西汉墓	湖南省考古研究所 常德市文物处	柴焕波，龙朝彬
德山汪家山	1992年	3座	西汉墓	湖南省考古研究所 常德市文物处	张一兵，胡建军
常德县岗市砖厂	1984～1990年	37	西汉墓	常德地区文物工作队 常德县文管所	刘廉银，杨启乾，宋杰，马跃华，徐小林
常德县灌溪镇五里村的板栗山、樟树山	1984～1987年	79座	西汉墓	常德地区文物工作队 常德市文物局 常德县文管所 鼎城区文物处	刘廉银，杨启乾，宋杰，马跃华，徐小林，杨世球，汪俊
	2011年7～9月				
常德县灌溪镇武陵砖厂	1992年	2座	西汉墓	常德县文管所 鼎城区文物处	沈勇，徐小林
	1998年	1座			
常德县黄土山	1997年11月9日	1座	西汉墓	鼎城区文物处	沈勇
鼎城区石板滩乡烟机厂	2005年8月	3座	西汉墓	鼎城区文物处	杨世球
常德县白鹤山乡	1985年11月	1座	东汉砖室墓	常德地区文物工作队	孙常喜，潘能艳
桃源茅草街乡黄楚村狮子山	1984年9月	17座	西汉墓	省博物馆考古部 常德地区文物工作队 桃源县文管所	郑元日，潘能艳，王英党，龙占潮
桃源县桃千公路	1987年9月	14座	西汉墓	常德地区文物工作队 桃源县文管所	刘廉银，王柏松，王英党，雷月新
桃源县枫树乡二砖厂（伍家堆）	1988年7月	2座	西汉墓	常德市文物工作队	潘能艳，席道合
桃源县漳江镇二里岗居委会独岗嘴	1989年3月	7座	西汉墓	常德市文物工作队桃源县文管所 桃源县文物处	文智，王柏松，王英党
	2010年6月4日	1座			

续附表一〇

发掘地点	发掘时间	墓葬总数	墓葬时代	发掘单位	发掘者
桃源县废品仓库	1992 年 8 月	4 座	西汉墓	桃源县文管所	王英党
桃源县青林乡羊耳村陈家岗	2001 年 8 月 20 日	1 座	西汉墓	常德市文物处 桃源县文管所	龙朝彬，文智，王英党
桃源县漳江镇	1987 年 9 月	1 座	东汉砖室墓	常德市文物处 桃源县文管所	潘能艳，王英党
汉寿县聂家桥乡武峰山	2001 年	21 座	西汉墓	常德市文物处 汉寿县文管所	王永彪，文智，龙朝彬，李绍南
汉寿县龙阳镇八角村	2001 年 7 月	1 座	东汉砖室墓	常德市文物处 汉寿县文管所	王永彪，李绍南

附录一

沅水下游汉墓出土部分陶瓷器成分分析报告

崔 剑 锋

（北京大学考古文博学院科技考古实验室）

简 介

常德周边两汉墓葬中出土了大量的陶瓷器，特别是一些西汉晚期的青釉器，已经十分接近现代意义上的瓷器了[①]，对于研究瓷器的起源有非常重要的作用。为了研究这些残片的工艺特征和可能烧造的窑口，使用能量色散 X 荧光光谱（ED－XRF）对这些陶瓷器的胎、釉成分进行了分析。

分析方法

共分析样品 11 件，包括 10 件带釉陶瓷器和一件硬陶器。

采用 ED－XRF 无损分析，仪器型号为日本堀场制作所（Horiba Inc.）生产的 XGT－7000 型 X 荧光显微镜。

分析条件：X 入射线光斑直径：1.2mm；X 光管管电压：30kV；X 光管管电流：0.029mA；数据采集时间：150s。解谱方法为单标样基本参数法。

分析结果

分析结果参见表一。

表一   常德汉墓出土陶瓷器的分析结果   重量百分比%

Spectrum Label	Na_2O	MgO	Al_2O_3	SiO_2	P_2O_5	$K2O$	CaO	TiO_2	MnO	Fe_2O_3
D3M18：19 酱釉硬陶壶釉	0.67	1.57	18.12	65.91	0.35	2.55	4.21	0.58	0.36	5.68

续表一

Spectrum Label	Na$_2$O	MgO	Al$_2$O$_3$	SiO$_2$	P$_2$O$_5$	K2O	CaO	TiO$_2$	MnO	Fe$_2$O$_3$
D3M18：19 酱釉硬陶壶胎	1.79	1.42	18.55	70.01		1.88	0.55	0.64	0.04	4.98
D3M18：20 酱釉硬陶壶胎	2.75	1.28	18.35	68.32		2.17	1.05	0.63	0.04	5.39
D3M18：35 硬陶罐	0.54	1.53	26.66	60.61		2.95	0.64	0.59	0.02	5.47
D3M18：15 酱釉鼎鼎盖胎	0.5	0.2	20.76	67.39		2.85	0.8	0.76	0.08	6.51
D3M18：15 酱釉鼎盖釉	0.71	1.28	13.57	66.43	0.90	2.41	8.14	0.57	0.31	5.67
D8M3：21 青瓷瓿釉	0.61	2.69	16.07	53.78	1.46	2.32	17.54	0.72	0.4	3.42
D8M3：21 青瓷瓿胎	3.58	1.31	19.94	66.32		2.12	1.35	0.8	0.02	4.09
M2025：15 青釉壶盖	1.46	2.56	13.81	58.95		4.01	12.35	0.67	0.56	2.83
M2025：15 青釉壶盖胎	0.74	1.65	16.12	73.67		2.44	2.29	0.69	0.07	2.3
M2056：15 釉陶钫胎	0.79	1.25	20.81	71.05		2.62	0.47	0.78	0.01	2.18
M2056：15 釉陶钫釉	0.63	2.76	15.28	61.78	1.32	3.43	11.4	0.60	0.54	2.04
M2072：1 青瓷壶胎	1.16	1.06	18.05	73.14		2.31	0.56	0.61	0.02	2.94
M2072：1 青瓷壶釉	0.59	2.37	15.98	55.76	0.97	1.72	18.78	0.58	0.29	2.79
M2072：2 青瓷壶胎	1.56	1.00	16.61	73.93		2.31	0.59	0.65	0.04	3.32
M2072：2 青瓷壶釉	0.65	2.56	12.91	59.23	1.19	1.9	17.13	0.57	0.28	3.1
M2072：9 青瓷瓿釉	0.65	2.61	13.34	60.99	1.10	1.65	15.54	0.58	0.22	3.33
M2072：9 青瓷瓿胎	0.87	1.14	18.00	71.07		2.4	1.00	0.77	0.04	3.31
M2094：15 酱釉壶釉	0.69	2.07	15.66	67.37	0.30	3.04	2.51	0.77	0.08	4.36
M2094：15 酱釉壶胎	0.95	1.21	20.98	68.02		2.03	0.42	0.81	0.01	4.58

结果讨论

1. 釉

从分析结果看，所有的带釉陶瓷器都为以 CaO 为助熔剂的高温釉器物，只是部分黑釉和酱釉器物中还有较高的 Fe_2O_3，除了是釉的呈色剂外，也起到助熔剂的作用（图一）。说明这些带釉的陶瓷器都是高温器物，而若要使类似的化学组成玻璃化，其烧成温度应接近甚至高于 1100℃。

同时，所有釉中都分析到含量较高的 P_2O_5 以及适量的 MnO，而这两种氧化物是判断釉的灰料来源的重要指征。通常认为，草木灰会含有较高的 P_2O_5，同时也会引入一定量的 MnO。据此这些釉中 CaO 都应是来自植物灰料而非石灰石等无机灰料，即我国从原始瓷器就开始使用的草木灰[②]。

釉中的 Al_2O_3 的含量显著高于单纯草木灰配釉时 Al_2O_3 的含量，说明釉的另一配方是制胎所用黏土。

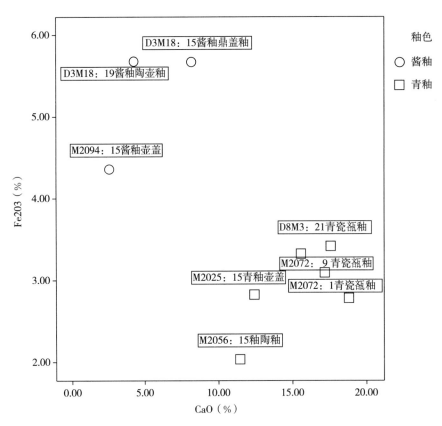

图一　常德汉墓出土部分带釉陶瓷器釉层组成 CaO – Fe_2O_3 散点图

此外，根据 CaO 和 Fe_2O_3 的关系，可以看出，酱釉陶瓷的 CaO 的含量都较低，这表明古代陶工在西汉时就已经较为清晰地了解了 Fe_2O_3 的助融剂和着色剂的双重特性。以此对于酱（黑）釉这一类陶瓷中降低灰料的使用量，仍可烧成质量很好的深色釉陶瓷。而这种配料技术一直到很晚近的明清时期，仍是非常流行的。由于目前对早期的酱（黑）釉瓷研究很少，从釉的化学组成判断窑口还需以后更多的分析积累。与之相比，青釉器物的 CaO 含量明显高出很多。虽然两类器物都是用 Fe_2O_3 作为着色剂，但青釉中 Fe_2O_3 并不是人为加入的，而是直接来自木灰或制胎黏土中，特别是制胎黏土是 Fe_2O_3 的主要来源。

从图一可以看出，青釉器物至少有两个来源。第一种来源包括 M2072 的三件和 M2025∶15 以及 D8M3∶21，这五件器物为青绿色釉，其釉色和后世传统意义的青瓷几无二致，而从其成分分析结果看，也非常接近后世青瓷的成分，即通常为 12% 以上的 CaO，以及 2.5% ~ 4% 之间的 Fe_2O_3。这几件器物的成分十分符合浙江地区特别是所谓越窑系早期（原始瓷时期）至两宋时期青瓷釉的化学组成[③]。

而 M2056∶15 则非常特殊，其釉色青灰，更接近无色透明，胎的烧结并不很完全，说明其胎生烧严重，这是导致釉层剥落十分严重的主要因素，显示出烧制技术的不成熟。从成分分析情况也可以看出，其釉中 CaO 含量较低，同时 Fe_2O_3 的含量也较低，仅为 2% 左右。类似的化学组成导致其烧成温度范围较第一类青瓷更窄且所需温度更高，所需烧成技术较第一类青瓷更高，但显然当时并未达到类似的技术，所以这件器物的烧成质量仍比较低。从釉层的化学元素组成看，这件青瓷的化学组成似乎很接近江西地区特别是鄱阳湖地区的晚期青瓷的化学组成。

2. 胎

从分析的这些陶瓷器的胎土化学组成来看，青瓷样品的 Al_2O_3 的含量通常低于 20%，同时 Fe_2O_3 的含量低于 4%；而酱（黑）釉的 Al_2O_3 的含量低于 20%，Fe_2O_3 的含量超过 4%；硬陶的 Al_2O_3 的含量达到 27% 以上，Fe_2O_3 的含量则超过 5%。具体情况可以参见图二。

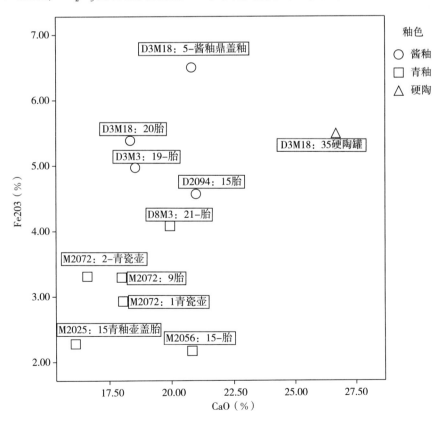

图二　常德汉墓出土部分带釉陶瓷器釉层组成 $Al_2O_3 - Fe_2O_3$ 散点图

从图二可以看到，青瓷可以分为两类，第一种类型包括 M2072 的三件以及 D8M3：21，这四件器物 Al_2O_3 的含量在 20% 左右，且 Fe_2O_3 的含量介于 2.5% ~4% 之间，其胎的化学元素组成与越窑系的青瓷胎化学组成十分接近，所使用的制胎原料都应是杂质含量较高的瓷石。结合上述釉的化学组成也与越窑系的青瓷接近的情况，初步可以判断这几件器物很可能是来自越窑系的产品。

第二种类型 M2025：15 青釉壶盖的胎质较为特殊，其 Fe_2O_3 的含量和 Al_2O_3 的含量都比较低，但总体情况又和第一种类型接近，该器物可能也是越窑系或其相邻窑系的产品。

M2056：15 相对最为特殊，其胎中 Fe_2O_3 的含量较低，而 Al_2O_3 的含量超过 20%，接近瓷石中 Al_2O_3 含量的最高值，这种瓷石的品质较第一种瓷石的品质更为优质，在正常烧制情况下，可烧出接近白瓷的效果。但是由于 Al_2O_3 的含量较高，因此烧结温度也相对较高，在相同条件下，烧结程度要比其他青瓷差一些，因此烧成后胎釉结合较差，出现大面积剥釉的现象。结合釉的分析结果以及对后世瓷器的分析，似乎可以推断该件器物来自江西地区，但具体的窑口判断只有等到更多的两汉时期原始瓷窑或早期青瓷窑数据的公布才能确定。

酱（黑）釉瓷的胎质和第一类青瓷的更为接近，只是胎土中 Fe_2O_3 的含量远比青瓷胎土更高，制胎所用黏土应为杂质含量很高的瓷石。因此对于透明釉来说，所烧出的瓷器或釉陶的颜色更深。而古代陶工显然明白这一道理，在配釉的时候，釉浆中加入了制胎所用的瓷石。由于目前所见报道的两汉时期经过分析的陶瓷器多为青釉瓷器，对于酱（黑）釉陶瓷的报道十分少见，因此目前尚不能确定其窑口。但从后世分析的情况来看，湖南地区的湘阴窑、长沙窑都有类似胎质的产品产出，其化学组成也较为接近，因此不排除这些窑址在早期就已经开始生产的可能。

仅分析了一件硬陶产品 D3M18：35，这件硬陶罐的成分最为特殊，Al_2O_3 的含量高达 26.7%，是一种高铝高铁的黏土烧制的。而目前经过分析的战国秦汉时期的硬陶，只有岭南以及东南沿海的一些原本属于浮滨文化分布范围的地区烧制的原始瓷或硬陶属于类似的黏土烧成。如一些研究者报道的广东博罗的原始瓷和硬陶都是类似的质地[④]。因此这件硬陶罐可能来自南方，但是同样由于对湖南及江西等地战国至汉代陶瓷烧造情况的分析并不十分清晰，因此要想彻底厘清其窑口，还需要基础数据的积累。

结　论

综上所述，所分析的这些带釉陶瓷，都是高温钙釉器物，配釉原料基本都为草木灰和瓷石，而制胎原料则都为瓷石。青釉器物胎和釉的 Fe_2O_3 的含量远低于酱（黑）釉器物，说明古代陶工可以合理地依照釉色来选择胎釉所需的黏土。一件硬陶的烧造原料较为特殊，属于高铝高铁类黏土。

初步判断，M2072 的三件、M2025：15 以及 D8M3：21 应为越窑系的产品，但 M2025：15 和其他几件可能并不来自同一窑口。而 M2056：15 较为特殊，胎釉成分显示其可能不是越窑系的产品，而和江西地区的瓷土情况非常接近，但具体来源需要两汉时期的陶瓷窑口胎釉成分数据库的大量积累才能确定。

酱（黑）釉器物的产地同样不能确定，推断其来自湖南当地的一些窑口的可能性较大。而硬陶由于其特殊的成分，显示和东南沿海的文化有一定的联系，但目前发表的古陶瓷数据尚不能支持找到其产地。

注　　释

①③　李家治主编：《中国科学技术史·陶瓷卷》，科学出版社，1998 年。

②　张福康：《中国古陶瓷的科学》，上海人民美术出版社，2000 年。

④　吴隽、李家治、吴瑞、邓泽群、朱铁权：《广东博罗横岭山墓葬群出土陶器及原始瓷器的科学技术研究》，郭景坤主编《05 古陶瓷科学技术国际讨论会论文集·6》，上海科学技术文献出版社，2005 年。

附录二

沅水下游汉墓出土部分玻璃样品科学分析报告

刘　松　李青会　董俊卿　顾冬红

测试地点：湖南省文物考古研究所

测试日期：2012 年 6 月 29 日

检测单位：中国科学院上海光学精密机械研究所科技考古中心

一　实验所用的分析技术

实验采用中国科学院上海光学精密机械研究所科技考古中心的便携式能量色散型 X 射线荧光光谱分析仪（PXPF），仪器型号为 OURSTEX100FA。该设备采用金属钯（Pd）作为 X 射线源，X 射线管的激发电压最高可达 40kV，最大功率为 50W，辐照到样品表面的 X 射线焦斑直径约为 2.5mm。设备主要由四个组成单元：探测器单元、供电单元（含高压转换器件）、样品腔单元（真空测量单元）和数据处理单元（PC）组成。其中，探测器单元包括两个不同的探测器，低真空环境探测器和大气环境探测器。数据处理单元主要包括控制软件及定性、定量分析软件。定量分析方法为校准曲线法，即根据已知化学成分的标准参考样品来制作定量校准曲线，此种方法准确度高。

探测器单元是整台谱仪的核心部件，主要包括 X 射线管和 X 射线探测器。X 射线管部分包括：X 射线毛细管光学透镜（实现聚焦和准直）、高定向热解石墨晶体（HOPG（0002））和锆（Zr）过滤膜等组成部分。测量时有三种测量模式可供选择，分别是直接模式（Direct X‑ray mode）、单色模式（Monochromatic mode）和过滤模式（Filter Mode），一般为三种模式逐次测量，具体参数请参见表一。单色模式通过环形石墨晶体（0002）面获得 Pd‑K 特征 X 射线激发样品，主要用来分析样品中 Si 以上中等和高原子序数元素。而连续 X 射线模式可同时分析样品中的轻、重元素。X 射线探测器根据所选择设备的不同而不同。低真空环境探测器采用的是为了检测轻元素而专门研发的硅漂移半导体探测器（SDD），窗口材料为 MOXTECAP3.3 有机薄膜。为减少大气对于轻元素特征 X 荧光的吸收，还配备了低真空环境样品腔，通过真空泵可将其中的压强降低到 400～600Pa。低真空样品腔的尺寸为 15cm（直径）×10cm（高），高度可扩展至 30cm。同时配备有 CCD 成像系统，可以直接观察到需要检测部位的形貌特征。大气环境探测器，采用铍（Be）作为其窗口材料，可以对铝（Al）以后元素进行定量分析，对轻元素（Na 和 Mg）的探测效果较差，其优点是不受样品尺寸大小的限制，在选择目的分析区时有较大自由度。两种不同设备的 SDD，有效探测面积均约 5mm^2，通过珀耳帖效应电制冷装置（Peltier element）保持在摄氏零下 28 度（－28℃）。设备的参数请参见表二。

表一　　　　　　　　　　　　三种测量模式的工作条件及测量元素范围

测量条件	模式 1	模式 2	模式 3
电压（kV）	15	40	40
电流（mA）	1	0.5	1
初级 X 射线模式	连续	单色	连续
锆过滤膜	OFF	OFF	ON
测量时间（S）	100	100	100
测量元素范围（Z*）	11～30（Na～Zn）	20～42（Ca～Mo），74～92（W～U）	47～56（Ag～Ba）

*Z 表示原子序数。

表二　　　　　　　　　　　　便携式 X 射线荧光分析仪的相关参数

参　数	数　值
X 射线源	Pd 靶
X 射线焦斑直径	2.5～3mm
测量模式	单色或连续 X 射线
电压	≤40KV
电流	0.05－1.5mA
功率	≤50W
探测器及其制冷方式	SDD，Peltier 制冷方式（－28℃）
窗口材料	大气单元：铍（Be）窗；低真空单元：AP3.3 有机材料
有效测试元素范围	大气单元：13～92（Al－U）低真空单元：11～92（Na－U）
测试环境	大气单元：1 个大气压；低真空单元：400～600 帕
样品室尺寸	大气单元：无限制；低真空单元：φ20cm＊15cm
测量时间	100～300s

　　在本次测试分析中，选用低真空探测单元进行检测分析。

二 样品情况

本次测试分析的样品由湖南省常德市文物局所提供，共计12件，测试样品的基本信息请参见表三。

表三 沅水下游汉墓出土玻璃器样品清单

序 号	器 物 名 称	出 土 地 点
1	玻璃杯	D3M24：12
2	玻璃手握	D3M9：4
3	六方玻璃管	M2008：5－2
4	玻璃璧	D3M27：4
5	玻璃鼻塞	标本 1723/83
6	玻璃璧	M2158：1
7	绿色大珠	M2164：2－1
8	中等玻璃珠	M2164：2－2
9	土黄色小珠	M2164：2－3
10	截角六方锥形水晶珠	M2008：5－1
11	羊形饰	M2008：5－3
12	黑色穿孔三角形珠饰	M2008：5－4

三 测试结果

本次测试共计12件样品，其中有三件样品为钾玻璃（序号为1、2和3），六件样品为铅钡玻璃（序号为4、5、6、7、8、9），一件样品（序号12）为滑石材质，一件样品（序号为10）为石英材质，最后一件样品为有机质（序号11）。由于X射线荧光光谱仪无法检测有机材质，因此，对于此件有材质的样品需要利用其他技术，如拉曼分析技术，进一步确定其物相组成。样品详细的化学成分分析结果请参见表四。

表四

常德市文物局提供玻璃样品测试分析结果

序号	材质	Na$_2$O	MgO	Al$_2$O$_3$	SiO$_2$	P$_2$O$_5$	K$_2$O	CaO	TiO$_2$	MnO$_2$	Fe$_2$O$_3$	CuO	BaO	PbO	Cr	Ni	Zn	Rb	Sr	Sn
		wt%	wt%	wt%	wt%	wt%	wt%	wt%	wt%	wt%	wt%	wt%	wt%	wt%	ppm	ppm	ppm	ppm	ppm	ppm
1	钾玻璃	0.92	0.69	6.57	84.04	1.41	4.02	n. d.	0.32	1.02	0.84	0.16	38ppm	130ppm	30	69	68	523	n. d.	37
2	钾玻璃	1.27	0.67	5.55	86.86	1.07	1.95	0.39	0.19	0.21	1.77	0.08	49ppm	772ppm	54	40	71	258	6	86
3	钾玻璃	0.86	0.53	3.31	89.03	1.04	2.33	2.14	n. d.	0.12	0.65	n. d.	55ppm	41ppm	122	24	74	128	11	43
4	铅钡玻璃	0.63	0.45	7.03	60.75	n. d.	0.02	n. d.	OL－Ba	60ppm	1.02	0.29	0.49	29.32	97	44	102	n. d.	92	107
5	铅钡玻璃	1.67	0.26	3.68	44.59	n. d.	0.04	n. d.	OL－Ba	n. d.	0.21	0.06	8.79	40.70	432	11	58	n. d.	423	108
6	铅钡玻璃	0.59	0.17	5.73	47.18	n. d.	n. d.	0.38	OL－Ba	167ppm	0.15	35ppm	2.96	42.84	235	n. d.	33	n. d.	143	176
7	铅钡玻璃	0.88	0.32	2.19	78.74	n. d.	n. d.	n. d.	OL－Ba	n. d.	0.32	0.26	2.93	14.36	281	5	26	182	182	128
8	铅钡玻璃	0.90	0.39	2.17	80.37	n. d.	n. d.	n. d.	OL－Ba	n. d.	0.18	0.44	1.12	14.42	124	n. d.	32	n. d.	95	114
9	铅钡玻璃	1.53	0.60	4.81	85.79	n. d.	n. d.	n. d.	OL－Ba	n. d.	1.19	0.10	0.41	5.58	30	9	36	n. d.	34	n. d.
10	石英	0.89	0.79	6.77	88.60	0.69	0.79		0.36	0.01	1.09	94ppm	40ppm	47ppm	n. d.	10	59	21	n. d.	50
11	有机质（定性）	1.44	0.32	5.65	10.74	n. d.	0.32	1.34	n. d.	0.03	2.43	1.30	n. d.	512ppm	219	7	106	n. d.	437	70
12	滑石	1.17	32.04	1.34	63.34	0.08	0.30	1.48	n. d.	116ppm	0.26	141ppm	29ppm	8ppm	n. d.	314	100	4	5	n. d.

注：表中 OL－Ba 表示此种分析元素的特征谱线与钡（Ba）元素的特征谱线叠加而无法进行定量分析。

后　记

　　2010 至 2011 年，常德博物馆在常德市武陵区南坪清理发掘的西汉—新莽时期长沙郎中令廖福、赵玄友等多个家族土墩墓群的材料引起了国内考古界，尤其是秦汉土墩墓研究学界的重视。此时适逢《沅水下游楚墓》一书出版完成，常德市文物局迅速将整理《沅水下游汉墓》考古报告列入了工作计划。该计划在得到湖南省文物局的重视和大力支持后，常德市文物局迅速成立了以局长成健为组长、副局长王永彪为副组长的报告编写领导小组，推选龙朝彬负责报告的具体编写，并于 2011 年 6 月正式启动该项目。

　　本书的正文和表格由龙朝彬完成。作为检测报告的附录一和附录二分别由北京大学考古文博学院科技考古实验室的崔剑锋博士、中国科学院上海光学精密机械研究所科技考古中心的刘松、李青会、董俊卿、顾冬红等完成，笔者根据报告要求对墓号和器物编号进行过调整。内容提要中文文稿由龙朝彬拟写；英文由王音翻译，曹楠审校。

　　本书收集的墓葬图主要来源于发掘者绘制的草图，分布图则由笔者根据发掘者提供的记录相互印证后进行了补充和修改。发掘绘图者有胡建军、刘廉银、傅依莽、李付平、龙朝彬、王永彪、文智、徐小林、席道合、李绍南、王英党等。书中所有器物图、遗迹图的电子版均由湖南省考古研究所的胡重、朱俊明绘制，极少数原来简报中发表过的器物图在选用时根据实物进行了修改。除考古发掘现场照片外，资料整理照相工作主要由王永彪、徐小林、龙朝彬、刘颜春、潘智勇等完成，图片的选用及图版和线图的编排由笔者完成。参加本报告器物修复的人员有：刘颜春、潘智勇、汪华英、龚辉群、朱元妹等。拓片由刘颜春负责。

　　在前期的资料收集过程中，常德市文物局的董国安、王永彪；常德博物馆的杨启乾、孙泽洪、文智、徐小林、刘颜春、潘智勇、李文涓、李丽娅；鼎城区文物局的马跃华、杨世球、罗菊清；桃源县文物局的李林霞、王英党、袁辉；汉寿县文物局的徐铁军、李绍南等均无私提供了全部相关材料，并为调阅相关实物资料提供了帮助，尤其是杨启乾、董国安等多次到整理现场对图纸和照片资料进行解读、回忆和核对。本报告的编写，没有他们的无私奉献肯定是不可想象的。

　　在资料整理和报告编写过程中，中国社会科学院考古研究所副所长白云翔、《考古》杂志社副主编施劲松等多次电话垂询和敦促整理工作，并始终得到湖南省文化厅原厅长金则恭的高度关注，金则恭为本报告撰写了序言。湖南省文化厅副厅长、文物局局长陈远平，省文物局副局长江文辉，文物处处长熊建华；湖南省考古研究所所长郭伟民，研究员吴顺东、高成林、张春龙；北京大学杨哲峰教授；浙江省考古研究所研究员胡继根、田正标；长沙市考古研究所所长何旭红；长沙简牍博物馆馆长李鄂权、名誉馆长宋少华；株洲市文物局局长席道合等领导和专家都曾到常德检查和指导整理工作。尤其是在报告整理期间，湖南省考古研究所高成林、谭远辉两位先生专程来到常德对器物的分型分式排队提出了建设性指导意见，而顾问组老专家高至喜、刘彬徽、吴铭生等也不辞辛劳，多次莅临指导。本报告中的铭文释读还得到国家博物馆孔祥星研究员、湖南省考古研究所张春龙研究员、复旦大学鹏宇博士的帮助。在初稿完成后，湖南省文物局组织召开了专家评审会，参加会议的领导和专家有：金则恭、江文辉、熊建华、高至喜、刘彬徽、吴铭生、郭伟民、高成林、谭远辉、成健、王永彪等，他们都对书稿提出了宝贵意见，在此一并致以谢意。

本书的完成和出版，得到了国家文物局提供的国家重点文物保护专项补助经费、湖南省文物局的重点项目补助经费、常德市建设文化名城领导小组项目经费的支持，没有这些经费的支持，此项目是难以为继的；北京大学考古文博学院科技考古实验室及中国科学院上海光学精密机械研究所科技考古中心对标本检测工作给予无私支持；文物的修复和所有线图的电子化更是得到了湖南省考古研究所的全力支持；在长达三年的整理期间，常德博物馆无偿提供了办公场地、库房等；还有给予关心和支持的常德市委宣传部、常德市文体广新局的领导；文物出版社也为本报告的出版付出了辛勤的劳动。借报告付梓之际，谨向关心、支持本报告编辑、出版的所有单位、领导和同志致以崇高的敬意。

《沅水下游汉墓》虽然出版了，但由于学识水平有限和人手的不足，本人虽呕心沥血，不敢有丝毫懈怠，力求全面客观地将原始材料和自己的少许孔见公布于众，但仍然存在不少错漏之处，望专家学者不吝指正。

龙朝彬

2015 年 8 月 28 日

The Han Dynasty Tombs in the Lower Reaches of Yuanshui River

(Abstract)

This book is a companion piece of the book *the Chu Tombs in the Lower Reaches of Yuanshui River*.

This book makes a comprehensive summarization of the Han Dynasty tombs excavated from 1954 to December, 2011 within the range of Wuling District, Dingcheng District, Taoyuan County and Hanshou County in the lower reaches of Yuanshui River. There are 485 tombs in total, including 126 mound tombs, 299 pit tombs, and 60 brick – chambered tombs. The tombs are classified based on their structures, while focusing mainly on the mound tombs. Furthermore, according to the requirement of excavation report, this book completely reveals the formation of the mound, as well as the distribution and features of the mound tombs. For the same kind of tombs, the book takes cemetery as the basic unit, and draws the distribution diagram of the tombs in 19 main cemeteries.

This book reports 110 tomb cases (39 mound tombs, 57 pit tombs, and 14 brick – chambered tombs) in detail, and then makes a quantitative statistical analysis of all the tombs by 20 tables and 10 attached tables, in order to make up for the disadvantage of not reporting all the tombs in detail.

There are 8247 pieces (sets) of burial objects unearthed in the tombs reported, including clay, hard pottery, glazed pottery, porcelain, steatite, glass, bronze, iron, gold, silver and so on. Based on the typological changes of the coins, seals, bronze mirrors and tomb structures as well as their stratigraphical relationships, this book takes advantage of archaeological typology and stratigraphy method to divide the tombs into five periods and ten stages: the early, middle and late stage of the early Western Han Dynasty; the former and latter stage of the middle Western Han Dynasty; the late Western Han Dynasty; the period of Xin – mang Dynasty; and the early, middle and late Eastern Han Dynasty. Moreover, this book also divides the ranks and identities of the owners of mound tombs and pit tombs into four levels, and tries to make time interval and quantitative analysis of different cultural factors, thus to establish the development scale of the Han Dynasty tombs in the lower reaches of Yuanshui River.

沅水下游汉墓（下）

湖南省常德市文物局
常德博物馆
鼎城区文物局
桃源县文物局
汉寿县文物局 编著

文物出版社

The Han Dynasty Tombs in the Lower Reaches of Yuanshui River

(III)

(With an English Abstract)

by

Administration of Cultural Heritage of Changde City, Hunan Province

Museum of Changde

Dingcheng District Administration of Cultural Heritage

Taoyuan County Administration of Cultural Heritage

Hanshou County Administration of Cultural Heritage

Cultural Relics Press

Beijing · 2016

彩 版 目 次

图 版 目 次

1. 南坪汉墓分布区（由南向北）

2. 德山汉墓分布区（由北向南）

武陵区南坪汉墓、德山汉墓分布区

1. 武陵区南坪汉墓D1~D8发掘前情形（由东北向西南）

2. 汉寿县聂家桥乡茶铺村东汉砖室墓群（由东北向西南）

武陵区南坪汉墓D1～D8发掘前情形，汉寿县聂家桥乡茶铺村东汉砖室墓群

1. 发掘前清除杂草后全景（由东南向西北）

2. 封堆发掘剖面（由西向东)

1. D1M2出土器物

2. D2封堆剖面（由北向南）

D1M2出土器物，D2封堆剖面

1. D2M7

2. D2M7出土器物

D2M7及出土器物

1. D2M11

2. D2M11出土器物

D2M11及出土器物

1. D3发掘前清除杂草后全景（由东南向西北）

2. D3M27、D3M29、D3G1

D3及D3M27、D3M29、D3G1

D3内的墓葬（航拍，上东下西）

1. D3 G1东部的筒瓦结构（左西右东）

2. D3M27（随葬器物清理完毕）

D3 G1东部的筒瓦结构，D3M27

D3及封土台全景（航拍，上南下北）

1. 出土器物

2. J型Ⅲ式陶鼎（D3M27：35）

3. A型Ⅰ式陶井（D3M27：36）

D3M27出土器物

1. 硬陶器

2. A型Ⅰ式青瓷壶（D3M27：14）

3. 青瓷壶（D3M27：14）局部

D3M27出土器物

D3M27出土铜镜（D3M27：17）

1. A型Ⅱ式鼎（D3M27：19）

2. A型Ⅰ式壶（D3M27：18）

3. A型Ⅰ式钫（D3M27：21）

4. A型矛（D3M27：2）

5. B型矛（D3M27：3）

D3M27出土铜器

1. A 型铜弩机（D3M27：26）

2. 滑石"长沙郎中令印"（D3M27：7）

3. 铜"廖福私印"（D3M27：8）

4. D3M29（由西向东）

D3M27出土器物，D3M29

1. 出土器物

2. J型Ⅲ式陶鼎（D3M29：15）

3. D型Ⅱ式陶盒（D3M29：16）

D3M29出土器物

1. Fb型（D3M29：1）

2. Ka型（D3M29：9）

D3M29出土铜镜

1. D3M29出土石黛板和研子

2. D3M20

D3M29出土石黛板和研子，D3M20

1. 瓿、壶

2. A型瓿（D3M20：21）

3. 瓿（D3M20：21）局部

D3M20出土青瓷器

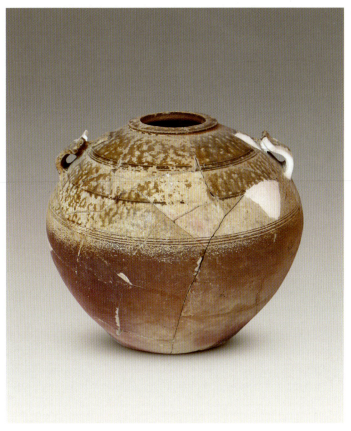

1. B型瓿（D3M20：22）

2. 瓿（D3M20：22）局部

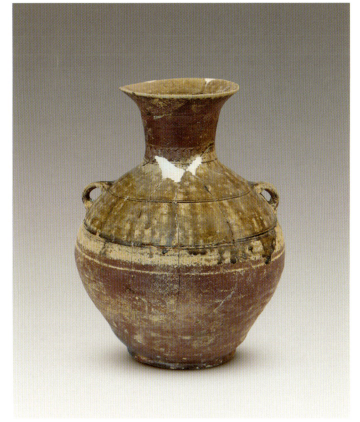

3. B型Ⅰ式壶（D3M20：10）

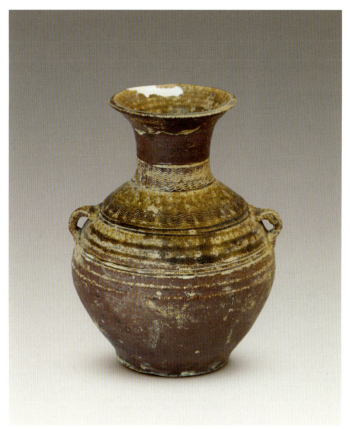

4. B型Ⅰ式壶（D3M20：32）

D3M20出土青瓷器

1. C型 I 式青瓷壶（D3M20：23）

2. A型 I 式铜灯（D3M20：4）

3. 铜行灯（D3M20：45）

4. A型 IV 式陶井（D3M24：47）

D3M20、D3M24出土器物

1. D3M24

2. M型Ⅰ式铜镜（D3M24：9）

3. Fb型铜镜（D3M24：38）

D3M24及出土铜镜

D3M24出土低温铅釉陶双唇罐（D3M24：50）

1. 鼎

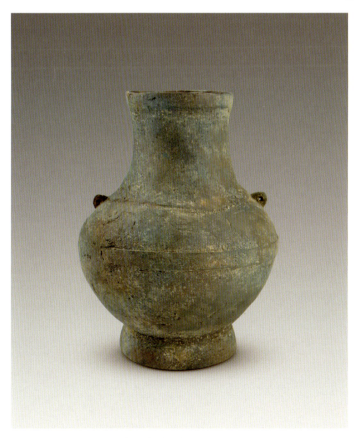

2. B型Ⅲ式壶（D3M24：30）

3. A型Ⅰ式钫（D3M24：28）

D3M24出土铜器

D3M24出土铜盒（D3M24：20）

1. 洗（D3M24：49）

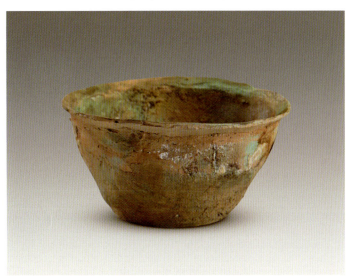

2. Ⅰ式碗（D3M24：44）

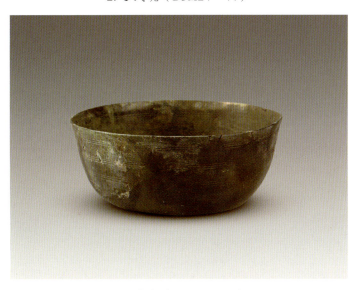

3. A型钵（D3M24：21）

4. A型灶（D3M24：48）

D3M24出土铜器

1. A型Ⅰ式镳壶（D3M24：31）

3. 熨斗（D3M24：43）

2. B型熏炉（D3M24：23）

4. A型Ⅱ式灯（D3M24：24）

5. Ⅱ式盘（D3M24：16）

D3M24出土铜器

1. B型玉带钩（D3M24：2）

2. 玻璃杯（D3M24：12）

3. D3M26墓底棺椁及白膏泥（由西向东）

D3M24出土器物，D3M26墓底棺椁及白膏泥

1. D3M26

2. 棺内随葬铜剑、环首刀、
玉带钩和印章位置（上北
下南）

D3M26

1. La型镜（D3M26：30）

2. 鼎

D3M26出土铜器

1. 钫

2. Ⅱ式勺（D3M26：15）

3. B型灶（D3M26：1）

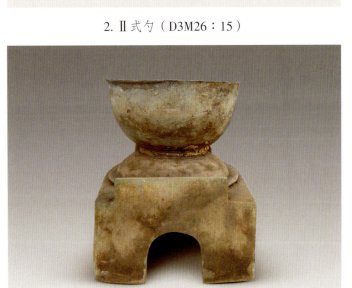

4. B型灶（D3M26：1）

5. 井（D3M26：2）

D3M26出土铜器

1. 釜（D3M26：3）

3. 行灯（D3M26：12）

2. B型熏炉（D3M26：20）

4. A型Ⅲ式剑（D3M26：28）

5. A型Ⅲ式剑之剑格（D3M26：28）

6. 环首刀（D3M26：32）

D3M26出土铜器

1. A型Ⅱ式玉带钩（D3M26：29）

2. B型玉带钩（D3M26：33）

3. 玉"廖宏"印（D3M26：31）

4. 陶研子（D3M26：24）

6. D3M14出土漆器上的漆书文字

5. La型铜镜（D3M14：1）

D3M26、D3M14出土器物

1. D3M14和D3M13（由东向西）

2. D3M14

D3M14和D3M13

1. B型鼎（D3M14：16）

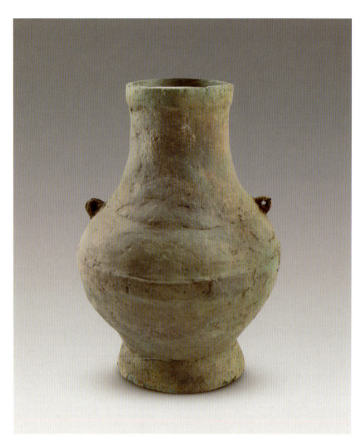

2. A型Ⅲ式壶（D3M14：10）

3. B型甑（D3M14：13）

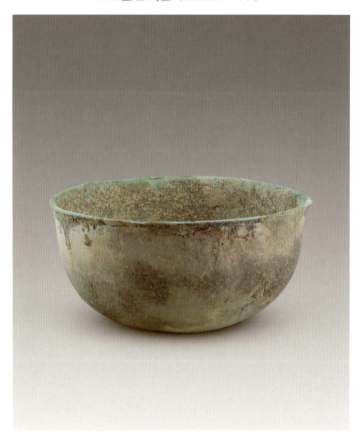

4. C型钵（D3M14：14）

D3M14出土铜器

1. B型镶壶（D3M14：28）

2. A型Ⅱ式带钩（D3M14：2）

3. D3M13

D3M14出土铜器，D3M13

1. Fb型铜镜（D3M13：2）

2. A型铜熏炉炉盖（D3M13：15）

3. 研石（D3M13：6）

D3M13出土器物

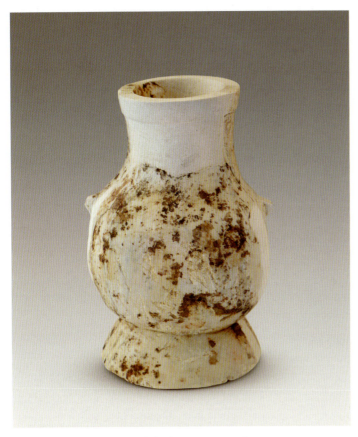

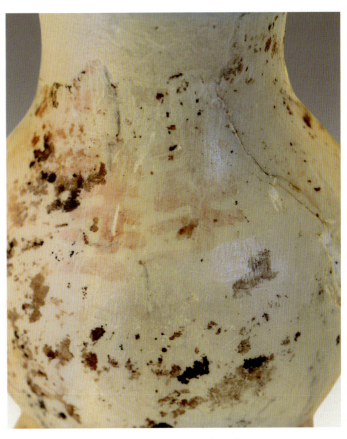

1. Ca型壶（D3M13：14）

2. 壶（D3M13：14）上的漆书文字"玉锺"

3. B型钫（D3M13：11）

4. 钫（D3M13：11）上的漆书文字"玉钫"

D3M13出土滑石器

1. 随葬品分布情况

2. 出土器物

D3M16及出土器物

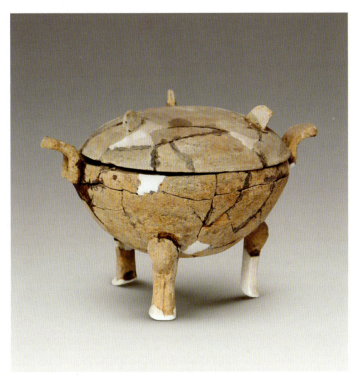

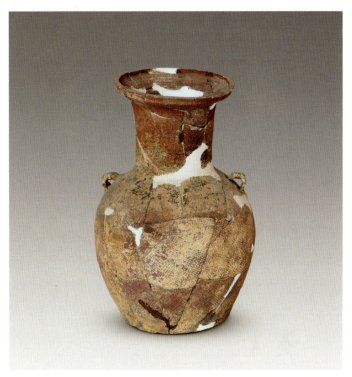

1. J型Ⅵ式陶鼎（D3M16：3）　　　　　　2. C型Ⅱ式酱釉硬陶壶（D3M16：21）

3. Kc型铜镜（D3M16：8）

D3M16出土器物

D3M16出土Kb型铜镜（D3M16：10）

1. 随葬品分布情况

2. 内棺痕迹（由北向南）

D3M28

1. J型Ⅷ式陶鼎（D3M28：8）　　　　　　　2. B型铜钵（D3M28：1）

3. D3M18（由南向北）

D3M28出土器物，D3M18

1. 墓底随葬品及棺椁痕迹

2. 出土器物

D3M18

1. 硬陶罐（D3M18：6）上的红漆书"内粟百□"

2. 硬陶罐（D3M18：21）上的红漆书"醋十□□"

3. 酱釉硬陶器

D3M18出土器物

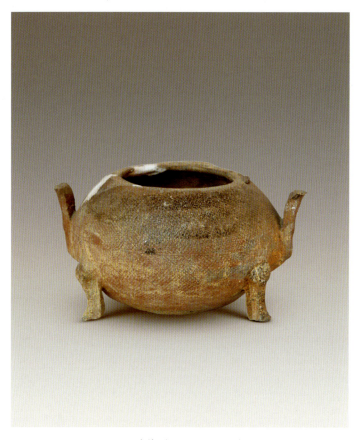

1. E型鼎（D3M18：15）

2. D型盒（D3M18：14）

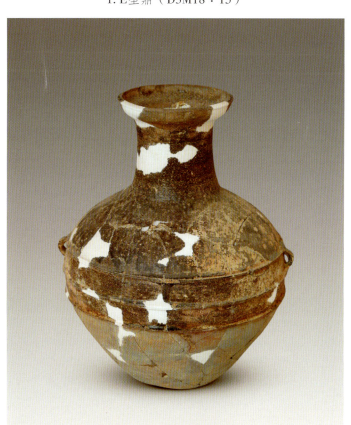

3. C型Ⅱ式壶（D3M18：19）

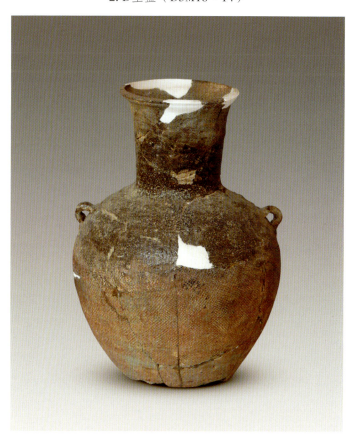

4. D型Ⅲ式壶（D3M18：29）

D3M18出土酱釉硬陶器

1. B型酱釉硬陶瓿（D3M18：4）　　　　　　　　2. Ka型铜镜（D3M18：1）

3. D3M30

D3M18出土器物，D3M30

1. B型鼎（D3M30：15）

2. A型Ⅱ式壶（D3M30：18）

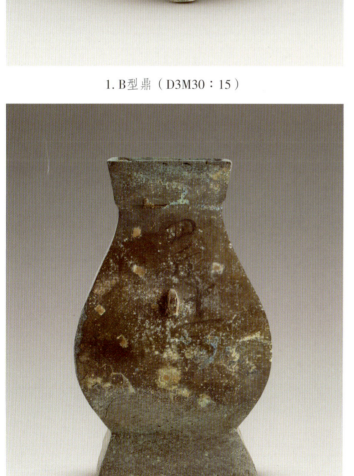

3. B型Ⅰ式钫（D3M30：20）

4. 钫（D3M30：20）上的墨书文字

D3M30出土铜器

1. A型Ⅰ式铜鐎壶（D3M30：14）

2. A型铜熏炉（D3M30：9）

3. 石黛板（D3M30：11）和研子（D3M30：12）

4. J型Ⅳ式陶鼎（D7M4：11）

5. B型Ⅱ式陶熏炉（D7M4：6）

D3M30、D7M4出土器物

1. D7墓葬分布（由东向西）

2. D7M3的双棺痕迹和随葬品

D7及D7M3

1. D7M5（由东向西）

2. 出土器物

D7M5及出土器物

1.A型滑石灯（D7M5：1）

3.D8M3随葬漆木盒的痕迹（由北向南）

2.D8墓葬分布（由北向南）

D7M5、D8M3出土器物，D8墓葬分布

1. D8M2、D8M3墓口的打破关系

2. D8M3

D8M2、D8M3

1. 出土器物

2. 青瓷瓿、壶

D8M3出土器物

1. D型Ⅱ式陶盒（D8M3：53）

3. J型Ⅲ式陶壶（D8M3：35）

2. J型Ⅲ式陶壶（D8M3：36）

4. B型青瓷瓿（D8M3：21）

5. 青瓷瓿（D8M3：21）局部

D8M3出土器物

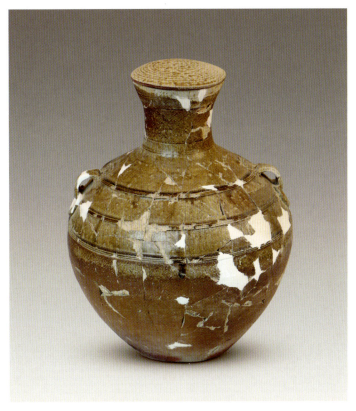

1. A型Ⅱ式青瓷壶（D8M3：24）

3. A型Ⅱ式青瓷壶（D8M3：25）

2. 青瓷壶（D8M3：24）局部

4. 铜"赵玄友印"（D8M3：6）

5. 铜镦（D8M3：40）

6. 滑石无字印（D8M3：9）

D8M3出土器物

1. Fb型（D8M3：41）

2. J型Ⅱ式（D8M3：55）

D8M3出土铜镜

1. 墓口（由北向南）

2. 墓道、封门及随葬品分布

1. D8M4和D8M3（由北向南）

2. D8M4出土器物

D8M4和D8M3，D8M4出土器物

1. J型Ⅵ式鼎（D8M4：20）

2. B型器盖（D8M4：23）

3. A型Ⅲ式井（D8M4：18）

4. B型Ⅲ式熏炉（D8M4：22）

D8M4出土陶器

1. N型Ⅰ式铜镜（D8M4：1）

2. D9M2出土滑石器

D8M4、D9M2出土器物

1. B型猪（D9M2：23）

2. 鸟（D9M2：24）

3. A型 I 式兽面（D9M2：5）

D9M2出土滑石器

D9M4出土B型Ⅰ式滑石兽面（D9M4：18）

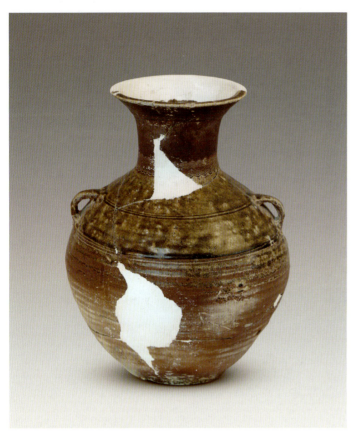

2. A型Ⅱ式铜带钩（D10M1：2）

1. B型Ⅲ式青瓷壶（D10M1：24）

3. 滑石"镡成长印"及铭文（D10M1）

4. 滑石案内漆器痕迹（D10M1：10）

D10M1出土器物

D10M1出土Kc型铜镜（D10M1：6）

1. I型Ⅲ式铜镜（D11M4：1）

2. E型Ⅱ式铜镜（M2003：2）

3. E型酱釉硬陶鼎（M2009：6）

D11M4、M2003、M2009出土器物

D11M4出土G型铜镜（D11M4：2）

1. A型酱釉硬陶瓿（M2009：13）

2. J型Ⅶ式陶鼎（M2020：26）

3. A型Ⅱ式陶井（M2020：43）

4. B型铜熏炉（M2020：25）

M2009、M2020出土器物

1. Fb型（M2020：37）

2. Kc型（M2020：16）

M2020出土铜镜

1. 燧石纺轮（M2020：31）

2. J型Ⅵ式陶鼎（M2023：19）

3. F型酱釉硬陶鼎（M2025：11）

4. E型酱釉硬陶盒（M2025：16）

M2020、M2023、M2025出土器物

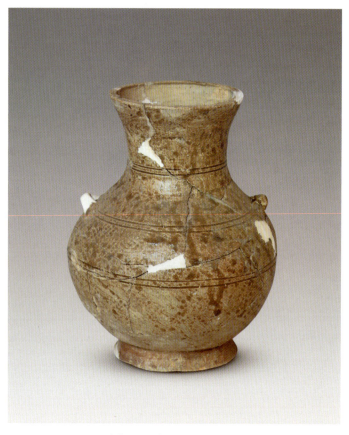

1. E型酱釉硬陶壶（M2025：15）

2. C型青瓷瓿（M2028：14）

3. 青瓷瓿（M2028：14）局部

4. C型Ⅱ式陶灶（M2072：16）

M2025、M2028、M2072出土器物

1. Fd型（M2028：1）

2. E型Ⅲ式（M2030：14）

M2028、M2030出土铜镜

1. 出土器物

2. C型酱釉硬陶盒（M2072：12）

3. C型酱釉硬陶盒（M2072：13）

M2072出土器物

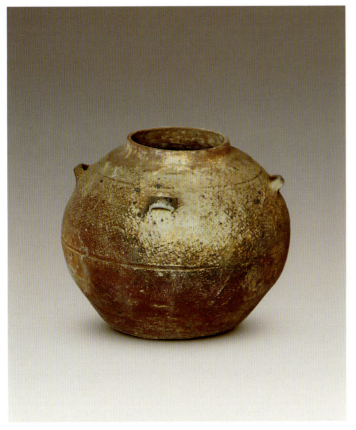

1. 酱釉硬陶四系罐（M2072：41）

2. 酱釉硬陶器盖（M2072：37）

3. 酱釉硬陶器盖（M2072：39）

4. A型Ⅲ式青瓷壶（M2072：1）

M2072出土器物

1.青瓷瓿（M2072：9）局部

2.J型Ⅱ式铜镜（M2072：6）

3.J型Ⅱ式铜镜（M2072：7）

M2072出土器物

1. Ⅰ式铜勺（M2072：29）

2. 滑石魁（M2072：3）

3. 滑石三足炉（M2072：4）

4. 水晶珠（M2072：43）

5. 玉琀（M2072：46）

M2072出土器物

1. Fd型铜镜（M2073：2）

3. B型硬陶双唇罐（M2076：15）

2. M2076出土器物

M2073、M2076出土器物

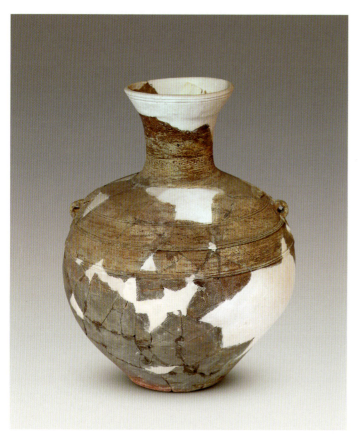

1. C型Ⅱ式酱釉硬陶壶（M2076：1）

2. Ka型铜镜（M2076：2）

3. J型Ⅷ式陶鼎（M2086：4）

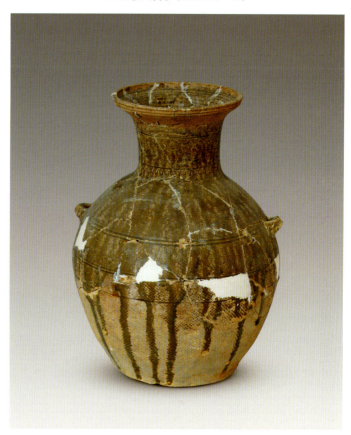

4. C型Ⅲ式酱釉硬陶壶（M2086：6）

M2076、M2086出土器物

1. B型滑石镜（M2093：2）

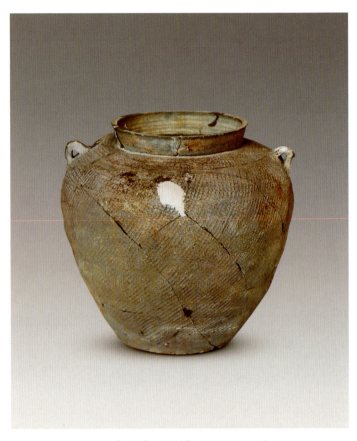

2. Ⅰ式硬陶双耳罐（M2094：6）

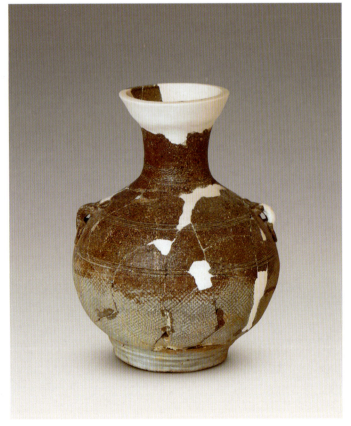

3. C型Ⅰ式酱釉硬陶壶（M2094：8）

4. J型Ⅱ式陶鼎（M2096：50）

M2093、M2094、M2096出土器物

M2094出土A型滑石镜（M2094：23）

1. 出土器物

2. B型Ⅳ式陶盒（M2096：54）

3. J型Ⅱ式陶壶（M2096：38）

M2096出土器物

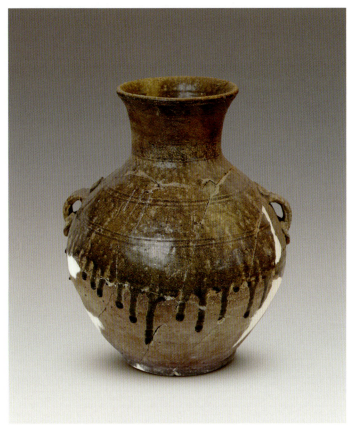

1. A型Ⅲ式青瓷壶（M2096：19）

2. 青瓷壶（M2096：19）局部

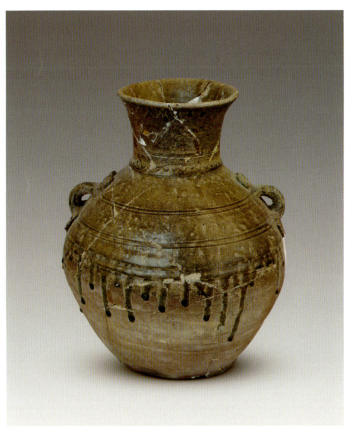

3. A型Ⅲ式青瓷壶（M2096：27）

4. 滑石"镡成长印"（M2096：61）

M2096出土器物

1. A型滑石灯（M2096：12）　　　　2. Fa型铜镜（M2096：1）

3. M2097出土器物

M2096、M2097出土器物

1. C型Ⅰ式酱釉硬陶壶（M2097：3）

2. A型硬陶双唇罐（M2098：12）

3. B型滑石灯（M2098：1）

4. A型金饼（M2098：48）

5. 金饼（M2098：48）上的戳印"V"符号

M2097、M2098出土器物

1. A型金饼（M2098：49）

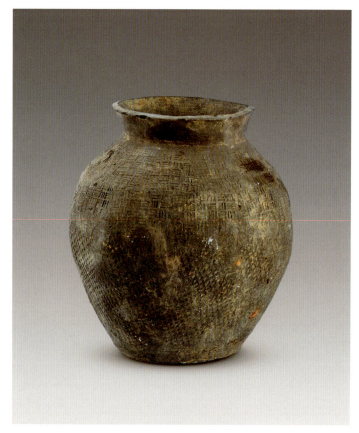

2. 金饼（M2098：49）上的戳印符号

3. A型Ⅰ式硬陶罐（M2112：21）

4. 滑石"鄡右尉印"（M2113：2）

5. 滑石"蔡但"印（M2113：34）

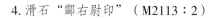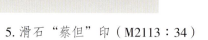

M2098、M2112、M2113出土器物

1. A型镜（M2113：4）

2. B型镜（M2120：5）

3. 剑饰（M2120：34）之剑首

4. 剑饰（M2120：2）之剑格

5. 剑饰（M2120：20）之剑珌

M2113、M2120出土滑石器

1. 滑石矛（M2120：4）

2. 滑石矛镦（M2120：33）

3. 滑石博具（M2120：27）

4. A型酱釉硬陶盒（M2129：4）

M2120、M2129出土器物

1. 出土器物

2. A型酱釉硬陶鼎（M2129：6）

3. A型酱釉硬陶鼎（M2129：10）

M2129出土器物

1. B型酱釉硬陶壶（M2129：9）

2. B型滑石镜（M2130：3）

3. M2131（由北向南）

M2129、M2130出土器物，M2131

1. M2131和M2132上部残留的封土（由南向北）

2. M2131出土器物

M2131、M2132封土，M2131出土器物

1. B型鼎（M2131：19）

2. A型盒（M2131：20）

3. A型盒（M2131：25）

4. B型壶（M2131：14）

M2131出土酱釉硬陶器

1. B型酱釉硬陶壶（M2131：15）

2. B型滑石镜（M2131：1）

3. M2132（由北向南）

M2131出土器物，M2132

1. A型镜（M2132：2）

2. A型猪（M2133：16）

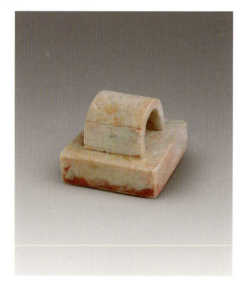

3. "临湘之印"（M2137：1）　　4. "安陵君印"（M2138：1）　　5. "陰道之印"（M2138：2）

M2132、M2133、M2137、M2138出土滑石器

1. F型Ⅲ式陶鼎（M2156∶16）

2. D型铜镜（M2156∶2）

3. M2157

M2156出土器物，M2157

1. F型Ⅲ式陶鼎（M2159：10）

2. 滑石博具（M2159：12）

3. M2166出土器物

M2159、M2166出土器物

1. B型Ⅱ式陶鼎（M2166：5）　　　　　2. A型酱釉硬陶壶（M2166：10）

3. M2190

M2166出土器物，M2190

1. M2190出土器物

2. J型Ⅰ式陶鼎（M2190：20）

3. B型Ⅲ式陶盒（M2190：21）

M2190出土器物

M2190出土I型Ⅱ式铜镜（M2190：1）

1. M2192（由北向南）

2. 出土器物

M2192及出土器物

1. I型Ⅲ式铜镜（M2192：1）

2. M2197（由南向北）

M2192出土铜镜，M2197

1. 出土器物

2. C型 I 式陶灶（M2197：13）

3. H型 I 式铜镜（M2197：12）

M2197出土器物

1. M2198（由东向西）

2. 出土器物

M2198及出土器物

1. C型Ⅲ式陶鼎（M2198：28）

2. I型I式铜镜（M2198：31）

3. 滑石"胡平"印（M2198：1）

5. C型I式铜镜（M2199：1）

4. 滑石扁壶（M2198：15）

M2198、M2199出土器物

1. M2199出土器物

2. E型陶鼎（M2199：14）

3. G型Ⅱ式陶鼎（M2200：24）

M2199、M2200出土器物

1. M2200（由东向西）

2. 出土器物

M2200及出土器物

1. A型滑石镜（M2200：2）

2. M2201（由西向东）

M2200出土滑石镜，M2201

1. M2201出土器物

2. M2203（由东南向西北）

M2201出土器物，M2203

1. M2203出土器物

2. M2206（由南向北）

M2203出土器物，M2206

1. M2206出土器物

2. B型Ⅰ式陶鼎（M2206：24）

3. Aa型Ⅰ式陶熏炉（M2206：3）

4. A型铜镜（M2206：2）

M2206出土器物

1. M2207（由北向南）

2. 出土器物

M2207及出土器物

1. E型陶鼎（M2207：26）

2. C型Ⅰ式铜镜（M2207：4）

3. M2209出土器物

M2207、M2209出土器物

1. Aa型Ⅱ式熏炉（M2209：24）　　　　　　2. C型Ⅰ式鼎（M2211：11）

3. M2211（由北向南）

M2209、M2211出土陶器，M2211

1. M2213（由北向南）

2. C型Ⅱ式陶鼎（M2213：10）

M2213及出土陶鼎

1. M2218（由北向南）

2. I 式镦（M2218：15）

3. D 型鼎（M2222：11）

M2218，M2218、M2222出土陶器

1. M2222（由南向北）

2. F型Ⅰ式鼎（M2222：22）

3. B型Ⅰ式盒（M2222：29）

M2222及出土陶器

1. Ab型陶熏炉（M2222：28）

2. 滑石"长沙郢丞"印（M2248：2）

5. A型Ⅰ式玛瑙带钩（M2248：1）

3. 滑石"器印"（M2248：3）

4. B型滑石镜（M2248：5）

M2222、M2248出土器物

1. B型 I 式陶鼎（M2363：6）

2. B型陶壶（M2363：13）

3. A型 I 式铜鼎（M2363：8）

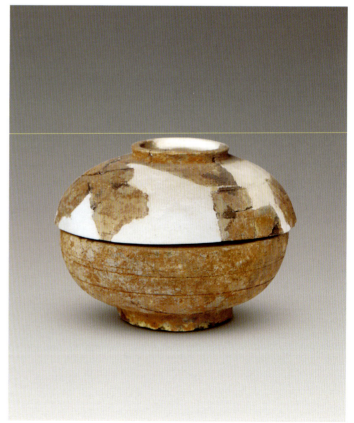

4. A型 I 式陶盒（M2374：14）

M2363、M2374出土器物

1. F型Ⅱ式鼎（M2375：7）

2. H型鼎（M2375：15）

3. Ⅰ式镤（M2379：2）

4. M型鼎（M2384：10）

M2375、M2379、M2384出土陶器

1. B型Ⅲ式陶灶（M2384：4）

2. C型釉陶灶（M2390：7）

3. Ⅲ式釉陶楼（M2390：8）

4. 釉陶狗（M2390：5）

M2384、M2390出土器物

1. C型铜弩机（M2390：2）

4. B型金饼（M2445：1）正面

2. C型Ⅱ式滑石猪（M2390：3）

5. B型金饼（M2445：1）背面

3. M2445出土金饼

6. 金饼（M2445：1）纹饰局部

M2390、M2445出土器物

1. 金饼（M2445∶2）正面

4. 金饼（M2445∶3）正面

2. 金饼（M2445∶2）背面

5. C型金饼（M2445∶6）

3. 金饼（M2445∶2）上刻划的"十三铢"铭文

6. 银饼

M2445出土器物

1. M2445：27正面

2. M2445：27背面上的刻划字符

3. M2445：37正面

4. M2445：37正面的刻划字符

5. M2445：19正面及墨书文字"少一铢"

6. M2445：19背面

M2445出土银饼

1. B型Ⅲ式陶灶（M2395：14）

2. Ⅱ式铜钲（M2401：11）

3. Ob型铜镜（M2401：1）

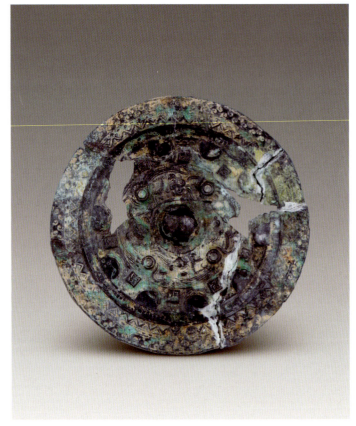

4. Q型铜镜（M2401：7）

M2395、M2401出土器物

1. 铜"武乡"印（M2401：20）

2. 滑石"汉寿左尉"印（M2401：3）

3. C型Ⅱ式釉陶鼎（M2408：13）

4. A型釉陶灶（M2408：12）

5. B型釉陶仓（M2408：16）

6. Ⅱ式釉陶楼（M2408：15）

M2401、M2408出土器物

1. Oa型（M2408：3）

2. P型（M2408：1）

M2408出土铜镜

2. 铜 "□长之印" (M2408：6)

1. A型Ⅲ式铜钫钫盖 (M2408：21)　　　　　3. B型Ⅰ式铜带钩 (M2409：1)

4. M2409出土器物

M2408、M2409出土器物

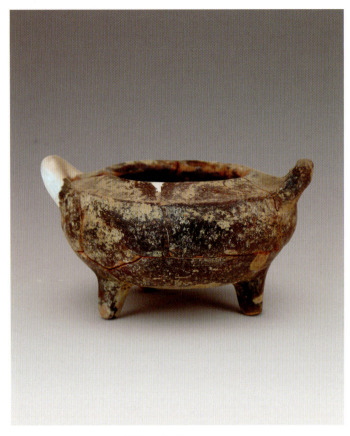

1. A型Ⅲ式鼎（M2409：23）

2. C型灶（M2409：28）

3. Ⅱ式猪圈和猪（M2409：9）

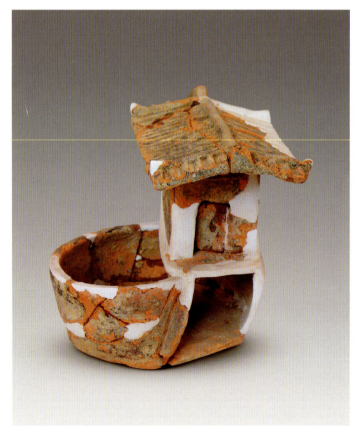

4. Ⅲ式猪圈和猪（M2409：31）

M2409出土釉陶器

M2409出土Ⅲ式釉陶楼（M2409：3）

M2409出土M型Ⅲ式铜镜（M2409：4）

1. 由北向南

2. 由北向南

M2416

1. B型案（M2416：3）

2. 长奁盒（M2416：13）

3. 量（M2416：15）

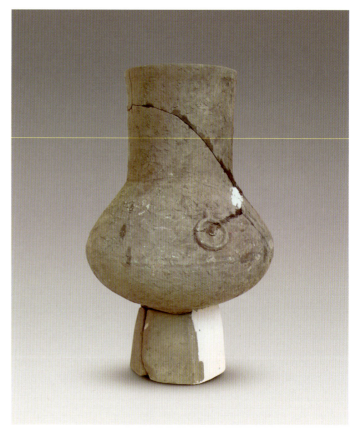

4. L型高圈足壶（M2416：19）

M2416出土陶器

1. 连当筒瓦（M2416：16）

2. 连当筒瓦当面（M2416：16）

3. 瓦当（M2416：20）

4. 瓦当（M2416：35，采集）

M2416出土建筑构件

1.B型釉陶鼎（M2416：9）

2.C型釉陶灶（M2416：4）

3.金环（M2416：22）

4.金饰（M2416：24）

5.金珠（M2416：25）

6.C型铜弩机（M2416：28）

7.玛瑙管（珠）（M2416：26）

M2416出土器物

1. M2427（由南向北）

2. C型 I 式釉陶鼎（M2427：3）

M2427及出土釉陶鼎

1. I式楼（M2427：17）

2. 狗（M2427：15）

3. A型灶（M2427：19）

4. I式猪圈和猪（M2427：14）

M2427出土釉陶器

1. M2428

2. N型Ⅱ式铜镜（M2428：2）

M2428及出土铜镜

1. A型Ⅱ式铜带钩（M2428：3）

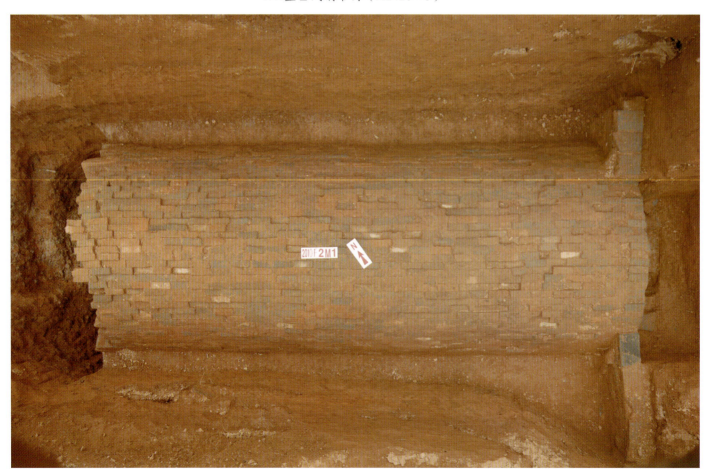

2. M2429墓室券顶结构

M2428出土铜带钩，M2429

1. 封门（由东向西）

2. 墓室后部结构（由西向东）

1. 墓室内随葬品（由西向东）

2. 出土器物

M2429及出土器物

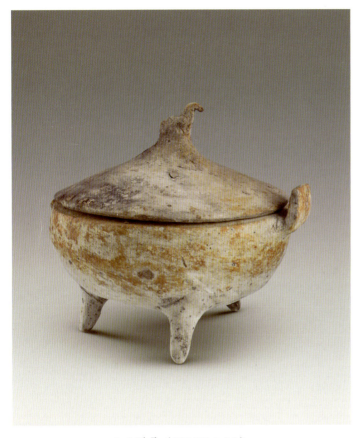

1. L型鼎（M2429：14）

2. B型Ⅱ式灶（M2429：10）

3. B型Ⅴ式熏炉（M2429：17）

4. 屋（M2429：27）

M2429出土陶器

1. Lb型铜镜（M2429：2）

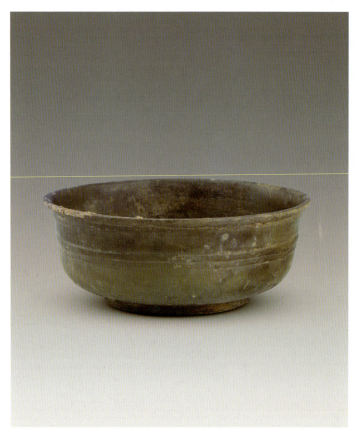

2. Ⅱ式铜碗（M2429：4）

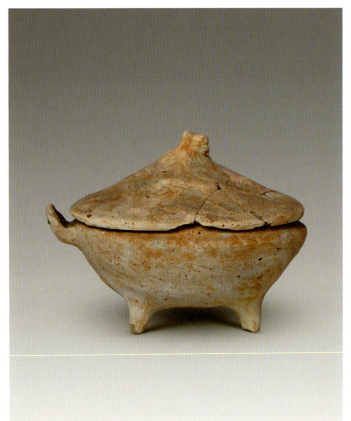

3. L型陶鼎（M2434：19）

4. B型Ⅱ式陶灶（M2434：26）

M2429、M2434出土器物

1. M2434

2. 出土器物

M2434及出土器物

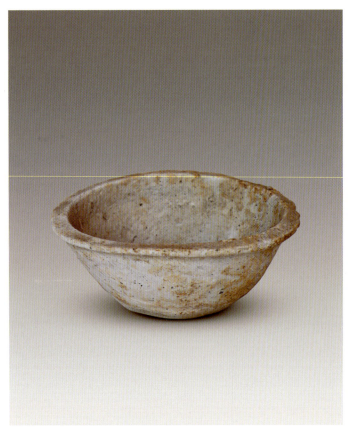

1. D型陶甑（M2434：12）

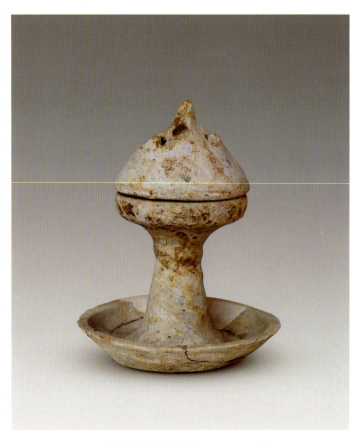

2. B型Ⅵ式陶熏炉（M2434：25）

3. B型铜弩机（M2434：11）

4. B型Ⅱ式滑石兽面（M2434：10）

M2434出土器物

1. D3M24出土器物

2. D3M26出土硬陶器

D3M24、D3M26出土器物

1. D3M14出土器物

2. D3M13出土器物

D3M14、D3M13出土器物

1. D3M28出土器物

2. D3M30出土器物

D3M28、D3M30出土器物

1. D7M3出土器物

2. D7M4出土器物

D7M3、D7M4出土器物

1. D9M4出土滑石器

2. D9M10出土滑石器

D9M4、D9M10出土滑石器

1. D10封堆下残存墓葬（由东向西）

2. D10M1出土器物

D10封堆下残存墓葬，D10M1出土器物

1. D10M2出土器物

2. D11M7出土器物

D10M2、D11M7出土器物

1. M2003出土器物

2. M2009出土器物

M2003、M2009出土器物

1. M2020出土器物

2. M2022出土器物

M2020、M2022出土器物

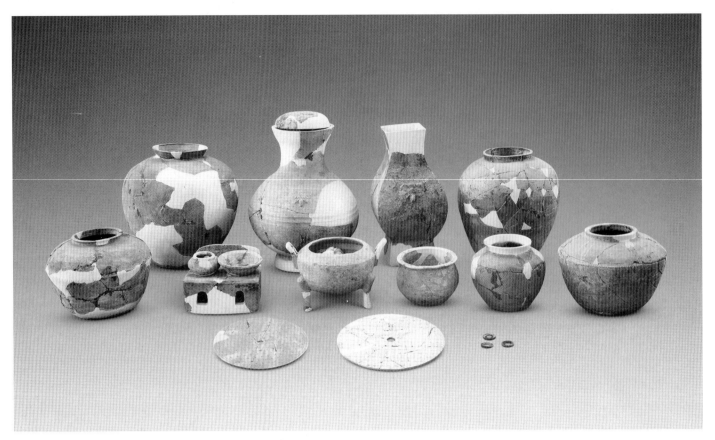

1. M2023出土器物

2. M2025出土器物

M2023、M2025出土器物

1. M2028出土器物

2. M2029出土器物

M2028、M2029出土器物

1. M2030出土器物

2. M2073出土器物

M2030、M2073出土器物

1. M2086出土器物

2. M2092出土器物

M2086、M2092出土器物

1. M2093出土滑石器

2. M2094出土器物

M2093、M2094出土器物

1. M2098出土硬陶器

2. M2120出土器物

M2098、M2120出土器物

1. M2132出土陶罐

2. M2133出土陶器

3. M2134出土器物

M2132、M2133、M2134出土器物

1. M2148随葬品分布（由西南向东北）

2. 陶器和滑石器

M2148及出土器物

1. M2153随葬品及排水沟（由东向西）

2. M2156出土器物

M2153随葬品及排水沟，M2156出土器物

1. M2159出土器物

2. M2198、M2199、M2200残留封土（由东南向西北）

M2159出土器物，M2198、M2199、M2200残留封土

1. M2198、M2199、M2200（由北向南）

2. M2199（由东向西）

M2198、M2199、M2200

1. M2204出土器物

2. M2211出土器物

M2204、M2211出土器物

1. M2213出土器物

2. M2215出土器物

M2213、M2215出土器物

1. M2218出土器物

2. M2222出土器物

M2218、M2222出土器物

1. M2344出土器物

2. M2371出土器物

M2344、M2371出土器物

1. M2372出土器物

2. M2374出土器物

M2372、M2374出土器物

1. M2375出土器物

2. M2396出土器物

M2375、M2396出土器物

1. M2384出土器物

2. M2390出土器物

M2384、M2390出土器物

1. M2395出土器物

2. M2408出土器物

M2395、M2408出土器物

1. A型（M2374：18）

2. B型Ⅰ式（M2363：6）

3. B型Ⅱ式（M2166：5）

4. C型Ⅰ式（M2211：11）

陶鼎

1. C型Ⅱ式（M2213：10）

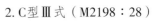

2. C型Ⅲ式（M2198：28）

3. D型（M2222：11）

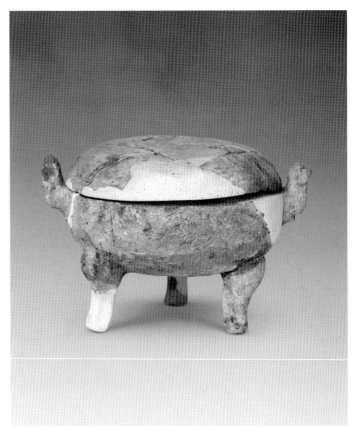

4. E型（M2207：26）

陶鼎

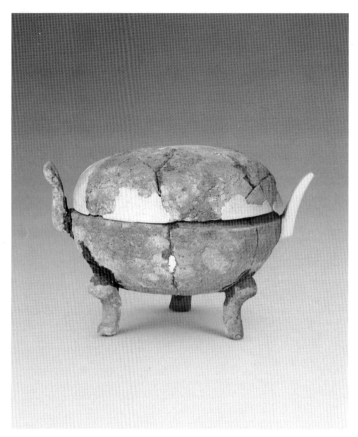

1. E型（M2199：14）

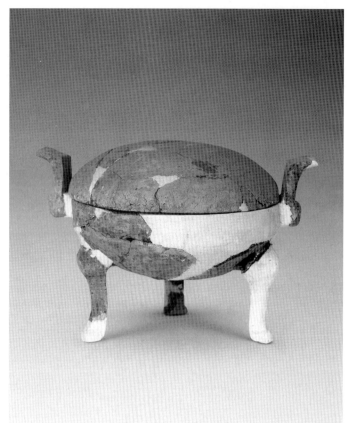

2. F型Ⅰ式（M2222：22）

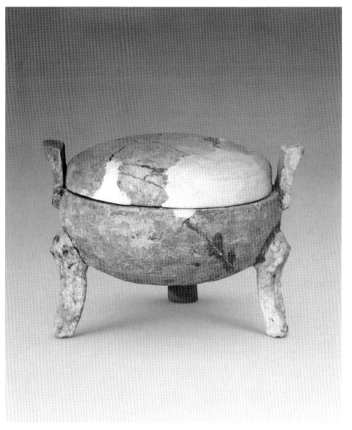

3. F型Ⅱ式（M2375：7）

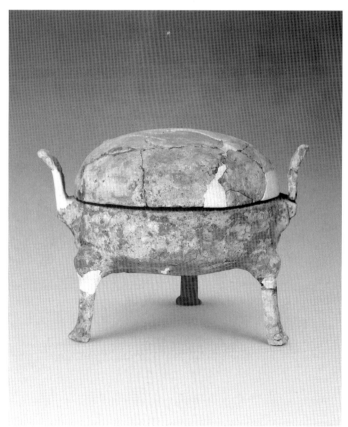

4. F型Ⅲ式（M2159：10）

陶鼎

1. G型Ⅱ式（M2200∶24）

2. J型Ⅰ式（M2190∶20）

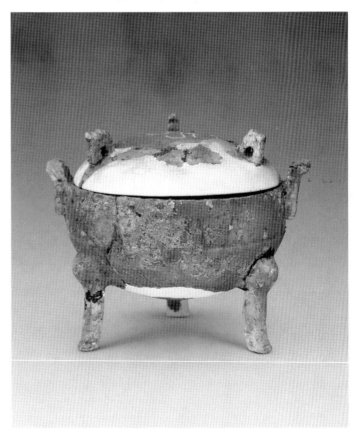

3. J型Ⅱ式（M2096∶50）

4. J型Ⅲ式（D3M27∶35）

陶鼎

1. J型Ⅳ式（D7M4：11）

2. J型Ⅵ式（D8M4：20）

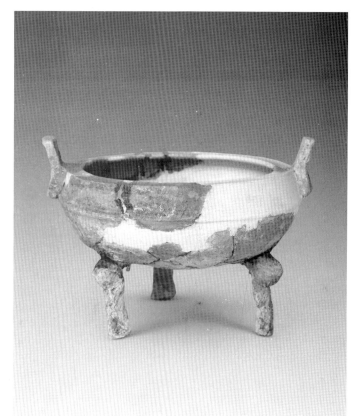

3. J型Ⅵ式（M2023：19）

4. J型Ⅶ式（M2020：26）

陶鼎

1. J型Ⅷ式（M2086：4）

2. J型Ⅷ式（D3M28：8）

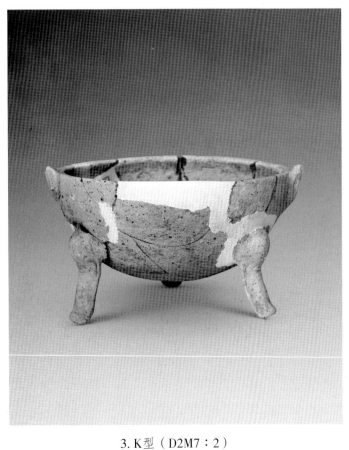

3. K型（D2M7：2）

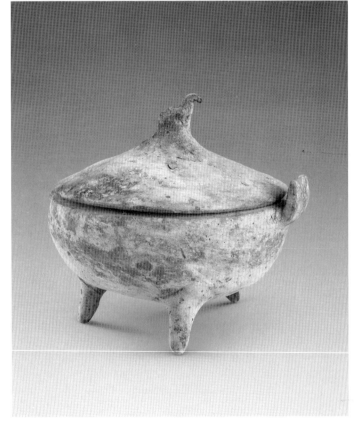

4. L型（M2429：14）

陶鼎

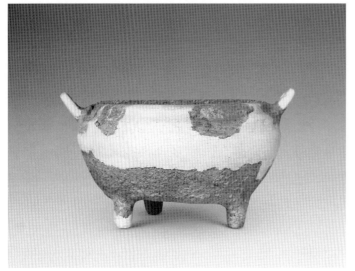

1. M型鼎（M2384：10）

2. A型Ⅰ式盒（M2374：14）

3. A型Ⅲ式盒（M2156：18）

4. B型Ⅰ式盒（M2222：29）

5. B型Ⅱ式盒（M2209：19）

6. B型Ⅲ式盒（M2190：21）

陶鼎、盒

1. B型Ⅳ式（M2096：54）

2. C型Ⅰ式（M2211：8）

3. C型Ⅱ式（M2130：4）

4. D型Ⅱ式（D3M29：16）

5. D型Ⅱ式（D8M3：53）

6. D型Ⅱ式（D7M4：10）

陶盒

1. D型Ⅳ式盒（D3M16：5）

2. D型Ⅴ式盒（D3M28：12）

3. E型盒（M2206：34）

4. A型壶（M2374：4）

5. B型壶（M2363：13）

6. C型壶（M2211：2）

陶盒、壶

陶壶

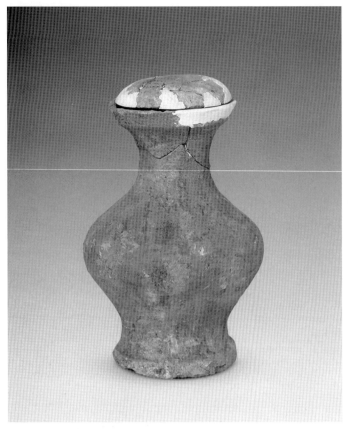

1. Da型Ⅰ式（M2158：4）

2. Da型Ⅰ式（M2156：5）

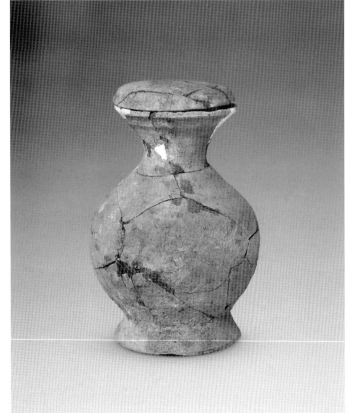

3. Da型Ⅱ式（M2215：9）

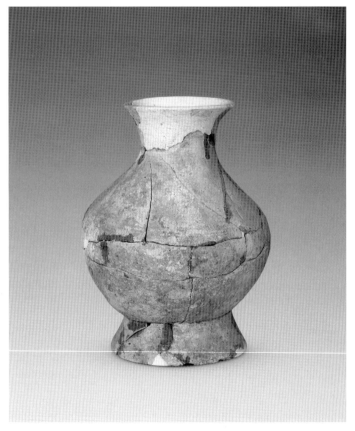

4. Db型Ⅱ式（M2207：32）

陶壶

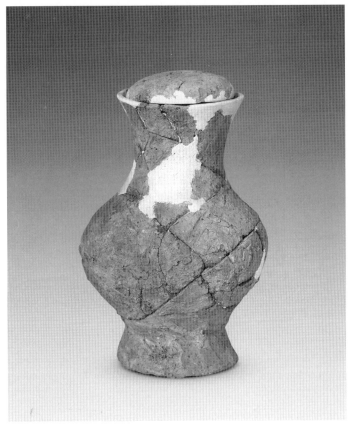

1. Db型Ⅲ式（M2166：8）

2. Db型Ⅳ式（M2218：20）

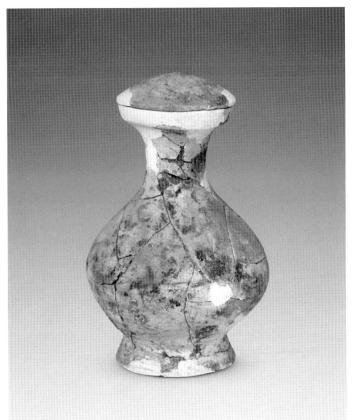

3. Ea型Ⅰ式（M2375：42）

4. Ea型Ⅱ式（M2204：5）（不含盖）

陶壶

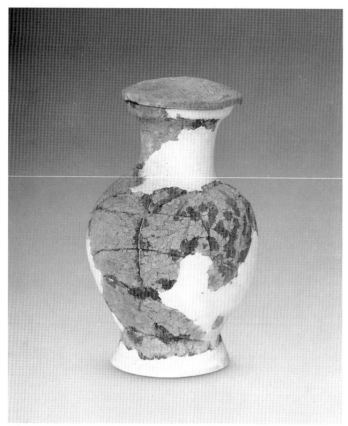

1. Ea型Ⅲ式（M2200：18）

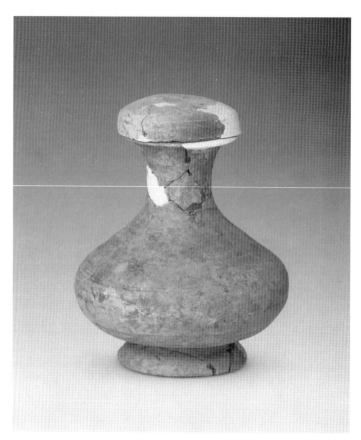

2. Eb型Ⅰ式（M2148：10）

3. Eb型Ⅱ式（M2148：3）

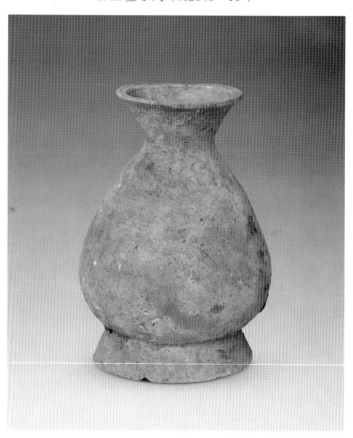

4. Eb型Ⅲ式（M2211：4）（不含盖）

陶壶

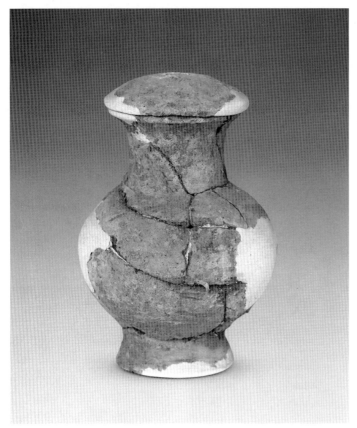

1. Eb型Ⅳ式（M2157：5）

2. Eb型Ⅴ式（M2203：2）

3. G型（M2372：9）

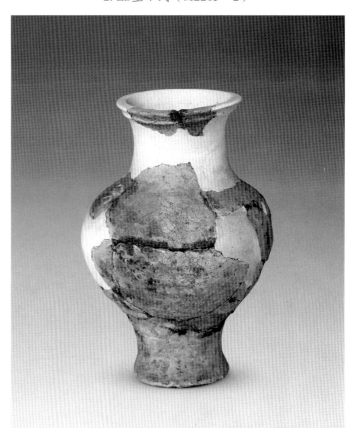

4. H型Ⅰ式（M2379：18）

陶壶

陶壶

1. I型（M2222：9）

2. J型 I 式（M2190：14）

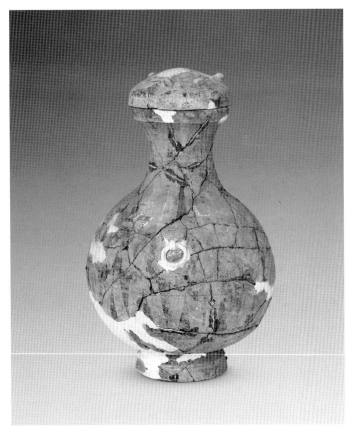

3. J型 II 式（M2096：31）

4. J型 II 式（M2096：38）

陶壶

1. J型Ⅲ式（D8M3：36）

2. J型Ⅲ式（D8M3：35）

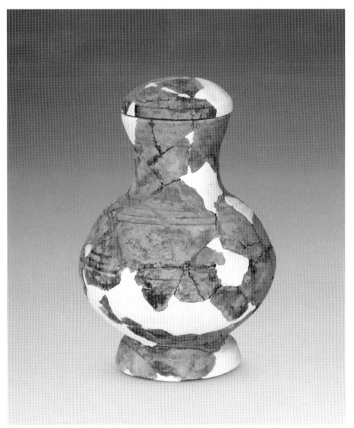

3. J型Ⅳ式（D7M4：15）

4. J型Ⅴ式（D8M4：31）

陶壶

1. J型 V 式（M2073：17）（不含盖）

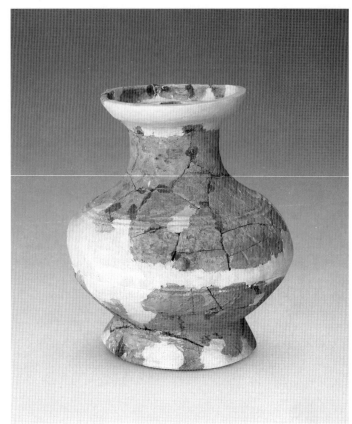

2. J型 VI 式（M2086：15）

3. K型 I 式（M2429：15）

4. K型 II 式（M2384：11）

陶壶

1. L型壶（M2416∶19）

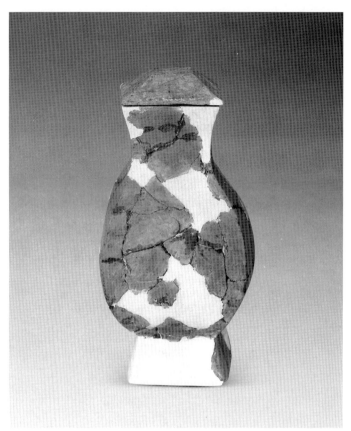

2. A型Ⅰ式钫（M2222∶2）

3. A型Ⅲ式钫（M2190∶13）

4. A型Ⅳ式钫（M2344∶5）

陶壶、钫

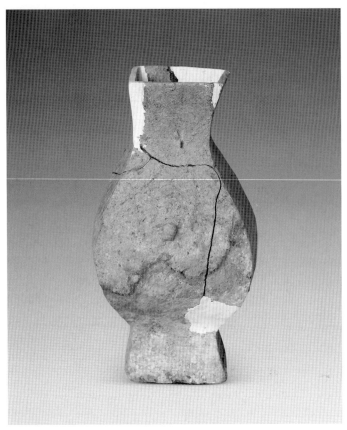

1. A型 V 式（D10M2：1）

2. B型（M2375：53）

3. C型 Ⅱ 式（M2199：22）

4. C型 Ⅲ 式（M2345：2）

陶钫

1. D型（D3M27：42）

2. D型（D7M5：24）

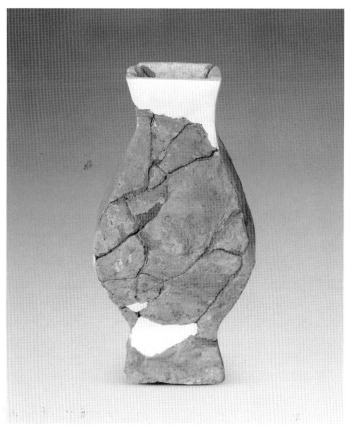

3. E型（D3M18：23）

4. G型（M2020：9）

陶钫

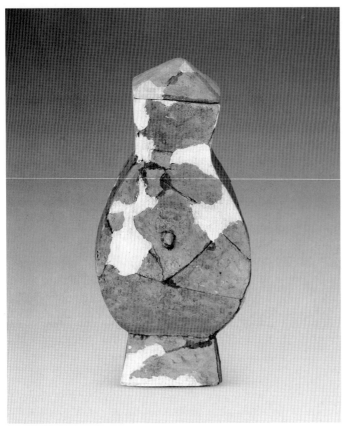

1. G型钫（D8M4：26）

2. H型钫（M2379：20）

3. L型钫（M2086：14）

4. A型 I 式高领罐（M2375：36）

陶钫、高领罐

1. A型Ⅱ式（M2133：14）

2. A型Ⅲ式（M2134：8）

3. A型Ⅳ式（M2384：1）

4. B型Ⅰ式（M2166：2）

陶高领罐

1. A型双耳罐（M2222：20）

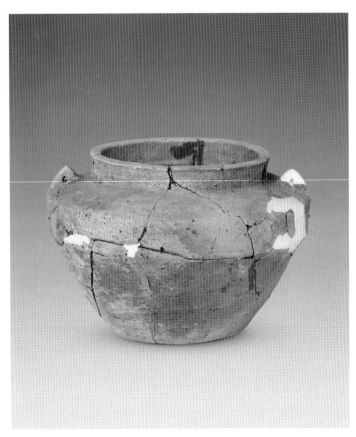

2. A型双耳罐（M2209：18）

3. B型双耳罐（M2153：14）

4. A型异形罐（M2132：8）

陶双耳罐、异形罐

1. A型异形罐（M2132：26）

2. B型异形罐（M2136：46）

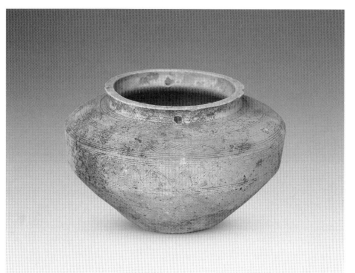

3. A型刻划（戳印）纹罐（M2375：32）

4. A型刻划（戳印）纹罐（M2375：33）

5. B型刻划（戳印）纹罐（M2218：17）

6. D型刻划（戳印）纹罐（M2215：3）

陶异形罐、刻划（戳印）纹罐

1. A型（M2222：16）

2. A型（M2206：7）

3. B型（M2203：19）

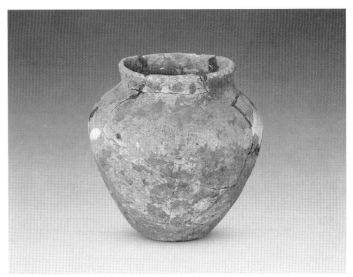

4. C型（M2197：22）

5. D型（M2201：2）

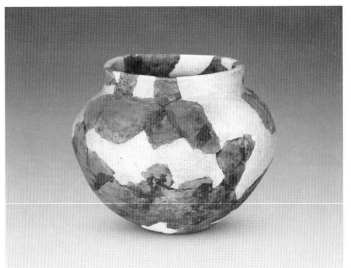

6. D型（M2199：10）

陶矮领罐

1. E型矮领罐（M2198：24）

2. A型Ⅱ式瓮（M2072：36）

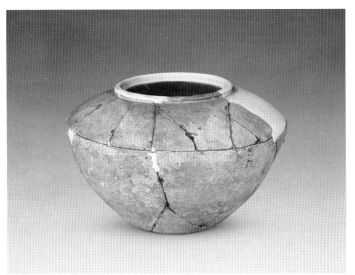

3. A型Ⅲ式瓮（D3M26：19）

4. B型Ⅰ式瓮（M2030：6）

5. B型Ⅰ式瓮（M2072：47）

6. B型Ⅱ式瓮（D8M4：33）

陶矮领罐、瓮

陶瓮、灶

1. B型Ⅲ式瓮（D3M14：19）

2. C型Ⅰ式瓮（D3M30：35）

3. C型Ⅱ式瓮（D8M4：29）

4. D型Ⅰ式瓮（M2020：27）

5. D型Ⅱ式瓮（M2029：11）

6. B型Ⅰ式灶（M2203：22）

陶瓮、灶

1. B型Ⅱ式（M2429：10）

2. B型Ⅱ式（M2434：26）

3. B型Ⅲ式（M2395：14）

4. C型Ⅰ式（M2197：13）

5. C型Ⅱ式（M2072：16）

6. D型Ⅰ式（M2204：10）

陶灶

1. D型Ⅱ式（M2198：29）

2. D型Ⅲ式（D3M27：33）

3. D型Ⅳ式（D1M2：12）

4. D型Ⅴ式（D3M13：4）

5. D型Ⅵ式（D3M14：12）

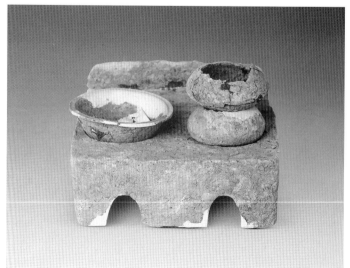

6. D型Ⅵ式（M2086：7）

陶灶

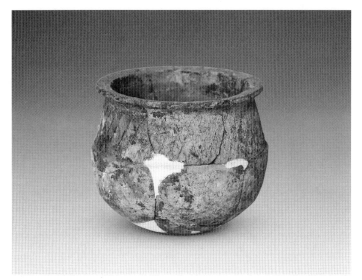

1. A型Ⅰ式（D3M27：36）

2.A型Ⅱ式（M2020：43）

3. A型Ⅲ式（D8M4：18）

4. A型Ⅳ式（D3M24：47）

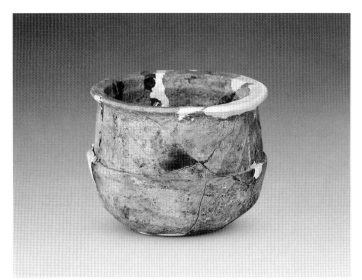

5. Ba型Ⅰ式（M2344：9）

6. Bb型Ⅰ式（D3M30：22）

陶井

1. Bb型Ⅱ式（M2020：52）

2. C型Ⅰ式（D3M20：15）

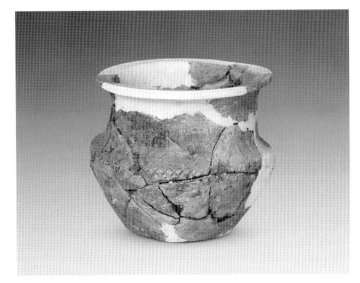

3. C型Ⅱ式（M2072：15）

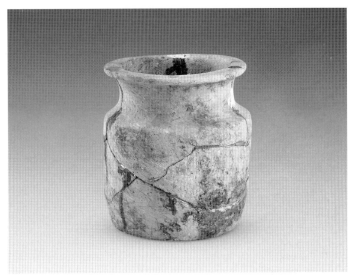

4. D型（M2429：21）

5. D型（M2434：18）

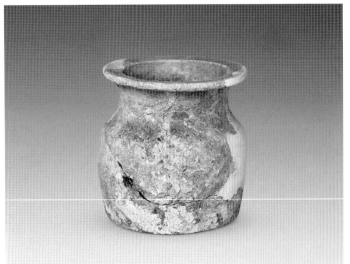

6. D型（M2384：3）

陶井

1. Aa型（M2218：9）

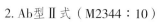

2. Ab型Ⅱ式（M2344：10）

3. B型Ⅰ式（M2096：20）

4. B型Ⅱ式（D7M4：9）

5. B型Ⅱ式（D8M3：27）

6. B型Ⅲ式（D3M16：1）

陶鐎壶

1. B型Ⅲ式镳壶（D8M4∶24）

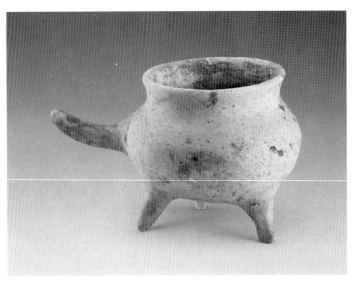

2. C型镳壶（M2429∶20）

3. C型镳壶（M2384∶7）

4. C型镳壶（M2395∶17）

5. C型镳壶（M2434∶17）

6. Aa型Ⅰ式熏炉（M2206∶3）

陶镳壶、熏炉

1. Aa型Ⅱ式（M2209：24）

2. Ab型（M2222：28）

3. B型Ⅰ式（D3M29：11）

4. B型Ⅱ式（D7M4：6）

5. B型Ⅲ式（D8M4：22）

6. B型Ⅲ式（D3M18：12）

陶熏炉

1. B型Ⅳ式（M2086：5）

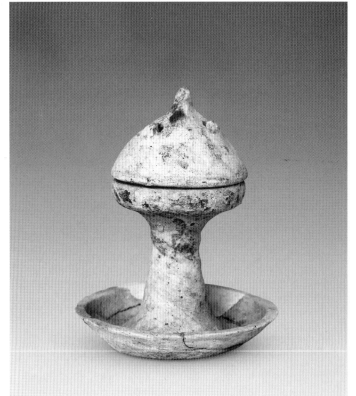

2. B型Ⅴ式（M2429：17）

3. B型Ⅵ式（M2384：13）

4. B型Ⅵ式（M2434：25）

陶熏炉

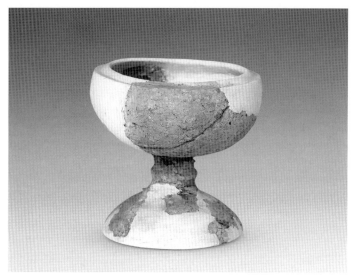

1. C型 I 式熏炉（M2096：47）

2. A型盘（M2372：8）

3. B型盘（D3M28：19）

4. A型 I 式勺（M2374：5）

5. A型 II 式勺（M2153：5）

6. B型 I 式勺（M2158：6）

陶熏炉、盘、勺

1. B型Ⅰ式（M2375：31）

2. B型Ⅱ式（M2206：21）

3. C型Ⅰ式（M2209：11）

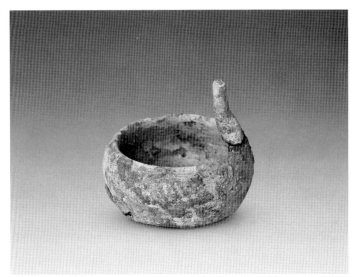

4. C型Ⅱ式（M2156：17）

5. D型Ⅰ式（M2207：6）

6. G型（M2200：33）

陶勺

1. A型（M2148：22）　　　　　　　　　　2. B型Ⅰ式（M2206：25）

3. B型Ⅱ式（M2207：36）　　　4. C型Ⅰ式（M2158：9）　　　5. C型Ⅱ式（M2209：12）

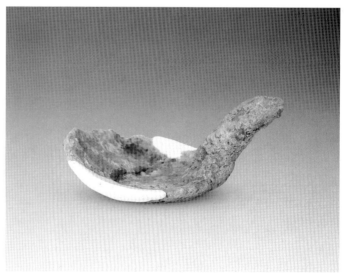

6. D型（M2372：17）　　　　　　　　　　7. E型（M2371：10）

1. A型仓（M2203：17）

2. D型仓（M2429：18）

3. D型仓（M2434：8）

4. I式镂（M2218：15）

5. I式镂（M2379：2）

6. A型甑（M2133：17）

陶仓、镂、甑

1. C型甑（M2203：14）

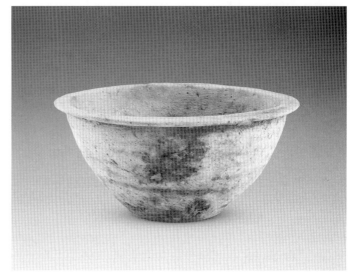

2. D型甑（M2429：25）

3. D型甑（M2395：15）

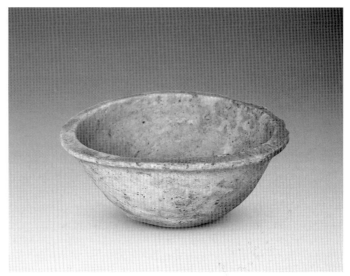

4. D型甑（M2434：12）

5. A型豆（M2207：10）

6. B型豆（M2211：10）

陶甑、豆

1. C型碗（M2434：13）

2. A型Ⅰ式盆（M2363：18）

3. A型Ⅱ式盆（M2096：53）

4. A型Ⅲ式盆（D7M4：26）

5. A型Ⅳ式盆（D8M4：12）

6. B型Ⅰ式盆（M2136：52）

陶碗、盆

陶盆、灯、案、钵、器盖

1. B型Ⅱ式盆（M2198∶30）

2. B型灯（M2434∶21）

3. B型案（M2416∶3）

4. A型Ⅱ式钵（D2M7∶3）

5. A型Ⅰ式器盖（D3M20∶38）

6. A型Ⅱ式器盖（M2384∶18）

陶盆、灯、案、钵、器盖

陶器盖、釜、鸡

1. B型器盖（D8M4：23）

2. B型釜（M2213：12）

3. 鸡（M2395：6）

4. 鸡（M2434：16）

5. 鸡（M2395：20）

6. 鸡（M2434：20）

陶器盖、釜、鸡

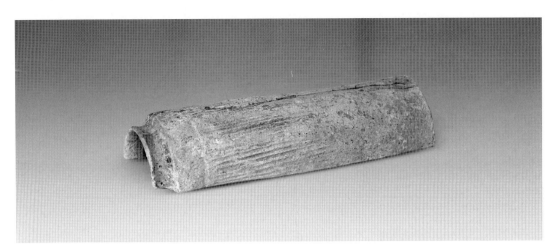

1. A型筒瓦（D3排水沟）

2. B型筒瓦（M2416：16）

3. B型筒瓦的当面（M2416：16）

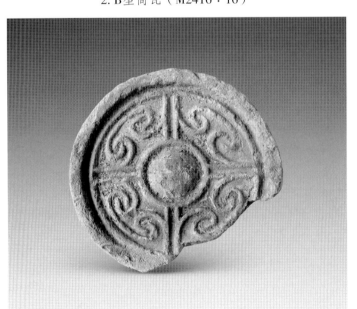

4. A型瓦当（M2416：20）

5. B型瓦当（M2416：35）

陶筒瓦、瓦当

1. A型（M2098：12）

2. A型（M2098：22）

3. A型（M2098：25）

4. B型（M2076：15）

硬陶双唇罐

1. A型Ⅰ式（M2112：21）

2. A型Ⅱ式（M2213：14）

3. A型Ⅱ式（M2379：13）

4. B型（M2120：23）

硬陶印纹罐

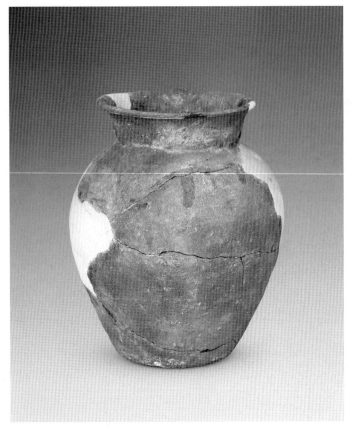

1. B型印纹罐（M2131：10）

2. B型印纹罐（M2134：1）

3. Ⅰ式双耳罐（M2094：6）

4. Ⅱ式双耳罐（D2M11：12）

硬陶印纹罐、双耳罐

硬陶双耳罐

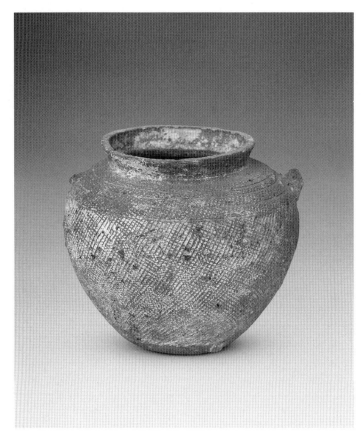

1. Ⅱ式（D7M5：27）

2. Ⅲ式（D10M2：6）

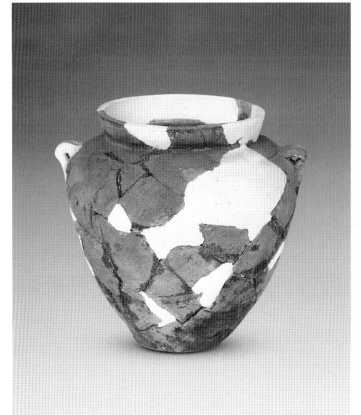

3. Ⅳ式（D3M24：13）

4. Ⅳ式（D3M28：25）

硬陶双耳罐

1. V式双耳罐（M2384：14）

2. A型无耳罐（M2129：3）

3. A型无耳罐（M2378：7）

4. A型无耳罐（D3M16：17）

硬陶双耳罐、无耳罐

1. B型（D1M2：7）

2. B型（M2073：16）

3. B型（D3M24：32）

4. B型（M2396：1）

硬陶无耳罐

1. B型（M2427：2）

2. C型（D7M3：25）

3. C型（D3M28：15）

4. C型（D10M1：17）

硬陶无耳罐

1. C型硬陶无耳罐（M2401：18）

2. C型硬陶无耳罐（M2409：16）

3. A型酱釉硬陶鼎（M2129：6）

4. A型酱釉硬陶鼎（M2129：10）

5. B型酱釉硬陶鼎（M2131：19）

6. E型酱釉硬陶鼎（M2009：6）

硬陶无耳罐、酱釉硬陶鼎

1. E型鼎（D3M18：15）

2. F型鼎（M2025：11）

3. A型盒（M2129：4）

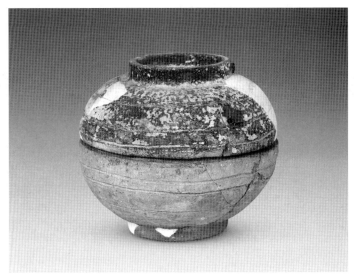

4. A型盒（M2131：20）

5. A型盒（M2131：25）

6. C型盒（M2072：12）

酱釉硬陶鼎、盒

1. C型盒（M2072：13）

4. A型瓿（M2009：13）

2. D型盒（D3M18：14）

3. E型盒（M2025：16）

5. B型瓿（D3M18：4）

酱釉硬陶盒、瓿

1. A型（M2166：10）

2. B型（M2129：9）

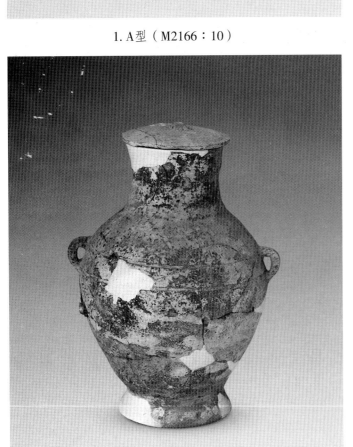

3. B型（M2131：14）

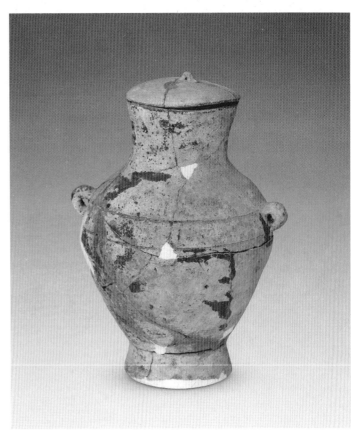

4. B型（M2131：15）

酱釉硬陶壶

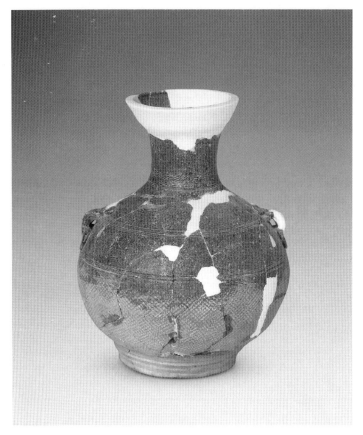

1. C型Ⅰ式（M2094：8）

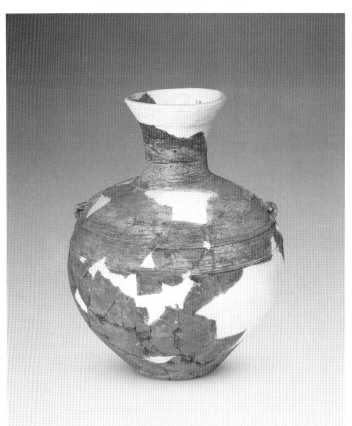

2. C型Ⅰ式（M2097：3）

3. C型Ⅱ式（M2076：1）

4. C型Ⅱ式（D3M16：21）

酱釉硬陶壶

1. C型Ⅱ式（D3M18：19）

2. C型Ⅲ式（M2086：6）

3. D型Ⅰ式（M2094：1）

4. D型Ⅱ式（M2072：40）

酱釉硬陶壶

1. D型Ⅱ式（M2072：11）

2. D型Ⅲ式（D3M18：3）

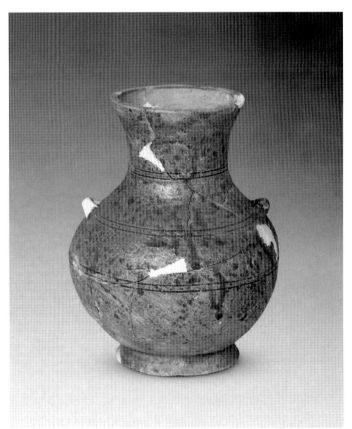

3. D型Ⅲ式（D3M18：29）

4. E型（M2025：15）

酱釉硬陶壶

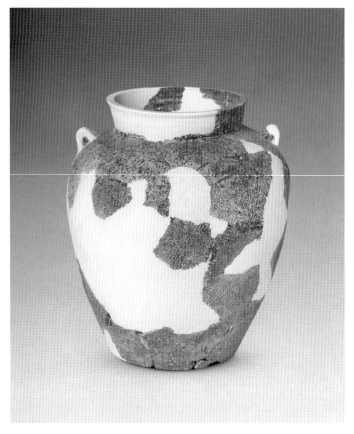

1. 双耳罐（M2029：4）

2. A型无耳罐（D1M2：15）

3. A型无耳罐（D7M4：22）

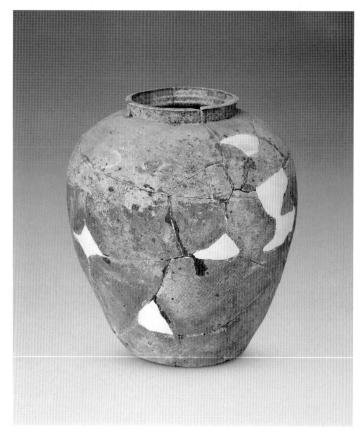

4. A型无耳罐（M2023：3）

酱釉硬陶双耳罐、无耳罐

1. B型无耳罐（D3M30：21）

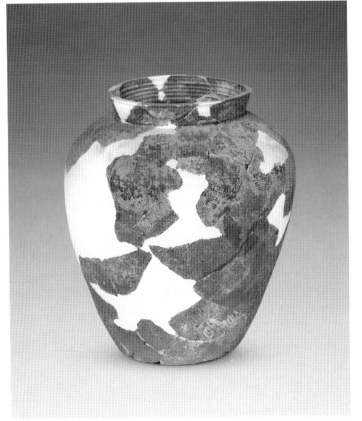

2. B型无耳罐（D3M16：19）

3. 四系罐（M2072：41）

4. 器盖（M2072：37）

5. 器盖（M2072：39）

6. 器盖（M2434：27）

酱釉硬陶无耳罐、四系罐、器盖

1. A型（D3M20：21）

2. A型（M2024：10）

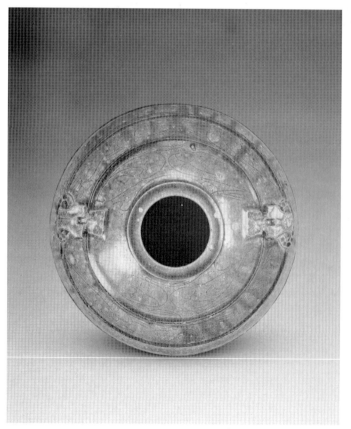

3. M2024：10俯视

4. B型（D3M20：22）

青瓷瓿

1. B型（D8M3：21）

2. D8M3：21局部

3. C型（M2072：9）

4. M2072：9局部

青瓷瓿

1. C型瓿（M2028：14）

2. A型Ⅰ式壶（D3M27：14）

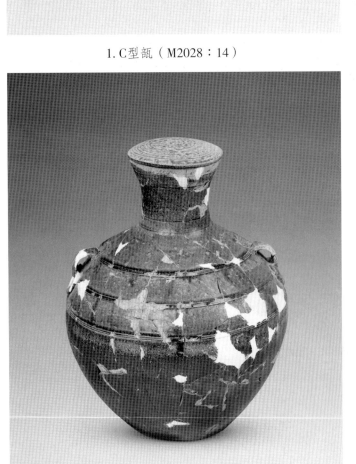

3. A型Ⅱ式壶（D8M3：24）

4. D8M3：24局部

青瓷瓿、壶

1. A型Ⅱ式（D8M3：25）

2. A型Ⅲ式（M2096：19）

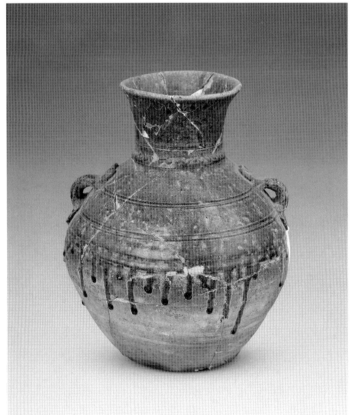

3. A型Ⅲ式（M2096：27）

4. A型Ⅲ式（M2072：1）

青瓷壶

青瓷壶

1. B型Ⅰ式（D3M20：10）

2. B型Ⅰ式（D3M20：32）

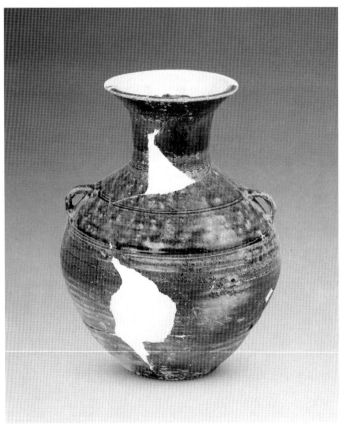

3. B型Ⅲ式（D10M1：24）

4. C型Ⅰ式（D3M20：23）

青瓷壶

1. C型Ⅱ式壶（M2096∶16）

2. A型坛（M2416∶29）

3. B型Ⅰ式坛（M2434∶23）

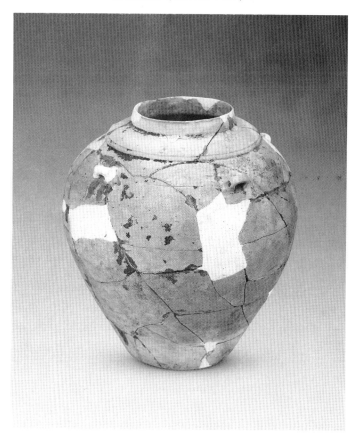

4. B型Ⅰ式坛（M2409∶15）

青瓷壶、坛

1. B型Ⅱ式坛（M2409：41）

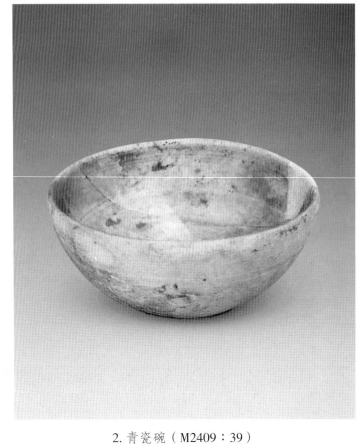

2. 青瓷碗（M2409：39）

3. 低温铅釉陶双唇罐（D3M24：50）

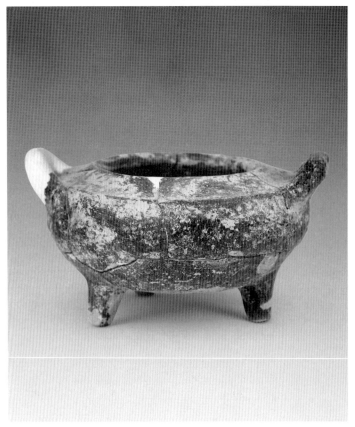

4. A型Ⅲ式釉陶鼎（M2409：23）

青瓷坛，碗，低温铅釉陶双唇罐，釉陶鼎

1. B型釉陶鼎（M2416：9）

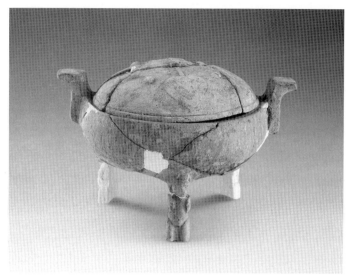

2. C型Ⅰ式釉陶鼎（M2427：3）

3. C型Ⅱ式釉陶鼎（M2408：13）

4. A型灶（M2427：19）

5. C型灶（M2390：7）

6. C型灶（M2409：28）

釉陶鼎、灶

1. A型井（M2427：18）

2. A型井（M2409：42）

3. B型井（M2408：22）

4. D型井（M2409：24）

5. D型井（M2416：8）

6. A型Ⅰ式仓（M2409：27）

釉陶井、仓

1. A型Ⅱ式仓（M2416：31）

2. B型仓（M2408：16）

3. Ⅰ式楼（M2427：17）

釉陶仓、楼

釉陶楼、猪圈和猪

1. Ⅱ式楼（M2408：15）

2. Ⅲ式楼（M2390：8）

3. Ⅰ式猪圈和猪（M2427：14）

釉陶楼、猪圈和猪

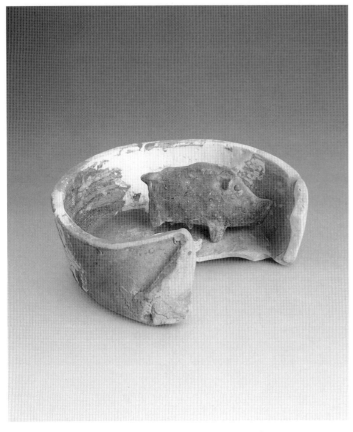

1. I 式猪圈和猪（M2416：18）

2. II 式猪圈和猪（M2409：9）

3. III 式猪圈和猪（M2409：31）

4. 鸡舍和鸡（M2409：8）

釉陶猪圈和猪、鸡舍和鸡

1. 狗（M2427：15）

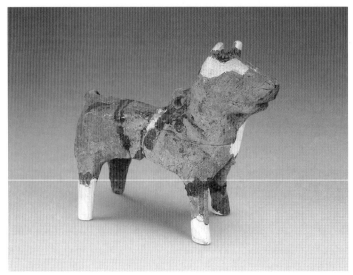

2. 狗（M2390：5）

3. A型熏炉（M2408：14）

4. C型熏炉（M2427：23）

5. C型熏炉（M2390：10）

6. 镳壶（M2409：25）

釉陶狗、熏炉、镳壶

1. A型灯（M2390：15）

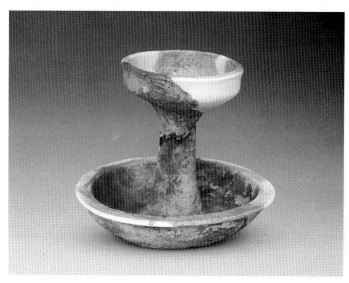

2. B型Ⅰ式灯（M2409：17）

3. B型Ⅱ式灯（M2416：2）

4. 盘（M2408：29）

5. 盘（M2409：43）

6. B型碗（M2390：16）

釉陶灯、盘、碗

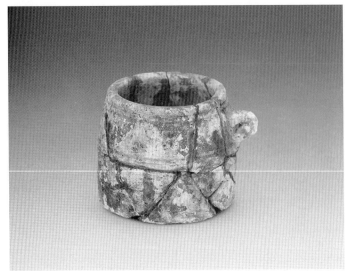

1. 把杯（M2395：16）

2. 把杯（M2427：4）

3. 无把杯（M2409：12）

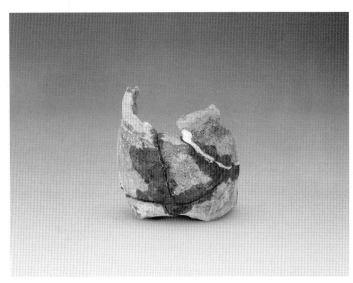

4. 无把杯（M2390：13）

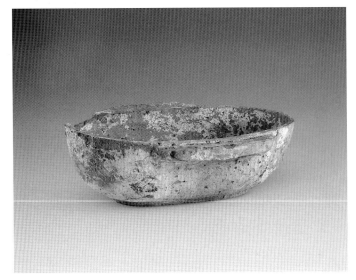

5. 耳杯（M2427：5）

6. 三足炉（M2438：23）

釉陶把杯、无把杯、耳杯、三足炉

1. 釉陶釜（M2409：29）

2. A型Ⅰ式铜鼎（M2363：8）

3. A型Ⅱ式铜鼎（D3M27：19）

4. B型铜鼎（D3M30：15）

釉陶釜，铜鼎

铜鼎、盒

1. B型鼎（D3M14：16）

2. B型鼎（D3M24：51）

3. C型鼎（D3M26：10）

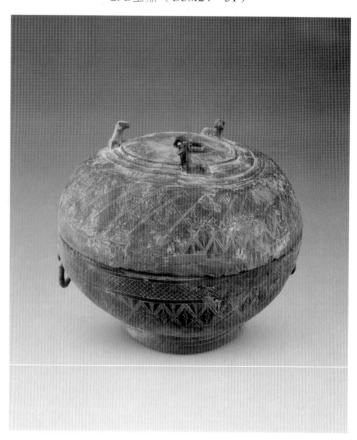

4. 盒（D3M24：20）

铜鼎、盒

1. A型Ⅰ式（D3M27∶18）

2. A型Ⅱ式（D3M30∶18）

3. A型Ⅲ式（D3M14∶10）

4. B型Ⅲ式（D3M24∶30）

铜壶

1. A型Ⅰ式钫（D3M27：21）

2. A型Ⅰ式钫（D3M24：28）

3. A型Ⅲ式钫盖（M2408：21）

4. B型Ⅰ式钫（D3M30：20）

铜钫、钫盖

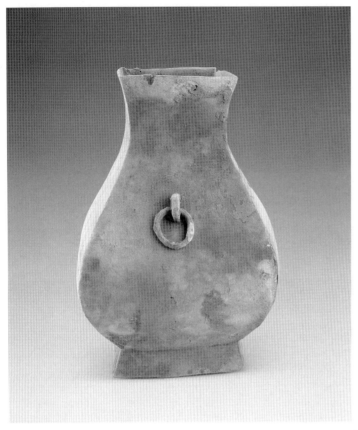

1. B型Ⅱ式钫（D3M26：8）

3. B型Ⅰ式镜（M2259：2）

2. A型镜（M2206：2）

4. B型Ⅱ式镜（M2195：2）

铜钫、镜

1. C型Ⅰ式（M2207：4）

2. C型Ⅰ式（M2199：1）

3. D型（M2156：2）

4. E型Ⅰ式（M2146：9）

铜镜

1. E型Ⅱ式（M2003：2）

2. E型Ⅲ式（M2030：14）

3. Fa型（M2096：1）

4. Fa型（M2040：1）

铜镜

1. Fb型（D3M13：2）

2. Fb型（D3M24：38）

3. Fb型（D3M29：1）

4. Fb型（D8M3：41）

铜镜

1. Fb型（M2020：37）

2. Fb型（M2032：31）

3. Fc型（M2082：2）

4. Fd型（M2028：1）

铜镜

1. Fd型（M2073：2）

2. G型（D11M4：2）

3. H型Ⅰ式（M2197：12）

4. H型Ⅱ式（D3M27：17）

铜镜

1.I型Ⅰ式（M2198：31）

2.I型Ⅱ式（M2190：1）

3.I型Ⅲ式（M2192：1）

4.I型Ⅲ式（D11M4：1）

铜镜

1. J型Ⅰ式（D3M20：29）

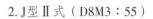

2. J型Ⅱ式（D8M3：55）

3. J型Ⅱ式（M2072：6）

4. J型Ⅱ式（M2072：7）

铜镜

1. Ka型（D3M29：9）

2. Ka型（D3M18：1）

3. Ka型（M2076：2）

4. Ka型（M2006：5）

铜镜

1. Kb型（D3M16：10）

2. Kc型（M2020：16）

3. Kc型（D3M16：8）

4. Kc型（D10M1：6）

铜镜

1. La型（M2001：4）

2. La型（D3M14：1）

3. La型（D3M26：30）

4. Lb型（M2008：4）

铜镜

1. Lb型（M2429：2）

2. Lb型（M2005：17）

3. M型Ⅰ式（D3M24：9）

4. M型Ⅲ式（M2409：4）

铜镜

1. N型Ⅰ式（D8M4：1）

2. N型Ⅱ式（M2428：2）

3. Oa型（M2408：3）

4. Ob型（M2401：1）

铜镜

1. P型镜（M2408：1）

2. Q型镜（M2401：7）

3. Q型镜（M2418：24）

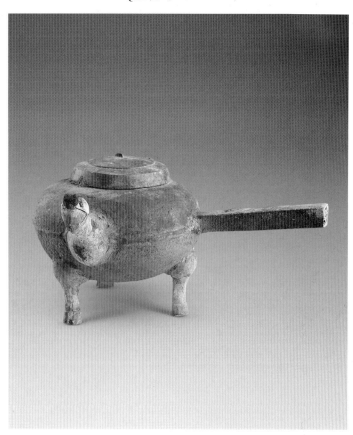

4. A型Ⅰ式鐎壶（D3M30：14）

铜镜、鐎壶

1. A型 I 式镳壶（D3M24：31）

2 B型镳壶（D3M14：28）

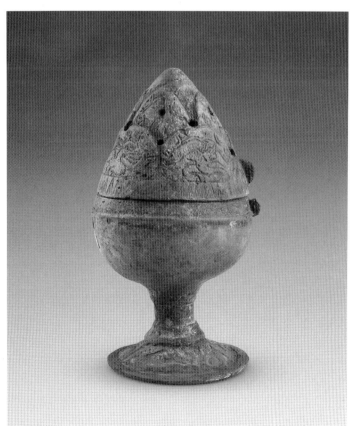

3. A型熏炉（D3M30：9）

4. A型熏炉炉盖（D3M13：15）

铜镳壶、熏炉、熏炉炉盖

1. B型熏炉（M2020：25）

2. B型熏炉（D3M26：20）

3. B型熏炉（D3M24：23）

4. 行灯（D3M20：45）

铜熏炉、行灯

1. 行灯（D3M26：12）

2. A型 I 式灯（D3M20：4）

3. A型 II 式灯（D3M24：24）

4. A型灶（D3M24：48）

铜行灯、灯、灶

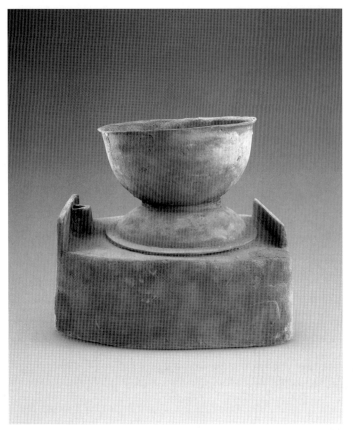

1. B型灶（D3M26：1）

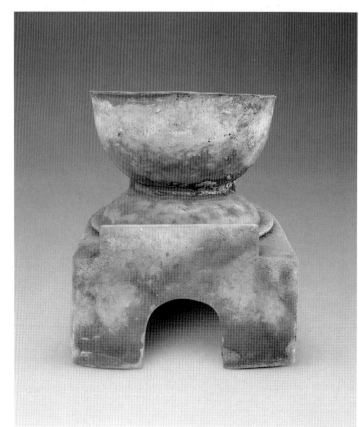

2. B型灶（D3M26：1）

3. 井（D3M26：2）

4. 釜（D3M26：3）

铜灶、井、釜

1. B型甑（D3M14：13）

2. 熨斗（D3M24：43）

3. A型Ⅱ式带钩（D10M1：2）

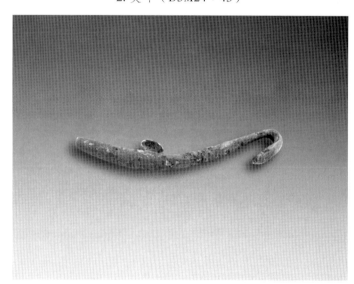

4. A型Ⅱ式带钩（D3M14：2）

5. A型Ⅱ式带钩（M2428：3）

6. B型Ⅰ式带钩（M2409：1）

铜甑、熨斗、带钩

1. A型Ⅰ式剑（D3M27：9）

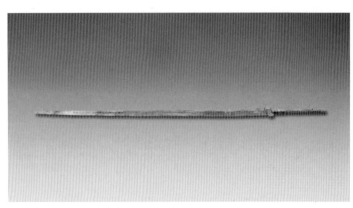

2. A型Ⅱ式剑（D3M29：7）

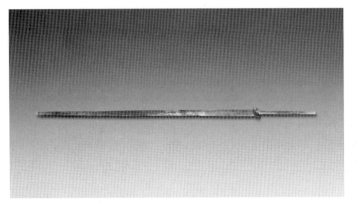

3. A型Ⅲ式剑（D3M26：28）

4. A型Ⅲ式剑剑格（D3M26：28）

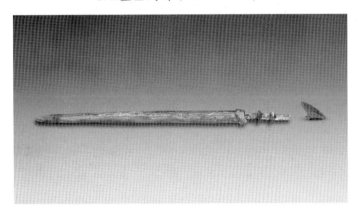

5. B型Ⅰ式剑（D3M30：6）

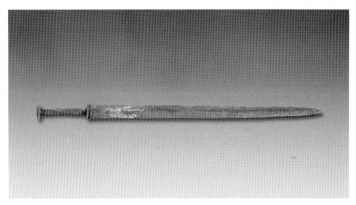

6. B型Ⅱ式剑（D3M24：6）

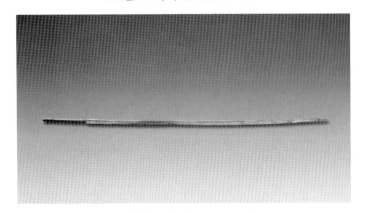

7. C型Ⅱ式剑（D2M11：2）

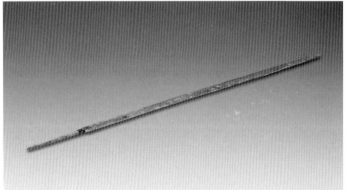

8. C型Ⅱ式剑（M2408：7）

铜剑、剑格

1. 环首刀（D3M27：49）

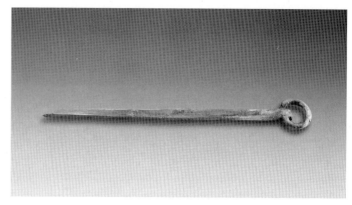

2. 环首刀（D2M11：3）

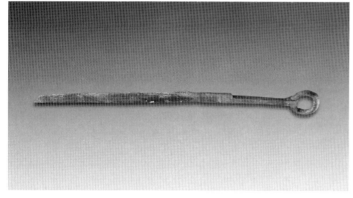

3. 环首刀（D3M24：7）

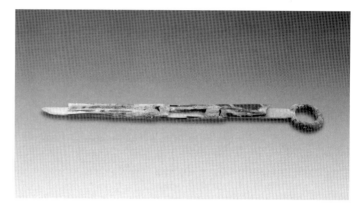

4. 环首刀（D3M26：32）

5. A型矛（D3M27：2）

6. B型矛（D3M27：3）

7. 镦（D8M3：40）

铜环首刀、矛、镦

1. A型弩机（D3M27：26）

2. B型弩机（M2434：11）

3. C型弩机（M2416：28）

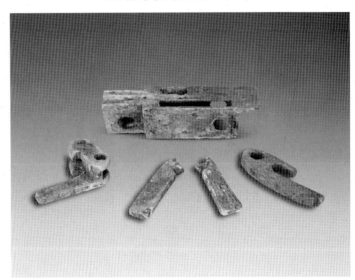

4. C型弩机（M2390：2）

5. I式碗（D3M24：44）

6. II式碗（M2429：4）

铜弩机、碗

1. A型钵（D3M24：21）

2. B型钵（D3M28：1）

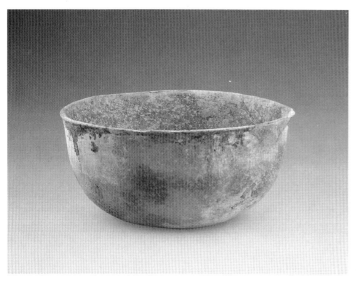

3. C型钵（D3M14：14）

4. II式盘（D3M24：16）

5. 洗（D3M24：49）

6. I式勺（M2072：29）

铜钵、盘、洗、勺

1. Ⅱ式勺（D3M26：15）

2. Ⅱ式钘（M2401：11）

3. 坩埚（D3M26：38）

4. 釦饰（M2363：9）

5. 釦饰（M2363：22）

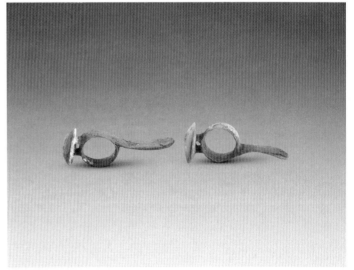

6. 厄錾（D3M26：37）

铜勺、钘、坩埚、釦饰、厄錾

1. 玉猪（M2001：1）

2. 玉琀（M2072：46）

3. A型 I 式玛瑙带钩（M2248：1）

4. A型 II 式玉带钩（D3M26：29）

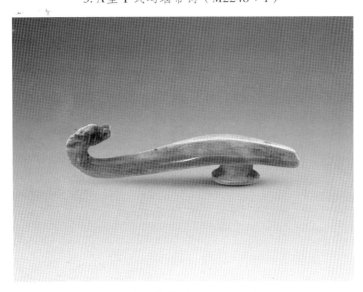

5. B型玉带钩（D3M24：2）

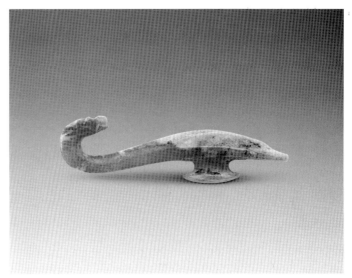

6. B型玉带钩（D3M26：33）

玉猪、琀、带钩，玛瑙带钩

1. 石黛板和研子（D3M29：37）

6. 水晶珠（M2072：43）

2. 石黛板和研子（D3M30：11、D3M30：12）

7. 燧石纺轮（M2020：31）

3. 石研子（D3M13：6）

4. 陶研子（D3M26：24）

8. 按摩石（M2020：33）

5. 玛瑙管（珠）（M2416：26）

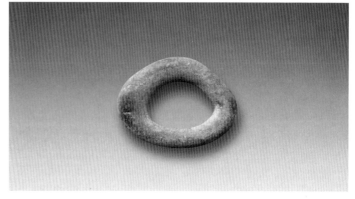

9. 炭精坠饰（D8M3：10）

石黛板、研子，陶研子，玛瑙管（珠），水晶珠，燧石纺轮，按摩石，炭精坠饰

1. A型Ⅰ式（M2160：1）

2. A型Ⅰ式（M2207：1）

3. A型Ⅰ式（M2209：1）

4. A型Ⅱ式（M2222：1）

滑石璧

滑石璧

1. A型Ⅲ式（M2153：1）

2. A型Ⅵ式（D11M4：3）

3. B型Ⅰ式（M2200：1）

4. B型Ⅱ式（M2120：1）

1. B型Ⅲ式（M2218：1）

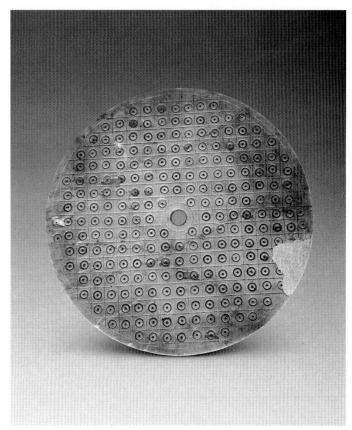

2. B型Ⅳ式（M2198：9）

3. C型Ⅱ式（M2372：2）

4. C型Ⅳ式（D7M5：2）

滑石璧

滑石璧、镜

1. C型V式璧（D8M3：38）

2. D型I式璧（M2434：4）

3. F型璧（M2401：8）

4. A型镜（M2113：4）

滑石璧、镜

1. A型（M2132：2）

2. A型（M2200：2）

3. B型（M2094：23）

4. B型（M2110：1）

滑石镜

1. B型（M2120：5）

2. B型（M2130：3）

3. B型（M2131：1）

4. B型（M2140：1）

滑石镜

1. B型（M2248：5）

2. B型（M2093：2）

滑石镜

1. A型（M2096：59）

2. B型（M2198：10）

3. B型（M2199：5）

4. B型（D9M2：7）

5. B型（D9M10：12）

6. B型（D10M1：23）

滑石鼎

1. A型Ⅰ式（M2136：2）

2. A型Ⅱ式（M2198：11）

3. A型Ⅱ式（M2198：12）

4. A型Ⅲ式（D7M3：3）

5. A型Ⅳ式（D9M10：13）

6. B型Ⅰ式（M2199：7）

滑石盒

1. A型Ⅰ式（M2096：2）

2. B型（M2198：13）

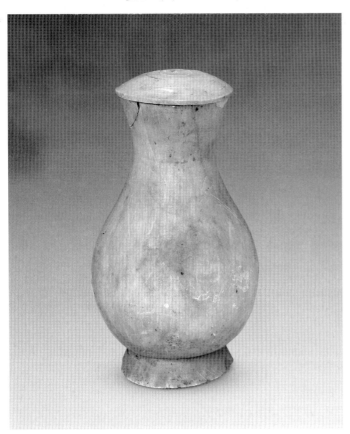

3. B型（M2199：3）

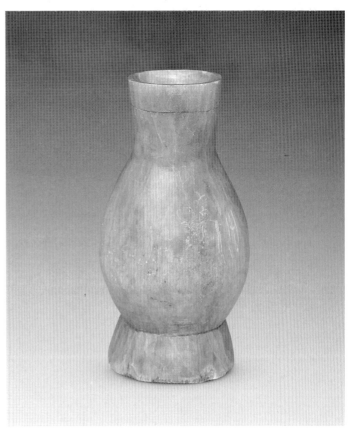

4. B型（M2092：4）

滑石壶

1. B型（D9M2：4）

2. B型（D9M4：20）

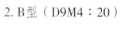

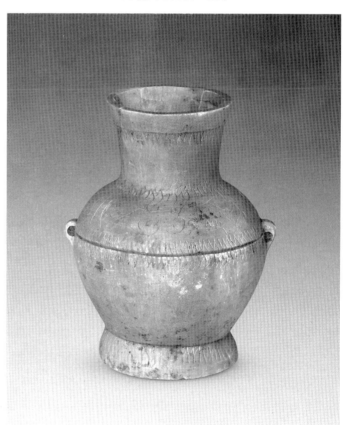

3. B型（D9M10：2）

4. Ca型（M2072：28）

滑石壶

1. Ca型（D3M13：14）

2. Ca型（D10M1：21）

3. Cb型（M2096：9）

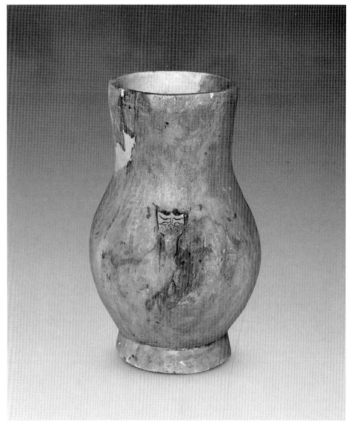

4. Cb型（M2072：27）

滑石壶

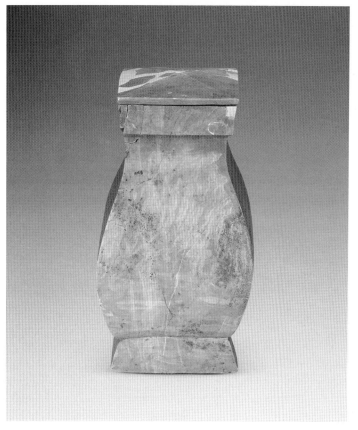

1. A型（M2198：16）

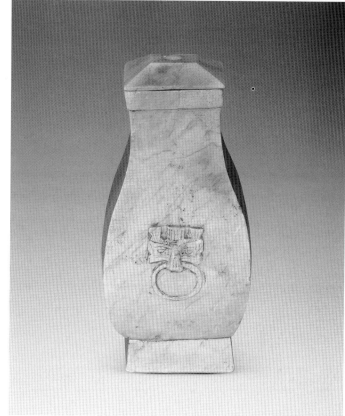

2. B型（M2003：19）

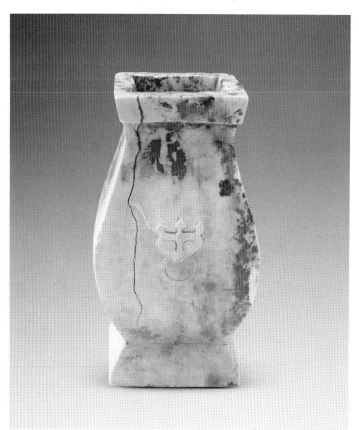

3. B型（D3M13：11）

4. B型（M2001：34）

滑石钫

1. 镶壶（D9M10：9）

2. A型熏炉炉盖（D9M10：8）

3. B型熏炉（M2001：24）

4. A型灶（D9M2：25）

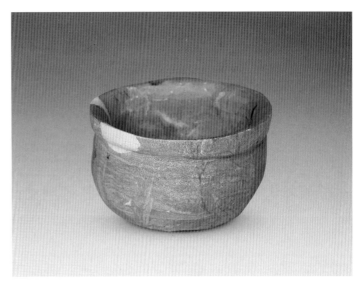

5. A型井（D9M2：20）

滑石镶壶、熏炉炉盖、熏炉、灶、井

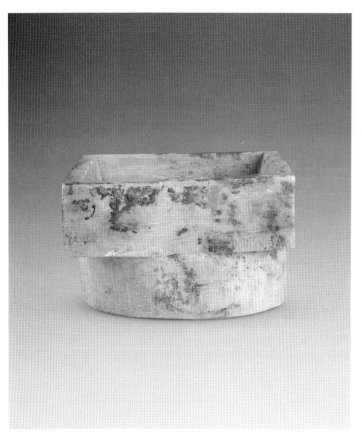

1. B型井（M2040：10）

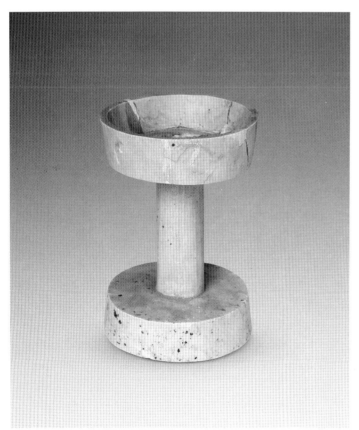

2. C型井（M2001：26）

3. A型灯（M2096：12）

4. A型灯（D9M2：6）

滑石井、灯

1. A型（D7M5：1）

2. A型（D9M8：13）

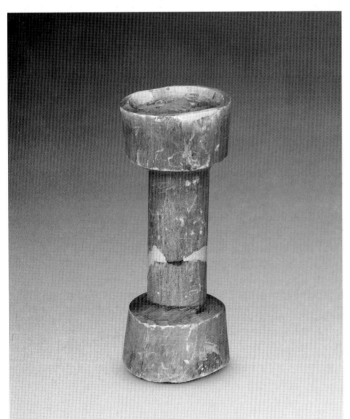

3. A型（D9M10：4）

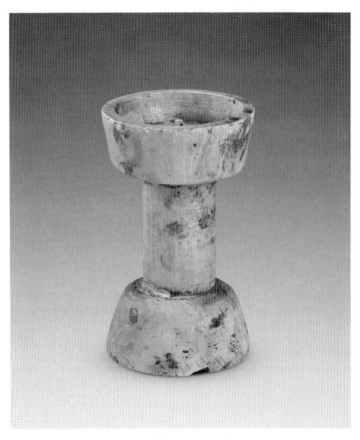

4. A型（M2429：7）

滑石灯

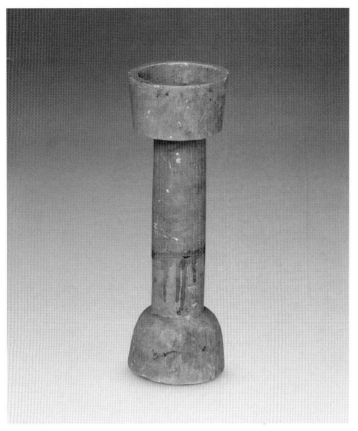

1. A型（M2434：22）

2. B型（M2094：10）

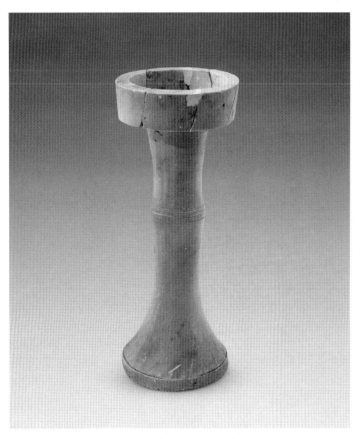

3. B型（D3M20：35）

4. B型（M2098：1）

滑石灯

1. B型（D8M3：1）

2. B型（M2024：6）

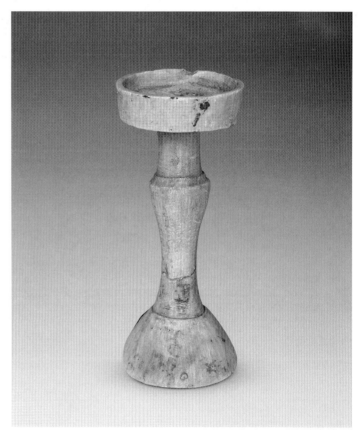

3. B型（M2001：5）

4. B型（D10M1：12）

滑石灯

1. 耳杯（M2198：3）

2. 耳杯（D9M2：21）

3. 耳杯（M2003：23）

4. 耳杯（D9M4：27）

5. 耳杯（D10M1：28）

6. A型盘（M2136：4）

滑石耳杯、盘

1. A型盘（M2093：23）

2. A型盘（M2198：7）

3. B型盘（M2096：63）

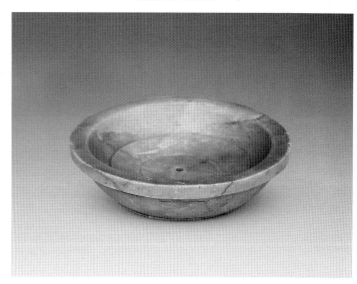

4. B型盘（M2003：22）

5. B型盘（D10M1：27）

6. A型 I 式勺（M2198：2）

滑石盘、勺

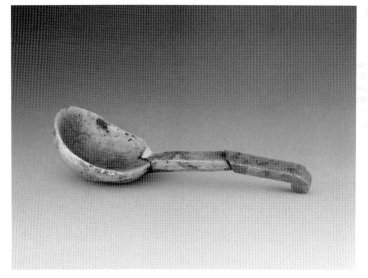

1. A型Ⅰ式勺（M2198：34）

2. A型Ⅱ式勺（D9M10：14）

3. A型Ⅱ式勺（D10M1：8）

4. A型Ⅱ式勺（M2001：20-1）

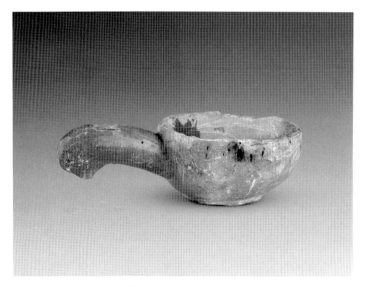

5. B型勺（M2001：20-2）

6. A型杯（M2198：5）

滑石勺、杯

1. A型杯（D9M2：17）

2. A型杯（D11M4：4）

3. A型杯（D9M10：1）

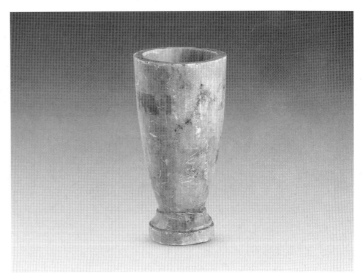

4. C型杯（D9M4：24）

5. 樽（D10M1：18）

6. 卮（D10M1：9）

滑石杯、樽、卮

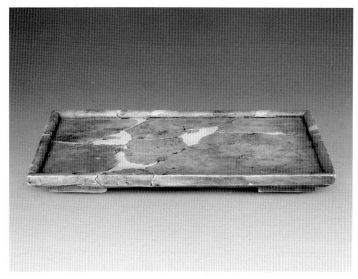

1. A 型案（M2198：4）

2. A 型案（M2092：6）

3. A 型案（D10M1：10）

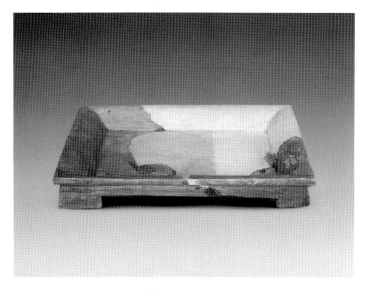

4. B 型案（D9M1：12）

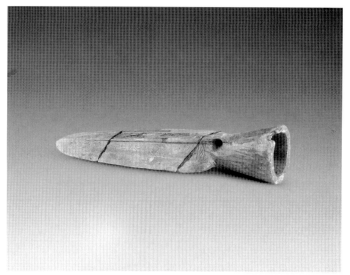

5. C 型案（D9M4：26）

6. 矛（M2120：4）

滑石案、矛

1. 矛镦（M2120：33）

2. 剑首（M2120：34）

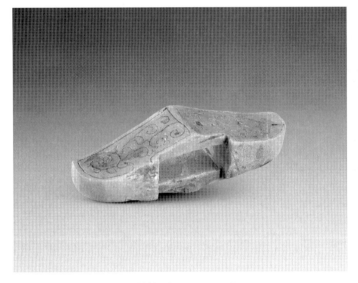

3. 剑格（M2120：2）

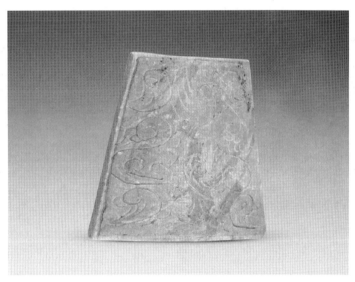

4. 剑珌（M2120：20）

5. 剑首（M2210：4）

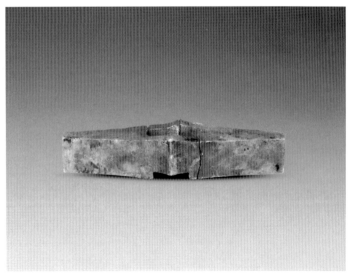

6. 剑格（M2210：21）

滑石矛镦、剑首、剑格、剑珌

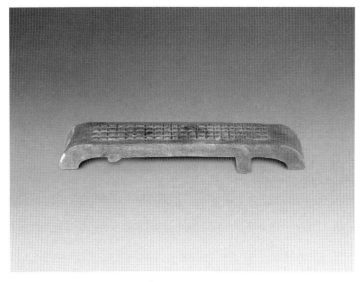

1. 剑璏（M2210：15）

2. 剑珌（M2210：17）

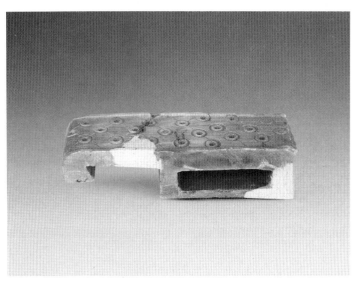

3. 剑璏（D9M2：3）

4. 剑首（M2096：3）

5. 剑璏（M2096：4）

6. 剑珌（M2096：33）

滑石剑璏、剑珌、剑首

1. A型Ⅰ式（D9M2：5）

2. A型Ⅱ式（M2436：1）

滑石兽面

1. B型 I 式（D9M4：18）

2. B型 II 式（M2434：10）

滑石兽面

1. 博具（M2120：27）

2. 博具（M2159：12）

3. A型猪（M2133：16）

滑石博具、猪

1. B型猪（D9M2：23）

2. C型Ⅱ式猪（M2390：3）

3. 扁壶（M2198：15）

4. 三足炉（M2072：4）

滑石猪、扁壶、三足炉

1. 魁（M2072：3）

2. 臼和杵（M2005：11、M2005：12）

3. 鸡（D9M2：27）

4. 鸟（D9M2：24）

滑石魁、臼和杵、鸡、鸟

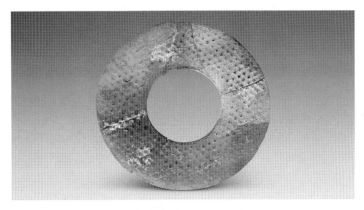

1. 玻璃璧（M2158：1）

2. 玻璃杯（D3M24：12）

3. 金珠（M2416：25）

4. 金饰（M2416：24）

5. 金环（M2416：22）

6. 铁斧（M2434：5）

7. 银"长信侯□"印（M2366：1）

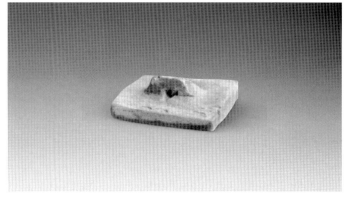

8. 滑石"安陵君印"（M2138：1）

玻璃璧、杯，金珠，金饰，金环，铁斧，银"长信侯□"印，滑石"安陵君印"

1. "家印"（M2110：2）

2. "器印"（M2248：3）

3. "临湘之印"（M2137：1）

4. "陰道之印"（M2138：2）

5. "长沙郢丞"印（M2248：2）

6. "长沙司马"印（M2281：5）

7. "长沙司马"印（M2281：5）

8. "长沙郎中令印"（A面）
（D3M27：7）

9. "长沙郎中令印"（B面）
（D3M27：7）

滑石印章

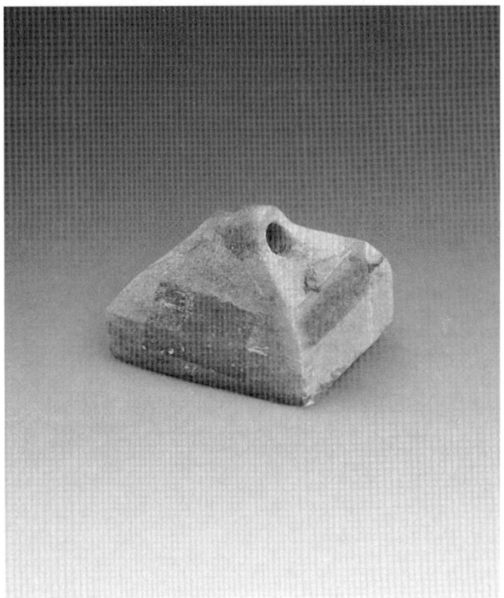

1. “鄗右尉印”（M2113：2）

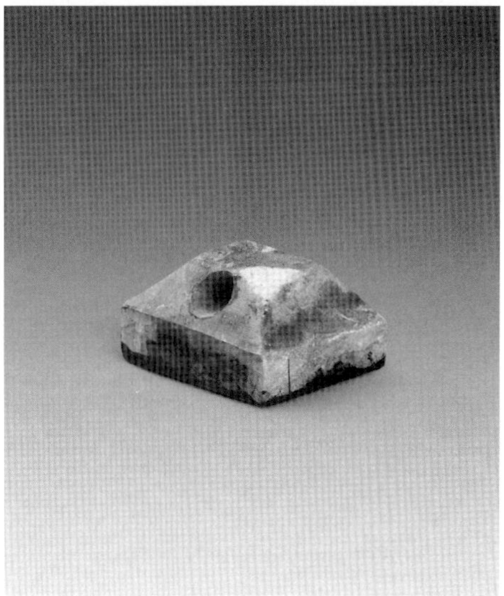

2. “右尉”印（M2261：8）

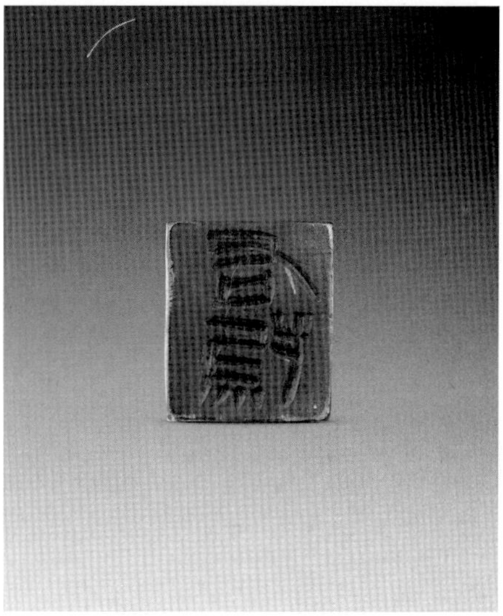

3. “右尉”印（M2261：8）

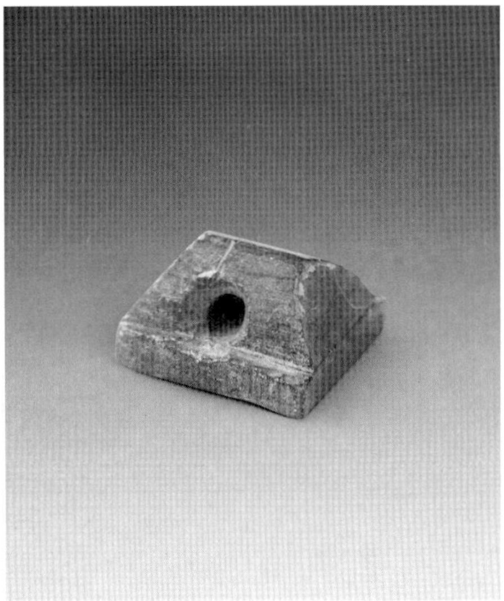

4. “孱陵丞印”（D1M2：1）

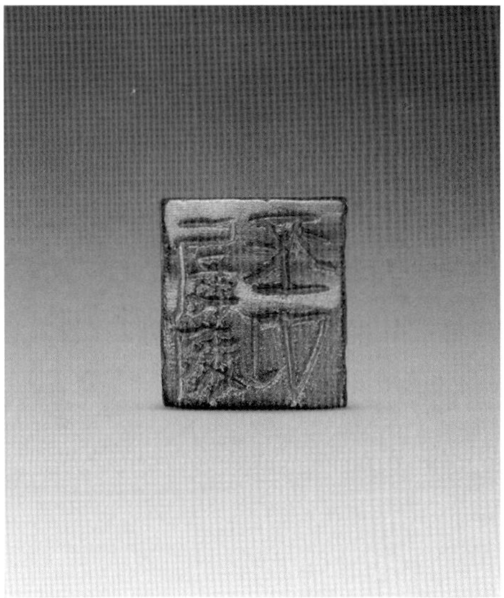

5. “孱陵丞印”（D1M2：1）

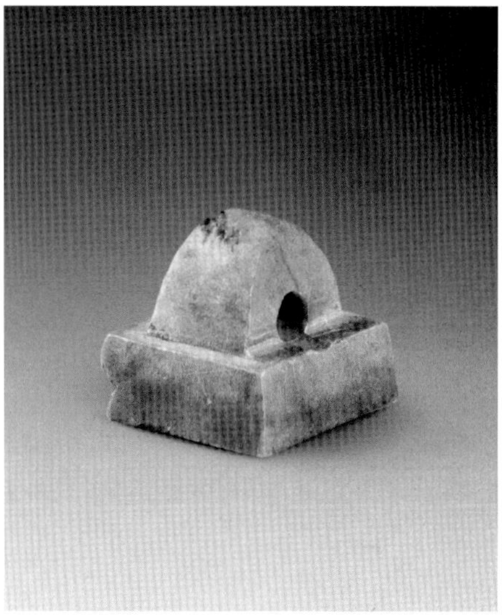

6. “镡成长印”（D10M1：1）

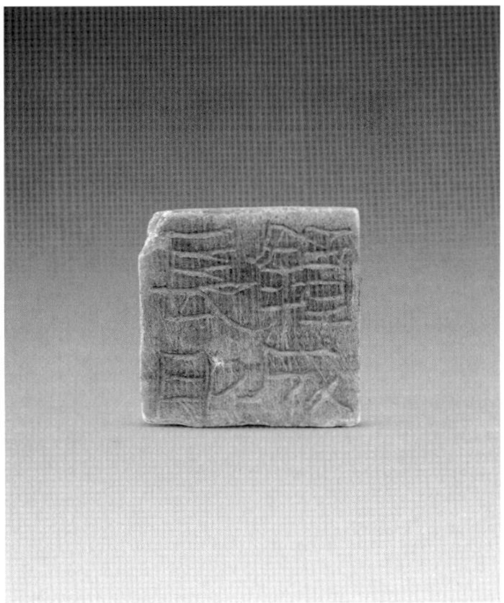

7. “镡成长印”（D10M1：1）

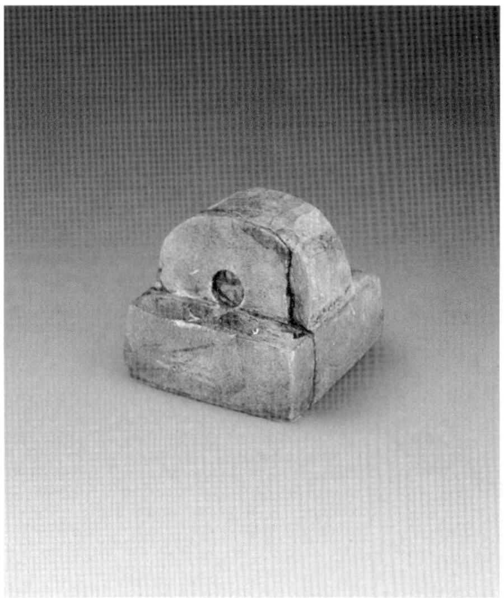

8. “镡成长印”（M2096：61）

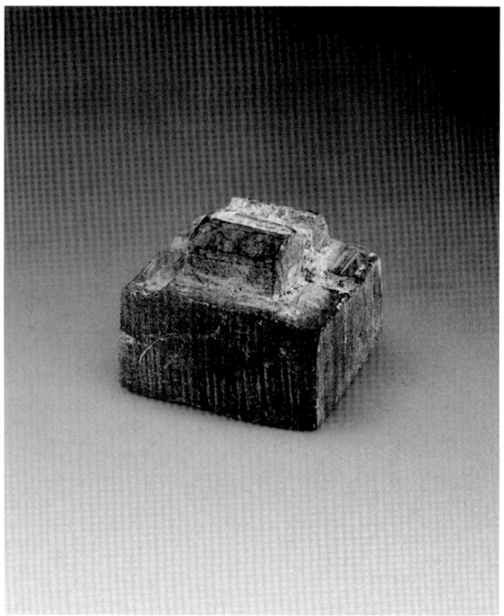

9. “汉寿左尉”印（M2401：3）

滑石印章

1. 滑石"蔡但"印（M2113：34）

2. 滑石"李忌"印（M2261：5）

3. 滑石"李忌"印（M2261：5）

4. 铜"周阮"印（M2169：9）

5. 铜"臣阮印"印（M2169：9）

6. 滑石"胡平"印（M2198：1）

7. 滑石"黄文"印（M2259：4）

8. 滑石"黄文"印（M2259：4）

9. 滑石"彭三老印"（M2277：19）

1. 玉"綵嬰"印（M2267：2）

2. 玉"綵嬰"印（M2267：2）

3. 铜"廖福私印"（D3M27：8）

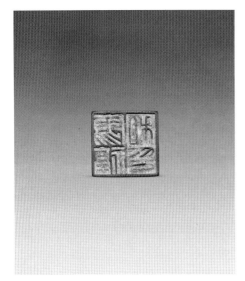

4. 铜"廖福私印"（D3M27：8）

5. 玉"廖宏"印（D3M26：31）

6. 铜"赵玄友印"（D8M3：6）

7. 铜"赵玄友印"（D8M3：6）

8. 滑石无字印（D8M3：9）

9. 铜无字印（D3M24：1）

印章

1. 铜"武乡"印（M2401：20）　　　　　　　2. 铜"□长之印"（M2408：6）

3. A型泥金饼（M2197：14）　　　4. A型泥金饼（M2192：2）　　　5. A型泥金饼（M2199：25）

6. C型泥金饼（M2096：52）　　　7. D型泥金饼（D2M11：8）　　　8. E型泥金饼（D3M27：13）

铜印章，泥金饼

1. E型泥金饼（D3M18：7）

2. F型泥金饼（M2098：9）

3. M2098出土金饼

4. M2445出土金饼

泥金饼，金饼

1. A型金饼正面（M2098：49）

2. A型金饼背面（M2098：49）

3. 金饼上的戳印符号（M2098：49）

4. B型金饼正面（M2445：1）

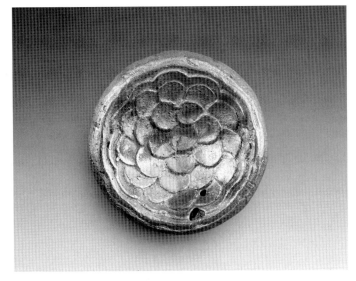

5. B型金饼背面（M2445：1）

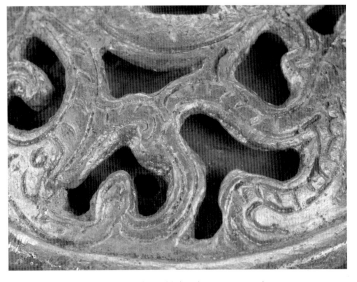

6. 金饼纹饰之局部（M2445：1）

1. 金饼正面（M2445：2）

2. 金饼背面（M2445：2）

3. 金饼上的刻划"十三铢"铭文（M2445：2）

4. C型金饼（M2445：6）

5. 银饼正面（M2445：37）

6. 银饼上刻划字符（M2445：37）

7. 银饼正面及墨书文字"少一铢"（M2445：19）

8. 银饼背面（M2445：19）

金饼，银饼

1. 陶井（M2096：56）上下腹拼接痕迹

2. 陶井（D3M14：7）底部外壁的削胎痕迹

3. 铜勺（D3M26：15）上的修补痕迹

4. 铜盒（D3M24：20）底部的合范和铜液浇注孔痕迹

5. 铜镶壶（M2073：8）手柄和壶身处三层夹心饼式焊接

6. 滑石灯（M2098：1）灯盘腹内的刻刀痕迹

陶井和铜勺、盒、镶壶及滑石灯上的制作痕迹